Helga Baumgärtner

Haushaltsführung ohne Streß

Helga Baumgärtner

Haushaltsführung ohne Streß

mvg verlag

Die Deutsche Bibliothek – CIP-Einheitsaufnahme

Baumgärtner, Helga:
Haushaltsführung ohne Stress / Helga Baumgärtner. – München ; Landsberg am Lech ; mvg-verl., 1995
(mvg-Paperbacks ; 505)
ISBN 3-478-08505-5
NE: GT

Das Papier dieses Taschenbuchs wird möglichst umweltschonend hergestellt und enthält keine optischen Aufheller.

Umschlaggestaltung: Gruber & König, Augsburg
Satz: Fotosatz H. Buck, 84036 Kumhausen
Druck- und Bindearbeiten: Presse-Druck Augsburg
Printed in Germany 080 505/295602
ISBN 3-478-08505-5

Inhaltsverzeichnis

Vorwort

„Kochen ist gottgewollte Frauenarbeit", sagen viele Männer und bleiben der heimischen Küche fern, der größte Teil jedenfalls. Auch die „Gnade der späten Geburt" bewahrt meine jungen Schwestern, die wie ihre Partner berufstätig sind, nicht davor, zu Hause durchschnittlich eineinhalb mal mehr unbezahlte Arbeit zu leisten als ihre Männer. Das Statistische Bundesamt weiß dies ganz genau. Denn 16.000 Personen in 7.200 deutschen Haushalten haben zwei Tage lang im Fünfminutentakt alles aufgeschrieben: Wer deckt den Tisch? Wer räumt ihn wieder ab? Wer kauft wann ein und kocht? Wer liest indes schon mal die Zeitung oder macht gar ein Nickerchen? 77 Milliarden Stunden Arbeit im Jahr – in den alten Bundesländern – bleiben ohne Lohn, Frauenarbeit zumeist. Diese Studie stellten Familienministerin Hannelore Rönsch und der Präsident des Statistischen Bundesamtes, Hans Günther Merk, im Sommer 1994 in Bonn vor.

Nach Lage der Dinge bringt es nichts, in Selbstmitleid versunken die Wunden zu lecken, sondern es ist an der Zeit, zugunsten ausreichender Mußestunden der unvermeidlichen Hausarbeit einen zeitlichen Rahmen zu verpassen. Nicht automatisch wird damit Junk- und Fastfood Hauptbestandteil der Ernährung. Die gleichzeitige Reduzierung des Küchenbudgets ist durchaus gewollt. Die Wirtschaftsbosse sagen Synergie-Effekt dazu. Bei den Küchenbossen ist allenfalls der bescheidene Ausdruck Schwachstellenanalyse erlaubt. Doch beide Male geht es um Zeit- und Kostenkontrolle.

Vielleicht gehören Sie ja zu den berufstätigen Hausfrauen, die einfach keine Lust mehr haben, die Mittagspause abwechselnd bei Bäcker, Metzger oder im Supermarkt zu verbringen, anstatt in der Sonne sitzend Cappuccino zu trinken und einen ordentlichen Firmentratsch zu halten. Auch die Alternative, abendliches Gerangel um Parkplätze, Schlangestehen vor Käse-/

Wursttheken und an der Kasse ist nicht die Freizeitgestaltung, welche Lustgewinn bringt. Fließt zudem noch zu viel des verfügbaren Einkommens in die Haushaltskasse, weil Einkaufshektik und Kochstreß zu kostenungünstigen Entscheidungen in Sachen Ernährung führen, bleibt unterm Strich für uns nur die „Selbstverwirklichung" – d.h. aus dem Nichts eine leckere Mahlzeit zu zaubern. Es erhebt sich die berechtigte Frage: Lohnt sich das?

Für hauptberufliche „Geschäftsführerinnen im Unternehmen Haushalt", die nicht über ein eigenes Einkommen verfügen, mag eine Argumentation sein, durch einen klein gehaltenen Haushaltsetat das Familieneinkommen rechnerisch aufzubessern. Nicht grundlos wurde in grauer Vorzeit das Sprichwort geprägt: „Eine Frau kann mit der Schürze mehr aus dem Hause tragen, als der Mann durch der Hände Arbeit einbringt". Auch wenn es heutzutage immer seltener die Hände sind, welche die Kasse füllen und die Schürze durch Jeans ersetzt wird, behält das Körnchen Wahrheit in dieser Redensart Gültigkeit.

Wunschträume sind realisierbar. Und bei Visionen von Eigenheim, Ferienwohnung, interessanten Reisen oder sonstigen VIP-Attributen handelt es sich nicht um Utopien, sondern diese Träume können durch Umschichtung der Finanzen verwirklicht werden. Wie lautet eine Weisheit, die so alt wie das Geld selbst sein dürfte?: Reich wird man nicht mit dem, was man verdient, sondern durch das, was man nicht ausgibt."

Die vom Statistischen Bundesamt ermittelten Ausgaben für die private Lebenshaltung (Fleisch, Fleischerzeugnisse, Fisch, Fischerzeugnisse, Eier, Speisefette und -öle, Obst, Obsterzeugnisse, Brot und andere Backwaren, Kartoffeln, Gemüse, Zucker, Süßwaren, Marmelade, andere Nahrungsmittel, Getränke, Tabakwaren) betrugen im Jahr 1993 monatlich:

	alte Bundesländer		neue Bundesländer	
Haushaltstyp I	533,57 DM	(25,5 %)*	505,41 DM	(24,2 %)*
Haushaltstyp II	876,33 DM	(22,0 %)*	796,33 DM	(24,9 %)*
Haushaltstyp III	1 123,76 DM	(19,4 %)*	892,78 DM	(23,3 %)*

Haushaltstyp I

Zwei-Personen-Haushalte von Rentenempfängern mit geringem Einkommen (Einkommen zwischen DM 2 400,– und DM 3 900,– mtl.)

Haushaltstyp II

Vier-Personen-Haushalte von Arbeitern und Angestellten mit mittlerem Einkommen (Ehepaare mit 2 Kindern, davon mindestens ein Kind unter 15 Jahre – Bruttoeinkommen zwischen DM 2 400,– und DM 3 900,– mtl.)

Haushaltstyp III

Vier-Personen-Haushalte von Angestellten, Arbeitern und Beamten mit höherem Einkommen (Ehepaare mit 2 Kindern, davon mindestens ein Kind unter 15 Jahre – Bruttoeinkommen zwischen DM 4 300,– und DM 5 800,– mtl.)

** in % der Ausgaben für den gesamten privaten Bereich*

Bei den ermittelten Zahlen handelt es sich um Durchschnittssätze. Sie müssen sich nicht streng daran halten; wenn allerdings Ihre Ausgaben diesen Rahmen deutlich sprengen, sollten Sie Ihr Kaufverhalten vielleicht einmal überprüfen.

Kapitel 1:
Das liebe Geld – Finanzen und Planung

„Null von Null das kann ich nicht, entlehn' ich eins beim Nachbarn." Diese Gewitztheit stammt noch aus der Zeit vor Einführung der Mengenlehre. Doch damals wie heute ist solch eine Art von Nachbarschaftshilfe nicht sehr populär. Mit exakter Planung und sorgfältigem Rechnen kommt man allemal weiter.

Um einen Überblick über die Ausgaben zu behalten, holen Sie nur einmal im Monat einen festen Betrag von der Bank. Diese Summe wird der Größe der Familie und selbstverständlich auch dem Einkommen angepaßt. Als Maßstab könnten die vom Statistischen Bundesamt zusammengestellten Beträge dienen.

Auf jeden Fall sollten Sie immer eine eiserne Reserve von vielleicht DM 100,– in der Brieftasche bei sich tragen, die wirklich nur für den Notfall gedacht ist. Wenn einmal trotz größter Sparsamkeit das Geld doch nicht bis zum Letzten reicht, dann holen Sie den eigentlich „nicht vorhandenen" Schein aus der Versenkung, bevor Sie Ihr Bankkonto erneut belasten. Das bewahrt Sie vor allzu großzügigem Einkauf, zu dem Sie die Ausweitung des Budgets garantiert verführt hätte. Der Rücklagenschein wandert aber sofort wieder nach hinten, wenn die Kasse termingerecht aufgefüllt wird.

Es stimmt, wenn diese Taktik als Selbstbetrug entlarvt wird, aber mit diesem Taschenspielertrick schaffen Sie es (fast) immer, mit der geplanten Geldmenge auszukommen. Denn nur in Ausnahmefällen, wenn zum Beispiel mehrere Geburtstagskinder zu beschenken sind oder eine größere Einladung ansteht, ist ein Nachschlag erlaubt.

Durch die fest bemessene Summe hat man zugleich eine Kontrolle über die Ausgaben, ohne sich mit dem mühseligen Führen eines Haushaltsbuches herumschlagen zu müssen. Natürlich ist man zu Beginn des Monats versucht, etwas großzügiger einzukaufen. Aber die noch zu überstehende Zeit darf nie aus den

Augen verloren werden. Schließlich möchten die Ihnen Anvertrauten in dieser Phase nicht unbedingt von Wasser und Brot leben. Eine Palastrevolution und somit das Ende einer Karriere als Vermögensbilderin wären vorprogrammiert. Über das Bewältigen von Durststrecken steht mehr in den Kapiteln ,,Was vom Tage übrigblieb – gekonnte Resteverwertung" und ,,Solange der Vorrat reicht ...". Sollte es Schwierigkeiten bereiten, mit dem gesamten Monatsbetrag richtig umzugehen, so dividieren Sie die Summe des Haushaltsgeldes durch vier und probieren Sie das Spielchen auf die Woche bezogen aus.

Zögern Sie das Wechseln eines Scheines solange hinaus, bis es sich wirklich nicht mehr vermeiden läßt, denn ist ein Hunderter erst einmal angebrochen, verwandeln sich die Moneten erfahrungsgemäß in ganz und gar entbehrlichen Krimskrams. Dann lieber im Laden noch kurz umdisponieren, um mit dem klarzukommen, was augenblicklich im Portemonnaie steckt.

Den Überschuß, den man mit einer Finanzplanung (Parole: ,,Unser ist der Gewinn") und mit den Tips aus den Kapiteln ,,Rationeller, weil schneller" ist die Devise und ,,Was vom Tage übrigblieb – gekonnte Resteverwertung" erwirtschaftet, könnte man auf einem ,,Economic-Konto" anlegen. Der so sichtbare Beweis der Bemühungen wird zum Durchhalten anspornen. Und nicht sofort resignieren, wenn der Erfolg eher zögernd sichtbar wird! Auch eine Walküre verwandelt sich nicht in vier Wochen in ein Twiggy-Model.

Wenn Sie dann aber nach einer langen Zeit der konzertierten Aktion – einmal angenommen – in Ihrer Ferienwohnung an der Côte d'Azur auf der sonnigen Terrasse sitzen, das Meer vor Augen und sich Wein, Käse und Baguette schmecken lassen, dann werden Sie sagen: ,,Es hat sich gelohnt!" Und Ihre Lieben werden Ihnen verzeihen, daß Sie deren Eßgelüste manchmal etwas umgeleitet haben.

Speiseplan und Einkaufszettel sind unverzichtbar

„Mädchen, Du mußt vorausschauend fahren!" Dieser Satz aus der Fahrschule hat sich mir ganz besonders tief eingeprägt, weil viel Logik dahintersteht. Und die Erfahrung hat gezeigt, daß man mit dieser logischen Regel nicht nur auf den Straßen, sondern auch in der Küche besser über die Runden kommt.

Ihr Haushaltsplan muß nun kein Fünfjahresplan werden. Es reicht erst einmal, für ein paar Tage im voraus zu überlegen, wie oft Sie etwas Warmes auf den Tisch bringen wollen oder müssen, ob die Küche kalt bleibt und was von den Beständen im Kühlschrank zum baldigen Verzehr ansteht. Nach diesen Kriterien kann der Speiseplan aufgestellt werden. Wenn Sie jetzt noch Gerichte wählen, die, als Grundversion in größerer Menge zubereitet, später mit kleinen Variationen (siehe Kapitel „‚Rationeller, weil schneller' ist die Devise") gleich noch ein oder zwei Mahlzeiten ergeben, ist die erste Mütze voll Muße schon gewonnen. Denn diese Überlegungen sollen neben dem finanziellen Aspekt auch mehr freie Zeit durch weniger Einkaufsrouten und durch rationalisierte Arbeitsgänge in der Küche bringen.

Bei der Planung können Sonderangebote durchaus eine Rolle spielen. Dann müssen eben Gelüste zeitweilig den Finanzen untergeordnet werden. Höchst unklug wäre es aber, kulinarische Wünsche Ihrer Lieben, die den Finanzplan im Augenblick zu sehr durcheinanderbringen, mit einer so brutalen Wahrheit wie „Das ist zu teuer!" abzuschmettern. Ein sofortiger, für den Geldbeutel erträglicherer Gegenvorschlag lenkt meist vom Thema ab. Raffiniert getarnte Täuschungsmanöver sind erlaubt.

Müssen Singles teurer leben?

Oft ist zu hören, daß allein lebende Personen tiefer in die Tasche greifen müssen, um satt zu werden, als „Zusammengerottete", weil entweder größere Mengen als benötigt gekauft werden müssen, beziehungsweise Kleinpackungen vergleichsweise teurer sind. Mit dem „Vorausschauenden-Fahrplan" kann der Einkauf von Kleinpackungen in der Mehrzahl der Fälle vermieden werden. Wer in Einzelhaushalten die Kosten in den Griff bekommen möchte, muß noch konsequenter mit Planung und Resteverwertung arbeiten. Nur *eine* Roulade anzufertigen, ist ein Höchstmaß an Zeit- und Energieverschwendung. Deswegen müssen Singles aber nicht auf derartige Gerichte verzichten. Bei der Zubereitung von gleich mehreren Portionen gehen die überzähligen für einen späteren Verzehr ins Eis. Lieber ein Essen aus dem Kälteschlaf, als ein Fertiggericht, das in Verpackungen erstickt und auch dementsprechend schmeckt.

Um noch ein Beispiel herauszugreifen: Blumenkohl und Kohlköpfe gibt es nur als Ganzes zu kaufen und ein einzelner wird Mühe haben, mit einer so großen Portion fertig zu werden. Aus beiden Sorten aber kann jeweils aus der Hälfte des gegarten Gemüses ein Salat zubereitet werden, der ohnehin erst am nächsten Tag richtig durchgezogen ist und also besser schmeckt.

Oder das leidige Thema „Brot": Selbst halbe und kleine Laibe sind für eine Einzelperson noch zuviel. Wer nicht immer auf Brötchen ausweichen will, die täglichen Einkauf notwendig machen und im Verhältnis zu Brot teurer sind, kann einen Brotlaib in Scheiben schneiden (lassen), die Scheiben portionsweise einfrieren und hat auf diese Weise stets frisches Brot, ohne ständig auf der Hut vor Schimmelbefall sein zu müssen.

Die Wehklage eines Junggesellen über Kostenexplosionen im Single-Haushalt brachte ans Licht, daß ebendort der Rest eines angefangenen Sahnebechers das Abwasser veredelte. Na, denn! Manchmal ist es nur Gedankenlosigkeit, wenn Restmengen auf diese Art und Weise entsorgt werden. Doch meist erscheint es wohl zu mühsam, nach Möglichkeiten zu suchen, Sinnvolles daraus entstehen zu lassen.

In jeder Küche, ganz besonders aber in Single-Haushalten, lassen sich kleinste Mengen von Reis, Grünkern, Nudeln, Kartoffeln, Linsen usw. mit separat gekochtem Gemüse angereichert, vielleicht auch noch mit Käse überbacken, zu schnell zubereiteten, sehr gut schmeckenden kleinen Mahlzeiten umgestalten.

Die Kapitel ,,Rationeller, weil schneller" ist die Devise und ,,Was vom Tage übrigblieb – gekonnte Resteverwertung" werden Pate stehen für Tafelfreuden, die nicht mit dem Abfallbeseitigungsgesetz kollidieren.

Kapitel 2:
Einkaufen – das notwendige Übel

,,Gib nie Geld für etwas aus, das Du zu Hause umsonst haben kannst.“ Diesen Rat bekamen zu Zeiten des Wirtschaftswunders Ehemänner mit auf Geschäftsreise. ,,Gib nie Geld für etwas aus, das Du zu Hause mit wenig Aufwand viel besser und preiswerter zubereiten kannst“, möchte man den Konsumenten ins Ohr flüstern, wenn deren ratlose Blicke in den Läden alle Regale auf der immerwährenden Suche nach Eßbarem abtasten und bei den Fertigprodukten hängenbleiben.

Tips:

- Gehen Sie nie hungrig einkaufen. Augen und Magen werden immer als Sieger hervorgehen; es sei denn, Sie haben eine Veranlagung zum Heldentum.
- Gehen Sie nicht jeden Tag einkaufen. Selbst, wenn Sie nur einen Liter Milch holen wollten, verlassen Sie den Laden garantiert mit einem Kassenzettel ab DM 30,– aufwärts. Versuchen Sie lieber, aus den Beständen von Kühlschrank und Vorratslager eine Mahlzeit zu fabrizieren (siehe Kapitel ,,Solange der Vorrat reicht“ und ,,Was vom Tage übrigblieb – gekonnte Resteverwertung“) und so bis zum nächsten Einkauf klarzukommen.
- Ändern Sie kurz entschlossen Ihren sorgfältig ausgetüftelten Speiseplan um, wenn Sie beim Einkauf etwas entdecken, das gerade günstig angeboten wird und sich sinnvoll in Ihr Konzept einbauen läßt.
- Tragen Sie nie zu viel Geld mit sich herum, es könnte Sie nur zu Spontan- und Nonsenskäufen verleiten.
- Überlegen Sie sorgfältig vor jeder Ausgabe, ob dieser Einkauf unbedingt notwendig ist, oder ob man sich nicht doch anderweitig behelfen kann.

Ein Beispiel: Für das den Schulkindern zugesteckte tägliche Pausengeld lassen sich mehrere gesunde Vesperbrote herstellen. (Noch ein paar Beispiele, an welchen Ecken man sparen kann, finden Sie im Kapitel „Spare in der Zeit, dann hast Du in der Not!".)

Bei Lebensmitteln, die nicht verderben, ist es wirtschaftlicher, Großpackungen einzukaufen. Bei Toilettenpapier, Wasch- und Putzmitteln stellt dies geradezu eine Notwendigkeit dar, um Verpackungsorgien zu verhindern.

Weitere Tips zum Thema „Großeinkauf" finden Sie auch im Kapitel „Solange der Vorrat reicht ...".

In manchen Läden werden Waren mit kurz bevorstehendem oder bereits abgelaufenem Haltbarkeitsdatum zum halben Preis angeboten. Die Artikel erleiden durch das Verstreichen dieser Frist keine Geschmackseinbuße.

„Mindestens haltbar bis ..." ist ein Hinweis darauf, bis wann die Ware noch mit Sicherheit in Ordnung ist. Das Datum nennt den Zeitpunkt, bis zu dem die Lebensmittel ihre beste Qualität haben, sozusagen eine „Frischegarantie". Lebensmittel mit abgelaufenem Haltbarkeitsdatum dürfen aus diesem Grund auch bedenkenlos weiter verkauft und verbraucht werden. Dies ist nicht zu verwechseln mit einem Verfallsdatum, nach dessen Ablauf Lebensmittel nicht mehr verkauft werden dürfen. Bei Mindesthaltbarkeitsdaten gibt es folgende Unterschiede: Bei Lebensmitteln, die bis zu drei Monaten haltbar sind, werden Tag und Monat angegeben. Sind sie bis zu achtzehn Monaten haltbar, werden Monat und Jahr genannt. Bei noch längerer Haltbarkeit wird nur das Jahr angegeben.

Bei jedem Einkauf ein Blick in diese Ecke bringt viel Taugliches ans Licht. Ebenso werden oft Käse-Eckstücke billiger angeboten. Sie eignen sich hervorragend zum Reiben. Denn frisch geriebener Käse ist in jedem Fall Abgepacktem vorzuziehen. Kleingeschnitten stellt er eine Aufwertung mancher Salate dar oder dient zum Verfeinern von Saucen (siehe Kapitel „Was vom Tage übrigblieb – gekonnte Resteverwertung").

Das gleiche gilt für überreife Bananen. In Geschmack und Aroma unübertroffen, kosten sie nur einen Bruchteil des regulären Preises (Verwertungsvorschlag siehe Kapitel „Schnelle und kostengünstige (Reste-)Menüs“).

Wird zum Kochen (Rouladenfüllungen oder ähnliches) Schinken benötigt, kann bedenkenlos der preiswertere Vorderschinken verwendet werden, der meist auch einen kräftigeren Geschmack an die Speisen abgibt als feiner Hinterschinken.

Der Einkauf bei Tiefkühl-Heim-Service und Getränkezulieferung ist im Rahmen einer Wirtschaftlichkeitsberechnung nur vertretbar, wenn man alt, krank oder gehbehindert ist. Denn anders als zu Robin Hoods Zeiten müssen diese Dienstleistungen über den Preis hinaus bezahlt werden.

Wer wüßte nicht, daß im Zuge der freien Marktwirtschaft Artikel gleicher Qualität zu unterschiedlichen Preisen angeboten werden. Wem es nichts ausmacht, übervorteilt zu werden, darf ruhig die Avocado im Feinkostladen statt im Supermarkt kaufen. Dort steht man in der Kassenschlange zwar nicht zwischen „Schicki-Micki“, zahlt aber für die erwähnte Frucht bei gleichem Herkunfts- und Qualitätsaufkleber 30 Prozent weniger! Auch ein „vergoldeter“ Einkaufskorb im Nobelladen überzeugt nicht von der Notwendigkeit eines 25prozentigen Aufschlags auf Wurstkonserven eines Qualitätsunternehmens, um nur ein Beispiel zu nennen. Das Etikett garantiert die gleich gute Qualität zu Normalpreis im Normalladen.

Obst und Gemüse sollten immer der Jahreszeit und der Marktlage entsprechend eingekauft werden, wenn nicht auf Kranke Rücksicht genommen werden muß. Erdbeeren im Dezember sollten Sie sich nur gönnen, wenn Sie schwanger sind, sonst ist es rechnerisch sinnvoller, die Eßgelüste solange unter Kontrolle zu halten, bis einheimische Früchte auf den Markt kommen. Erfolgt die Preisangabe bei Obst und Gemüse nach Stück, lohnt sich ein grober Überschlag zum Kilopreis, um eine Vergleichsbasis zu haben.

Wenn die Preise für Paprikaschoten, Auberginen, Zucchini usw. im Zenit stehen, gibt es zum Ausweichen unser wunderbares einheimisches, natürlich schmeckendes Wintergemüse wie Lauch, Rosenkohl, Karotten, Wirsing, Weiß- und Rotkohl, die den gewachsten und bestrahlten Exoten ebenbürtig, wenn nicht gar überlegen sind. Natürlich dürfen sie nicht zu Mus zerkocht werden, es sei denn, Püree war geplant, oder gar mit Mehlpampe zugekleistert werden. Ein liebevoller Umgang mit diesen ortsansässigen Gewächsen und kapriziöses Würzen lassen die schwere Scholle vergessen, auf der sie gewachsen sind. Ein paar Hinweise zur Verwendung von Gewürzen und für die Zubereitung von Gemüse stehen in den Kapiteln „Kochen ist ein Kinderspiel ...“ und „‚Rationeller, weil schneller‘ ist die Devise“.

Es kann nur die Angst vor dem Hungertod oder der angeborene Selbsterhaltungstrieb sein, der die Einkaufswägen vor Wochenenden und Feiertagen zum Überquellen bringt. Bei zu reichlichem Einkauf ist die Gefahr groß, daß nicht Aufgebrauchtes verdirbt. Sollte die Nahrungsdecke wider Erwarten oder bei unangesagtem Besuch doch knapp werden, so greifen Sie lieber auf Vorräte (Wurstdosen, Konserven, Brot aus dem Gefrierschrank) zurück, bevor die zuviel eingekauften Frischwaren verdorben in den Müll wandern. Es besteht natürlich auch die Möglichkeit, rechtzeitig Restpostenverarbeitung zu betreiben, sobald zu überblicken ist, was und wieviel voraussichtlich übrigbleiben wird. Beispiele dafür finden Sie im Kapitel „Was vom Tage übrigblieb – gekonnte Resteverwertung“.

Ein Wort zu Sonderangeboten

Unter echten Sonderangeboten verstehe ich Artikel, die statt zu regulärem Preis aus Aktionsgründen billiger verkauft werden. Wenn sie bei Ihnen üblicherweise Verwendung finden, bringt es entschieden rechnerische Vorteile, diesen günstigen Zeitpunkt zum Einkauf zu nutzen. Die Abgrenzung zum Hamsterkauf sollte aber deutlich werden... Denn es ist sofort *kein* Sonderangebot mehr, wenn statt der wirklich benötigten Menge ein Vielfaches erstanden wird, weil es ja gerade *soo* billig ist. Zehn zuviel gekaufte Tafeln Schokolade belasten außer der Geldbörse noch mehr die Hüften. Der Kaufentschluß muß immer das Siegel ,,sinnvoll und verwertbar" tragen. Die Sparwut darf allerdings nie so weit gehen, daß im Umkreis von hundert Kilometern allen Sonderangeboten nachgejagt und ganze Tankfüllungen leergefahren werden. Im Kampf gegen den ,,inneren Schnäppchenjäger" muß die ausgewogene Kosten-Nutzen-Rechnung Sieger bleiben.

Küchenhelfer oder ,,Kellerlinge"?

Der Handel bietet eine beträchtliche Anzahl sogenannter ,,Küchenhelfer" an, von denen sich die wenigsten bewährt haben und die bei nicht bestandener Bewährungsprobe nur die Küchenschränke verstellen oder sich im Keller stapeln und zu sogenannten ,,Kellerlingen" verkommen. Mit ganz einfachen, altvertrauten, klassischen Geräten (zum Beispiel einem einfachen Gemüsehobel, einer kleinen Hand-Moulinette, einem einfachen Hand-Kirschenentkerner), ist man immer noch am besten bedient. Im übrigen macht Küchenarbeit garantiert keinen Spaß, wenn mit stumpfen Messern hantiert wird, die mehr zermatschen als schneiden. Nur wenn sie die Schärfe einer Guillotine besitzen und jedem Messerwerfer zur Ehre gereichen würden, läßt sich ordentlich damit arbeiten (,,Messerschärfen" siehe Kapitel ,,Spare in der Zeit, dann hast Du in der Not!").

Vertrauen ist gut – Kontrolle ist besser

Prüfen Sie den Kassenzettel beim Einkauf an Ort und Stelle, sonst kann es geschehen, daß für ein Kilogramm Zwiebeln nicht DM 1,99 sondern DM 19,90 berechnet werden oder eine Paprikaschote mit dem astronomischen Preis von DM 17,44 den Besitzer wechselt. Das sind keine High-Tech Märchen, sondern ist Alltag in Lebensmittelgeschäften quer durch alle Größen. Die kleinen flinken Hände des Kassenpersonals jonglieren gerne mit dem Dezimalzeichen. Arglose Käufer bemerken derartige Irrtümer oft erst bei einer unübersehbaren Diskrepanz zwischen den wenigen Artikeln im Korb und der Höhe der geforderten Summe. Es lohnt auf jeden Fall, die Fähigkeit zu trainieren, während des Einpackens das Display im Auge zu behalten, um zu kontrollieren, ob der getippte Betrag der jeweiligen Auszeichnungssumme des dazugehörigen Artikels entspricht. Selbst in renommierten Supermärkten kommt es vor, daß die Kassen nicht auf den aktuellen Preis programmiert sind. Und erst recht dort, wo die Summen nicht mit dem Scanner abgelesen werden, fallen an den Kassen Preisentscheidungen von großer Unerschrockenheit und Willkür. In kleineren Läden gehört es zur Tagesordnung, daß Sonderangebote zum vollen Preis erfaßt werden. Wehe dem, der es wagt, Einspruch zu erheben! Der Unmut des Ertappten wird ihn treffen und verfolgen bis zum Ende aller Einkaufstage.

Ein ebenfalls häufig auftretender Fehler ist das Eintippen einer falschen Kennzahl bei Obst und Gemüse. Pech für den Käufer, wenn Papayas oder Mangos eine gut greifbare Ziffer haben oder wenn statt des Preises für eine Zitrone die Summe für einen 3-kg-Beutel Orangen auf dem Tippstreifen erscheint.

Es ist auch ganz einfach nur ärgerlich, wenn man sich nach bedächtigem Abwägen für die preiswertere Variante eines Produktes entscheidet, zu Hause dann aber feststellen muß, daß auf dem Kassenzettel doch der Betrag für die Superversion steht, die man sich aus Kostengründen verkniffen hat.

„Attention please“, wenn ein neues Gesicht an der vertrauten Wurst- und Käsetheke auftaucht. Zu gerne möchte man den Preis für die entsprechende Sorte einflüstern, wenn die Augen der neuen Kraft hilfesuchend alle Preistafeln auf- und abwandern, hätte uns nicht die Schule diese „Unart“ gründlich ausgetrieben. Ist das neue Gesicht gar noch branchenfremd, sollte man die Augen auf keinen Fall vom Display der Waage lassen. „Schinken ist Schinken“ und „Leberwurst ist Leberwurst“ – nach dieser Devise wird dann häufig der Preis gewählt.

Wurden versehentlich Preisschilder mit Sonderauszeichnungen noch nicht entfernt, tippt aber die Kasse wieder den regulären Preis des Artikels, so sagt das Verbraucherrecht, daß der Käufer Anspruch auf den reduzierten Betrag hat.

Ratsam ist es auch, bei abgepacktem Obst und Gemüse immer mal wieder eine Packung auf die Waage zu stellen, um zu prüfen, ob das aufgedruckte Gewicht mit dem übereinstimmt, welches die Waage anzeigt.

Tests in hanseatischen Supermärkten und Feinkostläden ergaben, daß 50 Prozent der Händler beim Verkauf offener Lebensmittel die Verpackungen mitwiegen und berechnen. Bei Tiefseekrabben kostet ein Plastikbecher dann 50 Pfennige, bei 200 Gramm hauchfein geschnittenem Parmaschinken das Einpackpapier 39 Pfennige, bei Ziegenkäse 30 Pfennige. Der Verpackungsaufschlag ist illegal. Das Eichgesetz (§ 10 a) schreibt getrenntes Auswiegen von Ware und Verpackung vor. Verstöße werden von der Eichdirektion mit Bußgeldern bis zu 20 000,– DM belegt (veröffentlicht im „Focus", Nr. 34, August 1994).

Auch darauf sollten Sie achten: Tragen abgegebene Pfandzettel auf dem Kassenbon wirklich das Minuszeichen?

Solange der Vorrat reicht ...

Teil einer zeitorientierten Haushaltsführung ist eine sinnvolle Vorratshaltung. In den schlauen Büchern zur perfekten Haushaltsführung wird nun seitenlang aufgelistet, um welche Artikel es sich dabei handelt. In den Vorrat gehören einfach die Lebensmittel, die sich eine Zeitlang aufbewahren lassen, ohne Schaden zu nehmen und die in der Küche üblicherweise Verwendung finden. Kartoffeln, Zwiebeln und Äpfel (am besten vom Erzeuger) beispielsweise nur dann, wenn ausreichende und richtig temperierte Lagermöglichkeiten vorhanden sind.

„Die Augen aller warten auf Dich, Du gibst ihnen Speise zur rechten Zeit." Diese Worte des Psalmisten könnten jeder Hausfrau ins Stammbuch geschrieben sein. Man kommt problemlos über die Runden, wenn Zutaten stets griffbereit im Hause sind, die auch eine ungeplante Mahlzeit möglich machen. So kann sich der Feierabend auch einmal hinziehen, ohne daß uns die starren deutschen Ladenschlußzeiten aus dem Konzept und in Rage bringen.

Mit ein paar Extras auf Lager, wie vakuumverpacktem Lachs, Krebsfleisch, Muscheln, Krabben, Artischockenherzen, Pfifferlingen in Dosen usw. lassen sich ohne große Planungsmanöver kleine Leckerbissen zubereiten, die sich ein wenig aus dem Kücheneinerlei abheben.

H-Milch ist nicht jedermanns Sache. Aber ein Karton davon im Vorratsschrank ist ein Kompromiß zugunsten des Zeitkontos. Denn wer kennt nicht die Tragödie mit der Frischmilch. Stehen drei Flaschen davon im Kühlschrank, trinkt die ganze Familie nur Tee oder Cola und die Milch säuert still vor sich hin, wenn sie nicht noch rechtzeitig zu Pudding, Brei oder edlem Schokotrunk verarbeitet wird. Ist dagegen keine Milch im Haus, wird just in diesem Moment für einen im Familienverbund dieser weiße Saft überlebenswichtig. Schuldzuweisungen fliegen wie Papierschwalben durch die Luft, die Stimmen werden heißer und die Stimmung kälter.

H-Milch (durch Ultrahocherhitzen keimfrei) enthält ebensoviel Kalzium und Eiweiß wie Frischmilch, aber weniger Vitamine. Diesen Mangel kann man durch Aufmöbeln mit frischen Früchten beseitigen (Milch-Shake).

Für den Fall, daß der Bäcker mal völlig leere Regale zeigt, erweisen sich eingefrorene Toastbrotschnitten als wahre Nothelfer. Sie können direkt aus dem Gefrierfach in den Toaster gesteckt werden. Auch Knäckebrot und vakuumverpackte Vollkornschnitten gehören zu diesen Schutzengeln und deshalb unbedingt in den Vorratsschrank.

Wiener-, Saiten-, Bockwürste oder unter welcher Bezeichnung sie auch laufen mögen, sollten im Gefrierschrank nie ausgehen. Vom Eis ins heiße Wasser geworfen, sind sie im Nu fertig zum Verzehr und können eine Reste-/Schnell-/Sparmahlzeit als solche nicht erkennbar werden lassen. In Haushalten Berufstätiger mit Kindern sind sie einfach nicht wegzudenken. Die Kids lernen sehr rasch, sich mit diesen Wurstobjekten selbst zu verköstigen; vielleicht weil Ähnlichkeit mit einem Joystick besteht, mit dem sie allerdings noch früher und weit geschickter umgehen können.

Wir alle wissen, daß die Zutaten beim Kochen frisch sein sollen. Je frischer die Ingredienzien, desto feiner die Küche, sagen die Gourmets. Das stimmt wohl so. Doch die streßgeplagten Berufstätigen werden es schwerlich schaffen, vor Arbeitsbeginn oder dazwischen Märkte abzuklappern, so es überhaupt erreichbare gibt, um diesen Anforderungen gerecht zu werden. Da aber immerzu und jeden Tag der Tisch gedeckt sein will, ist ohne Konserven, Tiefgefrorenes und Fertiggerichte, die allerdings nach strengen Kriterien zu prüfen sind, nicht auszukommen. Also gehören Artikel dieser Art ebenso in den Vorrat.

Ein regelmäßiger, prüfender Blick in den Vorratsschrank macht Lücken sichtbar, die am besten dann aufgefüllt werden, wenn die entsprechenden Produkte günstig angeboten werden oder die Finanzplanung es zuläßt. Diese Strategie hilft, täglichen Einkauf zu vermeiden und finanzielle Durststrecken zu überstehen. Eine Lücke im Vorrat kann eine ganze, mühsam ausgetüftelte Planung durcheinanderbringen, wenn durch das Fehlen eines beim Kochen vorgesehenen Produkts ein Spontankauf notwendig wird, der keine finanziellen Recherchen zuläßt.

Kapitel 3: Kochen ist ein Kinderspiel ...

Der von mir ob seiner exzellenten Rezepte sehr geschätzte Wolfram Siebeck (Journalist, Verfasser mehrerer Kochbücher, Hobbykoch, Gourmet) möge mir verzeihen, daß ich es wage, Kulinarisches auf der Ebene der preisbewußten Nahrungsaufnahme anzusiedeln. Gar köstlich zu lesen ist seine Schilderung der Bekehrung vom Bausparer zum Gourmet.

Aber so wie in der Musik nicht jeder das absolute Gehör besitzt und trotzdem Musik lieben kann, gibt es auch auf kulinarischem Gebiet verschiedene Nuancen des Geschmacksempfindens. Es läßt sich durchaus hervorragendes Essen zubereiten, ohne jeweils allererste und somit allerteuerste Qualität an Nahrungsmitteln verwenden zu müssen. Allein durch Würzen, richtiges Abschmecken und phantasievolle Kombinationen lassen sich Gerichte äußerst vorteilhaft verbessern.

Fleisch, das nicht der allerersten Güteklasse zugeordnet werden kann, muß heute nicht mehr, wie bei den Hunnen üblich, unterm Sattel mürbe geritten werden. Des Reitens nicht mächtige Kochwillige haben die Marinade erfunden. Und ein butterweich geschmorter Rinderbraten, der immer auch eine vorzügliche Sauce abgibt, wird manchmal – nicht nur des Preises wegen – einem Rinderfilet vorgezogen; was nicht heißen soll, daß dieses grundsätzlich vom Küchenzettel verschwinden muß.

Auch zwischen den Extremen Bress-Huhn und Gummiadler gibt es einen goldenen Mittelweg und zwar ein Hähnchen, welches ungezügelt picken und scharren durfte, wie es sein Hühnerherz erfreute, und dem die Beisetzung im Eis erspart blieb.

Nicht nur Kochexperten und Feinschmecker schätzen Crème fraîche, Sahne und „gute Butter". Fett ist bekanntlich der Geschmacksträger Nummer eins. Es schließt die Aromastoffe sozusagen in „kleine Pakete" ein und gibt sie erst auf der Zunge nach und nach wieder frei. Mit diesen drei Zutaten kann also in der Küche fast alles vervollkommnet werden.

Ein ebenfalls hervorragender „Veredler“ ist Balsamico (Essig). Duft, Farbe, Feinheit, Fülle, Harmonie und Konsistenz sind köstlich, der Preis allerdings hoch, je nach Alter. Da er aber äußerst sparsam zu gebrauchen ist, relativieren sich die Kosten. Er wird verwendet für Salate und Vorspeisen. Auch warme Gerichte wie Wild, Braten und Gulasch können einen Schuß vertragen. Preiswerter sind die Aroma-Essig-Sorten wie Estragon-, Himbeer-, Schwarze Johannisbeer- und Sherry-Essig. Auch mit ihnen lassen sich Verfeinerungen und Geschmacksrichtungen erreichen, die sich vom Gewohnten abheben.

Mit frischem Thymian, Rosmarin, Knoblauch und Olivenöl kann man sich außerdem ganz schön an die allseits geschätzte provenzalische Küche heranpirschen. Rosmarin und Thymian sind winterfeste Stauden und wachsen ohne große Zuwendung in jeder Gartenecke. Basilikum gedeiht prächtig auf der Fensterbank. Frischen Ingwer gibt es inzwischen an jedem Gemüsestand. Er kostet nicht mehr als die gemeine, eigentlich nur dekorative Petersilie. Doch ein Hauch von dieser ostasiatischen Wurzel macht aus einem alltäglichen Gericht einen lukullischen Genuß und kann einen zwar sehr gesunden, aber doch eher biederen Karottensalat zur Delikatesse erheben (Rezept siehe Kapitel „Schnelle und kostengünstige (Reste-)Menüs“). Auch mit Rosenkohl verträgt sich Ingwer gut, er rundet geschmacklich so manche Sauce ab, aber man muß den Ingwergeschmack mögen. Wußten Sie schon, daß Ingwer auf Gallenblase und Bauchspeicheldrüse sehr anregend wirkt? Er kann quasi den Verdauungsschnaps ersetzen. Und dann gibt es natürlich noch den Knoblauch als Vervollkommnung. Am verschwenderischen Verbrauch dieser Zehe ist der Feinschmecker zu erkennen.

Geschmackliche Verfeinerungen werden auch durch Würzen mit indischem Curry erreicht. Hier ist nicht das schmutzig-gelbe Pulver gemeint, das es üblicherweise in den Gewürzabteilungen zu kaufen gibt. Ich spreche von rötlich-braunem Curry aus Spezialgeschäften. Die damit gewürzten Gerichte schmecken „heiß" in des Wortes ursprünglicher Bedeutung.

Ein bestimmtes Maß an Unerschrockenheit im Umgang mit Eßbarem kann wundervolle Dinge hervorbringen. Zahlreich wie der Sand am Meer sind die Möglichkeiten, wenn man sich mit Phantasie und mit Liebe zum Detail ans Küchenwerk macht. Es stimmt beileibe nicht, daß das Köstliche immer auch zugleich das Schwierige sei, wie die Experten behaupten. Doch trotz Aufforderung zu ungewöhnlichen Kompositionen würde ich vor „Heuschrecken in wildem Honig an Manna", der vierzigtägigen Wüstenspeise Johannes des Täufers, aus Rücksicht auf unsere verzärtelten Verdauungskanäle haltmachen.

Man ist dem angestrebten Ziel (gut schmecken, gut aussehen, richtiges Preis-Leistungsverhältnis) ziemlich nahe, wenn ein oder sogar mehrere Familienmitglieder wohlig grunzend zu schnuppern beginnen, sobald der Herd angeworfen wird und der Stand des „Economic-Kontos" sich trotzdem nach oben bewegt.

„Rationeller, weil schneller" ist die Devise

Bei Theologen und Hausfrauen sind die Wochenenden meist Großkampftage. Das bringen diese Professionen so mit sich. Doch im Gegensatz zur Geistlichkeit läßt sich die Arbeit der Hausfrauen und -männer verlagern, um sich die Samstage und Sonntage von langandauernden Kochzeremonien frei zu halten. Ist man also ohnedies ein Weilchen in der Küche beschäftigt, kann dieser Aufenthalt gleich auch dazu benützt werden, etwas für die nächste Essensrunde mit vorzubereiten oder ganz gezielt Koch- und Bratangelegenheiten von längerer Dauer auf den Vorabend zu verlegen. Denn ist ein Braten erst mal in der Röhre, brutzelt er ohne große Zuwendung vor sich hin. Zeit- und Arbeitsaufwand für die nächste Mahlzeit verkürzen sich erheblich und beschränken sich dann nur auf die Zubereitung der Staffagen. Ohnehin läßt sich Fleisch kalt viel besser schneiden; es sei denn, das Vorhandensein eines elektrischen Messers befreit von derlei Widrigkeiten. Auch ein Schnellkochtopf, einmal gefüllt, erfordert keine weiteren Aktivitäten. Immer wieder mal ein prüfender Blick auf das Ventil genügt. Ein Schmortopf oder Siedendes köcheln ebenfalls sehr gut nebenher und stören nur unwesentlich die abendliche Fernsehstunde.

Wann eigentlich und warum erfolgte ein Umbruch von den legendären Kölner Heinzelmännchen zu den heute gehäuft auftretenden Heinzelfrauchen? Dies herauszufinden wäre in der Tat ein lohnenswerter Forschungsauftrag für die Lehrstühle der Sagen- und Märchenforschung an deutschen Universitäten. Doch Heinzel beiderlei Geschlechts können aus nachfolgender Empfehlung Vorteile für sich gewinnen.

Tips:

- Wie in den Kapiteln „Das liebe Geld – Finanzen und Planung" und „Einkaufen – das notwendige Übel" bereits erwähnt, lassen sich bei manchen Gerichten durch Zubereitung einer Grundversion in größerer Menge verschiedene Variationen, also mehrere Mahlzeiten vorbereiten. So werden Arbeitsgänge und Energieverbrauch reduziert.
- Es ist vielleicht ganz gut, bei den größeren Quanten und auf Vorrat zubereiteten Gerichten gleich den Teil verschwinden zu lassen, der für die nächsten Mahlzeiten fest eingeplant ist. Möglicherweise wächst der Appetit bei dem einen oder anderen ins Unermeßliche, wenn sich solch angerichtete große Mengen dem Auge darbieten. Sollte die „wird-morgen-noch-benötigt-Tour" dennoch bemerkt werden und bissige Bemerkungen wie „Das soll wohl auch noch für Ostern und Pfingsten reichen" hervorrufen, so ist das kein Grund, sich von der generalstabsmäßigen Planung abbringen zu lassen. Denn: „Unser ist der Gewinn" lautet die Losung.

Fisch

Feste Fischsorten

Bei Schellfisch oder anderen festen Fischsorten empfiehlt es sich, Doppelportionen einzuplanen, die kalt ebenso gut schmecken und am nächsten Tag mit Paprika-, Auberginen- oder Selleriepüree gegessen werden können.

Lachs

Stehen Lachskoteletts auf dem Plan, so ist es schlau, eines mehr in die Pfanne zu hauen. Frisch zubereitet werden sie mit Blattspinat und Kartoffeln gegessen. Das zuviel gebratene Stück kommt in zeitlicher Verschiebung als Lachsnudeln wieder auf den Tisch (Rezept siehe ,,Schnelle und kostengünstige (Reste-) Menüs").

Ein Vorschlag für eine luxuriöse Zubereitung von frischem Fisch

Fisch waschen, mit Zitrone beträufeln, salzen, pfeffern, ein wenig ruhen lassen und dann in Butter von beiden Seiten anbraten, so viel frische Sahne zugießen wie zur Sauce benötigt wird. Nun eine Dose Krabben oder Krebsfleisch dazugeben, ein wenig köcheln lassen und nochmals abschmecken. Für diese Art der Verwendung dürfen es die kleinen, nicht ganz so teuren Krabben sein. Auch beim Krebsfleisch tut es die zweitbeste Qualität, weil es in der Sauce ohnedies zerfallen soll. Wer die Prasserei auf die Spitze treiben will, ergänzt das Gericht mit Riesengarnelen. Mindestens eine auf jedem Teller sollte es aber schon sein. Diese Verfeinerungen machen zwar aus Schellfisch und Kabeljau keinen Lachs, aber sie zaubern aus dem Fischgericht gleich etwas nicht so Alltägliches.

Tip:

Eine geräucherte Lachsforelle bestach durch Makellosigkeit am Räucherhaken und ich erlag ihren Reizen. Sie sollte eine schnell anzufertigende Vorspeise abgeben und einem etwas puritanischen Nachtessen ein wenig Glanz verleihen. Doch die Sterne standen nicht gut für mich an diesem Abend. Denn das üblicherweise roséfarbene, zarte, wohlschmeckende Innenleben eines derartigen Erzeugnisses bestand hier aus einer zähen, in Salzlake ertränkten Masse. In der ersten Enttäuschung war ich versucht, diesen Fehlkauf sofort zu entsorgen. Aber die Kaufmannsseele in mir blieb Sieger. Getreu meinem Leitmotiv „Nichts Genießbares wandert in den Müll" spielte ich gedanklich mehrere Möglichkeiten der „Trotzdemverwendung" durch.

Geschmack und Konsistenz erinnerten an Anchovis. Diese Schärfe könnte einem Salat gut bekommen. Im Kühlschrank befand sich leider nur Eissalat (Feldsalat oder Frisée wären besser gewesen). Auf solch grüner Unterlage verteilte ich die kleingeschnittene, namenlose Materie – voll Vertrauen in das Deutsche Lebensmittelgesetz –, gab eine Handvoll sehr fein geschnittener Lauchringe darüber und wenig Dressing, da durch das Fischzeug genügend Geschmack gegeben war. Und welche Überraschung: Heraus kam ein deliziöser Räucherfischsalat! Die am Vortag mit Geringschätzung behandelte Vorspeise ging in dieser Verpackung bis auf den letzten Krümel weg. Gut hätte ich mir das Zeug auch in einem Kartoffelsalat vorstellen können. – Dies nur für den Fall, daß Ihnen ähnliches passiert.

Fleisch

Braten

Kommt ein Braten auf den Tisch, könnte er so reichlich bemessen sein, daß er für zwei Mahlzeiten und vielleicht auch für Kalten-Braten-Aufschnitt reicht. Einmal als Braten mit Sauce zubereitet, ein zweites Mal eventuell als Zwiebelfleisch oder auf saftigem Gemüse, wird keine Monotonie aufkommen lassen. (Weitere Vorschläge siehe „Gekochtes Rindfleisch" und im Kapitel „Was vom Tage übrigblieb – gekonnte Resteverwertung".)

Geschnetzeltes

Aus einer Grundversion Geschnetzeltem (Rind-, Schweine-, Kalb-, Lamm- oder Putenfleisch) kann jeweils durch Hinzufügen verschiedener Gemüsesorten (Zwiebeln, Paprikaschoten, Champignons, Mais) und unterschiedlicher Gewürze (Curry, mildes oder scharfes Paprikapulver, Cayennepfeffer, Sojasauce), durch Ablöschen mit Sahne oder Wein eine sanfte, pikante oder feurige Version entstehen. Mit getrocknetem Oregano und einigen schwarzen Oliven entsteht sogar eine Gyros-Pfanne. Kreative Typen können sich auf solch einer kulinarischen Spielwiese ordentlich austoben.

Denn muß „Kalbsgeschnetzeltes" immer den typischen Geschmack von „Kalbsgeschnetzeltem" haben? Mit roten, grünen und gelben Paprikaschoten, die mit Zwiebeln angeschmort werden, gewürzt mit indischem Curry – vielleicht auch eine Banane mitköcheln lassen – ergibt das einen völlig neuen Geschmack.

Profiköche wagen oft Ungewohntes und glänzen damit. So wie Dieter Müller, einer der besten deutschen Köche. Sein neues Domizil ist Schloß Lerbach in Bergisch-Gladbach. Dort kombiniert er einheimische Produkte mit asiatischen und mediterranen Aromen, wertet klassische deutsche Gerichte mit Edelprodukten auf, vereint Kurzgebratenes und Geschmortes auf den Tellern und hat damit riesigen Erfolg. Andere Küchenpäpste tun solch ein Gebaren als Effekthascherei ab und propagieren die schlichten Genüsse. – Jedem das Seine.

Gekochtes Rindfleisch

Gekochtes Rindfleisch (Querrippe, Hochrippe, Ochsenbrust) schmeckt oft sogar besser, wenn es am Vortag gekocht wird und in der Brühe erkaltet.

- *Gekochtes Rindfleisch – kalt gegessen*

Serviervorschläge: Kaltes Rindfleisch mit Knoblauchmayonnaise oder Selleriepüree oder Paprikamus und Weißbrot.

- *Mariniertes Rindfleisch*

Einen Liter Fleischbrühe abmessen und in etwa 30 Minuten auf einen halben Liter Flüssigkeit einkochen lassen. Abgekühltes Fleisch in dünne Scheiben schneiden. Die eingekochte Brühe mit Essig, Sherry, Zucker, Salz und Pfeffer würzen. Frischen Dill oder Schnittlauch fein schneiden und unterrühren. Fleischscheiben in der gewürzten Brühe über Nacht ziehen lassen. Lauchzwiebeln fein schneiden. Fleisch und Lauchzwiebeln mit etwas Brühe in einer flachen Schale anrichten. Dazu Baguette. Wer es sich leisten mag, verwendet als Fleischsorte Tafelspitz.

- *Nudelsuppe mit kleingeschnittenem Rindfleisch*

Dies ergibt zusammen mit einem gehaltvollen Nachtisch-Vorschlag: Kaffeereis, siehe Kapitel „Was vom Tage übrigblieb – gekonnte Resteverwertung" – ein ausreichendes Mahl.

- *Rindfleisch-Gemüse-Eintopf*

- *Fleisch auf saftigem Gemüse*

In Scheiben geschnittenes Fleisch serviert mit verschiedenen Gemüsesorten und Kartoffeln in jedweder Form ist immer eine beliebte Mahlzeit.

- *Rindfleischsalat*

Wem kaltes Rindfleisch zu fade schmeckt, verwandelt es ohne großen Aufwand in Rindfleischsalat mit frischen Paprikaschoten in rot, gelb oder grün, Radieschen oder Tomaten.

- *Schnellgulasch aus gekochtem Rindfleisch*

Zwiebeln in Butter anrösten (die Menge hängt vom persönlichen Geschmack ab). Fein geschnittene Paprikastreifen hinzufügen und kurz mitbraten, dann das gekochte Rindfleisch in Würfel schneiden und dazugeben, mit genügend (Instant-) Fleischbrühe auffüllen, abschmecken (Salz, frisch gemahlener Pfeffer, Cayennepfeffer, mildes und scharfes Paprikapulver) und etwas schmoren lassen, bis die Flüssigkeit zur benötigten Menge eingekocht ist.

- *Zwiebelfleisch*

Reichlich Zwiebeln in Olivenöl andünsten, mit Salz und Pfeffer würzen, ein wenig Weißwein oder Brühe angießen, die Fleischscheiben darin warm werden lassen.

Hackfleisch

Vielfältig sind auch die Möglichkeiten bei Hackfleisch. Das Fleisch wird in einer Pfanne bröselig angebraten. In diesem Zustand kann es bedenkenlos länger aufbewahrt werden als frisches.

- *Gefüllter Blätterteig*

Blätterteigscheiben (aus dem gefrorenen Vorrat) auftauen lassen und ausrollen, mit angebratenem und gewürztem Hackfleisch bestreichen, Käsescheiben darüber breiten, mit Blätterteigscheiben abdecken und in der Backröhre goldgelb backen. Dieses Rezept eignet sich als Vorspeise oder mit einem Salat als eigenständige Mahlzeit.

- *Tomatensauce mit Hackfleisch zur Spaghettimahlzeit*

- *Gemüsehackfleisch*

  Feingeschnittene Zwiebeln anbraten und verschiedene Gemüse (Zwiebeln, Paprika, Tomaten, Zucchini, Lauch) nicht zu weich dünsten, angebratenes Hackfleisch dazugeben und mit Salz und Pfeffer würzen. Brät man das Ganze in Olivenöl an, fügt ordentlich Knoblauch, Thymian, Rosmarin und blaue Oliven hinzu, läßt die Provence grüßen. Dazu kann man Reis, Nudeln oder Kartoffeln servieren.

- *Chili con Carne*

- *Hackfleisch-Ratatouille*

  Schon auf Vorrat angefertigte Ratatouille und bröselig angebratenes Hackfleisch (auch schon fertig) miteinander mischen und auf die richtige Eßtemperatur bringen.

- *Hackfleischbällchen oder Frikadellen*

  „Aus eins mach fünf" bei der Zubereitung von Hackfleischbällchen oder Frikadellen: Den Hackfleischteig wie üblich zubereiten, die Fleischteigmasse teilen, die Teilmengen jeweils mit grünen Pfefferkörnern, Kapern, gewürfeltem Käse oder Schinkenwürfeln anreichern und in der Pfanne wie gewöhnlich fertigbraten. Eine Superversion entsteht mit folgenden Zutaten: frischer Ingwer, gehackte Haselnüsse, gemahlener Koriander, milder Curry, etwas Rum.

Tip:

Einen besonders feinen Geschmack bekommen Frikadellen, wenn dem Fleischteig etwas abgeriebene Zitronenschale hinzugefügt wird.

Rouladen

Die Zubereitung von Rouladen ist sehr zeitraubend. Daher ist es auf jeden Fall rationeller, gleich mehrere Portionen davon anzufertigen und die nicht benötigte Menge einzufrieren. Hierbei können unterschiedliche Rouladenfüllungen und verschiedenerlei Fleisch eine Geschmacksvermischung ergeben, die ihren eigenen Reiz hat.

Ein samstäglicher Stadtbummel oder ein Ausflug am Sonntag machen noch mehr Spaß, wenn nicht das Gespenst des anschließenden „noch-kochen-Müssens" im Nacken sitzt. Die morgens aus dem Gefrierfach geholten Portionen brauchen nur noch aufgewärmt zu werden.

Zusammen mit Blaukraut aus der Dose und Kartoffelbrei aus der Tüte (für solche Gelegenheiten sind Fertigprodukte im Vorrat ideal) steht im Handumdrehen ein komplettes Essen auf dem Tisch. Diese kleine Mühe nimmt wohl jede Küchenfee gerne auf sich, wenn die Gegenrechnung – ein Restaurantbesuch mehrerer Personen – aufgemacht wird.

Geflügel

● *Hähnchenreis*

Sollte man extra den Grill anheizen, um nur *ein* Hähnchen zuzubereiten? Ein überzähliges schmeckt am nächsten Tag ebenso gut als Hähnchenreis: Den Bratvogel oder Teile davon kleinschneiden und unter gekochten Reis mischen, eine Packung Tiefkühlerbsen und/oder eine Dose Mais dazugeben, eventuell mit Gemüsebrühe geschmeidiger machen, vielleicht mit Curry und Sojasauce würzen und eventuell ein bis zwei Eßlöffel Kokosraspeln untermischen.

- *Hähnchenbrustfilet oder Putenmedaillons*

Auch bei Hähnchenbrustfilet und Putenmedaillons ist man gut beraten, ein Stück mehr zu brutzeln. Gewürfelt oder in feine Scheiben geschnitten, können sie jedem Blattsalat ein neues Outfit verleihen. Ein paar blaue Oliven wären noch eine Steigerung. Vor allem im Sommer reicht ein so aufgewerteter Salat zum Sattwerden aus.

- *Hähnchen im Gemüsebett*

Das in Stücke zerteilte Hähnchen ist dann zwar nicht mehr so knusprig, dafür entschädigt das fein zubereitete Gemüse (siehe Kapitel „Kochen ist ein Kinderspiel...“). Weißbrot oder Baguette dazu würden als Beilage ausreichen.

- *Hähnchen-Nudel-Eintopf*

Ein auf Vorrat gebratenes Hähnchenbrustfilet kann aber auch ein Baustein für einen Nudeleintopf sein. Eine Instant-Gemüse- oder Hühnerbrühe herstellen und mit Salz und Pfeffer abschmecken. Nudeln wie üblich kochen (oder bereits auf Vorrat gekochte verwenden). Hähnchen- und Schinkenwürfel in Streifen schneiden, dazugeben und erhitzen. Wem es nicht zuviel Mühe macht, Morcheln einzuweichen, zu kochen und sehr fein zu schneiden, bringt mit dieser Zugabe und einigen Spritzern Sojasauce etwas Fernöstliches zuwege. Mit entkernten, in Streifen geschnittenen Backpflaumen statt Morcheln entsteht „nur“ etwas mehr Östliches.

- *Geflügelsalat*

Schmeckt köstlich mit Ananas, Mais (beides aus der Dose) und Mayonnaise.

Gemüse diente lange Zeit nur als Staffage für ein Hauptgericht und ist erst mit der Renaissance der Vegetarier voll rehabilitiert worden. Eine Gemüsemahlzeit ist rasch zubereitet, wenn man nicht gerade an Rosenkohl und Schwarzwurzeln gerät. Ein wenig liebevoll behandelt mit einem Schuß Wein, einer Spur Meerrettich (aus dem Glas), mit Sonnenblumen-, Erdnuß-, Kürbiskernen oder Sesam, ein paar Sahnerosetten, Crème fraîche oder noch einfacher mit etwas frischer Butter – und Sie können sich großartige Begleiter auf der Tafel sparen.

Bei manchen Gemüsesorten, zum Beispiel bei grünen Bohnen, Blumenkohl, Spargel, Sellerie, Weißkraut, Rotkohl, Broccoli und Rote Bete, kann ein Teil der gegarten Menge zu Gemüsesalat verarbeitet werden. Diesen Salaten bekommt eine Nachtruhe im Kühlschrank ausgezeichnet und Sie haben am nächsten Tag einen Arbeitsgang und eine Menüsorge weniger.

Auberginen

- *Gefüllte Auberginen*

Dazu Auberginen nicht zu weich garen, die Früchte halbieren und aushöhlen. Gemüsefleisch, etwas Käse, Tomaten, ein wenig gekochten Reis oder Grünkern untermischen, mit Knoblauch, Salz und Pfeffer abschmecken, die Füllung in die Hälften geben und in fest verschlossenem Topf mit ganz wenig Wasser fertigdünsten.

- *Marinierte Auberginen*

Gegarte Auberginen in Scheiben schneiden, mit fein geschnittenen Tomaten und Knoblauch in Essig mit etwas Olivenöl und Thymianblättchen einlegen, vielleicht nachsalzen, pfeffern und ziehen lassen.

- *Blumenkohl mit Eier-Käse-Mischung*

Die gegarten Blumenkohlröschen in eine Pfanne geben. Eier mit Milch oder Sahne verquirlen, mit Salz und Muskat abschmecken, geriebenen Käse unterheben, die Masse über den Blumenkohl gießen und in geschlossener Pfanne auf der niedrigsten Stufe der Kochplatte stocken lassen. Wenn man überhaupt eine Beilage benötigt, würden Kartoffeln gut dazu passen.

- *Blumenkohlröschen in Bierteig*

- *Blumenkohlsalat*

Eine Abweichung der üblichen Zubereitung bei Blumenkohlsalat: Gekochte Blumenkohlröschen und in feine Scheiben geschnittene frische Birnen mischen, Dressing aus Joghurt mit ein wenig Sahne, wenig Öl, einer Spur Orangenkonzentrat, einer Prise Zucker.

- *Fritierte Blumenkohlröschen*

Gemüse-Kombinationen

Gemüsesorten – möchte man nicht den ausgeprägten Eigengeschmack einer Sorte erhalten – lassen sich natürlich sehr gut auch mischen. Gut zusammen passen beispielsweise Lauch und Karotten, Lauch und Champignons, Tomaten und Zucchini, Paprika-Tomaten-Zwiebeln-Auberginen, Broccoli und Lauch, Karotten und Blumenkohl. Natürlich sind auch andere Kombinationen möglich. Es ist einen Versuch wert, mit Meerrettich oder frischem Ingwer zu würzen. Man sollte ruhig etliches ausprobieren, auch wenn es mal danebengeht. Mit Kreativität in der Küche läßt sich manche Runde gegen die Küchenverdrossenheit gewinnen. Nicht auszudenken, wenn dann tatsächlich jemand Tränen des Glücks über Ihren Kreationen vergießt!

Kochwasser von Blumenkohl, Zucchini, Spargel, Broccoli usw. kann für eine Suppe verwendet oder bei anderen Kochvorgängen eingesetzt werden – überall dort, wo von Instant-Gemüsebrühe die Rede ist. Es ist auch nicht verboten, den Durst damit zu löschen und somit gegen einen abfallenden Vitaminspiegel anzugehen.

Gemüseunterlage

Auberginen und Zucchini für sich allein zubereitet schmecken leicht etwas fade. Mit einer Unterlage aber bekommen sie einen besonders delikaten Geschmack. Und diese „Farce" kann getrost in größerer Menge zubereitet werden, da die Anfertigung etwas Zeit in Anspruch nimmt, um sie dann für mehrere Gemüsegerichte parat zu haben.

Zwiebeln werden sehr, sehr fein geschnitten. Das gelingt nur mit einem ungemein scharfen Messer („Messerschärfen" siehe Kapitel „Spare in der Zeit, dann hast Du in der Not!"). Diese werden nun zusammen mit hauchfein gepreßtem Knoblauch in Olivenöl angedünstet. Dazu kommen dünn geschnittene Tomaten. (In der „Hohen Schule des Kochens" werden Tomaten vor der Verarbeitung enthäutet. Dazu werden sie in kochendheißes Wasser geworfen, bis sich die Haut ganz leicht abziehen läßt.) Das Ganze nun so lange schmoren lassen, bis die Tomaten zerfallen und eine gebundene Masse entsteht. Leicht salzen.

Den Teil, der nicht sofort verbraucht wird, bis zur Weiterverwendung gut verschlossen kaltstellen. Bei der Weiterverarbeitung wird die kalte Gemüsemasse in einer Pfanne mit etwas Wasser, Brühe oder Wein geschmeidig gerührt und erwärmt. Das nicht zu weich gegarte Gemüse hinzufügen und passend zur jeweiligen Sorte würzen und abschmecken. Diese „Farce" paßt auch ausgezeichnet zu Champignons, Lauch, Fenchel und, und, und ...

Wer mit der üblichen Tomatensauce zu Spaghetti nichts am Hut hat, dem schmeckt vielleicht diese konzentrierte Form.

Gemüse-Nudel- oder Reispfanne

Die ziemlich oft erwähnten Nudel-/Reis-Pfannen oder -Töpfe müssen ordentlich viel Gemüse enthalten, erst dann avancieren sie vom Sattmacher zum Leckerbissen. Reicht das frische Gemüse nicht aus, muß eben mal eine Dose oder etwas Tiefgefrorenes herhalten, denn auch hier bestimmt das Mischungsverhältnis die Güteklasse. Und mit kleinen Extras wie schwarzen Oliven, Kapern, Krabben, Muscheln (beides aus der Dose), besonderen Gewürzen, ein paar Scheibchen Banane, einem Eßlöffel gehackter Nüsse oder Kokosraspeln, etwas Sesam oder heißem Ziegenkäse steigen sie zur Luxusklasse auf. Wenn dagegen Nudeln oder Reis die Oberfläche beherrschen, wird dieser „plat du jour" kein großer Erfolg beschieden sein.

Grüne Bohnen

- *Grüne Bohnen mit Käse und Schinken*

Fein geschnittene Zwiebeln oder Lauch in Fett andünsten (evtl. mit etwas frisch gepreßtem Knoblauch), klein geschnittenen Speck oder Schinken beifügen, kroß braten und die bißfest gekochten Bohnen zugeben, salzen. Statt Speck oder Schinken vertragen Bohnen auch geriebenen Käse, wie fast alle Gemüsesorten. Feinschmecker verwenden beides.

- *Grüne Bohnen im Speck- oder Schinkenmantel*

Dazu werden die gekochten Bohnen in ganzer Länge zu mehreren in Schinken- oder Speckscheiben gewickelt und mit gerösteten Zwiebeln bestreut. Dazu serviert man Kartoffeln in jeder Form.

- *Grüne-Bohnen-Salat*

- *Zwiebelgemüse mit grünen Bohnen*

Zubereitungsvorschlag siehe Kapitel „Schnelle und kostengünstige (Reste-)Menüs".

Linsen

Diese gesunden Hülsenfrüchte müssen wegen der etwas längeren Garzeit nicht vom Küchenzettel verschwinden. Außerdem behaupten die Schwaben, Linsenessen am Karfreitag bringt Geldsegen für das ganze Jahr. Und diese Experten in Gelddingen müssen es ja wissen ... Also, einmal gekocht, x-mal serviert.

- *Nudelauflauf mit Linsen und Champignons*

Nudeln (z.B. grüne Bandnudeln), durchwachsener Speck, Champignons, Crème fraîche oder saure Sahne, Käse (Emmentaler, Gouda), Eier, frisch gemahlenen Pfeffer.

Nudeln bißfest kochen (und das kann auch schon am Vortag und wohlbedacht in größerer Menge geschehen sein), Speck in Streifen schneiden und in Fett glasig werden lassen. Die bereits fertig gekochten Linsen zugeben und vermischen. Champignons putzen und blättrig schneiden, abgetropfte Nudeln, Linsen-Speck-Mischung und Champignons in eine ofenfeste Form schichten. Eier, Crème fraîche und geriebenen Käse verrühren, mit Salz und Pfeffer abschmecken und über den Auflauf gießen. Schnellvariante und für Vegetarier: Speck weglassen.

- *Blattsalat mit Linsenauflage und Schinkenwürfeln*

Den Boden einer großen Platte mit grünem Salat bedecken, gegarte kalte Linsen darauf schichten, feingewürfelten Schinken darüberstreuen, sehr fein geschnittene Lauchstreifen verteilen und Dressing darüber gießen.

Variante: Muscheln aus der Dose statt Schinken verwenden.

- *Linsensalat*

- *Linsen mit Spätzle und Saiten/Wiener*

  Hier die gegarten Linsen mit Crème fraîche verrühren, neu abschmecken und noch einmal heiß werden lassen.

- *Linsen mit Thymian-Sahne*

  Saure Sahne/Crème fraîche, Salz, frisch gemahlener Pfeffer, frischer Thymian.

  Sahne mit Thymian-Blättchen verrühren, abschmecken, über die Linsen geben und kurz noch einmal aufkochen.

  Linsen aus der Dose sind zeitlich und finanziell eine gute Alternative, aber ungeeignet für Salate.

Ratatouille

Bei der Zubereitung von Ratatouille können die Zutaten ruhig großzügig bemessen werden. Es darf schon mal vorkommen, daß im Interesse der Wirtschaftlichkeit wider das Gesetz von der Erhaltung der Nährstoffe etwas gesündigt wird. Die nicht als Beilage benötigte Menge schmeckt als Ratatouille-Lasagne – wenn überhaupt möglich – noch besser. Dies ist nicht nur ein Tip für Vegetarier!

Rote Bete

- *Rote-Bete-Gemüse*

  Zwiebelringe in Fett glasig dünsten, grob geraffelte Rote Bete und etwas Brühe zugeben, mit Essig, Kümmel, Salz und Zukker abschmecken. Paßt zu fast jeder Art von Fleisch und ausgezeichnet zu Gänsebraten.

- *Rote-Bete-Salat*

Sauerkraut ist nicht mehr nur ein tumbes deutsches Sättigungsmittel, sondern längst bis zur Haute Cuisine vorgedrungen und kann vor allem im Winter eine gesunde Abwechslung in den Speisezettel bringen. Nicht immer muß es aus der Edelkonserve kommen. Lose vom Faß gekauft läßt sich gleich ein größeres Quantum zubereiten. Grundversion: Zwiebeln in Fett oder Schmalz glasig dünsten, Sauerkraut locker dazugeben, mit wenig Flüssigkeit (Gemüsebrühe, Weißwein oder nobel mit einem Piccolo), ein paar Wacholderbeeren und genügend gesalzen (im Dampftopf) garen. Wer es „schlunzig" liebt, kann das fertig gekochte Kraut mit einer musig geriebenen rohen Kartoffel binden. Diese Methode ersetzt wunderbar Großmutters dicke Mehlschwitze.

- *Sauerkrautauflauf*

  Entweder Kartoffelbreireste, in Scheiben geschnittene gekochte Kartoffeln (auch vom Vortag) oder gekochte Nudeln (dürfen ebenfalls schon vorgekocht sein) in eine gefettete Auflaufform geben. Eine Schicht Sauerkraut, eine Schicht in Scheiben geschnittene Würstchen (die Nothelfer aus dem Eis lassen sich mit einem scharfen Messer sogar gefroren schneiden) und noch einmal eine Schicht des gleichen Materials wie der Bodenbelag darauf legen. Ein Ei mit Milch oder Sahne verquirlt und vielleicht mit geriebenem Käse angereichert darüber gießen, Butterflöckchen aufsetzen und knusprig überbacken.

- *Schnelles Szegediner „nach Art des Hauses"*

  Zum fertigen Sauerkraut würfelig geschnittenes Kassler geben, mit reichlich Paprika abschmecken und einen Klecks Crème fraîche vor dem Servieren zufügen.

- *„... wovon sie besonders schwärmt, wenn es wieder aufgewärmt."* (Witwe Bolte) – Das ist immer noch eine ideale Beilage zu Fleisch, Wild und Geflügel.

Sellerie

- *Selleriepüree*

Dieses schmeckt warm und kalt zu Fleisch oder ganz einfach zu einem Stück gebuttertem Pumpernickel. Je kälter, desto besser.

Zubereitung: Weichgekochten Sellerie mit etwas Butter im Mixer fein pürieren. Mit Salz, weißem Pfeffer, Zitronensaft abschmecken und flüssige Sahne unterrühren.

- *Selleriesalat*

Weißkraut

- *Weißkraut-Nudel-Pfanne*

Zwiebeln in Oliven- oder Nußöl glasig dünsten, das vorgegarte Weißkraut dazugeben, salzen, pfeffern und vollends weich dünsten. Gekochte Bandnudeln unter die Gemüsemasse mischen, vor dem Servieren einen kräftigen Schuß Oliven- oder Nußöl dazugeben, eine Handvoll Kürbiskerne ebenfalls, und alles gut vermengen.

- *Weißkraut-Salat*

Kartoffeln

Eckart Witzigmann, der ,,Gigant am Kochtopf" (Restaurant ,,Aubergine", München), gestand anläßlich seiner Ernennung zum ,,Cuisinier du siècle" verschämt lächelnd, sein eigentliches Leib- und Magengericht sei ,,Bratkartoffeln an Spiegelei" und mit verständnisvollem Kopfnicken wenden wir uns den Kartoffeln zu.

Pellkartoffeln am ersten Tag, Bratkartoffeln, Kartoffelklöße, Rösti, Bauernfrühstück oder Kartoffelauflauf am nächsten oder übernächsten Tag sollte zur Gewohnheit werden. Noch interessanter als die eingesparte Energie ist die gewonnene Zeit beim Küchendienst.

Wenn die ersten, neuen, zarten Kartöffelchen in den Gemüseregalen auftauchen, möchte man die alten Überwinterungskartoffeln am liebsten den Schweinen geben. Diesem Zweck dienten sie einstmals in der Landwirtschaft ausschließlich. Heute sind sie vom Eßtisch nicht mehr wegzudenken und deshalb kann man vor dem endgültigen Rausschmiß erst noch mal eine Frischzellenkur versuchen. Dem Kochwasser ein kräftiger Schuß Essig zugefügt wirkt zwar nicht wie eine Antifaltencreme, verbessert aber den Geschmack der gekochten Knollen und sie eignen sich so immer noch gut für eine der aufgeführten Möglichkeiten.

Tip:

Rohe, sehr fein geriebene Kartoffeln sind ein gutes Bindemittel für Saucen, Suppen und Gemüse.

Kartoffelnudeln

Die am Tag zuvor gekochten Kartoffeln werden gerieben, Eier, Salz, Muskat und so viel Mehl zugeben, daß die Masse zusammenhält. Man formt fingerlange und fingerdicke Nudeln und läßt sie entweder in Salzwasser aufkochen und übergießt sie dann mit brauner Butter oder sie werden roh in Fett in einer Pfanne ringsum braun angebraten.

Kartoffelpfannkuchen

Einen nostalgischen Touch haben Kartoffelpfannkuchen – die Pommes der 40ger Jahre. Dafür ließen wir als Kinder alles stehen und liegen, was es in dieser Zeit Eßbares gab – und das war herzlich wenig.

Das Rezept entspricht dem von Kartoffelnudeln. Nur werden aus dem Teig Pfannkuchen ausgewellt (mit dem Nudelholz auf einer bemehlten Unterlage). Die Pfannkuchen mit ganz wenig Fett in einer Pfanne auf beiden Seiten braun backen. Noch heiß mit Zucker bestreuen und sofort verzehren. Bei uns wurden sie damals auf der blanken Herdplatte eines Kanonenofens gebacken und es gab selbstgekochten Rübensirup darauf.

Rahmkartoffeln

Am Vortag gekochte Kartoffeln in Scheiben schneiden. Crème fraîche oder süße Sahne mit geriebenem Käse, fein gepreßtem Knoblauch, Salz, Pfeffer, etwas frischem Zitronensaft vermischen und die geschnittenen Kartoffeln vorsichtig unterheben. Die Masse in eine beschichtete Pfanne geben und bei geschlossenem Deckel und nicht zu großer Hitze braten. Die Kartoffeln bekommen so von unten eine schöne Kruste. Auf eine Platte gestürzt servieren. Auf diese Art zubereitet, können sie die zeitaufwendigen Pommes gratins ersetzen.

Überbackene Kartoffelrösti

Sie benötigen gekochte Kartoffeln vom Vortag, Zwiebeln, Eier, etwas Mehl, Salz, frisch gemahlenen Pfeffer, Butter, Mozzarellakäse. Zwiebelwürfel glasig dünsten und mit den grob geraffelten Kartoffeln, Eiern und dem Mehl mischen. Mit Salz und Pfeffer abschmecken. Kartoffelmasse eßlöffelweise in eine Pfanne mit heißem Fett geben, flach drücken und so kleine Rösti formen. Portionsweise drei bis vier Minuten bei mittlerer Hitze von einer Seite braun anbraten, wenden und nach zwei Minuten mit Käsescheiben belegen. Pfanne mit einem Deckel schließen und so lange weiterbraten, bis der Käse beginnt zu zerlaufen. Dazu gibt es Salat und Brot.

Weitere Verwendungsmöglichkeiten:

- *Kartoffelklöße*

Zutaten: Gekochte Kartoffeln vom Vortag, Mehl oder Kartoffelmehl, Ei, Salz. Die gekochten Kartoffeln schälen und reiben, mit den übrigen Zutaten zu einem festen Teig vermischen. Klöße formen und in Salzwasser kochen. Um zu prüfen, ob der Teig die nötige Festigkeit hat, zuerst ein Probeklößchen kochen.

- *Kartoffelküchlein mit Quark*

Gekochte Kartoffeln vom Vortag werden geschält, gerieben und mit Quark, Ei, Salz und Muskat vermischt. So viel Mehl hinzufügen, daß der Teig gebunden ist. Küchlein formen. In Fett von beiden Seiten schön hellgelb ausbacken. Dazu einfach Salat servieren.

- *Zucchini-Rösti*

Zucchini fein raspeln, ausdrücken, unter die Kartoffelmasse rühren und weiterbehandeln wie Kartoffelrösti.

Nudeln

Für weitere Beilagen wie Nudeln, Reis, Grünkern und Kartoffeln gilt die gleiche Maxime wie bei Fleisch und Gemüse: Eben eine größere Menge kochen, einen Teil frisch gekocht verwenden und den nicht benötigten Teil kühl stellen für eine Weiterverwendung am nächsten oder übernächsten Tag. Als Aufmunterung für Neulinge am Kochtopf mag gesagt werden, daß diese Art von Beilagen widerstandsfähiger als Gemüse ist und auch leichte „Mißhandlungen“ übersteht.

Nudelsalat

Ein Nudelsalat aus Farfalle (Schmetterlingsnudeln) oder jeder anderen Nudelsorte ist nicht nur bei Heranwachsenden beliebt. Mit einer Packung tiefgefrorenem Sommergemüse und einem Glas leichter Mayonnaise ist er besonders schnell zubereitet. Ein Stück Melone, das seit Tagen den Kühlschrank verstopft und eigentlich schon auf dem Weg zum Schafott war, gibt einem solchen Salat eine beinahe neue Geschmacksrichtung, auch mehr Volumen – und erhärtet die These: Nichts wird weggeworfen!

Schinkennudeln

Bekannt und beliebt, vor allem wohl in Süddeutschland, sind die Schinkennudeln: Gekochte Nudeln (auch vom Vortag) in eine gefettete Auflaufform geben, wechselweise mit geschnittenem Schinken auffüllen, dazwischen immer wieder etwas Rahm (saure Sahne) träufeln, salzen und Reibkäse dazwischenstreuen. Obenauf Butterflöckchen setzen und überbacken. Und hier sollte man einfach die schwäbische Sparsamkeit vergessen und mit Schinken, Sahne und Reibkäse prasserisch umgehen.

Schnellere Zubereitungsart: Alle Zutaten mischen und noch verquirlte Eier zugeben. In eine gefettete oder beschichtete Pfanne füllen, den Deckel darauf und stocken lassen. Die Vegetarier lassen den Schinken ganz einfach weg; aber beide Male gehört Salat dazu.

Variante: Geröstete Spätzle

Gekochte Spätzle vom Vortag in Butter unter gelegentlichem Wenden so lange braten, bis sie knusprige Ränder bekommen. Eier mit saurer Sahne, Salz, frisch gemahlenem Pfeffer verrühren und über die Spätzle gießen. Unter Wenden so lange braten, bis die Eiermischung ebenfalls kroß wird. Dazu Salat servieren.

Weitere Verwendungsmöglichkeiten:

- Aus Nudeln kann mit Hackfleisch ein Auflauf werden oder eine Gemüse-Nudel-Pfanne (Gemüse vorher anschmoren).
- Auch Nudeln mit einer Schinken-Käse-Sahne-Sauce schmeicheln dem Magen entweder als Zwischengericht oder mit Salat als ganze Mahlzeit.

Pfannkuchen

„Frau Tatzentupf stand am Herd und buk Pfannkuchen". So begann eine Geschichte im Lesebuch meiner Grundschulzeit. Dazu gehörte ein Bild: Eine putzige Bärenmama mit Schürze und Kochlöffel hantiert an einem eisernen Kanonenöfchen, umringt von unzähligen, noch putzigeren kleinen Bärenkindern, welche ihr die gebackenen Fladen förmlich aus der Hand reißen. So sicher wie das Amen in der Kirche entsteigt dieses Bild meinem Langzeitgedächtnis, wenn es ans Pfannkuchenbacken geht. Denn so beträchtlich die fabrizierte Menge bei mir auch ausfällt, bleibt doch nie ein genügend großer Rest übrig, daß es für eine zweite Mahlzeit reichen würde. Dabei sind kalte Pfannkuchen ungemein ausbaufähig.

Tip:

Süßen Sie den Pfannkuchenteig nach Möglichkeit nicht; die Weiterverwendungsmöglichkeiten der gebackenen Exemplare sind dann vielseitiger.

Pfannkuchen mit Füllung

Gut lassen sich Pfannkuchen auch mit gedünstetem Gemüse oder Blattspinat füllen und mit Käsesauce, Crème fraîche oder Eiersahne überbacken. Auch eine Füllung aus Bratenresten (mit in Butter gedünsteten Zwiebeln und Petersilie) macht sich gut dazu.

Pfannkuchen-Lachs-Röllchen

Ausgesprochen superb schmecken die ,,Flädle", wie sie von den Schwaben bezeichnet werden, folgendermaßen: Flädle mit Räucherlachs belegen und fest zusammengerollt in Alufolie verpackt über Nacht im Kühlschrank ziehen lassen. Rollen in dünne Scheiben schneiden und – mit Salatblättern garniert – als Vorspeise servieren. Auch wenn Sie hierfür vakuumverpackten Lachs, weil preiswerter, verwenden, wird ein Hauch von Luxus durch die Küche ziehen.

Überbackene Pfannkuchen

Noch ein Vorschlag: Pfannkuchen locker zerzupft in eine gefettete Auflaufform schichten, mit Honig-Crème-fraîche übergießen und mit gehackten Nüssen, Mandeln oder Kokosraspeln bestreut überbacken. Vor dem Servieren könnten die im Kapitel ,,Was vom Tage übrigblieb – gekonnte Resteverwertung" erwähnten Sahnetupfer aufgesetzt werden.

Weitere Verwendungsmöglichkeit:

Man kann die Pfannkuchen mit süßem Quark füllen, überbacken und als Pseudo-Palatschinken anbieten. Quarkfüllung: Quark, Zucker, etwas süße Sahne, Rosinen, Zitronensaft. Zum Überbacken: Eier, süße Sahne, Zucker.

Reis und Risotto

Grünkernrisotto mit Pilzen

Schalotten oder Zwiebeln fein schneiden und in Butter glasig dünsten. Die in Scheiben geschnittenen Pilze (z.B. Champignons) mitbraten, salzen, pfeffern und mit Zitronensaft würzen. Grünkern zugeben. Das Mischungsverhältnis und die Art des Würzens entscheiden über Alltäglichkeit oder Delikatesse. Je mehr Pilze, desto besser.

Risotto mit Braten- oder Geflügelresten

Lauchringe in Olivenöl anrösten, den fertigen Reis und nach Bedarf Rot-, Weißwein oder Brühe zugießen (nicht zuviel, es soll keine Reissuppe daraus werden). Braten- oder Geflügelreste dazugeben (statt Braten kann es auch Schinken oder Kochwurst sein). Ein paar schwarze Oliven bringen eine bemerkenswerte Geschmacksveränderung.

Eine provenzalische Version: Paprika, Tomaten, Zwiebeln, Auberginen und Zucchini klein schneiden und in Olivenöl anbraten (zuerst natürlich die Zwiebeln und dann den Rest dazu). Frischen Thymian, Rosmarin, gepreßten Knoblauch und schwarze Oliven dazumischen und nicht zu weich dünsten. Durch das Gemüse wird genügend Flüssigkeit vorhanden sein, sonst muß Wein-, Rotwein oder Brühe angegossen werden. Jetzt den fertig gekochten Reis dazugeben. Allein mit Baguette ist diese Mischung schon ein Gaumenschmaus, mit Lamm wird sie zur Labsal.

Risotto mit Gemüse

Sie benötigen rote und gelbe Paprikaschoten, Lauch, Ingwer, Gemüsebrühe, Olivenöl, Sojasauce oder Madeira. Lauch in sehr feine Streifen schneiden, Paprika ganz klein würfeln. Beides in Olivenöl anbraten, den frischen, geschälten und sehr fein gehackten Ingwer zugeben, ein Spritzer Portwein, Madeira oder Sojasauce hinzu, mit wenig Brühe ablöschen und zugedeckt fünf bis acht Minuten garen lassen. Den fertigen Reis dazu geben, wenn nötig, eine Tasse Weißwein (soviel der Reis eben noch aufnimmt) zugießen. Jetzt abschmecken. Vielleicht fehlt etwas Pfeffer oder Ingwer, auch ein paar Tropfen Zitronensaft bewirken Erstaunliches. Und nun noch mit frisch geriebenem Käse bestreuen. Schmeckt fast noch besser als es schon aussieht!

Weitere Verwendungsmöglichkeiten:

- *Geflügelreis* (siehe Rezept „Hähnchenreis" im Kapitel „‚Rationeller, weil schneller' ist die Devise")

- *Reis-Gemüse-Gerichte*

  Am Vortag gekochter Reis und Grünkern lassen sich weiterverarbeiten zu gefüllter Paprika, gefüllten Auberginen oder Zucchini (beides mit oder ohne Hackfleisch) oder zur vielzitierten Gemüsepfanne (ebenfalls mit oder ohne Fleisch).

- *Reissalat*

  Viel Gemüse (Champignons – frisch oder aus der Dose, Paprikaschoten, Tomaten, Mais (aus der Dose), Apfel), *wenig Reis*.

- *Risotto mit Fisch*

  Schnellversion mit Muscheln und/oder Krabben aus der Konserve – hier paßt als Gewürz Safran. Das Ergebnis ähnelt wohl einer Paella „nach Art des Hauses".

- *Risotto mit frischen Pilzen*

  (siehe Rezept „Grünkernrisotto" in diesem Kapitel)

Tips:

- Ein paar Eßlöffel von gekochtem Reis jeder Art von Rouladenfüllung zugegeben, macht diese locker und leicht. Auch anwendbar bei Frikadellen.

- Kalter Reis läßt sich schlecht aufwärmen. Entweder muß man zuviel Fett zugeben oder er klebt am Pfannenboden oder wird hart wie Kieselstein und zur Gefahr für die Zahnfüllungen.

Aber kalter Reis ins heiße Gemüse geworfen, gut vermischt, vielleicht etwas ausgefallen nachgewürzt, schmeckt wunderbar saftig. So eine Kombination ist mit Salat genossen meist sättigend genug. Ein Nachtisch darf angehängt werden.

- Der körnige und nussige Geschmack von Grünkern kommt in Verbindung mit Gemüse besonders gut zur Geltung. Es genügt, in das fertige Gemüse ein paar Eßlöffel des kalten (aus der auf Vorrat gekochten Menge) Grünkerns einzustreuen.

- Ob diese Reisgerichte nun mit Stäbchen, Gabel oder Löffel gegessen werden, mindert nicht den Genuß derselben.

Die Kleinigkeiten, die dem Essen noch den „letzten Schliff" verleihen

Eingelegte Zwiebelringe

Zwiebeln sehr fein schneiden, mit Knoblauchzehen in Rotweinessig mit ein paar Eßlöffeln Olivenöl einlegen und gut verschlossen mindestens 24 Stunden ziehen lassen. Die Zwiebelringe müssen genügend mit Flüssigkeit bedeckt sein. Bei der Zubereitung eines frischen Salates entfällt somit das für Augen, Hände und Hackbrett unangenehme Zwiebelschneiden. Eine Schöpfkelle voll aus dem Zwiebelringgefäß löst dieses Problem zeit- und tränensparend. Zudem sind Zwiebeln in rohem Zustand ein Erzfeind des Geschmacksinns. Mariniert überdecken sie nicht den jeweiligen Eigengeschmack des Salates. Sie schmecken so aufbereitet auch ohne Salat sehr gut als Beilage zu einer Aufschnittplatte.

Knoblauchbutter (hält sich im Kühlschrank ein paar Tage)

Weiche Butter mit zerdrücktem Knoblauch (die Menge richtet sich nach Geschmack und Umfeld), Salz und wenig abgeriebener Zitronenschale verrühren. Eine Verwendung als Brotbelag, zum Verfeinern von Gemüsen oder zur schnellen Anfertigung eines Knoblauchbaguettes ist möglich.

Pesto, Aioli, Paprikamus

Auch bei Pesto (Basilikumsauce), Aioli und Paprikamus ist es wegen des Arbeitsaufwands rentabler, gleich mehr davon zu produzieren und in Schraubgläsern kühl aufzubewahren. Wichtig: Pesto hält sich lange, muß aber immer gut mit Olivenöl bedeckt sein.

Pesto paßt nicht nur zu Spaghetti, sondern kann auch über einen fertigen Eintopf (zum Beispiel aus Kartoffeln, Möhren, Lauch, Champignons) gegeben werden.

Salatdressing

Salatdressing aus neutralem Essig und Öl kann problemlos für eine Woche im voraus zubereitet werden. Sollte es die Art des Salates erfordern, kann dann jeweils mit Meerrettich, Senf, Himbeer-, Estragon- oder Sherry-Essig, mit besonderem Öl und Gewürzen variiert werden.

Die Zeit der Zubereitung eines Salates reduziert sich damit erheblich.

Schnelle Sauce

Schmelzkäse-Ecken auf ganz kleiner Flamme mit Sahne oder Gemüsebrühe zum Schmelzen bringen (*nicht* kochen), mit Pfeffer aus der Mühle nachwürzen und einem Schuß Sherry oder Cognac abrunden. Der Sauce kann auch durch Würzen mit Paprika oder ähnlichem eine ganz andere Geschmacksrichtung gegeben werden.

Das Aussuchen der Weine zu all den köstlichen Gerichten, die in der Küche entstehen, darf der Herrenwelt überlassen werden – nach deren Meinung eine gerechte Rollenteilung. Nicht minder beliebt ist jene, die da lautet: „Du kochst und ich esse!“

Kapitel 4: Die beliebte Alternative – Fertigprodukte und -gerichte

Sie sind teuer und schmecken fast immer uniform. Deshalb sollte genau geprüft werden, in welchem Verhältnis Preis und Qualität eines Produktes zum eigenen Herstellungsaufwand stehen. Blätterteig, Kartoffelpüree, spezielle Fonds, Instant-Gemüsebrühe beispielsweise schneiden bei solch einem Test positiv ab. Absolutes Hausverbot haben bei mir fertige „Saucenkeulen", Geschmack und Geruch derselben reduzieren persönliche Kochkunst auf Kantinenniveau. Außerdem erinnern sie allzusehr an die „Mehlschwitze", auf die man beim Blättern in alten Kochbüchern immerzu stößt. Schon allein die Lektüre klebt den Magen zu. Stets ein Becher Sahne oder Crème fraîche im Kühlschrank, Sherry und Madeira in der Bar oder auch eingefrorene Saucenreste (siehe Kapitel „Was vom Tage übrigblieb – gekonnte Resteverwertung") bewahren vor Saucennöten. Zum Binden, wenn es denn sein muß, genügt ein Eigelb, etwas geriebene rohe Kartoffel, ein Stückchen Käse. Eine sehr gute Methode der Saucenherstellung ist, die Flüssigkeit einkochen zu lassen oder mitgeschmorte Gemüse im Mixer zu pürieren. Eine auf diese Art hergestellte Sauce unterscheidet sich von einem Fertigprodukt wie ein Pas de deux von einer Polka.

Ganz ohne Fertigprodukte/Fertiggerichte wird es aber nicht gehen, um die ökonomische Linie einzuhalten und den Berufstätigen Erleichterung zu verschaffen. Eine Pizza im Gefrierschrank, die mit Salami, Käse usw. aufgemotzt werden kann; bei Kindern die heißgeliebten Fischstäbchen, auch ein vorgefertigter Apfel- oder Quarkstrudel können schon mal aus der Patsche helfen. Es sollte nur kein gewohnheitsmäßiger Griff zu Fertiggerichten werden, da sie den Etat übermäßig und oft unnötig belasten. Außerdem wird durch reichlichen Genuß solcher „Einheitsessen" die Fähigkeit beeinträchtigt, geschmackliche

Feinheiten wahrzunehmen. Die oft voluminösen Verpackungen sind ein zusätzliches Problem. Das Berliner Institut für ökologisches Recycling hat hochgerechnet, daß sich in Deutschland jedes Jahr 500 000 Tonnen Verpackungsmüll vermeiden ließen.

Auf diesem Gebiet ist natürlich bei Berufstätigen die Versuchung groß und zuweilen sogar übermächtig. Nach Feierabend und vor Ladenschluß ein rascher Griff in die Gefriertruhe des Supermarktes und das Abendessen ist gerettet. Unter dem Druck, schnell noch etwas auf den Tisch bringen zu müssen, ist kühles Rechnen oft nicht mehr möglich. Doch durch eine wirklich nicht schwierige Planung und durch das Einüben der Fähigkeit, aus dem nun mal tatsächlich nicht üppigen Inhalt des Kühlschranks unter Einbeziehung der Vorräte etwas Eßbares vorzubereiten, erspart man sich und dem Ladenpersonal diese abendliche Hektik.

Manch' leckere Fertigspeise läßt sich ohne große Hexenkünste selbst herstellen. Zum Beispiel:

Tip:

Ziemlich teuer angeboten werden in (Oliven-)Öl eingelegte Garnelen. Sie schmecken wunderbar und sind ganz unkompliziert in Heimarbeit herzustellen: Olivenöl, fein zerdrückter Knoblauch, frische Kräuter (Rosmarin, Thymian), Chilischote und frische Riesengarnelen. Das war's schon! Noch um ein Vielfaches günstiger sind große Beutel tiefgefrorener kleinerer Krabben. Sie müssen allerdings vorher aufgetaut werden.

Ebensogut können Champignons, Chili- und rote Paprikaschoten oder auch anderes eingelegt werden (Gemüse vorher blanchieren).

Rote Paprikaschoten: Schoten vierteln, säubern, waschen, trocknen, Paprikaviertel mit der Haut nach oben auf ein mit Alufolie ausgelegtes Backblech legen, bei 250 Grad so lange in der Röhre lassen, bis die Haut Blasen wirft, etwas abkühlen lassen, Haut abziehen. Die so vorbereiteten Viertel werden lageweise in eine Form geschichtet. Jede Paprikaschicht wird mit fein gepreßtem Knoblauch bestrichen, gesalzen, gepfeffert und mit kaltgepreßtem Olivenöl begossen. Vor dem Verbrauch einige Tage ziehen lassen.

Die Öl-Knoblauch-Mischung, die zurückbleibt, wenn der Inhalt verzehrt ist, kann als Salatöl verwendet werden. Wird der rohe Knoblauch als zu aufdringlich empfunden, verwendet man das Öl, um Gemüse, Bratkartoffeln oder Fleisch anzubraten. In gekochtem Zustand ist Knoblauch zahm wie ein Falke mit gestutzten Flügeln.

Ein Rechenexempel zu Fertigprodukten: Ein Becher Joghurt mit separat abgepacktem Knusperteil kostet im Laden zwischen DM 1,– und DM 1,20. Dagegen kostet ein saurer Joghurt um 50 Pfennige, zwei bis drei Eßlöffel irgendeines Knusperproduktes aus einer Großpackung um einen Groschen. Also ein Self-made-Preis, der nur etwa die Hälfte des Ladenpreises für das fertige Produkt ausmacht!

Das ist ein Mehrwert von 100 Prozent auch dort, wo es in Mathematik eine Fünf gab. Selbst bei Berufstätigen, für die diese Artikel wohl gedacht sind, ist der Zeitgewinn bei Kauf eines fertigen Produktes im Vergleich zur Selbstanfertigung unbedeutend. Eine Tüte Müsli findet schließlich an jedem Arbeitsplatz Unterstand und an einem Joghurt trägt sich niemand einen Bruch.

Müslimischungen lassen sich profitabler eigenhändig mischen. So entsteht die ganz persönliche, ganz spezielle Gusto-Mischung.

Umwerfend ist der Preis und vermutlich auch der Geschmack bei „Bratkartoffeln" und „Bauernfrühstück" aus der Tüte. Wo liegt wohl die Schwierigkeit beim Kochen und Schälen von Kartoffeln, so daß derartige Produkte Käufer finden? Ein Monsterprodukt mit Monstergeschmack zu einem Monsterpreis in einer Monsterverpackung. Und gerade das sogenannte Bauernfrühstück bietet sich als „Schinken- und Käsewäsche" geradezu an.

Kochbeutelreis – mit der Gabel aus dem Kochwasser gehoben – sieht nicht nur aus wie eine Wasserleiche, sondern schmeckt auch so. Wunderbare Reisrezepte mit minimalem Mehraufwand finden sich in jedem Kochbuch und auch diesem Band in den Kapiteln „‚Rationeller, weil schneller' ist die Devise" und „Was vom Tage übrigblieb – gekonnte Resteverwertung".

„Fertigprodukt" ist nicht die richtige Bezeichnung für Weihnachtsgebäck. Aber gerade hier schlägt ein Preisvergleich alle Rekorde. Schon des Duftes wegen, der in der Adventszeit durch die Wohnung zieht, sollte Selberbacken zur Tradition werden.

Tip:

Tiefgefrorenes Gemüse, Krabben und ähnliches sollte vor der Weiterverarbeitung mit heißem Wasser übergossen werden, um alles Gefrierwasser fortzuschwemmen.

Noch ein Griff in die Trickkiste:

Neue Rezepte, in Zeitschriften entdeckt, animieren mich oft zum Nachkochen. Da der Ausgang aber ungewiß ist, habe ich keine Lust, wegen fünf oder zehn Gramm einer benötigten Zutat immer gleich die oft nur angebotene Großpackung zu kaufen. Stellt sich das Rezept als Flop heraus, bleibt der Rest als Ladenhüter im Küchenschrank stehen. Deswegen behelfe ich mir erst mal mit artgleichen oder geschmacksverwandten Zutaten, bis sich die Zubereitung bewährt hat. Als Versuchskaninchen benutze ich skrupellos liebe Gäste. Dennoch sind sie seither alle gerne und freiwillig wiedergekommen.

„Ahornsirup, ersatzweise Rübensirup" steht beispielsweise in einem Rezept. Beide Sirupsorten sind nicht so alltäglich, daß sie einfach im Küchenschrank stehen. Also weiche ich auf Honig aus, der auf jeden Fall bei einem Reinfall weitere Verwendungsmöglichkeiten bietet. Für seine Ersatzfunktion als Ahornsirup würze ich die benötigte Menge Honig vorsichtig mit Kardamom, Zimt oder Muskat oder einer Mischung aus allem.

Ebenfalls nehme ich mir die Freiheit, bei Garnierungsvorschlägen an Nachtischen eigenschöpferisch tätig zu sein. Werden im Januar Erdbeeren oder Brombeeren vorgeschlagen – meist wohl der Optik wegen – wechsle ich auf Kiwis, Orangen oder Mandarinen (notfalls aus der Dose) oder zu sonst einer Frucht, die in Farbe und Geschmack paßt. Es ist nicht zu unterschätzen, wie ungewöhnliche, genau nach Rezept eingekaufte Zutaten den Kassenzettel aufblähen.

„Senfeier mit Rauke" lese ich ein Rezept; dazu noch „einfach in der Zubereitung". Aber wo bitte bekomme ich Rauke, wenn ich nicht in unmittelbarer Nähe eines Großmarktes wohne? Sehr viele Gemüsehändler kennen diesen Salat nicht einmal dem Namen nach. Da Rauke einen bitter-herben Geschmack hat, kann Lollo-Rosso oder Frisée als Ersatz herhalten.

Zu gerne und schon sehr lange versuche ich, Rezepte aus der „Raffinierten Küche" nachzukochen und so stieß ich neulich auf die Zutat „Zitronengras" (ersatzweise getrocknetes Zitronengras). Ich kenne in der Botanik das „Zittergras" und in der Literatur Truman Capotes „Grasharfe" aber Zitronengras war mir noch nicht begegnet. Es ist zu vermuten, daß das einzig gemeinsame dieser drei Gräser der Wortstamm ist. In diesem konkreten Fall nun würde ich einfach auf ein Quentchen Zitronenschale ausweichen, bevor ich mich wie Sherlock Holmes auf eine zeitraubende Suche nach der Wahrheit machte, darauf vertrauend, daß die Namengebung dieses Grases nicht nach dem Zufallsprinzip erfolgte.

Kapitel 5: Was vom Tage übrigblieb – gekonnte Resteverwertung

„Wenn mir aber was nicht lieb, weg damit ist mein Prinzip!" Hier irrt Wilhelm Busch. Stop dem gedankenlosen und vorschnellen Füttern der Mülltonne mit Nahrungsmitteln. Gerade Kleinstmengen, die übrigbleiben, können der Anlaß für das Zustandekommen von ausgefallenen und unüblichen Kombinationen sein, die das Einerlei am Eßtisch unterbrechen. Soll man wirklich nur den Französinnen nachsagen, daß sie aus „Nichts" immer noch einen Salat machen können und – einen Hut.

Aber nicht nur deshalb lautet ein ganz persönlicher Grundsatz von mir: *Es werden keine Lebensmittel weggeworfen*. Mit den Resten, die aus meiner Küche in den Müll wandern, könnte nicht mal eine Maus überleben.

Selbstverständlich müssen Lebensmittelreste gut verschlossen im Kühlschrank aufbewahrt werden. Stehen sie dort offen herum, werden sie gleichfalls unansehnlich, verderben leicht und nehmen Geschmack an von ebenfalls unverschlossenen „Mitbewohnern". Süße Sahne, die nach Paprikaschote schmeckt, wirkt genauso appetitanregend wie ein Spiegelei in der Seifenschale.

Die Suche nach Möglichkeiten, aus Resten und vorerst unscheinbaren Zutaten völlig Neues zu kreieren, kann zum Sport werden wie das Stöbern auf Flohmärkten nach nicht geborgenen Schätzen. Wenn auch nicht solche, so fällt vielleicht wenigstens ein „Schätzchen" für die Küchenmamsell ab, welche mit Neigung ans Werk geht und nicht nur widerwillig die Mägen der Familienmitglieder füllt.

Brot

Wer Heinrich Bölls Roman „Das Brot der frühen Jahre“ oder die sehr, sehr kurze Erzählung „Brot“ von Wolfgang Borchert gelesen hat, wird altes Brot etwas weniger leichtsinnig im Abfalleimer verschwinden lassen.

Apfelspeise

Dies ist eigentlich immer noch ein aktuelles Rezept aus „Das Hauswesen“ von M.S. Kübler aus dem Jahre 1873: Schäle und schneide Äpfel fein, vermenge sie mit Zucker und Zimt. Nimm Brosamen von Hausbrot, dünste sie in Butter, menge unter dieses ebenfalls Butter wie auch Rosinen. Lege in ein mit Butter bestrichenes Blech eine Lage Äpfel und eine Lage Brosamen und fahre fort, bis beides verbraucht ist, die oberste Lage muß von Brosamen gebildet werden. Träufle über die Speise 1/4 l Himbeersaft und dünste sie eine Stunde unter einem Deckel. Man gibt sie im Blech auf den Tisch.

Dies kann auch heute noch ohne Gefahr für Leib und Leben gegessen werden!

Brotsuppe

Feine Brotsuppe – durchaus kein Relikt aus der Ahnengalerie. So hat Rolf-Dieter Krauth, Juniorchef von „Bizerba“ in Balingen, schon vor Jahren ein altes Brotsuppenrezept so verfeinert, daß er seine Brotsuppe mit Stolz in- und ausländischen Gästen vorsetzt: Zwiebeln in feine Ringe schneiden und in Butter dunkelbraun rösten. Die Hälfte davon in eine heiße Fleischbrühe geben (Chefkoch Krauth macht sie natürlich selbst, wir „niederen Chargen“ greifen zu fertigen Fonds). Den Rest der Zwiebeln zur Seite legen (auf Küchenkrepp entfetten). Bauernbrot in sehr dünne Scheiben schneiden und im Backofen goldbraun rösten, in streichholzschachtelgroße Stücke brechen. Brotstücke und geröstete Zwiebeln auf die Suppenteller verteilen. Brühe darübergießen und jeweils einen kleinen Klecks Sahne (siehe Kapitel ,,Was vom Tage übrigblieb – gekonnte Resteverwertung") in die Mitte setzen.

Brotsuppe mit Obst und Milch

Ein Vorschlag für die kommenden heißen Sommerabende, die uns die ,,globale Erderwärmung" bringen werden, so wir den Meteorologen Glauben schenken wollen. Nicht mehr ganz frisches Weiß- oder Bauernbrot in einen Suppenteller brocken, mit sehr kalter Milch begießen, frische Beeren oder Obst mit in den Teller geben und das Ganze auslöffeln. Was sich so nach Nahrung für Skorbutkranke anhört, schmeckt an heißen Tagen, an denen allein schon der Gedanke an Schweinebraten und Knödel Schweißbäche fließen läßt, wirklich unglaublich gut.

Gefülltes Baguette

Tomaten, Paprika, Kapern, Oliven, Knoblauch, Zwiebeln – alles klein gewürfelt in Olivenöl anbraten, aufgeschnittenes Baguette damit füllen, entweder kurz in die Backröhre und warm verspeisen, oder in Folie verpackt über Nacht in den Kühlschrank legen und kalt jeweils als Vorspeise oder Zwischengericht servieren.

,,Käsebombe"

Baguette in Scheiben schneiden, in eine ofenfeste Form legen, mit Olivenöl beträufeln, fingerdick oder noch höher mit verschiedenen Käsesorten (die sich gerade im Kühlschrank befinden und darunter darf auch Schafskäse und Mozzarella sein) belegen und in der Röhre schmelzen lassen. Das Weißbrot muß im Käsemeer wirklich ganz ertrinken. Statt Olivenöl darf zum Anfeuchten auch Kirsch- oder Zwetschgenwasser verwendet werden. Anzuraten wäre allerdings, den Schnaps dieser Käsebombe in konzentrierter Form hinterherzugießen. Die Käsespeise sofort heiß servieren. Sie kann bei einem Menü die traditionelle Käseplatte ersetzen.

Knoblauch-Käse-Weißbrotwürfel

Baguette- und Weißbrot vom Vortag mit dem Geschmack nach Watte sind nicht sehr beliebt. Deswegen werden vor allem in Frankreich alle Mülleimer mit Baguette garniert. Dabei läßt sich gar manche Gaumenweide daraus herstellen.

Weißbrotwürfel in Butter anrösten und die heißen Würfel in geriebenem Käse, der mit fein gepreßtem Knoblauch vermischt ist, wälzen. Sie passen ebenfalls zu Suppen, auf Salate, garnieren Gemüse- und Fleischgerichte. Auf diese Art läßt sich auch noch mit einem schwammigen Brötchen, das seit Tagen im Brotfach vor sich hindöst, eine verblüffende Wirkung erzielen.

Übrigens schmecken auch in Butter geröstete Schwarzbrotwürfel auf Salat sehr herzhaft.

„Pizza"

Aus Fladenbrot vom Vortag läßt sich immer noch eine schnelle Pizza machen: Fladenbrot quer halbieren und die Schnittflächen mit etwas Olivenöl, Tomatenmark und Tomatenpüree bestreichen. Mit gekochtem Schinken oder Salami und Tomaten in Scheiben belegen, vielleicht noch Champignons darüber geben. Mit Salz und Pfeffer würzen, Mozzarella- oder andere Käsescheiben oben auflegen oder mit Parmesankäse bestreuen. Jede andere Variante ist natürlich auch als Belag möglich.

Toast-Variationen

- Nicht zu verachten ist ein überbackener Toast mit Salami oder Rauchfleischresten, allen anzuraten, denen der süßliche Hawai-Toast schon zum Halse heraushängt.

- Schnellvariante: Toastscheiben (sie dürfen auch gefroren sein) buttern, mit Salami belegen, in Scheiben geschnittene Champignons aus der Dose darauf geben, mit Käsescheibe abdecken und überbacken. Dieser Toast läßt sich gut vorbereiten. Selbst Kinder und in der Küchenarbeit Ungeübte schaffen garantiert den Schub in die Röhre oder den Mikro.

- Hat man mehr Zeit, so werden Zwiebeln glasig gedünstet, feingeschnittene Salami zugegeben, dann Pilze, frischer Paprika und Tomaten kleingeschnitten hinzugefügt und abgeschmeckt. Die gegarte Gemüsemischung auf den Toast häufen, mit Käsescheiben abdecken und überbacken.

Weitere Verwendungsmöglichkeiten:

- *Crostini*

Weißbrotscheiben in Butter von beiden Seiten anrösten und zu Suppen, auf Gemüse oder als Beilage verwenden.

- *Croutons aus Vollkornbrot*

Die Scheiben in Rauten schneiden und das Brot in Öl unter Rühren rösten. Durch die Presse gedrückten Knoblauch dazugeben. Die Croutons leicht salzen und mit dem Salat auf Tellern anrichten.

- *Geschlagene Sahne mit Pumpernickel*

Süße Sahne mit Zucker schlagen und geriebenen Pumpernickel untermengen. Glasschalen abwechselnd mit dieser Mischung und Früchten (auch aus der Dose) füllen. Mit Makronen und Früchten verzieren.

- *Knoblauchbrot*

Baguette oder Weißbrotscheiben mit Knoblauchbutter (natürlich selbstgemacht) bestreichen und in der Backröhre überbacken – eine superbe Vorspeise.

- *Paniermehl*

Ganz in Vergessenheit geraten ist wohl, daß trockenes Weißbrot und steinharte Brötchen zu Paniermehl gerieben werden können.

- *Semmelknödel*

Weißbrot, Baguette oder Brötchen in Scheiben oder Würfel schneiden und in einem Frischhaltebeutel bis zur Weiterverarbeitung aufbewahren.

Tips:

- Durch falsche Lagerung schwammig gewordenes Knäckebrot erholt sich in der Backröhre oder im Toaster zu gewohnter Knusprigkeit.
- Harte Vollkornbrotscheiben lassen sich gut zerbröseln und schmecken pikant über Früchtequark oder Müsli. Es ist einen Versuch wert, diese Brösel als Couvertüre bei Gemüsegerichten einzusetzen.
- Selbst mehr als drei Tage altes Schwarz- oder Mischbrot (kein Vollkornbrot) schmeckt getoastet – mit frischer Butter bestrichen – wieder so, daß alle am Tisch noch einmal in den Brotkorb greifen.

Butter

Nicht mehr ganz taufrische Butter eignet sich immer noch zum Kochen. Sie kann zusammen mit einem Schuß Wein in Gemüse gegeben werden, taugt bestens, um Zwiebeln anzudünsten, zu Bratkartoffeln mit Käse – einfach zu rezenten Geschmacksrichtungen.

Eier

Eiweiß

- *Baisers*

Auch diese können Nachtische kultivieren. Sie geben den Desserts eine individuelle Note und entlasten gleichzeitig die Börse, weil so mancher Kauf von Keksen entfällt.

- *Grießbrei, Milchreis und Pudding*

Diese Speisen avancieren mit untergehobenem Eischnee von der Standard- zur Luxusausführung (siehe Rezeptvorschläge im Kapitel „Schnelle und kostengünstige (Reste)Menüs").

- *Kokos-, Nuß-, Mandelmakronen*

Diese Plätzchensorten sind noch außerhalb der Weihnachtszeit bei Naschkatzen beliebt und leisten als Garnitur von Eisbechern und Obstsalaten gute Dienste.

- *Omelette für Cholesteringeschädigte*

Eischnee, mit der Gabel verquirlt, zusammen mit Schinken und Champignons ist als Omelette für Cholesteringeschädigte wärmstens zu empfehlen.

Tips:

- Noch schneller kommen Eier aus der Warteschleife mit der allseits bekannten Verwandlung in Omelett, Rührei oder Spiegelei.
- Frische Eier, um sie vor drohender Verderbnis zu bewahren, können selbstverständlich auch hart gekocht und nach und nach zum Garnieren und Anreichern von Salaten und Aufschnittplatten verwendet werden.
- Wenn die Frühstückseier der morgendlichen Hast zum Opfer fallen, könnten sie in einer anderen Form vielleicht doch noch am Frühstück teilnehmen. Eine Blitzaktion verwandelt sie in einen Biskuit oder Rührkuchen. Beide Gebäcksorten sind unkompliziert und schnell mit Hilfe der Küchenmaschine herzustellen, die dazu benötigten Zutaten befinden sich aufgrund überlegter Vorratshaltung im Hause.

Fisch

Fisch-Sauerkraut-Auflauf

Fertig gekochtes Sauerkraut (siehe Kapitel „‚Rationeller, weil schneller' ist die Devise“) in eine gefettete Auflaufform geben, den von den Gräten befreiten, in Stücke gezupften Fisch lageweise aufschichten. Die letzte Lage muß Sauerkraut sein. Mit Butterflöckchen verziert in die Backröhre schieben und überbacken.

Gefüllte Tomaten mit Fischfrikassee

Entgräteten Fisch mit einer Dose Krabben in ein wenig süßer Sahne leicht köcheln lassen, bis die Flüssigkeit reduziert ist, mit Salz und frisch gemahlenem Pfeffer abschmecken. In die ausgehöhlten Tomaten füllen, diese in eine gefettete Form setzen, mit geriebenem Käse bestreuen, ein paar Butterflöckchen aufsetzen und überbacken. Gekochter Reis – wenn vorhanden – lockert diese Füllung auf.

Kartoffel-Fisch-Auflauf

Normalerweise wird Fisch nicht auf Vorrat zubereitet. Hat man sich aber doch mal in der Menge verschätzt, bleibt immer noch die Möglichkeit, einen Kartoffel-Fisch-Auflauf aus dem Rest anzufertigen. Gekochte Kartoffeln (sie dürfen auch vom Vortag sein) in Scheiben schneiden, Zwiebeln in Butter glasig dünsten. Eine Auflaufform ausfetten, die Kartoffelscheiben, den in Stücke gepflückten Fisch und die gedünsteten Zwiebeln lageweise in die Form schichten und jeweils salzen und pfeffern. Gemüsebrühe oder Weißwein darübergießen, mit geriebenem Käse bestreuen, ein paar Butterflöckchen aufsetzen und ab damit in die Röhre.

Fleisch

„Eier-Fleisch-Kuchen"

Reste von Rind-, Kalb- oder Schweinefleisch fein schneiden, mit feingehacktem Schnittlauch vermengen, unter einen Pfannkuchenteig mischen und „Eier-Fleisch-Kuchen" ausbacken.

Fleischauflauf

Eine gefettete Auflaufform wird mit einer Lage gekochter, in Scheiben geschnittener Kartoffeln (evtl. vom Vortag) ausgelegt. Hierauf kommen in dünne Scheiben oder kleine Würfel geschnittene Fleischreste. Darüber nun Salz, Pfeffer, geriebener Käse, Braten-Zwiebelsauce oder saure Sahne. Dann wieder Kartoffelscheiben usw., bis die Form gefüllt ist. Die letzte Lage muß aus Kartoffeln sein. Butterflöckchen obenauf und in die Röhre.

Frikadellen

Es passiert schon mal – es sei denn, nur Filet kommt auf den Tisch – daß das Fleisch zäh bleibt. Hier hilft dann immer noch der Fleischwolf. Das Fleisch durch die Maschine drehen, mit Ei, eingeweichtem und gut ausgedrücktem Brötchen und/oder etwas Quark vermischen und mit Salz, frisch gemahlenem Pfeffer und Paprika nachwürzen. Längliche Röllchen formen, flachdrücken und die Frikadellen rundum schön anbraten. Extras: Grüne Pfefferkörner, Käsewürfel, Champignons (aus der Dose).

Geflügelsalat

Für Geflügelsalat werden nur die festen Fleischstücke von Brust und Keulen einer Poularde verwendet. Das von den Knochen gezupfte Fleisch ergibt mit der Hühnerbrühe und feinen Suppennudeln eine sattmachende Suppe. Zusammen mit einem kräftigen Nachtisch wieder ein Imbiß.

Omelett auf Jägerart

Übriggebliebenes Wildfleisch wird fein geschnitten, ebenso einige Sardellen, ein paar Kapern und etwas Petersilie. Alles zusammen in Butter andämpfen, geriebenen Parmesankäse, Salz und Pfeffer dazugeben. Mit ein wenig Wein oder Crème fraîche eine streichfähige Masse herstellen. Omeletts oder Flädle ausbacken, mit der Masse bestreichen, aufrollen und servieren. Hierzu gibt es Salat.

Ragout/Reis-Fleisch-Topf

Feingeschnittene Zwiebeln in Fett andünsten, gewürfelte Bratenreste zugeben und mit etwas Fleischbrühe und Sahne ablöschen. Mit Salz und Pfeffer abschmecken. Kleine, entrindete Weißbrotwürfel mitgeschmort, sorgen für die gewünschte Dickflüssigkeit. Mit Champignons, Mais, Spargel, Erbsen (aus der

Dose oder aus dem Eis) kann so ein Gericht auf das gerade notwendige Volumen gebracht werden. Fügt man dem Ganzen noch gekochten Reis hinzu, ist ohne großen Aufwand ein Reis-Fleisch-Topf daraus geworden. Durch einen Austausch von Zutaten und Gewürzen ergeben sich zahlreiche Variationen. Mit ein wenig Mut zum Experimentieren können Gerichte entstehen, die in keinem Kochbuch zu finden sind – eben nach „Art des Hauses".

Vorspeise mit Geflügel

Bleibt von einer Geflügelmahlzeit (Brathähnchen, Gans, Ente) etwas in der Pfanne, ist dies ein Anstoß für eine raffinierte Vorspeise: Grüner Salat (am besten Frisée) auf Tellern anrichten, das in Stücke geteilte, auch das von den Knochen gelöste Geflügelfleisch darauf verteilen, mit Orangen- oder Pfirsichscheiben garnieren und wahlweise mit Cashewkernen, Walnüssen oder Mandelsplittern bestreuen. In die Marinade etwas Organensaft träufeln und, wenn vorhanden, Nußöl verwenden. Diese Vorspeise erregt Aufsehen wie ein Pfau im Hühnerhof. Kommt sie auch noch mitten in der Woche auf den Tisch, wird bestimmt mancher Nutznießer sein Gewissen nach vergessenen Gedenktagen erforschen.

Ähnliches läßt sich mit Schinken- oder Bratenresten herstellen: Diese können feingeschnitten immer noch gut einem grünen Salat beigemengt oder zusammen mit einem Käserest über gedünstetes Gemüse gestreut werden.

Wildschnitten

Reste von gebratenem Wild von den Knochen lösen und kleinschneiden. Dann feingeschnittene Zwiebeln in Butter glasig dünsten, das Fleisch dazufügen, mit ein paar Eßlöffeln Wein, Madeira oder Crème fraîche, gehackten Sardellen, Salz, frisch gemahlenem Pfeffer abschmecken und so weit einkochen lassen, daß die Masse streichfähig wird. Auf gut gebutterte Weißbrotscheiben streichen und in einer Pfanne mit Fett kurz anbraten.

Mit Salat zu Tisch bringen. Für dieses Rezept eignen sich auch Kalbfleischreste.

Tips:

- Bleiben nur geringe Fleischmengen übrig, können sie kleingeschnitten über jeden Salat oder jedes Gemüse gestreut werden.
- Ragouts eignen sich auch hervorragend zum Füllen von fertig gekauften Pasteten. Dann allerdings müssen sie schön dickflüssig zubereitet werden.

Käse

Eingelegter Käse

Kenner kaufen Käse am Stück. Doch manchmal sind die Augen größer als der Magen, oder Gäste durch vorangegangene Gänge so gesättigt, daß Unmengen zurückbleiben. Der Bedarf an Reibekäse ist gedeckt. Wie wäre es denn mit einem Novum? Hinlänglich bekannt ist eingelegter Ziegen- und Schafskäse.

Aber auch Emmentaler, Gouda oder sonstiger Hartkäse wird durch solch eine Behandlung nicht ungenießbar. Die Käsestücke halten eingelegt sehr lange, schmecken pur oder in einem Salat ausgezeichnet. Überdies ist das zurückbleibende Öl dann immer noch bei jeder Art von Salat mit Gewinn einzusetzen. Der eingelegte Knofel bleibt für Mutige reserviert. Wenn ein dekoratives Glas zum Einlegen verwendet wird, ziert diese Schöpfung zudem jede Küche und ersetzt womöglich noch den Blumenstrauß. Die Nase in das geöffnete Glas gesteckt, macht Lust auf Urlaub im Süden. Wahrlich eine Mehrverwendungsmöglichkeit im Quadrat! Und das wird gebraucht: Olivenöl, geschälte Knoblauchzehen, frischer Rosmarin und Thymian, Käsewürfel. Vor Faßanstich einige Tage ziehen lassen.

Marinierter Mozzarella

Bevor vakuumverpackter Mozzarella-Käse einen Blähbauch bekommt, wird er schnell mariniert: Mozzarella in dünne Scheiben oder Würfel schneiden, zusammen mit kleingeschnittener Fleischtomate und – wenn vorhanden – einer reifen Avocado, die geschält, gewürfelt und mit Zitronensaft beträufelt wird, in Olivenöl einlegen und mit Salz, Pfeffer, zerdrücktem Knoblauch und Balsamessig würzen. Die Mischung ein Weilchen ziehen lassen und dann auf Blatt- oder Tomatensalat anrichten. Im gut verschlossenen Gefäß hält sich der so behandelte Mozzarella einige Tage.

Weitere Verwendungsmöglichkeiten:

- *Käsefrikadellen*

  Werden Käsewürfel unter Hackfleischteig gemischt, entstehen Käsefrikadellen.

- *Panierter Käse*

  Käsestücke können wie ein Schnitzel paniert und ausgebacken werden (auch in der Pfanne). Allerdings muß man die Sache sensibel angehen, sonst ähnelt das Ergebnis mehr einer ausgelaufenen Kokosnuß. Deshalb die Panade sehr gut andrücken und rasch bei großer Hitze backen.

- *Rührei oder Omelett*

  Gut zu verstecken sind Käsereste auch in Rührei oder Omelett. Halb in kleine Würfel geschnitten, halb fein gerieben werden sie der verquirlten Eimasse beigemengt.

Tip:

Noch mehr alter Käse ...: Käse-Eckstücke (siehe Kapitel „Einkaufen – das notwendige Übel") und Käsescheiben, deren Kanten sich bereits nach oben biegen, eignen sich immer noch hervorragend dazu, Saucen geschmacklich abzurunden und um Nudel-, Gemüse- oder Fleischgerichte zu überbacken.

Meist genügt es übrigens, die mit Käse bestreuten Gerichte mit dem Pfannendeckel zu verschließen und auf der Herdplatte zu erwärmen, bis der Käse schmilzt. Dies ist zeit- und energiesparender als das Anheizen der Backröhre.

Kaffee

Kaffee-Reis

Milchreis wird wohl nie ganz vom Image der Babynahrung wegkommen. Etwas anderes ist das mit Kaffee-Reis. Man bringt starken, alten Kaffee zum Kochen, zuckert ihn und gibt die entsprechende Menge rohen Reis dazu. Nochmals aufkochen und dann ausquellen lassen. Ist er etwas abgekühlt, schmeckt man den Reis mit Cointreau, Grand Marnier oder Rum ab (eventuell auch mit einer Prise Zimt), mischt grob gehackte Bitterschokolade und Mandelblättchen dazu, hebt vorsichtig Eischnee unter und stellt das Ganze kalt. Das kann gleich in Portionsförmchen geschehen oder aber – einem Savarin ähnlich – in einer Ringform, die vorher mit Alufolie ausgelegt wird, damit beim Stürzen nichts kleben bleibt. Der Nachtisch wird mit geschlagener Sahne, geraspelter Schokolade oder Schoko-Kaffee-Bohnen garniert und sehr kalt aufgetragen. Diese Reisspeise schmeckt auf ganz ungewöhnliche Weise gut und läßt sich wunderbar vorbereiten. Die Palette der Veränderungsmöglichkeiten ist breit gefächert. Schon die Art der Reissorte verändert die Konsistenz. Statt Mandelblättchen passen auch Kokosraspeln oder Marzipanstückchen (dazu würden sich abgelehnte Marzipanriegel oder

-eier geradezu anbieten) als Verfeinerung. Die ganze Kreation kann auch noch mit Haselnuß- oder Schokoguß überzogen werden. Die absoluten Kaffeefreaks gießen sich die unten erwähnte Kaffeesauce darüber.

Kaffeesauce

Zucker mit zu festem Eischnee geschlagenen Eiweiß vermischen und kalten Kaffee unterrühren. Schmeckt besonders gut zu kalten Reis- und Puddinggerichten, über Speiseeis, zu trockenen Kuchen, über Kaffeereis ...

Tips:

- Von wegen kalter Kaffee. Schokoladenpudding darin angerührt, macht müde Mägen munter.
- Kalter Kaffee kann beim Backen von dunklem Gebäck auch anstelle von Milch verwendet werden.
- Im Sommer wandert alter Kaffee in den Kühlschrank und kommt als Eiskaffee-Basis wieder zum Vorschein.

Kartoffeln

Kartoffelbrei-Gorgonzola-Fladen

Man verrührt Kartoffelbreireste mit Gorgonzola, salzt eventuell etwas nach – ist die Masse zu flüssig, mit ein wenig Mehl binden –, streicht den Teig in eine beschichtete oder gefettete Pfanne und backt Fladen aus. So schmecken sie vielleicht auch den „Jungsenioren".

Kartoffelbrei-Küchlein

Reste von Kartoffelbrei lassen sich mit einem Ei und etwas Mehl verquirlt, gewürzt mit Salz und Muskat, in der Pfanne zu Küchlein ausbacken. Sie taugen als Beilage oder mit Salat vor allem als Kinder- und Seniorenteller.

Milch

- Findet *Frischmilch* nicht schnell genug Liebhaber, ist es ratsam, aus der nicht aufgebrauchten *Pudding* zu kochen (siehe auch Rezept „Bananenpudding" im Kapitel „Schnelle und kostengünstige (Reste-) Menüs"), der sich ein bis zwei Tage im Kühlschrank hält. So ein Nachtisch ist nicht nur bei Kindern beliebt und verhilft vielleicht sogar einem Reste-Essen zu einer besseren Reputation.
- Ein selbst zubereiteter *Schoko-Trunk* mit echtem Kakao, der auch kalt getrunken werden kann, macht wieder mal den Qualitätsunterschied zum Fertigprodukt deutlich.
- Und immer bieten sich *Milchreis und Grießbrei* für eine Milch-Notverwertung an. Wer es sich figürlich leisten kann, darf Kakao darüberstreuen und den Teller mit brauner Butter krönen. Solch eine Schöpfung schlägt garantiert manchen Hamburger aus dem Rennen.
- Ging von diesem Milchreis und Grießbrei nicht alles weg (beide Gerichte sind seltsamerweise bei Kindern bis ins hohe Alter sehr beliebt), bleibt als weitere Möglichkeit, die Restmenge kalt in Scheiben zu schneiden und in Butter schön braun zu braten. Um schöne Scheiben zu erhalten, sollten die Breireste zum Abkühlen in eine eckige Form gedrückt werden. Mit Zimt und Zucker bestreut oder mit Obstsalat sind sie ein feiner Nachtisch.

- Die Runderneuerung der Obstschale muß nicht unbedingt zum Thermo-Komposter führen. Eine gelungene Aufarbeitung wäre – frei nach den Gebrüdern Grimm: „Ach wie gut, daß niemand weiß, daß ich Runzelstielchen heiß!“.
Das Obst schälen und mit Zitronensaft beträufeln. Ist die Menge nicht ausreichend, mit Obst aus der Dose (Mandarinen, Ananas, Pfirsiche, Aprikosen) aus dem Vorrat auffüllen. Rosinen (in Rum eingelegt) dazugeben und nachzuckern. Wenn Nüsse oder Mandeln im Hause sind, den Obstsalat damit verfeinern, ein bis zwei Eßlöffel Kokosraspeln darüberstreuen und ein paar Spritzer Alkoholisches riskieren. Auch eine Messerspitze natürliches Orangenschalengewürz verträgt Obstsalat gut. Und kandierter Ingwer, ganz fein gewürfelt, gibt Fruchtsalaten eine prickelnd herbe Note. Es sollte aber sparsam damit umgegangen werden.

- Auch eine Möglichkeit der Obstverwertung – wenn es sich um Sorten mit entsprechend viel Fruchtsäure handelt – ist die Verarbeitung zu einem rezenten Salat mit Dressing aus Zitronensaft, saurer Sahne oder Crème fraîche. Mais aus der Dose, gekochte Blumenkohlröschen, Karotten und Avocados können dazugemischt werden. Das Ganze muß vorsichtig mit Salz abgeschmeckt werden. Angerichtet wird auf Eis- oder Kopfsalat. Nußkerne gehören dazu.

- Sehr reife Bananen haben ein ausgezeichnetes Aroma, werden aber von vielen wegen ihres Aussehens abgelehnt. Versteckt in Bananenmilch, Früchtequark, Bananenpfannkuchen, Obstsalat oder gar in Butter gebraten, mit Honig beträufelt und mit gehackten Nüssen bestreut, kommen sie und Sie groß ’raus. Ein richtiger Sattmacher sind sie als Bananenpudding (Rezept siehe Kapitel „Schnelle und kostengünstige (Reste-)Menüs“). Werden die geschälten Bananen sofort mit Zitronensaft beträufelt, bleibt das Fruchtfleisch schön hell.

- Die Makellosigkeit von Erdbeeren, Himbeeren, Brombeeren – wenn sie nicht zu den bestrahlten Zombies gehören – ist nur von kurzer Dauer. Will man sie nicht in Zucker ersticken, um sie über die Nacht zu retten, bieten sich zum Beispiel folgende Möglichkeiten an:

  - Quark mit Zucker, Milch und Zitronensaft glattrühren und die Früchte unterheben.

  - Früchte leicht einzuckern, mit etwas Zimt bestreuen und frische Sahne (Naturjoghurt) oder Weißwein darübergießen.
    Gehackte Nüsse oder Mandeln verändern die vorgeschlagenen Möglichkeiten nur zum Vorteil.

- Zitronen, von denen nur die abgeriebene Schale gebraucht wurde, oder Früchte, die eigentlich schon das Totenhemd tragen, werden ausgepreßt, der Saft in der Eisschale wird zu Würfeln gefroren, die dann nach Bedarf herausgeholt und verwendet werden können. Ein kleiner Zitronen-Eiswürfel bringt zu heißen Schwarztee sofort auf die richtige Temperatur und verhilft Eistee schneller zu der Eigenschaft, die von ihm erwartet wird.

  Mineral- und stilles Wasser schmeckt mit einem Zitronenwürfel nicht mehr ganz so sehr nach Wasser.

Tips:

- Braucht man nur den Saft einer Zitrone, und ist diese unbehandelt, so reibt man die Schale vorher ab, vermischt sie mit Zucker und bewahrt die Mischung in einem Schraubglas im Kühlschrank auf. Gut zu verwenden ist dieses Produkt für Süßspeisen, Kuchen und Fruchtgetränke.

- Zitronensaft ist unschlagbar, wenn es darum geht, Verfärbungen an den Fingern zu entfernen, die durch das Hantieren mit manchen Gemüse- oder Obstsorten entstehen (Sellerie, junge Kartoffeln, Rote Bete, Pflaumen, Äpfel). Ein letzter

Dienst von ausgepreßtem Zitronensaft, wenn dieser wirklich sonst zu nichts mehr zu gebrauchen ist.

- Saft von Obstkonserven (durch ein Sieb gegossen) kann verwendet werden, um Zuckerglasuren glattzurühren. Bei Obstkuchen- und Tortenguß ersetzt er die Wassermenge oder es entsteht eine Fruchtkaltschale daraus. In jedem Fall wird es notwendig sein, dem Saft mit etwas Zitrone mehr Intensität zu verleihen.

Pfannkuchen

Pfannkuchen (aus ungesüßtem Teig), die kalt, traurig und unappetitlich liegenbleiben, sind nicht wiederzuerkennen als Flädle in einer Hühner- und Gemüsebrühe. Weitere Vorschläge finden Sie im Kapitel „‚Rationeller, weil schneller' ist die Devise".

Quark

Was den Physikern der Konstituentenquark, ist den Weight-Watchern der Magerquark. Dieser weiße Käse ist leicht verdaulich, enthält viel Eiweiß und sonstige wertvolle Nährstoffe, ist Balsam für eine gequälte Leber und zudem äußerst günstig im Preis, wird aber leider allzuoft mit „Diät" und „Kalorienzählen" assoziiert – Begriffe, die manche mehr fürchten als der Teufel das Kreuzzeichen. Mal ehrlich: Sitzt man so vor einer Portion purem Quark, kann man freilich eine lange Zunge bekommen. Die Schlankheitskur wird vertagt und der Rest bleibt einfach stehen.

Aber der Inhalt dieser angebrochenen Becher ist in vielfältiger Weise anderen Speisen mit Gewinn unterzujubeln:

- Ein bis zwei Eßlöffel davon im Hackfleischteig, machen Fleischküchlein/Frikadellen lockerer und können Eier ersetzen.

- Bei der Zubereitung von Rühr- und Knetteigen kann ein Teil der Fettmenge durch Quark ersetzt werden (siehe Kapitel „Backen – Die süße Versuchung“).

- Ebenfalls sind in Gerichten mit gekochten Kartoffeln (Kartoffelnudeln, Kartoffelküchlein usw.) ein paar Eßlöffel Quark garantiert unschädlich.

- Ein Quarkrest und ein angebrochenes Marmeladenglas gehen eine Symbiose ein. Ist die Marmelade selbst gekocht, entsteht so einer der seltenen, fast chemiefreien Leckerbissen. Ein Fingerhut voll Cointreau oder sonstiger zum Geschmack der Marmelade passender Likör ist das Tüpfelchen auf dem i.

- Eine ebenso gute Alternative zu fertig gekauften Quarkbechern und -speisen ist Früchtequark in allen Variationen. Und wieder mal ein Preisvergleich: Für die Summe der so nebenbei in den Einkaufskorb geklaubten Fertigbecher läßt sich in Heimarbeit eine Riesenration anfertigen – ohne sehr großen Zeitaufwand. Und so wird's gemacht:

  Quark mit Milch oder Fruchtsaft cremig rühren, und wenn der Zeiger der Waage nicht allzusehr ausschlägt, ruhig den Quark mit zehn oder 20 % Fettanteil nehmen, nach Belieben zuckern (eventuell mit Honig süßen), Früchte – und hier eignet sich wirklich alles, auch bunt gemischt – unterrühren, mit Zitronensaft oder Zimt (nicht beide Geschmacksrichtungen zusammen!) abschmecken. Ein paar Tropfen Bittermandel- oder Vanille-Aroma dürfen auch schon mal eingeschmuggelt werden, vielleicht auch ein paar Rosinen und Kokosraspeln dazu oder/und einen Becher geschlagene Sahne unterheben. Die fertigen Quarkspeisen mit gehackten Nüssen, Mandeln oder groben Schokoladenraspeln bestreuen und mit Kleingebäck auftragen (siehe auch Rezept im Kapitel „Schnelle und kostengünstige (Reste-)Menüs“).

  Quarkspeisen schmecken – vor allem im Sommer – gut gekühlt am besten.

- Quark mit Milch ziemlich flüssig gerührt, gewürzt mit fein gehackten Zwiebeln und/oder Knoblauch, abgeschmeckt mit Salz und Pfeffer, ergibt kalorienreduziertes Dressing oder, etwas weniger flüssig, einen Dip.

- Quark mit Sauerrahm vermischt und geriebenen Käse untergehoben mit Salz, Paprika und etwas grobkörnigem Senf abgeschmeckt, paßt zu Schwarzbrot oder Pellkartoffeln.

- Limburger Käse oder eine ähnliche Sorte mit wenig Butter zerdrückt, mit Salz, Paprika, kleingeschnittener Zwiebel und Quark vermischt, schmeckt gut zu Schwarzbrot.

- Meerrettich aus dem Glas muß dabei sein, wenn eine zünftige Brotzeit auf den Tisch kommt. Aber nicht jede Meerrettichsorte findet Gnade vor den Geschmacksnerven der Vespernden. Aus dem so verschmähten Meerettich wird ein Meerrettichquark. Dazu Quark mit Milch glattrühren, salzen, Meerrettich je nach gewünschter Schärfe untermischen, kleingeschnittene Tomaten, Radieschen oder Paprikaschoten dazugeben. Schmeckt zu Pellkartoffeln oder Schwarzbrot.

Sahne

Bleibt vom Kaffeeklatsch geschlagene Sahne übrig, so spritzen Sie damit Rosetten auf Alufolie (einfacher, schneller, aber nicht ganz so schön: mit dem Löffel kleine Häufchen formen) und frieren sie einzeln vor, um sie erst anschließend in Tüten oder Plastikgefäßen zu verpacken. Mit diesen Sahnetupfen, die im Nu aufgetaut sind, können Nachtische, Kuchen, Suppen, Gemüse, Fleischgerichte usw. ohne zeitlichen Mehraufwand verfeinert werden. Eine schnelle Tasse Kaffee mit Sahnehaube ist damit ebenfalls jederzeit machbar.

Tip:

Bei ungesüßt geschlagener Sahne sind die Möglichkeiten zur Weiterverwendung vielfältiger.

Saucen

- Saucenreste, auch wenn es sich nur um 100 – 200 ccm handelt, und Restflüssigkeit, wenn bei Gulasch und Geschnetzeltem erfolgreich nach Fleisch gefischt wurde, wandern nicht in den Ausguß. Vielleicht findet sich ja ein Nudelpeter oder Vegetarier im Familienverbund, dem damit am nächsten Tag zusammen mit Teigwaren und einem Salat eine Mahlzeit kredenzt werden kann. Findet die Restmenge so keine Verwendung, wird sie eingefroren und bei Gelegenheit als Saucenverlängerung oder zu Kurzgebratenem ohne eigene Sauce verwendet. Der bereits zitierte Becher Sahne im Kühlschrank ist als Streckmittel immer passend. Ein Griff in die Bar zu Sherry, Cognac oder Madeira bringt dann die Vollendung.
- Der meist gutgewürzte Sud von sauren Gurken kann bei Wurst-, Gemüse- oder Kartoffelsalat teilweise das Dressing ersetzen. Als alleinige Salatsauce ist er oft nicht sauer genug.

Wein

- Wenn Wein nicht zum Hausgetränk gehört, Gäste aber eine angefangene Flasche zurücklassen, so ist das ein Grund, Wein-Risotto auf den Tisch zu bringen. Zwiebeln oder Schalotten sehr fein hacken und glasig dünsten, Reis dazugeben und statt Wasser die notwendige Menge Wein (rot oder weiß) hinzufügen, salzen und bei kleiner Hitze ausquellen lassen. Rotwein-Risotto besticht zuerst durch die ungewöhnliche Farbe. Wird er mit ordentlich viel frischen, blanchierten Champignons vermischt und mit Petersilie bestreut, bleibt der Kochbeutelreis endgültig auf der Strecke.

- Ebenfalls ungewöhnlich gut schmecken Wein-Rosmarin-Kartoffeln. Die geschälten Kartoffeln werden in Weißwein mit frischen Rosmarinzweigen gegart.

- Die Anfertigung einer Weinschaumcreme wäre auch eine Möglichkeit.

- Aber für eine superschnell zubereitete Wein- oder Sekttorte lohnt sich sogar das Öffnen einer neuen Flasche. Hier das Rezept für diese feine, sehr erfrischende Wein- oder Sekt-creme-Torte: Einen ca. zwei Zentimeter dicken Biskuitboden in einen Springformrand setzen. Einen halben Liter Sekt oder Weißwein in eine Schüssel geben. Unter kräftigem Schlagen mit einem Handrührgerät zwei Päckchen Aranca-Dessert-Zitronengeschmack einstreuen und zwei Minuten schlagen. Dann das Zitronengewürz dazufügen und einen viertel Liter geschlagene Sahne unterheben. In die Form einfüllen und mindestens eine Stunde kühl stellen. Mit Kiwischeiben oder Sahnetupfen verzieren.

- Und immer wieder muß betont werden, daß fast jede Sauce einen Schuß Wein verträgt. Auch Gemüse nimmt eine solche Behandlung nicht krumm – im Gegenteil.

Wurst

- Befindet sich Frischwurst im Kühlschrank, die am nächsten Tag nicht mehr als solche serviert werden kann, sollte sie sofort zu Wurstsalat verarbeitet werden. (Salatmarinade und Zwiebelringe siehe Kapitel „Rationeller, weil schneller“ ist die Devise). Ist die Menge zu gering, so kann sie am nächsten Tag vor dem Servieren mit zugekaufter Wurst, Schinken, Käse oder Gemüse aufgefüllt werden.

- Fingerdicke Scheiben von frischer Schinkenwurst, Lyoner, Fleischwurst, Kalbs-Leberkäse oder wie sie in den verschiedenen Landen auch heißen mögen, lassen sich gut panieren und wie ein Schnitzel ausbacken. Kinder schätzen diese Art von Schnitzel meist mehr als die echten, weil sie garantiert keine Knorpel, Sehnen und Fettpolster enthalten.

- Rauchfleischreste, auch wenn sie schon hart und trocken sind, eignen sich immer noch vortrefflich, um Saucen, Gemüsen und Aufläufen eine herzhafte Note zu verleihen. Sie werden dazu sehr klein und fein geschnitten. Wer nur am Geschmack und nicht am Fleisch interessiert ist, läßt die Reste als Ganzes mitkochen oder mitschmoren und entfernt sie vor dem Anrichten.

- Rauchfleisch und Vorderschinken in kleinen Mengen verleihen auch von Natur aus faden Saucen von Kalb und Pute einen kräftigen Geschmack.

- Angenommen, die sonst immer heißbegehrte Salami findet aus unerklärlichen Gründen als Brotbelag keine Abnehmer. Und da auch eine Dauerwurst nicht für die Ewigkeit geschaffen ist, sollte man versuchen, sie in neuem Gewand auf den Tisch und unter die Leute zu bringen.

- Eine eher magere Pizza (Fertigprodukt aus dem Gefrierschrank) mit Salami und Käse überarbeitet, geht bei Kindern zu jeder Tageszeit weg und löst gleichzeitig ein Versorgungsproblem.

- Als Rouladenfüllung, nicht nur bei einer Fleischsorte ohne großen Eigengeschmack, hat Salami eine interessante Wirkung.

- Fein geschnitten in glasig gedünsteten Zwiebeln kann so ein Salamirest manchem Gemüse (grüne Bohnen, Lauch, Rosenkohl) eine würzige Note verleihen.

Worin Sie sonst noch Reste verschwinden lassen können

Eßgeschädigte aus Kantinen und Mensen bekommen eine Gänsehaut, wenn das Wort Suppe oder Eintopf fällt. Trotzdem sind diese beiden Gerichte immer noch ideale Resteverwerter. Allerdings darf kein kunterbuntes Allerlei daraus werden, womöglich noch zu einem undefinierbaren Brei verkocht. Eine sinnvolle Ergänzung der übriggebliebenen Kost, passend gewürzt, ergibt in jedem Fall ein schmackhaftes Essen. Gerade hier darf mutig kombiniert und Neues gewagt werden, wenn es zu keiner Beleidigung der Geschmacksnerven kommt. Die Grenze zwischen Suppe und Eintopf ist fließend. Mit ein wenig mehr Flüssigkeit wird der Eintopf zur Suppe, die zu den unmöglichsten Tageszeiten heiß oder eiskalt gelöffelt werden kann. Die allerschnellste Art, eine Suppe herzustellen: Instant-Gemüsebrühe in heißem Wasser auflösen, oder Zwiebeln in Butter anrösten und mit Gemüsebrühe ablöschen (z.B. für Maultaschen in der Brühe). Mit dieser Brühe läßt sich eine große Zahl von Suppen zubereiten: mit Reis und Gemüse, mit Nudeln und Gemüse, mit gemischtem Gemüse, mit Kartoffeln und Gemüse, mit feinen Nudeln und Fleischresten, mit Flädle (in feine Streifen geschnittene Pfannkuchen), mit kleinen Klößchen aus Bratwurstmasse usw. Reste lassen sich also ganz dezent einschmuggeln.

Tips:

- Bauernfrühstück ist schnell und unkompliziert herzustellen aus Resten von Siedfleisch oder Braten, einigen gekochten Kartoffeln und Zwiebeln. Ein Ei muß nicht unbedingt sein. Dafür wird das Ganze in Olivenöl gebraten und mit einer Handvoll schwarzer Oliven bestückt.
- Da sich Kartoffeln fast immer im Hause befinden, bringt ein Raclette-Essen „nach Art des Hauses“ eine willkommene Abwechslung in den Speiseplan. Zu Raclette eignen sich fast alle Sorten von Käse (nicht nur der, welcher diesen Namen trägt)

und als Unterlage eben Salami, Schinken, Rauchfleisch, für denjenigen, der es deftig mag, auch Schwarz- oder Blutwurst. Schmeckt wirklich unglaublich gut!

- Meerrettich- und Senfsorten, deren Verpackung mehr versprochen hat als der Inhalt dann hergab, sind übrigens als Zugabe bei einer Salatmarinade meist doch gut zu gebrauchen.

- Selber konservieren: Nouvelle Cuisine hin, Kalorienzählen her. Hie und da hat fast jeder Mensch Appetit auf etwas Deftiges. Wenn aber der Verdauungsapparat vorzeitig streikt oder das schlechte Gewissen ob des Sündenfalls sich meldet, bevor alles ratzeputz vertilgt ist, muß der Rest noch lange nicht in den Abfalleimer wandern. Das Produkt verändert sich durch eine einfache Konservierungsart oft sogar noch zu seinem Vorteil. In jedem Fall hält es sich, auf diese Weise aufbereitet, einige Tage länger und kann dann in kleinen ,,Häppchen für zwischendurch" genußvoll verzehrt werden. Für diese Methode eignen sich grobe Leberpastete, Preßkopf, Schwartenmagen, gekochter Schweinebauch, Schwarz- oder Blutwurst und ähnliches. Ob wohl solch eine Maßnahme bei einem ,,Pfälzer Saumagen" als Vergehen wider die Staatsgewalt geahndet wird?

  In ein gut verschließbares Gefäß kommen die Pasteten usw. am Stück, werden mit in feine Streifen geschnittenen Zwiebeln – und damit braucht nicht gespart zu werden – bedeckt, das Ganze wird mit Weinessig aufgefüllt, man gibt ein wenig Öl dazu, eventuell mit frisch gemahlenem Pfeffer nachwürzen und fertig ist der ,,Bauernschmaus".

  Diese Konservierungsmethode wird besonders für Einzelpersonen nützlich sein, die Appetit auf Rustikales haben, welches im Laden nicht scheibchenweise zu bekommen ist.

Kapitel 6: Schnelle und kostengünstige (Reste-)Menüs

Aus fast nichts kleine Köstlichkeiten zu zaubern – dieses kleine Kunststück zu erlernen wäre doch ein erstrebenswertes Ziel. Sie hatten keine Zeit einzukaufen oder Ihr provinzieller Laden hat Mittwoch nachmittags geschlossen. Oder aber, Sie wollen Ihren finanziellen Rahmen einhalten – und der ist ausgereizt. Ein Hungriger in der Familie hat bereits den fast wirklich leeren Kühlschrank inspiziert und fragt übellaunig, ob hier und heute wohl das Wunder der biblischen Brotvermehrung stattfinden soll. Jetzt kommt Ihre große Stunde. Es finden sich noch ein paar Tomaten, Zucchini, Paprikaschoten, vielleicht sogar eine Aubergine und ein Stück Käse. Das Gemüse in Scheiben schneiden und nacheinander von beiden Seiten anbraten und salzen. Den Käse reiben, mit fein gepreßtem Knoblauch vermischen und über das wieder in die Pfanne geschichtete Gemüse geben, mit Olivenöl beträufeln und schmelzen lassen. Mit Toastbrot (aus dem Eis direkt in den Toaster) serviert, schwindet schon der erste Groll. Jetzt bemühen Sie noch einmal das Gefrierfach, holen daraus einen vorgefertigten Apfel- oder Quarkstrudel (siehe Kapitel „Solange der Vorrat reicht . . .“), welcher derweil in der Backröhre eine goldgelbe Farbe annimmt. Warm mit Eis als Nachtisch serviert, läßt er die letzte Aggressivität bei der Tischrunde verfliegen.

In der Realität werden sich natürlich in solch kritischen Momenten nicht genau die Zutaten finden, wie sie oben angeführt sind. Das Ganze soll ja auch nur als Strickmuster dienen und zeigen, daß bei Ebbe im Kühlschrank nicht sofort ein großartiger Einkauf notwendig wird oder womöglich Pizzadienst oder Brathähnchen-Station bemüht werden müssen, sondern es sollte versucht werden, aus den zur Verfügung stehenden Nahrungsmitteln etwas auf den Tisch zu bringen, das sich sehen lassen kann und natürlich auch schmeckt.

Hinter vorgehaltener Hand – von Frau zu Frau: Wenn die „Schmerzgrenze“ bei den Kostgängern richtig ausgelotet wurde, braucht niemand in der Tafelrunde zu erfahren, daß es wieder mal eine Version aus dem Notprogramm gibt. Eine gehörige Portion Keckheit schafft kulinarische Resultate, die einen diesbezüglichen Verdacht überhaupt nicht aufkommen lassen. Wenn bei den Bewirteten vor Entzücken das Weiße der Augäpfel zum Vorschein kommt, liegt man mit den Kompositionen richtig. Sollte aber wider Erwarten jemand seiner Unzufriedenheit lautstark Ausdruck verleihen, so beruhigen Sie diesen, indem Sie freundliche Worte flüstern. Er – Sie – Es wird sofort aufhören zu schreien, um Sie zu verstehen.

Vorspeisen

Exotischer Karottensalat

Nicht zu fein geriebene Karotten kräftig mit Zitronensaft beträufeln, eine Dose Mais ohne Saft dazugeben, einen Becher Sauerrahm oder Crème fraîche unterrühren, mit Salz und Ingwer abschmecken und ein paar Eßlöffel Kokosraspeln dazugeben – fertig.

Pfifferlinge

Zwiebeln oder Schalotten sehr fein schneiden und in Butter glasig dünsten. Pfifferlinge aus der Dose ohne Saft dazugeben, eventuell nachsalzen, ein wenig pfeffern und heiß werden lassen. In der Zwischenzeit einen Toast vorbereiten, buttern und die heißen Pfifferlinge daraufgeben. Sofort servieren.

Gorgonzola-Nudeln mit Broccoli, Blumenkohl oder Zucchini

200 Gramm Gorgonzola mit einem Becher Sahne auf ganz kleiner Flamme schmelzen lassen, mit Salbei würzen, mit Salz und frisch gemahlenem Pfeffer abschmecken. Fertig gekochte Nudeln daruntermischen, separat gegartes Gemüse unterheben.

Voraus ein Knoblauchbaguette – das paßt fast immer – oder Salat mit Schinkenstreifen für besonders Hungrige. Zum Nachtisch einen Bananenpudding (am Vortag zubereitet, siehe Kapitel „Schnelle und kostengünstige (Reste-)Menüs").

Lachsnudeln

Diese können mit frischem Lachs oder – die preisgünstigere Version – mit vakuumverpacktem Räucherlachs zubereitet werden. Frische Lachskoteletts in Butter von beiden Seiten braun braten – oder die am Vortag bereits mitgebratenen verwenden –, von Haut und Gräten befreien und in kleine Stücke zupfen, frische Sahne zugießen, salzen und pfeffern und mit etwas frisch geriebenem Parmesankäse binden. Fertig gekochte Spinatnudeln untermischen.

Sie können auch Räucherlachs in feine Streifen schneiden und in frischer Sahne köcheln lassen, bis die Flüssigkeit etwas eingekocht ist, das Ganze abschmecken und ein wenig Parmesankäse und etwas Dill dazugeben. Die Mischung über die Nudeln geben und gut vermengen.

Vorspeise: Salat mit Toast, zum Abschluß frische Früchte.

Superschnelle „Pseudo-Käse-Spätzle"

Gekochte, kalte Spätzle vom Vor- oder Vorvortag kurz ins heiße Wasser werfen oder in einer beschichteten Pfanne aufwärmen. Sie dürfen dabei aber nicht knusprig werden. Spätzle, Käsescheiben oder geriebenen Käse schichtweise aufeinandersetzen. In Butter gebratene Zwiebelringe oder einfach Butterflöckchen aufsetzen und entweder in der Mikrowelle heiß werden lassen oder die geschlossene Pfanne auf der Herdplatte erwärmen, bis der Käse geschmolzen ist. Dazu gibt es Salat.

Tortellini auf Zucchini-Gemüse

Tortellini und fein geschnittene Zucchini (gewürzt mit scharfem indischen Curry und Sesam) getrennt nicht zu weich garen lassen. Jeweils das Kochwasser abgießen, die Zutaten vorsichtig vermischen, mit geriebenem Käse bestreuen, Butterflöckchen aufsetzen. Deckel drauf und schmelzen lassen.

Gemüsetorte

Einen gesalzenen Mürbeteig zubereiten. Den Teig ein Weilchen kühlstellen. Verschiedene Gemüsesorten, die sich gerade im Kühlschrank oder Garten befinden, waschen, putzen, kleinschneiden und kurz andünsten. Boden und Rand einer gefetteten Springform mit dem Teig auslegen, das abgegossene Gemüse einfüllen und mit einem Teigdeckel abdecken. Mit einer Gabel den Deckel einige Male anstechen, damit der Dampf abziehen kann. Ganz vortrefflich eignen sich für diese Füllung auch bunt zusammengewürfelte Gemüsereste, die in Zeiten großer Eile mit einer tiefgefrorenen Gemüsepackung oder mit Dosengemüse ergänzt werden können. In die Füllung passen auch ein paar gehackte Nüsse, etwas Sesam, Kürbiskerne und fast immer geriebener Käse, der den Inhalt beim Anschneiden gut zusammenhält. Gewürzt wird mit Salz, Pfeffer, Paprika oder indischem Curry. Nichtvegetarier fügen in feine Streifen geschnittenen Schinken hinzu. Geht die vegetarische Weltanschauung nur teilweise durch die Familie, bleibt ja auch die Möglichkeit, die Torte halbe-halbe zu gestalten.

Schnellausführung: Einen fertigen Tiefkühlblätterteig statt des selbst gekneteten Mürbeteigs verwenden. Dazu servieren Sie frischen Salat.

Überbackenes Gemüse mit Unterlage

Vom Vortag bleibt eine kleine Menge gekochter Nudeln (Reis, Kartoffeln) übrig. Sie kaufen Rosenkohl oder Lauch, dünsten das Gemüse nicht zu weich und würzen mit Salz, Zitrone, indischem Curry oder Ingwer. Nun kommen auf den Boden der Pfanne die Nudeln (Kartoffeln, Reis), darauf das gedünstete Gemüse. Finden sich auch noch Schinken-, Braten- oder Kasslerreste, werden sie gewürfelt und über das Gemüse gestreut. Jetzt noch Käsereste darüberreiben oder mit Käsescheiben belegen, Deckel auf die Pfanne und schmelzen lassen. Dazu Weißbrot.

Ein weiterer Vorschlag mit einer ungewöhnlichen Zusammenstellung: Zucchini in Scheiben schneiden und nicht zu weich dünsten. Das Kochwasser abgießen (und später einfach so trinken oder als Gemüsebrühe weiterverwenden) und mit einem Rest von Nudeln vorsichtig vermischen. In eine beschichtete Pfanne geben, obenauf feine Scheiben von Blut- oder Schwarzwurst legen, mit Käsescheiben abdecken, Deckel auf die Pfanne und schmelzen lassen. Dazu Toast.

Eine andere Kombination: Olivenöl in einer Pfanne heiß werden lassen und in Ringe geschnittenen Lauch, blättrig geschnittene frische Champignons und Zucchinischeiben dazugeben. Kurz schmoren lassen, salzen, einen Becher Crème fraîche einrühren und mit indischem Curry würzen. Wer mag, kann mit in Scheiben geschnittenen Wiener Würstchen auffüllen. Dazu Baguette.

Zwiebelgemüse mit grünen Bohnen

Gemüsezwiebeln (äußerst preiswert) in Scheiben schneiden und in Olivenöl sehr weich dünsten, mit Salz, frisch gemahlenem Pfeffer und scharfem indischen Curry würzen. Bißfest gegarte grüne Bohnen dazugeben. Es sollte ein deutlicher Unterschied zwischen den weichen Zwiebeln und den härteren Bohnen spürbar sein. Abschließend noch in Butter geröstete Weißbrotwürfel darüberstreuen. Wer mag, kann Schinkenwürfel unterheben oder in Weißwein heißgemachtes Kassler dazu essen.

Kartoffel-Möhren-Gulasch

Kartoffeln schälen und in Würfel schneiden, Möhren putzen und in Scheiben schneiden, Zwiebeln in Fett glasig dünsten, Kartoffeln und Möhren zugeben, mit (Instant-)Gemüsebrühe bis zur gewünschten Menge auffüllen, kräftig mit Paprika (mild und scharf), Cayenne-Pfeffer und Salz würzen. Die Kartoffeln dürfen ruhig etwas zerfallen, das macht das Gulasch sämiger.

Für sehr Hungrige und Nichtvegetarier kann das Gericht mit Kochwurst angereichert werden. Wird das Gulasch mit einem Schuß Madeira oder Portwein verfeinert, kann kein Mensch dieses Essen als eine „leere-Kassen-Mahlzeit" identifizieren.

Kokos-Hähnchen- oder Putenschnitzel

Hähnchen- oder Putenschnitzel werden mit Sojasauce bestrichen und ein paar Stunden kühlgestellt. Anschließend salzen, in einem verquirlten Ei wenden und in Kokosraspeln (welche ein wenig in Milch eingeweicht wurden) wälzen. Zum Ausbacken in der Pfanne kann Nußöl verwendet werden. Es darf aber auch ein neutrales Öl sein.

Dazu wären ein saftiger Gemüsereis und der exotische Karottensalat (siehe Rezept in diesem Kapitel) denkbar. Als Nachtisch passen in Butter gebratene Bananen, mit Honig beträufelt und mit Mandelblättchen garniert.

Putenkeule mariniert – Putenkeule gebraten

Eine Putenkeule hat mit ihren kulinarischen Vettern von Reh und Lamm nur den „Nachnamen" gemeinsam, aber ganz und gar nicht den Preis. Sie eignet sich deshalb hervorragend dazu, (nicht nur) am Monatsende den Speiseplan zu bereichern.

Für die zu marinierende Putenkeule eine Marinade aus Orangensaft, Nußöl, Sojasauce, wenig Honig, Knoblauchzehen, Salz und Pfeffer herstellen. Die Keule einlegen, am nächsten Tag (oder auch nach ein paar Stunden) wie gewohnt braten und nach und nach die Marinade zugießen. Die Sauce der fertig gebratenen Keule mit Ingwer abschmecken. Oder eine frische Putenkeule wie üblich braten. Um eine schöne Kruste zu bekommen, die Keule während des Bratvorgangs häufig mit Bier bepinseln.

Schinkensteak

Zutaten: Fleisch- oder Gemüsebrühe, Schinken am Stück zu je ungefähr 100 Gramm. Brühe erhitzen und die Schinkensteaks darin warm werden lassen (nicht kochen). Dazu passen milde, helle Saucen – zum Beispiel eine Meerrettichsauce, Kräutersauce, Sahnesauce, Käsesauce oder ähnliches. Als Beilagen eignen sich Kartoffelpüree oder Salzkartoffeln und Salat.

Tomatenreis mit Hackfleisch und Banane

Sie brauchen Hackfleisch, Salz, frisch gemahlenen Pfeffer, Zwiebeln, Reis, einen halben Staudensellerie, Knochlauchzehen, eine Dose Tomaten, Curry, Sojasoße, gemahlenen Koriander, Brühe (Instant), eine Banane, einen Eßlöffel Kokosraspeln. Zwiebelringe andünsten, in Scheiben geschnittenen Staudensellerie zufügen und mitbraten, zerdrückten Knoblauch und Tomaten mit Flüssigkeit zufügen. Mit Curry, Salz, Sojasoße und Koriander würzen. Brühe zugießen, krümelig gebratenes Hackfleisch (evtl. vom Vortag) und fertig gegarten Reis (auch vom Vortag) zugeben und ein wenig schmoren lassen. Bananenscheiben vorsichtig unterrühren, mit Salz und Curry abschmecken und Kokosraspeln über das Gericht streuen – fertig zum Servieren!

Preiswertere „kleine Essen“, die zudem noch ausgezeichnet schmecken, lassen sich kaum vorstellen. Wenn das Jungvolk so eine Kreation aber in einem Meer von Ketchup ertränkt, dann kann man nur raten, die Luft anzuhalten und sich an den Struwwelpeter zu erinnern: „. . . und die Mutter blicket stumm auf dem ganzen Tisch herum.“

Bananenpudding

Stoßgebet eines geplagten Kindes: „Lieber Gott, mach, daß die Vitamine im Pudding sind und nicht im Spinat!" – In diesem Sinne: Pudding nach Packungsanweisung kochen (Vanille-, Karamel- oder Schokopudding). Bananen halbieren, auf Tellerchen anrichten und heißen Pudding darübergießen. Erkalten lassen und mit gehackten Nüssen, Mandeln, Kokosraspeln, grob gehackter Schokolade oder ähnlichem bestreuen. Darauf fahren nicht nur Kinder ab. Dieser Snack läßt sich ebenfalls sehr gut vorbereiten. Für den Preis eines kleinen Pudding-, Früchtequark- oder Milchreisbechers aus der Fertigproduktpalette läßt sich in Eigenarbeit fast eine Familienration herstellen. Ein paar Handgriffe, die sich bezahlt machen.

Brei

„Zwei Eischnee mit Trennungsschmerz suchen neue Partner."

Da sich Grieß, Reis und H-Milch nach klassischer Vorratshaltung im Hause befinden, ist im Handumdrehen ein Reis- oder Grießbrei fertig. Hier wird nun der geschlagene Eischnee untergezogen, das fertige Produkt mit zerlassener Butter sparsam begossen. Und nicht nur Kinderherzen schlagen höher.

Wird nun dieser magenfreundlichen Sache ein Salat vorangestellt, der ebenfalls leicht aus Vorräten hergestellt werden kann (siehe Rezept „Exotischer Karottensalat" in diesem Kapitel) und vielleicht ein Obstsalat angehängt, da bleiben doch sogar bösen Zungen Bemerkungen über Verlegenheitsessen im Halse stecken.

Schnelle Kirsch-Kaltschale

Von einem Glas Schattenmorellen den Saft abgießen und erhitzen. 25 Gramm Stärkemehl mit etwas Saft glattrühren und mit dem Fruchtsaft aufkochen. Vom Herd nehmen, die Früchte dazugeben, nachzuckern, mit einer Prise Zimt oder ein paar Tropfen Bittermandelaroma abschmecken, eventuell einen Becher geschlagene Sahne unterziehen und kaltstellen. Dazu gibt es ein Brötchen. Damit sind Kids im Sommer hoch zufrieden.

Schnelle Quarkschale

Sie stellt ein Zugeständnis an Berufstätigkeit und eine prächtige Alternative zu den abgepackten Fertigbechern dar.

Sie kann sehr gut vorbereitet werden und „Schlüsselkindern" als Mahlzeit oder Zwischensnack dienen. Im Sommer ist dies allemal beliebter als etwas Warmes.

Sie benötigen 500 Gramm Magerquark, ein Glas Schattenmorellen oder eine Dose Ananas in Stücken (wenn auf die Finanzen geachtet werden will oder muß, braucht es zu diesem Zweck nicht allererste Qualität zu sein), Zimt, Vanillearoma, Zucker. Quark mit etwas Obstsaft glattrühren, Früchte dazugeben und nachzuckern. Schattenmorellenquark mit Zimt, Ananasquark mit Vanillearoma würzen, bei beidem passen ein paar Eßlöffel Kokosraspeln sehr gut dazu. Eine Verfeinerung erreicht man mit geschlagener Sahne, die untergezogen wird. Den fertigen Quark abschließend mit gehackten Nüssen bestreuen.

Ein jedweder auf seine Art wird beim Kochen besondere Zutaten bevorzugen. Bei mir ist es – nicht länger läßt es sich verheimlichen – die Kokosraspel. Sie durchzieht meine Küchenschöpfungen wie der fliegende Holländer die Weltmeere. Dabei ist sie immer gut für einen Überraschungseffekt. Denn habe ich wieder einmal damit zugeschlagen, heben neue Kostgänger nachdenklich den Blick, der ungewohnten Geschmacksrichtung nachkostend, und ein heiteres Ratespiel beginnt. Überdies paßt die Raspel nicht nur bei Fernöstlichem, sie verschafft selbst ganz alltäglichen Gerichten einen exotischen Touch und ist somit ein geeignetes Mittel im Kampf gegen Junk- und Fastfood. Man könnte sie vielleicht sogar die „Trüffel des kleinen Mannes" nennen. Denn sicher ist diese mutierte Nuß nur deshalb so preiswert, weil sie nicht von abgerichteten Giraffen aus den Palmen geholt werden muß, sondern die Natur das völlig kostenlos besorgt.

Doch hier gilt wie überall: Man muß den Geschmack mögen.

Kapitel 7: Backen – Die süße Versuchung

„Gibt es denn keinen Kuchen zum Wochenende?" Ein enttäuschter Blick und erfolgloses Schnuppern in Richtung Küche signalisieren, daß diese Art der Tradition von Kuchenliebhabern aller Altersgruppen geschätzt wird. Also stellen wir unsere „Selbstverwirklichung" wieder mal hintan und uns in die Küche.

Ich beneide alle, die mit einem Stück Kuchen im Monat bedient sind. Dies darf dann getrost in der Konditorei gekauft werden. Aber haben Sie schon mal beobachtet, wie die Cafés am Sonntagnachmittag pausenlos Leute mit riesigen Kuchenpaketen ausspucken? Da muß doch das eingeübte Ökonomieprogramm sofort zu rotieren beginnen. Mit dieser Summe ließe sich ja eine ganze Festtagsrunde bebacken. Hier lohnt Eigenleistung allemal.

Beim Backen gibt es nun nicht so viele Möglichkeiten des eigenwilligen Variierens wie beim Kochen. Zum Gelingen eines Kuchens müssen Rezepte genau eingehalten werden, sonst verläßt statt eines duftigen Gebildes ein undefinierbarer Klumpen die Backröhre. Doch auch in der Backstube muß Rationalität kein Fremdwort sein, die beinahe automatisch eine Reduzierung der Kosten nach sich zieht.

Welcher Kuchen wird denn gebacken? Sollen nicht gerade Herzenswünsche erfüllt werden, könnte die Entscheidung davon abhängen, was gerade aufgebraucht werden muß oder was Markt und Garten günstig anbieten, oder einfach die zur Verfügung stehende Zeit gibt den Ausschlag.

Kuchen mit Quark

Ein Becker Quark, der den Weckruf verschlafen hat, kann Anlaß für die Entstehung einer „Quarkroulade", einer „Russischen

Zupftorte" oder eines „Käsekuchens" sein. Vor allem die Russische Zupftorte bestiсht akustisch, optisch und kulinarisch. Läßt nicht schon der Name an Balaleikaklänge in der Taiga denken? Auch die Augen kommen auf ihre Kosten. Zwischen einer dunklen, knusprigen Hülle befindet sich ein zart-gelbes, cremiges Innenleben. Und das schmeckt! Hier ist nicht die Rede von einer fertigen Backmischung, die der Handel anbietet, sondern von „Do it yourself"!

Rührkuchen

Wenn ein Rührkuchen auf dem Programm steht, ist es zweckmäßig, gleich die zwei- oder dreifache Rezeptmenge des Teiges anzufertigen (nur ein Arbeitsgang) und den Teig dann auf verschiedene Backformen, die alle gleichzeitig in der Röhre Platz bekommen, zu verteilen. Ein Kuchen ist für den sofortigen Verbrauch bestimmt, der Rest wandert in den Gefrierschrank. Wenn der Nachwuchs wieder mal ganz dringend einen Kuchen für das Klassenfest braucht, der natürlich nicht mit einer angemessenen Frist bestellt wurde, braucht keine Panik auszubrechen und ein Absturz des ausgeklügelten Finanzplans durch erforderlichen Zukauf bleibt aus. Denn Rührkuchen, jeweils verschieden glasiert, garniert oder gefüllt, ist nicht mehr als Einheitsgebäck zu erkennen.

Locker-leichter Kakao-Rührkuchen zum Beispiel ist problemlos und schnell anzufertigen und äußerst preiswert. Die Menge reicht aus für zwei Backformen (einmal Kastenform, einmal Springform mit Ringeinsatz), beides kann gleichzeitig gebacken werden oder die Gesamtmenge kommt auf ein backofengroßes Blech. Und dieses kann man dann vielleicht noch vierteilen. Ein Viertel mit Sauerkirschen belegt, ein weiteres mit Mandelblättchen bestreut und Honig darauf geträufelt (das ergibt eine Art von karamelisiertem Guß), in ein Viertel werden grobe Bitter-Schokoladenbröckel und grobschrötig gehackte Haselnüsse versenkt. Das vierte Viertel bleibt unbehandelt und wird nach dem

Backen dick mit Puderzucker bestäubt oder mit Schokoguß überzogen. Selbstverständlich können die vorgeschlagenen Möglichkeiten auch einheitlich das ganze Blech ausgestalten.

Zutaten: 500 Gramm Mehl, 300 Gramm Zucker, ein bis zwei Päckchen Backpulver, 100 Gramm Butter, 50 Gramm Kakao, drei Eier, ein halber Liter Milch, als mögliche Veränderung 100 Gramm Kokosraspeln. Butter und Zucker schaumig rühren, Mehl, Backpulver, Kakao und Milch unterrühren und in die vorgesehenen Formen füllen. Diese sollten entweder mit Backtrennpapier ausgelegt und wo dies nicht möglich ist, sehr gut gefettet werden. Auch als schon versierter Backfrau passierte es mir immer wieder, daß ich den gebackenen Kuchen fetzenweise aus der Form holen mußte. Es waren allerlei Flickkünste notwendig, um aus diesen Stücken etwas Ansehnliches zu vollbringen. Seither weiß ich, wie viele Möglichkeiten des Füllens, Glasierens und Überschmierens es beim Backen gibt. Eine Kerbe in meiner gekachelten Küchenwand zeugt davon, daß ich nicht alle Tiefschläge gleichermaßen gelassen hingenommen habe.

So simpel dieses Rezept auch ist, das Resultat findet immer reißenden Absatz. Es handelt sich bei dieser Backanleitung um eine mündliche Überlieferung aus der Nachkriegszeit. Das verrät die durch Milch ersetzte Fett- und Eiermenge. Gerade deshalb ist der Kuchen Balsam für angeknackste Verdauungssysteme.

Für abgeblitzten Rührkuchen, der schon sehr trocken ist oder es erst gar nicht zu einem Prädikatsabschluß gebracht hat, gibt es mehrere Möglichkeiten der Aufbereitung:

Den Kuchen kurz in Milch legen und im Backofen bei Mittelhitze noch einmal aufbacken. Rührkuchen in Scheiben schneiden, so trocknen lassen. Die ziemlich trockenen Scheiben mit Kuchenguß überziehen und als Kekse „nach Art des Hauses“ offerieren.

Den Rührkuchen in Scheiben schneiden und diese zu einer englischen Schichtspeise („Trifle“ – Rezept siehe Kapitel „Hurra, ein Gast ist da!“) verarbeiten.

Den Rührkuchen wieder in die Form setzen, mit kaltem Kaffee begießen und ziehen lassen. Anschließend mit Sahne überziehen und mit geraspelter Mokkaschokolade verzieren.

Biskuitkuchen

Für nur einen dünnen Biskuit-Tortenboden ist es einfach zu mühsam, all die benötigten Gerätschaften in Gebrauch zu nehmen und auch wieder zu säubern. Die doppelte Rezeptmenge läßt ein Format entstehen, das ausgekühlt durchgeschnitten werden kann und zwei Böden ergibt. Die nicht sofort benötigte Hälfte wartet im Eis auf Vollendung oder beide Hälften werden sofort in jeweils eigenständige Gebilde verwandelt. Ein Boden wird mit Obst belegt, der zweite könnte eine Käse-Sahne- oder Fruchtcremetorte ergeben. Erprobte Kuchenesser in einer Familie werden mühelos mit zwei Exemplaren fertig.

Relativ schnell zubereitet ist auch eine Biskuit-Roulade. Für Ungeübte kann sich allerdings der Kampf mit der Rolle über mehrere Runden hinziehen. Doch sitzt der Dreh erst einmal, geht die Herstellung ganz fix.

Das Ergebnis meines ersten Versuches ähnelte mehr der Nahrungserstellung für das Krümelmonster als einem gelungenen Backwerk. Die Fragmente dieses Experiments wurden zu einer Rumbombe umfunktioniert (Rezept siehe Kapitel „Hurra, ein Gast ist da!"). Beim zweiten Versuch gab ich die Hoffnung auf, je zur Oberhofbäckerin ernannt zu werden, doch die Biskuitstücke blieben immerhin so groß, daß sich daraus „Trifle" (englische Schichtspeise – Rezept siehe Kapitel „Hurra, ein Gast ist da!") fabrizieren ließ. Erst beim dritten Versuch überkam mich Zuversicht. Der Biskuit ließ sich zwar immer noch nicht rollen, brach aber so großflächig, daß sich das Stückwerk mit Marmelade füllen und zusammensetzen ließ. Das Opus taufte ich „gefüllte Schnitten". Sie waren in kürzester Zeit vom Tisch. Ein neuerlicher Versuch mit einer etwas reduzierten Mehlmenge als Folge logischen Denkens brachte dann den Erfolg. Natürlich hielt ich all diese Fehlschläge streng geheim, so geheim wie seinerzeit die Großmächte ihre unterirdischen Atomversuche. Meine Familie war nur etwas erstaunt, ohne erkennbaren Anlaß so ausgefallene Nachtische vorgesetzt zu bekommen.

Es ergibt – leider nur rein optisch – ein größeres Exemplar, wenn der gebackene Biskuit von der Längsseite her (mit einem Tuch) aufgerollt wird. Als Füllung eignen sich Marmelade, Haselnußsahne, Buttercreme oder eine Quarkfüllung, die sehr einfach anzufertigen ist und wegen ihres „Frische-Effekts" besonders gut ankommt. Man benötigt 500 Gramm Magerquark, eine Dose Mandarin-Orangen, Zucker, einen Becher süße Sahne, eventuell etwas Crème fraîche oder Sauerrahm und den Saft einer Zitrone. Den Quark mit Crème fraîche, Zitronensaft und, wenn notwendig, etwas Saft von den Früchten nicht zu flüssig rühren, Zucker und Früchte zugeben, die Hälfte der geschlagenen Sahne unterheben. Die Masse auf dem Biskuit verteilen und wieder aufrollen. Das Äußere der Rolle mit der restlichen Sahne bestreichen und mit Kakao bestäuben. Gekühlt aus dem Kühlschrank ist dies ein leicht verdaulicher und wunderbar frisch schmeckender Leckerbissen zum Nachmittagskaffee oder als Nachtisch.

Noch ein Blitzkuchen: Biskuitteig in eine Backform füllen und ordentlich viel Aprikosen aus der Dose oder Sauerkirschen aus dem Glas in den Teig geben. Gehackte Mandeln oder Nüsse sind willkommene Geschmacksverbesserer. Den fertigen Kuchen mit Puderzucker bestäuben.

Weihnachtsgebäck

Es ist nicht zu leugnen, daß die Anfertigung dieser Leckereien Zeit braucht. Wenn im späten Herbst die ersten verlockenden Rezepte in den Zeitschriften auftauchen, werden sie noch fleißig gesammelt, denn dieses Jahr wird ordentlich was gebacken, so nimmt man sich wenigstens vor. Rückt das Fest näher, wird die Hektik immer größer und die Chancen für „Selbstgebackenes" immer kleiner. Manchmal reicht es dann nur noch für eine einzige Sorte, die etwas ärmlich und nicht sehr verführerisch den Weihnachtsteller ziert. Doch auch ein Backwerk aus nur einer Sorte Teig sieht gleich attraktiver aus, wenn es auf verschiedene Art und Weise verziert wird und läßt das „Einheitsgebäck" vergessen. Die „Rohlinge" können mit verschiedenen Füllungen wie Marmelade, Schoko-, Nußcreme, Nougat usw. gefüllt und zusammengesetzt werden. Eine weitere Variation ist dann der Guß: Zucker-, Schoko-, Haselnuß-, Zitronenguß oder einfach mit Puderzucker bestäuben. Den letzten Schliff bekommen die Plätzchen durch eine Verzierung mit Walnüssen, Mandelsplittern, Schokostreuseln, gehackten Haselnüssen, Pistazien oder ähnlichem.

Wenn von den Zutaten her verschiedene Sorten auf dem Programm stehen, dann wird die ganze Backaktion vereinfacht, wenn vor Beginn derselben zum Beispiel *alle* Mandeln, Wal- und Haselnüsse auf einmal gemahlen werden, auch wenn in Raten gebacken wird wie bei Berufstätigen wohl üblich, und sich das Backen über einen längeren Zeitraum hinzieht. Es geht ungleich schneller, die schon vorbereiteten Zutaten zusammenzukneten ohne zwischendurch immer irgendwelche Nebenarbeiten wie Rösten von Haselnüssen oder eben Nüssemahlen erledigen zu müssen.

Ich mache es so: Der Knetteig von drei oder vier verschiedenen Sorten wird zubereitet und kühlgestellt. Ist der letzte Teig fertig, kann der erste schon weiterverarbeitet werden. So werden nacheinander alle Plätzchen ausgestochen, gebacken (auf einem mit Backtrennpapier ausgelegten Blech) und *getrennt* aufbewahrt. Die Backröhre muß nur einmal aufgeheizt werden und die Wärme wird durch das schnelle Hintereinanderbacken optimal genutzt. Die Feinarbeiten wie Füllen und Verzieren können ohne weiteres ein paar Tage später – wie die Zeit es eben erlaubt – vorgenommen werden.

Statt der abendlichen Fernsehstunde also eine Weihnachtsgebäckrunde.

Richtig Spaß macht diese vorweihnachtliche Tätigkeit ja doch erst, wenn Familienmitglieder jeglichen Alters so im Vorbeigehen blitzartig zuschnappen wie die Piranhas, Teigfragmente und sonstiges verführerisches Zubehör aus Christkindleins Backstube kapern, um den Vorkoster zu spielen. Eine gestandene Männerrunde war sich einig darüber, daß Teig in ungebackenem Zustand an Köstlichkeit kaum zu überbieten sei.

Tips:

- Von Knet- oder Mürbeteig kann man ebenfalls je eine mehrfache Menge anfertigen, da er sich im Kühlschrank ein paar Tage hält, oder die Restmenge wird bis zum nächsten Backfest im Gefrierschrank geparkt.

- Beim Austausch von Rezeptzutaten ist Vorsicht geboten, weil damit möglicherweise die Konsistenz des Teiges verändert wird. Relativ gefahrlos ist das Ersetzen von Mandeln und Nüssen durch Kokosraspeln. Auch die angegebene Zuckermenge läßt sich bestimmt manches Mal etwas reduzieren, gleichfalls kann bei bestimmten Kuchenarten ein Teil der Fettmenge durch Quark oder saure Sahne ersetzt werden. Den Geizhals darf man im übrigen auch bei der Backpulverdosierung heraushängen lassen. Nichts kann einem Kuchen mehr schaden als ein aufdringlicher Backpulvergeschmack. Zu derartigen Experimenten gehört allerdings ein wenig Erfahrung und Fingerspitzengefühl. Denn anders als beim Kochen kann beim Backen nichts nachgeschoben werden. Ist man mit dem Endprodukt nicht zufrieden, hilft nur ein völliger Neubeginn der Prozedur.

- Backformen aus dunklem Blech sind solchen aus Weißblech vorzuziehen. Sie reflektieren besser die Hitze, das Gebäck bräunt schneller und schöner und klebt überdies nicht so leicht an wie in hellen Formen.

- Rationeller, weil schneller – auch bei manchen anderen Kuchen: Statt kleiner, runder Backformen backofengroße Bleche verwenden. Die nicht benötigte Menge wird eingefroren.

Dazu eignen sich beispielsweise Butterstreuselkuchen, Quarkstreuselkuchen, Apfelstreuselkuchen, Nuß- oder Kokosschnitten.

- Respektloser Bruch mit der Tradition des „Schwäbischen Träubleskuchens“: Den Träubleskuchen nicht in einer Ringform backen, sondern auf einem großen Blech (die Zutaten entsprechend der Blechgröße bemessen) und statt gemahlener Nüsse in der Auflage Kokosraspeln verwenden. Das geht nicht nur schneller, weil das Nüssemahlen entfällt, auch preislich ist die Kokosraspel eine gute Alternative.

- Vier Streuselkuchen und ein Arbeitsgang: Ein backofengroßes Blech mit Knetteig auslegen und durch leichte Markierung in Viertel unterteilen. Auf jedes Viertel kommt ein anderer Belag. Zum Beispiel Äpfel, Kirschen, Pflaumen, Aprikosen (auch aus der Dose), Quark oder Marmelade. Der gesamte Kuchen wird dick mit Streuseln bedeckt und gebacken. Die nicht benötigten Viertel können eingefroren werden.

- Eine preiswerte Alternative zu fertig gekauftem Kuchenguß Schokolade (weiße, Vollmilch, Bitter) im Wasserbad oder in der vom Backen noch warmen Röhre mit einem Stückchen Kokosfett schmelzen lassen. Mit Bittermandel-, Rum- oder sonstigem Aroma kann man diesem Self-made-Überzug eine individuelle Note geben. Verschmähte Weihnachtsmänner und Osterhasen erhalten auf diese Art ebenfalls neue Daseinsberechtigung. Doch ebensogut können alle Sorten von Schoko-Resten und verstoßene Marzipanriegel einen Rührkuchen abrunden.

- Ein Zuckerguß wird auf einem Kuchen schön glatt, wenn der Kuchen erst einmal mit einer dünnen Schicht Glasur überzogen wird. Ist die getrocknet, wird die zweite und endgültige Schicht aufgetragen. Dieses Manöver läßt sich auch mit einem Schokoguß oder ähnlichem vollführen. Das Werk gelingt auf diese Art optisch besser.

- Eine fertige Backmischung hält keiner Rentabilitätsberechnung stand. Der Griff danach ist nicht notwendig, wenn auch nur öfter als vier Mal im Jahr gebacken wird. Das Abwiegen von Mehl und Zucker erfordert kein Diplom in Hauswirtschaftslehre. Die diesen Backmischungen beigefügten, grammweise abgepackten Ingredienzien als Normalpackungen gekauft, sind zweifellos preisgünstiger. Und wo steckt da nun eigentlich die Arbeitserleichterung? Eier und Fett müssen in jedem Fall den fertigen Mischungen zugefügt werden. Also steht noch der Zeitvergleich von Öffnen und Schließen der Zucker- und Mehldosen gegen das Aufreißen der fertigen Mischungspackung.

- Mandelblättchen und -splitter werden um mehr als die Hälfte billiger, wenn das Zerkleinern selbst vorgenommen wird. Um Mandeln zu schälen, werden sie in kochendheißes Wasser geworfen. Dort dürfen sie ein Weilchen schmoren wie die armen Seelen im Fegefeuer. Nach dieser Prozedur lassen sie sich ganz leicht aus den Schalen schnipsen. Die geschälten, zerkleinerten Mandeln halten sich lange, dürfen aber nicht ganz luftdicht verschlossen werden, weil sie sonst leicht Schimmel ansetzen.

- Butterstreusel lassen sich durch Zugabe von gehackten Haselnüssen mit etwas Zimt und Rum-Aroma oder Kokosraspeln beeindruckend verfeinern.

Kapitel 8: Hurra, ein Gast ist da!

Eigentlich schade, daß Gäste so selten mit einem richtigen, selbstgekochten Menü bewirtet werden. Bequemlichkeit und die Angst vor dem Mißlingen wirken da gerne als Bremse. Dabei verleiht Selbstgefertigtes in mehreren Gängen einem Abend immer einen ganz besonderen Nimbus. Spätestens, wenn alle Pizza- und Partydienste durchprobiert sind, sollte man sein eigener Hoflieferant werden. Vielleicht sind die Speisen dann mit etwas weniger Schnickschnack behaftet, haben dafür aber eine ganz individuelle Note. Darüber hinaus sollte man nicht vergessen, daß es nicht zuletzt die Küche ist, die oft Geschichte gemacht hat, obwohl ich mir nicht vorstellen kann, daß Revolutionen an einer festlich gedeckten Tafel beschlossen wurden. Schließlich wußten schon die Römer, daß mit „Brot und Spielen" aufsässige Volksmassen ruhiggestellt werden können.

Den ersten Versuch würde ich aber trotzdem mit besonders unkompliziertem Besuch starten, der kleine Pannen nicht übelnimmt. Geht etwas schief, kann beispielsweise die Crème, die keine geworden ist, eben mit dem Suppen- statt mit dem Dessertlöffel angeboten werden, wenn es denn überhaupt sein muß, daß so eine kleine Panne öffentlich gemacht wird. Erfahrene Gastgeberinnen bieten die dann „flüssige Crème" gleich über Eis, Obst oder Rührkuchen als ganz persönliche Kreation an. Und die weiblichen Gäste fragen entzückt nach dem Rezept.

Die Gestaltung eines solchen Abends ist kein Hexenwerk. Es muß nur *rechtzeitig* geplant und vorgearbeitet werden. Das heißt, schon bei der Zusammenstellung des Menüs ist darauf zu achten, daß (fast) alle Gerichte vorbereitet werden können. Denn welche Gastgeberin möchte schon den Eindruck ihrer eigenen Hausangestellten erwecken, die, in der Küche festgehalten, vergrämt den Lachsalven der Gäste lauscht? Die Forderungen der modernen Ernährungswissenschaft treten für solch seltene Fälle einmal in den Hintergrund.

Schon im Kochbuch „Kochkunst“ des Marcus Gavius Apicius (geb. 25 v.Chr., der berühmteste Koch und Feinschmecker des Römischen Reiches während der Regierungszeit von Kaiser Tiberius) bestand in der Regel eine römische Cena aus drei Gängen, von denen jeder Gang mehrere Gerichte enthalten konnte.

Zusammenstellung eines Menüs

1. Vorspeisen kalt
2. Vorspeisen warm
3. Zwischengang
4. Hauptgang
5. Nachtisch

Die Farbe der Speisen soll von Gang zu Gang wechseln, das heißt, nach einer hellen Brühe folgt ein dunkles Fleisch.

Die Reihenfolge: Suppe, Fisch, Fleisch, Käse, Dessert. Bei mehreren Vorspeisen kommen die kalten vor den warmen, das heißt, ein kalter Fisch vor warmer Suppe.

Die Gänge sollen nicht zu gleichartig sein. Gibt es zum Fleischgang eine Gemüseplatte, sollte unter den Vorspeisen kein Gemüse sein. Vor einen schweren Hauptgang gehört eine leichte Vorspeise, vor einen suppigen Hauptgang eine kräftige Vorspeise.

Tip:

Mir ist bei der Zusammenstellung der Speisekarte eine lose Rezeptsammlung sehr hilfreich. Die Blätter stammen aus allerlei Zeitschriften und wurden schon unter dem Gesichtspunkt „läßt sich gut vorbereiten“ ausgewählt. Das Durchblättern dieses Sammelsuriums liefert oft brauchbare Ideen, wenn die Inspiration ausbleibt.

Am besten fängt man mit den Vorbereitungen eine Woche vor dem festgelegten Termin an. Steht die Speisenfolge fest, wird ein Einkaufszettel mit allen Zutaten, die eingekauft werden müssen, erstellt. Lebensmittel, die nicht verderben, kann man gleich bei der nächsten Einkaufstour besorgen. Den Tag der Gästebewirtung halte ich mir nach Möglichkeit von Einkäufen frei, um keine unnötige Hektik aufkommen zu lassen.

Mit der Zubereitung der Gerichte kann so frühzeitig begonnen werden, wie es die Speisen vertragen; den Nachtisch vielleicht sogar schon zwei Tage vorher, das Fleisch – bis auf die Zubereitung der Sauce – am Vortag. So bleibt für den Tag der Bewirtung lediglich die Zubereitung von Salat oder Gemüse oder sonstwo ein letzter Schliff.

Salat kommt immer besser an, wenn er nicht nur gut schmeckt, sondern auch den Augen etwas bietet: kein Mischmasch in einer großen Schüssel, sondern Lage über Lage auf einer großen Salatplatte.

Zuerst das Grünzeug, dann vielleicht Gurken oder Tomaten oder Paprikaschoten; darüber eine Schicht wahlweise in kleine Stücke zerzupfter Räucherfisch, Muscheln (aus der Dose), Thunfisch aus der Dose, Schinkenstreifen, gewürfeltes Geflügelfleisch oder gekochte Linsen. Zu Rosetten geformte Lachsschinkenstreifen putzen ungemein. Oberste Lage: Zum Beispiel Zwiebelringe, wenig Kapern, sehr fein geschnittene Lauchringe, in Butter geröstete Weißbrotwürfel (die noch in geriebenem Käse, der fein zerdrückten Knoblauch enthält, gewälzt wurden), gehackte Nüsse und zum Schluß das Dressing.

Wenn jetzt die Farben noch stimmen, sind die ersten „Ah's“ und „Oh's“ schon sicher: Zum Beispiel geben Sie auf Radicchio Chicorée mit Orangen, auf Feldsalat Rote Bete, auf grünen Blattsalat Tomaten oder rote beziehungsweise gelbe Paprikaschoten. Pluspunkte gibt es aber erst, wenn auch der Gaumen auf seine Kosten kommt.

Eine auf diese Art vorbereitete Platte kann ebenfalls ein paar Stunden im voraus gerichtet werden. Mit Frischhaltefolie abgedeckt, wartet sie in Kühlschrank oder Keller auf den großen

Auftritt. Erst kurz vor dem Servieren kommt das ebenfalls vorbereitete Dressing darüber.

Auf ähnliche Weise kann eine Vorspeise im ganzen aufgetragen werden. Man spart das mühevolle Arrangieren von Einzelportionen. Zudem kann so jeder Gast um persönliche Antipathien unauffällig mit dem Vorlegebesteck einen Bogen machen.

Gemüsegerichte, die überbacken werden sollen, eignen sich ebenfalls für eine Vorbereitung. Das Gemüse rechtzeitig vorgaren, in eine Auflaufform schichten, Sahne-Eier-Käse-Mischung getrennt aufbewahren und erst darübergießen, wenn die Form in die Röhre geschoben wird. Auch eine Käseplatte bleibt unter der Folie sehr lange frisch und appetitlich.

Wenn die ersten Gäste klingeln, während die Gastgeberin noch mit hochrotem Kopf und ungestylt über die Herdplatte gebeugt steht, wird der Abend unter einem eher ungünstigen Stern stehen. Ideal dagegen läuft es, wenn während des Abends Gang für Gang nur aus dem Abseits geholt und entweder gleich serviert oder nur in die Mikrowelle/den Backofen geschoben zu werden braucht, ohne daß eine großangelegte Verkleidung mit der Kittelschürze notwendig wird. Eine gelassene, heitere Gastgeberin ersetzt mit Sicherheit den Beluga-Kaviar.

Vorspeisen

Beim Essen ist es wie beim Schach: Die richtige Eröffnung ist häufig spielentscheidend. Vorspeisen stimmen auf den Hauptgang ein, stillen den ersten Hunger und sorgen für die richtige Atmosphäre bei Tisch.

- Suppen
- Räucherfischsalat (siehe Vorschlag)
- Krabben- oder Geflügelsalat

Blätterteigpasteten mit Ragout oder mit Crevetten/Krabbenfüllung

Zutaten: Fertige Blätterteigpasteten; Füllung: Tomaten, Butter, Schalotten, frische Champignons, Sahne, Krabben oder Langostinos, frischer Dill, Salz, Pfeffer. Tomaten überbrühen, abziehen, entkernen und in Würfel schneiden, feingehackte Schalotten in Butter andünsten, Champignons fein schneiden und mitdünsten. Mit Sahne auffüllen und etwas reduzieren. Die Krabben, das Tomatenfleisch und etwas frischen Dill zugeben. Mit Salz und Pfeffer abschmecken, kurz aufkochen lassen und kurz vor dem Servieren die in der Backröhre erwärmten Pasteten damit füllen (Fülle läßt sich gut vorbereiten).

Weitere Vorschläge:

- In Knoblauchsauce eingelegte Krabben (Rezept siehe Kapitel „Die beliebte Alternative – Fertigprodukte und -gerichte")
- Lachsflädle (Rezept siehe Kapitel „‚Rationeller, weil schneller' ist die Devise")
- Knoblauchbaguette
- Provenzalisch eingelegte rote Paprikaschoten

Hauptgerichte

Filetpfanne – mit einem Mindestarbeitseinsatz ein Höchstmaß an Genuß

Zutaten: eine Tüte fertige Zwiebelsuppe, ein bis zwei Becher süße Sahne, ein Schweinefilet.

Den Inhalt der Suppentüte mit der Sahne anrühren, in eine Auflaufform gießen, das roh in dicke Scheiben geschnittene Filet dazugeben, das Gefäß abdecken und 24 Stunden kalt stellen. Die Form am nächsten Tag nur in die Röhre schieben und 45 bis 60 Minuten backen. Nach ungefähr 15 Minuten Backzeit den Deckel entfernen, dann bekommt das Gericht eine schöne Kruste. Das ist schon alles.

Filet Wellington

Das Filet (Rind oder Schwein) kann am Vortag angebraten werden. Arbeitserleichterung: Statt der in Rezepten meist angegebenen Pilzfüllung können Sie fertig gekauftes Schweinemett („Brät" heißt es bei den Schwaben) verwenden.

Ungarischer Bohnentopf

Gut vorzubereiten, schnell zubereitet, feurig, variierfähig, dehnbar, richtet Psycholeichen auf und bringt auch fade Gäste in Schwung. Hier das ausführliche Rezept, weil es schwerlich in einem Kochbuch so zu finden sein wird. Drei Eßlöffel Olivenöl, 250 Gramm Zwiebeln, 750 Gramm grüne Paprikaschoten, eine Dose geschälte Tomaten, zwei Kolbasz-Würste, eine Dose weiße Bohnen, vier Tomaten, eine Flasche Tomatenketchup (200 Gramm), Chilisauce, Paprikapulver mild und scharf, Pfeffer, Salz, eine Prise Zucker, ein Teelöffel Würzmischung oder Instant-Gemüsebrühe. Öl heiß werden lassen, die in Scheiben geschnittenen Zwiebeln dazugeben und glasig dünsten, die in Streifen geschnittenen Paprikaschoten gut darin durchschmoren, Tomaten aus der Dose mit Flüssigkeit und in Scheiben geschnittene Kolbasz, die weißen Bohnen und die gehäuteten, geviertelten Tomaten zufügen. Mit Ketchup, Chilisauce, Paprikapulver, Würzmischung, Pfeffer, Salz und Zucker abschmecken.

Weitere Vorschläge:

- Lamm- oder Putenkeule
- Topf Bourgogne (Lamm- oder Rinderschmortopf)
- Ragouts
- Geschnetzeltes
- Verschiedene Braten
- Wiener Tafelspitz

All die Fleischgerichte wie üblich braten, schmoren oder sieden (Tafelspitz). Sind sie weich oder gar, läßt man sie im Saft erkalten. Am nächsten Tag das Fleisch aus der Flüssigkeit nehmen, damit die Soße anfertigen, das kalte Fleisch in Portionen schneiden, in die fertige Soße legen und behutsam erwärmen. Zum Servieren Fleisch und Soße wieder trennen.

Nachspeisen

Rumbombe (bisweilen auch Kuppeltorte genannt)

Auch hier das ausführliche Rezept, weil sich dieser Nachtisch für eine große Gästezahl eignet und ebenso als Ergänzung zu einem späten Kaffee einsetzbar ist: Für den Biskuitteig benötigen Sie acht Eigelb, vier Eßlöffel warmes Wasser, 250 Gramm Zucker, ein Päckchen Vanillezucker, ein Päckchen Backpulver, 150 Gramm Mehl, 150 Gramm Stärkemehl.

Den Biskuit backen, auskühlen lassen, ein Drittel davon als Boden verwenden, die übrigen zwei Drittel zu Würfeln schneiden. Zutaten für die kuppelförmige Auflage: ein Päckchen Vanillepudding nach Packungsanweisung kochen und kalt werden lassen. 220 Gramm Butter schaumig rühren, die erkaltete Puddingmasse mit sechs bis acht Eßlöffeln Rum vorsichtig unter die schaumige Butter heben. Den zu Würfeln geschnittenen Biskuit und die Crème-Masse vermischen. Auf den Biskuitboden etwas Marmelade streichen, die Masse kuppelartig daraufsetzen und mit Schokoladenguß überziehen. Bei der Festtagsversion kommt zwischen Masse und Guß eine Schicht ausgewelltes Marzipan. Die Rumbombe kann mit allerlei Neckischem verziert werden.

Trifle (englische Schichtspeise)

Auch hier folgen ausführliche Zubereitungsvorschläge, da sich dieser Nachtisch mit verschiedenerlei Zutaten in unterschiedlichen Geschmacksrichtungen anfertigen läßt, somit sehr variierfähig ist und also Zutaten verwendet werden können, die vielleicht ohnehin im Hause sind.

Den Boden einer Schüssel mit in Scheiben geschnittenem Rührkuchen (fertig gekauftem Sandkuchen) oder Rückständen aus der eigenen Backstube (siehe Kapitel „Backen – Die süße Versuchung"), wahlweise auch mit Löffelbiskuits auslegen, mit Cointreau, Grand Marnier oder Rum beträufeln und mit Marmelade bestreichen. Die Marmeladensorte wird den Früchten angepaßt. Also Erdbeermarmelade zu Erdbeeren, Himbeermarmelade zu Himbeeren (auch Tiefkühlfrüchte), Aprikosenmarmelade zu Aprikosen (auch aus der Dose). Oder es wird mit verschiedenen Farbeffekten gearbeitet. Zum Beispiel rote Marmelade, weiße Sahne, gelbe Früchte. Denn als nächste Schicht folgt geschlagene süße Sahne oder abgekühlter Vanillepudding, dessen Aroma aber ebensogut auf Früchte und Marmelade abgestimmt werden kann. Nun kommen Früchte oder Beeren an die Reihe. Sie werden mit fein geschnittenen Kuchenscheiben oder Löffelbiskuits abgedeckt. Ist das Werk mit dieser Lage beendet, wird die Oberfläche noch einmal mit Alkohol getränkt, mit Sahne oder Pudding abgedeckt und mit Früchten verziert. Soll der Turmbau jedoch weitergehen, beginnt die Schichtung wieder von vorn. Die Sache entwickelt sich zu einer gar köstlichen Schlemmerei, wenn zwischen den Schichten geröstete Mandelsplitter Aufnahme finden. Ein völlig neuer Geschmack ergibt sich mit folgenden Zutaten: Marmor- oder Herrenkuchen (in Rum getränkt), Orangenmarmelade, Kaffeepudding (siehe Kapitel ,,Was vom Tage übrigblieb – gekonnte Resteverwertung") und Bananen. Diese Kreation sollte mit geschlagener süßer Sahne serviert werden. Den Nachtisch einige Stunden im Kühlschrank durchziehen lassen.

Weitere Vorschläge:

- Tiramisu
- Biskuit-Quarkroulade (Rezept siehe Kapitel ,,Backen – Die süße Versuchung")
- Kaffee-Reis (Rezept siehe Kapitel ,,Was vom Tage übrigblieb – gekonnte Resteverwertung")
- Wein-Sekttorte (Rezept siehe Kapitel ,,Was vom Tage übrigblieb – gekonnte Resteverwertung")
- Sorbet
- Mousse au chocolat
- Und natürlich freuen sich Ihre Gäste immer über selbstgebastelte Eisbecher mit allen Arten von Gebäck.

Tip:

Ein roter Klecks Marmelade, ein paar Früchte, Kekse, geraspelte Schokolade und Sahnetupfer (aus Sahneresten auf Vorrat angefertigt und im Eis gelagert) verändern einen Nachtisch sehr zu seinem Vorteil.

Heißbegehrt bei kleinen Gästen . . .

Wie ein Heuschreckenschwarm kann die Brut mit Anhang zum Lernen auf Klassenarbeiten und Klausuren einfallen. Wenn man Glück hat, wird dieser Überfall vorher angekündigt. Vielleicht könnte mal ein ungarischer Bohnentopf (siehe Rezept im Kapitel „Hurra, ein Gast ist da!") oder ein backofengroßes Blech gefüllter Blätterteig die Spaghetti- und Pizzatradition unterbrechen. Beide Rezepte lassen sich sehr gut vorbereiten und brauchen nur noch aufgewärmt beziehungsweise in die Röhre geschoben zu werden. Möglicherweise schafft das die Jugend dann ohne Küchenhilfe. Jedenfalls steigt das Image des Hauses mit Snacks, die aus dem Rahmen fallen, ganz enorm.

Ein guter Hungerstiller für solch eine Meute ist immer auch ein Kuchen im Backofenformat. Schnell zubereitet sind Streusel-, Zwetschgen-, Apfel-, Kirschkuchen, Nuß- oder Kokosschnitten.

Kapitel 9: Putzen, Waschen, Bügeln oder „Das bißchen Haushalt ...“

„Aber es ist keine gute Zeit für Besuche, wenn die Hälfte der Möbel ausrangiert ist und das ganze Porzellan gewaschen und gezählt werden soll und die Sessel zum Teil in Schutzbezügen stecken und vom tüchtigen Mr. Beale geflickt und genäht werden. Der Kronleuchter ist abgenommen und alle Kristallstücke werden sorgfältig gereinigt und poliert. Die Vorhänge im Arbeitszimmer müssen abgenommen und gründlich ausgeklopft werden.“

So beschreibt Antonia Byatt in ihrem Roman „Besessen“ einen viktorianischen Hausputz. Erleichtert denken wir bei der Lektüre dieser Zeilen: „Ach, das war ja vor mehr als hundert Jahren und vieles hat sich seither geändert.“ So ist es. Der Mensch macht inzwischen Visite auf dem Mond, läßt Leben aus Reagenzgläsern entstehen und versteckt ein immenses Wissen in millimeterkleinen Chips. Aber er hat es noch nicht geschafft, für das Projekt „Putzen 2000“ den täglichen, allgegenwärtigen, ganz gemeinen Hausschmutz mühelos verschwinden zu lassen: per Knopfdruck via Laser-Absaugung beispielsweise. Würden sich wohl Experten oder gar Wissenschaftler mit dem Thema „Schmutzbeseitigung“ befassen, wenn Putzen in erster Linie Männersache wäre . . . ?

Also müssen Verunreinigungen bis auf weiteres zum größten Teil von Hand entfernt werden. Die Intensität der Bekämpfung richtet sich nach dem Grad der Bedrohung, die sie für den einzelnen darstellen. Und trotz unseres mitleidigen Lächelns über viktorianische Putzgebräuche sind auch im zwanzigsten Jahrhundert noch Aktionen zu beobachten, die wie eine Desinfizierung nach einem Pestfall anmuten. Bei näherem Hinsehen entpuppen sie sich als „Großputz“ und gelten meist als Vorboten eines Familienfestes.

Dieses Großreinemachen hatte seine Berechtigung in einer Zeit, da Wohnungen noch mit Ofenheizungen ausgestattet waren, welche mehr oder weniger rußten und qualmten, und überall scheußliche Spuren hinterließen. Kam dann die Frühjahrssonne und legte all den Schmutz bloß, war es selbst für hartgesottene Schmutzignoranten schwer, über soviel Schmuddelei hinwegzusehen.

Heute, in unseren zentralbeheizten Wohnungen, beherrscht ganz gewöhnlicher, wenn auch cäsiumverseuchter Alltagsschmutz die Szene und ich halte es für vertretbar, von solch kräftezehrenden Hauruck-Aktionen wie Großputz Abstand zu nehmen, die doch nur den Familienfrieden stören, bei allen aktiv und passiv Beteiligten schlechte Laune hervorrufen und nicht mehr bringen als ein paar kurze Stunden absoluter Sauberkeit.

Statt einer Generalreinigung am Stück ist es weit weniger anstrengend, immer dann, wenn Zeit und Umstände es zulassen, gezielt bestimmte Reinigungsarbeiten vorzunehmen. In so eingelegten Sonderschichten könnten einmal Küchenschränke abgewaschen werden, ein anderes Mal geht es ans Innere dieser Möbel. Schlafzimmerschränke auswischen, Staub und Fusseln in und um die Betten entfernen, Bücherregale ausräumen, Bücherabstauben, Naturtüren beziehungsweise Möbel mit Politur einreiben, Lederpolstermöbel mit Pflegemittel einreiben, Kunststofftüren und -rahmen abwaschen, Badschränke und Fliesen wischen – all diese Reinigungsarbeiten können in Einzelaktionen erfolgen, die auch noch mal nach Feierabend eingeschoben werden können und durch die dann im Laufe eines Jahres jede dunkle Ecke einmal an die Reihe kommt.

Dem Schmutz zu Leibe gerückt ...

Als frisch gebackene, berufstätige Ehefrau habe ich längere Zeit die kostbaren arbeitsfreien Samstage als Haushaltstage mißbraucht. Erst so nach und nach ist es mir gelungen, die Wochenenden von Hausarbeit – bis auf eine gelegentliche Bügelstunde und den notwendigen Küchendienst – freizuhalten. Sie bleiben jetzt für Ausflüge, Wanderungen, Radtouren, Einkaufsbummel und Hobbys reserviert.

Denn auch der Wochenputz kann auf zwei oder drei Arbeitsschritte verteilt werden, die man die Woche über – und bei Berufstätigen heißt das nach Feierabend – erledigen kann. Für Mütter mit Babys und Kleinkindern gibt es ohnehin keine Alternative. Denn nur in den Schlafphasen – und die sind bei manchen Kleinen ausgesprochen kurz – lassen sich derartige Arbeiten erledigen. Einmal werden also alle Teppiche und Teppichböden gründlich gesaugt (flüchtiger wird es wohl mehrmals die Woche geschehen müssen), am nächsten Tag dann Steinböden und Fliesen naß gereinigt, das Säubern der Naßzellen kann noch mal getrennt vonstatten gehen. Sich regelmäßig auf Spinnenjagd zu begeben ist ebenfalls wichtig, damit die filigranen Tierchen nicht zu dreist werden. Spinnennetze sehen nur im Gegenlicht gut aus, und das auch nur außerhalb von Wohnräumen. Kleinere Arbeiten wie Spiegel- und Waschbecken putzen, abstauben usw. lassen sich so zwischendurch immer schnell mal (als Pausenfüller) einschieben; ganz im Sinne Erich Kästners, wenn wir uns denn an einem Epigramm von ihm orientieren wollen: „Denkt ans fünfte Gebot, schlagt eure Zeit nicht tot!“

Im übrigen ist der Wochenputz an keinen bestimmten Tag gebunden. Es gibt Haushalte, die montags damit beginnen, weil erfahrungsgemäß am Wochenende der meiste häusliche Schmutz produziert wird.

Reinigungsmittel, die alten Dingen neuen „Glanz“ verleihen

Bei den Putzmitteln genügt es, sich auf einige wenige Sorten zu beschränken. Gesundes Mißtrauen der Werbung gegenüber ist angebracht. Ein Glasreiniger, ein Generalreiniger, Schmierseife für Marmor- und Natursteinböden und ein Scheuerpulver; damit müßte auszukommen sein, wenn nicht auf besonders empfindliche Materialien Rücksicht genommen werden muß.

Es gibt ein paar altbewährte, preiswerte und vor allem natürliche Hilfsmittel für die Reinigung, die es wert sind, wieder mehr beachtet zu werden. Dies sind Essig, Zitronensaft, Spiritus, Salmiakgeist und Salz. Stets parat sind wohl Essig, Salz und Zitronensaft, die im Grunde genommen wahre Wunderheiler sind, vor allem bei der Fleckenentfernung (siehe Kapitel „Oh Schreck – ein Fleck!“ und „Wer wäscht weißer?“).

Mit Essigessenz oder dem billigsten Salatessig (es würde dem Sendungsauftrag dieser Zeilen gewaltig widersprechen, wenn Balsamico zum Einsatz käme) kann man auf die sanfte Tour Kalkrückständen den Garaus machen.

- Das gilt für das Entkalken von Kaffee- und Teemaschinen, Durchlauferhitzer, Heißwasserkocher, Waschmaschinen, Geschirrspüler und Dampfbügeleisen. Nach einem heißen Durchlauf mit Essig muß einige Male mit klarem Wasser nachgespült werden.
- Um wieder Glanz auf mattgewordene Kacheln zu bringen, hilft das Abreiben mit einem Fensterleder, das in Salmiaklösung getaucht wurde. Solch eine Behandlung tut auch Duschtüren gut.
- Durch Kalkablagerungen verstopfte Brauseköpfe werden wieder durchgängig, wenn sie einige Zeit in Essig oder heißes Essigwasser (Mischungsverhältnis 1 : 1) gelegt werden.
- Kalkflecken an der Badewanne, an Armaturen und Kacheln lassen sich mit einem in Essig getauchten Tuch abwischen; bei hartnäckigen Kalkspuren kann man das Essigtuch über Nacht auf den Kalkflecken liegenlassen.
- Der Siegeszug des Essigs geht weiter: Ein Schwamm und lauwarmes Essigwasser werden benötigt, um die Farben von Teppichen wieder zum Leuchten zu bringen (Mischungsverhältnis 10 : 1).

Nicht erst, wenn in Bad und WC der Duft einer öffentlichen Bedürfnisanstalt überhandnimmt ist es an der Zeit, dagegen anzugehen. Denn welch eine Fülle von Träumen werden in dieser Parzelle geträumt: von ewiger Jugend und graziöser Schlankheit, von mehr Haar- und weniger Leibesfülle, die allesamt beim abendlichen Entkleiden vor dem Badezimmerspiegel zu Alpträumen werden. Der Plumps in die Realität soll zumindest an einem hygienisch sauberen Ort stattfinden!

- Toilettenablagerungen an WC-Schüsseln ist mit dem bösen Blick allein nicht beizukommen. Sie verschwinden durch Abschmirgeln mit Sandpapier – je älter die Ringe, desto gröber muß das Naßschleifpapier sein.

- Wenn Putzwasser und Waschlauge durch die WC-Schüssel dem Abwasserkanal zugeführt werden, nehmen sie auf ihrem Weg in die Unterwelt noch allerlei Übelriechendes mit.

- Fensterputzen: Meine Fenster waren nie „streifenfrei" sauber, obwohl ich mir wirklich Mühe gab, große Mengen Wassers verbrauchte, noch „glasklare Sauberkeit mit Zitronenfrische" nachschob und mich sonstwie verkünstelte. Fachfrauen, die auf diesem Gebiet erfolgreicher waren als ich, rieten mir, dem heißen Putzwasser Essig oder Spiritus zuzugeben und die Fenster mit Zeitungspapier nachzupolieren. Doch immer noch war mir kein Erfolg beschieden. Deswegen bin ich bei diesem Geschäft von Hand- auf Maschinenarbeit umgestiegen, sobald ich das Instrument gefunden hatte, das mir zusagte. Inzwischen gibt es wirklich brauchbare Hilfsgeräte auf dem Markt. Ich denke da an einen Fensterwischer, der mit Akku betrieben wird, mit einer Pumpe zum Spritzen und einer Absaugung funktioniert. Mit dieser Gerätschaft kann sogar im Ballkleid noch Fenster geputzt werden, ohne daß die Schmutzbrühe in die Achselhöhlen läuft, wie das mit Fensterleder und Wasser gern passiert. Doch Rahmen und Fensterbänke müssen vorher trotzdem ganz traditionell gereinigt werden. Wenn die Fensterbank ein neues Make-up nötig hat, kann Spiritus auf einem weichen Tuch dies in wünschenswerter Weise schaffen.

- Reinigungs-Taps für die Geschirrspülmaschine sind auf den ersten Blick sehr praktisch, trotzdem ziehe ich offenes Reinigungspulver vor, weil damit besser dosiert werden kann und das Reinigungsmittel dann ergiebiger wird. Außerdem stört mich, daß jede einzelne Tablette noch einmal wie eine Mozartkugel separat verpackt ist.

Oh Schreck – ein Fleck!

Schummrige Stunden bei Kerzenschein wären noch schöner, wenn sie das traute Heim nicht häufig einem Wachsfigurenkabinett ähnlich machten.

- Wachsflecken auf Holz rückt man mit dem Haarfön zu Leibe; das aufgeweichte Wachs dann mit Papiertüchern entfernen und die Stelle mit Essigwasser abwischen.

- Wachs auf Teppichboden: saugfähiges Papier (Lösch-, Toiletten-, Zeitungspapier) auf die Wachsflecken legen und darüberbügeln (Stufe „Wolle/Seide"). Eventuell das Papier auswechseln und Restspuren mit Fleckenwasser bearbeiten.

- Feuchte Schmutzstellen auf Teppichen dick mit Salz bestreuen, ungefähr 15 Minuten warten und dann absaugen.

- Fettspritzer werden von Salz regelrecht aufgesogen.

All diese Schandmale dürfen aber nicht aus dem letzten Jahrhundert stammen; nur blitzschnelles Handeln verspricht Erfolg. Und hilft der ganze Zauber nicht, so schadet er zumindest nicht.

- Blutflecken mit kaltem Wasser ohne Waschmittel sofort einweichen und dann warm mit Waschmittel nachwaschen. Es gibt allerdings leider keine Kenntnis darüber, ob diese Methode auch bei blauem Blut greift.

- Obstflecken auch mit Zitronensaft oder Essig behandeln, einwirken lassen und kalt mit Feinwaschmittel auswaschen.
- Auch Kugelschreiberflecken sprechen auf eine Behandlung mit Essig oder Alkohol an.
- Rotweinflecken sollten sofort beim Entstehen des Malheurs dick mit Salz bestreut werden, danach mit Zitronensaft oder Essigwasser beträufeln und mit einem (Fein-)Waschmittel auswaschen.
- Bei hartnäckigen Flecken kann das Betupfen mit verdünntem Salmiak ein letzter Versuch sein oder vielleicht bringt ein Bad in Buttermilch Erfolg.
- Spezielle Flecken in der Kleidung sollten vor dem Waschgang vorbehandelt werden, weil dann beim Waschen in der Maschine das Waschpulver nicht so hoch dosiert werden muß oder überhaupt auf ein milderes Mittel zurückgegriffen werden kann.

Wer wäscht weißer?

Zum Thema ,,Waschen" gibt es nicht viel Revolutionierendes zu sagen. Hoch zufrieden, daß das Waschbrett durch die Maschine ersetzt wurde und damit der Furcht und Schrecken verbreitende Waschtag zur geradezu vergnüglichen Waschstunde geschrumpft ist, droht uns nur noch Gefahr von ,,Frau Saubermann". Denn Frau Saubermann weiß, daß Wäsche zwar sauber sein kann, aber gewiß nicht rein. Wobei sich Sauberkeit noch halbwegs nachprüfen läßt, aber wie mißt man Reinheit? Selbst wenn man sich die Sauciere in den Schoß kippt oder Streitgespräche mit Spinat und Tomatensauce ausgetragen werden, sind weder unsere Kleider noch das Tischtuch auf so unnatürliche Weise schmutzig wie es uns die Werbung vorführt. Um als ,,Frau Saubermann" Bestätigung zu erhalten, muß man wohl seinen Kindern nachrufen: ,,Kommt mir ja recht dreckig nach Hause!"

Früher bekam man mit auf den Weg: „Macht Euch nicht so schmutzig!"

Auf jeden Fall wird nur gewaschen, wenn die Maschine voll ist (selbstverständlich getrennt nach Weiß-, Bunt-, Feinwäsche) oder eine hoffentlich vorhandene Spartaste kommt zum Einsatz; damit können Waschpulver- und Wasserverbrauch der Wäschemenge angepaßt werden.

- Teure Designerjeans und andere Nobelhosen, vor allem aus Cord, bekommen keine häßlichen Knitterfalten beim Waschen, wenn sie vorher auf die linke Seite gedreht werden.

- Stark verschmutzte Arbeitskleidung wird mit einer Zugabe von zwei cl Salmiakgeist zum Waschwasser abgrundtief sauber.

- Eine Alternative zum Weichspüler kann eine Tasse Essig im letzten Spülgang der Waschmaschine sein. Darüber frohlocken die Farben der Buntwäsche und die verkalkten Innereien der Maschine.

- Ein Ritual, das sich bei mir allabendlich dem Zähneputzen anschloß, war das Waschen der getragenen Stumpfhosen im Waschbecken. Seit mir eine Strumpfhosenschwester verraten hat, daß diese Art von Beinkleidern in Socken ruhend am Schonwaschgang teilhaben kann ohne Schaden zu nehmen, habe ich mit dieser Zeremonie rigoros gebrochen.

- Seidenblusen und Pullover, die von Hand gewaschen werden müssen, weil sie Farbe lassen, trage ich in zusammenhängenden Phasen. So kommen für eine Handwäsche gleich mehrere Exemplare zusammen. Das lange Herumliegen eines ungewaschenen Stückes und das Zeit und Wasser verschwendende Waschen dieses Einzelteiles werden vermieden. Für die Handwäsche benütze ich Shampooreste, die aus Badezimmerschränken und Reisetaschen ans Tageslicht befördert wurden oder auch Fehlkäufe, die den Haaren nicht zugemutet werden wollen.

Wer einen Trockner besitzt, ist der Mühe des Wäscheaufhängens enthoben und muß außerdem beim Waschvorgang keinen Weichspüler zugeben. Der Trockner hebt die Wirkung des Weichspülers wieder auf. Den chemischen Prozeß kann ich leider nicht erklären, aber die Sache funktioniert. Das bestätigen die Handtücher und sonstigen Baumwollwäschestücke, die ,,kuschelweich" den Trockner verlassen.

- Allerdings, und damit stehe ich sicher nicht allein, vertraue ich diesem Apparat nicht alle Wäschestücke an. T-Shirts, Sweatshirts, alle Arten von Pullovern (selbst handgewaschene Seiden- und Cashmerepullover) trockne ich darin nur kurz an, Baumwollsachen circa zehn Minuten, die feineren Gewebe etwa fünf Minuten und hänge sie dann auf Kleiderbügel mit abgerundeten Ecken zum Fertigtrocknen auf. So vermeide ich die Würgemale der Wäscheklammern auf den Kleidungsstücken und erspare mit das Bügeln, denn die so vorgetrockneten Sachen sind knitterfrei und brauchen nur noch glattgestrichen und zusammengelegt zu werden, und sind somit fertig für den Schrank. Eine Zwischenlagerung auf dem Wäschestapel, der da permanent ruft: ,,Bügle mich!" entfällt. Auch bei Unterwäsche und Handtüchern, die fertig getrocknet entnommen werden, erspare ich mir das Bügeln.

- Ein durchgestrichenes Pflegeetikett ,,Waschen" in Seiden- und Leinenblusen oder auch in Pullovern aus empfindlichen Garnen muß nicht unbedingt bedeuten, daß das Kleidungsstück nicht gewaschen werden darf. Oft wird von den Herstellern nur die chemische Reinigung vorgeschlagen, um eventuelle Regresskosten, die sich aus Schäden beim Selberwaschen ergeben, auszuschließen. Durch kalte bis lauwarme Handwäsche mit einem Feinwaschmittel oder Shampoo können Kosten einer chemischen Reinigung zumindest bei solchen Kleidungsstücken gespart werden, die bei Eigenbehandlung nicht aus der Form geraten, wie das bei Sakkos, Mänteln, Faltenröcken und festlicher Garderobe der Fall wäre.

- Nebel ist ein Schreckgespenst für Autofahrer, für Kleidungsstücke aus Schurwolle und Wolle (nicht Seide) dagegen ein Jungbrunnen. Wird die Garderobe ein paar Stunden in die feuchte Luft gehängt, verschwinden Knitterfalten und unangenehme Gerüche wie Rauch oder Küchenduft, und die chemische Reinigung kann vertagt werden.

- „Wer schläft, sündigt nicht und wer sündigt, schläft besser." – Diese Ansicht vertrat der wackere Schwabe Thaddäus Troll. Es muß ja nicht gleich die ewige Verdammnis riskiert werden, um in Schlaf zu sinken. Schon Reinlichkeit im Schlafgemach ist dem Schlummer förderlich. Diese entsteht müheloser in kleineren Arbeitsschritten. Bei mehr als zwei Betten in der Familie kann selbst das Ab- und Neubeziehen der Bettwäsche in Raten geschehen. Wenn jeweils nur zwei Schlafstätten abgezogen werden – vielleicht sogar anstelle der Frühgymnastik gleich morgens vor Arbeitsbeginn – und wenn die Wäsche sofort in die Maschine kommt, so ist sie nach Feierabend fertig zum Aufhängen.

- Frau Holle zeitgemäß mit Elektroantrieb, das geht so: Den Wäschetrockner ohne Heizung einschalten und die Kopfkissen ungefähr 15 Minuten durchblasen lassen.

Das Bügeln – ein „heißes Eisen"

Das Bügeln der jetzt sauberen, wenn auch vielleicht nicht ganz *reinen* Wäsche sollte nicht auf die lange Bank geschoben werden, denn nur Wein wird durch Lagerung besser, nicht aber Wäscheberge. Wenn sie erst so hoch wie die Eigernordwand sind, gehört schon ein ganz besonderes Dopingmittel dazu, um sie zu bewältigen und es wird immer schwieriger, die dann dazu erforderliche Zeit zu finden. Dabei hat die Tätigkeit des Bügelns einen geradezu meditativen, um nicht zu sagen therapeutischen Charakter: Man glättet die Wäsche und dabei die Gedanken, und so manches kommt wieder ins Lot. Die heilende Wirkung ergreift sogar den Zuschauer: ,,Es ist ungemein beruhigend, Dir beim Bügeln zuzuschauen, ich kann wunderbar dabei einschlafen." – So ein Kommentar eines Zuschauers. Auch läßt Bügeln, im Gegensatz zu anderen Hausarbeiten, eine Nebentätigkeit zu. Fernsehen zum Beispiel, diese Kombination ist dem Hörensagen nach weit verbreitet. Mit Hilfe einer Sprachkassette im Walkman lassen sich bügelnderweise gleichfalls sehr gut Fremdsprachenkenntnisse vertiefen.

Einem einmal beobachteten, ungewöhnlichen Arrangement wäre eine bundes- wenn nicht gar weltweite Verbreitung zu wünschen: *Er* bügelt ihr die Seidenblusen und *sie* spielt ihm eine Klaviersonate vor.

Da bei der Tätigkeit des Wäscheglättens nur die Hände beschäftigt sind, bleibt der Kopf frei für neckische kleine Wortspiele: ,,Guter Lohn für gute Arbeit! Schlechte Arbeit für schlechten Lohn?"

,,Mit Schweigen, an dem mehrere beteiligt sind, beginnt der Protest." So steht es irgendwo bei Christa Wolf. Die schweigende Mehrheit der Frauen erledigt all diese Nebenarbeiten, die zur Aufrechterhaltung eines Familienlebens notwendig sind, mit lustbetonten Zügen und ohne Entgelt – einfach so – quasi als Geschenk: an den Mann, an die Kinder, an die Volkswirtschaft?

,,Spare in der Zeit, dann hast Du in der Not!" ...

Sparvorschläge aller Art sind in einer Zeit des geweckten Umweltbewußtseins sehr aktuell und werden überall propagiert. Deshalb hier nur ein paar Tips, die vielleicht seltener zu hören und zu lesen sind:

- Aus Herrenhemden mit verschlissenem Kragen werden durch Heraustrennen des Kragens aus dem Steg (Steg wieder zusteppen) Freizeithemden oder Strandblusen, die in keinem Versandhauskatalog auftauchen und Prêt-à-Porter- verdächtig sind.

- Kinderpullover werden durch Anstricken von Bund und Ärmelbündchen in das nächste Jahr gerettet. Auch Mäntel und Jacken können mit angestrickten Manschetten länger getragen werden. Jeans, aus denen die lieben Kleinen/Großen herausgewachsen sind, sollten nicht in den Kleidersack gesteckt werden. Die meist heilen Teile vom Knie abwärts eignen sich zum Verlängern zu kurz gewordener, oder zum Flicken schadhafter Jeans. Auch die Taschen können abgetrennt und an aktuellen Hosen über dünne Stellen genäht werden. Je verrückter die Taschen plaziert werden, desto größer ist das Ansehen bei den Spielkameraden.

- Zu kurz gewordene Jeans können immer noch als Skihosen eingesetzt werden. Dazu werden sie mit wasserabstoßender Imprägnierflüssigkeit besprüht.

- Saumfalten/Dauerfalten lassen sich beseitigen, wenn der Stoff sich gut mit Essig vollgesaugt hat und dann mit einem warmen Eisen ausgebügelt wird (bei empfindlichen Stoffen ein feuchtes Baumwolltuch zwischen Stoff und Eisen legen).

- Von ausrangierten Kleidungsstücken, die im Lumpensack enden, kann man Knöpfe und Reißverschlüsse entfernen. Eine reichhaltige Knopfschatulle bewahrt bisweilen davor, wegen eines benötigten Knopfes gleich eine 12er-Packung kaufen zu müssen.

- Eigentlich leere, auf den Kopf gestellte Shampoo-, Waschemulsion-, Crème-, Make-up-Tuben, ebenso Ölflaschen, Ketchupflaschen, Putzmittelbehälter reichen mit Hilfe dieser Akrobatiknummer noch für mehrere Anwendungen.

- Shampoos, bei denen Charakter und Duftnote nicht mehr gefragt sind oder die einfach schon zu lange herumstehen, tun noch gute Dienste als Waschmittel bei der Handwäsche und auf Reisen.

- Zahnpasta ist ein hervorragendes und ungefährliches Silberputzmittel.

- Ausrangierte Spülbürsten sind wunderbar dazu geeignet, bei der Reinigung von Bad und Toilette an all die mit dem Putzlappen schwer zugänglichen Stellen zu kommen, wie rings um Armaturen, in Ritzen oder Fugen.
- Papierküchentücher, die das Müllvolumen aufblähen, können durch abgewirtschaftete Hand- oder Geschirrtücher ersetzt werden. In der doch fast täglich laufenden Waschmaschine werden sie steril gewaschen.
- Eine schlaue Entsorgung von Wochenzeitungen und Zeitschriften ist die Weitergabe nach dem Lesen an Freunde, Nachbarn, Bekannte oder Kollegen.
- Von den zum Jahreswechsel massenweise eingehenden Glückwunsch-Doppelkarten entstehen durch Abschneiden des beschriebenen Teils Bildkarten zur Wiederverwendung.
- Advents- und Weihnachtsgestecke oder -sträuße, die Tannen- oder andere Grünzweige enthalten, wandern nach der Weihnachtszeit nicht in den Sondermüll. Wenn Sie das inzwischen getrocknete „Grünzeug“ entfernen, kann der Rest im nächsten Jahr mit frischen Zweigen aufgemöbelt werden. Bei Gestecken ist meist auch noch die Kerze wiederverwendungsfähig, weil vor allem bei Berufstätigen die besinnlichen Stunden bei Kerzenschein oft dem Fest-Vorbereitungstrubel zum Opfer fallen.
- Geschenkbänder, Schleifen und voluminöse Geschenkaufbauten sollten Sie nicht aufschneiden, sondern entknoten, die Bänder aufwickeln und in einer Schatulle sammeln. Wird man auch dieses Tuns wegen geringschätzig belächelt, kommt doch die gesamte Großfamilie, um sich aus diesem Fundus zu bedienen.
- Stumpfe Messer sind tödlich für eine gelungene Küchenarbeit. Mit Wetzstein oder Wetzstahl werden selbst Produkte des „Billigen Jakob“ noch zu Killerinstrumten. Die Scharfmacher sind in Spezialgeschäften oder in Baumärkten zu erhalten.

- Wenn Ihnen nun vom vielen Lesen der Kopf brummt, so greifen Sie nicht gleich zu einem hochdosierten Schmerzmittel. Die meisten Schmerzmittel gibt es auch in niedrigeren Dosierungen. Sie enthalten als einzigen Wirkstoff Acetylsalicilsäure. Der Unterschied besteht vorwiegend im Preis. Sie sind nicht überzeugt, weil Ihnen die ,,sprudelnde Frische" fehlt? Dann nehmen Sie eine Überdosis Ascorbinsäure (reines Vitamin C) dazu, wie das der doppelte Nobelpreisträger Linus Pauling propagiert und praktiziert hat. ,,Täglich hohe Dosen von Vitamin C verlängern das Leben", sagte er, weil Vitamin C Körperzellen vor der Zerstörung durch freie Radikale schützt, somit Krebserkrankungen vorbeugt und zugleich das Immunsystem stärkt. Der Wissenschaftler erreichte mit dieser Strategie das Patriarchenalter von 93 Jahren. Auf so eine lange Lebensspanne ausgerichtet, wird die Hochrechnung zum vorgeschlagenen Economic-Konto in hohem Grade positiv.

  Tatsächlich läßt sich aber dieses billige weiße Pulver, das im Preisvergleich zu anderen Vitamin-C-Präparaten als Topsieger hervorgeht, messerspitzenweise in Schwarz- und Früchtetees, Fruchtsäften, Quarkspeisen, Joghurt und Fruchtsalaten sehr gut unterbringen.

Notizen

Farben als
Spiegel der Seele
Clarissa Ray
Farbmeditationen
Originalausgabe
mvg verlag
144 Seiten, Paperback
ISBN 3-478-08495-4
192 Seiten, Paperback
ISBN 3-478-08485-7
Ulrich Beer
Was Farben uns verraten
mvg verlag
mvg verlag
Postfach 45 04 41 · 80904 München
Erhältlich in
Ihrer Buchhandlung

Agnes Günther (1863–1911) lebte mit ihrem Ehemann, Dekan Rudolf Günther, in der hohenlohischen Kleinsstadt Langenburg (Kreis Schwäbisch Hall). »Die Heilige und ihr Narr« ist inspiriert von der Landschaft der Hohenloher Ebene. Agnes' einziger Roman hat inzwischen 145 Aufl. mit weit über 1 Mio. gedruckten Expl. und 3 Verfilmungen erreicht. Er war seit nur einer Woche fertig, als sie mit 47 starb, und wurde eines der erfolgreichsten Werke deutscher Literatur.

Die Agnes Günther-Biographie von Dorothea Demmel

Diese illustrierte Biographie führt einfühlsam, lebendig und authentisch durch ein ungewöhnliches und zugleich typisches Frauenleben. Es war das Leben einer »höheren Tochter«, die sich emanzipierte. Agnes' Vermächtnis ist »Die Heilige und ihr Narr«. Dorothea Demmel berichtet auch von der Geschichte dieses einzigartigen Best- und Longsellers.

448 Seiten + 16 Seiten s/w Bildteil, Pappband

145. Auflage 2013

ISBN 978-3-7984-0824-1

Einbandgestaltung: Jens Vogelsang, Aachen

Printed in Germany

AGNES GÜNTHER

DIE HEILIGE UND IHR NARR

ROMAN

J. F. STEINKOPF VERLAG

INHALT

1. WALDWEIHNACHT

Ein dichter Nebel lag drei Tage über dem Waldland, dann kam die scharfe Kälte, und nun hat der Wald sein schönstes Weihnachtskleid angezogen. Wie feierliche Kandelaber sind die alten Schirmtannen, die oben auf der freien Höhe stehen, nur dass sie ihren Kerzenschmuck nach unten hängen. Tief bis auf den Boden senken sich ihre Äste unter der schweren Last, die nun ein heimliches Nest bilden, von dem man sich denken möchte, dass darunter irgendein frierendes Häslein oder Reh ein Obdach fände. Die Birken sind mit tausend und abertausend Kristallperlen behangen, und an ihr feines Gefieder hat sich der Raureif angesetzt, wo ein Blattknöspchen auf den kommenden Frühling wartet, dass es lässt, als wollte der Baum mitten im Winter seinen Mai haben, aber einen silbernen. Jedes Möslein am Weg, der Dornstrauch dort, aus dessen kristallenem Gezweig noch die roten Beeren hervorleuchten, alle haben sich in köstliche Festgewänder geworfen. Wie zierlich und fein steht der Distel ihr Silberkrönlein, wie ist aus dem geduckten Schlehenstrauche das Meisterstück eines Elfensilberschmieds geworden! Ganz still ist's, und nur zuweilen geht ein feines Klingen durch den Wald, und ein Seufzen, wenn ein Zweig einen Teil seiner Last, die ihm zu schwer geworden ist, abschüttelt. Die Buchen sind ganz dicht geworden, und auf den Weg, über dem sie wieder wie im Sommer, doch nun aus edlem Weiß, Silber und Kristall, den gotischen Dom bilden, fällt ein wunderbares gedämpftes Licht von dem sanften nebelgrauen Himmel, der doch ein mattes Sonnengold ahnen lässt. Der Haselbusch hat sich mit breiten silbernen Bändern behängt, die in seltsamen Bogen und Windungen seine Zweige verbinden. Spinnfäden sind's, und wie würde sich die emsige Spinnerin, die nun längst wie ein totes welkes Blättlein über ihren noch schlafenden Kindlein hängt, verwundern, wenn sie sehen könnte, was aus ihrem Gespinst geworden. Fliegt ein Vogel auf, so stiebt ein Wölkchen von silbernen Sternen, und wie sie fallen, so liegen sie auf dem Weg und schmücken auch ihn, der sonst so nackt und braun ist.

Zwischen den Schirmtannen hervor, welche die Höhe umstehen, kommt auf den weißen Buchendom zu ein großer Mann geschritten, in waldmäßigem Lodenwams, einen verschabten grünen Filzhut auf dem krausen braunen Haar. Unter dem alten Hut leuchten in die Pracht hinein

ein Paar graublaue Augen, und wenn an dem Mann einem zuerst nichts als seine ungewöhnliche Länge und mächtige Breite auffallen mag, so tut's ein Blick in diese Augen, denn es sind die Augen derer, die sehen. Als saugten sie es in sich, dieses Bild des Waldwegs mit den silber angehauchten Säulenreihen der Buchenstämme, ferne durchleuchtet von dem matten Opal des Himmels. »Augen, meine lieben Fensterlein … Trinkt, o Augen, was die Wimper hält, von dem goldnen Überfluss der Welt!« Diesmal ist's ein silberner Überfluss. Dort steht er an der mächtigen Buche und es umschließt ihn das Schweigen und die feierliche Stille, und es ist, als hielten die Bäume und Sträucher den Atem an; als müsste etwas werden, etwas Wunderbares, etwas Geheimnisvolles, etwas, das den gewöhnlichen Lauf des Geschehens unterbricht. Und das feine Klingen von fern und nah und das Seufzen geht durch die Stille, als hörte man das Herz des Waldes schlagen.

Könnte es nicht doch sein, dass der Schleier zerriss nur für einen Augenblick, der Schleier, der uns Menschen von der Welt, die uns umgibt, scheidet, die wir doch fühlen, wenn wir einmal still geworden sind? Von der Stille, die am liebsten von den nächtlichen Sternen herabsteigt oder im Walde auf uns niedersinkt, der unsern Vätern ein heiliger Ort war, wo die Götter wohnten. Waren sie denn so töricht, diese Alten? – Ach, warum bist du so scheu geworden, du feines braunes Reh dort? Wie sind die Kinder der Welt voneinander getrennt und fern, wie einsam, wie sterneneinsam das Herz darin; nicht Tier, nicht Pflanze kennen dich, sie scheuen sich vor dir, und doch treibt der gleiche rote, sanfte Strom seine Wellen durch dein Herz wie durch das des Tieres dort. Und den Eichbaum, den vielhundertjährigen, der seine vom Blitz in wilden Sturmesnächten gestreiften Arme wie Riesenschlangen windet, den liebst du! Wie ein Freund ist er dir, den du von Kindheit gekannt und mit scheuer Verwunderung an dunklen Herbstabenden betrachtet hast, wenn du hinter dem Vater dreingingst. Wenn er eines Morgens geborsten am Boden läge, würdest du um ihn trauern wie um einen guten alten Freund. Aber was weiß er von dir? Einsam geht der Mensch dahin zwischen dem, was um ihn lebt und stirbt, sich freut im Mai und im Winter seine silbernen Träume träumt.

Der Mann starrt auf den Weg und sein Ende, wo er sich in dem duftigen Schleier der Birken wendet, als müsste etwas von dort kommen, gerufen von der brennenden Sehnsucht, die die Einsamkeit gebiert; aber nur ein kleines Dirnlein hastet dort vorbei, in einen alten braunen Schal eingewickelt, dessen Ende hinten nachschleppt und allerlei Waldanhängsel, Dornen, gefrorene Moosfetzen nach sich zieht.

Sehr eilig hat es die Kleine, und nun verschwindet sie hinter den Haselsträuchern. Dort geht's aber auf eine dachgähe Halde, und der einzige Pfad hinunter ist eine Eisbahn. Mit ein paar langen Schritten ist er zwischen den Sträuchern.

»Halt! Da kannst du nicht hinunter.«

Ein Knacken, ein leiser Kinderschrei, der seltsam die Stille durchschneidet.

»Halt dich! Halt dich an einem Zweig, ich hole dich schon.«

Halb schleifend, halb rutschend kommt er hinunter, und da auf einem Blätterhaufen in einer Mulde zusammengeweht liegt ein braunes Häufchen. Und wie er mit einer Hand an einem Zweige hängend nach ihr greift, hebt sie ein kalkweißes, erschrockenes Gesicht.

»Da, fass die Hand, ich tu dir doch nichts zuleid! Fürchte dich doch nicht. Hast du dir wehgetan?«

»Nein«, sehr kläglich, sehr erschrocken kommt's heraus.

»Nun, so gib die Hand!« Sie schüttelt. »Wohin willst du?«

Sie deutet mit dem eingewickelten Köpfchen nach der andern Bergseite hin, wo der Wald steil in starrender Pracht wieder ansteigt.

»Dort geht kein Weg. Woher kommst du?« Keine Antwort. »Gehörst du nach Berklingen?«

»Nein.«

»Nicht? Und die Landessprache kennst du auch nicht, sonst würdest du „na" sagen.«

Ein fremdes Kind also. Und verlaufen muss es sich haben. Denn im ganzen Wald sind jetzt keine Holzfäller mehr; die haben heut schon Feierabend gemacht und sind zu den kleinen spitzgiebeligen Häusern gegangen, wo die Kinder schon warten, bis der Vater den Tannenbaum in das grüne »Gärtlein« setzt. – »Hast du zu deinem Vater gewollt?« Das Schütteln ist nun sehr energische Abwehr. »Also gewiss nicht zu dem«, brummt er. Nun lässt er den Zweig los, und mit einigem Straucheln und Gleiten kommt er zu dem Nestchen, wo sich das Kind duckt, als sähe es sich nach einer Fluchtgelegenheit um, und nicht los kann, weil das eisige Dorngeranke der Brombeeren es festhält. Und nun macht sich's mit einem Ruck los, dass die ganze Schleppe mit dem Waldanhängsel abreißt. Aber da hat er sie auch schon erfasst, und so sehr sie sich sträubt und flattert wie ein Vöglein, das man in der Hand hält, so bringt er sie doch mit vieler Mühe herauf, und nun steht sie zitternd und schneeblass auf dem Weg. Da greift er in seine Tasche und zieht einen großen rotbackigen Apfel heraus und reicht den als Friedenspfand mit einem guten Lachen hin.

»Da, nimm und sage, wohin du willst, so zeig ich dir den Weg, du wunderliches kleines Fetzenmadämchen.«

Denn der braune Schal ist ziemlich übel aus den Dornen gekommen. Aber sie will den Apfel nicht, und der wandert wieder in die Tasche zurück. Aber der Apfel oder vielleicht ein Blick in die blauen Augen mussten doch eine Brücke geschlagen haben.

»Ei woher hast du den feinen Nasenrücken? Und was hat dein linkes Beinchen getan, dass es frieren muss und nur das rechte eine Gamasche hat?«

»Sie gingen nicht zu. Und es ist auch gar nicht kalt.«

Es ist das erste Wort, und sie spricht allerdings nicht die Landessprache.

»Und wohin gehst du?«

»Nirgends hin!«

»So, nirgendshin. Da geh ich nämlich auch hin, dann haben wir einen Weg.«

Und er nickt ihr ermunternd zu, steckt die Hände in die Hosentaschen und schlendert neben ihr her, behält sie aber vorsichtig im Auge, dass sie nicht mehr entwischen kann. Und zögernd folgt sie ihm, als wäre es doch gut, auf dem Weg zum Nirgendwohin-Land einen Gefährten zu haben; eine kleine wunderliche Gestalt in dem zerfetzten Tuch. Die Stiefel tragen bis oben hinauf Spuren eisiger und lehmiger Wege; am rechten Bein eine falsch zugeknöpfte Gamasche, am linken keine, dafür aber ein großes Loch im Strumpf, durch das ein weißes Knie schimmert. Und wie er so neben ihr hergeht, steigt ein deutlicher Armeleutegeruch aus dem Schal auf, ein Geruch nach selten gelüfteten Stuben, auf dem Zimmerofen gekochtem Sauerkraut und hundert andern unbestimmbaren Dingen. Aber der Nasenrücken ist sehr fein geformt und fast stolz, die Augen lang mit breiten Lidern, die so zart sind, dass, wenn sie die senkt, die Augensterne durchschimmern.

»Also durchgegangen bist du!«

Sie schreckt zusammen, und ja! steht so deutlich auf dem erhobenen Gesichtchen. Da lacht er wieder sein gutes Lachen.

»Wenn die Leute ins Nirgendsland wollen, sind sie meistens von irgendwoher gekommen, wo es ihnen nicht gefallen hat.«

»Und ich geh auch nicht mehr zurück.«

»So arg haben sie dir's gemacht?«

»Nein, nicht arg. Weißt du, das kann man nicht sagen.«

So zutraulich ist sie nun schon geworden. Und eine Weile wandern sie miteinander in dem verzauberten Wald, und er wartet mit dem feinen Gefühl für Kinderseelen, das manche Menschen haben, die wissen, dass man durch Fragen das Kind von seinem Gedankenpfädlein oft nur abirren macht und dass das Vertrauen am ehesten durch ein freundliches Zuwarten gewonnen wird. Doch ihre Schritte werden immer zögernder und schleppender, und als da am Weg ein Reisighaufen liegt, freilich auch in einem Eiskleid, so setzt sie sich darauf und sagt sehr artig und mit der Feinheit eines gut erzogenen Mägdleins: »Ich danke sehr, ich bleibe hier.«

»Müde?« Er setzt sich ihr gegenüber auf einen Steinhaufen und schlägt die langen Beine übereinander: »Ist vielleicht nun der Apfel gefällig, kleines Fräulein?«

In den Augen leuchtet's auf, und eine kleine Hand streckt sich zögernd aus dem Fransengewirr nach dem Apfel aus und ein feines Freudenrot steigt in ihre Wangen. »Gut ist er.«

Und nun erzählt sie. »Mir hat das Nähröschen einmal auch einen geschenkt und ich habe ihn in mein Bett gesteckt und nachts gegessen, wie alle fort waren. War das nicht lieb von dem Nähröschen? Es hat rote Haare und wohnt in dem kleinen Haus, vor dem im Sommer die hohen roten Blumensäulen stehen, und hat neun Geschwister, und wenn sie abends heimkommt, macht sie denen noch alle Kleider.«

»Ein treffliches Nähröschen! Und wo ist das Häuschen, vor dem im Sommer die Blumensäulen – das sind wohl Malven – stehen?«

»Zuerst kommt ein grünes Feld, darauf sind weiße Sterne und gelbe Krönchen, wenn die Sonne freundlich ist, und dann kommt man an die steilen Bäume, die hinaufstarren und die seufzen.«

»So wär's am besten, wir machten uns jetzt auf die Beine und gingen zu dem Nähröschen. Die hat gewiss noch einen Apfel, denn ich habe keinen mehr. Und das ist ein kalter Sitz und das Stiefbein friert.«

Aber sie schüttelt wieder. »Ich will hier bleiben. Ich bin ja sonst den ganzen weiten Weg umsonst gegangen.« Und nun strahlt das volle süße Kindervertrauen aus den erhobenen, sanften Augen. »Ich will auch nicht mehr zurück und will warten, bis die Nacht kommt, und Hunger habe ich keinen mehr, weil du mir den Apfel gegeben hast.«

»Die Nacht willst du da bleiben und fürchtest dich nicht! Du hast etwas Gutes vor. Weißt du denn nicht, dass die Leute, wenn die große Kälte kommt, einschlafen und nicht mehr aufwachen?«

»Ich werd schon nicht einschlafen. Ich warte ja! Sieh doch die Bäume da am Weg und die weißen Schwertchen und die Krönchen und die silbernen Fransen und die Perlenschnüre und die Bänder! Warum haben die sich so angezogen? Die warten alle, und dass etwas kommt, das wissen die ganz gut. Und vorher ging ein Reh vorbei, das sah mich an und wusste es auch.«

»Das fühlst du auch, du? Du kleines Seelchen! Wie heißt du denn?«

»Ich habe viele Namen, aber keiner ist der rechte. Und bei Nacht kommt mir, ich wisse den rechten, und am Morgen habe ich ihn wieder vergessen! „Arme Kleine!“, sagt mein Vater zu mir. Aber so will ich nicht heißen. Und ich bin fortgegangen; dass es aber der rechte Weihnachtswald ist, habe ich erst gesehen, wie ich drin war.«

Da beugt er sich vor und hebt das Geschöpflein trotz dem strengen Duft des Tuchs auf seine Knie und schlägt seine Lodenjacke um das eine kalte Bein mit dem großen Loch im Strumpf. Nun fürchtet sie sich gar nicht mehr und nestelt an seinen braunen Hirschhornknöpfen herum.

»Weißt du, das mit dem Christkind, das die schönen Sachen bringt, das ist alles erlogen. Es steht alles im Katalog. Puppen und Wagen und Soldaten und alles. Und wenn ein rechtes Christkind wäre, so wüsst es, dass ich keine neuen Puppen will, die gar nichts von mir wissen und mich nicht kennen.«

»Die alten kennen dich wohl?«

»Wenn ich sie doch abends immer ins Bett lege und nie auf einem Stuhl lasse! Aber vor Weihnachten gehen immer die alten Puppen fort, und es bekommen sie die bösen Kinder, und seh ich sie dann wieder, dann haben sie schmutzige Kleider und die Lilla, die mit den schönen Locken, die hatte nur noch ein Auge und der Arm hing ihr herunter. Und nun spiel ich nicht mehr mit Puppen.«

»So verekelt haben sie dir's, armes Seelchen!«

Aber sie muss weiter an ihrem Faden spinnen. »Und das rechte Christkind, das weiß, was einen freut, das kommt doch nicht zu mir. Deshalb bin ich herausgekommen. Hör, wie der Baum seufzt. Und wenn's ein Christkind gibt, so muss es hierherkommen. Und wenn man einschläft und muss nie mehr zurück und sich auslachen lassen, weil man so ein Dummes ist und die rechten Worte immer nicht sagen kann, die alle andern Kinder gleich wissen, und es käme das Christkind vorbei und läutete so fein mit seinen Glöckchen … Hörst du's nicht? Seit ich im Wald bin, hör ich's und bin ihm nachgegangen, so weit, so weit, dass ich gar nicht mehr zurück kann, weil es viel zu weit ist. Und wenn ich einschliefe, so käme meine Mutter heraus und holte mich, die liegt in einem silbernen Sarg und hat mein kleines Brüderlein im Arm. Und das darf immer bei ihr liegen, wenn ich lernen muss und wenn ich ganz allein in meinem Bett liege und nur leise weinen darf, dass es keiner hört. Und vielleicht nähme sie mich dann in den andern Arm. Und ich wollt schon bei ihr in dem silbernen Sarg bleiben. Da könnten die lachen; ich hörte nichts mehr, denn es ist eine dicke eiserne Tür über dem silbernen Sarg und ein Siegel darauf, und kein Mensch darf herein.«

»Und das Lachen, das tut dem armen Seelchen so weh, wenn es die rechten Worte nicht findet?«

»Weißt du das denn nicht? Dich lachen sie doch auch alle aus!«

»Mich! Ja kennst du mich denn?«

»Du bist der Ruinengraf. Und warum gibst du den Mäusen, den netten kleinen, die sich hinsetzen können wie rechte Leute und aus den Händchen essen, warum gibst du denen nichts? Mir hast du doch gleich den Apfel gegeben?«

»So – den Ruinengrafen nennen sie mich! Nicht übel, es ist immer gut, wenn man seinen Namen weiß«, brummt er. »Den Ruinengrafen! Und was für wunderbare Dinge du weißt! In einem silbernen Sarg liegt deine Mutter, du Armes! Und wohin gehörst du nun? Und warum geb ich den Mäusen nichts?«

»Ich höre manchmal, was sie in der Nähstube reden, die geht in den Lindenbaum, und da hab ich eine Treppe hinauf. Und die Margarete, die dick ist und wie ein Herr ein kleines Bärtchen hat, sagt, es wäre eine Schande, dass du in dem Geklüft wohntest, und du wärest so arm, dass die Mäuse mit verweinten Augen einem entgegenliefen, wenn man an deine Mauer käme.«

Nun lacht er laut auf, erschütternd und gewaltig dröhnt es aus der mächtigen Brust auf, ein urgermanischer Ton ist das in der verzauberten Waldstille. Das Seelchen erschrickt fast; dann läutet plötzlich ihr feines klingendes Lachen, wie wenn ein Vogel mit seinem Flügel eine Harfensaite berührte, dass die ein weniges klänge.

»Nein, die haben's zu arg gemacht – und auf die Mäuse will ich achten, dass sie ihr anständiges Futter kriegen.«

»Ich hab dich dann gesehen, wie du mit deinem Knecht gegangen bist, der aussieht wie der Kaliban in dem roten Buch, und du hast mir so leid getan, weil du so arm bist und so groß wie kein anderer und nicht einmal die kleinen Mäuse bei dir satt kriegen. Aber nun ist's nicht wahr! Die lügen oft.«

Wohin mag doch das vermummte Kind gehören, dessen Mutter in dem silbernen Sarg liegt? Nicht in das kleine Städtchen, so weit her kann sie nicht gekommen sein. Ihr Deutsch klingt fremdartig und zuweilen ein wenig stockend, als ob es nicht die Sprache sei, die sie immer spreche. Welch eine Woge des Schicksals mochte das arme Seelchen in das Waldland verschlagen haben? Die Waldleute sind ein wanderlustiges Volk. Kein Haus in dem uralten, noch umwallten Städtchen oder in den heimeligen Dörfern, das nicht ein Glied über See hätte. Sie haben dann allerhand Schicksale, diese Waldleute, kommen zu Geld und Ehre und verlieren auch beides wieder. Aber sie sieht nicht nach dem Menschenschlag aus. Er könnte es jetzt wohl aus ihr herauspressen, wohin sie gehört, aber es ist gar zu schön, in dem verzauberten Wald auf das feine Märchenstimmchen zu hören. Und er sollte doch die feinen Linien kennen, diese langen Lider. Es ist wie ein Rätsel, das sich ihm jeden Augenblick lösen kann. Und er wird sie ja sicher nach Hause bringen. Vielleicht tut's den Ihrigen, die so wenig das arme Herz kennen, gut, wenn sie sich ein kleines absorgen. Und über dem keimt in seinem Herzen eine ferne, schwache Hoffnung auf. Vielleicht ist's ein armes Verlassenes unter Fremden, denen nichts an dem Seelchen liegt. Aber gleich schilt er sich einen Träumer. Kinder, die unter allen Umständen an Weihnachten einen neuen Puppensegen – »aus dem Katalog« – über sich ergehen lassen müssen, gehören nicht armen Leuten. Da legt sie ihr eingewickeltes Köpfchen an seine Brust: Müde ist sie und so froh, als ob ihr das Reden von ihrem Leid schon einen Stein vom Herzen genommen hätte. So geborgen, als schließe der weiße Ring der Bäume in ihrem feierlichen Schweigen sie ein und beschlösse sie für immer und immer, und vielleicht kommt das Christkind doch.

Und es fängt der zartgraue Himmel an, sich hinter dem zierlichen Gegitter der Zweige, die so dicht und heimlich stehen, von denen ein so weiches Licht herabkommt, sacht zu färben. Ein blasses Rosa zuerst. Und wie stehen sie nun gegen den Rosenteppich da, die Äste und Zweige und das ganze Netzwerk von Kristall und weißem Flaum! Und immer röter und herrlicher wird die Purpurwand, und wunderbare blaue, violette und graue Töne steigen aus dem Weiß auf. Lautlos sehen die beiden in die himmlische Herrlichkeit. Und das Seelchen hält fast den Atem an, denn nun muss es kommen. Woher, weiß es auch. Dort, wo der Weg sich wendet, gerade in die Glut hinein, da hat die schwere Silberlast ein Buchenstämmchen herabgezogen, dass es im Bogen über den Weg hängt. Da durch muss es kommen. O wie der unauslöschliche Kinderglaube aus den grauen Augen leuchtet! Kommt nicht auch das Klingen immer näher? Das braune Tuch ist bedeckt mit Silbersternchen, dass es wohl Aschenbrödels Kleid von der Mutter Grab her sein könnte.

Ihre Pupillen weiten sich, dass die graue Iris nur einen schmalen Streifen um die Schwärze bildet. Sie gleitet herunter, sie fasst ihn an der Hand und zieht ihn mit sich fort. Da unter den herabhängenden Tannen tief unten ein goldenes Feuer, ein Bogen wie ein ungeheures, loderndes Flammentor. Die Himmelstür! Weit offen steht sie, und gerade auf sie zu führt die gotische Silberhalle, die herrlichste Prachtstraße der Welt. Nun ist's offenbar, darauf haben sie gewartet, die Bäume, die Kräutlein im Silberkranz, das Reh, der Vogel, der immer vorausflog mit dem roten Käpplein. Fest aneinander geschmiegt stehen sie, das Kind legt seine Ärmchen um den herabhängenden Arm des Mannes. Und ein feines goldenes Band schlingt sich von dem einen der zwei Herzen zum andern, ein Band, gewoben aus jenem Gold des Himmelstors. Und über seine Hand, an die sich das Kinderköpfchen schmiegt, fällt plötzlich ein weiches, sanftes Gewoge. Er wendet seine halb geblendeten Augen, die noch in feurigen Ringen überall das Bild des goldenen Tores hinwerfen, nach ihr. Das Tuch ist abgefallen und um das erhobene, von seliger Erwartung und scheuem Entzücken erleuchtete Angesicht wallt eine Flut von blassgoldenen Haaren. Und einer der feurigen Ringe legt sich um das Köpfchen, dass es davon umgeben wird und sein Herz ein leiser Schauer trifft, als berühre es der Himmlischen einer. Dann versinkt das Tor, noch ein letztes Gluten am Himmel, das den Wald mit tausend und tausend Rosen behängt – und nun steigen graue Schatten auf; wie Gespenster werden die Bäume; der Eichbaum dort, windet er nicht seine Schlangenarme? Die Stunde, die einzige, ist vorüber.

Und doch nicht vorüber, denn das Mägdlein, das mit seiner blassgoldenen Mähne aussieht wie ein aus seiner braunen Hülle geschlüpfter Schmetterling, sagt mit seinem hohen feierlichen Silberstimmchen: »O, bist du nicht froh, dass doch alles wahr ist! Und dass wir das Christkind gesehen haben!«

»Hast du's gesehen?«, fragt er fast scheu.

»Sein Tor hab ich gesehen und seinen Himmel, und nachher hingen überall rote Kränze. Die haben die Engel heruntergeworfen. Hast du die Rosenkränze, die so brannten und so schön waren, nicht gesehen? Sie hingen doch auf den Bäumen, und der Strauch dort hat sieben goldene Kronen gehabt.«

»Ich sah sie, und du hattest auch ein Krönlein, Seelchen.«

»Ich hatte auch eins! Hab ich's immer noch?«

»Nun ist's vergangen.«

»Sieh, wie die Bäume nun grau werden und sich einwickeln in

lauter Schleier, weil sie nun schlafen wollen. Und ich bin so müd. Ich muss weinen, ich bin ganz müd. Du, ich hab mich überfreut!«

»Überfeut hast du dich?«

»Weißt du, wenn man so starke Freude hat, das tut doch weh.«

»Seelchen, komm, wir müssen eilen, ich trage dich.«

Er reißt sich das Lodenwams herunter, dass er in seinen weißen Hemdärmeln dasteht, und wickelt sie darin ein und nimmt sie auf seine starken Arme.

»Kannst du denn kein kleines Mädchen in deiner Ruine brauchen, ich esse nicht viel. Du musst aber niemand hereinlassen, dass man mich nicht sieht. Denn sonst holen sie mich. Weil die mich haben müssen, wenn ich auch nur ein Mädchen bin und es ein Jammer ist, dass die Mutter nicht mich mitgenommen hat und das Brüderlein leben geblieben ist.«

»Die müssen dich haben!« Er schaut auf das weiße Gesichtchen, das in seinem Goldgewoge auf seiner Schulter liegt. – Die feinen Linien der Nase, die ein wenig zu großen Augen: das Rassegesicht – der Braunecker. –

»Prinzessin! Ja, um Gottes willen! Wie lang sind Sie schon fort! Ja, sucht denn kein Mensch nach Ihnen?«

»Ja, warum sagst du denn nun Sie. – Dann muss ich's auch sagen. Ich hab kein Du, kein einziges Du, wenn Vater fort ist.«

Armes Prinzesschen, armes einsames Seelchen, das er nun in seinen Käfig zurückbringen muss. So vertrauensvoll schlingt sich das Ärmchen um seinen Hals, während er mit langen Schritten dahineilt. Wohl wusste er, dass in dem alten Schloss, das mit seinen dicken Türmen in das lieblichste Tal hinabsieht, das einzige Töchterchen des Fürsten wohnt, der nur zu den hohen Festen und den Jagden nach seinem alten Stammsitz zurückkehrt. Aber es war von dem Kinde immer nur mit einem gewissen Achselzucken die Rede gewesen, sodass er sich ein vielleicht schwachsinniges Geschöpf vorgestellt hatte, das in seinem armen Dasein die bitterste Enttäuschung des alten Hauses sei. Die Fürstin und zwei Söhnlein, ein dreijähriges und ein wenige Tage altes, waren vor zehn Jahren innerhalb einer Woche an einer schweren Diphtherie gestorben. Geheiratet hatte der Fürst bis jetzt nicht wieder, und doch würde es sein müssen, denn der alte Stamm stand nur auf seinen zwei Augen. Aber warum wimmelt jetzt der Wald nicht von Jägern und Hunden, warum ertönen die Sturmglocken aus den Dorfkirchen nicht, wie man es immer tut, wenn irgendein Kind, das vielleicht seinem Vater das Essen in den Schlag gebracht hat, nicht zurückgekehrt ist? Seelchen, warum suchen sie denn nicht! Drei Stunden weit ist sie freilich gegangen, und das mochte ihr niemand zugetraut haben. Und mit Schrecken dachte er, wie es wohl gekommen wäre, wenn es ihn nicht in den Wald gezogen hätte heute, ob nicht sein einsames Herz von der Herrlichkeit da draußen so erfüllt werden könne, dass es den bitteren Hunger nach einer einzigen menschlichen Seele vergäße.

»Schläfst du, Seelchen?«

»Nein, es ist so schön, weil du mich trägst, und du bringst mich doch zu deiner Ruine! Wie das Schneewittchen über den sieben Bergen. Du bist freilich kein Zwerg, sondern schier ein Riese, und du kannst auf alle heruntergucken, und so lang will ich auch wachsen. Und stark bist du und brauchst dich im Dunkeln nicht zu fürchten.«

»Vielleicht fürcht ich mich doch.«

»Jetzt?«

»Nein, jetzt nicht. Aber soll dein Vater kein Kind mehr haben?«

»Du hast auch keins.«

»Jedes Kind bleibt bei seinem Vater.«

»So muss ich zurück! O sag's nicht. Ich will nicht. Ich bleibe da, und wenn auch die Bäume noch so schrecklich sind in ihren weißen Tüchern. So sind gewiss tote Leute, so steif und mit weißen Tüchern. O das träumt mir, das träumt mir. Aber ich bleibe hier. Nun haben sie alle einen Zorn und alle reden zugleich, und ihre Stimmen sägen und ich darf meine Ohren nicht zuhalten. Und das Tuch hab ich ganz zerfetzt.«

»Wie du reden kannst, Seelchen. Und du meinst, du habest die rechten Worte nicht! Warum sagst du das nicht deinem Vater, deinem lieben Vater?«

»Was denn? Ich muss immer so artig sein, wenn er da ist. Und das musst du doch wissen, dass es nicht artig ist, wenn man sich über Miss Whart verjammert.«

»Seelchen, dein Deutsch ist wunderbar, ganz dein eigen. Und du sprichst wohl Englisch mit der einen und Französisch mit der anderen?«

»Mademoiselle ist nach Anvers in die Ferien und Miss Whart hat Migräne und Fräulein Braun – aber das ist ein großes Geheimnis, ich sag dir's nur, weil du's nicht weitertratschest: sie ist zu Karl gegangen.«

»So, zu Karl.«

»Der heiratet sie gewiss einmal, und dann kauft sie sich ein Plüschsofa. Dass sie sich nicht schämen muss, wenn die andern Frauen bei ihr Visite machen. Und das muss jeder anständige Mensch haben.«

Aber sie erschrickt in tiefster Seele, denn er hat gewiss kein Plüschsofa. Und es könnte ihm wehgetan haben. Und sie küsst ihn schnell auf sein Ohr, das ist am nächsten und ist auch nicht so bärtig. »Ich meine nur Frauen, weißt du.«

»Lass das, Seelchen«, sagt er fast streng, »und sag, wie du fortgekommen bist: sie wird dich doch nicht zu dem Karl genommen haben.«

Ach, nun hat er es doch übelgenommen und er hat sicher kein Plüschsofa.

»Nein«, erzählt sie ganz verschüchtert weiter, »die Babett sollte mit mir spielen, aber zu der kam ihre Mutter, die wohnt weit weg, und die weinte und erzählte viel, es kam eine Kuh und ein Jude darin vor. Wie die Leute reden, das versteh ich nicht so recht. Und darf's auch nicht lernen, sagt Fräulein Braun: Es ist gemein.«

Es klingt, wie wenn er etwas brummt – wie »dumme Gans!« klingt's.

»Nun weiter!«

»Da ging die Babett und wollte der Mutter etwas bringen, das in einem Buche ist, wo man Geld dafür bekommt, und es war eine große Freude dabei. Für die Mutter, nicht für die Babett. Und die Mutter ging und ihr Tuch ließ sie da. Und da war's, wie wenn mich etwas packte und nach dem Tuch hinzöge. Und da wickelte ich mich darin ein, wie's die Waschfrauen machen, wenn sie im Regen kommen. Eine Gamasche hab ich nur angebracht, dann hab ich Angst bekommen und bin schnell die Dienertreppe hinunter. Und es begegnete mir niemand. Dann bin ich durch den Park gegangen, und ein Gärtner hat mir „Vogelscheuche" nachgerufen, dann kam ich ans Wach. Es war aber keine Brücke da, so bin ich übers Eis gegangen.«

»Über das Wach gegangen!«

»Es war ganz schön. Das Wasser lief unten und es gluckste, und es lachte einer heimlich da unten, und ein Fisch schoss vorbei, und ein großes Loch war auch da, um das ging ich herum ...«

So, nun weiß er, warum niemand hier suchen geht. Das Wach ist nur ganz dünn gefroren und hat Stellen, an denen unterirdische Quellen aus dem Boden kommen, wo auch im härtesten Winter das Eis nicht trägt. Und er möchte an einen Engel glauben können, der das Kind auf dem Todespfad geleitet hat. Und er sieht im Geist das Flüsschen zwischen seinem Wald und den Wiesenufern unter der trügerischen Eisdecke und die vielen Männer, die jetzt mit Fackeln und Stangen nach einem kleinen, halb erstarrten Körper suchen. Und der Fürst muss heute Abend kommen. Mit dem Achtuhrzug. Und die müssen ihn mit der schrecklichen Nachricht empfangen. Und der Mann, der schon so viel verloren hat, was muss er leiden an diesem fürchterlichen Heiligen Abend. Mit seinen längsten Schritten eilt er dahin. Aber es ist eine Stunde in der Nebelnacht bis zu seiner Ruine, von der aus er erst Nachricht geben kann. Das zarte Kind muss bald unter ein Obdach kommen. Und dem Fürsten wird es auch so lieber sein, als wenn er seine Tochter aus einer Bauernstube abholen muss. Der Pfarrherr ist unbeweibt, wunderlich und menschenscheu, studiert jetzt seine Predigt, wird gar nicht wissen, was er mit dem hereingeschneiten Gast tun soll. Und der Nebel schließt sie immer dichter ein. Kennte er nicht jeden Tritt hier, so wäre es schlimm bestellt ums Heimkommen. Und er macht sich bittere Vorwürfe, dass er nicht gleich geeilt hatte.

Aber das Kind will jetzt von ihm wissen, so viel, so viel. Mit dem sicheren Instinkt der Kinder hat sie herausgefühlt, dass sie einen Freund gefunden hat.

»Warum wohnst du in einer Ruine? Warum bist du so arm? Bist du auch das Christkind suchen gegangen?«

Und im Weiterschreiten erzählt er ihr von sich. Erst zögernd, denn er ist es fast ungewohnt, von sich zu reden, dann mehr für sich selbst, wie es sehr einsame Menschen tun, wenn sie einmal ihr Herz öffnen. Von dem großen Brande, der in einer Nacht das alte Schloss, welches sein Vater an einen reichen, jagdlustigen Herrn vermietet hatte, zerstört hat. Wie sein Vater und er Offiziere waren; beide in demselben Regiment. Und wie der alte Oberst es nie verwinden konnte und sich schwere Vorwürfe machte, dass er das Schloss vermietet, um seinem Sohn das Dienen in Berlin möglich zu machen. Und wie sie beide es nicht übers Herz bringen konnten, die Trümmerstätte, die die Heimat so vieler ihres Blutes gewesen war, wiederzusehen. Und wie der Vater starb und er so allein war und in kleinen nordischen Grenzstädten stand, wo die Wolken tief herabhängen und die Walnüsse bereits Südfrüchte geworden sind. Und wie er malte. Zuerst die grauen Wolkenzüge über den nordischen Ebenen und dann aus der Erinnerung das Bild des verlorenen Vaterhauses. Und wie alles, was nicht Farben und Malleinwand war, immer mehr ein bitteres Elend wurde und Verbannung und ein nagendes Heimweh nach dem Waldland: das Heimweh, das die Seele mit grauen Fäden bespinnt und zusammendrückt und von dem nur reden kann, wer es einmal gekannt. Das Heimweh, das nach jedem Stein der Heimat schreit, das nach den fremden Wänden schlagen möchte. Das immer wieder dem Herzen die trauten Bilder vorhält. Wie es war, als die Halde im bittersüßen Duft der Schlehen lag, am ersten heißen Apriltag. Wie der Schlossbrunnen rauschte, in dem sich zuweilen Vogelgetön und die Sonntagsmundharmonika des Stallburschen verfing, dass es an seiner Steinschale ein wunderliches Echo fand, dass es gewiss auf der ganzen Welt keinen solchen singenden Brunnen mehr gab. Wie die Abendsonne auf dem alten Gemäuer lag und aus den Fenstern so viel goldene Augen machte, die ins Waldland hinausblickten. Bis das Bild, aus Ton und Farbe und Duft gewoben, vor dem Auge steht, dass Kasernenhofmauern und die grauen Ebenen und die Sturmwolken oder die mitleidlose Sonne an den klarkalten Tagen, die alle Linien starr macht und so unbarmherzig die bittere Kahlheit zeigt, nicht mehr zu ertragen sind. Und wie er plötzlich dort Schluss gemacht. Weil – nein, das sagt er dem Kinde nicht, dass da ein kleiner Revolver lag und nur die Hand eines treuen Burschen den Punkt unter der Geschichte verhinderte. Und wie er nach Berlin auf die Akademie ging und malte.

Von was er lebte, konnte er schier selbst nicht sagen. Von dem Ertrag seiner Jagd, die er an den Fürsten verpachtet hatte; von dem, was sein Wald zuweilen abwarf, und (wenn das sein Vater noch hätte wissen können!) vom Tapetenzeichnen. Und wie ihm keine Bitterkeit des Deklassierten erspart war. Und wie seine Länge, »der Herr Graf«, der »Leutnant a.D.« und die Härten seiner so ganz allein erworbenen Malweise alle schlechten Witze der langhaarigen Kunstgenossen entfesselten. Wie die nicht Ruhe gaben, bis er einen der windigsten und frechsten Gesellen am Kragen packte und mit ausgerecktem Arm zum Fenster hinaushielt in den Regen. Wie der sich auch wand und krümmte. Und das Wohnen in billigen, entlegenen Quartieren und die ungeheure, fürchterliche Einsamkeit, die nirgends qualvoller und entsetzlicher sich aufs Herz legt als in einer Millionenstadt …

Schon längst hat er vergessen, dass ihm jemand zuhört. Das Kind ist wohl eingeschlafen, es rührt sich nicht mehr. Aber das ist ein Irrtum. Das Kind ist hellwach und nimmt jedes Wort in ihr feines Herz auf, wo alles unvergessen liegen und, wenn die Stunde kommt, wieder heraufsteigen wird zu jedermanns Verwunderung. Und das fantastische Köpfchen dichtet Bilder dazu, himmelweit entfernt von der Wirklichkeit, aber doch wahrhaftig, mit der innern Wahrheit der Dinge.

Und die Kunst ist eine strenge Herrin, und nur selten noch wird ihm die Seligkeit des Gelingens geschenkt. Und wie an einem stickigen Sommerabend, als aus dem Hinterhof die Luft wie ein glühender Brodem voll unguter Düfte heraufstieg, keifende Weiberstimmen, gröhlender Gesang, das jämmerliche Weinen eines verlassenen Kindes die Musik dazu gemacht, und es über ihn kam mit Riesengewalt. Nur noch einmal den Duft des Heus einatmen, wie es der Abendwind auf weichen Schwingen aus dem Tal heraufbringt, nach dem Schlossberg.

»Ja, bin ich denn hier angeschmiedet, ist das noch Menschentum oder ist's ein Höllenkäfig, in dem wir da zusammengesperrt sind?«

In der Nacht noch, nur mit dem, was er gerade hatte, ist er davongegangen. Von Würzburg an reist er wie ein Handwerksbursche. Und wie er davon spricht, ist's nicht viel anders, als es wohl seine Vorfahren, die mit Kaiser Friedrich in der Wüstenglut hungerten und brieten oder mit den Niederländern in den spanischen Befreiungskriegen im überschwemmten Land halb wie die Frösche lebten, den aufhorchenden Frauen und Kindern am heimatlichen Herde erzählt haben mochten.

»Und nun das Glück. An einem Regentag komm ich heim; es tropft mir von den Bäumen auf den Kopf und es rauscht und gluckst, und die alten Wolkenfrauen ziehen ihre Schleppen über das Wiesental. Und wie die Linden duften! Es war mir lieb, dass ein Regenschleier die leere Stelle ein wenig verhüllte, wo ehemals das steile dunkle Dach zwischen den Bäumen stand. Es war Abend geworden und ich dachte: Jetzt steigst du noch ein wenig auf dem Schutt herum, dass es dir am Morgen nicht mehr so schrecklich ist. Ich hole mir die Schlüssel beim Förster, denn die Tore stehen ja noch. Der hat eine große Freude und tut mächtig geheimnisvoll. Es knarrt das alte Tor mit dem Ton, den ich so oft im Traum gehört, es ist ganz wie ehemals. Einen Augenblick muss ich noch die Augen zumachen und die Zähne zusammenbeißen vor dem, was kommt. Denn jetzt müsste dort die Palaswand aufsteigen, die beiden Hunde hervorstürzen, ich müsste des Vaters Stock hören. Aber wie ich aufschaue, ist's doch wieder ganz anders, als ich gedacht. Der Wald hat schon wieder ein wenig Besitz genommen, dort an der Mauerwand rauscht noch unversehrt der Brunnen. Ein später Amselschlag hat sich darin verfangen und er klingt und klingt. Ein wilder Rosenstrauch hängt über dem Brunnen, und eine der Linden lebt auch noch, ohne Krone zwar, an einer Seite kahl, aber die andere hat die treue, gute mit tausend gelben Büschlein behängt. Und es riecht nach Heimat. Der Förster führt mich durch einen Steinwall, den er selbst geschichtet hat, zu einer Stelle, wo herabgestürzte, halb verkohlte Balken ein Dach gebildet haben. Eine rohe Bretterwand, dahinter eine Tür. Die Hofstube tut sich auf. Dort saßen in früheren Zeiten die Knechte, und der ganze große und hohe Raum mit seinen vier tiefen Fensternischen ist unversehrt. Die Fenster verdeckt freilich der Schuttberg. Damals, jetzt nicht mehr. Der grüne Kachelofen steht noch da, der Tisch, die langen Bänke, altes Zinnwerk. Daneben ist noch eine Kammer, wo in früheren Zeiten der Knecht, der die Feuerwache hatte, sich aufhielt. Und da stand noch ein uraltes Bett und ein grün glasiertes Waschbecken. Davon habe ich zuerst Besitz ergriffen, habe mir das am singenden Brunnen gefüllt und mit seinem Wasser mir viel, sehr viel vom Herzen gespült. Und obgleich der Förster, der dies alles im letzten Winter, als er einer Fuchsspur nachging, entdeckt und geheimgehalten hatte, es nicht dulden will, so bin ich die Nacht dageblieben.«

»O, ich will den singenden Brunnen hören. Nimm mich mit zu dir.«

»Ja, hast du denn das alles gehört, Seelchen? Nun, dann hör auch auf mein Geheimnis. Ich dachte, du schliefest. Wenn es die Leute hörten, wie würden sie über den verrückten Ruinengrafen lachen. In der ersten Nacht schon, wie ich da auf dem alten Knechtsbett lag, habe ich's gewusst. Wer eine solche Heimat hat wie ich, die so vielen lebendigen Herzen einst das Höchste war, um die sie geblutet haben in vielen Schlachten, in deren Frieden ihre Kindlein spielten, in deren Schatten sie sich zur letzten Ruhe legten, der darf sie nicht verlassen, ihr nicht untreu werden, muss an seinem Teil und so gut er es kann sorgen, dass die, die nach ihm kommen, das köstliche Gut bekommen, das ihm die Alten hinterlassen. Der Thorsteiner, der vor achthundert Jahren mit seinen Bauern die Steine zu dem festen Haus zusammentrug, hat es auch hart gehabt. Vielleicht nicht so hart wie der letzte, der da auf dem Knechtsschragen liegt. Vielleicht. Und wenn er jetzt da hereinschritte durch die Türe, mit seinem harten braunen Gesicht unter der eisernen Sturmhaube, möchte ich mich nicht unter seinem Blick winden müssen. Und darum ist mir nicht eine Stunde wohl geworden in meiner Haut, von da an, wo ich wusste, dass die Dohlen und Turmkrähen über ihren zerstörten Nestern herumflattern. Sie haben nach mir verlangt, die Väter, und mir keine Ruhe gelassen, und sind hinter mir drein auf der Ebene geritten, wo die Wolken so tief herabhängen. Und wenn ich zwischen den Vorortbahnen und ihren hundert Lichtern und dem Menschengewühl der armen Heimatlosen im Berliner Norden herumstieg, haben sie an mein Herz gestoßen, dass es mir klar wurde, warum die so ruhelos sind, so verbittert, so unstät, so pflichtlos oft. Weil das deutsche Herz nach einer Heimat schreit. Hat es keine mehr, an der noch die Sitten, die Taten, die Leiden der Alten hängen, so muss es suchen gehen und wird unruhig und füllt sich mit allerhand, was es hin und her reißt und nimmer satt werden lässt. Und ich baue sie wieder auf, meine Heimat. Manchen Kampf darob habe ich mit dem alten Herrn gehabt. Denn zuerst, da sollte es wieder werden, wie es gewesen ist mit seinem Turm und Wall und Ecken und

Winkeln. Aber der alte Herr unter seinem eisernen Sturmdach lacht mich grimmig aus. Von der Million, die ich dazu brauchte, und ob ich die mit Tapetenzeichnen zu verdienen gedenke, redet er nicht. Brauchst du denn eine Festung? Bilde dir nicht ein, dass du könntest mit allen Rissen und Plänen, die du machen magst – was wir konnten. Wir bauten, weil wir nicht anders konnten. Und gegen wen willst du in deinen Wällen Geschütz auffahren? Gegen die Hoflacher? Da versank der schöne Traum, und ich habe ihm auf meinem Schragen wie ein Bub nachheulen müssen. So wird's nun eben ein festes gutes Haus. Und wenn ich mich darum mein Lebtag nicht besser betten kann als auf dem Knechtsschragen. Und zuerst habe ich mit meinen zwei Händen angefangen und dabei das Berliner Elend hinausgeschwitzt. Der erste Herr von Thorstein wird auch seine Schultern angestemmt haben, wenn ein gar zu schwerer Stein das letzte Eck am Schlossberg herauf-kam. Woher wären denn die Meinen so breit? Und heutzutage, wo die Kinder schon mit dem Rundreisebillett im Steckkissen ankommen, muss es auch noch Leute geben, die wissen, wo sie hingehören und für was sie leben und vielleicht sterben müssen.«

»Aber du baust dein Dach wieder dorthin, wo der Himmel so leer ist zwischen den Bäumen, dass du wieder hinsehen magst«, flüstert ein halbträumendes Stimmchen.

Er erschrickt fast, so gut hat sie aufgemerkt. Nun, bis morgen wird sie alles vergessen haben.

Und jetzt blinkt plötzlich ein goldenes Licht durch das weiße Gegitter eines Holunders. Der lange Thorsteiner klopft an einem Fensterladen, ein Frauenkopf fährt heraus. Von ihrer ungeheuren Nachricht ist die Gute so bedrängt, dass sie es sofort, eh sie noch weiß, was er will, weitergeben muss.

»Wissen Sie's schon, Herr Graf? Drüben die Prinzessin, das Arme, das nicht so recht im Kopf ist, ist ertrunken im Wach. Seit vier Uhr suchen sie's mit Stangen und Fackeln.«

»Unsinn, Frau Scheiterlein! Schnell, packe Sie Peterles Strümpfe und Sonntagsschuhe in einen Korb und komme Sie zu mir, aber schnell.«

Und schon ist er mit seinen langen Schritten weiter. Wieder eine Reihe hoher Bäume, dann eine Mauer. Und nun kommt's. Dem Kinde, das sich vor der Stimme der Frau ganz in seine Hüllen verkrochen hat, klopft das Herz. Denn nun kracht und brummt und stöhnt das Tor.

»Der singende Brunnen, du!«

Aber der schläft. Durch graues Gestein ein Lichtlein schimmert, ein hoher großer Raum tut sich auf, aus dem eine wohlige Wärme und ein köstlicher Duft ihnen entgegenschlägt. Ein herrlicher, großer Tannenbaum auf einem Aufbau von Moos und Steinen, und darunter etwas Wunderbares, das das Kinderherz höher schlagen macht.

Nun lässt er sie heruntergleiten. Ein langer Kaliban steht vor seinem Herrn, den er ansieht wie ein treuer Hund, der jede Bewegung vorauszuberechnen scheint. Zwei Schriftstücke bedeckt der Haus- und Schlossherr mit langen, eiligen Zügen.

»Wenn du's gewinnen kannst, vor acht Uhr, Märt!«

Und mit eiligen Schritten verschwindet der Bursche und lässt gerade noch die Frau Scheiterlein mit Peterles Strümpfen ein.

»Nun, Frau Scheiterlein, wie fühlt Sie sich als dame d'honneur?«

Die Frau macht eine wilde Armbewegung, und mit einem Schwall von ihm unverständlichen Worten wird das Kind in den Salon geleitet, der in einer der vier Fensternischen bequem Platz hat, wo sie – mit vielem Protest zwar, weil sie voll Stacheln seien – Peterles Strümpfe anziehen muss, während er im Nebenraum seine Toilette macht. Sie wird nicht eleganter dadurch. Peterles Schuhe erweisen sich als zu drückend und werden unnötig erfunden. Peterles Strümpfe stehen von selbst.

Und nun erhebt sich die schwierige Frage: »Frau Scheiterlein, was kann Sie kochen?«

Ein Zündhölzchen flammt, und unter einer Teemaschine hüpft ein blaues Flämmchen. Frau Scheiterlein kann vielerlei kochen, Pfannkuchen, Eierschmarren; aber sie empfiehlt einen guten, festen Kindlesbrei als in allen schwierigen Lebenslagen das Beste für hoch und nieder. Bei hoch macht sie einen kleinen Knix. Dann geht sie ab, und man hört bald draußen ein Feuer knistern.

Aus dem braunen Tuch, das zum Verlüften hinausbefördert wird, hat sich ein sehr, sehr schmächtiges Mägdlein in einem blausamtenen Hänger mit altem Spitzenwerk am feinen Hälschen geschält. Aber es könnte anhaben, was es wollte, man sieht nur die wallende Mähne vom blassesten Gold, die zu beiden Seiten des Gesichts herabfällt.

»Wenn du so dick sein wirst wie die Haare, Seelchen, so ist's recht. Nun gibt's bald eine Schale Tee.«

Aber sie will gar nichts. Auf den blassen Wangen brennen rote Flecken, und die Augen leuchten vor Verlangen. Ach, sie ist in des rechten Christkinds Reich gekommen. Da unter dem Baum ist etwas so unglaublich Schönes! Sie hüpft auf ihren grauen dicken Strümpfen dorthin. Aber er hält sie zurück.

»Einen Augenblick, Seelchen, mach fest die Augen zu.«

Da steht sie, vielleicht zum ersten Male in ihrem armen, kleinen

Leben ein erwartungsvoll seliges Kind. Und es hat sich doch von jeher der ganze Segen der so hoch entwickelten deutschen Spielwarenindustrie über sie ergossen. Und nun klingen alle Weihnachtsglocken zugleich in ihrem Herzen zum ersten Mal, und sie macht krampfhaft die Augen zu, so fest, dass sie noch die feinen Händchen ballen muss. Ein Streichhölzchen knistert und ein feiner köstlicher Wachsduft erfüllt den Raum. Augen auf! Da steht der Baum im Glanz seiner zehn Kerzen, denn einen andern Schmuck trägt er nicht. Und darunter erglänzt im sanften rötlichen Schein das Wunderwerk. Eine Krippe, aber nicht ein Stall, sondern aus grauem Steinwerk erbaut, eine Ruine, eine Steinplatte als Dach, die Ritzen mit Moos gefüllt. Und durch eine Rubinglasscherbe, die zwischen die Steine eingelassen ist, von oben in sanftes Rosenlicht getaucht, die heiligen Gestalten. Aus farbigem Wachs modelliert von den glücklichsten Künstlerhänden. Ein tiefer Atemzug des Entzückens!

»Das Christkind! Liegt so mein Brüderchen in meiner Mutter Arm im silbernen Sarg?«

Denn unter dem Rosenlicht liegt so sanft und lieblich ausgestreckt auf einem Bettchen von seidenweichen Disteldaunen Maria, ihr Kind im Arm. Sie schläft, das rundliche rosa Köpfchen ist an ihre Brust geschmiegt, und mit der einen Hand hält sie, wie den köstlichsten Wiegenvorhang, ihr weiches gelbes Haar um das schlummernde Kind. Über die beiden beugt sich, mit dem schönsten Ausdruck beglückter Liebe und treuer Sorglichkeit, Joseph. Auf dem Pfädlein, das durch Moos und graue Flechten hinaufführt zu der Öffnung, wandern ein Knabe und ein zerlumptes Mägdlein. Ein graues Wachseselein und eine biedere breite rotbraune Kuh sehen aus einem Verschlägchen heraus.

Das Kind kniet vor den Herrlichkeiten auf dem Boden und schaut und schaut. Und der lange Thorsteiner hinter ihr sieht mit der gleichen Kinderfreude auf sein Werk.

»Ein Engelreigen gehörte wohl auch noch dazu, aber ich bin nicht zurechtgekommen mit dem Federvolk. Wo denen wohl die Flügel herauswachsen?«

»Hast du das gemacht?«

»Siehst du, es war freilich eine große Zeitverschwendung. Aber etwas muss der Mensch zu Weihnachten bekommen. Die letzten Jahre gab's nichts, und es war ein Weihnachtselend, wie es nicht an die größte Wand zu malen ist. Aber jetzt bin ich Hausherr und werde mich doch nicht mir gegenüber lumpen lassen. Und siehst du, das hat mir wohlgetan. Es ist wie bei Dürer, das Kind der Welt liegt auch in einer Ruine.«

Nun singt die Teemaschine. »O lass mich da, ich muss immer nach der Maria sehen«, flüstert sie, und auf einem alten Wollteppich kauernd feiert sie die wonnigsten Weihnachten. Der Hausherr hat sich in seiner ganzen gewaltigen Länge auf den Boden ausgestreckt, eine dampfende Teeschale neben sich, ein Urbild des Behagens. Wie das Kind so zusammengekauert sitzt, fallen seine glänzenden Haare fast auf den Boden, die Ellenbogen stützt sie auf die Knie und schaut und schaut, kaum dass die Teetasse dazwischen zu Ehren kommt.

So ist in ihrem immergleichen Dasein noch kein Tag gewesen, so wundervoll und so lang, als könnte er nie enden. In Wirklichkeit ist's kaum sieben, und mit einem Blick auf seine Uhr berechnet er, ob es noch gelingen kann, mit der guten Nachricht vor der schlimmen zu kommen. Wohl kaum.

»Du, Harro! Für wen hast du das gemacht?«

»Nun, für mich und meine Kinder.«

»Du hast doch keine und du brauchst keine.«

»So, brauch ich keine?«

»Sieh die schöne Maria. Wenn die Kinder kommen, dann lärmen sie und fassen an; und gehen sie fort, so hat gewiss die liebe Kuh nur noch drei Beine.«

»Meinst du, ich könnte nicht Ordnung halten in der Bande?«

Und er reckt einen langen, Respekt gebietenden Arm aus.

»Du brauchst keine Kinder, du hast ja mich.«

Halb ängstlich, halb trotzig sagt sie's.

»Dich hab ich nur noch eine Stunde, Seelchen.«

Es ist ein Schatten über die Weihnachtsfreude gekommen.

»Eine Stunde noch, dann hoff ich, dass dein Vater da sein wird, dein lieber Vater.«

Sie zuckt zusammen, und eine feine finstere Falte steht auf ihrer Stirn. »Du hast nach ihm geschickt.«

»Sie sind in Angst um dich.«

»O, nun wird er böse sein wie im Leben nicht! Und dann sagt er, was er immer sagt: „Sie hat mir immer nur Kummer und Sorge gemacht, die arme Kleine."«

»Nein, das wird er nicht mehr sagen. Du machst ihm jetzt Freude, Seelchen! Nun hast du ja die rechten Worte gefunden.«

»Hab ich?«

»Die richtigen Worte, mit denen man alles sagen kann, was man lebt!«

»Ist das, weil du mir den rechten Namen gegeben hast? O sag ihm, dass ich Seelchen heiße; aber wenn ich nicht dabei bin, musst du's tun. Oh, du bist klüger als alle anderen: Sag mir schnell, weiß Maria schon, wenn sie das Kindlein hält in ihrem lieben Arm und es zudeckt mit ihrem Haar – wenn ich ein Kindlein habe, mache ich es auch so, dass die bösen Leute nicht einmal hereinsehen können –, weiß sie, was mit dem Kindlein wird?«

»Nein, das weiß keine Mutter.«

»Meine auch nicht, sonst hätte sie mich mitgenommen. Und dann wird er groß, und die Menschen tun ihm Leids an. Und ist es wahr, dass sie hat dabeistehen müssen und sehen, wie sie ihn totmachen?«

»Seelchen, komm, nicht weinen! Du hast zu viel erlebt heute.«

Sie sieht ihn mit ihren sanften Augen verwundert an, über ihre schmalen Wangen rinnen noch die Tränen.

»Ja, musst du denn nie weinen, wenn du daran denkst?«

Es ist ganz still in der großen Stube, nur in den Tannen knistert's. Es fällt ein Wachs herunter und die Wachslichter, die so schnell vergehen, neigen sich schon. Das Kind wartet nicht auf Antwort. Es sieht hinein in den Rosenschein, auf die schlafende Maria und das so süß geborgene Kindlein. Es ist jene Stille, die so selten ist in unserer hastenden und jagenden Welt voll guter und voll schlimmer Werke. Jene Stille, in der unsere Seele zur Harfe wird, worin sich die Töne der Ewigkeit verfangen. Und es webt sich fester und fester, das goldene Band aus der Himmelspforte im kristallenen Wald. Und weil er eine Künstlerseele in sich trägt, die in Bildern und Tönen denkt, so sieht er im Geiste wieder die Prachtstraße, die nach der Himmelstüre führt, und das Seelchen, das Sonnenkränzlein auf dem Haupt, geht ihm voran, und dort steht im goldenen Glanz das himmlische Vaterhaus, das für ihn die Gestalt der eigenen für immer verlorenen Heimat trägt. Und davor in dem allerherrlichsten Bilde, das uns der Sohn von der Gottesliebe gemalt, der Vater, der ausschaut nach dem wegemüden, dem sündenbestaubten und heimwehkranken, dem verlorenen Sohn. Ein tiefer Seufzer hebt die breite Brust, und, indem er sich löst, hat seine Seele den ersten Pfeil ihrer Sehnsucht nach dem ewigen Ziele gesandt.

Und nun kommt die Scheiterlein herein, den dampfenden Brei in buntglasierter Schüssel. Das Seelchen bekommt nur ein paar Löffel hinunter. Zuviel ist heute auf sein kleines Herz eingestürmt.

»Nimm mich in deine Arme, ich will noch in die Krippe hineinsehen.«

Eine kurze Weile sehen die großen grauen Augen in die erlöschende Glut, dann schließen sie sich, ein Traum wirft seinen bunten Mantel um das Seelchen.

Ganz von ferne klingt in seine farbigen Bilder hinein die wohlbekannte Stimme: »Meine Kleine, meine arme Kleine, wer hätte ihr das zugetraut!«

»Papa«, flüstert sie ... Und dann schießt das Traumboot wieder mit dem Seelchen an vielen seltsamen Gestaden vorbei, bis es haltmacht an einem grauen Morgenufer.

2. DAS EHRENWORT

Vor dem langen Kaliban in seiner Wolljuppe, der eben mit der Schneeschippe einen Weg bahnt schnurgerade vom Tor zur Ruine, steht ein schokoladebrauner Lakai mit einem Billett und schnarrt: »Sogleich abgeben.« Der Kaliban nimmt das Billett in seine hornenen Riesenhände und geht zu der Türe und damit sofort ins Innerste des Thorsteiner Schlosses. Der Haus- und Schlossherr hantiert an seiner Staffelei mit farbigen Kreiden auf einem großen grauen Tonbogen. Auf seiner Stirne entsteht eine senkrechte Falte, als er den Brief liest. Es ist eine in die liebenswürdigsten Worte gekleidete Einladung zu der heutigen Weihnachtsbescherung ... »Meine Kleine scheint Ihr Kommen sehr zu erhoffen.« Der lange Thorsteiner dreht die Karte in grimmiger Verlegenheit in den Händen.

»Donnerwetter ... mein alter grünschwarzer Rock da drüben!« Seine Hand fährt in seinen kurzen braunen Lockenschopf. »Wir werden nach der Bescherung ganz unter uns sein ...« Und zwischen den Zeilen sehen ihn bittende Augen an. »Da ist nichts zu wollen«, murmelt er, »... trotz dem Schwarzgrünen.« Und mit seinen langen Schritten eilt er hinaus in den Hof, wo der Schokoladebraune mit der dieser Menschenrasse eigentümlichen Mischung von Verachtung und Herablassung sich mit dem Kaliban zu verständigen sucht. Vor der hohen Gestalt des Grafen schnellt er aber sofort in seine korrekte Haltung zurück.

»Melden Sie Seiner Durchlaucht, dass ich kommen werde.« Denn der Thorsteiner gibt sich nicht unnötig mit Papier und Tinte ab. Kaum ist der Schokoladene verschwunden, so ruft er mit Donnerstimme: »Märt, die Kiste 4 + 6.« Was den musikalischen Brunnen zu einem beifälligen Gemurmel veranlasst. Denn Kaliban ist schwerhörig.

Früher, als sein Übel sich noch nicht so fühlbar machte, war er Bursche gewesen bei des Grafen Vater, dann war er Bauernknecht geworden, und obgleich ihn seine Herren wegen seiner Riesenkräfte und seiner treuen Arbeit wohl schätzten, hatte seine zunehmende Schwerhörigkeit es ihm immer schwerer gemacht, mit seinen Mitknechten auszukommen. Er wurde gehänselt oder kam sich so vor – ein kleines rotköpfiges Minele wollte nur Spott mit seiner scheuen Liebe treiben, und so wäre er, den seine Riesenkräfte und sein schnell auflodernder Zorn fast zu einem gefährlichen Menschen machten, schier in eine schlimme Sache hineingekommen.

Eines Abends, als er in der halbdunklen Scheune saß neben dem letzten noch nicht abgeladenen Heuwagen und zu seinem immer mehr umsponnenen Ohr die gedämpften Stimmen der Knechte und Mägde drangen, wie sie schäkerten und lachten, und er die hohe Stimme des roten Minele und die krähende des schönen Beckenkarl und dazu seinen Namen zu verstehen glaubte, da hatte sich sein einsamer dumpfer Schmerz plötzlich in einen aufsteigenden heißen Zorn verwandelt.

An dem Abend war er nicht zum Nachtmahl erschienen, und die Nacht hatte ihm einen furchtbaren Traum gebracht. Die Hecke mit den alten Eichenknüppeln, einen Menschen auf dem Gesicht in einer roten Lache liegend, daneben steht seine alte Mutter mit der schwarzen Florhaube, das große silberbeschlagene Gesangbuch im Arm, ganz so, wie sie ihm sein Erinnerungsguckkasten am liebsten zeigt, und hebt entsetzt ihre Hände auf.

Am andern Morgen hatte er seinen Dienst gekündigt mit so wilden Gebärden, dass der Bauer den unheimlichen Menschen trotz der dringenden Arbeit hatte ziehen lassen. Er war dann in seine Heimat gegangen, obgleich er das alte Mütterlein nur an dem Hügel mit dem schwarzen Holzkreuz darauf besuchen konnte, und hatte getagelöhnert. Ein finsterer und unzugänglicher Geselle, dem die Kinder scheu aus dem Wege liefen.

Da war er eines Tages im Holzschlag dem Sohn seines früheren Herrn begegnet, der mit seiner Staffelei vor einer Waldwiese saß. Der hatte ihn sofort erkannt und ihn freundlich angeredet. Die Stimme erweckte die schönsten Erinnerungen aus seiner Dienstzeit, wo er noch ein ganzer Mensch, ein vorzüglicher Soldat gewesen war.

Wenige Tage darauf erschien er nach Feierabend in der Ruine und begann an einem Steinhaufen abzutragen, Schutt auszulesen und ihn in den tiefen Graben zu werfen. Als der Graf heraustrat, grüßte er militärisch und fuhr mit seiner Arbeit bis zum Dunkelwerden fort. Eine Belohnung wollte er nicht dafür annehmen, da es nach Feierabend sei. So war er eine Zeitlang gekommen, kaum dass er einen Trunk oder ein Stück Brot dafür annahm. Es schien ihm zu genügen, dass er nur in der Nähe eines Menschen war, der ihn in seiner früheren guten Zeit gekannt.

Nun hatten aber bald einige günstig angebrachte Entwürfe den Herrn in den Stand gesetzt, für einige Zeit einen eigenen Taglöhner halten zu können. Da zimmerte sich der Märt aus noch wohlerhaltenen Balken, wie sie zuweilen doch aus dem Schutt hervorkamen, eine kühne spindelige Treppe vom Schutthügel aus bis zu einer Mauerlücke im Bergfried, die er verbreiterte, sodass er sich mühsam hineinzwängen konnte. Die Wendeltreppe führte noch hinauf zu einem Stübchen, in dem ein Taubenschlag gewesen war. Dort richtete er sich ein mit einem weißen Taubenpärchen, das er zärtlich liebte. In diesem etwas luftigen Ort hauste er nun, und an Sonntagen hämmerte, klopfte und bastelte er daran herum. Die Tauben bekamen ihr gesondertes Quartier; die Fensterluken aus alten bleigefassten Scheibenstücken, die sich in Resten noch vorfanden, ergaben eine primitive Verglasung. Dann schaffte er, nicht ohne lebensgefährliche Turnkünste, sein Bett, seine Truhe, ein handgroßes Spiegelchen und ein großes gerahmtes Bild hinauf. Das Bild stellte ihn dar, wie er in kühner Haltung mit erhobenem Säbel auf einem prachtvollen Schimmel dahersprengte. Sein etwas windschiefer Dickkopf in Fotographie auf den Halskragen geklebt. Dies war sein größter Schatz außer dem silberbeschlagenen großen Gesangbuch seiner Mutter, das er in ein rotes Taschentuch gewickelt in seiner Truhe geborgen hatte. Das Bild wurde mit großer Mühe an der rauen Wand befestigt, Bett und Truhe aufgestellt, und die Einrichtung war im Rohen fertig. Der Graf warnte ihn freilich, er werde es von da aus viel weiter an seine Arbeitsstätte haben, aber der Märt meinte, er wolle nur noch im Winter, wenn nichts mehr in der Ruine zu schaffen sei, in den Holzschlag gehen und sein frei Quartier in der übrigen Zeit mit Arbeit wettmachen.

Zuerst wollte es dem Thorsteiner angst werden, wie er auch noch einen zweiten Menschen erhalten sollte, aber es musste doch eine merkwürdige Kraft liegen im Heimatboden; hatte er in Berlin sich kaum selbst erhalten können, so trug es jetzt schon, dass zwei Menschen lebten und der Thorsteiner seinem Märt einen Knechtslohn auszahlen konnte.

Den zweiten Winter lebten sie schon so miteinander. Aus dem einen Taubenpärchen war ein Schwarm weißer Flügel geworden, die sich in anmutigen Kreisen über dem grauen Gemäuer und den dunkeln Waldwipfeln hoben und senkten. Märts Liebe hörte aber mit der weißen Farbe auf, jedes bunte Tierchen wanderte erbarmungslos in den Kochtopf. Der Märt kochte nun auch das spartanische Essen der beiden Schlossbewohner. Es gab immer eine Menge für ihn zu tun, und das Holzspalten gehörte zu den Feierabendbeschäftigungen, die sein Herr zuerst mit ihm teilte. Es wurden aus einem der halb eingestürzten Riesenkamine, der sich neben der Hofstube befand, eine Küche gebaut, die noch vorhandenen Ställe repariert. Darin stand nun die gute braune Kuh Selma in Gesellschaft mit dem zierlichen Rehzickchen, das Märt auf der Schutthalde gefunden und mit der Flasche aufgepäppelt hatte. Sie nährten sich von dem Gras der Schlossgräben und Hänge, wo Märt und sein Herr Heu und Öhmd machten. Seit die gute Selma mit ihrer Milch der Küche Märts einigen Hinterhalt verlieh, sahen der Herr und sein Knecht entschieden besser aus; auch das finstere Antlitz des tauben Märt war viel heller geworden. Seinem Herrn gegenüber behielt er vollständig die Allüren des Burschen wie bei seinem alten Oberst bei, nur zu notwendigen Botengängen verließ er die Ruine. Der Sonntagnachmittag war stets der Verschönerung seiner Wohnung gewidmet. Noch immer lief die spindelige, nur für absolut schwindelfreie Menschen zu gebrauchende Treppe hinauf, aber zu einem Mauerloche guckte ein Rohr heraus, dem an Wintersonntagen ein bläulicher Rauch entstieg. Dann bullerte in dem hohen, nun weiß getünchten Raum ein Kanonenöfchen, die Tauben in ihrem Revier glucksten und gurrten leise und der Märt mit seiner Pfeife und irgendwelchem Bastelwerk unter den Händen bot dann das Bild eines wohlzufriedenen Turmwächters der guten alten Zeit dar.

Und jetzt erschien der Märt mit der Kiste, die aus früherer Zeit her noch die Regimentsbezeichnung trug, und entnahm ihr den einzigen Anzug des Grafen, für den die Bezeichnung Räuberzivil nicht gelten konnte. Einige kunstvolle Bürstenstriche von Märt und mit leisen Seufzern zwängte sich der Thorsteiner in das ungewohnte Stück.

Da, halt – fallen ihm des Seelchens Puppenschmerzen ein.

Wie wär's, wenn er ihr für die arme, so schmählich verstümmelte Lilla einen Ersatz schaffte? Aber dann musste er schon jetzt in die Stadt gehen. Vielleicht dass doch noch ein Laden für Leute, die noch rasch ein Geschenk brauchten, offen war. Er packte Wachsreste und noch Verschiedenes in einen Kasten, warf ein großes Cape um seine Fracht und überließ dem erstarrt blickenden Märt sein Schlossgut zur Verwahrung.

Quer durch den Wald die eisige Halde hinunter, wie gestern Märt, konnte er nicht gelangen. So musste er die Chaussee nehmen, beinahe zwei Stunden Wegs. Nach einer Stunde schon taucht der langgestreckte Bergrücken, der das Schloss trägt, vor ihm auf. Ein schöner Park, jetzt verschneit und dunkel, schlingt seine Arme um den Schlossberg. Zwischen zwei finstern alten Rundtürmen schaut ein feiner Renaissancegiebel ins Tal hinunter; ein Gewirr von großen und kleinen Dächern, so wie sie Notwendigkeit oder die Freude am eigenen kleinen Nestchen im Lauf der Jahrhunderte an die alten Mauern gehängt hatte, machte das früher wohl düstere Bild nun freundlich und lebendig. Jetzt lag der leichte Silberreif eines dünnen Schnees auf jedem Giebel und Vorsprung von Mauer, Türmen und Palas. Unter dem grauen Himmel, dem ein zartes Flockengewirr entschwebte, sah das Schloss so weltfern, so märchenhaft aus, als könnten sämtliche goldhaarige Prinzessinnen, treue und törichte Königssöhne, finstere Könige, kluge Königinnen, die mehr können als Brot essen, aus Grimms Märchenbuch darin gewohnt haben. Seine Künstleraugen liebkosten die fein gewachsenen Formen, in denen jede Zeit ihren Ausdruck gefunden hatte. Aus der Neuzeit stammte freilich nur das recht hässliche Ecktürmchen, auf dem heute, wegen der Anwesenheit des Fürsten, die weißblaue Fahne flatterte.

Wo mochte wohl des Seelchens Reich sein? – Wie gut es da hineinpasste, die letzte feine, ach gar zu feine Blüte, die der alte Stamm getrieben! – Ob sie wohl heute die rechten Worte gefunden hatte? Gestraft würde sie ja nicht werden, im Gegenteil, der Fürst war nur freudige Überraschung gewesen über den Streich seiner Kleinen, über die Überlegung und Kühnheit, mit der sie ihren Gedanken ausgeführt hatte. Wer ihr das zugetraut hätte? Freilich war auch Märts Nachricht der schlimmen andern zuvorgekommen.

Nun wand sich der Weg eine altertümliche Steige hinauf, eine von jenen, die uns immer wieder mit Verwunderung erfüllen über die Nerven von Menschen und Gäulen, die einst diese Wege benützten. Dann stillverschneite Gärten und eine stille Straße, von hohen schmalbrüstigen Giebelhäusern umstanden, ein uraltes Tor mit Torturm, an den ein Barockhäuschen angeklebt ist, vor dem vor hundert Jahren wohl die strickende Wache weiland Serenissimi saß. – Ganz Spitzweg. – Und gegenüber das Lädchen des Georg Häring, das Entzücken der Braunecker Jugend, wo immer noch verheißungsvolle Zinnsoldatenschachteln, ein Hampelmann und ein winziges Pappkarussell auf Käufer warten. Mit sehr gebücktem Haupt muss sich der lange Thorsteiner hineinwinden, wo ihn die freundliche Frau mit fragendem Enstaunen empfängt.

»Eine Puppe.«

»Ja, aber die angezogenen sind alle ausgegangen, und die andern sind nicht für „bessere Herrschaften“!« Eine sei noch da, aber mit der sei leider ein Unglück passiert. Und damit zieht die Frau bedauernd eine Puppenschönheit aus einer Schachtel, hellockig, der aber das Näschen schlimm zerstoßen ist. Harro strahlt.

»Herrlich! Ich nehme sie … Nur das Hemdchen, das das Unglücksgeschöpf anhat, ist freilich ein Übelstand. So kannst du nicht zu Hofe gehen, du Ohnenäschen!«

Aber da fällt ihm das Nähröschen ein mit den vielen Geschwistern. Seinen Kasten unter dem Arm geht er nun die Straße hinauf, wo über einer Steintreppe ein Zeichen hängt, ein etwas merkwürdiger Ochse, in dessen bedauernswertem Haupt schon die Axt steckt. Dort ist zum Glück ein geheiztes Eckchen zu haben, der Frau Postmeisterin eigene Wohnstube, die sie ihm einräumt. Sie selbst steht jetzt drunten in der dampfenden Küche und regiert über eine verwirrende Menge von Töpfen.

»Sie essen doch mit an der Tafel, Herr Graf?«

»Ach bitte, schicken Sie mir etwas herauf!«

Es gelüstet ihn nicht nach der Gesellschaft der alten eingesessenen »besseren Herren«, des Herrn Postverwalters und des Herrn Notars und des Herrn Amtsrichters, über deren mittäglicher Vereinigung die graue Fledermaus der Langeweile ihre Flügel schlägt. Die Posthalterin lächelt sauersüß, verspricht aber das Beste. Es ist gut, dass das Seelchen das folgende etwas kannibalische Beginnen nicht mitansieht. Mit seinem Taschenmesser zerklopft Harro das dummlächelnde Puppengesicht, dass die auf kleinen Kügelchen sitzenden Augen auf den Tisch herausfliegen. Sein schwarzer Rock ist sehr hinderlich, er könnte schlimme Bekanntschaft mit dem Inhalt des Kästchens machen, das Harro jetzt auspackt. Er entledigt sich also seiner und steht nun in weißen Hemdärmeln da, eifrig mit einem feinen Schnitzmesser an einem Buchsbaumscheibchen hantierend. Eine halbe Stunde später steht der Riese in seinen Hemdsärmeln vor der erstarrten Postmeisterin, ein kleines Pfännchen in der Hand, das auch dem Kasten entstiegen ist, um neben der puffenden Gans seinen Leim zu wärmen.

»Nun, Frau Postmeisterin, das sind unsere Männerkochkünste. Einfach, nicht wahr? Ein Glück, dass wir Sie haben. Die Gans riecht übrigens vorzüglich.«

Der aufgeregte Postmeister – es sind heute eine Menge Leute da wegen einer großen Beerdigung – reißt die Tür auf, sieht im Küchendunst den Mann in den Hemdärmeln dastehen und schreit: »Der Martin soll noch einmal heim wollen am Christfest! Heda, trag Er den Koffer hinauf, Nummer siebzehn. Herumstehen in der Küche gibt's nicht.«

»Jawohl, Herr Postmeister. Frau Postmeisterin, achten Sie doch einstweilen darauf, dass der Leim nicht überkocht, der Duft ist leider nicht der beste.«

Und vor den Mund und Augen aufsperrenden Mägden schultert der Thorsteiner den Koffer des Herrn Lohrmann, Teigwarenfabrikant aus Offenbach am Main, und trägt ihn auf Nummer siebzehn, wo er ihn mit einem freundlichen Lächeln dem G. Lohrmann hinstellt. Der brummt: »Trinkgeld geb ich erst, wenn ich gehe.« Aber der Thorsteiner ist schon wieder bei seinem Leimtopf, der nun offenbar den richtigen Wärmegrad hat, und entschwindet mit dem in die gute Stube.

Jetzt gibt's noch verschiedene Probleme zu lösen, bis die geschnitzte Scheibe richtig unter den flächsernen Locken sitzt, die Augen ihre Schuldigkeit mit Auf- und Zumachen tun, dann beginnt die eigentliche Arbeit.

Das leicht erwärmte Wachs wird über die Scheibe gegossen. Und nun modelliert er mit seinen langen Künstlerhänden, von denen jeder Finger seinen eigenen Verstand zu haben scheint. Aus den nur vorgeschatteten Umrissen wird mit erstaunlicher Schnelligkeit ein Kindergesicht, ein feiner Nasenrücken, apfelrunde Wänglein, ein Mund, den ein erwachendes Lächeln umschwebt, über die starrenden Augen senken sich breite Lider. In das glasige Blau hat er einen dunkeln Farbenstrich hineingeheimnist, der ihnen ein merkwürdiges Leben verleiht.

Eben kommt eine verlegene Magd mit einer halbkalten Suppe. »Sie haben drunten solchen Trubel ...« Nun ist er fertig.

Da liegt unter den hellen Härchen ein feines, nur ein wenig jüngeres und runderes Ebenbild des Seelchens, ohne den leisen Schmerzenszug, der ihm gestern an dem Kinde aufgefallen ist und der sich in seiner Erinnerung vertieft hat.

Er isst sein halbkaltes Essen mit großer Eile, denn nun gilt's, das Nähröschen, das neben den steilen Bäumen wohnt, aufzusuchen. Also hinaus vors Städtchen ... Kinder begegnen ihm, die ihre neuen Kapuzen und Müffchen spazieren tragen und von denen die meisten an irgendeinem Springerle oder gar Lebkuchen herumbeißen. Es findet sich sogar ein ebenso rothaariges Schwesterlein vom Nähröschen darunter.

Das Nähröschen ist mit Recht über den Besuch am Christfest erstaunt. Sie sitzt auf einem Buch inmitten ihrer Weihnachtsgeschenke und hebt ein freundliches Gesicht unter einem roten federigen Haarschmuck empor. Als sie aber das kleine Kunstwerk sieht, ist sie voll Entzücken.

»Wie goldig! Man könnte meinen, es sei unser Prinzesschen, nur dass das nicht so rotbackig und vergnügt aussieht. Ein feines Kleid, das langt nimmer, aber zu einem weißen Hängerchen hab ich noch den Stoff da.«

Und sie kramt allerhand aus einer Kommode unter vielen Ermahnungen an die andrängenden Kleinen, dass sie ja nicht das schöne Prinzesschen »antappen«! Und sie erzählt: »Dem Prinzesschen tut jeder gern etwas. Es ist immer sanft und lieb und hat's nicht zum Besten. In der letzten Zeit ist's auch immer weniger geworden. Die Missen und Mamsellen sind auch nicht zu freundlich mit ihm.«

Harro hat sich hingesetzt auf eine Truhe und die Beine übereinandergeschlagen, das jüngste, rothaarige Kind auf die Knie gehoben, wo er es reiten lässt. Darum wird das Nähröschen auch so zutraulich.

»Die Fräulein Braun mag es am liebsten, die lacht doch auch mit ihm und lässt es ein bisschen tun, was es will. Aber eine leichtsinnige Haut ist die. Die wird auch schuld gewesen sein, dass das Prinzesschen fort ist. Bei der Miss hätte es sich nicht getraut. Die ist eine Greuliche! Die sagt: Die Deutsch sind ein Schweine, und Prinzess will auch Schweine werden! Das macht, weil das Prinzesschen nicht baden will morgens. Man hört das arme Ding durch den ganzen Prinzessinnengang schreien und wimmern. Bosheit ist's nicht bei dem, das hat kein böses Äderchen. Wer weiß, ob es nicht wegen der Baderei fortgelaufen ist.«

»Wer badet die Kleine?« Das Nähröschen sieht erschrocken auf, der Ruinengraf sieht aus, als unterdrücke er einen gewaltigen Zorn. Du lieber Gott, da hat sie am Ende sich in etwas hineingeredet!

»Fräulein Braun«, antwortet sie ganz verschüchtert. »Die ist jetzt schon im Schlamassel. Gestern sei sie wie von sich gewesen. Untersuchen hat der Fürst nicht mehr wollen gestern, wer daran schuld sei. Aber die Miss dreht es jedenfalls auf die Fräulein Braun hinaus und die auf die arme Babett!«

Die fleißigen Hände haben inzwischen nicht geruht, und es ist alle Aussicht vorhanden, dass das Puppenkind heut Abend zu Hofe gehen kann.

In dem großen Gang, der vor dem Zimmer des Fürsten gegen den herrlichen Turnierhof mit seinen drei übereinander gebauten Steingalerien gelegen ist und an dessen Wänden die berühmte Geweihsammlung hängt, wandelt der Fürst mit seinem Domänenrat, einem kleinen, spindeligen, aufgeregten Herren, auf und ab. Das graue Schneelicht fällt in den Gang, der nach dem Hofe zu verglast ist. Die gelben Glasaugen einer ausgestopften Wildkatze funkeln aus einer Nische und ein leichter Lufthauch bewegt ein wenig die ausgebreiteten silbergrauen Flügel eines Fischreihers, der von der Decke hängt.

»Und nun, Herr Domänenrat, helfen Sie mir aussuchen. Um Himmels willen nichts Banales. Die Sache müsste womöglich eine persönliche Note haben.«

»Fähr und Brendel haben eine Auswahl geschickt, da Durchlaucht noch ein Geschenk für den Herrn Hofrat wollten – es findet sich vielleicht etwas darunter.«

»Ach, das ist immer das Gleiche. Und die »beziehungsvollen« Sachen sind immer die schrecklichsten. Und dann könnte es den Thorsteiner verletzen, sein Vater war mir der angenehmste Nachbar. Schade, dass sein Sohn sich das Leben so furchtbar verdorben hat.«

Der Domänenrat zuckt die Achseln; eine eigene Ansicht zu äußern scheint ihm im Augenblick nicht opportun.

»Wenn wir unter den alten Sachen suchten? Künstler sollen doch immer auch an Antiquitäten Freude haben.«

Die beiden Herren gehen den Gang hinunter zu einer Wendeltreppe, die sie auf die untere Galerie führt; die ist offen und ein kalter Schneehauch bläst ihnen entgegen. Am Ende des Ganges öffnet sich ein schmales düsteres Gemach, in dem eiserne Schränke in der Wand eingelassen sind. Der Domänenrat entfernt sich, um die Schlüssel zu holen, und der Fürst tritt in die tiefe Nische des vergitterten Fensters.

Draußen wird das Flockengestieb dichter, es schimmert nur noch schwach der Wald von der jenseitigen Bergwand herüber. Halb träumend blickt der Fürst hinaus, und seine schönen dunkeln Augen verlieren den etwas starren Blick, der ihnen sonst eigen. Sein Haar und Bart ist noch schön dunkelbraun, sein schmales Rassegesicht mit dem Spitzbärtchen und den etwas vorstehenden Augen erscheint in dem fahlen Schneelicht, wie er in der Nische lehnt, schattenhaft und wie aus einem alten Gemälde heraus. Es hat einen eigentümlich müden Ausdruck, von der Müdigkeit alter Geschlechter, die so viele Jahrhunderte stürmischen und oft so jammervollen deutschen Lebens nicht geschichtslos wie die Menschen in dem wie in einem Nest geduckten Taldörfchen, sondern tätig und leidend miterlebt haben. Nun rinnt ja das letzte Korn aus der Sanduhr. Wie bald wird das alte Geschlecht sich zur Ruhe betten. Dorthin, wo schon die vielen vorausgegangen sind und nun schlafen in blassleuchtenden Zinnsärgen mit Wappenschildereien und Sprüchen bedeckt, in ungefügen dunkeln Truhen, so viele, dass nur noch für einen Sarg Raum zu schaffen ist neben dem silberbeschlagenen Sarg, der des Fürsten junges Glück aufgenommen. Warum mussten seine Gedanken heute in langen Trauerschleppen in diesen Räumen herumsteigen? Macht es das Schneelicht oder dieser düstere Raum, in dem so viel verborgene Schätze liegen? Edelsteine und Gold, die einst auf weißen jungen Busen geleuchtet und gebebt, sich um feine Stirnen geschlungen, die erbleicht, und an Händen geglänzt, die längst im Tode erstarrt sind.

Auch die Smaragde liegen darin, die seine Frau bei den glänzenden Festen am Kaiserhofe getragen. Da liegen sie … Der Rat hat die Schlüssel und das große Buch gebracht und den Kasten geöffnet. Dies Armband auf dem weißen Samt gebettet – der grüne Stein sprüht wie ehedem –, das den Arm schmückte, den feinen Arm, der sich einst um seinen Hals geschmiegt. Der Fürst nimmt es heraus und lässt die Steine durch seine Hand gleiten.

»Dies ist für meine Tochter einmal. Schließen Sie wieder, ich meinte die alten Sachen.«

Der Domänenrat öffnet sehr ungern, eigentlich weiß nur er und sein großes Buch und seine stille Sammlerfreude, was darin ist. Diese Dinge, die alle ihr Schicksal gehabt haben! Manches Stück ist darunter, dessen Gebrauch man kaum mehr kennt – da funkelt ein fast barbarisch wirkender Rubinschmuck in Silber gefasst von barocker Arbeit. Lauter hängende Blutstropfen, könnte man meinen. Seltsam geschmückt musste die Frau sein, die ihn trug.

Der Fürst nimmt das Halsband heraus, es hat keine Jahreszahl an dem hinteren Verschluss wie die meisten anderen. Es hängt ein kleines Pappschildchen daran, worauf in steilen Buchstaben steht:

Schmuck der Gräfin von Brauneck, der Thorsteinerin. † 1678.

»Der Thorsteinerin! Wahrhaftig!«, rief der Fürst. Nun fällt ihm ein, dass er gehört hatte, es solle eine alte Verwandtschaft existieren. Das Halsband geht ja natürlich nicht, aber es ist doch gewiss noch etwas da mit dem Thorsteiner Wappen.

»Ende des siebzehnten Jahrhunderts, Durchlaucht«, sagt der Domänenrat. »War eine arme Zeit. Es ist zu verwundern, dass immer noch so viel da ist.«

»Wie hieß der Gemahl dieser Thorsteinerin?«

»Heinrich Friedrich, Durchlaucht, und hier ist sein Ring; er scheint zu dem Schmuck gehört zu haben. Auch ein Rubin, nur in Gold gefasst, und ähnliche Arbeit.«

An dem Ring hängt dasselbe Papptäfelchen, aber eine andere Schrift, eine ungelenke Hand, die mehr Schwert als Feder gewohnt sein mochte, und ein Wort, das in seiner harten Kürze von einem alten Schmerz redet: *Mein Sohn †*.

»Der Sohn starb also vor dem Vater; hatte dieser Heinrich Friedrich irgendwelche Bedeutung für die Geschichte des Hauses?«

»Nein, Durchlaucht, wenn man nicht sagen will, dass er der Vater des ersten Fürsten war.«

Auf der Goldplatte unter dem Rubin ist des Thorsteiners Wappen eingraviert und ein Spruchband. »Können Sie den Spruch entziffern?«

»Er heißt: *Gottes Will hat kein Warumb.*«

Der Fürst seufzt: »Gottes Will hat kein Warum; sie müssen festere Herzen gehabt haben, die Alten. Ist dies das einzige Stück, welches das Wappen trägt?«

»Nur noch ein Stirnband, uralt, karolingische Arbeit, Gold; es war eine Erbtochter, die Thorsteinerin. Graf Heinrich Friedrich hat eine Menge Schmuck getragen. Er muss so eine Art Elegant des siebzehnten Jahrhunderts gewesen sein. Spangen, Ketten, Schuhschnallen, Hutschnallen. All das ist offenbar nie mehr benützt worden, und alles trägt das Zeichen auf dem Täfelchen: *Mein Sohn †.*«

Der Fürst wog den Ring nachdenklich in der Hand: »Eigentlich wäre mir etwas anderes lieber gewesen als gerade ein Ring. Nun, dieser Heinrich Friedrich hatte keine weitere Bedeutung.«

»Er starb sehr jung, der einzige Sohn.«

Der Fürst sah auf das Täfelchen. »Der Einzige. Es mag ihm bitter schwer gewesen sein, doch hatte er ja einen Enkel. Nun schließen Sie die Kästen, bitte. Es steigt ja doch immer irgendwelcher alte Jammer aus diesen Sachen heraus. Machen Sie den Eintrag und legen Sie das Täfelchen dazu; ich freue mich doch sehr, dass ich etwas gefunden habe«, sagte der Fürst. Er dachte: Dies Geschenk mit seinem eigenen Wappen schließt so ganz aus, dass ich ihn seine verpfuschten Lebensumstände fühlen lassen will. Er hat mir den größten Dienst erwiesen. Wenn er Porträts malt, könnte ich ja ein Bild der Kleinen bei ihm bestellen; wenn es gar zu schlecht ist, braucht es ja nicht aufgehängt zu werden. – Aber das jetzt gleich zu tun, so gewissermaßen aus Erkenntlichkeit, widerstrebt mir doch. Er käme sich so sehr auf sein jetziges Niveau heruntergedrückt vor. Das hat er sich freilich selbst gewählt, aber es ist eine Liebenswürdigkeit, es zu ignorieren. Ob er nicht am Ende doch geschwenkt worden ist? Man hätte ihn, wenn er es nicht zu toll getrieben, ja immer als Dekorationspiece gebrauchen können! Diese Prachtgestalt! Sogar in der Aufmachung! Angenehm ist mir's ja nicht, wenn ich zu den Leuten mit gerecktem Halse sprechen muss.

Der Fürst ging mit seinem Ring in der Hand durch die Galerie in den sogenannten Prinzessinnengang, dessen hohe Oberfenster auf den Hof hinausführten. Da hingen auch einige Geweihe an den Wänden, die vielleicht aus anderen Räumen daher gewandert sein mochten; sonst hingen da Bild an Bild weiß gepuderte Schönheiten des achtzehnten Jahrhunderts. Ein dicker Herr mit roter Nase in einem pflaumenfarbigen Roquelore war wohl für manche Generation fürstlicher Mägdelein eine Art Popanz gewesen. Er stierte aus verquollenen Äuglein. Nun hatte er etwas seinen Nimbus verloren, ein breiter Riss lief über sein Gesicht. Er wurde Kutscher Hack genannt, nach dem rotgesichtigen Kutscher, der das Gepäck führte, weil seine Gurkennase für die Equipagen zu wenig dekorativ befunden wurde. Der Fürst trat in einen kleinen Vorplatz ein, als sich stürmisch die Tür öffnete und seine Tochter ihm entgegenlief. Eben war sie den Händen der Fräulein Braun entronnen und schon im Festgewand aus Spitzen und weißer Seide, duftig und frisch mit silberglänzender blauer Atlasschärpe. Aber das Gesichtchen sah fast schattenhaft aus dieser Pracht heraus. Nur die großen Augen strahlten in erwartungsvoller Freude.

»Papa, ich hörte dich kommen. Ich wollte dir entgegengehen«, rief sie, »aber Fräulein Braun war nicht mit meiner Schleife fertig. Ich höre dich immer auf dem Gang gehen, wenn du kommst, und wenn du fort bist, höre ich dich auch.«

Über des Vaters Gesicht glitt eine Wolke und er sagte mit etwas lehrhaftem Ton: »Abwesende hört man nicht gehen.«

Er ging mit ihr in das große, freundliche, aber recht einfache Zimmer hinein und setzte sich mit ihr an den runden Tisch, auf dem eine grüne Decke lag, und zog die hinweg, dass die alte Eichenplatte zum Vorschein kam. Dann lachte er:

»Kleine, das ist nun dein Reich; früher war es meines, da müssen noch meine Kritzeleien sein. Die Decke hassten wir, sie lag stets zusammengeballt in einem Winkel. Sieh! Dies Geweih ist an einem heißen Sommertag entstanden, während einer griechischen Stunde. Und nun, Kleine, freust du dich auf heute Abend?«

Das Seelchen schmiegte sich an ihn und sah ihn nachdenklich an. »Ich weiß noch nicht.«

»Du weißt's noch nicht? Das wussten wir immer ganz gewiss. Tante Helen, Fedo und ich, wir hatten Kalender und rissen jeden Tag Zettel ab. Fedo hatte einen Prachtskerl gezeichnet mit dicker Nase, so ein wenig nach dem alten Herrn da draußen.«

»Dem Kutscher Hack meinst du?«

Der Fürst lachte hell auf: »So heißt er jetzt – nun, gar nicht übel. Und der Dicke hatte einen Zettel zum Mund heraushängen und fraß die Stunden. Das war sein Kalender. Fein war's nicht, aber schön. Und du weißt nicht, ob du dich freuen sollst!«

Er seufzte. Unter seinem Seufzer duckten sich die schmalen Schultern, als träfe sie ein Stich.

»Hattet ihr auch ein Ehrenwort, Papa? Ich meine, wie ihr so klein wart und so vergnügt und den Kalendermann machtet?«

»Kleine, wie kommst du nur darauf! Ich kann mir nicht denken, dass wir damals mit so großen Worten umgingen. Was weißt denn du davon!«

»Viel weiß ich, und du selbst hast's mir gesagt, als du im Sommer mit Onkel Fedo da warst.«

»Ich sollte mit dir über dergleichen gesprochen haben?«

»Du sprachst mit Onkel Fedo über einen Mann und ein Ehrenwort, und ich fragte dich, ob die vielen Leute mit Harnischen und Zöpfen im großen Saal auch eins gehabt hätten? Du sagtest: ja, und gehalten, sonst hingen sie nicht dort.«

Dem Fürsten dämmerte nun selbst etwas dergleichen.

»Du bist ein Wunderliches mit deinen Gedankensprüngen, und das hast du bis heute behalten … Aber was hat das mit dir zu tun?«

Wenn der Vater jetzt das goldumsponnene Köpfchen gegen das Licht hielte, so sähe er aus der grauen sanften Tiefe der Augen die Tränen aufsteigen. Aber er fährt nur ungeduldig fort: »Du weißt ja gar nicht, wovon du sprichst.«

Er griff in seine Westentasche und holte den Ring heraus. »Kleine, den Ring sollst du deinem langen Freund von gestern unter dem Tannenbaum geben. Aber nicht gleich, zuerst sollst du deine Sachen ansehen – ich habe Herrlichkeiten gesehen! –, sondern erst, wenn ich's dir sage. Gefällt dir der Ring?«

Die Kleine nahm den Ring in ihr blasses Händchen und nickte.

»Ich habe ihn schon oft gesehen!«

»Hat ihn dir der Herr Rat gezeigt?«

»Ach nein, der nicht. Es ist doch ein schöner junger Herr da, der ihn trägt. Der so schön lachen kann. So schön lacht niemand. Weißt du, er springt manchmal gegen Abend die Wendeltreppe hinauf und hat so viele lustige Bänder an sich hängen und glitzernde Dinge. Er ist der allerschönste von all den Leuten. Er hat lange schwarze Locken und so schöne Augen wie du, Papa, wenn du an Mama denkst.«

»Kleine, wann willst du jemand mit langen Locken gesehen haben?«

»Vorgestern Abend, als ich mit Fräulein Braun hinauf ging in das rote Zimmer.«

»Kleine«, sagte er streng, »wenn du so viel vom Ehrenwort weißt, das Lügen verträgt sich schlecht damit.«

Einen Augenblick sieht es aus, als ob sie weinen wollte, aber plötzlich, wie ein Regenwölkchen vor einem Sonnenstrahl verflattert, lächelt sie.

»Und Harro kommt ganz gewiss und den Ring darf ich ihm geben?«

Erstaunt sieht der Vater das Aufleuchten. Was für ein unverständliches, rätselhaftes Kind, mit seinen Gedankensprüngen! – Seine Schwester fiel ihm ein, die diesen Sommer in ihrer kurzen Weise zu ihm gesagt hatte: »Deine Kleine ist verrückt wie ein Märzhase. Die musst du zu jemand tun, der sie fest in die Kandare nimmt und für die Welt dressiert. So kannst du sie einmal nicht sehen lassen!«

In dem großen Vorsaal steht Harro vor einem langen, in die Wand eingelassenen Spiegel, der seine ganze Gestalt wiedergibt. Die Spiegel in der Ruine gestatten ja nur eine beschränkte Übersicht. »Durch Eleganz bis zur Unkenntlichkeit entstellt …«, murmelt er und winkt einen Lakaien herbei. »Können Sie mir dieses noch an den Gabentisch der Prinzessin hinbesorgen?«

Der Lakai kann es und verschwindet mit dem eingewickelten Puppenkind. Kaum ist er fort, so kommt der Fürst, seine kleine Tochter an der Hand, in den Vorsaal heraus und begrüßt den Grafen aufs Liebenswürdigste.

»Welche Freude, dass Sie uns heute den Abend verbringen helfen. Wir sind ja beide gewissermaßen Einsiedler und müssen uns mit dieser einzigen kleinen Dame begnügen.«

Als Harro aber das Seelchen sieht, erschrickt er. Wie sieht das Kind aus! Als halte es sich nur mühsam aufrecht, und doch, als brenne eine verzehrende Flamme in ihr, so leuchten die grauen Augen. Am liebsten hätte er sie auf den Arm genommen und sie gefragt: »Was ist dir, Seelchen?« Aber er hat ja heute kein Recht mehr an das Kind. Und nun gehen sie durch die Reihe der Gemächer in den großen Saal, wo die Lichterbäume schon brennen.

Der große gewölbte Saal mit seinen Pilastern, auf denen vergoldete Wappentiere hocken, die nun in der einzigen Beleuchtung der Weihnachtsbäume seltsame Schatten werfen. Feierliche steife Gestalten, fast alle lebensgroß, sehen von den Wänden, und das Licht der Kerzen flackert in ihren gemalten Augen. Im Hintergrund stehen verschiedene Weiblichkeiten, darunter eine unverkennbare Britin, die Harro mit herzlichem Abscheu betrachtet. Eine hübsche rosige Schwarze in einer seidenen Bluse und Goldgürtel ist wohl Fräulein Braun. Ein langer Gabentisch steht zwischen zwei mächtigen Tannen. Die dritte Tanne, die größte und schönste, steht allein, gerade vor dem Bilde eines kräftig und kühn blickenden dunklen Mannes in mittleren Jahren. Es ist das weitaus lebendigste Bild der Galerie, ein Soldatenkopf; breite Brust im braunen Lederkoller, ein langes Schwert in den Händen, das aussieht, als habe es schon Dienst gesehen. Unter dieser Tanne liegen des Seelchens Geschenke, alles was nur ein elegantes Spielwarenlager hergeben mag: drei in Samt und Seide strahlende Puppen, Wägelchen, Eisenbahnen, ein mit Fell bezogenes Pferd. Das ist von Tante Helen. In dem begleitenden Brief dazu heißt es: *Wenn die Kleine einmal den Mut hat, diese Nora zu besteigen, so depeschiere mir.* Das Seelchen wirft nur einen einzigen scheuen Blick auf die Herrlichkeiten, sie hängt immer noch an ihres Vaters Hand. Dann geht sie auf Miss Whart und die anderen zu und macht einen schüchternen Versuch, sie an den für sie bestimmten Gabentisch zu führen. Aber die Miss nimmt die Kleine von der Hand ihres Vaters hinweg und flüstert ihr etwas zu. Der Fürst zuckt die Achseln und meint: »Muss es wirklich sein, Miss Whart? Dann Kleine, tapfer drauf los.«

Das Seelchen steht da unter den brennenden Bäumen, so klein, so zart in seinem weißen Kleidchen, dass der lange Thorsteiner ein glühendes Erbarmen in sich aufsteigen fühlt, als geschähe irgendeine Untat an einem wehrlosen weißen Täubchen! Sie soll ja nur aufsagen, die Kleine! Dann klingt das hohe Silberstimmchen durch den Saal, und es ist, als wendeten sich all die gemalten Augen, in denen heut so viel Leben brennt, nach dem Kinde, und die Wachskerzen knistern leise dazu. Kläglich und eingelernt ertönen die Worte des englischen Psalms … Da stockt sie plötzlich. Miss Whart flüstert eifrig … Noch ein paar stockende Worte … Der Fürst runzelt die Stirn, auf den schmalen Wangen brennen rote Flecken … Die ängstlichen Augen suchen den Freund …

Da wirft sie die goldene Mähne zurück, fest ihre Blicke auf den Freund gerichtet, fängt sie noch einmal an: »Es waren Hirten auf dem

Felde und es war bei ihnen die Menge der himmlischen Heerscharen, die lobten Gott und sprachen: Ehre sei Gott in der Höhe und Friede auf Erden und den Menschen ein Wohlgefallen.«

»Komm her, Kleine«, ruft der Fürst freudig, »zum ersten Mal etwas hinausgeführt!«

Es scheint aber doch nicht programmäßig gegangen zu sein, Miss Whart sieht ärgerlich aus.

Und nun werden die Menge schöner Dinge angesehen, die den Damen und Mädchen beschert worden, und dann ziehen die mit ihren Schätzen beladen ab, mit dankenden Knicksen. Nur Miss Whart und Fräulein Braun bleiben da, die das Prinzesschen an ihren Platz begleiten.

»So war es bei uns in alten Zeiten«, erklärt der Fürst, »zuerst bescherten wir immer den andern, dann erst kamen wir selber dran.«

Darauf ging der Fürst zu seinem Tisch, um mit Lächeln und Stirnrunzeln in Empfang zu nehmen, was die originelle Schwester ausgesucht, und es dem Thorsteiner zu weisen. Dann legte er die Hand auf Harros Arm: »Nun sehen Sie einmal hinüber, ob das nicht ein Jammer ist? Was man ihr auch geben mag, es ist nie das Richtige.«

Das Kind stand mit auf den Rücken gelegten Händchen. Miss Whart hielt ihr eine rosaseidene Puppe hin. Fräulein Braun hat eben ein kleines Tänzerpärchen aufgezogen, das sich auf einem Kästchen zu einer dünnen Walzermelodie bewegt. Plötzlich kam Leben in die kleine Gestalt, sie schiebt die Rosaseidene energisch hinweg und stieß einen hellen Jubelschrei aus.

»O Papa, o Harro, seht es doch an, ein Puppenkind, es lächelt … O darf ich's behalten, immer, immer?«

»Hat endlich etwas deinen Beifall gefunden, Kleine? Das nenn ich aber Glück!«

Das Seelchen sah einen Augenblick nach dem Thorsteiner, dann schlang sie die Arme um ihren Vater: »Darf ich's behalten?«

»Kleines Närrchen! Es ist doch alles dein Eigentum. Lass mich sehen, was dich so beglückt. Nun, das ist auch schön. Kleine, man könnte glauben, es sehe dir ähnlich. Wenn du einmal so rote Backen hast!«

Das Seelchen hielt die Puppe zärtlich in ihrem Arm. »Wie heißt sie, Harro?« Seltsam, sie schien keinen Augenblick im Zweifel zu sein, woher das Geschenk komme, und doch hatte sie mit dem feinsten Takt vermieden, ihres Vaters Freude zu zerstören. Harro war sehr froh, dass die Kleine so schön geschwiegen, denn es waren ihm doch Bedenken gekommen, ob er mit seinem Geschenk nicht in fremde Rechte dringe. Der Fürst sah nach Miss Whart hinüber, während Harro und das Seelchen sich auf Schneewittchen einigten, und dann zogen sich die Engländerin und die rosa Bluse mit dem Goldgürtel zurück.

Der Fürst ging an seinen Gabentisch und entnahm ihm ein Etui, das er Harro zeigte. »Ihre Mutter … Meine Schwester hat es mir für dies Reiseetui machen lassen. Es kommt eben leider immer doch ein fremder Zug in diese Wiedergaben.«

Es war ein schönes, junges, freundliches Gesicht, braunäugig und blondlockig, die Augen blickten kindlich.

»Sie können auch keine Ähnlichkeit entdecken.«

»Nein, Durchlaucht, doch ist vielleicht durch die Kopie manch kleiner charakteristischer Zug verwischt.«

Er fand die glatte höfische Malerei eigentlich scheußlich und konnte die Rührung, mit der der Fürst die bunte Porzellanpuppe betrachtete, nicht recht begreifen. Nun schließlich mochte ihm das Bild eine schwächer werdende Erinnerung wieder lebendig machen.

Der Fürst hatte die Kleine hinter den Tannenbaum gezogen und flüsterte dort mit ihr. Während Harros Blicke von der Miniature zu dem markigen Kriegerkopf an der Wand glitten, sah er durch die Zweige, dass Vater und Tochter etwas miteinander austauschten.

Es stieg ihm das Blut in den Kopf. Wenn sie ihm etwas schenkten! Der Thorsteiner gehörte zu den Leuten, die gerne schenken, sich aber nichts schenken lassen mögen. Dass er nicht daran gedacht hatte! Keine sieben Gäule hätten ihn herübergebracht! Dass er selbst geschenkt hat, ist schon vergessen. Er sieht sich scheu nach der Türe um, ob nicht unter irgendwelchem Vorwand eine Flucht möglich sei. War er denn ein Lakai, den man für seine Leistung mit einem Trinkgeld belohnen zu müssen glaubte! Menschen, die aus ihrer Lebenssphäre gerissen sind, sind ja immer überempfindlich. Der Thorsteiner ist im Begriff, eine große Torheit zu begehen, nicht die erste in seinem Leben …

Er stellt die Miniature auf den Tisch, da kommt schon von den Tannenbäumen her, mit ihren leisen, federnden Schritten mit ihren weißen Atlasschuhen, das Seelchen auf ihn zu, die großen, grauen, glänzenden Augen auf ihn geheftet, und trägt feierlich in ihren blassen Händchen einen Ring, aus dem ein roter Strahl bricht. Wie ein Blitz trifft seine Seele das seltsame Gefühl mit unerhörter Stärke: Das hast du schon einmal erlebt! Das hast du schon gesehen … Den feierlichen Saal mit den goldenen Tieren, die auf den Postamenten hocken, das blasse Elfchen mit dem Blutring in der Hand, die Wände, von denen in rötlichem Schein die gemalten Augen blicken. Verschwunden ist sein Zorn, eine fast angstvolle Feierlichkeit senkt sich auf sein Herz.

Da ergreift das Kind seine Hand und streift den Ring daran.

»Von deinem Seelchen. Und du sollst mich immer lieb haben.«

Da wird es ihm feucht in den Augen. »Ich danke dir, Seelchen.«

Und er bringt es sogar fertig, dem Fürsten in wirklicher Herzlichkeit zu danken. Wer den Thorsteiner kennt, wäre billig erstaunt. Und als der Fürst ihm das Kleinod erklärt, da schämt er sich fast ein wenig. Es ist doch sehr freundlich und zart ausgedacht und betont nicht die jetzige Kluft, sondern die alte Zusammengehörigkeit.

»Und nun wollen wir essen, Graf Thorstein. Und du, Kleine, isst mit uns, und dein Schneewittchen soll auch dabei sein. Wie freu ich mich, dass ich nun endlich deine Wünsche getroffen habe.«

»O Papa«, bittet das Seelchen, »vorher noch etwas anderes ... Aber ihr dürft nicht hersehen ...« Sie verschwindet hinter den Bäumen, nachdem sie eine neue brokatene Decke von des Fürsten Gabentisch genommen. Eine ganze Weile hört man sie hantieren ...

Der Fürst strahlte. »Ihre gestrige Eskapade hat ihr gutgetan, so lebhaft habe ich sie noch nie gesehen. Letzte Weihnachten war es herzbedrückend, wie still sie war. Nun weiß man allerdings nicht, was bei ihren Überraschungen herauskommt. Sind wohl alle Kinder so rätselhaft?«

Harro erwidert: »Es wird immer etwas Feines und Liebliches herauskommen, nur muss man sie vielleicht erklären lassen. Von den Ideen bis zur Ausführung ist bei Kindern immer ein großer Schritt.«

»Jetzt!«, erklang's hinter dem Baum. Die Tanne hing die Äste sehr tief herunter, unter den Zweigen halb verborgen lag das Seelchen auf dem Boden, die brokatene Decke um ihre zarte und schmächtige Gestalt gehüllt, bis auf ein wunderschönes blasses, nacktes Füßchen, das aus den Falten heraussah. In den Armen hielt sie das Puppenkind, um das sie die goldenen Haare wie ein Wiegenvorhängchen gezogen hatte. Die Augen hatte sie geschlossen, der kleine Mund lächelte ein wenig.

Sie flüsterte: »Harro, stehe hinter mich und mache den Joseph.«

Es hätte der Erklärung für ihn nicht bedurft. Sein Madonnenbild aus der Krippe war in Haltung, selbst in den Falten des Gewandes so getreu nachgebildet, dass ihn die größte Verwunderung ergriff.

»Sehr schön hast du das gemacht. Es ist Maria mit dem Kind.«

Etwas verlegen sah der Fürst darein.

»Ja, Kleine, musstest du denn wirklich dazu Schuhe und Strümpfe ausziehen. Ein Glück, dass dich Miss Whart nicht sieht.«

Die Kleine hob ihr Köpfchen. »O Harro, warum hast du nicht den Joseph gemacht? Ach, mach ihn doch nur. Nimm Miss Wharts Reisedecke, das Billardqueue dort soll dein Stab sein.«

»Seelchen, ich kann mich unmöglich an Miss Wharts Eigentum vergreifen.«

»Tu den Rock herunter, Harro …«

Die Zumutung, in diesem Milieu in Hemdärmeln dazustehen, erschöpft ihn sehr. Da erlöst ihn der Gong zum Diner.

»Kommen Sie, Harro, unsere kleine Dame soll nachkommen, wenn sie wieder anständig geworden ist.«

Und Seelchen merkt, dass ihr schöner Gedanke nicht recht eingeschlagen hat. Papa hat eben auch die Krippe nicht gesehen. Und sie möchte es so gern wieder gut machen.

»Papa, ich will auf der Nora reiten, dass du Tante Helen depeschieren kannst«, ruft sie und läuft mit ihren feinen nackten Elfenfüßchen auf dem blanken Parkett dahin.

Die gemalten Augen an den Wänden haben heute viel zu sehen … In dem erlöschenden Licht der Kerzen, von denen eins nach dem andern zum roten Stümpchen herabsinkt, erscheinen sie immer mehr von seltsamer Lebendigkeit. Harro eilt herbei, das Seelchen auf den blanken Sattel zu heben. Sie verfärbt sich plötzlich. Sie sitzt oben, die nackten Füßchen von sich gestreckt, aber totenblass mit schmerzverzerrten Lippen, der Fürst ruft: »Nehmen Sie sie herunter, sie wird ohnmächtig.« Er eilt fort, einen Diener nach Fräulein Braun zu schicken. Harro hat sie auf seine Arme genommen und auf den Diwan gelegt.

»Seelchen, hab ich dir weh getan?«

»O nein, Harro«, flüstert sie. »O, du nicht, du nicht.«

»Seelchen, sag mir's, was ist mit dir … Warum willst du nicht baden?«

»Hast du mich schreien hören?«, fragt sie.

»Schnell, Seelchen, lass mich wissen …«

»Ich kann's nicht. Nie. Siehst du, wie der Herr mit dem Schwert zu mir herübersieht! Ich bin nicht echt, wenn ich es sage. Ich will sein wie sie alle!«

»Seelchen, du fieberst … Der alte Herr sieht nicht her – sag mir's doch.«

Da kommt der Fürst herein. »Diese Fräulein Braun ist nicht zu finden. Nun weiß ich doch, wer gestern der Schuldige war.«

Harro nahm ihn beiseite. »Die Prinzessin hat ein Geheimnis, das sie drückt; scheint mir irgendwie verletzt zu sein. Wäre es nicht am besten, gleich zum Arzt zu schicken?«

»Der hat sie heute Morgen gesehen, freute sich, dass sie die Tour so gut überstanden. Verletzt, unmöglich. Gestern etwa?«

»Nein, es scheint schon älter zu sein.«

Der Fürst spricht rasch und ärgerlich: »Will sich denn die Whart gar nicht von ihrem Diner trennen, wenn die Braun nicht aufzutreiben ist. Es ist der Kleinen leider nicht alles zu glauben, sie hat eine zu überquellende Fantasie.«

»Durchlaucht«, sagt Harro so eindringlich, dass der Fürst ihn erstaunt und befremdet ansieht. »Das Kind hat etwas, das es bedrückt … Ein Geheimnis!«

»Was könnte sie haben, ich kann mich nie länger als eine Viertelstunde an ihr freuen. – Da sind Sie endlich, Fräulein Braun, bringen Sie die Kleine zu Bett und schicken Sie sofort nach dem Herrn Hofrat. Und nun kommen Sie mit mir, Graf Thorstein. Wir lassen uns Bericht geben … Geh lieb zu Bett, Kleine, ich komme noch dir gute Nacht sagen.«

Drüben im Speisezimmer, das dunkel getäfelt und mit vielen Porträts an den Wänden behängt ist, glänzen die elektrischen Lichter aus alten venezianischen Kronleuchtern golden und freundlich herab auf die gedeckte Tafel im Schmuck der roten Nelken und des grünstacheligen Laubes der Stechpalme. Die Unterhaltung dreht sich um lokale Interessen, die Jagdangelegenheiten des Fürsten, der doch Harros Jagd gepachtet hat. Er scheint von Zeit zu Zeit hinauszuhorchen …

Als die beiden Herren bei ihrem Nachtisch allein gelassen werden, sagt der Fürst plötzlich: »Sie haben heute tiefer in meinen Kummer hineingesehen … Sie als mein Kinsman, wie die Engländer sagen, werden ja ohnedies keinen Gebrauch machen. Meine Kleine wird von Jahr zu Jahr ein größerer Kummer. So früh hat sie die Mutter verloren … Das hängt wie eine Wolke über ihrem Leben, sie ist häufig krank … Aber das ist es nicht allein, ihr Seelenleben scheint in eigentümlicher Weise gestört.«

»Mir scheint«, beginnt Harro bescheiden, »als ob in dem Kinde in hohem Grade das poetische Temperament vorherrsche. Sie verlebendigt alles, und sie findet die treffendsten Ausdrücke. Die Pappeln nennt sie die steilen Bäume, die seufzen … Eine feine Beobachtung. Wie der Wind gerade in alte Pappeln greift … Das Kind hat eine zarte Seele, auf die alles sehr stark einwirkt. Wie schön ist sie und wie sehr macht die Prinzessin den Eindruck, als ob sie ihr Gesicht irgendwoher habe. Ich sehe mich aber vergeblich nach einer Ähnlichkeit um.«

»Schön finden Sie meine Kleine! Das hat mir noch niemand gesagt. Aber die Herren Künstler haben ihre eigenen Anschauungen. Ich kann es nicht finden, so elend wie sie immer aussieht.«

»In wenigen Jahren«, wirft Harro ein.

»Ach, die Jahre. Man hat mich immer vertröstet, aber Gutes haben sie mir nicht gebracht.«

»Die Prinzessin weiß es sehr gut selbst, dass sie Ihnen Sorge macht, und leidet darunter –«

»Das sollte die Kleine wissen«, meint der Fürst naiv, der so und so oft am Tage sein Kind den Sorgenstein nennt. »Wie kommt es nur, dass sie sich Ihnen anvertraut hat, sie ist sonst so scheu gegen Fremde.«

»Sie war doch aus ihrer gewohnten Umgebung herausgerissen, das kühne Unternehmen hatte sie in ihrem Selbstbewusstsein gestärkt.«

Der Fürst erhob sich ungeduldig: »Ist dieser Hofrat nicht aufzutreiben? ...«

Er musste doch die ganze Zeit gehorcht haben ... Eben kam der Hofrat, würdig und aufgeregt sah er aus.

»Durchlaucht, die Prinzessin ist in furchtbarer Erregung. Sie verlangt dringend nach jemand, der Harro heißt. Eine Untersuchung ist ganz unmöglich ... ich müsste Krämpfe befürchten. Es scheint mir, als ob eine der Damen sie irgendwie gegen mich eingenommen habe!«

Harro, der etwas im Saal zurückgetreten ist, hört noch: »Kann dieser Harro nicht aufgetrieben werden?«

»Dieser Harro ist Graf Thorstein. Ich kann doch unmöglich –«

In Harros Gesicht steigt eine Blutwelle. Was kann er unmöglich? Ist dies nicht ein Notfall, wo man vergessen könnte, dass er aus der von alltagsher vorgeschriebenen Bahn gewichen war und etwas für sich selbst gewollt hatte?

Da kommt der Fürst zu ihm her, ziemlich verlegen: »Sie müssen nun schon einmal bei uns den Retter machen. Wenn sich die Kinder einmal etwas in den Kopf gesetzt haben. Keine größeren Tyrannen als kranke Kinder!«

Da sagt der Thorsteiner mit einer Stimme, deren seltsame Erregtheit den Fürsten betroffen macht: »Ich bin Euer Durchlaucht sehr dankbar, ich verstehe mich auf Kranke, habe einmal einen Freund gepflegt. Nun bin ich so allein, die Jahre ...«

Heiß dringt es aus seiner Seele.

»Keinem Menschen zu Leid, keinem zu Freud – ein schreckliches Wort ... Und die Kleine ... das wunderschöne Herz, es ging auf vor mir wie eine Blüte in der Winternacht ... Und ich benehme mich jetzt wie ein Narr und Hinterwäldler ... Durchlaucht müssen mir zugute halten – die Einsamkeit, das Ausgeschlossensein. Und heute nun die Güte, die unerwartete, die ich doch fühle ...«

Er stockte wieder. Der Fürst schüttelte seine Hand. Er war selbst bewegt von der Ergriffenheit des andern. Es war ihm nur als eine Verlegenheit erschienen, den langen Thorsteiner mit seinem Kinderstubenjammer zu behelligen.

Das Seelchen lag in einem muschelförmigen Bett, das in einer Wandnische stand, und hatte sich die seidene Decke bis unters Kinn gezogen mit den fieberzitternden Händchen. Ihr Vater beugte sich über sie. »Da ist dein Freund Harro. Was willst du von ihm?«

»Er soll mich beschützen und es nicht leiden, dass man mir die Decke herunterzieht!«

Der Fürst zuckte ratlos die Achseln.

»Und er soll mich in meine Decke wickeln und mich herumtragen wie gestern und mir von seinem Haus erzählen.«

Der Hofrat sagte zu dem Grafen: »Tun Sie der Kleinen den Willen. Es kommt mir darauf an, dass sie sich möglichst bald beruhigt, und suchen Sie sie zu überreden, dass sie sich untersuchen lässt.«

Er half selbst, das Kind in die Decke wickeln, und Harro war so geschickt beim Anfassen, als habe er sein Lebtag nichts anderes getan. Dann geht er mit langen, vorsichtigen Schritten auf und ab, das gelbe Haar flutet über seinen Arm, das Köpfchen ruht an seiner Brust

Der Fürst hatte sich im Nebenzimmer an seinen alten Tisch gesetzt und trommelte nervös auf der Platte. Eigentlich eine unmögliche Situation. Das ganze Haus voll Frauenzimmer, und er musste diesen gestern fast noch fremden Mann bemühen. »Ich könnte noch drei Weiblichkeiten anstellen, und die Sache wäre gerade so.«

Die Miss war kurz erschienen, hatte sich erkundigt und war wieder verschwunden. Sie war doch nur als Erzieherin angestellt. Fräulein Braun schien ganz den Kopf verloren zu haben. Sie brachte dem Hofrat immer das Falsche und fragte schon zum dritten Mal, ob sie nun zu Bett könne, die ganze letzte Nacht habe sie gewacht. Und es sei noch die Babette da.

Der Hofrat sagte trocken: »Sie bleiben, bis ich Sie entlasse.«

Worauf sie sich in ihrer hübschen seidenen Bluse in die Nische setzte und die Gekränkte markierte. Inzwischen ging Harro auf und ab und erzählte von der Ruine, von der Kuh Selma, und dass das Seelchen sehr schnell gesund werden müsse, um die einmal zu sehen und den Brunnen singen zu hören. Und dazu sei es nötig, dass sich Seelchen so bald wie möglich dem Doktor anvertraue.

Da zuckt sie schon zusammen.

»Das kann ich doch nicht, Harro … O Harro, ich darf's ja nicht, bedenk das Ehrenwort … Wenn ich's nicht halte, mögen sie mich alle nicht mehr ansehen, der Schönste nicht und der Herr mit dem Schwert nicht.«

»Dein Ehrenwort, Seelchen, das ist ja ein Wort so lang wie du selbst. Da bist du doch noch zu klein dazu, das können alle alten Braunecker nicht von dir verlangen.« Harro steht an einem Fenster. Er hört aus der Dunkelheit das Rauschen eines großen Baumes, der mit seinen Ästen fast die Fensterscheiben berühren muss.

»Hörst du, wie die Linde rauscht. Es wohnt jemand in der Linde, wenn du das wüsstest. Aber sie sagen „Lügen“ und immer „Lügen“. Auch der Papa. Und ich habe ihm doch gesagt, dass ich ein Ehrenwort habe.«

»Seelchen, wenn du nun freilich, trotzdem du so klein bist, ein Ehrenwort hast, so ist es etwas anderes. Hast du es schon einmal gebraucht oder ist es noch neu?«

»Ich habe es schon gebraucht. Es ist sehr schwer, wenn man noch klein ist, und man muss leiden.«

»Armes Seelchen«, sagt er sanft. Er darf sie nicht von ihrem Gedankenpfädlein abbringen. Und es wäre ein Unrecht, dies arme, kleine, zitternde bisschen Menschheit nicht bitter ernst zu nehmen.

»Ein Ehrenwort kann einem auch unter Bedingungen abgenommen werden, die später nicht mehr zutreffen«, sagt er.

Er kommt sich ziemlich lächerlich vor bei dieser Erklärung.

»Bedingungen weiß ich gar nicht, Harro«, antwortet sie kläglich.

»Tut nichts, wenn nur ich es weiß. Wem hast du es denn gegeben, dein Ehrenwort?«

Er wendet sich, wie er geht. Eine Antwort bekommt er nicht, aber plötzlich ist die rosa Bluse aus der Nische verschwunden.

»Seelchen, ich lege dich auf dein Bett. Ich hole es dir wieder, dein Ehrenwort.«

»O Harro!« Fest klammert sich das Ärmchen um seinen Hals.

Er geht hinaus, er rennt aufs Geratewohl einen Gang entlang, eine Wendeltreppe, vier Stufen auf einmal, irgendjemand muss er doch finden. Da sieht er nach oben in der Windung eine rosa Bluse verschwinden … Noch vier Stufen, dann hat er die entsetzte Fräulein Braun am Ärmel gepackt: »Heda Sie, wohin wollen Sie so schnell, hat der Hofrat Sie entlassen?« Das Fräulein stammelt etwas und fängt dann zu weinen an, wie hübsche Mädchen weinen vor einem jungen Mann … Aber den ficht das wenig an. Ungeheuer lächerlich kommt er sich vor mit seinem Ehrenhandel auf der Treppe, und doch hängt vielleicht ein Leben daran.

»Haben Sie Ihre Stellung in so schnöder Weise missbraucht und der Prinzessin ein Ehrenwort abgenommen?«

Das Fräulein schluchzt, sie wisse von nichts. Die Prinzessin wisse gar nicht, was sie sage; sie sei ja nicht normal.

»Normaler als Sie, Sie verbrecherische Person«, knirscht Harro. »Ist die Prinzessin verletzt worden oder nicht?«

»Das hat sie selbst getan und will's jetzt auf andere schieben. Lassen sie mich doch gehen, Herr Graf, ich bin so ein armes, schutzloses … So können der Herr Graf gar nicht sein. Das Kind ist ja gar nicht normal und sieht tote Leute, wo es Geister doch nicht gibt und es ganz ungebildet ist, wenn man es heutzutage noch glaubt.«

»So nehme ich Sie mit zum Herrn Oberamtsrichter. Der hat ein Zimmer für Gebildete und Ungebildete, dort können Sie dann schön lang sitzen in Ihrer rosa Bluse, bis die Herren alles ausgemacht haben. Seien Sie ganz ruhig, es geschieht Ihnen kein Unrecht, die Herren bringen alles heraus. – Oder wollen Sie lieber mir jetzt nachsagen, was ich Ihnen vorsage: „Ich erkläre, dass ich zu unrecht der Prinzessin ein Ehrenwort abgenommen habe, und gebe es ihr wieder zurück."«

»O Gott, o Gott, dass ich ganz unschuldig in so etwas hineinkomme. Ich will es ja sagen, Herr Graf, nur lassen Sie mich gehen«; aber sie ist schon allein in ihrer Wendeltreppennische.

»Herr Rat, wollen Sie bitte die Prinzessin untersuchen, es ist das Mädchen bei ihr … Fräulein Braun ist unbrauchbar, ich habe sie zu Bett geschickt.«

Dann sitzen die beiden Herren um die erinnerungsreiche Platte, und von innen ertönt ein Wimmern, ein jammervoller Kinderschrei nach dem anderen. Der Fürst ist ganz grau geworden. »Das ist ja entsetzlich, Thorstein. Sie bleiben doch bei uns, Sie übernachten hier. Ich bin ja verraten und verkauft. Diese Engländerin, die Hälfte ihrer Tugenden könnte ein Mädchenwaisenhaus ausstatten.«

Der Hofrat kam heraus, er hatte einen sehr roten Kopf und winkte dem Thorsteiner.

»Gehen Sie bitte hinein, das Kind ist noch sehr erregt.«

Und während Harro neben der Babett an dem Bette der Kleinen sitzt, muss der Hofrat dem entsetzten Vater seinen Bericht erstatten. Es ist peinlich genug für ihn. Er hatte in der letzten Zeit eine Scharlachepidemie in einem der Walddörfer zu bekämpfen gehabt und war gar nicht ins Schloss gekommen, da man ihn nicht rief. Heute Morgen hatte er die Kleine nur einen Augenblick gesehen …

Das Seelchen will nun auch reden, nachdem sie so lange geschwiegen, und es gibt ihr noch ganze Herzstöße, während sie ihrem Freund erzählt: »Man muss Umschläge machen, wenn ich nicht schlafen kann, und Fräulein Braun hat mich angerührt und ich habe geschrien, „es ist zu heiß". Aber weil ich immer so schreie, hat sie es nicht weggetan. Das war wie eine heiße Kugel an mir, und ich habe sehr geweint und Fräulein Braun auch, weißt du, wegen Karl. Denn wenn sie es sagt, schickt man sie fort und der Karl heiratet sie nicht. Und nie, gar nie kriegt sie einen Mann und ein Plüschsofa, bis sie ganz alt und runzlig ist. Und muss bei fremden Kindern sein und sich von Missen und Mamsellen ärgern lassen. Und wenn sie Karl nicht bekommt, stirbt sie einfach oder geht ins Wasser, und wenn man sie herauszieht, muss man ihr die Knochen brechen, weil man sie nicht in den Sarg legen kann, wie bei dem Schlosserfritz. O Harro, wenn ich schuldig wäre, dass der armen Fräulein Braun die Knochen gebrochen werden! Da habe ich gesagt: „Ich sage es nie." Aber sie hat es nicht glauben wollen. Da habe ich ihr mein Ehrenwort gegeben. Wir Braunecker haben alle ein Ehrenwort, auch wenn wir klein und noch nicht konfirmiert sind. Das war sie froh und ich auch, und sie sagte: „Es wird gleich wieder gut." Aber Miss Whart hat herausgebracht, dass sie mich nicht gebadet hat, und da hat sie es tun müssen, und da ist es nicht gut geworden. Und dem Herrn Hofrat habe ich's doch am allerwenigsten sagen dürfen und habe ihn anlügen müssen. Das war nun einmal dabei, bei dem Ehrenwort. Und nicht wahr, Fräulein Braun muss nicht ins Wasser, Harro!«

»Niemals, die rosa Bluse bleibt trocken, ich verspreche es dir, Seelchen. Und du hast dein Wort gehalten und bist echt. Und wenn der Herr mit dem Schwert dich sähe, würde er vor dir salutieren, so echt bist du. Und nun kannst du darauf schlafen.«

»Und dem Papa sage, dass ich nicht lüge, nur wenn ich gar nicht anders kann.«

Da berührt etwas seine Schulter. Der Fürst steht an dem Muschelbett, auf dem sein blasses Kind liegt, umflutet von ihrem Goldhaar, ihr rosiges Wachsebenbild neben sich.

»Kommen Sie mit mir, Graf Thorstein! Was sagen Sie zu dieser Geschichte? Ist das nicht herzbrechend, dass ich so betrogen bin mit diesen Teufelsweibern? Kein Wunder, dass sie diesen Megären entrinnen wollte. Und mir hat sie sich auch nicht anvertraut.«

Sie sind in dem Lernzimmer, und der Fürst geht mit großen Schritten auf und ab. »Ihnen vertraut sich das Kind an.«

»Durchlaucht, es hat sich mir auch nicht anvertraut. Ihr Ehrenwort.«

»Soll das mit der Geschichte zusammenhängen.«

»Ja, und sie hat sich täglich darum quälen lassen.«

Und dann erzählt er dem aufhorchenden Vater des armen Seelchens Geschichte. Es scheint ihm … es will ihm bedünken … aber er entwirft doch ein Bild von der Kleinen, das dem Vater die Augen weich und leuchtend macht.

»So sehen Sie meine Kleine an, meine arme Kleine. Aber Sie wissen nicht alles.«

»Wie könnt ich! Das Seelchen scheint noch manche Geheimnisse zu haben.«

»Sind Sie immer ein solcher Kinderfreund?«

»Ich verstehe mich mit den kleinen Herrschaften besser als mit den großen. Und wir haben uns auch in einer seltenen Stunde getroffen, als wir beide unseren Christtag suchten. Ich bin in den letzten Jahren ein wenig mit meiner Seele auseinandergekommen. Und das Kind … Es weht ein Lüftchen um sie, vielleicht, weil sie noch so klein, so fein und so einsam ist … von dorther, wo die großen Geheimnisse wohnen.«

Draußen in der Winternacht rauscht und braust die Linde …

Harro sitzt, die sehenden Augen hinausgerichtet in das Dunkel, einen Hauch von Versunkenheit und Weltverlorenheit um sich.

Der Fürst ergriff seine Hand. »Ach, helfen Sie mir doch bei meiner armen, meiner verlassenen Kleinen, bis sie wieder eine Mutter hat.«

3. DER EHRENSAAL

Am anderen Morgen gab es ein großes Kofferpacken im Schloss, und ob auch Miss Whart von Her majesty's Ambassador sprach, so rollten doch zwei schwer bepackte Wagen auf den Zehnuhrzug, und das Nähröschen saß am Bett der Kleinen. Harro ist wieder in seiner Ruine verschwunden, wo er zu bleiben gedenkt, bis man nach ihm verlangt. Denn der Morgen ist nicht wie die Nacht, und er möchte nicht den Schein erwecken, als ob er sich unentbehrlich dünkte. Und er hat auch zu tun. Aber alle Tapetenrollen, Risse sind verschwunden. Er steht vor seinem Karton, und wenn er zufällig auf seine Hand blickt, so blitzt ihn dort das rote Funkeln an. Wenn man nie einen Ring trägt – seines Vaters Siegelring hat er damals in Berlin beiseite gelegt als nicht zu seinen Lebensumständen passend – und wenn man viel mit den Händen arbeitet, so ist das ein seltsames Gefühl. Er muss ihn betrachten und den alten Spruch bedenken. War der Mann, dem der Ring gehörte, so sehr mit dem Leben fertig gewesen? Es stört ihn das rote Licht bei seiner Arbeit, von den Tapeten hat es ihn schon vertrieben. Es sieht so festtäglich aus, und das ist werktägliche Arbeit. Und er erinnert sich, dass er auch wie andere Leute einen Feiertag verdiene. Die Rollen knattern missmutig, wie sie ins Eck fliegen. »Wir werden nicht fertig …« Aber es hilft ihnen nichts, dort liegen sie, grau und hässlich. Harro hat schon lange nicht mehr gemalt, sein letztes Bild ist vom Kunstverein nicht angenommen worden und liegt unausgepackt in der Kiste. Der Tannenbaum verdeckt den ärgerlichen Anblick.

Und er musste ja ums tägliche Brot arbeiten. Die Hälfte seiner Einnahmen floss unweigerlich in das Loch ohne Boden, die Baukasse. Müßig war er nie. Kaum an Sonntagnachmittagen gestattete er sich eine nachdenkliche Zigarre und den Genuss der alten Freunde aus dem Bücherspind. Ach, noch sehr selten krönt das Gelingen seine hingegebene Mühe. Seinen Farben haftet eine gewisse Trockenheit an, seinen Gestalten sah man nur zu deutlich das fehlende Modell an. Um ein gutes Modell zu bekommen, muss er in die Kunststädte reisen, im Waldland gibt sich niemand dazu her. Paris … Rom …

Aber das waren unmögliche Dinge. »Du bist eben zwiespältig«, schilt er sich. »Der Mensch muss nur eines wollen, dann kann er es auch. Aber du starrst wie verzaubert auf einen Haufen alter Steine und lässt deine sauer verdienten Groschen in das Fass der Danaiden gleiten. Mit dem, was du im letzten Vierteljahr in Kalk und Tagelohn angelegt hast, hättest du sechs Wochen Paris haben können. Ein Kerl wie du, der den ganzen Tag schafft und von Haferbrei und Zwetschgen leben kann! Aber du willst alles haben, und es gelingt dir nichts.«

An solchen Tagen der Einkehr, wo seine zwei Willen sich zankten, ging die Arbeit schlecht vonstatten, und Harro muss seines Vaters Sohn stöhnend anlassen: »Sogar die Tapeten verdirbst du! Weil dir der Mondsee mit den schwarzen Tannen und das Weib, das aus den Wasserringen auftaucht, keine Ruhe lässt. Wollen die Leute Wasserringe auf ihren Tapeten haben? Willst du das selbst? So tu's auch andern nicht an. Sie müssen ja verrückt werden, wenn sie anfangen, nach den Ringen zu schauen … Der Teufel hole alle Tapeten … Im Haus gibt es einmal keine, nur Täferung und Wandbespannung.«

»Und Intarsien von Silber und Perlmutter und ein wenig Goldmosaik, alter Narr und Träumer«, höhnt der andere Harro.

Aber heut geben die beiden Harros Frieden, und der Herr seiner Seele steht vor der großen Fläche, die er sich selbst zurecht geschreinert und geklopft hat. Er arbeitet mit Kreiden, und je mehr seine Striche den Grund beleben, desto heller sprüht das Feuer aus seinen Augen. Nein, diesmal soll der göttliche Blitz nicht ungenützt verglühen.

Nun geht der kurze Wintertag zu Ende, eine rote Lohe schlägt ihren Mantel um den Bergfried, nur matter Schein dringt in seine tief gelegenen Fenster.

Da ertönt Hufschlag. Der Kaliban reißt das Hoftor auf, der Fürst reitet herein und springt leicht von seinem schönen Goldbraunen ab.

Harro hat kaum Zeit, aus seinem Leinenkittel zu fahren und ein Tuch über seine Arbeit zu decken. Noch hat er sie ja selbst nicht mit kaltem Blute angesehen, und da darf kein fremdes Auge darauf fallen.

»Ich störe Sie doch nicht, Graf Thorstein … Immer und immer können Sie doch nicht fleißig sein.«

»Ich hatte es auch eben aufgegeben, Durchlaucht. Mein Diener ist alter Kavallerist, der Gaul kann ihm anvertraut werden.«

»Sie haben ja Raum, Sie sollten auch einen Gaul haben.«

»Wenn er von leeren Farbtuben und durchrissenen Papierkuverts leben wollte«, seufzt Harro.

»Sie sollten nach meiner Kleinen sehen. Es geht ihr so viel besser, sie verlangt schmerzlich nach Ihnen!«

»Ich bin sehr beschäftigt – hier, bitte, Durchlaucht, ist der Salon.«

Sie sind in die größte und düsterste Nische getreten, darin der Salon allerdings bequem Platz hat. Es steht ein gestickter Amerikaner darin, in den Harro seinen Besuch hineinkomplimentiert, und davor ein Tischchen mit einer roten Samtdecke. Darauf das einzige Glanzstück des Thorsteiner Schlosses, das Schäflein des armen Mannes, ein schönes silbernes Teeservice. Aus der alten Heimat. Nie hatte er sich davon getrennt. Um das alte Silber hing immer noch ein Duft von vornehmem Behagen. An der einen Nischenwand hing ein Bild im dunkeln Rahmen. Der Bergfried von Thorstein, wie er über die Wipfel emporsteigt, von einem Schwarm weißer Tauben umflogen im Abendschein, der dem rötlichen Stein ein so warmes Leben einhaucht, daneben das steile dunkle Dach des Palas schon im Schatten.

»Das ist schön«, ruft der Fürst. »Sie malen Landschaften?«

»Wie es gerade kommt.«

»Porträts?«

»Es hat sich bisher noch niemand getraut; die bezahlten Modelle müssen ja stillhalten.«

Das klingt nicht sehr ermutigend, denkt der Fürst. Dann sagt er: »Meine Kleine werde ich versorgen müssen. Sie ist ja sehr vergnügt mit ihrem Nähröschen und der Wunderpuppe, die niemand anrühren darf. Die Sache treibt mich beständig um. Wenn ich an die Empfehlungen dieser engelgleichen Wesen denke, die ich bei früheren Anlässen erhielt – und nun ich weiß, wie sehr meine Kleine diesen Kreaturen ausgeliefert ist! Hätte irgendjemand versucht, meiner Schwester Helen so zu kommen, ich weiß, wer den Kürzeren gezogen hätte.«

Harro meinte: »Vielleicht eine Dame, die selbst Kinder gehabt hat.«

Der Fürst hatte sich eine Zigarette angezündet. »Eine Dame, gewiss. Nicht mehr so jung, ein bisschen Großmama … aus der Gesellschaft, freundlich, in einem schwarzseidenen Kleid und Häubchen, die Lebensschicksale gehabt und in der Dämmerung von ihrem Seligen erzählt. Wie wundervoll müsste die zu meiner altmodischen Kleinen passen mit ihren aufgeschnappten Brocken, mit denen sie so feierlich umgeht!«

Harro wurde rot. »Was man sonst bei einem erwachsenen Menschen als höchste Treue ehren würde, dass er um ein gegebenes Wort leidet, muss man doch auch bei einem Kinde ehren.«

»Aber gewiss, nur sagen Sie selbst – wie will meine Kleine einmal durch die Welt kommen, wenn jeder, der gerissen und gewissenlos genug ist, sie missbrauchen kann? Es hängen sich genug Leute an uns, die nicht immer die besten Absichten haben.«

Harro sagte leise: »Das Feine, Edle, Zarte ist immer ein wenig wehrlos.«

»Eine alte Dame wüssten Sie mir nicht? … Man geht da freilich Verpflichtungen ein. Das Loswerden ist schwieriger.«

Harro meint zögernd: »Ich habe eine liebe Freundin, das Bild stimmt aber nicht ganz, so alt ist sie nicht. Aber das Loswerden wäre sehr einfach, sie wäre nur auf einige Jahre verfügbar.«

»Ach, das passte mir … Wer ist es denn?«

»Eine Offizierswitwe von Familie. Ihr Sohn war mein Kamerad, stürzte an einem Unglücksmorgen und starb nach langem Jammer. Ein feiner Mensch, ein Goldherz, ewig schade um ihn. Die Mutter pflegte ihn, er war ihr ein und alles. Nun ist sie allein. Die Tochter in den Kolonien verheiratet, auf einige Jahre, später werden sie zusammen leben. Ich habe natürlich keine Ahnung, ob sie eine solche Stellung annehmen würde, doch schrieb sie mir vor einiger Zeit, das Alleinsein bekomme ihr nicht. Fragte an, ob ich nicht eine Hausdame brauchte. Ich musste ihr leider sagen, dass ich nicht auf Damen eingerichtet sei.«

»Ich höre, Sie wollen bauen, Graf Thorstein. Wenn ich Ihnen behilflich sein kann …«

Harro errötete wieder: »Danke, Durchlaucht, ich habe keine Hilfe nötig … Es eilt ja nicht, meine Pläne sind noch nicht fertig.«

»Wenn Sie so weit sind, lassen Sie mich es doch wissen«, drängte der Fürst. »Und Ihre Dame? Eine Engländerin müsste ich ja doch haben, sonst vergisst die Kleine ihre Sprachen wieder. Aber Ihre Freundin könnte sie ja im Schach halten.«

»Meine Freundin ist sehr tätig. Ich weiß nicht, ob ihr dies Nebenamt genügte neben zwei anderen.«

»Nun, das wird sich geben. Essen Sie morgen mit uns, Graf Thorstein, und fragen Sie doch einmal vorsichtig an.«

»Bedaure, Durchlaucht, ich brauche den Tag zu meiner Arbeit, aber ich komme einmal, mich nach der Prinzessin zu erkundigen.«

»Graf Harro, sind Sie immer so spröde?«

Nun ist er wieder allein, und zuerst muss er einen großen Zug machen, der den Zigarettenduft hinausbefördert. Er erinnert ihn zu sehr an das angebotene Darlehen. Nein, lieber bis zu seinem Tod im Geklüft hausen als die Hilfe annehmen. Und was schadet's, wenn die alten Mauern einmal nachgeben und du eines Frühjahrs nicht mehr aus deinem Bau kommst. Die Welt braucht dich nicht.

Aber es ist ein betrübter Gedanke an einem finstern Winterabend, an dem nun ein kläglicher Wind zu heulen beginnt. Die Lampe erleuchtet auch nur einen Fleck des hohen düsteren Gemachs. Kein Gedanke, dass er jetzt an seinem Entwurf arbeiten kann, und er dürfte auch nicht, es hat sich wie ein Reif auf seine frohe Stimmung gelegt.

Die Flammen sind erloschen; dass er kein Mittagessen gehabt hat, drängt sich ihm unangenehm auf. Und Märt ist einholen gegangen. Da muss ein Tee aushelfen. Kaum brennt das blaue Flämmchen, da wimmert die Schelle durch den Sturm. Der Schlossherr muss selbst öffnen und lässt den Briefboten herein, heut ist ein eingeschriebener Brief dabei.

Bei dem kleinen Laternchen, das ängstlich in einer Tornische flattert, unterschreibt er, dann schlägt das Tor wieder zu und das Lämpchen stirbt im Schrecken. Harro muss sich im Dunkeln zurücktasten, nicht ohne dass er mit Verschiedenem in unliebsame Berührung kommt. Ärgerlich kommt er herein, dem blauen Flämmchen ist der Atem ausgegangen. Harro wirft sich auf seinen Stuhl, die Postsachen neben sich, und murmelt: »Scheußlich … und die Eiskälte, die ich mir hergerichtet habe, und ich glaube, man riecht die Zigarette noch …«

Dann öffnet er seine Post. Ein Schein für eine ganze Reihe Entwürfe. »Ich hätte gute Lust, ich verlangte meine Sachen wieder. Das Sündengeld. Wachspuppen zu fabrizieren wäre rentabler …«

Eine Zeitung, ein Angebot einer Lebensversicherungsgesellschaft, das er mit einem wilden Lachen in die Ecke schleudert, und ein dicker Brief, eine Schrift, steil und mühsam, eine Kinderhand …

Mein lieber Harro!
Ich schreibe Dir, dass Du es weißt. Es geht mir gut. Das Nähröschen macht Deinem Schneewittchen ein Kleid mit Silber. Ich will lieber ein silbernes Kleid, das kann sie aber nicht. Weil es das nicht gibt. Oder vielleicht nur in Paris. Das Schneewittchen habe ich sehr lieb. Ich habe gleich gesehen, dass Du es gemacht hast, es ist beinah so schön wie Deine Maria. Hättest Du den Joseph gemacht, so wäre es Papa recht gewesen.

Alles ist fort, Miss Whart, Fräulein Braun, Babett muss in die Nähstube. Wenn ich gesund bin, komme ich zu Dir und will Deinen singenden Brunnen hören und das Rehböckchen streicheln. Wir haben keinen singenden Brunnen und keine schöne Krippe, aber wir haben eine Linde. Hast Du sie gehört, wie ich krank war? Wenn sie zornig ist, wirft sie kleine Äste gegen mein Fenster und rauscht und rauscht. Dann schläft sie wieder ein. Im Frühling wacht sie auf. Sie hat tausend Herzen, grüne, weiche, die auf und ab schlagen, wenn Wind kommt, und ein Sonnenstrählchen wohnt darin in einem grüngoldenen Häuschen. Und einmal hat sie gelbe Büschelchen, die schwingen, und dann kommt alles zu Besuch. Den ganzen Tag haben sie Hochzeit und die Büschelchen schwingen und die Herzen schlagen, und es geigt und orgelt, und sogar die Ameisen ziehen weiße Flügel an, dass sie nicht immer so schaffen müssen, und tanzen mit. Es kommt auch der Mond, wenn Sonnenstrählchen in seinem grünen Häuschen eingeschlafen ist. Dann darf man aber nicht hinaus, es ist verboten. Einmal habe ich es aber doch getan. Und was war's? Die ganze Hochzeit war zu Bett, die Orgel aus, die Geigen und Flötchen, und was meinst Du, was sie tat, die Linde? Sie weinte! Mit allen Herzen und Büschelchen, und der Mond stach in jedes Tränlein hinein, da war es Silber. Und nun meinst Du, Du weißt die Linde? Aber Du weißt sie immer noch nicht, und darum schreibe ich Dir. Das Nähröschen hat mir versprochen, dass es nicht hereinsieht. Und ich sage es Dir, weil Du nicht sagst: Lügen.

Darum bist Du mein Freund. Lieber Harro, es gibt doch ein silbernes Kleid und es gibt goldene Schuhe. Die Linde weiß es auch, und vielleicht weint sie darum, wenn sie allein ist beim Mond in der Nacht. Dies ist der Aufsatz von der Linde.

Dein Seelchen

Hinweggescheucht war sein Unmut; die große Stube nicht mehr düster, der Zigarettenrauch nicht mehr unangenehm. Es rauscht in der Sommernacht die Linde, ein feines Ärmchen schlingt sich um einen Ast. »Warum weinst du, Linde?«, fragt das Silberstimmchen …

Mit langen Schritten geht der Thorsteiner auf und ab. Der Märt hat dem Kachelofen kräftig zugesprochen, eine leise wohlige Wärme verbreitet sich. Draußen jammert immer noch die Windsbraut und harft mit den Tannen, die Lampe wirft einen freundlichen Lichtfleck auf den Tisch mit den Zeichengeräten, aus der Ecke lugen die schönen schwarzen Augen des Rehs, das mit Märt hereingekommen ist, und bewegt sich das feine Näschen, und nun singt und brodelt der Teekessel.

Aber wie verzaubert steht Harro plötzlich vor dem langen dunklen Kasten … Es ist, als ob die dunkle Fläche weiche, da steht ein Bild. Das Bild, das von seiner ganzen Seele Besitz genommen hat, dem er heute nachgejagt ist in atemloser Hast. Ein großer Ehrensaal mit weißen Pilastern, darauf fremdes goldenes Getier hockt, verschwimmende Wappen in den Klauen haltend. Feierliche Wände, an denen lange Gestalten stehen, Ritter und Damen, undeutlich, schattenhaft, nur die Augen leben. Und in dem Saal geht von einer fernen Lichtquelle beleuchtet eine zarte Kindergestalt, mit weit offenen, träumenden Augen. – Einer blassen Goldwolke gleich flutet das Haar um das Gesichtchen und die schmalen Schultern. Es hebt sich auf blassen, nackten Füßchen, in den erhobenen Händen, sehnend, bittend ausgestreckt, trägt es ein fremdartiges Kleinod, von dem ein rotes Licht ausgeht. Ein tiefer Atemzug, das Bild ist verschwunden – da steht wieder der alte Kasten.

Harro schließt die Augen, er tastet sich nach dem düstersten Winkel der großen schattenvollen Stube. Dort legt er seinen Kopf auf seine Arme, ein glühender Wunsch und Wille ist sein ganzes Herz. Wenn es mir gelänge! Wenn es einen Gott gäbe, der mich hörte. Aber der Weltengott mit seinen Millionen Erden und Sonnen, was kann ihm ein winziger Erdenwurm sein! Einsam ist das Herz in der Brust und ohnmächtig, wenn es das wilde Brausen wieder verlässt, das schöpferische, in dem die großen Gedanken geboren werden. Er stöhnt. Wenn ich ihm nachkäme … Die Arme seiner Seele greifen hinaus in die dunkle Nacht. Wohin, irgendwohin … Dann reckt er sich auf. Ich bin ein Narr … Als ob je eine Antwort gekommen wäre. Und was will ich denn. Jetzt heißt's, die Zähne zusammenbeißen, du zwiespältiger Mensch und Ruinengraf. Die Steine schreien lassen. Dem Geschenkten – von wem geschenkt? – nachreiten. Es wallt heiß. Wenn es mir gelänge – es zerspränge mir die Brust von Wonne. Ich muss katholisch werden und einem Heiligen eine Kerze anzünden … Jemand muss ich danken. Oder ich zünde sie dir an, Seelchen!

4. DAS SÄULENHEIM

Tief verschneit liegt Schloss und Städtchen unter dem schwer herabhängenden grauen Himmel. In dem beginnenden Dämmer fangen die Lichter an aufzuglühen in den hohen Schlossfenstern. Und heute haben sich ein paar neue Augen aufgetan: Frau von Hardenstein, die neue Erzieherin der Prinzessin, ist angekommen und erwartet in ihren Räumen mit Ungeduld den Thorsteiner. Sie entspricht nicht ganz dem Bilde der Dame in Schwarz, das der Fürst zeichnete. Sie ist noch zu frisch, rotwangig und energisch dazu. Man sieht es ihr nicht gleich an, wie vernichtend die Sense durch ihr Blumengärtlein gegangen ist. Nur in ihren blauen Augen liegt etwas, als ob sie schon in ein großes Entsetzen gesehen habe; das taucht auf und verschwindet wieder.

Und nun haben sie sich aufs Freudigste begrüßt, und Harro schaut sich in dem großen Raum um, dessen Fenster in tiefen Nischen liegen und allerhand trauliche Winkel bilden und dessen alte Stuckdecke graue Sandsteinsäulen tragen. Der Säulenschaft ist mit allerhand billigen Stoffdraperien verkleidet, was ihrem Ernst sehr wunderlich steht.

»Wie gefällt es Ihnen in Ihrem Reich, Frau Mutter?«

»Gut, sehr gut, wenn ich mich einmal gewöhnt habe, mit Säulen zu leben; wenn ich erwache, so habe ich regelmäßig den Schrecken, dass ich mitsamt meinem Bett in eine Kirche geraten sei. Ich schlafe hinter dem grünen Vorhang dort. In meinem Schlafzimmer steht auch eine Säule und schaut so streng auf mich herunter, dass ich mir die Nische ausgewählt habe.«

»Können die Höschen, die man den Säulen angezogen hat, nicht entfernt werden«, riet Harro. »Es sieht so unglaublich lächerlich aus. Aber freilich, dann würden die Säulen noch kirchlicher.«

»Dieses Zimmer muss früher zu etwas Besonderem gedient haben. Sehen Sie, die Wand schneidet durch das Ornament der Decke.«

»Eine vierte Säule gehörte noch dazu. Sie müssen in den Kauf genommen werden.«

»Und sonst noch manches!«

Frau von Hardenstein lacht.

»Ich traf also den Fürsten im Wartesaal erster Klasse in Würzburg. Eine gute halbe Stunde waren wir zusammen. Er war sehr liebenswürdig und überschüttete mich mit einer Fülle von Ratschlägen, Ermahnungen, Bitten, Warnungen, wobei er mich von der Seite ansah, ob ich nicht am Ende doch den Dolch im Gewande trüge. Ich wäre gern wieder entflohen, aber – eitel werden Sie ja nicht – wenn es auch nur eine Probezeit sein soll, ich kann in Ihrer Nähe einmal sechs Wochen leben und Sie oft, oft sehen, das müssen Sie mir versprechen.«

»Oh, Sie werden genug und übergenug von mir bekommen, und Sie besuchen mich ja mit dem Seelchen in meiner Ruine. Sie brennt darauf und Papa hat's erlaubt.«

»Lieber Harro, Sie finden ja immer die Bedrängten heraus. Diesmal ist's aber recht wunderlich, dass es kein buckliger Musiker, keine vor Jammer halbverrückte Mutter ist, sondern ein verwunschenes Prinzesschen.«

Harro ruft ungestüm: »Sie haben das rechte Wort gefunden, verwunschen ist die Kleine! Nur was meinen Freund Hans Friedrich den Musiker betrifft, so irren Sie sich. Ich bin nicht ihm, er ist mir beigesprungen!«

»Harro, haben Sie ihn nicht auf der Friedenauer Heide mit Lebensgefahr von den vier Rowdies errettet?«

Harro lacht hell auf.

»Lebensgefahr! – Schwächliches, dekadentes Berliner Lumpenpack. Bläst man sie an, so fallen sie um.«

»Konnten die nicht Revolver haben?«

»Revolver, die treffen nur in Romanen, man schüttelt sie denen aus der Hand. Nein, mein Freund hat mich in meiner allerschlimmsten Zeit mit seiner wundervollen Musik über Wasser gehalten; erst als er fort war, brach es so recht über mich herein. Aber Sie haben ein wundervolles Wort gesagt – von der verwunschenen Prinzessin. Wie wenn über des Kindes eigentlichem Wesen ein buntes, trauriges Narrenkleid hinge, wie über Allerleirauh im Märchen. Auf einmal streift es das ab, und es steht etwas so Holdseliges da, dass Sonne und Mond sich verwundern.«

»Ei, Harro, und Sie wollen erlösen?«

»Wenn ich könnte! Wie die das arme Seelchen gequält und missverstanden haben, es ist kein Wunder, dass der Vater vor dem Dolch im Gewande zittert.«

»Und später, Harro.«

»Der Mohr hat seine Schuldigkeit getan, der Mohr kann gehen.«

»Da können Sie sicher sein, totsicher, dass man das eines Tages Ihnen zu verstehen gibt. Je besser Ihnen die Entzauberung gelingt, desto sicherer.«

»Frau Mutter, glauben Sie, dass ich darauf warten werde, bis man mir das zu verstehen geben wird? Und es ist doch so schön, solange es geht. Wenn man so leer läuft wie ich, ein Höhlendachs, ein Erheiterungsgegenstand für die ganze Umgegend, und man findet an seinem Weg ein solches Blümlein Wunderhold, und noch dazu in Not! Mein Kopf ist ganz voll von der Kleinen. Ich male sie ja. Haben Sie schon die Füßchen gesehen! Ach sorgen Sie doch, dass die Form nicht durch schlechtes Schuhwerk verdorben wird. Sonderbar, dass die sich bis jetzt erhalten.«

Ist das nun wirklich das Malerinteresse, denkt Frau Mutter.

»Ist sie nicht schön?«, drängt er.

»Lieber Harro, das müssen Sie wissen. Die Haare sind sehr schön, und die Augen hat sie von jemand anderem her im Kopf. Sie verändern sich sehr stark, und wenn sie ganz dunkel werden, sieht sie direkt unheimlich aus. Sie glauben ja, dass alles Sonderbare an ihr nur von ihrer poetischen Anschauung und äußerst lebendigen Fantasie komme.«

»Gewiss, und dann hat man sie gekränkt und ihre Fantasiegebilde Lügen genannt und so den Gegensatz erst künstlich erzeugt.«

»Nun, wir wollen sehen; und nun erzählen Sie mir aber von sich, Harro. Was machen die grimmigen alten Tanten, zürnen sie immer noch?«

Harro lächelt. »Oh, Tante Marga strickt mir schon wieder Strümpfe. Und weil ich doch immer lange Strümpfe und kurze Beinkleider trage und meine Beine ohnedies eine respektable Länge haben, Tante Marga auch die Idee mit sich herumtragen muss, ich wüchse noch, ist sie genötigt, das Strumpfwerk, während sie daran strickt, in ein Leinwandsäckchen einzunähen, um es so dem Hohn der andern Stiftsdamen zu entziehen! Lieb, nicht? Tante Ulrike ist bereits wieder soweit erweicht, dass sie den Briefen ihrer Schwester hie und da ein Fragezeichen oder einen Unterstrich beifügt und unten am Rand des Briefes ein imponierendes U. hinstellt.«

Harro hat nun von dem Fürsten den Auftrag bekommen, die Prinzessin zu malen, und ist sehr beglückt darüber. Zu seinem großen Bild kann er gar nicht genug Studien bekommen. Nun steht schon eine verhüllte Staffelei im Lernzimmer, und das Seelchen betrachtet alles mit Weihnachtsaugen. Die Pinsel, die Fläschchen, den langen Leinenkittel, wie komisch wird er darin aussehen! Frau von Hardenstein hat sich einen großen Knäuel silbergrauer Wolle gerichtet, den sie bei den Sitzungen verstricken will. Der Knäuel ist dick, so kann die Sache am Ende schön lange dauern, ein beseligender Gedanke. In des Seelchens Schlafzimmer liegen die schönen Kleidchen ausgebreitet, dass der Künstler darunter auswähle. Das Seelchen klettert auf die Kommode, wo der große Spiegel hängt, und betrachtet sich kritisch. Aber was da heraussieht, hat sie schon oft gesehen. Sie hört ihren Freund schon kommen und steigt etwas beschämt herunter.

»Und nun, Seelchen, soll ich deine bunten Flügel sehen. Bunte Flügel, meine Freude.«

Das Seelchen hängt sich an seine Hand und küsst den Rockärmel, so sehr er abwehrt. Aber Harro ist der Pracht gegenüber recht ratlos.

»Was gefällt dir denn selbst am besten, Seelchen?«

»Mein altes graues, Harro. Es ist gar nicht dabei, weil es schon zum Verschenken beiseite gelegt ist. Röschen soll es bringen.« Ein ganz einfaches graues Hängerchen erscheint, von wundervollem Samt, einer von denen, die immer schöner werden, mit weichen Reflexen. Das Seelchen lässt zur Probe eine Goldsträhne darüber fallen.

»Herrlich«, ruft er begeistert. »Schnell, ziehe es an und komm herein. – Höre, Seelchen«, fragt er, als sie nun vor ihm sitzt in einem weißlackierten Stühlchen mit verblichenem grünseidenen Polster, »wie kommst du nun gerade auf dieses Kleid?«

»Ich kann auch nicht sagen, dass ich es billige«, meint Frau von Hardenstein. »Kinder sind immer am hübschesten in frischen weißen Kleidchen mit farbigen Schleifen. Nehmen Sie das weiße mit dem roten Samt, Juliane.«

Harro sieht ganz erstaunt auf: »Ja heißt du denn so, Seelchen?«

»Nein, ich heiße Juliane Charlotte Rosalie Marie, und keiner ist der rechte, und Miss Whart hat mich Juliet genannt und Mademoiselle July, wie ich doch niemals heiße.«

»Der Fürst nennt sie immer die Kleine.«

»Die arme Kleine«, verbessert das Kind.

»Die Namen passen freilich nicht für dich. Warum gaben sie dir nicht einen schönen altdeutschen Namen, einen Hohenstaufernamen, von denen stammst du ja ab, und dein Goldhaar ist eine Erinnerung daran. Es ist so lang her, aber nicht unmöglich. Mir erzählte ein Freund, in den Küstenstädten im Heiligen Land bei Akkon, wo die Kreuzfahrer waren, würden immer wieder Araberkinder mit blonden Haaren geboren. Das ist noch viel wunderbarer. Sie hätten dich

Griseldis oder Gerhildis oder Windemut oder Gisela nennen müssen. Was hast du denn, Seelchen?«

»Es ist mir durchs Herz gefahren, wie du Gisela gesagt hast.«

»Wunderliches, du bist ganz blass.«

»Du sollst auch den Namen nie wieder sagen«, befiehlt sie.

Frau von Hardenstein steht von ihrem behaglichen grauen Knäuel auf und wirft dem Thorsteiner einen warnenden Blick zu.

»Seelchen, setze dich so recht gemütlich hin, und dann hältst du ein klein wenig still, wenn ich sage: jetzt. Und du brauchst gar nicht zu schweigen, erzähle mir etwas. Von deinem Lindenstamm. Was ist noch Schönes dort?«

Das Seelchen ist sehr bereit und beginnt mit ihrem hohen feierlichen Stimmchen zu erzählen: »Auf dem Lindenstamm, den man so nennt, weil früher eine Bastei dort war, lang ehe die Linde stand.«

Harro lachte: »Was für ein schöner Satz.«

»Oh, den Anfang macht immer der Herr Kantor, denn anfangen kann ich die Aufsätze nicht. Und ich soll dir doch einen Aufsatz erzählen, mein Brief war doch auch ein Aufsatz.«

»Also der Anfang wäre gemacht, und nun kann's weitergehen.«

Das Seelchen fasste nach ihrem Knie, das sie ein wenig hochzog, neigte ihr Köpfchen leicht nach der Seite und sah zu dem Freunde hinauf. Harro wollte schon »jetzt« rufen, aber er bezwang sich – nur einmal machen lassen, bis sie sich ganz vergessen hatte. Seine Künstleraugen leuchteten.

»Auf dem Lindenbaum ist auch ein dicker Turm, weißt du von dem etwas, Seelchen?«

Sie beginnt zögernd. »Er ist rot, der Turm. Es sind alle Gastbetten darin auf langen Holzfächern. Wenn einmal ein König oder der kommandierende General kommt, so bekommt er das schönste Bett mit hellblauer Seide. Die Fenster sind vergittert, einen grünen, dicken Busch hat der Turm auf seinem Hut stecken. Im Sommer ist der grün mit kleinen Beeren. Alle Vögel essen daran, da freut sich der Turm mit seinem einen Auge. Wenn Fräulein Berger Betten nachsieht, hat er ein kleines, rotes Licht im Kopfe, dann ist er erst lustig anzusehen. Oben im Turm ist eine Stube, heißt die Hexenstube, und man kann die Türe nie zumachen, immer geht sie bei Nacht wieder auf. Von wegen der Hexe. Die ist aber schon lange tot, und es ist alles ein alter Aberglaube.«

»Dieser Satz wird dem Herrn Kantor ausnehmend gefallen haben«, wirft Harro ein.

»Ist auch vom Herrn Kantor«, sagt das Seelchen stolz, »und da gehört er herein. Man kann keine fremde Kammerfrau in der Stube schlafen lassen, auch wenn noch so viel Gäste im Schloss sind und man sich nicht zu helfen weiß. Weil die Tür immer wieder aufgeht, mitten in der Nacht. Eine Treppe hat der Turm auch, die geht im Kreise herum wie alle Treppen in den Türmen. Man nennt sie Wendeltreppe.«

»Bravo, Herr Kantor!«

»Die Treppe geht bis mitten in die Erde hinunter. Soll ich weiter erzählen?«

Das Seelchen blickt etwas besorgt nach Frau von Hardenstein; die hat aber ihren Knäuel weggelegt und sich in ein Buch vertieft oder tut wenigstens so. Harro nickt ermutigend.

»Der Turm ist tausend Jahre alt. Mitten in der Erde ist der Turm nicht so freundlich wie oben, wo der Busch sitzt. Vielleicht hat er's vergessen, was unten ist, sonst könnte er nicht mit einem Auge lachen und mit dem Busch nicken, wenn alle Spatzen zum Besuch kommen. Vielleicht weiß er auch nicht, was vor tausend Jahren war, er muss ja Betten hüten. Es ging einmal jemand die Treppe hinunter.«

»Seelchen, ich fleh dich an, bleib so sitzen, nur einen Augenblick. Herrgott, ist das eine Freud! Kannst du so still sitzen? Und erzähl weiter. War's ein Ritter, ein Kellermeister?«

Den wundervoll geistig belebten Ausdruck möchte er auf dem Gesichtchen festhalten. Sein Stift fliegt.

»Weiter, Seelchen!«

»Es war kein Ritter – es war sie!«

»Eine Frau?«

»Ich weiß nicht. Sie hielt ihre Hand vor sich, dass sie nicht an die grauen Steine stieß. Ihre Hand war weiß und ihr Gesicht. Das Haar, wie meine Haare sind, nur viel goldener, fiel ihr bis zu den Knien. Hinter ihr ging jemand, er darf sie aber nicht anrühren, er hat auch Angst davor. Unten ist eine dicke Säule und ein Gang. Es brennt ein kleines Licht, ein gelbes und ein rotes Licht. Die Steine sind schwarz und rau, und sie steht an der Säule. Dann ist ihr Kleid weiß, vorher war es schwarz. Das ist vom Turm.«

»Deine Geschichte ist ein bisschen schauerlich, Seelchen, und du bist ganz blass geworden.«

Aber das Seelchen schweigt und Harro malt mit inbrünstiger Hingabe. Und doch möchte er weiter das feine Stimmchen hören.

Wenn sie schweigt, sieht sie so leidversenkt aus. Und das kann den Vater nicht freuen, wenn zu viel davon auf das Bild kommt.

»Ist das nun alles von „ihr“«, fragt er.

»O nein!« Das Seelchen ist ihm wieder geöffnet wie im Winterwald. Sie beginnt leise. »Es war eimal Nacht, und es war jemand gestorben. Und die Linde hat gelbe Büschelchen. Weil sie nun tot ist, erzählt niemand mehr. Rapunzel, lass dein ellenlanges Haar herunter – weh, weh Windchen, nimm Kürdchen sein Hütchen – Brennesselbusch so kleine, was stehst du da alleine? Niemand kämmt mit lieben Händen mein Haar, dass es kein bisschen reißt, und erzählt dazu und kann spinnen, dass die Spindel tanzt am feinen Fädchen. Die Stube ist leer. Es steht ein Kreuz auf dem Kirchhof, daran wächst ein Kräutlein, heißt Herzeleid, und eines heißt Nimmerfroh, und singt das Vögelein Niemals wieder. Niemals wieder.«

Hinter dem vorgehaltenen Buche laufen über das stolze Gesicht langsame Tränen herunter. Die Schultern zucken unter der grauseidenen Bluse.

»Es gibt nur noch Leute, die über einen seufzen, und Leute, die quälen. Und nie ist man allein, nie, nie. Immer muss man es jemand recht machen, auf Französisch und Englisch recht machen. Und es kommt gewiss nie besser. Aber man kann durchs Fenster klettern, weil ein Riegel ab ist, das weiß Babette nicht; und da kommt man auf den Lindenstamm. Und der Mond scheint auf die Linde – da weint die auch. Man kann auch einschlafen auf der Rampe, weil es so süß duftet, und im Schlaf herunterfallen. Der liebe Gott würde nicht einmal so sehr zanken, er weiß ja ganz gut, wie es ist. Es ist so schön warm, und die Linde glänzt mit ihren Tränen, dass einem die Augen zufallen, und streichelt einen mit ihrem Duft. Da rauscht es. Ein feines Klingen, und da ist sie. Das Mondlicht ist auf ihrem Kleid, und das ist von Silber. An ihrem Halse hat sie einen Schmuck von hängenden Tropfen. Von ihrem Haar hängt ein weißer Nebel. Und sie sieht einen an. Streng ist sie, sie weiß alles. Sie weiß Weh, Allein – Niemalswieder. Man ist am frohesten, wenn man am traurigsten ist. Sie ist da, bis man einschläft.«

Seelchen schweigt. Es ist still, man hört nur Harros eilige Striche.

Frau von Hardenstein ist hinausgegangen.

Dann legt er seinen Pinsel hinweg. »So, für heute kann ich's nur noch verderben. Geh schnell, Seelchen, und sieh nach Frau von Hardenstein. Ich möchte sie noch sehen, ehe ich gehe.«

Das Seelchen geht hinein, kommt aber gleich wieder.

»Sie ist nicht allein, ich mag jetzt nicht.«

Harro packt seine Sachen zusammen und verhängt sein Bild und verbietet dem Kind, die Decke aufzuheben. Da kommt Frau von Hardenstein mit einem ganz hellen Glanz in den Augen wieder und sagt: »Warum kommen Sie nicht, Harro, wenn Sie fertig sind, in mein Säulenheim?«

»Ich wollte nicht stören, Frau Mutter, es war doch jemand bei Ihnen.«

»O nein, ich war ganz allein.«

Harro sieht das Seelchen an, das wird dunkelrot.

Und Harro eilt heute nach Hause und verabschiedet sich von dem Kinde mit einem ernsten Blick. Da schreit sie mit ihrem allerhöchsten Stimmchen: »Du hast mir dein Wort gegeben, dass du es nie sagst.«

»Habe ich etwas gesagt, kleine Dame? Das Denken wird doch noch erlaubt sein.«

Lieber Harro, kommen Sie doch heute herüber, und wenn's erst am Abend ist. Sie haben gestern ein Unglück angerichtet, schreibt ihm Frau von Hardenstein am nächsten Tage.

Harro geht im Dämmer hinüber. Es kommt ihm kein Seelchen entgegengestürzt, aber Frau von Hardenstein geht ihm mit sehr roten Wangen entgegen. »Ich kann gleich einpacken, Harro, ich komme mit dem Kinde nicht zurecht. Sie hat nicht einen Bissen angerührt, nicht auf gute, nicht auf ernste Worte. Hat das Kind einen Eigensinn! – In meinem Leben habe ich keine so hartnäckige kleine Person gesehen. Ich habe ihr gedroht, ich ginge, aber sie sagt nur, dann kommt Miss Whart wieder, als wäre ihr das eine so lieb wie das andere. Und ich hatte mir schon eingebildet …«

Harro eilt an ihr vorbei. Da sitzt das Seelchen in ihrem Stuhl hält ihr Schneewittchen in den Armen und rührt sich nicht. Graublass und elend sieht sie aus.

»Seelchen, warum machst du Frau von Hardenstein Kummer?«

»Ich habe auch Kummer.«

»Das sehe ich, und er ist, scheint's, so überwältigend, dass du deinen Freund nicht begrüßen kannst. Soll ich wieder gehen?«

»Das kannst du, es hilft ja doch nichts.«

»Kann ich wirklich. – Ja weißt du denn, ob ich wiederkomme?«

Sie steht auf und stampft mit dem kleinen Fuße. »Ich will auch nicht mehr gehorsam sein. Ich tue, was ich will, schlagen dürft ihr mich nicht.«

»Seelchen, warum beleidigst du uns – Frau von Hardenstein, die dir nur Liebe erwiesen hat, und mich?«

»Mich beleidigt man!«

»Wer hat das getan?«

»Du. Du hast mich angesehen und gedacht: Lügen!«

»Wenn du willst, dass man dich wie eine vernünftige kleine Dame behandeln soll, so musst du dich auch so benehmen. Ich schickte dich zu Frau von Hardenstein, die allein war, und du kommst wieder und sagst, es sei jemand bei ihr.«

Frau von Hardenstein zog das widerstrebende Kind zu sich her. »Seelchen«, sagte sie zum ersten Mal sehr sanft und freundlich. »Wer soll es denn gewesen sein?«

Es zuckte etwas über das Kindergesicht – da plötzlich schlingt sie ihren Arm um den Hals der guten Frau Mutter und flüstert mit ihr.

Harro sieht zum Fenster hinaus. Als er sich wieder wendet, hat Frau Mutter das Kind auf ihren Knien und küsst mit Weinen das Goldhaar und die feine blasse Hand. Dann steht sie auf und trocknet ihre Tränen. »Harro, Prinzess ist wieder lieb und wird jetzt ihre Milch trinken, und dann geht sie zu Bett. Gehen Sie einstweilen hinüber, Harro, ich komme nach.«

Harro geht hinüber und wandelt zwischen den Säulen hin und her, die ihre lächerlichen Höschen verloren haben. Er betrachtet die Stuckdecke und pfeift leise; drüben ist er sich recht überflüssig vorgekommen. Die halbierte Decke ist aber sehr interessant. Lauter weinende Engel, Sanduhren, dicke Blumengirlanden. Besonders ein fettsüchtiges Engelein mit langen Locken weint herzbrechend und benützt sogar ein Taschentuch dabei.

Was für ein tränenreiches Volk da oben, denkt er … Da ist zuviel geweint worden in den alten Mauern und da ist wohl etwas an den Wänden hängengeblieben. Am Ende ist es gut, wenn nicht alle alten Mauern gar so lange stehen bleiben.

Endlich kommt Frau von Hardenstein. »Ich habe Sie lange warten lassen. Studieren Sie die betrübte Gesellschaft da oben? Ich wunderte mich auch schon darüber. Es ist ein wunderliches Haus, und die Höschen um die Säulen nehme ich meinen Vorgängerinnen nicht mehr übel. Also Harro, der ganze Schmerz galt Ihnen.«

»So.«

»Ach Harro, die Sache ist traurig, und das Engelein da droben mit seinem Tränentüchlein hat viel Schicklichkeitsgefühl. Haben Sie sich nicht über die Geschichten verwundert, über die Frau, die die Treppe herunterging bis mitten in die Erde?«

»Und das Kräutlein Nimmerfroh und Vöglein Niemalswieder«, sagte Harro. »Es ist ein Dichtkind.«

»O Harro, wie sie das erzählte, mit dem hohen feinen Stimmchen, das einen Klang nach Saiten hat – Gott, poetisch bin ich nicht – so, wie das klang – Niemals wieder. Ich musste hinaus zu meinem eigenen Niemalswieder.«

Sie nahm ein Bild von ihrem Tisch und legte es vor sich hin.

»Harro, dies Zimmer muss einmal eine Totenkapelle gewesen sein, doch das gehört nicht hierher. Aber wie soll ich's nur beschreiben, etwas, wofür es keine Worte gibt. Ich fühlte – deutlicher kann ich's nicht sagen – eine sanfte Nähe. Es wurde mir ganz feierlich und leicht. Warum soll ich nicht in einer Totenkapelle wohnen, wenn mein Herz eine ist! – Ja, und dann kam ich wieder heraus. Inzwischen muss die Kleine hereingesehen haben. Verlangen Sie nicht, dass ich Ihnen wiederhole, was sie mir gesagt hat. Ich war doch nicht allein.«

Einen Augenblick herrscht tiefes Schweigen in der Stube, aus der die Schatten nie weichen, in der immer, glänzt die Sonne auch noch so schön, zwei dunkle Schattenbalken liegen – dann sagt Frau Mutter energisch: »Genug von mir. Nur noch dies: Ich bleibe hier, bis sie mich hinauswerfen oder meine Aufgabe zu Ende ist. Sehen Sie, lieber Harro, wie alles zusammenpasst, die Stube, das Kind und ich. Sie wissen ja, dass ich keinem eine Stunde unnötig verderbe, aber der Schatten ist da. Entweder ist das Kind, das die Seelen der Abgeschiedenen herumwandeln sieht, ein todgeweihtes oder ein armes unglückliches, dem etwas anhaftet, was es für die meisten Menschen unheimlich macht. Sahen Sie nicht, wie sie blass wurde, wie ihre Augen sich veränderten? Und Sie sollen nicht sagen: „Weiter, Seelchen." Ich entsetzte mich darüber. Man darf das Kind nicht dabei auch noch ermutigen.«

Harro rief: »Das feine Dichtwerk – alles zuschütten – ist das nicht ein Unrecht?«

»Wenn Sie sie gehört hätten, Harro! Sie will nicht mehr mit uns leben, und sie will zu den andern, denen mit leichten Füßen. – Ach, lassen Sie mein armes Verwunschenes. Glauben Sie mir, wenn Sie helfen wollen, das Kind tüchtig zum Leben zu machen, so dürfen wir das Geranke nicht wuchern lassen.«

»Ich ordne mich unter Ihre Weisheit, Frau Mutter. Ich bin auch bereit, dem Seelchen zu sagen, dass ich ihr Unrecht getan und dass ich mit dem Denken vorsichtig sein will. Gesagt habe ich nichts.«

»Eher wird sie nicht zufrieden sein, Harro!«

5. WIE MAN FESTE FEIERT

Ein ganz blauer Himmel, die Tauben sonnen sich auf der Mauer, zwischen Steinquadern gucken die ersten gelben Hungerblümchen. Märt hat den Hof gekehrt, als ob Inspektion wäre. Ein Strauß Schneeglöckchen, kleine verschüchterte Kammermägdlein des Frühlings, steht auf dem Fensterbrett im Salon. Blitzblank ist der Teekessel, alle Tapetenrollen verschwunden – die Ruine bekommt Damenbesuch. Der Wagen rollt heran, und Harro hebt seine kleine Dame heraus. Ihre Augen strahlen, sieht sie doch zum ersten Mal die Ruine, wo ihre Gedanken nun täglich wohnen. »O Harro, dein Brunnen! Einen wundervollen grünen Samtmantel hat er an. O Harro, sag ihm, er soll singen!«

Harro zieht eine Mundharmonika heraus, auf der er in äußerst kunstloser Weise bläst: »Wer hat dich, du schöner Wald.« Und der Brunnen macht ein feines Tongemälde daraus, einige Töne lässt er aus, an anderen klingelt er herum wie Elfenfinger an einem silbernen Saitenspiel!

»Oh, der wunderbare Brunnen! Und dort wohnt der Kaliban.«

Frau von Hardenstein sitzt auf einem Stuhl, den ihr Harro herausgetragen hat. Sie sieht mit andern Augen als das Seelchen die Ruine an. Die hohen Mauern, der finstere Bergfried, Harros aus einem Schuttberg hervorglänzende Fenster.

Endlich sind die Genüsse im Hofe erschöpft und es geht ins Zimmer. Das Seelchen wird aus ihrem Mantel geschält und taucht ihr Näschen in das Schneeglockensträußchen.

»Es riecht so herrlich bei dir, Harro.«

»So, ich denke nach Terpentin und Lappen.«

»Nein, nach diesem.« In hohen Krügen stehen frische Tannenzweige, manche mit den schweren Zapfen daran.

»Ah, die Dekoration! Die hole ich mir jede Woche. Etwas muss man doch von seinem Wald haben. Frau von Hardenstein, Ihnen gehört der Amerikaner. Für dich, Seelchen, hat der Märt ein Stühlchen gemacht, ausgemessen für deine Größe, und rot angestrichen ist es auch!«

Seelchen muss es ausprobieren und wieder herunterhüpfen und ihre Entdeckungsreise machen. Ist es möglich, dass einige Wochen das Kind so verändert haben. Und wie wird es erst werden, wenn der Frühling kommt! Harro ist heute in strahlender Laune. Das Seelchen steckt ihm ein Schneeglöckchen an seine ganz neu aussehende Joppe, und dann machen sie Pläne, der feine Duft der Schneeglöckchen muss sie hergerufen haben. Wie das Seelchen auf dem Lindenstamm wohnen wird, wenn die Linde grün ist. Und an der Bastei, da wird sie eine Überraschung erleben. Es ist zwischen den Steinplatten eine Schnur mit einer Öse. Die Öse hält ein Pflock zwischen dem Efeu. Nun, das Seelchen kann es morgen probieren. Es hilft ja nicht immer, man zieht zuweilen vergeblich daran, es gibt aber auch wunderbare Fischzüge. Vom ersten April an muss das Seelchen täglich nachsehen, und wenn es am wenigsten daran denkt, wird an der Schnur ein blühender Schlehenzweig hängen, dann wird das Frühlingsfest gefeiert. Auch wenn's schneit. Und wie das gefeiert wird!

Man steckt den Zweig ins Wasser und macht die Augen zu, dann kommt der Duft über einen, zuerst ganz fein und leise, und dann ist man auf einmal auf einer blühenden Halde, wo alles weiß ist über grauem Stein. Das zweite Frühlingsfest wird aber draußen gefeiert. Das Zeichen ist ein frischgrüner Buchenzweig mit einem Schlüsselblumensträußchen. Da geht man den Reitweg zur Römerwiese. Da öffnet sich ein Waldweg, grün vergrast ist er. Tannen strecken ihre langen Arme darüber, und dazwischen stehen in ihren Festkleidern lichtgrüne Buchen. Der Sonnenschein liegt auf dem Weg in großen goldenen Flecken, und ein Schmetterling, ein Schwalbenschwanz fliegt langsam den Weg herunter wie eine selige Seele auf dem Himmelsweg. Und ein Maiblumenfest gibt's, wo man in die lichten Eichen geht und dicke Sträuße nach Haus bringt. Und ein Sommerfest. Da ist das Feld golden, und man muss einen Weg gehen, wo die Ähren einem über dem Kopf zusammenschlagen. Ehe man den Weg nicht gefunden hat, der jedes Jahr woanders ist, kann das Sommerfest nicht sein. Roter Mohn und blaue Kornblumen und steife purpurne Raden, die sich nicht mit den andern Blumen vertragen und immer einen Strauß für sich wollen, blühen darin. Das Seelchen trägt einen Kornblumenkranz. Man geht zu dem heimlichen Ort, wo man nichts sieht als Ährengold und den schwer graublauen Himmel darüber. An dem uralten Stein, worauf die Braunecker Hirschstangen eingegraben sind, da liegt im Gras ein zinnerner Krug, glänzt wie mattes Silber, und darin ist Most, und in einem Körbchen sind Stachelbeeren von den kleinen süßen und Bauernbrot und in frischgrüne Kohlblätter eingeschlagen kühle, frische Butter. Das ist das Festmahl. Einen silbernen Becher bringst du mit, Seelchen. Wenn der Weg und das Goldhäuschen gefunden ist, hängt zum Zeichen das Kornblumenkränzchen an der Schnur.

Jetzt kommt ein feierlicher Tag! Es wird nicht verraten, was an der Schnur hängt – die lässt sich an diesem Tag nicht lumpen! Der Lilientag – mehr wird nicht gesagt.

Dann gibt's ein Herbstfest. Es könnte sein, dass Kartoffeln gebraten werden im Feuer, das eine so wundervolle Rauchfahne wehen lässt, an der man sich gar nicht satt sehen kann, und dass das Seelchen sich schwarze Finger und ein schwarzes Näschen holt.

Dann kommt die Abschiedsfeier. Dazu braucht man hohe Stiefelchen, einen Wettermantel, ein grünes Samtkäppchen. Das Zeichen ist ein Leinwandsäckchen mit Haselnüssen. Dann geht man hinaus in den weißen Nebel. Man sieht immer nur ein kleines Stückchen von der Welt. Jetzt nur das Stoppelfeld, auf dem die Mäuschen mit nassen Fellchen huschen; jetzt nur den Hohlweg, wo die Brombeerranken mit den allerletzten schwarzglänzenden Beeren hängen. Immer ist die Welt so heimlich, als schlösse der weiße Schleier einen ab von allem. Es kommt eine Wiese, smaragdgrün glänzt sie durch den weißen Schleier. Auf der Wiese stehen viele blasse Herbstkinderchen nackt und bloß, amethystenblau mit goldenen Herzen, in Trüppchen beisammen. Nun zerreißt der Schleier ein weniges – eine Waldmauer – zwei hohe dunkle Tannen als Wächter davor. Immer herrlicher wird das Fest. Durch den Nebel schimmert ein Gold, der Buchenwald, zwischen den Stämmen die Nebel wie mattgoldene Schleiertücher. – Alle Bäume sind wie verzaubert, einer hat sich gelb gemacht, dunkelgrün war er vorher, der rot, und jetzt zerrissen alle Schleier, ein Sonnenblitz fährt auf den Weg und bewirft ihn mit Perlen und Diamanten. Die Birke ist reines Gold geworden, der Ahorn wie Blut so rot. Und zwischen den schwarzen Tannenzweigen leuchtet das Himmelsblau. Der Weg ist mit goldenen Blättern bestreut, auf denen man leise geht, dass das Reh einen hat gar nicht kommen hören und nun erstaunt gucken muss. Immer weiter geht man durch flammenden Purpur und Gold, und smaragdgrüne Wiesen leuchten durch Tannenzweige, bis man an eine graue hohe Mauer kommt. Über die Mauer nickt eine Linde mit gelber Krone im Sonnenschein. Jetzt ist der Himmel ganz blau und glänzend wie weiche Seide.

Es geht durch ein Tor, ein altes Försterhaus mit Hirschgeweihen, eine Steintreppe windet sich zwischen dunkeln Efeuwänden hinauf zum Schlosshof. Nun ist man in Schloss Schweigen. Das gehört dem Seelchen. Es darf in jedes Zimmer hineingehen, darf aus den goldenen Tässchen trinken, die mit Silber eingelegten Schränke aufmachen, vielleicht sogar in dem Himmelbett schlafen mit der wackeligen Fürstenkrone und den wunderbaren seidenen Vorhängen, die mit allen Blumen bestickt sind, die es gibt und nicht gibt. Wenn es sich nicht fürchtet natürlich, denn ein bisschen grauslich ist so ein altes Himmelbett immer. Es ist ein uraltes Spiegelein da in grünlichem Bronzerahmen, darin kann es sein Näschen betrachten, es ist gut gegen die Eitelkeit. Ein Erker ist da, worin das Seelchen auf einem hohen steifen Stuhl sitzen kann. Der Erker geht auf goldpurpurne Waldberge hinaus und hat ein Fenster nach der Abend- und eins nach der Morgensonne, umarmt von Efeugeranke. Eine Ranke ist sogar ins Zimmer hereingewachsen. Dies ist das schöne Abschiedsfest!

»Ach Harro, du sprichst ja gar nicht von der Welt, du sprichst immer vom Himmel.«

»Närrchen, was weiß ich vom Himmel! Das Schöne ist alles da, man muss es nur zu finden wissen!«

Das Seelchen, das wie verzaubert auf seinem roten Stühlchen saß, die Milchtasse in den Händen, erwacht wieder zum Leben und schüttelt betrübt ihre goldene Mähne. »Wenn das Korn golden ist, muss man lernen, und den Most aus dem Silberkrug darf man nicht trinken, weil es gemein ist. Das tun nur die Bauern. Unterwegs essen darf man nur bei einem Picknick, und da verzanken sich die Leute, weil die Mücken stechen und der Koch die Sauce einzupacken vergessen hat.«

»Ja Seelchen, meinst du denn, man könne mit allen Leuten Feste feiern? Weit gefehlt. Wenn man mit den falschen Leuten in den Wald geht, kommen immer Mücken und bricht der teure neue Sonnenschirm ab und ist der Weg schrecklich weit, viel weiter, als man gedacht, und hinter den Himbeerbüschen verliert man das schönste Armband, dass es ist, als habe die Erde es geschluckt. Und es kommt sogar ein Gewitter, an dem man schuldig ist; man hätte es längst sehen müssen.«

Dies ist aus Harros Schatz der Erfahrungen.

»Aber wer sind die rechten Leute?«

»Wir drei. Komm, darauf stoßen wir an mit unseren Teetassen.«

Aber das Kind ist noch nicht zufrieden.

»O Harro, ist nur eins davon wahr von alldem? Der Schlehenzweig ist wahr.«

»Aber Seelchen, haben wir nicht mit vieler Mühe die Schnur festgemacht? Haben wir das umsonst getan?«

»Und der Lilientag? Wird das so?«

»Immer kommt noch etwas Neues hinzu. Das ist gerade das Feine. Man muss sich überraschen lassen.«

»Oh, das tu ich gern!«

»Das wird sich weisen, ob du die nötigen Springfedern für die Überraschungen hast. Aber du wirst sehen, nicht einmal der Zinnkrug mit Most wird sich als Fata Morgana erweisen. Wie der gemein sein sollte! Im Walde sich über einen Koch und eine fehlende Sauce verzanken, das ist gemein! Selbstverständlich müssen da Mücken kommen, in Scharen. In Wolken jagen die Waldgeister sie auf, dass sie ihren Wald bald wieder von der Gesellschaft gesäubert haben.«

Hellauf lacht das Seelchen. »Ich habe einen silbernen Becher, den nehme ich mit.«

»Nur eins! Überfreuen darfst du dich nicht. Das musst du dir abgewöhnen!«

Das Kind verspricht das Beste und Frau von Hardenstein sagt: »Ich bin gespannt, was wir alles tun werden. Aber nun, Harro, zeigen Sie uns endlich die große Hauptsache. Wir wollen Ihr Bild sehen!«

Harro errötet. »Niemand hat es noch gesehen. Dies ist ein Moment! Und tadeln dürfen Sie zuerst nichts, ich flehe Sie an, ich bin noch wie ein schalenloses Ei. Ich schicke das Bild erst fort, wenn ich abgehärtet bin. Ich kann jede Quantität Lob vertragen. Sie brauchen vor nichts zurückzuschrecken. Ich weiß nicht, ob die Damen es bemerkt haben, dass auf mir eine gewisse Feierlichkeit liegt.«

»Die Dekoration« – er zeigte auf die Tannenzweige, »das Blumenarrangement« – er wies auf die Schneeglöckchen. »Für Eingeweihte selbst meine Montur. Ich bitte zu beachten, neue grüne Aufschläge auf der Joppe deuten auf etwas Besonderes hin. Es ist nämlich auch heute ein Fest. Dass es ein Fest ist, wenn die liebe Frau Mutter zum ersten Mal meine väterlichen Hallen betritt, ist selbstverständlich. Und dass dies freudige Ereignis mit etwas Besonderem begangen werden muss, ist klar. Darum ist heute Enthüllungsfest. Du, Seelchen, darfst an der Schnur dort ziehen, aber um Himmels willen nicht schief.«

Er erhob sich mit dem erwartungsbleichen Seelchen und sagte feierlich: »Seelchen, dir verdank ich's, du sollst leben. Nun zieh!«

Die Hülle fällt. Da steht das Bild schon im Goldrahmen. Tief und warm leuchten seine Farben und adeln die werktägliche Hofstube mit ihrer festlichen Glut. Das Kind steht davor, und es ist fast zu fürchten, dass es sich überfreut. Sie soll daran teilhaben, an dem herrlichen Bilde, die arme Kleine, die sonst immer nur zum Kummer und zur Last für alle da ist! Frau von Hardenstein hat ihren Stuhl herbeigeholt und setzt sich vor der Leinewand nieder.

»Harro, wunderschön, sonderbar schön, aber was bedeutet es?«

Das Kind dreht sich herum und sagt vorwurfsvoll: »Das sieht man doch!« Es schlingt seine Ärmchen um Harros herabhängenden Arm und lehnt ihr goldenes Köpfchen daran.

»Wenn du es so gut weißt, Seelchen, so sag es.«

»Das sieht man doch gleich, dass es der Ehrensaal ist! Darin all die stehen, die in der Gruft schlafen und ihre Bilder für sich wachen lassen. Sieh, wie die Augen schauen! Die Augen der Ritter und der Frauen in den seidenen Kleidern, die in ihren weißen Händen Nelken halten. Alle sehen sie herunter nach mir. Auch die goldenen Tiere auf den weißen Säulen horchen und halten den Atem an. Die müssen das Haus auch bewachen und sorgen, dass nichts hereinkommt, was lügt und sein Wort bricht. Und da geht ein Seelchen und trägt das rote Licht in den Händen in dem Becher, und weil es so schwer zu tragen hat, ist es so dünn und leidet. Und alles sieht auf sie, ob sie es nun fallen lässt, dass das rote Licht erlischt und es aus ist mit allem. Und darum halten auch die goldenen Tiere den Atem an.«

Harro legt seinen Arm um die zarte Gestalt, und seine Hand drückt das goldene Köpfchen sanft an sich.

»Warum streckt das Seelchen so flehend die Hände mit dem Kleinod aus?«

»Wenn ihm niemand hilft, so muss es den Becher ja fallen lassen, Harro; darum sucht es mit seinem roten Licht, und geht auf nackten Füßen und sucht.«

»Es wird ihn nicht fallen lassen, solang es lebt!«

»Meinst du, Harro? Aber wenn es tot ist? Dann zerschellt's und alles ist dunkel. Die Tiere schlafen ein und wachen nicht mehr auf, und es kann alles herein, was will.«

Harro beugt sich herab und küsst wie ein Hauch den goldenen Scheitel. »Ich dank dir, Seelchen. Nun ist das Bild geweiht.«

6. DER LILIENTAG

Nun hat das Seelchen schon manchen wunderbaren Fischzug getan. Harro hat das Kind richtig eingeschätzt, es hat die Springfedern in sich, die nötig sind, um Überraschungen recht genießen zu können.

Es ist das Fest der Schlehenblüten gewesen, das Maiblumenfest, und jedes hat seine eigenen Feinheiten mitgebracht. Der lange Thorsteiner geht wie auf Federn und reckt seinen braunlockigen Kopf unter dem alten Filzhütchen, dass die Holzarbeiter und Bauern, die ihm begegnen, anfangen, ihre Kappen vor ihm herunterzuziehen; früher hatten sie ruhig auf seinen Gruß gewartet. Er erzählt dem aufhorchenden Seelchen: »Wenn du einen angehenden Kapitalisten sehen willst, schau mich an. Wenn wir wollten, könnten Kaliban und ich jeden Tag

Hühnerkoteletten mit Schlagsahne verzehren; oder im Heuwagen durchs Land spazierenfahren, wie das Mazzenbacher Büblein getan hätte, wenn es König geworden wäre. Ein schlaues Büblein, das wusste, was schön ist.«

Harro hat sein Bild verkauft. Nicht das Original, eine Kopie davon. Von dem Original sich zu trennen wäre ihm als eine Profanation erschienen. Dass er den Kauf verweigerte, hat, ohne dass er es ahnte, den Preis hinaufgeschnellt. Denn der Amerikanermillionär muss den Ehrensaal haben, und da er Schweine schlachtet, passt das Gemälde jedenfalls ausgezeichnet dazu, in seinem Hause in Chicago aufgehängt zu werden. Mrs. und Miss Vandouten werden sich ganz feudal vorkommen, wenn sie es ihren Besuchern weisen. Harro hat das Bild für den Amerikaner kopiert und mehr für die Kopie bekommen, als er für das Original ihm angeboten hatte. Auf der Kopie sind die Wappenschilder, die die goldenen Greifen und Pelikane halten, leer, und der Besitzer kann ja später, wenn seine Tochter ihren gestrandeten Grafen oder italienischen Principe geheiratet hat, eines hineinmalen lassen.

Aber der Thorsteiner strahlt nicht so sehr wegen der Scheine, die er auf die Bank getragen, er feiert eben auch die Feste mit, und Frau von Hardenstein entdeckt, dass es ein neues Talent gibt, von dem sie bisher nichts wusste: das, Feste zu feiern. Und das muss gänzlich verschüttet in dem Thorsteiner geschlummert haben, sie hat es wenigstens nie an ihm bemerkt. Sie selbst ist gar so viel vom Leben hin und her geworfen worden. Von ihrer Verheiratung an ist sie kreuz und quer durchs deutsche Vaterland gezogen. Sie hat ein kleines Grab in Dieuze und eins in Thorn. Sie weiß nicht mehr auswendig, wie oft der Möbelwagen vor der Türe stand und die Packer sich auf ihre Sachen stürzten.

»Ich söhne mich mit den Säulen aus, Harro«, sagt sie, »sie sind so anständig standfest und können nicht gerückt werden. Manche würde das sehr angreifen, mich beruhigt es. Ich habe schon gar zu viel hin und her gerückt, bis allemal meine Sachen wieder gestellt waren. Wie das Kind gedeiht! Schon drei Wochen hat sie kein Wörtchen mehr von dem Schönsten gesagt. – Wer weiß, ob wir nicht doch das Kind durchbringen.«

Aber Harro empört sich sehr über diese Worte. – Wer denn noch daran zweifelte?

»Aber das kommt von eurer liebevollen und dankbaren Ansicht vom Jammertal. Als ob diese schöne Erde ein Strafplatz sei und alles Liebliche, Schöne und Gute, sobald es sich entfaltet, gleich daraus verpflanzt werden müsse auf eure Halleluja-Wiesen. Wenn ihr so nah bekannt seid mit der Gottheit, dass ihr derselben eine Ansicht vortragen dürft, so käme mir die anständigste die vor, dass man dankbar anerkennt, was für einen schönen Tummelplatz wir bekommen haben. Wo wir uns allerdings oft schlecht genug aufführen, wofür aber das Gelände nichts kann.«

»Seien Sie nicht frivol, Harro, und Sie tragen auch die Lilienstengel schief, von denen Sie mir doch gesagt haben, dass sie durchaus gerade getragen werden müssten.«

Harro ist mit Frau von Hardenstein im Empfangszimmer. Es ist spät abends, das Seelchen schläft schon lange, und Harro erklärt seiner Freundin, wie Lilien behandelt werden müssen, wenn sie ihre volle Pracht entfalten sollen! Und Frau von Hardenstein schüttelt ziemlich bedenklich den Kopf über seine Vorbereitungen.

Am zwanzigsten Juli scheint die Sonne so golden, wie es sich für den Tag gehört, und der Himmel ist schon am Morgen tiefblau. Das Seelchen hat schon am frühen Morgen auf ihrem Toilettentisch ihr schönstes weißes Kleid gefunden. Das bedeutet etwas. Ist heute vielleicht Lilientag? Als sie fertig ist, schlüpft sie hinaus auf den Lindenstamm, eine ehemalige Bastei, auf welche ihr Zimmer sich mit einer Flügeltür öffnet und von der man in zwei grüne Täler sieht. Denn sie bildet den vorspringendsten Punkt der Bergkuppe, um deren Fuß der Fluss sich legt. Grüne Waldberge begleiten den Wasserlauf, und gerade gegenüber dem Lindenstamm ist das heimliche Plätzchen, wo die alten Buchen bis zum Uferrand herabsteigen und liebende Arme über das grüngoldene Wasser breiten. Das Flüsschen selbst hält hier in seinem Laufe ein wenig an, als ob es nicht weiter möchte, hohe Schilfstauden umgeben das andere Ufer. Der Platz heißt das Grafenbad, und es steigen jetzt noch alte Steinstufen hinein in die lockende Tiefe.

Und heute blüht die Linde, die sich mit ihrem mächtigen Stamm an das Mauerwerk der Bastei lehnt und ihre Wurzeln in einem kleinen Erdvorsprung hat, ihre Krone aber über dem Lindenstamm ausbreitet. So wohnt man da oben in Wipfeln, denn auch von der Nordseite umgeben die Bastei zwölf riesige Tannen. Auch sie schauen nur mit den Wipfeln herein, und die Zweige der zwölften berühren schon den roten Turm, der als ehrenfester Wächter herabsieht auf die Steinplatten des Lindenstamms. Dieser selbst ist so groß, dass ein Berliner Mietshaus mit sechs Zimmern sehr bequem darauf Platz hätte, und man kann auf ihm in Sonne und Schatten wohnen. Der Efeu treibt überall um die Bekrönung seine Ranken und streckt Zweige durch die winzigsten Mauerluken.

Seelchen, festlich angetan, eilt nach ihrer Schnur, deren Ende hinabreicht an den Fuß der Bastei, tief unter die Wurzeln der Linde in einen heimlichen Winkel des Parks.

»Oh, die Schnur ist schwer! Es hängt etwas daran – ja, es guckt schon über die Mauer.«

Ein weißes Kästchen, an dem hängt ein Rosenkranz.

»Frau von Hardenstein, kommen Sie! So sehen Sie doch!«

Nun zuerst den Kranz lösen und ihn aufsetzen. In den Spiegel braucht man dabei nicht zu sehen, denn die Kränze sitzen in den offenen Goldhaaren immer, wie sie sollen.

Und nun das Kästchen auf! Auf weißem Seidenpolster ein paar goldene Schuhe! Und was für eine Form haben sie! Wie angegossen sitzen sie an den feinen Füßen, und auf den Zehen stehen kann man darin, als ob man barfuß wäre. Seelchen tanzt mit ihren goldenen Schuhen und ihrem Rosenkranz auf den alten Steinplatten unter der Linde.

»Das sind meine Freudenschuhe! Immer will ich sie anziehen, wenn ich froh bin. Und wenn ich sie anziehe, ist ein Fest!«

»Und es ist auch heute ein Fest, es ist Ihr Geburtstag, Prinzesschen, und Sie müssen sich gratulieren lassen, und es gibt noch viel zu sehen.«

»Hörst du, alte Linde, was heute ist? Mein Geburtstag und ein Festtag. Und du bist auch am allerschönsten heut.«

Denn die Linde blüht auf ihrer Nordseite.

»Sieh meine goldenen Schuhe! Tausend Jahre hast du keine goldenen Schuhe mehr gesehen! Wirf mir ein Büschelchen herunter, einen Tropfen Honig, Linde, Herzelinde!«

Endlich lässt sie sich fortziehen in das Empfangszimmer. Da stehen im Halbkreis die Lilien in alten einfachen mattglänzenden Zinnbechern. Seelchen atmet beklommen. »Ist das mein Geburtstag?«

Frau von Hardenstein findet, dass Harros Blumenstilleben fast ängstlich feierlich aussieht und dass nicht einmal das weiße Gabentischchen in der Mitte die Sache bessert. Das Kind betrachtet seine Geschenke, dann nimmt es eins nach dem andern von den hübschen Dingen hinweg und trägt sie in die Ecke auf den blauen Diwan. Dann kauert sie sich auf den Boden in ihrem Lilienhalbkreis. Einen Augenblick zieht sie die goldenen Schuhe aus und stellt sie auf das nun leere weiße Tischchen.

»Das ist Harros Geschenk.«

Dann zieht sie sie wieder an.

Ein wunderliches Kind, denkt Frau von Hardenstein, und Harro hat es mit seinem Blumenzauber wieder getroffen! O Kind, wenn man dir einmal deinen langen Freund nimmt! »Kommen Sie nun mit mir herunter, Seelchen, im Hof ist auch noch etwas zu sehen. Der Duft ist fast zu stark.«

»Ach liebe, beste Frau von Hardenstein, darf ich denn nicht ein wenig allein bleiben bei meinen Lilien? Ich rühre sie nicht an, ich weiß ja, dass man's nicht darf. Ein klein wenig? Ich tue alles, was ich soll, nachher!«

»Gut, ich gehe über den Lindenstamm in den Park den Rosenweg hinunter und in den Hof. Dort kommen Sie hin, nicht wahr?«

Sie geht und Seelchen ist allein. Nun steht sie in ihrem Blumenring vor dem großen Bild ihrer Mutter und flüstert: »Siehst du mich, Mutter?« Eine Pause, als ob sie auf Antwort warte. Ganz still ist's, nur der Sommerwind bläht ein Weniges die langen weißen Vorhänge auf, und durch die Läden schießt die Sonne schmale goldene Pfeile.

»Mutter«, flüstert das Seelchen noch einmal – dann seufzt sie leise. »Ach, sie schläft so fest, oder ist so fern. So schön muss es sein dort, wo sie ist, dass sie nicht ein wenig mehr hersehen mag zu ihrem Seelchen, das doch seinen Lilientag feiert. – Sie machen wohl Musik bei dir, die Lilien? Jede hat einen Ton und den singt sie.« Ob man wohl darnach tanzen könnte! Aber schön langsam muss es gehen, ich liebe sie nicht, die schnellen Tänze! Und wenn man so froh ist wie im Leben nicht, so muss man doch tanzen!

Sie fasst die Enden ihrer langen Haare, dass das feine Goldgespinst sich ausbreitet wie ein Schleier. Zuerst bewegt sie nur ein wenig das rosengeschmückte Köpfchen. Dann hebt sie das feine Füßchen. Nun schwebt sie langsam im Lilienkreis herum. Sie wendet sich und neigt sich.

Da geht die Türe auf, und dort steht Harro mit einem großen Rosensträuße in der Hand. Sie nickt ihm lächelnd zu und dreht sich langsam im Kreise, und ihr feiner Körper ist wie eine weiße Flamme in dem dünnen Kleidchen.

Harro steht unbeweglich und seine Augen trinken. Da lacht sie ihr feines klingendes Lachen. »Der Lilientanz, Harro. – So klingen sie auf der Himmelswiese und darnach tanze ich in meinen goldenen Schuhen!«

Harro ist, als rühre ihn zwischen den Schulterblättern etwas kühl an.

»Komm, Seelchen, Frau von Hardenstein wartet auf dich, der Duft ist doch zu stark hier.«

Und im Hofe ist noch etwas zu sehen. Da steht das braune glänzende Pony, das Tante Helen gesandt hat. Seelchen streichelt das Tier beglückt, aber um es besteigen zu können, müsste sie sich von ihrem Rosenkranz und den goldenen Schuhen trennen. Und so begnügt sie sich für heute damit, ihm ein Stück Zucker zu geben und es zu streicheln. Auf dem Lindenstamm wird zu Mittag gegessen im köstlichen Lindenschatten.

»Prinzesschen, haben Sie sich auch für alles bedankt, und Harro, wie sind Sie zu goldenen Schuhen gekommen?«

»Harro, ich danke dir, es sind meine Freudenschuhe. Immer werde ich sie tragen, wenn ich froh bin. Wer hat dir denn die Schuhe für mich gegeben? War es ein Männlein im Walde oder eine Nebelfrau, oder hast du sie am Kinderbrunnen gefunden?«

»Falsch geraten.« Und Harro erzählt über dem Nachtisch von köstlichen Erdbeeren und Sahne, an dem sie nun angelangt sind: »Als ich in letzter Woche in München war, da sah ich in einem Gässchen ein Schild an einem buckligen Häuschen, *Johann Nepomuk Wurmhaber, Kunstschuster*. In dem Fenster stand seltsames Schuhwerk, Schnabelschuhe, ellenlange breite geschlitzte Latschen aus farbigem Leder, Spangenschuhe mit hohen Absätzen. – Da ging ich hinein, da war ein kleines feuerrotes Männchen, so buckelig wie sein Haus. Das schnarrte: „Mein Herr, Sie können in jedem Jahrhundert bedient werden. Der Herr ist Künstler." Nun, das musste mich schon freuen, das war mir noch nie passiert. Man hatte mich immer bis jetzt für einen Offizier in Zivil gehalten. Ich sagte, ich möchte lieber im gegenwärtigen Jahrhundert bleiben. „Haben Sie goldene Schuhe?" Nun staunte er aber doch ein wenig, fasste sich jedoch sofort. „Meine Schuhe sind Kunstschuhe. Sie werden also nicht über ein Holz geschlagen, sondern nach der Persönlichkeit gebaut." – „Da kann geholfen werden", sage ich und präsentiere ihm meine Wachsmodelle, eins für den Rechten, eins für den Linken. Die habe ich mir doch mit vieler Mühe gemacht. Du bist ja so freundlich gewesen und hast so oft deine Schuhe ausgezogen.«

Nun wird Frau von Hardenstein ernstlich böse. »Lieber Harro«, sagt sie scharf, »ich fürchte, jede Ermahnung von meiner Seite wird nichts nützen, wenn Sie die Prinzessin in ihren Unarten so bestärken wollen. Gestern hat sie bei dem Geschichtsunterricht des Herrn Präzeptors die Schuhe unter dem Tisch ausgezogen. Ich bin dafür, die goldenen Schuhe werden konfisziert, wenn das noch einmal vorkommt.«

Beide Gescholtenen ducken ihre Köpfe, Harro beugt sich über seine Erdbeeren, das Seelchen, das dunkelrot geworden ist, verschwindet fast hinter seiner Serviette. Sie ist sehr schuldbewusst, denn auch der eine der Goldenen tanzt nur noch auf den Zehen.

Frau von Hardenstein sieht aber zum Glück nicht unter den Tisch, und Harro erzählt weiter: »Herr Wurmhaber freut sich nun sehr über die Modelle, und als er hört, dass er die behalten darf, verspricht er, richtiges stiftvergoldetes Leder zu beschaffen durch einen Freund, der kostbare Büchereinbände macht, und sagt, ich solle die Form angeben, ich möchte mich aber in seine Sammlung begeben. Die ist in einem Hinterstübchen, das in ein Gärtchen geht, man sieht sogar ein brunnentiefes Stückchen Himmel. Da stehen Gipsabgüsse von Füßen. Die Füße der tanzenden Grazien von Canova sind da und der Fuß des Bogenspanners und des griechischen Dornausziehers. Deine Füßchen stellt er neben den linken einer griechischen Tänzerin. „Und nun, mein Herr", sagt er in hohlem Grabeston, „die Schreckenskammer!" Nun zieht er einen Vorhang auf, und da gibt es schreckliche Dinge. „Mein Herr! Ohne alle Mühe zusammengebracht. Hier in der Gasse und Nebenhöfen! Das ist von zu hohem Absatz, dies kommt von Schuhen, die vorn in der Mitte spitz sind – es ist eine Armee von Hässlichkeiten … Und nun wollen wir eine Form suchen, die all diese Unglücksfälle vermeidet." Diese Form, behauptet er, sei ihm beim Anblick der Schuhe eines Würzburger Bischofs auf einem Grabmal aufgegangen. Ich weiß nicht, ob ich ihm den Bischof so ganz glauben kann, und, Frau von Hardenstein, der Mann hat nichts für die Schuhe genommen, absolut nichts, wenn er die Modelle behalten dürfte für seine Sammlung. Und die Schuhe sind gut.«

»Verzeihen Sie, sie sind höchst absonderlich, und für die Festschuhe mag es gehen, aber diese formlosen Dinge!«

»Ich bitte Sie, Frau Mutter, die haben doch schon die Form der Füße angenommen, sie sind sehr schön und gut.«

Seelchen rief jammernd: »Ich will keine andern mehr, ich will nicht mit meinen Füßen in die Schreckenskammer kommen.«

Harro schlägt vor, wenn Seelchen dafür verspräche, dass sie nie, nie unter dem Tisch die Schuhe ausziehe, dann könnte man ihr doch vielleicht den Willen tun.

Frau von Hardenstein seufzt: »Harro, als Prinzessinnenerzieher sind Sie die allerungeeignetste Persönlichkeit, die ich mir denken kann, und das Unheil, das Sie anrichten werden …«

Etwas beladen von der Ungnade der Frau Mutter geht Harro zu seiner Studie auf der Römerwiese. Gegen Abend soll er zum kühlen Brunnen kommen, wohin das Seelchen mit Frau von Hardenstein fahren wird. Dort gibt es Erdbeeren in Menge, und das Kind hat ein feines Weidenkörbchen bei sich, schön mit Weinlaub ausgelegt, und darin will es Erdbeeren sammeln für Harro, wenn er kommt. Und nun nimmt sie der Schatten auf, und der kühle Atem des Waldes weht ihnen entgegen.

Der Wagen hält und fährt wieder zurück, denn sie wollen den Heimweg zu Fuß machen. Die hohe Gestalt der Dame in ihrem schwarzen Kleid und das Kind mit seinen goldenen Schuhen, die es auf vieles Bitten hat anbehalten dürfen, schreiten über die moosigen Waldwege unter den hohen Eichen hin.

Es ist ein uralter Eichenhain, der seit vielen Jahren schon überständig ist, aber immer geschont wird um der alten Prachtgestalten willen. Es ist hier nicht einer unter ihnen, den nicht der Blitz gestreift hätte. Die Äste winden sich wie Schlangen, in den hohlen Kronen haust der Specht. Zu ihren Füßen haben sich Erdbeerfamilien angesiedelt und nicken hohe Farnwedel. Wie ein beseeltes silbernes Band gleitet die Ringelnatter über den Moosboden, ein zierliches Reh schreckt auf, das zwischen den mächtigen Wurzelbänken geruht hat. Gurru, Gurru rufen die Waldtauben einander und ein kleines Brünnlein erfüllt mit seiner einfachen Melodie die Einsamkeit mit lieblichem Leben.

Da ist ein Tisch und eine Bank, gerade dort, wo sich der Hain gegen eine sanft gesenkte Waldwiese öffnet. Nun darf das Kind Erdbeeren suchen und sie geht eifrig hin und her zwischen den Waldriesen, deren Leben ihre Väter und Großväter geschaut. Ihr Mund steht keinen Augenblick still, sie muss mit allem sprechen, was ihr begegnet. Mit dem kleinen Fröschchen, dem sie sagt, dass es die schönsten Goldaugen habe, und mit den blassen hohen Glockenblumen, die sie küsst und fragt: »Gehörst du auch zu meinem Geburtstag, weil du so dastehst vor des Wurzelweibchens Haus?«

Und da kommt Harro. Vor Freude verschüttet sie fast ihr Körbchen. Und so schöne, reife, dunkelrote Beeren sind darin, groß wie kleine Kirschen. Und nun gehen sie noch über die Wiese, wo die vielen Federnelken nicken und glührote Weidenröschen stehen, hoch über des Seelchens Kopf. Wie die Sonne glüht auf dem roten Blumenfeld, und wie die Musikanten schrillen!

»Wir setzen uns ein wenig an den Rain, Harro. Dort hören wir, wie das Brünnlein mit sich selbst schwatzt.«

Harro streckt sich der Länge lang ins Gras mit einem Seufzer des Behagens. Das Kind sitzt zwischen hohem nickenden Riedgras neben seinem Korb und spießt eifrig Erdbeeren auf feine Grasstengel.

Harro muss den Mund aufmachen, er bekommt die zierlich aufgespießten Beeren hineingesteckt und braucht sich nicht zu rühren.

»Harro, wenn ich deine Frau wäre, so würde ich dir immer Erdbeeren suchen und dir in den Mund stecken.«

Harro ist ein wenig schläfrig, er ist durch die Sonnenglut gegangen und hat vor seiner Studie auch immer in das grellste Licht sehen müssen. Er brummt nur: »Prinzessinnen haben nicht in Ruinen Platz. Wohin mit den Equipagen und den Dienern?«

»Ich brauche doch keine, Kaliban ist da und ich geh mit dir zu Fuß.«

»Durch den Sonnenbrand auf deinen goldenen Schuhen?«

»Nun sollst du einmal gar nichts antworten. Wenn du etwas sagen willst – sieh, da hab ich eine Erdbeere, die stecke ich dir hinein.«

»Rede los, Seelchen. Nimm's aber nicht übel, wenn ich ein bisschen einnicke, seit vier heute Morgen steige ich herum und war schon sehr fleißig, und dein Stimmchen hat eine so feine Begleitung in dem Brunnen dort …«

»Einmal bin ich deine Frau, Harro.«

Er will etwas sagen, bekommt aber sofort eine Erdbeere in den Mund.

»Können wir denn nicht so tun? Dann bin ich groß und habe ein Silberkleid und du hast einen Saal, in dem du malen kannst. Man kann darin Sonne und Schatten machen, wie man will. Und ich sitze bei dir, wenn du malst, und bin mäuschenstill, und du malst das schönste Bild. Und Kaliban kocht das Essen und ich die süße Speise. Und abends gehen wir auf die Römerwiese und dann kommt die Nacht. Und die Welt schläft ein und es kommt der Mond und sieht, wie sie daliegt und schläft. Dann fährt der liebe Gott übers Land und sieht die Menschen an, wie sie ihre Herzen herausgelegt haben, denn bei Nacht können sie die nicht hüten, und sieht, was sie darin haben. Und wenn er zur Ruine kommt und sieht unsere Herzen, so sagt er: „Ich muss ihm auf sein Herz einen goldenen Tropfen geben aus dem Himmelsbrunnen und einen Tropfen auf seine Augen, dass er das schönste Bild malen kann." – Dann klagt mein Herz, ach was geb ich nur dem Harro dafür, dass er mir die Lilien auf meinen Geburtstag gestellt hat im Kreis, dass jedermann sehen kann, es ist ein Fest, dass das Seelchen da ist, und ist keine Betrübnis dabei! Aber nun meinst du, ich sage dir, was mir der liebe Gott für dich gibt. Aber ich will auch ein Geheimnis haben … Nein … aber wenn es da ist …«

Da winkt Frau von Hardenstein. – Harro ist heute so verträumt, dass Frau von Hardenstein ihn neckt, er sei von seinem Schläfchen dort am Rain noch gar nicht aufgewacht, und gestattet ihm eine Mückenvertreibungszigarre, damit er wieder zu sich kommt. Derweil erinnert sich das Kind plötzlich, dass sie Vaters Brief immer noch nicht zu Ende gelesen hat, er ist heute so lang und sonderbar. So liest sie denn eifrig, während Harro eine sehr nachdenkliche Zigarre raucht.

»Nun, Prinzesschen, gute Nachrichten?«

»Ja, und Papa freut sich. Es wäre aber jetzt gar nicht mehr so nötig gewesen.«

Harro sieht sie an und sagt halb mechanisch: »Was wäre nicht so nötig gewesen?«

»Ach, die neue Mutter. Ich habe ja Euch!«

7. ROSMARIE

Schloss und Städtchen haben das Galakleid angelegt. – Alle die kleinen Giebelhäuser, die so schön nebeneinander stehen, dass jedes dem nächsten ein wenig über die Schulter gucken kann, tragen ihren Schmuck, und wenn es nur ein Mooskranz mit einer weißblauen Papierschleife ist.

Die ganze schöngewundene Straße entlang, vom Hohenstaufentorturm bis zur Reitbahn, steht eine Doppelreihe junger Fichten, die durch bunte Blumenketten verbunden sind. Die Herbstblumen, die festen Georginen, Sonnblumen und Astern lassen sich schon einiges gefallen. Es gibt sogar eine mit Tannengrün umwundene Ehrenpforte mit einem sehr wohlgemeinten Vers darauf. Die Tochter des Bürgermeisters memoriert laut und ängstlich an einem Gedicht. Mine in der Küche und der kleine Fritz können es längst auswendig, aber Fräulein Klara hat einen harten Kopf, und bei der dritten Strophe bleibt sie stets hängen:

»Die Bergstadt steht im Feierglanze,
Und ihre Wimpel wehn zu Tal …«,

beginnt sie wieder, während Mama ihr schon das festlich weiße Gewand überstreift. Im Schloss fliegen die Lakaien, heute scharlachrot mit Schnallenschuhen; an der Einfahrt in den Turnierhof hängen kostbare Gobelins, und die Waffenhalle, wo bei festlichen Gelegenheiten der Einzug stattfindet, steht offen. Wundervoll ist's für die Braunecker Kinder, da die Näschen hineinzustecken zu den unzähligen Karabinern, alten Schwertern, Degen und Panzern. Das Schönste von allem ist aber ein ausgestopfter Bär, der mit erhobenen Pranken dasteht. Den hat der Fürst einmal in Russland geschossen, und die Braunecker Kleinen trauen ihm immer noch nicht so ganz, so gefährlich steht er da.

Überall sind Palmenkübel, hohe Vasen mit Rosenzweigen. Eine Atmosphäre der Erwartung liegt auf allem, denn heute kommt die junge Fürstin. Jedes hat irgendetwas zu erwarten oder zu besorgen. Es gibt so manche behaglichen Gewohnheiten, die vielleicht einer jungen Frau nicht ganz gefallen werden. Und wie wird es dem Prinzesschen gehen, was wird es heute wohl anstellen? Die Nähstube ist durchaus nicht im Zweifel, dass sie irgendetwas verfehlen wird. Die Küche, wo die Männlichkeit das Übergewicht hat, hält dafür, dass es nun nichts mehr verschlage, was sie tue oder nicht, denn mit der ersten Violine sei es doch vorbei. Ob der Ruinengraf immer noch herumgehen werde und den Herrn spielen, ist eine noch aufregendere Frage. Und eben kommt der Thorsteiner über den Hof, als ob es sich von selbst verstehe, dass er bei allem dabei sei. Und elegant! Die Küche plattet sich die Nasen ab an den Fenstern, um ihn zu sehen.

Der Thorsteiner geht unbekümmert vorüber auf die Galerie und klopft am Säulenheim. Er muss das Kind zuvor sehen. Das ist so bitterlich enttäuscht worden. Es wollte doch auch zur Hochzeit. Eine Hochzeit muss doch etwas so Herrliches sein. Auf das man sich so lange freut, wo es Musik gibt und alle Leute froh und schön und festlich sind. Und nun will sie Papa nicht dabei, nein, sie soll ruhig in Brauneck bleiben, bis Papa mit der neuen Mama kommt. Das feine Herz des Kindes fühlt, dass ihr Vater sie nicht dabei haben will, denn die neue Mama hat sie sehr freundlich eingeladen.

Und sie hat recht; der Fürst wird nervös bei dem Gedanken an die vielen Leute, die seine arme Kleine sehen werden, und wie ihre wunderlichen Reden von Mund zu Mund getragen würden. Und was sie Unpassendes tun könnte! Vom Schuheausziehen an bis zu den allerunmöglichsten Dingen …

Und Frau von Hardenstein hat nur trösten müssen.

Heute trägt Seelchen ihre Freudenschuhe, einen La France Rosenkranz und das von Harro gezeichnete silbergestickte Tüllkleid. Es ist immer noch kein richtiges silbernes Kleid, aber doch das Nächste dazu. Und nun steht sie auf den Zehenspitzen, zupft ungeduldig an Harro herum … »Sieh mich an … Wie gefall ich dir?«

Harro wiegt bedenklich seinen Kopf, mehr als je ist er von seiner Unfähigkeit als Prinzessinnenerzieher überzeugt.

»Reichlich seltsam ist's, Harro«, klagt Frau von Hardenstein.

Das Kleidchen ist aus ägyptischen Tülltüchern gemacht, die Harro aufgetrieben hat, die mit dünngehämmerten Silberbändchen in einfachen Mustern durchzogen sind. Und er ist nun doch betreten über den Eindruck, den das Kind macht. Das Kleid betont noch das Geheimnisvolle, Feierlich-Zarte, das immer über dem Kinde schwebt.

»Ich bitte Sie, Harro«, flüstert ihm Frau von Hardenstein zu, »ein präraffaelitisches Engelchen; man kann es auf jeden Altar stellen. Und Sie wissen, wie wichtig der erste Eindruck ist!«

»Nun, dann ist es gerade gut, dass die Mutter das Kind zuerst sieht in einem Kleide, das seine Eigenart betont … Übrigens verspreche ich Ihnen feierlich, dass ich mich nie mehr in Toilettenangelegenheiten mische.«

Und nun hört man einen fernen Kanonenschuss … Es ist nichts mehr zu machen. Es ist eine weiße Lilienflamme auf einem Altar, das Seelchen, denkt Harro. Und wie sich das Silber an die feinen Glieder schmiegt, glatt und glänzend wie eine Schlangenhaut, und wie es sich in rhythmischem Fall bewegt. Und der rosa Kranz macht, dass es doch nicht tot ist, das Weiß und Silber …

Fräulein Klara hat zwar richtig an der dritten Zeile eine kleine Kunstpause gemacht, aber die braunen schönen Augen der jungen Fürstin haben so heiter geglänzt, da hat sie doch weitergefunden. Die Pferde, die man vorher durch hochrufende Schulbuben auf ihre heutigen Pflichten dressiert hat, sind nur ein ganz klein wenig unruhig geworden. Fürst und Fürstin sind ausgestiegen und langsam über die Brücke, die über den tiefen Graben führt, gegangen.

An der Schlosspforte, wo die Gobelins hängen, steht ganz allein das Kind und sagt: »Willkommen Mama und Papa«, wie Papa es gewünscht hat.

Die befrackten Herren treten etwas zurück und die Fürstin sagt verlegen: »Willst du mir einen Kuss geben?«

Die junge hübsche Frau mit den Braunaugen beugt sich zu dem Seelchen herab. Das hat ein Gefühl, dass es etwas Außerordentliches tun müsse, und verspricht: »Ich will so lieb sein, als ich immer kann.«

Und die Fürstin erhebt sich wieder, froh, dass ein unbehaglicher Moment vorüber ist, denn alle Augen sehen auf sie, noch mehr als vorher. Und nun darf Seelchen den Vater begrüßen, und dessen Augen leuchten auf bei ihrem Anblick. Er nimmt sie an seine Hand, und zu dritt steigen sie die Treppe hinauf in das große Empfangszimmer.

Dort sind die Herrschaften aus den benachbarten Schlössern, die Honoratioren des Städtchens, die Patronatspfarrer versammelt, und jedermann stammelt ein paar passende Worte. Die junge Fürstin muss erwidern und lächeln und selbst ein paar Worte sprechen, denen man anmerkt, dass sie nicht immer an die richtige Adresse gelangen. Der Fürst lässt seine Kleine nicht von der Hand, als ob sie ihm entwischen oder sonst etwas Unpassendes tun könnte. Und es ruhen die Augen der Gäste fast ebenso viel auf ihr wie auf der jungen Mutter. Niemals hat man das Kind, von dem doch so viel Gerede war, in der Nähe gesehen. Sie fuhr im Wagen vorbei mit ihren Begleiterinnen oder ging im Park zu ihrer eingezäunten Spielecke.

Und die dicke Frau von Statten flüstert ihrer Nachbarin zu: »Das hätte kein Mensch gedacht, dass die Braunecker so etwas Liebliches vermöchten. Haben Sie die Prinzess Helen gekannt? Ich bitte Sie! Oder sehen Sie an den Wänden hinauf. Die Männer, ja, die sehen alle gut aus!«

Seelchen benimmt sich heute tadellos, sie beantwortet jede Frage sogar ziemlich richtig und weiß, dass sie vor den alten Damen und dem Herrn Stiftsprediger ein Knickschen machen muss. Der Fürst strahlt. Eben hat er etwas abseits von seinen Nachbarn und Standesgenossen den Thorsteiner entdeckt.

»Liebe Charlotte, nun muss ich dir unsern nächsten Nachbarn, den Grafen Thorstein vorstellen. – Was macht die edle Kunst, blüht und gedeiht sie? – Graf Thorstein wird ein großer Maler werden und unserem stillen Waldwinkel einen Glanz von Berühmtheit verleihen.«

Die junge Fürstin sieht mit entschiedenem Wohlgefallen an der hohen Gestalt des Nachbars hinauf. Sie wagt sogar einen kleinen Scherz: »Er überragt uns schon jetzt.«

»Jetzt nicht, Durchlaucht«, sagt der Thorsteiner und beugt sich, um die junge Hand zu küssen. »Euer Durchlaucht untertänigster und dankbarster Nachbar. Schloss Brauneck hat mir sehr viel gegeben, wofür ich nicht dankbar genug sein kann.«

»Das klingt freundlich«, erwidert die junge Fürstin, »und Sie sind das ganze Jahr hier. Da werden wir gute Nachbarschaft halten und viel von Ihnen sehen.«

Ihre Augen kehren immer wieder zu dem großen Mann zurück. Die andern Herren sind zumeist älter. Ein junger Prinz und Vetter ist da, dem sein blaues Band gut zu seinem offenen frischen Jungengesicht steht. Und der spricht eifrig mit der Kleinen, da denkt sie, es wird eine angenehme Nachbarschaft … Und nun verabschiedet sich alles – ein Teil der Gäste wird zur Abendtafel wieder erscheinen.

Die Fürstin hat ihren ersten Empfang überstanden. Sie sinkt mit einem Seufzer der Erleichterung auf den Diwan …

Der Fürst setzt sich lachend an ihre Seite.

»Nun ist's überstanden. Und nun, was sagst du zu der Kleinen? Wie sie aussieht, und keinen einzigen Fauxpas hat sie gemacht. Ich staune. Und runde Wängchen! Diese Frau von Hardenstein ist ein Juwel. Liebe Charlotte, vergiss ja nicht, heute ihr einige freundliche Worte zu sagen. Deine Freude darüber. Sie kann es erwarten … Ja, wie du aussiehst, Kleine!«

»Schön, Papa.«

»Ei, wer hat dich so eitel gemacht?«

»Niemand hat's gesagt, aber ich habe es in Harros Augen gesehen.«

»Wer ist dieser Harro«, fragt Mama, »der so Bewunderung geblickt hat? Der Herr Vetter?«

»Nein, der Thorsteiner – der Kleinen ganz besonderer Freund.«

»Ach, der Maler – oder hast du nur gescherzt?«

»Nein, er ist Maler, und sein Bild von der Kleinen müssen wir noch vor dem Diner ansehen. Wir müssen ihm doch auch etwas Freundliches darüber sagen.«

»Sonst noch mehr Pflichten?«, schmollt die junge Frau.

»Nur die Pflicht, dich noch einmal schön zu machen, und ich hoffe, es wird ebenso Bewunderung geblickt werden wie bei der Kleinen. Nun, Kleine, wollen wir der Mama ihr Zimmer zeigen. – Ich hoffe sehr, dass alles nach deinen Wünschen ist. Ein alter Bau, weißt du, es lässt sich nicht verleugnen.«

»Es kommt mir noch sehr labyrinthisch vor, Fried – die Gänge, die Treppen und, oh, der Eingang! Ein bisschen nach dem Geist der Ahnfrau … Weißt du gewiss, dass keine umgeht? Sie könnte am Ende mit mir unzufrieden sein.«

»O nein«, ruft Seelchen, »gewiss nicht.«

Aber ihr Vater schneidet schnell alles Weitere ab und sagt: »Geh in die Sommerstube und warte dort auf mich, Kleine!«

Als die Kleine fort war, drehte er sich um und fragte strahlend: »Nun, wie findest du sie?«

Die junge Frau denkt, dass nun schon sehr viel von dem Kinde die Rede gewesen, und sagt mit einer hübschen kleinen Weisheitsmiene: »Es soll nicht gut sein, wenn man vor den Kindern über sie spricht. Es nimmt ihnen die Naivität.«

»Da ist bei unserer Kleinen nichts zu verderben, für sechs Kinder ist sie naiv …«

Und er führte seine junge Frau an seinem Arm in ihr neues Reich.

»O wie schön hast du das gemacht, Fried, wie lieb! Und gar keine Ahnen! Wie dank ich dir! Helen sagte, man könne sich bei euch nicht drehen und wenden, ohne dass einem ein paar Onkel und Tanten aus den verschiedensten Jahrhunderten zusähen … Und sie hielte es darum an trüben Tagen oder im Winter gar nicht bei euch aus.«

»So ist Helen. Am liebsten hätte sie ein Scheibenschießen nach den Tanten veranstaltet. Schrecklich pietätlos war sie, meinem Vater ein Schmerz.«

»Sie hängt nur Landschaften auf … und ihre Sammlung von Rassepferden.«

»Entsetzlich.«

Beide lachten … »Und doch lässt man sich immer wieder malen«, sagte die junge Frau. »Ist dieser Thorsteiner kein moderner Maler, dass er zu sehr in Stimmung und Beleuchtung macht und man mit grünem Haar und blauer Nase auf die Nachwelt kommt?«

Ihr helles Lachen klang durch die hohen Räume.

Der Fürst schlang seine Arme um sie.

Das Seelchen wartete in der Sommerstube sehr lange auf ihren Vater. Doch sie ist ein geduldiges Kind und hat viel zu überlegen. Ein sehr ängstlicher Gedanke ist unter der Schar, die sich ihr aufdrängt. Stiefmütter können ihre Stiefkinder ebenso lieb haben wie die rechten Mütter. Harro hat ihr erzählt von dem Maler Feuerbach und seiner Stiefmutter und was sie alles für ihren Sohn tat und welch schönes Denkmal er ihr in dem herrlichen Bild gesetzt. Stiefmütter wohl, aber Stieftöchter?

»Eine so nachdenkliche Kleine!«

Papa lacht, seine schönen Augen leuchten. Das Kind sieht, dass irgendwelche Veränderung mit ihm vorgegangen ist. Wie wenn er auf einmal ganz jung wäre, und ist vorher doch auch nicht alt gewesen. Er geht im Zimmer auf und ab, summt vor sich hin und vergisst sogar, sich eine Zigarette anzuzünden.

»Nun sind wir nicht mehr allein, Kleine. Die Mama! Lebendig wird es hier werden!«

Er summt vor sich hin und sieht hinaus in den verglühenden Abendhimmel. Und dann wendet er sich und sagt erstaunt: »Ja, bist du denn noch da, Kleine? Ich hatte dich ganz vergessen.« Da fällt ihm ein, dass er etwas wollte – was war es doch? »Ach richtig, das Bild. Kleine, dein Bild, wo hängt es denn?«

»Dort steht es, es ist zugedeckt. Harro sagt, es soll noch nicht aufgehängt werden; man weiß ja noch gar nicht, ob es dir gefällt.«

Das Kind zieht die Hülle hinweg und steht erwartungsvoll.

Aber Papa sagt nichts. Er starrt das Bild an, als ob er das kleine Mädchen darauf gar nicht kennte.

»Das hat der Thorsteiner gemalt? Und das bist du, Kleine! Wo habe ich denn meine Augen gehabt!«

Das Kind zieht sich einen Stuhl herbei, sie reißt sich ihren Rosenkranz vom Kopfe, sie schlingt die Hände um das Knie und wendet ihm ihr Köpfchen zu. So genau, wie sie das Bild kennt in jedem Strich. Sie kann es bis auf den Ausdruck darstellen.

Und Papa sieht sie an und das Bild, aber er spricht kein Wort.

Da ertönt der Gong. Der Fürst erhebt sich. »Wir müssen dir nun wirklich einen Namen suchen unter all deinen Namen …«

»Ich habe doch schon einen, ich heiße doch Seelchen.«

»Das ist nur für die Leute, die dich lieben. Du musst doch einen Namen haben, den man auf deine Briefe setzen kann. Komm, wir gehen zu Mama und holen uns Rat.«

»Aber Papa, kennst du mich nicht viel besser als Mama und siehst du mir nicht an, wie ich heiße?«

»Du warst so elend, als wir dich tauften. Wir fürchteten, deine Mutter nähme dich mit, so haben wir dir die Namen deiner Paten gegeben.«

Er trat wieder vor das Bild. »Wenn wir dich Maria nennten oder nach deiner Mutter Rose … oder beide Namen … Was meinst du, ist es dir so recht … Rosmarie, meine liebe Rosmarie?«

In dem großen Empfangssaal stehen die Gäste noch in Gruppen, die Herren mit der Zigarre, die Mokkatässchen mit mehr oder weniger Geschick belancierend. Harro, der sich halb hinter einer Palmengruppe versteckt hat, liebäugelt mit seinem Spiegelbild, das ihm seinen neuen Frack zeigt. »Was tut man nicht einer jungen, hohen Dame zulieb! Noch ganz andere Dinge, als sich in ein Habit werfen, das nun einmal in unserer augenlosen Zeit das Festgewand der Männlichkeit vorstellt. Die Beine Fabrikschornsteine«, so redet sich Harro an, »die Arme, der Hals, alles ein Röhrensystem in Weiß und Schwarz, wohl Symbol unserer wirtschaftlichen Erhebung. Der Schwalbenschwanz hinten deutet an, dass wir am Manne am meisten den Lakaien verehren, mit dem wir das herrliche Gewand teilen. Die Brust ein Leichenstein, Krawatte ebenfalls weiß, bei Groß und Klein, Dünn und Dick das gleiche Schleifchen wie aus Blech … So, o Mensch, mit deinem Palmenzweige stehst du an des Jahrhunderts Neige …«

Er fährt auf aus seiner Betrachtung, der Fürst steht vor ihm.

»Graf Thorstein, das Bild meiner Tochter hat mich überrascht … Ich wollte, ich verstünde mehr davon, um Ihnen die richtigen Worte sagen zu können …«

»Wenn es geworden ist, wie es ist, so ist es der Prinzessin selbst zu danken, die mir meine Aufgabe ungemein erleichtert hat.«

»Meine Tochter – ach, Sie sind viel zu bescheiden! Was könnte die Kleine dabei getan haben?«

»Sie kann still sitzen, ohne steif zu werden, jeden geistigen Ausdruck auf Wunsch festhalten. Sie hat auch einen fabelhaften Farbensinn und pflegt mit ihren Wahrnehmungen nicht hinter dem Berge zu halten.«

»Sie wird sich doch nicht erlauben …«

»O gewiss, Durchlaucht – eine oft vernichtende Kritik. Dies ist zu blau, das Rot zu freudig, in dem Gelb lacht gar nichts. Zuerst ärgerte ich mich darüber, nun bin ich schon gewöhnt, die Kritik mit gebührender Demut hinzunehmen; es ist mein eigener Schaden, wenn ich's nicht tue!«

»Was Sie alles noch aus meiner Kleinen herauslesen, Graf Thorstein … Aber vielleicht wissen Sie doch mehr von ihr als wir alle. Vielleicht hat mich darum ihr Bild so sehr überrascht, abgesehen von meiner Bewunderung! Ich muss es Ihnen sagen; es war mir, als sähe ich meine Kleine in diesem Bild zum ersten Male. Und nun haben wir ihr auch einen Namen gegeben: Was halten Sie von Rosemarie?«

Die Fürstin steht in ihrem neuen entzückenden Boudoir. Ihr Morgenkleid ist ein Pariser Kunstwerk aus Spitzen und Band, ihre schlanke Taille umschließt eine Goldkette. Eben hat sie eine befriedigende Überschau vor ihrem großen Spiegel gehalten. Und nun besinnt sie sich mit einem kleinen Seufzer auf ihre Pflichten. Eine gemalte Bonbonniere auf ihrem Tischchen hat sie daran erinnert. Sie drückt auf eine Birne neben der Chaiselongue und sagt zu dem wie aus einer Versenkung auftauchenden Schokoladebraunen: »Die Prinzessin, ich lasse bitten.«

Irgendetwas ist mit der Kleinen nicht in Ordnung! Was es ist, weiß sie nicht. Mit einem gewissen klagenden oder mitleidigen Ton wird immer von ihr gesprochen. Sonderbar sieht sie ja aus, aber das kann von dem verrückten Kleidchen kommen, das sie anhatte. Nun, die werden wohl nehmen, was irgendeine verdrehte Schneiderin, die große Rechnung machen möchte, ihnen schickt. Eigentlich hat sie sich das Kind ganz anders vorgestellt, vielleicht würde es sogar einmal schön werden. Und dann war der hübsche junge Vetter, mit dem sie gestern sprach, vielleicht in wenigen Jahren schon bereit, die weitere Verantwortung zu übernehmen.

Da stand schon die Kleine an der Tür, mit dem freundlichsten Morgengesicht und zum Glück angezogen wie andere Kinder. Sie kam sehr freundlich herbei, umarmte ihre neue Mutter und küsste sie auf die Wange. Die Fürstin war ganz erstaunt über so viel Entgegenkommen. War's am Ende ein Schmeichelkätzchen! Sie schob ihr die Bonbonniere hin.

»Magst du das oder darfst du nicht, Rosmarie? – Sie sind freilich auch gut, wenn man nicht darf.«

Aber das Kind ist sich keiner gegenteiligen Vorschrift bewusst, mit Bonbons ist sie überhaupt nicht verwöhnt worden. Und so lächelte sie vergnügt und fing an, mit spitzen Fingerchen herauszunehmen und die Herrlichkeiten zu probieren. Die junge Mama half auch bei dem Vergnügen, und so saßen sie sehr kameradschaftlich beieinander, Seelchen auf einem kleinen Taburett, die Fürstin auf ihrer Chaiselongue gegenüber von einem schmalen, langen, in die Tapete eingelassenen Spiegel.

»Und deine Frau von Hardenstein hast du wohl sehr gerne?«

»Sehr lieb habe ich sie. Sie kommt abends an mein Bett und sitzt ein wenig bei mir und dann sagt sie: „Behüt Gott!“ Sie hat einen Sohn gehabt und der ist tot. An den denkt sie immer, wenn sie mir gute Nacht sagt. Und dann fährt sie über meine Decke, siehst du, und dann ist's ihr gewiss, als ob sie ihm noch gute Nacht sage.«

Frau von Hardenstein wäre sicher sehr erstaunt gewesen, wenn sie das gehört hätte. Niemals hatte sie beim Gute-Nacht-Sagen von ihrem Sohn gesprochen, aber das Seelchen hatte doch herausgefühlt, dass dies Behüt Gott ein Liebesgruß war, einem andern Kinde nachgesandt.

Die junge Fürstin sagte mit einem Praline in der Hand: »Ist das nicht ein bisschen langweilig, ich meine, wenn immer ein Todesfall beklagt wird?«

Aber das versteht das Seelchen nicht und sieht ihre Mutter erstaunt an, dass diese fühlt, sie bewege sich auf schlüpfrigem Gebiet, und schnell weiterspricht: »Und viel lernen musst du nun auch bei deinem Herrn Präzeptor?«

»Er weiß eine solche Menge, Mama, von dem Miss Whart nie etwas gesagt hat. Miss Whart hat mir immer gesagt, die deutsche Geschichte wäre furchtbar langweilig, weil wir immer so viel Fürsten gehabt, die um das Land gestritten hätten, und man könne das doch nicht behalten. Und darum habe ich immer nur von Mary queen of Scots und den Kindern Edwards gehört. Aber der Herr Präzeptor weiß sogar von Griechen und Römern! Und alles lerne ich. Und wenn er sagt: „Wissen Sie noch?“, so weiß ich es immer, und dann freut er sich, weil die Buben es gar nicht immer wissen. Und zuerst, wenn er kommt, ist er schnarrig wie eine Krähe und stöhnt und sagt: „Nun wollen wir eben“ – und dann wird er ganz lustig. Und wenn er geht, sagt er: „Machen Sie so fort.“«

»Ei, da bist du ja außerordentlich brav. Meine Schwestern und ich haben unsern Herrn Doktor schwer geärgert. Dann standen ihm die Haare bolzgerade in die Höhe und mit einem Auge schielte er dann. Die Mäg, meine Schwester, sagte allemal, wenn es so recht langweilig war: „Komm, wir machen ihm die Augen krumm.“«

Aber das Seelchen sagt entschuldigend: »Die Buben ärgern den Herrn Präzeptor schon so sehr.«

»Ja gewiss, gewiss.« Die junge Frau fühlt, dass sie nicht sehr pädagogisch war. »Und es ist schön, dass du so ein kleiner Tugendspiegel bist. Und nun erzähl mir von deinem langen Freund, dem Maler.«

»Hast du mein Bild schon gesehen? Es ist schön, aber er sagt, es fehle etwas. Er hat mich noch einmal gemalt, auf einem großen Bilde, das ist noch viel schöner. Aber das hätte Papa nicht so gefallen, und er sollte doch Freude daran haben. Und nun gefällt's Papa sehr gut und Harro nicht ganz, aber wie soll man es beiden recht machen?«

Und sie schüttelt weise das Köpfchen.

»Graf Thorstein kommt oft herüber, ich meine, seit er dich nicht mehr malt?«

»Gar nicht so oft, nur wenn er Zeit hat, und er hat nicht oft Zeit. Wenn ein Fest ist, kommt er immer. Wenn jetzt der große dicke Nebel kommt, ist das Haselnussfest, und wir gehen nach Schweigen. Willst du auch mit? Aber du musst einen Wettermantel anziehen.«

»Nach Schloss Schweigen fahren wir jedenfalls.«

»Und es muss ein dicker Nebel sein.«

Die Fürstin lachte: »Ich sehe nicht ein, dass das nötig ist.«

»Das ist ausgemacht, weil es das Herbstfest ist. Und dann kommt doch die Sonne«, sagt das Seelchen, das ein felsenfestes Vertrauen hat, dass auch bei dem Wetter Harro es so einrichten wird, wie es am schönsten ist. »Frau von Hardenstein geht auch mit.«

»Als Trauerweide«, lacht die Fürstin. »Mein Geschmack sind Trauerweiden nicht.«

»Und Harro nimmt dich gewiss auch mit, wenn du ihn bittest.«

Die Fürstin erhebt sich und lächelt, wie schöne junge Frauen lächeln, die mit ihrem Spiegelbild zufrieden sind. »Nun, er wird nicht ganz hartherzig sein«, und sie ging an den Flügel, den sie öffnete. »Kannst du Walzer tanzen, Rosmarie?« Sie spielte einen der hübschen halbsentimentalen Modewalzer mit guter Technik und wiegte sich dazu ein wenig in den Hüften. »Fass dein Kleidchen an und tanze, Rosmarie. So machten wir es, wenn wir keinen Partner hatten.«

Das Kind lächelte, blieb aber stehen. »Den Tanz kann ich nicht. Ich kann nur den Lilientanz, den kannst du aber nicht spielen, und den Finkentanz, der ist komisch, und den Abendfräuleintanz – der gefällt Harro am besten. Da gehören Flügel dazu, und ich habe zu Harro schon gesagt, er soll sie mir machen. Aber er sagt, er könne nicht. Aber vielleicht will er mich auch nur überraschen. Und wenn du ihn sehr bittest, vielleicht macht er dir auch …«

Der Fürst hört schon von außen ein helles Gelächter, ein zweistimmiges … Wie ihm der Klang wohl tut und das Herz erleichtert!

»Zu drollig ist die Kleine. Hast du je von einem Finkentänzchen gehört?« Die Fürstin lacht wieder, aber ihr Lachen klingt ein wenig anders als vorher …

8. SCHLOSS SCHWEIGEN

Heute geht man nach Schweigen, und alles soll ganz anders sein, als Seelchen es sich gedacht. Kein Mensch sagt ein Wort von Harro. Den schönsten dicksten Nebel hat man ungenützt verstreichen lassen, wie alle Tage ist der Wagen auf drei Uhr befohlen. Seelchen weiß nicht, ob es sich nun freuen soll, beschließt jedoch, noch abzuwarten, aber so viel merkt sie schon: Ein richtiges Fest wird es nicht. Ein Fest ohne Harro!

Der blaue Wagen fährt vor, Mama und Papa steigen ein, das Kind auf den Rücksitz, sehr tugendhaft und ängstlich bemüht, die Füße vor Mamas Augen zu verbergen.

Denn Mamas Ansicht über ihre Schuhe kennt sie nun schon. Zum ersten Mal in seinem Leben ist das Kind schlau gewesen. Dass das wunderbare Schuhwerk von Harros Gnaden ist, hat sie nicht verraten, auch nichts vom Herrn Wurmhaber.

Die Fahrt nach Schloss Schweigen ist sehr schön. Es geht in das Tal hinunter, über die uralte bedeckte Holzbrücke donnert der Wagen, dann geht es in Windungen die steile Höhe hinauf und man sieht die Türme und Giebel von Schloss Brauneck schön gegen den seidig blauen Herbsthimmel. Dann kommt der Hochwald, in dem die Räder leiser rollen, und der glüht in dunklem und hellem Gold und Purpur und Blaugrün. Und Papa ist sehr froh, und sie fühlt, dass er mit ihr zufrieden ist.

Und nun wieder durch Felder, über die der Pflug geht, und über die die weißen Marienfädchen fliegen. Seelchen hält ein glühend rotes Ahornblatt in der Hand, das ihr in den Schoß gefallen, und hält es gegen den seidigen Himmel und muss es immer wieder bewundern und sich ausdenken, warum sich wohl das Blatt gar so herrlich zum Sterben anzieht. Nun kommen ein paar uralte kleine Giebelhäuser, ein großer Nussbaum, ein Hohlweg, in dem silberglänzende Waldrebendolden mit rotleuchtenden Hagebutten sich verspinnen, und plötzlich über den Kronen von zwei mächtigen Linden ein dunkler Turm: Schloss Schweigen.

»Rosmarie, freu dich, das ist Schweigen!«

»Wie seltsam«, sagt Mama, »das sieht man ja gar nicht, bis man daran ist.«

»Darum steht es noch. Es ist im Dreißigjährigen Krieg wohl gar nicht gefunden worden.«

»Gott, wie still«, ruft die Fürstin, »heißt es darum Schweigen?«

Sie sind ausgestiegen vor dem Försterhaus, das so freundlich am Eingang neben den beiden Linden steht. Über die innere Umwallung schaut hoch und finster in seinem grünen dichten Efeumantel der Palas hernieder und der düster schwarze Bergfried mit Mantel und Wehrgang. Unter den Linden rauscht und murmelt ein Brünnlein, und wie nun der Wagen hinuntergefahren ist zu den Ställen, so ist sein leises Plätscherlied der einzige Laut in der verzauberten Stille. Von der runden Umwallung der Linde aus sieht man auf herbstbunte Waldberge. Ein Habicht kreist über der tiefen Klinge, aus dem Gärtlein an der efeuumsponnenen Mauer weht ein leiser Resedaduft. Der Fürst hat seine Tochter an die Hand genommen und zieht einen silbernen Becher aus einem Etui. Den füllt er an dem Brünnlein und sagt: »Trink, Rosmarie, das muss man hier tun.«

Seelchen sieht zu ihrem Vater auf und trinkt aus dem Becher und bittet ihm in der Stille ihres Herzens ab, dass sie von ihm gedacht, er könne keine Feste feiern.

»Das hat mein Vater auch getan, wie ich zum ersten Male mit ihm hier war. Er sagte: „Aus dem Brünnlein muss man trinken, wenn man ein rechter Braunecker werden will.“«

Die Fürstin war auch herbeigekommen, sie hob ihr feines Spitzenkleid in die Höhe, um den Brunnen war es ein wenig feucht.

»Sag, Fried, ist das nun Familiensimpelei, wie deine Schwester Helen sagt, oder ist ein Aberglaube dabei?«

»Helen ist ein pietätloses Frauenzimmer und sollte ihre Zunge mehr im Zaum halten. Ein Aberglaube … ich wüsste nicht. Eine Geschichte soll es geben von einem Braunecker, einem Brunnen und einer Fee, ich weiß sie leider nicht. Darf ich dir übrigens anbieten?«

Aber die Fürstin hat kein Verlangen nach kaltem Wasser, sondern hofft auf einen Tee in dem verwunschenen Schloss da oben …

»Wenn eure Andacht beendigt ist, natürlich; Rosmarie sieht aus, als wenn sie in der Kirche wäre.«

»Sie ist beendet. Rosmarie, hier hast du noch einen Lindenzweig zu deinem Ahorn.«

»Gehört das auch zum Zeremoniell? Gott, ist die Kleine feierlich. Ein Glück, dass sie nicht ein Junge ist, sie müsste Pastor werden!«

Es geht eine Treppe hinauf zwischen Efeuwänden zum inneren Schlosshof mit Palas und Bergfried. Eine hohe Pforte, über der ein mächtiges in Stein gehauenes Wappen mit der Jahreszahl 1534 hängt. Eine düstere Halle mit geschnitzten Hirschköpfen mit riesigen Geweihen an hölzernen Säulen. Die Fürstin schauert ein wenig zusammen.

»Hu, wie riecht es da nach Geistern! Fried, ich bin überzeugt, dass es hier spukt, am hellichten Tage sogar. Du hast mir gar nicht gesagt, dass Schweigen ein solches Spuknest sei … Du willst doch nicht behaupten, dass man in dieser Luft leben könne ein paar Tage lang.«

Der Fürst sagt etwas verlegen: »Nun ja, ein wenig altmodisch riecht es ja, nach unbewohnten Räumen … Vielleicht lüftet die Försterin nicht genug oder wird das Efeugespinst zu dicht. Oben wird es besser, du wirst sehen.«

»Diese Hirschköpfe überall mit den glotzenden Glasaugen, die Treppenfensterplätze«, klagt die Fürstin. »Es ist ein Gespensterschloss aus einem englischen Roman.«

»Dass dir die Geweihe nicht gefallen! Sieh, an jedem Schildchen die Namen, sie sind alle in unsern Wäldern geschossen worden. Sieh den Siebzehnender! Und ich bin an einem guten Rehbock froh. Den schoss mein Vater; da war er, lass sehen, fünfzehn Jahre alt … Da mag er eine Freude gehabt haben! Und nun die Scherereien um die paar Böcke – unsere Urenkel, wenn die sich einmal amüsieren wollen, müssen auf die Rattenjagd gehen.«

Die Fürstin biegt sich über die Treppe und ruft: »Da seid doch ihr Herren schuld! Mir sollten Anno 48 die Bauern gekommen sein und mir meinen Sport verdorben haben, auf die Ratten käme ich noch lange nicht!«

Oben öffnen sich altmodisch trauliche Stuben, die mit schönen Rokoko- und Empiremöbeln eingerichtet sind. Die spindeligen

Empiretischchen sehen ein wenig sonderbar neben den uralten schwarzen Öfen aus. Und die Tapeten sind mit fürchterlichen braunen Quadratmustern bedeckt, die man nicht ansehen kann, ohne das Zählen zu bekommen. Die Fürstin kann nicht begreifen, was an diesen Zimmern, an deren Fenstern blau-weiße gestärkte Vorhänge sind, sein soll! Die grässlichen Tapeten, die Ungeheuer von Öfen, die alten rauen Fußböden! Selbst für den kleinen Erker, dessen Fenster genau nach Morgen und Abend orientiert sind und ein so liebliches Farbenspiel durch die Efeuranken hindurch versprechen, kann sie sich durchaus nicht begeistern. Der Lehnstuhl, der darin steht, ist steif und das eingelegte Tischchen davor wackelig.

Und sie fühlt deutlich, dass der Fürst etwas von ihr erwartet! Rührung oder Bewunderung? Er sieht sie eigentümlich an, und nun nehmen die Augen dieser wunderlichen Kleinen fast den gleichen Ausdruck an, dass Vater und Tochter sich plötzlich ähnlich sehen.

Dann sagt der Fürst leicht verlegen: »Ich kann natürlich nicht erwarten, dass Schloss Schweigen dir irgendetwas sagt … Für uns Braunecker ist Schloss Schweigen nicht ein Schloss wie die andern! Es hängen allerhand alte Sagen daran … Schon der seltsame Name … Von Schweigen her soll uns unser Glück gekommen sein …«

Die Fürstin gähnt höflich durch die Nase …

Seelchens Augen haben sich groß und strahlend geöffnet. »Sind sie hier gewesen, Vater, all die Leute, die jetzt nur noch in ihren Bildern leben, der Herr mit dem Schwert und die schöne Frau mit dem Schmuck wie fallende Blutstropfen und das blasse Bübchen mit dem Vogel und dem kleinen Schwert an der silbernen Rosenkette? Sind sie hier gewesen, Vater … und haben sie das Glück herübergebracht … Und warum heißt's Schweigen, und halten die blauen Männlein alle den Finger an die Lippen? Warum muss man schweigen? Hat man Glück, wenn man schweigt?«

»Für kleine Mädchen wird es immer geraten sein, wenn sie nicht so viel reden«, sagt die Fürstin mit so scharfer Stimme, wie sie bisher weder Vater noch Tochter von ihr vernommen haben. Beide sehen erschrocken nach ihr … Ihre Stimme klingt so seltsam in den alten Zimmern, die niemandem geöffnet einen leichten Hall forttragen. Dieser Familiengötze, denkt die junge Frau, die immer nur in Stadtvillen gewohnt hat, da ihr Vater der Nebenlinie seines Hauses angehörte. Alles hier ist ihr fremd und zuwider. Wie kann man sich so haben um geschmacklose Stuben. Und sie sieht den seltsamen abweisenden Blick aus den Augen der beiden, der macht sie noch ärgerlicher …

Und was hat das Kind? Das ist ganz schneeblass und hat fast schwarze Augen bekommen, steht auf der Schwelle, als wollte es im nächsten Augenblick umfallen.

»Aber Rosmarie, du wirst dich doch nicht fürchten? Gott, ist das Kind ängstlich. Es riecht doch nur muffig hier!«

Der Fürst runzelt die Stirne … Es war ein Leichtsinn, Frau von Hardenstein nicht mitzunehmen; wenn irgendetwas geschieht, weiß sich niemand zu helfen. Er zieht sie ins Zimmer herein.

»Komm, Rosmarie, Tee trinken.«

Das Seelchen lässt sich fortziehen. Es tritt ganz leise auf den Zehenspitzen, als fürchte es, jemand zu wecken.

Man trinkt Tee aus alten vergoldeten Tässchen. Diener sind keine da, hier bedienen sich die Herrschaften immer selbst, das ist so Sitte. Auch nach seiner Milch ist das Kind blässlich und spricht kein Sterbenswörtchen, aber sie hat doch etwas gegessen, und der Fürst beruhigt sich wieder. Und er versucht, seine junge Gattin etwas mit der Atmosphäre von Schweigen zu versöhnen, und erzählt ihr von seiner ersten Jagd hier, noch mit Vater und Großvater, und wie sie übernachteten und niemals Zeit hatten, sich irgendwelchen Geistern zu widmen. Abends freute man sich auf den Morgen und erzählte sich unendlich schöne Gauls- und Hundegeschichten; im Morgengrauen stand der Jäger vor der Tür und klopfte, und man fiel aus den steinharten Betten heraus, noch ganz schlaftrunken.

Aber die Fürstin ist durchaus nicht versöhnt.

»Man muss vollständig ohne Geruchsnerven sein, wenn man hier hausen kann, und ich bitte dich, Fried, diese Tapeten! Und diese Spiegel! Waren die Damen früher so wenig eitel, dass sie solche Spiegel duldeten?«

Da erhebt sich das Seelchen und geht mit zagen Schritten, die niemand, beileibe niemand aufwecken wollen, zur Tür und fragt: »Papa, darf ich jetzt das Zimmer sehen, wo das blaue Männlein von der Decke hängt?«

»Was meinst du, Rosmarie?«

»Das Männlein, das so macht!« Und sie hielt den Finger an die Lippen und lächelte, als wenn sie jemand Schweigen gebiete.

»Das gibt es hier doch gar nicht.«

»Doch, Papa, wir wollen's suchen.« Und sie zieht ihn mit sich fort, aber immer auf den Zehen, leise, leise … Sie gehen durch alle Zimmer. Die Fürstin ist zurückgeblieben, sie hat herzlich genug von alten muffigen, geschmacklosen Stuben. Sie zündet sich eine Zigarette an und probiert Stühle und Spiegel. Vater und Tochter gehen durch alle Stuben, und der Fürst zeigt seiner Tochter die Bilder, lauter Jagdstücke in alten Kupferstichen und schlechten Ölgemälden von merkwürdigen Hirschen, Ebern und Hunden. Aber das blaue Männlein ist nicht da. Nicht einmal in der letzten Stube, wo das große Himmelbett steht. Das hat seidene Vorhänge, die bedeckt sind mit den feinsten Blumenstickereien. In den Falten an den geschützten Stellen glühen noch die Farben. Fleißige Hände müssen jahrelang daran gearbeitet haben. Unter dem prachtvollen Betthimmel steht ein altes, breites, niederes Bett aus gestrichenem Tannenholz.

»Sieh, da habe ich manche kurze Nacht mit meinem Vater geschlafen, hart war's, graniten. Aber ich durfte in meinem Pennal nur daran denken, so kamen mir schier die Tränen, ein so großer Junge, wie ich war.«

Sie sagt kläglich: »Aber, Papa, warum haben sie das kleine blaue Männlein weggetan?«

»Sei doch nicht so hartnäckig, Rosmarie. Du hörst doch, hier war niemals ein blaues Männlein. Es ist alles unverändert geblieben, solange ich denken kann, und wehe dem, der mir bei meinen Lebzeiten hier etwas verdürbe. Drüben kann man den Neuerungen nicht entgehen, aber hier in dem Waldwinkel will man sein altes Zeug behalten«, grollte der Fürst.

»Aber Papa, es hing doch da, eh wir hereinkamen.«

»Rosmarie, red keinen Unsinn, kann man denn durch Türen sehen? Und in welches Mausloch soll sich das blaue Männchen verkrochen haben?«

»Es ist aber doch nicht da«, sagt sie sehr kläglich.

»Und war nie da. Wer hat dir denn davon erzählt?«

»Niemand, ich weiß es doch.«

»Jetzt will ich nichts mehr davon hören«, sagt der Fürst streng, »und lass das Flüstern und auf den Zehen Gehen.«

»Aber es heißt doch Schweigen.«

»Ach, das hat schon Jahrhunderte so geheißen, hier war man oft laut genug.«

»Ja fühlst du denn nicht …«

»Rosmarie, du führst dich heute auf! Nun warst du so lange vernünftig, dass man sich freuen konnte – muss mir nun der schöne Tag verdorben sein?«

Seelchen kommen die Tränen. Es schleicht sich zu dem Bette hin und greift zaghaft nach dem wunderbaren Vorhang und küsst die seidenen Blumen und wischt sich verstohlen die Augen daran ab. Der Fürst sieht ihr mit finsterer Stirne zu. Nun ist sie gerade wieder wie früher. – Und er geht ärgerlich hinaus, das Kind auf den Zehen hinter ihm drein. Es wendet noch einmal das blasse Gesichtchen nach dem Bett und suchend nach der Decke, als müsste das blaue Männlein sich erbarmen und plötzlich aus der Decke brechen und wieder da hängen, und halb warnend, halb lächelnd auf die Lippen deuten. Aber die Decke bleibt weiß und Papa ist ärgerlich und Mama wird immer vergnügter, je ärgerlicher Papa ist. Dann fährt man nach Hause; der Wagen wird geschlossen, weil es kühl ist. Armer Papa, er kann doch keine Feste feiern.

9. DAS BLAUE MÄNNLEIN

Papa und Mama sind abgereist nach Berlin, und die weißblaue Fahne hält den Winterschlaf. Die Bäume trauern und lassen alle schönbunten Blätter herunterfallen; es schreien die Raben. Sie wissen, dass bald Schnee kommt.

Seelchen lernt nähen und hat die allergeschicktesten kleinen Hände, die Nadel geht immer ganz von selbst dorthin, wo sie sollte. Frau von Hardenstein ist ganz erstaunt darüber und verspricht ihr, dass sie nun bald Weihnachtsarbeiten machen dürfe. Und sie weiß schon, was sie will, einen Stuhl will sie sticken für Harros Salon. Mit schönen Vorhangblumen. Auf seinem Stuhl sind so hässliche Würmer.

Ornamente, verbessert Frau von Hardenstein, aber Seelchen weiß ganz gewiss, dass es große und kleine Würmer sind.

Über dem hört man Harros Schritt draußen. O wie lange war er nicht mehr da. Er bringt eine sehr schlechte Laune mit.

»Gib Ruhe, Seelchen, ich bin widerwärtig heute. Ein alter, verdrießlicher, knarriger, schnorziger Höhlendachs. – Ich weiß wirklich nicht, warum ich euch eine solche Laune ins Haus trage.«

»Harro, ist Ihnen etwas Besonderes geschehen? Dieses Wetter ist zu trübselig. – Ich meine, wir machen Licht.«

Es ist sehr behaglich in der alten Lernstube mit ihren alten Empiremöbeln. Die blauen Vorhänge werden heruntergelassen, das elektrische Licht glüht auf in der kleinen Glaskrone, auf dem großen Tisch steht ein weißer Rosenstrauß aus dem Gewächshaus.

»Harro, was ist Ihnen geschehen?«

»Wie gütig, Frau Mutter, das noch einmal zu fragen. Ich warte ja nur, bis ich mich erleichtern kann. Nein, geschehen ist nichts, nur ein paar Einstürze unterm Steinwerk, die mich in meinem Bett zu verschütten bestrebt waren, es ist ihnen aber vorbeigelungen – ein Balken hält noch. Maurer steigen herum und werfen Staffeleien über den Haufen … nein, geschehen ist nichts!«

»Wie traurig, Harro! Ich sorge mich um Sie.«

»Seelchen«, rief er, »mache keine rabenschwarzen Augen, wenn du eigentlich graue hast; komm, erzähl uns etwas. Wir wollen unser nächstes Fest bereden, das Haselnussfest.«

»Ich war doch schon in Schloss Schweigen mit Papa und Mama.«

»Oh, du warst schon, wie schade! Ich hatte mich eigentlich sehr darauf gefreut, es dir zu zeigen. Wie war's? Erzähle, Seelchen! Hast du den alten Spiegel gesehen und die schönen Linden! Wir gehen noch einmal nach Schweigen zur Efeublüte, die muss ja jetzt bald sein, und einmal muss doch wieder die Sonne scheinen. War es schön, Seelchen?«

»Ich habe aus dem Brünnlein getrunken, mit Papa aus silbernem Becher, dass ich es nie vergesse. Daran die Fee saß und der Ritter in eisernem Panzer.«

Harro lacht hell auf und schlägt sich auf die Schenkel.

»Du bist ein lebendiges Märchenbuch … Wie gemütlich ist's bei euch und wie die Rosen duften! Und Frau Mutter strickt an einem Ding, das meine Tante Uli einen Seelenwärmer nennt. Stricken Sie mir doch auch einen, ich kann's brauchen in meinem feuchten rutschenden Dachsbau. Komm, erzähl vom Ritter und der Fee, Seelchen.«

»Ach, die Geschichte weiß man nicht mehr, und ich mag auch nichts mehr erzählen. Papa habe ich in Schloss Schweigen geärgert und ihm den schönen Tag verdorben, und Mama hat sich darüber gefreut. Und sie mag Schloss Schweigen gar nicht, weil es nach Gespenstern riecht.«

»Wie riechen denn die?«

»Altmodisch, sagt Papa, und, Harro, was sind denn Gespenster?«

»Wie kann ich das wissen? – Du musst dir abgewöhnen, immer zu meinen, ich sei allwissend.«

»Warum hat sich denn der Fürst über Sie geärgert? Sie haben mir gar nichts davon erzählt«, fragt Frau von Hardenstein.

»Ich habe mich geschämt. Ich sollte nicht auf den Zehen gehen, und als ich den Vorhang küsste, war Papa zornig … Und das musste ich doch.«

»Warum denn, Seelchen?«

»Ach Harro, ich musste! Ich konnte in dem Zimmer doch nicht laut sprechen, in dem sie lag … sie. Ach, nun sind wir wieder an ihr, der

Frau mit dem Silberkleid. Ein blaues Männlein hing von der Decke«, das Seelchen weint fast, »und Papa will mir's nicht glauben.«

»Das musst du deinem Vater nicht übel nehmen; wenn ich hinübergehe, werde ich wohl auch kein blaues Männlein sehen. Wir sollten Kompagniegeschäfte machen … deine Augen und die meinen … Nun und sie! Wieder im Silberkleid und den …«

»Harro, ich möchte Sie dringend bitten«, unterbricht Frau von Hardenstein.

»Entschuldigen Sie, Frau Mutter, aber das blaue Männlein, das ist doch gestattet!«

Seelchen stellt es dar mit einem blauen Regenmantel und Kapüzchen. »Und das Sonderbarste an dem Männlein war, hinten wuchs ein Hirschgeweih heraus und darauf steckten Kerzen.«

»Ach, du meinst eine Leuchterfigur … Und darum heißt das Schloss Schweigen! Ach, wenn du's nur auch lerntest, Seelchen. Natürlich am rechten Fleck, meine ich … Aber dein Männchen hat mich doch gefreut, das gäbe eine feine Leuchtfigur für ein Musikzimmer, Seelchen. Will mir's doch merken. Und das Männlein muss eine Laterne tragen, worin das Licht ist. Schweigen!«

Auf dem finstern langen Heimweg sinnt der Thorsteiner so vor sich hin – das blaue Männlein … Kein Mensch weiß, warum das Schloss Schweigen heißt. Wo die Herren ihre lärmenden Jagden abhielten.

»Ich muss doch den Domänenrat fragen, wie lange das Schloss nicht mehr bewohnt war.«

In der Ruine lärmen immer noch die Maurer, und weder Ofen noch Wände haben Raison angenommen. So wandert der Thorsteiner am nächsten Tage nach Brauneck. Er erfährt nicht viel. Seit zweihundert Jahren ist das Schloss nicht mehr dauernd bewohnt, vor achtzig Jahren ist es neu eingerichtet und das alte Grümpel hinausgeworfen worden. Der Fürst hält sehr darauf, dass nichts geändert wird. Schon im sechzehnten Jahrhundert hieß es Schweigen. Ob der Fürst wohl gestattet, dass man ein wenig da herumstöbert …

»Herr Graf, ich fürchte, Sie finden nichts als alte Töpfe. Die Küche ist eine Sehenswürdigkeit, noch mit der ganzen Einrichtung. Hier ist das Inventar, alles bis auf den letzten Bratspieß aufgezeichnet – ja, wir halten Ordnung in Brauneck. Wenn Sie sich für alte Töpfe interessieren … Was sammelt man nicht alles … Sollten Sie irgendetwas Interessantes finden, so wird es den Fürsten sehr freuen.«

Harro hat kein besonderes Tendre für alte Töpfe. Da es immer noch herunterrieselt … ein grauer, farbloser Herbsttag – die Maurer in der Ruine – er hat bereits die großen Stiefel an … An einem solchen trostlosen Tag müsste Schloss Schweigen seinem Namen Ehre machen.

Harro geht durch den tropfenden Wald, wo es rauscht und rauscht vom Regen und dem Fallen der Blätter, die wie große traurige Schmetterlinge sich langsam herabsenken. Smaragdgrün sind die Wiesen mit den letzten frierenden nackten Herbstkindlein. In Wettermantel, Kapuze und hohen Stiefeln – wie genießt man die Regenwelt. Wie jeder Baum seine Regenlast anders trägt, am schönsten die Birke, an deren feinem Gezweig die glänzenden Perlen wie Geschmeide hängen. Im Tannenwald ist's am heimlichsten, da klingt's auf dem Nadelboden, wenn das Dach den Regen hindurchlässt, da webt's von Nebelfetzen, und an den Stämmen stehen wie aus feinstem matten Gold die Elfenringe der Pilze.

Die dunklen Mauern von Schloss Schweigen verlieren sich in den Nebelhimmel. Der Bergfried sieht wie ein fantastisches Ungetüm aus. Harro stöhnt vor Entzücken. Ein Riesenschloss, von Dämonen bewohnt! Das ist das Wetter für Schweigen! »Ich darf nur deinen Spuren nachgehen, Seelchen, so habe ich Glück! Ich könnte jetzt zu Hause sitzen, bei Staub und Mörtelgeruch. Das liegt so da, kein Mensch sieht's! Dort aus der Mauerluke müsste ein kleines rotes Licht hervorbrechen wie ein böses Auge, dass man sieht, die Dämonen, die schlafen nicht – sie wachen. Und ich sollte nun nicht im Lodenmantel dastehen, sondern neben einem müden Schimmel mit Eisenhaube und verbeultem Harnisch … und vor mir noch die alte Zugbrücke, dort sind die steinernen Angeln, in denen sie lief. Das Seelchen kann dazu dichten, was der Ritter vor der Geisterburg will … sie wird es schon wissen … Ich brauch's nur zu malen … Herrgott, ist das eine Freud!«

Es ist eine lange Andacht, die der Thorsteiner vor der düstern, eingenebelten Burg hält, eine gesegnete Stunde, wie sie den Glücklichen wird, die die sehenden Augen haben, den Narren und Träumern.

Endlich zerreißt ein Windstoß den Nebel und ein stärkerer Regen prasselt nieder – und er erinnert sich, dass er alte Töpfe ansehen wollte, und merkt, dass es eiskalt geworden ist. »Wenn die Dämonen mir zum Empfang einen Hexenschuss schicken, soll mich's nicht wundern«, brummt er. Die Försterin ist sehr erstaunt über den Besuch und lässt ihn freundlich mithalten an den Leberspätzlen, die sie für sich und die zwei Rotköpfchen gekocht hat. Sie wohnen noch nicht lange in Schweigen, und die Försterin weiß nichts von altem Gerümpel. Auf dem Dachboden liegt auch nichts mehr. Sie hielten auf Ordnung.

»Ordnung, heilige Himmelstochter«, seufzt Harro über seinen festen Leberspatzen. Aber dann bekommt er alle Schlüssel und kann den kurzen Nachmittag so gut anwenden, als er will. So riechen also Geister. Die Stuben, deren schmale Fenster noch durch die Efeuranken verdüstert sind, sehen so finster aus wie möglich. Die reizenden Rokokomöbel sehen ganz verdrossen drein und die Porzellanschäferin dort muss es sicher frieren. Und nie hat Harro Spiegel gesehen, die mehr danach aussahen, als ob sich plötzlich von hinten ein zweites Gesicht hinter dem eigenen präsentieren könnte. Die heilige Himmelstochter herrscht wirklich überall, bis zum obersten Dachboden, wo in einer vielversprechenden Kammer sich schließlich nur wohlgehaltene Gastbetten vorfinden, die auf Jagdgäste warten. Die Küche ist sehr interessant, aber Harro bringt für die schönsten ziselierten Messingmörser nur ein schwaches Interesse auf. – Nirgends ein blaues Männlein!

Harro findet seine Idee, darnach zu suchen, nun sehr absurd und lächerlich. Das Schloss ist gründlich untersucht, aber es gibt noch Nebengebäude. – Dort in dem Anbau neben dem Palas die kleinen vergitterten Fenster. Das sei die Schreinerstube, belehrt ihn das rotköpfige Försterkind. Darin wären einmal Räuber gewesen, und deshalb sei Vaters Flinte immer geladen.

»Wollen wir zu den Räubern oder fürchtest du dich?«

Das Rotköpfchen lächelt zu ihm hinauf. Der lange Herr sieht aus, als traute er sich mit allen Räubern, und sie kennt den Schlüssel. Ein großer, finsterer Raum, der Harro der Inbegriff von all dem Düstern, das er heut gesehen, erscheint, öffnet sich ihnen, sehr groß und so nieder, dass Harro kaum aufrecht stehen kann. Die fernen vergitterten Fenster scheinen ins Unendliche zu verdämmern. Altes Handwerkszeug liegt herum, die niedrige Decke tragen rohe Holzsäulen.

Hier kann unmöglich je etwas anderes geschreinert worden sein als Särge, denkt Harro, Särge für alle Braunecker. Rotköpfchen, geh und bitte die Mutter um eine Kerze … Er läuft herum, gebückt, die Hände in den Hosentaschen. Haben das die Dämonen wohl zu Winterställen für ihre Lindwürmer gebaut … Für Menschen kann das doch nie gedacht gewesen sein, wie ein Saal ist's aus einem bösen Traum; immer niedriger wird er, bis man schließlich kriechen muss – puh … ein wahrer Alb… Der Teufel hol …

Die alten Säulen erfahren nicht, was der so viel Angerufene in seiner bunten Rumpelkammer versorgen soll. Harro sitzt plötzlich auf einem Sägebock, es brummt ihm wie hundert Hummeln vor den Ohren, über seine Stirne rinnt ein Blutstreifen.

»Nun, ich muss sagen, ganz, was man von den Dämonen erwarten sollte!«

Da kommt die Kleine mit der brennenden Kerze herein und stellt sie auf den Boden und fängt gellend an zu jammern: »Räuber sind da ... Dein Blut läuft heraus!«, und rennt, so schnell sie die Füßchen tragen, zum Eingang zurück. Harro wischt sich das Blut von der Stirne.

»Wo der Teufel hab ich mich so fürchterlich angestoßen?«

Er nimmt die Kerze, da, der vorspringende Balkenkopf, wenn man so unmöglich lang ist! Der Balkenkopf. Herrgott! Zu einem hockenden Männlein geschnitzt, das den Finger an die Lippen hält, das Röcklein gegürtet, das noch Spuren blauer Bemalung trägt. Und wie er jetzt die Säulenreihe hinabgeht und sie mit seiner Kerze ableuchtet, da trägt jeder Balkenkopf das Zeichen, manchmal nur in einem Stückchen blauer Bemalung oder in einem Stück des Kopfes. Von allen Seiten haben sie herabgesehen, drohend, warnend, lächelnd auf die Knappen, die wohl in dem unheimlichen Saale tafelten.

Die Försterin kommt mit den zwei weinenden Rotköpfchen.

»Herr Graf, Sie haben ein Unglück gehabt, Sie sehen ganz weiß aus! Es ist ein zu wüster Ort.«

»Gar nicht, Frau Försterin, man muss sich nur darin zu benehmen wissen, und Leute ohne Augen bekommen eben eins vor den Kopf. Sie geben mir ja schon eine Leinenbinde. Nimmer weinen, Klärle, die Räuber sind fort, da muckst keiner mehr ... Wenn ihr ausgeweint und eure Näschen geputzt habt, mach ich von jedem von euch ein Konterfei.«

»Ach, das wäre mir eine Ehre«, sagt die Försterin errötend. »Das kann ich doch nicht verlangen! Und ich darf einen Kaffee machen; die Kälte geht heute bis auf die Knochen.«

Es ist schon stockfinster, die Frau Försterin hält überselig zwei feine Blättchen in der Hand. »Ach, schenken Sie uns doch wieder einmal die Ehre, Herr Graf!« Und Harro wandert den finstern weiten Weg wieder zurück, und so todmüde er ist, so spannt er sich doch noch eine Leinwand auf in den großen Rahmen, den ihm Märt gezimmert hat.

Noch im halben Dämmer und mit schmerzendem Kopfe steht er am andern Morgen davor und bewegt den Gedanken. Sage ich's nun dem Seelchen, dass ich ihr blaues Männlein gefunden habe, oder nicht? – Sie kam niemals in die Schreinerstube, die Frau Försterin entsetzte sich über seine Anfrage ... Da müsste sie sich doch schämen vor den Herrschaften: mit dem »wüsten Grust«. Aber der Fürst soll es sicher erfahren, er wird des Kindes Fragen nicht vergessen haben.

Und er beschließt, dem Fürsten es in der Form mitzuteilen: Schloss Schweigen habe ihm die Anregung zu einem neuen Bilde gegeben und er habe dabei eine Schnitzerei entdeckt, die sich auf den Namen des Schlosses beziehe.

Und das Seelchen! Nein, er darf Frau von Hardenstein nicht in ihre pädagogischen Maximen hineingreifen … Also erfährt das Seelchen nichts vom blauen Männlein. Und Harro geht auch nicht wieder nach Schweigen und malt sein Bild aus dem einzigen Eindruck heraus.

Und es wird ein stiller Winter, aber der Ruinengraf feiert doch wieder Weihnachten! Der Fürst hat sich zwar nicht gedacht, dass seine kleine Tochter immer noch alleinbleiben sollte in Brauneck, nun sie wieder eine Mutter hat; aber kaum ist die Kleine in Berlin installiert, bekommen die Portierskinder in Palais Brauneck Diphtherie und der schwer erschreckte Fürst flüchtet seine Kleine nach Brauneck. Und warum sollte sie nicht dableiben den Winter über? Die Fürstin findet, dass dies alles so vereinfacht.

10. ORCHIDEEN

Die Fürstin ist strahlend von ihrer Kur zurückgekehrt, findet aber bald, dass das Leben auch im Sommer in Brauneck recht eintönig sei. Eine kleine Abwechslung verspricht es ja, dass der Thorsteiner in diesem Herbste ihr Porträt malen soll. Dem Fürsten eilt es wohl nicht sehr damit, aber die Fürstin schmollt und meint – ob man damit warten wolle, bis sie alt und hässlich und nur noch als spukende Ahnfrau zu gebrauchen sei? So hat sich der Fürst gefügt, und der lange Thorsteiner ist gebeten worden. Es liegt ihm aber nicht sehr viel daran, fürstlich braunecckscher Hofmaler zu werden, und er macht allerhand Einwände. Seine Zeit ist beschränkt und Porträts wohl gar nicht seine Stärke. Er fürchte, er verstehe es nicht, ein Repräsentationsbild, wie es das der Fürstin doch sein soll, zu malen. Er könne nur seinen Eindruck wiedergeben und fürchte, er könne nicht stilisieren.

Darüber reden die Herren einmal, wie sie nach dem Diner in dem langen Rosengang auf- und abgehen. Es ist schon so düster, dass man nur die roten Punkte der beiden Zigarren sieht, die sich wie freundliche Glühwürmer auf- und abbewegen.

»Das ist schon möglich, Graf Thorstein, dass Sie darin recht haben. Das sind Künstlerbedenken, von denen ich nicht allzu viel verstehe. Nur das Eine kann Sie vielleicht beruhigen, an ein Repräsentationsbild für den Saal etwa habe ich gar nicht gedacht. Es ist bei uns nicht Sitte, dass die Frauen gemalt würden, ehe sie den ersten Sohn hatten … Ich hätte auch gerne noch gewartet, aber ce que femme veut – Dieu veut, Sie wissen ja. Nehmen Sie ein Ovalformat wie das Bild von meiner Schwester im grünen Zimmer.«

Harro verspricht endlich, eine Skizze zu machen und, wenn sie der Fürstin gefalle, aber nur dann, sie auszuführen. Der Toilettenrat, den Harro mit der Fürstin abhält, ist schwierig und langwierig. Das grüne Jagdkleid mit den Lederaufschlägen und dem weichen Hütchen, wie Harro vorschlägt, ist der Fürstin zu einfach. Und dem ganzen Toilettenzauber von Madame Lenormand aus Wiesbaden steht Harro mit einer Verachtung gegenüber, die zu verhehlen er sich gar keine Mühe gibt. Die Fürstin hätte ein anderes Entgegenkommen von diesem noch so jungen und unbeweibten Malerkavalier erwartet, und es reizt sie, ein kleines ungefährliches Sommerspiel mit ihm zu treiben. Er kann ja nicht nur ablehnend sein, dieser Ruinengraf, das sieht man in seinem Verkehr mit der Kleinen, die durch ihn so entsetzlich verwöhnt und anspruchsvoll geworden ist. Und die Sache ist ja so ungefährlich … und so unterhaltend in der endlosen Monotonie dieses Braunecker Sommeraufenthalts. Die Fürstin ist also gefügig, selbst in den Dingen, in die sie sonst keinen Eingriff duldet. Sie lässt sich ein rotes Damastkleid, das sie herzlich langweilig findet, anpreisen und willigt sogar ein, dass von der Taille der ganze reiche Garniturschmuck von Perlstickereien und Fransen verschwindet. Sie spricht sogar ganz verächtlich von dem Zeug, das alle Linien verzerre und verderbe. Aber zu weiteren Konzessionen – Harro möchte über den Ausschnitt einen schönen alten Venezianerspitzenkragen legen – ist sie nicht zu bewegen. Sie weiß doch, welch wunderschönen Hals sie hat, wozu also den verdecken. Spitzenkragen trägt ja doch kein Mensch mehr.

»Ich merke, Sie wollen eine Ahnfrau aus mir machen – alles, nur das nicht. Ich will einmal später die Leute nicht eingraulen helfen.«

Im großen Saal, wo die Beleuchtung am besten ist, wird das Atelier hergerichtet. Seelchen hat all diese Vorgänge mit dem brennendsten Interesse begleitet. Harro malen zu sehen gehört zu ihren höchsten Lebensfreuden. Aber sie merkt bald, dass ihre Gegenwart bei den Sitzungen nicht gewünscht wird, und sie muss sich begnügen, das Bild in seinen Fortschritten allein zu betrachten. Wenn der Gong zum Diner ertönt und Mama in ihrer Pracht davongerauscht ist und Harro seine Pinsel und Palette verwahrt, kommt sie hereingeschlüpft. Eine Einladung zum Diner nimmt er niemals an … es nehme ihm zu viel Zeit.

»Nun kommt die hohe Kritik«, begrüßt er sie.

»O Harro, ich habe es kaum erwarten können.« Sie setzt sich auf die Stuhllehne, stützt ihre Ellbogen auf die Knie, die Hände in den goldenen Haarwellen vergraben, ein nachdenklicher kleiner Elf.

»Nun … schieße los, ich bin auf alles gefasst.«

»Harro, das Rot leuchtet schön, am schönsten in den Schatten.«

»Nun, ist das Kleid die Hauptsache?«

Seelchen nickt ernsthaft. »Man kann es meinen, Harro.«

»Donnerwetter … Du wirst doch nicht wieder recht behalten. Du wirst schrecklich, Seelchen, wenn das so weitergeht mit deiner Neunmalklugheit … Das Rot … es war gar zu schön …«

Es fällt ihm ein, dass die Fürstin ihn schmollend gefragt hatte, ob sie ihre Kammerfrau in das Kleid stecken solle. Leise pfeifend steht er, hinter dem Kind. »Und was hast du noch zu sagen?«

»Dass es schön ist und ein böses Rot ist. Wenn ich einmal ein Puppentheater habe, will ich die bösen Königinnen so anziehen.«

»Prinzessin«, warnt Frau von Hardenstein, »was sagen Sie? Wenn Sie jemand hörte. Böse Farben gibt es nicht.«

Harro pfeift schreckliche Dissonanzen: »Verschieb deine Kritik noch, Seelchen, bis Gesicht und Händen noch mehr ihr Recht geschieht … Ich habe mich in das Rot verliebt, es ist eine wundervolle Farbe, aber ein Toilettenstilleben soll es doch nicht werden.«

»Rosmarie, ist Graf Thorstein nicht da und malt? Warum bist du nicht dabei – du willst doch so gerne zusehen.«

»Mama hat es gar nicht gerne.«

»Hat. sie dir's gesagt?«

»Nein, aber das fühlt man doch. – Papa, ich fürchte, Harros Bild gefällt dir nicht.«

»Warum nicht? Ist es nicht schön?«

»So schön, wie er noch kein Bild gemalt hat. Die anderen Bilder an den Wänden müssen sich ganz verwundern darüber und können kaum wegsehen, wenn man die Tür öffnet, und das müssen sie doch.«

Der Fürst hat längst aufgehört, sich über solche Worte zu ärgern, und heute beschäftigt, wie das leichtest vorüberwehende Spinnfädchen, seine Gedanken etwas anderes.

»Rosmarie, ich meine, das Zusehen sollte man dir nicht ganz nehmen. Geh hinein und bringe Mama die schönen Orchideen, die ich im Gewächshaus mit vieler Mühe für sie erkämpft habe.«

»O Papa, du hast recht, die Blumen passen zu Mamas Bild.«

Und das Kind fliegt mit den zwei abenteuerlich geformten, wunderbar duftenden Blütenzweigen davon.

In dem großen Saal hört man eine eingesperrte Biene summen, so still ist's. Die Fürstin sitzt auf einem der alten hohen geradlinigen Stühle, die in ihrer Steifheit zu dem weichen Fluss der Linien des Körpers so unendlich malerischer sind als die gewollt bequemen Formen. Harro steht vor seiner Staffelei und malt mit grimmigem Ernst. Dass die Fürstin, die alles Unbeschäftigte, Träumerische hasst, sich zu einem solchen Stillleben hergibt, ist sehr merkwürdig. Fast verschüchtert kommt das Kind herein, ihre Blumen als Friedenspfand vor sich hinhaltend.

»Mama, das hat dir Papa geholt, du weißt, dass der Herr Hofgärtner sie gar nicht gern hergibt. Harro, sieh einmal, wie sie schön und seltsam sind.«

Die Fürstin zieht die Stirne kraus. »Ich denke, du hast jetzt deine französische Stunde.«

»Schon vorüber. Harro, wie schön zu Mamas Kleid, und du warst immer mit der Hand nicht zufrieden.«

Und Rosmarie schiebt der Fürstin den Blütenzweig in die Hand, und Mama ist so gehorsam wie ein Lamm.

»Durchlaucht, es ist genau, was ich mir noch wünschen möchte.«

»Ich komme mir lächerlich vor, muss es denn sein? Ich bin doch keine moderne Ästhetin, dass ich mit Blütenstengeln herumliefe! Sentimental! Gebt mir eine gelb und braune Reitpeitsche, wenn gelb und braun sein muss.«

»Mama, es ist gewiss schön, und du hältst die Zweige nicht wie Blumen, sondern wie eine kleine Gerte. Und die Orchideen sehen ja gar nicht aus wie Blumen, sondern wie Becher und kleine Tiere mit Flügeln.«

»Als ob ich eine Gerte, an der garstige kleine Kreaturen hinaufkrabbelten, in der Hand behielte … Graf Thorstein, sprechen Sie ein Machtwort, diese junge Dame wird zu anmaßend!«

»Sie wird es, und das Schlimmste dabei ist, dass sie meistens recht hat. Auch mit dem Blütenzweig, der aussieht wie lebendige Juwelen und – das bitte ich Eure Durchlaucht zu glauben – durchaus nicht sentimental. Es würde mir ganz gewiss nicht einfallen, Sie mit einem Vergissmeinnichtstrauß zu malen!«

»Nun, das beruhigt mich – auch nicht mit einem Lilienstengel?«

»Auch das nicht … Durchlaucht gestatten, die Blumen duften herrlich, es sind Gewächse aus einem Märchenwald, die die Sinne betäuben, Becher, aus denen ein bezaubernder Trank quellen könnte.«

»Graf Thorstein, Sie werden poetisch. Geschieht Ihnen das öfter?«

»Nur ungern und nicht mit Willen.«

Harro steht neben Mama, und Mama hat sehr weiße Schultern und ein Leuchten in ihren braunen Augen, und die Blumen duften sehr stark. Und Harro muss ja auf die Schultern sehen, und wenn Mama sich vorbeugt, so sieht man die weichen Linien ihrer Brust unter der glühenden Seide. Harro braucht ziemlich lange, bis er die Blumen studiert hat und zu seiner Staffelei zurückkehrt. Und wieder hat die eingesperrte Biene das Wort und man hört ihr wehklagendes und zorniges Summen durch den Saal. Und die gemalten Augen an den Wänden starren, wie der späte Nachmittagschein über sie hinflutet.

Das Seelchen ergreift eine unsägliche Traurigkeit. Von irgendwoher muss sie herabgekommen sein und sich wie feines Spinnweb auf ihr Herz gesenkt haben. Lautlos sitzt sie da und sieht nach dem auf- und abfliegenden und wieder ruhenden Pinsel … Da, der Gong … Die Fürstin erhebt sich, achtlos lässt sie die herrlichen Orchideen zu Boden gleiten. Sie lächelt und neigt ihren hübschen Kopf ein wenig, ein gnädiges Nicken – eine junge schöne Dame, die sich ausgezeichnet amüsiert hat. So rauscht sie davon. An der Tür wendet sie sich, lächelt noch einmal, es bückt sich eben der lange Thorsteiner nach den Blumen, das Lächeln sieht er nicht. Aber das Kind hat's gesehen.

»Geh, Seelchen, hol den Blumen eine Vase«, sagt Harro abwesend.

Das Kind geht lautlos hinaus mit ihren leichten schwebenden Schritten, als fürchte es sich, jemand zu wecken. Als sie wieder zurückkehrt, steht Harro an der Staffelei und malt in tiefer Versunkenheit, als bewegten sich seine Hände von selbst. Wohl eine halbe Stunde malt er so, und still steht das Kind neben ihm, die Händchen auf den Rücken gelegt. Plötzlich zieht sie ihn am Ärmel.

»Du musst aufhören, Harro, es wird ganz dunkel.«

»Lass mich, du weißt doch, dass man nicht stören darf.«

»Aber du musst aufhören! Mein armer, armer Papa! Es ist genug.«

»Seelchen, was wandelt dich an? Was verdirbst du mir meine schönste Malfreude! Ist das auch erlaubt?«

»Aber sieh doch, was du gemalt hast! Warum hast du meinem armen Papa eine solche Frau gemalt? Sieh, das Kleid wie Blut, und die fremden Giftblumen, und wie sie lächelt in den Mundwinkeln und weiß, dass, wem sie die Blumen gibt, sterben muss.«

»Du redest baren Unsinn heute, „Giftblumen". Orchideen, es sind gar keine Giftblumen … die Orchideen«, murmelt er. Harro legt seine Palette hin und setzt sich auf den tiefen Stuhl, in dem die Fürstin saß.

Fast mit einem Schlage – es zieht vielleicht eine Wolke über den Himmel – ist es dunkel geworden. Harro greift nach den Orchideenstengeln und hält sie in der Hand.

»Tu sie weg, die Giftblumen.« Sie will sie ihm aus der Hand reißen.

»Rosmarie, du bist heute eine unartige, gewalttätige kleine Dame und hast mir die schönste Malfreude verdorben. Wenn du mich nicht gestört hättest, heute wäre mir etwas gelungen. Eine solche Stimmung, und die kommt nicht wieder. Es ist schwer genug gewesen, sie herbeizubringen, sonst hätte ich nicht so lange an dem Kleid gepinselt.«

»Es ist doch fertig, dein Bild.«

»Fertig! Es war im besten Werden, und da ist eine Minute mehr wert als sonst eine Stunde.«

»Dann sieh selbst, dass es fertig ist.«

Und Seelchen läuft zu der Nische, wo die elektrische Leitung ist. Ein leises Knacksen, aus dem Halbdämmer strömt plötzlich goldiges Licht von dem großen Kronleuchter an der Decke. Sie gleitet den Saal entlang, da glühen die Birnen auf in den alten venezianischen Wandleuchtern, alle – bis der große Saal in ein Lichtmeer getaucht ist.

»Lass doch, Rosmarie.« Aber sie ruht nicht, bis auch der letzte Schatten, der sich hinter einem der Pilaster oder Nischen bergen könnte, vertrieben ist. Der große Saal erstrahlt im Festglanz. Die Ritter und Damen stehen in dem Glast wie scheue Schemen, so viel Licht sind sie nicht gewöhnt. Aber das große Bild in der Mitte, das kann das Licht vertragen. Die Frau mit den Zauberblumen, an der die glühende Seide herabfließt wie ein Gewand von schlimmen Feen gewoben und mit dem Blute Erschlagener gefärbt. Die Frau mit dem leisen Lächeln, halb verborgen ist es noch, es steigt erst herauf, von ihm wissen die Braunaugen noch nichts … Das grausame Lächeln der Mona Lisa …

Harro steht davor, so plötzlich aus dem halben Dämmer in das grellste Licht gerissen, und starrt – und schlägt sich plötzlich die Faust vor die Stirne. »Seelchen, ums Himmels willen, was habe ich da gemacht, aus welchem Abgrund kommt das herauf!«

Seelchen legt ihm plötzlich ein kühles Händchen auf seine Hand, wortlos, da fasst er sie um die schlanken Schultern, einen Augenblick hält er sie umschlungen: »Seelchen … Du, Seelchen …« Dann steht er auf: »Seelchen, sollen wir mit dem Terpentinlappen darüberfahren und den Greuel vertilgen?«

»O Harro, lass – lass, es ist dein schönstes Bild …«

Am andern Morgen begleitet das Seelchen ihren Vater in den Saal, wo er das Bild sehen will. Wenn der Vater es beachtete, so könnte er fast hören, wie das kleine Herz flattert. Was wird geschehen … Wird er furchtbar zornig sein und Harro nie mehr sehen wollen, weil er ihm ein solches Bild gemalt? Ihre Hände sind eiskalt und ihre Augen dunkel. Aber nichts geschieht. Papa ist erstaunt. Er sagt: »Verrate es niemand, Rosmarie: Ich habe gar nicht gewusst, dass Mama so schön ist. Und es ahnt mir, dass es ein großartiges Bild ist. Das kannst du Harro sagen. Aber es ist mir doch lieb, dass es nicht für den großen Saal ist. Es macht die andern Bilder so fahl. Harro hatte doch vielleicht recht, wenn er vom Stilisieren sprach. Er kann offenbar nicht recht stilisieren, so wie es sich für ein Porträt in einer Sammlung gehört.«

Die Fürstin ist sehr erstaunt, dass die Sitzungen nun plötzlich ein Ende haben sollen, eben wie sie anfing sich zu amüsieren. Und das Bild gefällt ihr unsäglich. Sie kann lange davor stehen und es bewundern. So gemalt zu werden, das ist doch die schönste Huldigung, die man darbringen kann. Dieser Thorsteiner ist ein stilles Wasser.

Nach einigen Tagen fragt das Seelchen ihren Vater: »Darf Harro Mamas Porträt nach München in die Ausstellung schicken? Er hat Frau von Hardenstein erzählt, sie hätten ihn aufgefordert, und es wäre eine Ehre für ihn, er habe aber nichts, was ihm genüge.«

»Der Fürst hat nicht die mindeste Lust dazu, die Fürstin ist aber Feuer und Flamme dafür. Als schöne Frau sich einer bewundernden Welt zu zeigen, dies überträfe ihre kühnsten Träume. Der Thorsteiner soll oben rechts ein kleines Wappen malen mit dem Fürstenhut, dann kann es ausgestellt werden: *Porträt Ihrer Durchlaucht, der Fürstin B.* Und was für eine Reklame gibt das für den armen Kavalier von einem Thorsteiner! Man muss ihm doch auch etwas voran helfen. Die Fürstin wird ganz mildtätig, und sie bekommt auch ihren Willen, und das Bild tritt seine Reise an. Vor ihrer Abreise reiten Fürst und Fürstin noch nach dem Thorstein hinüber und lassen den Hausherrn herausbitten, die Pferde wollen nicht halten …

Die Fürstin sagt lächelnd: »Sie dürfen den Winter nicht in der Einsamkeit verbringen, Sie müssen nach Berlin kommen, wo Sie doch auch Anregung haben. Alle Künstler müssen nach Berlin, sonst gelten sie,nichts, habe ich mir sagen lassen. Und wie viel schöne Damen werden sich von Ihnen porträtieren lassen wollen! Sie dürfen nicht abwehren. Lassen Sie mich nur machen. Ich sage auf Wiedersehen in Berlin!«

Und nun hält der feurige Goldfuchs wirklich nicht mehr und sie stiebt davon, der Fürst ihr nach. Der wendet sich noch im Sattel … »Es soll mich sehr freuen!«

11. DER HERR STIFTSPREDIGER

Rosmarie geht dieses Mal sicher mit nach Berlin. Die Fürstin seufzt zwar: »Die Luft bekommt ihr nie gut … und es wird Schwierigkeiten haben, sie unterzubringen, da wir ja die Zimmer zu einem Wintergarten machen wollen …«

»Für meine Tochter werden sich doch in dem ganzen großen Haus passende Räumlichkeiten finden«, sagt der Fürst eisig und ganz ohne seine gewohnte Höflichkeit.

Schon kann man die Braunecker Tage zählen, als Frau von Hardenstein sich bei der Fürstin, die sie sonst sehr ungern stört, melden lässt: Herr Stiftsprediger habe wegen des Konfirmandenunterrichts angefragt. Wenn die Prinzessin den Winter in Berlin zubringen werde, so wünsche er den Namen des dortigen Geistlichen zu erfahren, dass er sich mit ihm in Verbindung setzen könnte. Den letzten Unterricht werde die Prinzessin ja doch in Brauneck erhalten, und es sollte irgendein Plan der Unterweisung zugrund gelegt werden.

Die Fürstin hatte mit allen Zeichen äußerster Langeweile zugehört. Sie flocht Zöpfe aus den Fransen ihres Stuhles und gähnte kunstvoll und höflich durch die Nase. Plötzlich war sie ganz lebendig: »Ich bitte Sie, Frau von Hardenstein, Rosmarie ist vorher schon verwirrt genug – was werden da zwei geistliche Herren anrichten! Natürlich ist der eine orthodox und der andere liberal – und die arme Rosmarie mit ihren schon vorher verrenkten Ideen! Nein, das kann ich nicht gut finden. Ich werde mit dem Fürsten reden.«

Der Fürst ist ganz erstaunt, wie die Sache ihm vorgetragen wird. Ist es denn schon so weit – seine Kleine! Freilich, sie ist dreizehn und der Unterricht geht über zwei Jahre, sie wird also fünfzehn … Nein, zweierlei Unterricht soll Rosmarie gewiss nicht bekommen.

Also wird der Herr Stiftsprediger zum Diner gebeten, und nachher, wenn die Herren zu einer Zigarre in die Sommerstube gegangen sind, kann die Frage mit ihm besprochen werden. Der Fürst kennt seinen Hofprediger und Seelsorger noch kaum. Er ist zwar schon einige Jahre da, aber der Fürst ist ja so selten daheim. Der allsonntägliche Predigtbesuch gehört wohl zu den Braunecker ererbten Gewohnheiten. Des Fürsten Vater hat seinen Erbprinzen, der an Sonntagen hie und da gegen die altgewohnte Sitte und milde Langeweile aufmucken wollte, stets abgefertigt: »Es gehört sich.« Gar zu regelmäßiger und gezwungener Besuch des Gottesdienstes ist nicht immer förderlich für die Gewohnheit des Aufmerkens. Der Fürst hat selten eine bessere Gelegenheit gefunden, seinen Gedanken Audienz zu geben, als während der Sonntagspredigt. So kennt er also den Herrn Stiftsprediger recht wenig; es liegt ihm aber sehr daran, dass seine Tochter einen befriedigenden Unterricht bekommt. Er findet, dass einer Frau ein leichter religiöser Anhauch sehr wohl anstehe. Eine freidenkende Frau erscheint ihm auch ästhetisch unbefriedigend, vulgär.

Die Unterredung mit Hochwürden verlief aber etwas anders, als sich Serenissimus gedacht. Der Stiftsprediger fragt, ob die Prinzessin wohl die Kenntnisse habe, welche die Volksschüler schon mitbringen in den Unterricht. Herr Präzeptor habe sich gleich bei seinem Antritt von jedem Religionsunterricht dispensieren lassen … und Frau von Hardenstein habe ihm gesagt, dass sie keinen Unterricht übernommen habe, sie fühle sich nicht vorgebildet genug …

Der Fürst wird etwas ärgerlich und verlegen. Es ist nicht angenehm, seine Tochter unter dem Bildungsniveau der Volksschüler anzutreffen. Und allerdings bleibt da nur Miss Whart übrig, die ihm als eine sehr religiöse Dame gerühmt worden ist.

»Es schien mir eher zu viel Religion damals als zu wenig … Freilich, was meine Kleine davon behalten hat?«

Der Herr Stiftsprediger meint, es werde das Einfachste sein, wenn er selbst der Prinzessin einige Fragen stelle, und danach werde er Seiner Durchlaucht einen Plan vorlegen, wie der Unterricht am besten zu gestalten sei. Der Fürst findet, dass sein Hofprediger ein umständlicher und pedantischer Herr sei, und überdies steigen ihm die dunkelsten Befürchtungen über Rosmaries fragebereite Wissenschaft auf.

»Meine Kleine, fürchte ich, wird etwas schüchtern sein, sie gewöhnt sich schwer an Fremde. – Auch drückt sie sich zuweilen etwas sonderbar aus. Darauf müssen Sie schon Rücksicht nehmen …«

Der Herr Stiftsprediger lächelt auf eine besondere Weise und sagt: »Ich glaube, dass Durchlaucht sich darüber beruhigen können. Ich habe von Herrn Präzeptor schon gehört, wie ungewöhnlich begabt und eifrig die Prinzessin ist.«

Der Fürst selbst sieht in diesem Moment nicht überwältigend geistreich aus. Hätte ihm der Herr Präzeptor etwas Ähnliches gesagt, so hätte er ihn für übertrieben höflich und zudringlich gehalten. Aber dass er sich andern gegenüber so geäußert, verwundert ihn sehr. Seine Kleine! Seine arme Kleine mit den konfusen Ideen sollte nun mit einem Male begabt sein!

Er teilte Rosmarie die Sache nicht ohne aufrichtiges Bedauern mit.

»Er wird dich etwas fragen, Rosemarie, und wenn du nicht viel weißt, geht es nicht ans Leben … Schließlich wird der Herr Stiftsprediger dir schon etwas beibringen … Und wenn die Fragerei ganz bedenklich werden sollte, so musst du eben zu dem Mittel der Cousine Amy greifen.«

»Was tat die?«

»Sie war eine Waise und wurde mit uns erzogen. Wenn sie gefragt wurde, was ihr nicht passte, oder wenn irgendetwas herausgekommen war, was wir gemeinsam verübt hatten, so fing sie herzbrechend zu weinen an. Ihr geschah dann immer am allerwenigsten und ich muss sagen, sie hat sich trefflich durchs Leben emporgeweint.«

Rosmarie sieht ihren Vater bedenklich an – das Mittel der Cousine Amy setzt eine schlimme Situation voraus.

Und nun ist der gefürchtete Augenblick da. Der Herr Stiftsprediger sitzt in einem der tiefen Stühle im Lernzimmer dem Kinde gegenüber. Frau von Hardenstein hat er gebeten, ihm die Kleine allein anzuvertrauen. Er ist lang und hager und hat sehr dunkle Haare, die ihm leicht ins Gesicht fallen, und eine gelbliche Haut. Seine tiefliegenden Augen sind dunkelgrau und sehr still. Merkwürdig still für einen noch jungen Mann.

Des Fürsten schlimme Befürchtungen über Rosmaries Antwortfähigkeit sind eingetroffen. Von Propheten hat sie noch nichts gehört. Von Moses weiß sie nur, dass er in einem Babykörbchen schwamm und später Frösche regnen ließ. Wieviel Bücher das Alte oder Neue Testament enthält, ist ihr auch nicht bekannt. Vierundzwanzig englische Psalmen hat sie auswendig gelernt, ist auch bereit sie herzusagen, aber Herr Stiftsprediger kann nicht Englisch. Das Seelchen sucht verzweifelt in ihren Erinnerungen und findet nichts, was auf die Fragen passt, und hat ein dumpfes Gefühl, als ob der Herr Stiftsprediger sich darum bekümmere, dass sie so dumm sei und nichts wisse. Ach, wenn man doch nach Griechen und Römern und deutschen Kaisern fragte und nicht nach den alten Juden! Und nun sagt ihr neuer Lehrer schon mit einer milden Hoffnungslosigkeit in der Stimme: »Können Sie mir einen Spruch oder ein Gleichnis Jesu sagen?«

Rosmarie gibt keine Antwort. Es fallen ihr wohl Sprüche ein, aber ob die nun von Jesus sind? Und wieder sieht sie Herr Stiftsprediger fast traurig an. Da überwindet sie sich, sie wird dunkelrot und sagt: »Ich weiß Geschichten von Jesus.«

»Können Sie mir eine davon erzählen, Rosmarie, es muss ja nicht wörtlich sein.«

Rosmarie erzählt. Sie hat immer noch ihr hohes feines Stimmchen, das so leicht einen feierlichen Klang annimmt: »Ich will die Geschichte von Jesus erzählen, wie er so alt war wie ich. Es ist ein Fest gewesen in Jerusalem, und alle Leute gingen in die Stadt und trafen sich vor der großen Judenkirche. Alle, die man kannte, begrüßte man und freute sich und zog die großen Treppen hinauf, und Jesus und seine Eltern waren auch dabei. Und Jesus war noch nie dagewesen, und wie er hineinkam in die Kirche, da ging es ihm durchs Herz und er dachte: Bin ich nicht schon oft und oft dagewesen? Und er konnte nicht mehr reden und musste auf den Zehen gehen und konnte nur flüstern. Aber die andern Leute kehrten sich nicht daran und sprachen laut miteinander, und die waren doch alle schon oft dagewesen. Und Jesus musste an den Säulen hinaufsehen und nach dem großen Vorhang, wenn der sich ein wenig bewegte, und es tat ihm weh, dass die Leute so laut sprachen, und meinte, wenn es ganz stille wäre, so müsste er etwas hören und etwas sehen und es geschähe ein Geheimnis. Und so ließ er seiner Mutter Hand los und ging hinter die großen Säulen. Hinter denen waren wieder Säulen. Und so kam er in eine kleine Halle. Da saßen alte Juden und lasen in großen Büchern und sprachen so sanft miteinander. Da dachte er: Ach, vielleicht wissen die es, was da ist und mit mir geht, dass ich meine, ich müsste es hören und wissen und es bedrängt mich. Da sagte einer der alten Juden: „Was machst du für Augen, Junge“, und der andere sagte: „Geh fort, Junge!“ Aber wieder einer sagte: „Lasst ihn da!“ Da setzte sich Jesus hin und hörte, was sie sagten, und sie sprachen vom Himmel und von Gott. Und Jesus musste sich wundern, denn er kam doch dort her und hatte es nur ein klein wenig vergessen gehabt, weil er ja ein kleines Kind gewesen war. Und das Herz schlug ihm, denn es war ihm, als wäre er nun wieder daheim und habe doch immer Heimweh gehabt und es nicht gewusst. Und die alten Juden waren sehr lieb mit ihm und gaben ihm Antwort, wenn er fragte. Aber Jesus’ Mutter hatte schon lange nach ihrem Sohn gesucht, und wie es Abend wurde, bekam sie Angst, denn Jesus war immer so gut gewesen und hatte sie nie betrübt. Und sie dachte, es ist etwas geschehen. Vielleicht hat ihn jemand Fremdes mitgenommen, weil er so schön und gut ist, oder sind Zigeuner da. Und sie fragte alle Leute: „Habt ihr meinen Jesus nicht gesehen?“, und lief alle Wege und konnte ihn nicht finden. Endlich ging sie wieder in die Judenkirche zurück. Da war es schon ganz dunkel und alle Leute waren nach Hause gegangen. Sie ging an all den Säulen hin und der Vorhang bewegte sich. Da kamen ihr die Tränen. Da sah sie ein kleines Licht zwischen den Säulen, dem ging sie nach. Da waren die alten Juden, und ihr Jesus dabei, und sie sah, wie ihr Jesus froh war. Da war sie froh und betrübt zugleich und sagte: „Oh, warum hast du mir das getan? Dein Vater und ich, wir haben dich mit Schmerzen gesucht." Da sagte Jesus: „O Mutter, ich bin ja hier daheim.' Und Maria antwortete: „Soll ich nun allein sein ohne dich?" Da ging Jesus wieder mit ihr nach Hause, und Maria musste immerfort daran denken, was er gesagt hatte, und dass er nicht bei ihr daheim sei. Und alles musste sie bedenken.«

Der Herr Stiftsprediger sitzt ganz versunken da, er hat sie kaum angesehen während ihrer Erzählung, und doch, wie er den Kopf herunter hängt und auf seine Hände blickt, da fühlt man wohl, dass er jedes Wort hört und dass sein Zuhören einen nicht stört. Und nun sieht er auf und seine Augen sind nicht mehr traurig, nein, gar nicht.

»Rosmarie, Sie müssen die Worte Jesu, auch wenn Sie die Geschichte erzählen, wie sie Ihnen im Herzen aufgegangen ist, nie verändern. Halten Sie fest an den Worten, man muss sie so wiedergeben, wie Luther oder die andern großen Übersetzer sie uns gegeben haben. Wenn Sie einmal die Matthäuspassion von Bach hören, ich möchte es Ihnen wünschen, es wird Ihnen eine ganz neue Welt aufgehen, so werden Sie hören, dass die Worte Jesu, die gesungen werden, stets von den zartesten Geigertönen begleitet wie mit Gold umwoben sind. Da hat ein großes Herz den innigsten Ausdruck für seine Andacht und Liebe gefunden. Denken Sie daran,, wenn Sie ein Wort Jesu wiederholen. Diese Worte bringen ihre himmlische Melodie schon mit sich, wir können nur daran verderben. – „Ich muss sein in dem, das meines Vaters ist."«

Und Rosmarie wiederholt: »Ich muss sein in dem, das meines Vaters ist.«

»Und nun wollen wir uns einen Plan machen, damit Sie auch erfahren, was uns die alten Juden gegeben haben.«

Am Abend kommt das Seelchen zu ihrem Vater, um gute Nacht zu sagen.

»Und wie ist's dir heute Morgen ergangen?«

»Ich war sehr dumm und Herr Stiftsprediger war sehr traurig zuerst. Dann habe ich ihm einen Aufsatz über den kleinen Jesus gesagt, den ich einmal in mein blaues Heft geschrieben habe. Das ist nicht für den Herrn Präzeptor, und da darf ich alles hineinschreiben, was mich freut. Und das liest Harro jedes Mal, wenn er kommt, und fragt: „Was steht Neues in dem blauen Heft?" Harro ist sehr klug, Papa, aber den argen Fehler, den ich gemacht habe, hat er nicht gemerkt.«

»Aber der Herr Stiftsprediger! – Welch ein Glück, Rosmarie, dass nun jemand noch klüger ist als dein langer Freund; ich hatte gedacht, gegen ihn komme niemand auf.«

Vater und Tochter sind in dem Fürstenzimmer der Sommerstube, die so heißt, weil sie eine sehr schöne Stuckdecke besitzt, auf der im Geschmack des achtzehnten Jahrhunderts der Sommer als schöner Jüngling mit Ährengarbe und Sichel abgebildet ist. Die Sommerstube geht nach dem Tale zu, und man sieht so schön hinunter auf das Dorf, den Fluss im sanften Bogen und die Waldberge. Über des Fürsten Schreibtisch hängt nun das Bild des Seelchens, dem sie schon leise zu entwachsen anfängt und das ihrem Vater immer teurer geworden ist.

»Papa, von der himmlischen Melodie hat Harro nichts gewusst.«

»Also dein Lehrer ist eine Nummer über den unvergleichlichen Harro hinaufgekommen. – Nun, ich weiß jetzt, wie man bei dir daran ist … Dem Herrn Stiftsprediger ist es gelungen, dich so zu gewinnen, dass du an deinen alten Freunden Fehler findest.«

Rosmaries Augen stehen voll Tränen.

»Hab ich das getan?«

»Ich bitte dich, Kleine, sei nicht so weichmütig. Harro ist sakrosankt, und es freut mich, dass dich der Unterricht nicht schreckt. Und lass mich auch dein blaues Heft sehen.«

»Ich habe auch ein rotes Heft, Papa, für mich ganz allein.«

»Das Harro nicht zu sehen bekommt?«

»Wenn er wollte, schon. Aber er will nicht. Er will nichts davon hören, und Frau von Hardenstein auch nicht.«

»Von dem roten Heft?«

»Nein, von dem, was darin steht.«

»Ja und ich? Will ich auch nichts davon hören?«

Seelchen sieht ihren Vater zweifelnd an.

»Vielleicht wirst du auch böse sein!«

Der Fürst lacht: »Bring mir dein rotes Heft, das nicht einmal Harro kennt, wenn du glaubst, dass ich vertrauenswürdig bin. Dein allertiefstes Geheimnis!«

»Papa, aber lachen darfst du nicht. Es tut mir weh, und es ist auch den andern gegenüber nicht recht.«

»Was werd ich. Nein, ich fühle mich sehr geehrt, wenn ich dein Geheimnis empfangen darf. Lege mir dein rotes Heft auf meinen Schreibtisch. Nun geh, da ist der Gong.«

12. DIE FREUNDE

Die Fürstin gähnte heute besonders ausdrucksvoll und verzweifelt über ihrem Roman. Der Unterhaltungsstoff pflegte an den Abenden auf dem Lande überraschend schnell zu versiegen. In der Stadt, ja da wäre man heute in die Oper gefahren oder noch lieber in den Zirkus, oder man hätte selbst Gäste. In Brauneck nahmen die Abende leicht etwas Bleiernes an.

Die Fürstin erhob sich plötzlich. Den Roman konnte sie eigentlich auch im Bett lesen, und schlief sie darüber ein, so war sein Zweck aufs Beste erfüllt. Wenn nicht jedes Gastbett besetzt ist, so ist so ein altes Schloss ein unsagbar melancholischer Aufenthalt an einem trüben Herbsttage.

»Ich will morgen früh reiten.«

Der Fürst öffnete ihr höflich bedauernd die Türe.

»Schon so früh?«

»Du weißt ja, wie es in Berlin wird. Man muss Vorrat schlafen.«

Der Fürst stand noch an der Tür, bis die glänzende Erscheinung verschwunden war. Dann knipste er sofort eigenhändig alles Licht aus und steuerte im Dunkeln nach der Tür und in sein eigenes Zimmer. Es sah wie eine Flucht aus.

»Das neue Zeug«, murmelte er, »man kommt sich ganz von Möbelhändlers Gnaden vor. Ein Gück wenigstens, dass man die Wände stehen lassen muss.«

Die Sommerstube leuchtet auf, er zündet sich eine Zigarette an. Da liegt auf seinem Schreibtisch ein rotes Heft, ein grünes Band ist darum gebunden, darin steckt ein blutroter Ahornzweig. Er lachte behaglich auf: Rosmaries Geheimnisse. – Es tat ihm wohl, dass er der einzige Empfänger war. Freilich, Harro hatte nur nicht gewollt. Aber an das dachte er nicht mehr. Ein goldenes Band unter dem grünen! Diese kleinen Damen! Etwas ganz Wertvolles muss für sie in dem Schulheft stecken! Und es ergreift ihn eine leichte Besorgnis, was er wohl alles findet. Diese Freundschaft mit dem langen Thorsteiner – dreizehn Jahre war sie jetzt alt … Himmel, schon dreizehn. Man vergaß es immer wieder über dem Kindergesicht … Manche jungen Damen fangen da schon mit Gefühlen an. Hatte er nicht als Fünfzehnjähriger der dreizehnjährigen Forstmeisterstochter über die Mauer hinüber die von der Tafel gesparten Bonbons in einer aus seinem schönsten Kronenbriefpapier gedrehten Tüte hinübergeworfen! Wenn er nur genötigt wäre, nach diesen Enthüllungen der Freundschaft mit dem langen Thorsteiner ein mehr oder weniger sanftes Ende zu bereiten. – Sehr unangenehm das, aber immerhin besser. – Nun, wir wollen sehen.

Die Freunde – das war der Titel. Sorgfältig geschrieben mit klarer Steilschrift und eingerahmt von einem Kranz aufs Zierlichste und Reinste aufgeklebter Gräschen und Mooszweige.

»Das klingt zärtlich … die Freunde …«

Es gibt ein Geheimnis. Nicht alle Leute wissen es. Manche sagen »Lügen«, manche lachen, manche grauen sich. Es gibt Leute im Schlosse, die auf ganz leichten Füßen gehen und keinen Schatten werfen. Aber man muss schon ganz klug und groß sein, wenn man das merkt. Denn die Freunde sind wie andere Menschen, nur schöner und freundlicher. Aber dann wollen die Leute immer nichts gesehen haben, und das Kind lügt. Oder sie sagen: »Gespenster«. Gespenster sind aber schreckliche tote Leute, die längst schon starr und weiß in ihren Särgen liegen und die Böses getan haben und darum nicht ruhig schlafen können, bis sie der liebe Gott wieder aufweckt. Ach, wie müsste man sich vor denen fürchten! Wenn man nur daran denkt, so graut es einem, dass man nicht sich über den Prinzessinnengang traut, wenn es dämmert und die Bilder Augen machen. So sind die Freunde nicht. Die Freunde sieht man nicht immer, auch wenn sie da sind, aber man fühlt sie. Dann ist alles auf einmal viel schöner, der Himmel ist blauer und ein Sonnenstrahl auf einem goldenen Rahmen, das macht einen so froh, dass man es nicht sagen kann. Und alle Menschen muss man lieber haben, und mit den ganz langweiligen hat man Mitleid, weil sie ja doch nichts dafür können, dass sie die Augen nicht haben.

Wenn man die Freunde nicht hätte, wäre man ein böses und hartnäckiges Kind. Wenn man immer zu einem sagt: »Lügen« und »du Armes«, da wachsen einem böse Gedanken, Brennesseln und Stechranken wachsen einem. Und es sollen einem doch Lilien und Rosen und kleine Waldveilchen wachsen. Zwei von denen, die auf leichten Füßen gehen, liebe ich am meisten. Es ist der Schönste und Sie. Wenn der Schönste da ist, muss ich immer lachen, und ich werde froh und möchte tanzen, dann sagen sie: »Was hat die Kleine? Heute ist sie ganz lustig und ein wenig närrisch.« Sie wissen eben nicht, wie einem die Freude im Herzen lachen kann. Wenn Sie da ist, weine ich manchmal. Und es ist, als hätte ich in der Nacht geschlafen und da wäre die Himmelstüre aufgegangen und ein Hauch daraus gekommen über mich. Der Schönste hat einen grünsilbernen Rock und Bänder und Kettchen und Spangen. Er hat lange dunkle Haare, die sich unten ein wenig locken und über der Stirn auseinandergehen. Er sieht dem griechischen Eros im blauen Zimmer ähnlich, nur hat er ein kleines Bärtchen. Er hat ein hölzernes, angemaltes Vögelchen an einer Kette an seinem Halse hängen. Er hat auch eine Geige und ein Ding, das hinten ein rundes Bäuchlein hat. Mit all diesen Dingen macht er Musik. Wenn man sie nur hörte. Aber man hört sie nur, wenn man am Einschlafen ist und wenn Hochzeit in der Linde ist. Von ihm habe ich den Lilientanz gelernt. Von ihr lerne ich vielleicht auch etwas. Aber es ist alles noch viel zu schwer für mich, weil ich doch noch klein bin. – Kann ich denn Mama wirklich lieben und sie nie ärgern und nie Schlimmes von ihr denken!

Wenn Haro Sie sehen könnte, so würde er das schönste Bild der Welt malen. Aber Harro sieht Sie nicht, und man darf auch nicht mit ihm von Ihr reden, auch nicht von dem Schönsten, es ist verboten. Darum schreibe ich in das Geheimbuch alles, was ich weiß von den Freunden. Als ich so klein war, dass ich noch in dem gelben Gitterbett mit der Rosendecke schlafen konnte, habe ich Sie zuerst gesehen. Ich lag in meinem Bett, und es war schon ein wenig Tag und die Farben fingen schon an zu tanzen, wie sie es morgens tun, wenn man aufwacht. An meinem Bett stand ein grünseidener Schirm. Er kam dann fort, weil Fräulein Braun ein Loch hineingebrannt hatte. Nach der Wand sah ich immer morgens, weil die Farben auf ihr am nettesten tanzten. Mit einem Male war die spanische Wand weg – fort. Da war eine finstere Halle mit dicken plumpen Säulen. Die Wände waren grünschwarz mit Steinen, die heraushingen. Ein kleines gelbes Licht war da und ein böses rotes Licht. An der vorderen Säule stand Sie. Sie war ganz weiß und ihre Haare waren offen und fielen über ihre Schultern bis zu den Knien. Sie hat das schönste Gesicht. Ach, niemand sieht nur ein wenig so aus, dass ich Harro sagen könnte: »So ist Sie!« Ihre Haare sind dunkler wie die meinen, und Harro trägt sie in seinem Ring von Gottes Willen. Er meinte, es seien die meinen und ich hätte sie ihm hineingetan. Sie ist eine Königin. Ich sah sie an, da fing ich an zu schreien. Es hingen ihr die Hände herunter und es war ein Schmerz dabei, dass sie da unten sein musste, ein furchtbarer Schmerz. Da kam die Babette und holte mich und sagte, ich hätte geträumt, und es war die grüne Wand wieder da.

Einmal sah ich Sie auf dem Lindenstamm mit dem Schönsten, als es Mittag war und so heiß und still, und die Linde blühte. Manchmal ist Sie wohl in der Nacht bei mir gewesen, ich muss stark an Sie denken. Einmal war Sie böse mit mir. Als ich auf den Steinplatten lag. Da stand

Sie einmal unten an meinem Bett, und da sah ich, dass Sie breite rote Streifen an ihren Armen hat. Die roten Streifen aber nicht, wie wir sie alle haben. Sie sehen nicht aus wie bei uns, mir und Papa. Es waren tiefe Ringe wie Narben.

Nun muss ich von Schloss Schweigen erzählen. Dahin ging ich mit Papa und Mama. Eigentlich sollte ich mit Harro gehen, und er hatte es mir versprechen. Sonst hält er immer seine Versprechungen, aber das hat er nicht gehalten. Vor dem Schloss Schweigen ist ein Brunnen, daraus müssen wir trinken, weil es der Feenbrunnen ist. Und weil Sie daraus getrunken hat. »Gisela, Gisela«, rauscht das Brünnlein. Ach war ich erstaunt, als ich Ihren Namen hörte! Ihre Nähe fühlte ich, und nun kannte das Brünnlein Sie und wusste Ihren Namen. Papa trank daraus und ich aus dem gleichen Becher, und immer murmelte das Wasser »Gisela, Gisela, Gisela«. Da ging ich mit Papa in die große Pforte hinein. Da saß der Schönste auf dem Treppenplatz, wo es hinaufgeht, unter dem kleinen Fenster, und hielt seine Geige vor sich und ließ die Beine hängen. Ich sah ihn an, aber er kannte mich nicht. Dann ging ich die Treppe hinauf und die Stufen knarrten, als wollten sie etwas sagen und könnten nicht. Als ich in die Zimmer hineinkam, da wusste ich, dass ich schon oft dagewesen war. Schon oft. Als noch die blauen Männlein über den Türen auf dem Gebälk saßen und an Stricken von der Decke hingen. Ganz leise musste ich gehen, und es war mir schrecklich, dass Mama so laut war und sagte: »Es riecht nach Geistern.« In den Stuben wussten viele Dinge von Ihr. Nicht alle. Aber der Spiegel in dem dunklen Rahmen hatte Ihr Gesicht gesehen und wiedergegeben und vielleicht verzerrt er darum alle Gesichter jetzt, weil ihm keines mehr gefällt. Ich sollte Tee trinken, aber ich konnte nicht essen, es schlug mir das Herz. Da ging ich durch die Stuben – da war eine Tür offen, da sah ich Sie. Ich zitterte, dass ich mich an der Tür halten musste. Es hing ein blaues Männlein von der Decke und hielt den Finger an die Lippen, als wollte es sagen: »Schweige!« Davon heißt ja das Schloss. Da stand ein großes Himmelbett, daran hingen die schönsten Vorhänge von sanft blauer Seide, die waren mit bunten Blumen bestickt. Auf dem Bette lag Sie und hatte eine gelbe seidene Decke über sich. Ihre langen goldenen Haare lagen auf den Kissen und fielen auf den Bettrand hinunter. Ihre Hände waren ganz weiß und fein wie die Blüten vom Waldklee und auch mit blauen Linien. An dem Handgelenk lief der rote Streifen, und man sah wohl, es waren schreckliche Narben. Sie lag ganz weiß und still da und Ihre Augen waren zu und Sie war wie ein Grabmal von Marmor und Gold.

Ich dachte, Sie ist tot, da ist Sie gestorben. Sie war nicht allein. Es war da eine kleine freundliche alte Frau mit einem Spitzenhäubchen, das in die Stirne ging. Ein alter Herr mit weißem Haar, mit einer roten Narbe über der Stirne. Der alte Herr sah aus wie ein Herr Stiftsprediger, er hatte auch den weißen Kragen an und schwarze Strümpfe und Schnallenschuhe. Da gingen der Gisela wieder die Augen auf, und ich sah, dass Sie nicht tot war. Sie hob den Kopf ein klein wenig und sah nach dem Männlein hinauf und lächelte, als wenn Sie und es etwas miteinander hätten. Wenn man gesehen hat, wie Sie lächelte und zu dem hölzernen Männlein aufsah, das vergisst man im Leben nicht. Sie sah mich an und kannte mich nicht, wie mich auch der Schönste nicht gekannt hatte. Da schlug der Wind die Türe zu, und wie Papa die Türe wieder aufmachte, da war alles ganz verändert. Kein Männlein hing von der Decke, nur das Bett war noch da und der Spiegel, in dem sich der alte Herr Stiftsprediger gespiegelt hatte. Die Vorhänge waren grau geworden, die schönen Blumen verblichen. Die gelbseidene Decke war an den Rändern gefranst und die Wände nicht mehr weiß und braun.

Sehr oft muss ich denken, wie kam Sie, die doch eine Königin war, in die Halle mit den Säulen, und wer hat Ihr das Zeichen auf ihre feinen Arme gemacht? Warum saß der Schönste auf der Treppe und ließ die Beine hängen und war nicht bei Ihr? Wie kam sie nach Schweigen? Warum habe ich Sie so oft in einem silbernen Kleid gesehen in Brauneck, das rauscht und flirrt und im Mondschein an ihr herunterfließt wie Wasser mit kleinen Wellen?

Der Fürst schob das rote Heft von sich und schaute auf. Über ihm hing der schöne Sommerjüngling und wies mit seiner Sichel herunter auf den letzten fliehenden Streifen Mondschein auf dem Boden. An seinem Arme klirrte das goldene Armband, das ihm die junge Fürstin geschenkt. »Lächerlicher kindischer Plunder«, murmelte er vor sich hin. »Soll man die Sklavenkette auch noch sehen!« Er drückte auf das Schloss, das ging nur schwer, dass er mit seinen stählernen Reiterhänden daran zerren musste. Es wich ein Glied, er konnte es abstreifen. Er öffnete eine kleine Kassette und warf das Armband achtlos hinein. An seinem kräftigen und doch feinen Gelenk, das so schön zu den schmalen festen Händen passte, erschien, durch das Zerren in ein dunkles Rot getaucht, das alte Zeichen. Sollte das wirklich das Denkmal eines alten Unrechts, fast einer alten Schande sein! Es hatte immer als seltsam treubewahrtes Spiel der Natur gegolten wie etwa die hängende Unterlippe der Habsburger. Keine Überlieferung war ihm zu Ohren gekommen, die versucht hätte, das alte Zeichen zu deuten.

»Ich muss morgen doch mit dem Thorsteiner sprechen. – Das blaue Männlein hat er mir doch aufgefunden. Ich muss ihn fragen, was er von diesen Dingen hält. Ob es wohl ererbte Erinnerungen gibt? Ich kann die Kleine und ihren Freund wohl ruhig den Winter über beisammen lassen. Es ist ja viel besser im Grunde für sie als Berlin und Charlotte, die sich gar nichts aus ihr macht! O Wunderliches! Ich möchte dich immer mehr gewinnen. Ich danke dir für dein Geheimnis.«

Und er sah auf zu dem geheimnisvoll lächelnden Seelchen, um dessen Hände fein wie ein Hauch der rote Streifen lief, wie um die seinigen …

13. DIE KIRCHENSTUBE

Es ist ein schöner und stiller Winter in Brauneck. Rosmarie läuft Schlittschuh auf dem Fluss, wo es sicher ist, und geht mit Eifer in ihren Konfirmationsunterricht. Sie lässt ihre Haare nicht mehr offen hängen, sie werden schon zu lang dazu. Sie bekommt zwei breite Zöpfe geflochten, die mit einem Band vereinigt sind, und ein dunkelblaues Schulkleid mit Mantel und Kappe. Frau von Hardenstein begleitet sie bis an den Eingang der Kirchenstube, die hoch und dunkel getäfert ist und in der die langen schwarzen mit weißer Schrift bemalten Tafeln hängen. Die Namen der längst verstorbenen Hofprediger, Speziale und Stiftsprediger stehen darauf, alle mit weißen Kreuzen hinter den Namen. In Brauneck war einst ein Chorherrenstift gewesen, das die alten Braunecker Herren begründet hatten. Der jetzige Prinzessinnenbau, ein schönes steinernes Giebelhaus, war das Stift gewesen. Nun lebte von allem nur noch der alte Titel fort. Der erste Name ist aus dem Jahre 1588.

Alte Holzkästen, roh, unangestrichen, stehen da, und es wäre sehr interessant, in sie hineinsehen zu dürfen. Auf dem Pulte, der auch von rohem Tannenholze ist, steht ein großes altes geschnitztes Kruzifix. Überall an den Wänden, dem Pulte sind ungezählte Tintenflecke und Spritzer. Rosmarie wunderte sich im Stillen, warum es wohl hier Tinte geregnet habe. Sie sitzt mit den Mädchen auf der hinteren Bank, die Knaben sitzen vorne. Rosmarie liebt bald die alte Kirchenstube aufs Innigste. Es ist eine ganz besondere Luft da. Ein kleines braunes Kachelöfchen mit Löwenfüßen muss mit buchenen Klötzen gefüttert werden. Dann brummelt es vor sich hin und hat ein feuriges Äuglein und streckt plötzlich eine lange goldene Zunge heraus. Die beste Schülerin – die Erste, wie sie genannt wird – hat das Ehrenamt, den Ofen zu füttern. Es wäre Rosmaries höchster Ehrgeiz, einmal mit diesem Amt betraut zu werden. Aber mit einem Seufzer der Beschämung gesteht sie sich, dass sie dies hohe Ziel auch wohl bis zum nächsten Jahre nicht erreichen wird. Die andern Kinder, namentlich die Mädchen, wissen so viel.

Nach dem Unterricht wird gebetet, und nun kommt ein stolzer Augenblick. Rosmarie wird nicht abgeholt, sondern geht mit den andern Mädchen in breiter Reihe den Weg zum Schloss hinunter. Die Mädchen haben wohl zum Teil einen andern Weg, aber ihre Bank begleitet sie immer bis zur Schlossbrücke. Weiter trauen sie sich nicht, denn da gehen schon die Schokoladefarbenen. Zuerst sprechen sie nichts miteinander. Rosmarie wagt nicht anzufangen und die andern auch nicht. Aber einmal ist Postmeisters Eugenie so freundlich und zeigt Rosmarie in der Stunde eine Bibelstelle, die in ihrer Bibel absolut nicht zu finden war. Und nun ist das Eis gebrochen. Auf dem Heimwege sprechen schon alle durcheinander wie die jungen Vögel. Die Zöpfe fliegen und die Röckchen, und die Zungen stehen keinen Augenblick still. Rosmarie sagt am wenigsten, aber sie lächelt zu dem, was die andern sagen, und hört so eifrig zu, als habe sie im Leben nie Interessanteres gehört, als dass Apothekers Julie den schlechtesten Aufsatz gemacht habe und dass es bei Notars ein kleines Kind gebe. Ein Kinderwagen stehe schon im Hausflur, ganz weiß mit vergoldeten Knöpfen.

Und eine ganz Kühne will wissen, ob es wahr sei, dass Rosmarie zum Frühstück immer Schokolade mit Schlagsahne und gefüllte Krapfen bekomme und jeden Tag alles frisch von Kopf bis zu Fuß anziehe. Zu der Schlagsahne will sich nun Rosmarie nicht bekennen, aber sie sagt errötend: »Man kann doch nur frische Wäsche tragen.«

Rosmarie bemüht sich, ebenso mit den Zöpfen zu schlenkern und die Bücher hin und her zu schwingen wie die andern Mädchen. Wenn sie aber einen Spruch aufsagen soll, so grinsen die Buben und kichern die Mädchen. Es klingt so kurios. Als wollte sie zu singen anheben, und so hoch! Komisch ist's. Rosmarie strengt sich sehr an, um den schulmäßigen Leierton, mit dem die andern aufsagen, herauszubringen. Als es ihr aber zum ersten Mal gelungen ist, einen Spruch schier wie Postmeisters Eugenie herzusagen, da runzelt der Herr Stiftsprediger die Stirne und sagt: »Rosmarie, wo sind Ihre Gedanken? Sagen Sie erst wieder einen Spruch auf, wenn Sie auch etwas dabei denken wollen.«

Rosmarie setzt sich glührot nieder, mit Mühe hält sie die Tränen zurück. Herrn Stiftsprediger zu erzürnen ist ihr furchtbar. Sie muss sich so bitterlich schämen, dass sie am Schluss nur nach ihrem Mantel greift, ihre Mütze vergisst und allen voranläuft in ihr bergendes Schloss. Und drei Mal übergeht sie beim Aufsagen der Herr Stiftsprediger. Welchen Schmerz er ihr damit bereitet, kann er freilich nicht wissen. Ihr Lehrer bekommt einen Platz in ihrem Herzen gar nicht so sehr weit unter Harro. Dem Thorsteiner wird es langweilig, immer nur von der Kirchenstube zu hören. Frau von Hardenstein bekommt den ganzen Unterricht zu Hause noch einmal erzählt, fast Wort für Wort, mit jedem Stirnrunzeln und Innehalten und wann Herr Stiftsprediger Rosmarie bei einer Stelle besonders angesehen hat. An Ostern ist leider der schöne Unterricht zu Ende. Apothekers Julie und Postmeisters Eugenie werden konfirmiert und Rosmarie wird im nächsten Jahr auf die erste Bank vorrücken. Wenn Rosmarie nicht eine Prinzessin wäre, so dürfte sie gewiss auch den Ofen schüren, meint die zweite Bank.

Und dann ist alles, wie es vorher war. Rosmarie geht nicht mehr mit den Mädchen in Reihen über die Straße. Die grüßen sie scheu, und wenn sie mit Frau von Hardenstein bei ihnen stehen bleibt, so wissen sie nicht viel zu sagen.

Papa kommt und später Mama, und die bringt eine Masse schöner Toiletten mit und eine französische Kammerfrau. Und einen ganzen Vetternschwarm. Kein Mensch kann mehr Vettern haben als Mama.

Harro lässt sich gar nicht mehr blicken, so wenig freuen ihn die Vettern. Die auf die Jagd gehenden, die Klavier spielenden, die Scheiben schießenden, die mit dem Kodak herumlaufenden und knipsenden Vettern, sie freuen ihn alle gleich wenig. Zum Glück bleibt wenigstens der Lindenstamm, Rosmaries eigenstes Reich, vetternfrei.

Papa hat Falten auf der Stirne und müde Augen. Aber als Mama in Bayreuth ist, werden doch ein paar Feste gefeiert, der Lilientag und eine wunderbare Ausgrabung seltsamer Altertümer auf der Römerwiese. Und zum ersten Mal festet Papa mit, und zu Rosmaries größtem Erstaunen gehört er zu den Menschen, die Feste feiern können. – Wenn man ihn allein hat!

Im Herbst gehen Fürst und Fürstin nach Tirol auf die Gemsenjagd, und Harro ist auch eingeladen mitzugehen. Und er möchte sehr gern, kann aber die Einladung nicht annehmen, weil ein Hamburger Herr Fresken für seinen Saal bei ihm bestellt hat und er dorthin reisen muss.

Und dann wird es wieder sehr still in Brauneck. Der Fürst hat gehofft, seine Tochter wenigstens bis Weihnachten bei sich haben zu dürfen, aber diese junge Dame hat plötzlich angefangen zu wachsen. In zwei Monaten ist sie eine Handbreit gewachsen. Als der Fürst von Tirol wiederkommt, entsteht allgemeines Entsetzen. Mama will sich ausschütten vor Lachen. Rosmarie wird eine Riesendame, eine Riesendame mit Entenfüßen, wenn das so weitergeht.

Der Herr Hofrat wird konsultiert und meint, es könnte sein, dass sie nun ihre Höhe erreicht habe, verlangt aber Vorsicht und größte Schonung, weil das Herz doch nicht ebenso schnell mitwachse.

Rosmarie bleibt also in Brauneck und kehrt sich leider nicht an Herrn Hofrats Ausspruch, sondern wächst ruhig weiter. Und nun beginnt der Unterricht wieder. Wer den Ofen füttern darf, gegen diese einst so brennende Frage ist Rosmarie äußerst kühl geworden. Sie erzählt auch nicht mehr den ganzen Unterricht mit jedem Stirnrunzeln und Aufseufzen des Herrn Stiftspredigers wieder, sie ist ganz still darüber.

Harro ist wieder von Hamburg zurück und sehr beglückt über seinen Auftrag. »Das hebt den Bau bis zum ersten Stockwerk aus dem Boden, Seelchen.«

Rosmarie macht eine kleine frostige Miene, die man noch nie an ihr gesehen hat. »Ich freue mich gar nicht, wenn du dem Hamburger die Wände malst. Wie darf der sagen: „Malen Sie mir meine Wände!“ – Du hast selbst bald Wände, die du malen kannst.«

»Wo sind bitte gefälligst die Wände, die ich malen kann? Und haben vielleicht Euer Durchlaucht von einem gewissen Michel Angele gehört, der auch Wände für Wochenlohn und freie Station gemalt haben soll?«

Rosmarie wird dunkelrot.

»Ich mag doch den Hamburger nicht. Wenn es Bilder wären – aber Wände, die kann man ihm nicht mehr nehmen.«

»Wer wollte das? Dieser Hamburger ist ein feiner und großartiger Mensch. Der Festsaal, den ich malen soll, liegt über der Elbe, und man sieht die Schiffe durch die weiten Bogenfenster vorbeiziehen. Und er lässt mir jede Freiheit, nur möchte er meine Skizzen zuvor sehen. Wenn er das Erste nicht gewährte, möchte ich nicht für ihn arbeiten; wenn er das Zweite nicht verlangte, auch nicht.«

»Wie lange wirst du in Hamburg sein?«

»Wohl den ganzen nächsten Sommer. An Ostern gehe ich nach Paris, ich brauche einige Modellstudien.«

»Ja, warum dorthin? Warum musst du deine Modellstudien in Paris machen?«

»Das muss ich, hier gibt es keine Modelle.«

»Sind die Leute in Paris so viel schöner?«

»Hier gibt sich niemand zum Modellstehen her, und wer hat denn von den Menschenkindern hier noch einen unverkrüppelten Körper?«

»Harro, warum verkrüppelt man sich denn?«

»Weil es für schön gilt.«

»Harro, ist dieses Gesprächsthema so sehr passend?«, warf Frau von Hardenstein ein.

»Wichtig wäre es schon, Frau Mutter, aber möglicherweise unpassend. Übrigens bescheide ich mich, ich bin nur gefragt worden.«

Aber Rosmarie ist ebenso hartnäckig wie früher.

»Bin ich auch schon verkrüppelt?«

»Du nicht, nein.«

»Dann will ich es auch nicht werden.«

Frau von Hardenstein erhob sich. »Harro, ich meine, wir gehen definitiv auf ein anderes Thema über. Bitte begleiten Sie mich ins Säulenheim, ich möchte Ihnen etwas zeigen, was mir meine Kinder geschickt haben. Rosmarie, ich glaube, Sie haben noch zu lernen.«

Im Säulenheim legte Frau von Hardenstein ihre Hand auf Harros Arm.

»Bringen Sie mir das Kind nicht in zu viel Widersprüche mit ihrer Umgebung. Sie glauben nicht, was sie um der Schuhe willen alles hat anhören müssen. Und nun noch mehr Eigenheiten.«

Harro blickte schuldbewusst.

»Das möchte ich nun freilich nicht, dass sie damit geplagt würde, aber ich meine, die Erhaltung eines gesunden und schönen Körpers sei immerhin einige unangenehme Augenblicke wert.«

»Ach, Sie übertreiben! Wenn man Sie hört, könnte man meinen, wir seien alle krank und hässlich. Aber streiten wir nicht mehr. – Ich muss mich jetzt an den Gedanken gewöhnen, dass wir Sie nun nicht mehr so schön in der Nähe haben werden. Wie schnell sind die Jahre dahingegangen …«, seufzte sie.

»Für mich auch. – Bis ich nun lerne, mich wieder in einen Höhlendachs zurückzuverwandeln.«

»Harro, Sie wollen uns doch die Freundschaft nicht kündigen? Wir sehen Sie vielleicht nicht mehr in der gleichen, ach, so gemütlichen Weise, aber darum …«

»Sehen Sie, Frau Mutter, wie Sie anfangen zu nuancieren … Ich bin aber nicht der Mann der Nuancen, wenigstens in meinem freundschaftlichen Verkehr nicht. Erinnern Sie sich, was Sie zu mir unter demselben Säulenschatten sagten: „Man wird Ihnen eines Tages zu verstehen geben …“ usw. Nun, ich erwarte diesen Wink nicht. Ich verschwinde schon vorher. Es wäre mir entsetzlich, wenn mir der Fürst einen berechtigten Vorwurf machen könnte. Rosmarie ist noch ein Kind, das können Sie an ihren direkten Fragen sehen … Sie ist nur lang gewachsen. Es kommen die Jahre, wo sie zu leben beginnt, bis jetzt hat sie nur geträumt. Ich glaube nicht, dass sie mich vergessen wird; bin ich aber in diesen Jahren aus ihrem Gesichtskreis getreten, so werde ich in ihrer Erinnerung zu den guten alten Onkels gesellt werden, die sind ungefährlich.«

»Harro, wenn Sie recht hätten. – Freilich ist Rosmarie noch ein Kind, aber ihre Liebe zu Ihnen …«

»Warum sollte ein liebes Kind den guten alten Onkel nicht lieb haben? Liebe Frau Mutter, hätte die Rosmarie ihr Wachstum vernünftig eingeteilt und hätte sie sich nicht in den Kopf gesetzt, plötzlich emporzuschießen wie eine Hopfenranke, so wären uns diese Gedanken gar nicht gekommen. Aber da sie nun ein so langes Kind ist …«

»O Harro, Sie haben mir das Herz schwer gemacht. Sie haben ja recht. Aber meine arme Rosmarie!«

Rosmarie soll nun eingesegnet werden. Es ist schon längst kein Zweifel mehr, wer die Erste ist. Auch wenn die Rosmarie keine Prinzessin wäre, das gibt sogar die Bubenbank zu. Der Herr Stiftsprediger hat eine eigene Art, ihren Namen aufzurufen und sie anzusehen, wenn sie spricht. Sie ahmt auch nicht mehr den Schulton nach. Sie hat immer noch ihre hohe Kinderstimme, aber es lacht keines mehr über sie, obgleich sie nach Ansicht der Mädchenbank zuweilen die seltsamsten Sachen sagt. Der Herr Stiftsprediger scheint es aber nie sonderbar zu finden, sondern er nickt ihr zu: »Das ist also Ihre Auffassung, Rosmarie.«

Doktors Elisabeth, die das Lehrerinnenexamen machen will und einen brennenden Ehrgeiz hat, sagt zu der kleinen dicken Berta Schlicht neben ihr: »Die Rosmarie hat immer eine „Auffassung“. Das kommt, weil sie vom Schloss ist; wenn ich oder du etwas sagen, dann ist's keine Auffassung, dann ist's falsch.«

Aber die kleine Dicke schüttelt den Kopf: »So ist der Herr Stiftsprediger nicht. Das ist dem einerlei, ob sie auch vom Schloss ist, aber weil es der Rosmarie immer so arg ernst ist, deshalb heißt's eine Auffassung.«

Frau von Hardenstein schaut machmal mit fragenden Augen nach dem Kinde, wenn es über seinen Büchern so versunken dasitzt.

Und nun sollen morgen schon Fürst und Fürstin wiederkommen. Sie wollen vor der Einsegnung noch einige Zeit da sein, obgleich es noch rau ist und kaum die ersten Schlehenbüsche ihr weißes Kleid angezogen haben. Harros Abreise ist auch schon nah herbeigekommen … Rosmarie hat noch so viel zu denken über den kommenden großen Tag, dass ihr die traurige Tatsache, dass Harro den ganzen schönen Sommer nicht da sein wird, etwas verdeckt ist. Aber je näher der Tag heranrückt, desto bedrückter und stiller wird Rosmarie.

Ist es Harros Abreise oder greift sie der Unterricht zu sehr an, denkt Frau von Hardenstein. Eines Abends, als sie noch neben Rosmaries Bett sitzt, fragt sie sanft: »So sagen Sie mir doch, liebes Kind, was Sie bedrückt.«

In Rosmaries Augen steigen Tränen.

»O Frau von Hardenstein, ich habe Kummer.«

»Sprechen Sie sich aus, es wird Ihnen leichter.«

»Ich – oh, ich … Man kann mir nicht helfen … Ich möchte nicht konfirmiert werden.«

Frau von Hardenstein schaut in sprachlosem Staunen auf das bitterlich weinende Kind.

»Aber ich höre doch immer mit solcher Freude, wie Herr Stiftsprediger Ihre innige Anteilnahme an allem bemerkt, und nun wollen Sie nicht konfirmiert werden! Sind Ihnen denn böse Zweifel gekommen?«

»Ich muss Dinge versprechen … und wollte so gern und kann's doch nicht.«

»Ihr Gelübde macht Ihnen Kummer. – Ich finde auch, man verlangt viel von den jungen Herzen. Ich werde morgen mit Ihrem gütigen Lehrer sprechen. Er wird herkommen, er hat es mir schon angeboten, und allein mit Ihnen reden … Sie können sich ihm anvertrauen.«

»Wie kann ich das – ich kann ihm doch nichts sagen … Ich will, aber ich kann nicht.«

Bitterliches Weinen und Schluchzen.

»Warum wollen Sie und können nicht?«

»Oh, wegen Harro.«

»Was hat denn Harro dabei zu tun? Harro sagt manchmal Dinge, die leichtfertig klingen, aber er würde gewiss in nichts Ihren frommen Glauben antasten!«

»Nein, das nicht … Aber er will nicht tun, was Herr Stiftsprediger denkt, das alle frommen Männer tun. Er will ganz allein für sich leben, und von Jesus spricht er nie ein Wort. Und wenn er ihn sehr liebte, würde er doch von ihm reden. Er sagt immer: „Ich verstehe das nicht", und: „Das musst du den Herrn Stiftsprediger fragen." – Und wenn er immer nicht will, so zerreißt doch das goldene Band, mit dem Gott sein Herz angebunden hat an seinen Thron.«

»Mein liebes Kind, ich sehe nicht ein, was das mit Ihrer Konfirmation zu tun hat. Das kann sich ja alles ändern, wenn Harro eine liebe fromme Frau hat.«

»Ja, sehen Sie denn nicht, wie ich immer weiter von ihm weggehe, bis er ganz allein ist! Ich bin bei denen, die auf dem Himmelsweg gehen, und er ist allein draußen … Und wenn die Himmelstüre zugeht und er … ganz allein … in der Dunkelheit.« Rosmaries zarter Körper zittert vor Weinen und Schluchzen … »Sein goldenes Band zerrissen … Ich kann es nicht; ich muss bei ihm bleiben.«

»Rosmarie, weinen Sie nicht mehr. Warten Sie bis morgen. Morgen kommt Herr Stiftsprediger zu Ihnen und Sie reden mit ihm. Aber, nicht wahr, ich kann mich darauf verlassen – von Harro reden Sie nichts!«

»Aber Frau von Hardenstein, das wäre ja, als wollte ich Harro verklagen.«

»Nun schlafen Sie, Rosmarie, und hoffen Sie auf morgen.«

Der Herr Stiftsprediger sitzt Rosmarie gegenüber an dem alten runden Tisch, auf dem ein Schlehdornzweig steht, der die Luft mit seinem bittersüßen Duft erfüllt. Auf den Steinplatten des Lindenstammes liegt goldener Sonnenschein. Drüben über den Waldhöhen jagen weiße Wolkenfetzen über einen blauen Himmel. Manchmal fällt auch ein Wolkenschatten herein, dann erlischt das Gold auf den Steinplatten und das hohe Gemach füllt plötzliche Dämmerung. Rosmarie schmiegt sich ängstlich und blass in ihren Stuhl. Sie sieht fast jungfräulich aus in ihrem langen Kleide und den um den Kopf gelegten dicken Flechten. Das feine schneeweiße Hälschen steigt aus dem kleinen Ausschnitt ihres Kleides auf wie die Blüte der Herbstzeitlose aus dunklem Erdreich. Man sieht ihr immer noch an, dass sie gestern geweint hat – scheu ist sie.

»Sie haben mir immer sehr viel Freude gemacht, Rosmarie« beginnt der Herr Stiftsprediger. »Sie konnten nicht nur verstehen, was wir durchgenommen haben, sondern selbstständig umdenken und mit Ihren eigenen Worten wiedergeben. Ich bin da manchmal überrascht gewesen. Namentlich auch darin, dass Sie, was bei Mädchen seltener vorkommt, keiner Schwierigkeit aus dem Wege gegangen sind, sondern diese immer noch ein Stück weiter verfolgt haben, als ich mit den andern Kindern schon tun konnte. In letzter Zeit habe ich bemerkt, dass Sie etwas bedrückt hat. Ich habe auch Ihrer gütigen Erzieherin, der Sie so viel verdanken, gesagt, dass ich gerne noch irgendwelche

Fragen Ihnen beantworten würde, wenn es in meiner Macht steht. Wir großen Leute haben auch nicht alle Fragen gelöst, Rosmarie.«

Er lächelte ein wenig und sah auf seine Hände herab und saß freundlich zuwartend da, ob Rosmarie nun Mut finden würde, ein Wort zu sagen. Aber sie schweigt. Da sagt er, ohne aufzusehen: »Macht Ihnen Ihr Gelübde Schwierigkeiten?«

»O Herr Stiftsprediger, ich kann es nicht, ich kann es nicht … Ich bin still gewesen, wenn die andern Kinder es lernten.«

»Es sind alte Formen, Rosmarie. Es bekümmert mich oft selbst, dass unsere Kirche keine neuen Formen für diese so wichtige Sache findet oder gestattet. Es ist eine längst vergangene Zeit und keine der großen religiösen Zeiten unseres Volkes gewesen, die sie geschaffen hat. Ich habe Ihnen oft zu sagen versucht, wie jede Zeit ihre besondere Gotteserkenntnis hat, dass Formen immer viel länger leben als die mit ihnen verbundenen Anschauungen. Aber das ist es nicht, was Sie jetzt brauchen. Ich sehe, dass Sie dies alles sehr angreift. Weinen Sie nicht, Rosmarie, wir wollen es so machen. Ich weiß, dass Sie Ihre Gedanken ganz gut schriftlich ausdrücken können. Schreiben Sie mir auf, was Sie selbst von Herzen glauben gelernt haben, in so wenig Worten wie möglich, Sie sollen ganz Freiheit haben. Schreiben Sie mir auf, was Sie auch vor Menschen bekennen würden, wenn Sie es müssten. Wollen Sie es gleich jetzt tun, so will ich warten. Ich habe Zeit, und Sie können mich vielleicht doch noch um etwas fragen … Oder wollen Sie es mir schicken?«

»Ich will es lieber gleich jetzt schreiben, ich habe mich besonnen.«

Rosmarie stand auf und holte sich aus ihrer grünen Ledermappe einen Briefbogen, von den neuen, auf denen zum ersten Mal eine Krone gedruckt war, und schrieb scheinbar ohne jedes Besinnen, als schreibe sie etwas ab. – Ach, sie hatte alles so oft bedacht in den letzten Tagen und Nächten und damit gerungen und sich abgequält.

Ich glaube an Gott, der die Welt geschaffen mit allen Erden, Sonnen, Sternen und Menschen. Ich möchte ihm danken, dass er die Erde so schön gemacht, grüne Wälder und das starke Himmelblau darauf, blanke Wasser und liebste Bäume und den Wind, der sie streichelt. Gott hat auch gemacht die feuerspeienden Berge, die wilden Stürme, den bittern Tod, die Einsamkeit, die Qual. – Damit wir ihm auch dafür danken können, hat er uns Jesus gesandt in die Welt und hat Jesus kennen lassen die Qual, die Einsamkeit, den bittern Tod. Ihm möchte ich dienen, so wie ich ihn liebe, und mein Herz ist nur traurig, weil ich ihn immer noch nicht genug liebe.

Sie schaute zögernd auf.

»Soll ich noch mehr schreiben?«

»Nein.«

Sie schiebt das Blatt ihrem Lehrer hin, der es nimmt und damit ans Fenster tritt. Der Wolkenschatten hat das Gemach wieder so verdüstert, oder er will nicht gesehen werden, wenn er es liest. Dann wendet er sich: »Ich kenne ja Ihre Gedanken und sehe aufs Neue, wie Sie darin leben. Sollte Ihnen wirklich die alte Form Schwierigkeiten machen?«

»Es ist noch etwas dabei … Ich will es aufschreiben – oh, ich kann's nicht sagen.«

Sie nahm das Blatt wieder und schrieb darauf mit großen zitternden Buchstaben: *Ich will nicht in den Himmel kommen, ich will bei denen bleiben, die draußen sind in der Dunkelheit.*

Dann gab sie es wieder zurück und verbarg ihr Gesicht in ihre Hände und legte ihren jungen goldenen Kopf auf den Tisch mit seiner grünen Decke, und die zarten Schultern zuckten leise.

Der Herr Stiftsprediger legte ihr sanft die Hand auf die Achsel: »Liebes Kind, trauen Sie sich selbst mehr Erbarmen zu als Gott? Wer sind die, die draußen stehen? – Meinen Sie, Gott verstünde nicht allerhand Gebräuche, Sprachen und Wesen der Menschen? Denken Sie denn, er schlösse seine Himmelstüre zu vor irgendeiner sehnenden Seele oder verlangt irgendein Gelübde oder eine bestimmte Denkungsweise? Und kann ein Mensch vom andern seine tiefsten Geheimnisse wissen? Ist nicht, solange ein Mensch auf Erden geht, Hoffnung vorhanden, dass er sich eines Tages aufmacht und wie der verlorene Sohn zu seinem Vater zurückkehrt! Und selbst, wenn ein Mensch in unseren Augen verloren erscheint, was wissen wir, wie Gott ihn ansieht?«

Rosmarie hob ihr Antlitz auf. Noch lagen Tränen auf ihren Wangen, aber ihre grauen Augen leuchteten in fast erschreckendem Glanze. Sie ergriff die Hand ihres Lehrers: »Ich möchte konfirmiert werden. Ich lerne gewiss immer mehr lieben, und wenn Gott alles so gut versteht … Oh, ich danke Ihnen, ich danke Ihnen!«

»Rosmarie, Gott wird Sie noch zum Segen machen für dieses Haus, wenn Sie treu bleiben.«

Und der Herr Stiftsprediger ging mit seinen langen, raschen Schritten zur Tür. Aber Rosmarie ging ihm nach.

»Oh, Sie wissen gar nicht, was für ein hartnäckiges Kind ich bin.«

»Und ich hoffe, dass Sie in einigen wichtigen Dingen auch hartnäckig bleiben werden.« Und damit eilte er hinaus. Es eilte ihm aber durchaus nicht mehr, als er den langen Prinzessinnengang hinter sich hatte. Er blieb neben einer der Säulen stehen, die die steingehauenen Galerien tragen, die den Schlosshof umgeben. Er sah hinunter in den Turnierhof. Da sprosste zwischen der alten Pflasterung hie und da ein Grashalm, es jagten die Wolkenschatten darüber, dass die grauen Steine einmal goldig aufleuchteten, bald wieder düster und wettergrün blickten. Es war, als spräche er zu einer der grauen Säulen: »Hat es wohl hier schon einmal ein so schönes Herz gegeben, oder seid ihr darum immer noch eine liebe und geliebte Heimat, weil solche Herzen hier in Zeiten gewachsen sind?«

Rosmarie begrüßt ihre Eltern errötend und glückselig unter dem Portal. Sogar Mama umarmt sie mit so viel Freude und Innigkeit, dass die Fürstin ganz erstaunt ist.

»Gott, wie zärtlich, Rosmarie. Das bin ich ja gar nicht gewöhnt.«

Und sie ist sehr gnädig und macht gar keine Einwendungen, als die Feier besprochen wird. Rosemarie darf jeder ihrer Mitkonfirmandinnen ein kleines goldenes Medaillon an goldener Kette schenken mit ihrem Namenszug. Zu dem Diner soll nur der Herr Stiftsprediger und der Thorsteiner eingeladen werden. Der Thorsteiner wird ja den ganzen Sommer abwesend sein, so ist das auch ein Abschied. Sie sind beim Essen, wie das beredet wird. Die Fürstin hatte eine Rose aus der vor ihr stehenden Kristallvase gezogen und hielt sie dann wie probend an den Ausschnitt ihres lachsfarbenen Kleides. Und nun schaut sie plötzlich auf Rosmaries blasses Gesicht und ihren zuckenden Mund, sie lächelt ein wenig und nestelt die Blume in ihren Spitzen fest.

»Der Ruinengraf in Paris! Ein unvollziehbarer Gedanke. Nun, ich mag es ihm gönnen nach seiner langen Waldmenschenzeit. Ich möchte ihn sehen, wie er sich in Paris amüsiert. Warum runzelst du die Stirne, Fried, oder wäre es wohl unpassend zu sehen, wie er sich amüsiert? Gott, es ist ihm zu gönnen. Er ist doch ein Künstler. Und hat so lange gelebt wie ein Säulenheiliger.«

Rosmaries Wangen werden wieder rot, irgendetwas in Mamas Worten macht sie zornig. Sie sagt: »Harro geht nach Paris, weil er Modelle braucht und es so schöne Menschen bei uns nicht gibt.«

Die Fürstin lacht hell auf:

»Ach ja, daran wird es in Paris nicht fehlen.«

»Lass das«, ruft der Fürst, »du verwirrst das Kind. Erzähle mir doch von deiner Kirchenstube, Rosmarie! Hast du den Ofen nachlegen dürfen?«

»O nein, Papa, ich hätte es doch nur schlecht gemacht.«

Sie versucht zu erzählen, aber es klingt matt und der Fürst hebt bald die Tafel auf, die schöne Stimmung ist doch irgendwie vergangen.

Wie schnell fliegen nun die Tage. Harro ist in letzter Zeit nicht dagewesen, er ist kein Freund vom Abschiednehmen. Die Einladung des Fürsten hat er angenommen und Frau von Hardenstein hat einen Brief von ihm erhalten:

Ich werde sogar in die Kirche kommen, was ich mir hoch anzurechnen bitte, denn die ganze Situation ist mir sehr fatal. Für andere Kinder mag ja dieses öffentliche Hersagen und Versprechen einer Sache, die sie nicht zu halten gedenken – gar nicht halten können, denn sie sind zu jung, um über sich zu entscheiden –, recht sein. Nun, die hohe Geistlichkeit mag es verantworten. – Aber das Seelchen. – Es denkt ja leider viel zu viel, und das Denken ist allemal ein Unglück. Und dann das Maschinenmäßige der ganzen Sache! So eins ums andere! Ich habe die schrecklichste Erinnerung an meine Konfirmation. Es gab ein Festmahl, und an jedem Bissen musste ich würgen. Ich hatte zum ersten Male lange Hosen an und ein blaues, scheußliches Röckchen, und mein freigeborener Hals war in einen steifen Kragen eingezwängt. Ich schämte mich entsetzlich, aber schließlich musste ich mich in das leere Kastenzimmer flüchten, wo allerhand Tortenreste und halb geleerte Flaschen, die sich irgendein dienstbarer Geist dahergeflüchtet haben mochte, ein anmutiges Stilleben bildeten. Dort saß ich auf einem von Vaters alten Helmkoffern und heulte wie ein junger Hund, trotz meiner langen Hosen. Also, liebste Frau Mutter, wenn es eine Quälerei gibt, so reiße ich aus, das kann ich bei dem Seelchen nicht mit ansehen. Und bitte noch eins. Bereiten Sie Rosmarie darauf vor, dass ich am Montag abreise und mich jedenfalls am Sonntag von ihr verabschiede. Wie Sie es machen wollen, Frau Mutter, ob Sie es das Seelchen am Ende gar nicht wissen lassen und ich ohne letzte Szene in die Versenkung verschwinde oder nicht, das überlasse ich Ihrer gütigen Weisheit. Was Sie aber beschließen, lassen Sie mich bitte wissen.

»Nein, das geht nicht, Harro … So leicht machen wir es Ihnen nicht …«, flüstert Frau von Hardenstein vor sich hin. »Das würde das Kind nie verzeihen. Arme Rosmarie … Er hat recht. Er muss gehen.«

14. VON DER ASPHODELOSWIESE

Der große Tag ist gekommen. Harro steht auf der Empore der Stiftskirche, eines Hauptes höher als alles Volk. Er ist sehr ernst und sieht mit seinen grauen Falkenaugen nach der reinen, zarten, weißen Gestalt unter den anderen schwarzgekleideten Kindern. Der Fürst steht auf seiner in den gotischen Chor eingebauten Empore, der ehemaligen Herrschaftslaube an dem schmalen Fenster, und sieht hinunter auf seine junge Tochter. Wie eine zarte schwanke Lilie steht sie da, und nun senkt sie ihren goldenen Kopf unter der Hand ihres Lehrers. Ein Zittern läuft durch die feine Gestalt. Harros Augen haben es auch gesehen und ein zorniger Blitz schlägt aus ihnen, er ballt seine Hände.

»Quälerei – warum können sie das Kind nicht lassen, es ist wahrhaftig fromm genug.«

Gottlob, sie kann wieder aufstehen und schneeweiß an ihren Platz gehen.

Harro bereut in fliegender Eile Verschiedenes. Dass er da ist, dass er nicht vorher abgereist ist, dass er den heutigen Tag zum Abschied gewählt hat. Vor dem Kirchenportal drängt sich Groß und Klein, Kinder und Eltern, Rosmaries Mitschülerinnen, sie wollen die Herrschaften einsteigen sehen. Ach wie fern ist sie ihnen geworden … Es legt ihr ein Diener den weißen Mantel um, sie sitzt neben der Fürstin, der Fürst sitzt auf dem Rücksitz. Sie grüßt noch sehr freundlich, es ist aber doch anders als sonst. Die Pferde ziehen an. Ja, da wird sie rot, sie beugt sich vor.

»Vater, Harro ist da. Nimmst du ihn nicht mit in den Wagen?«

»Nein, Rosmarie, wir sehen ihn nachher.«

Mama lächelt ein wenig und sagt: »Gewiss, es hätte sich sehr hübsch gemacht«, und der Wagen rollt weiter …

In das Empfangszimmer kommen alle Schlossherren und der Herr Hofrat. Und Rosmarie muss sich daran gewöhnen, dass wirklich sie gemeint ist, wenn sie »Durchlaucht« angeredet wird. Schön ist es nicht. O nein. Zum Glück sagt der Herr Stiftsprediger, der später neben ihr an der Tafel sitzt, noch Rosmarie. Harros Platz ist neben der Fürstin. Die Tafel ist breit, nur hier und da hört Rosmarie das Wort: Paris … Sie ist müde, sie hat heute zu viel erlebt, und der Tag ist lange noch nicht zu Ende. Und Harro, der durch das große mittlere Tafelstück hindurch hier und da das blasse Goldhaar sieht, denkt: Es ist doch gut, dass es heut zu Ende geht. Das Abschiednehmen ist etwas Entsetzliches und muss besser schnell und vor allen Leuten gemacht werden. Der Teufel hol die Sentimentalität! Wäre ich allein mit der guten Frau Mutter und dem Kinde, es wäre nicht durchzumachen. Schon die Fragen allein …

»Gewiss, Durchlaucht, Versailles ist eine richtige Prachtwüste, außerordentlich melancholisch, besonders an Regentagen … Die große Oper, man verwechselt sie immer mit der Madeleinekirche, oder war's die Börse …«

»Sie verwechseln schon zum zweiten Male die Madeleinekirche mit etwas anderem. Ich glaube, dass Sie sehr zerstreut sind, Graf Thorstein«, schmollt die Fürstin. »Ihre Gedanken sind schon ganz in Paris.«

Auch dieses Diner hat glücklicherweise ein Ende. Nachher ist ein klein wenig Herumstehens mit den Kaffeetassen – dann verabschiedet sich alles und Harro denkt: Nun habe ich richtig kein Wort mehr als meine gemurmelten Wünsche … Aber da fasst ihn der Fürst am Arm.

»Die Sonne ist so herrlich, ein wahrer Frühlingstag, wir wollen noch einmal ums Schloss gehen oder lieber auf der Sonnenseite auf und ab. Machen Sie uns noch einmal die Freude, wir werden Sie jetzt lange nicht sehen.«

Harro verneigt sich stumm. Die Fürstin, obgleich sie sehr müde zu sein behauptet, wird wieder munter und hat auch ein großes Verlangen nach Sonnenschein. Sie geht neben Harro, der Fürst führt seine junge Tochter am Arm.

»Ich muss mein großes Kind heute noch einen Augenblick neben mir haben.«

Sie gehen durch die noch kahlen Rosenbogen. Unten blinkt der blaue Fluss und über die Waldberge läuft schon der rosaviolette Hauch, der die jungen Blätter verspricht. Die Fürstin zieht ihre rauschende Schleppe über den goldglänzenden Kies und hält sich einen Fächer gegen die so teintverderbenden Frühlingssonnenstrahlen vor. Was sie spricht, versteht man nicht, aber lachen kann man sie hören.

»Rosmarie, du bist so still, die Feier hat dich doch recht angegriffen.«

»Ja, Vater, und es ist mir auch schwer geworden. Es ist mir, als müsste ich nun immer die allerschwersten Steine aufheben. Ob ich das können werde?«

»Aber Kind, hat dir der Herr Stiftsprediger das Herz so schwer gemacht?«

»O nein, er hat es mir immer leichter gemacht. Aber sieh, Vater, nun geht Harro fort, und ich kann kein Wort mehr mit ihm reden. Siehst du nicht an seinem Rücken, wie er sich ärgert, und an seiner

Hand, die er immer auf und zu macht, siehst du so – wie wenn er etwas zerdrücke. Das tut er immer, wenn er zornig ist.«

Der Fürst lacht leise, sehr gut gelaunt. Also das Pariser Gespräch behagt dem Thorsteiner – die Kleine muss es ja wissen – nicht so sehr. Er sagt: »Rosmarie, du sollst noch einmal die Sonnenseite entlang mit deinem alten Freunde gehen, das ist nicht mehr als billig. Heute ist ja doch dein Abschied aus dem Kinderland. Ich gehe mit Mama.«

Und plötzlich sah Harro sich befreit von der Fürstin und im dünnen Schatten des Rebganges; an der warmen, sonnigen Mauer, um die ein leiser Veilchenduft schwebte, schritt Rosmarie neben ihm. Einen Augenblick gingen sie schweigend, aber die Minuten sind zu kostbar.

Rosmarie begann: »Du warst auch in der Kirche, hast du nun den Herrn Stiftsprediger gehört?«

»Nicht gerade alles. Er schien mir sehr menschlich zu sein!«

»Was könnte er denn sonst sein?«

»Nun, er könnte zum Beispiel auch geistlich sein.«

»Damit meinst du sicher nichts Schönes, Harro, ich hör's an deinem Ton.«

»Für meine Töne kann ich nichts, die Flöte ist ungeschmiert.«

»Harro, ich war heute Morgen so froh, als die Sonne kam. Ich habe von der Gisela geträumt heute Nacht, und das tue ich sonst nie. Im Schlafe, meine ich. Und sie ging auf der Himmelswiese, die war so grün und voll Sternblumen, und sie lächelte mir zu. Sie ging mit nackten so schönen Füßen zu einer Quelle, die aus dunkeln, moosgrünen Steinen hervorkam und dann einen kleinen runden See bildete. Sie nahm ihr Gewand auf und ging hinein, dass die blanken Wellen über ihre Füße liefen. Ich fragte: „Warum tust du das?" Da sagte sie: „Ich bin doch über so viele Nadeln und kleine und große Schwerter und glühende Eisen gegangen." – „O du Arme", rief ich, „hast du das tun müssen?" – „Das ist das Schlimmste nicht, viel, viel schlimmer ist, wenn der Saum nicht mehr rein ist." Da bückte sie sich und nahm den Saum von ihrem Gewande, der war wie ein glänzendes Sommerwölkchen so weiß, und wusch daran. Ich sagte: „Er ist doch so weiß." Da antwortete sie: „Von Tränen, von Tränen." Und dann streckte sie ihre Hand nach mir aus und fragte: „Wo ist denn Harro?" Da erschrak ich und wandte mich um, und du warst nicht da. „Sie haben ihn nicht hereingelassen", rief ich und weinte und fiel vor Weinen auf den Boden. Da kam sie zu mir und setzte sich auf einen kleinen Rain und nahm meinen Kopf auf ihre Knie und strich mir über das Haar und sagte: „Von Tränen, von Tränen." Und auf einmal war ich in einer

Schlucht, wo hohe dunkle Felsen standen, da ging ein schwarzer Bach und ein Wind seufzte und immer noch hörte ich die Gisela sagen „von Tränen" – oder sagte es der Bach. Da dachte ich, es ist gewiss der Tränenbach, so viele Tränen sind schon geflossen – und die Winde seufzen dazu. Und immer suchte ich und sehnte mich und wollte zurück nach der Wiese, und konnte nicht ohne dich kommen und musste dabei noch denken, ob ich gewiss meine Lieder für den Unterricht könnte, und suchte die zusammen. „Gib allen denen … die sich von Herzen sehnen, ein …" Da gab es einen Stoß, und es war wie ein heller Freudenschein. Da, da bin ich aufgewacht.«

Harro hatte mit tiefstem Ernst zugehört. »Rosmarie, du hast eine Künstlerseele, ich habe deinen Traum ganz miterlebt. Du fühlst die Farben, du siehst Bilder …«

»Wovon sprechen die beiden so angelegentlich da hinten, Rosmarie hat ganz rote Wangen?«

»Nun, du hörst es doch, von Himmelswiesen, von Bildern.«

»Du hast die Farben so fein kontrastiert, die weiße Frau mit den ein wenig rosigen Füßen, die feinen Wellen, es werden nur Wasserringe gewesen sein, die schönen Wasserringe mit glänzenden Rändern, das dunkelgrüne Moos. Und was ist es denn für ein Lied?«

Gib allen denen,
Die sich von Herzen sehnen
Nach dir und deinen Hulden,
Ein Herz, sich zu gedulden.

»Schön ist das, Seelchen, du hast also auch schöne Dinge gelernt.«

»Viele schöne. Und ich bin so froh, dass ich konfirmiert bin. Ich wollte es ja gar nicht werden, und daher kam wohl der Traum. Ich hatte Angst, Harro, ich verließe dich damit.«

Dem langen Thorsteiner gab es einen sonderbaren Stoß ins Herz. »Du verließest mich damit …« Hatte er es wirklich wiederholt, oder flüsterte es nur der leise, ach so duftbeschwerte Frühlingswind?

»Ich wäre auf den Himmelswiesen und du da draußen.«

»Das Draußen, das ist wohl ein schlimmer Ort, Seelchen? Ich hoffe doch nicht. Es muss da auch sehr feine Leute geben. Solche, die sich nicht in die Hallelujagegenden trauen und doch nicht höllenreif sind. Es wächst Asphodelos dort und es murmelt ein Bach nach Vergessen.«

»Ist es nicht ein wenig unpassend, dieses gar so innige Tête-à-Tête?«

»Lass sie doch, es ist ein geistliches Gespräch. Nun sind sie an der

Hölle – vorher waren sie am Himmel. Es ist sehr viel passender für den heutigen Tag als deine Pariser Reminiszenzen.«

»Vergessen, Harro, will ich nicht …«

»Oh, manchmal ein bisschen Vergessenheit nippen«, murmelt er.

»Was willst du vergessen?«

Da schrickt er auf.

»O Harro, wir haben uns nur so kurze Zeit. Mama wird ungeduldig, ich fühl's. Wie oft schreibst du mir? Jede Woche? Ich muss die Tage zählen bis Weihnachten. Und Harro, du denkst daran, dass ich nicht ohne dich auf die Himmelswiese kommen kann. So wie die Gisela mich gefragt hat: „Wo ist denn Harro?", so wird Gott mich fragen. Heute habe ich mich doch Gott versprochen, dass ich ihm dienen will. Du hast es gehört: Gott und meinem Herrn Jesu dienen mein Leben lang.«

Die hohe feierliche Silberstimme dringt durch das Fliedergebüsch, das sie von den andern trennt. Da legt der Fürst eine eiserne Hand auf den Arm seiner Frau und sagt mit zusammengebissenen Zähnen: »Ich will nicht, dass dem Kinde die heutige Andacht gestört wird. Hörst du, ich dulde es nicht. Der Morgen ist ein ganzes Leben lang und hat für alles Zeit.«

»Ja, ich habe es gehört«, antwortet Harro.

Sie stehen sich gegenüber, die lange, schwanke Gestalt in dem weißen Kleide und der hohe Mann mit finster zusammengezogener Stirn.

»Ich habe es gehört, sie versprachen alle das Gleiche.«

»Dann müssen sie es auch halten. Ich fühlte, dass mich etwas berührt hat. Und ich habe es einmal getan.«

»So siehst du aus«, sagte der Thorsteiner leise … »Und ich wünsche dir von Herzen, dass du immer recht glücklich dabei sein mögest.«

»Nie ohne dich, Harro. Immer muss ich dich suchen gehen. Und wenn ich schon tot wäre, wie heute Nacht im Traum, so müsste ich wieder zurück und dich suchen. O Harro, du hast mir so viel Liebes getan. Ohne dich wären mir Brennesseln und Stechranken in meinem Garten gewachsen und Giftblumen. Weißt du, wie du mein Bild gemalt hast, den Ehrensaal? Sieh, so gehe ich, solange ich lebe, und wenn ich tot bin und trage meine Liebe, und so bringe ich sie einmal zu Gott.«

»Seelchen, hör auf! Du weißt nicht, was du sagst. Das ist nicht auszuhalten; komm herauf zu deinem Vater – du Kind – du Seele.«

Er ging voraus mit langen stolzen Schritten. Rosmarie folgte ihm langsam und traumverloren. Fürst und Fürstin kamen durch den Rosengang, ein leichtes Abendgold lag schon am Himmel. Sie stiegen miteinander die hohe, steile Treppe hinauf zur Sonnenuhr. Der Fürst sprach noch einige hastige Worte über die morgige Abreise und die besten Zugverbindungen. Sie gingen durch die Waffenhalle, wo Harro abgelegt hatte. Es war kein Diener da, und der Fürst half ihm selbst danach sehen. Die Fürstin lächelte. Rosmarie war so weiß wie ihr Kleid. Harro verabschiedete sich von der Fürstin und küsste ihr die Hand und murmelte etwas von untertänigstem Danke. Auch er sah graufahl aus, oder machte es nur der schattige Raum nach all dem Frühlingsglanze draußen.

»Nun, ich hoffe, wir sehen uns im nächsten Jahre wieder, Graf Thorstein. Und vergessen Sie uns nicht …«

Und nun beugt sich Harro auch über Rosmaries Hand, die totenblass und aufrecht dasteht und den größten Schmerz ihres Lebens so tapfer wie möglich zu ertragen sucht.

»Nochmals tausend Dank für alles, und nun wünsche ich Eurer Durchlaucht die schönsten Jugendjahre … alles Gute und …«

»So sollst du nicht sagen.« Das Wort hat sie getroffen wie ein Dolchstich. »Ich bin immer für dich, was ich war, und wie ich dich bis jetzt geliebt habe, so werde ich dich immer lieben.«

Sie schlang ihre jungen Arme um seinen Hals, so weit konnte sie gerade reichen, und drückte schluchzend ihren goldenen Kopf an seine Brust.

Harro war auch totenblass geworden, nahm sie mit sanfter Gewalt von sich weg und führte sie zu ihrem Vater und sagte leise: »Herrschaften, ich bitte tausendmal um Vergebung, ich habe dies nicht gewollt und gewusst. Und muss nun vor Ihnen, die Sie mir Güte erwiesen haben, dastehen wie einer, der Vertrauen missbraucht hat …«

»Harro, so sollen Sie doch nicht fortgehen. Wir glauben Ihnen …«

»Tausend Dank, Euer Durchlaucht, für das Wort …«, und Harro war schon die Treppe hinunter.

Die Fürstin hatte ihre Augen, in denen ein unheimliches Licht flackerte, nicht von Rosmarie gewandt, die sich auf einen kleinen Diwan geworfen hatte und bitterlich schluchzte.

O Rosmarie, warum hast du dein blaues Männlein vergessen?

15. BRIEFE

Brauneck, 6. September 19...

Meine liebe Marion,

die Kieler Woche ist nun vorüber, es war höchst interessant und es gab sehr viel zu sehen. Und es gehört ja auch dazu. Leider liebt mich das Meer nicht, und ich kann Dir nicht sagen, wie froh ich bin, dass ich das ewige Geglitzer und das Auf- und Abwogen nicht mehr sehen muss! Seit meinem letzten Unglück – Gott, wenn es noch einmal so weit kommt, werde ich wohl die ganze Zeit im Bett zubringen müssen, wer das aushält – ist mir Brauneck noch verhasster geworden. Es zieht in diesem Hofe mit den drei Galerien, der Wind pfeift und heult, dass man meinen könnte, eine arme Seele klage da herum. Nun, so in der Beschränkung wie im letzten Jahr, da lässt es sich aushalten. Ich war ja wieder in Wiesbaden, und eigentlich hatten wir, meine Schwester Fränzi und ich, uns trefflich amüsiert, bis zuletzt die Sache für Fränzi etwas ungemütlich wurde. – Nun, Du weißt ja ... sie saß zwischen zwei Stühlen.

Du fragst nach Rosmarie. Nun, was soll ich Dir sagen als – sie wächst und wächst! Mich hat sie schon überwachsen, und ich muss mich mit schief aufgehobenem Hals mit ihr unterhalten. Sie versprach ja, einmal hübsch zu werden, daraus ist nun nichts geworden. Sie ist eine lange Latte von einem blassen Mädchen, das sich beständig irgendwo anlehnen muss und der man immer sagen möchte: »Falle doch nicht ganz über mich herein!« Mich macht dieses haltlose schlaffe Wesen nervös. Sie ist auch nicht munterer geworden, seit wir ihre Frau von Hardenstein – Du erinnerst Dich doch noch an dieses Denkmal auf dem Grabe teurer Angehöriger – mit sanfter Gewalt entfernt haben. Mir war sie unausstehlich mit ihren weisen Reden und pietistischen Neigungen. Unter ihrem Einfluss ist Rosmarie so unerträglich fromm geworden. Die Kleine hat es dabei übrigens hinter den Ohren ... Sie hatte mit fünfzehn Jahren, und noch dazu während ihrer Konfirmationszeit, eine Liebesaffäre mit unserem Nachbar, den sie dadurch in eine heillos schiefe Situation gebracht hat, sodass er sich zu unserm Bedauern jetzt ganz von uns fern hält. Denn natürlich muss ihm das verdrehte kleine Ding nur komisch gewesen sein.

Nun, nach dieser Sache war die Frömmigkeit in Brauneck eine Weile so sehr Mode, dass es beinah nicht mehr auszuhalten war. Der Fürst, der immer ein wenig mystische Neigungen hatte, wurde so angesteckt, dass ich ihn eines Abends traf, wie er mit Rosmarie

Gesangbuchlieder!!! las. Nun, diese Periode ist glücklich überwunden, und auch Rosmarie ist etwas zur Vernunft gekommen. Wir waren in Baden mit ihr, bei meiner Schwägerin Helen, die sie ordentlich in die Kur genommen hat, ihr Nietzsche und Haeckel zu lesen gab. – Gott, der Wirrwarr in ihrem Kopfe bei ihren ohnedies schwachen Gaben! Helen war entsetzt über ihr mangelhaftes Französisch, und das war denn auch der Anlass, dass wir Frau von Hardenstein glücklich los wurden. Den Winter hatten wir eine schicke kleine Französin, die mir über manche langweiligen Stunden hinweghalf. Leider war im Frühjahr ein Vetter des Fürsten aus Österreich da, und die kleine Französin war nicht vorsichtig genug. Der Fürst nahm die Sache äußerst tragisch, und Mademoiselle de Rosemorte musste ihre Koffer packen. Nun sind wir, da auch Rosmaries Englisch dringend eine Aufbesserung brauchte, auf eine Miss Granger aufmerksam gemacht worden, die den Fürsten dadurch gewann, dass sie dreizehn Jahre in derselben Familie war und als sehr religiös gerühmt wurde. Ich versuchte umsonst, ihm die Person zu verekeln! Aber schließlich fanden wir nichts Passenderes, und bis jetzt scheint auch Rosmarie nicht von ihr angesteckt. Diesen Winter werden wir sie in Berlin haben und mit ihr in Theater und Konzerte gehen. Selbst das bescheidenste Lämmerhüpfen hat der Arzt verboten, denn sie soll wegen ihres schwachen Herzens noch gar nicht tanzen. Nun, so brauche ich mich auch nicht mit ihr zu langweilen.

Hast Du die Adresse der Pariserin mit dem wunderbaren Teintverbesserungsmittel erfahren? Ich bitte Dich dringend darum, es bilden sich kleine Fältchen unter meinen Augen, und man darf da nicht zuwarten, bis die Sache so wird, dass jedermann es merkt. Ach, dieses Brauneck! Kein Wunder, dass sich Falten bilden in dieser Riesenlangeweile!

Vergiss nicht ganz Deine Charlotte Brauneck

Lieber Harro!

Du hast auch meinen letzten Brief nicht beantwortet, obgleich ich hoffte, Du werdest es tun und mir ein paar Worte schicken. Ich wäre so glücklich gewesen. Aber vielleicht hast Du es meinem Vater versprochen, mir nicht zu schreiben. So sollst Du wenigstens von mir wissen, wie ich immer mit der gleichen Dankbarkeit und Liebe an Dich denke. Wem sollte ich auch nur ein aufrichtiges Wort sagen, wenn nicht Dir? Seit Frau von Hardenstein fort ist, bin ich so sehr allein, doch das weißt Du ja alles aus meinen andern Briefen, wenn Du sie bekommen hast? Solange ich schreibe, denke ich immer, ich rede mit Dir wie in alter Zeit. Ich will Dir auch heute gar nicht vorklagen, sondern Dir erzählen, was mich so sehr gefreut hat. Ich habe entdeckt, dass man vom dicken Turm aus, wenn man in die oberste Stube geht, sie heißt die Hexenstube, über den Wald sieht. Und dort ist seit einigen Wochen ein feiner weißer Strich, wo sonst immer der Himmel blank war. Es muss das Gerüst von Deinem neuen Hause sein. Und das wäre so gewachsen! Ich gehe nun jeden Tag hinauf, habe auch ein Fernglas oben, und nun sieht man schon die Linie von Deinem Dach. Oh, wie freue ich mich! Glücklicherweise hat niemand entdeckt, was ich da oben treibe, die Hexenstube steht ja immer leer und Miss Granger macht sehr lange Mittagsschläfe. Und in Montreux fand ich noch etwas anderes, ich schrieb Dir nicht von dort aus, es ging mir zu schlecht damals. In einer Deutschen Zeitung fand ich einen Bericht über Deine Nebelburg, Schloss Schweigen. Ich habe Wort für Wort auswendig gelernt, denn herauszuschneiden wagte ich es nicht.

Ja, nun kann ich es Dir ja erzählen, da es vorbei ist. In Montreux ging es mir sehr schlecht. Mama und ich und Miss Granger und Fräulein Bergmann und Lisa und Röschen waren in einem großen Hotel, und Mama machte es Freude, an der allgemeinen Tafel zu essen. Wo alle möglichen fremden Menschen essen und einen anstarren. Papa sollte es gar nicht wissen, aber Mama fand das tägliche Tête-à-Tête mit mir beim Essen so herzbrechend langweilig. Du weißt, sie kämpft einen täglichen Kampf mit der Langeweile, und die graue Fledermaus behält sehr häufig den Sieg. Es waren Engländer und Franzosen und Amerikaner da, und namentlich die letzteren bedrängten mich sehr. Da unterhielt sich Mama immer ein wenig, Vater hätte es aber nicht gefallen. Es gab da ein furchtbares Spiel, Tennis heißt es, und jedermann war sehr entsetzt, dass ich es nicht spielen könne. Mama schämte sich auch herzlich darüber und redete von meinem schwachen Herzen. Aber es war die allgemeine Ansicht, dass ich ganz vortrefflich im Stande wäre, wenn ich von Kind an immer Tennis gespielt hätte. So musste ich es denn lernen und habe viele Stunden täglich mit jungen englischen und amerikanischen Mädchen und Herren auf dem Tennisplatz zugebracht. Durch die Bäume leuchtete der See wie ein Stück Himmel, das heruntergefallen war, und Sonne und Wolkenschatten gingen über die Savoyerberge hin. Und man durfte nicht darauf sehen, man musste auf den Ball achten. Und hatte man den glücklich – meist verdarb man den andern das Spiel –, so musste man ihn gleich wieder fortschlagen. Und all die andern wären so viel lieber ohne mich gewesen. Ich hörte die kleine Francis Gower, die über mir wohnte, sagen: »Muss ich denn mit dieser schrecklichen steifen deutschen Prinzessin spielen, die alle Bälle verdirbt? Sie ist so dumm wie eine Kuh!« Und ihre Mutter sagte: »Prinzessinnen sind nie dumm. Was tut es auch, wenn einmal ein Spiel verdorben ist und du kannst nachher sagen, ich habe mit der Prinzessin von Branneck Tennis gespielt!« Und die schönsten Stunden, wo ich hätte sehen können, wie die weißen Schwäne über die Flut kommen, wenn Sturm ist, und aus den Schluchten die langen Nebelfrauen herausschweben, habe ich diesem Ball gedient, der mir wie mein ärgster Feind vorkam. Zu meiner größten Freude bekam ich dann jeden Tag Ohnmachten, manchmal zwei im Tage, und da hatte das Tenniselend ein plötzliches Ende.

Lieber Harro, ich muss es Dir leider sagen, dass ich hässlich geworden bin. Mama sagt es mir jeden Tag, und ich muss es selbst einsehen. Das eigene Gesicht ist man ja so gewöhnt, dass man sich allerhand einbilden könnte, wenn man sich mit andern vergleichen würde. Und all die hübschen jungen englischen und französischen Damen sehen so ganz anders aus als ich. Mama hatte recht, ich werde eine Riesendame mit Entenfüßen. Ich trage trotzdem Herrn Wurmhabers Schuhe, und meine Kleider sind ganz weich, und wenn ich mir auch die Seele verkrüppeln lassen muss, meinen Körper habe ich mir bis jetzt bewahren können. Ach, in meinem Garten wachsen wieder Stechranken und Brennesseln, lieber Harro, Du merkst es an diesem Brief. Ich habe nicht so bleiben dürfen, wie ich an meinem Einsegnungstage gehofft habe. Es ist nun wieder so, wie es in meiner Kindheit war, in dieser Welt finde ich mich nicht zurecht. Es ist mir manchmal, namentlich beim Tennisspielen, als habe ich mich verirrt und gehöre gar nicht daher. Ach, könnte ich heimfinden, ich liefe dafür mit bloßen Füßen wie die Gisela auf Nadeln und kleinen Schwertern und großen Schwertern – ob ich für das glühende Eisen auch Mut genug hätte, weiß ich nicht, ich wäre wohl zu feig dazu. Darum muss ich wohl auch dableiben. Und nun leb wohl, liebster Harro. Wenn ich noch so recht beten könnte, würde ich immer nur bitten, dass Gott Dich recht glücklich machen solle. Aber ich kann es nicht mehr. Es hängt ein dunkler Vorhang dort, wo einmal das goldene Himmelstor war, und ich kann ihn nicht aufheben so allein.

Dein Seelchen

16. DER PFLAUMENKERL

Unter den Linden in Berlin drängte und schob sich die hastige Menschheit. Die Linden streckten kahle dürre Zweige in den grauen Himmel, von dem leise Schneeflocken herabkamen. Wenn sie auf den Boden fielen, zergingen die glänzenden Sternchen und wurden zu einer grauen schmutzigen Masse, die viele Füße zertraten. Eine bunte Menge ist es, die da vorübereilt, und jeder Augenblick bringt neue Gruppen vor das Auge. Die Menschen tauchen auf und verschwinden wieder, und wieder neue kommen, wie das Gestiebe vom grauen Himmel. Es sind die Stunden, wo die elegante Welt Einkäufe macht; jetzt zur Weihnachtszeit trägt fast jedermann irgendein, wenn auch allerkleinstes Paket. Elegante Wagen schieben sich nebeneinander, Taxameter, pfauchende Autos zittern und pulsieren vor den Juwelierläden; dazwischen fliegen kleine Zeitungsverkäufer, Apfelsinenhändler und da ein kleines braunes Kerlchen mit dunkeln blitzenden Augen, das eben allgewandt dem Blick eines Polizisten zu entgehen bestrebt ist. Es ist wohl aus dem Süden verschlagen, das Kind, und es trägt in dieser eleganten Prachtstraße seinen heimatlichen Weihnachtskram feil. Schwarze Pflaumenkerle, auf Hölzchen gespießte getrocknete Pflaumen wie kleine Schornsteinfeger. Es schaut mit spähendem Blick an den Herrn und Damen hinauf und lacht dazu aufmunternd mit seinen Schwarzaugen. Eben ist ja sein Feind, der Polizist, mit einem Streit zwischen einem aufgeregten Herrn und einem nicht ganz alkoholfreien Kutscher beschäftigt.

»Zwetschgenkerle, echte schwarze Krambusse«, ruft er. Da leuchten seine Augen auf. Ein sehr großer Herr, ein Riese, wie's dem Büblein vorkommt, lacht ihn an und sagt: »Gib mir deinen schönsten Krambus, aber auf zwei gleichen Beinen muss er stehen.«

»Jawohl, Herr Baron«, sagt der kleine Geschäftsmann, in dem wohl ein Menschenkenner schlummert, und oh, der aufregende Augenblick, der große Herr zieht sein Portemonnaie und hat eine blanke Mark in der Hand. »Das andere kannst du behalten.«

Ein elegantes Coupé ist vorbeigefahren und hält dort, wo um den aufgeregten Herrn und den nicht alkoholfreien Kutscher sich bereits ein Menschenring gebildet hat. Eine junge Dame entsteigt dem Wagen und drängt sich in fliegender Eile durch die Menge. Eben ist der Krambus in ein Stück Papier eingeschlagen in der Paletottasche des Herrn verschwunden, da legt sich plötzlich eine schmale Hand im grauen Handschuh auf den Arm des Herrn.

»O, Harro, lieber Harro, endlich, endlich!«

Halb schluchzend, halb lachend.

Das Interesse der vorüberströmenden Menschheit wendet sich nun schier peinlich den beiden hohen Gestalten zu, die da auf offener Straße ein Wiedersehen feiern, wobei der Herr der fast sprachlos Überraschte ist. »Prinzessin, verzeihen Sie, ich erkannte Sie nicht, Durchlaucht sind doch nicht ganz allein.«

»Ja – doch!«

»Ich bitte Sie, die Leute alle.«

»Das sind gar keine Menschen, das sind nur Schemen und Schatten. Sie gehen immer über diese Straßen, sie gehen einen nichts an, man spricht nie mit ihnen. O Harro, hast du mich denn nicht gekannt?«

»Prinzessin, ich sehe dort Ihren Wagen, darf ich Sie dahin begleiten.«

»Und dann soll ich dich nie wieder sehen – nein, was gehen uns die Schemen an. Ich muss dich sprechen. All die Jahre – ist denn kein Ort hier in der Nähe?«

Harro hat sie an den Wagen gebracht, es sind jetzt sehr viel Schemen um den Weg. Der Lakai öffnet den Schlag. Rosmarie steht davor, fast mit blitzenden Augen. »So bist du, Harro!«

Da flüstert er ihr etwas zu. Sie nickt und steigt in den Wagen und fährt fort; es kommen wieder neue Schemen und das Gestiebe vom Himmel wird dichter, und der graue Schmutz auf dem Boden klebriger und feuchter. Harro hat sich auch in einen Wagen geworfen und fährt, so schnell es geht, dem Coupé nach. Am Don entlässt Harro den Kutscher und eilt dann gegen den Wind über den ungemütlichsten Platz Europas, wo alle hässlichen Winde sich ein Rendezvous zu geben pflegen, nach der Nationalgalerie. Das Kunstbedürfnis der Berliner und der Onkels vom Lande ist heute gemäßigt. Die Säle sind fast leer, nur eine Gruppe junger Damen umgibt eine Lehrerin, die eben über die Insel der Seligen doziert. »Beachten Sie bitte dieses einzigartige …«

Harro entflieht eine Treppe hinauf, und da, unter der Apotheose Kaiser Wilhelms, ausgerechnet unter diesem Riesenschmarren auf der runden Bank allein sitzt die junge Dame mit des Seelchens Augen und Stimme und Goldhaar. Sie erhebt sich mit einem leisen Freudenschrei. So ganz ohne jede Fremdheit und junge Damenhaftigkeit, als flöge das Seelchen den Prinzessinnengang hinunter, so leuchten die grauen Augen.

»O Harro, du bist doch gekommen und hast mich nicht umsonst warten lassen.« Ein schläfriger blauer Museumsdiener pendelt langsam vorbei; als er sich die beiden Besucher betrachtet hat, verschwindet er wieder in dem nächsten Saal. Stelldichein sieht er zu häufig, als dass sie noch ein Interesse für ihn hätten.

Harro beugt sich herab und küsst die schlanke Hand.

»Durchlaucht, ich bin in größter Sorge, dass Ihnen irgendetwas Unangenehmes erwächst. Bekannte kommen, aber ich wollte nicht – Rosmarie, weinen Sie nicht … Ich bitte Sie, soll ich gehen?«

»O nein, Harro, nein, und so lange, wie ich dich nicht gesehen habe … O Harro, warum hast du nicht einen einzigen Brief von mir beantwortet? Auch nicht den letzten vor vierzehn Tagen!«

»Vor vierzehn Tagen?« So lange hat sie noch geschrieben. »Ich habe nie einen Brief bekommen.«

»Nie – alle meine Briefe? Du hast gedacht, ich hätte dich ganz vergessen!«

»Nein, das habe ich nie gedacht. Nur, es sei Ihnen nicht gestattet; ich konnte es auch gar nicht erwarten …«

»Harro, dein neues Haus steigt aus dem Walde auf. Es ist das schönste im ganzen Land. O Harro, ich möchte hundert Dinge von dir wissen. Und dass du mich gar nicht gleich kanntest, weil ich hässlich geworden bin und so überlang neben allen Leuten, nur neben dir nicht.«

»Hässlich«, sagt der lange Thorsteiner, »o Gott, hässlich!«

Und Rosmarie sieht plötzlich erschrocken und wie aus einem Traume erwachend zu ihm auf. Eine langsame brennende Röte steigt in ihre Wangen, und ihre Augen füllen sich wieder mit Tränen. Die Augen des Seelchens, die sanften, träumerischen Augen, die noch so feucht vom Kinderbrunnen sind. Harro ergreift die feine Hand.

»Ich habe Ihnen noch nicht gedankt. Es war so gütig von Ihnen, so ganz wie das Seelchen … Ich bin seitdem recht einsam gewesen.«

»Nicht so einsam wie ich«, sagte die Prinzessin langsam. »Nein, es ist da die große Arbeit, die Freude daran und der Erfolg – ich habe davon gelesen. Ich lese alles, auch gesehen habe ich die drei Bäume bei Schulte.«

Er lächelt. »Und die hohe Kritik, darf ich noch darum bitten …«

Rosmarie antwortet, ganz ernsthaft: »Es schien mir, als sei der Himmel zu schwer, zu drohend die Wolken und dazu das Land zu lächelnd, als wäre das Bild aus zwei Stimmungen gemalt, aber vielleicht täusche ich mich.«

»So wenig als früher, Rosmarie, du hast immer noch das zweite Gesicht. – So ganz hat mich nie mehr etwas befriedigt, seit wir nicht mehr zusammen die Bilder malen … Ich könnte dir da erzählen«, er stockt, es ist ihm ja wieder das alte Du entfahren, das darf nicht mehr sein, das ist vorüber. – Und Rosmarie hat wie immer den leisesten Schatten über seinem Wesen sofort gefühlt.

Sie schweigen, und da drüben pendelt der blaue Diener herum, als treibe ihn ein Argwohn. Einen Augenblick erhebt sie wieder fast scheu die Augen zu ihm auf, ihr Blick gleitet an ihm herunter und trifft den schwarzen Mann und lächelt ein wenig.

»Ich sah dich bei dem Knaben stehen, sonst hätte ich dich nicht mehr erreicht unter den vielen Schemen. Gib ihn mir, Harro, den schwarzen Mann, dass ich auch etwas zu Weihnachten bekomme.«

Er zieht ihn aus der Tasche und drückt ihn zurecht, und das schwarze Scheusälchen wird in dem weichen Atlasfutter des Sealskinmuffes verborgen, der ihr an einer goldenen Kette vom Halse hängt. Dabei hat er gesehen, dass sie an den schönsten Füßen noch Herrn Wurmhabers Schuhe trägt. Darum dieser Gang, wie nur Königinnen durch Traumgärten schreiten können. Die goldene Krone trägt sie auch. Unter dem Sealskinbarett quillt es hervor in weichen großen Wogen und über dem Ohr hängt frei eine Locke. Eine heiße Welle fliegt über sein Herz, er erhebt sich plötzlich.

»Rosmarie, ich bin in Sorge um Sie. Sie werden gewiss erwartet, und wenn Sie jemand hier so allein sähe. – Es sind leider nicht nur Schemen, es gibt auch böse, geschäftige Zungen.«

Rosmarie erhebt sich langsam. Sie gibt ihm ihre Hand.

»So leb wohl, Harro … Wann seh ich dich wieder – in Brauneck?«

Harro küsst schweigend die Hand, die durch den Handschuh so kalt ist. Es ist, als schnüre ihm etwas den Hals zu.

»Also nicht auf Wiedersehen? Harro, doch! Auf den Wiesen, wo die gelben Blumen stehen und das bittere Wasser des Vergessens fließt. Dort. Auch ich traue mich nicht mehr in die seligen Gärten hinein. Auf Wiedersehen also – vor den Toren. Vielleicht kommt doch ein verlorener Ton heraus. – Leb wohl.«

Sie geht an ihm vorbei hinunter, langsam, wie Königinnen schreiten.

»O du … Königin von Thule«, flüstert er, »o Gott, einen Augenblick noch. Wenn du geblieben wärest … Gott sei Dank, dass es vorbei ist.«

Der Kutscher Bernbacher aus Brauneck, der so tadellos neben dem Lakaien auf dem Bock sitzt und so sicher das Coupé durch das Gewirr der Autos und Wagen lenkt, bewegt doch seine Lippen dabei. Er brummt: »Es gibt Kerls, die dienen und das Maul nicht halten können … Aus denen wird im Leben nichts. Bagage! Es gibt eine leere Geschirrkammer und eine lange Peitsche und nirgends ein Zeuge. Und kann einer auf die Polizei laufen, die gute Stelle hat er verloren und die Empfehlung von der Herrschaft. Wir halten auf Ordnung in Brauneck … Also ein junger Kerl weiß nichts. Der Herr kann groß gewesen sein, er kann auch klein gewesen sein; ist die Prinzessin ausgestiegen oder nicht. Er hat die Pferde gehalten wegen der dreimal verfluchten Autos. Br!«

Der Wagen hält, der Lakai reißt den Schlag auf und die Prinzessin steigt die Treppe hinauf und geht in Hut und Mantel in ihres Vaters Zimmer. Der sitzt vor seinem Diplomatenschreibtisch, der mit allerhand Papieren beladen ist. Er sieht erstaunt auf.

»Du kommst von einem Ausgang, ist dir etwas?«

»Ich habe Harro Thorstein wiedergesehen.«

Dem Fürsten steigt eine dunkle Röte auf die Stirne. »War er hier?«

»Nein, er wäre wohl nicht hierhergekommen. Ich musste mit ihm sprechen, ich bat ihn, in die Nationalgalerie zu kommen. Und er war so gut und kam auch.«

»Dies muss ich für im höchsten Grade taktlos von dem Grafen halten, dich zu treffen wie eine Konfektionsmamsell in einer Galerie.«

»Was konnte er tun, wenn ich ihn bat, mit Tränen gebeten habe?«

»So trifft der Vorwurf dich. Es kann dich jemand gesehen haben, es ist heillos, nur daran zu denken. Du hast dich kompromittiert, du hast alle Mädchenhaftigkeit, deine ganze Erziehung – Gott, ich weiß ja gar nicht, was ich sagen soll, ich bin wie vor den Kopf geschlagen. Wo ist denn Miss Granger?«

»Ich habe Miss Granger in die englische Kirche gebracht, es ist heute Saintsday, und bin dann allein die Linden hinuntergefahren …«

»Ich habe dir vertraut, es kam mir kein Gedanke, dass du dies kurze Alleinsein missbrauchen könntest. Du weißt doch, dass ein junges Mädchen nicht mit einem Herrn allein in eine Galerie geht!«

»Harro ist doch nicht irgendein Herr, sondern mein alter Freund.«

»Alt – er ist keine fünfunddreißig Jahre alt!«

»Dass ich etwas tue, was Mama nicht recht ist und vielleicht auch dir nicht recht, fühlte ich wohl. Darum komme ich jetzt zu dir und sage es dir. Bereuen kann ich es nicht, Vater. Wo sind alle meine Briefe, die ich an Harro geschrieben habe und von denen er keinen bekommen hat?«

Der Fürst riss eine dunkle Kassette hervor; ein Druck auf das Schloss und sie sprang auf. Sie war bis zum Rande gefüllt mit sorgfältig kouvertierten Briefen, alle ungeöffnet.

»Glaubst du denn, ich werde das dulden? Nachdem ich eingesehen habe, und auch Mama, die es als Frau besser verstehen muss, mich aufgeklärt hat, welcher Art deine Gefühle für den Thorsteiner sind. Du wirst mir einst dankbar sein. Damals wollte ich keine noch schlimmere

Katastrophe herbeiführen, da du ohnedies übermäßig erregt warst, und ich hoffte, du werdest dich mit der Zeit beruhigen und an der einseitigen Korrespondenz genug bekommen. Du siehst, dass ich nichts geöffnet habe. Und Graf Thorstein hat dir nie zu schreiben versucht. Für ihn war die ganze Periode abgeschlossen. Er hat sich auch nie mehr sehen lassen. Was ich ihm auch immer hoch angerechnet habe.«

»Er musste doch denken, wenn er nie mehr etwas von mir hörte, dass ich ihn vergessen und alles, was er mir Gutes und Schönes getan. Aber nun weiß er es ja, und ich bereue es nicht. Und du sollst ihm keinen Vorwurf machen und ihn nicht taktlos schelten … Er konnte nicht anders … er musste kommen. Und es war ihm nicht recht und er hatte beständig Sorge, es möchte uns jemand sehen und es könnte mir daraus ein Schaden werden. Ich verstand es gar nicht, warum er so seltsam war. Du und Mama hätten dabei sein können und jedes Wort hören, das wir gesprochen haben, Vater, und er fürchtete sich vor mir. Ich sah es deutlich, er fürchtete sich. Bin ich denn zum Fürchten! Und er wollte nicht auf Wiedersehen sagen, so sehr ich ihn bat, er wollte nicht. Nur auf den Asphodeloswiesen im andern Land. Du brauchst dich darum auch nicht zu sorgen, was ich tun werde, und kannst mir Tag und Nacht Miss Granger an die Fersen heften oder nicht – es ist gleich. Ich werde ihm auch nicht mehr schreiben, das ist nun auch vorüber. Das ist alles vorüber.«

Rosmarie glitt aus dem Zimmer mit ihren langsamen Schritten, wie Königinnen schreiten in Traumgärten. Der Fürst ging auf und ab und suchte seine Erregung zu bemeistern. Schließlich war ja jetzt alles viel klarer und besser als zuvor. Rosmarie war noch nicht eingeführt worden, es war wohl möglich, dass sie niemand erkannt hatte. Und der Thorsteiner hatte ihr wohl zu verstehen gegeben, dass die alte Kinderfreundschaft ein Ende habe, und sie hatte es verstanden. Es war also kein Grund vorhanden, sich jetzt noch über die Sache aufzuregen. Charlotte, dachte er, es ist besser, sie erfährt nichts davon. Takt ist nicht ihre Stärke. Und Rosmarie, sie beruhigt sich wohl am ehesten jetzt. Irgendeinen Fetzen Stolz wird sie doch haben. Nun, den raffte sie wohl zusammen, und später kann sie über diese reichlich sentimentale Kinderfreundschaft lächeln.

Alles das sagte er sich schön vor und beruhigte sich damit und kehrte wieder zu seinen Papieren zurück. Aber eine leise Angst bleibt. Rosmarie ist eben ein Sorgenkind gewesen, da haftet einem die Unruhe noch an.

An Rosmaries Wesen ist aber nichts Besonderes zu bemerken. Sie geht am Abend mit Mama ins Theater, den nächsten Tag in eine große Blumenausstellung. Der Fürst ist erst ganz beruhigt, als ihm sein Diener, den er ausgeschickt hat, um den Grafen Thorstein aufzusuchen, da er ihn eventuell sprechen wolle, die Nachricht bringt, ein Graf Thorstein sei abgereist, unbekannt wohin.

Nun ist also alles in Ordnung, und als er am andern Morgen Rosmarie freundlich und lieblich an seinem Frühstückstisch findet und sie ihm mit gewohnter Sorgfalt seinen Tee und seine Eier bereitet, gestattet er sich sogar eine extra gute Laune. Die Fürstin erscheint nie zum Frühstück, ihre Toilette nimmt immer längere Zeit in Anspruch. So ist diese Stunde sehr gemütlich. Rosmarie ist eine gute Tochter, findet er, sie ist nicht schlechter Laune, sie hat keine verweinten Augen, sie klagt nicht die ganze Welt an, weil ihr etwas nicht nach Wunsch gegangen ist. Sie hat alles für ihn bereit, einen Morgenkuss, ein liebevolles Eingehen auf seine kleinsten Wünsche. Wenn er bedenkt, welche Szene sie hätte machen können – Serenissimus ist ein großer Feind von Szenen. So findet er, dass er mit Recht gerührt ist.

»Rosmarie, hast du auch alle deine Weihnachtswünsche laut werden lassen? Weißt du, erraten kann ich nicht so gut. Das ist bei Damen immer unsäglich schwierig. Oder möchtest du selbst jemand eine Freude machen? Gib mir dein Portemonnaie, ich will dir etwas hineinstecken; vielleicht macht es dir doch Spaß, etwas selbst auszuwählen.«

»Du bist sehr gut, Vater, ich danke dir. Ich gehe heute mit Fräulein Bergmann aus, Miss Granger hat Rheumatismus, und besorge nur die Dinge, die ich nach Brauneck schicken will.«

»Ob du es nun für dich verwendest oder für andere, hier mein Herz, nimm und kaufe dir ein bisschen Freude damit, wenn du kannst.«

»Oh, das werd ich tun, Vater. Du bist sehr gut, ich danke dir, ich bringe dir auch einen Veilchenstrauß mit.«

»Nimmst du das Coupé?«

»Nein, ich gehe. Mama hat es nicht gern, wenn ich morgens das Coupé nehme. Hie und da braucht es die Friseurin, wenn sie gerade Eile hat.«

»Dies ist ausgezeichnet, eine reizende Einrichtung. Meine Tochter geht zu Fuß, weil die Friseurin ein Coupé braucht. Was ist das für ein kostbares Frauenzimmer, dass sie nicht in der Elektrischen fahren kann?«

»O Vater, dazu ist sie viel zu vornehm, das dürfte man ihr nicht anbieten. Und ich gehe gerne. So früh sind auch die Läden nicht so voll, und es geht schneller.«

Rosmarie bietet ihrem Vater ihre weiche Rosenwange hin. ›Also ich gehe mir ein bisschen Freude kaufen, das hast du so lieb gesagt.«

»Gut, Rosmarie, und vergiß den Veilchenstrauß nicht!«

Rosmarie mit Fräulein Bergmann, der vielgeplagten Kammerfrau ihrer Mutter, geht die Friedrichstraße hinunter, die ja zu jeder Tageszeit ein anderes Bild bietet. Jetzt gehen Schulkinder und eilige Lehrerinnen und ein verspätetes Ladenfräulein, eine Hausfrau, die in die Markthallen geht. Das ist die einzige Tageszeit, wo Rosmarie sich auf die Straßen wagt. Man sieht zu viel nach ihr, selbst in dem menschenreichen Berlin. Ihre hohe, schlanke Gestalt, ihr Gang, ihr leuchtendes Haar, sie ist auffallend, mag sie noch so einfach und dunkel gekleidet sein wie jetzt in dem blauen Tuchkleid und Sealskinjackett und Barett. Am schönsten Blumenladen machen sie halt und Rosmarie kauft zwei wunderschöne Sträuße von herrlich duftenden Nizzaveilchen. Einen Strauß bekommt in Papier eingeschlagen Fräulein Bergmann zu tragen, den andern steckt sie in das Jackett. Es ist mild heute, die Blumen werden's schon aushalten. Einige Läden werden besucht, und hoffentlich werden die Braunecker sich freuen, der Herr Domänenrat, Fräulein Berger und die andern alle.

Da ist ein großer Laden mit Kunstgegenständen aller Art, der kommt zuletzt. Nein, vorher noch der kleine Eisenladen. Rosmarie braucht eine kleine Schere. Fräulein Bergmann muss sich verwundern, Scheren gibt's doch im Überfluss. Aber auch die kleine Schere wird gekauft und wandert in Rosmaries Muff.

Nun kommt die Kunst. Da gibt es eine Menge Dinge, schöne und auch hässliche. Letztere in der Überzahl. Eine freundliche, blasse, nicht zudringliche Verkäuferin ist da, deren Augen sehnsüchtig auf Rosmaries Veilchen fallen. »Fräulein Bergmann, das ist ein schöner Laden. Ich glaube, hier finden wir alles, was wir brauchen. Und Fräulein Bergmann, ich glaube, Sie möchten sich auch gerne etwas aussuchen. Darf ich Ihnen das Goldstück dazu geben. Suchen Sie doch etwas für Ihren Bruder, der solche Freude an hübschen Dingen hat. Ich sehe mir einstweilen die Kristallsachen an.«

Fräulein Bergmann strahlt. »Ach wie freundlich, Durchlaucht, tausend Dank!« Und sie wendet sich einem wunderbaren Trompeter von Säckingen als Zigarrenbehälter zu.

Rosmarie beugt sich zu der blassen Verkäuferin vor und sagt schnell: »Geben Sie mir Papier, ich werde eine Adresse aufschreiben. Und die Kristallvase dort mit dem silbernen Fuß.«

Ihre schönheitssicheren Augen haben sofort die einzige gute Form unter all den vielen herausgefunden. Sie schreibt die Adresse mit fliegender Hand. »Können Sie mir das besorgen, kommt das noch an? … Mit Eilboten …«

»Gewiss, gnädiges Fräulein.«

»Der Preis?«

Rosmarie muss ihr ganzes Portemonnaie ausleeren.

»Wollen Sie es mir besorgen, Fräulein, und dies hineintun?«

Sie wendet sich um. An den Pfeilern sind schmale lange Spiegel, und vor dem einen hat sie etwas an ihrem Haar zu ordnen. Die Schere blitzt auf, die Locke, die an ihrem Ohr herunterhing, ist nicht mehr da. Den Veilchenstrauß nimmt sie von der Jacke und zerteilt ihn. Das Fräulein muss auf ihre schlanken Hände dabei sehen und auf die schönen, schönen Veilchen. Solche gab's hinterm Pfarrgarten, wo sie daheim war. Freilich nicht an Weihnachten. Und plötzlich hält sie die eine Hälfte der Veilchen in der Hand.

»Für Sie, Fräulein. Sie haben mich so freundlich bedient, und ich sah, dass Sie sich daran freuten.«

Das blasse Mädchen wird rot.

»Gnädiges Fräulein, ich weiß nicht, ich darf …«

»Oh, Sie dürfen schon!«

Gibt es denn unter den vornehmen, den ganz vornehmen Leuten auch so freundliche Menschen? Gewiss, die blonde junge Dame muss von den Allervornehmsten sein! Die Locke windet Rosmarie um die andere Hälfte der Veilchen und legt sie auf den Boden der Schale.

Die Schale gibt einen tiefen, feinen und doch starken Ton von sich … Ach wie schön! Wie der singende Brunnen.

»Einen Namen?«, fragt die Verkäuferin.

»Nicht nötig.«

Freilich, wer das Goldgespinst sieht, wird auch wissen, von welchem Haupte es kam. Rosmarie wendet sich lächelnd zu Fräulein Bergmann, die umringt steht von einer Reihe Trompeter, Gretchen und Königin Luisen und sich eben entschlossen hat.

»Und nun gehen wir, Fräulein Bergmann!«

»Durchlaucht sind fertig?«

»Ich fand nur eines, es wird geschickt.«

»Ach Durchlaucht, die schönen Veilchen. Verloren?«

»Es ist gut, dass ich noch einen Strauß habe, den habe ich dem Fürsten versprochen.« Und sie bringt ihm die Veilchen.

»Ich habe mir eine, nein zwei, nein drei Freuden gekauft.«

»Hast du, Rosmarie! So bin ich recht befriedigt von meiner Tochter. Geh nun zu Mama, ach, wenn man ihr auch Freuden kaufen könnte!«

Am Weihnachtsabend steht Rosmarie unter dem großen herrlichen Baum, der auf dem niederen Tischchen steht. Die Kerzen sind schon ausgelöscht. Der Fürst betrachtet ein neues Prachtwerk über alte Schlösser, das ihm Rosmarie herausgesucht hat. Die Fürstin blättert am Klavier neue Noten um, von denen sie hie und da einen Akkord anschlägt. Rosmarie nimmt von ihrem Platz das Etui, worin auf köstlichem Samt ihr Perlencollier geruht hat. Sie trägt es schon, Perlen muss man ja immer tragen ... Ihr Vater hat es ihr um den Hals gelegt.

An dem untersten Zweige der schönsten Weißtanne aus den Brauneсker Wäldern – ach das Einzige diesmal von dem geliebten Brauneck – Mama hat es durchgesetzt, dass man hier blieb – da hängt tief verborgen über Rosmaries Platz ein schwarzer Pflaumenkerl. Den schneidet sie vorsichtig ab mit spitzem Scherchen und legt ihn auf den weißen Samt des Etuis. Er passt gerade hinein und nimmt sich wunderlich genug aus in dem feinen Bett. Dann klappt sie das Etui wieder zu und setzt sich auf einen der tiefen Stühle unter dem Baum und legt ihren Kopf auf die Lehne, die Hände verschränkt sie darunter. Mama dürfte sie nicht so sitzen sehen, aber sie ist ja beschäftigt.

Schon seit dem Thomastage, seit sie von Harro gegangen, hat sie einen wunderlichen Druck auf dem Herzen verspürt. Das wird heute stärker, schmerzhaft ist es nicht, nur sonderbar, sodass sie eigentlich immer ein wenig daran denken muss. Wenn es noch stärker wird – ja dann – dann flieg ich davon, wie ich es so oft als Kind geträumt habe, denkt sie. Immer vom Fliegen träumte es mir, und heute Nacht fliege ich gewiss wieder im Traum mit langen weichen Flügeln. Nun wird Harro wohl das Paket bekommen, ja er hat es schon. Es ist so wunderlich, ich meine, ich sehe ihn. O Gott, ich lerne noch das Fliegen ... Harro, so sitzest du da und starrst in die Schale, und die Veilchen sind noch frisch und, nein .. Ich möchte doch nicht fliegen lernen, es bedrängt ...

Der Fürst sitzt über dem Prachtwerk, er ist gerade an einem seiner eigenen Schlösser; er hört etwas wie einen leichten Fall, aber nichts mehr, und blättert weiter. Die Fürstin hat nun endlich ein Motiv gefunden, das ihr behagt, und beginnt es etwas zaghaft noch durchzuspielen. Es ist irgendeine Walzermelodie, sentimental, ein wenig banal und ein gewisser Schwung darin, so wie sie es liebt. Und das erklingt nun etwas fremdartig in den hohen, schönen Räumen mit dem ernsten Baum, den Rosmarie nach ihren Ideen geschmückt hat.

In seiner alten Stube sitzt der Ruinengraf. Vor einer halben Stunde hat ihm durch den tiefen Schnee der Bote das Paket aus Berlin gebracht. Mit großer Sorgfalt und einigem Staunen über den ungenannten Absender hat er geöffnet. Da, aus der letzten Hülle schlägt ihm Veilchenduft entgegen, der bringt ihm ein leises Herzklopfen. Es kann doch nicht sein, da – die herrliche Schale auf dem Silberfuß, der so schön in feinen Verästelungen das blanke Kristall umspinnt. Schon aus der Form, die unter hundert anderen vielleicht dem Meister so vollkommen geglückt ist, dass sie wie ein Naturerzeugnis wirkt – schon daran allein kann er die Hand erkennen, die das ausgewählt hat. Und da liegt im Grunde der Schale der Veilchenstrauß, umwunden von dem blassen Goldfaden … Und da sitzt er davor und starrt und starrt, und es ist, als brennten sich ihm die feinen Formen ein.

»Seelchen – so erwiderst du den grausamen Schlag, den grausamsten für dein warmes Herz, damit, dass du mir noch Liebes tust. O Seelchen, wenn du noch irgendwo zu finden wärest, ich liefe bis ans Ende der Welt, bis ich dir gedankt hätte. Aber du bist nicht mehr zu finden. In deine seligen Gärten bist du gegangen, es ist eine fremde junge Fee, die deine Augen trägt und sagt, sie habe dein Herz. O du Königin von Thule! O Gott, was hat der Ruinengraf mit dir zu schaffen? Fremde, junge, blasse Königin mit deiner goldenen Krone.«

Horch, klang da nicht die Schale, ein Ton, fein und stark und süß, entschwebte er nicht dem geheimnisvollen Rund, und hebt sie sich nicht leise vom Tisch, als hübe sie wer in die Höhe – steht da nicht eine weiße, schlanke hohe Gestalt mit der goldenen Krone, und sehen ihn nicht über den Rand der Schale große, graue sanfte Augen an. – Und noch einmal klingt das Glas, fremder noch und feiner, ferner …

Der Ruinengraf springt auf, dass sein Stuhl umstürzt. »Seelchen, o Königin.« Er ist allein in der großen düsteren Stube mit seiner Kristallschale und seinen Veilchen. »Was war das – habe ich geschlafen, fang ich an, Hirngespinste zu bekommen? Königin von Thule, oh, was kann ich dir denn sein? Was rufst du mich … Oh, nur dein Narr kann ich sein – dein Narr!« Und der Thorsteiner legt seinen Kopf auf die Tischplatte neben seiner Schale und seine Schultern zucken so heftig, dass nun die Schale wohl tönen mag …

»Was ist denn mit Rosmarie? Ich glaube, sie ist unterm Baum eingeschlafen, sieh doch nach ihr! Wenn sie müde ist, soll sie zu Bett gehen«, ruft die Fürstin über den Flügel herüber.

Der Fürst legt seinen Band beiseite. Das ist wirklich hochinteressant … das hast du gut gemacht, Rosmarie! Er geht in das andere Zimmer. Rosmarie sitzt nicht auf ihrem Stuhl, nein. Da liegt sie, wie sie heruntergeglitten ist, schneeweiß mit halboffenen Augen unter dem Christbaum.

»Charlotte, o Gott! Rosmarie – sie ist ohnmächtig! O komm doch.«

Die Fürstin kommt herein, dann kreischt sie auf: »Tot ist sie … Ich kann das nicht sehen – die Augen – decke sie zu, die schrecklichen Augen …« Der Vater hat sein Kind schon in den Armen.

»Unsinn, ich fühle das Herz, wie es schlägt. So hilf doch! Rufe den Leuten!«

Die Fürstin geht rückwärts an die Türe und drückt auf die elektrische Leitung, dann sinkt sie auf den Diwan und verbirgt ihr Gesicht in die Kissen. »Ich kann das nicht mit ansehen, sie ist tot … Oh, tragt sie fort – tragt sie fort!«

Es stürzt alles zusammen, man trägt Rosmarie auf ihr Bett. Dort liegt sie, nun hat sie die Augen geschlossen. Der Fürst hält ihre Hand. Gott sei Dank, man hört das schwache, aber regelmäßige Schlagen des Herzens. Weil seine zitternden Finger den Puls nicht mehr halten können, drückt er seine Lippen auf das blasse Handgelenk, so fühlt er den leisesten Schlag. Da kommt der Arzt, und Rosmarie schlägt wieder die Augen auf und flüstert: »Heute bin ich geflogen, weit – aber es ist schwer, das Fliegen – es macht müde – es bedrängt.«

Rosmarie hat doch ein recht schwaches Herz. Man muss sie sehr schonen, sie ist viel zu schnell gewachsen, und es wird gut sein, wenn sie einen recht ruhigen Sommer auf dem Lande mit möglichst viel frischer Luft und möglichst wenig seelischen Erregungen, nicht zu viel Vergnügen oder Sport verbringt.

17. DER RUHIGE SOMMER AUF DEM LANDE

Schon im Februar, als noch Schnee und Regen auf der Hochebene miteinander kämpften, flattert auf dem Ecktürmchen von Schloss Brauneck die weißblaue Fahne. Finster liegt das Schloss mit seinen vier dicken Türmen unter den niedrigen jagenden Wolken. Die alten Tannen auf der Nordseite peitschen die Mauern mit ihren langen Armen. Rabenschwärme ziehen über den Park, und aus den Wäldern tönt das raue Bellen der Rehe. Ist das eine Jahreszeit, um in einem weitläufigen alten Bau zu wohnen, wo die Winde sich in den Galerien verfangen und nächtelang heulen und pochen und rasen, wo die

Gänge finstere Rheumatismus-Gespenster entlassen, die sich auf den harmlos Dahinwandelnden stürzen? – Wo Kammerfrauen sich täglich über schlecht schließende Fenster, eisige Alkoven beklagen und bitteren Herzens sich erinnern, dass es in der großen Stadt Zentralheizungen, glänzende Läden, abendliche Theatervergnügen gibt? Der französischen Kammerfrau bemächtigt sich die Überzeugung, dass in dem Alkoven, in dem ihr Bett steht, quelq'un s'est donné la mort, und verschwindet am achten Tag aus Brauneck. Auf der armen Fräulein Bergmann lastet die ganze Verantwortung, die Fürstin in den Stand zu setzen, in welchem sie sich der Welt zu zeigen wünscht. Schon beim zweiten Frühstück hat sie rote Augen, sie hat sehr nahe am Wasser gebaut – aber dann kann sie sich erholen, denn das Weitere ist Sache der Prinzessin, und ihren Augen sieht man nichts an. Das blaue Männlein muss sich freuen über Rosmarie, die nun so schön schweigen gelernt hat; sie kann es schier zu gut.

»Rosmarie, habe Geduld. Nur noch die kurze Zeit, mein Kind; du wirst sehen, wie viel erfreulicher und besser alles werden wird«, sagt ihr der Fürst. »Wir verlangen Opfer von Mama, und die müssen wir ihr zu erleichtern suchen.«

Es ist auch ein großes Opfer, das die Fürstin dem künftigen Erben von Schloss und Herrschaft Brauneck, Schweigen und Kirchhalden, und noch drei anderer nahrhafter und romantischer Schlösser und Güter, bringen muss. Sie hat Berlin mitten in der Saison verlassen müssen, später wäre dem Fürsten eine Reise zu gefährlich erschienen, und der Erbe und zukünftige Herr von Brauneck wird nicht in der Fremde geboren, sondern in der Heimat. Und die lange Zeit soll die Fürstin liegen, der es am wohlsten auf dem Rücken ihres Pferdes, auf dem Kutschierbock und auf dem Schießstand ist. Arme Fürstin, wie eingekerkert und bewacht kommt sie sich vor bei aller Fürsorge, und wie nur je ein armer Gefangener seine Kerkermeister gehasst hat, so hasst sie abwechselnd den Hofrat, den Fürsten, Rosmarie – wer nur eben gerade an der Reihe ist.

»Die Zeit wird vorübergehen«, sagt der Fürst, wenn er sein blasses Kind ansieht; sie hat ja nun freilich all das nicht, was der Berliner Arzt für sie verlangte. Aber wo zwischen Himmel und Erde kann er ihr denn das verschaffen – schöne Ruhe, kleine Freuden, möglichst wenig seelische Erregungen! – Der Frühling wird schon Besserung bringen, er kommt nur so zögernd, und auf einen Sonnentag gibt's zehn frostige Regentage. Rosmarie könnte irgendwo hin mit Miss Granger geschickt werden, aber bei der Erwähnung des Planes kommt die Fürstin außer sich. Nein, sie kann Rosmarie nicht entbehren, die Bergmann liest schändlich vor, bei allen rührenden Stellen schnüffelt sie, und es rührt sie schon, wenn sie liest: »Der Jüngling erblickte seine Vaterstadt im Abendglanze.« Rosmarie kann wenigstens anständig vorlesen, wenn sie will, und mit wem soll sich die Fürstin denn sonst den ganzen langen Tag unterhalten? Man schlägt die zweitjüngste Schwester der Fürstin vor, diese kommt auch, reist aber schon nach einer Woche wieder ab, sie muss plötzlich einen Zahnarzt konsultieren. Aber Fräulein Bergmann vertraut es dem Nähröschen an, dass sie ein Gespräch der beiden Damen angehört hat, wobei die jüngere Schwester zur älteren sagte: »Meinst du, du könntest mit mir Katze und Maus spielen wie mit deiner einfältigen Rosmarie!«

Der Frühling kommt, und er ist unsäglich schön und herrlich, und Rosmarie kann ihn vom Fenster aus besehen. Es reicht gerade zu einem täglichen Gang in den Park und zu einer kurzen Fahrt ins Tal hinunter und wieder herauf. Die Fürstin kann nicht einmal in den Garten gebracht werden, es haben sich bei ihr allerhand beängstigende Symptome gezeigt, und so spielt sich ihr ganzes Leben in den Zimmern ab. Rosmarie hat die geschicktesten, sanftesten Hände, sie kann stundenlang vorlesen, sie kann in den Schlaf bringen durch leises Streichen über Stirn und Hände und kann wie ein Schemen hinausgleiten, wenn sie das erreicht hat. Rosmarie ist unentbehrlich geworden.

Die Felder glühen schon im frühen Juli in goldener Pracht, an den Spalieren röten sich die Birnen und Äpfel und die Rosen verglühen an einem Tage. Und zuweilen ziehen schwere Gewitter herauf, und nie hat man von so viel Blitzschlag und plötzlichen Bränden gehört.

Heute ist wieder ein tiefblaugoldener Himmel und am frühen Morgen ist es so still, dass sich selbst in des Fürsten Sommerstube kein Vorhang blähen will wie sonst fast immer auf der Bergeshöhe. Rosmarie sitzt auf ihres Vaters Lederdiwan, sie hat ihm eben den täglichen Rosenstrauß für seinen Schreibtisch gebracht. Der Fürst sieht sie an und seufzt. Sie verändert sich immer mehr, und es kommt ihm vor, als werde sie immer blasser.

»Du bringst ein Opfer, Rosmarie, und du hast so gar kein Vergnügen gegenwärtig – so wenig hast du von deiner schönen Jugend. Und doch bin ich froh, dass du Mama so unentbehrlich bist.«

Rosmarie lächelt ein wenig, ein Lächeln, das nur die Spitzen ihrer wunderschönen Zähne zeigt. Der Fürst wird unruhig, wenn er dies Lächeln sieht; es ist etwas darin, was ihm Gedanken macht.

»Wir müssen etwas ganz Schönes für dich herausfinden, wenn nun der Sommer so hingeht. In Berlin bekommst du auch keine roten Backen. Weißt du, was ich denke? Wir suchen dir irgendeinen schönen Ort an der Riviera heraus, ein Küstennest am blauen Meer, mieten dir und Miss Granger eine kleine Villa für den nächsten Winter. Da kannst du dann sehen, wie der Frühling eigentlich ist. Was meinst du? Wie geht es dir übrigens, keine Ohnmachten mehr?«

»Ich danke, Papa – Ohnmachten, ja hie und da einmal, wenn es so heiß ist, aber du brauchst dich nicht zu sorgen, ich erschrecke Mama nicht damit, ich gehe schon vorher, ich fühle es ja immer kommen. Mama hat ja so angegriffene Nerven und fürchtet sich vor Gewittern – ich habe Sorge, ob wir nicht heute eins bekommen, so heiß, wie es schon ist.«

Sie erhebt sich und tritt zu ihrem Vater hin und legt ihm von hinten her ihre Arme um den Hals und küsst ihn auf die Wange und geht hinaus an ihr schweres Tagewerk. Sie denkt: Wie einsam ist der Mensch, wie sterneneinsam – man liebt sich, man streckt die Hände nacheinander aus und kann sich doch nicht fassen, und jedes muss auf seinem Stern bleiben.

Die Fürstin liegt in ihrem großen Himmelbett, das mitten im Zimmer steht. Um sie herum ist ein wahres Toilettenlager aufgehäuft, Fräulein Bergmann, die Klara und Rosmaries neue Jungfer, die Lisa, jedes trägt einen Arm voll Toilettensachen und legt sie irgendwo ab, auf dem Diwan, auf Stühlen, auf Kästchen – fluchtartig sieht es aus. Jedesmal, wenn etwas Neues zum Vorschein kommt, muss es der Fürstin ans Bett gereicht werden, sie riecht daran und befiehlt: »Dieses auch.« Und dann wird das Schneiderkunstwerk wieder weggelegt.

Rosmarie steht eine ganze Weile unbeachtet in dem Wirrsal seidener Röcke und Umhänge, bis die Fürstin ihr ruft: »Ich bitte dich, Rosmarie, rühre dich auch ein wenig, ich will doch nicht ewig in diesem Durcheinander liegen.«

»Guten Morgen, Mama, o gerne, wenn ich weiß, was ich soll, was geschieht denn? Darf ich dir nicht zuvor deine Kissen richten?«

Sie tut's, und die Fürstin sagt: »Nun rieche einmal selbst … Riecht es nicht unverschämt nach Rosen … dem hässlichen Duft von alten Rosenblättern.«

»Doch, Mama, und es kommt von dem wunderschönen alten Schrank. Sie sagen, er sei innen mit Rosenholz gefüttert. Fräulein Berger ließ mich manchmal hineinriechen, als ich noch ein Kind war, das freute mich sehr.«

»Und ich hasse den Geruch. Er verträgt sich auch gar nicht mit meinem neuen persischen Parfüm, und wenn meine Kleider in den grässlichen Kasten kommen, verlieren sie das, und die alten Rosen sind wieder da.«

»Dein neues Parfüm ist sonderbar, Mama, und stark, und freilich mit den Rosen vereinigt es sich nicht angenehm, zu laut find ich's. Willst du's nicht weglassen und bei den Rosen bleiben?«

»Ganz gewiss nicht, Rosmarie, und ich habe mich überzeugt, dass dem alten Kasten keine Raison mehr beizubringen ist, alles muss heraus und gelüftet werden, und der Schrank muss fort.«

»Aber der ist ja angewachsen, Mama.«

»Ach, dann haut man ihn ab!«

»Ist das nicht schade, es geht so viel hinein, er ist ein wahres Haus und so praktisch und bequem.«

»Ich sage, es ist ein Ungetüm, eine Arche, und der Geruch geht mir auf die Nerven. Nimm ihn, wenn du ihn willst, Rosmarie, aber komme mir gefälligst nicht zu nahe, wenn du Kleider daraus trägst. Lisa, müssen Sie denn wie eine Kuh auf den Spitzen trampeln, Sie schleifen ja nach!«

Rosmarie atmet erleichtert auf. Nun ist Mama für den ganzen Tag versorgt und von der ungraziösen, langen, blassen, schlecht angezogenen, langweiligen Rosmarie abgelenkt. Die Fürstin kommandiert und besieht ihre Toiletten, und der tägliche furchtbare Kampf mit der Langeweile ist schon am frühen Morgen durch einen Sieg entschieden. Die Tür ins Vorzimmer wird zwar geschlossen, als die Diener kommen; vier reichen nicht, es müssen sechs, nein acht Leute sein um den alten widerspenstigen Riesen von der Stelle zu rücken. Er ist wohl für eine Dame gebaut worden, die Veränderungen nicht liebte und an ihren Ruheplätzen im Garten Steinbänke anbringen ließ. Nicht einmal Füße hat das Ungetüm, es liegt mit seinen dunkel geschnitzten Leisten direkt auf dem Boden auf. Der Schrank gibt Unterhaltung für den ganzen Tag ab. Schlimm zerrissen sind freilich seine unteren Leisten, als er wie ein erschlagener Riese auf Rollen im Gang fortgeführt wird, in Rosmaries Reich hinüber. Das Gerumpel, das Gepuste der Männer, der bunte Kram, der nun so schwer unterzubringen ist, das alles affiziert Mamas Nerven nicht, im Gegenteil, sie ist dadurch ganz aufgemuntert. Nun macht Rosmarie die Türe weit auf in den Vorraum, in welchem der Schrank stand und der zum Zimmer der Kammerfrau führt. Da sieht man, dass um den alten Herrn herum tapeziert worden ist. An der leeren Stelle ist eine graublaue Fläche mit einem zierlichen

Rosenmotiv gemalt. Der Schrank hat so gut geschützt, dass die Farben ganz frisch sind.

»Nun muss also tapeziert werden«, entscheidet die Fürstin.

»Ist das nicht schade, Mama, das hübsche alte Rosenmotiv könnte doch fortgesetzt und der ganze Raum so bemalt werden.«

»Gemalte Wände, das hat kein Mensch.«

»Sieh doch, wie die Tapete hässlich dagegen aussieht.«

»Es ist alter Kram, Rosmarie, und darum gefällt es dir.«

»Es ist eine Türe da, das Geranke ist hier auf Leinwand gemalt. Da muss das Schloss sein.«

»Rosmarie, komm augenblicklich daher, die Türe bleibt zu. O Gott, warum muss ich in einem solchen grässlichen Haus wohnen, überall Gänge und geheime Türen, und wer weiß, vielleicht steckt ein Skelett dahinter. Man sagt, in allen alten Schlössern sei irgendwo etwas Lebendiges eingemauert, du hast mir doch über das Bauopfer vorgelesen. Wenn das nun dahinter steckte! – Gott, darum habe ich den Schrank mit seinem alten Geruch so gehasst!«

»Mama, Herr Domänenrat hat mir gesagt, es steckten überall Gänge in den Mauern, aber von Skeletten hat er mir nie etwas gesagt. Gewiss ist dahinter nichts Grauliches. Soll ich Papa oder den Herrn Domänenrat holen? Und sollen die nachsehen, dass du dich beruhigen kannst?«

»Nein, nein! Wenn die etwas fänden, und ich hätte die ganze Zeit neben einem Ermordeten gewohnt. – Der Geruch war doch nicht nur nach Rosen. Ich kann nicht dableiben, ich muss umziehen; wenn ich nur das alte Geranke mit seinen Dornen da sehe, bin ich überzeugt, dass dahinter etwas Grässliches verborgen ist.«

»Mama, wenn nun nichts Schlimmes da wäre, so bist du beruhigt, während, wenn wir es nicht wissen, du dir alles mögliche Schreckliche ausdenken kannst. Mir sieht das Rosenmotiv recht schön und freundlich aus. Soll ich nicht mit Vater …«

»Rosmarie, ich verbiete dir!«

»Dann musst du ja immer in der Angst bleiben, arme Mama.«

Die Fürstin sagt ergeben: »Ich habe es vom ersten Tage an gewusst, dass es ein Spukschloss ist, schier so schlimm wie Schweigen. Dass du mir nicht an die Türe gehst! Ich sehe voraus, du machst auf, eine Ladung alter Särge poltert herunter.«

»Mama, ich kann ja die Türe zumachen, dann siehst du nichts Schlimmes.«

»Aber ich hör's.«

»So bringen wir dich in deinen Salon, da hörst du nichts und siehst nichts, und wer weiß, was wir für Schätze finden. Einen Pack alte Spitzen für dich, Brokat zu einer Prachtweste für Vater.«

»Glaubst du, ich wollte das alte Zeug. Damit lasst mich in Frieden.

Rosmarie sagt nichts mehr und beschließt, morgen in aller Heimlichkeit, solange Mama schläft, den Gang öffnen zu lassen. Jetzt ist's zu spät, der Fürst ist auf die Jagd gefahren, und über alledem ist's Abend geworden. Und zum Glück beruhigt sich die Fürstin wieder, denn nun gibt's einen anderen Grund zur Aufregung. Kommt ein Gewitter oder nicht? Und der Fürst ist jetzt auf dem Anstand. Die Fürstin seufzt. Wer da auch sein könnte, in der Halbdämmerung, den Finger am Hahn, das Jagdfieber im Blut. – Dort zwischen dem hohen Riedgras regt es sich, ein feiner gehörnter Kopf. – Grässlich, dazuliegen in der Schwüle in den heißen Kissen mit Aussicht auf noch drei weitere Monate.

Rosmarie wird auch ängstlich, sie hat nur wenige Bissen gegessen. Vater wird allein essen müssen, wenn er kommt. Sie kann Mama nicht verlassen. – Wie sie sich herumwirft in den Kissen.

»Soll ich nach dem Herrn Hofrat schicken?«

»Er sagt doch nur: Mehr Ruhe – Ruhe … Oh, wie ich das Wort hasse.«

Die Luft ist bleischwer geworden, die weiten Fensterflügel stehen offen, ein fernes Wetterleuchten. Wie dunkelgrüne eherne Massen liegen die Wipfel der Bäume unter den Fenstern …

Ein langer, müder, bleierner Abend, zuweilen grollt ferner Donner, es wetterleuchtet, und man kann die dunkeln schweren Vorhänge nicht herunterlassen, sonst wird die Schwüle unerträglich. Rosmarie sitzt immer noch da mit ihrem Band Militärhumoresken, die so niederdrückend auf sie wirken, dass der Gedanke an die möglicherweise hinter dem Rosengeranke verborgenen Särge fast erheiternd dagegen ist. Es ergreift sie ein tiefer Abscheu gegen Leutnants und Majors und Burschen und Stiefelappelle, aber Mama kann immer noch nicht einschlafen, so furchtbar erregt, wie sie ist. Rosmarie hat zwar lange schon die schwere Kunst gelernt, vorzulesen und den Inhalt gleichsam an sich vorbeigleiten zu lassen und sich selbst noch ein Seelenendchen zu bewahren. – Heute Abend versagt sie, ihre Kraft ist am Ende. Die Schwüle hat den leisen Druck an ihrem Herzen gesteigert. Schlimmer darf es nicht werden. Sie fragt: »Mama, erlaubst du, dass ich meine Haare herunterlasse? Der Kopf tut mir so weh von den vielen Nadeln, und wenn du ein klein wenig still liegen kannst, so will ich sehen, ob ich dich nicht in den Schlaf streichen kann.«

»Tu es«, sagt Mama ungnädig, »ich weiß nicht, was du hast, meine Nadeln quälen mich nie.«

Rosmarie lässt ihre langen Zöpfe herunterfallen, schwer liegen sie auf ihren Schultern, und ihr junges, blasses Gesicht ist eingerahmt von den weichen, goldenen Wellen. Sie geht nach dem Fenster und blickt in den schwarzen Park hinaus, kein Laut, kein Hauch regt sich draußen. Da plötzlich flammt ein greller, blauweißer Blitz auf, der ihre ganze hohe weiße Gestalt umloht wie ein Bild auf goldenem Grunde.

»Rosmarie«, ruft die Fürstin ängstlich, »nun kommt das Wetter doch!«

Einen Augenblick erfüllt ein Brausen und Heulen die Luft, die dunkeln Vorhänge schlagen in die Höhe wie Riesenflügel fremder Vögel, es klirrt und rauscht und dröhnt, als werde in dem ganzen Bau jedes Stück Holz lebendig und wollte noch einmal mittun im wilden Windestanz, dann wieder tiefe Stille. Ist das Gewitter schon vorüber? Nach dem wilden Lärm ist die Stille noch bedrückender. Und die Nacht lauert draußen wie ein gespenstiges Ungeheuer.

Der Fürst kommt herein, gute Nacht sagen.

»Ja, Rosmarie, bist du noch auf? Du siehst aus wie ein Marmorbild. Geh gleich zu Bett! – Charlotte, du kannst sie doch entbehren?«

»Einen Augenblick noch … Gott, ich weiß gar nicht, warum sie noch so lange herumstand. Ihre Unterhaltungsgabe ist heute geringer als je. Gehst du zu Bett?«

»Ja, wir werden in der Nacht wohl eine Störung bekommen, da geh ich mir vorher noch ein wenig Schlaf holen. Rosmarie, in zehn Minuten bist du drüben.«

»Schrecklich, dass du das sagst, Fried. Nun werde ich kein Auge zutun können. O diese Braunecker Gewitter.«

»Zu ängsten brauchst du dich nicht, Charlotte. Denke daran, wie lang der alte Kasten schon steht und wie viele Gewitter er schon ausgehalten hat. Wenn irgendetwas ist, so lasst mich rufen, bitte.«

Der Fürst geht und wendet sich an der Türe noch einmal um. Wie die Rosmarie heute aussieht, wie aus einem Bilde, und doch hat er nichts Ähnliches gesehen. Ein Lied kommt ihm in den Sinn.

»Da nahm die Königstochter
Vom Haupt ihre goldene Kron.«

Warum ihm das nun gerade einfällt. Aus welchem Liede war das?

»Sie konnten zusammen nicht kommen,
Das Wasser war viel zu tief«,
summt es ihn ihm weiter.

Welch sonderbare Wege gehen die Gedanken.

Rosmarie setzt sich wieder an der Fürstin Bett. Zum Umfallen müd ist sie, aber so kann sie Mama nicht verlassen. Sie kennt nur zu gut das unruhige Flackern in den schönen braunen Augen. Sie versucht mit sanften Händen über Mamas Stirne zu streichen oder den Rücken hinabzufahren, aber heute ist's umsonst, die Gewitterangst hält die Fürstin lebendig ... Oder ist's das Geheimnis hinter der Rosenwand. Ächzend und stöhnend wirft sie sich herum. Und nun ist's, als schössen an dem schwarzen Himmelsrand – man hat einen so weiten Horizont auf der Bergeshöhe – überall Lichtgarben empor. Totenstill ist's, und doch wallt und webt die Luft von zuckenden Lichtern. Bald erscheint in der Ferne ein gelbes Weizenfeld und verschwindet wieder, ein Dorf, ein Kirchturm, dann ist's eine dunkle Waldkuppe, deren Rücken von blauen Flammen umspielt wird. Die Vorhänge kann man nicht schließen, die Schwüle wird immer bleierner. Hat Rosmarie geschlossen vor dem wilden Lichterspiel da draußen, so ruft die Fürstin: »ich ersticke« – und sie muss wieder öffnen.

»Darf ich zu Bett gehen, Mama, und dir Fräulein Bergmann schicken?«

»O Gott, kannst du denn schlafen in einer solchen schauerlichen Nacht, Rosmarie? Andere Mädchen tanzen die ganze Nacht und sind um zwei Uhr morgens noch höchst vergnügt, und wie lässt du jetzt schon den Kopf hängen! Du bist ja gewiss unendlich salzlos und langweilig und deine Zöpfe gehen auf, aber Fräulein Bergmann ist noch schrecklicher. Sie schnüffelt ja gleich, wenn man ihr einmal ein schnelles Wort sagt. Aber was hilft's, wenn man sie fortschickt, irgendeine ferme, fixe Person, die ein wenig Schick hat, bliebe doch nicht in diesem Waldwinkel. Wer bleibt denn hier, wen haben wir hier denn? Mit dem einzigen vernünftigen Menschen im Umkreis, bei dem man nicht vor Langeweile starb, wenn er den Mund auftat, hat man sich um deinetwillen überwerfen müssen ... Das heißt, er kommt nicht mehr, aus guten Gründen.«

»Mama, sprich lieber von etwas anderem, von mir, wenn du willst!«

»Gott, ich weiß ja, du hast immer noch dein altes tendre für ihn. Er lachte dich aus mit deinen kindischen Ideen ... die letzte Szene. Wie unangenehm du ihm warst! Gott, ich muss lachen, wenn ich daran denke, und es ist ein Glück, dass es noch etwas zum Lachen gibt in einem Hause, wo hinter Kleiderschränken Skelette und Särge stecken. – Wie er dich abschüttelte, wie einen Käfer, und sein Gesicht! – Starr vor Schrecken über das verrückte Gänschen.«

Rosmarie steht da wie ein Bild aus Gold und Marmor. Sie ist ja wehrlos. Es ist ihr, als stünde sie an einem Schandpfahl und man risse ihr die Kleider vom Leibe, dass die unbarmherzigen Augen all ihre geheimen Wunden sähen. Und ihre Augen werden langsam dunkel ... Es sind keine grauen Augen mehr, sie sind samtdunkel, und das Blondhaar umgibt ihr Antlitz, als bewege es ein leichter Luftzug, und ist doch keiner zu fühlen. Die Fürstin sieht sie an, und ihr Lachen, mit dem sie die Szene vollends ausgedeutet hat, erlischt.

»Du siehst so sonderbar aus, Rosmarie.«

»Ich weiß nicht, Mama, vielleicht, weil ich leide. Ich habe heute einen Druck an meinem Herzen.«

»Den habe ich wahrhaftig auch und mache keine solchen Gespenstergesichter. Rosmarie, du passt zu dem alten Schrank und dem Gang dahinter! Gott, wie siehst du aus, als hättest du schon im Grabe gelegen. Wie eine grässliche, geisternde Ahnfrau siehst du aus! Oh, wie ich dieses Brauneck hasse! Das ist nun mein Leben, hier liegen und auf die Gnade warten. Hätt ich euch doch nie gesehen. Ich werde sterben daran, und ihr werdet euch freuen. – Nein, das habe ich nicht gesagt. – Leben will ich, hört ihr, leben! Die grässliche Last abschütteln und wieder ein Mensch sein! Ihr habt euch zu bald gefreut, wenn ihr glaubt, ihr habt mich zu eurer Sklavin gemacht!«

»Mama, ich bitte dich – fasse dich! Ich muss gehen, glaube mir's, ich kann doch niemand deine Worte hören lassen.«

Ein blendender, züngelnder Blitz, ein Donnerschlag; als ob die Erde erbebte wie eine Riesenwolke, fährt der Sturm wieder über das Land, die dunklen Vorhänge schlagen an die Decke. An die festen Türme wirft sich der Wind mit Riesenarmen, als wollt er sie umfassen und in die Tiefe stürzen, sie, die ihm so lange getrotzt. Um die Galerien jauchzt und tobt und klatscht und rast der Tross der Winde; in die Kamine stürzen sich die Windbuben und heulen, wenn sie nicht gleich wieder herausfinden. Blaue Flächen reißt Blitz auf Blitz aus dunkeln Wolkenbergen. Jedes von den hundert Fenstern klirrt und hat seine eigene Stimme in dem Chaos. Die Fürstin hat sich schreiend in die Kissen geworfen: »Rosmarie, die Fenster ...« Rosmarie tastet nach der elektrischen Klingel, da schlagen aus ihr blaue Flammen heraus und einen Ton gibt es nicht. Das Fenster kann sie nicht schließen, dagegen liegt ein breiter Windbub, lacht und bläst seinen feuchten Atem herein – was können Rosmaries zarte Arme dagegen. Der Windbub fasst ihr langes Haar, dass es in die Lüfte fährt wie ein goldenes Sturmsegel, und wirft es ihr lachend wieder um den Kopf und wickelt sie darin ein und reißt es wieder auseinander. Gellend ruft die Fürstin: »Was machst du,

Rosmarie, schließe zu, rufe die Leute, ich will dich nicht sehen. Du bist grässlicher als alles, ein Gespenst bist du mit deinen lebendigen Haaren … O wie ich dich hasse, wie ich euch alle hasse, wie ich das Schloss hasse, das mich noch töten wird! Geh doch, geh … Ich fürchte mich vor nichts mehr, wenn ich nur dich nicht sehen muss. Du bist's! Du steckst hinter allem, du bist der Geist dieses verfluchten Schlosses hier, das mich quält und nach meinem Leben verlangt.«

Rosmarie wankt nach der Schwelle; nein, nicht Fräulein Bergmann, ihren Vater will sie rufen … In ihren Ohren siedet's und braust's. Der tolle Sturm im Kampf am Fenster hat ihr fast den Atem genommen und den Druck am Herzen entsetzlich verschlimmert. Sie verfehlt die Richtung in dem so plötzlich veränderten Vorzimmer, das nur zuweilen die grellen Blitze erleuchten, sie hat die Hand an jenes Rosengeranke gelegt; ob ihre zitternden Finger einen Riegel berührt haben oder nicht, sie weiß es nicht. Endlich hat sie den Ausgang gefunden. Kaum ist sie im Gange, so kracht ein brüllender Donnerschlag hernieder, der selbst in dem steinernen Riesenleib des Schlosses ein Zittern und Beben verursacht. Das Klirren und Poltern und den gellenden Schrei hinter ihr verschlingt das furchtbare Getöse. In der Sommerstube ist noch Licht, vielleicht ist ihr Vater schon dort. Aus seinem Schlafzimmer muss er durch die Sommerstube kommen. Mit ihrer letzten Kraft kann sie eben noch die Türe öffnen, und als sie keinen Menschen, auch nicht den Leibjäger ihres Vaters dort findet, auf die Alarmglocke drücken, dann sinkt sie ohnmächtig neben dem Lederdiwan zu Boden. Schon stundenlang hat sie mit eisernem Willen dagegen angekämpft, nun entschwindet ihr alles.

Sie erwachte erst, als ein graues Morgenlicht ins Zimmer fiel. Sie erhob sich mühsam mit großen Schmerzen in ihren Gliedern und wankte in ihrer Mutter Zimmer. Im Vorzimmer saß eine Diakonisse, die stand auf und schob sie sanft hinaus.

»Gehen Sie hinüber, Prinzessin, ich bringe Nachricht –.«

Sie ging in ihr eigenes Zimmer. Halb betäubt setzte sie sich auf ihr Bett. Da hörte sie draußen Stimmen: »Ja, es war ein Knabe, und jetzt ist wohl keine Aussicht mehr. Die Fürstin … Sie kommt über den Berg, ja, eine kräftige Natur … in einer Beziehung gewiss.«

Rosmarie ließ sich mit einem tiefen Seufzer auf ihr Bett gleiten und streckte sich aus.

»O Vater, du solltest nicht trauern. Wird dich ein Kind glücklich machen, das dir der Hass gebracht hat?«

Als die Sonne schon hoch an einem verweinten Himmel stand, ging Rosmarie in die Sommerstube zu ihrem Vater, mit ihren leisen schwebenden Schritten. Der hatte sie hereinkommen hören, wandte ihr aber den Rücken zu und drehte sich auch nicht um. Sie legte ihm die Hand auf die Schulter und sagte: »Sei nicht mehr traurig, lieber Vater.«

Der Fürst fuhr herum. – O Gott, wie sah er aus. Als ob er geweint hätte, übernächtig, verstört, ein finsterer Zorn lag auf seiner Stirn. Wie nur sein finsterster Ahn je geblickt haben mochte, wenn er seinen Todfeind vor sich sah.

»Ich begreife nicht, wie du es wagen kannst, mir unter die Augen zu kommen! Lass deine Kammerjungfer packen, ich habe an Tante Helen depeschiert, dass du kommst. Hier in Brauneck kannst du nicht sein um deiner armen … der Fürstin willen, und ich will dich auch nicht sehen.«

»O Vater, was soll ich – warum; ich war ohnmächtig lange, ich – ich habe hier gelegen.«

»Was redest du? Hast du dich hier versteckt, nachdem dir dein Streich gelungen?«

Rosmarie richtete sich auf: »Nun will ich hören, was ich getan haben soll!«

»Das weißt du selbst, und es ist so schändlich, dass ich es nicht wiederholen werde … Gehe jetzt und mache dich fertig. Mama wird erst wieder ruhig sein, wenn du aus dem Hause bist. An Tante Helen habe ich geschrieben, ihr magst du sagen, was du zu deiner Entschuldigung vorbringen kannst. Ich weiß, dass Mama dich gereizt hat, sie hat es selbst zugegeben, aber diese Tat, diese schändliche Tat! Und du kommst herein, und ich sehe die Freude darüber in deinem Gesicht. Du kannst es nicht ableugnen, was ich selbst gesehen habe. Geh jetzt, oder du zwingst mich, mein eigenes Zimmer zu verlassen.«

Rosmarie erhob ihr totenblasses Haupt und ging zur Türe hinaus, ohne sich umzusehen; auch in ihr flammte der alte Braunecker Zorn. Eine Stunde später rollte der Wagen hinaus, und Rosmarie befand sich auf der Reise.

Die Lichter der Villa Helena leuchteten durch das kleine Vorgärtchen, das sie von der Lichtentaler Allee trennte. Das Coupé hielt, und Rosmarie und Miss Granger stiegen aus. Ein fetter Diener führte sie hinauf in ein freundliches Sälchen, wo Tante Helen lachend und rundlich stand und ihre blasse Nichte in Empfang nahm. »So, Rosmarie, da haben wir dich ja recht plötzlich. Und das ist Miss Granger. How do you do? All right, come along. Miss Granger, Sie haben einen Brief meines Bruders, der mich mächtig interessiert. Du blasse Jungfrau im Mondenschein machst einstweilen Toilette – nicht gar so prächtig, wir machen es uns hier Gott sei Dank recht bequem – und kommst dann herunter. Da ist ja deine Lisa, die kann dir helfen …«

Rosmarie ging hinauf in ein hübsches Gastzimmer und Lisa bürstete ihr Haar und half ihr in das weiße Abendkleid. Wohl mochte die Tante sagen, blasse Jungfrau. – Dann erscholl die Glocke zum Zeichen, dass angerichtet sei und sie erwartet werde. Tante Helen empfing sie mit einem merkwürdig gespannten Gesichtsausdruck und aß für ihre Verhältnisse auffallend wenig.

»Etwas Ähnliches wäre sehr günstig für meinen Appetit, gegen den ich immer erfolglos ankämpfe … oder nein, doch lieber nicht.«

Rosmarie berührte kaum die Speisen und brachte nur mühsam die nötigsten Angaben über ihre Reise heraus. Da erhob sich die Tante.

»Ich glaube, wir verzichten auf Weiteres … Rosmarie, komm mit in meinen Schmollwinkel.«

Das war ein reizendes kleines Gemach mit Flügeltüren auf einen Balkon, der gerade über Rosenbeeten schwebte. Die Türen standen offen und allerhand freundliche Geräusche, ferne Musik, Wagenrollen, Stimmen der Menschen, das Rauschen seidener Kleider, Zigarettenduft drangen herauf.

»Ja, so lässt es sich leben, ein wenig über dem lieben Nächsten und doch nicht durch dicke Mauern und tiefe Gräben von ihm getrennt … Wie bist du nur auf einen solchen hirnverrückten Gedanken gekommen, du Unglückskind! Verstand habe ich dir nie viel zugetraut, aber so viel Bosheit auch nicht. Was hast du eigentlich gewollt mit dieser Farce mitten in der Nacht?«

»Tante Helen, du musst mir sagen, was ich getan haben soll. Den ganzen Tag warte ich darauf.«

»Da lies den Brief deines Vaters, wenn es dich nach seinem Urteil gelüstet.« Und Rosmarie liest:

Ich bin aufs Tiefste erschüttert und empört, ja ein Entsetzen hat sich meiner bemächtigt. Rosmarie hätte heute Nacht beinah den Tod zweier Menschen verschuldet. Meinen Sohn habe ich verloren; was darin für mich liegt, kannst du mir ja nachempfinden. Charlotte ist, wie der Arzt jetzt hofft, gerettet. – Rosmarie ist von ihrer Mutter gereizt worden, das gibt Charlotte selbst zu, um einer alten Sache willen ... Ein schweres Gewitter kam hinzu; Charlottes Nerven sind ja leider durch das lange Liegen recht herunter. Am Tage war durch das Hin- und Herrücken des alten Rosenschranks, du kennst ihn ja, eine Tür in einen Gang frei geworden. Aus irgendwelchen Gründen fürchtete sich Charlotte vor diesem Gang und sprach darüber mit Rosmarie. Als das schwere Gewitter immer mehr Charlottes Nerven angriff, muss Rosmarie es darauf angelegt haben, ihre Mutter zu erschrecken und zu ängsten. Da nun Charlotte sie flehend bat, immer wieder, ihr Fräulein Bergmann zu holen, sei Rosmarie an jene Gangtür, die frei geworden, getreten, und habe den Riegel vorgezogen. Dann erst sei sie gegangen, aber nicht zu Fräulein Bergmann oder zu mir, sodass Charlotte bei ihrer Aufregung und Furcht in dem entsetzlichen Wetter ganz verlassen war. Es krachte die alte Tür auf. Der Sturm fuhr hinein und drückte ein morsches Fenster mit bleigefassten Scheiben ein, das sich hoch oben in dem Gang befand. Das stürzte klirrend und polternd herunter, und dazu fuhr eine Staubwolke heraus. Charlotte hielt in ihrer erregten Fantasie – Rosmarie hatte ihr irgendwelche Schauergeschichten vorgelesen – den Lärm für den Einsturz von Särgen. Genug davon, Du wirst Dich nicht wundern, dass Fräulein Bergmann, die endlich doch von selbst kam, Charlotte in Krämpfen fand. So nahm das Unglück denn seinen Verlauf! Du wirst fragen, warum ich bei einem so schweren Gewitter nicht gleich zu Charlotte, deren Ängstlichkeit ich doch kenne, geeilt bin. Beim ersten Schlag schon war der Blitz in den Glockenturm gefahren und Krüger weckte mich mit der Nachricht. Wir hatten mit allen Leuten zu tun, die schon heftig glimmenden Balken zu löschen. Noch eins muss ich Dir sagen. Rosmaries Benehmen am Morgen, als sie das Unglück schon in seinem ganzen Umfange erfahren haben musste, war mehr als seltsam. Sie versuchte nicht einmal, Trauer zu heucheln! – Es ist mir, als hätte ich zwei Kinder verloren. Rosmarie muss ich aus dem Hause schaffen. Ich bitte Dich, versuche doch, auf sie einzuwirken ...

Rosmarie legte das Blatt auf den Tisch und starrte vor sich hin.

»Rosmarie … unüberlegt, trotzig, zornig, wild in Hass und Liebe, das alles – aber gemein, grausam, feig …! Die Arme in ihrem Elend daliegen lassen und mit ihr Spott treiben. Nein, so sind die Braunecker nicht. Die Familiensimpelei ist nicht mein Fall, aber so weit muss man sein eigenes Blut kennen. Was antwortest du, Rosmarie?«

»Mein Vater hat recht, wenn er sagt, er habe zwei Kinder verloren.«

»Rosmarie, du gibst es zu! Du solltest dich so von deinem Zorn haben hinreißen lassen, um – nein … Warum denn? Du warst ja als Kind eine richtige Traumliese, und eigensinnig, wie – nun, wie ein alter Braunecker Eckschädel, aber dieses niederträchtige … Rosmarie, lass mich doch nicht ganz die Seele aus dem Leibe reden! Mein armer Bruder! Sie haben dich doch nicht so entsetzlich verdummt, dass du nicht wüsstest, um was alles es sich besonders für deinen Vater handelt!«

Rosmarie hob ihre schweren, starren, müden Augen.

»Doch, ich weiß … alles!«

»Rosmarie, was soll ich deinem Vater schreiben? Verteidige dich doch! Wenn deine Mutter in irgendetwas übertrieben hat, so wehr dich! Dass sie alles frei erfunden! – Nein, so angesichts des Todes, das ist unmöglich. Erzähle mir, wie es war!«

»Das hilft ja doch nichts mehr, Tante Helen. Sie werden es mir nicht glauben … Du hast gelesen, wie mein Vater über mich denkt …«

»Das ist geschrieben im ersten Schmerz und Schrecken, Rosmarie. Das Blut kühlt auch wieder ab. Dein Vater, so höflich er ist, kann seinen Zorn haben, so gut wie einer von uns! So wehr dich doch, Rosmarie! Was du verlierst …«

»Was ich verloren habe, weiß ich … Meine Ehre habe ich verloren. Wie kann ich mich verteidigen, wenn Mama und mein Vater das von mir glauben wollen. Kann ich beweisen, dass ich jene Türe nicht geöffnet habe, dass ich Mama nicht vorher mit meinen Augen und Haaren erschrecken wollte? Ihr müsstet mir euer Vertrauen schenken! Ich will kein geschenktes Vertrauen, das man jederzeit wieder zurücknehmen kann, wenn noch einmal die falsche Türe aufspränge …«

Die Tante warf sich ganz erschöpft in einen Fauteuil und jammerte: »Gott, ich bin keine Katastrophen mehr gewöhnt! Seit ich ganz aus dem alten Brauneck gezogen … Ich kann sie nicht mehr ertragen, sie bekommen mir nicht, die Katastrophen …«

»Lass mich in mein Zimmer gehen, Tante Helen, ich bitte dich, ich bin müde, müde – ich …«

»Soviel habe ich jetzt doch herausgebracht, Rosmarie, dass du die Sache bestreitest. Ich muss ein Wort an meinen armen Bruder schreiben, heute Nacht noch. – Nur noch eins, Rosmarie … Dein Verhältnis mit deiner Mutter – ich weiß, es war nie sehr warm, von beiden Seiten nicht; ihr seid Gegensätze …«

»Ich hasse sie, hasse, hasse, mein Herz ist ganz ausgebrannt vom Hass! Und Hass tut weh. Ich habe gehasst in jener Nacht …«

Rosmarie verbarg ihr Gesicht in ihre Hände.

»Oh, mein armer Garten! Giftblumen, wilde rote, Dorngeschlinge, Brennesseln. Sie haben mich so weit gebracht, dass er es trägt. Nein, wie darf ich das sagen. Es ist mein Garten! Und wenn Vater da hineinsieht. – Er glaubt, dass ich ehrlos sei, ehrlos …«

Prinzessin Helen hat sich erhoben und beugt sich über Rosmarie, die wie zerbrochen über ihrem Stuhl liegt. Ihr rundliches Gesicht zuckt und sieht kläglich, fast kindlich drein in ihrem Schmerz. Endlich schüttelt sie sich zusammen; das in langen Jahren, die auch ihre verschwiegenen Schmerzen gehabt hatten, erworbene Phlegma kommt ihr zu Hilfe.

»Rosmarie, Kind, geh zu Bett. Du hast die Türe nicht aufmachen wollen, soviel habe ich doch herausgehört. Wenn es mir schon lieber wäre, du hättest alles rund und deutlich gesagt. – Fräulein Bergmann, warum hast du sie nicht geholt?«

»Ich wollte sie nicht hören lassen, was Mama sprach.«

»Waren das so schlimme Dinge – das sollte dein Vater wissen … Das ist doch ein Grund – was sagte sie denn?«

»Wie kann ich das jetzt Vater sagen? Nie kann ich das, sie sagte die schlimmen Dinge, und ich dachte sie … Nichts davon, Tante Helen, nein.«

»Närrchen, du bist im Unglück, nicht sie!«

»Ich will es nicht sagen, nein. Ich will das doch nicht sein, wofür sie mich halten.«

»Wie du willst, Rosmarie. Denn schließlich kann deine Mutter das auch bestreiten, und deine Sache wird dadurch nicht besser. Nein, vielleicht hast du recht. Nun, sagen wir, Mama sei so erregt gewesen, dass du lieber gleich nach deinem Vater gegangen wärest. O Gott, die Sache hat doch ein Loch, Rosmarie; nun, vielleicht merken sie es nicht, du kannst ja auch den Kopf verloren haben. Geh zu Bett, arme Rosmarie, heute Nacht erlösen wir dich nicht mehr; ich weiß jetzt doch, was mein armer Bruder zuerst wissen muss.«

Eine Tragödie in ihrer hübschen, kleinen, molligen Villa. Prinzess Helene sieht nicht einmal im Theater Tragödien an, wo man doch das beruhigende Gefühl haben kann, dass die Heldin, so tot sie auch daliegt, sich nachher zu einem mehr oder weniger bescheidenen Souper erhebt … Die rundliche Dame weiß nicht ein und aus mit ihrer blassen, apathischen, schweigenden Nichte. Denn auch am nächsten Tage hat Rosmarie keine weiteren Worte über die Vorgänge in jener Nacht gefunden. Warum sie an jenem Morgen ihrem Vater nicht mit dem Mitgefühl begegnet war, das sie jenem großen Schmerz doch schuldig war, darüber schweigt sie auch. Und das treibt den Stachel immer wieder in ihres Vaters Herz.

Zum großen Glücke erholt sich die Fürstin rasch, ja mit fast unerwarteter Schnelligkeit. Es ist, wie wenn ihre Natur von einem unheimlichen Druck befreit wäre. Sie geht nach Wiesbaden zur Kur und blüht dort auf wie eine Rose.

Rosmarie blüht nicht auf. Sie hat öfters die schweren Ohnmachten, die Tante Helens Entsetzen sind. Sie lässt einen bedeutenden Nervenarzt, der zugleich Leiter eines Sanatoriums ist, kommen, und Rosmarie wird ihm vorgeführt. Der kluge und feine Geheimrat, der so viel menschliche Nöte und Leiden kennt, sieht ja bald, dass in diesem weißen, apathischen Kinde irgendeine Feder zersprungen sein muss eine Krankheit, gegen die weder er noch andere Ärzte ein Mittel haben. Vielleicht ist ihr eine Liebe, die ihren Eltern nicht passte, genommen worden, doch sieht sie fast zu jung und zu passiv kühl aus für eine große Leidenschaft. Und Prinzessin Helen suggeriert ihm das hilfreiche Wort: Luftveränderung. Rosmarie soll den Winter in Italien zubringen, und Prinzessin Helen will sie in langsamen Etappen dahin begleiten. Miss Granger geht ja auch mit und Lisa und Prinzess Helens erprobte Frau Waren und der fette Diener.

Miss Granger ist eine Mehlamsel, klagt die Brauneckerin in einem Briefe an ihren Bruder, *aber schließlich ist so hochanständig und in einem Alter, wo der Mensch seine meisten Dummheiten gemacht zu haben pflegt. Für Rosmarie hat sie nichts Aufmunterndes, aber wer hat das? Ich habe es süß und bitter, kalt und heiß, zart und grob bei ihr versucht, sie hört alles an, und lässt man sie einen Augenblick allein, so fällt sie ganz zusammen.*

Auf der Reise lebt Rosmarie fast ein wenig auf, hie und da fliegt sogar ein rasch wieder schwindender Rosenschein über ihr Gesicht und sie äußert einen Wunsch, was Prinzessin Helen alles sofort nach Brauneck berichtet. Es ist noch viel zu früh im Jahre, als sie an die sonnenheiße, ausgestorbene Riviera kommen. Die Stechmücken leben noch alle und die Villen und Hotels stehen mit geschlossenen Läden tot und öde da, und ein fußdicker Staub liegt, auf allem.

In Bordighera, wo es immer noch verhältnismäßig am grünsten ist, findet Prinzessin Helen alles Wünschenswerte beisammen. Eine kleine Villa mit Marmorbalkon und Treppe in einem verlassenen, sehr großen Garten. Darin wird Rosmarie installiert. Tante Helen mietet eine mit den besten Zeugnissen versehene Köchin, die etwas Französisch versteht, und ein Hausmädchen, das nur Italienisch kann, das über Rosmaries Anblick so erstaunt ist, dass es den Finger in den Mund stecken und sie regungslos anstarren muss.

Leider sind alle Stechmücken noch lebendig und haben eine unheimliche Freude an dem Braunecker Blut. Tante Helen sieht wie tätowiert aus, und beinahe hätte sich ein schweres Unglück ereignet.

Eines Abends stieg nämlich die rundliche Dame mit einer Kerze in der Hand zwischen den Musselinvorhängen ihres Bettes herum, um nach den dort verborgenen Untieren zu suchen. Dabei kam sie mit dem Licht den dünnen Vorhängen zu nahe, zwischen denen sie doch eingeschlossen war, und diese fingen hellauf zu brennen an. Die Dame schrie auf, Rosmarie kam herein und riss sofort die Vorhänge herunter, warf eine Reisedecke darauf und im Nu war das Feuer erstickt.

Prinzessin Helen schrieb einen langen Brief voll Lebens und Rühmens nach Brauneck. *Rosmaries Zustand hat sich entschieden gebessert und, was mich besonders wunderte, als sie alles und jedes Recht gehabt hätte, in Ohnmacht zu fallen, tat sie dieses nicht, sondern rettete ihre Tante wie ein gelernter Feuerwehrmann!*

Aber die Zanzaris nehmen keine Vernunft an und bezeigen immer die gleiche Vorliebe für das Braunecker Blut; so verlässt Tante Helen das ungastliche Gestade, einen wohlgeordneten kleinen Staat hinterlassend, in dem jedes Glied feierlich hat versprechen müssen, niemals mit Kerzen hinter Vorhänge zu steigen. Es ist ja das Beste, dass Rosmarie nun den Winter hier bleibt und über diese traurige Geschichte Gras wächst.

Rosmarie und Charlotte müssen ja doch auseinandergehalten werden … *Nur keine Katastrophen mehr!,* rät Prinzessin Helen ihrem Bruder, dessen Zorn auch schon leise zu verrauchen beginnt.

Tante Helen hat das Hauswesen gut geordnet. Die Köchin stiehlt nicht mehr, als ihr Stand und ihre Nationalität es ihr als anständig gestatten, Miss Granger hat beim englischen Pfarrer Besuch gemacht und der deutsche Pfarrer bei Rosmarie. Miss Granger hat eine alte Freundin aus England wiedergetroffen und ihr farbloses Wesen hat darüber wieder etwas Leben bekommen. Jeden Tag gehen Rosmarie und Miss Granger zum Capo, wo die uralte kleine Kirche steht, und sitzen an einer windgeschützen Mauer und sehen den Wellen zu, wie sie an die Felsen herankommen. Und als Rosmarie zum ersten Male sieht, wie die Wellen vom gestrigen Sturme aufgewühlt daherkommen, sich donnernd in die Höhe heben, dass blaukristallene Wundergrotten sich auftun, und dann wieder herabsinken und klirrende weiße Schaumschleppen nach sich ziehen, bis wieder neue Berge kommen – da hat sie sich überfreut und Miss Granger hat die größte Not, mit ihr nach Hause zu kommen.

Abends geht die Engländerin sehr früh zu Bett, eigentlich gleich nach dem gemeinsamen Diner, das die beiden Damen in einsamer Pracht und feierlichen Abendtoiletten miteinander einnehmen – diese Gewohnheit hat sie bald nach Prinzessin Helens Abreise angenommen und sie bleibt ihr treu. Auch mehren sich Miss Grangers englische Bekannte wie der Sand am Meer, und fast jeden Tag ist sie zu einem Afternoontea eingeladen, von dem sie erst kurz vor dem Diner zurückkommt. Rosmarie hat Zeit in Hülle und Fülle, zu grübeln und vor sich hinzustarren, es stört sie keine immer muntere und originelle Tante Helen darin.

Sie sitzt da den langen Nachmittag und sieht auf die verstaubten, sonnenmüden, zerschlissenen Palmen hinaus und auf den blauen Streifen Meer, der durch sie sichtbar wird. Sie nimmt langsam eine der Rosen nach der anderen aus den Vasen und dreht sie zwischen den Händen und zieht an den feinen weichen Blättern, bis sie herunterfallen und das gelbe Herz der Rose herausscheint. Sie ist immer ganz umgeben von hingestreuten Rosenblättern. Manchmal hält sie die Blätter in Häufchen in der Hand, dann lässt sie vom Balkon aus eins nach dem andern herunterfallen auf die Mandarinenbäume darunter und sieht ihnen nach, wie sie fallen, gleiten, sich drehen und daliegen wie offene kleine Schalen. Ihre kleine Stickschere, die sie in Berlin gekauft, liegt neben ihr, und sie nimmt sie zuweilen in die Hand und freut sich daran, wie spitz und scharf sie ist.

Es wohnen schlimme Gedanken hinter deiner weißen Stirn, Rosmarie.

Sie schreibt nun jede Woche ihrem Vater, sie erzählt vom Capo, von Palmen und Blumen, von Miss Granger, von dem italienischen Dienstmädchen, der Angelina, von allem, nur nie ein Wort von einer Rosmarie Brauneck.

An dem Fürsten nagt das Heimweh, je mehr sein Zorn verraucht. Seine Tochter fehlt ihm überall. Niemand kennt wie sie seine Hoffnungen und Pläne und versteht sie, kann so angenehme Morgenstunden bereiten, hat eine so feine, reine Luft um sich, als käme sie aus einem anderen Lande, wo die Menschen zarter und reiner fühlen und woraus das Gemeine auf ewig verbannt ist. Alles ist so schal ohne sie. Wenn sie nur ein Wort schriebe, ein einziges, noch so armes Wort: *Vergib mir, ich bin gereizt, gekränkt worden, ich wusste nicht, was ich tat* – irgendeinen Grund angäbe, den fadenscheinigsten – nur nicht dieses trotzige Schweigen.

Die Zanzari sind endgültig verschwunden unter Strömen von Regen, die die staubigen Palmen so schön reingewaschen haben. Dem Nordlandskind gehen die Augen auf für die Schönheit der Palmen, nun sie die im Regen sieht. Wie die Dattelpalme dort ausgerüstet ist, den köstlichen Regen zu empfangen. Die großen, mächtig breiten, gefalteten Blätter, die jeden Tropfen sorgsam in tiefen Rinnen entlang leiten, dann die Blattstiele, die die Wasseradern sammeln und an den Stamm leiten und dort in kleinen Bechern festhalten. An den Blättern die zarten braunen Fangschnüre, an denen jede Perle hängen bleibt. Dann die andern Palmen, die so verdrossen dastehen wie müde Ballschönheiten und doch nur auf ihren Freund den Mond warten. Wie gleitet das Mondlicht an ihnen herunter und zeigt ihren herrlichen Bau und das wundervolle Gegeneinander ihrer Fahnen! Da hat jede Form ihr eigenes Funkellicht; gegen den Himmel gesehen lösen sich die Massen in lauter unendlich schöne Formen auf. Da schießt der Stamm, der am Tage so überschlank aussieht, majestätisch in die Höhe und trägt stolz die feingefiederte Krone.

Ach, wenn man nur jemand hätte, mit dem man die Schönheit genießen könnte. All das allein, ach, das bedrückt noch das arme, so schwer beladene Herz. Und immer wieder wendet Rosmarie ihrer Tante Worte in ihrem Herzen, und eines tritt grell aus den andern heraus:

Im Angesicht des Todes lügt man nicht! – Das galt von ihrer Mutter, sollte das nicht auch von ihr gelten?

Und eines Tages geht sie an ihre Truhe, die alle ihre geheimsten Schätze enthält. Seit sie zum zweiten Weihnachten – ihre Weihnachten zählen von der Waldweihnacht an – Harro einen Stuhl gestickt hat mit den Federnelken und bräunlichen Gräsern der lichten Eichen daran, hat sie diese Kunst immer betrieben. Seit sie nun von Harro getrennt ist und nicht mehr in seinen Farben herrschen kann, hat ihre leidenschaftliche Schönheitsliebe und ihr feines Kunstverständnis in diesen Stickereien seinen Ausdruck gefunden. Ganz ohne jede Anweisung, nur ihrem eigenen Formen- und Farbensinn folgend, hat sie gelernt, einen Natureindruck mit Nadel und Seidenfaden wiederzugeben. Niemand störte sie darin; wenn sie an ihrem Stickrahmen saß, so galt sie als geborgen und versorgt. Eine Zeitlang war das eiserne Verbotsystem auch daran gekommen; sie sollte nicht so viel über die Arbeit gebückt sitzen, dekretierte ihre Mutter, das verderbe die Haltung.

Sie hatte sich aber die einzige Freude nicht nehmen lassen und hatte es gelernt, die Arbeit nur lose in der Hand haltend, doch die feinsten Stiche zu ziehen; sie hatte wahre Feenhände.

Und nun holt sie sich ein weißes Atlasstück von zart bläulicher Tönung heraus und bedeckt das mit ihren Zeichen und Punkten. Als sie nun zu sticken anfängt, wird Miss Grangers Leben noch behaglicher.

Und Rosmarie ist sehr fleißig, auf ihren blassen Wangen steigen rote Flecken auf und sie stickt, als gälte es ihr Leben.

18. IPHIGENIE

In einem Südzimmer eines der kleineren Hotels in Bordighera liegt auf dem Marmorbalkon im schönsten Sonnenschein in einem Korbstuhl ein junger blasser Mann sorgfältig in Tücher und Decken eingehüllt. Neben ihm sitzt eine freundliche behäbige Gestalt, seine Mutter, an einem Tisch und schreibt emsig Briefe. Der junge Mann hat sein Buch sinken lassen. »Bald fertig, Mater? Und weiß der Pater nun was wir treiben, und hast du ihm gewiss von Professor Schwarzen erzählt? Das freut ihn doch am meisten. Da lacht er wie ein Schneekönig, da kommen ihm die alten Tübinger Erinnerungen.«

»So gut ich konnte, Albrecht, aber all die Weisheit, die ihr miteinander redet, und die Welträtsel, die ihr löst und nicht löst, das konnte ich ihm nicht alles mitteilen.«

»Dass er mir so viel Zeit opfert; er will doch schreiben, hat seine Bücherkiste hier – aus der ich ja auch lebe.« Und er hob sein Buch in die Höhe. »Hör einmal, Mutter, den Spitteler:

Ich habe da in meinem Herzgänselspiel
Noch zwei Weltvoll Liebe zu viel,
Weiß nicht, wohin damit ...«

Die mütterliche Frau lacht auf: »Albrecht, kein Wunder, dass dir das gefällt … O da kommt der Herr Professor.«

Der Herr Professor, dem man überall unschwer Stand und Nationalität angesehen hätte, tritt ein. Unter den schärfsten Brillengläsern glänzten hellblaue Augen, sein graublonder Bart wuchs ihm, wo und wie er wollte, sein Überzieher war in den Taschen weitläufig geworden – von hineingesteckten Broschüren. Kurz, das heimatlichste Bild an der fremden Meeresküste. Jetzt schwenkte er seinen Hut, seine Stirne war ein wahrer Palast für all die Gedanken, die darin wohnten.

»Ei, Frau Mama und Herr Sohn, wie geht's? Die schöne Sonne! Und Herr Albrecht liest Spitteler.«

»Mein Sohn freute sich eben daran.«

»Heute müssen wir Korsika auftauchen sehen, es ist heute ein ganz besonderer Tag!«, sagte der Professor und deutete mit seinem Stocke nach der schimmernden Meeresfläche.

»Herr Professor, erzählen Sie, was gab es diesmal am Capo? Keine himmelblauen Meereskornblumen?«

Der Herr Professor setzte sich behaglich in den ihm angebotenen Korbsessel. »Es freut mich, dass Sie es mir sofort ansehen, dass mir heute etwas ganz Außerordentliches geschehen ist. Was ich gesehen habe«, – der Herr Professor schwenkte seine Hand wie auf dem Katheder gegen seine Zuhörer. – »Ein besonderer Tag heute und verdient ein rotes Kreuz im Kalender. Ich gehe das Capo entlang: blaue hüpfende Wellen, die letzten am Horizont mit weißen Kronen. Und alles voll Menschen, Herr Albrecht, old England forever. – Damen und wieder Damen, kurze, dünne, lange, und Kinder, sehr hübsche Kinder. Aber im Ganzen doch die Menschheit etwas zu reichlich vertreten – mir sind ja immer die einzelnen Exemplare lieber.«

Dabei nickte er mit einem so guten Ausdruck dem blassen Jüngling zu, dass dem ein feuchtes Aufleuchten in die Augen kam.

»Nun, also, gegen Norden, wo die Steine größer werden und die Fischernetze zum Trocknen liegen, ist die Menschheit dünner gesät. Und ich bedachte bei mir, welch außerordentliches Rätsel dieser Strand der nachgrabenden Nachwelt wohl bieten würde, wenn wir durch eine jener plötzlichen unterirdischen Erdeinstürze verschüttet würden.«

»O Herr Professor, wir wollen nicht hoffen.«

Der Professor wehrt mit heiterer Ruhe die Wahrscheinlichkeit eines solchen plötzlichen Eingreifens der unterirdischen Mächte ab.

»Herr Albrecht, bedenken Sie, die Engländervilla an der Marina und die Wohnungen in der Altstadt, der English store und die Bäckerei am Kirchplatz. – Die Herren Kollegen werden behaupten, dass sie auf mindestens drei Kulturstufen gestoßen seien – dass das alles friedlich nebeneinander nur wenige Meter entfernt gleichzeitig bestanden haben soll, darauf werden sie nicht kommen.«

»Herr Professor, Mutter bekommt ganz dunkle Augen … und wenn heute Nacht das Meer wieder so donnert! Erzählen Sie uns, was Sie am Strande gesehen.«

»Doch nicht Anzeichen nahen Bebens?«

»Alles so fest wie möglich, meine Gnädigste. Nein, ich sah etwas Wunderbares. Schon vorher war's, als lenkten freundliche Genien meinen Weg. Ich stolperte nicht über die ungleichen Steine, ich verfing mich in kein Netz, und wie ich nun um einen Felsblock mich herumschwinge, da öffnet sich eine Felswand, das Meer wird nach Osten frei. Da sitzt auf einem gelben Steine, zum Hintergrund das Meer, vor sich das Meer mit seinen ewig unruhigen Wellen, wer meinen Sie? Ich reibe mir die Augen, ich zwicke mich in den Arm, ich schließe die Augen und zähle auf drei und mache sie wieder auf – das Bild bleibt da! Da saß still und ruhig in einem weißen Gewand Iphigenie, Goethes Iphigenie, nicht die Griechin. In einem weichen, weißen Gewand, notieren Sie, Herr Albrecht, nicht in einem Kleide. Sie sah hinaus aufs Meer, auf die eine Hand ein wenig gestützt, mit blassem Goldhaar, von dem der Meerwind eine Strähne hinauswehte. Sie trug sogar Sandalen oder etwas Ähnliches. Ich stand da und dachte: Darum habt ihr mich hergeführt, ihr Kleinen von den Meinen! Ich stand und sah und dachte an meinen Herrn Albrecht und wie sehr ich ihm ein paar Augen voll gegönnt hätte. Ich sah nur die schöne Kopfform und den wundervoll hingegebenen jungen Körper in jeder Linie beseelt und wie vorgeneigt in unsäglicher Sehnsucht. Feuerbachs Iphigenie liebe ich sehr, diese war jünger und jungfräulicher und ebenso königlich!«

Des jungen Mannes Augen strahlten.

»Und ihr Gesicht haben Sie nicht gesehen?«

»Nein, ich wagte mich nicht weiter, ich wollte ihre Andacht nicht stören. Und dann: Ich bin kein Zergliederer meiner Freuden. Wenn sie nun das Antlitz gewendet hätte und das hätte nun irgendeinen kleinlichen Zug gehabt – oder das ist's nicht einmal: Man sagt auch nicht zu dem Engel, der auf Rembrandts Bild den Propheten berührt: „Bitte, wenden Sie sich nach rechts!" Nein, man genießt ihn so, wie ihn der Maler hingestellt. Ich ging ganz leise und bescheiden zurück.«

»O Herr Professor, gehen Sie doch bald wieder ans Capo und erzählen Sie doch gewiss dem Herrn Doktor nichts von der Iphigenie, er sagt sonst nur, es sei eine der vielen überzähligen Damen gewesen, die ein Rendezvous erwartete.«

»Geographisch unmöglich, sie sah nicht rechts, nicht links, und anlegen, das gibt es dort nicht einmal für Fischerboote. Und das ist Herrn Spittelers Herzgänsespiel. Freuen Sie sich nur recht daran.«

»Und wenn Sie die Iphigenie wiedersehen?«

»Das ist mir höchst unwahrscheinlich. Ich kann mir diese Gestalt mit dem besten Willen nicht unter den Britinnen an der Table d'hote vorstellen, den Oberkellner mit der Weinkarte hinter sich – ein unvollziehbarer Gedanke! Sie wird ins Land der Träume verschwunden sein – ein Mondnachen kam und holte sie ab oder wie Sie das sonst bedichten wollen, mein lieber junger Freund …«

Aber nun kommen Regentage und Iphigenie zu sehen wird unmöglich sein. Da, eines Tages kommt der Herr Professor wieder.

»Heureka, Herr Albrecht! Sie sehen es mir ja an. Die Iphigenie!«

»Oh, wenn ihr Gesicht nicht so schön war wie ihre Haltung, so sagen Sie es mir nicht. Mutter ist ausgegangen, es drücken sie ihre anderen jungen, die Weihnachten ohne sie zubringen müssen, und sie sucht jetzt schon jedem ein Pflaster auf seine Wunden. Und die Iphigenie?«

»Herr Albrecht, ich sollte Ihnen doch die portugiesischen Liebeslieder von Elisabeth Barrett Browning aus der Bibliothek besorgen. Ich halte eben die sehr achtungswerte Dame in etwas verschabtem Ledereinband unter dem Arme und gehe durch den Garten hinauf, da begegnet mir langsam schreitend Iphigenie, eine graue, offenbar untergeordnete Weiblichkeit neben sich, und sollte man es für möglich halten, trägt wirklich ein Gewand, und wie habe ich Ihre verehrte Frau Mutter herbeigewünscht, dass sie es mir bestätige, sie geht in Sandalen oder etwas dem Ähnlichem. So geht man nicht in Schuhen von Schusters Gnaden. Sie kam so sanft daher und hatte, was ja für eine Iphigenie etwas merkwürdig ist, aber trotzdem recht gut aussah, einen Federhut auf. Wiegen Sie sich noch nicht in rhythmischen Gedanken, Herr Albrecht, warten Sie ab, es kommt noch manches, es kommt das reine Märchen! Also ich wollte doch nicht nur die Barrett Browning versorgen, sondern hatte auch eine Broschüre vom Kollegen Leonhardi bekommen, und nun, um die guten Fliegenden Blätter doch mit weiterem Stoff über uns neben den Schwiegermüttern zu versorgen, muss mir diese Broschüre mit der mir so wohlbekannten, von manchen aber bestrittenen Tücke des Objekts entgleiten. Ich schritt weiter, Elisabeth um so fester unter dem Arme haltend, je dünner mir die Gute zu werden schien. Plötzlich berührt mich jemand. Da steht die Holdselige und sagt mit der lieblichsten hohen Stimme: „Mein Herr, Sie haben dieses verloren“, und gibt mir den Gilgamesch. Wie ein kleines Schulmädchen, so freundlich und ordentlich ist sie mir nachgelaufen.«

»Und ihr Gesicht, Herr Professor?«

»Das war das Schönste von allem. Ich reiße also meinen Hut herunter, dabei muss mir nun diese Elisabeth entgleiten, und wahrhaftig, sie bückt sich, die junge Königin, und hebt sie mir auf. Und nun habe ich das Recht, wenn ich sie sehe, den Hut herunterziehen zu dürfen. Und, Herr Albrecht, sind Sie nun, der Sie mich nach der Bibliothek geschickt haben, mein Wohltäter oder nicht? Aber die Geschichte ist noch nicht zu Ende. – Nun, ich höre noch, wie die graue Dame sie wegen ihrer holden Güte in englischen Quetschlauten schilt. Die Damen gehen aus dem Garten, ich in respektvoller Entfernung hinten drein. Und nun entdecke ich in mir einen Sherlock Holmes. Ich folge ihren Spuren, nicht wie ein Jüngling, sondern wie ein Polizist. Sie verschwinden in einen Park, ich merke mir die Nummer, ich eile zu Schulte und studiere alle Fremdenlisten.«

»O Herr Professor, Sie wollten auch den Namen wissen!«

»Nein, aber ein Gefühl hatte ich, als ob ich einer Gestalt aus unserer deutschen Vergangenheit nachginge. Herr Albrecht, ich erkannte sie – die deutsche Kaiserstochter aus der Hohenstaufenzeit.«

»Aber Sie waren doch an der Griechin.«

»Herr Albrecht, ich vermisse genauere Geschichtskenntnisse. – Heirateten die Hohenstaufen nicht byzantinische Prinzessinnen, also möglicherweise griechischen Blutes? Sie ist eine Prinzessin von Brauneck und gehört einem unserer edelsten Geschlechter an. Mit den Hohenstaufen verwandt und verbunden kämpften sie mit ihnen gegen Papst und Guelfen; auf unzähligen deutschen Schlachtfeldern hat ein Brauneck geblutet. Jetzt ist die Familie in den meisten Linien ausgestorben. Sie sind jedem europäischen Herrschergeschlecht ebenbürtig. Die Iphigenie kann eine deutsche Königin werden. Und so wenig neues Weib ist sie«, der Herr Professor lachte hell auf, »so wenig neues Weib, hebt wie die Ottilie in den Wahlverwandtschaften einem Herrn das Buch vom Boden auf! Nun, genügt das nicht für einen lyrischen Erguss, Herr Albrecht? Diese Enkelin hoher Ahnen, die so bescheiden und demütig ist … oder nicht … Doch das müssen Sie besser wissen.«

Es ist stark zu befürchten, dass Tante Helen, wenn sie nun ihren kleinen, wohleingerichteten Staat sähe, nicht sehr zufrieden wäre! Die Déroute fängt ganz unten an, bei dem kleinen italienischen Hausmädchen, deren Familie sich jeden Tag vermehrt und an der Hintertür gespeist wird. Der Braunecker Lakai Adolf, der dem kleinen Haushalt beigegeben ist, damit nicht ganz der männliche Schutz fehle, steht die meiste Zeit an dem Drahtzaun, der die nächste, von einer englischen Familie bewohnte Villa umgibt, und treibt Sprachstudien mit einer kleinen hübschen englischen Nurse und lässt deren Pflegebefohlene auf den Knien reiten und spielt ihnen den angenehmen deutschen Onkel. Die Köchin ist unwirsch und schlampig und verbraucht so viel Fleisch, dass eine zehnköpfige Familie reichlich davon leben könnte.

Miss Granger erklärt der Prinzessin eines Abends, dass der Arzt ihr das späte Diner verboten habe, dass sie es als große Güte ansehen würde, wenn ihr abends einige leichtere Speisen aufs Zimmer gebracht würden. Rosmarie legt es der Köchin ans Herz, ja recht leichte Sachen herauszusuchen!

Jeden Tag geht Miss Granger in ihre teas, an der Hand einen schwarzseidenen Riesenbeutel, der seltsam schwer aussieht. Da englische Damen doch nicht wie gute deutsche Hausfrauen mit dem Strickbeutel zusammenkommen, so muss der Beutel einen andern Inhalt haben. Als Rosmarie sie eines Tages schüchtern danach fragt, bekommt sie die Antwort, dass der Mensch stets ein gutes Buch bei sich haben müsse, um durch einige vorgelesene Sätze der Unterhaltung einen höheren Schwung zu verleihen. Die guten Bücher scheinen alle recht voluminös zu sein, rechte Wälzer und Tröster. Rosmarie hat nach dem Inhalt des schwarzen Beutels kein Verlangen. So geht Miss Granger denn mit ihrer Geistesnahrung bewaffnet fort und kehrt um sieben sichtlich aufgemuntert zurück, dann verschwindet sie für den Abend in ihre oberen Gemächer. Des Morgens geht sie in die englische Kirche und kehrt da ebenso gedrückt und niedergeschlagen zurück, wie sie aus den teas erheitert heimkam.

Rosmarie fürchtet ihre Kirchenstimmung und macht scheue Trostversuche. Mit unerwartetem Erfolg. Miss Granger gesteht ihr, dass sie täglich flehe, ein drohendes Schicksal von ihren Angehörigen abzuwenden. Sie gibt zu verstehen, dass das Schicksal durch eine kleine pekuniäre Hilfe gebessert werden könnte. Rosmarie holt schnell aus ihrer Kassette drei deutsche Goldfüchse, die ihr Vater ihr für die eigensten Bedürfnisse gegeben. Die Rechnungen werden ja nach Brauneck geschickt und von dort aus bezahlt. Miss Granger dankt würdevoll im Namen der Angehörigen und heitert sich sichtlich auf.

Aber Miss Granger macht sehr viel mit ihren Angehörigen durch, und seltsamerweise immer des Morgens nach ihrem Kirchgang. Die Goldfüchse werden immer weniger, und eines Tages starrt Rosmarie der blaue Samt des Bodens entgegen.

Nun isst Rosmarie auch das Diner allein, denn Miss Granger isst ihre Puddings und Horsd'oeuvre oben.

Rosmarie sitzt allein in ihrem feierlichen Abendkleide an dem etwas nachlässig gedeckten Tisch, die Fenster, die mit Heliotrop, Rosen und Glycinien umwachsen sind, stehen offen. Der schokoladefarbene Adolf hat eben die Schüsseln aufgedeckt und ist entlassen worden, denn nur in seiner Gesellschaft zu essen ist zu trübselig. Die Schüsseln haben meist recht fremdartigen Inhalt – Rosmarie betrachtet sie mit einem Seufzer. Dass man sich so hinschleppen muss, essen und trinken, damit die Tage vergehen – die Tage eines nutzlosen und entehrten Lebens. Da macht sie ein Laut aufsehen. Durch das Blättergewirre am Fenster, das nicht sehr hoch vom Erdboden entfernt ist, schiebt sich eine kleine, magere, braunschwarze Hand und klammert sich an die Fensterbrüstung; dann ein schwarzzotteliger Kopf, ein elendes Körperchen in einem groben zerschlissenen Hemd folgt nach. Mit großen, runden, schwarzen Augen sieht das kleine Menschenwesen nach den guten Dingen da auf dem Tisch und flüstert mit gutturalen, Rosmarie ganz unverständlichen Tönen immer wieder das Gleiche. – Rosmarie erhebt sich, das Kind erschrickt, sodass es beinah herunterfällt. So etwas Großes und Weißes hat es wohl noch nie gesehen.

Rosmarie lächelt ihm zu und häuft Gemüse und ein Kotelette zierlich auf einen Teller, Messer und Gabel daneben und stellt alles mit einer einladenden Handbewegung auf die innere Fensterbrüstung. Die schwarzen Augen des Kerlchens leuchten, Messer und Gabel braucht er nicht, die schmutzigen Finger und die Mauszähnchen verrichten das Geschäft allein. Rosmarie versucht ihn zu bewegen, den schwebenden Sitz zu verlassen, aber wenn sie ihm zu nahe kommt, hebt er seinen Arm in Augenhöhe, wie es überall in allen Landen verprügelte Geschöpfe machen.

Was hat das Kind Hunger! Wenn er sich doch hereinnehmen und ein wenig waschen ließe! Aber an sich herankommen lässt er sie nicht, und sein Kauderwelsch versteht sie nicht. Endlich ist er gesättigt und klopft sich, jedenfalls als Dankeszeichen, auf sein wohlgefülltes Bäuchlein, dann ist er ebenso blitzschnell verschwunden, wie er gekommen ist.

Rosmarie läutet und lässt abtragen, und Adolf mag sich billig über ihren Appetit verwundern. Am nächsten Abend schickt Rosmarie gleich wieder den Diener fort, und sie braucht nicht lange zu warten. Mandarinenbäume umgeben diese Seite des Hauses, unter den tief herabhängenden Zweigen konnten wohl kleine Gestalten hindurchkriechen. Da kommt schon die Hand. – »Spätzchen, bist du da?«

Aber es sind zwei Spätzchen diesmal. Zu dem Spatzen ist eine magere noch elendere und womöglich noch scheuere Spätzin gekommen. Heute werden alle Schüsseln leer. Wenn nur die Kinder nicht gar so scheu wären. Halb tierisch kommen sie ihr vor. Vielleicht werden sie sich gewöhnen. Sagt Rosmarie es der Köchin, so wird die sie wegjagen, wie sie es schon einmal mit einer armen Frau gemacht.

Rosmarie kann auch am Tage nicht entdecken, wie die Kinder

heraufkommen, vielleicht ist eine Leiste in dem Schlinggewächse verborgen, worauf sie ihre Füße stellen.

Rosmaries Hauptmahlzeit ist abends und für die ist nun gesorgt, doch empfindet sie nicht, dass ihr etwas entgangen ist. Nein, es ist ihr leichter und freier zumute, nun sie die sonderbaren Dinge nicht mehr essen muss. Es ist zu schön zu sehen, wie es den Kindern schmeckt, und vielleicht gelingt es doch, sie ein wenig zu zähmen.

Und eines Abends sagt das Bübchen »Spatz.« Er hat begriffen, dass die weiße Frau ihm den Namen gegeben hat. Das Wort ist ihm nun Ausdruck für alle Gefühle, wie er es bald flehend, bald ängstlich, bald fröhlich sagt, je mehr seine Sättigung fortschreitet. Sonderbar ist's, wie das Menschenwesen das Wort sagt, fast als ob ein Tier zu reden anfinge.

Leider genügt dies eine Wort schon, um die ganze Skala seiner Gefühle auszudrücken. Die Spätzin kommt überhaupt nicht so weit.

Und schon nach wenigen Tagen sieht man ihnen an, dass sie rundlicher werden. Doch bleiben ihre Tischmanieren noch dieselben urwüchsigen, und berühren lassen sie sich immer noch nicht. Und doch freut sich die einsame Rosmarie jeden Tag auf die Zaungäste. Und es ist so seltsam, etwas hergeben zu können. Rosmarie hat noch nie etwas hergegeben, was ihr nicht sofort ersetzt worden wäre. Und der Tag hat so wenig Freuden. Jeder Tag bringt einen neuen Druck auf ihr Herz mit. Mag sie noch so schön auf weißem Marmorbalkon zwischen Palmen und am blauen Meere wohnen, es ist doch eine Verbannung. Ihr Vater wird sich daran gewöhnen, dass er eine Tochter hat, die heimtückisch, verlogen und trotzig ist, und er wird sie aus seinem Leben streichen. Er wird froh sein, wenn sie ihm keine neuen schlimmen Dinge bereitet.

Wie ein täglich niedergehender giftiger Meltau senkt sich das auf sie. Wenn sie ausgeht – es geschieht nur noch selten –, kann der Professor seinem jungen Freunde nichts Gutes von der Hohenstaufin berichten. Ans Capo geht sie gar nicht mehr, es sind zu viele elegante Menschen da, die auftauchen und verschwinden, Schemen. Am besten ist's noch, auf der grün umsponnenen Marmorveranda zu liegen, durch die drolligen kleinen Marmorlöwen, die sie bewachen, durchzusehen nach dem Stück Meeresblau. Dann wird es Rosmarie so seltsam leicht zumute, namentlich seit das Diner wegfällt. Dann tauchen allerhand Bilder vor ihr auf, glänzend liebliche, heimatlich vertraute.

Jeder Festtag aus der wundervollen Zeit der Kindheit, der Lilientag – sie sieht Harro durch den Wald gehen am kalten Brunnen, wie er durch das Riedgras streicht, die Hand über die Augen hält, um nach ihr auszusehen im Sonnenglast, wie er neben ihr am Rain unter den Federnelken und nickenden Gräsern liegt. Wie der Thymian duftet, mit dem sie ihm die Rocktasche füllt. Und all die Leute mit leichten Füßen, wie sie durch die Gänge und Wendeltreppen der alten Heimat schritten, sie kommen wieder.

Wie schön, dass Miss Granger hinter ihrer Riesenzeitung eingenickt ist und nicht mehr von da aus ihr eine Information zukommen lassen kann.

Und noch eine Entdeckung macht sie – je weniger sie den Tag über fremde Eindrücke in sich aufgenommen hat, desto glänzender, deutlicher und klarer werden die Bilder. Sieht sie denn wirklich in die Ruine? Warum steht Harro neben einer gelben Marmorsäule, und warum gibt es ihr einen solchen Stoß ans Herz, wie das Bild plötzlich verschwindet?

Rosmarie sinnt darüber nach, wie sie an ihrer Rosendecke stickt. Und unter ihren Händen entsteht Stich für Stich ein seltsames Kunstwerk. Rosmarie hat aufgehört, etwas anderes zu frühstücken als ein wenig Tee, Honig und Brötchen. Das zweite Frühstück braucht um ihretwillen gar nicht aufgetragen zu werden, sie schickt es unberührt wieder fort. Die getreue Lisa würde sich ängsten, wenn nicht Adolf ihr von dem wundervollen Appetit der Prinzessin bei ihrem einsamen Diner berichtete.

Und Rosmarie stickt ihre schlimmen Gedanken in die Decke, und manchmal lächelt sie ganz seltsam vor sich hin. – »Ich mache es fein, sehr fein, Vater, und es ist besser für dich, du hast keine Kinder als die dir der Hass geboren und die mit einem Schrägbalken herumlaufen müssen. Und du wirst es nie wissen, nie.«

Wenn sie einmal, sehr selten ist es noch, ausgeht und dem Herrn Professor begegnet – er hat etwas, das sie an den Stiftsprediger erinnert – so schrickt sie zusammen. Und Weihnachten kommt näher.

Ihr Vater schreibt ihr: *Es ist mir ein unbehaglicher Gedanke, dass Du Weihnachten so allein verbringst. Wenn Du es dringend wünschen würdest, könnte ich vielleicht doch auf einige Tage nach dem Feste abkommen. Dein Wunschzettel war recht bescheiden, und ich weiß nicht, ob ich es diesmal treffe ...* Rosmarie erschrickt. Nein. Vater soll noch nicht kommen. Er würde neben ihr sitzen, sie würde seine Hand halten, seine Stimme hören und doch so sterneneinsam, so fern von ihm sein. In ihren Briefen, da tun sie ja, als ob die schreckliche Wand nicht zwischen ihnen sei. Und sie schreibt sehr freundlich und fast munter von den italienischen Bettlerkindern, die sie ernährt – dass es

mit dem eigenen jungen Leben geschieht, kann er ja nicht ahnen –, und erwähnt sein Anerbieten zu kommen mit keinem Worte.
Mit einem tiefen Seufzer legt der Fürst den Brief beiseite. So weit ist er ihr entgegengekommen, viel zu weit. Er ist ein schwacher Vater. Könnte er überhaupt einen Sohn erziehen, wenn er seinen Kindern gegenüber so schwach ist und sich so sehr nach seinem trotzigen, schuldbeladenen Kinde sehnen muss und zu allem bereit wäre, wenn sie nur ein einziges Wort, eine einzige Bitte ihm gewähren wollte?

Aber an ihrem Weihnachtsgeschenk soll trotz alldem nichts abgebrochen werden.

Und die Braunecker Weißtanne macht allen Zollscherereien zum Trotz ihren Weg, und da steht sie nun in der Villa Riposa zwischen den vielen goldenen Spiegeln, dunkel, streng und einfach, denn Rosmarie hat nur Lichter aufgesteckt. Alle möglichen schönen und kostbaren Dinge hat Lisa der Kiste entnommen und auf dem Tisch ausgebreitet, und Miss Granger hat mit etwas zitternden Händen – in der letzten Zeit ist sie recht zitterig geworden – daran herumgezupft. Es kamen auch die köstlichen Braunecker Lebkuchen, die nach uraltem Rezept in der Schlossküche bereitet werden und einen so heimatlichen Duft verbreiten.

Die Post hat noch eine Kiste gebracht an Ihre Durchlaucht aus Rom. Soll man das auch öffnen?

Lisa macht alle möglichen wilden Zeichen mit einem Stemmeisen in der Luft und schreit: »Open, open!« Miss Granger ist erst fünfzehn Jahre in Deutschland, und man kann es ihr daher nicht zumuten, dass sie die schwere Sprache beherrscht, und namentlich, wenn sie, wie bei der guten Lisa, etwas dialektgefärbt ist. Miss Granger erschrickt, »no, no« und setzt sich konfus und jämmerlich auf einen hellen Morgenrock der Prinzessin.

Die wird immer einfältiger, denkt Lisa ärgerlich.

Und Rosmarie kommt zu ihrer Bescherung herein, langsam und mühselig, und die Lisa erschrickt heftig. Sie sieht ja ihre Herrin jeden Tag und darum bemerkt sie es nicht so sehr. Aber nun ist s, als sähe sie zum ersten Mal genau, wie sie aussieht. Kaum dass sie noch auf den Lippen einen blassen rosa Schein hat, und sie hängt ganz vorne herein. Und die Hände! Wie hat Lisa das übersehen können? Ganz kraftlos und weiß hängen sie herunter mit dicken blauen Adern wie Schnüre darauf. O wenn wir zu Hause und in Brauneck wären!

Und da fällt auf die arme Lisa eine schreckliche Last herein. Sie sieht nach der zittrigen schnüffelnden Miss Granger, den braunen

Knopfaugen der kleinen Angelina. Der verliebte Adolf ist schon wieder außer Sehweite.

Was werden sie in Brauneck sagen! Lisa ist dafür angestellt, dass sie Kleider instandhalten, frisieren, bei der Toilette helfen soll und, wie ihre gute Mutter ihr noch aufgegeben hat, nicht, was unter den Nagel geht, von fremdem Gut sich aneignen und den Mund halten. Kein Mensch hat der Lisa Lader, Schlosserstochter von Brauneck, die Prinzessin Rosmarie von Brauneck anvertraut. Und doch, die Lisa ist kaum imstande, all die guten und schönen Dinge anzusehen, die sie bekommen hat. Sie muss so viel Gedanken in ihrem Kopfe wälzen, wie im Leben noch nicht. Die Prinzessin hat im Augenblick niemand, der sich um sie kümmert, außer ihr, der Lisa. Und der Fürst, der Herr Domänenrat, sogar der Herr Stiftsprediger tauchen vor ihr, der einen Lisa Lader, auf und sagen: »Ja, hat denn kein Mensch es gesehen und niemand geschrieben und es wissen lassen und beizeiten einen Doktor geholt?«

Es muss ja auch in diesem Lande einen deutschen Doktor geben, es gibt ja hier alles, auch eine deutsche Kirche, in der sich Lisa freilich nie recht heimisch fühlt. Die Prinzessin liegt schon wieder in ihrem Korbstuhl, gottlob; an ihrer schrecklichen Decke, die Lisa hasst, stickt sie nicht. Sie sieht an ihrem Christbaum hinauf. Ihre schönen Geschenke hat sie kaum angesehen. Miss Granger, noch zittriger als sonst, bedankt sich mit einem angreifenden Geschnüffel und geht zu ihrer geheimnisvollen abendlichen Unterhaltung. Die Köchin und die Angelina ziehen mit ihrer Beute ab und Lisa hat keine Veranlassung mehr dazubleiben.

Und doch ist der Kopf ihr so voll und das Herz so schwer. Sie bleibt noch stehen und schaut verlangend und wie hilfesuchend nach ihrer jungen Herrin. Die greift nach ihrem Baume hinauf und lässt die Zweige durch ihre dünnen Hände gleiten.

»Lisa, ist das nicht schön, dass der Fürst uns den Braunecker Baum geschickt hat, dass wir hier nicht allein sind? Du hast wohl auch Heimweh, Lisa?«

Die Lisa seufzt aus voller Brust; oh, daran darf man nicht denken! Dass man jetzt in Brauneck wäre und die andern sagten zu einem: »Dumme Lisa, musst du Prinzessinnen hüten und versorgen?«

»Durchlaucht, es ist noch ein Paket angekommen, soll ich's aufmachen?« Sie fühlt, wenn die Prinzessin jetzt noch ein Wort sagt, muss sie weinen.

»Von wem ist es denn?« Und plötzlich wird die Prinzessin dunkelrot, sie hat die Aufschrift gelesen: *Roma*. Lisa öffnet mit Mühe und Rosmarie nimmt mit zitternden Händen einen Brief, der obenauf liegt. Es sind nur wenige Zeilen, sie hat ihn gleich überflogen. Und nun schält sich aus vielen Hüllen ein schwerer Gegenstand. Eine holzgeschnitzte Gruppe, etwa drei Hände groß. Eine lange schlanke Mädchengestalt. – Lisa denkt, man könnte meinen, sie sähe der Prinzessin ähnlich. Mit ausgestrecktem Arm hält sie eine lange Flechte von sich, an der sie mit feinen Fingern flicht, die andere Hälfte des Haares fällt auf die Schultern und um die schwanke Gestalt, die barfuß nur mit einem Hemde und dünnem Röckchen bekleidet ist. An das Mädchen schmiegt sich eine köstliche Gans mit ausgebreiteten Flügeln, die sie zu verteidigen scheint. Eine zweite Gans streckt zischend den Hals gegen einen Buben, der mit gelüstigem Gesicht mit einer Hand nach den Flechten tastet. Die schönste Gans ist die vorderste, die mit unglaublich drolliger Würde, wie die Gänse sie zuweilen haben, der ganzen Gruppe vorangeht.

Der Prinzessin große Augen strahlen: »Kennst du das, Lisa? Die Prinzessin, die die Gänse hüten musste im fremden Lande und schweigen und erleiden, wie man ihr alles nahm, ihren Namen, ihre Liebe.«

Nein, die Lisa kennt es nicht. Und darum erzählt es ihr die Prinzessin. Es ist eine wunderschöne Geschichte, aber beinahe zum Weinen. Wenn die Prinzessin sagt:

O Falada, da du hangest,
O Jungfer Königin, da du gangest,
Wenn das deine Frau Mutter wüsste!

Und zum großen Glück kommt alles zu einem guten Ende. Die Lisa heitert sichtlich dabei auf. Und als sie geht, küsst sie der Prinzessin die dünne Hand. Die anderen Kammerfrauen, die ausländischen, die richtige Kammerfrauen sind und nicht nur Garderobemädchen wie die Lisa, tun das immer. Aber die Lisa ist ein Braunecker Kind, wo man keine Handküsse gibt und die Leute, die das tun, lächerlich und etwas verächtlich findet. Und die Prinzessin lässt's geschehen und sagt nur: »Du liebe Lisa, wie bin ich froh, dass ich dich habe, und nun haben wir etwas so Wunderschönes zu Weihnachten bekommen.«

Und Lisa geht hinaus und beschließt: Also morgen lasse ich der jämmerlichen Miss keine Ruhe, bis sie nach einem Doktor schickt, und wenn sie's nicht tut, dann – dann schreibe ich dem Herrn Stiftsprediger!

Und der Lisa wird ganz leicht zumute, wie sie ihren duftenden Braunecker Lebkuchen isst.

Rosmarie liegt unter ihrem Tannenbaume und sieht nach ihrem schönen kleinen Kunstwerk, und ihre Augen liebkosen jede Linie.

O du Kluge, du Graue! Die Leute heißen dich dumm, die dich noch nie hinter einem Hund drein lachen und schwatzen haben hören und dir nicht auf deinen nachdenklichen Schnabel gesehen haben! O Harro, und diesmal habe ich dir nichts und nur so arme leere Worte hast du mir zu schreiben getraut. Aber ich verstehe ja deine Linien und dass du mich nicht vergessen hast. Und dass du mir dieses schickst! Weißt du denn, dass ich in der Verbannung bin und alles verloren habe … Meine Liebe, meine Heimat, meine Ehre …

19. DAS ALTE LIED

Lisa dringt am Morgen unter Schwierigkeiten zu Miss Granger vor. Sie lässt ja niemand außer der kleinen Angelina – wie kann eine solche Schlange Angelina heißen! – in ihre Gemächer. Und Lisa verlangt unter vielen Gesten und eingestreuten englischen Worten, dass man den Adolf nach einem Doktor schicke. Miss Granger ist zittriger als je und härter von Verständnis, aber sie sagt endlich: »Yes, yes«, und geht zu der Prinzessin hinunter. Dort gibt es eine Szene, Lisa hört es durch die Türe. Die Miss ächzt und stöhnt und wimmert, und die Prinzessin muss trösten. Was geschieht denn ums Himmels willen der Miss, wenn zu einem Doktor geschickt wird! Sie hört, wie die Prinzessin aufsteht und sich mit ihren Sachen zu schaffen macht. Miss Granger kommt heraus, eine goldene Kette mit einem Riechflakon, schön mit Edelsteinen besetzt, in der Hand. »Doktor?«, fragt Lisa, aber die Miss schießt unwillig kopfschüttelnd an ihr vorbei und in ihren Bau. Später sieht sie die Miss bei Adolf stehen und den fortschicken, aber das müssen langsame Doktoren sein. Bis zum Abend erscheint keiner.

Und in der Nacht hört Lisa plötzlich einen hellen Schrei. Sofort ist sie aus ihrem Bett heraus, wirft ihren Morgenrock um sich und geht zu der Prinzessin hinein. Greller Mondschein, ein ganz anderer Mond als der gute alte Braunecker Mond, erfüllt das Zimmer. Die Prinzessin liegt zusammengekauert in ihrem Bett und starrt mit wilden, weit offenen Augen nach der Wand.

»Sieh mich nicht an, o geh hinweg – ich kann nicht mehr zurück. Wie kann ich leben mit dem schwarzen Balken über meinem Herzen?«

Die Lisa schüttelt das Grauen: »Durchlaucht, es ist niemand da, es ist nur das weiße Kleid, das da hängt.«

Sie macht Licht mit zitternden Händen und lässt schnell Vorhänge herunter, dass der schreckliche, der fremde Mond draußen ist.

Die Prinzessin sieht sie mit wirren Augen an.

»Durchlaucht, ich bin's, die Lisa, es war ja nur ein Traum.«

Sie glaubt es ja selber nicht. Sind jetzt nicht die heiligen Nächte, in denen alles umgeht?

»O Lisa, bist du's? Bleib bei mir!« Lisa muss sich aufs Bett setzen, die Prinzessin schmiegt sich an sie und das ganze Zimmer hört das arme Herz klopfen. Sie sind so einsam, so schauerlich einsam in dem fernen Land, und der Lisa fallen alle die fremden, dunkeln, kahlen Berge ein, durch die sie gefahren sind. Sie fühlt jetzt jeden einzelnen. So weit ist's von dem alten Brauneck und der Mutter Nachtlämpchen. – Und es hat sich gemeldet! Wer oder was, das weiß sie nicht, aber: Es hat sich gemeldet! Und sie darf nicht von der Prinzessin fort, sonst würde sie jetzt noch den faulen Adolf zu einem Doktor schicken.

Wenn sie sich nur rührt, so bittet, fleht, befiehlt die Prinzessin: »Bleib bei mir. Lisa, kann man denn solche Schmerzen haben? Und wenn du nur bei mir bleibst – es ist alles nicht so schrecklich wie die Augen.«

Die Lisa sagt: »Durchlaucht, ich mache Tee, hier im Zimmer auf der kleinen Teemaschine mache ich ihn, und für Schmerzen sind warme Tücher gut, das schadet niemals.« Und bei alledem kommt doch ein wenig Trost für beide heraus. Zuletzt holt Lisa ihr Konfirmationsgesangbuch. »Soll ich ein Lied lesen? Es steckt aber ein dünnes Heft darin, das sind Lieder, die man sich noch extra beim Herrn Stiftsprediger hat abschreiben dürfen, wenn man gewollt hat.«

»Ja, lies nur, Lisa.« Und Lisa liest in der fremden, einsamen Mondnacht in dem Palmengarten, durch den das Meeresrauschen geht, ein altes Lied. Weil es ja Nacht ist:

Wo willst du hin, weil's Abend ist,
Geliebter Pilgrim Jesu Christ?
Komm, lass mich so glückselig sein
Und kehr in meinem Herzen ein.

»O Lisa, das ist schön.«

Lass dich erbitten, liebster Freund,
Derweil es ist so gut gemeint,
Du weißt, dass du zu aller Frist
Ein herzenslieber Gast mir bist.

Erleuchte mich, dass ich die Bahn
Zum Himmel sicher finden kann,
Damit die dunkle Sündennacht
Mich nicht verführt noch irre macht.

Bevorab in der letzten Not
Hilf mir durch einen sanften Tod ...

Lisa stockt. Ach, nun ist's ein Sterblied geworden, das hat sie nicht gewollt.

Die Prinzessin flüstert: »… in der letzten Not … Lies den Anfang noch einmal, Lisa.«

Und die Braunecker Kinder sind nicht mehr in der Fremde, das Lied hat sie mit weichen Schwingen hinübergetragen in die ferne Heimat …

Am andern Morgen sagt Lisa zu Miss Granger »Doktor« und erhebt fast drohend die Hand, aber die flieht in ihre Kirche. Lisa flüchtet zu dem verliebten Adolf: »Die Engländerin ist nimmer zur Raison zu bringen, Sie müssen gehen und einen deutschen Doktor ausfindig machen und ihn gleich herbeibringen.«

»Habe schon Gegenordre, Fräulein Lader.«

»Von wem?«

»Von Ihrer Durchlaucht.«

Lisa geht hinauf. Die Prinzessin sieht sie ganz fremd an, der armen Lisa kommt es wie ein Traum vor, dass sie sie heut Nacht im Arme gehabt. Die Prinzessin, wie sie nun ihre Sache vorstammelt, hebt ihren feinen Kopf und sieht sie mit ganz königlichen Augen an.

»Ich wünsche keinen Doktor. Ein fremder Mann kann mir doch nichts nützen. Und ich habe zu tun, du siehst doch, dass ich schreibe. Du kannst gehen.«

»Durchlaucht, wenn aber die Nacht …«

»Oh, die wird ganz gut sein, du brauchst dich nicht zu sorgen, Lisa … Morgen wollen wir sehen«, und sie schreibt weiter.

Lisa geht hinaus mit der ganzen bittern Last auf dem Herzen. Sie geht in ihr Zimmer und holt ihr bestes Briefpapier heraus und schreibt mit vielem Seufzen und ängstlichem Überlegen einen Brief an den Herrn Stiftsprediger.

Und die Nacht und der fremde Mond kommen wieder, aber so leise Lisa schläft, sie hört nichts, keinen Ton. Und Gott sei Dank, dass der

Brief fort ist, und ihre Gedanken begleiten ihn über die vielen Berge und durch die schwarzen Tunnel nach dem lieben alten Brauneck.

Am Nachmittag ist der Adolf im schönsten Herrenanzug zum englischen Dienerball, zu dem ihm seine kleine Nurse eine Einladung verschafft hat, abgezogen – vor Mitternacht wird er wohl nicht zurückkommen. Und die Prinzessin fragt Lisa: »Gehst du nicht auch auf den Ball, bist du nicht eingeladen?«

»Nein, Durchlaucht. Und es wäre mir auch keine Ehre, hinter dem Adolf herzulaufen. Aber wenn ich dürfte, einen kleinen Ausgang machen? Den Tee richte ich zuvor, und zum Servieren bin ich wieder zurück. Vielleicht kann Miss Granger doch ein einziges Mal nicht in die Visite gehen?«

Lisa hätte sich sonst keine Kritik erlaubt, aber die Engländerin hasst sie. – Was sie da oben nur immer treiben mag und mit wem sie da laut spricht und lacht? Und dann klingt's wieder wie Gebete, es kann einen schaudern.

»Liebe Lisa, du kommst ja gar nicht heraus … Geh doch, und gewiss bis zum Capo. Und wegen des Diners eile dich nicht, Angelina kann servieren.«

Lisa geht, noch entrüstet darüber, dass die Angelina mit ihren schwarzen Händen die Schüsseln hereintragen soll. Nein, bis dahin ist sie längst zurück. Sie hat keine Ruhe mehr, sie will sich in dem kleinen deutschen Laden am Strand nach einem deutschen Doktor erkundigen. Jedem kann man ja die Prinzessin nicht anvertrauen.

Und nun geht sie den Palmengang hinunter, und die Prinzessin sieht ihr nach. Nun ist alles fort. Miss Granger ist fort, die Köchin hält wohl ihren Mittagsschlaf, nur Angelina singt gellend in der Küche unten. Und auch die Prinzessin will ausgehen. Es ist ein schöner, sonnglänzender Tag, nur kalte Winde wehen, und im Schatten ist's empfindlich kühl. Zum ersten Mal muss die Prinzessin sich selbst bedienen. Sie nimmt ihren festesten Schirm – ach, der ist nur ein zartes Gebilde – und geht leise die Marmortreppe hinunter, wo auch zwei Miniaturlöwen dräuen, so gut es ihnen möglich ist.

Ach, wie ist der Weg so weit den Garten entlang, so mühselig. – Wie gut, dass Lisa nicht da ist, sie hätte mich nicht gehen lassen …

Die Gartentüre ist zum Glück offen, nun geht es zwischen hohen Mauern entlang ein schmales Sträßchen, so schmal, dass kein Wagen hindurchkommt. Über die Mauern schauen die schwanken Palmen und dunkelgrünen Zitronenbäume und hohe düstere Zypressen, zu denen Rosmarie nun schon eine Liebe gefasst hat. Sie nickt ihnen auch heute zu und lächelt ein wenig.

Das ist die Marina, die das Sträßchen kreuzt, und dort eine Bank schön in der Sonne. Dorthin, nur bis dorthin. Es gehen nicht viel Menschen auf der Straße, sie würden erschrecken vor dem Anblick dieser weißen, schwankenden Gestalt. Die Bank … nur noch ein paar Schritte … Wie ein dunkler Schleier fällt es vor ihren Augen, da fühlt sie den Griff einer Hand an ihrem Arm.

»Ich führe Sie, Durchlaucht.«

Nun sitzt sie auf der Bank. Der Schleier weicht langsam und vor ihr steht mit abgezogenem Hut der ältere deutsche Herr, der sie so sehr an den Herrn Stiftsprediger erinnert. »Durchlaucht sollten nicht allein gehen!« Dann verneigt er sich und sagt: »Geheimrat Schwarzen aus Gießen« – was Rosmarie sehr verwundert. Erst nach einigem Besinnen kommt ihr, dass das wohl der Name des freundlichen Herrn sein könnte, vorgestellt hat sich ihr noch nie jemand. »Kann ich vielleicht Eurer Durchlaucht einen Wagen besorgen?«

»O nein, Sie sind sehr gut, Herr … Herr Geheimrat … Ich möchte auch nur bis an die Ecke gehen, wo der Briefkasten ist.«

»Kann ich Euer Durchlaucht nicht den Brief besorgen?«

»O nein, ich danke, ich muss das selbst tun.«

Rosmarie trägt einen dicken Brief in der Hand.

»So gestatten mir Durchlaucht, dass ich Sie bis dorthin begleite.«

Dem armen erschöpften Wesen, das wohl seinen letzten Gang macht, muss man den Willen tun.

»Ja bitte, wenn Sie so gütig sein wollen, aber ein wenig ausruhen muss ich zuvor, bitte setzen Sie sich doch auch.«

Der Herr Geheimrat setzt sich auf die Bank und fängt an, sehr freundlich und ruhig mit ihr zu reden. Er kennt Brauneck, auf einer seiner Wanderungen hat er es daliegen sehen, von dem gegenüberliegenden Berge aus, mit seinem Renaissancegiebel und den vier dicken Ecktürmen, dem schlanken hohen Schlossturm und dem grünen Parkgürtel.

»Oh, wie wohl tut das, von der Heimat zu hören unter den fremden Bäumen hier.«

»Durchlaucht haben keinen guten Winter gehabt. Es taugt auch nicht jedem, das Sonnenland.«

Rosmarie stürzen schnell ein paar Tränen herunter – welch gute Stimme hat der fremde Herr, und nun sieht sie ihm in die hellblauen Augen unter dem dunkeln, weichen Hut, der die herrliche Stirn verbirgt.

»Die Tage, das ist nicht das Schlimmste, aber die Nächte und der fremde Mond und die Meeresstimmen, die einen keinen Augenblick vergessen lassen, dass man so ferne ist von Brauneck. Und die Angst, die furchtbare Angst, die entsetzlicher ist als alles.«

Sie starrt mit dunklen Augen vor sich hin in ein Entsetzen hinein.

Dem priesterlichen Herzen neben ihr wird es weh zumute. Wer an diesem Leid vorüberginge, wäre schlimmer als jener Levit, dem ein göttliches Auge auf seinem eiligen Wege durch ein einsames Land nachsah.

»Angst ist furchtbar. Aber warum die bittere Angst? So viele Ängste zerrinnen, wenn man ihnen nicht entweicht, sondern sie mit festen Augen ansieht.«

»Ich habe es auch versucht. Ich habe die Augen aushalten müssen, ganz allein …«

Sie sieht ihn nicht an, sie spricht wie im Traume, sie antwortet nur der guten, guten Stimme. »Und nun weiß ich, ich fürchte Gott.«

»Fürchten ist etwas anderes als Angst haben.«

»Dann will ich sagen, ich habe Angst vor Gott.«

»Um das dürfen Sie keine einsame schreckliche Nacht mehr haben. Prinzessin, geben Sie mir doch Ihren Brief, ich trage ihn dorthin und bringe Sie dann nach Hause.«

Sie sieht ihn mit ihren großen sanften Augen an.

»Alle meine Briefe, wohin ich sie auch sende, sie landen immer in meines Vaters Schreibtisch; da liegen sie dann in Stößen, und das darf mit diesem Brief nicht geschehen.«

»Durchlaucht, wenn ich diesen Brief in den Kasten werfe, wird er auch ankommen. Aber wenn Ihr Vater es nicht wünscht …«

Rosmarie lächelt.

»Bis der Brief ankommt – ja, dann wird er es wünschen.«

Und der Herr Professor geht mit langen Schritten zu dem Briefkasten, vorher sieht er die Adresse an. Das arme Kind kommt ihm so weltunbekannt vor, dass sie vielleicht ihre Briefe gar nicht richtig adressieren kann? Nein, die Adresse wird wohl richtig sein. An einen Grafen Thorstein in Rom, sogar die Straße fehlt nicht. Und nun kommt er wieder zurück und schiebt der Prinzessin seinen festen Stock in die Hand und bietet ihr seinen Arm an. Und sie gehen langsam, sehr mühselig zurück in den Palmengarten. Sie sprechen kein Wort, das Gehen ist Arbeit genug.

Verlassen liegt das Marmorhäuschen in grüner Sonneneinsamkeit. Niemand rührt sich darin, die Türe steht weit offen. Der Professor hilft

Rosmarie aus dem Mantel heraus und trägt behutsam den Federhut an einen sicheren Ort, und nun kann sich Rosmarie in ihrem Korbstuhl ausstrecken. Er deckt sie sorgfältig mit ihrer seidenen Decke zu und meint: »Es wäre doch gut, wenn jemand sofort zum Arzt ginge.«

»Ich habe gar keinen Arzt.«

»Keinen Arzt!« Was gibt es für sonderbare Menschen! Dem Herrn Professor schießen alle möglichen Heilmethoden bis zum Gesundbeten durch den Kopf, denen die fürstlich Braunecksche Familie wohl huldigen könnte …

»Mein Vater weiß gar nicht, wie krank ich bin.«

»Ja, Durchlaucht, ist es nicht das Allerbeste … Hier ist eine Glocke, ich läute jemand herbei, und Durchlaucht setzen ein Telegramm auf, dass es Ihnen so wenig gut geht. Durchaus nicht, dass der Fürst erschreckt würde. Das muss ein Vater von seinem Kinde wissen, mag er sonst mit ihm stehen, wie er will.«

Eine Glocke ertönt, aber es erscheint niemand. Die Köchin ist wohl zu ihrer Familie gegangen, und Angelina? Ja, wenn alles seinem Vergnügen nachläuft, sollte da die arme Angelina allein tugendhaft bleiben und für den geringsten Lohn? Angelina ist auch fort.

Da ist vorderhand nichts zu machen. Die Prinzessin kann man nicht allein lassen. Ein barmherziger Samariter muss es eben auf sich nehmen, dass er in allerhand konfuse Lagen gerät. Der Levit ist der weitaus taktvollere Mann, das fremde Elend geht ihn nichts an und es ist besser, sich nicht in anderer Leute Angelegenheiten zu mischen. Man weiß ja gar nicht, ob die einem dafür dankbar sind und sich nicht mit einem »Was unterstehen Sie sich, mein Herr?« erheben. Nein, um die Ecke und die Sache ist abgetan.

Die Prinzessin lebt ein wenig auf, nun sie liegt, und bittet: »Ach, sprechen Sie doch mit mir. Ich habe niemand – niemand.«

»Warum müssen Sie sich vor Gott ängstigen?«

»Ich wusste nicht, was ich tue; aber nun weiß ich es. Ich habe eine große Sünde auf mir und darum muss ich mich ängsten. Was ich tue, wusste ich nicht.«

»Gottes Willen erkennt man ja manchmal erst, wenn man ihn übertreten hat.«

»Ach, dass Sie das sagen. Ja. In den letzten Nächten, da wusste ich es, als die Augen mich ansahen. So vorwurfsvoll. Ich musste mich krümmen vor den Augen.«

»Wessen Augen?«

»Ich weiß es nicht. Oder vielleicht weiß ich's. Es wandte sich einmal jemand um … Und darüber weiß ich's nun und ich zittere, und nun ist's zu spät, gutmachen kann ich es nicht mehr.«

»Was kann man auf Erden gutmachen?«, sagt leise der weise Mann dort am offenen Fenster, durch das schon der Abendschein hereinflammt.

»Und ich kann nicht mehr zurück. Mein Vater glaubt von mir, dass ich eine Tat begangen habe, die feig und tückisch und grausam war.«

Der Herr Professor ruft mit heller Stimme: »Nein, das nicht, Prinzessin … das nicht. Aber Ihr Vater hatte wohl Gründe, um das je von Ihnen glauben zu können.«

»Er hat sie. Es ist alles so verwoben und verwachsen, ein Dorngeschlinge, und die Dornen zerstechen mein Herz. Und als sie ihr Urteil über mich sprachen, da haben sie – nicht von mir – gesagt: „Im Angesicht des Todes lügt man nicht!"«

»Prinzessin, Sie haben doch nicht …«

»Es ging ganz leicht zu Anfang. Und es war die letzte Liebe, die ich meinem Vater tun wollte, er sollte es nie, nie wissen. Ich habe ein schwaches Herz, an dem kann man auch sterben. Ich hätte es sehr viel leichter haben können, da ist mein kleines Scherchen. Aber es wäre so entsetzlich gewesen – rachsüchtig! Und hätte ihnen allen recht gegeben. So würden sie es gar nicht wissen. Und zuerst war es leicht. Die vielen, vielen Tränen, schön und schrecklich und lieblich. Und dass meine Seele frei wurde und hingehen konnte, wo sie wollte. Zu meinem Vater und ihn sehen, und dass er mein Bild immer noch über seinem Schreibtisch hat.«

Das arme Kind, es träumt wohl wieder oder es ist so schwach, dass es Traum und Wachen nicht mehr unterscheidet.

»Und dann kamen die Augen und sahen mich an, da wusste ich, dass ich an der Liebe gesündigt. Und ich hätte müssen meinen schwarzen Balken auf mich nehmen und meinen Vater weiter lieben und nicht verlassen, denn wer liebt ihn wie ich? Und nun ist's zu spät, ich habe es versucht. Ich kann nicht mehr zurück.«

»Es ist nicht zu spät, Prinzessin, niemals zu spät. Gott sei Dank, da höre ich jemand!« Es war Lisa, die mit ziemlich verweinten Augen hereinkam. Sie hatte unterwegs das Heimweh bekommen. Die Sorge, das fremde Weihnachtsland, man weiß nicht, ist's Sommer oder ist's Winter?

»Prinzessin, wir tun das Nächste. Ich gehe einen Arzt zu holen und Sie, Fräulein, bringen Ihre junge Dame zu Bett. Prinzessin, der Wille tut viel, ungeheuer viel. Ich könnte Ihnen Dinge sagen! Und Sie haben ja den besten Willen. Wenn man einmal den Weg weiß, kann man ihn auch gehen.«

Und der Professor eilt mit seinen langen Schritten hinaus und findet in der Marina einen leeren Wagen, der ihn zum Doktor führt.

Der junge, patientenlose Doktor erhebt sich verdrossen ... »Herr Geheimrat, Sie sehen so menschenfreundlich aus, als brächten Sie mir eine kleine Pockenepidemie mit ... O gewiss, ich komme so schnell wie möglich, wüsste nicht, was mich abhalten könnte. Wohin?«

»Sie fahren, so schnell der klapprige Wagen es gestattet.«

»Zu wem?«

»Zu einer Prinzessin von Brauneck, Doktor. Ich bitte Sie, seien Sie recht zart gegen das arme Kind.«

»Eine Prinzessin, unmöglich! Eine Prinzessin gebietet von vornherein über jede vorhandene Zartheit, ich werde zerfließen.«

»Es ist schlimm, Doktor! Ich muss es Ihnen sagen, sie hat irgendetwas mit sich getan, hat sterben wollen.«

»Gott, natürlich! Wenn es nichts Verzweifeltes wäre, hätte man den deutschen Doktor nicht geholt.«

Der Doktor brummt etwas, und der Wagen hält. Vor dem Gartentor steht ein großer Herr, dem man auch im Halbdämmer den deutschen Offizier ansieht, im Reisemantel und schaut sich den Eingang an. Als er die Herren sprechen hört, zieht er den Hut und kommt herbei

»Entschuldigen Sie, wohnt in diesem Park die Prinzessin von Brauneck?«

»Gewiss, in der Villa Riposa.«

»Ich danke sehr!« Und der Herr verneigt sich und geht das Sträßchen hinunter; er hat sich offenbar nur erkundigen wollen.

Den Doktor begleitet der Herr Professor bis zu den Löwen.

»Ich erwarte Sie hier, Doktor, und bitte, bewegen Sie die Prinzessin sofort nach der Untersuchung, dass sie an ihren Vater telegrafiert, oder tun Sie es ... Dies ist ein verzauberter Garten, ein verzaubertes Haus, und wieder kein Mensch da. Gehen Sie nur die Treppe hinauf zu der mittleren Tür.«

Dann wandelt der Professor den langen Palmengang hinunter in der plötzlich abgekühlten Luft. Er wird sich einen Katarrh holen, den er doch hier loswerden sollte. Der Herr aus Samaria säße jetzt schon längst in Jericho oder der Herr Professor bei Schulte und einem Glase Wein, wenn er sich nicht auf dem Wege Ängste, Kümmernisse und Verlegenheiten aufgeladen hätte. So wandelt er denn auf und ab und die Sache währt lange. Einmal kommt er wieder an den Eingang. Da steht schon wieder der deutsche Herr in seinem Reisemantel. Und weil der Herr Professor doch vorher mit ihm gesprochen hat und ein sehr höflicher Mann ist, so zieht er den Hut, und der andere auch. Und der sagt: »Dieser Garten enthält wohl keinen öffentlichen Durchgang?«

»Eine beschränkte Öffentlichkeit vielleicht doch. Es wohnen verschiedene Familien in diesem Park. Wenn Sie hereinkommen wollen, können Sie es mit demselben Rechte tun wie ich. Es ist ein gastliches Land …«

Der große Herr kommt wirklich herein.

»Geheimrat Schwarzen aus Gießen.«

»Graf Thorstein.«

Dem Herrn Professor gibt es einen kleinen Ruck.

»Graf Thorstein aus Rom? Via Settimo Settembre?«

»Aus Rom, soeben angekommen.«

Da kommt der Doktor den Gang heruntergestürzt.

»Bester Herr Professor, seien Sie so gütig, Sie haben doch den Wagen warten lassen – besorgen Sie mir dies in der Apotheke. Nein, noch nichts zu sagen, und die Depeschen. Eine an den Fürsten, eine an einen Grafen Thorstein. Und kommen Sie mit den Dingen aus der Apotheke wieder hierher. Die Prinzessin möchte Sie dringend sprechen.«

Und der Doktor wendet sich schleunigst wieder der Villa zu, den andern Herrn hat er in der schnell anbrechenden Düsterheit gar nicht bemerkt.

»Herr Geheimrat, die Depesche … Sie verzeihen, ich hörte meinen Namen. Ich bin der einzige Thorstein, dem die Prinzessin depeschieren könnte. Ich kann mich legitimieren.«

Und er reißt seine Brieftasche heraus und entnimmt ihr adressierte Briefe, schließlich einen Pass.

»Sie entschuldigen, Herr Graf, es ist anvertrautes Gut.«

Und der Herr Professor geht zum nächsten Laternenpfahl und prüft mit wissenschaftlicher Akribie den Pass und übergibt dann mit einer Verbeugung dem Grafen die Depesche.

»Ein Brief an Sie ist auch unterwegs.«

Die Depesche enthält nur wenige Worte: *Lieber Harro, wenn Du meinen Brief gelesen hast, so tue mir die Liebe und rede mit meinem Vater. Rosmarie*

Der Thorsteiner springt auch mit hinein in den Wagen.

Apotheke und Postamt sind nebeneinander.

»Die Depesche handelt von einem Briefe.«

»Den ich selbst in den Schalter befördert habe.«

»Die Prinzessin ist krank?«

»Ja, und noch nichts Gewisses zu sagen. – Sie haben es gehört. Versuchen Sie, den Brief wiederzubekommen, vielleicht ist er noch nicht fort.«

»Sehr gütig, Herr Geheimrat. – Sie nehmen sich wohl ein wenig der Prinzessin an, sie ist gewiss sehr einsam hier? Ist Prinzessin Helene noch bei ihr?«

»Leider kann ich Ihnen fast keine Auskunft geben. Ich selbst habe heute zum ersten Male mit der Prinzessin gesprochen. Und wenn Sie mir helfen wollten, so könnten Sie die Apotheke und ich die Depesche besorgen … Es geht schneller.« Die Herren besorgten alles, der Brief ist aber schon auf dem Wege nach Rom.

»Gestatten Sie, dass ich Sie noch einmal zum Garteneingang begleite, Herr Geheimrat.«

Als sie fahren, fragt der Professor: »Könnten Sie nicht besser mit heraufkommen?«

»Unmöglich, nein. Ich verkehre schon seit Jahren in Brauneck nicht mehr. Übrigens habe ich durchaus keine Differenz mit dem Fürsten gehabt, der mich stets aufs Gütigste und mit der ganzen Noblesse seines Wesens behandelt hat … Doch wenn ich mit Ihnen hinaufginge – vielleicht tue ich's doch, so hätten wir die schönste Differenz fix und fertig. Ich habe in die Rezepte hineingesehen, es steht eine Kampfereinspritzung darin – dass der Doktor das Schlimmste befürchtet, habe ich daraus entnommen. Gott, so schrecklich können Sie doch das Seelchen nicht quälen! Ich kenne das. Es hilft ja doch nichts! Es verlängert nur. Herr Geheimrat, so stehen Sie ihr doch bei! Wer ist denn um des Himmels willen mit ihr?«

»Soviel ich weiß, nur eine grämliche Engländerin, die ich eines Abends in einem für eine prinzessliche Duenna höchst eigentümlichen Zustande wanken gesehen habe, einem Zustand, der uns, die wir mitten im akademischen Leben stehen, nicht so ganz unbekannt ist.«

Harro murmelt: »Die Herrschaften haben ein so unbegreifliches Pech mit den Britinnen … Ich verstehe nicht … Und sonst niemand?«

»Ein brauner Lakai und ein sehr zuverlässig aussehendes Fräulein, jung, bescheiden. Allerdings, als ich die Prinzessin nach Hause brachte, war kein Mensch da. Sie kennen die Prinzessin schon lange?«

»Als sie noch so klein war«, Harro zeigte im Wagen eine unmögliche Kleinheit, »nur so ein Hauch von einem Kind. Ich habe sie auf den Armen getragen. Ich bitte Sie, ich flehe Sie an, Herr Geheimrat, wenn es wirklich zu dieser Einspritzung kommen sollte, so lassen Sie mich es wissen … Ich komme herauf … Es wird ebenso stark wirken.«

»Herr Graf, ich kann Sie unmöglich in ein Haus holen, in das ich selbst eingedrungen bin. Ich kann es Ihnen freilich auch nicht verwehren, zu kommen.«

»Aber mir ein Zeichen geben, das können Sie. – Ich habe mir das verzauberte Haus angesehen. Es ist eine Veranda da, zwei Löwen liegen auf der Brüstung. Stellen Sie eine Lampe zwischen die Löwen, dann ist höchste Not. Dann würde der Fürst selbst dringend wünschen, dass ich käme, dann gelten die Konventionen nichts mehr. Wenn die Prinzessin ins Wasser fiele, dürfte ich auch die Ehre haben und sie herausziehen.«

»Warum Sie aber nicht gleich heraufkommen, verstehe ich nicht – es steht schlimm genug.«

»Ich muss doch noch ein weniges für den Harro Thorstein, mit dem ich doch einmal leben muss, sorgen, und nur im äußersten Notfall werde ich den Braunecker Bannkreis überschreiten.«

Mit diesen etwas rätselhaften Worten sprang der Thorsteiner aus dem Wagen. Sie waren am Eingang.

»Die Lampe, Herr Geheimrat – von einer Stelle in der Straße kann ich sie sehen. Komme ich nicht, so erretten Sie mich gütigst aus der Hand der einheimischen Polizei, die mich vielleicht wegen nächtlichen Herumstreifens aufgegriffen hat. Ich kann zwar schon schön italienisch fluchen …«

Der Herr Professor sitzt dem finsteren jungen Arzt gegenüber in dem kleinen Wohnzimmer.

»Sie hätten auch den Doktor Aquili holen können. Wenn der Deutsche nur dazu geholt werden soll, dass er einen gewissen Schein schreibt … Nun, man ist ja ein kalter Rohling, ein gefühlloser Leichenschneider … Ein Fall ist nur lukrativer als der andere … Es gibt etwas zum Dabeistehen und Zusehen …«

»Doktor, warum lästern Sie?«

Da kommt Lisa herein. »Herr Geheimrat, wenn Sie bitte zu Ihrer Durchlaucht kommen wollten.«

Der Herr Professor fühlt nach etwas in seinen vielen Taschen: Ja, es ist da – und folgt dem Mädchen. Die Prinzessin liegt auf einem weiß umhängten Bett starr ausgestreckt. Die seidene Daunendecke verhüllt ihre Gestalt ganz, sie ist bis unter die Arme heraufgezogen. Zu beiden Seiten ihres Gesichtes liegen die langen, schweren, blassgoldenen Flechten. Sie sieht fast erschreckend vornehm aus. Wie ein Marmorgrabmal mit strengen frühgotischen Linien. Sie rührt sich nicht, nur ihre Augen leben. Die Fenster sind offen … Es weht ein leiser Rosenduft, es sind aber keine Rosen da … Sie flüstert: »Sie haben mit dem Doktor gesprochen. Werde ich sterben?« Welch eine Frage! Und wie entsetzlich schwer, die rechte Antwort zu geben.

»Es steht in Gottes Hand. Aber Sie können auch etwas dazu tun, Prinzessin, dass Ihrem Vater das einzige Kind – das sind Sie doch – erhalten bleibt. Nehmen Sie allen Mut zusammen! Denken Sie an die alten Braunecker! Sie können hier in der stillen Stube ebenso viel Mut und Willenskraft beweisen wie nur je einer Ihrer Ahnen auf dem Schlachtfeld.«

Was für ein feiner Menschenkenner der Herr Professor ist. Es steigt etwas wie eine leise Röte in das weiße Gesicht …

»Und Sie wissen ja, was Sie wollen … Sich nicht mehr an der Liebe versündigen …«

»Ich bin zu weit gegangen, ich kann nicht mehr zurück. Ich kann ja nicht mehr mit meinem Vater leben … Immer einsam muss ich sein. Meine Mutter wird mich nicht bei ihm dulden.«

»Und Ihre Mutter – kann sie nicht überzeugt werden?«

»Unmöglich – sie wird das Schreckliche von mir glauben, so lange sie es glauben will …«

»Sie sagen selbst – so lange sie es glauben will! Wenn Sie aber Ihre Mutter durch Ihre Güte überwinden können. Es ist wohl ein langer, mühseliger Weg. Vielleicht ist es nach Jerusalem, auf schlechten, vollgepfropften Schiffen, durch glühenden Wüstensand und durch Sarazenenpfeile und Durst und nagendes Heimweh nach grünen Waldbergen – ein leichterer Weg. Nur an die großen Seelen kommen die großen und schweren Dinge.«

Rosmarie sagt: »Ich möchte Harro noch ein einziges Mal sehen. Wenn ich meinen Eltern in allem zu Willen sein werde, darf ich es nicht mehr. Und nun habe ich ihn doch gerufen.«

»Den Grafen Thorstein … Wie wussten Sie?«

»Ich sah ihn bei Ihnen stehen unter der Zypresse.«

»Sie konnten ihn gesehen haben, Prinzessin … Er wollte nicht heraufkommen.«

»Ich weiß es. Er denkt an meinen Vater, und dass der sagen würde: Taktlos. Und er fürchtet sich vor mir. Und meinen Brief hat er noch nicht bekommen.«

Der Doktor erscheint wieder mit einem Kelchglas in der Hand.

Rosmarie erschrickt. »Muss das sein?«

»Ja, Durchlaucht.«

Und sie trinkt ein wenig, und dann werden ihre Augen starr und groß und ihre Hand greift nach der des Mädchens.

»Doktor, bitte, kommen Sie«, ruft der Herr Professor.

»Hier, ich habe das schon erwartet. Ich muss eine Einspritzung machen.«

»Einen Augenblick, Doktor, wenn Sie noch warten wollten.« Und der Professor trägt die Lampe aus dem Wohnzimmer auf die Veranda.

»Was machen Sie denn da, Herr Professor, ich brauche doch Licht.«

»Doktor, die Prinzessin hat einen Freund hier, auf den sie wartet. Ich versprach ihm, das Zeichen zu geben, ehe Sie die Einspritzung machen. Er meinte, wenn die Prinzessin ihn sähe, würde das ebenso stark wirken. Um Gottes willen, wo ist denn eigentlich das englische Frauenzimmer?«

»Oben in ihrem Zimmer – sie sei gleich hinaufgegangen, ohne auf die Reden des Mädchens zu achten. Ich habe einen unglaublichen Radau oben gemacht, um sie herbeizubringen. Umsonst. Entweder muss sie taub sein oder …«

»Dann wird sie freilich nicht viel nützen … Eine peinliche, eine sehr peinliche Sache, Doktor!«

»Wo haben Sie den geheimnisvollen Freund? Ohne Einspritzung kommen wir doch nicht über die Nacht hinweg … aber wir können es auch mit dem Freund versuchen. Wir sind nicht in der Lage, uns irgendeine Chance entgehen zu lassen.«

An der Tür stand der lange Thorsteiner. »Graf Thorstein.«

»Doktor Vogt …«

»Kann ich Ihre Durchlaucht sprechen?«

»Bitte, kommen Sie!«

Einen Augenblick bleibt der Thorsteiner an der Schlafzimmertüre stehen wie ein Pfahl, und dann – nein, du finsterer Doktor, es geschieht nicht, was du erwartest. Nein. Der Thorsteiner nimmt sanft die arme Hand und legt sie wieder hin. »So krank bist du, armes Seelchen?«

Sie hat ihre großen, sanften Augen auf ihn gerichtet und versucht ein Lächeln. »Oh, wie froh bin ich, dass du da bist, Harro. Ich danke dir, dass du mir das schöne Werk zu Weihnachten geschenkt hast. Ich freute mich sehr. Am schönsten ist die würdevolle Gans, die vorderste.«

»Wenn es dir nur Freude gemacht hat. Es dürfte mir besser geraten sein. Du lobst auch die Gänse mehr als die Prinzessin.«

Wie gute alte Freunde reden sie, die sich vor wenigen Tagen getrennt haben, und zwischen denen alles so klar wie möglich ist.

»Und du willst für mich mit meinem Vater reden! Du wirst meinen

Brief bekommen, und ich habe es auch alles in meine Decke gestickt. Sie muss neben meinem Stuhle liegen. Sie ist nun freilich nicht ganz fertig geworden. Sie gehört dir, die Decke. Aber leider, ein Weihnachtsgeschenk ist sie nicht. Ich hatte dir nichts diesmal, es hat mir recht weh getan.«

»Und noch viel anderes, Seelchen.«

Der Herr Professor findet, dass er überflüssig ist, und will sich erheben; aber Harro hält ihn fest: »Bitte, bleiben Sie!«

Und die Prinzessin sagt: »Du bist so groß über mir, Harro – setze dich doch dorthin.«

Dieser Graf ist der vernünftigste Mensch, den der Doktor je in einem Krankenzimmer gesehen hat. Nun setzt er sich hin, nicht zu nahe, nicht zu ferne von dem Bett, und versteht dazusitzen, dass man ganz beruhigt wird, wenn man ihn nur ansieht. Ruhig und nicht lässig, so wie es die Leute tun sollten und es meistens nicht fertigbringen. Und die Prinzessin sieht mit ihren großen sanften Augen nach ihm, als wärme sie sich an seinem Anblick. Sie schweigen beide. Aber es ist kein bedrücktes Schweigen, kein Schweigen, wobei man das Gefühl hätte, als warte eines auf irgendein Wort, wie es nun fällt – ein Schweigen, das gutmütige und nervöse Menschen zu den törichtsten Reden zu verführen pflegt. Nein, es ist ein gesättigtes Schweigen, wenn man so sagen kann.

Aber dem Doktor gefallen ihre schöne Ruhe und die Stille und ihre sanften Augen, in denen beinahe ein Lächeln liegt, nicht. Nun darf sie sich noch ganz sanft, nur ein wenig, ausstrecken, ihre Hände etwas heraufziehen.

Und dieser sichere Mann da wird wohl auch etwas aus seiner beneidenswerten Ruhe kommen. Den Berg hinauf geht es jetzt sehr viel schwerer als hinunter.

Und der Doktor kommt wieder mit seinem Trank und gibt ihn dem Grafen … Er kann sie wohl am ehesten dazu bewegen.

Harro steht sofort auf. »Fräulein, helfen Sie, schieben Sie den Arm unter das Kissen. – Seelchen, das sollst du nehmen.«

»Ach, Harro – nein – du weißt nicht … Ach, könnt Ihr mich nicht lassen. Muss ich denn durch die Glut und die Hitze und die Pfeile nach Jerusalem?«

»Sie müssen, Prinzessin! Sie werden doch nicht jetzt schon den Kampf aufgeben …«, flüstert der Professor.

»Muss ich, Harro?«

»Du wirst wohl müssen … Ich … nein … ich zwinge dich nicht.

Wenn du nicht willst, so stell ich das Glas fort und wir lassen dich in Ruhe. Und ich bleibe noch bei dir, wenn du es wünschest. Vielleicht kannst du ein wenig schlafen …«

»O wie gerne … aber ich darf nicht. Sieh … die Augen.«

»Es ist niemand da, quäl dich doch jetzt nicht damit.«

»Ich muss, ich muss – Harro, gib mir das Glas. Ich danke dir, dass du es mir erlassen hättest. So gut wie du ist niemand. Und nun musst du gehen. Und Herr Geheimrat auch. Bitte! Ich danke sehr, sehr! Leb wohl!«

Ja, sie müssen gehen. Der Doktor zuckt die Achseln und begleitet sie hinaus. Ja, es kann die Nacht so hingehen.

»Ich wohne im Hotel Angst, Herr Doktor, und bin dort zu erreichen, wenn man mich in der Nacht noch wünschen sollte.«

»Wenn ich Leute hätte in diesem verwunschenen Hause«, ruft der Doktor ärgerlich. »Es muss ein Diener da sein, aber er sei auf einem englischen Dienerball.«

»Beruhigen Sie sich, Herr Doktor, ich werde ihn schon an den Löffeln nehmen, wenn nicht leiblich, so durchs Telefon. In einer halben Stunde haben Sie ihn«, sagt der Thorsteiner.

Wie sie hinausgehen, sieht Harro neben dem Stuhl der Prinzessin eine zusammengelegte Arbeit liegen. Das ist wohl die Decke. Er öffnet die Rolle ein wenig … Dann schlägt er sie sorgfältig zusammen und nimmt sie mit.

Und nun gehen Sie zusammen, zuerst in Harros Hotel, denn in seiner Pension wird der Herr Professor nichts mehr zu essen bekommen. Und Harro bittet sehr, der Geheimrat möchte ihm doch die Ehre erweisen, sein Gast zu sein. Dann gehen sie mit einer Zigarre in den Rauchsalon, wo zwischen hohen Palmengruppen bequeme Korbstühle stehen. Nur wenige Menschen sind da. Ein runder Platz am tiefen Fenster, von wo aus man ein ungewisses Blinken vom Meere her sieht, ist noch leer. Harro raucht eigentlich nur zum Schein, auch der Herr Geheimrat hat sich eine sehr blonde Zigarre angesteckt. Die Unruhe bemeistert sich so leichter.

»Warum die Prinzessin uns plötzlich fort haben wollte?«, beginnt der Professor.

»Das kann ich mir denken, sie leidet. Ich sah es an ihren Händen.« Er seufzt. »So dasitzen – ich wäre lieber geblieben, nun ich doch einmal da war.«

»Herr Graf, wie kam es, dass Sie nun so plötzlich dastanden, da man Sie herbeiwünscht? Haben Sie das immer so an sich?«

»Nein, leider nicht. Und können Sie mir einen Anhalt geben was ich nun mit dem Fürsten bereden soll?«

»Die Prinzessin hofft Hilfe bei Ihnen zu finden. Ich kann Ihnen nichts Genaueres sagen. Irgendwelche Umstände müssen zusammengekommen sein, dass der Fürst seiner Tochter eine schlimme Tat zuschreiben zu müssen glaubt. Sie sagt: „Ich habe meine Ehre verloren, ich muss meinem Vater als grausam, feig und heimtückisch gelten."«

»Unmöglich, ganz unmöglich, das kann der Fürst nicht glauben.«

»Die Prinzessin sagt, er hat gute Gründe.«

»Was kann das sein? Was kann es nur sein?«

»Kann es vielleicht mit dieser Mutter – eine Stiefmutter ist es doch – zusammenhängen … Wie ist sie denn?«

»Nun, oberflächlich, ein wenig ungeeignet für die Braunecker Herrschaft. Ich meine, sie hätte ebensowohl eines reichen Schlächtermeisters Sohn heiraten können, so in der zweiten Generation, wo das Geld schon etwas gewaschen ist. Ich habe einmal einen wahren Greuel von Bild von ihr gemalt. Und die, Leute machen erst noch eine Menge Aufhebens davon. Ich schämte mich dabei. Der Fürst hat auch den guten Geschmack gehabt, das Bild nicht in seinen Ahnensaal zu hängen, es treibt sich irgendwo herum – auf Ausstellungen. Nein, wie ihr Bild ist sie nicht … Ihre Stieftochter liebt sie ja nicht gerade innig, was man auch kaum von einer jungen lebenslustigen Dame ihrer heranwachsenden Tochter gegenüber verlangen kann. Auch ist das Seelchen durchaus nicht leicht zu verstehen, und wenn man nicht den Schlüssel zu ihrem Wesen hat, reichlich geheimnisvoll. Versteht sich auch auf den passiven Widerstand bei aller Sanftmut. Sie ist darin wie Wasser, weich und sanft und stark. Das alles empfiehlt sie ja einer Stiefmutter nicht sehr. Von irgendwelchen Grausamkeiten, welche die Fürstin an ihr verübt hätte, habe ich nie das Mindeste gehört.«

»Und der Fürst?«

»Oh, ein durchaus vornehmer Mensch. Grand Seigneur, sehr sogar. Er kann darin so wenig aus seiner Haut wie wir alle. Seine Tochter hing ihm sehr am Herzen, ohne dass er sie darum besonders gut verstanden hätte. In seiner Ehe hat er eine Reihe Enttäuschungen erlebt. Haus Brauneck wartet immer noch auf einen Erben. Die Aufgabe, die mir die Prinzessin zugeteilt, mit ihrem Vater zu reden, ist so ziemlich die peinlichste und schwierigste, die ich mir denken kann. Ich habe den Fürsten seit Jahren nicht mehr gesehen, bin unter Umständen von ihm geschieden, die es mir nahelegten, meine Persönlichkeit für einige Zeit aus seinem Gesichtskreis verschwinden zu lassen. Und tauche nun plötzlich hier auf, wo man mich am allerwenigsten wünscht oder erwartet … Ob der Fürst mich anhören will? Ob er nicht von vornherein sich jede Einmischung in seine innersten Angelegenheiten mit mehr oder weniger Höflichkeit verbittet? Ich sehe mich schon in Situationen! Zum ersten Mal reut mich bitter, dass ich immer noch weder verheiratet noch verlobt bin. Ich würde mich auf der Stelle verloben, wenn nur irgendein verlobungsmöglicher Gegenstand in der Nähe wäre. Dem Seelchen muss ich zu Hilfe kommen.«

Der Herr Geheimrat lächelte ein wenig. »Nun, ein solches Opfer, das immerhin seine Konsequenzen hätte, wird doch nicht nötig sein.«

»Wenn ich nur dem Fürsten klarmachen könnte, dass kein Mensch sich des Abstandes zwischen mir und seiner Tochter so klar bewusst ist wie ich.«

Harro stand auf. Das ferne Blinken auf dem Meere wurde deutlicher, irgendwo musste ein Mondschein hinfallen. Ferne Lichter leuchteten auf. Da zog wohl ein stolzer Lloyddampfer vorüber, fern, ganz fern … Er seufzte auf. »Ich halte Sie auf, Herr Geheimrat, ich hänge meine Unruhe an Sie.«

»Ich gehöre, wenn ich einmal anfange, zu den Hockern, wie man in Tübingen sagte. Ich möchte solche späte Abendstunden, wo der Mensch sich immer mehr von seinem Alltagsgetriebe entfernt und man tiefer in die Seelen eindringt, nicht aus meinem Leben streichen. Und es ist ganz unmöglich, nicht den allerherzlichsten Anteil an dieser Psyche zu nehmen. Ich habe noch nie ein so adelig vornehmes Mädchen gesehen. Ich hoffe, Sie verstehen mich. Es gibt in jedem Stand vornehme Seelen – wobei ich allerdings sagen muss, dass mir unter der modernen Arbeiterbevölkerung, so wie sie sich jetzt heimatlos in großen Städten herumtreibt, noch nie eine begegnet ist. Doch da ist wohl meine Erfahrung beschränkt und es ist mir vielleicht zu wenig gelungen, mich in diese Denkungsweise hineinzufinden. Es wäre schlimm für unser Volk, wenn es so wäre – aber dies ist nun wieder etwas anderes. Die Prinzessin – sie muss einmal wertvolle Söhne bekommen. Dieser bei einem Mädchen doch ungewöhnlich hohe Begriff von Ehre. Um das, was man sonst Mädchenehre nennt, kann es sich ja nicht handeln.«

»Die Ehre, Herr Geheimrat, das ist ein Kraut, in ihrer innersten Herzkammer gewachsen. Mit elf Jahren hatte sie schon ein Ehrenwort. Kein Mensch wusste, wie sie zu dem Begriff kam. Ihre Erzieherinnen waren nicht geeignet, Seelenkräfte zu entwickeln, sie dressierten nur.«

»Das muss man wissen, Herr Graf. Ich freue mich, dass Sie Künstler sind. Ich sah es Ihren Augen an – sofort, aber ich wusste nicht, ob Sie der Kunst auch leben.«

»Mit dem allergrößten Teil meines Herzens. Nur einen Winkel habe ich noch für meine Heimat übrig behalten. Es gab da manchmal schmerzliche Kollision der Pflichten. – Ich weiß, Herr Geheimrat, dass es die im höchsten Sinne nicht geben soll, es sieht aber manchmal verzweifelt so aus. Und nun fangen sich ja die beiden Herzensteile zu versöhnen an.«

»Wie mich das freut, Herr Graf … Ihre Augen … Gott segne Ihre Augen.«

20. VON KÖNIGINNEN

Der Doktor und der Herr Geheimrat saßen bei ihrem gemeinsamen Frühstück in der kleinen Pension am Strande beisammen. Sie waren allein, die anderen Gäste noch nicht erschienen oder schon fertig. Nur der französische Kellner ging auf und ab. Draußen glänzte ein goldener Sonnenschein auf dem blauen Meere.

»Nun, ich habe nichts anderes erwartet, lieber Doktor, die Prinzessin ist in den besten Händen und gibt sich selbst alle Mühe«, begann der Professor.

Der Doktor klopfte sich ein Ei auf.

»In der Medizin sind Sie eben doch Laie, Herr Geheimrat.«

»Sie müssen doch mit dem Willen rechnen, der Seelenstimmung überhaupt.«

»Der Fürst hat übrigens schon depeschiert, dass er komme.«

»Sehen Sie, das wird auch gut getan haben, das leugnen Sie nun auch nicht.«

»Ach, hätten Sie den Aquili geholt, was für schöne Reden könnte er jetzt an den Herrn Papa halten …«

Der junge Doktor verneigte sich gegen einen imaginären Fürsten.

»Die besten Aussichten, Durchlaucht, nur eine Frage der Zeit bis zur völligen Genesung. – Herr Geheimrat, Sie haben so gute Zuversicht, Sie müssen mir das Geschäft abnehmen.«

»Bis wann kann der Fürst da sein?«

»Einen Tag und eine Nacht noch.«

»Die Engländerin, hat sie sich blicken lassen?«

»Ja, nach ihrem Kirchgang, den dürfte man ihr nicht nehmen, behauptete die Prinzessin. Ich horchte an der Türe, man muss manchmal horchen … Sie versicherte, dass sie nur noch in der Religion Trost finde über die plötzliche …«

»Plötzlich ist gut.«

»… Erkrankung der Prinzessin. Und dass es sicherlich mehr Wert habe, wenn sie ihre Knie beuge … Die Kniebeuge hörte ich deutlich. Auch ihr Zustand schien mir einer Diagnose bedürftig. Ich möchte auf etwas schließen, was wir in Tübingen das heulende Elend nannten.«

»Und Sie werden wohl damit die Sache getroffen haben. Mit ihr ist nichts zu wollen.«

»Herr Geheimrat«, rief der Doktor mit plötzlicher Wärme, »wenn ich Sie nicht hätte! Ich bin Ihnen sehr dankbar. Und die Prinzess hat einen Glauben an Sie. Der Freund, der geheimnisvoll wie aus der Versenkung auftauchte – den möchte ich auch alle Stunden einmal verschreiben. Ich dachte zuerst: Es ist eine Liebesgeschichte und die Sache kann hochdramatisch werden … Ich überlegte mir schon: Vierter Akt, fünfte Szene, eintritt der hocherzürnte Vater: „Treffe ich Sie hier, mein Herr – wir sprechen uns nachher!“ – Ich überlegte mir schon, in diesem Falle lade ich alles auf den Herrn Professor der Theologie, Geheimrat Schwarzen, ab. Ich habe niemals Lampen zwischen Löwen gestellt …«

»Und nun haben Sie eingesehen, dass es keine Liebesgeschichte ist.«

»Wenn überhaupt, dann eine einseitige.«

»Es ist eine alte Freundschaft.«

»Der Graf ist doch nicht alt.«

»Aber die Prinzessin sehr jung.«

»Er versteht die Prinzessin zu behandeln. Ich komme mir dieser jungen Dame gegenüber beständig wie ein blöder Bauernjunge vor.«

»Warum schüchtert Sie eigentlich die Prinzessin so ein – das bin ich von Ihnen gar nicht gewöhnt.«

»Weil ich eine solche Schnauze habe. Nein, Herr Geheimrat, Sie verkennen mich – in mir schlummert die Demut. Prinzessinnen bin ich auch nicht gewöhnt. Es gab die weder auf meinem äußerst nahrhaften väterlichen Bauerngut noch im Jenenser V. C. Auch hat mich meine Praxis noch nicht an Europas Höfe geführt – ich fand die Stellen zu meinem Erstaunen schon besetzt. Aber das ist es nicht. Wenn hohe Damen krank sind, so ist da ein Fall wie der andere – nur der eine vielleicht lukrativer.«

»Ach, damit kommen Sie mir nicht. Sie mit Ihrem nahrhaften väterlichen Hofe im Hintergrund können sich jede Noblesse leisten. Und müssen’s. Wer von diesem Planeten einen großen oder kleinen Teil besitzt, gehört zu den Freiherren.«

»Dass Sie so denken, freut mich riesig, Herr Geheimrat, in der Stille meiner Seele denke ich auch so. Nur darf man’s nicht überall laut werden lassen. Bitte, fragen Sie Fräulein Zittelmann – dort geht sie – sie hat wieder ein wahres Ungetüm von Hut auf, ob sie einen Bauernschwiegervater wünscht.«

»Mit einem solchen Gänschen müssen Sie gerade nicht exemplifizieren. Aber ich erfahre immer noch nicht, warum Sie die Prinzessin so einschüchtert. Mir kommt sie bescheiden und fast demütig vor. Sie hebt ja wie die Ottilie in den Wahlverwandschaften den Herren die Bücher auf.«

»Das wird sie wohl tun. Und sehr anspruchslos. Aber es ist immer, als spreche ich eine andere Sprache … Ich entschuldige mich fortwährend und wegen allem – der reine Lakai! Sie ist vornehm, sie ist so entsetzlich vornehm! Sagen Sie, ist sie vielleicht zu einer Königin bestimmt?«

»Unmöglich ist es nicht.«

»Also! Nun müssen sie doch einen kleinen Abstand zwischen einer Majestät und einem Bernhagener Bauernsohn gelten lassen. Meinen Sie, sie verliere auch nur auf Sekunden ihre Hoheit? Meinen Sie, ich vergäße mich je an der mir so ungewohnten Titulatur? Sie ist jetzt so schwach, ihren Kopf bringt sie nicht mehr in die Höhe – ich habe sie quälen müssen. Keinen Augenblick ist sie weniger königlich als den andern. Ich habe mir im Leben nicht ausgedacht, wie Königinnen in solchen Situationen nun wären. Aber ich fühl’s immer wieder: So sind Königinnen. Der lange Graf – der kann mit ihr umgehen. Haben Sie gesehen, wie er ihr den Willen ließ, als sie die Arznei nehmen sollte, und ihr zuredete, sie brauche es nicht zu nehmen, wenn sie nicht wolle?«

»Ich fand das seltsam. Ich dachte mir, er weiß gar nicht, wie viel daran hängt, ob sie es nimmt oder nicht.«

»Sie haben nur seine Augen nicht gesehen. Ich sah sie zufällig. Die sagten jedenfalls für sie deutlich genug: Du weißt, was du sollst, aber du sollst wissen, dass du deine Freiheit hast.«

»Und gerade in dem Freiheithaben bringt man die schönen und großen Herzen an ihre Pflicht«, sagte der Geheimrat. »Und nun leben Sie wohl, Herr Doktor. Ich meine, Sie verstehen recht gut mit Prinzessinnen umzugehen.«

Der Gotthardexpresszug rast durch tief verschneite Täler, in die die schweren Wolken hineinhängen. Dunkelschwarze Tannen, dunkle Seen mit vereisten Ufern, Krähen und Rabenzüge, frierende Stationsmeister, die auf und ab stampfen und denen der Rauch aus dem Munde mit ihren Worten geht. Und die Räder haben alle eine Melodie und die singen sie unaufhörlich. Klirrende Fenster und stöhnende Windstöße, die ihre Flügel an die Fenster schlagen, alle kennen sie die Worte und wiederholen sie dem Fürsten, der allein in seinem kleinen dahinfliegenden Gefängnisse sitzt. Wie eine Zelle ist's, in der er nun schon eine Ewigkeit lang fährt, seit er sich in Berlin hineingeworfen hat, als der Zug schon beinahe in Bewegung war. Die Worte hatten ihm aus dem blaugesiegelten Papier entgegengestarrt, als er mit der Fürstin zum Balle des englischen Gesandten hatte fahren wollen. Er hatte es schon dem zusammengefalteten Papier angesehen, dass es einen Dolchstoß enthalte, noch ehe er es geöffnet. Und er bekommt ja so viele Telegramme. So viele, dass die Fürstin sagen kann: »Muss das jetzt sein?«

Er reicht es ihr wortlos: *Ich bin sehr krank und bitte Dich, lieber Vater, zu mir zu kommen. Rosmarie*

Die Fürstin: »Ach, wie unangenehm! Ob es denn wirklich so schlimm ist? Dann hätte doch Miss Granger depeschiert. Vielleicht ist's nur eine von ihren Fantastereien. Ich meine, wir telegrafieren zurück an Miss Granger, wir bäten um weitere Nachricht. Die schrieb mir doch heute, Rosmarie sticke sehr fleißig an einer Decke. Und du weißt, wen wir heute Abend treffen wollten und wie viel daran liegt.«

Der Fürst hört schon längst nicht mehr, er stürzt hinauf und sie hört ihn nach seinem Leibjäger und dem Kursbuch rufen. Da steigt die Fürstin in ihrer rauschenden diamantflimmernden Pracht in ihr blauatlassenes Coupé. Einen Augenblick wartet sie noch, aber es dringt eine Eisluft herein – sie winkt dem Lakaien, der Schlag fliegt zu und das Coupé rollt davon.

Der Fürst hat sich um nichts mehr bekümmert, als dass er den Nachtexpress noch bekomme, und nun fährt er dahin und die Worte begleiten ihn. Eine Nacht und einen Tag und wieder eine Nacht, immer die gleichen Wände, ob der Zug durch eisige Winterwüsten oder nun am Meeresbrausen neben Palmenkronen hinfährt. Was kann in einer Stunde geschehen – was in so langer Zeit! Ach, wie die alten Ängste aufleben! Und was sie getrennt in letzter Zeit, das ist zurückgetreten, oder nein, es ist, als habe es sein Kind mit noch mehr Ketten an sein Herz verfestigt. Wenn er ihr unrecht getan hätte? Nein, das hat er nicht – nun wieder haben die Worte ihr Spiel mit ihm.

Und nun graut der letzte Morgen über einem fremden wilden Meere, aus dem gelbe kahle zerrissene Felsen aufsteigen. Der Fürst geht in seinem Abteil wie ein unruhiges gefangenes Tier hin und her. Jetzt eine Station, hohe, morgengraue Palmen, ein blaues Leuchten auf dem Wasser. Da ist die Braunecker Livree …

Nein, sie könnten den Mann nicht mit der schlimmsten Nachricht ihm entgegengeschickt haben. Das gibt ihm Kraft auszusteigen. Wie wenn er aus einem Schiff stiege, so zittert der Boden.

Der Diener hat sogar ein kleines Briefchen: *Ich begrüße Dich, lieber Vater, als Deine dankbare Rosmarie.*

Der Fürst braucht nicht den Diener zu fragen, das Billett sagt ihm genug. Bei den Löwen, etwas nervös und übernächtigt, erwartet ihn der Doktor.

»Kann ich meine Tochter sehen?«

»Gewiss, Durchlaucht.«

»Bitte, begleiten Sie mich, ich muss doch ein wenig Toilette machen.«

Ein Zimmer ist für den Fürsten gerichtet.

Der Kammerdiener, den der Fürst mitgebracht hat, hat mit blitzartiger Schnelligkeit Verschiedenes ausgepackt und der Doktor sieht mit Erstaunen, wie sich das kleine Zimmer füllt mit Gegenständen, die man jetzt und in den verschiedensten Umständen brauchen könnte.

Der Fürst macht sorgfältig Toilette, der Doktor wundert sich ein wenig. Will der den Moment des Wiedersehens hinausschieben oder darf man nicht ohne sorgfältige Vorbereitungen einer jungen Königin nahen? Er erstattet Bericht, einen Bericht, den er sich vorher sorgfältig mit dem Geheimrat überlegt hat.

Ja – er ist erst vorgestern zu der Prinzessin geholt worden. Hat sie sehr elend gefunden, namentlich recht schwachen Puls. Auch sehr schlecht ernährt. Ein organisches Leiden hat er nicht entdecken können. Die große Schwäche des Herzens …

»Meine Tochter ist sehr schnell gewachsen, sie ist ein Ziemliches größer als ich. Daher das schwache Herz. Die italienische Kost hat ihr nicht zugesagt. Ich war dagegen, dass meine Schwester eine italienische Köchin engagiert hat. Und Sie hoffen, Herr Doktor, dass wir bald wieder über den Berg kommen?«

Ja, der Herr Doktor hofft. »Wohl nicht so ganz schnell. Auch ist der Schwächezustand eine tägliche Gefahr.«

Doktor Vogt findet in sich ein schlummerndes Talent zum Hofarzt.

»Nun, wird meine Tochter mich erwarten? Wollen Sie die Güte haben, nachzusehen …«

Aber auch dem Fürsten gibt es einen Herzstoß, wie er sein Kind sieht. Und doch ist ein schwaches Rot auf den Wangen, und wie schön sind die Augen in ihrem feuchten Glanze.

Der Fürst schiebt seinen Arm unter ihren goldenen Kopf und hebt sie sanft empor.

»Vater, liebster Vater, verzeihe, ach verzeih!«

Er zuckt zusammen. Ach, er hatte alles vergessen.

»Du wusstest nicht, was du tatest.«

»Vergib, Vater, o vergib, ich habe gekämpft, oh, bitter habe ich gekämpft.«

Er legt sie auf ihre Kissen zurück und gewöhnt sein armes Herz an ihren Anblick. Sie hat gelitten!

»Harro ist hier, Vater.«

»Harro, hier?«

»Ich habe ihn gebeten. Er will mit dir reden.«

»Hast du ihn empfangen, Rosmarie? Das kannst du unmöglich getan haben. So allein und krank wie du bist.«

»Er wollte nicht kommen, aber als ich beinahe gestorben wäre, holten sie ihn. Sie wussten ja, dass es mein Freund sei. Und so ganz allein, Vater …«

»Liebe Rosmarie …«

»Nicht „taktlos“ sagen, Vater. Du sollst den Doktor fragen, ob ich so nahe am Abgrund war oder nicht. Und Herr Geheimrat Schwarzen – das ist fast ebenso gut, wie wenn es der Herr Stiftsprediger wäre – war auch dabei.«

»Und Miss Granger.«

»Sie ist so sonderbar geworden. Ich hätte es dich wissen lassen müssen. Sie sagen nun, sie hätte eine schlimme Krankheit.«

»Lieber Himmel, warum erfahre ich das jetzt erst?«

»Es war zuerst nicht so schlimm. Und dann war ich so bitter. Ich dachte, das gehört ja auch zu meiner Verbannung, dass ich mit Menschen leben muss, die nichts, gar nichts von mir wissen.«

»Reden wir jetzt nicht mehr davon. Rosmarie, du hast dich gegrämt. Deine armen Hände … Nein, schweigen wir davon. Schweigen wir immer davon, Rosmarie.«

»Vater, wenn es sein muss. Ja, Schweigen. Aber ich flehe dich an! Höre zuerst einmal Harro! Und dann schweigen, Vater. O Vater, ich will auch darunter dein liebes Kind sein.«

21. DAS SCHWARZE BAND

Der Fürst hat sich in dem engen kleinen Zimmer etwas manövermäßig, wie er sagt, einquartiert und seine schönen Zimmer im Hotel Angst bewohnt sein Kammerdiener.

Er geht in dem kleinen Wohnzimmer auf und ab und kennt jede Dielenritze und die Silhouetten sämtlicher Löwen. Er wagt kaum, bis zum Strande vorzudringen, so ängstigt ihn der Gedanke, Rosmarie könnte eine der schweren Ohnmachten bekommen.

Wenn er dabei ist – nein, das tut sie ihm nicht an. Dass aber ihr Befinden nicht besser wird, das kann ihm kein Mensch verschleiern. Der Doktor ist auch von seinem kurzen, vielversprechenden Anlauf als Hofarzt zurückgesunken und kann durchaus keine Besserung finden. Wenn der Fürst auch hundertmal am Tage danach fragt.

Und wie kann es Rosmarie auch besser gehen? Sie wartet ja. Sie wartet jeden Morgen bis zum Abend. Und das Warten, wenn die Stunden ohnedies so schmerzbeladen schleichen, ist eine Qual.

Und schwer genug ist es gewesen, ihrem Vater das Versprechen abzuringen, dass er mit Harro reden will; so wagt sie es nicht, ihn durch Erinnern daran zu betrüben.

Miss Granger muss auch besorgt werden. In eine Heilanstalt, wo sie von ihrem schweren Leiden, das sie in ihrem durch lange Heimatlosigkeit und Dienstbarkeit zermürbten Leben überfallen hat, geheilt werden kann. Wohl zuerst nur ein wenig Vergessenheit – bis die Last immer schwerer wird und keine morgendlichen Reu- und Bußtränen den abendlichen Taumel verhindern können. Und Rosmarie hat auch ein leises Schuldgefühl gegen Miss Granger in ihrem feinen Herzen. Sie hätte die Arme nicht so ohne Hilfe hinuntergleiten lassen sollen. Sie erreicht auch, dass für sie gesorgt wird und dass man ihr all die Dinge lässt, die sie in Angst vor dem immer näher heranschreitenden Unheil von Rosmarie erbeutet hat.

Wenn der Fürst unruhige und ängstliche Tage verbringt, so geht es Harro nicht besser. Er hat sich in Rosmaries Kunstwerk hineingesehen, bis ihm von all den Dornen das Herz geblutet hat. Und immer ferner steht die Hoffnung am Horizont, dass er irgendetwas wird bessern können. Als Rosmaries Brief zurückkam, hat ihn nur die Geschichte jener Gewitternacht überrascht. Das andere haben ihm die Rosen auf dem weißen Grunde alles erzählt. Und aus dem Brief schlägt ihm ein so felsenfestes Vertrauen entgegen und immer dies selbe Gefühl für seine Kunst, die sie in all ihrer Not nicht vergisst.

Und sie hat ja fast Unmögliches von ihm gefordert. Harro wendet die Sache in hundert imaginären Gesprächen mit dem Fürsten hin und her, bis ihm der Kopf davon brennt und eine müde Trostlosigkeit sich seiner bemächtigt.

An die Ereignisse jener Nacht nur zu rühren verbietet ihm sein Zartgefühl. Es wäre da ja auch manches zu sagen. Zum Beispiel, warum Rosmarie nicht Fräulein Bergmann holte. Aber damit befindet er sich zwischen zwei Ehegatten als Mitwisser ihrer tiefsten Geheimnisse. Wenn er jetzt doch so weit wäre, dass der Fürst ihn mit gewohnter Liebenswürdigkeit nach seiner Gemahlin fragen könnte. »Danke, Durchlaucht. Und er wog sieben Pfund und gedeiht ganz prächtig.« Warum hat er seine Zeit nicht besser angewendet, solange sein Herz noch ihm gehörte?

Freilich, Rosmarie hätte er dann nicht wiedersehen dürfen. Aber doch ihr beistehen!

Er richtet sich im Hotel Angst stets auf sofortige Abreise ein. Packt jeden Morgen seine Sachen sorgfältig zusammen – dann erst wird ihm leichter. So kann er jeden Augenblick abfahren, es gehen ja immer Züge. Schon in San Remo ist er sicher. Bei all dem lernt er die Tapete und jedes Ornament seiner Zimmerdecke auswendig. Und wiegende Palmenkronen und fernes Meeresblinken verbindet sich unlöslich mit dem Gefühl ängstlichen Harrens und Grübelns in seiner Seele.

Nur abends trägt er seine Unruhe zu dem Herrn Geheimrat und dem verdrossenen Doktor hin. Die wissen ja alles von der Villa Riposa. Der Doktor ist auch zumeist von dem anstrengenden Dienst, den er bei Serenissimus hat, ganz erschöpft. Dreimal am Tag bringt er den Doktor zur Verzweiflung mit seiner Angst und seinem Verlangen nach einem neuen Heilmittel. Sämtliche nur mögliche Heilmethoden muss der Doktor mit ihm durchsprechen. Längst hätte er alle italienischen und englischen Ärzte in Bordighera zu einer Beratung aufgeboten, wenn nicht Rosmarie flehentlich gebeten hätte, dass man sie mit ihrem Doktor allein lasse, der sie so gut verstehe.

»Sie allein kann den Fürsten ein wenig beruhigen. Wenn sie nun auch aufgeregt würde! Ich brennte durch, Herr Geheimrat ...«

Heute geht nun ein Landregen herunter mit deutscher Gründlichkeit und südlicher Lebhaftigkeit. Über dem Meere liegt eine graue Nebelmasse. Nur die triefenden Palmen sehen munter aus und die Pfefferbäume, die ganz fein beperlt sind. Harro steht am Fenster mit dem Gefühl, dass heute etwas geschehen muss. Unmöglich, den ganzen Tag so hinzubringen. Er will in den englischen Store hinunter und sehen, ob nicht ein paar Schnitzmesser und etwas altes Holz zu haben ist. Er sehnt sich nach dem härtesten, zähen, knastigen, splitterigen Eichenholz.

Da klopft es. »Herein!« Es ist der Leibjäger des Fürsten, der ihn überall begleitet, ein alter Braunecker mit einem intelligenten Ledergesicht. »Durchlaucht lässt anfragen, zu welcher Zeit der Herr Graf zu sprechen sei?«

Harro schießt eine dunkle Röte ins Gesicht. »Jederzeit«, will er sagen, besinnt sich aber – nein, noch einmal überlegen.

»Wenn es Seiner Durchlaucht um elf Uhr passen würde.«

Also der Fürst will zu ihm kommen. Freilich, in der Villa ist es sehr gehörsam. Rosmarie würde ihn kommen hören und, solange die Unterredung dauert, sich aufs Peinlichste absorgen.

Geschwind sammelt er noch seine Argumente zusammen: Was er sagen könnte und was – noch viel wichtiger – er um Himmels willen nicht sagen darf!

Alles umzäunt und umdrahtet. Überall Verbotstafeln. – Wege, die plötzlich aufhören! – Seelchen, du sollst deine Sache selbst führen!

Der erste Blick auf den Fürsten, wie er nun kommt, genügt, um ihn aufs Tiefste zü überzeugen, welch schwierige Aufgabe er vor sich hat. Der Fürst ist gemessen und niedergedrückt. Kaum eine Spur seiner früheren Liebenswürdigkeit. Er sieht aus, als mache er einen Besuch beim Zahnarzt. Notwendig, aber unangenehm. Er setzt sich auch ganz ergeben auf einen der bequemen Korbstühle. »Sie haben wenigstens Stühle, auf die man sitzen kann. In der Riposa sucht man vergeblich nach einem, der auf vier gleichen Beinen stünde.«

Harro erklärt, dass ihm die Behaglichkeit seiner Stühle noch nicht aufgegangen sei, dagegen wolle er die Tapete und das Plafondornament blindlings nachzeichnen.

Da lächelt der Fürst plötzlich. »Ein greulich unbequemes Nest, dies Bordighera, und das Haus in einem wahren Irr- und Zaubergarten.«

Aber seine Stimmung ist eine merklich bessere geworden. Also der Thorsteiner hat sich auch abgequält, das gibt doch eine gewisse Gemeinsamkeit. Und auf Harros höfliche Frage:

»Meiner Tochter geht es noch nicht viel besser. Ich werde nach München um einen Spezialisten telegrafieren, wenn bis morgen keine Besserung eintritt.«

Harro klopft das Herz bis in die Schläfen. Nun muss er etwas sagen. Sie sind doch nicht zusammengekommen, um über Stühle und Doktoren zu sprechen.

»Ihre Durchlaucht hat sehr viel durchgemacht und war recht einsam hier.«

»Sie will sich an niemand anschließen. In Baden gab es Leute genug, meine Schwester hat sich die größte Mühe gegeben, alles umsonst.«

»Unter einem schweren, tief empfundenen Drucke schließt man sich auch nicht leicht an fremde Jugend an.«

Harro springt heftig auf, des Fürsten Gesicht ist wie eine Verbotstafel … Achtung, Vorsicht, kein Weg!

»Ich möchte Eurer Durchlaucht etwas zeigen, was mir die Prinzessin gegeben hat. Es ist ein Kunstwerk und zugleich ein Dokument. Es hat sich ein Herz mit seinem Schicksal auseinanderzusetzen versucht.«

Und Harro holt die Rolle herbei und breitet das Bildwerk auf der Mahagoniplatte aus, die er vorher von ihrer bunten Decke befreit hat. Der Fürst sah ihn äußerst erstaunt an. War er denn hergekommen, Stickereien anzusehen?

Aber sofort erkannte er an den leuchtenden Farben und den eigentümlichen Linien, dass er eine Arbeit seiner Tochter vor sich habe.

Harro atmet tief. »Es ist eine große, große Arbeit, und ihre Schönheit spricht für sich selbst. Es sind gewiss Tausende und Tausende von Stichen dazu nötig gewesen.«

»Sie ist sehr geschickt. Ja, es ist schön. Aber etwas Düsteres hat es doch. Sie nennen es ein Kunstwerk – Sie müssen das ja wissen. Ich finde das schwarze Band in der Mitte seltsam hart.«

»Durchlaucht, zuerst die Einfassung. Die einzelnen Rosenblätter, dunkle samtne, zarte rosige, fröhliche gelbe, warme rote wie junges Blut, sie alle fallen, gleiten, tropfen von den goldenen Herzen und schneien herab auf den Rand. Die eine Rose dort, ein Blättchen scheint sie noch festzuhalten – aber wenn man genau sieht, so ist sein grünlich weißes Ende auch schon gelöst, mit den andern wird es heruntergleiten. Alle Freude, alle Liebe, alle Fröhlichkeit verweht, vergangen, verglüht wie welke Rosenblätter, die jetzt noch leuchten und dann am Boden vergehen. Es hängen Tauperlen daran wie Tränen. Wo die leeren Rosenkelche mit ihren noch so goldenen, noch gar nicht entfärbten Herzen sitzen, das Dorngeranke. Wie die Zweige mit ihren spitzen langen Dornen ineinander gewunden, gebogen, geschlungen sind. Und da ist der kleine – man sieht ihn zuerst kaum –, der blaue, zarte Schmetterling, man nennt ihn Bläuling und in der Schweiz Seelchen, weil er so zart und lieblich ist. Wie er eingeschlossen ist, dort wo die Zweige sich begegnen und einen dornenbewehrten Ring bilden. Dort noch einmal das Seelchen und dort wieder. Hier hängt es noch zuletzt. Es ist kaum mehr zu sehen, zerfetzt die feinen Flügel, das schöne wundervolle Blau, das tiefe, freundliche, getrübt.«

Der Fürst folgt ihm mit den Augen.

»Der arme Schmetterling, man wird ihn kaum gewahr in dem Linienreichtum.«

Er braucht nun nicht mehr zu fragen, warum er das ansehen muss, und darf den Mann da vor ihm nicht mehr aufdringlich und taktlos schelten. »Und das schwarze Band?«

»Ich habe einmal mit der Prinzessin ein Bild angesehen, in einem orbis pictus, den Herr Domänenrat ausgegraben hatte. Es war ein englischer Ritter mit blauweißer Heimzier, der auf seinem Schild einen schwarzen Schrägbalken trug. Die Prinzessin rief: „O der Arme! Er hat seine Ehre verloren, und nun will er noch kämpfen und niemand will seinen Handschuh aufnehmen." Ich weiß nicht, warum ich damals nicht erklärte, was das Zeichen auf einem englischen Wappen – die Bastarde tragen es – bedeutet. Es wäre auch etwas schwierig gewesen. So blieb der Schrägbalken für die Prinzessin das Zeichen verlorener Ehre. Durchlaucht erinnern sich der Geschichte vom Ehrenwort … Da liegt nun der Schrägbalken, es ist nicht ein aufgenähtes Band, wie man meinen könnte, es ist mit unzähligen feinen Stichen hineingenäht. Jeder Stich hat wohl weh getan. Und darauf liegt der Rosenkranz. Weiße Rosen fest aneinander gedrückt, nun ohne Blätter und Dornen zum Kranz gebunden, so wie man ihn als letzten Liebesgruß jemand mitgibt. Der Kranz ist nicht geschlossen, gottlob nicht, eine Handbreit fehlt noch, es hängt noch die Nadel mit ihrem Seidenfaden daran. Das arme Herz hat sich seinen eigenen Totenkranz gewunden. Sie kann nicht leben ohne den goldenen Schmuck ihrer Ehre – und den hat ihr das Dorngeschlinge, das unbegreiflich verworrene, geraubt. Darüber müssen die Freuden welken, darüber müssen die Blätter von den noch so goldenen Kronen herabfallen.«

Draußen strömt der Regen und schlägt ein hohler, klagender Wind. Der Fürst hat seine Hand aufgestützt und sieht zu den herrlichen Farben auf dem blassen Opalgrunde herab. Die Stimme über ihm, wie sie leise auf ihn eindrang, sie gehört jetzt keinem Fremden, dem er widerwillig ein paar Worte gestattet. – Die Jahre sind zurückgerollt und der Thorsteiner, der das wunderlich feine Seelchen kennt wie kein anderer, ist ihm wieder einmal beigesprungen in höchster Not. Wie damals, als er ihm das Kind aus dem vereisten Winterwald zurückgebracht hat.

»Harro, ihr erstes Wort, als ich sie wiedersah, war: „Vergib mir." Ich sehe alles, den tiefen Schmerz um das, was sie ihre Ehre nennt, ohne die sie nicht leben will …«

»Ist ein solches Herz, das so tief empfindet und seine Ehre höher einschätzt als das eigene Leben, überhaupt fähig einer gemeinen grausamen Handlung?«

»Unüberlegt – unüberlegt.«

»Das Dorngeschlinge, in dem das arme Seelchen sich gefangen hat. – Wie die Linien, eine jede ist durchgeführt, sich ineinander verweben.«

»Aber die Bitte um Vergebung?«

»Ist der Totenkranz nicht ein großes Unrecht an Ihnen, Durchlaucht! Sie erhofft nichts mehr von Ihrer Einsicht. Ist das nicht doch mangelndes Vertrauen in die Größe Ihres Herzens? Darf sie denn die Hoffnung aufgeben, dass Ihre Hand einmal das Geschlinge zerreißen werde, wenn es noch so sehr mit Dornen bewehrt ist? Und darüber macht sie sich jetzt Vorwürfe. Sie hat ihren Vater gerufen, ehe der Kranz sich geschlossen hat.«

»Gott, mein Kind, mein Kind! – Ich hätte ihr eine solche Tat zugetraut! Eine Tat fantastischer Herzenskälte. Sie hat es freilich bestritten, doch in so gewundenen Worten – aber Schmerz über das Unglück, das mich und ihre Mutter betroffen, hat sie nie gezeigt.«

Harro schwieg. Über das, was er ahnte, stand ihm nicht zu, ein Wort zu sagen.

Der Fürst seufzte tief. Endlich sagte er: »Und nun, Graf Thorstein, kommen Sie mit mir. Rosmarie wird Ihnen danken wollen. Ich habe es so eingerichtet, dass sie von dem Gespräch hier nichts erfährt. Nun wird sie sich doch wundern, wo ich so lange bleibe. Ich lebe ja sonst förmlich in der Riposa.«

»Durchlaucht, darf ich bitten, der Prinzessin meine Grüße zu bringen? Durchlaucht sehen, dass meine Sachen schon gepackt sind. Ich darf meinen Portemanteau nur zuschnallen.«

»Unmöglich! Ich sollte ohne Sie kommen?«

»Ich habe schon, ohne jede Erlaubnis freilich, eines Abends die Prinzessin gesehen. Es stand so schlecht, dass ich es mir nicht denken konnte, dass Sie es mir nicht gestattet hätten. Ich konnte die Prinzessin doch nicht mutterseelenallein unter fremden Menschen lassen, wenn es so stand.«

»Nein, Harro. Ich danke Ihnen dafür. Nun bitte ich Sie ja, dass Sie mit mir gehen.«

Aber Harro bleibt unverrückt da stehen, seine beiden Hände an die Rücklehne seines Stuhles geklammert.

»Ich habe damals Abschied genommen, Euer Durchlaucht. Der Riss geht jetzt leichter. Und was hat mir die Prinzess zu danken – nichts! Ihre Sache hat sie aufs Beste selbst geführt.«

»Ein Riss! Ich bitte Sie, wie können Sie von einem Riss reden! Als ob Rosmarie noch einen Riss ertragen könnte! Womit könnte ich Sie denn verletzt haben?«

»Mit nichts. Ich bin stets Eurer Durchlaucht zum herzlichsten Dank für viel Güte und Verständnis verpflichtet. Ja und eben darum. Ich möchte nicht, dass Sie an einem schönen Tage denken, dass ich zu lang geblieben wäre.«

»Aber ich kann nicht ohne Sie kommen, verstehen Sie doch! Ich bin doch bei meiner Tochter etwas schuldig geworden. Sie hat immer noch die alte Kinderfreundschaft für Sie … Mit nichts kann ich sie so sehr erfreuen.«

Fast naiv ist der Fürst in seinem Drängen. Aber Harro beißt die Zähne zusammen. Geht er jetzt mit, so ist er verloren, an die Braunecker verloren, kann ihnen den Narren machen, den gehorsamen Narren mit der Schellenkappe. Den man herrufen und fortschicken kann. Wir haben dich genug – wir wollen einen fröhlichen Narren, der mit unsern Kindern spielt und sie erfreut, und du bist ein trauriger Narr geworden.

»Durchlaucht werden gestatten, dass ich mich jetzt verabschiede.«

»Ich begreife Sie einfach nicht.«

So sollst du es deutlicher haben, denkt der Thorsteiner.

»Die Prinzessin ist jetzt kein Kind mehr und ich kein Spielgefährte für Kinder mehr.«

»Aber ihr Freund sind Sie doch geblieben.«

»Die Prinzessin hat die Güte, mich immer noch so zu nennen.«

»Harro, können Sie wirklich in diesem Augenblick etwas erzwingen wollen?«

»Ich will nichts erzwingen, ich will nur jetzt schon etwas tun, was man in Wochen oder Tagen von mir verlangen wird. Und vielleicht nicht mit so viel Güte und Wärme wie jetzt. Und ich traue mir nicht zu, dass ich den Moment errate, wo ich anfange, Eurer Durchlaucht überlästig zu werden. Ich denke dabei durchaus nicht nur an mich, wie es den Anschein haben könnte, ich denke an die Prinzessin. Sie ist sich in all den Jahren immer gleich geblieben, sie wird sich auch in diesen nächsten Wochen nicht verändern. Sie ist sich selbst so treu. Und Durchlaucht, einen Moment noch – Wie denken Sie sich den Mann, der neben so viel Freundschaft, Zartgefühl, Verständnis für sein Allerinnerstes stehen kann und ruhig und kalt sich alle Blumen auf seinen einsamen und dornigen Weg streuen lässt? Der die schönste Seele ihre schöne Hülle langsam sich wieder aufbauen sieht, den blauen Schmetterling, den befreiten, wieder im Sonnenschein seine Flügel breiten, und der das alles in der richtigen Distanz – wie sie nun einmal zwischen ihm und der jungen Königin besteht – genießen könnte! Wie möchte der beschaffen sein? Haben Durchlaucht schon so einen gekannt?«

»Harro, wollen Sie wirklich in diesem Augenblick, wo ich Ihnen so gut wie ausgeliefert bin – ich mag nicht und ich will nicht ohne Sie zu meiner Tochter zurückkommen, ich wiederhole es, sie erträgt keinen Schmerz mehr –, wollen Sie mich zu einem Versprechen zwingen?«

»Durchlaucht, nein. Ich weiß, dass ich der größte Narr zwischen hier und Paris bin – aber ich komme Euer Durchlaucht sofort nach.«

Der Fürst eilt hinunter. Plötzlich ist die Sonne hervorgebrochen, tiefblaue Wolken wallen von dem herrlich wogenden Meer hinweg. Wie das funkelt und blitzt von Wellenkämmen zu Wellenkämmen, die Palmen schaukeln ihre Perlengehänge in einem frischen Winde. Eine nasse, weiße Rose bricht der Fürst von einem der Büsche, als er durch den Garten eilt … Meine Rose, meine weiße Rose.

Leise tritt er herein in das halb dämmerige Gemach, durch dessen Vorhänge die Sonne Pfeile schießt; einer trifft das goldene Haar, das aufglänzt um das weiße Gesicht wie Goldgrund auf alten Bildern.

Rosmarie fragt nichts. Sie sieht mit einem Blick, was geschehen. Als ob sie nicht gewusst hätte, warum ihr Vater, der sie sonst kaum eine Viertelstunde verließ, so lange blieb. Und nun sagt es ihr ein Blick. Harro hat einen schlimmen Drachen erlegt, der sie in seinem Griff hielt.

»Lieber Vater.« Ihre dünnen Arme legen sich um seinen Hals. »Ach, vergib, vergib! Ich hatte nicht genug Geduld, ich habe gesündigt an der Liebe. O sag, dass du mir vergibst.«

Der Fürst hält ihren Kopf an seiner Brust und küsst ihre Haare, ihre weiße Stirne.

»Meine Rose, meine weiße Rose. Es ist alles vergeben, nur sollst du gesund und froh werden. Willst du deinen Freund sehen?«

Aber Rosmarie will selbst das nicht mehr. Sie fühlt die lange Qual, die jetzt von ihr weicht, noch einmal; wie dem Reiter übern Bodensee, so ist's ihr. Nein, sie muss still liegen und kann nur die weiße Rose, die ihr der Vater gebracht, an ihre schmale, tränennasse Wange drücken und still sein, ganz still.

»Sie hat sich überfreut«, sagt Harro, als er es hört.

Es ist sonnig heute und Rosmarie kann auf die Veranda gebracht werden und dort in der Sonne liegen, warm eingebettet. Harro hat sehr kunstvoll einen roten Seidenschal so aufgehängt, dass nur Rosmaries Gesicht beschattet ist und sonst die herrliche Sonne auf sie wirken kann. Sie hat ein weißes wollenes Kleid an und auf ihr weißes Gesicht fällt ein rosiger Schein von dem sonnendurchglühten Tuch. Harro hat im ganzen Hause segensreich gewirkt, den Fürsten in Miss Grangers Zimmer einquartiert, ihm neben der Veranda ein kleines Lesezimmer eingerichtet. Er hat Rosmarie nur auf kurze Augenblicke gesehen und der Fürst hat sich nicht genug wundern können, wie einfach und ruhig es dabei herging, ganz wie bei alten Freunden, die sich gar nie getrennt haben.

Heute soll nun Harro bei Rosmarie sitzen und der Fürst will in der kleinen Stube nebenan seine Post erledigen, die immer mehr anschwillt. Aber selbst die wichtigsten Dinge fesseln nicht sein bedrängtes Gemüt. Rosmarie sollte jetzt eine Mutter haben. Eine Mutter, die fühlt und ahnt, wie es um ihr Kind und diesen langen Menschen, diesen sicheren Mann steht, dessen Schatten immer mehr auf ihn zu fallen beginnt. Rosmarie hat ihren Freund vor seinen Augen begrüßt, wie wenn er keine acht Tage von ihr getrennt gewesen wäre. Wie das Seelchen redet sie mit ihm. Sie reden Kunst, sehr viel Kunst. Harro nennt es zwar »Terpentin reden«, scheint aber doch darin zu schwelgen. Rosmarie ist unheimlich über alle möglichen Kunstfragen unterrichtet, der Fürst hat nicht leicht so wenig jungmädchenhafte Gespräche gehört. Sind das alles wirklich vor ihm drapierte Blender und reden sie eine andere Sprache, wenn sie allein sind? Eine Mutter würde ja fühlen, würde aus all diesen Luftperspektiven, Stimmungs-, Kirschharzgesprächen sofort den richtigen Ton heraushören. Ist Rosmarie wirklich noch ein Kind und liebt sie den großen Mann eben aus alter Gewohnheit weiter, so wie sie ihn liebt? Der Fürst seufzt und kann dem Memorandum des Domänendirektors keinen Sinn abringen. Und noch andere nicht ganz gelöste Fragen bestürmen sein Herz

Und er geht mit zögernden Schritten nach der Glastüre, die ihn von dem Vorzimmer trennt, das auf die Veranda führt. Und dann macht er doch geräuschvoll auf. Sie werden es gehört haben, die beiden da draußen, aber wenn er doch ein Wort erhaschen sollte. Die beiden haben es wohl gehört, aber das Zimmer ist erst eingerichtet worden, die fremde Tür sagt ihnen nichts. Sie denken gar nicht daran. Der Fürst ist bei seiner Post …

Harro sitzt auf einem der grünen Stühle, die in allen Gelenken krachen und deren man sich, wie er sagt, nur auf Kündigung bedienen kann. Er hat sein Skizzenbuch vor sich und zeichnet einen Lazertenkampf, den sein rasches Auge auf dem grünen Dach des Gewächshauses, das unter der Veranda liegt, erspäht hat und den Rosmarie nicht hat sehen können.

Der Fürst hört das leise klingende Lachen seiner Tochter über der Skizze, wie sie sich freut an der Stellung der beiden erbosten Miniaturdrachen. Also Kunst und wieder Kunst, denkt der Fürst und ergreift das Memorandum mit bedrücktem Gemüt. Da plötzlich klingt der seltsam eindringliche Ton von Rosmaries Stimme an sein Ohr.

»Ja, bist du morgen noch da, Harro?«

»Oh, morgen noch gewiss. Ja, morgen noch.«

»Ich möchte es zuvor wissen, du darfst nicht nur verschwinden, denn ich sehe dich nun viele Jahre nicht mehr. Wenn ich bei den Eltern leben und der Mama in allem zu Willen sein soll … Und eins musst du mir versprechen: Du musst mir immer zu Weihnachten etwas schenken. An Weihnachten sah ich dich zuerst. Du weißt, ein abgerissenes Blatt aus deinem Skizzenbuch, das beglückt mich schon sehr. An Weihnachten muss man sich auf etwas freuen können.«

»Ja, an Weihnachten«, sagt Harro und seine Stimme klingt seltsam umschleiert. »Ja, da kamst du zu mir.«

»Und vorher. Als du die Prinzessin schnitztest in dem Zimmer, wo das goldene Geschlinge an der Decke war.«

»Das weißt du, o das weißt du auch!«

Serenissimus hat seine Zeitung fallen lassen, ihn haben sie wohl vergessen – oder soll er es hören?

»Ich war oft dort und sah dir zu, warum hobest du deine Augen nicht?«

»Ich bin blöde und dickfellig und du bist … aber wie ist's möglich? Bist du denn nicht in das Gehäuse von Fleisch und Bein eingeschlossen wie ich und die andern? Wer hat dich das gelehrt?«

»Ich weiß nicht. Vielleicht meine große Sehnsucht, die Einsamkeit. Und du wirst es nur nie versucht haben.«

»Wie ist es denn möglich …«

»Es ist ganz einfach. Sieh, wenn ich liege, strecke ich mich aus, so lang ich kann, ich schiebe meine Hände unter mein Haar, so, siehst du, und nun fange ich an, mit meinem Geist zurückzugehen in mein Kinderland. Da bist du doch auch dabei. Ich darf an nichts anderes denken, ich muss stark wollen, ich darf nur wenig gegessen haben, ich muss ganz still sein. Und nun nehme ich einen Tag, eine Stunde, wie ich sie im Gedächtnis trage, auf die stelle ich mich ein. Dann liegt mir ein Druck auf der Brust, der wird stärker und stärker, dann ein Rauschen, als flöge ich durch Luftmeere. – Harro, hast du mich gesehen vor einem Jahre?«

»Du hobest die Schale. Ich habe mir einzubilden gesucht, ich sei eingeschlafen und habe geträumt.«

»Da gelang es mir zum ersten Mal. Und ich war bei dir in der Ruine … aber es bedrängte mich so stark, dass ich ohnmächtig wurde. Und dann suchte ich dich, als ich hier in der Einsamkeit und in der Schmach war, und fand dich nicht. Nie fand ich dich, nicht in der Ruine, nicht in den Wäldern, wo wir so oft zusammen waren. Da war ich sehr traurig. Und endlich fand ich dich doch in der Stube, wo das goldene Geschlinge an der Decke war.«

»Ja, es hatte einer mit mehr oder weniger Glück Leonardo da Vincis goldenes Schnurornament nachzuahmen versucht.«

»Es war ein weiter Weg gewesen, schrecklich die vielen dunkeln Ströme, über die man so schwer hinüberkommt. Immer sind sie schwarz und groß und in wildem totenstillem Ziehen, und an ihren Ufern erschauert die Seele, die so zart ist. Aber man muss doch. Und dann fand ich dich. Aber es war wie bei der Königstochter vom gläsernen Berg, du schliefest.«

»Und ich war so roh und schlief weiter. Nein, ich weiß, ich träumte von dir …«

»Und einmal sah ich dich, wie du an den Gänsen schnitztest … Und wie ich wiederkam in die Stube, da war sie leer … und ich musste wieder suchen gehen … Aber ich fand dich nicht. Und dann konnte ich auch nicht mehr dich suchen gehen, denn ich war krank und litt, und der Leib hielt seine Seele in eisernen Klammern fest. Aber am Weihnachtsabend, da ließen plötzlich die Leiden von mir, ich lag unter der Braunecker Tanne und war allein und es war auch früher als sonst. Da dachte ich, nun suche ich dich zum letzten Mal. Denn ich ahnte, nun kommt die Freiheit, die goldene, und wenn ich bei den andern bin, die mit leichten Füßen gehen, dann wirst du mich nicht mehr sehen und nicht fühlen.«

»Wie hast du's gemacht, dass du endlich meine blöde eingeschlossene Seele berührt hast?«, flüstert er.

»Ich fand dich, Harro; vielleicht, weil es Weihnacht war, dachtest du an mich und bist mir ein Weniges entgegengekommen. Und meine Augen trafen die deinen … wie damals über den Rand der Schale hinweg.«

»Ich war wie ein Narr. Ich suchte den Hof mit dem Efeubrunnen ab, der doch keinen Ausgang hatte. Ich lief auf die Straße. Ich kam wieder in mein Atelier zurück und rannte hin und her, bis mein Fuß an meinen Koffer stieß. Da kam ich zur Besinnung. Ich warf meine Sachen in den Koffer hinein. Ich wusste ja, wo du seiest, du bist ja unseren Zeitungen so wichtig. Ich bekam einen Zug, einen Bummelzug schlimmster Sorte, mit dem es ein Elend war zu fahren. Ich weiß selbst nicht, wie mir zumute war, als mich der Zug hier aussetzte. Was wollte ich denn hier? Aber wissen, wo du wohntest, das wollte ich wenigstens. Und da trafen mich die Herren. – O Seelchen, was hast du getan? Das hat dich ein Stück Leben gekostet. Und du findest dich noch nicht recht zurück.«

»Ein wenig Freiheitsluft habe ich gekostet – und nun ist's schwer, und was vor mir liegt, auch.«

»Rosmarie, warum? Tut dir dein Vater nicht alles zuliebe? Der hat ja so an dir gehangen. Sieh doch die schöne Sonne, und wie das warme Rot auf deinen Händen glüht. Und in ein paar Wochen kommt der Frühling übers Meer, dann kannst du ihn sehen, wie er bei sich zu Hause ist.«

»So viel Schönes. Aber ich muss mich erst wieder freuen lernen. So viel Schönheit allein sehen, das bedrängt auch. Und ich überfreue mich gleich, weil ich nichts mehr gewöhnt bin. Und ob ich wieder gesund werde? Es ist mir nicht so zumute. Das wäre ja das Schlimmste nicht. Ich müsste dann nicht auf die schrecklichen Bälle und Gesellschaften, vor denen ich mich schon jahrelang fürchte, und bliebe immer in Brauneck. Harro, nicht die mindeste Taille ist an mir zu finden, wo die Schneiderin auch misst, und meine Entenfüße …«

Plötzlich lacht Harro sein gutes schallendes Lachen, und ganz fein stimmt ihr klingendes Feenglöckchen mit ein.

»Mama sagt zwar, an Tänzern würde es mir nie fehlen; weil ich eine Prinzessin bin, dürfte ich die Herren befehlen, dass sie mit mir tanzen. Und dann müsste ich doch von jedem denken, wie er sich nun ärgert. Du lachst, Harro, aber wenn du es nicht aus Mitleid tätest und alter Freundschaft, wolltest du denn mit einer Dame tanzen, die keine rechte Mitte hat und auf Entenfüßen geht?«

»Du konntest recht gut tanzen auf deinen Entenfüßen, weißt du nicht mehr, das Finkentänzchen und den Lilientanz?«

»Ja; und, Harro, auf Mama muss ich mich auch wieder einrichten.«

»War sie unfreundlich gegen dich … ich meine vor der schlimmen Geschichte?«

»Du hast sie gemalt, Harro. So wie sie ist, hast du sie gemalt. Weißt du nicht mehr, das kleine grausame aufsteigende Lächeln? Sie spielt eben Katz und Maus mit mir.«

»Ach, das ist schlimm. Sehr schlimm. Davon wusste ich nichts. Sie kümmerte sich ja nicht gerade viel um dich, aber deinen Willen ließ sie dir doch in erstaunlicher Weise.«

»Du meinst, meinen Schuhen und Kleidern? Ja, weißt du, sie fand sie selbst so hässlich und lächerlich, und ich habe alles auch immer mehr ins Plumpe getrieben; so war ich am ehesten vor ihr sicher. Und ich bin ja auch hässlich genug geworden, nur meine Haare sind schön, und wie sie die hasst! Über meinen Haaren ging es auch an in jener Nacht. Ich hätte sie auch nicht herunterlassen dürfen, wenn mir der Kopf auch noch so weh tat; ich wusste ja, wie das sie reizt. Und das wird nun mein Leben: Wenn ich bei meinem Vater bleiben will, muss ich die arme Maus sein. Und übel zerkrallt und zerzaust werd ich da in meinem Winkel sitzen. Und doch muss ich's versuchen, dem Vater zulieb. Denn leidet er nicht selbst? Hat man je eine Freude oder ein Interesse an den Dingen, die ihn freuen? Ich habe doch von dir einiges gelernt über das schöne Bauen und viele Bücher darüber gelesen und noch mehr sehen gelernt. Und Vater hat von jeher Freude gehabt an seinen alten Schlössern. Aber immer, was ihm gefiel, sollte dann ein Anbau und stillos sein, und da wurde er unsicher und seine Freude traute sich nicht mehr heraus. Und nun, seit ich mit ihm studiere – du würdest dich wundern über sein feines Verständnis. Aber Mama kann nicht von alten Schlössern hören. Alte, hässliche, zugige, geldverschlingende Gespensterburgen sind's. Und alles, was ihn freut, muss ihm vergällt werden. Und so zart ist er mit ihr. Wenn sie einmal zufrieden ist, wie froh ist er. Er bringt auch jedes Opfer und hat immer dabei die stille Hoffnung, es komme mir zugut. Denn er ahnt schon hie und da, wie es mir geht. Aber dann wieder, wenn Mama mit mir zornig ist, so ist's, als gehe das auf ihn über, und das tut mir am allerwehesten. Und er hat ja auch Grund, denn natürlich wäre es ihm lieber, ich wäre wie andere junge Mädchen und hätte Freude an dem, was die freut – an Bällen, und wollte zu Hofe gehen und nicht immer im Winkel sitzen und das hässliche Entlein sein.«

»Was aus dem geworden ist, weißt du?«

Rosmarie lachte. »Aus dem nie ein Schwan wird. – Vielleicht wäre doch einer aus ihr geworden, der armen Rosmarie; denn sie ist – sie hat – o Harro, nun werd ich rot. Bitte, sieh mich nicht an oder lache wenigstens nicht, Harro … Sei so lieb!«

»Sie hat, Rosmarie …« Aber Harro sieht nicht hinweg, gewiss nicht. »Nun?«

»Es klingt so anmaßend von einem hässlichen Entlein, aber können nicht hässliche Menschen zuweilen auch schön aussehen?«

»Das ist sehr leicht möglich«, versichert Harro ernsthaft.

»So ist's, du weißt immer alles am besten, und darum sage ich es dir. Denke, wie ich erstaunt war, als ich das zum ersten Mal merkte. Es war Nacht und Lisa hatte mir meine Haare gewaschen; das währt immer ein wenig lange, bis sie trocknen, und darüber schickte ich sie zu Bett. So saß ich denn allein da und las und wartete, bis mein Haar trocken genug wäre, dass ich es flechten könne. Ich las ein schönes Buch, das ich liebe: Mörikes Gedichte. Da las ich:

Augen, was habt ihr, ihr Augen ...
Und du Geist, jetzt noch so wohl behauset da drinnen ...

Da sah ich plötzlich in die Höhe, denn ich fühlte, dass ich vor meinem Spiegel saß. Und da trafen mich meine Augen wie die Augen jenes griechischen Mädchens. Und nie lieb ich es, mein Spiegelbild zu sehen, immer bedrängt es mich. Als sähe ein Geist heraus, der ich bin und doch nicht bin. Als öffne sich eine Kluft, in die nicht gut hineinsehen wäre. – Es sind dumme Gedanken. Und diesmal erschrak ich. Es glitt mir kein dunkler Todespfeil an der Schläfe herunter wie der Sappho. Ich sah, dass ich schön sei. Mein Haar, das so leicht und flaumig war, bauschte sich zu beiden Seiten von meinem Gesicht und floss an den Wangen herunter. Damit es mir nicht ganz über die Augen kam, hatte ich eine alte goldene Spange, die ich mir aus Herrn Domänenrats Schränken geholt hatte, aufgesetzt. Sie ist sehr alt, ganz glatt und Herr Domänenrat sagte mir, dass in früheren Zeiten die Fräulein um diese Spangen Kränze gewunden hätten. War es nun die Form meines Kopfes, die durch die Spange noch mehr herauskam, oder was es nun war – ich saß und starrte mein Bild an und verwunderte mich. Und damals fing auch gleich mein Unglück an. Plötzlich kam Mama herein in ihrer prachtvollen Hoftoilette, Federn und eine Diamantentiara auf dem Kopfe – eben kam sie zurück und fragte, warum ich noch Licht hätte. Und was ich für verrückte Dinge mit goldenen Kronen triebe? So böse hatte ich sie nie gesehen! Sie war noch schlimmer als dein Bild. Sie riss mir die Spange vom Kopfe herunter und sehr viele Haare mit und warf die Spange auf den Boden und zertrat sie, obgleich ich nicht ein einziges Wort gesagt hatte als: Ich hätte meine Haare gewaschen. Meine arme Spange! In der Mitte war sie zersprungen, aber ein sehr geschickter Mann in Berlin hat sie mir wieder zusammengemacht, ein Band darauf gehämmert, denn er wollte sie nicht verderben. Und Mama weiß ganz gut, dass die Diamantentiara mir gehört von meiner

Mutter, und ich gönne sie ihr gern, wenn ich nur meine alte Spange habe. Und seither ist es nie mehr auch nur ein wenig gut geworden.«

»Seelchen, das alles darfst du nicht für dich geheim halten.«

»O nein, ich habe es dem Herrn Geheimrat geklagt. Und er sagte mir, wenn er nun meinen Beichtvater abgeben sollte, so müsste er immer alles im Herzen behalten, was ich ihm sagte. Ich fragte nur, was soll ich tun? Ich muss mit Menschen leben, denen meine Qual Freude macht. O Harro, ich habe das rote Feuer mehr als einmal flackern sehen. Und wehren kann ich mich nicht, ich muss es dulden. Ich habe gefühlt, je mehr ich leide, desto mehr wächst die Lust am Quälen. Aber der Herr Geheimrat – er sieht ein wenig so aus wie der Herr Stiftsprediger, weil sie beide etwas Priesterliches haben – und er sagt mir, dass es nur ein Mittel gäbe zwischen Himmel und Erde, den Hass zu überwinden. Und dass Hass nur mit Liebe überwunden werden könnte.«

»Heuchelei, Rosmarie, Heuchelei. Was ist da zu lieben dabei? Wenn die Herren Bibel zitieren, zitiere ich auch. Sie legen unerträgliche Lasten auf und rühren sie selbst mit keinem Finger an … Lieben!«

»Ich habe auch bisher immer nur Hass gehabt. Oh, wie habe ich gehasst, Harro! Mein ganzes Unglück hier kam doch von meinem Hass. Und der Hass macht so töricht. Ich dachte in jener Gewitternacht, Harro – als ich am schlimmsten hasste, jenes Kindlein müsse werden wie sie und ihren ganzen Abscheu gegen uns und die alten lieben Dinge mitbringen. Und Vater sagt immer: Wenn nur ein einziges Glied nicht treu ist, so ist die goldene Kette zerrissen, namentlich in unsern Tagen. Alles geht verloren, um was die Alten gekämpft und gelitten haben. Du weißt, Harro, das rote Licht, es muss erlöschen! Und weil ich so schlimme Gedanken gehabt hatte in jener Nacht, konnte ich Tante Helen, die mich ausfragte, nicht in die Augen sehen, und alles, was ich hätte zu meiner Entschuldigung sagen können, blieb mir im Halse stecken. Nein, hassen will ich nie wieder – nie …«

»Verschwör es nicht. Wer lieben kann, muss auch hassen können. Hass mit Liebe zu erwidern, damit gibt sich niemand ab …«

Rosmarie unterbrach ihn. »Wenn sonst niemand, so hat es doch Jesus getan. Und du musst sagen, dass er gesiegt hat. Wenn sie ihn auch haben verschmachten lassen. Und nun knien wir vor ihm, Harro.«

Aber Harro antwortet nicht.

»Und der Herr Geheimrat sagte auch, dass es sehr schwer sei und darum auch die höchste Ehre dabei, die doch nur bei den ganz schweren Dingen zu holen sei.«

»Nun, du kannst mir ja sein Rezept sagen, da wäre ich doch gespannt, oder ließ er dich mit der allgemeinen Vermahnung sitzen?«

»Nein, aber so schön und gelehrt, wie er mir das sagte, kann ich es dir nicht sagen. Ich habe es mir ausgedacht.«

»So höre ich es auch lieber, Rosmarie – also dichte wieder!«

»Zuerst muss man den Hass begraben. Er macht doch recht unglücklich, der Hass.«

»Findest du? Er kann auch wärmen, so ein rechter, solider Hass.«

»Mich macht er unglücklich. Hat man ihn aber begraben, er liegt noch ziemlich lebendig in seinem Grabe, jeden Augenblick bereit, wieder aufzustehen …«

»Du hast bereits einen Fehler gemacht, Rosmarie, in deiner Dichtung, und hast eine Etappe übergangen – aber ich bescheide mich – weiter …«

»Aber auch, solange er da unten liegt – ja die Leere, die es dann gibt. Und dann muss man suchen, wie man auf dem Grab ein Kräutlein Liebe pflanzen kann. Zuerst steht's recht jämmerlich. Am besten ist's, man pflanzt ein kleines Mitleid. Das geht am leichtesten auf in dem Boden, unter dem der Hass liegt. Ist der nicht sehr unglücklich, der andere nicht sehen kann, ohne dass es ihn verlangt, sie zu quälen?«

»O warum? Es gibt solche, die sich vergnüglich am Höllenfeuer wärmen.«

»Vielleicht doch nicht so viele. Und dann. Kommt denn nicht jeder Stein, den man nach einem andern wirft, zurück auf den, der ihn wirft?«

»Kommt er wirklich zurück, Rosmarie? Es ist mir doch zweifelhaft. Es gedeihen manche in ihrem Bosheitselement ganz gut.«

»Ach, nie für immer, Harro. Du kannst sicher sein, auch in kleinen Dingen kommen die Steine zurück. Sieh, Mama ärgert sich, weil ich eines Abends in meinem Morgenkleid und meinen offenen Haaren nicht hässlich bin, sie muss mir meine arme Spange herunterreißen. In dem Augenblick wird sie so hässlich, eine Furie, die doch so schön war in all ihrem Schmuck. – Und in jener Nacht! Ach Gott, wie sind die Pfeile zurückgekommen. Eine Wolke von Pfeilen. Ihr Kind hat sie verloren, es hätte vielleicht ihr Herz auch weicher gemacht. Und so wächst das Kräutlein Mitleid, man muss es freilich mit Tränen begießen. Und allein ist man auch nicht. Es kommt einmal ein goldener Regen auf das Grab.«

»Seelchen, ich lasse dich nicht mit Gewalt zu einer Heiligen machen, ich will mit deinem Vater sprechen – ich …«

»Aber Harro, sei doch nicht so ungestüm! Wer tut mir denn jetzt etwas zuleide! Und willst du ihm nicht sein bisschen Seelenfrieden hier gönnen die kurze Zeit?«

In seinem sonnigen Winkel sitzt der Fürst regungslos, die beiden Seelen da draußen müssen ihn vergessen oder gar nicht gewusst haben, dass er da war. Seine Zeitung ist ihm entglitten.

Ach, sein armer Seelenfriede.

22. HAUS THORSTEIN

Die Sonne meint es in diesem Jahre selbst für die Riviera gut. Wenn sich des Abends die seltsamen dunkelblauen Wolken hinter den Bergen häufen und des Nachts der Himmel Ströme vergießt, am andern Morgen blitzt wie der der Sonnenschein auf den hüpfenden Wellen und ein leuchtend grüner Schimmer liegt schon unter den Olivenwäldern. Im Garten der Villa Riposa fliegt ein Veilchenduft und die Mandarinenbäume lassen ihre kleinen goldenen Früchte zu Hunderten fallen. Ganz wie es sich für einen verzauberten Garten gehört, hebt sie kein Mensch auf, sodass sie verfaulen.

»Man darf überhaupt hier nur auf Meer und Landschaft sehen«, sagt der Fürst zu Harro auf einem der weiten Gänge, die sie nun miteinander machen. »Sieht man darauf, wie es die Leute betreiben, das beelendet einen zu sehr.«

Die beiden Herren sitzen auf einem Felsblock, der da unter dichtem Myrtengestrüpp in der Sonne liegt. Sie sehen weit, hinunter auf die Meeresflut, die weiße Strandlinie und die herrlichen Bergformen in ihren wundervollen blauen Abstufungen.

»Blau, blauer, am blauesten!«, ruft der Fürst. »Man wird sie jetzt ein wenig gewohnt, die blaue Welt. Man bringt von unserem lieben Deutschland das Vorurteil mit, dass die Welt grün sein müsse. Hier ist sie gelb und blau. Sehen Sie dort die blauen Bäume.«

»Oliven sind's, wie die sich an die Berghalden schmiegen und sie auskleiden. Diese Olivenwälder, auch in sie muss man sich hineinsehen lernen. Diese zerrissenen Stämme, diese feinen, gedrehten, ineinander verbogenen Zweige. Jeder Baum eine Individualität. Am schönsten, wenn die Abendsonne hindurchscheint und die innersten Geheimnisse des Baumes offenbart. Denn der Baum bleibt immer durchsichtig, die feinen schmalen Blätter lassen jeden Lichtstrahl hindurch.«

So schön ist's da oben in der sonndurchglühten Luft unter dem Duft der tausend fremden Kräuter, mit dem Blick über die weite funkelnde

Meeresfläche, deren ferne Ränder von da oben fast bedrohlich aussehen, als wollte sie hereinstürzen: die Höhe des Meeres.

Und irgendetwas muss des Fürsten Seele hineingezogen haben nach seinem noch tief verschneiten Brauneck.

»Ihr Haus soll ja fertig sein, Harro.«

»Nur im Rohbau, Durchlaucht. Es ist zu groß geworden, viel zu groß.«

»Der geringste Fehler. Bis wann kann es denn fertig werden?«

Harro lacht hell auf: »Niemals. Niemals, wenigstens, solange ich lebe. Es wird immer noch etwas daran zu tun sein. Als ich zu bauen anfing, hatte ich gerade Geld, ich weiß nicht, was mich da geritten hat. – Sogar einen Festsaal hat das Haus. Man sieht darin nach Brauneck hinüber. Einen Festsaal, das Allernotwendigste für den Ruinengrafen! Aber man baut doch nicht nur für sich!«

»Sie haben recht, Sie haben tausend Mal recht. Brauneck ist auch nicht an einem Tage entstanden.«

»Ich hatte Platz, auch viel Material, das noch zu brauchen war. Schöne alte Kapitäle und die neuen sind darnach gemacht. Auch die neuen können sich getrost neben den alten sehen lassen. Auch habe ich darum den Meißel führen lernen.«

»Harro, das ist nicht Ihr Ernst! Sie können doch unmöglich selbst Steine behauen haben!«

»Und ob. Alle meine Kapitäle habe ich selbst fertig gemacht. Manche vom rohen Block an, später nur noch die letzte Hand daran gelegt.«

»Aber ich begreife einfach nicht …«

»Meine Liebe zieht mich ebenso zur Plastik wie zur Malerei, und da möchte ich von der Pike auf dienen. So konnte ich auf die einfachste Weise dazu kommen, mir auch Materialkenntnisse zu erwerben. Es ist etwas Feines, vor so einem rohen Block stehen, in dem nun alles Mögliche stecken kann, und dem Burschen zu Leibe gehen, dass er seine Seele herausgibt. Und manches lernt man nur so.«

» Gewiss, gewiss.« Aber den Fürsten ergreift doch ein aristokratischer Schauder und er fragt etwas ängstlich: »Das machen Sie wohl in Ihrem neuen Atelier?«

»Das ist keine Atelierarbeit, das macht man im offenen Schuppen. Ich brauchte auch noch Hilfe von den Leuten. Einen sehr geschickten Italiener hatte ich – bis ich dem nachkam! Nun könnt ich mein Brot finden.«

Dem Fürsten zieht es die Stirne kraus. Er macht ein Gesicht, als schlucke er eine sehr bittere Pille. Wer hereinkam, konnte den langen Schlossherren in seinem Hofe an den Steinen herumhämmern sehen.

Endlich sagte er: »Wäre es nicht besser, Sie konzentrierten sich auf eines: Ihre Malerei, die Ihnen doch schon manche Erfolge gebracht hat?«

»Ich sagte mir das auch, namentlich, wenn mir einmal ein Meißel entglitt oder etwas zersprang. Schikanen gibt es dabei – Schikanen! Durchlaucht müssen aber einmal die Kapitäle an meinen Rundbogen ansehen. Ehe die Fensteröffnungen mit Brettern verschlagen wurden, war ich oft oben. Wie wunderschön sieht so ein Stück deutscher Heimat aus, grüner Wald, blauer Himmel mit ziehenden Wolken, Wiesengründe mit glitzernden Bächen, eingerahmt von dem grauen Steinwerk. Noch einmal so schön ist das gerahmte Bild, wärmer das Grün, blühender das Himmelsblau. Und der Saal wird gemalt. Fresken! Das wird eine Farbenfreude geben! Die alten Thorsteiner sollen hindurchziehen … Bilder hatten wir nicht viele, sie sind auch verbrannt. Aber was tut's. Mein Vater und seine Brüder, das gibt schon einen feinen Zug alter Thorsteiner. Ich reite auch mit!«

Diese Wendung des Gesprächs behagt dem Fürsten ein gutes Teil besser. Er klopft mit dem Stock an seine gelben Ledergamaschen.

»Köstlich, die Meeresbrise. Man fühlt sich hier oben viel mehr als am Strande. Wenn wir Rosmarie da oben hätten, das müsste sie noch schneller vorwärts bringen. Aber sagen Sie, Harro, Sie wohnen doch immer noch in der Ruine?«

»Sie ist abgerissen, es ging nicht anders. Ich wohne in meinem Atelier. Die Wohnung dort genügt mir vollständig. Das ist ja fertig. Später wird es mit dem Hause durch einen Gang verbunden. – Einen schönen Abschluss gewinnt der Hof dadurch, auch werde ich die warme Mauer zu allem möglichen Blumenzauber benützen. Der Gang wird heizbar und soll zugleich mit Pflanzen geschmückt als kleiner Wintergarten dienen.«

»Sehr guter Gedanke«, lobt der Fürst, den die Sache außerordentlich zu interessieren scheint. »Und die Einrichtung?«

»Unten die Schlaf-, oben die Wohnräume. Ganz oben über dem Festsaal die Küche. So macht man es jetzt, man wird nirgends von irgendwelchen Gerüchen belästigt. Speiseaufzug, Zentralheizung und so weiter.«

»Harro, wir müssen uns verstecken mit unseren alten Kästen.«

»Mein alter Kasten tut mir noch immer weh, und ich gäbe alle Festsäle, Aufzüge, Empfangshallen darum, wenn ich ihn noch hätte.«

»Empfangshalle! Das gibt es auch! Harro, wollen Sie denn Majestät empfangen?« Der Fürst ist plötzlich in der glänzendsten Laune.

»Warum nicht, wenn Majestät gerade des Wegs zu kommen geruhen? Ich meine, was man zuerst an einem Hause sieht, macht den tiefsten Eindruck. Übrigens, es ist ja alles Zukunftsmusik. Wenn dieses Haus nun doch meine Lebensarbeit darstellt, so soll man auch sehen, wer oder was sein Erbauer war. Darum habe ich den Treppenaufgang zur Rotunde gestaltet. Es muss einem gleich ein Atem entgegenwehen von dem Geiste, der darin wohnen sollte. Eine weiße, feierliche Rotunde, Licht von oben, wenig Gold, irgendetwas Grünes, ein Marmorbecken. Den Block dazu habe ich in Rom erworben, es wird meine nächste Arbeit sein. Ich meine, ein klein wenig lebendiges Wasser gäbe einem solchen Raum eine köstliche Frische und ein liebliches Leben, wenn er auch sonst verlassen ist. Die vorhandenen Wände möchte ich am liebsten mit Goldmosaikfeldern haben. Teuer, leider teuer! Aber von ewiger Dauer. Die Zeichnungen dazu habe ich schon gemacht. Drollig, dass ich mit diesem Raum beginne, ehe ich nur ein einziges Wohnzimmer habe. Aber ich lebe für mich ganz wohl und behaglich in meinem Atelier nebst Schlafzelle.«

»Die Goldmosaiken, das imponiert mir; und teuer! Lieber Harro, darauf kommt es wohl nicht mehr an, wenn es dauerhaft ist.«

»Darauf kommt es noch sehr an, Durchlaucht. Unsere Bauern haben ein Sprichwort: Geld macht nicht glücklich, nur muss man es zuvor haben.«

»Harro, ich habe Ihnen doch schon früher gesagt …«

Aber der Thorsteiner lachte nur. »Ich habe ein Glück, seit ich angefangen habe, das Geld, das ich verdiene, mit vollen Händen wieder fortzuwerfen! Das ist mir in den letzten Tagen widerfahren. Die amerikanischen jungen reichen Damen, die, wie man sagt, die nobelste Pürsch betreiben sollen, auf die Prinzen- und Grafenjagd gehen, sie sind morgens beim Frühstück von überwältigender Liebenswürdigkeit. Die wittern wohl, weil ich Graf und Maler bin, ein angeschossenes Wild, sie müssen sich leider ja mit Derartigem begnügen. Nun, wie ich am Strande male, eine Felswand mit hängenden roten Geranien, kommt die Hübscheste auf mich zu und bietet mir Dollars an für meine Skizze. Was kann ich als höflicher Mann anderes tun, ich beende die Skizze rasch und überreiche sie ihr mit meinem besten, durch die Frühstücksunterhaltungen aufgefrischten Englisch. Die junge Dame macht die blauesten Augen, derer sie fähig ist, verlangt aber meinen Namen auf dem Bild. Vergeblich mache ich sie auf das H. T. aufmerksam, mit dem sich später ein echter Thorstein der bewundernden Nachwelt legitimieren wird. – Sie verlangt meinen ganzen gräflichen Namen. Nun, so kam ich von der Idee zurück, dass meine Kunst so viel gelte. Am andern Tag kommt der Vater, ein Mr. Legington aus Milwaukee, ein sohlledertrockener, eisgrauer Herr, zu mir und fragt mich, ob ich ihm eine größere Arbeit machen wolle, und fragt nach der Adresse meines Bankiers. Im ersten Erstaunen nenne ich den, muss ihm aber gleich sagen, dass ich weder Zeit noch Stimmung zu einer größeren Arbeit hätte. Darauf lädt er mich zu einer Fahrt in seinem Auto ein, das dampfend und zitternd dastand.«

»Mir kommt niemals eine solche Benzinkutsche in meinen Umkreis«, ruft der Fürst.

»Ich würde es doch nicht verschwören, Durchlaucht. – Wir rasen dahin, es wirbeln die Staubwolken, die Häuser und Bäume machen Verbeugungen vor uns, sie kommen uns höflich entgegen und biegen sich wieder zurück. Ein breites Flusstal, in dem ein kleines Wasser ein sehr breites Bett in Windungen durchfließt. Die ersten rosigen Mandelbäume, ein großartiger Gebirgshintergrund. Auf einem vorspringenden Berge eine schwarze Geisterburg. Eine Stadt, die sich, zusammengewachsen wie eine einzige Hausanlage, mit steilen Gassen wie Felsabstürze und überhängenden Bögen den Berg hinaufzieht. Als hätte der Berg die Stadt geboren! Vor der Stadt eine Brücke, ein hoher gotischer Bogen, so führt sie über den dunkelschäumenden Fluss. Aus der Brückenmitte, da wo der Bogen sich schließt, ergießt sich ein Silberstrahl Wasser auf den Strom hinunter. Dieser Silberstrahl, so wunderlich er gerade an der Stelle war – das war der Punkt auf dem I. Der Hintergrund, die Berge mit ihren Schneehäuptern, die Burg, die Stadt wie eine fünfaktige Tragödie. Die steile Brücke mit ihrem Silberstrahl über dem dunkeln ziehenden Wasser. Und zwischen Strom und Stadt auf finstern Felsen eine Trüppchen rosa Mandelbäume wie holde junge Königskinder, die herausgetrippelt sind aus des Vaters finsterer Burg. Wenn er nicht gar so trockenes Sohlleder gewesen wäre, ich hätte meinen Amerikaner umarmen mögen. Ich machte gleich eine Skizze, und als er merkte, wie ernst es mir war, ließ er, während wir angenehm aus einem Picknickkorb frühstückten, durch das Auto meine Malsachen holen. Das Wetter war beständig, die Misses, die auch mitkamen und zu stören wussten, wurden von dem Vater sehr höflich, aber bestimmt unschädlich gemacht. Nun, heute bekomme ich ein Telegramm von meinem Bankier – drei Vormittage hatte ich allerdings mit Hochdruck gemalt: Es seien zweitausend Mark für ein Bild Dolce Aqua bei ihm eingezahlt worden. Seither sehe ich überall Goldmosaiken.«

Der Fürst erhebt sich. »Harm, es ist aber doch nicht recht von Ihnen. Rosmarie wird todunglücklich sein, wenn ich ihr von dem Bild erzähle, das nun nach Amerika geht. Meinen Sie, dass der Amerikaner mir das Bild überließe? Wissen Sie keinen Juden – im Handeln wird der Amerikaner mir wohl über sein. – Ich brauche einen Juden!«

»Aber Durchlaucht. Ich bin ja bereit, den ganzen Tag für die Prinzessin zu malen. Durchlaucht machen mich ganz unglücklich. Ich werde doch der Prinzessin ein Bild schenken dürfen?«

»Aber die Goldmosaiken? Und nun wissen wir, was Ihnen ein Tag wert sein kann.«

»Das ist einmal und nicht wieder. Das wäre gerechnet wie jenes Büblein, das sagte: „Mein Vater verdient im Tage hundert Mark. Aber nur einmal im Monat, die anderen Tage schafft er umsonst.“«

»Sie haben das Dolce Aqua zu schön beschrieben«, klagte der Fürst, »und entweder: Rosmarie erfährt gar nichts davon, oder sie bekommt es. Harro, lassen Sie mit sich reden, wir gehen ja nun doch zurück.«

»Durchlaucht, nur wenn ich das Bild der Prinzessin schenken darf. Sonst gerät es nicht. Ich muss Freude an jedem Strich haben.«

»Und für den Amerikaner?«

»Da dachte ich gar nicht daran, ich malte eben; aber jetzt müsste ich daran denken, das ist der Unterschied.«

»Schön eigensinnig sind wohl die Thorsteiner immer gewesen, Harro?«

23. LASTENDES GOLD

Rosmarie lässt heute ihren Vater länger auf sich warten in dem kleinen Wohnzimmer, in dem abends ein kleines Kaminfeuer brennt. Denn die Abende sind kühl und es ist traulicher so und die Fenster können dabei offen sein in die liebliche Nacht hinaus, durch die das leise Rauschen des Meeres kommt. Der Tisch ist in dem anstoßenden Speisezimmer gedeckt und mit hohen Kelchgläsern geschmückt, in denen dunkelblaue Iris stehen, wie sie jetzt zu Tausenden die Gartenwege umsäumen. Und nun kommt Rosmarie ein wenig langsam noch und wie schüchtern und begrüßt ihren Vater und steckt ihm eine herrliche Nelke an seinen Rock. Er liebt es, die zarten Hände seiner Tochter an sich herumnesteln zu lassen. Und heute muss er sie mit leiser Verwunderung betrachten: »Sag einmal, Rosmarie, es fällt mir irgendetwas auf.«

»Hoffentlich angenehm, Vater. Vielleicht dass du keine Negligés mehr sehen musst, wie so lange.«

Und Rosmarie flüchtet sich hinter ihres Vaters Stuhl. Zu genaues

Ansehen liebt sie nicht, sie ist zu viel abfällige Kritik gewöhnt. Aber ihr Vater zieht sie sanft wieder hervor: »Warum versteckst du dich denn, Rosmarie, wenn ich dich bewundern will?«

»Bewundern willst du, dazu komme ich gerne. Ich habe einen schüchternen Versuch gemacht, mich zu verschönern, und es freut mich, dass du es gleich als das erkannt hast.«

»Nun, ich habe doch auch noch meine Augen. Sag, Rosmarie, ein wenig anders als sonst junge Damen, das ist es doch … Auch als Mamas Pariser Toiletten … Sie hat nie so etwas Schönes, obgleich sie seit der letzten Mode in allen Regenbogenfarben schillert. Die Rechnungen sind auch darnach. Die letzte versteinte den Herrn Domänenrat förmlich. Und zwei Mal im höchsten Falle trägt sie dann so etwas. Wie wird es mir gehen, wenn ich zwei Pariser Damen habe! Wenn Harro nicht heiratet, kann er sich ruhig seine Goldmosaiken gestatten. Kleinigkeit das … Nun, schön ist dein Kleid! Wie es so weich an dir herunterfällt und die schönen Stickereien. Lass sehen, die Spange, die dein Kleid zusammenhält, ist ja ein großer Schmetterling!«

»Nun, ich hoffte, dass du es selbst sehen würdest, es ist mein Schmetterlingskleid, und ich komme mir ein wenig darin vor, als ob ich aus meiner Raupenhülle geschlüpft wäre. Glaubst du, dass es Harro gefällt?«

»Eine Kabinettsfrage. Ja, die Herren Künstler!«

»Wenn du mich nicht verrätst, Vater, und ein lieber …«

»Gehorsamer Vater bist …«

»Ja; so werd ich dir sagen, wie ich zu dem Kleide kam.«

»Höre auf von Kleidern, Rosmarie, ich bin krank von dem Flitterkram. Wenn es sein muss, so muss es sein. Und du hast ja keine Ahnung, was das Pläne zerstört, Wichtiges und Notwendiges hinausschieben macht, dieser Pariser Wahnsinn.«

Rosmarie sah ihren Vater erstaunt an. Es hatte sich da etwas ans Licht gedrängt, was sie noch nie vernommen hatte. Sie setzte sich auf die Armlehne seines Stuhles, trotz ihrer Größe so schwank und leicht, und legte ihre zarten Arme, die nur ein dünner Flor bedeckte, durch den leuchtend die weiße Haut hindurchschimmerte, um seinen Hals und strich über seine heiße Stirn.

»Vater, mein Kleid, ich wollte es dir nur nicht gleich sagen, eine Rechnung dafür bekommt der Herr Rat nicht. Ich habe es gezeichnet, und Lisa hat's genäht und die Stickereien sind aus meiner Truhe. Ich sticke ja immer nach schönen Dingen, die mich freuen, und weil ich nicht immer etwas damit anzufangen weiß, so stecke ich sie in meine gelbe Truhe, und daraus habe ich sie hervorgeholt. Und die Seide ist japanisch, Tante Helen hat sie mir geschenkt, und sie hält sehr lange, hat sie gesagt.«

»Aber Kind, das ist doch unmöglich! Das kann man doch nicht. Ein Kleid selbst machen?«

»Lisa hat es genäht, und nun darfst du es nicht zurücknehmen, du hast gesagt, es sei schön! Und meine Überärmel, sieh, das sind meine Schmetterlingsflügel. Und wenn ihr es erlaubtet, Vater, so sollst du keine zwei Pariser Damen haben.«

»Du wirst eine gute Frau für einen armen Mann geben, wenn dich nicht der Pariser Wahnsinn doch noch überfällt. Hat dir Harro übrigens schon von seiner Empfangshalle in seinem Haus erzählt?«

»Das weiß ich schon seit vielen Jahren, wir sprachen ja so oft von dem Haus und bauten in die Luft und machten alles so schön, wie wir wollten. Und dass es nun doch wahr werden soll! Und bei den Goldmosaiken ist er auch geblieben! Ach, wenn wir Harro dazu helfen könnten, Vater! Im Leben wollte ich nichts Pariserisches tragen!«

»Da hätte ich mit Harros Goldmosaiken ein Geschäft gemacht, Rosmarie. Wollen wir es ihm vortragen?«

»Ach, er tut's ja doch nicht! Er ist viel zu stolz darauf, dass er sich alles allein erarbeitet hat.«

»Rosmarie, du bringst mich auf etwas, das muss man ihm abgewöhnen. Er behaut Steine in seinem Hofe! Jeder, der hereinkommt, kann ihn sehen, wie er da jedenfalls im weißen Kittel dasteht und Steine behaut!«

»Bildhauer haben immer weiße Kittel, Vater.«

»Gut und schön, wenn sie die haben. Aber Harro steht im offenen Schuppen bei den Arbeitern! Denke dir, wenn Mama da vorbeifährt.«

»Das versteht sie nicht, man kann es auch nicht von ihr verlangen.«

»Eine unmögliche, eine ganz unmögliche Situation!«

»Ach, das schöne Haus«, flüstert Rosmarie, »an dem selbst die Steine von seinen Händen behauen sind. Einmal darf ich's doch sehen, Vater! Und etwas habe ich ihm versprochen für sein Haus, und das wird er vielleicht doch annehmen.« Und sie erzählt: »Ein Zimmer heißt der Schmollwinkel. Wir gaben ja den Zimmern Namen. Eine Tantenstube gab es auch, wo Harros Tanten, die strengen Stiftsdamen, wohnen sollten, wenn sie einmal zu ihm kämen. Und der Schmollwinkel bekommt Wandbespannung und schmale Panneaux. Und die darf ich sticken. Das hat mir Harro versprochen, als ich sticken lernte. Und lauter fröhliche Dinge sollten darauf sein, dass der, der sich mit einer schlechten Laune dahin zurückzöge, ganz strahlend wieder zum Vorschein käme.«

»Was meinst du, Rosmarie, wenn wir Mama ein solches Zimmer machen ließen!«

»Ich will es dir gestehen, Vater, eine ganze Reihe von den Panneaux habe ich schon gestickt. Eins ist auf blauem Seidengrund. Frischgrüne Buchenzweige, dazwischen dunkle Tannenarme, die sich neigen über einen schmalen grünen Weg, auf dem die Sonnenflecken liegen. Da muss man doch an einen Maienwald denken. Das Liebste, was es auf Erden gibt, einen deutschen Maienwald mit weichen seidigen Blättern. Eins ist auf opalfarbigen Atlas mit Silberfäden und kleinen Kristallen gestickt. Ein Dornbusch im Raureif, und aus all dem Silber und Weiß und blauen Grau leuchten noch ein paar rote Beeren. So war der Wald, als ich Harro zum ersten Mal sah. Dann gibt es eines, das heißt die Wasserfreude. Da ist ein stilles, gründunkles Eckchen Weiher. Ein Stück von unserem Wach, Vater. Hohe Schilfstauden stehen so schön mit ihren dunkeln Federkronen … Darüber huschen blau schillernde Libellen, viele, viele, und an einer Stelle spiegelt sich ein Stück Himmelsblau im Wasser.«

»Und das hast du alles schon fertig, Rosmarie?«

»Ich sticke doch so gerne; seit ich niemand mehr beim Malen zusehen kann, ist das meine größte Freude gewesen. Mama habe ich von meinen Sachen schon angeboten, aber sie macht sich nichts daraus, weil es zu bunt sei und nicht zu ihren Möbeln passe.«

»Hast du die Sachen denn da?«

»Gewiss, ich schleppe sie überall mit mir herum. Soll ich sie dir zeigen? Ach, da kommt schon Harro, ich höre die Gartentüre.«

»Du musst feine Ohren haben, oder du hörst wohl mit dem Herzen. Weiß denn Harro von den Panneaux?«

»Ach nein, Vater, und ich weiß nicht, ob wir es ihm sagen wollen. Er ist so verändert. So seltsam. – Ich würde mich scheuen, es ihm jetzt anzubieten. Findest du nicht, dass er seit einiger Zeit gar nicht mehr unser alter Harro ist?«

»Alt! Ist er nun auf einmal alt, der Harro?«

»Ach, ich meine, wie er früher war. So ruhig und gleichmäßig. Frau von Hardenstein nannte ihn doch im Scherz den sicheren Mann nach dem Märchen von Mörike. Nun fängt er etwas an, dann lässt er es liegen, ich komme gar nicht zum ruhigen Zusehen. Und es ist, ja Vater, wie soll ich es denn sagen, wie wenn er eine Scheu vor mir hätte. Ach, und geheimnisvoll ist er, und das ist mir das Allertraurigste. Habe ich je ein Geheimnis vor ihm gehabt?«

»Nein, das hast du nicht. O Rosmarie, du solltest eine Mutter haben!«

Rosmarie erhob sich und stand einen Augenblick lauschend da. Das Lampenlicht floss an ihrer zarten, hellen Gestalt nieder und erglänzte auf ihrem Haar und ihrer kleinen Krone, denn sie trug die alte Spange. So lieblich, so poetisch sah sie aus mit ihren hängenden Haaren und dem anschmiegenden Gewande, als käme sie aus Meister Schwinds Skizzenbuch und als fehlten ihr nur ein Paar Raben und ein weißer Hirsch, und das deutsche Märchen, wie es nur je die Großmutter im Westerwalde erzählt, stünde da in seiner holden Schönheit. Der Fürst sah zu ihr auf. Nun erwartet sie ihren Freund und wundert sich noch dazu, dass er ihr nicht mehr den guten Onkel spielen kann …

Da kam der Erwartete und stand an der Türe, wie wenn er da Wurzeln zu schlagen gedenke, und brachte kein Wort hervor.

Rosmarie erschrak: »Ach, Harro, was ist dir? Hast du eine schlimme Nachricht bekommen oder ist etwas geschehen?«

»Nichts weiter – und guten Abend, Durchlaucht … Ich muss um Entschuldigung bitten … Eine Nachricht … ich dachte …«, stammelt er. Was ist aus dem sicheren Mann geworden! Endlich fasst er sich und als sage er etwas auswendig Gelerntes her: »Ich werde wohl in den nächsten Tagen abreisen müssen. Nach Rom. Es ist da wegen des Ateliers …« Nun stockt er schon wieder.

Der Fürst hat plötzlich ein ganz kleines Lächeln gefunden.

»Ach wie schade!«

Rosmarie ist weiß geworden, sie muss sich an einen Stuhl lehnen und sagt mit einer Stimme, die seltsam fremd klingt: »Du sagtest „morgen noch nicht", Harro?«

Es ist wie ein leises Aufatmen, das durch die beiden geht.

Morgen noch nicht. Nein. Noch einen Tag lebe ich, denkt Rosmarie, und sie sagt fast freundlich: »Und nun gehen wir zu Tisch, wir haben nur auf dich gewartet.«

Harro stammelt Entschuldigungen, heute kann man ihn beim besten Willen keinen anregenden Gesellschafter nennen. Und Rosmarie sieht er kaum an, sodass sie betrübt denkt, mein Kleid gefällt ihm nun doch nicht. Und sie strengt sich an, so munter und liebenswürdig zu sein wie möglich. Und so geht die Mahlzeit leidlich vorbei. Nach dem Essen sitzt man wie gewöhnlich noch ein wenig in dem kleinen Wohnzimmer zusammen, und Rosmarie, die noch immer etwas blässlich wird, wenn sie zu lange sitzt, legt sich auf ihre Chaiselongue. Die hat einen schönen Platz am offenen Fenster, in das die Rosenranken hängen. Die Lampe beleuchtet die weißen Blüten, die geheimnisvoll lieblich aus der blauen Nacht hereinsehen. Rosmarie hat ein großes, flaches, grünseidenes Kissen von einem ein wenig harten Grün mit Goldverschnürung, und da liegt sie nun darauf wie eine Wasserrose, weiß und gold auf grünen Gewässern, und die lichten Flechten fließen über das Kissen. Der Fürst legt ihr eine seidene Decke über die Füße und sie lächelt zu ihm auf und,sagt: »Vater, was meinst du, wenn Harro nun doch nicht mehr lang bleibt, sollen wir es wagen und von den Panneaux sprechen? Ich darf nur Lisa läuten, so wird sie die bringen!«

»Was soll gewagt werden? Verzeih, ich hörte meinen Namen.«

Harro versucht einen scherzhaften Ton anzuschlagen, der ihm aber schmählich misslingt.

»Wir sprachen von Ihrem Hause, Harro, und möchten beide, Rosmarie und ich, bei den Goldmosaiken als Stifter auftreten, mit unserem vollen Namen natürlich; können Sie Rosmarie nicht als frühgotischen Engel darauf brauchen, die Länge und Schmalheit hätte sie dazu! Wir Braunecker wollen doch auch in dem Haus Thorstein vertreten sein. Also mir lassen Sie die Mosaiken und Rosmarie hat schon gestiftet. Hast du geklingelt?«

Lisa erschien mit einem Arm voll in Seidenpapier eingeschlagener Rollen. So viel hatte der Fürst nun doch nicht erwartet. Rosmarie musste sehr fleißig gewesen sein.

»Lieber Harro, sei mir nicht böse! Du erinnerst dich an das Schmollzimmer und was wir uns ausdachten für die Wandbespannung. Du wolltest eine graugrünliche Leinwand als Grund nehmen, die sollte durch schmale Goldleisten gegliedert und durch die gestickten Felder belebt werden.«

»Das hast du alles behalten, die Jahre lang, Rosmarie!«

Rosmarie reichte ihm eine Rolle.

»Öffne, Harro, und sieh, ob es geworden ist, wie du dir gedacht.«

Harro öffnete. Es war der bereifte Dornbusch mit seinem Gewande von breiten, silbernen Bändern auf einem mattopalfarbigen Grunde. Und wie Rubinen leuchteten die Beeren aus all dem Weiß, Silber und bläulichen Grau.

Harro hielt die Rolle in der Hand und schaute darauf nieder. Das war ein Stück jenes heiligen Abends, an dem er das Kind auf seinen Armen aus dem Wintertod getragen.

»Und das wäre für mich, für mein Haus?«

»Es passt nur dahin, Harro.«

Der Fürst stand hinter Harros Stuhl und schaute herein und dann hinüber auf seine Tochter. Das schöne blasse Haupt war jetzt mehr denn je der Wasserrose ähnlich. Er legte die Hand auf Harros Schulter.

»Eine Künstlerin ist sie doch, Harro, das müssen Sie ihr lassen!«

»Sieh dir den Maientag an, Harro«, bat Rosmarie, »oder nein, hier kommt der Schlehenzweig mit den Zitronenfaltern. Wir nannten das die Frühlingsahnung. Denn es schneite doch immer auf die Schlehenblüten und du meintest, es sei besser zu sagen, man ahne den Frühling. Denn beim richtigen Frühling dürften einem nicht die Schneeflocken auf den Händen vergehen!«

Aber Harro streckte seine Hand nicht nach der nächsten Rolle aus und bat leise: »Lass das, Rosmarie, heute Abend noch ... ich ... einen Augenblick ...«

Der Diener trat ins Zimmer, ein Telegramm auf einem Teller, den er dem Fürsten reichte. Der Fürst runzelte die Stirne und riss es auf. Es schien eine Menge Text zu enthalten und sehr komplizierten Inhalts zu sein. Rosmarie sah traurig und fast scheu zu ihrem so veränderten Freund empor und flüsterte: »Harro, habe ich dir wirklich damit weh getan? Wie konnte ich das ahnen!«

Harro beugt sich über ihre Hand: »Rosmarie, ich danke dir. Aber es überwältigt mich. All die Arbeit – das Versenken in eine Stimmung, die du so treu festgehalten hast durch all die Kleinarbeit ...«

Der Fürst war aus dem Zimmer gegangen und hatte eine Entschuldigung gemurmelt. Er wollte wohl eine Antwort schreiben.

Eine Weile war es so still, dass man durch die Nacht den leisen Atem des Meeres hören konnte. Über Rosmaries blasses Gesicht liefen langsam große Tränen; sie zuckte nicht dabei, es war ein lautloses Weinen, wie es nur Menschen weinen, die das stolze einsame Leid kennen.

Harro starrte hinaus in die Sternennacht, die durch Palmen funkelt.

Und nun flüstert sie leise: »Harro, sag mir, was habe ich dir denn zuleid getan?«

Über seine mächtige Gestalt geht ein Zucken, er beugt sich – nun liegt er auf den Knien neben ihrem Lager und seine Küsse brennen auf ihrer Hand und seine Tränen. Ihre Augen werden groß und dunkel. Ach, was ist ihm? Sie legt wie ein halbscheues Kind eine Hand auf seine Schulter.

»Lass mich es wissen, was dir ist, Harro. Ich will doch auch mit dir leiden.«

Da erhebt er sein tränenüberströmtes Antlitz.

»Vergib mir, Seele, meine Seele!«

Ach, was ist in seinen Augen? Eine heiße Flamme schlägt über ihr Herz, so schnell, so atemberaubend plötzlich, wie ein Sonnenstrahl eine festgeschlossene Knospe trifft und sie öffnet. Aus ihren Augen leuchtet es und die süße Scham treibt ihr das Blut in die Wangen. Sie macht ihre Hände frei und schlägt sie vor ihr Gesicht. Harro erhebt sich langsam.

»Lass mich deine Augen noch einmal sehen, Geliebte, Holdseligste, und dann will ich gehen …«

Da lässt sie langsam ihre Hände sinken und schaut zu ihm auf.

»Oh, nun gehst du nie wieder von mir, Harro …«

Er fasst ihre Hände. »Seele – du weißt, dass ich gehen muss.«

Es nahen Schritte … Der Fürst kommt herein. An der Wand lehnt Harro, fahl mit dunklen Augen – Rosmarie glühend wie eine Mohnblüte, von der in einem Augenblick die grüne Hülle gefallen, die ihre zarte Herrlichkeit verhüllte …

»Durchlaucht«, stammelt Harro.

So verklärt, so strahlend von innerer Seligkeit wie ein junger perlbetauter Morgen sieht der Fürst sein Kind, seine arme weiße Rose, die noch vor kurzer Zeit den langsamen schrecklichen Tod ihrem armen Dasein vorgezogen hätte. Was er in den letzten Wochen durchgekämpft, an stolzen Hoffnungen begraben und mit sich allein ausgetragen hat, das wissen die beiden nicht. Er legt seine Hand auf Harros Schulter, der darunter zusammenzuckt, und sagt: »Lieber Harro, ich finde, dass du Rosmarie eigentlich recht lange hast warten lassen!«

»Durchlaucht, das ist unmöglich, das ist …«

»Harro, wir wollen alles ganz schön und ruhig abmachen. Das Kind dort: Sieh sie dir nur einmal an, wie sie jetzt ihre Flügel in der Sonne breitet, wie du mir damals gesagt. Es ist nichts mit ihr zu wollen … Aber eines bitte ich dich: Im offnen Hof klopfst du mir keine Steine mehr.«

Über den Thorsteiner hat sich das Glück wie ein schwerer, lastender, goldener Regen ergossen. Er kann es noch nicht fassen, man muss es ihm erst sagen, dass der Fürst sich schon wochenlang mit dem Gedanken getragen hat, ihm sein Kind, wenn er es nur wollte, zu geben. Wie ihm das klar geworden, dass er nie seine Tochter von dem Thorsteiner werde losreißen können, das erfuhren sie nicht; sie sollten nicht wissen, dass er ihr Gespräch belauscht.

Und noch ein Gedanke war es gewesen, der ihn fast wünschen ließ, Harro möge endlich aus seiner Zurückhaltung herausgehen.

Das war die Erkenntnis, dass er seiner Tochter keine Heimat mehr zu bieten habe. Wie ein Blitz hatten Rosmaries Worte ihm sein häusliches Dasein erhellt. Was er selbst immer noch verschleiert und verborgen hatte, das stand nun klar vor ihm. Nie würde sein Kind glücklich sein können und gedeihen neben seiner Frau. Wie hatte Charlotte sich verändert, wie war sie hart und anmaßend geworden, hatte sich geweigert, irgendein Leid mit ihm zu teilen, hatte ihn mit ihrem täglichen Einfluss immer tiefer in die Erbitterung über Rosmarie hineingesteigert.

Eine traurige Jugend für seine Tochter, noch trauriger für ihn selbst, der sie immer missen würde. Er hatte Pläne gehabt, glänzende Pläne, aber dass Rosmarie sich niemals zwingen lassen würde, das war ihm auch klar geworden. Jene Geschichte von den sich begegnenden Seelen, die keine körperliche Trennung scheiden konnte … Die eine Seele ging suchen durch weite Länder und die andere hatte die Botschaft empfangen. Ihren Leib konnte er halten, ihre Seele niemals. Die entschlüpfte ihm und ging auf ihre Reise und fand vielleicht nicht mehr den Weg zurück. Und wie Rosmaries Kerkermeister wäre er sich dabei vorgekommen, wenn er einmal einen wirklichen Zwang auf sie hätte ausüben müssen.

Und zu all dem war noch das Leben in jener warmen und leichten Luft gekommen, die seine Tochter umgab und die ihm viele irdische Dinge in anderem Lichte zeigte. Nie noch war er so lange und ausschließlich mit ihr zusammen gewesen und noch dazu mit einem von großer Sorge erschütterten Herzen.

Wenn nun sein Geschlecht, sein alter Name doch mit ihm zu Ende gingen, so sollte dem letzten Sprossen noch einmal ein Glück beschert sein. Und bei dem Gedanken war es ihm so wohl geworden, als schaffte er sich noch ein letztes Eckchen Glück und Freude und einen Winkel, wohin er aus den Stürmen und der Eisluft der eigenen Ehe flüchten könne.

Es waren auch andere Stunden gekommen, wo es einen harten Kampf mit seinem Stolze galt und er Harros Leben nicht ohne brennende Qual überdenken konnte.

Die bösen Zungen, die sich auf ihn stürzen würden, der Hohn und Spott seiner Welt, die es nie begreifen würde, dass er die einzige Tochter freiwillig einem armen Manne gegeben. Aber alles ward überwunden unter dem Einfluss der holden Nähe und in der Entfernung von seiner gewohnten Umgebung, seiner Beschäftigung. Wie das Getriebe der Menschenwesen sich in hoher, reiner Bergluft so anders ausnimmt.

Und nun war eine Ruhe über ihn gekommen, die nicht einmal das eingelaufene Telegramm zerstören konnte, das ihm für den nächsten Morgen mit sehr viel unnötigen Worten die Ankunft der Fürstin anmeldete. Irgendetwas musste sie in Berlin erzürnt haben, dass ihr der Einfall gekommen war, zu entfliehen und ihren täglichen Kampf mit der Langeweile von Berlin nach der Riviera zu verlegen.

Sie konnte dabei so gut die Sehnsucht nach ihrem Manne und die Pflicht, nach der genesenden Tochter zu sehen, hervorheben. – Ein ganz anderer Hauch weht dem Fürsten aus den Worten entgegen, und nun ist es gut, dass alles entschieden ist.

Auf dem Thorsteiner lastet das Glück. Es ist ihm fremd, es ist bedrängend. Er wagt kaum, Rosmaries weiße Hand zu halten und in ihre selig träumenden Augen zu sehen. Und er sieht sie blasser und blasser werden, er, der die feine Seele kennt wie kein anderer, er weiß, dass bei ihr nur zu schnell die Freude das arme, daran so ungewohnte Herz überwältigt. Und er geht, ehe sie sich überfreut, und küsst noch die weiße kühle Hand und flüstert ihr das selige Wort zu: »Auf morgen!«

Wie ein Träumender geht er dahin unter dem südlichen Sternenhimmel. Hinunter ans Meer. Über ihm funkeln die Sterne, und die Flut atmet leise, wie er über den knirschenden Kies schreitet. Dunkel liegen die Berge und Palmenhaine, ganz von ferne schimmern noch ein paar Lichter. Und die plötzliche Wendung seines Lebens überwältigt ihn aufs Neue. Noch ist alles so märchenhaft, so traumähnlich.

Nicht das Äußere, Rosmaries hohe Stellung, ihr Reichtum ist das Wunderbare. Nein, wenn er daran denkt, kann er sich eines Schauders nicht erwehren – wenn er sich das ganze Braunecker Zeremoniell in seine Heimat verpflanzt vorstellt. Das Wunderbare ist, dass gerade auf ihn, den verrückten Thorsteiner, den Ruinengrafen, sich alles Glück der Erde herabsenken will. Er muss seine erschütterte Seele fragen in der einsamen Nacht am Strand des fremden Meeres …

Seele, meine alte Seele, bist du's wirklich? Bist du es, die so lange in der Einsamkeit gehungert hat, die nun die Fülle haben soll, die du nie in den kühnsten Träumen erhofft? Du sollst die höchsten Güter des Lebens besitzen, dir soll die hehre Kunst gedeihen, dir soll eine neue Heimat erstehen, und darin wird die Holdseligste walten, mit ihren feinen Händen täglich an dem Goldgespinste deines Glückes weben.

Warum das alles für dich, das in seiner Fülle auf drei hungernde Seelen fallen dürfte, und keine könnte sich beklagen: Ich stehe leer da.

Und seine Seele hebt die Hände nach den funkelnden Lichtern da oben, dorthin, wohin es immer das Kind der Erde zieht, wenn es »seines bleibenden Teils ewigen Frieden bedenkt«. Oh, könnt ich jetzt danken, könnt ich mein Glück aus einer Vaterhand nehmen und mich vor ihr beugen. Wie ein blöder Tor steh ich da, der nimmt und nimmt, als wäre es sein gutes Recht, das ihm vor Tausenden und Tausenden geworden ist.

Aber fremd und feindlich schauen des Himmels Heere auf ihn herab. Was ist dem, der da oben seine Sonnen und Sternenheere weidet, eine einzige Menschenseele?

Wie verworrenes Getöse, so mag wohl das Seufzen und Klagen, das Flehen der Menschen von der dunkeln Erde aufsteigen.

Wie könnte eine einzige Stimme hoffen dürfen, das millionenfache Stimmengewirre zu durchdringen?

Seltsam, wie eine halb verwischte Erinnerung plötzlich wieder in ihm auftaucht. Aus einer alten feierlichen Bilderbibel des Thorsteiner Schlosses. Der nächtliche Kampf einer Seele vor Jahrtausenden und dieselbe Bitte, die jetzt in seiner Seele aufsteigt: »Ich lasse dich nicht, du segnest mich denn.«

Immer stehen die Worte vor ihm; die dunkeln, nur von matten Lichtern erhellten Wellen tragen sie ihm aus nächtlicher Ferne zu, in den glitzernden Himmelslichtern stehen sie geschrieben: »Ich lasse dich nicht, du segnest mich denn.«

Und aus der Tiefe seines Herzens steigt etwas auf, formlos noch, ein Hauch, ein fremdes Gebilde unter den gewohnten Dingen seines Innern ... Es ist, als durchglühe es ihn – die Tränen stürzen aus seinen Augen: »Ich lasse dich nicht, du segnest mich denn.«

Und ist es nicht, als ob sich eine leise, zarte Welle von goldenem Lichte auf ihn herabsenkte, als überströme etwas Fremdes, Herrliches, unsäglich Geheimnisvolles ihn, dass der ganze Körper es mitempfindet, was die Seele, die »Einsame«, in ihm erlebt?

Einen Menschen erschüttert das Leid, der Tod in seinen Tiefen.

An diesem Manne hat es die Freude getan. Die in sein Leben eingetreten, in alle Winkel ihre bunten Strahlen geworfen hat und der Seele mit ihrer frohen Silberstimme zugerufen hat: Nun bin ich da!

24. DER NÄCHSTE TAG

Der Fürst fuhr am andern Morgen zum Bahnhofe, nicht ohne die sichere Erwartung, dass der Tag ihm einige recht wenig angenehme Stunden bringen würde. Es fröstelte ihn jetzt schon wie einen, der lange in der Sonne gestanden den hat und nun in den Schatten treten muss. Die Fürstin hat im Schlafwagen eine sehr gute Nacht gehabt und ihre plötzliche, unerwartete und, wie sie wohl ahnt, unerwünschte Ankunft macht sie freundlicher und geschmeidiger. Freilich, in ihres Mannes Augen ist ein gewisser Blick, der ihr nicht gefällt.

Das wird Rosmaries Einfluss sein.

»Nun, diese graue Luft könnte man zwar auch in Berlin haben, aber ich bin froh, dass ich dem alten Nebel- und Regenneste entflohen bin. Du freust dich auch, dass ich komme; nichts als Scherereien und Ungemütlichkeiten wirst du gehabt haben.«

Der Fürst lächelt ein wenig. »Recht sorgliche Tage hatte ich, und Rosmarie ist noch sehr zart, aber sie hat in der letzten Zeit Fortschritte gemacht. Große Fortschritte!«

Sie stehen in dem schön mit Palmen geschmückten Vestibül des Hotel Angst, und mit großer Schnelligkeit zieht der Fürst seine Gemahlin in den Lift; er hat oben den nichts ahnenden Harro gesehen, der mit einem Blütenzweig in der Hand die Treppe hinaufsteigt. Die Fürstin hat aber schnelle Augen.

»War das nicht der Thorsteiner? Wie ist das möglich?«

Aber der Fürst zieht vor, ihre Frage zu überhören, und nun sind sie schon in den Räumen, die er für sie bestellt hat. Es sind nicht die besten Zimmer, die sind schon vergeben, aber die Fürstin findet vorderhand nichts auszusetzen. Sie darf nur ihren Reisemantel abwerfen, sie hat schon Toilette gemacht.

»Nun also, Fried, was macht die arme Rosmarie heute? Sie wird noch elender geworden sein.«

»Du wirst dich sehr verwundern, wenn du sie siehst, Charlotte.«

»Ich kann es mir schon denken, größer und fahler als irgendein Mensch sonst. Diese unglückselige Länge.«

»Sie ist sehr schön geworden.«

»Schön, die Rosmarie?«

»Sie schlägt damit vollständig aus der Art. Wie ein Schwan im Hühnerhof wird sie unter den andern Brauneckern aussehen. Ich muss ein Bild von ihr haben.«

Die Fürstin starrt ihren Mann an. Was hat er denn nur? Etwas ganz Fremdes, fast Fröhliches ist an ihm!

»Es macht die große Freude, Charlotte, die verschönt auch, und du hast recht gesehen, der Thorsteiner ist da.«

»Der Thorsteiner – er ist dir nachgereist?«

»Er war schon da, als ich kam.«

»Fried, was soll das heißen? Ich bin sprachlos, ich verstehe dich nicht mehr.«

»Nun also, die Rosmarie ist Braut, seit gestern. Und wen sie liebt und immer geliebt hat, das weißt du ja auch; du hast ihn ja mit seinem Blütenzweig gesehen.«

Die Fürstin stieß eine fast gellende Lache aus.

»Der Ruinengraf! Der Harro Thorstein, der mit seinen Schildereien handelt, und die Rosmarie! Ja will er sie denn? Sie war ihm doch so lästig mit ihrer lächerlichen Verliebtheit, schon als kleines Mädchen!«

So wird sie wohl mit Rosmarie gehandelt haben, denkt der Fürst.

»Es wird das Beste sein, Charlotte, du suchst dich so bald als möglich mit dem Gedanken auszusöhnen. Harro ist mir stets sehr wert gewesen und ich war ihm immer dankbar für seinen Beistand.«

»Du willst sagen, er habe sich, als Rosmarie allein mit dieser Person, dieser Miss Granger war, an sie wieder herangepirscht. Nun, ein Goldvogel ist ja die Rosmarie für einen armen Raubritter wie den Thorsteiner!« Der Fürst stand mit dem Rücken gegen das Fenster, und sein Gesicht hatte einen merkwürdig starren Ausdruck angenommen, den sie gar nicht an ihm kannte. »Ja, hast du dir denn nicht überlegt, was die Vettern, was deine Schwester dazu sagen werden, dass du die einzige Tochter einem Abenteurer gibst?«

»Zu welch verschiedenen Dingen der gute Harro, dessen Leben so offenbar neben dem unsrigen hergegangen ist, sich entwickelt hat. Ein Raubritter – ein Abenteurer …«

»Von seinem Leben in Paris – wie es die Herren Künstler mit ihren Modellen treiben, das weiß man ja – wirst du auch nichts erfahren haben. Und jetzt in Rom – du glaubst doch nicht, dass die Rosmarie, die sich ihm schamlos in den Weg warf …«

»Beendigen wir dieses Gespräch, Charlotte! Erhole dich ein wenig von deiner Reise und suche dich mit dem Gedanken auszusöhnen. Harro Thorstein schien dir früher nicht unangenehm zu sein; du musst dich jetzt, da er doch ein Glied der Familie wird, mit ihm aussöhnen.«

»Fried, du verbirgst mir irgendetwas! Meinst du, ich hätte es dir nicht sofort angesehen, wie ich aus dem Zuge stieg? Dieser Mensch hat sich hier eingeschlichen, hat Rosmarie kompromittiert, unmöglich gemacht – du kannst nicht mehr anders!«

»Strenge deine Fantasie nicht gar zu sehr an, auf das Richtige kommst du in Ewigkeit nicht. Und jetzt bitte ich dich, mich zu entschuldigen, ich habe mit Harro zu sprechen.«

Und dabei ging er so ruhig hinaus, als ob ihr Gespräch aufs Liebenswürdigste geschlossen hätte. Die Fürstin sah ihm nach, sprachlos, dann sank sie auf einen Stuhl.

»Der Harro Thorstein – von allen Menschen! Der soll Rosmarie gehören. Nun, man wird sie ihm auf dem Präsentierteller angeboten haben und er wird es sich haben gefallen lassen.«

Es zuckt durch ihre Seele wie ein wildes brennendes Weh. Als ob ihr das Leben alles, alles versagt und es jener andern gegeben habe.

»Alles, alles hat sie!«, stöhnte sie, und es kam ihr nicht zum Bewusstsein, wie sinnlos das war. Sie ging in ihr Schlafzimmer, schickte ihre Kammerfrau mit ärgerlichen Worten hinaus und warf sich auf ihr Bett. Ein Bild steht ihr vor Augen: Der lange Thorsteiner, wie er mit dem schönsten Lächeln, das seine Elfenbeinzähne aufblitzen macht, zu der kleinen Rosmarie aufsieht, die über ihm auf einer Mauer steht und sich einen Blütenzweig über den Kopf zieht. Sie muss es immer wieder sehen. Wenn er das Lächeln für jemand anders gehabt hätte, ja …

Und in immer neuer Bitterkeit dreht und wendet sie ihr jetziges Leben herum, ein müßiges Genussleben mit auf das allergeringste Maß beschränkten Pflichten. Dass das keine Befriedigung gewähren kann, weiß sie nicht. Denn leben nicht andere noch rauschender, noch glänzender und amüsieren sich offenbar trefflich dabei?

Ihrem verlorenen Kinde hatte sie nicht nachgeweint. O nein, als die schlimmsten Tage vorüber waren und die lockende Freiheit sich zeigte, da hatte sie in der Tiefe ihres Herzens nur aufgejubelt. Es mochte wohl nicht ganz unbegründet gewesen sein, dass sie ihren Zustand als werdende Mutter so quälend und beängstigend empfand. Vielleicht hätte sie einmal die Geburt eines lebensfähigen Kindes mit ihrem eigenen Leben bezahlen müssen. Das war aber nun vergessen.

Jetzt warf sie sich weinend und wimmernd herum: »Mein Sohn, mein Kind! Wenn ich es hätte, müsste ich mir dann eine solche Nichtachtung gefallen lassen? Dass man über mich hinwegsieht, als wäre ich gar nicht da, die wichtigsten Dinge beschließt und mir nachher allergnädigst mitteilt, dass ich mich damit abzufinden habe. Aber das ist Rosmaries Einfluss. Sie ist wieder Herr geworden über den schwachen Vater. Die Heuchlerin! Wie wird sie jetzt triumphieren. Von ihrer Untat ist wohl gar keine Rede mehr. Sie hat sich hinausgelogen, und mit solchem Erfolg, dass es nun wohl heißen wird, sie, die unglückliche und beraubte Mutter, habe das alles erfunden!«

Mit unsäglicher Bitterkeit wühlen ihre Gedanken darin!

Und schön soll Rosmarie geworden sein! Die arme Fürstin muss sich schon die glänzenden Siege vorstellen, die Rosmarie erleben wird. Sie kennt ja die Welt. Wenn der Thorsteiner Prinzgemahl geworden ist und auf einem der Braunecker Schlösser lebt, so wird seine Ruinenvergangenheit nur mehr ein Gesprächsthema für Stiftsdamen und männliche und weibliche Klatschbasen werden. Die »Welt« wird sich nicht daran kehren. Wird auf seine Feste gehen, seines Schwiegervaters köstliche Weine trinken, ein wenig medisieren und im Übrigen der schönen Frau den Hof machen. Alles, was sie selbst besitzt, ist plötzlich wertlos geworden wie ein armes Stückchen Glas neben einem Diamanten. Und das Allerbitterste ist: Rosmarie hat den Diamanten. Ach, der unerträgliche Triumph, den sie jetzt verstehen wird auszustrahlen! Die Fürstin hat sich im Leben nicht so todunglücklich gefühlt. Und ja – sie hat wohl Grund dazu.

Der Fürst war in Harros Zimmer gegangen. »Ich muss dich um etwas bitten. Du musst womöglich heute noch abreisen.«

»Heute – Vater?«

»Rosmarie muss sich auch darein finden. Ja, ich hätte euch gerne noch ein paar schöne Tage gegönnt, aber so ist das Leben – es macht jeden Tag ein anderes Gesicht. Ich habe eine nicht gerade angenehme Szene mit der Fürstin gehabt und ich halte es für besser für das zukünftige Verhältnis, dass sie dich erst begrüßt, wenn sie in anderer Stimmung ist. Ich denke dabei an dich, Harro. Und wäre es nicht am besten, du gingest nach Thorstein und beschleunigtest den Bau?«

»Du wolltest mir Rosmarie schon bald geben?«

»Ich habe nicht an eine lange Wartezeit gedacht.«

»Du vertraust sie mir an – ich weiß ja, wie sie geschont werden muss – ich verspreche dir …«

»Nicht so stürmisch, es ist noch nicht alles spruchreif. Ich will, dass das Kind in die Ruhe kommt. Und ich meine, im Hinblick darauf sollte auch Rosmarie es verstehen, dass du gehst. Ich habe mir gedacht, du gehst jetzt in die Villa Riposa, frühstückst mit Rosmarie und bleibst bei ihr, ich will sagen bis elf Uhr, und verabschiedest dich dann gleich von ihr. Glaube mir, es ist alles wohl überlegt.«

»Lieber Vater, wenn du mich doch dir danken ließest!«

»Harro, du weißt, wie du allein mir danken kannst. Und wohin gehst du?«

»Nach Rom, um dort abzubrechen, und dann sofort nach dem Thorstein. Ich wünsche mir sechs Arme, zwei Köpfe – ich kenne ja Rosmaries Wünsche, und nun ich für sie arbeite!«

»Harro, mach deine Sache gut bei Rosmarie.«

Harro trägt seinen Blütenzweig, und ehe er fortgeht, muss er noch einen Blick in den Spiegel werfen, wobei er rot wird. Die paar Silberhaare an den Schläfen machen ihm wenig. Alt fühlt er sich nicht, und wie er die Treppe hinunterspringt mit seinem Blütenzweig, ist's ihm, als sei er seit seinem zweiundzwanzigsten Jahre, wo er zugleich Vater und Heimat verlor, nicht mehr so jung gewesen.

Rosmarie kommt ihm entgegen bis zu dem Palmengang. Welch eine liebliche Röte liegt auf ihrem Angesicht.

»Und du bist allein – ohne Vater und Mama?«

»Die Fürstin habe ich noch nicht gesehen, sie muss wohl erst mit mir versöhnt werden, das heißt mit meiner neuen Würde. Und ich darf mit dir frühstücken.«

Nicht einmal ihre Lippen berührt er, die schönen feingeschwungenen Lippen, die sich so gleich geblieben sind. Und nun kann Rosmarie Hausfrau spielen und ihm wieder wie in früheren Tagen Tee bereiten und seinem Blütenzweig ihre Wartung zukommen lassen. Eine verklärte Feierlichkeit liegt auf ihnen, und kaum wagt eines das andere anzusehen, als fürchteten sie sich vor dem Überschwang der Gefühle. Und die feinen Formen, in denen sie sich beide ihr Lebtag bewegt haben, geben ihrem Beisammensein eine vornehme Würde und Ruhe. Sie sprechen auch nur von Vergangenem. Auf der Gegenwart liegt ja noch ein morgenweicher Flaum und die Zukunft ist ein so wunderbares Goldland. Darf man es denn glauben! Ist es denn möglich, dass ihre kühnsten Träume wahr werden könnten! Ach, alles ist noch so unwahrscheinlich, so unmöglich selig für ihr leidgewohntes Herz!

Und nun stehen sie auf der kleinen Loggia und sehen in den blauen Morgen hinaus. Ein leiser Morgenwind rauscht in den Palmen, und fern liegt ein so unsäglich blauer Schein dazwischen, ein Stück auf den Boden gefallener Himmel – das Meer. Wie die Rosen duften und dort die Veilchenbänke.

»Nun kommt der Frühling, Rosmarie.«

Es sind ja nur so kurze arme Worte, aber welch ein tiefer Sinn liegt jetzt in allem, an diesem Morgen, wo die Welt so neu ist, als wäre heut ein Schöpfungstag. War der Himmel je so blau, und kann das ein irdisches Meer sein?

Da nimmt er sanft ihre Hand, und leise, schüchtern legt sie den Kopf an seine Schulter, beinahe, wie sie es als Kind getan. Und ein seliges Schweigen. Als flögen kleine Engel im holden Reigen um sie, als sängen Nachtigallen von allen Zweigen, als wäre zum ersten Male in diese Welt die holde Liebe herabgestiegen.

Es tönt ein Schritt. Harro fährt zusammen, ach, die Paradieseszeit vergeht und schon klopft das alte Leben an ihre Türe.

»Rosmarie, wir müssen scheiden heut, nur für eine kurze Weile. Ich muss dir dein Haus, das schönste im ganzen Land, bauen, Liebste. Dein Vater wünscht, dass ich heute gehe. Ich habe ihm so unsäglich viel zu danken. Wir müssen gehorchen. Nicht erbleichen, Liebste! Sind wir je so hoffnungsvoll auseinandergegangen. Sei stark, Seele. – Hast du je zu hoffen gewagt, was uns gestern beschert wurde? Nun trag dein Glück in festen Händen, Liebste! Jetzt nicht trauern!«

Rosmarie lehnt wortlos an seiner Brust.

»Sieh auf, Holdseligste, kannst du jetzt nicht dein ganzes Herz zusammennehmen?«

Oh, die lieben, lieben Worte, sie hat sie auf ihr Herz herabtauen lassen wollen. Nun flüstert sie: »Harro, ich will gar nicht, dass du jetzt hier bleibst. Und ich danke es dem Vater tausendmal, dass er dich jetzt fortschickt. Und all das – das Hässliche ganz allein auf sich nimmt. Und ich habe Mut, Harro. – Und alle meine Kerzen brennen.«

Und Harro beugt sich herab und küsst zum ersten Mal ihre reine weiße Stirne. Sie ist ihm so heilig in ihrer erst gestern erwachten Jungfräulichkeit. Und seine Schonung zeigt, dass er ihrer wert ist. Noch bebt sie ja wie ein schwaches Schilfrohr in seinem Arm, es ist noch Frühling, allererster Frühling in ihrem kaum dem Tod entrissenen Herzen, und der Sommer mit seiner Strahlenglut ist noch ferne.

Und so scheiden sie. In Harros Herzen schlagen alle Lerchen zusammen und ein Glanz und eine Weichheit ist in seinen Augen, wie er durch den strahlenden Morgen geht an jenem ersten Schöpfungstag.

Fürst und Fürstin speisen in bedrückendem Schweigen in ihrem hohen, sonndurchstrahlten Hotelzimmer. Der Fürst macht auch nicht den geringsten Versuch, das Morgengespräch zu wiederholen. Die Fürstin will nicht beginnen; zum ersten Male fürchtet sie sich ein wenig vor ihm, und das tut ihr ganz außerordentlich gut. Endlich erhebt sich der Fürst. »Ich werde jetzt nach Rosmarie sehen. Harro ist abgereist und ich denke, wir werden ihn erst in Brauneck wiedersehen.«

Die Fürstin sagt fast unterwürfig: »Ich werde mitgehen.«

»Umso besser.«

Und die beiden gehen den kurzen Weg, in das Gässchen hinein kann man doch nicht fahren.

Rosmarie kommt ihnen entgegen mit blühenden Wangen wie zarte Kletterrosen, die nach innen hold erröten. Der Fürst ist sehr erstaunt, das hat er nicht erwartet nach dem Abschied heute Morgen. Sie küsst ihrer Mutter, die ganz blass geworden ist, die Hand.

»Mama, ich danke dir, dass du kamst. Ach, wie hast du so Schlimmes von mir denken müssen!«

Die Fürstin erwidert: »Du gibst also noch nichts zu und willst meine eigenen Augen nun ins Gesicht Lügen strafen!«

»Ich meine, wir lassen diese Erörterung«, warf der Fürst nervös ein.

»Lieber Vater, es muss doch gesagt sein. Mama hat das Recht, es zu erwarten. Ich kann freilich auch jetzt nicht mich zu etwas bekennen, was ich nicht getan habe. Aber dass Mama sonst allen Grund hatte, mit mir unzufrieden zu sein … O Mama, ich habe darum gelitten, sehr.«

»Ich bitte dich, Charlotte, lass das genug sein«, rief der Fürst mit so gequälter Stimme, dass selbst die Fürstin nun sich mit einem stummen Achselzucken begnügte.

So wurde denn zur großen Erleichterung des Fürsten vorderhand die Geschichte begraben, es ahnte ihm allerdings, dass sie wohl noch einmal umgehen würde. Am Nachmittag ließ er sogar die beiden Damen allein, während er seine Post erledigte. Von dem großen Ereignis des gestrigen Tages war nur in jener Andeutung die Rede gewesen.

Die Fürstin saß in Rosmaries Korbstuhl, sie sah aus, als ob sie des Runzelmittels der Pariserin bedürfte. Man sah ihr den anstrengenden Berliner Winter mit Diners und Soireen, das ganze aufreibende Dasein einer Mondaine an. Die beständige Jagd nach dem Vergnügen, die, wenn man sie mit der nötigen Inbrunst betreibt, zur allerhärtesten Arbeit wird. Sie klagt auch beweglich.

»Berlin war mir über. Dein Vater ist ja so riesig exklusiv, wie es jetzt gar nicht mehr Mode ist, und da trifft man immer die gleichen Menschen. Und schließlich mögt ihr euch in Brauneck als noch so große Herren fühlen, was sind wir denn in Berlin, wo jeder Amerikaner-Eisenbahnaktienmensch es uns zuvor tun kann! Du solltest sehen, wie die leben. Nicht einmal ein Auto habe ich und muss mich mit den heiligen Gäulen behelfen, die ewig geschont werden müssen. Wenn ich denke, was dein Vater an seine alten Geisterburgen vergeudet! Wir können doch auch nur in einer wohnen. In Weitersberg kracht jeder Stuhl, wenn man sich darauf setzt, und in die Gobelins sind die Motten gekommen. Ich wollte die Gobelins in Berlin haben; es hätte in der Zeitung gestanden. Sie sollen ja jetzt einen fabelhaften Wert haben. Aber nein – in Weitersberg müssen sie bleiben.«

»Liebe Mama, sie werden wohl nirgends so gut hinpassen, sie sind ja für die Wände gewebt worden.«

»Nun, dass du in allem deinem Vater recht gibst, weiß ich ja, und ich denke, ihr werdet dort wohnen wollen.«

Es ist das erste Mal, dass sie die Zukunft erwähnt. Rosmarie wird dunkelrot. »Nein, Mama, daran haben wir nie gedacht.«

Die Fürstin richtet sich steil in die Höhe.

»Doch nicht in der Ruine, das kann dein Ernst nicht sein!«

»Nein, aber in dem neuen Haus, das Harro baut.«

»Ein Haus, nun ja, er kann es ja mit deinem Gelde ausbauen!«

»Oh, es ist ganz recht, wie es ist. Es wird sehr schön, du wirst erstaunt sein. Harro hat so viel selbst gemacht. Es wird noch lange nicht ganz fertig sein. Der Festsaal oben.«

»Ein Festsaal!«

»Und noch viel anderes Schöne. Harro arbeitet doch seit Jahren daran.«

Rosmarie erschrak. Hatte sie nicht schon zu viel gesagt? Das Gesicht ihrer Mutter veränderte sich fast erschreckend. Rote Flecken sprangen auf unter ihren dunkel umränderten Augen, in die ein unstetes Flackern kam, das Rosmarie immer als Vorboten von schlimmen Szenen kannte.

Aber diesmal ging noch das Wetter an Rosmarie vorüber. Ganz unvermittelt brach die Fürstin in die bittersten Klagen aus über ihr eigenes Leben. Wenn Frauen zu klagen anfangen, pflegt die Logik in unerreichbare Gefilde zu entfliehen. So erweckte die Vorstellung von dem schönen Haus Thorstein die Erinnerung an irgendwelche gesellschaftliche Brüskierung, die die Fürstin erlebt zu haben glaubte. Und damit war eine bunte Pyramide umgestoßen.

Rosmarie musste mit Erstaunen hören, welch leidensvolles Dasein ihre Mutter führe. Wie sie sich nun vor Berlin ekele, vor der preußischen Steifheit und Langeweile, und vor dem Geisterschloss Brauneck fürchte. Rosmarie müsse selbst zugeben, dass sie Grund dazu habe! Aber um Gottes willen nicht davon reden, sonst würde die Sache schlimmer und keine Kammerfrau der Welt bliebe trotz noch so hohen Lohnes bei ihr. Ob Rosmarie nicht selbst zugeben müsse, dass es wahrhaft entsetzlich sei, sein Leben täglich unter so vielen toten, gemalten Augen zubringen zu müssen und nie für voll angesehen zu werden und das beständig zu fühlen bekommen, dass noch kein Sohn da sei. Natürlich nur bis jetzt. Sie sei überzeugt, wenn man ihr das letzte Mal nicht mit Verordnungen und Verboten das Leben vergällt hätte, so wäre alles gut geworden. Allein diese altmodischen Ärzte, die man in Brauneck konserviere wie alles andere, bis sie abgestanden geworden, seien schuld daran. Niemals würde sie sich denen wieder ausliefern lassen. Auch über die ganze Zeit Brauneck nicht wieder betreten, wo sich Türen, Menschen, Bilder gegen sie verschworen hätten.

»Ja, das haben sie, Rosmarie, und du kannst nichts dagegen sagen.«

Und Rosmarie schlang ihre Arme um ihre heftig schluchzende Mutter. »Arme Mama!«, flüstert sie und streicht ihr über die zuckenden Achseln und hört die immer wieder ausbrechenden Klagen und Anklagen mit solch zarter Teilnahme an, unter der ein sanftes Mitleiden liegt für die tiefe Zerrissenheit, die all diesen Worten zugrunde liegt. Sie ist ja so reich. Alle ihre Kerzen der Liebe und des Erbarmens brennen.

Und seltsam, mehr als seltsam, der Fürst findet seine beiden Damen in einer ihm ganz wunderbaren sanften Stimmung vor.

Noch immer darf er das große Ereignis nicht berühren, Rosmaries Augen warnen ihn davor. Aber welche Wohltat, dass sich der Eiswind vom heutigen Morgen gelegt hat.

25. ZWEI WELTEN

Bordighera, sechster April

Mein liebster Harro!

Heute habe ich den Frühling gesehen. Er kam übers Meer, und wo er den Strand betrat, da lief unter den Palmen ein grüner Hauch. Da standen zwischen dem Grün weiße, gelbe und feuerrote fremde Lilien, wie Flammen schlugen sie aus dem weichen Grase auf. Hohe Zypressen schauten auf sie herunter, und damit sie nicht so einsam blieben in ihrer Höhe, schlangen sich Teerosen an ihren Stämmen hinauf und drückten ihre sanften Blumenwangen an die raue Rinde und verbanden sie mit ihren Ranken und ketteten sie aneinander und lächelten dazu mit ihren feinen, blassen Gesichtern. Kennst Du die Olive, die auf der gelben Felswand ihre feinen Zweige in hundertfältigem Schattenspiel abzeichnet? Und die so alt und zerklüftet und zerrissen ist, dass Maßliebchen in ihren Stamm hineingewandert sind und da wohnen und leben?

Nun kennst Du sie aber nicht mehr, die alte Seele. Sie blüht über und über von rosa Rosen. Bis zum Wipfel sind sie gestiegen, ihr Grün sieht man nicht, nur die rosa Köpfchen und das silbergraublaue und das leuchtende Rosa zusammen, wie lachen einem da die Augen!

Die liebe, alte, feine Seele mit ihren Rosenkränzen!

Dann ging wohl der Frühling mit seinen leichten Füßen die

Schlucht hinauf, wo hinter der Felswand die Palmen stehen. Die grüßen ihn ein wenig. Ihr Freund ist ja der glühheiße Sommer, der ihnen die alte Heimat wiederbringt, sie rühren sich nicht viel. Da verfängt sich des Frühlings blauer wehender Mantel an einer Mimose.

Wie flammt sie auf! Ein Berg von purem Gold ist sie geworden, der herausschießt aus dem Gestein und alles ringsum mit seinem Goldstaub und Duft erfüllt. Wie ein Wunder steht die Mimose da, als wäre sie heute verpflanzt worden aus dem Paradiesesgarten. Und der Frühling mag wohl eine Weile bei ihr stehen und mit seinen strahlenden Augen um sich sehen. Und da steht zwischen den stolzen abweisenden Palmen ein schlanker dunkler Baum. Ein Hauch darüber, und nun steht er in weißen Blüten, der Kirschbaum, und trägt seine Last von Blütennestchen auf den schwanken Zweigen.

Wie ist er so traut, der Baum aus der Heimat. Ach, nimm einen Zweig davon, holder Frühling, und steck ihn dir auf deinen Hut und trage ihn über die sieben, sieben Berge und die Schnee- und Eispaläste nach der geliebten Sonnenhalde, wo jetzt erst die schüchternen Maßliebchen und die gelben Hungerblümchen stehen zwischen den Steinen. Und lass den bittersüßen Hauch hereinwehen, dass er aufsehen muss von seiner Arbeit und hinausschlendern und ins Tal sehen!

Du hast gewiss nicht gewusst, Harro, dass es so viel Nachtigallen in der Welt gibt, wie sie hier beisammen wohnen. Es scheint zurzeit ein großer gelber Mond, vor dem sich die Lisa fürchtet, weil er so gar nicht ist wie der Braunecker Mond. Und dazu singen die Nachtigallen. Und die Baumfrösche plappern, die kleinen, grünen, wer es am lautesten kann. Sie klappern wie Hunderte von kleinen Mühlen, und auch die mahlen lauter Liebe die ganze Nacht. Man kann gar nicht schlafen vor lauter Liebe.

Vater ist nun in Brauneck angekommen und Tante Helen hier. Wie ist sie so gut und wunderlich. Sie meint, in allem schlage ich aus der Art und ich dürfe mir nicht einbilden, das Leben werde mich stets wie Biskuitporzellan behandeln wie bisher.

Und dann küsst sie mich wieder und sagt: »Dir vor andern gönne ich es, dass es nach deinem Herzen geht. Ich möchte wissen, in wieviel Jahrhunderten du die einzige bist von Braunecker Töchtern, die sich nicht vor ihrer Hochzeit die Augen halb ausgeweint hat oder mit Stickrahmen, Papagei und Schoßhund im Prinzessinnenbau hat vorlieb nehmen müssen! O du Biskuitporzellan!«

Und ich muss mich so nennen und mir erzählen lassen, wie man mit dem gewöhnlichen Geschirr, als solches rechnet sich Tante Helen, die doch auch Original Brauneck ist, verfahren ist. Und ich liebe sie innig, die Tante Helen.

Mama ist in Wiesbaden und es wird schwer sein, sie wieder nach Brauneck zu bekommen, gegen das sie nun immer erbitterter ist.

Und das kränkt Vater, der doch denkt, dass es auf der Welt keinen besseren Ort zum Leben und Sterben gibt als Brauneck.

Deine schöne Gruppe von der Prinzessin als Gänsemagd macht allen große Freude. Der Herr Professor setzt sich jedes Mal so, dass er sie ansehen kann, und rückt ein wenig daran mit behutsamen Händen, dass er eine andere Silhouette davon bekommt und endlich mit sich im Reinen ist, von welcher Seite sie am schönsten ist. Auch findet er, dass er sich noch nicht genug mit diesen interessanten Tieren, den Gänsen, befasst und ihnen menschlich näherzukommen versucht habe. Er habe sie bisher nur in gebratenem Zustand geschätzt. Aber dies sei nun ein vollständig überwundener, weil beschämend roher Standpunkt. Er ist überzeugt, dass die vordere Gans die ganze Situation, die dem Kürdchen erst dämmert, längst vollständig durchschaut hat. Darum wandelt sie auch so preislich voran. Und die zweite zischt verächtlich nach dem dummen Jungen, dem Kürdchen, und ist bereit, allerhand Angriffe, sei's von täppischen Bubenhänden, sei's von andern Kreaturen, von ihrer Prinzessin abzuwehren.

Ist es nicht lieb von ihm, dass er sich so hinein vertieft hat? Und wie sehr wünscht er ein Bild von Dir zu sehen. Am liebsten den Ehrensaal. Und denke, er hat mir versprochen, uns in Thorstein zu besuchen.

Ach, das fällt mir aufs Herz. Wie ich das zu sagen wage – es will mir fast bange werden. Weißt du, so:

Welt, geh nicht unter,
Himmel, fall nicht ein.

Liebster Harro, kann es denn wahr sein?

Deine Rosmarie

Thorstein, den zwanzigsten Mai

Liebste, Holdseligste,
o du mein blauer Himmel!

Heute solltest Du den Brunnen hören mit seinem Amsellied. Die Amsel sitzt oben auf der alten Tanne und singt und singt. Und was der Brunnen daraus macht, das ist so wie das, was Du aus meinen Bildern machst. Sein alter grüner Samtmantel leuchtet plötzlich auf wie, berührt von einer Lichtwelle, unsäglich schön ist das! Und zuerst kommt es mir vor, als müsse er leuchten über seiner Musik. Wie beseelt sieht er aus. Schließlich wird es mir doch zu merkwürdig, abends schlafen seine Farben ja immer. Da finde ich, dass es der Reflex von dem Sonnenglast auf den neuen Fenstern vom Hause her ist. Eine kindische Freude habe ich darüber; es muss ihn ja auch freuen, dass er nun so beglänzt wird, aus der Sonnenhöhe herunter.

Nun, das wirst Du auch einmal sehen. Und ich verspreche ihm jeden Tag, dass die Holdseligste einmal auf seinem grüngrünen Rande sitzen wird, ihre langen Flechten herunterhängen lassen und sein dunkles Auge das Weiß und Gold widerspiegeln wird. Dann ist ja die Fee von Schloss Schweigen wieder zu sehen. Weißt Du die Geschichte immer noch nicht?

Gestern war Vater da und wir stiegen wohl zwei Stunden lang überall herum zwischen Kübeln und Leitern und dem lieblichen Duft der Maurerspfeifen und -koteletten. Was das Letztere ist, wage ich meiner Mondscheinprinzessin nicht mitzuteilen. Es scheint den Leuten ein Lebensbedürfnis zu sein und auch Vater hat großmütig über das eigentümliche Parfüm hinweggesehen. Er war zum Glück recht befriedigt, und ich habe ihm schwören müssen, alle Arbeiten, die nicht mit Pinsel und Palette gemacht werden können, wie Bildhauen, Schnitzen, nur unter strengstem Ausschluss der Öffentlichkeit zu verrichten. Freilich, das Schmollzimmer, das Deine Panneaux bekommt und in dem ich die Decke male, ich will doch auch bei Deinen Kunstwerken vertreten sein, kann ich eben nur an Ort und Stelle malen. Ich verklackere mich noch entsetzlich bei der Plafondmalerei. Auf dieses wagte ich ihn nicht aufmerksam zu machen. Ich werde eben die Türen schließen.

Als ich neulich ganz verkleistert und ein Augenblick zum Erschrecken in mein Atelier kam und eine halbe Stunde brauchte, das Zeug aus meinen Haaren zu kriegen, natürlich hatte ich beständig meine Kappe verloren, da erquickte es mich ordentlich, abends von Michel Angelo selbst zu lesen, wie er seine Qualen beschreibt, als er die Sixtina ausmalte. Die betreffende Schilderung habe ich markiert, damit ich, wenn je Vater etwas von den Farbenorgien auf meinem Kopf, Kittel und Händen erfahren sollte, es ihm gleich vorhalten kann. Er muss dann wenigstens die gute Gesellschaft anerkennen, in der ich mich befinde.

Aus dieser abendlichen Lektüre darfst Du übrigens nicht schließen, dass ich über Büchern sitze. O nein, ich arbeite wie ein Pferd bis zwei Uhr nachts zuweilen, und wie ich auf meine Lagerstätte komme, weiß ich am andern Morgen gar nicht mehr. Es ist eine Wonne, so zu leben. Es fliegt mir auch alles. So habe ich noch nie in Farben und Formen geschwelgt.

Ach Liebste – eine Bitte von Deinem demütigen Harro! Versuche Dir auszudenken, dass das Braunecker Zeremoniell in mein Haus – fast hätte ich gesagt: meine Ruine – verpflanzt, Deinen untertänigsten Diener tief unglücklich machen würde. Die langen Mahlzeiten in der Zeit, wo die Arbeit am meisten fördert, das beständige Auf- und Abflirren von unbeschäftigten Lakaien in Schokolade oder anderen Farben! – Weißt Du, bei Euch sah ich sie gar zu oft, wie sie die Kastanien krummlehnten. Überlege Dir, Liebste, ob Du dies alles zu Deinem Glücke für unbedingt nötig findest. Ob Du Dir deklassiert vorkämest, wenn Dir einmal ein nettes, sauberes, freundliches Mädchen in einem weißen Häubchen die Schüsseln hereinbrächte. Wenn Dich aber nur die leiseste Furcht anwandelt, in diese Niederungen herabzusteigen, so will ich mich bescheiden. In einigem aber ahnt mir jetzt schon, dass ich stets hartnäckig bleiben werde. Das liegt schon daran, dass Du einen um sein Brot arbeitenden Mann haben wirst. Ich weiß wohl, dass Du mich gerne auf Daunen betten möchtest und jede Plage und Sorge von mir fernhalten und kein raues Lüftchen an mich heranlassen, wie Du ja jetzt schon Versuche machst.

Aber in mir ist etwas, was nur bei dem Knechtsschragen, auf dem ich immer noch liege, und im Kampf mit dem Sturmwind gedeihen kann. Lass Dir das alles durch Dein liebes Herz gehen und das wird Dir das Rechte schon zeigen. Du hast ja von allen Menschen mich immer am besten verstanden, schon als Du ein kleines Kind warst und eigentlich das alles, was Du von mir hörtest, weit über Deinen Horizont gehen musste.

Aber Du hattest eben den sechsten Sinn! Und namentlich für mich. Was sagst Du zu dem Plafond im Schmollzimmer? Ich habe mir Deinen Brief vom Frühling noch einmal geholt und habe daraus die Idee genommen. Den Frühling selbst zwar in seinem blauen Mantel, so lieb mir das Bild ist – aber ihn an der Decke aufzuspießen, das widerstrebte mir. Er könnte einem doch da oben zu viel werden. So ist's eine Symphonie in Blau geworden. Blau, blauer, am blauesten, sagte Dein Vater bei unsern Morgengängen an der Riviera. Blauer abgetönter Himmel und darüber ein Flug Zugvögel, gegen die dunkeln Schwingen wird das Blau erst recht leuchtend. Und der Abschluss ein leichtes

Goldgitter, über das ein Frühlingsregen emporquillt, Goldregen, Flieder, Apfelblütenzweige, ein glutiger Rotdorn. Ist Dir das nun so lieb?

Um Deine Panneaux, soweit sie fertig sind, bitte ich, es wird gut sein, wenn ich sie zuweilen hinhalte, sie zu befestigen wage ich nicht von wegen meiner Klackerei. Und nun meine ich, die Stücke schließen immer schmale holzgeschnitzte Bäumchen ab, nur wenig erhaben, die sich nach oben verästen, alles in Gold, und damit zur Decke überleiten. Dazwischen immer wieder die graugrüne Wandbespannung, damit alles nicht unruhig wird.

Wenn wir in den fertigen Räumen einmal halb so viel Genuss haben werden, wie es mir die Arbeit daran gibt, so werden wir nie nötig haben, länger als eine halbe Stunde zu schmollen.

Ich sehe mit Stolz, dass ich bereits den vierten Bogen ergreife. Nie habe ich noch an irgendwen einen Brief auf die dritte Seite des ersten Bogens gebracht.

Nimm's nicht allzu tragisch, Liebste, um was ich dich gebeten habe. Du sollst ja glücklich sein. Das ist die große Hauptsache. Und zeigt es sich, dass es ohne Schokoladene nicht geht und ohne den ganzen Train, den Du von Kind auf gewöhnt bist, so wird sich das auch finden. Nur in Einem kann ich nicht nachgeben. Was meine Arbeit betrifft. Das wirst aber Du am allerwenigsten verlangen.

Leb wohl, Holdseligste, Süßeste! Wenn ich doch einen blauen Himmel malen könnte, so blau, so blau, wie ihn Deine Liebe über mein Leben ausgespannt hat.

Dein Harro

Brief der Fürstin von Brauneck an ihre Freundin, Gräfin Effie Thara:

Meine liebe Effie!

Also Du hast auch schon ein Gerücht gehört und fragst nun, wie es denn möglich sei! Nun, ich muss Dir leider alles bestätigen ... Du wirst mir zutrauen, dass es mir darin wie in andern Dingen gegen die Einsicht gegangen ist. Du sagst, die Sache habe die Herrschaften so peinlich berührt, dass Du Dich beeilt habest, sie vorerst zu dementieren, bis sie sich an den Gedanken etwas gewöhnt haben. Nun, ich sehe nicht ein, was dabei herauskommt. Denn an der Sache selbst wird nichts mehr zu ändern sein. Der Fürst ist ganz verändert seither. Ganz eisern, starr und wie ich bemerke, kommt er immer mehr unter den Einfluss dieses zielbewussten Intriganten. Dass ich traurige Tage ver-

lebe, wirst du mir glauben. Ich habe es noch nicht übers Herz gebracht, nach Brauneck zurückzukehren, wo es mir jeden Tag geschehen kann, dass ich diesem Mann begegnen muss. Er sei zwar noch nicht in Brauneck gesehen worden, aber der Fürst reitet ganz offen jede Woche hinüber. Du hast mit Recht gesagt, dass es eine schwer erklärliche Kurzsichtigkeit war, dass wir Rosmarie nicht eine einzige Saison in Berlin gegönnt haben, wo sie doch andere Menschen kennenlernen, überhaupt hätte vergleichen können. Nun ist sie mit ihren neunzehn Jahren, wo andere erst aus der Kinderstube treten, schon fürs Leben festgelegt.

Ja, meine liebe Effie, nur Eines möchte ich dazu sagen ... Du ahntest nicht, wie schwer es gewesen wäre, Rosmarie nur wenigstens annähernd in eine gesellschaftsfähige Form zu bringen. Ihre Taillenweite beträgt achtundsechzig Zentimeter. Ich sage nichts weiter. Dann ihre Füße. Sie behauptet, nur sandalenähnliches Zeug tragen zu können, und so wandelt sie mit breiten, formlosen Latschen herum. Die Herrschaften sollen gesagt haben, sie habe einen wundervollen königlichen Gang. Wenn ein solcher Gang nur mit diesem Schuhwerk zu erkaufen wäre, so möchte ich darauf verzichten. Die Dame, die Ihrer Majestät Kleider schneidet, verriet mir auf flehendes Bitten ein Geheimnis, wie ich Rosmarie noch in erträgliche Form bringen könnte in kurzer Zeit. Sie müsste wenigstens sechs Wochen lang Tag und Nacht eine Corsage aus allerfeinsten Gummischnürchen tragen, das sei das Einzige nach so langer Vernachlässigung. Aber wie brächte ich Rosmarie dazu? Sogar schwerlich nach einer gesellschaftlichen Niederlage, wenn sie die überhaupt merkte. Du ahnst also ein wenig die Schwierigkeiten, die ich mit meiner Tochter habe. Nun, als Künstlerfrau kann sie ja aussehen, wie sie will, und ihrem Manne wird sie ja auch so genügen. Er ist ja ganz verbauert. Es ist eigentlich schade um ihn. Früher war er trotz seiner Wunderlichkeiten doch ein Kavalier. Aber nun dieser lange Umgang mit Künstlern, Modellen oder wer weiß was, es ist ja wohl zu begreifen. Früher pflegte ihm auch etwas anderes zu gefallen.

Im Juli soll die Verlobung veröffentlicht werden, bis dahin soll Rosmarie in Baden bei meiner Schwägerin Helene bleiben. Du kennst sie ja und ihre Originalitätssucht und wirst Dich nicht verwundern, dass sie der Sache bei ihrem Bruder auch gar keine Schwierigkeiten machte. Die Gute wird immer dicker und bekommt den Anflug eines tüchtigen Schnurrbärtchens. Augenblicklich steht sie sich sehr gut mit Rosmarie, die ihren Eigentümlichkeiten zu schmeicheln versteht. Darin ist Rosmarie überhaupt groß, sie hat sich sogar an mich gemacht, aber ich durchschaue sie eben doch zu gut und kann zu wenig vergessen, was sie mir alles hinterrücks zuleid getan. Und ins Gesicht. Das beliebt sie aber vollständig vergessen zu haben.

Hier bin ich ja eine Weile vor ihr sicher. Ich habe Lenette bei mir, ihre Verlobung ist nur noch ein Frage der Zeit. Allerdings erleben wir immer noch manches Aufregende. Ich habe die Pferde da und reite viel. Lenette und ich verkehren viel mit den Schwelms, die hier in der Nähe ihren Sitz haben. Dorthin reite ich, meist in Begleitung des jungen Arno Schwelm, der sehr amüsant ist. Er ist auch ein guter Schütze und in Schwelm ist eine sehr schöne Schießbahn. Wir schießen oft und ich komme ihm immer mehr nach. Neulich habe ich ihn sogar übertroffen. Wir schossen lange, ich ohne besonders gute Resultate. Da meinte er, ich schieße zu temperamentlos. Die Scheibe interessiere mich offenbar nicht genug. Ich sollte versuchen mir vorzustellen, dass ich anstatt nach der langweiligen Scheibe nach etwas schieße, was mich bedrohe oder – lachte er – was ich hasse. Dem Betreffenden schadet es ja nichts. Er hat manchmal solche Einfälle. Du weißt, dass er großes, ja fast unheimliches Glück bei den Frauen haben soll. Von mehreren Duellen, die er gehabt hat, weiß man. Einmal saß er ja ein ganzes Jahr auf der Festung, die Geschichte wird aber nicht weiter erzählt. Er ist sehr hübsch, nur hat er zweierlei Augen, eins blau, eins braun, was seinem Gesicht etwas Zerrissenes gibt. Ich wundere mich, wie außerordentlich eifrig er auf seine täglichen Ritte ist, und ich muss sagen, ohne das Anregende und ein wenig Aufregende seines Umgangs käme ich hier um vor Langeweile und Herzenskummer. Lenettes Fata sind auch manchmal ermüdend mit zu genießen.

Aber ich vergesse zu sagen, dass ich nun nach seiner Anweisung mit Fantasieanschluss schoss und Treffer über Treffer hatte.

Meine neuen Pariser Frühsommerkostüme sind eingetroffen und im Ganzen befriedigend. Zu manchem wird man freilich in Brauneck scheel sehen, wo man das Altväterische, Biedere liebt und einen am liebsten auf das Matronenhafte festnagelte. Nun, ich hoffe, nur kurz in Brauneck zu bleiben. Die Luft ist dort so tot und schwer. Jeder Gegenstand von Pietätsstrahlen umgeben und unverrückbar dort, wo er einmal sitzt. Und nicht einmal ein Auto habe ich noch, mit dem ich mich doch schnell einmal dieser Atmosphäre entziehen könnte. Und dann kommen die Verlobungsfeierlichkeiten und vermutlich einige offizielle Empfänge (fürchterlich langweilig und angreifend!).

Ach, habe nur ein wenig Mitleid mit Deiner

Charlotte

26. GOLDMARIE

Im Braunecker Schloss sind wieder festliche Vorbereitungen im Gange. Die Fürstin ist zurückgekehrt mit der Prinzessin, die sich im letzten Jahre so verändert hat, dass die Leute sie ungläubig anstarren, als sie nun mit ihrer Mutter vorüberfährt. – Kann das die Prinzessin Rosmarie sein, die wunderschöne junge Dame!

Und was noch seltsamer ist, die feinsten Nasen in Brauneck haben nicht bemerkt, was geschehen ist, bis ein schokoladebrauner Lakai bei den Honoratioren die Runde macht und ausrichtet: »Seine Durchlaucht lassen den Herrschaften mitteilen, dass sich Prinzessin Rosmarie mit dem Grafen Thorstein auf Thorstein verlobt hat.«

Dies ist eine überwältigende Neuigkeit. Dem Schokoladebraunen folgt bald ein Kindertrüppchen von Haus zu Haus, und die Frau Apotheker sieht man sofort im Visitenanzug zu der Frau Präzeptor, ihrer Intimsten, stürzen.

Fürst und Fürstin und die Verlobten nehmen am Dienstag, dies erzählt der Schokoladene auf Befragen, Besuche an.

Also das war das große Los, das der Ruinengraf gezogen! Von dessen Baueifer sich schon in der ganzen Umgegend Legendenkreise gebildet haben. Alles in Thorstein solle ja Gold und Marmor sein. Mit Gold sogar die Wände belegt, und eine ganze Horde Italiener arbeite drüben, die im Tag zehn Mark bekämen. Kein Mensch hat zwar noch den Bau gesehen, aber dadurch wird er nur noch großartiger.

Bisher war man geteilter Meinung gewesen. Entweder der Ruinengraf habe zwischen dem Steinwerk einen in den Kriegsläuften verborgenen Goldschatz gefunden. Ja, diese Ansicht ist entschieden die populärere.

Andere, mehr realistische Naturen neigen zu der Annahme, der Thorsteiner habe das große Los gezogen. Denn woher sollte der arme Teufel von einem Ruinengrafen plötzlich das Geld haben?

Und ihm selbst hat man keine Verbesserung seiner Lage angesehen. Seine Lodenröcke waren noch genauso grün und sein alter Filzhut schlug schon bald zum dritten Mal in eine andere Farbe über.

Auch wollte man wissen, dass er bei dem Bau, selbst bei dem Behauen der Steine, geholfen habe, auch überall dabei sei, wo es eine besonders schwere oder heikle Aufgabe gebe.

All die vielen kleinen Fenster in den spitzgiebeligen Häusern sind zu Augen geworden, und jedem vorbeieilenden Lakaien folgt ein Kinderschwarm und die Kühnsten schreien: »Hochzeit! Hochzeit!«

Die sämtlichen Damen machen einander Besuche an diesem schönen, heißen Julimorgen, an dem die Sonne mit so goldenem Glanze die vier dicken Türme von Brauneck überschüttet. Und an keinem Fenster bleiben die kleinen Vorhänge, die man dort zu Lande Neidhämmel heißt, unverrückt, als nun um zehn Uhr auf einem hohen leichten Kutschierwagen, dessen zwei schöne Goldfüchse er selbst lenkt, der Ruinengraf hereinfährt. Die meisten erkannten ihn übrigens erst, als er vorüber war. Denn auch der treue alte Filzhut und die Lodenjoppe waren verschwunden, und in dem Diener, der hinten aufsaß, konnte kein Braunecker den treuen Märt erkennen, der mit seinem Herrn nun so manche Wechselfälle miterlebt hatte. Das Gefährt mit den Füchsen war ein Geschenk des Fürsten zum heutigen Tage; der Fürst wollte, dass sein Schwiegersohn im eigenen Wagen angefahren komme.

Der Fürst war Harro entgegengegangen – bis zur großen Pforte, die in die Waffenhalle führt und die nur bei Festlichkeiten benützt wird. Die Herren sehen sich ja jede Woche, aber mit dem heutigen Tag tritt doch ein Neues in ihr Leben ein; und als sich Harro herabneigte, um dem Fürsten die Hand zu küssen, legte der ihm die Hand auf die Schulter und seine schönen dunklen Augen wurden feucht.

»Du weißt, Harro, wie du mir danken kannst.«

Gestern hatten sich Rosmarie und ihre Stiefmutter erst wiedergesehen. Rosmarie war der Fürstin mit klopfendem Herzen, aber doch mit einer leisen Zuversicht, entgegengekommen. Mama musste doch bemerkt haben, welch unsägliche Mühe sie sich gegeben hatte, ihr in allem entgegenzukommen und es bei ihrem Vater so viel als möglich nach ihren Wünschen einzurichten.

Und die Fürstin war auch fast liebenswürdig gewesen. Wie sie sich mit Harro stellen würde, das wusste freilich noch niemand. Weder Rosmarie noch ihr Vater sind ganz ohne Sorge darüber.

Und dann hat die große Freude bei Rosmarie alles andere verschlungen. Heute kommt er, das schreibt ein goldener Sonnenpfeil an die Wand ihres Schlafzimmers, das rauscht in der Linde, jedes glitzernde Wellchen des Flusses im Tale trägt es auf seinem Rücken und gibt es dem nächsten weiter. Die Schwalben, die wie dunkle Pfeile zu vielen Hunderten die Schlossmauern umschwirren, rufen es einander schrillend zu.

Wie der Morgenwind heute mit dem grünen Busch auf dem roten Turm spielt, dass es aussieht, als habe er seine Feder noch einmal so keck aufgesetzt, und dazu blinzelt sein glänzendes Auge unter dem schweren Lid hervor: Ich weiß, wer kommt! Die ganze Luft ist so voll

Freude, dass man meint, man atme sie ein, die Seligkeit. Ach, dass es heute auch traurige und einsame Menschen gibt, die auf niemand warten können als vielleicht auf den Tod!

Lisa muss sich reichlich beschenken lassen, denn ein bisschen Freude soll doch jedermann haben, mit dem Rosmarie heute in Berührung kommt, sonst bedrückt sie die eigene Seligkeit zu sehr.

Und so kam sie zum Frühstück, wo ihre Eltern sie erwarteten, in ihrem lichten, zarten Batistkleid, das unter der Brust von einer blauen Seidenschleife zusammengehalten wird. Sie kam, als bringe sie den ganzen Sommertag in das hohe schattige Gemach, in dem die Vorhänge gegen die Sonne heruntergelassen sind.

Die Fürstin sah auf, sie sieht fahl und verlebt aus und abgespannt. Bei Rosmaries Anblick wird sie fast graugelb. Des Vaters Augen leuchten auf. Haben denn die alten Wände wohl je so etwas Schönes gesehen? Die vielen gemalten Augen schauen von den Wänden herab, manche in tiefem Schatten, manche von einem Sonnenpfeil erhellt.

Es ist eine Dame da im steifen Silbermieder, mit imponierender Hakennase, deren Augen so gerichtet sind, dass die den Beschauer verfolgen. Hat sie denn je so gestarrt wie heute, die alte Brauneckerin, die die kalkweißen Hände so feierlich auf ihr silberbeschlagenes Buch gelegt hat? Sieh sie dir an, alte Dame, das letzte, das holdeste Kind von Brauneck!

Rosmarie küsst ihrer Mutter die Hand und lächelt sie an mit dem suchenden Blick, der nach ein wenig – nicht Liebe, nur Duldung verlangt. Was sie aus den Augen trifft, ist etwas Unergründliches, etwas, was sie noch nie gesehen hat.

Dann beut sie ihrem Vater die Wange dar, dass er sie küsse, ein wenig muss sie sich zu ihm herabneigen, sie ist ja größer als er.

Es trägt ihr sofort die Bemerkung ihrer Mutter ein: »Rosmarie, du bist wieder gewachsen. Nun musst du dich nur mehr vor den Kronleuchtern in Acht nehmen!«

»Das will ich tun, Mama; ich kann ja Harro vorausgehen lassen. Wo er durchkommt, komme ich auch durch. Vater, hast du schon den Duft von der Linde gespürt? Er hüllt das ganze Schloss ein, sie blüht auf der Nordseite, o wie es darin summt und orgelt.«

Sie setzt sich an ihren Platz ihrem Vater gegenüber neben der Fürstin und fängt an, den goldschimmernden Honig auf ihr Brötchen zu streichen, und ihr Vater sieht ihr mit Freuden zu, wie es ihr so herrlich schmeckt. »Iss recht viel davon; der Honig passt so recht für dich, dann wirst du recht klar und süß.«

Keins hat noch mit einem Worte des großen Ereignisses von heute gedacht, bis die Fürstin beginnt: »Nun, also um zehn Uhr, soll der Bräutigam kommen und um halb zwölf ist der Empfang. Gott, wie langweilig werden die Leute sein in ihrem Bestreben, immer dasselbe mit ein bisschen andern Worten zu sagen.«

Der nörgelnde Ton verstimmt den Fürsten. Er steht sehr schnell auf.

»Ich habe mit dem Herrn Domänenrat zu sprechen. Nun, Rosmarie, ist das schon der ganze Toilettenzauber oder kommt noch etwas Schöneres?«

»Das ist nur mein Morgenkleid, Vater, es kommt noch etwas Schöneres.«

Die Fürstin sagt: »Es hängt ja doch alles an dir herunter, da ist schwer unterscheiden. Dein Vater ist in Toilettendingen sonst nicht so kindlich. Nun, jetzt habe ich ja nicht mehr nötig, mich so darum ansehen zu lassen, wie du mit dir umgehst.«

Der Fürst verschwindet eiligst. Wie er diesen Ton hasst! Kann sie das Kind denn nicht heute in Ruhe lassen!

Rosmarie ist rot geworden. Sie weiß nur zu gut, wie sie ihre Stiefmutter mit ihrer Hartnäckigkeit geärgert hat, die das ja doch nicht einsehen kann, was sie all die Jahre im tiefsten Herzen bewahrt hatte.

»Mama, ich kann dir doch nicht dankbar genug sein, dass du mich gewähren ließest! Ich habe erst so recht begriffen, wie unangenehm das dir sein musste. Und ich möchte jetzt nicht anders sein.«

Die Fürstin zuckte die Achseln.

»Nun, meine Aufgabe ist ja jetzt zu Ende.«

Es ist sehr still in dem hohen kühlen Raum, nur ein großer Nachtfalter, den die Sonne aufgestöbert hat, schlägt mit seinen Flügeln gegen die Vorhänge.

Rosmarie zerbricht sich den Kopf, was sie Mama Versöhnendes sagen könnte. Sie ist ja heute die Goldmarie, und wie undankbar wäre es, wenn sie nicht versuchen würde, von ihrem Glücksreichtum andern mitzuteilen. Und Mama sieht heute so seltsam aus, ganz fahl, mit roten Flecken unter den Augen.

Rosmarie denkt an den Empfang, der Harro wohl bevorsteht, wenn Mama so ungnädig bleiben wird. Da klopft es, ein Lakai bringt einen großen in Seidenpapier eingeschlagenen Gegenstand. »Für Ihre Durchlaucht Prinzessin Rosmarie abgegeben worden.« Rosmarie entfernt die Hüllen. Es ist ein großer taufrischer Strauß. Es entfährt ihr ein leiser Freudenschrei. Es sind nur rosa Federnelken und zarte bräunliche und grünliche Gräser von einem alten blauseidenen Band umwunden.

Sie kennt die Stelle, wo die Blumen standen, die lichten Eichen, wo sie am vergrasten Wege stehen, das Haarband, das das Seelchen verlor und Harro irgendwann einmal gefunden haben musste; denn es war abgeblasst und mit Tauflecken bedeckt. – Und jene Stunde des Lilientages, als sie ihm ihre kindliche Liebeserklärung auf Erdbeeren aufgespießt hatte.

So muss er denn am frühen Morgen dort gegangen sein und hat sie gesammelt, die Kinderfreuden, von dem ersten, großen Festtage ihres Lebens. Rosmaries graue Augen werden feucht. Die ganze Welt hat sie vergessen, vergessen, dass neben ihr der lauernde Hass sitzt und der blasse, quälende Neid. Sie hält ihre Blumen in der Hand und neigt sich darüber, die Federkronen mit ihren Lippen zu berühren, und über ihre Wangen fliegt der süßeste Rosenhauch. So schön, so selig still ist sie, wie sie den Gruß aus dem Kinderland in ihren bräutlichen Händen hält.

Plötzlich schreckt sie zusammen. Die Fürstin hat der Teemaschine, unter der immer noch das bläuliche Flämmchen steht, einen Ruck gegeben und beugt sich darüber, das Wasser herauszulassen. Sie selbst trinkt ja immer viele Tassen Tee stärkster Sorte, dessen Bereitung sie niemand anvertraut. »Du hast ja noch gar keinen Tee gehabt, Rosmarie.«

Die Prinzessin legt ihren Strauß vorsichtig auf den Tisch. »Wenn du so freundlich sein willst, Mama, aber nicht so stark, gib mir Wasser hinein.« Und dabei lächelt sie noch einmal und errötet – es mag sie irgendein Gedanke gestreift haben – und hält ihre Tasse hin. Die Fürstin beugt sich vor und in der nächsten Sekunde schießt ein siedender Wasserstrahl auf ihre beiden nackten Arme, über die sofort ein dunkelrotes Band läuft. Sie stößt einen Schrei aus. Die Fürstin hebt ein aschfahles Gesicht, in dem zwei Augen in rötlicher Glut funkeln.

»Ach, es ist die Maschine umgekippt.«

Rosmarie ist weiß geworden, nur ihre Augen sind dunkel. Sie muss die Zähne zusammenbeißen vor Schmerz und bringt kein Wort hervor, nur einen Blick der stolzesten Verachtung. Die Brauneckerin, die stolze, königliche, ist plötzlich aus der sanften, träumend seligen Jungfrau erwacht. Sie ergreift mit zitternden Händen ihre Blumen mit einem letzten Blick, als wollte sie sagen: Ich vertraue dir nicht einmal die armen Blumen an. Dann geht sie hinaus.

Die Fürstin, die aufgesprungen war, sank wieder in ihren Stuhl zurück und starrte mit zuckenden Lippen vor sich hin. Einen Augenblick brannte noch ein wilder Hohn auf ihrem Antlitz, dann verzuckte die Glut und sie schlug die Hände vors Gesicht in einem plötzlichen Erwachen.

Die alte Brauneckerin schien sich in ihrem ganzen Körper nach ihr herumzuwerfen mitsamt ihrem silbernen Buch. Ein seltsam fremder Hauch war in das vorher so morgenfreundliche Gemach gekommen. Auf ihrem Rücken fühlte die Fürstin noch die gemalten Augen ihr folgen, als sie mit wilden Schritten das Zimmer verließ.

Rosmarie war zu ihrer getreuen Lisa geeilt, die eben ihr weißes Seidenkleid über den Arm hängen hatte.

»Lisa, kannst du mir helfen – ein Ungeschick – ich leide sehr … Den Herrn Hofrat dürfen wir nicht holen, sonst merken sie es alle … Nimm mir die Blumen ab. O Gott, weißt du, was man tun könnte?«

Die Lisa entsinnt sich zum Glück, dass sie die Schwester Eva hat ins Schloss hineingehen sehen – die Lene hat sich ja gestern in der Küche gebrannt – und sie eilt schreckensbleich davon.

Rosmarie hat sich auf ihr Bett geworfen und ihr Gesicht in die Kissen gedrückt. Da kommt schon die junge schüchterne Diakonissin, die Gemeindeschwester, die in ihrer blauen Schürze alles Nötige trägt.

»Schwester, hat Sie gewiss niemand gesehen? Sind Sie die hintere Treppe gekommen?« Nun ist Rosmarie nicht mehr blass, ihre Wangen sind dunkelrot, ihre Lippen zucken fortwährend, und in einer Stunde soll der Bräutigam kommen.

Schwester Eva macht mit geschickten energischen Händen den Verband. »Aber den Herrn Hofrat muss man es doch sehen lassen, Durchlaucht, ich wäre sonst nicht ruhig.«

»Heute Abend, ja.«

Und so geht denn die Schwester.

»Solch ein hilfreicher Engel«, flüstert Rosmarie. »Das muss das Zweitschönste sein, was man werden könnte. Lisa, wenn die Menschen so nach einem verlangten und die Hände nach einem ausstreckten und auf die Schritte horchten! Die Schwester Eva kam wie ein Himmelsbild herein. Und nun ist's doch ein wenig besser.«

»Ach, Durchlaucht, nun gerade heute«, schluchzt die Lisa.

»Wir haben noch Zeit, angezogen bin ich im Augenblick. Sieh nach meinem Kleid, das hat ja kurze Ärmel, und wenn jemand klopft, so sage, dass ich bei der Toilette sei. Es darf es niemand wissen, niemand.«

Und nun liegt sie ganz still auf ihrem Bett und hält ihre verbundenen Arme über den Kopf, weil so der Schmerz leichter zu ertragen ist, und über ihre Wangen fließen große Tränenperlen.

Und Lisa muss sich eilen und ihre Nadel fliegt durch Seide und Spitzen. Und ihre junge Herrin tut ihr so leid, die nun an ihrem schönsten Tag jeden Atemzug erkaufen muss mit Leiden. Aber in Rosmaries

Herzen ist ein wilder Zorn und eine Empörung; zu gut hat sie den Blick der Fürstin gesehen. Dann steigt etwas anderes auf, ein ungeheures Erbarmen mit ihrem Vater, der an diese Frau gefesselt ist.

Der arme Vater! Was muss er wohl schon in der Stille gelitten haben! Und jene Sturmnacht taucht wieder vor ihr auf. Wenn jetzt ein Kind da wäre, von dieser grausamen Frau ein Sohn!

Und Rosmarie fragt sich, ob sie das Vorgefallene verschweigen soll? Aber nur einen ganz kurzen Augenblick, und dann weiß sie, dass sie es sich selbst schuldig ist zu schweigen. Und eine eisige Verachtung für ihre Stiefmutter fällt auf sie.

Ausgelöscht ist für den Augenblick alles, was sie in Monaten erkämpft hat an Mitleid, an Versuchen zu verstehen und zu vergeben.

Wie leicht und einfach war ihr alles erschienen, als sie in ihrem überströmenden Glücke dieser Frau ein paar Almosen der Liebe und Güte zuzuwerfen beschloss. Als sie auf das Grab des Hasses das Kräutlein Liebe pflanzen wollte, wie ihr selbst vergeben worden war. Damit, dass sie den Mantel des Schweigens über alles breitet, meint sie mehr als genug getan zu haben. Und die Fürstin soll fühlen, dass sie ihr wohl ein paar Stunden oder Tage bittern Schmerzes zufügen kann, aber doch nicht an ihr innerstes Herz zu rühren vermag.

Der giftige Hohnblick – nun, für heute habe ich dir deine Freude doch verdorben! Nein, diesen Triumph soll sie nicht haben.

Und Rosmarie erhebt sich plötzlich, aber sie muss erst lernen, ruhig stehen und ihre Arme herabhängen zu lassen. Und Lisa betrachtet sie fast mit Furcht. Wie sie da auf und ab geht und vor dem Spiegel steht und versucht, selbst das verräterische Zucken um ihre Mundwinkel zu bekämpfen. Und ihr kommen doch wieder die Tränen, wenn sie denkt, wie wunderschön sie sich jetzt freuen könnte! Auf das seidene Kleid, das ihr nun Lisa überwirft, fallen auch noch ein paar Tränen.

Der Fürst hat schon zwei Mal geklopft und ist abgewiesen worden. Heute muss sie sich ja ausgiebig schön machen, die Rosmarie! Und er lächelt ein wenig. Das tun wohl die Mädchen mit besonderem Eifer, wenn sie es am wenigsten nötig haben. Und als er zum dritten Mal kommt, geht endlich die Türe auf und seine Tochter kommt heraus. Ja, sie ist schön, wunderschön, aber nicht, wie sie heute Morgen war.

Ihr Antlitz ist blass und ihre Lippen sind dunkelrot und ihr weißes Kleid ist an ihr wie Schwanengefieder. Und sie trägt in den goldenen Haaren das alte Stirnband. »Rosmarie, hast du eine Ahnung, wie Mama heute sein wird? Ihre Stimmung heute Morgen war nicht die beste. Ich besorge wegen Harro …«

»Oh, du hast nichts zu fürchten, Vater«, antwortet sie, die plötzlich fühlt, dass sie heute eine Waffe gegen ihre Mutter in der Hand hat. »Gar nichts zu befürchten. Bitte gehe ihm entgegen, Mama und ich werden euch im blauen Saal erwarten.«

Und sie nimmt ihr Schwanengefieder zusammen und rauscht an ihm vorüber den langen Gang hinunter, zwischen den vielen gemalten Augen. Und jedes Mal, wenn sie an einem der tiefen Fenster vorbeikommt, wo der Sonnenschein in schmalen Tafeln auf dem Boden und an den Wänden liegt, leuchtet die weiße Gestalt mit dem stolz getragenen goldenen Haupte auf.

Und er sieht ihr nach, bis sie verschwunden ist.

Im blauen Saal, wo das große Bild von Rosmaries Mutter hängt, ist Mama noch nicht. Einen Augenblick steht sie vor dem Bilde und ihre Augen füllen sich wieder mit Tränen.

Du hättest dich heute gefreut mit deinem Kinde, Mutter!

Da rauscht es hinter ihr. Die Fürstin in feierlicher Toilette, und beim ersten Blick sieht Rosmarie, dass sie Rot aufgelegt hat. Rot und Weiß, und es ist sehr kunstvoll gemacht, und sie glitzert von allerhand feinem Schmuckwerk.

Eine Sekunde messen sich die beiden mit den Augen, und dann fallen die Blicke der Fürstin zu Boden und Rosmarie sieht, wie der Diamantstern an ihrer Brust blitzende vielfarbige Lichter wirft.

Darunter muss ein sehr unruhiges Herz schlagen.

Rosmarie weiß, dass sie heute nichts mehr von ihr zu fürchten hat.

Und nun rollen Räder über den Hof; eine holde Röte steigt in ihre Wangen. Im Augenblicke ist sogar jeder Schmerz ausgetilgt.

Ihre grauen Augen richten sich leuchtend nach der Türe – Schritte – es stürzen von neuem Freudenbäche über ihre Seele. Und dann hält sie Harro in seinen Armen, ihre Augen tauchen ineinander und die Welt ist für den Augenblick vergessen.

Harro spricht kein Wort, aber man kann sich sonnen in seinen Augen. Wie Harro die Fürstin begrüßt, zuckt einen Augenblick ein leichtes Erschrecken über sein Gesicht. Wie man erschrickt und es zu verbergen sucht, wenn man einen Menschen wohl verlassen hat und findet ihn wieder vom Tode gezeichnet. Der erste Eindruck ist immer der erschreckendste. Dann findet man die alten Züge, und vielleicht wundert man sich nach einer Weile, dass man so erschrocken ist.

Und die Fürstin ist gnädig, sehr gnädig. Nicht einmal herablassend, sondern ganz so, wie sie nur hätte sein können, wenn Harro der allererwünschteste Schwiegersohn gewesen wäre. Den Fürsten wundert es sehr und der denkt wie so oft: Die Damen sind doch immer überraschend und sie auszukennen und im Voraus zu berechnen, das wird wohl nie ein Mann fertigbringen. Aber er ist doch sehr erleichtert.

Und dann muss er seine Tochter von der Seite betrachten und hat wieder das sonderbar drückende Gefühl, als habe er sie so, eben so, schon einmal gesehen und nun müsse es sich endlich offenbaren, wem sie eigentlich gleich sehe.

Dann ist feierlicher Empfang und Rosmarie muss vielen Leuten die Hand geben und sie sich schütteln lassen und leidet große Pein, dass es ihr manchmal ganz schwarz vor den Augen wird. Sie lächelt nur noch mechanisch. Und die holde bräutliche Seligkeit von heute Morgen ist von ihrem Antlitz verschwunden.

Endlich ist auch dies vorüber und Rosmarie geht an Harros Arm langsam hinter ihren Eltern her durch den Geweihgang, der jetzt in tiefem Schatten liegt, ins Esszimmer.

Harro flüstert: »Was ist dir, Holdseligste? Es ist etwas Fremdes an dir, ich sah es gleich – und so schön! Ich erschrak fast, als ich dich sah.«

Rosmarie erhebt ihre Augen zu ihm und lächelt das allerschönste Lächeln, und dazu werden die Augen naß.

»Es ist nichts Fremdes an mir, Harro, nur ist alles so traumhaft und unwahrscheinlich; ich meine, ich müsse aufwachen und wieder das hässliche Entlein sein. Ach, Harro, ich danke dir, ich danke dir! Ach, ohne dich wäre ich so arm.«

»Nein, Seele, du verbirgst mir etwas, du leidest.«

»Schweig, Harro, ich bitte dich … Es ist nichts. Nur ein kleines Ungeschick von heute Morgen … Meine Hände darfst du nicht anrühren, Liebster … Aber bitte, verrate es dem Vater nicht. Und bis morgen ist's vorbei und gar nicht wert, dass man davon redet.«

Sie sind schon im Esszimmer, das nach Rosen duftet und so köstlich kühl ist und wo die gemalten Augen auf sie warten. Sie sind heute allein, nur die vier Menschen, das festliche Diner wird später sein.

Rosmarie und ihr Bräutigam haben sich so lange nicht gesehen, und darum soll ihnen dies erste Beisammensein nicht gestört werden.

Harros Stirn hat sich umzogen. Er muss ihr ja den Willen tun und sie schweigen lassen. Ihre Augen sehen ihn so flehend an.

Rosmarie hat ein wenig Wein bekommen und blüht plötzlich auf wie eine Rose, und ihre grauen Augen haben Feuer und einen Glanz, der fast erschreckend ist. Aber der Fürst muss ihr doch zuflüstern: »Rosmarie, nicht alle Teller an dir vorübergehen lassen, man lebt doch nicht ganz allein von Honig und Liebe.«

Es wird noch stehend eine Tasse Kaffee getrunken in der Fürstin Zimmer. Wie gut Harro von früher her das ganze Braunecker Zeremoniell kennt und welch ein Schauder ihn bei allem Bräutigamsglück ergreift, als er sich nun selbst darin verfangen sieht. Wie gerne hätte er jetzt Rosmarie in die Arme genommen, wäre mit ihr in das alte Lernzimmer gegangen und hätte versucht, ihre Leiden zu erleichtern. Aber er muss seine Kaffeetasse balancieren und mit der Fürstin Konversation treiben. Und nun wird ihn der Fürst zu einer Zigarre entweder in der Sommerstube oder auf dem Schießplatz – dort ist's jetzt am kühlsten – auffordern. Die Damen bleiben zurück und verschwinden. Das ist alles wie auf ewige Zeiten festgelegt. Und Harro fragt sich, ob der Fürst als junger Mann nicht auch darüber das Nervenkribbeln bekommen habe. Es fällt ihm plötzlich ein, dass die alten Germanen zuweilen ihre Bräute zu rauben pflegten, und er kann ihnen eine leise Anerkennung über ein so summarisches Verfahren nicht versagen.

Es geht alles nach den altbewährten Braunecker Regeln. Rosmarie geht in ihr Zimmer und Harro raucht mit dem Fürsten eine nachdenkliche Zigarre und sie besprechen die Dauer der Verlobung. Der Fürst ist für nächsten Sommer. Dann ist Rosmarie zwanzig Jahre alt. Ein Jahr ist ja eigentlich zu lang.

»Harro, du musst selbst einsehen, dass bei Rosmaries zarter Konstitution doch das zwanzigste Jahr unbedingt erwartet werden muss. Die Zeit wird ja schnell herum sein.«

Alle älteren Leute, an denen die Jahre schon mit so unheimlicher Schnelligkeit vorüberzueilen beginnen, sind der Jugend gegenüber, für die ein Jahr eine so weite Reise ist, mit diesem Trost bereit. Harro kann nicht viel dazu sagen. Es widerstrebt ihm auch, jetzt schon als Fordernder aufzutreten.

Nun, da hätte er mit seinem Bau nicht so zu eilen brauchen, keine vier Stunden Schlaf hat er sich gegönnt und seine hohe Gestalt ist ganz mager darüber geworden.

Überhaupt ist es ihm, als legten sich ihm wahre Zentnerlasten auf seine Schultern, da nun der Fürst den »durchaus nötigen« kleinen Wagenpark erörtert und er mit leichtem Angstschweiß bedenkt, wie er nur die äußeren Bedingungen für das alles beschaffen soll. Und noch immer hat er gehofft, den Haushalt auf Thorstein selbst bestreiten zu können. Rosmarie mag ja ihre Toiletten und was alles dazugehört selbst besorgen; als Rosmaries Pensionär leben zu müssen, das ist eine Pille, die er noch nicht heruntergebracht hat. Und Porträtmalen, durch das er ja viel verdienen könnte bei all den Beziehungen, die er bekommen würde, das wird der Braunecker Standpunkt auch nicht ertragen. So bleiben ihm nur seine Bilder und vielleicht hie und da eine plastische Arbeit zu verkaufen. Und es ahnt ihm schon, dass er um jedes Bild, das er hergeben wollte, mit Rosmarie einen Kampf haben werde.

Sie pflegte jeden Verkauf mit Entrüstung aufzunehmen. Nur durch die Notwendigkeiten des Baus konnte sie überwunden werden. Er stöhnt innerlich, während der Fürst ahnungslos und in behaglicher Breite die Notwendigkeit von mindestens, allermindestens vier Wagenpferden, zwei Reitpferden, zwei Arbeitspferden erörtert.

Und der Dank für das schöne Geschenk, das ihn heute Morgen überraschte, bleibt ihm fast im Halse stecken. Rosmarie, dein Geldsack! Muss dein armer Harro ihn wirklich durch allen Schlamm schleppen?

Dabei fühlt er sich doch als Undankbarer, auf den so viel Güte gehäuft wird, und fast wie ein überfüttertes Kind, das nach dem immer wiederkehrenden süßen Breilöffel ausschlägt.

Endlich bemerkt der Fürst selbst den Druck, der auf ihm liegt, und denkt: Natürlich. Ein Verliebter. Und sie wollen allein sein, die beiden.

Und er sagt lächelnd: »Wir fahren nach dem Walde, um fünf Uhr, wenn die größte Hitze nachgelassen hat, und ich nehme die Fürstin auf mich. Wir gehen vom kalten Brunnen nach den lichten Eichen – natürlich, wenn es der Fürstin nicht zu viel wird, sie liebt das Spazierengehen nicht. Aber ihr geht dorthin und der Wagen kann euch dort abholen.«

Harro muss nun seine freudige Zustimmung ausdrücken, obgleich er nicht ohne Schauder an die Umständlichkeit denken kann, mit der ihm ein kurzer gemeinsamer, von hinten beaufsichtigter Weg gewährt wird. Himmel, und das noch ein Jahr! Die Ungeduld zerreißt ihn fast. Zu den Geduldigsten gehört er ja ohnedies nicht. Aber hässlich wäre es, den Fürsten, der sich wohl als überaus weitherzigen Beschützer der Liebenden fühlt, zu kränken. – Fürs ganze Leben vertraut man sie mir an, ich kann mit ihr tun, was ich will, ihr langsam jede Lebensfreude nehmen, ihr das Herz brechen, aber jetzt eine halbe Stunde mit ihr in der köstlichen Hitze unter der blühenden Linde zu sitzen, auf dem Lindenstamm – das vertraut man mir nicht an. Und sie leidet, die Sache ist nicht so geringfügig, wie sie behauptet.

Es wird endlich wahr. Sie fahren in den Wald, der Fürst und Harro mit den neuen Goldfüchsen, und der Fürst sieht mit kritischen Augen zu, wie Harro die Zügel führt, und kann nach kurzer Zeit seine ehrliche Anerkennung nicht unterdrücken.

»Man meint, du habest nie etwas anderes getan, Harro, als die Zügel geführt.«

»So etwas vergisst man doch nicht, Vater.«

»O doch, aber du kannst, scheint es, alles.«

Harro lachte. »Nein. Aber wenn man überhaupt etwas kann, dann kann man immer vielerlei, hab ich gefunden. Es sind übrigens prächtige Gäule. Mein Märt bringt den Mund nicht mehr zusammen, er ist ein Grinsen. Und die Pflege, die sie bekommen, wird sehr gut sein. Märt ist übrigens auch einer, der Verschiedenes kann.«

»Nun, wenn er zuverlässig ist, kannst du ihm wohl am besten die Aufsicht im Stall übertragen, auf dem Kutschierbock macht er sich doch nicht gut. Sein Aussehen, auch wenn er gut angezogen ist, wirkt doch ein wenig gar zu grotesk.«

Harros Stirn hat sich schon wieder recht umwölkt, aber da ist zum Glück der Wald und sein herrlicher kühler Atem weht ihnen entgegen. Noch ein paar Minuten traben die Pferde über den weichen Waldboden, ein leuchtend Blau und weißer Nusshäher fliegt über den Weg, und der Fürst hat wieder Gelegenheit, Harros Zügelführung zu bewundern. Und dann hält der Wagen.

Der wenig dekorative Märt hat unter der breiten Eiche gewartet und bekommt nun die Zügel und Harro kann den Damen beim Aussteigen helfen. Es geht ein breiter grasiger Weg durch den Wald, der hier gemischte Bestände hat. Große herrliche Buchen mit Stämmen wie graue Marmorsäulen, über die an der Nordseite ein grünlicher Hauch wie die allerschönste Patina läuft. Und hohe Tannen mit langen Armen wie mit deutenden Händen dazwischen. Der Weg senkt sich ein wenig nach Osten und wo ihn die Zweige abschließen, da ist sein Ende so heimelig, so hold umschlossen, als führe kein Weg mehr hinaus in die hastende, unruhige Welt. Diesen Weg, der aus unbekannten Gründen »das Gloria« heißt, lieben alle und der Fürst hat einst dahin mit sieben Jahren seinen ersten weiten Ausritt gemacht. Er kennt jeden Baum und kämpft mit seinem Forstmeister um ihre Erhaltung über die Zeit hinaus.

Und nun gehen Harro und Rosmarie über die freundlichen Sonnenflecken auf dem grünen Teppich dahin. Die hohen blassen Waldglocken, die am Wege stehen, nicken ihnen zu, die Waldtäuber rufen einander und der Nusshäher wie ein lebendiger Edelstein flirrt vorüber.

Die alten Herrschaften sind zurückgeblieben und nun schließen bald die Zweige sie ein. Die beiden hohen Gestalten gehen nebeneinander. Harro fürchtet, Rosmarie zu berühren oder ihr den Arm zu reichen, ehe er weiß, wo sie verletzt ist. »Liebste, sieh nicht immer hinweg, lass mich in deine Augen sehen. Mein Armes ... Ist es noch schlimm?«

»Nicht davon reden, Harro! Du sollst mir lieber sagen, was dir ist. Ich sehe eine Falte. War es dir nicht recht, dass Vater dir die Füchse sandte? – Ich erschrak ein wenig, als er es mir sagte, aber es sollte auch eine Überraschung für mich sein.«

»Du wirst mich doch nicht für so undankbar halten; die Pferde sind sehr schön.«

»Ich fühl es doch, es ist dir etwas nicht recht gewesen.«

»Liebste, warum sollen wir uns diesen wunderschönen Tag vergällen?«

Über Rosmaries Antlitz zuckt es bei seinen Worten. Ja, vergällt! Aber das soll er nicht mit erleiden. Und nun legt er seinen Arm um ihre Schultern, nachdem er vorher mit einem Blick nach hinten sich vergewissert hat, dass eine freundliche Bodenwelle sie von den Nachkommenden abgeschlossen hat. »Tu ich dir so nicht weh, Liebste?«

»Nein, aber Harro, ich sehe deutlich, es hat dich etwas bekümmert. Waren es die Pferde? Mama war doch sehr angenehm, so wie sie nur überhaupt sein kann.«

»Über ihren Anblick bin ich erschrocken, greulich ist auch die weiße und rote Farbe, die sie im Gesicht trägt. Wie eine bemalte Holzfigur, fürchterlich!«

»Ich glaube, sie findet es schön! Was hat Vater mit dir geredet? Ich sagte ihm, du würdest über sein Geschenk erschrecken. Du hättest doch lange gern ein Reitpferd gehabt, aber da es ja nicht von leeren Farbentuben und durchrissenen Papierkuverts leben könne, konntest du es nicht haben. Aber er lachte mich aus und sagte: Du wüsstest schon, von was ein Pferd lebe.«

»Ja, und von was sechs, nein acht Gäule leben!«, grollte Harro. »Rein kahl auffressen werden sie mich.«

»Acht Gäule! Aber es sind doch nur zwei!«

»Liebste, ich bin doch heute belehrt worden, dass das Mindeste, was du verlangen kannst, acht Gäule sind.«

»Ich verlange? Acht Gäule!«

Rosmarie sieht ganz weiß und schreckversteint aus. Da lacht er hell auf. Wie das aus seiner breiten Brust herauftönt. Mit einem Schlag ist die Wolke von Stirn und Augen verschwunden und der helle Sommertag lacht aus ihm heraus. »Nun ist mir's wieder wohl. Alle Sorgen soll der Teufel holen! Ach verzeih, man wird so sehr ursprünglich, wenn man wie ich zwischen Maurern, Kübeln und Leitern lebt. Nein, nicht einmal mich haben die acht Pferde so fassungslos entsetzt. Du musst eben versuchen, dem Vater so nach und nach eins abzuhandeln.«

Sie lächelt auch wieder, aber noch ein bisschen verweint, und bittet: »Ein Reitpferd für dich, Harro.«

»Und eins für dich!«

»Ach, nicht für mich, du weißt, ich mache mir aus dem Reiten nichts. Du willst ja nur gerne so früh am Morgen reiten und da ist Schlafen am allerschönsten.«

»Ganz wie du willst. Aber nun wollen wir von etwas anderem reden. Es ist ja eine Schande unter den Zweigen da! Hier ging ich heute Morgen, als die Sonne aufging und ich deine Blumen suchte. Da dachte ich auch nicht, dass wir auf diesem Wege miteinander von Gäulen handeln würden. Aber siehst du, ich bekam einen Schrecken. Den ganzen Braunecker Train sah ich nach und nach bei uns einrücken. Ich weiß, Liebste, du willst mich in Watte packen, aber ob da nicht eine richtige Sorgenlast dabei für mich herauskommt?«

»Harro, ich bin nun gar nicht mehr so dumm, wie du glaubst. Ich habe doch so viel gelernt bei Tante Helen. Nein, du musst nicht lächeln. Hör mich doch an. Vater hat für mich das Vermögen meiner Mutter ganz unberührt gelassen, alle Zinsen dazugetan … Aber Harro, lache doch nicht immer, wenn ich einmal richtig praktisch bin.«

»Es ist so wundervoll, dich hier im Gloria von Zinsen sprechen zu hören! Es ist eine Komik dabei. Weißt du, was ein Zins ist?«

»Doch«, erklärt sie stolz. »Ich habe bei dem Herrn Kantor Zinsrechnungen gemacht, richtig herausgebracht habe ich sie allerdings nicht; aber Herr Kantor brachte es allemal wieder zurecht und das könntest du doch auch, du kannst ja alles! Und Vater meint, wenn ich nicht zu extravagant sein wollte und es nicht mit dem Pariser Toilettenwahnsinn bekäme, so könnten wir sehr gut davon leben.«

Harro pflanzte sich vor sie hin in seiner ganzen Länge.

»Und mich hast du dir ausgedacht als deinen Pensionär, den Prinzgemahl und Kuponabschneider! Das Malen wird mir vielleicht noch allergnädigst gestattet. Das Modellieren als schmutzig und nur in einem Kittel zu machen schon nicht mehr. Die Plastik ist ausgeschlossen, weil händeverderbend und überhaupt handwerksmäßig. Der ganze Braunecker Pompe funèbre herüber verpflanzt. Der Hof voll grüner oder sonst papageienfarbiger Laffen. Drei Glockenstunden essen. Märt wegen Abweichung seiner Nasenlinie vom klassischen Ideal in den Stall verbannt. Köche – ein hoffnungsloser Kampf mit dem Fett, das nicht nur den Leib, sondern auch die Seele überzieht. Da hast du deinen Rentenempfänger.«

»Harro, hör auf! Schrecklich bist du. O hör mich doch an! Ich muss dir doch mein Geheimnis sagen! Vater und Mama dürfen es niemals wissen. Ich habe heimlich bei Tante Helen Kochen gelernt! Ich kann alles Mögliche machen. Auch Dinge, die nicht teuer sind. Und Filetbraten und Reispudding, den ganz arme Leute essen. Ich habe mir solche Mühe gegeben!«

»O du süßes Närrchen, du süßes du! O du ganz weißes Unschuldslämmchen! Und du hast wirklich einen Kochlöffel in die Hand genommen! Das ist ein Stilfehler! Ja, ich glaube es dir ja, es ist dir immer Ernst, aber Mondscheinprinzessinnen oder junge Königinnen kochen nicht, da gibt es andere Menschen, die das für sie tun. Die brauen höchstens Liebestränke und kredenzen sie unversehens armen Rittersleuten, Ruinenmenschen. Sieh das Gold dort durch die Tannen am tiefen Himmel.«

»Harro, du nimmst mich nicht ernst … Du meinst …«

»Doch, Rose, ich sehe mitten hinein in dein Herz, mitten hinein! Ach, mein blauer Himmel. Nun ist er wieder über mir ausgespannt! Nur deine Kochkunst nehme ich nicht zu ernst.«

»Ja, würdest du denn wie Tante Helen nichts davon essen wollen? Und denk dir: Schließlich … Ach, nun lachst du wieder.«

»Darf ich mich denn nicht freuen? Freilich ess ich davon im zuckrigen Häuschen im Walde, wo du mir Pfannkuchen bäckst.«

»Harro«, sagte sie kleinlaut, »das tu ich nun wirklich nicht so sehr gerne. Sie zischen gewaltig und es eilt sehr und das Feuer tut nicht immer, was man will.«

»Gut, dann backe ich und du nimmst einen Rührlöffel in deine schlohengelweiße Hand und rührst damit! O du blauer Himmel! Und ein ganzes Jahr soll ich noch warten, bis ich dich nach dem Thorstein hinüber bekomme. Und habe mich so beeilt! In drei Monaten könnte das Nötigste fertig sein. Natürlich nicht alles, bei manchem möchtest du doch auch dabei sein!«

»Das ist ganz unmöglich, Harro! Ein Jahr noch in Brauneck! Wie soll das werden?«

Er sah sie erstaunt an. »Was ist dir, Rosmarie? Ich dachte, ich könnte dich einmal nur mit tausend Tränen von Brauneck losieißen.«

»Es ist eine andere Luft dort, Harro. Es ist nicht mehr mein altes Brauneck. Ich fühlte es schon gestern, als ich nach Hause kam. Wie hatte ich mich gefreut. Aber da war etwas Fremdes, etwas, das sich wie eine

Last auf mich legte. Und heute – nein, es geht nicht. Du musst mit dem Vater reden, ihn bitten. Wenn ich's tue, so schmerzt es ihn zu sehr.«

»Um dich bitten, ja das will ich, aber dein Vater hatte Gründe, sehr gute Gründe, warum er es nicht wollte.«

»Ach, Harro, Mama kann uns nicht beisammen sehen! Sie erträgt es nicht. Ich sah in sie hinein heute! Frag mich nicht! Nein, aber glaube mir … Und ich fürchte mich vor ihr. Ich zittre. – Nur wenn du dabei bist, bin ich ruhig. Ich will nicht wieder mit ihr allein sein. Ihre Diamanten blitzen so sehr. Ich hasse Diamanten. Es sind böse Steine. Es träumte mir einmal, ein großer blitzender, leuchtender Diamant werfe seine Strahlen nach mir, seine sieben Strahlen. Und der letzte traf mein Herz. Da ging ich noch zwei Schritte, dann fiel ich zuerst auf mein rechtes Knie und dann vornüber und dann wusste ich, nun bist du tot.«

»Rosmarie, du bist seltsam! Nein, auf das Träumen ist bei dir wirklich nichts zu geben. Ich habe auch schon im Traum allerhand Todesarten erlitten – so viele, als gar nicht nötig gewesen wären, selbst mich umzubringen. In Berlin war das greulich. – Aber wenn du bange bist … Nur Vaters Gründe …«

»Und vor meinen Ansprüchen, Harro, brauchst du dich nicht zu fürchten. Ich kann auch hartnäckig sein. Und wie sehr! Und wie du es nicht haben möchtest, weiß ich ja …«

Schweigend gingen sie nebeneinander her. Dort plätscherte schon der kalte Brunnen, ein wundervoller Abendglanz lag auf den uralten Eichen, die ihn umstanden. Alte, blitzgestreifte Recken mit langen Schlangenarmen und wild zerrissener Rinde. Jeder eine Individualität. Lange, lange über die Zeit hinaus, wo sie noch nützen könnten, geschont, dem forstlichen Auge ein Greuel als nutzlos und den Platz versperrend, für ein Malerauge köstlich, so standen sie da, die Eichen der Braunecker. Dort warten die Wagen und man sieht, dass Mama schon eingestiegen ist. »Kann ich mit dir fahren, Harro? O bitte!«

»Wenn man dich mir anvertraut. Ich glaube übrigens, Vater hat mir scharf genug auf die Hände gesehen.«

Es wird genehmigt, nicht ohne dass man es dem Fürsten ansieht, dass er mit dieser Heimfahrt neben seiner Gemahlin ein Opfer bringt.

Ach, wenn sie nur länger währte, die herrliche Fahrt. Durch den goldenen Abend, die feurigen Pferde vor sich, die Harro so sicher lenkt, geborgen, hoch über den Erdendingen, beschützt vor lauerndem Hass.

»Fahren ist schön«, sagt Rosmarie. »Ich wusste es gar nicht. Aber nur, wenn man da oben frei sitzen kann. Sieh, wie der Himmel blüht mit Rosen und dort der Fluss ein goldenes Band und der sanfte

Wälderschatten! Ach, und sieh dort den Parkrand nach der Bergwiese zu, wie geheimnisvoll der Übergang zum Dunkel … Oh, wie ist das Leben schön, Liebster! Und die Heimat. Und ich möchte nicht sterben. Ich möchte leben mit dir, bis wir ganz alt und weiß geworden sind!«

»Wer redet vom Sterben, Holdseligste? Das ist nur, weil du noch nicht recht an das Glück glauben kannst und meinst, es werde dir plötzlich wieder aus der Hand gerissen. Nein, da habe ich doch mehr Zuversicht. Sieh, wie das Fenster glänzt im roten Turm, wie ein kleines rotes Feuer!«

»Es ist sein Auge. Er sieht so weit übers Land. Er hat schon so viele gesehen von uns, die da geritten und gefahren sind, und sieht sie nicht mehr. Wie Schatten sind sie vorübergezogen.«

»Wenn sie nur auch ihren goldenen Tag gehabt haben wie wir heute, Liebste.«

Wer die Fürstin an jenem Abend sah, der mochte wohl erschrocken sein, so scharf und unnatürlich standen die Farben auf ihrem Gesicht. Das ewig gleiche umzirkelte Rot und das gefällige Weiß und die unruhigen flackernden Augen.

Dem Fürsten, der ja nicht Harros Maleraugen hat, fällt doch etwas auf und auch ihre seltsam sprunghafte Lebendigkeit.

Rosmarie spricht fast kein Wort bei dem einsamen Mahl. Von Harro hatte man sich an der Schlosspforte verabschiedet.

Rosmarie hatte ihm zugeflüstert: »Geh, Harro – auf morgen!«

Und so war er fortgefahren, zum größten Erstaunen des Fürsten. Sollten die zwei schon etwas miteinander haben?

Harro schien ihm selbst ja ein wenig verstimmt. Und hatte doch wahrhaftig keinen Grund. Nicht einmal die Fürstin war ungnädig gewesen. Aber Rosmarie zu fragen ging nicht an. Verliebte haben ja so häufig Differenzen, wenn alle Gefühle so gesteigert sind. Noch hätte er Rosmarie gerne allein gehabt, aber die Fürstin klebte förmlich an ihm und Rosmarie sah mit einem Male so erschreckend müde aus, dass er sie schnell zu Bett schickte. Bis sie zum Zimmer hinaus war, sie hatte sich nur stumm von ihrer Mutter verabschiedet, hingen die Augen der Fürstin an ihr und erst dann verlor der Diamantstern auf ihrer Brust sein siebenfaches Leuchten und Zittern.

Rosmarie hatte geschwiegen. Hielt sie mit ihrer Rache zurück oder wollte sie diesen geheimen Vorteil über sie behalten? Aber dann hätte sie wenigstens gestehen können, dass sie verletzt war.

Die Fürstin ist plötzlich auch müde und erklärt, dass es eine große

Befriedigung sei, dass wenigstens dieser Tag vorüber. Das Langweiligste auf Erden: ein Brautpaar!

Dann geht auch sie. Dort, wo früher die Tür zum Gang war, steht jetzt ein hohes Zierschränkchen von Messing und Kristall. Die Fürstin trat vor den dreifachen Spiegel, eigentlich drei Spiegelwände, die ihre Gestalt von vorne und im Profil zeigten, und erschrak.

War sie denn das wirklich? Die Farbe saß ja falsch, entsetzlich falsch. – Warum hatte sie das nicht zuvor gesehen? Hat Denise es wirklich gewagt, sie so lächerlich zu machen? Ihre Hand, die schon nach der Klingel gegriffen, sank zurück.

Nein, nicht diese Person mehr sehen heute!

Schrecklich, wie das Spiegelbild die Bewegung ihr zeigte – War sie denn das – die Unheimliche dort?

War ich denn immer so; war ich nicht einmal schön und weich …

Alles, was ich nur ersehnt hätte, das trägt sie vor meinen Augen davon. Und nun habe ich mich, nur weil sie mich reizte, so unsäglich reizte, in einer Sekunde in ihre Hand gegeben …

Dass ich schwieg, das sieht nicht gut aus. Ich hätte eine große Szene machen müssen, abstreiten …

O Gott, was habe ich in diesem Haus schon alles ausgestanden! Es muss ein verfluchtes Haus sein. Und es wird immer fürchterlicher, das Haus. Es verändert die Menschen und macht sie schrecklich. Oh, hätte ich's nie gesehen! Und diese Rosmarie ist mein böser Dämon.

Die Fürstin zerrt mit ungeduldigen Händen an ihrer Spitzentaille, sie muss dieser Kammerfrau doch läuten.

Wenn sie nur mit den Augen lächelt, so schicke ich sie fort.

Aber die Französin mit den kunstvoll aufgetürmten Haaren, der Wespentaille und den hohen Stöckelschuhen kam so unschuldig – das heißt, so unschuldig, wie die Denise Dubourg eben aussehen kann – herein. Und die Fürstin, die eigentlich vor diesem Faktotum fast ein wenig sich fürchtet, lässt sie gewähren.

Bald haben die geschickten Hände sie ihrer Pracht entledigt. Sie lässt sich ein weites Negligé überwerfen und alle Flammen bis auf die neben ihrem Bett ausdrehen. Dann versinkt sie in den tiefen Stuhl neben ihrem Bett.

Läuft da nicht ein ferner Lichtschimmer am Horizont? Es wetterleuchtet. Nun, dann kann sie sich auf eine schlaflose Nacht gefasst machen. Die Braunecker Gewitter! Wie sie die hasst! All der böse Braunecker Zauber fasst sich darin zusammen. An Schlafen ist nun nicht zu denken.

Sie starrt vor sich hin und zuckt zusammen. Zwei schneeweiße Arme, über die ein dunkelrotes Band läuft, sieht sie vor sich.

Sie geht im Zimmer auf und ab. Die Spiegelwände zeigen ihre Gestalt … ihre gehetzten Augen, ihre zuckenden Lippen. Ruhelos wie ein Geist geht sie und ihr Bild wandert mit ihr. Nie wieder wird die blanke Fläche das verlorene Antlitz wiederspiegeln.

Ich muss mich fürchten … Vor dieser Rosmarie fürchten! Hat sie es dem Thorsteiner gesagt? Nein, sie tat es nicht. Er küsste mir die Hand, als er ging … Er hätte es doch nicht getan, er hat einen steifen Nacken. Sie wird es morgen tun. Ich muss sie fürchten, die Rosmarie. Ich werde es an seinen Augen sehen.

Wie er sie ansieht! Nie hat mich ein Mensch so angesehen. Wenn er gewollt hätte … Habe ich nicht auch das Recht auf Liebe und Genuss wie all die andern? Ewig eingeschnürt in alte, steife Formen, in Geisterhäusern zwischen Wänden, die sich plötzlich öffnen, leben müssen … Einen Skandal. Oh, sie hätten schon gesorgt, dass es keinen gibt – diese Braunecker mit ihrem Familiengötzen. Einmal hätte ich doch gelebt … Und nun das mit ansehen müssen … Tag für Tag. Dass ich so unglücklich werden musste! Und dabei gibt's Menschen, die einen beneiden! Soll ich allein zum Leiden auf der Welt sein! Und für die andern alle Freuden …

Wir wollen teilen, Rosmarie, wir wollen teilen!

Und der Spiegel, an dem sie eben vorüber eilt, zeigt ein Bild so schlimm, wie es die Räume noch nicht oft gesehen haben. Sie stünden sonst nicht mehr. Sie wären offene, ausgebrannte Höhlen, die alten Mauern, in die die Stürme hereinschauten und in deren tiefen Fensternischen Eulen und Käuze wohnten.

27. SCHWANENJUNGFRAU

Ein seidig blauer Herbsthimmel mit fliegenden Wolken, goldrote Wälder, braune Ackerbreiten, über die schon der grüne Hauch läuft für des nächsten Jahres Ernte, wehende weißblaue Fahnen in dem alten Städtchen auf dem Berge und Hochzeitsglockengeläute. Das alte Schloss gibt seine treu bewahrten Schätze und Kleinodien heraus, dem Tag zu Ehren und seinem letzten Kinde. Was für alte Pracht, die sonst nur dem Domänenrat bekannt ist, kommt zum Vorschein.

Gobelins von unschätzbarem Werte sind aus dem Schloss Eichenkronen geborgt worden, Hunderte von alten Silbertellern entsteigen den eisernen Schränken. Venezianische Spiegel mit ihrem wundervollen Goldton, die das große Braunecker Wappen eingeschliffen tragen, schmücken die Wände und Aufgänge. Die Gewächshäuser und Gärten geben ihre Blumenkinder her, die großen Palmen sind herausgewandert in den Torbogen, der die Pforte des Waffenganges mit der Schlosskapelle im Eckturm verbindet.

Dort in der kleinen runden Kapelle sind die Wände mit lebendigem Grün bezogen, schlingen sich Kränze von weißen Rosen um die Säulen, hängen Teppiche und Brokatdecken herunter von den Emporen, die dreifach die Höhe des Turmes begleiten.

Dort ist Rosmarie einst getauft worden, dort stand der Sarg ihrer Mutter und Brüder vor dem Altar, an der Stelle, wo in den Boden das große messingne Kreuz eingelassen ist. Da kommen sie alle einmal zusammen, die Braunecker, seit vielen Jahrhunderten schon.

Heute bedeckt das Kreuz ein bunter Teppich, aber die Braunecker wissen doch, dass es darunter ist, und sie vergessen es alle nicht.

Der rote Turm hat alle seine Betten hergegeben, und zur Nacht glänzen die Lichter aus allen Fenstern ins Tal und die Lichter in den Türmen, so hoch über dem dunkeln Massiv des Schlosses, sind wie treue Wächter, die nach allen Seiten hinausblicken.

Kammerfrauen rennen hin und her, und die Schokoladefarbigen sind heute feuerrot wie Krebse und tragen weiße Strümpfe und Schnallenschuhe. Auch die alten silbernen Schnallen haben des Herrn Domänenrats eiserne Kästen bewahrt. Equipagen rollen zu dem kleinen Bahnhofe hinter dem Berge, offene Breaks folgen mit Ladungen von Koffern und kronenverzierten Reisekisten.

Die Braunecker haben sehr viel zu sehen und ein süßer Kuchenduft weht um die Giebelhäuser, denn sie haben alle Kuchen bekommen. Die Kinderschüler, die mit ihrer freundlichen weißbehaupten Schwester an einem langen Seil durch die Straßen gehen in festlichen Kleidchen, jedes ein Kuchenkörbchen in der Hand. Die stolzen Lateinbuben, die sonst in wilden Kämpfen mit den Volksschülern leben, stehen einträchtig mit ihnen an der Kirchenstaffel um einen riesigen Kuchenkorb herum, dessen ordnungsmäßige Entleerung der Mesner überwacht. Die Spitalfrauen können mehr oder weniger einträchtig ein Kaffee- und Kuchenfest feiern. Die alten Witwen und bresthaften Jungfrauen, die nach einer Stiftung aus dem siebzehnten Jahrhundert jede Woche im Schloss einen großen Brotlaib, den sogenannten Schlosslaib, abholen, bekommen außer dem Kuchen noch eine Flasche Wein dazu. Es ist kein Kind in Brauneck, das heute leer ausginge.

Es sind große braune herrliche Kuchen mit Rosinen darin, und sie werden nach altem Rezept gemacht. Eine sehr kinderliebende Gräfin soll sie vor Zeiten an den Festen ausgeteilt haben. Und so wandelt mit dem süßen Duft auch dieser freundliche Geist durch die alten Straßen.

Was das Leben den Braunecker Kindern später für Leckerbissen bringen wird, es wird doch nicht mehr die Güte von jenen Kuchen erreichen.

Eine Militärkapelle spielt in der Straße und die Fräulein, Bürger- und Honoratiorentöchter gehen schön geschmückt paarweise dazu auf und ab. Rosmarie ist die Erste von ihren Mitkonfirmandinnen, die Hochzeit hat, und für sie, sofern sie nicht schon in alle Welt zerstreut sind, ist dieser Tag noch ein besonderes Ereignis. Sie haben alle das Gefühl, dass der Reigen nun eröffnet ist. Und wer wohl die nächste sein wird? Das kann jetzt erwogen werden. Sie tragen alle auf Vereinbarung hin den kleinen goldenen Anhänger an feiner Kette mit Rosmaries Namenszug darauf, den sie von ihr zur Erinnerung an die gemeinsame Konfirmation erhalten haben.

Diesmal kommt der Ruinengraf in einem geschlossenen Coupé angefahren. Die Buben, die unter lauten Hurrarufen jeden Wagen bis zur Schlossbrücke verfolgen, sehen ihn gerade noch, und dass er kaum zu erkennen ist, erzählen sie.

Die Fürstin in ihrem neuesten Pariser Kunstwerk kommt eben die Treppe herunter, ihre rauschende goldbrokatene Schleppe hinter sich dreinziehend, Rosmaries Diamantentiara auf dem Kopfe und so viel siebenfarbige Strahlen werfend, als nur irgend möglich. Sie ist schön heute und imponierend – sie ist ja kaum dreißig Jahre alt. Der Fürst begegnet ihr oben; man sieht ihm an, dass er recht nervös ist. Seine Frau pflegt ihm bei allen offiziellen Anlässen nie das Geringste abzunehmen. Und es liegt ihm doch so viel daran, dass er allem gerecht wird, dass sich alles in dem von altersher festgelegten Rahmen bewegt. Dass mit jedem von den hohen Gästen nach Rang und Würden gehandelt wird und dass auch all den kleinen Leuten, die zu seiner Schlossgerechtigkeit gehören, ihr schönes Teil wird.

Die bürgerliche Trauung hat schon gestern stattgefunden, sie wollte sich heute nirgends einfügen lassen. Und nun flüstert er eilig: »Eben sind Harros Tanten gekommen; es ist durchaus nötig, dass du sie hier unten schon begrüßt, es sind seine einzigen Verwandten. Komm bitte gleich mit herunter.«

»Gott, was ist heute nicht alles unbedingt nötig«, murmelt die Fürstin, »die alten Damen.«

Aber der Fürst hat schon ihre Hand auf seinen Arm gelegt und sie gehen zwischen den Rosengewinden, die die Treppen umschlingen und sich im Baldachin über dem Podest treffen, dahin, den beiden feierlichen schwarzatlassenen Stiftsdamen entgegen, denen die Diener gerade die Hüllen abgenommen haben. Die eine zieht noch in größter Seelenruhe ein paar schwarzwollene Handschuhe aus, die sie für die Fahrt gut genug erachtet hat, und kalkweiße Glacéhandschuhe an.

Der Fürstin Geschmack sind ältere Damen ohnedies nicht. Unangenehm ist nur, dass die beiden eisgrauen Thorsteinerinnen mit den blaustählernen Augen und den prachtvollen Zähnen hinter welken Lippen so sehr tief auf sie heruntersehen. Hinaufimponieren ist immer so schwer.

Der Fürst ist von der herzlichsten Liebenswürdigkeit, sie kommt gar nicht an mit ihrer Kühle. Und offenbar sind die Originale in der Thorsteiner Familie mehrfach vertreten. Denn die eine, die die tiefste Stimme hat, die ein weibliches Wesen überhaupt haben kann, sagt zu dem Fürsten: »Dass Harro sich so durchtrotzen würde und nun dafür noch eine schöne Prinzessin bekommen soll, das hätte ich nicht gedacht.«

Und die andere fügte bei: »Es ist eine heidnische Pracht auf dem Thorstein; und wenn man hereinkommt, weiß man nicht, soll es eine Kirche oder ein Museum werden. Und man sieht sich nach einem Opferbecken oder einem Museumsdiener um. Ich möchte wissen, was sein Vater gesagt hätte. Einen Platz für seine vielen Peitschen und Hunde hätte er vergeblich gesucht. Die Prinzessin kann wohl sehr viel Kunst ertragen.«

Und der immer liebenswürdige Fürst beeilt sich, zu versichern, dass sie das könne.

Rosmarie steht ganz allein in ihrem alten runden Turmzimmer, dessen Türe nach dem Lindenstamm weit offen steht. Der goldrote Wald leuchtet herüber, die Linde zerstreut ihre Blätter auf die alten Steinfliesen. Sie hat schon ihr bräutliches Gewand an, ihren langen Schleier und den grünen Kranz, dessen dunkelgrüne Blätter und weiße Blüten in ihre alte Spange gewunden sind. Keine liebende Mutter hat ihr den Kranz auf die Stirne gedrückt und hat die Arme um sie gelegt, dass sie das Mutterherz hätte schlagen hören. Die Lisa hat sie fortgeschickt, dass sie sich ankleide – ihr Vater hat ja viel zu viel zu tun, um nach ihr sehen zu können. Nachher wird er sie abholen.

Das liebe Zimmer ist ganz unverändert geblieben, wie ihr Schlafzimmer mit dem alten Muschelbett. Es hängen die Bilder und Studien da, die Harro ihr gemalt, da stehen ihre Bücher, in der Ecke ein kleines silbernes Teeservice, das sie einst so beglückt hat. Alles soll ganz so bleiben, wie sie es verlässt, dass sie jederzeit wieder zurückkehren kann in ihr Kinderland. Ihre Augen wandern hin und her in den vertrauten Räumen: Die schönsten Stunden, die sie darin verlebt, die gehen ja mit ihr, die verdankt sie ja Harro. Und nun geht sie langsam die Stufen zum Lindenstamm hinunter, ihre weiße Atlasschleppe gleitet über die gelben Blätter und die goldene Herbstsonne liegt auf ihrem Gewande und dem zarten Märchengebilde ihres Schleiers.

»Lebe wohl, Herzelinde«, flüstert sie in der Linde trockenes Rauschen hinein, und wie sie ihr schönes Haupt erhebt, trennt sich langsam ein großes goldenes Blatt von seinem Zweige, dreht sich ein paar Mal in der Luft herum wie ein großer Falter und sinkt dann auf ihre ausgestreckte Hand herunter. Ein schönes Blatt wie ein goldenes Herz, mit feinen grünen Adern. Sie schiebt das Blatt in das feine Plätzchen, wo sich köstliches Spitzengeriesel an ihren leuchtend weißen Hals schmiegt. Und nun füllen sich ihre Augen doch mit Tränen.

»Leb.wohl, Linde, leb wohl, du roter Turm, wie hab ich euch lieb. Ach, vergesst mich nicht. Und ich komme wieder. Hört ihr's, ich komme wieder. Leb wohl, Gisela, leb wohl, Schönster. Ihr habt mich ja ganz vergessen oder denkt ihr, ich brauche euch nicht mehr, weil ich nun ihn habe? Wo er nur ist?« Sie hat ihn noch gar nicht gesehen. Ihr Vater meint, es bringe Unglück, wenn der Bräutigam die Braut im Schleier zuvor sehe. »Als ob mir Harro je Unglück bringen könnte.«

»Rosmarie!« Sie wendet sich.

Dort im Schatten des Eingangs steht ihr Vater, und seine dunkeln Augen hängen an ihr, den sie nun verlassen wird, der heute das Licht aus seinem Hause hergeben soll, dass es nun ganz im tiefen Schatten liegt. Aber für Gefühle lässt das Zeremoniell keinen Raum. Einen Augenblick kann sie noch ihre Arme um seinen Hals legen und ihre weiße Wange an seinen Kopf schmiegen, »ich danke dir, Vater, ich danke dir von ganzer Seele« flüstern und dann reicht er ihr den Arm.

In seinem Gesicht zuckt es auch und ein paar schnelle Perlentropfen blitzen neben den vielen Ordenssternen und Kreuzen auf seiner Uniform. »Rosmarie, zuerst hast du die Tanten zu begrüßen, und dann folge mir nur, wohin ich dich führe.«

»Aber lieber Vater, wo ist denn Harro?«

»Hast du denn das vergessen? Du triffst ihn erst in der Kirche. Nimm deine Blumen und deine Handschuhe. – Ach, mein schönes, schönes Kind. Du darfst nur ein paar Worte mit den Tanten reden, dann kommt sofort der Großherzog. Liebe Rosmarie, aus unserm Herzen gehst du ja nicht.«

Und nun gehen sie in feierlichem Schweigen den Prinzessinnengang hinunter. Durch die von Gobelins verhängte Pforte schlägt ihnen ein leises Summen und zartes metallisches Klingen von Sporen und Ordensketten entgegen.

Und wie sie in die große glänzende Versammlung eintreten, da wird es sofort still. Alle Augen richten sich auf die Braut. Mit leisem Erstaunen namentlich die Damen. Die Herren wissen ja nachher nur, dass sie wunderschön war und keine Toilette, sondern ein Gewand anhatte. Die Augen der Damen bleiben schon an dem Kranze hängen, der nicht ein weißgrünes Blumenornament ist, sondern wie wenn sie ihn vielleicht selbst gewunden hätte. Ein richtiger Kranz, wie ihn jedes Bauernmädchen aufsetzen könnte, und der wundervolle Schleier mit zwei Griffen darüber gezogen. Aber der Fürstin ist zuzutrauen, dass dies eine allerletzte Feinheit ist.

Rosmarie erhebt ihre sanften Augen zu den dunklen Tanten so rührend vertrauend und liebevoll, dass die eine, die längste mit der tiefsten Stimme, sagt, was als Flüstern gelten soll: »Du schöner goldener Engel!«

Neben ihr steht ein alter weißbärtiger Herzog, dessen Augen bei ihren Worten aufleuchten. »Das einzige richtige Wort, Gräfin.«

Der Prinz Robert Schillingsberg flüstert seinem Nachbar, einem alten General, zu: »Wenn ich der Fürst wäre, für eine so wunderschöne Tochter hätte ich mir den Schwiegersohn auf Europens Thronen gesucht. Die Fürstin sieht ganz mesquin neben ihrer Tochter aus.«

Da ertönen vom Hofe her der Brautchor und zugleich verwehte Orgeltöne und Glocken. Glocken, viele Glocken, vom Berge herab schwingen sich die Töne, schweben aus den Tälern herauf, brechen sich an den Waldbergen drüben und kehren wieder. Die ganze Luft ist voll Glockentönen, sie fluten zu den hohen Fenstern herein, sie klopfen mit ihren starken Wellen an Rosmaries Herz.

Dir klingen sie, die du einst Vaters arme Kleine, das hässliche Entlein warst.

Es bewegt sich der lange glänzende Zug unter den Rosengewinden hin, zwischen deren weißen Blumenhäuptern die alten Mordwaffen blitzen. Stärker und feierlicher werden die Klänge. Sie überschreiten die teppichbelegte Schwelle und der frische Herbsthauch erfasst Rosmaries Schleier und weht ihn von den Schläfen hinweg, dass die Goldhaare aufglänzen.

Immer an Vaters Arm geht sie hin. Da fängt ihr Herz an ängstlich zu klopfen: Ja, wo ist denn Harro?

Und die Glocken dröhnen und die Orgel jubelt und – sind es

wirklich Knabenstimmen, die da von der höchsten Höhe der Kapelle kommen, oder sind's Engelchöre?

Oh, wie sich die Wellen der Töne auf Rosmaries Herz legen und es still machen und hinaufreißen, dorthin, wo die ewige Liebe wohnt.

Und nun hat sie Vaters Arm verloren und Harro steht neben ihr. Ein blasser, ganz veränderter Harro. Der einzige dunkle Mann unter all diesen glänzenden besternten Herrschaften. Eines Hauptes höher als alles Volk.

Der Herr Stiftsprediger steht vor dem blumengeschmückten Altar und richtet seine tiefliegenden Augen auf seine ehemalige Schülerin. Er hat sie nicht vergessen, er hat es immer bedauert, dass er nicht mehr mit ihr in Berührung kam. Und er weiß, dass sie neben dem Mann ihres Herzens steht. Sonst wäre ihm sein Dienst heute schwer geworden, denn er kennt die feine Seele vor ihm und er hofft für sie und den Mann, dem sie sich vertraut, dass bei ihnen die Worte seiner Liturgie wahr werden möchten … dass eines das andere in den Himmel bringe.

Aber als Harro mit Rosmarie an den Altar tritt, da durchfährt sie ein leiser Schauer. Kältet das Kreuz so durch die bunte Blumenhülle, auf der sie steht?

Doch dann ist's verweht und noch nie hat eine Braut den Herrn Stiftsprediger mit so großen, ernsten, sanften Augen angesehen. Und ihr Blick ist so tief, dass Hochwürden mit einem Male fühlt, dass er von seinem Manuskripte abgewichen ist und mit der Seele spricht, die da zu ihm aus den Augen blickt.

Und damit geht auch durch diese so zusammengewürfelte Gesellschaft, die zu einem Fest, zu einer vornehmen Familienfeier gekommen ist und diese Kirchensache eben so mitnimmt, ein Hauch der Andacht. Das ist ein wunderliches Wehen des Geistes, und kein Redner, der es nicht fühlte, wenn seine Wogen an ihn herankommen.

Das seltsame und unbestimmte Element der Gemeinschaft, das man nicht messen und wägen kann und das doch so sicher vorhanden ist und seine Ströme aussendet und an all die in ihren Leibern eingesperrten und gefangenen Seelen herankommt und sie bezwingt.

Dann hört Rosmarie die Worte der Einsegnung und erschauert über ihnen und Harros gute, eisenharte und starke Hand hält ihre Hand, die so weich und zart und schmal ist. Und dann wird für Rosmarie alles in einen goldigen Nebel gehüllt. Sie steht auf einmal wieder im Waffensaal unter den Rosen und Mama küsst sie spitzig auf die Wangen und man küsst ihr die Hand und so viele Menschen, deren Titulaturen ihr so sorgfältig eingeprägt sind und die sie gar nicht verwechseln soll, reden mit ihr und wünschen Glück und Rosmarie gibt sich die größte

Mühe, alles recht zu machen, und weiß es doch über dem goldenen Nebel nicht, ob es ihr gelingt. Und nun wieder Musik und die festliche, mit Blumengewinden geschmückte Tafel im großen Saal, dort ihr Platz neben Harro unter einem Baldachin aus weißen Rosen gewebt mit Rückwänden aus grünsilbernem Brokat.

Und man tut, als ob man äße, und dann hält Vater eine Rede, von der Rosmarie weiß, dass sie ein diplomatisches Meisterstück ist, denn keiner der hohen Gäste, die alle ja irgendwie verwandt sind, darf unberücksichtigt bleiben und alles in bestimmter Reihenfolge.

Und Harro sagt leise zu ihr – sie hat ja nicht gewagt, mit ihm zu sprechen, aus Angst, dass sie darüber die Welt da vor ihnen vergäße: »Welch ein Glück, dass der Bräutigam den Mund halten darf! Und Rosmarie, trinke doch einen Tropfen Wein und versuche dies unschuldsweiße, mir ganz unbekannte Ding auf deinem Teller und sieh nicht ganz aus wie ein verklärter Geist. Ich möchte aufstehen, brennend gern, und dich von drüben in deiner grünsilbernen Altarnische sehen, zu gern möcht ich's.«

»Aber man darf nicht, Harro.«

»Nein, leider darf man nicht. Man darf vieles nicht.«

»Und du hast ja auch eine Altarnische.«

»Meinst du, es sei nicht köstlich gewesen, es in Tante Ulrikes Augen aufblitzen zu sehen, wie sie mich darin installiert fand? Ist sie nicht einzig, die Tante Ulrike? Wir müssen sie noch halten. Die Tantenstube, die ich für sie gebaut – sie verweigert glattweg, es zu glauben –, die für sie bestimmt ist, wenn sie einmal ihrem Stift entrinnen möchte, muss sie sehen.«

Und Harro lächelt so eigen und sieht in dem Augenblicke ganz verschmitzt aus. Die Tanten bringen einen solchen Jugendhauch mit, und wenn er sie ansieht, so kommt er sich zwanzig Jahre jünger vor.

»Und nun, Rosmarie, sehe ich an Vaters Augen, dass das Symposion bald ein Ende haben wird. Meine Nische, obgleich sie mich liebreich beschützt, beengt mich doch mächtig. Sag mir, darf ich dich noch ein einziges Mal sehen – nicht nur wie jetzt als Anbetungsgegenstand in Nischen, ehe dein Schleier fällt?«

»Ich weiß nicht … Ach Harro, es ist so wunderlich … Sieh das schöne blasse dunkle Mädchen mit den Augen – „Was hat man dir, du armes Kind, getan?“ – in dem Gewand von Fliederblütenhauch. Oh, wie ist sie lieblich!«

»Es ist eine Prinzessin Tarn und Cousine und ich sehe sie heute zum ersten Male und vielleicht zum letzten Male!«

»All die Menschen, die nur um unsertwillen gekommen sind wir sehen sie so nicht wieder und sie ziehen alle wie Schatten vorüber, fort – zu den vielen Schatten, die schon durch den Saal gegangen sind, und auch wir gehören zu den Schatten …«

»Jetzt nicht philosophisch werden, Liebste … Augen links … Nun hält der Großherzog seine Rede. Lächle lieblich, Rose. O Himmel, sollte ich nun etwas tun oder nicht?«

Bald ergießt sich die ganze glänzende Versammlung über die Gemächer. Noch einen Augenblick fasst das farbenprächtige schimmernde Bild, die Toiletten der Damen, die Uniformen der Herren der vornehme Rahmen des alten Saals mit seinen Gemälden und goldenen Wappen ein.

Wie seltsam ist es zu denken, dass eben hier das Seelchen mir den Ring brachte. Wer weiß, ob traumhaft in ihr schon das lag, was heute geworden ist, denkt Harro. Dann berührt ihn die Hand des Fürsten.

»Du gehst jetzt mit Rosmarie noch hinüber in den blauen Saal und dann verliert ihr euch.« Über Harros Gesicht zuckt es. »Und Harro, wenn du dein Wort …«

»Nichts davon, Vater!« Aus seinen Augen schießen stählerne Blitze. Aber der Fürst ist schon vorübergegangen und nun setzt sich alles langsam in Bewegung.

Einen Augenblick steht noch Rosmarie mit Harro neben dem Herrn Stiftsprediger.

»Ich danke Ihnen so sehr, ich danke Ihnen ja so viel, und heute war es wieder wie damals, als ich bei Ihnen lernen durfte.«

»Das habe ich auch nicht vergessen, Durchlaucht. Gott geleite Sie und Ihren Herrn Gemahl!«

»Und denken Sie nicht, dass ich alles vergessen hätte. Ich habe immer Heimweh und ich werde es immer haben!«

Und dann trennt sie ein Blick des Fürsten und der Herr Stiftsprediger kann mit dem wunderlich feinen Wort seiner besten Schülerin nach Hause gehen.

Harro fragt sie: »Wonach hast du Heimweh, Holdseligste?«

Aber eine Antwort wird ihm nicht.

Rosmarie geht nun neben dem Fürsten und senkt ihr schönes bekränztes Haupt tief herab zu ihrer Stiefmutter, die sagt: »Ich werde mit dir hinübergehen, der Fürst wünscht es. Ich habe dir etwas zu geben.«

Und als nun Harro im Vorsaal Rosmaries Hand ergreift und mit ihr in den Prinzessinnengang verschwindet, da rauscht es sofort hinter ihnen mit hartem klirrenden Rauschen.

Die Fürstin kommt hinter ihnen her. Harro lässt fast instinktiv Rosmaries Hand sinken. »Vater dirigierte uns hierher.«

»Und mich auch«, stößt die Fürstin mit eigentümlicher heiserer Stimme hervor. »Es gehört zu den heiligen Braunecker Riten, dass die Mutter mit der Tochter verschwinde. Also … Nun, wir werden es kurz machen.«

Rosmaries Hände werden eiskalt und ihre Augen dunkel. Sie greift fast blindlings nach Harros Hand und zieht ihn mit sich in das runde Zimmer.

»Ich denke, du machst jetzt Toilette, Rosmarie.«

»Das will ich tun, und Harro kann ja so lange auf den Lindenstamm gehen.«

»Ich bin gehorsam wie ein Lamm und tue den ganzen Tag nur, was man mir sagt. Soll ich mich jetzt hinausbegeben?«

Aber Rosmarie hält ihn fest. Er fühlt, wie sie bebt, an dem Wallen ihres Schleiers. Einen Augenblick kreuzen sich die Blicke der Damen wie blitzende kleine Dolche gegen ein breites leuchtendes Schwert. Dann zuckt die Fürstin die Achseln. »Ich soll dir dies geben.« Und sie nestelt an der Tiara auf ihrem Haupte.

Dem Thorsteiner wird es sehr unbehaglich. Er hat ein Gefühl, als ob er einem Duell beiwohne, bei dem die Gegner unsichtbar aufeinander stechen. Die Fürstin legt die Tiara mit den großen herrlichen Steinen auf den Tisch mit einem Ruck, der ihnen noch einmal ein wildes Feuer entlockt.

»O Mama, ich bitte dich, tu das nicht! Ich liebe die Steine gar nicht, sie blitzen mir zu sehr. Sie passen so viel besser zu dir. Behalte sie, Mama! Es ist nicht recht, dass ich sie habe und du nicht. Du bist die Fürstin. Ich bitte dich darum, Mama.«

»Das kann unmöglich dein Ernst sein, Rosmarie, du wirst es morgen nicht wahr haben wollen … Harro, das Kind meint, man finde solche Steine am Wege.«

»Es ist Rosmaries Sache«, sagte Harro, »und ich glaube nicht, dass sie etwas zurücknehmen wird, was sie einmal getan.«

Rosmarie ergriff mit scheuen Händen das Diadem und hielt es ihrer Mutter hin. »Ich bitte dich, sage Vater, dass ich dich sehr gebeten habe, es zu behalten, und dass ich meine, es gehöre der Fürstin. Harro, ich brauche das niemals.«

»Ich werde dir nie etwas darein reden, was du mit deinen Sachen tust«, sagt Harro sehr gemessen.

Die Fürstin lacht hart auf. »Du bist ein Närrchen.« Und griff nach dem Schmuck, ohne Rosmaries Hand zu berühren. »Und nun denke ich, habe ich meinen Mutterpflichten genügt. Rosmarie, wenn du dies vor deinem Vater nicht vertrittst!«

»Aber Mama, das werde ich doch nicht tun. Ich schreibe ihm morgen früh gleich ein Billett und sage ihm, wie sehr ich dich gebeten hätte.«

»Denn schließlich ist es nicht mehr als billig. Du hast als Malersfrau wirklich keine Verwendung dafür. Und nun leb wohl. Gott, nach Thorstein hinüber – da ist wirklich kein tragischer Abschied nötig.«

Sie nickte noch, Harro riss ihr die Türe auf und sie rauschte hinaus, ihre Beute in der Hand.

Kaum war sie verschwunden, so warf sich Rosmarie an ihres Mannes Hals. »O Harro, dass du bei mir bliebst, dass du nicht hinausgingst auf den Lindenstamm …«

»Aber Liebste, was ist dir denn, du zitterst. Was war denn das für ein stummes Spiel vor meinen Augen?«

»Harro, ich weiß nicht. Ich fühlte – nein Harro, du brauchst es mir nicht zu glauben! Ich bin eine Närrin. Ich glaube, ich habe mich noch einmal losgekauft!«

»Du bist so furchtbar erregt! Wovon hast du dich denn losgekauft? Musstest du ihr denn deiner Mutter Schmuck nachwerfen? Gedankt hat sie dir nur mit etwas, das von ihr als Beleidigung gedacht war. Ich weiß ja, du nimmst die „Malersfrau" nicht so auf.«

»Rede nicht mehr davon, kein Wort, Harro. Ich habe mir etwas eingebildet, gewiss nur eingebildet. Du sagst ja immer, ich sei so fantasiereich. Und brauche ich denn Diamanten; du weißt, ich liebe sie nicht!«

»Erregt bist du, Seele. Und nun müssen wir ja vernünftig werden. Heute! Sehr weise und vernünftige Leute! Und nun lass dich ansehen. Sie haben mir ja kaum Zeit dazu gelassen. – So sieht eine Braut aus!«

»Deine Braut, Harro!«

Er hielt sie vor sich in seinen Armen und sah, wie die Erregung und die Angst von vorhin schwand und wie eine leise Seligkeit von ihrem Herzen aufstieg und ihren Rosenschein auf ihre Wagen warf.

»Deine Braut, Harro!«

Aber Harro schwieg nur und seine sonnenhaften Augen sogen das schöne Bild ein. Draußen auf den Steinplatten sanken in trockenem Rauschen die Goldblätter von der Linde.

Ein leises Klopfen. »Der Wagen, Durchlaucht.«

Rosmarie machte sich sanft los. »Nun, Harro, gehst du auf den Lindenstamm. Ich werde gleich fertig sein.«

Er nahm ihr mit sanften Händen den Kranz vom Haupte und den Schleier. »Frische Kränze gibt es immer wieder. Und den Schleier nimmst du mit.«

»Aber Harro, den trägt man doch nur einmal.«

»Schwanenjungfrauen auch öfters, Rosmarie.«

Und Harro ging auf den Lindenstamm hinaus.

Die Sonne ging eben unter, als die junge Gräfin von Thorstein durch die Pforte fuhr, die der strahlende Märt ihnen aufriss. Die weißen Tauben kreisten in schönen Flügen um den Bergfried und die Sonne lag als goldenes Feuer in den Scheiben des Hauses Thorstein.

Der alte Brunnen sang leise vor sich hin, weit offen standen die Tore der Halle, aus denen düstergoldiges Funkeln drang. Hand in Hand überschritten sie die Schwelle der neuen Heimat.

»Es ist so feierlich, Harro, und ich meine, ich träume!«

»Mir ist's auch fremder geworden – was ich mir selbst doch erdacht, nun all das Geräusch des Handwerks fort ist. Und du hättest es mit deinem weißen Kleid und Schleier weihen sollen. Dann wäre es erst ein Fest geworden. Aber nun komm in den Schmollwinkel. Und gestatte – hier bin ich Mensch, hier darf ich's sein –, dass ich diesen Bratenrock, dies Knechtshabit, von mir werfe.«

»Ja, Lieber, und wenn du willst, so ziehe den Lodenrock mit den Hirschhornknöpfen an, wenn du ihn noch hast.«

»Ganz so schlimm werde ich es nicht machen. Und nun noch eins. Die Tanten werden bald kommen. Sie wollten nicht, die guten Seelen; ich musste sie mit List dazu kriegen. Sie werden in Brauneck in den Wagen steigen in der Meinung, sie führen nach dem Kupferberger Bahnhof. Ich habe behauptet, es wäre besser so, sie hätten direkten Anschluss. Dort sei auch ihr Gepäck. In Wahrheit bringt sie aber der Kutscher Hack hierher. Es ist dunkel bis dahin und die Tanten kennen die neue Chaussee noch gar nicht. Sie merken nichts und auf einmal sind sie wieder da. Oh, wird Tante Ulrike wütend sein und mich schimpfen! Sieh, ob sie nicht einen Griff nach meinen Haaren tut, den pädagogischen Griff, mit dem sie meine unerfahrene Jugend geleitet. Rosmarie, du bist lieb gegen sie; ich freue mich so, unbändig freu ich mich.«

»Harro, werden sie nicht sehr böse sein?«

»Ach, du kennst die Art von böse nicht. Wütend wird sie sein, die Uli, die alte! Es macht sich aber sehr nett, wenn du sie ein wenig fürchtest. Das schmeichelt ihnen.«

Und Harro verschwindet in sein Atelier durch den Gang, der es mit dem Haus verbindet. Rosmarie wartet auf ihn in dem Schmollwinkel, wo all ihre gestickten Bilder sie von den Wänden ansehen. Und es ist sehr schwer zu glauben, dass sie nun hierher gehört. Es ist alles sehr schön und an den leuchtenden Farben dort hängt viel heimliches Herzweh. Sie weiß nicht recht, soll sie sich in das Musikzimmer – das allerdings, um seine Bestimmung erfüllt zu sehen, auf musikalische Gäste wartet – hineintrauen oder ins Esszimmer oder in ihr eigenes Schlafzimmer. Lisa wird noch nicht da sein. »Ich wollte, sie wäre da, dann hätte ich doch ein Stück von Brauneck.«

Und sie erschrickt beinah. Wie sie sich nach der Lisa sehnt. – Es ist eben doch nicht so leicht, von einem alten Leben in ein neues zu treten. Und wenn's der Himmel wäre! Vielleicht fehlen einem da auch alte Schmerzen, denkt das Kind von Brauneck.

Und Harro findet sie auf der Schwelle des Esszimmers, als wüsste sie nicht recht, wohin mit sich. Er hat sich schön gemacht. Hat einen blauen Samtkittel an und einen weichen liegenden Kragen, aus dem sein schöner kräftiger Hals so ganz anders aufsteigt als aus den steifen Röhren, kurze Beinkleider und statt der Weste eine breite schwarzseidene Schärpe.

»Das wird die Tanten noch besonders angreifen«, verspricht er.

Rosmarie bewundert ihn sehr. Wenn er da ist, schwindet das Gefühl der Fremdheit. Seine starke, kräftige, lebendige Persönlichkeit erfüllt die Räume und macht sie heimatlicher.

Und sie gehen durch die Räume, die sein Riesenfleiß geschmückt hat. An vielen Orten ist seine Hand, überall sein Geist. An den Schnitzereien der Türen, an den Friesen, den Leuchtkörpern sind die Erinnerungen an die gemeinsamen Freuden.

Über dem Flügel als Leuchtkörper hängt Rosmaries blaues Männlein von Schloss Schweigen und hält mit scherzhafter Warnung den Finger an die Lippen. Im Schlafzimmer ist an der Schranktüre der Herr Wurmhaber geschnitzt als Zwerg mit einem goldenen Schuh sich schleppend.

»Rosmarie, nun, das meiste ist ja geworden – manchem sieht man vielleicht die Eile an.«

»Nur du, Harro!«

»Aber, Liebste, es fehlt doch etwas. Irgendetwas!«

»Vielleicht, dass keine alten Sachen da sind! Aber auch die alten Sachen sind einmal neu gewesen.«

»Es fehlt etwas, das bei euch in Brauneck im Überfluss vorhanden ist. Sollte ich die Dinge doch nicht recht zusammengestimmt haben?«

»Nein, Harro, ich glaube es nicht … Aber können nicht auch Häuser Seelen haben?«

»Ich weiß nicht. Wenn aber je ein Haus aus heißen Mühen und manchmal schier verzweifeltem Ringen und Entbehrungen und Arbeitsqualen entstanden ist, so ist es dies, und danach dürfte es wohl eine Seele haben.«

»Es hat eine Seele. Aber sie ist vielleicht noch jung, Harro. Bedenke, wie alt die Hausseele in Brauneck ist. Was da alles an den Wänden hängt.«

Durch das offene Fenster dringt plötzlich eine tiefe Stimme: »Und ich sage ihm, dass er ein Kapitalesel ist und nicht weiß, wo er seinen Kopf hat, und uns seit einer halben Stunde in der Irre fährt. Wenn der Fürst noch mehr solche Trottel hat …«

»Die Tanten«, ruft Harro entzückt. »Komm mit, Rosmarie.«

Hand in Hand laufen sie hinaus. Harro dreht im Vorübergehen das elektrische Licht an, dass der Schlosshof mit einem Schlage in blendendem Lichte erstrahlt. Da steht vor der Pforte Tante Ulrike schwarz und lang und schwingt einen Regenschirm gegen einen ganz zusammengedrückten Braunecker Lakaien, der am Schlag steht.

»Tante Ulrike, wie schön, dass du kommst! Es ist ganz recht so. Tante Marga, du steigst doch aus?« Und er hatte sie schon herausgezogen, den Schlag zugeworfen, der Lakai war mit affenartiger Geschwindigkeit auf den Bock geklettert und der Wagen rollte davon.

»Halt, halt!«, rief Tante Ulrike mit tiefster Stimme. »Er fährt fort, er fährt wahrhaftig fort. Ja, mein Sohn, und du grinsest! Solltest du …?« Und eine energische Hand im schwarzwollenen Handschuh griff in die Luft, denn Rosmaries weiße Hände halten sie umklammert.

»O bitte, liebe Tante Ulrike, sei nicht böse! Er wollte euch so gern haben.«

»Wollte er? Ha, nun ist er gestraft. Einen Streich wollte er verüben – irgendetwas hat er mit dieser konfiszierten Lakaienseele ausgeheckt – und das Schicksal nimmt ihn beim Wickel und führt ihm an seinem Hochzeitsabend zwei alte Tanten ins Haus. Das nennt man Gerechtigkeit. Was sagst du dazu, Marga?«

»Dass wir nun da sind. Wenn es in diesem Kunstgebäude so etwas wie Gastbetten gibt, so soll er uns die weisen, dass wir drin verschwinden«, seufzte Tante Marga. »Unser Gepäck ist zwar auf dem Kupferberger Bahnhof …«

»O liebe Tante Marga, komm mit mir herauf in die Tantenstube«, bittet Rosmarie, denn an Tante Ulrike wagt sie sich noch nicht.

»So Harro. Und ist das jetzt deine Kunst- und Zimmermalermontur! Sieh ihn an, Marga! Der Mensch hat eine Schärpe an wie ein Frauenzimmer und schämt sich nicht. Künstlerlocken wirst du dir wohl auch wachsen lassen.«

»O das wäre ganz schön«, sagt Rosmarie, »er lässt sie immer abscheren, wenn sie anfangen, hübsch zu werden.«

»Na, na, junge Frau«, brummt Tante Ulrike, »er wird wohl hier alles durchsetzen. Aber ich kann nur herzlich sagen: Den Erfolg von seinem heutigen Streich gönne ich ihm. Natürlich wünschest du, Harro, dass deine Tanten mit dir und deiner jungen Frau zu Nacht essen! An deinem Hochzeitsabend kannst du gar keinen innigeren Wunsch haben! Und nun, mein Sohn, sage ich dir: Wir werden uns nicht zieren, wir werden es tun!«

»Liebe Tanten, es freut uns ja so sehr«, bat und schmeichelte Rosmarie.

Harro konnte kein Wort sagen. Er tanzte in auffälliger Weise herum und plötzlich übermannte es ihn doch und er brach in ein dröhnendes Gelächter aus. Das nahm der Bergfried auf und widerhallte es und der Brunnen machte eine wunderliche Reihenfolge von Tönen daraus.

Und Rosmarie lachte auch. »Harro, dein Bergfried kann lachen … O wie freu ich mich! Kommt, liebe Tanten.«

Ulrike folgt grollend wie ein fern abziehendes Gewitter. In der Empfangshalle erstrahlt im brennendsten goldenen Feuer die Mosaikbekleidung. Tante Ulrike deutet nur stumm mit dem Regenschirm darauf. »Heidnisch!«

»Byzantinisch-altchristlich, Tante Uli.«

»Was hast du mit Byzantinern zu tun? Es muss eine betrübte Rasse gewesen sein!«

»Darf ich euch jetzt ins Tantenzimmer führen?«

»O ja, wir sind recht begierig. Auch byzantinisch?«

»Nein, gut Thorsteinisch.«

Rosmarie eilt voraus die schön gewundene Treppe hinauf in den Giebelstock, wo sich das sehr große dreifenstrige Zimmer befindet.

Links und rechts je ein Anbau, durch eine leichte Rollwand abschließbar für die breiten, gastlich aufgedeckten Betten. Der Tanten Toilettengegenstände schon aufgelegt. Ein großer Rosenstrauß auf dem blanken Tische.

Marga drehte sich feierlich herum.

»Ulrike – sie haben uns erwartet!«

»Ja, und Harro freute sich sehr und ihr müsst eine Weile bei uns bleiben. Unser Haus ist noch so sehr neu und so schön und es fremdet ein wenig. Und was euch fehlt, bitte lasst es mich wissen und habt Geduld mit mir, bis ich alles gelernt habe«, stammelte Rosmarie unter den starr auf sie gerichteten blau-stählernen Augen.

Ulrike wandte sich zu ihrer Schwester und sagte, als ob sie Rosmarie in unermesslicher Ferne erblicke, wo sie unmöglich ihre Worte hören könne: »Sieh dir dieses Kind an! Hast du je ein solches weißes Schäfchen gesehen?«

Rosmaries große graue Augen wurden feucht, aber Tante Ulrike nimmt sie in ihre Arme und küsst sie auf ihren goldenen Scheitel.

»Geh jetzt hinunter, Prinzessin Tausendschön, und schicke mir diesen langen Schlingel von einem Harro herauf. Ha, ich bin schon öfters mit ihm fertig geworden!« Das »Ha« der Tante Ulrike hat so etwas Bedrohliches, dass Rosmarie noch einmal bittet, Harro seinen Scherz doch nicht übel zu nehmen.

Tante Marga hat sich in einen tiefen Stuhl gesetzt und nickt Rosmarie zu. »Wir lassen ihn dir am Leben.«

Und so geht Rosmarie hinaus, findet aber zu ihrem Erstaunen Harro an der Türe, er muss gehorcht haben. Er nahm sie in die Arme und küsste sie schnell auf Stirn und Wangen und Haare, dass es ihr schier den Atem benahm. »Geh hinunter, Seelchen, deine rotgeweinte Lisa ist da. Thorstein ist scheint's viel weiter von Brauneck als Bordighera. Sieh, dass sie dir dein Abendkleid nicht mit Tränen beträufelt.«

»Ach Lisa!«

Und sie läuft sehr erleichtert hinunter zu dem Stück Brauneck.

Harro klopfte demütig an und wurde durch doppeltes Herein zum Eintritt ermutigt. Tante Ulrike kam ihm noch mit dem Hut auf dem Kopfe und erhobenem Regenschirm entgegen.

»Nun, Harro, ich frage: Was soll dies heißen?«

»Dass man doch auch in seinem eigenen Hause gern liebe Verwandte beherbergt«, antwortete Harro heuchlerisch.

»Ha!«, rief Tante Ulrike kampfbereit und schwang ihren Regenschirm. »Liebe Verwandte!«

Harro duckte sich wie vor einem Schlage.

»Kinder«, ermahnte Marga, »macht es kurz. Bleiben wir oder bleiben wir nicht?«

»Ihr bleibt. Hat euch Rosmarie nicht lieb gebeten? Habt ihr je so etwas unglaublich Liebliches gesehen? Sie hatte Angst vor deinem Regenschirm, du könntest mir etwas antun. Tante Marga, hast du's gesehen? Sie fiel ihr in die Hand, als Uli nach mir greifen wollte.«

»Unsinn!«, schnob Tante Ulrike.

»Ich wollte, es wäre einer«, seufzte Harro. »Es ist aber leider keiner. Tante Uli, mach Frieden für heute. Lege deinen Schirm weg da zu den Rosen, die dir meine Rose hingestellt. Da hast du ihn gleich wieder. Ihr müsst also dableiben.«

»Wenn ein Mann eine Schärpe anhat, so ist etwas bei ihm nicht richtig. Das ist mein Eindruck, Marga«, sagte Tante Ulrike.

»Es ist nur zu richtig bei ihm. Rosmarie fürchtet sich so allein in dem fremden neuen Haus, ihr sollt ihr nur ein wenig sich eingewöhnen helfen. Sie wird euch alles zulieb tun. Ach Gott, macht mir's nicht so schwer. – Ich brauch euch. – Tante Marga, sei so gütig und sieh nach Rosmarie, ich muss mit Tante Ulrike sprechen.«

Tante Marga gab ihm einen ermunternden Klaps und ging hinaus.

Harro warf sich auf einen Stuhl, die Tante nahm ihren Hut herunter und zog ihre Handschuhe aus. »Du bist ein Narr, Harro.«

»Ja, der bin ich. Aber besser ein Narr als ein Schelm. Sieh, die Rosmarie ist fast noch ein Kind in einer Beziehung. Eine Mutter hat sie nicht, die ein vernünftiges Wort mit ihr spräche. Es ist auch gar nicht nötig, es ist besser so.«

»Hm.«

»Gewiss, es ist besser. Sie wird gar nichts entbehren oder sonderbar finden. Sie hat ihr Schlafzimmer, in dem nur ihr Bett steht, mit der größten Selbstverständlichkeit angesehen. Ihre Mutter ist eine unangenehme Dame.«

»Geputzt wie eine Jahrmarktspuppe. Sie versuchte mir zu imponieren. Ha!«

»Nun, Rosmarie hat irgendetwas Schlimmes mit ihr erlebt. Ich konnte nicht erfahren, was. Unsere Hochzeit war auf das nächste Jahr bestimmt, wo Rosmarie zwanzig Jahre alt würde.«

»Zu jung, viel zu jung.«

»Jetzt ist sie neunzehn. Noch heute hat sich Rosmarie über ihre Mutter in einer mir unerklärlichen Weise aufgeregt. Es kann sein, dass Rosmarie, die eine sehr blühende Fantasie hat, sich in etwas hineingesteigert hat.«

»Dieser Frau, die jedem Mann, der sich hinter sie stellt, erlaubt, dass er ihr bis in den Magen hinuntersieht, traue ich alles zu. Aber Künstlern gefällt das vielleicht. Heidnisch.«

»Jedenfalls, ob Rosmarie nun im Recht ist oder nicht, die Abneigung ist da und die beiden Damen können nicht beisammen gedacht werden. Wohin aber mit Rosmarie? Zu ihrer Tante in Baden kann sie nicht. Die hat ja den Fuß gebrochen und ist bei dem Wundermann in Göggingen.«

Eine Pause.

»Hm, hm. Ja, ja! Aber ein Narr bist du doch, Harro. Und wie lange soll das währen?«

»Bis Rosmarie zwanzig Jahre alt ist. Nun, der Tag muss nicht gerade im Kalender stehen. Rosmarie war vor einem Jahr fast am Tode.«

»Was hat ihr denn gefehlt?«

»Kummer und wieder Kummer, sie verstehen sie alle nicht. Du siehst doch ein …«

»… dass du ein Narr bist und etwas auf dich genommen hast, was du nicht vollbringen wirst!«

»Ich habe mein Wort gegeben.«

»Umso törichter von dir.«

»Es trifft nur mich. Sie wird nichts entbehren und die Zeit wird herumgehen. Dann werden wir Hochzeit haben. Das wird ein Fest … ein Rosenfest. Heute, ja, man wurde kommandiert und begrüßt und hin und her geschoben und angestarrt wie ein neues Tier im Zoo. Und das fatale Gefühl dabei, dass sie an den Geldsack denken, den ich doch so mühselig und mit Knirschen schleppe. – Bah, nicht daran denken!«

»Harro, wenn du zu jammern anfängst in deinem verrückten Goldschloss und mit deiner Prinzessin Tausendschön. Umsonst ist der Tod, und der kostet das Leben. Es bekommt nicht jeder Leutnant a.D. und Ruinenbesitzer eine Prinzessin. Nun kann er auch etwas um sie ausstehen. Ha!«

»Tante Ulrike, du tust mir wohl vom Kopf bis zu den Zähnen! Ein Stahlbad bist du! Es geht doch nichts über die lieben Verwandten. Und nun komm zu der Rose. Sonst meint sie, ich bekomme die ganze Zeit Schelte.«

»Ein Filou bist du aber doch, Harro«, sagte Tante Ulrike, und sie gingen einträchtig miteinander in das Speisezimmer hinunter, wo die gedeckte Tafel mit einer großen Schale Herbstveilchen darauf sie erwartete.

Rosmarie machte eine entzückende Hausfrau. Noch ein wenig nervös, aber sonst tadellos.

Tante Marga war sehr munter geworden und schien heute alles gesehen und gehört zu haben. Man saß noch eine kleine Weile im Schmollwinkel, dann erklärte Harro, dass Festlichkeiten etwas ungemein Zehrendes hätten und dass die Tanten Rosmarie zu Bett bringen würden.

Und sie solle gewiss auf ihre Träume achten, denn sie sei nur der erste Mensch, der im Haus schlafe …

»Ja, wo bist denn du, Harro?«

»Ich schlafe immer noch im Atelier auf meinem alten Bett; das habe ich aus der Ruine mitgenommen. – Und Rosmarie wird sich doch nicht fürchten?«

»O nein, aber es ist sehr lieb, wenn die Tanten noch einen Augenblick bei mir sind.« Und Rosmarie lächelt zu ihm auf. »Gute Nacht!« Ganz strahlend und selig. »Auf morgen!«

Die Tanten gehen hinüber und die zwei steifen alten Damen sind wie Kinder mit einer neuen Puppe. Sie streicheln ihr über die Hände und bewundern das herrliche Goldhaar und stehen an ihrem Kissen wie zwei lange dunkle Wächterinnen.

Und die junge Seele des neuen Hauses tut ihren ersten Atemzug.

28. SCHWEIGEN

Am nächsten Morgen erscheint Rosmarie schön und strahlend wie ein Maimorgen und Tante Ulrike so finster wie eine Gewitterwolke. Auf Harros freundliche Frage, wie sie geschlafen, kann sie nur mit einem plötzlichen Griff nach seinen Haaren antworten. Und Marga erzählt: »Du glaubst nicht, Harro, wie Ulrike klettern kann. Wie eine Gazelle. Oder klettern die nicht? Aber Ruhe gab sie nicht, bis sie mit ihrem Handtuch dein Kunstwerk zugedeckt!«

»Rosmarie, ich hoffe von dir, dass du nicht gewusst hast, was für eine Nachtruhe mir mein lieber zärtlicher Neffe zugedacht hat.«

Rosmarie blickt unruhig auf. »Ich weiß nicht …?«

Und Tante Marga erzählt mit viel Behagen: »Uli knipst ihr Kunstlicht an und steigt in ihr Bett, und da hör ich sie sagen: „Das geht zu weit!“ Eben, wie ich auch in der getäferten Nische mein eigenes Konterfei erblickte. Geschmeichelt hast du mir übrigens, Harro, was Ulrike von sich durchaus nicht findet.«

»Ihr seid doch die guten Genien des Hauses Thorstein und es ist nicht mehr als billig, dass euer Konterfei die Tantenstube weiht. Bei unserem bitteren Mangel an Ahnfrauen solltet ihr es doch begreifen und meine zarte Aufmerksamkeit würdigen!«

»Zarte Aufmerksamkeit! Wenn einem zugemutet wird, vis-à-vis von sich selber zu schlafen.«

»Die Betten sind nur verwechselt worden«, flötet Harro. »Du solltest unter der Ahnfrau Marga schlafen und Marga unter dir. Ihr seid ja sonst so unzertrennlich. Schmerzlich ist's, wenn man in seinen reinsten Absichten verkannt wird.«

»In gelbem Holz noch dazu, wie ein Götzenbild«, grollt Ulrike.

Marga klopfte ihm auf die Hand. »Das Zimmer hast du schön gemacht, wir konnten uns nichts Besseres wünschen. Und die ganze Südsonne. Ich würde Reseden und Kapuziner da oben ziehen.«

»Der Blumenzauber kommt im nächsten Jahr, das soll sich Rosmarie ausdenken. Und nachher lade ich alle in mein Atelier ein, dann könnt ihr sehen, wie das alles entstanden ist.«

»Wenn keine unchristlichen nackten Frauen aufgestellt sind, ich glaube, ihr nennt es Akte, wollen wir kommen.«

»Du wirst geschont werden, Tante Ulrike.«

»Nach dem, was ich heute Nacht erlebt, ist dir alles zuzutrauen.«

»O bitte! Habe ich dich etwa als Akt dargestellt?«

Tante Ulrike hob in schweigendem Entsetzen die Hände gen Himmel, dass Rosmarie wieder ganz ängstlich wurde.

Ein so schöner Spätherbst wurde es noch und die guten Tanten sonnten sich wie Katzen in ihrer Giebelstube. Tante Ulrikes strenge Miene war vor Rosmaries Lieblichkeit längst wie Wachs zergangen. Harro behauptete, es glätteten sich jeden Tag einige Falten bei ihr und er müsse ihre Büste, die noch immer unter ihrer Handtuchhülle steckte, daraufhin nachsehen.

Ob wohl Rosmarie sich die erste Zeit ihrer Ehe so gedacht hatte? Aber sie war von der steten drückenden Gegenwart ihrer Mutter befreit und bei dem Geliebten doch so froh und glücklich. Nicht dass die Tanten sie beengt hätten; ihre Furcht vor ihnen war schon zu Anfang einer herzlichen Liebe gewichen. Stachelig und hart waren sie wohl, aber Seelen von alten Damen und konnten sich wie Kinder freuen.

Aber Harro war nicht mehr so durchsichtig wie früher. Er hatte wieder – wie in Bordighera – seine geheimnisvollen Zeiten. Er arbeitete mit Riesenfleiß an einem großen Herbstbilde und war täglich viele Stunden fort. Und dann schien er zuweilen ein Alleinsein mit ihr zu vermeiden.

Und wenn sich Rosmarie darüber im stillsten Herzenswinkel vielleicht zu grämen begann, dann war er in erhaschten Augenblicken wieder so von überströmender Liebe und wilder Zärtlichkeit, die sie mit leiser Furcht oder Schauer wie vor etwas Unbekanntem bewegten. Aber das waren zuerst ja nur vorübergehende Wolken an ihrem blauen Himmel.

Die Fürstin hatte sich kein einziges Mal blicken lassen, der Fürst ritt nach den ersten acht Tagen jeden Tag hinüber und saß bei dem schönen weichen Herbstwetter auf der breiten Terrasse vor dem Esszimmer, die über dem Garten lag. Dort waren freilich bis jetzt nur grüne frische Rasenflächen und gelbe Wege. Aber darunter, den Berghang begleitend, standen die goldroten Wipfel des Waldes und andere goldrote Waldberge leuchteten auf bis zum fernsten duftblauen Höhenzuge des Odenwaldes.

Dort saß der Fürst mit seiner Tochter, die eine ihrer kunstvollen Seidenstickereien in den Händen hatte, und sonnte sich an Leib und Seele. Die Tanten erschienen und verschwanden wieder. Harro zeigte sich auf kurze Augenblicke. Das Haar des Fürsten war fast plötzlich eisengrau geworden und immer mehr feine und charakteristische Fältchen zeigten sich in seinem Gesicht und machten es den Bildern in seinem Ahnensaal immer ähnlicher.

Mit dem ersten Schnee mussten die guten Tanten wieder in ihr Stift zurückkehren, das Tante Ulrike mit Weisheit und merkwürdiger Unparteilichkeit leitete.

Um diese Zeit erzählten Waldarbeiter in Brauneck die unglaubliche Tatsache, man habe den Grafen Thorstein wieder im Walde mit seiner Staffelei auf dem Rücken, der Lodenjoppe und dem dreimal verfärbten Filzhütchen gesehen. Der Ruinengraf, wie er leibte und lebte, und nicht, wie wenn er inzwischen sich ein Goldhaus und eine Prinzessin erobert hätte, denn Haus Thorstein wurde nach den Goldmosaiken, dergleichen man nie in der Gegend gesehen, das Goldhaus genannt.

Es gab für Rosmarie einen schweren Abschied von den Tanten, sie hatte sich besonders an die stachelige Tante Ulrike angeschlossen. Sie fühlte eine zarte Güte aus ihr heraus, die sich unter der streitbaren Außenseite verbarg.

Und nun war Rosmarie allein in ihrem so heiß ersehnten Goldhaus. Die weißblaue Fahne auf Schloss Brauneck war eingezogen und die Lichter in dem großen Bau verschwanden bis auf Herrn Domänenrats Arbeitslampe.

Draußen rieselte ein mit Regen gemischter Schnee herab auf Rosmaries zukünftigen Garten, auf die grünen Beete und die gelben Wege und die entlaubten Kronen der Eichen und Buchen des Schlossberges.

Rosmarie saß in ihrem Schmollzimmer an ihrem Sticktisch, der mit bunten Seidensträngen bedeckt war. Alle Morgenpflichten sind bereits erledigt. Sie war bei der Köchin gewesen, die halb empört vor dem kleinen Braten und der Puddingform gestanden hatte, empört darüber, dass ihre Künste zu nichts weiterem begehrt würden.

»Dafür könnte sich die Prinzessin ein Mädchen für alles anlernen«, brummt sie hinter der jungen Hausfrau her. Für Lisa eine Arbeit zu finden war eine Kunst gewesen. Die großen Schränke waren so voll von neuen Dingen.

Nun näht sie blau und rosa Jahreskleidchen, denn Rosmarie war eingefallen, dass sie eigentlich jedem im Dorf Thorstein geborenen Kinde ein Kleidchen schenken könnte. Alle gleich, damit die Frauen nicht aufeinander neidisch würden. Harro hat sich in sein Atelier mit dem Bild, das heute fertig werden soll, eingeschlossen.

Nun fliegen Rosmaries feine Hände auf und ab, die Nadel blitzt, draußen fällt der Schnee wieder dichter, der grüne Rasen bekommt schon eine weiße Decke.

Wenn es nur nicht gar so still wäre! Der Schnee so still und in dem Hause eine Stille! Nicht wie in Brauneck, wo man von den vielen Steingalerien her immer Schritte hört, wo die Lisa in der Nähe hantiert, irgendwo ein Jagdhund blaffte, ein Wagen über das uralte Pflaster des Hofes rollte.

Auf Rosmaries farbenbunten Strängen glitzern zwei Perlen. Erschrocken sieht sie auf. Wenn das jemand sähe! Tränen hier. Im schönsten Haus, nur wenige Schritte von Harros Atelier!

»Aber Rosmarie! Und mache dir nicht vor, dass du um Vater weinst, der jetzt nach Berlin fährt. Oder nach dem Holzwagen, der jetzt in Brauneck über das Pflaster holpert.«

Und es sinkt die Arbeit herunter, und Rosmaries Kopf mit den goldenen Flechten, die sie ja hier ruhig hängen lassen kann, sinkt auf ihre Hände. Draußen fällt der Schnee und ein Rabe schreit von der hohen Tanne. Einen Augenblick, dann hebt er seine Flügel und streicht davon.

Rosmarie erhebt wieder ihr schönes Gesicht. Es ist eine Schande, und ich möchte wissen, was du eigentlich zu klagen hast! Aber ihre Seele klagt: »Es ist ein Schleier zwischen mir und Harro und er wird jeden Tag dichter. Wenn ich nach ihm taste, so greife ich in das Gespinst. Und seine Augen brennen immer ferner und ferner. Es ist etwas an mir, das er liebt, und etwas, das er fürchtet. O Gott, ich bin zum Fürchten. Ich habe etwas an mir, was zum Fürchten ist.«

Sie steht auf und geht hin und her in ihrem mit so viel Liebe geschmückten Heiligtum, die Augen, die sanften, auf den Boden gerichtet, ihre schmalen Hände an die Schläfen gedrückt, als könne sie die Gedanken bannen, die da anstürmen.

Er liebt mich, ich fühl's, wenn er meine Hand berührt. Seine Blicke brennen auf mir, wenn ich mich auf meine Arbeit beuge. Und er will mich nicht in seiner Nähe dulden. Nein, er hat die Türe vor mir geschlossen und er weiß doch, dass ich ihn in seiner Arbeit nicht störe. Was habe ich an mir, das zum Fürchten ist? Als ich klein war, sagten sie, ich sei ein unheimliches Kind. Ich sähe die Toten. Aber ich sehe doch jetzt nichts mehr. Nicht den Schönsten, nicht die Gisela. Und es ist etwas an meinen Händen und meinen Haaren, das er fürchtet.

»Oh, das ist zu wenig«, klagt die Seele, »es ist etwas, das ihm Qual macht.«

Das sind nicht nur Schleier, das ist eine eiserne Wand, die dahinter verborgen ist. Meine Seele sucht die seine und findet sie nicht mehr. Bitter und süß zugleich ist meine Liebe geworden. Warum lief ich so lange blind herum und versteckte mich vor meiner eigenen Seele und erstickte ihre Klagen.

»Du schaltst sie töricht, deine Seele, die ist's nicht. Du bist's, Rosmarie, die du dich vor dir versteckst und von seinen hie und da zugeworfenen Gnaden gelebt hast.«

Nein, sag das nicht: »zugeworfene Gnaden«! Ein so bitteres Wort sagst du von deiner Liebe, Seele?

»Spinn deine rosenfarbenen Nebel, Rosmarie, und verstecke dir ein Weilchen noch die eiserne Tür – du weißt ja doch, dass sie vorhanden ist. Bist du denn eine Frau hier in seinem Hause? Bist du nicht ein Gast wie die Tanten, den er lächelnd Hausfrau spielen lässt, wie du es ehemals mit deinem Teegeschirr tatest? Mit deinen Dienstboten und deinen Zimmern spielst du Frau, wie du es mit deiner Silberkanne getan. Hast du denn ein Recht, in sein Atelier zu kommen, seine Räume? Du fühlst schon lange, dass er es nicht liebt – und heute hat er die Tür vor dir geschlossen.«

Sie steht vor ihrem Spiegel, der schmal und lang in die Wand eingelassen den Garten, der draußen liegt, widerspiegeln und seine Freundlichkeit hereintragen soll. Sie sieht ihre großen schmerzerregten Augen, aus denen ihre Seele fragt und weint, und ihr schönes stolzes Gesicht, zu dessen beiden Seiten die langen goldenen Flechten hängen. Ihre weiche, feine Gestalt, an der nichts verdorben und verkleinlicht ist, in ihrem grauen Tuchkleide, das um den Hals eine breite Venezianerspitze abschließt. Und ängstlich wandern ihre Augen an ihrem Bilde hin, als müsse ihr plötzlich das Seltsame, Unheimliche entgegenspringen, vor dem Harro sich fürchtet.

Sind meine Haare nicht wie gesponnenes Gold und weich und

duftend? Könnte ich nicht sein geliebtes Haupt in die goldene Flut betten, und sind nicht meine Arme, die ich um seinen Hals schlingen könnte, weißer als alles, was es Weißes gibt? Oder sieht er einen schwarzen Flecken in meiner Seele, vor dem ihm graut? Aber wenn Gottes Augen selbst hereinsähen, so fänden sie viel, was klein ist und am Boden klebt. Unkraut und Brennesseln. Aber die schöne Liebe geht doch durch den armen Garten. Festlich geschmückt ist meine Liebe und trägt ihren Rosenkranz, und Harro selbst sieht, dass ihr Atem durch alles weht. Ach Rosmarie, du bist ein törichtes Kind. Er will das alles gar nicht. Er ist ein stolzer Mann und er hat seine Kunst, der er dienen muss, sie ist seine strenge Herrin. Du musst demütig sein. Nicht verlangen, dass er dir zu viel von seiner Seele gebe. Du musst zufrieden sein mit den Brocken, die er dir zukommen lässt.

»Nein, Rosmarie«, spricht die Seele. »Du musst nicht zufrieden sein, das ist der Tod. Du gibst alles.«

Alles? Eine dunkle wunderliche Welle streicht über ihr Herz und färbt ihr die Wangen mit heißem Rot. Gibst du alles?

Die Seele rüttelt an Türen mit eisernen Schlössern: »O Rosmarie, sallo dio, dass du dumm bist. – „Tumb", sagt Tante Helene … Oh, die Gedanken, die seltsamen quälenden Gedanken. Wie eine Glut über mich …«

Sie ist längst vor ihrem Spiegel geflohen und hat sich in den dunkelsten Winkel gesetzt und ihren goldenen Kopf in ein Seidenkissen versteckt. Ihr Herz klopft zum Zerspringen und unbarmherzig hämmern die Gedanken: Du glaubtest, du stehest als Königin mitten in Harros Königreich – aber nein, du stehst draußen in der Kälte und im Schneewind und die Raben schreien um dich. Die eiserne Türe ist zu, und durchs Schlüsselloch magst du sehen, wie es da innen schön und lieblich ist und wie es wohl blühen mag von Sonnenblumen und blauen Glockenkerzen und Rosenbüschen und Lauben, in denen die Goldflecken auf dem Boden liegen. Betrüg dich nicht mehr, Rosmarie, wie du es all die Zeit getan. Sieh ihm fest in die Augen. Lass die törichten Tränen, die machen dich nur schwach und jämmerlich. Zwinge ihn, dass er dir Rede steht. Wenn er dich nicht liebt, wie die glücklichen Frauen geliebt werden, so ist er doch immer dein Freund gewesen. Und du trägst seinen Namen, darum soll er keine Türen vor dir schließen. Und irgendwo in deiner armen Seele wird doch noch ein Fetzen Stolz sein.

Da springt ein helles Hämmern in ihr auf, wie wenn man auf einen Schild schlägt.

»Ich bin da, Brauneckerin. Und dumme Tränen verbiete ich dir. Und nicht weich werden, wenn du seine lieben – o seine lieben Augen siehst. Wenn du ja nur seinen Schritt hörst, so wirst du weich. Du bist dankbar, wenn er sagt: „Rosmarie, fleißig gewesen?“ Lass dir keine Brocken mehr zuwerfen«, hämmert das Klingen und Klopfen auf dem alten Schild.

Sie erhebt sich. Sie streicht ihre Locken zurück, die ihr ins Gesicht gefallen sind, sie braucht keinen Blick nach dem Spiegel zu werfen. Ihre Seele ist so klar und rein von den vergossenen Tränen, dass sie nicht daran denkt, bei dem Hilfe zu suchen, was sie vor tausend anderen voraus hat. Sie geht durch den kleinen Wintergarten, in dem die Chrysanthemen blühen, und klopft. Ein Rücken, ein Schurren und: »Bist du's, Rosmarie?«

»Ich bin's, öffne!«

Die Tür geht auf. Harro steht da, ganz bestaubt und ärgerlich. Auf dem Boden ein unordentlicher Haufen von Mappen und Skizzenblättern, manche durchgerissen.

»Entschuldige. Es ist ein Greuel. Ich suche. Damit kann Feuer gemacht werden.«

»Mit all dem?«

»Ha, alte Schalen. Und was ich brauchte – doch nicht darunter. In Ewigkeit nicht … Die Köchin kann damit Kaffee kochen.«

Rosmarie kniet auf den Boden nieder und greift nach einer Ölskizze. Ein nacktes, über einen Schemel gebeugtes sehr junges Mädchen mit unedlen Formen und einem halb stumpfsinnigen, halb jämmerlichen Gesichtsausdruck.

»Ein Modell«, erklärt Harro. »Abscheulich. In Berlin vom Modellmarkt. Ich habe noch schrecklichere. Nein, ich glaube, es eignet sich doch nicht für die Sophie und die Babett zum Verbrennen und zur Aufklärung.«

»Wie unglückselig das Mädchen aussieht. Sie tat es wohl um Geld, Harro.«

»Sie sehen nicht alle so aus. Vielleicht habe ich den Ausdruck noch übertrieben …«

»O nein. Du malst die Seele, Harro, auch wenn du's nicht weißt. Ist das furchtbar, so etwas tun müssen! Und du warst nicht allein Es waren noch andere da … Die Arme.«

»Ja, du lieber Himmel, Rosmarie, wie sollen wir es denn machen? Die hat uns auch wehgetan. Das soll dann eine freudige Kunst geben! Pah – Was wolltest du übrigens?«

»Ich kann dir räumen helfen.«

»Das macht Märt. Lass deine weißen Hände davon. Sieh mich an, wie staubig ich bin.«

»Da ist so viel darin von deiner Arbeit, vielleicht finde ich doch etwas Schönes.«

»Vergeblich. Alter Kram, abgenagte Knochen.«

»Aber Harro, du hast ja ein neues Bild aufgespannt und sagst mir's nicht. Oh, der singende Brunnen, die Mauer mit dem Rosenstrauch! Und die zwei Gestalten?«

»Es wird nichts werden. Ich hatte einen Traum gestern. Und ich sei doch mit dir in Schweigen gewesen und hättest mir die Sage von dem Braunecker und der Fee erzählt. Und du warst wieder das Seelchen und sehr eifrig dabei und wusstest alles ganz genau.«

»Nie bist du mit mir dort gewesen und hast es mir doch versprochen.«

»Sie wollten es ja alle nicht.«

»Und weißt du nun die Sage?«

»Natürlich nicht genau. Nur soviel, dass die zwei an einem Brunnen standen, der Ritter und die Fee. Und es war mir noch so warm im Herzen, dass ich die Skizze hingeworfen habe, aber weiter wird es wohl nicht gedeihen.«

»Warum? Ist das schöne Feuer schon wieder erloschen?«

Harro bohrte die Hände in die Taschen und zuckte die Achseln.

Rosmaries Augen sahen auf den Boden. Die Skizzen alle – es zuckt etwas durch ihr Herz, eine dunkle Röte steigt in ihre Wangen und etwas spricht in ihr: »Heute Morgen wolltest du ihm alles geben. Alles, alles. Und jetzt marktest du!«

Harro ist ins Nebenzimmer verschwunden und sie hört ein Wassergeplätscher. Da fällt ihr ein, dass sie noch nicht einmal ihres Mannes Schlafzimmer kennt. Als sie das Atelier anzusehen gekommen war, hatte er es verschlossen gehabt. Und seither war sie nie allein hier gewesen. Aber nun will sie hinein. Und Harro kommt wieder heraus und sagt: »Ich gehe Märt holen. Er soll den Greuel fortschaffen.«

Und kaum ist er draußen, so schlüpft sie hinein. Ein hoher schmaler Raum mit Fenstern nach dem Garten hinaus. Die Wände weiß gestrichen, ein langes uraltes Bett aus schwarzem Eichenholz mit plumpen Beinen. Darin ein weißes Laken über etwas Hartem, Knisterigem, ein kleines Kopfpolster, und eine wollene Decke zwischen einem andern Laken. Eine große runde Holzbütte, über der ein Wasserhahn aus der Wand ragt, ein eiserner Waschtisch mit einem grün glasierten Krug und eine Schale. Ein tannener Kasten, in dem wohl Wäsche ist. Keine

Vorhänge an den Fenstern, kein Teppich auf dem Boden. Rosmarie hat einmal eine Mönchszelle gesehen, die war wohnlicher.

Und drüben ihr Himmelbett mit seinem Spitzengehänge und den seidenen Decken, ihre Kristallspiegel, ihr Waschtisch mit blauen Kacheln, ihre geschnitzten Schränke. Hier baumelt ein einsames Badetuch an der Wand an einem Nagel, und ein Spiegel ist da, grün gerahmt und handgroß.

Rosmarie setzt sich auf das harte knisterige kleine Kopfpolster.

Und plötzlich steht er in der Türe.

»Rosmarie, was tust du da?«

»Ich schäme mich.«

»Ja warum denn?«

»Es ist so … so arm hier. Und was hast du für ein goldenes Haus um mich gebaut.«

Harro lacht. »Schlägt dein Hausfrauengewissen? Du kannst ruhig sein, Rose. Ein Daunenbett wie bei dir, das hielte ich nicht aus.«

»Aber sag mir doch, worauf du liegst. Es knistert so seltsam.«

»Stroh, Teuerste. Frisches, schönes Stroh. Ein ganz neues Bett jedes halbe Jahr. Das bekommst nicht einmal du. Man schläft großartig darauf und es hat den Vorzug, es wirft einen am Morgen von selbst heraus. Man kann beim Aufwachen nicht zum Augenblicke sagen: Verweile doch, du bist so schön!«

»Ich will auch ein Strohbett, Harro!«

»O du törichte Rose. Komm gleich, es hat zum Essen geläutet und ich habe Hunger. Übrigens saß die Fee so auf dem Brunnenrand wie du eben auf dem Knechtsschragen.«

»Sie war wohl tausendmal schöner als ich.«

»Oh, du möchtest eine Schmeichelei hören, Rose.«

Sie gehen hinüber zum Essen. Es wird schon so schnell dunkel. Und Harro eilt heute nicht wie sonst zu irgendeiner Arbeit davon. Seine Hände, die nicht müßig sein können, kneten Wachs und Plastilin, und wenn etwas Gestalt gewinnen will, zerdrückt er es wieder.

Rosmarie ist heute so schweigsam! Und sie lässt ihn so schön in Ruhe. Sie streicht kein einziges Mal mit ihren feinen Händen an seinen Schläfen herunter und sie kommt ihm nicht mit dem Duft ihrer Haare zu nahe, dass sein Herz so wild hämmern muss. Ein klein wenig sehen ihre Augen aus, wie wenn sie geweint hätte. Aber ihre Stimme ist ganz klar. Und sie sitzt so schön weit weg von ihm und beugt ihren goldenen Kopf so tugendreich über ihre Stickerei. Eine zweite Schwanenjungfrau wie seine Rose gibt es nicht noch einmal.

»Und der Ritter?«, fragt sie plötzlich.

»Der Braunecker, meinst du? Ja, woher den nehmen?«

»Sei du der Braunecker, Harro.«

»Ich werde wohl müssen. Ich wollte deinen Vater nehmen. Gibt es vielleicht ein Jugendbild von ihm? Oder war der Ritter gar nicht mehr so jung?«

Rosmarie schaut auf. »Ich glaube, ich weiß die Geschichte, Harro.«

»Ei wie merkwürdig. Durch Inspiration? Jetzt eben?«

»Ich habe die Geschichte doch heute Nacht in deinem Traume gewusst, Harro.«

Sie lächelt fein und eigen.

Harro wirft sich in seinen Stuhl zurück und lacht behaglich.

»Nun erzähle. Wenn aber keine Schwanenjungfrau darin vorkommt, so bin ich enttäuscht.«

»Schwanenjungfrau?«

»Das ist eine nordische Sage. Königstöchter, die Schwanengewänder haben, in denen sie fliegen können. Kennst du nicht das Bild von Burne Jones, wo sich die Schwanenjungfrauen an dem See niederlassen und ihre Gewänder abwerfen? Wenn nun einer die Gewänder findet und sie ihnen wegnimmt, so sind sie gefangen und können nicht mehr zurückfliegen. Aber der das Schwanengewand hat, muss es verbrennen, denn sonst findet es die Königstochter eines Tages, und wenn sie dem Manne auch Kinder geschenkt hat, so muss sie doch davon. Und wenn sie ihr Gewand wieder übergeworfen hat, ist sie wieder Jungfrau geworden. Und der Mann hat keinen Teil mehr an ihr und kann ihr nur in die blaue Luft nachsehen.«

»Nun weiß ich nicht, ob du zufrieden sein wirst, Harro.« Und Rosmarie erzählt: »Es war ein Braunecker, ein Ritter in Eisenharnisch und Sturmhaube. Er ritt durch einen grün-grünen Wald. Auf seinem Schilde brannte ein rotes Kreuz, denn er war auf dem Wege zum Heiligen Grabe, zu dessen Befreiung er sich verlobt hatte. Seine Mannen ritten hinter ihm drein, und das Schnauben ihrer Pferde, das Klirren ihrer Rüstungen scholl durch den Wald, dass die Vögel von den Zweigen aufflogen und ihr Singen verstummte. Da sah der Braunecker, dass ein grüner Pfad vom Wege abbog, und gleich am Eingang stand eine hohe brennend rote Lilie, wie er noch nie eine gesehen hatte. Da ritt er in den Weg hinein, weil es ihn lockte, und er dachte, er werde schon wieder auf die breite Straße zurückkommen. Die Hufe seines Pferdes versanken fast lautlos in dem hohen weichen Gras, Schmetterlinge flogen vor ihm her und die Zweige der Buchen neigten sich wie ein grünes Tor. Da hörte er von ferne ein wunderbares Klingen und Tönen, als sänge das Vöglein Wunderhold. Und wieder war's, als lachte es, und auch das Lachen wurde zu einem feinen perlenden Strahl. Da ritt er den Tönen nach immer weiter und tiefer in den grüngrünen Wald. Da öffnete sich das grüne Tor und er kam auf eine kleine Wiese, hinter der eine hohe Felsmauer aufstieg. Die Wiese stand voll weißer Sternblumen und blauer Vergissmeinnicht und an der Felswand rauschte ein Brunnen. Der hatte drei übereinandergestellte Schalen, aus denen die Wasser fielen, aus der bronzenen zu der steinernen Schale. Und auf dem Rand der untersten Schale saß die Fee …«

»In einem grauen Tuchkleide und mit hängenden Zöpfen?«

»Ach nein, Harro, gewiss nicht. Wie die weiße Mohnblüte, wenn sie die grau-grünen Knospenwände gesprengt hat. Und von ihren goldenen Haaren war ihr Mantel gewoben und glänzte in der Sonne.«

»O Himmel«, rief Harro, »das war frühes Mittelalter und die Fee war eine Heidin und so schön war die Geschichte gar nicht! Wie eine zarte Mohnblume, die blaue Adern hat. Himmel!«

»Da stieg der Ritter von seinem Pferde und die Fee raffte ihre goldenen Haare über der Brust zusammen und über ihnen sang eine Drossel und im Brunnen klang es wider und auch das eiserne Klirren seines Panzers, und daraus wob der Brunnen sein Lied vom Vöglein Wunderhold. Da legte er sein Gewaffen auf den grünen Samt der Wiese nieder.«

»Und warf sich auf die Knie vor der Fee.«

»Da neigte sich die Fee zum Brunnen.«

»Da tauchten die Enden ihres goldenen Mantels ins Wasser und es perlte von ihren Händen.«

»Und sie zog aus dem Brunnen eine köstliche Perlmuttermuschel mit grauem Silber beschlagen und gab ihm zu trinken. Und er trank und bot es ihr wieder und sie trank auch. – Da wurden die zwei eins, und er vergaß die ganze Welt und das rote Kreuz auf seinem Schild. – Er holte aus seinem Mantelsack einen purpurseidenen Mantel und schlug den um sie und ritt mit ihr nach seiner Burg zurück. Und der alte Burgpriester gab sie zusammen, nachdem er zuvor ihre Stirn mit dem heiligen Wasser benetzt hatte. Und da konnte sie reden mit einem Male, denn zuvor hatte sie kein Wort gesprochen. – Und weil sie zuerst geschwiegen hatte und weil er die Welt von seinem heimlichen Glück fernhalten wollte, nannte er sie und seine Burg „Schweigen". Und sie werden zuerst vielleicht glücklich gewesen sein. Ich weiß es ja nicht. Und dann stieg leise etwas auf zwischen ihm und Schweigen. Es war zuerst nur wie ein Nebel, der zarteste Nebel auf einer Wiese am Sommerabend. Und dann wurde der Nebel dichter und immer dichter, dass ihre Augen nur noch von ferne einander begegneten. Und Schweigen ging mit leisen Füßen seinen Schritten nach und stand vor verschlossenen Türen, und zuweilen war morgens ihr Kissen nass. Sie musste wohl im Schlafe geweint haben, denn bei Tage hatten ihre Feenaugen keine Tränen. Die kennen sie nicht, die Tränen, in dem Lande, wo sie herkam. Und reden konnte sie nicht und den Nebel mit festen Worten anfassen und zerstreuen, denn sie war nicht von vielen Worten und trug ihren Namen immer noch mit Recht. Und sie dachte: Ich bin nicht von der Art, wie die Frauen und Mägdlein der Menschen sind, darum hat sich seine Seele von mir gewendet. Und vielleicht, wenn ich am Tage weinen könnte wie die anderen, so vergäße er, dass ich von fremder Art bin. Aber der Braunecker saß in seiner Kemenate, die weit über das blaue Land schaute, wo die Menschen gingen und ritten, einzeln und in Zügen, und wo mancher Wimpel flatterte und woher die Sommerluft ferne Rufe trug. Und neben ihm stand sein Schild, auf dem das rote Kreuz brannte. Tag und Nacht stand das rote Kreuz vor seiner Seele, das er verraten hatte um des Weibes willen. Und doch konnte er sich nicht von ihr trennen, denn er liebte sie. Und die Fee alleinlassen in der Welt, von der sie nichts wusste und verstand, das konnte er nicht. Und einmal geschah es, dass ein Sonnenstrahl durch das Schlüsselloch glitt in seine Kemenate und auf das rote Kreuz fiel, sodass sie, die davor stand, es sehen konnte. Da dachte sie, das ist der Zauber, der uns trennt, der schlimme Zauber. Wenn ich den zerstören könnte, so wäre er wieder mein. Und sie schlich sich eine Nacht mit bloßen Füßen, als er schlief, in die Kemenate und hatte einen kleinen Hammer in der Hand und wollte den Zierrat von dem Schilde lösen und ihn zerstören. Es schien der Mond mit blauem Licht. Ein Kauz saß im Fenster und sah herein mit runden gelben Augen und schlug mit den Flügeln. Aber als der erste Schlag erklang, so hell und metallen, da fuhr der Braunecker, der nebenan schlief, auf, sie hörte ihn seufzen und im Traume reden, und sie beugte sich über ihn und horchte auf seine träumenden Worte, und er sagte: „In mein Herz hat es sich gebrannt, das rote Kreuz, in mein Herz.“ Da sah sie, dass es unnütz war, den Zierrat vom Schilde zu lösen, wenn das Zeichen doch in seinem Herzen saß. Da beugte sie sich über ihn und küsste ihn und da kamen ihr die ersten wachenden Tränen. Und sie löste ihren Gürtel und ließ das schwere Samtgewand zu Boden fallen, das sie als des Ritters Weib trug, und glitt heraus aus ihrem Linnen und löste ihre goldenen Haare. Dann ging sie ans offene Fenster, da flog der Kauz mit einem Schrei davon, und bald rauschte es von Flügeln in der Luft. Eulen und Käuze in schwarzen Zügen kamen geflogen. Runde gelbe Augen leuchteten wie kleine Goldkugeln und mondgraue Schwingen schlugen gegen das Gemäuer. Und als sie sah, dass es ihrer genug waren, da warf sie eine seidene Decke über das Gevögel und stieg hinaus. Die trugen sie auf ihren Flügeln davon in der Mondnacht. Ihre langen Haare wehten hinter ihr drein und die kleinen Nachttiere, die Fledermäuse und die großen Nachtfalter umgaben sie mit ihrem Fluge. Dreimal umflog sie das Schloss der Braunecker und sie sprach: „Du sollst stehen bleiben, wenn einst rings herum alles in Trümmern liegen wird. Und ich danke dir, Braunecker, du hast mir Tränen gegeben. Und komme ich damit zum Himmelstor und zeige mein Perlengeschmeide, so wird mir der Pförtner die ewigen Türen öffnen. Dafür danke ich dir. Und sieh zu, dass du selbst des Weges nicht verfehlst." Und als sie dem Nachtwind, der um die Türme geht, die Worte aufgetragen hatte, verschwand das Gevögel mit ihr in der unendlichen Sternennacht. – Als der Braunecker am andern Morgen erwachte, da war er allein und lag nur das Gewand da und ein silbernes Hämmerlein neben seinem Schild. Da merkte er, dass Schweigen verschwunden war. Da nahm er seinen Schild auf und ritt zum heiligen Grabe. Und er fiel bei Accon, und so wird er wohl des Weges nicht verfehlt haben.«

»Du hast einen Fehler gemacht, Rosmarie. Sie muss ihm doch etwas anderes zurückgelassen haben als nur die leeren Gewänder. Wenn ich von etwas tödlich überzeugt bin, so ist's, dass du in direkter Linie von der Fee Schweigen abstammst. Sie ist mir zu sehr Schwanenjungfrau, deine Fee Schweigen!«

»Aber du wolltest doch von Schwanenjungfrauen hören!«

»Deine Fee ist schlimmer als meine Schwanenjungfrau.«

»Ich weiß nicht, was fehlen soll.«

»Nun, es muss an irgendeiner Stelle heißen: Und sie schenkte ihm einen Sohn. – Das tun die Schwanenjungfrauen immer, ehe sie sich davon machen. Lass wenigstens in einer Nacht dein mondgraues Gevögel wiederkommen und in dem Teppich, den sie doch mitgenommen, ein Kind gewickelt liegen. Der alte Burgpfaffe kann es aufziehen. Dann hast du das Recht zur Fee Schweigen als Urahne.«

»Du weißt offenbar die Geschichte besser als ich, Harro. Und nun gute Nacht. Du bist sehr bald aufgewesen, ich habe in grauer Frühe dein Licht aufblitzen sehen. Und morgen wirst du fleißig sein wollen.«

»Es eilt nicht zu morgen. Du hast die Fee Schweigen gesehen, nicht ich.«

Rosmarie nickte nur gute Nacht und ergriff ihre bunten Seiden und ging zur Tür. Er hatte gerade noch Zeit, diese aufzureißen, da enteilte sie schon.

»Mit leisen Schritten, wie Königinnen schreiten«, murmelte Harro.

Eine Weile ging er auf und ab, dann riss er das Fenster auf. Eine wilde Schneewehe schlug herein. Er sog den harten Atem der Nacht ein … noch mehr, noch mehr … Den ganzen Körper müssen sie durchrasen, die wilden Ströme. Er warf das Fenster zu und ging mit langen Schritten in sein Atelier.

Rosmarie, die drüben an ihrem Fenster stand, sah das Licht aufblitzen und wieder verschwinden, hörte im Brunnen seine Schritte hallen und durch das Getöse der Sturmnacht und das schwere Zufallen der Schlosspforte.

Ich habe ihn fortgetrieben, denkt Rosmarie. Dann läutet sie ihrer Lisa. Die kämmt und bürstet ihr Haar und flicht es dann wieder für die Nacht und erzählt ihr dabei, wie Weihnachten immer so schön war in Brauneck. Und ob die Köchin wohl auch die echten richtigen Honiglebkuchen backen könne, nach denen allemal das ganze Braunecker Schloss rieche? »Das Rezept müssen wir uns verschaffen, und wenn die Köchin nicht will, so werden wir beide uns daran machen.«

»Sie wird nicht wollen, Durchlaucht, sie ist eine Herrische.«

»Dann schicken wir sie auf einen Nachmittag fort und tun, was wir wollen. Und vielleicht schneidet uns der Herr die Lebkuchen aus, dann sollst du einen schönen Mann bekommen.«

»Lieber einen solchen, dem man den Kopf abbeißen kann, wenn er einem nicht passt, als einen rechten«, meint die Lisa. »Was unsereins einmal kriegt … du lieber Gott!«

Und nun hat Lisa ihre Herrin zu Bett gebracht und ist gegangen.

Auf Rosmaries Tischchen am Bett ist eine schöne Lampe, ein Vogel Rock, der in seinen Klauen den leuchtenden Stein fortträgt. Die darf sie ja nur ausknipsen. Das ganze festlich schöne Gemach liegt im Dämmern. Rosmarie hört noch Lisa in ihr eigenes Zimmer am Ende des Ganges gehen und die Tür schließen. Und nun ist's totenstill. Außen heult der Winterwind um den Bergfried, aber er kann es lange nicht so vielfältig wie in den Braunecker Galerien. Eine ganze Skala von Tönen fehlt ihm.

Und im Haus ist's auch so still. Keine Treppen knarren geheimnisvoll von verstohlenen Tritten, es schweift nichts die Wände entlang, als glitten Hände über alte heißgeliebte Stätten.

Die junge Seele des Hauses Thorstein ist wohl noch halb im Schlaf. Rosmarie wirft ihre Decken hinweg und steht mit nackten Füßen mitten in ihrem Zimmer.

»Ich will nichts für mich behalten. Nein, ich markte nicht.«

Und sie löst mit bebenden Fingern ihre Flechten und schüttelt die Wogen zurecht und knöpft am Halse das weiße Nachthemd auf und lässt es von den Schultern gleiten. Da steht auf dem Teppich im Dämmer wohl die schönste Lilie aus Gottes Wundergarten. Dann geht sie vor den Spiegel und hält die Hände vor die Augen, und durch die feinen Finger perlen Tränen und ein Schauer geht über die weiße Gestalt.

»Du musst dich gewöhnen«, flüstert sie, »du musst. Willst du morgen zittern und erbleichen und seine Künstlerfreude stören? Wenn er sieht, dass du leidest, so ist dein Opfer umsonst. Nein, was du gibst, musst du mit Lächeln geben können.«

Und dabei sinkt sie zusammen und gräbt ihr Gesicht in ihre Arme. Die weiße Lilie zittert wie im Gewittersturm. Die goldenen Lichter huschen über die wogenden Haarwellen.

Du bist eine Närrin, Rosmarie. Wer verlangt es denn von dir? In großen Worten und in Anklagen kannst du dich ergehen, aber wenn du einmal, einmal etwas um ihn leiden sollst, so windest du dich. Und du hast ihn in die Nacht getrieben und in den Sturm. Um dich liegt er in der Zelle da drüben auf dem Stroh.

Wer sagt dir denn das?, trotzt die Prinzessin.

»Ich, deine Seele, sage es dir.«

Und Rosmarie erhebt sich, wischt die Tränen aus den Augen und geht nach der Wand, wo der kleine Knopf ist, und dreht, dass das Zimmer in strahlende Helle getaucht ist. Von der Decke herab leuchten die gläsernen Rosengewinde auf in warmem gelben und rötlichen Licht

Und Rosmarie blickt auf ihr weißes Bild im Spiegel mit herrischen grauen Augen und teilt ihr Haar über der Stirne und drückt die goldene Spange hinein und flüstert: »Es müssen weiße Rosen sein, der Gärtner muss sie morgen früh von Brauneck bringen.«

Sie nimmt von dem Bord an der Wand eine perlmutterne, von grauem Silber umwundene Schale und rückt Stühle vor den Spiegel und bedeckt sie mit einem grünen Tuche; und nun versucht sie, das Bild zu stellen, und dann macht es ihr Vergnügen. Ist es schön genug? Das Beste muss er ja selbst dazu tun. Und dann greift sie nach dem Knopfe und dreht alle Lichter aus, auch das im Vogel Rock.

Haus Thorstein liegt in finsterer Nacht. Und nur der Wind hat das Wort und die treibenden Schneewolken.

Rosmarie frühstückt immer allein, denn sie steht ja so viel später auf. Sie hat heute Morgen telefoniert und ein Reitknecht hat aus Brauneck schon die Rosen gebracht. Sehr spät ist Harro heute Nacht heimgekommen. Nun tritt er herein ganz frisch und durchblasen vom Wind, denn er kommt von einem Gange zurück. Er hat einen großen Tannenzweig voll schwerer rötlicher Zapfen an der Hand.

»Guten Morgen, Frau Königin. Da rieche einmal. Herrlich, nicht wahr? Vom verlorenen Grund. Es war heute Morgen noch nicht viel los … Aber sieh, wahrhaftig, es hellt sich auf!«

Einen Sonnenblitz zwischen jagenden Wolken, dass das Silbergeschirr aufglänzt und alles einen Augenblick im Goldglanz schwimmt.

»Noch mehr von dem, Frau Sonne, das tut wohl! Man meint, sie sei gestorben, die Gute, und nun kommt sie und sagt: Ich bin da.«

»Dann kannst du heute malen, Harro …«

»Ei, hat die Fee endlich ihre Sprache gefunden? Was gibt's, Rose? Hat die Köchin gekündigt oder hat meine liebenswürdige Schwiegermama einen Brief geschrieben? Du bist so feierlich wie das Seelchen, wenn es etwas ganz Besonderes ausgeheckt hatte. Gestern Abend hast du mir eine schöne Geschichte erzählt …«

»Du hast sie ja getadelt.«

»Habe ich? Welch ein schnöder Mensch! Ach die schönen Rosen, woher?«

»Von Brauneck, heute Morgen.«

»War der Gärtner so zuvorkommend? Hast du etwas anderes als das süße Zeug da, so kannst du deinem armen Mann wohl anbieten.«

»Hier in der Schüssel ist Schinken, heiß, dort Filet, aber kalt.«

»Herrlich, üppig!«

Und seine Augen schweifen verstohlen. Sie ist so sonderbar gestern und heute. Sollte sie es mit Launen bekommen, die Rose? Aber vorderhand lässt er es sich sehr gut schmecken und Rosmarie bedient ihn mit gewohnter Aufmerksamkeit. Und. der Himmel hellt sich zusehends auf, die Wolken rollen wie graue Vorhänge auseinander und schlagen sich ins Tal. Das ist nun unter einer weißen Daunendecke zugeschüttet und verborgen.

»Sieh, Rosmarie, wie das wogt. Als Kind litt ich an Sehnsucht, mich einmal ungestraft in das weiche Gewoge stürzen zu dürfen, das wäre ein Bett gewesen!«

»Und nun hast du ein Strohlager, Harro!«

»Dies scheint dich anzugreifen, Prinzessin. Sieh, wie das glänzt. Nun sind wir die Herren der Welt auf unserem Berg. Und der Gabelweih dort. Wir sehen seinen braunen Rücken, wir sehen auf ihn herunter. Du nimmst dir ja die Fee Schweigen heute gänzlich zum Vorbild, Rosmarie!«

»Oh, es ist sehr schön. Und ich horche auf die Glocke, die da heraufklingt aus der versunkenen Welt. Und arbeitest du jetzt, Harro?«

»Ich gehe wenigstens hinüber.«

»Ich möchte auch kommen, Harro. Ich werde aus den weißen Rosen einen Kranz winden um mein goldenes Band. Und … ja … wenn du meinst, ich sei heute ein wenig … ein wenig Urahne …«, sie errötet heftig, »kannst du nicht eine Skizze nach mir machen?«

Harro dreht sich hastig nach ihr um. Aber sie hält die Augen fest auf die Rosen geheftet, die sie eben auseinander nimmt.

»Das ist ja sehr gütig von dir«, murmelt er, »sehr gütig.«

Zum Zerspringen klopft ihr Herz … Er wird vielleicht sagen: »Nein, ich kann dich nicht brauchen«, oder: »Nun bin ich schon an etwas anderem«, und wird wieder neue Schlösser vor die eiserne Tür hängen.

Aber er redet nichts und sie fühlt seine Augen auf ihr brennen.

Endlich sagt er mit veränderter Stimme, so gequält heiter, wie er vorher natürlich war: »Du langweilst dich wohl, Rosmarie, so allein hier. Es ist einsam für dich. Ich habe mir schon gedacht, wie wäre es, wenn wir für eine Woche nach München gingen. Du könntest ins Theater gehen, gute Musik hören, dir die Theken besehen … Die Stille, seit das Baugeräusch aufgehört hat – das ich so oft verwünscht habe, sie geht einem wirklich manchmal auf die Nerven.«

»Das Haus ist noch so leise und der Thorsteiner Wind kann nicht, was der Braunecker kann. Hast du ihn einmal bei Nacht gehört? Der Thorsteiner ist ein Dilettant dagegen. Was da alles lebendig wird in Brauneck. Aber ich möchte jetzt nicht von Hause fort, und darf ich herüberkommen? Bitte!«

Harro geht zur Türe.

»Du bist so hartnäckig wie das Seelchen, wenn es etwas wollte …«

Rosmarie atmet tief auf, nimmt ihre Rosen und geht ins Schlafzimmer.

Harro wandelt vor seiner Staffelei auf und ab und richtet seine Farben und rückt mit den großen Vorhängen hin und her. Dann fallen ihm die Hände herunter, und er steht brütend da.

»Ja, nun wird sie wohl kommen, die holde Quälerin. Ob sie glücklich waren, die Fee und der Braunecker, das weiß sie nicht. Das geht an deine Adresse, Harro, mein Freund! Sie dreht und wendet etwas in ihrem süßen, törichten Kopf herum. Ach, sie wird sich wieder beruhigen. Ich habe sie viel zu viel allein gelassen. Das Alleinsein über den Wolken, das soll der Teufel holen. Wir müssen fort, dass die Zeit vergeht. Nun werd ich ihr ein schönes Köpfchen auf die große Leinwand malen und das wird sie unterhalten.«

Ein leises Rauschen hinter ihm. Rosmarie steht da in einem weiten blauen Morgenkleid. Sie sieht fast geisterhaft blass aus, nur ihre Augen leuchten dunkel, fast schwarz. Das kennt Harro und er weiß, dass sie in ihrem Tiefsten erregt ist.

»Ist dir etwas, Rosmarie?«

»Nein, Harro.« Nun lächelt sie mit weißen Lippen. »Sieh, ich habe dir den alten grünen Samt mitgebracht – Märt hat ihn doch hereingetragen. – Ja, da liegt er. Ich dachte, er soll den Brunnenrand vorstellen, und hier der niedere breite Tisch.«

»Ich wunderte mich, dass er abgeräumt war. Du hast dir das ausgedacht – wie gütig«, sagt er mechanisch.

»Willst du das darüberlegen, und lass es ein wenig auf dem Boden schleppen – so …«

»Sehr gut – aber das harte Hellblau, Rosmarie, erlaube. Warum bist du nicht lieber in deinem grauen Tuchkleid gekommen?«

»Im Tuchkleid … die Fee!«

»Und deine Haare …«

»Es wird schon recht werden. Ich möchte wissen, ob das nun gut im Lichte steht. Und dann: Welchen Moment hast du dir ausgedacht? Wann sie ihm die Schale reicht?«

Harro betrachtet seine Zeichnung. »Das ist jetzt gleichgültig.«

»Nein, gar nicht. Das musst du jetzt schon wissen. Es richtet sich doch meine Stellung danach.«

»Hartnäckig wie immer.«

»Es gibt drei Möglichkeiten. Den Moment, wo er sie erblickt und sie über ihn erschrickt … Dann muss er weiter zurück … oder …«

»Ach, das lässt sich jetzt nicht entscheiden.«

»Dann lass mich's tun. Ich wähle die zweite: Sie fürchtet ihn nicht mehr.«

Wie die dunkeln Augen leuchten aus dem weißen Gesicht.

»Rosmarie?«

»Harro, einen Augenblick. Ich will das Bild allein stellen. Gehe dort nach dem Fenster und warte. Einen Augenblick. Bis ich dir rufe.«

In Harros Gesicht schießt eine tiefe Röte bis in seine braune Stirn herauf. Mit wild klopfendem Herzen tritt er an die Wand. Es flimmert ihm vor den Augen. Was für ein Narr er ist! Sie hat sich gewiss recht schön gemacht unter ihrem hellblauen Kleide mit einem ihrer Festgewänder und will ihn damit überraschen. Ich darf ihr die Freude nicht verderben. »Hast du gerufen?«

Ein sehr leises »Ja« – und Harro dreht sich lächelnd um.

Und dann steht er regungslos da – seine Seele in den Augen … Die tiefste Ruhe senkt sich auf sein quälendes Verlangen. Das ist nicht sein junges Weib … Das ist die Fee!

Blass und ernst, mit dunkeln Augen, das Kleinod in der sanft erhobenen Hand, nur das an sich, was ihr Gottes Hand selbst um die Schultern gelegt, den goldenen Königsmantel ihrer Haare. Weiß leuchtend wie die Mohnblüte, wenn sie die grauen Schalen gesprengt, hoheitsvoll und lieblich – wie aus dem Lande des Vollkommenen herabgestiegen.

Einen tiefen Atemzug, der ihm die breite Brust schwellt, tut der Mann und dann leuchten die sonnenhaften Augen. Er greift nach seinem Pinsel und der fliegt … Und jetzt sind seine Augen stahlhart, wie sie auf- und niedergleiten.

Es ist totenstill da innen, nur seine Schritte tönen, wie er hin und wieder geht. Und die Sonne macht ihren kurzen Weg um den Berg.

Fast plötzlich fällt ein graues Dämmern. Die weiße Gestalt dort wankt. Die Schale noch fest in der Hand, sinkt sie zu Boden.

Harro stürzt herbei und hebt ihr schneeblasses Gesicht …

»Liebste, vergib … O Gott, was hab ich getan! Mache doch deine Augen auf … Eiskalt bist du. Liebste!«

Harro fängt an, unsinnig zu schluchzen.

Da schlägt sie die Augen auf.

»Ach, nicht weinen, Liebster. Gib mir mein Kleid; ja, ich bin schwach geworden – aber ich habe doch ausgehalten … Gib es mir schnell.«

Harro hüllt sie mit bebenden Händen ein, trägt sie hinüber auf ihr Bett und häuft Decken auf sie. Da liegt sie nun. Ihren weißen Rosenkranz hat sie noch auf dem Haupte.

»Wird es schön, das Bild? Ich sah's an deinen Augen. Ich hielt zu lange still und nun hab ich dich erschreckt, du Armer!«

»Ein roher Geselle bin ich … Ich vergaß es alles – die Fee – die Fee … Der Wahnsinn ergriff mich. Nie habe ich noch so etwas gefühlt. Ich weiß gar nicht, was ich gemacht habe … Das göttliche Feuer brannte in mir!«

»Ich sah es. Und ich habe dir gedient. Und nun lass mich ein wenig ruhen.«

Er beugte sich über sie. »Darf ich dich küssen. O du – du süße Heilige, du weißt ja gar nicht, was du mir gegeben hast. Du kannst es ja nicht wissen. Über mich hinausgehoben hast du mich – du. Du mein blauer Himmel. Ja, ich gehe … Sag mir, dass ich dir nicht geschadet.«

»Ich bin sehr glücklich, Harro. Und was sollte es mir geschadet haben?«

Und er geht. Sie lächelt mit weißen Wangen.

»Die Schleier sind dünn geworden … Es ist keine eiserne Tür dahinter … Ich muss Geduld haben … Und ich habe ihm dienen dürfen.«

29. DAS BESTE LEBKUCHENREZEPT

Draußen dichte Schneeschleier, krächzende Rabenscharen; und Chrysanthemumsträuße im Goldhaus, wohin man sieht. Das neue Haus fängt schüchtern an zu leben und es weihnachtet schon ein wenig.

Rosmarie und ihre Lisa studieren das berühmte Honigkuchenrezept. Sie haben sich sogar das ehrwürdig braune, am Rande zerfaserte Original kommen lassen, in dem freilich mysteriöse Quentlein und Prieslein ihr Wesen treiben. Rosmarie zeigt es Harro, weil es eine gar so schöne Handschrift ist auf dem dicken, vielerfahrenen Papier.

Harro, der eine große Freude an Handschriften hat und eine schöne Sammlung besitzt, gerät in Entzücken über das Blatt.

»Das Rezept muss vorzüglich sein, man sieht es schon dem Rande an. Wenn es nicht großartiges Papier wäre, so hätte es den Ansturm nicht ausgehalten. Rosmarie, das bekommen sie nicht wieder. Wir schreiben es ihnen auf ein bisschen angerauchtes Papier mit allen Quentlein und Prieslein ab. In der Küche werden sie keinen Handschriftenkundigen haben.«

»Als ob das aus der Küche käme! Herr Domänenrat hat es schon vor dreißig Jahren aus dem großen, alten Küchenbuch gerettet. Er hätte es auch niemand gegeben – nur mir. Er schrieb sogar auf das Kuvert: *Vorsicht*, als ob es Glas wäre.«

»Ist euer Herr Domänenrat nun handschriftenkundig oder hat er ein Tendre für Rezepte? Er sieht das Blatt nicht wieder. Ich habe mich nun in die Handschrift verliebt. Sieh die klaren Linien! Und es kostet dich ja nur ein Wort. Ich will ein altes Rezept. Es sind doch keine Diamanten, wer sollte es dir denn streitig machen … Das war keine Küchenfee, die das schrieb.« Harro studiert mit der Lupe eifrig die Linien, die ihm ein für Rosmarie ganz mysteriöses Interesse einflößen.

»Herr Domänenrat, Sie werden dies Stück nicht wiedersehen!«

»Schnöde bist du, Harro …«

»Alle Sammler sind schnöde. Mein Kind, das weißt du eben nicht.«

»Wie so vieles andere«, seufzt die junge Gräfin. »Du könntest dich wohl um die Abgründe meiner Torheit annehmen, Harro!«

»Du bist mir ganz recht, wie du bist. Übrigens, wenn man einmal merkt, dass man an Abgründen steht, das ist schon der Anfang der Weisheit.«

»Ein schmerzlicher.«

Harro starrt immer noch auf das Blatt.

»Himmel, welch ein Wille! Und sanft war sie auch noch. Eine Mischung, gegen die es keinen Widerstand gibt. Gut, dass sie nicht mehr lebt, Rosmarie, du würdest am Ende eifersüchtig.«

»Bin ich doch schon.«

»Ihr Frauen seid doch furchtbar. Nicht im Grab gönnt ihr einer andern etwas! Ich reite heute hinüber nach Brauneck und frage den Domänenrat, ob er noch mehr von der Sorte hat. Und dich mache ich verantwortlich für das Blatt, dass es nicht etwa in die Küche wandert, wo es Feuer und spritzende Dinge gibt. Und komme ich nicht zum Essen, so bin ich drüben und suche.«

Rosmarie schickt ihre Lisa fort, um dem letztgeborenen Thorsteiner Kind das blaue Jahreskleidchen zu bringen, und setzt sich in ihren Schmollwinkel zu ihrer Weihnachtsarbeit für Harro. Die Lisa kommt schon sehr schnell zurück mit hochroten Wangen und: »Frau Gräfin, es ist eine ganz gewöhnliche Sorte, die Thorsteiner! Ich habe auch freilich gleich gemeint, Durchlaucht sollten es nicht tun …«

»Was sollte ich nicht tun?«

»Der Küferslotte für ihr lediges Kind das Kleidchen schicken. Nun sind die Weiber so aufsässig, auch Frau Pfarrer hat's mir gesagt und vorgehalten und gemeint, wenn's die Herrschaft am Ende nicht wisste, so käme es auf das Pfarrhaus hinaus. Und die Beckin hat unser schönes Kleidchen kaum angesehen und spitze Redensarten dazu gemacht.«

»Aber Lisa, wie konnten sie! Ist die Küferslotte nicht sehr arm?«

»Freilich sind sie arm. Der Mann sitzt ja, weil die Jäger in seinem Gemüsegarten ein Reh in einer Schlinge gefunden haben, und die Frau ist blind und die Lotte! Die ist von der leichten Kavallerie.«

Rosmarie wird glührot.

»Was haben die Jäger in des Mannes Garten zu steigen? Und gewiss hat der Fürst nicht gewollt, dass sie den Mann anzeigen.«

»Die Jäger haben nichts angezeigt. Aber der Landjäger hat davon gehört, und der hat's berichtet.«

Was muss der Landjäger für ein schrecklicher Mensch sein, denkt Rosmarie. »Ja, und ohne den Landjäger wäre gar nichts aufgekommen?«

»Die Jäger sollen ihm das Reh, das schon tot war, in die Schlinge gehängt haben und gelauert, ob er es holt. Weil sie schon lang Verdacht haben und der Küfer ein ganz Schlauer ist.«

»Ich werde dem Fürsten schreiben«, zürnt Rosmarie. »Und nun ist die blinde Frau allein?«

»Die Lotte näht für die Bergheimer Schürzenfabrik. Und sie läuft schon wieder herum, putzt sich und prachtiert mit dem blauen Kleidchen.«

Rosmarie klagt: »Und gerade, weil sie arm ist und die Mutter blind und der Vater im Gefängnis, darf man ihr nichts geben!«

»Nein, Durchlaucht, weil es ein lediges Kind ist.«

»Lisa, was kann man denn tun? Das Kind kann man doch nicht verderben lassen!«

»Ja, aber wenn man denen den Kopf hält, dann denken andere, sie können auch tun, was sie mögen. Und Kerle, die darauf warten, gibt es immer!«

»Worauf warten?«

»Dass man ihnen den Willen tut«, antwortet die mysteriöse Lisa, die heute so ganz anders ist als sonst von Dingen spricht, die sie nie über die Lippen gebracht. Der Thorsteiner Weibersturm muss sie sehr erregt haben.

»Die Lotte ist auch eine ganz Leichte und Abgeschlagene! Legt die guten Leintücher auf die Treppe, dass die Stufen nicht knarren und die Mutter es nicht hört, wenn der Bursch in ihre Kammer kommt.«

»Lisa, das kannst du doch unmöglich wissen!«

»Aber meine Base, die daneben wohnt und Acht hat, hat's gehört, wie sie es ausgemacht haben. Kein Mädchen setzt sich mehr neben sie in der Kirche.«

»Das arme Kind! Man soll ihm keine Liebe tun und es ist doch unschuldig. Ach, sie wusste wohl gar nicht, was sie tat, sonst hätte sie …«

»Nicht wissen, Durchlaucht! So dumm gibt es doch niemand! Und vorher daran denken! Die denken an nichts, wenn sie nur ihren Burschen bei sich haben in der Kammer.«

Die Lisa erschrickt gewaltig über die Worte, die ihr entschlüpft, wird dunkelrot und entflieht eiligst. Rosmarie wirft ihre Arbeit hinweg, ihre grauen Augen blitzen. »Oh, wie man mich verdummt hat und mich hat blind durch die Welt gehen lassen! Und Harro hat gespielt mit mir wie mit einer Puppe. Und die Tanten auch.«

Welch ein Gedankengewoge in ihrem Kopfe … Sie wandert auf und ab und wendet sich hin und her und sucht ihre Augen vor gewissen blendenden Blitzen zu verbergen.

Endlich ertönen draußen Hufschläge. Es ist Harro, der heimkommt. Eine sehr weise, von ihrer eigenen Weisheit ganz geblendete und entsetzte Rosmarie kommt ihm entgegen.

»O Harro, wie siehst du aus? Wie ein Ritter!«

»Gefalle ich dir?« Er lacht sie an von seinem hohen Braunen herunter. »Die Eisenhaube für unsern Braunecker habe ich der Einfachheit halber auf dem Kopf transportiert. Ich wollte sehen, wie so ein Eisenkübel beim Reiten tut. – Die Dünsberger hielten mich für die Feuerwehr!«

Wie schön sein gebräuntes Gesicht unter der Sturmhaube hervorsieht, die blitzenden Augen, der lachende Mund mit den festen Zähnen.

»Und was hast du da? Wie ein Mantelsack sieht es aus.«

»Es ist auch einer, Rose.« Harro springt vom Pferde, eine uralte schwarzbraune Valise ist hinten auf das Pferd aufgeschnallt.

»Ich habe Schätze gefunden! Dieser Domänenrat ist ein Juwel, und die Ordnung, heilige Himmelstochter, nicht zu verachten. Meine Liebe zu ihr ist zwar platonisch, das soll sie auch bei Schiller gewesen sein.«

Und Harro löst selbst mit liebevollster Vorsicht die Ledervalise ab und trägt sie in sein Atelier. Dann fasst er seine Rose an den Händen.

»Und du, was hast du getan?«

»Mich besonnen.«

»Wie unnötig.«

»Lass mich hören, was du gefunden hast!«

»Berge, sag ich dir, Berge! Der Herr Rat tut nur einen Griff und hat es. Das Rezept will er aber wieder und bekommt es vielleicht auch. Hier – angefüllt bis oben mit der gleichen Handschrift. Wir haben sie nun endlich. Die Ahnfrau! Haus Thorstein hat seine so bitter schmerzlich vermisste Ahnfrau. Jede Kritik, die du bisher an uns Thorsteinern, unserem dilettantischen Wind, unsern nicht genügend stimmungsvoll knisternden Wänden geübt hast, hat zu verstummen. Hier ist die Ahnfrau: die Gräfin Gisela von Brauneck, geborene Gräfin von Thorstein. Du darfst sie bedichten, die Ahnfrau, Rose, aber wenn du sie nicht schön machst, so glaube ich es dir nicht. Ein Bild von ihr existiert nicht. Umso besser, wir können sie uns dann so schön vorstellen, wie wir wollen. Denke, wenn sie zu dieser Handschrift klein und dick mit einer Kartoffelnase gewesen wäre, ich hätte es nicht so bald verwunden. Oder ein schlechter Maler hätte unser Fantasiebild verdorben.«

»So viel hat sie geschrieben?«, fragt die Rose bänglich, als Harro anfängt auszupacken. »Schrieb sie denn Romane?«

»Das werden wir sehen. Und nun wollen wir essen. Und nachher machen wir uns auf die Entdeckungsreise ins siebzehnte Jahrhundert.«

Die Lampen brennen schon, als sie um den großen Tisch im Atelier sitzen und die alten dicken Papiere wenden. Noten, Noten, wieder Noten. Nur im bezifferten Bass geschrieben, erklärt Harro gelehrt. Stimmen für Oboen, für Flöten, Harfe, Geige, Orgel – ein Chorwerk.

»Rosmarie, wie merkwürdig! Dass denen damals so freudig zumute war, sechzehnhundertachtundsiebenzig! „Jauchzet dem Herrn alle Welt, lobt ihn mit Saitenspiel und Harfen. Kommt vor sein Angesicht mit Frohlocken!" Sieh die Handschrift. Wie ein Schwan gleitet sie dahin. Ach, dass wir so dumm davor sitzen, so analphabetenhaft dumm! Was meinst du, wenn ich mir meinen Berliner Trost – den Musiker – einlüde? Wir wollten ihn im nächsten Sommer bitten. Er schrieb mir zwar, er zücke schon lange einen Besuch nach mir, habe aber zu seinem Entsetzen gelesen, dass ich eine Prinzessin geheiratet hätte mit sechzehn Ahnen – er taxiert dich zu niedrig, Rosmarie –, und nun traute er sich nicht mehr.«

»Ich bin doch nicht so schrecklich, Harro!«

»O du, du hast eine Ahnung, wie du bist!«

Rosmarie bekam nasse Augen.

»Ja, ich ahne es doch ein wenig, Harro.«

»Nicht tragisch werden, Rose. Aber sieh, seine weiblichen Bekanntschaften bestanden im Wesentlichen aus Konservatoristinnen mit wild gelockten Haaren und hie und da schief getretenen Absätzen. Prinzessinnen kamen nicht in seinen Gesichtskreis. Von meinem Titel wusste er lange nicht, der stand sich zu schlecht mit meiner Wohnung neben der Glanzplätterei … Ach ja, die Plättfräulein interessierten ihn auch, er pflegte in ihnen ungemeine Seelenabgründe zu ahnen. Übrigens gibt es ein Unglück, wenn er dich sieht. Er hat ein glühendes Herz für alles Schöne. Ein so großes Herz in seiner kleinen, zerdrückten Brust. Er ist ja ein wenig verwachsen. Und wenn er an seinem alten Klavier saß und seine langen Spinnenfinger darüber gleiten ließ und ich mich plötzlich aus meiner Berliner Hölle sänftlich in ein seliges Gefilde getragen fühlte, wo Palmenwälder rauschten, das ewige Meer blaute und die Himmelstöchter herabstiegen auf goldenen Schuhen …«

»Harro, kann man nicht telegrafieren?«

»O du süße Rose, diesmal hast du ein liebes Wort gesagt. Wir telegrafieren ihm: *Soeben einen großen Fund getan – Chorwerk aus dem siebzehnten Jahrhundert entdeckt. Bitten dich, Pate zu stehen. Familie sehr dafür interessiert, wird die Kosten tragen.* Das tust du doch, Rosmarie. Ich bin ein ausgebrannter Vulkan.«

»O Harro, Liebster!«

»Halt. Da drüben sitzen bleiben, wo du bist«, kommandiert Harro.

»Nun noch: *Der Wagen wird dich in Kupferberg abholen.* So, das ist schön. Wenn die alte Musik auch keinen Wert mehr hat. Hans Friedrichs Musik hat Wert. Und der stumme Flügel, was wird er sich freuen! Und wir sitzen abends und hören zu. Sieh, was uns die Ahnfrau verschafft.«

»Glaubst du, dass sie die Musik komponiert hat?«

»Nein. Sieh – zuweilen ist etwas hineinkorrigiert mit Rotstift. Eine ziemlich nachlässige Männerhand. Sie hat wohl kopiert. Sieh, das ist köstlich. Mit Rotstift: O Holdseligste, nimm blau, nimm blau. Betrübe deinen Ehrfürchtigsten nicht durch ein Rot, das dreimal durch den Regen geloffen! Ob das nicht auch eine Anweisung für die Sängerin ist? Eigentlich hätte ich doch lieber etwas mehr von ihr erfahren als nur die Abschriften.«

»Ist die Valise leer?«

»Ein Pack noch und verschiedene Dinge. Ein grünes seidenes Kissen, ein Steckenpferd, ein angemalter Holzvogel mit einem Pfeifchen im Leib und ein seidener Beutel.«

»Was enthält er denn?«

»Ein Schreibzeug. Von Bernstein wie ein großer Apfel mit seinem silbernen Beschlag.«

»Das will ich, das muss man mir lassen«, ruft Rosmarie.

»Und ein Buch. Nun haben wir's, geschrieben, *Bekenntnisse einer schönen Seele.*« Die beiden Köpfe der Enkel beugen sich über das alte Buch. Ein Name steht nicht darin. Aber wieder eine Enttäuschung. Das Buch ist nur auf sehr wenigen Seiten beschrieben und enthält nur scheinbar ganz wahllos Bibelstellen. »Ein Wort hätte sie wohl dazwischen schreiben können«, brummt Harro.

»Sieh!« Rosmarie deutet auf ein Blatt, auf dem als Einziges steht: *Liebet eure Feinde.*

»Hat sie sich auch mit dem Wort herumgeschlagen, wie einmal du, Rosmarie?«

»Bei mir ist es bei einem ärmlichen Anlauf geblieben, Harro. Es war zu schwer für mich. Ich bin nur auf die allerunterste Stufe gekommen.«

»Und die wäre?«

»Vom blauen Männlein.«

»Sei nicht gar so mysteriös, bitte!«

»Sieh es doch an, ich mag wirklich nicht darüber reden, es ist so jämmerlich wenig.«

»Schweigen?«

»Glaubst du, dass sie mehr davon verstand?«, fragte Rosmarie.

»Hier in dem Einband steckt noch etwas.«

Zwischen dem Einband des Deckels und dem Deckel selbst war etwas hineingeschoben. Ein zusammengefaltetes Papier. Sie legten es sorgfältig auseinander. Eine dunkle, weiche Locke quoll heraus, oben mit einem Silberfaden gebunden, an dem ein Täfelchen hing. Darauf stand mit der Handschrift jenes Korrektors aus dem Chorwerk: *Der Holdseligsten von dem Herrgottsnarren.*

»Der Herrgottsnarr! Hast du das Wort je gehört?«

»Ja, man kann's hie und da einmal hören, hier oder in Brauneck. Als Fluch oder wenn sie jemand recht Einfältiges bezeichnen wollen. Und auch darunter sind Noten. Das würde nun Hans Friedrich ein Motiv nennen. Zwei Motive. Wohl eins für ihn und die Holdseligste … Oh, nun sind wir wieder dumm, Rosmarie! – Ach, nun endlich, das ist wohl von ihr. Rose. Kannst du's lesen, aber glatt, so lies es mir vor.«

»Das Obere ist gewiss auch ein Motiv«, sagt Rosmarie, und sie liest. Die klare Handschrift ist ja so leicht zu lesen. »Das Motiv, Harro:

Ein leidender Grund,
Ein schweigender Mund,
Ein Herz voll Minne,
Da ist Gott allzeit inne.

Siehst du, dass sie davon gewusst hat, Harro?«

Es gehet die Seele durch den Garten, wo der Rasen feucht ist von Tränen und wo die schwarzen hohen Bäume das Licht der Sonne hinweg trinken. Wo die vielen Vöglein grau und schweigend auf den Zweigen sitzen, die herabhängen. Wo die Büsche und das Gras und jede Blume, die darin blühet, ihre Perlen tragen. Darin gleitet ein dunkles Wasser, das nicht plätschert und auch nicht murmelt, und beweget bei seinem stillen Ziehen das Schilfrohr, das am Ufer steht.

Und hält die Seele ihre Schleier um sich und senkt ihr Haupt und verhüllet die Wunden, die die giftigen Pfeile derer, die draußen sind, ihr angetan haben. Also gehet die Seele durch den Garten, bei den grauen Vögeln, die nicht singen, bei dem Bache, der nicht plätschert, und bei den Lilien, die an ihren goldenen Fäden den Tau der Schmerzen tragen. Und im letzten Grund des Gartens, wo die Bäume am höchsten stehen und am tiefsten ihr Leidesschatten fällt, da steht ein Rosenbaum und trägt oben eine blasse Knospe. Da umfahet die Seele den Rosenbaum und spricht zu ihm:

»O du Rose meiner Liebe, wie bist du so blass und stehest im Düster, wo kein Strahl dich finden kann, und sollte doch auf dich fallen der Morgenglanz und die Mittagspracht und das Abendgold. Und müsste dein Duft herrlicher sein denn aller der Blumen, die im Garten sind.«

Da neiget sich die Seele über den Strauch und drückt die scharfen Dornen in ihre Brust, dass der Stamm trinkt von dem roten Blut und die warmen Wellen aufsteigen durch das Geäder und sich der blasse Kelch der Rose davon rötet. Wenn es aber Abend wird und der Herr des Gartens kommt, so wird er fragen:

»Seele, wie fährt dein Garten, den ich dir gegeben habe, dass du die schönen Blumen darin hegest? Und blüht dein Rosenbaum, den der Hauch meines Odems dir erweckt aus dem tiefen Grund?«

Da spricht die Seele in großer Traurigkeit:

»Herr, mein Rasen ist feucht von Tränen, meine grauen Vögel sind ohne Lieder, meine Lilien sind zerknickt und zerbrochen von den Steinen und Pfeilen, die sie mir in den Garten geworfen haben. Und die Rose meiner Liebe stehet im Dickicht, wo die Schatten am schwärzesten liegen.«

Und der Herr wird mit seinen goldenen Augen durch den Garten der Seele blicken. Da fliegt das Leuchten an den dunklen Stämmen hernieder, da tropft es von jedem Ast und Gezweig herab, da blitzet der feuchte Rasen von Demanten. Da haben die grauen Vögel ihre Stimmen gefunden und sind Nachtigallen worden mit Liedern des Dankes. Da stehen die zerknickten Lilien wieder aufrecht. Da öffnet die Rose der Liebe, die von dem Blute der Seele getrunken hat, ihren Kelch und glüht in purpurner Pracht und ihr Duft erfüllt den Garten. Und das dunkle Wasser, das zum Thron der Ewigkeit geht, hebt zu rauschen an. Und alsdann wird die Seele genesen.

Schweigen, im Oktobre sechszehnhundertzweiundsiebenzig, da ich zwanzig Jahr bin alt geworden, im vierten Monat meiner Trübsal

Harro fasste mit behutsamen Händen alles zusammen und trug das Buch und die andern Dinge in seinen Kasten und verschloss sie dort. Rosmarie nahm er bei der Hand und führte sie in den Schmollwinkel. Dort saßen sie eine Weile stumm beieinander. Dann sagte er freundlich: »Kehren wir ins zwanzigste Jahrhundert zurück. Vielleicht sollte man doch alte Sachen nicht anrühren. Das Geisterbeschwören ist zu keiner Zeit bekömmlich gewesen. Übrigens steht auch deine Beichte noch aus. Was hast du alles ersonnen?«

»Ich habe so viel gedacht heute, Harro – und ich muss ja noch mit dir reden!«

»Das klingt gefährlich – eine Einleitung, die gewöhnlich wenig angenehmen Erörterungen vorauszugehen pflegt. Nun, ich sitze schon auf dem Armsünderstühlchen, lass hören!«

»Ach, wenn du so anfängst und mit mir spielst, wie soll ich mich trauen? Ihr spielt ja immer mit mir, du und die Tanten. Als ob ich in Ewigkeit nicht klüger werden könnte. Und ihr habt ja recht. Ich bin ein dummes Kind. So dumm, wie ich lang bin. Als ich klein war, lachten ja alle über mich. Nur du nicht! Harro, du nicht! Und darum liebte ich dich. Harro, warum stellst du dich nun zu den andern? Du auch!«

Dem Thorsteiner fährt eine Röte über die Stirn, er lässt seinen Kopf hängen und steht vor ihren sanften, grauen, flehenden Augen wie ein gescholtener Junge.

»Rosmarie, es war leichter so. Die Sache ist schwer genug für mich. Das kannst du ja nicht wissen. Habe ich dir wirklich damit ein Unrecht getan? Ich dachte mir, ich lasse dich in deiner glücklichen Kindlichkeit.«

»Du musst keine Schleier mehr darüber werfen, Harro. Sag mir, Harro, sag mir: Warum bin ich nicht deine Frau? Ist etwas an mir, dass ich es nicht sein könnte?«

Harro erschrak heftig.

»Du hast doch die Gedanken nicht schon lange mit dir herumgetragen? Ich bitte dich, das wäre mir furchtbar. Meine Rose, meine arme Rose! Nein, es ist alles so einfach! Du bist noch zu jung, du sollst noch geschont werden. Wie lang ist's her, dass man dich dem Tod entrissen hat! Wie furchtbar, wenn ich dich gefährdete! Das Entsetzlichste wäre es mir. Ich kann es nicht. In manchen Dingen bin ich eine Memme. Was es mich gekostet hat, neben dir in Bordighera zu stehen, als du dalagst wie so ein armer, gequälter Schatten, das kannst du nicht ahnen! Und du wolltest ja nicht mehr in Brauneck bleiben, du hast mich doch gebeten. – Und so habe ich deinem Vater den Vorschlag gemacht, du solltest bei mir sein, wie das Seelchen bei mir gewesen wäre. Ich gab ihm mein Wort. Dass ich dir schwere Stunden damit bereite …«

»O Harro, wie muss ich mich schämen vor dir! O Harro, und ich bin so glücklich, und wie schäme ich mich. Und es ahnt mir, dass ich nicht einmal weiß, wie sehr ich mich schämen muss. Ich lebe von deiner Güte all die Zeit.«

Er hatte seinen Arm um sie gelegt und strich ihr sanft über ihre Haare.

»Du sollst glücklich sein, Rose. Und du gabst mir so viel. Wie kannst du wissen, Schwanenjungfrau, was wir Männer fühlen. Und du hast mir doch die höchsten Stunden meines Lebens geschenkt. Du hast mir ein Opfer gebracht. Ein Sturm der Seligkeit durchbrauste mich. Sieh, für die andern ist das Gesicht der Mensch, sie sehen vielleicht noch die Hände, den Rest besorgt die Schneiderin. Für mich hat deine lieblich geneigte Schulter, der Bau deines Rückens, die wunderbare Linie von der Armhöhle über die sanft geschwungene Hüfte herunter ebenso viel Ausdruck wie dein Gesicht. Ich habe es immer geahnt, dass du herrlich sein musstest. Aber wie sehr deine Seele sich die Behausung gebaut und bewahrt hat, das habe ich nun erlebt. Du bist mir heilig geworden. Ich habe nun, wenn deine Süßigkeit nicht gar so gefährlich wurde – und du hattest plötzlich ein feines Gefühl bekommen, was du tun durftest und was nicht –, ganz schön neben dir leben können. Ich habe Schöpferstunden genossen, als ich dich malte. Und nun gräm dich kein bisschen mehr, Rose. Im Sommer feiern wir Hochzeit. Ja, musst du denn deinen Kopf verstecken, kannst du mich gar nicht mehr ansehen? … Ein Fest wird es sein … Ein Fest, in das uns kein Mensch hineinredet. Das Fest! Das Fest der Rose! Gegen das alle Feste nur ein Vorhof waren. Du hast ja deinen Schleier mitgenommen, Rosmarie, und einen Rosenkranz von weißen Kletterrosen von der Braunecker Schlossmauer wirst du tragen. Die sehen dir am ähnlichsten! Und ein Gewand von weißer Seide über deinen süßen Leib und goldene Schuhe, deine Freudenschuhe. Und es werden keine fremden Augen auf uns sehen. Und der Brunnen singt uns sein schönstes Lied. Warum redest du kein Sterbenswörtchen, Rose, meine weiße Rose?«

»Oh, ich liebe dich, ich liebe dich!«

Harro erhob sich plötzlich und sagte leise: »Du musst mich nun gehen lassen, Rosmarie. Es ist noch lange bis zum Sommer. Einen Kuss noch, aber schnell! Ich muss gehen.«

»Dein Wort hast du gegeben, Harro – dann musst du es halten.«

Und sie entwand sich ihm und schritt hinaus.

Als Harro am andern Morgen zum Frühstück kam, war das sonnenfreundliche Zimmer leer und keine Anstalten für Rosmaries Frühstück waren getroffen. Stattdessen lag ein Billett auf dem Tisch, an ihn adressiert: *Lieber Harro! – Wenn Du dies Blatt findest, bin ich schon bald in Würzburg. Um elf Uhr werde ich in Berlin sein, wo mich Vater abholt. Lisa getraut sich, mich wirklich nach Berlin zu bringen. Wenn ich glücklich dort angelangt bin, telegrafiere ich Dir. Sollte ich aber trotz Lisa mich plötzlich wo anders befinden, telegrafiere ich Dir auch. Sei mir nicht böse!*

Deine Rosmarie

Rosmarie hat zum ersten Mal ihr Schicksal in ihre eigene Hand genommen.

30. DIE ERZIEHUNG

Rosmaries Telegramm hatte im Palais Brauneck in Berlin nicht geringe Aufregung verursacht. Der Fürstin Augen hatten wunderlich geglänzt, als ihr der Fürst das Telegramm zeigte.

»Das ist seltsam! Hoffentlich bedeutet es nichts Schlimmes. Wenn junge Frauen plötzlich bei ihren Eltern wieder auftauchen, so pflegt das auf Stürme zu deuten …«

Der Fürst jammerte, dass Harro Rosmarie allein reisen lasse, die doch so unerfahren sei. Ob sie nur wisse, wo man die Billette bekomme! Den ganzen Nachmittag – Rosmarie hatte erst von Würzburg aus depeschiert – trieb es ihn von einem zum andern, alles mögliche Reiseunglück schien ihm seine Tochter zu bedrohen. Es öffneten sich Abgründe zwischen Würzburg und Berlin.

»Unverantwortlich von Harro«, stöhnte er immer wieder.

Er war schon seit einer Viertelstunde auf der Plattform des Anhalter Bahnhofs auf und ab gewandelt, als der Zug endlich hereindampfte. Die Türen öffneten sich und eine bunte Menschenmenge füllte in einem Augenblick den leeren Platz.

Der Fürst starrt hinein, dass es ihm vor den Augen flimmert; als das Allerunwahrscheinlichste will es ihm bedünken, dass Rosmarie nun wirklich auftauchen könnte. Und da steht sie plötzlich vor ihm.

»Vater, ach wie schön, dass du da bist!«

Er schließt sie in die Arme, als käme sie übers Weltmeer. »Da bist du!« Und seine Augen werden feucht. Wie ist sie rosig und blühend, trotz der langen Reise, und mit einem unternehmenden Funkeln in den

Augen, das er gar nicht kennt. »Und ist dir denn gar nichts Unangenehmes geschehen?«

»Aber Vater, ich bin doch jetzt endlich groß genug, dass ich mich allein, das heißt mit Lisa, nach Berlin wagen kann. Wir sind zweiter Klasse gefahren, in der ersten war es uns zu einsam. Und es war eine Dame mit zwei Kindern da und wir haben uns vorzüglich unterhalten.«

»Und geht es dir gut und Harro?«

»Sehr gut, Vater, und ein klein bisschen solltest du dich doch freuen, dass ich gekommen bin!«

»Sehr freue ich mich«, ruft der Fürst, der plötzlich fühlt, dass ihm eine Last vom Herzen geht, von der er erst jetzt die Schwere spürt.

Und nun fahren sie nach dem Palais Brauneck und Rosmaries Mund steht keinen Augenblick still, so viel hat sie zu erzählen. Aber warum sie gekommen ist, das verrät sie nicht.

Die Fürstin erwartet sie mit seltsam gespanntem Gesicht, aber ein Blick in Rosmaries erhobenes, schönes Angesicht scheint ihr Interesse vollständig aufzuheben. Nachdem sie mit Rosmarie einige gleichgültige Worte gewechselt, erinnert sie sich, dass sie den dritten Akt einer Premiere, in dem etwas besonders Packendes vorgehen sollte, sehen wollte. Noch an der Tür wendete sie sich.

»Ja, Rosmarie, warum bist du eigentlich gekommen?«

Über Rosmaries Gesicht fliegt eine helle Röte, und der Fürst sagt schnell: »Weihnachtsüberraschungen für Harro!«

Der Fürstin Interesse erlahmt wieder und sie lässt die beiden allein.

Und dann setzt sich Rosmarie in ihres Vaters Arbeitszimmer in das tiefe Ledersofa, zieht ihn neben sich und sagt: »Und du wunderst dich gar nicht, dass ich dir keine Grüße von Harro mitgebracht habe?«

»Hast du nicht? Ja, richtig!«

»Ich bin durchgegangen!«

»Aber Rosmarie!«, entsetzt sich der Fürst. »Was überkommt dich mit einem Male! Ich bitte dich!«

»Ich will auch einmal selbstständig handeln! Und Harro wird schon nicht böse sein. Komm, Vater, lass dir erzählen …«

»Das Durchgehen scheint bei dir periodisch geschehen zu müssen. Ich bin aber doch nicht ohne Sorge, wie Harro es aufnimmt.«

»Höre, wie ich's angefangen. Ich habe gestern den Entschluss gefasst. Lisa fand das Kursbuch und studierte darin ohne Erfolg, bis wir zu Märt gingen. In Thorstein kann man nichts ohne Märt machen. Ich sagte ihm, es gälte eine Überraschung für den Herrn. Dann telefonierte ich an die Stallwache in Brauneck und bestellte mir einen Wagen an den Schlossberg. In meinem Leben bin ich nicht so früh aufgestanden! Es war rabenschwarze Nacht. Märt trug das Gepäck und ein Laternchen, so gingen wir den Schlossberg hinunter. Der Wind seufzte in der Reiherhalde und Lisa weiß, dass es da spukt, und fürchtete sich sehr. Ein paar von den Reihern, die bleiben ja im Winter da, so hörten wir die sonderbaren Schreie. Märt stapfte voraus, als könnte es gar nichts Einfacheres geben als den Weg durch Schneewehen und Blätterhaufen, und sein breiter Rücken sah sehr trostreich aus. Und wie froh waren wir, als wir die Lichter des Wagens sahen. Von da an ging alles glatt.«

»Und Harro weiß, dass du angekommen bist?«

»Gewiss! Und keine solche Sorgenstirne, Vater! Wenn ich komme und du mich wieder hast!«

»Liebe Rosmarie, du würdest mich doch verbinden, wenn du mir endlich mitteilen wolltest, warum du eine so plötzliche Reise zu Fuß und durch die Nacht für nötig befunden hast!«

»Liebster Vater, auch Traumliesen wie ich können einmal energisch werden. Ich bin aufgewacht aus sieben Träumen und von Schwanenjungfrauen habe ich nun genug und übergenug gehört. Harro hat dir ein Wort gegeben.«

»Er hat es dir gesagt!«

»Ich quälte ihn so lange darum, bis ich es erfuhr. Ich kann nun nicht mehr über mich verhandeln lassen, als ob ich ewig ein unmündiges Kind bleiben müsse! Harro weiß von dem, was ich tue, nichts. Du musst ihn von seinem Wort erlösen, Vater!«

»Ich habe ihn schon an deinem Hochzeitstage davon frei gemacht – er wollte nichts hören. Die Gründe wirst du nun auch wissen. Aber Rosmarie, es handelt sich doch nicht nur um euch allein! Um die Zukunft eures Hauses handelt es sich. Du hast im letzten Jahre einen heftigen Sturm durchgemacht. Ob du wirklich schon imstande sein wirst, ein gesundes und kräftiges Kind zu haben … Rosmarie, du bist meine einzige Hoffnung! Wenn mir auch diese noch aus der Hand genommen wird, so weiß ich gar nicht, wofür ich gelebt habe!«

»O Vater, lass mich alles wissen … Versuch's doch mit mir!«

»Du sollst es wissen, Rosmarie … Ich kann ja keine Hoffnung mehr haben, eigene Kinder zu bekommen. Zu Zeiten ist mir's, als ob ich noch unglücklicher sein würde, wenn meine Wünsche in Erfüllung gegangen wären. Aber dann ist's mir doch, als sei mir die Axt an die Wurzel gelegt. Meine Lebensarbeit ist umsonst gewesen. Ich habe vieles angefangen, was sich in dreißig, fünfzig Jahren als nützlich erweisen kann. Ich habe Altes erhalten, weil in alten Dingen, wenn sie auch nur noch Pietätswert haben, doch ein Segen liegt. So haben's mein Großvater und Vater auch gemacht. Wir müssen für den Enkel leben. Wir sind doch nur Glieder einer Kette; ist ein einziges Glied morsch geworden, so ist der Kontakt zerrissen. Eine Generation zerstört, was zehn aufgebaut. Und die Zeit reißt mächtig an der alten Kette! Aber nun denke dir, Rosmarie, wie ich nun so allein dastehe – ich habe versucht, mich mit dem Gedanken abzufinden. Ich kann dir ja noch ein schönes Erbteil herauswirtschaften, ohne dem Nachfolger zu schaden. – Aber ist das ein Lebensinhalt?«

»Vater, Harro will doch gar nicht …«

»Ich weiß. Aber es kommt auch das Verpflichtende, das auf uns, die wir Erben sind, ruht. Das hat ihn mir so wert gemacht, Rosmarie. Sein Erbteil waren ein paar zusammengefallene Mauern und ein alter Name! Wie treu hat er sich verpflichtet gefühlt! Und weil der Mensch doch nicht ohne Hoffnung leben kann, habe ich nun angefangen, in Harros Familienpapieren zu stöbern. Zum Glück führte der alte Herr die wichtigsten Dinge in einer eisernen Kiste bei sich, sodass die wenigstens gerettet wurden. Einen gelehrten Herrn in Leipzig, der sich mit derlei befasst, habe ich konsultiert. Ich habe S. M. sondieren lassen. Du verstehst mich doch, Rosmarie?«

»Leider durchaus nicht, Vater. Es schwirrt mir im Kopfe von eisernen Kisten und Herren aus Leipzig. Du weißt ja, wie töricht ich bin!«

Der Fürst ergriff ihre Hand und sah sie mit seinen schönen dunkeln Augen an, wie er noch nie auf sie gesehen hatte, mit einer ankopfenden, fast stürmischen Sehnsucht.

»Rosmarie, wenn deine Söhne Herren von Brauneck würden!«

Eine glühende Röte ergießt sich über ihre Wangen, ihre Brust weitet sich, wie die Augen so klar und tief zu ihr aufleuchten. Es war ihr, als stehe sie auf einem Berge und sähe in wallende Nebel hinein und ein blitzender Sonnenstrahl zerrisse sie und zeige ihr aus seinem grünen Mantel aufsteigend das silberne Band des Flusses um die Hüften der Bergzüge von Brauneck, die Türme, und in all den vielen Fenstern läge die Sonne wie ein goldenes Feuer.

»Es ist noch sehr weit bis dahin, Rosmarie! Ich müsste noch zwanzig Lebensjahre sicher haben, um es dir versprechen zu können. Und an irgendwelcher Klausel kann alles noch scheitern. Es spielt auch Persönliches mit. Große und schwere Opfer müssen gebracht werden. Ein Faulpolster würde deinen Söhnen die Braunecker Herrschaft nicht werden, alles werde ich nicht erhalten können. Die Herren Vettern, die zwei letzten in Böhmen, müssen abgefunden werden. Der eine hat es zum Glück schon selbst besorgt, indem er eine so wenig standesgemäße Heirat gemacht hat, dass die Hausgesetze ihn jetzt schon ausschließen. Und der andere … ein Genussmensch … ein sehr lockerer Herr. Je länger ich lebe, je eher wird er zu einem Vergleich bereit sein. Aber ich muss kräftige Enkel haben, die nicht schon von vorneherein im Kampf mit dem Leben behindert sind. Und gerade der Älteste … Man wird mich einen Fantasten schelten, der verwirft, was er hat, und alles in einem Wechsel auf die Zukunft anlegt. Es kostet Opfer, Rosmarie. Palais Brauneck werde ich verkaufen, sein Wert hat sich verdreifacht. Mein Vater kaufte es mir, er wollte nicht, dass ich mich zu früh in Brauneck einspinne. Er wünschte, ich solle tätigen Anteil nehmen am Leben des deutschen Volkes und nicht immer rückwärts sehen.«

»Ist das nicht furchtbar hart für Mama«, seufzte Rosmarie, »wenn sie nun in Brauneck bleiben soll, immer, und für etwas Opfer bringen, was sie im tiefsten Grunde verletzen muss?«

»Rosmarie, ich binde dir die Sache aufs Herz, es ist dein tiefstes Geheimnis. Nicht einmal dein Mann soll es wissen. Sei treu, Rosmarie! Sieh, Rosmarie, ich habe mich abzufinden gesucht mit meinem Schicksal. Ich habe mir die Herren Vettern angesehen. Eine Generation zerstört, was so viele Generationen geschaffen. Diese Genussmenschen … Eine peinliche Unruhe befiel mich. Als ob mich die alten Herren in der Braunecker Gruft einmal nicht ruhig neben sich schlafen ließen. Dass ich müsste spuken gehen in dem verlassenen und verdorbenen Brauneck. Und du schweigst, Rosmarie!«

»Ich werde schweigen, Vater. Ich bin doch auch eine Brauneck!«

»Das musst du nun erst beweisen, Rosmarie, Braunecksche Art kommt langsam aus dem Menschen heraus.«

Rosmarie hat nicht sehr nach Hause geeilt. Aus dem Palais Brauneck zwar vertrieb sie bald der dort herrschende Eiswind; es war ihr noch gelungen, in einem heimlichen Stelldichein mit ihrem Vater einen schönen Vormittag am einsamen vereisten Sakrower See zuzubringen. Aber dann war sie zu Tante Helen geeilt, die durch ihren Unfall so sehr in ihrem Behagen gestört war.

Die Dame war rührend glücklich über ihr Kommen und versteht sie von Tag zu Tag festzuhalten. Und endlich händigt sie ihr auch den längst und heiß ersehnten Brief ihres Mannes aus. Bisher hatte er nur in lakonischen Postkarten sein Wohlsein berichtet.

Und Rosmarie entschlüpft mit dem Briefe in ihr Zimmer.

Liebste Rose! – Kommst Du eigentlich wieder? Warum Du fortgegangen bist, das habe ich so ungefähr geahnt. Aber warum bleibst Du jetzt noch an Tante Helen kleben? Fürchtest Du, ich nehme Dich zu früh aus Deiner grünsilbernen Altarnische? Damit hätte ich eigentlich gesagt, was ich wollte, und könnte die Epistel schließen, indem ich das Weitere Dir überlasse, Du schlimme Rose! Im Davongehen wirst Du Dir wohl im Lauf der Jahre eine Force erwerben. Die letzte Aventiure war nicht übel arrangiert, alle Achtung! Aber ich gedenke, weiteren Übungen einen Riegel vorzuschieben!

Wenn ich nicht im Augenblick Deine grauen Augen vor mir sähe – mit angstvollem Entsetzen auf mich gerichtet –, so wäre ich schröde genug, diesen Brief zu schließen und ihn mit kaltem Lächeln der Post zu übergeben. Aber ich muss befürchten, dann gehst Du wieder der Tante Helen durch und kommst ganz Reue am Ende mit der Kupferberger Abendpost an, dem fürchterlichsten Fortbewegungsmittel der Welt. Darum schreibe ich nun auf der zweiten Seite und berichte Dir weiter. Die Köchin muss Dich für geizig halten, denn seit Du fort bist, führe ich ein Schlemmerleben. Heute habe ich mich in einsamer Verzweiflung durch ein ganzes Diner hindurchgegessen. Infolgedessen war ich heute Nachmittag zu allem zu faul, und nun zünde ich mir schon die zweite Zigarre an. Ich räuchere Dir sogar Dein Heiligtum, Deinen Schmollwinkel ein. Und dabei siehst Du mir von allen Wänden her zu! Dornrose!

Etwas von Dir ist in den Räumen hängen geblieben, und wie ich durch meinen blauen Rauch starre, muss ich Dich immer mehr sehen und bedenken. Du schlimme Rose, und dabei wirst Du immer schöner! Es ist notwendig, dass Du kommst und Deine leibhaftige Erscheinung das Fantasiebild vertreibt. Es fing schon an, sich einen netten kleinen Heiligenschein wachsen zu lassen. Und – kannst Du das verlangen, Durchgängerin?

Nun stecke ich doch schon an der Tinte, und so sollst du noch erfahren, dass ich heute in der Kirche war. Im Kirchenstuhl. Es hat eine nicht geringe Aufregung in der Gemeinde verursacht, bis in den Pfarrstuhl hinein. Aber ich gedenke, die Bußübung nicht so bald zu wiederholen. Die Thorsteiner sind alle lang gewesen und sie müssen es als notwendiges Ingredienz ihrer Andacht angesehen haben, ihre langen Beine in den engsten Kasten von Kirchenstuhl zu pressen. Und eiskalt war es auch noch dazu. Überhaupt Andacht. Sie scheint in unseren Kirchen hier als störend mit der Wurzel ausgerottet zu sein. Herr Pfarrer gab sich die redlichste Mühe und sprach recht gut, soviel ich davon verstand, aber die Kirche war eiskalt, und eiskalt bleib auch ich. Als ganz verstockter und verhärteter Sünder wandelte ich nach Hause. Ich fühlte mich an Leib und Seele durchfroren, sodass ich mich ins Atelier flüchtete, abschloss, den bewussten Vorhang zog und mich vor unserem Bild auf Deinem Stuhl ausstreckte und eine Zigarre anzündete. Es ist schön, das Bild. Wenn ich das sage, so ist das nicht eitel und stolz etwa, sondern eher das Gegenteil. Wenn ich so ein Wort in den Mund zu nehmen wagte, möchte ich eher demütig sagen. Man muss ja jetzt als moderner Mensch das schöne Wort Unterbewusstsein benützen, die Goethesche Dumpfheit gefällt mir aber viel besser. Aus dieser heraus ist es gemalt. Ich habe manches jetzt erst daran entdeckt. Plötzlich empfand ich es als profan, vor Deiner Holdseligkeit mit einer Zigarre zu sitzen. Ich schämte mich und legte sie weg.

Dann entdeckte ich Deine linke Hand, die den Brunnenrand umschließt. Und da war mir's, als zöge mir jemand eine Binde von den Augen hinweg. Ich muss es doch gesehen haben, denn ich habe es gemalt, und hab's doch nicht gesehen. Wie fest die Hand sich an dem Brunnenrand hält. Wie ein Beben ist's an ihr und das läuft hinauf die Linie des Armes entlang und spannt sich wie ein ganz feiner Schatten unter der Brust hinüber. Da wusste ich, was es dich gekostet haben mag. Und ich sah Dich erbeben unter meinem Blick und Deine stolze, reine Seele sah ich sich beugen vor mir, ihre Krone vom Haupte nehmen und sie mir darreichen. Ein junger Baum im Maienglanz ist schön. – Wie schön ist die Lilie, wenn ihre weißen, dufterfüllten Kelche im Morgenwinde beben. Aber wie kalt und glatt ist ihr Weiß gegen das beseelte, von rotem, warmem Feuer durchglühte Weiß Deiner Arme. Wie matt das schöne Gelb der Staubfäden gegen den metallischen Glanz Deines Haares. Die Schönheit aus allen Naturreichen hat der Schöpfer auf sein Menschengebilde zusammengerafft.

Es ziemt sich wohl, dass der Braunecker vor der Fee auf die Kniee sinkt, andächtig. Er ahnt den Schöpfer, ganz abgesehen davon, was den Mann im tiefsten Grund seiner Seele vor euch niederzwingt.

Ich blieb vor dem Bilde sitzen, bis die grauen Schatten aus allen Ecken krochen und das Spinnweb der Dämmerung mich ganz versponnen hatte. So bin ich doch noch zu meiner Andacht gekommen. Tante Ulrike würde zwar die Art und Weise nicht billigen und sie heidnisch finden. Ich bin hie und da gespannt, ob ich mich zu einer höheren Erkenntnisstufe emporschwingen werde. Vorderhand muss ich schon so verbraucht werden.

So, nun bist Du gekratzt und gestreichelt worden, vom Letzteren für Erziehungszwecke zu viel, und weißt, was Du zu tun hast. – Dein Harro

Tante Helen war trostlos, als ihr Rosmarie mitteilte, dass sie mit dem nächsten Zuge nach Hause fahren müsse. Sie ächzte über den schnöden Egoismus der Ehemänner und über die gänzliche Wehrlosigkeit ihrer Nichte: »Du solltest doch nicht von vorherein ganz geduldige Ehesklavin sein. Und wenn man den Männern allen Willen tut, so macht man auch den Anständigsten zum Haustyrannen. Und dein Harro hat Talent dazu, man sieht es an seinem steifen Nacken. Telegrafiere: *Komme Samstag.* Heute ist Donnerstag. Das zeigt dann ein Eingehen auf seine Wünsche und zugleich eine Verwahrung gegen zu diktatorische Befehle. So macht es eine kluge Frau, die weiß, was sie sich und ihrer halb lahmen Tante schuldig ist.«

»Tante Helen«, fleht Rosmarie, »du bist ja gar nicht mehr so lahm, ich nehme dich mit nach Thorstein.«

»Als ob ich Lust hätte, in eurem Liebesnest den unbequemen Dritten zu spielen! Müsst ihr euch denn immer betanten lassen? Das finde ich stillos. Harro würde eine sehr schlechte Freude haben. Nein, du bleibst und zeigst Charakter und Selbstständigkeit.«

Rosmarie lächelte.

»Und tue mit Charakter und Selbständigkeit, was Tante Helen will.«

»Rosmarie«, klagte die Tante, »aus dir spricht bereits der trotzige Thorsteiner. Gehe nur schnell zu ihm und verthorsteinere ganz.«

Alles Flehen hilft nichts. Rosmarie erreicht noch den Dreiuhrzug und nachts um zehn fährt das Braunecker Coupé in die Thorsteiner Schlosspforte, die der Märt aufreißt.

»Märt, guten Abend! Und wo ist der Herr Graf?«

»Der Herr Graf ist heute Nachmittag auf den Kupferberger Bahnhof gefahren.«

»Hat denn der Herr mein Telegramm nicht mehr bekommen?«

»Es kam eines um zwei Uhr. Ein Brief ist da … Durchlaucht.«

Rosmarie eilt in ihr Esszimmer, der Tisch ist schön für sie gedeckt und geschmückt, auch liegt ein Billett da: *Liebe Rosmarie! – Ich werde heute eine kleine Reise nach Stuttgart und den umliegenden Gegenden antreten und werde Dir von überallher Nachricht senden. Du nimmst doch mit Postkarten vorlieb? Du weißt, auf Reisen liebe ich lange Schreibereien nicht. Unterhalte Dich gut und lass unter Deiner Aufsicht, ja nicht ohne sie, das Atelier reinigen. Es hat es hochnotwendig!*

Herzlich grüßt Dein Harro

Rosmarie setzt sich zu einem einsamen Mahl nieder mit einem dumpfen Druck auf dem Herzen. An Tante Helen nur zu denken weigert sich ihr entsetzter Geist. Und die Suppe schmeckt plötzlich salzig. Aber sie mahnt sich zur Ruhe und Abwarten und versucht sich auszudenken, dass die Winterreise für Harro ganz genussreich werden könne. Und morgen bekommt sie wieder Nachricht.

Der Morgen bringt außer zwei wehrhaften Thorsteiner Putzweibern, wider die den Kunstgegenständen gegenüber allerdings Vorsicht geboten scheint, eine Postkarte. Sogar mit Ansicht. *Liebe Rosmarie! Bin gut angekommen. Über Ansicht von Stuttgart schlage Bädeker, »Das südliche Deutschland«, Seite dreihundertvierundzwanzig nach. Es steht alles darin. Auch die Luft ist gleich dick geblieben, vielleicht noch durch ein Rüchlein Benzin bereichert. Treffe H. Fr. und höre die H-Moll-Messe. Mein Schlafzimmer ist abgeschlossen, weil ich unser großes Bild hineingeflüchtet habe. Unter keinen Umständen aufmachen, da Putzweiber immer Bilder von Staffeleien stoßen. Habe hierin Erfahrung.*

Dein Harro

Merkwürdig, auch Rosmaries Frühstückstee schmeckt salzig. Sie lernt die Karte auswendig, zieht jedoch den Bädeker nicht zu Rate und begibt sich dann an ihr schweres Tagewerk. Lisa entsetzt sich über ihre Herrin, muss aber bald einsehen, als sie eine geschnitzte Holzfigur mit Wurzelbürste und Seife attackiert sieht und in einer Lache von einem umgestoßenen Kübel ein paar Skizzenblätter schwimmen, dass es nicht nur zwei, sondern vier Augen braucht, um Unglück zu verhüten.

Rosmarie zieht ihre Sealskin-Jacke an und ihre Kappe, denn von den Putzweibern scheint ein fürchterlicher Zug unzertrennlich zu sein, sie bringen ihn wohl in ihren Röcken mit. Sie macht verzweifelte Anstrengungen, das Chaos mit ihrem Geiste zu durchdringen. Wohin mit dem, wohin mit diesem, wie muss das gereinigt werden?

Ganz zerschlagen in allen Gliedern und mit einem Gefühl, als könnte sie im Leben nicht wieder sauber werden, schließt Rosmarie die Putzorgie um fünf Uhr ab und schickt die Weiber zu deren großem Entzücken mit dem vollen Tagelohn heim. Zunächst flüchtet sie ins Badezimmer; fürchterlich wäre es allerdings, wenn Harro jetzt heimkäme. Er würde eine Wüste finden, gegen die der vorige Zustand noch paradiesisch genannt werden müsste. Beim Abendessen bringt die Babette wieder eine Postkarte. Wieder mit Ansicht: das Lustschloss Solitude bei Stuttgart! Darunter: *Sehr stimmungsvoll, nicht wahr? Hoffentlich bist Du auch vergnügt wie wir. Grüßend – Dein Harro*

Und unten noch ein feines *H. Fr.*

Vergnügt! Das Wort überwältigt Rosmarie so sehr, dass ihr Abendessen zu einem plötzlichen Abschluss kommt. Sie muss sich in den

Schmollwinkel zurückziehen und kommt sich einen Augenblick ganz verraten und verlassen vor. Und der nächste Morgen bringt wieder die Putzweiber. Rosmarie ist nun schon so weit, dass sie sich von Lisa eine große Schürze borgt, ihre lilienweißen Arme entblößt und selbst mit angreift. Es ist nicht ganz so schlimm wie das Danebenstehen. Und allmählich steigt eine Hoffnungsküste auf. Die Wasser verlaufen sich langsam.

Wenn der Fürst seine Tochter jetzt sähe! Sie steht hinter einem großen Tisch, hat sämtliche angefangenen Holzschnitzereien vor sich, die rot- und weißgestreifte Schürze um, einen Schleier um ihre Haare gebunden. Und nun wird Stück für Stück sorgfältig abgestäubt und abgerieben, in die Wandregale untergebracht und ein Verzeichnis angelegt für jedes Fach, dass man alles leicht finden kann. Das schreibt Rosmarie und Lisa klebt es in das Fach hinein. Aber das ist nur ein kleiner Teil der Mühe, die bewältigt werden muss. Die Mappen sind noch nicht einmal angefangen. Und Lisa drückt das Gefühl, dass sie nicht dulden sollte, dass ihre junge Herrin sich so anstrengt. Aber sie fühlt, dass sie nicht alleingelassen werden kann diesem entsetzlichen Vielerlei von Dingen gegenüber.

Heute wird Rosmarie aber zu Nacht essen, und wenn noch so vergnügte Postkarten kommen. Noch im Leben nicht hat sie einen solchen grabenden Hunger verspürt. Und die Köchin scheint ihr gegenüber durchaus nicht der Ansicht zu sein, dass geschlemmt werden müsse. Ihr Beefsteak ist lederzähe und an dem Kartoffelpüree scheint der heilige Florian vorübergegangen zu sein. Wenn Rosmarie nicht gar so grün als Hausfrau wäre, so müsste sie bemerken, dass die Köchin an ihr Erziehungsversuche macht. Und nun kommt die Karte: *Liebe Rosmarie! Gestern in Musik geschwelgt. Heute im Kunstverein den Herbstabend gehängt. Gute Wandfläche, keine allzustörenden Nachbarn. Bin in den ersten Saal avanciert. Hoffe, Du unterhältst dich immer gut. – Dein Harro*

Diesmal werden Rosmaries Wangen nicht nass, aber sehr rot. Wie lange hat sie sich das gewünscht, einmal mit ihm eines seiner Bilder zu sehen, wenn es nun in der Fremde unter den andern dahängen würde. Und nun wäre es möglich gewesen, dass sie mit dem Künstler auch dabei gewesen wäre, ihre Meinung hätte abgeben dürfen, wie hoch – wie nieder … Und um diese Wonnen kommt sie nun. Und die schöne Musik! Stattdessen muss sie Magddienste tun und man fragt sie noch, wie sie sich unterhält. Hätte sie sich da nicht noch ein paar Tage von Tante Helen hätscheln lassen können? Alle Muskeln schmerzen ihr von der ungewohnten Arbeit. Aber daran denkt Harro gar nicht, und wenn es Vater wüsste! Harro meint wohl, man dürfe es den Weibern nur sagen, dann machten sie es auch. Aber nein, dem widerstreitet seine offenbar auf Erfahrung gegründete Kenntnis der Putzfrauen. Und es dämmert eine Ahnung in ihr auf. Bisher hat sie beinahe gefürchtet, wenn Harro erfahre, was sie alles getan, werde er ärgerlich sein. Aber je mehr sie die Arbeit, nun sie die einmal durchgemacht, überlegt, desto weniger kann sie sich verbergen, dass Harro auch wissen muss, dass sie nun durch dick und dünn mitmüsse. Eine für eine Prinzessin von Brauneck, Durchlaucht, zuerst etwas bitter anmutende Erkenntnis.

Und fertig ist sie auch noch nicht! Einen Augenblick besinnt sich Rosmarie, ob sie nicht streiken soll. Kann man die Mappen auch noch verlangen? Aber ein gewisser Trotz überkommt sie. Wenn schon einmal Magddienste, so will sie nicht als schlechte Magd erfunden werden. Und sie macht sich am nächsten Morgen über die staubigen Mappen, von denen manche seit Jahren nicht geöffnet worden sind. Und es wäre sehr verlockend, bei dem Inhalt zu verweilen, aber dann verfliegt die Zeit so unheimlich schnell und mittendrin will sie sich nicht überraschen lassen. Und heute bringt ihr die Post eine weitere Anfeuerung.

Liebe Rosmarie! – Du wirst mit der Putzerei wohl nicht zu Streiche kommen, da auch die Mappen nachgesehen werden sollten. So lasse denn alles liegen und stehen, wie es liegt und steht, bis ich komme. Unter keinen Umständen lass unbeaufsichtigte Putzweiber darin wüten. Hans Friedrich bringe ich mit, Du kannst ihm die Weststube richten lassen, er ist mehr für die untergehende als die aufgehende Sonne. Erwarte uns nicht vor Sonntag. – Dein Harro

Eine leise Befriedigung schleicht sich in ihr Herz. Harro hat ihr doch zu wenig zugetraut. Nun, er wird sehen. Rosmarie wird es ganz elend und erbärmlich ums Herz – und demütig. Ach, wenn er nur wiederkäme! Sie hat so gar keinen Charakter, würde Tante Helen, sie ist so wenig neues Weib, würde der Herr Professor sagen.

Dann am andern Tag wirft sie sich wieder in ihr Arbeitsgewand und klopft und schrappt und sucht aus und klebt Mappenschilde mit Inhaltsverzeichnis. Und der Abend bringt ihr sogar einen Brief. Allerdings nur eine eingeschlossene Karte. Auf der Vorderseite ist ein reizend zierlich mit der Feder gezeichneter Frühstückstisch mit einem Glas voll Chrysanthemen in der Mitte, neben dem ein Brief liegt. Auf der Rückseite der Karte steht nur: *Liebe Rosmarie! – Wie schmeckt das plötzlich Alleingelassenwerden? – Dein Harro*

O Harro! Also hatte Vater doch recht, der sich ängstigte, wie ihr Gatte die Flucht aufnehmen würde. Und es taucht in ihr die Erkenntnis auf, dass ihr alter Harro, der immer nur Güte und Liebe für sie gehabt, auch seine Ecken und Kanten haben könnte. Sollte es nebenbei eine Kur für Hochmut und gar zu prinzessinnenhaftes Wesen sein? Nun könnte Rosmarie Charakter zeigen! Sie fühlt ordentlich Tante Helens Augen auf sich ruhen. »Die Ehe, auch wenn sie glücklich ist«, hatte sie doziert, »ist ein Kampf.« Und man muss sich nicht schon von vornherein in den Nachteil bringen lassen. »Und durch zu große Nachgiebigkeit verdirbt man die Männer. Die möchten freilich, so modern sie sich gebärden, am liebsten eine Griseldis haben. Aber sage einmal, hat dieses übrigens sagenhafte Frauenzimmer – ich glaube nicht, dass je ein solches existiert hat – ihren Mann durch ihre Schwäche zu einem abscheulichen Tyrannen gemacht? Sie hat ihn verdorben und ihn und sich um alle Lebensfreuden gebracht, wenn man die Geschichte weiter ausdenken will.«

Rosmarie kann nicht umhin, sich dieser Worte und der daran geknüpften guten Lehren zu erinnern. Und ein wenig nach Griseldis schmeckt diese ganze Putzarbeit. Die junge Herrin von Thorstein bringt einen sehr nachdenklichen Abend zu … Und am andern Morgen geht sie in das Atelier und besieht ihr Werk. Diese noch herumliegenden Mappen sind sehr störend. Sonst wäre alles so schön frisch und mit Lisas Hilfe auch praktisch eingerichtet. Eine Riesenarbeit und sie kann sich die Anerkennung nicht versagen. Und diese hoffnungslose Ehesklavin begibt sich mit einem Seufzer an den Rest der Arbeit. Die Angst beflügelt den eilenden Fuß, denn ums Leben möchte sie jetzt nicht dabei erfunden werden. Und jetzt schlägt auch die Stunde der Befreiung. Die letzte Mappe ist geordnet.

Rosmarie geht nach ihrem Bad in das Schlafzimmer, lässt sich von Lisa die Haare waschen und isst mit dem wallenden Mantel um sich dort zu Nacht. Eine Karte kommt nicht und der Sonntag ist auch morgen. In der Nacht hört sie einiges Geräusch, aber sie schläft so tief und ruhig nach ihrer Mühe, dass sie es bis zum Morgen vergessen hat.

31. DAS FEST DER FLÜGELWEIHE

Rosmarie hat das Bedürfnis, den Abschluss ihrer Griseldisperiode mit einer festlichen Gewandung zu begehen. Sie entscheidet sich für ein violettes Samtkleid mit alten Silberspitzen. Es wird sie zwar niemand darin sehen, aber es tut dem doch etwas verwundeten Selbstgefühl wohl. Etwas Prinzessinnenhaftes wird wohl unvertilgbar sein. Griseldis war eben doch eine Magd gewesen, ehe sie Gräfin wurde. Ihr Haar will sich kaum bändigen lassen, so leicht und flaumig ist es, und steht um ihren Kopf wie ein Heiligenschein. Und das warme Violett ist herrlich dazu. Sie findet es noch nötig, in ihren Schätzen zu kramen und einen alten großen Anhänger aus Silber mit einem feurigen Amethyst, den zwei Greifen festhalten, anzulegen. Da klopft es leise an der Türe, ein Klopfen, das ihr das glühende Rot in die Wangen treibt. O charakterlose Rosmarie! Ein Klopfen und du hast alles vergessen – wie du kühl und erstaunt sein würdest … Aber alles ist nur herzklopfende Freude, dass er wieder da ist.

Sie eilt zur Tür und öffnet und sinkt in seine Arme.

»Rose, meine Rose! Wirst du zum letzten Male durchgegangen sein?«

»Nie wieder, nie, nie«, schluchzt Rosmarie selig. Er führt sie in den Schmollwinkel und zieht sie sich aufs Knie, da kann sie in seinen kurzlockigen Haaren wühlen und sich vor dem blaustählernen Glanz seiner Augen verbergen. Denn er soll es doch nicht immer alles sehen, was gar so deutlich in ihren grauen Augen steht.

»Harro, ich konnte doch nur ohne dein Vorwissen gehen, und kann man das schreiben? Das ist doch unmöglich! Und Vater ahnte gleich, dass du mit mir unzufrieden sein würdest.«

Harro lacht sein schlimmstes, überlegenstes Lachen.

»So, ahnte ihm das. Schön von ihm. Sage, willst du um noch so guter Gründe willen mich wieder heimlich verlassen?«

»Nie wieder«, verspricht die Rose, die schlimme Rose, und wird es doch wieder tun!

»Und nun besehen wir uns das Chaos, das du drüben angerichtet haben wirst.«

»Aber es ist ja gar keines mehr da.«

Harro wird ganz blass, so Schlimmes ahnt ihm – die Putzweiber!

»Ich hätte gedacht, du werdest wenigstens einen Blick auf ihr verruchtes Treiben werfen, das hätte dir gezeigt, zu was allem diese Weiber fähig sind!«

Und Harro wandert, auf das Allerschlimmste gefasst, hinter ihr drein.

Eine kalte Wintersonne erfüllt den Raum, da stehen die wohlgeordneten Mappen, die Vorhänge von den Regalen sind zurückgezogen, dass man die Modelle und Schnitzereien sehen kann, der große Tisch trägt seine Stöße von Entwürfen, reinlich geschichtet. Neben der Schnitzbank steht ein Kasten, der die verschiedenen Materialien enthält, Silber, Perlmutterplättchen, Wachsklumpen. Einen ängstlichen Griff tut er in seine Modellsammlung, nein, die Sachen sind nicht mit der Wurzelbürste behandelt worden.

Ein tiefer Seufzer der Erleichterung! Dann fällt sein Blick auf die aufgeklebten Zettel, die in Rosmaries Handschrift das Inhaltsverzeichnis enthalten. Rosmarie steht hinter ihm mit bänglich gekrauster Stirn. Es ist ihr zumute wie bei dem einzigen Examen ihres Lebens.

»Rosmarie, das hätte ich mir nicht träumen lassen! Angefangen und ausgeführt! Ich erwartete einen Hilfeschrei!«

»O Harro«, sagt die hoffnungslose Schülerin ihrer Tante, »nun habe ich doch auch etwas für dich gearbeitet. Sie sagen im Hause, du seist einmal, wie du die Reliefs in der Tantenstube eingefügt habest, auf Spänen und Holzwolle, die da herumlagen, eingeschlafen und am Morgen hätten sie dich so gefunden.«

»Wer schwatzt so unnötig?«

»Märt. Und ich weiß es schon lange, aber erst heute ist es in mir lebendig geworden. Und jetzt kommt mir mein Hochmut höchst lächerlich vor. Und du sollst nicht denken, dass ich sehr vergnügt bei den Mappen gewesen sei«, sagt sie aufrichtig. »Du bist ein großer Künstler und hast in dem Hause viel Knechtsarbeit getan.«

Harro nimmt ihren Kopf zwischen seine Hände, dass sie ganz versinken in das köstliche Goldhaar.

»Närrchen du! Und im allerletzten, verborgensten Grund habe ich doch gehofft, du werdest die Arbeit tun, Rosmarie. Und ich träumte: Wenn sie es wirklich tut, werde ich ihr ein Krönchen schmieden in meinem Herzen. O du Prinzessin als Gänsemagd! Unter den Gänsen darfst du dir ohne zu großen Aufwand an Fantasie die Putzweiber vorstellen, die du hütest. Und nun komm und begrüße meinen Freund Hans Friedrich, der sich entsetzlich vor dir fürchtet. Und, o Himmel, er hat allen Grund! Warum hast du dich eigentlich so überwältigend schön gemacht?«

Aber die Rose verrät nicht, warum. Sie gehen ins Frühstückszimmer, da ist für drei gedeckt, aber kein Hans Friedrich zu sehen.

»Nun, hat er denn keinen Hunger? Wir kamen sehr spät an und gingen von Kupferberg herüber, weil wir dich nicht mehr stören wollten. Und ich will nach ihm sehen, er versprach mir nicht sicher, ob ich ihn heute in seinem Bett finden würde.«

Harro eilte hinauf und fand seinen Freund nervös auf und ab gehend. Ein feiner dunkler Künstlerkopf mit wallender, wohl gepflegter Mähne saß auf sehr verkrümmten Schultern. Trotzdem lag eine gewisse leichte Eleganz in seinen Bewegungen, namentlich in seinen überaus charakteristischen und nervösen Händen mit schmalen Gelenken und Fingern, die ein Glied mehr zu besitzen schienen.

»Komm herunter, Hans, wir frühstücken.«

»Lieber Harro, du hast jedenfalls hundert dienstbare Sklaven in deinem Goldhaus, kann das nicht hier oben geschehen? Mit ganz leerem Magen „Durchlaucht" zu sagen ist eine Aufgabe, der ich mich nicht gewachsen fühle.«

»Dann lass es bleiben und sage: „Guten Morgen, Frau Rosmarie." Sie wird das sehr originell und künstlermäßig finden.«

»Für einen frechen Jahrmarktmusiker wird sie mich halten.«

Harro lachte schallend.

»Ich will dir einen Rat geben. Du machst's, wie wir es als ausgelassene Fähnriche zuweilen an alten Exzellenzen versuchten. Du beugst dich über ihre Hand und murmelst: „Weiße Bohnen, blaue Bohnen!" – Wie kannst du es verantworten, mich so lange hungern zu lassen?«

Hans Friedrich ergibt sich in sein Schicksal und sie gehen die Treppe hinunter. Harro in entsetzlicher Eile.

»So halte doch, Harro, wir wollen doch nicht im Dauerlaufe ankommen.«

Harro dreht sich um.

»So, Hänschen, und nun: Halte dein Herz, o Wanderer, fest in gewaltigen Händen! Ich habe dich gewarnt.«

Eine Flut von Sonnenschein im Esszimmer, und der Musiker sieht sich einer hohen, jungen Königin gegenüber, die ihm eine schmale Hand entgegenstreckt und mit weichster Stimme sagt: »Seien Sie herzlich willkommen, Herr Friedrich!«

Hans Friedrich kann nach ein paar Minuten konstatieren, dass alle Warnungen nichts gefruchtet haben und ihm sein armes Herz schon entglitten ist.

Er hat eine Erinnerung daran, dass er unheimlich starken Kaffee trinkt und viel zu viel davon, denn er muss doch den Genuss, sich von der jungen Königin die Tasse füllen zu lassen, wiederholen. Der Hausherr erzählt die gemeinsamen Taten und Rosmarie fragt schüchtern, ob er glaube, dass das Chorwerk noch zu entziffern sei.

Hans Friedrich muss mit den ersten deutlichen Worten antworten. Ja, er hofft, er glaubt, das heißt, er zweifelt nicht. Ob es aufführbar sei, das sei wieder eine andere Sache. Aber ein Stück, das wird sich schon ermöglichen lassen.

»Wie wird mich das freuen«, ruft die junge Königin. Und an Hans Friedrichs Eifer wird es nicht fehlen. Und nun gehen sie ins Musikzimmer zu dem schönen Flügel, der bisher stumm geblieben ist, aber Harro will eine Berührung nicht dulden.

»Der Abend ist die Musikstunde ... Da bin ich am offensten. Hans Friedrich steckt ohnedies morgens immer zu Hause. Er lebt eigentlich erst am Abend auf, aber dann zu gründlich. Ich habe mir vorgenommen, ihn hier etwas zu lüften, durch seine Hände kann man hindurchsehen. Rosmarie, ich schlage vor, ihr macht einen Gang durch die Reiherhalde oder den verlorenen Grund. Hast du übrigens schon den Wald an einem Wintermorgen gesehen, Hans? Rosmarie, du hast nie einen eingefleischteren Stubenhocker gekannt.«

Hans Friedrich kann sich mit dem besten Willen nicht erinnern, je an einem Wintermorgen im Wald gewesen zu sein.

»Ich kann euch nicht begleiten, ich muss etwas bei meinem Bilde nachsehen, und dabei kann ich niemand brauchen.«

Und Hans Friedrich und die junge Königin gehen unter den hohen Schwarztannen, die auf leicht bereiftem Moospolster stehen, das so köstlich weiche Wülste um die Wurzeln bildet, durch die anregende Luft, die das Blut so köstlich frisch macht und solch prickelndes Gefühl der Lebensfreude auf den Flügeln trägt. Hans Friedrich will es vorkommen, als ob er mit einem Schritt aus seinem bisherigen Dasein in ein neues eingetreten sei. Kann es denn sein, dass der Wald mitten im Winter eine so heimelige grüne Welt bergen kann, nur so viel mit Silber gestreift, dass das Moosgrün desto schöner leuchtet? Und kommen die zartfeinen Pilze, die in tadellosen Ringen dastehen, nicht aus dem Märchenbuch? Rosmarie zeigt sie ihm und erklärt, es seien Elfenringe, da säßen die lustigen kleinen Herrschaften darauf und sähen den Turnieren zu, die sich die Waldmäuschen lieferten.

Aber aus welchem Märchenbuch stammt denn die junge Königin in ihrem warm leuchtenden Samtgewand, das sie anmutig mit einer blitzenden Spange geschürzt hat, in Hermelinkragen und Kappe! Die frische, köstliche Luft rötet ihre Wangen und macht ihre Augen so klar und das Weiß darin von so kindlicher Bläue. Und nichts entging ihr. Nicht der goldene Sonnenstreifen auf dem Moospolster dort, nicht das Aufblitzen des hellblauen Flügelschilds eines Nusshähers, nicht die zierlichen Rehspuren auf dem leicht gefrorenen Wege. Und dann wollte sie so viel wissen, von dem gemeinsamen Leben in Berlin neben der Glanzplätterei und von den Abenden in der »Blauen Fliege« und ihrem wunderlichen Menschenkreis, wie sie der Großstadtwind zusammenweht. Ein Hase hüpft über den Weg, langsam und sorgenvoll, und ein rotes Eichhörnchen fliegt wie eine kleine Schlange um einen Baumstamm herum.

Und Hans Friedrich denkt halb träumerisch, dass sich eine gute Fee, von der er als Kind viel zu erwarten pflegte, plötzlich und endlich seiner erinnert haben müsse und ihm diesen Morgen beschert habe. Paribanu hieß die Fee und er machte ihre Bekanntschaft an einem glühend heißen Nachmittag, als er, des Kantors Ältester, zu Hause bleiben und die sehr unruhige Jüngste hatte hüten müssen. Das Buch hatte keinen Anfang und kein Ende und war wohl aus irgendeinem Schulranzen konfisziert worden. Es war reichlich befleckt und es fehlten Seiten, aber die Fee Paribanu steckte doch darin und schwang ihren Zauberstab.

Plötzlich betraf er sich, wie er der jungen Königin von der Fee Paribanu erzählte und von dem kleinen Schwesterchen, das ein solcher Tyrann war, und von den seligen Stunden auf des Vaters Orgelbank, wenn ihm die Geschwister, freilich nur gegen Belohnung, die Bälge traten. Und wie ihn die Fee frühzeitig lehrte, Glückstage zu zählen. Und wie er in einem winzigen Kalender rote Striche machte an solchen geweihten Tagen und wie er die sorgfältig aufhob und erst davon abließ, als er seiner Kindlichkeit sich schämen zu müssen glaubte.

Rosmarie tadelte ihn aus ihrer Lebenserfahrung heraus.

»Ich werde Ihnen einen Kalender schenken, Herr Friedrich, und Sie werden wieder anfangen, Striche zu machen. Von seinen Festen lebt man«, versichert sie ernsthaft. »Und dann werden Sie sich wundern, wie viele es sind. Ich habe so wunderschöne Feste gefeiert mit meinem Freunde Harro, als ich ein kleines Mädchen war. Und als es keine Feste mehr zu feiern gab, da bin ich krank geworden und war nichts Rechtes mehr mit mir.«

Ach, dass es aus dem Walde keinen Ausweg mehr gäbe! Nun öffnet sich ein großes Tor, von riesigen Tannen gebildet, die lange Fransenärmel herabhängen lassen, und man sieht klein und klar auf seinem Höhenzug mit seinen Türmen und seinem Renaissancegiebel Schloss Brauneck daliegen. Und Rosmarie zeigt hinüber, als zeige sie ihm die Burg Montsalvatsch, und sagt: »Das ist Brauneck!« Und in ihre Augen kommt ein so wundervolles Aufleuchten, dass er merkt: Dies ist der Clou der Vorstellung. Auf dem Rückwege verspricht sie, dass sie ihm Schloss Brauneck zeigen werde.

Der Abend führt sie dann alle im Musikzimmer zusammen. Zum ersten Mal glüht das Licht in der Laterne des blauen Männleins auf. Da heute das Fest der Flügelweihe und zugleich das erste Fest im

Goldhaus ist, so hat sich Harro, der in der strahlendsten Laune ist, in seinen Samtkittel geworfen mit der Schärpe, was einen besonderen Höhepunkt der Stimmung offenbart. Auch Rosmarie hat den Befehl bekommen, wenn irgend möglich sich noch zu verschönern. Rosmarie kann es sich leisten, sie hat immer noch das gleiche kindliche Entsetzen vor Bällen und großen Gesellschaften und braucht daher keinen von ihren Schätzen für solche Gelegenheit aufzusparen.

Ist es denn nicht höchst unnötig, dass sie irgendjemand schön finde außer ihrem Manne und etwa ihren Gästen?

»Also heraus, Lisa, mit dem silberbrokatenen Gewand, wenn du dich auch noch so unglücklich anstellst.«

»Ihre Durchlaucht, Frau Fürstin hat gesagt, dies wäre für kleine Hoffestlichkeiten.«

»Ich bin mein eigener Hof, Lisa, und du hörst ja, wir haben ein Fest! Märt soll mir vom Bergfried rech schöne feine Ranken Efeu holen, die ein wenig rötlich wären!«

Märt ist zu allem zu gebrauchen. Und Rosmarie windet drei Kränze. Zwei aus Efeu und den einen mit dunkelroten, den andern mit blassgelblichen, fast weißen Chrysanthemen. Und den dritten Kranz aus Nizzaveilchen, die ihr der Vater geschickt hat. »Die bleiben hier, bis ich sie hole, Lisa. Und sage selbst, wie sonderbar wäre es, wenn ich mein schönstes Kleid für fremde Leute aufsparte!«

Und sie geht hinaus, eine leuchtende Vision von Silber und Gold, dass Märt, der eben vom Esszimmer herauskommt, wo er geholfen hat, den Flügel in eine etwas andere Stellung zu bringen, ganz versteinert mit aufgerissenem Mund stehen bleibt.

Seine junge Herrin lächelt ihn an. »Gefalle ich dir so, Märt? Nicht wahr, das ist ein schönes Kleid, das hat mir der Herr selbst gezeichnet, wie es aussehen müsste. Und weißt du auch, Märt, dass es nun bald acht Jahre sind, dass ich in die Ruine kam? Oh, wie war es schön bei euch! Und die Krippe bauen wir auch wieder auf.«

Und damit rauscht sie an ihm vorbei, der noch keinen Ton geredet hat. Noch eine Weile starrt er nach der Türe, hinter der seine Herrin verschwunden ist. Dann schüttelt er bedächtig und sorgenvoll den dicken Kopf, greift mit zwei Fingern in seine Westentasche und bringt daraus ein paar Körner Salz hervor, die wirft er über seine linke Schulter, murmelt etwas dazu und stapft schwerfällig hinaus.

Über Hans Friedrichs heutigen Abend muss Paribanu unbeschränkt das Zepter führen. Seine dunklen, großen Augen sehen aus, als brennen Weihnachtskerzen in ihnen, und Harro hat Bedenken, ihm nur mit dem ganz leichten hellen Moselwein zuzusetzen, den es bei Tisch gibt. Einen Aufguss hat er wahrhaftig nicht nötig. Und Rosmarie strahlt. Sie, die sonst vor Fremden recht scheu ist, führt heute ein allerliebstes Kommando und entwickelt neue schalkhafte Seiten, die Harro noch kaum an ihr kennt.

»Heute müssen die Herren mir gehorchen, dann werden sie dafür belohnt werden. Wir gehen ins Musikzimmer, und weil die Herren, sogar du, Harro, mir noch lange nicht festlich genug sind, müssen sie Kränze tragen, und ich werde sie ihnen aufsetzen.«

»Und du, Rosmarie?«, ruft Harro.

»Ich trage auch einen, aber ich wollte ihn nicht tragen, ehe ihr auch geschmückt seid. Ich hätte sonst in meinem Silberkleid zu viel vor euch voraus.«

»O du Heuchlerin! Nur dein Silberkleid hast du vor uns voraus!«

Und Harro hebt die Tafel auf. Rosmarie geht ihre Kränze zu holen und kommt wieder und trägt die drei, sie hängen an ihrem nackten Arm. Im Musikzimmer flammen die Lichter auf, die hohen grünseidenen Vorhänge sind zugezogen, der Flügel etwas mehr in die Mitte gerückt. Der ganze Raum ist von der edelsten Einfachheit. Graue Wände aus einer mattglänzenden Holzart. Nur ein einziges Bild hängt an der Schmalwand in einfachem Goldrahmen. Mit seinen großartigen Farbenakkorden von Gebirge, Felsenburg und finsterer Stadt, im Vordergrund den lachenden italienischen Frühling: Dolce Aqua, das Harro noch einmal für Rosmarie gemalt hatte als Geschenk zu ihrem Verlobungstage. Sonst war nur noch ein Kamin da aus graurötlichem Marmor, auf dem zwei mit Tannenzweigen und Chrysanthemen gefüllte Riesenvasen standen. Ihr zarter Atem durchhauchte das Zimmer so rein und kräftig nach Wald und dem eigentümlich leisen herbsüßen Herbstblumenduft. Bequeme tiefe mattgrüne Stühle. Harro erklärte: für die schönen menschlichen Blumen als Folie.

»Hoffentlich sind die Damen so klug wie die Blumen und suchen sich stets eine Farbe aus, die zu der Kelch- und Blattfarbe passt.«

»Ein herrlicher Musikraum«, lobte Hans Friedrich. »Keine unnötigen Draperien oder Teppiche oder unruhigen Kunstwerke. Dort in deinem Bilde, Harro, findet man alles, was man will. Das Gebirge hinten ein Epos, das Felsenstädtchen eine Tragödie und vorne die Pfirsichbäume und die Mimose eine Idylle oder ein lyrisches Gedicht.«

Harro klopft ihm auf die Schultern. »Schön gesagt, Hänschen, und dafür sollst du den ersten Kranz bekommen. Du darfst dich nicht sträuben, die Herrin befiehlt's. Welchen Kranz hast du für ihn bestimmt?«

»Den hellen, die Veilchen für mich.«

»Den ich dir aufsetzen werde. So, da hast du dein Krönchen. Hans. Was meinst du, sollte sie nicht so gemalt werden für die künftige Ahnengalerie des Hauses Thorstein als holdseligste der Ahnfrauen!«

»Nein, Harro, nicht ganz«, erwidert Rosmarie. »Ich will ja gestehen, dass ich mir in dem Kleid gefalle. Es erfüllt meine Träume. Weißt du nicht mehr, wie ich dich als kleines Mädchen bestürmte um ein Silberkleid. Und nie sagen konnte, wie es eigentlich sein müsste. Ich möchte auch von dir gemalt sein, aber nicht für Haus Thorstein. Es wäre mir so seltsam, wenn ich mir hier begegnete, sooft ich etwa in den Saal hinaufginge. Für den Vater sollst du das Bild malen, nach Brauneck. Du weißt ja, ich hatte sie fast alle gerne und sie waren mir wert, die stillen Leute an den Wänden. Ich fühlte, sie gehören zu mir. Wenn Papa nicht da war, gehörten sie viel mehr zu mir als fast alles, was von lebendigen Menschen herumlief. Und ich möchte auch im Bilde ganz gern zu ihnen gehören. Und nun, Harro, beuge deinen stolzen Nacken, von dem Tante Helen einen solchen Eindruck bekommen hat.«

»So, hat sie – dann verrate ich dieses nicht!« Und Harro ließ sich auf ein Knie nieder und Rosmarie drückte ihm den Kranz in sein krauses Haar. Sein Kopf bekam etwas Wildschönes dadurch und sein doch fantastischer Anzug erschien noch zu bürgerlich daneben.

»Du musst für Festabende einen Leibrock bekommen aus rotem Samt«, sagte Rosmarie.

»Und Tante Ulrike wollen wir dazu einladen, wenn ich ihn zum ersten Mal trage. Und nun komm, Hänschen! Aber du musst es nicht besser haben wollen, hinunter auf deine Knie musst du auch.«

Hans Friedrich kniet vor der schönen Königin und ihr zarter Rosenduft umweht ihn und ihre Hände berühren sein Haar.

O Paribanu, schneide jetzt den goldenen Faden nicht ab, seufzte er innerlich, und lass mich jetzt nicht erwachen in der Büchsenstraße. Ganz nahe sieht er den feingeschwungenen Mund, leicht geöffnet, dass die weißen Zähne blitzen, und den herrlichen Hals aufsteigen aus dem schneeigen Geriesel. Und es ertönt keine Ladenschelle von der Büchsenstraße, nur Harro fasst ihn bei den Schultern und sagt in seinem weichsten Ton: »Hänschen, weißt du, wie du aussiehst? Wie ein Bild zu den Jünglingsseelen in Schuberts Litanei, wobei ich nicht nur an die Worte, sondern mehr noch an die Musik denke. Und jetzt erkläre ich das Fest für eröffnet.«

Und Harro dreht das Licht in der Laterne des blauen Männleins an.

»Sieh, wie schön er uns Schweigen gebietet. Wir werden auch keinen Ton mehr von uns geben. Du, Rosmarie, setze dich in den tiefen Stuhl dort, und wenn er es gar so übermäßig schön macht, so erlaubt er mir, dass ich mich in meine Lieblingsstellung begebe. Sieh, auch dafür ist gesorgt.«

Und er zog einen langen, schmalen Kelim vor Rosmaries Füße.

Und zum ersten Mal schweben die Töne der hehren Frau Musica durch das Goldhaus. Hans Friedrich beginnt leise und zart jene Melodie, die Harros Worte in ihm wachgerufen haben. »Ruhn in Frieden alle Seelen …« Und das neue Haus mag wohl lauschen auf den seltsamen Weihegesang. Und seine wunderbare Kunst nimmt die Melodie auf ihre Flügel und sie rollt dahin in mächtigen Akkorden und kehrt wieder mit holden, flehenden, unsäglich süßen Kinderstimmen und mit Engelchören und rauscht über nächtliche Wälder und einsame, weite, brennend rote Heiden, wo alte Heidenmale stehen, und spielt um verlassene Dorfkirchhöfe, wo die Kinder auf eingesunkenen Gräbern spielen und Holunderbüsche ihre weißen Dolden breiten, und wandelt durch Wälder auf sonnenfleckigen Wegen, wo das eingesunkene Kreuz am Rain liegt, halb begraben unter den todblassen Waldrosen.

Rosmarie hat ihr veilchengeschmücktes Haupt gesenkt, und ihre feinen Hände umklammern ihr silberstarrendes Knie. Zu ihren Füßen liegt Harro lang ausgestreckt auf seinem Teppichstreifen, beide Hände unter seinem bekränzten Haupte vergraben, ganz hingegeben, seine Seele bespült von der Flut der Töne.

Und draußen streicht der Nachtwind mit zarten tastenden Händen um das Goldhaus und die Sterne wandeln durch die Winternacht.

32. DAS TRAUMWEIB

Es ist Mai geworden und im Goldhaus ist ein Fest gewesen, von dem niemand etwas vernommen hat. Keine kalten neugierigen Augen haben die junge Königin gesehen, als sie ihre Freudenschuhe anzog und sich den bräutlichen Kranz auf ihr Goldhaar drückte. Der junge Garten hat seine ersten Blüten getragen, und in diesem Jahr ist das Goldhaus wie ein Blumenkorb gewesen, auch von außen, denn vor den Südfenstern sind von den blauen Kacheln gehaltene Blumenkästen, darin die rotleuchtenden Kapuziner ihr munteres Wesen treiben, weiße und blaue Trichterwinden ihre geheimnisvollen Kelche öffnen, in die sich ein so wunderbares Licht verirrt zu haben scheint, und Geranien blühen in breiten Dolden. Märt, wenn er hinaufsieht im Morgensonnenschein und all die Blumengesichter lächeln in der blauen Luft, das hohe steile Giebeldach des Hauses und den Bergfried umkreisen die Flüge weißer Tauben, muss seinen Mund auf fast groteske Weise verziehen und verbraucht sehr viel Salzkörner.

Im Oktober, als Rosmaries Garten am schönsten ist in seiner Spätherbstblumeneinsamkeit, besteigt einmal an einem herrlichen goldenen Tag Harro seinen Braunen und reitet nach Brauneck hinüber.

Er verliert den hellen lichten Nachmittag und erscheint dort sehr überraschend, man ist ja längst seine eiserne Tageseinteilung gewöhnt, dass ihm sein Schwiegervater mit einem ängstlichen »ist etwas Besonderes?« entgegentritt. Die Füstin ist um diese Zeit schon ausgefahren, so führt ihn der Fürst in die Sommerstube. Dort hängt ja das Bild des Seelchens und niemand, der dies Zimmer betritt, der nicht mit seinen Augen daran haften bliebe. Der Fürst ist darum schon ganz gewöhnt, jedem Neuhereinkommenden das Bild gewissermaßen vorzustellen: »Meine Tochter, die Gräfin Thorstein. Elf Jahre damals. Von meinem Schwiegersohn gemalt.«

»Harro, was bringst du? Du hast so etwas Feierliches an dir.«

»Habe ich auch. Eine große Freude für dich.«

»Harro, ist's möglich, die Rosmarie, meine Rosmarie! Harro, ich flehe dich an, sei vorsichtig mit ihr!«

»Wir wissen es schon länger, Vater, und haben es dir nur verheimlicht, dass du besser über die Zeit hinwegkommst. Im März, Vater.«

Der Fürst steht auf und muss hin und her rennen und hebt mit bebenden Händen Dinge von seinem Schreibtisch auf und stellt sie wieder hin. Er muss nach dem Bilde sehen und sagen: »Meine kleine Rosmarie!«

Und dann überfällt er Harro mit einer Flut von Ermahnungen, die Harro mit stoischer Ruhe anhört.

Und sie haben beide ihre Not mit ihm in der folgenden Zeit.

Und mit der Fürstin.

Sie ist in einer so ausgesucht schwierigen Stimmung, die bis nach Thorstein ihre Wellen schlägt. Der Hausherr braucht wieder die gewaltigen Stiefel, um als sicherer Mann den empörten Fluten zu trotzen. Einmal soll Rosmarie sich mehr schonen, ein andermal wird sie viel zu sehr verhätschelt. Dann wieder soll sie einen berühmten Professor konsultieren, dann wieder gar niemand sich anvertrauen.

Die junge Frau geht mit ihrer alten Kinderhartnäckigkeit sanft und still durch alles hin. Und wenn sie schläft, hat sie ein so wunderholdes verlorenes kleines Lächeln um ihre Mundwinkel dämmern, dass ihr Mann, der es erhascht hat, nie vergisst, an das Lager zu treten, ehe sie erwacht. Und endlich muss ja der Fürst doch nach Berlin abreisen, so lange er es auch hinausgezögert hat. Die Fürstin ist nicht mehr zu halten, sie geht voraus nach Berlin, wo sie mit einem kleinen heimlichen, interessant-gefährlichen Feuer spielt. Vor einem wirklich katastrophalen vierten Akt wird sie sich schon hüten. Und sie stürzt sich mit einer Atemlosigkeit in den Berliner Strudel, dass der Fürst, der ohnedies immer hintendrein ist in dem gesellschaftlichen Rennen, sie kaum noch öfters als bei den Mahlzeiten sieht. Ehe der Fürst abreist, hat Rosmarie noch ein letztes einsames Beisammensein mit ihm gehabt, worin er ihr von dem Verkauf von Palais Brauneck gesprochen hat. Und Rosmarie hat ihm noch einmal zu bedenken gegeben, wie schwer Mama das aufnehmen werde.

Aber der Fürst hat sie mit kurzen Worten abgewiesen.

»Die Berliner Luft taugt nicht für jedermann. Und Mama muss endlich lernen, das Leben einer Braunecker Fürstin zu führen.«

Rosmarie wagt nichts mehr zu sagen.

Am ersten März fliegt wie ein helles Segel die weißblaue Fahne an dem Braunecker Flaggenmast empor. Rosmarie sieht sie wehen, als sie mit ihrem Mann durch den verlorenen Grund zu dem grünen Tor geht. Ihre scharfen Augen haben sie im Sonnenschein und wilden Märzenhauch entdeckt. »Ach Harro, sieh doch … Vater ist da!«

Sie deutet hinüber und ein leiser, bänglicher Schauder zieht über ihr junges Herz. Auch Harro blickt hinüber zu dem kleinen Farbenfleck. Und auch ihm will ein kühles Lüftchen die breite Brust berühren. Sie gehen langsam ihren moosgrünen Weg entlang. Da träufelt süß und silberzackig durch die Luft heran das erste Drossellied. Oben auf der letzten Tanne sitzt sie und singt, als wolle sie ihr kleines Herz ausschütten vor Jubel. Und sie fassen sich bei den Händen und Harro legt sanft seinen Arm um ihre Schultern und so geht sie dahin in der treuesten Hut.

Aus ihren sanften Augen schaut die zweite Seele, die in ihr wohnt, heraus. Sie schreitet, wie Königinnen schreiten, die die Hoffnungen vieler Menschen in ihrem gesegneten Leibe tragen. Und die Drossel jubelt über ihnen. An diesem Abend fragt Harro sie zum ersten Male: »Fürchtest du dich, Seele?«

Sie sieht ihn groß und erstaunt an. »Warum sollte ich denn? Es ging mir ja heute ein leichter Schatten über mein Herz, als ob es vielleicht doch nicht so leicht sein möchte, wenn das neue Leben kommt. Aber es müssen ja alle Menschen durch die gleiche Pforte hindurch, dann wird es doch nicht so schlimm sein. Und du wirst ja bei mir sein, Harro.«

»Wo sollte ich denn anders sein?«

»Sie werden dich fortschicken wollen. Ich habe gehört, sie machten es so.«

»Wer spricht dir unnötig von solchen Dingen«, brauste Harro auf.

»Die Försterin sagte mir, ihr Mann gehe immer in den Wald. Aber du bleibst doch in der Nähe. Bedenke die sehr kluge Dame, von der Vater die Fotografie schickte! Wie werde ich mich vor ihr grauen. Sie sieht so überlegen aus und hat studiert, wie wird sie auf mich herabsehen!«

Aber Harro lacht sie aus und tröstet sie und freut sich, dass er sie so schön vor aller Altweiberweisheit und Furchtmacherei behütet.

Rosmarie sitzt vormittags in seinem Atelier und sieht ihm zu, wie er an dem Brunnen für seine Empfangshalle arbeitet. Denn der Brunnensockel war bis jetzt noch leer geblieben. Eine Reihe fröhlicher vier- bis sechsjähriger Knaben- und Mädchengestalten – durchaus keine Putten, sondern langgestreckte Kinderleiber mit Thorsteiner Köpfen – stehen um eine Schale, in der sich allerhand Getier tummelt, Schildkröten, große Frösche. In all den Gesichtern hellste Kinderfreude. Aufgestülpte runde Ärmchen liegen auf der Schale, ein kleiner Kerl greift nach dem dünnen Wasserstrahl mit offenem Mund, eines sitzt auf dem Schalenrand und sieht mit feinem nachdenklich verträumten Gesicht auf die Wasserfläche.

Rosmarie hat die innigste Freude an dem Kunstwerk. Sie hat all die Kinder herausgesucht, ihre Scheu überwunden, sie heimisch im Atelier gemacht, sie an die leichten wollenen Achselschlussröckchen gewöhnt und an Wasser und Seife, nicht nur für das Dreieck Augen, Nase und Mund. Eine höchst mühselige Sache war es gewesen und nur ihre Geduld und nicht zum Wenigsten die blanke Mark, die jedes Kind von jeder Schokoladevisite mit nach Hause brachte, hatte zum endlichen Gelingen geführt. Das Atelier war eine große Kinderstube gewesen, in der des Hausherrn langer Arm oft genug zwei kleine Sünder auseinander riss und in der alle möglichen Wünsche laut wurden.

Kein Kind hatte nur einen Moment stillhalten müssen. Harros flache Badewanne war gefüllt auf eine feste Unterlage gestellt worden, jedes der Kinder bekam irgendein Wasserspielzeug, Magnetschiffchen oder auch nur ein Stück Holz und die Wonne an dem Spiel war unerschöpflich gewesen. Da hatten sich all die köstlichen Gruppen von selbst gebildet und Harro hatte wie ein Jäger auf dem Anstand gelegen. Es sind ja mit aller Mühe aus Kindern nur gequält ruhige Modelle zu bekommen. So hatte er nach ihnen gezeichnet und modelliert, bis ihm alle Stellungen so geläufig waren, auch das, was jedem Alter und Geschlecht und der kleinen Individualität selbst eigen war. Es hatte Monate gewährt, bis nur die Vorarbeiten gemacht waren. Und dann war die Arbeit selbst sehr schnell vor sich gegangen. Jetzt arbeitete er nur noch an dem Ornament der Schale und in dem Atelier, das so gar kein Prunkstück enthielt, herrschte ein Gottesfriede. Auch keine Bilder. Harro liebte es nicht, sich mit seinen Bildern zu umgeben. Entweder sie genügten ihm nicht mehr und er entdeckte Fehler an ihnen, die ihn aufregten, oder sie reizten ihn durch irgendwelche Vorzüge, die er nicht mehr zu erreichen fürchtete.

So war denn das Atelier nur ein ruhiger Arbeitsraum, dem Rosmaries Stuhl und ihr kleiner Teppich und Arbeitskorb ein warmes Leben verlieh.

Heute saß sie in ihrem weißen wallenden Wollkleide da, zum ersten Male ein wenig blass und müde und ihrem Spitzenhäubchen nur ein laues Interesse zuwendend. Draußen stürmte es und der Wind trieb dunkle, schwere Wolkensäcke vor sich hin, die zuweilen einen weißen Schauer fallen ließen. Im Garten schauten schon die Leberblümchen zwischen ihren dunklen Blättern heraus. Märzenbecher heißen sie in Thorstein.

Harros Augen folgen den ihrigen, als ein pfeilschneller Sonnenschein ihre Farben aufleuchten lässt. »Die schönsten hast du nicht, Rosmarie. Die sollen auf der Westseite von Schloss Schweigen wachsen in dem zerzausten Birkenwäldchen. Sie sollen das tiefste Blau haben.«

»Vielleicht hat die Fee sie dort gepflanzt und von ihren Augen, wie sie darüber sah, sind sie so blau geworden.«

»Rosmarie, du wirst einmal deinen Kindern schöne Geschichten erzählen können. Für Atelierzwecke waren deine Geschichten ja zu gut, sie versteinten zu sehr und durchaus nicht in der gewünschten Stellung. Aber hier einmal Geschichten erzählen einem Häufchen Mädchen und Buben, die Gisela als Älteste in der Mitte!«

Es ist bei ihnen ausgemacht, um des Fürsten gar zu sehnsüchtige Erwartung eines Sohnes etwas in Schranken zu halten, dass das Erwartete ein Mädchen sein werde.

»Ein Glück«, philosophiert Harro weiter, »dass die Gottheit sich dies Reservatrecht vorbehalten hat. Welch Unglück würden wir Menschen anrichten! Auf einmal wären keine Mädchen da, die die Jungen heiraten könnten. Und im Ganzen soll es immer genau stimmen, etwas mehr Söhne, weil sie zarter sind und das Leben härtere Anforderungen an sie stellt. Und welch eine äußerst komplizierte Buchführung muss in jener himmlischen Kanzlei, die dies Ressort besorgt, getrieben werden. Und dabei wird durchaus nicht schematisch verfahren. Nach dem siebziger Krieg wurden sehr viel mehr Knaben geboren, und als die männerverschlingende Zeit der Renaissance auf ihrer Höhe war, sollen in Florenz siebenhundert Knaben mehr als Mädchen getauft worden sein. Und zwanzig Jahre vorgesorgt muss auch noch werden. Himmel, was umgeben uns Mysterien und welche superklugen Weisheitskrämer gibt's und was für ein Wortgemüse haben sie hervorgebracht. „Gütige Mutter Natur" zum Beispiel, dies kribbelt mich, wenn ich es lese. Und er klingt so deutsch, der Unsinn.«

Rosmarie lächelte. »Wenn ich ihr nachkomme, ist sie immer gütig.«

Sie nahm aus einer Schale eine warmviolette Küchenschelle.

»Sieh, Harro, ein wundervoll feines Pelzchen hat der Stiel an, bis zum Gesicht geht's. Weil es gar so früh hinaus möchte in den Sonnenschein, so soll ihm der wilde Märzenwind nicht weh tun. Und denke an meine Lieblinge, die Zugvögel, wie sie die lockt und ihnen die Flügel stärkt und sie bei den Sternen über Länder und Meere führt. Und ihnen das Heimweh ins Herz gibt, dass sie, wenn es bei uns am allergoldensten ist, sich beraten und sich üben müssen, bis die Unruhe in ihnen immer stärker wird und sie davongehen.«

Und Rosmarie ließ ihre Arbeit sinken und träumte hinaus.

»Ich weiß so gut, wie es ihnen zumute ist.«

Harro legte seinen Spatel hinweg und kam herüber und fragte ängstlich: »Ist dir etwas, Rose?«

»Ich bin nur müde. Ich sprach auch nicht von mir, sondern von unseren Schwalben. Nun kommen sie bald wieder und bleiben doch nicht. Sie bauen Häuser und haben eine Wichtigkeit, als ob es für immer wäre, und kaum sind die Kinder flügge, so beginnt die Unruhe. Sie werden die auch im Süden nicht los werden. Und immer, wenn ich dem Schwarm im Spätsommer zusehe, so fühle ich ein wunderliches leises Ziehen in der Brust und ein Heimweh, ein solches, das keine Stätte findet. Und alle Nacht träumt es mir vom Fliegen. Und ich weiß gar nicht, warum du ängstliche Augen machst, Harro.«

»Was wandelt dich jetzt an … Es sind doch keine Schwalben da.«

Rosmarie streift mit ihren feinen, schmal gewordenen Händen über seine Schläfen.

»Es sind Dinge, von denen man kaum reden kann, manchmal sind sie wie der leichteste Flaum und dann gehen sie durch einen hin, als wollten sie die Seele mitreißen. In Nächten meine ich, oder wenn die Wälder im Herbst golden werden und der Himmel hinter den Bäumen hängt wie ein purpurner Teppich. Aber ich will ja gar nicht fort, es ist ja am allerschönsten bei dir. Und ich denke, das werden alle Menschen kennen, wenn sie in sich hineinhorchen. Und es wird wohl die Seele sein, die ihre Wanderflügel versucht.«

Er warf seine Arme um ihre Gestalt.

»Noch lange nicht, noch lange nicht.«

Rosmarie sieht ihn erstaunt an. »Aber Harro, was ist in diesen Dingen die Zeit? Wenn wir einmal zurücksehen von der rosa Abendwolke nach den Wäldern und Schlössern, dann wird die Zeit doch auch nur wie ein zusammengerolltes Blatt sein, über das der Frost gegangen ist. Wenn ich sterben würde …«

»Still, Rose, gesunde Frauen sterben niemals daran, nur kranke und schlecht gepflegte.«

»Ja, Lieber«, sagt Rosmarie demütig, die gewohnt ist, in den Dingen ihres neuen Standes berichtigt zu werden. »Verzeih, ich habe das Wort plötzlich in mir gefühlt.«

»So kämpfe dagegen, Rosmarie. O Rose, in welchen Himmel willst du dich denn verbergen, wenn ich da unten nach dir verschmachte? Komm, die Sonne scheint. Wir sehen nach deinen Schneeglöckchen. Von den Kaiserkronen haben sich auch dicke, grüne Schäfte aus dem Boden gewühlt.«

Rosmarie ging bald zur Ruhe und schlief auch sofort ein. Harro hatte noch seinen Stab nachzusehen, denn er wollte baldmöglichst Hilfe haben, wenn etwas geschähe, und Rosmarie nicht durch die Gegenwart fremder Menschen aufregen. Jedes im Hause wusste auf ein bestimmtes Glockenzeichen hin, was es zu tun habe.

Harro überzeugte sich, dass sein wohldurchdachter Apparat funktioniere, und lächelte halb vor sich hin. Natürlich wird es nicht kommen, wenn wir alle so vorzüglich eindressiert sind.

Dann schleicht er sich in sein Schlafzimmer. Eine matte Helle erleuchtet es von dem Vogel Rock aus, der nun auf seiner Seite steht. Das Licht genügt gerade, um ihm das schöne Haupt auf den Kissen zu zeigen und die halb offene, nach seinem Lager ausgestreckte Hand.

Sie ist gewöhnt, nach seiner Hand zu greifen, ihre Wange daran zu schmiegen und dann erst den rechten, tiefen Schlaf zu finden. Sie ist so blass heute und sie lächelt nicht mehr. Ernst und feierlich sieht sie aus und durch die feinen Lider schimmert ein wenig die Pupille hindurch wie ein feuchter Edelstein. Es weht ihm ein kalter Hauch über die Stirn, und plötzlich fühlt er seine Haare an den Schläfen kleben. Etwas Unaufhaltsames kommt heran. Sie müssen hindurch … An ihr wird das Leiden sein, an ihm das Dabeistehen. Jede Sekunde, die das kleine Ührchen dort abreißt, bringt es unwiderruflich näher.

Harro setzt sich vorsichtig auf sein Bett und sucht seinen entfallenen Mut wieder zusammen. Da schrickt Rosmarie in die Höhe und sagt mit hellster Stimme: »Nein, das kann es nicht sein.«

»Träumst du, Rosmarie?«

Sie öffnet ihre Augen, die ganz dunkel sind.

»Ja, ich träumte und ich bin froh, dass du mich geweckt hast. Ich träumte, ein schöner fremder Jüngling sei durch das Zimmer gegangen. Und wie er fort war, da riss etwas an mir und es war ein greuliches altes Weib mit Funkelaugen wie eine Katze, und du sagtest: „Ich habe der gütigen Mutter Natur nie recht getraut.“ Ach, ich bin so müde. Gib mir die Hand, dass ich einen besseren Schlaf finde.«

Und Harro legt sich und Rosmarie drückt ihre Wange an seine Hand, an der der alte Ring glänzt: *Gottes Will hat kein Warumb.* Aber er schläft nur ganz leicht als ihr getreuer Wächter. Und eben wollen sich doch schwere Traumwolken über ihm ballen, da ist es, als ob jemand an seiner Hand risse und sie dann wild von sich wegschleudert. Er fährt in die Höhe.

Rosmarie starrt ihn mit wilden Augen an und sagt: »Das Weib …«

»Das Traumweib«, beruhigt er sie. »Es ist fort. Soll ich aufstehen … o Rosmarie?«

In einem Augenblick ist er in den Kleidern, die Glocke erklingt, und bald klappern eilige Hufe durch die Nacht. Das Goldhaus schlägt alle seine Augen auf. Harros Apparat funktioniert nur zu gut.

In fünfzehn Minuten ist die große schlanke Berlinerin da, die bisher im Pfarrhaus untergebracht war, in einem imponierenden, weißen Kleide und mit weißer Schürze.

Das Telefon läutet an …

»Lieber Harro, die Pferde sind bereit, ich warte nur auf den Hofrat, in einer Stunde können wir drüben sein.«

»Du auch, Vater! Warum?«, stöhnt Harro, aber das Telefon läutet Schluss. Harro hat nichts mehr zu tun. Die Berlinerin ist bei seiner

Rose und hat ihn hinausgetrieben. Wenn jetzt doch ein schönes Durcheinander wäre, das man schlichten könnte! Da erscheint schon das Gebilde in Weiß und versichert ihn, dass sich alles in vorzüglichem Stande befinde. Durchaus keine Ursache zur Besorgnis.

Jetzt kann er hereinkommen und Rosmaries ganz fremd gewordene Augen sehen. »Das Traumweib«, stammelt sie. Und in ihren grauen Augen steigt ein Entsetzen auf. »Lieber Harro, sage mir doch … So sollte es nicht sein. Unmöglich, ich bin doch wohl krank.«

Die Berlinerin beruhigt.

»Es geht sehr gut vonstatten, nur etwas schnell vielleicht.«

»Sagt sie die Wahrheit, Harro?«

Harros Lippen sind trocken bis innen.

»Ja, Rosmarie, du musst Geduld haben, eine kleine Zeit noch«, lügt er. Wenn doch der Herr Hofrat käme, er hätte hier schlafen müssen, denkt er. Harro sieht auf seine Uhr und fängt an, in die Nacht hinaus zu horchen. Aber das ist ja Unsinn, sie sind eben erst dort fortgefahren.

Und nun ist Rosmaries schönes Gesicht wieder ruhig. Ja, sie lächelt ein wenig. »Nun ist's vorüber, Harro!«

»Eine Ruhepause, Durchlaucht!«

Rosmarie sieht scheu an der weißen Gestalt hinauf. Es ist ihr, als trüge die ihre Qualen mit sich und ließe die auf sie los. Ach, und die Pause ist nur kurz, und da ist wieder das Traumweib. Rosmarie sieht sie deutlich, wenn sie nur ein wenig die Augen schließt.

Harro beißt die Zähne zusammen und eine halbe Stunde später hat er keinen trockenen Faden mehr am Leibe. Und dem Wagen von Brauneck muss ein Unglück geschehen sein, dass er nicht kommt. Der Berlinerin traut er gar nichts mehr zu. Sie steht so unbewegt da. Und kann es denn sein, dass alle Uhren einmütig stehen geblieben sind?

»Märt, renne auf die Halde hinüber und sieh, ob du noch keine Lichter vom Wagen siehst!«

Märt sieht seinem Herrn in das verstörte Gesicht und sein Unterkiefer beginnt zu zittern, die großen knochigen Hände schlagen wie Perpendikel zusammen. Dann läuft er davon, als ob das Leben an seiner Schnelligkeit hinge. Über die Halde braust der Märzenwind und heult und faucht aus der Reiherklinge herauf. Märt starrt in die Nacht, dass ihm die Augen flimmern.

»Unser Vater im Himmel«, stammelt er. »O Gott, zu gut ist's ihnen gegangen, wie die Engel im Himmel droben haben sie gelebt. Wenn jetzt nur ein kleines Unglück käme … So soll's nicht gehen in der Welt. – Wie zwei Tauben im Nest und alles noch dazu, was der Weltbrief ausweist. Aber nur, dass die Frau sterben nicht müsst. Ein kleines Unglück, Vater im Himmel, nur nicht das!«

Endlich blitzt es auf der fernen dunklen Berglinie auf. Einen Augenblick wartet er noch, bis er sich überzeugt hat, dass es zwei Lichter sind, dann rennt er zurück. Sein Herr steht barhäuptig im Schlosshof mit aufgerissener Weste und durch den totenstillen Hof kommt ein Laut wie ein zusammengepresstes Stöhnen. Und Harros eiserne Hände greifen nach Märts Arm und drücken ihn zusammen, bis der Laut im Brunnen verhallt. Dann hört man Räder durch die stille Nacht.

Endlich! Harro reißt den Schlag auf. »Herr Hofrat!«

»Eilt es so, Herr Graf?«

Gott, was ist der Mann langsam, bis er sich aus dem Wagen geschält hat.

»Ich meine, Durchlaucht gehen ins Atelier«, befiehlt der Hofrat mit der größten Ruhe.

Harro steht in seiner goldblitzenden Empfangshalle. Wie ihm das Gleißen und Glänzen heute wehtut. Auch all die Farben sollten den Atem anhalten und sich mit Grau bedecken. Und wie lange der Doktor braucht. Harro sieht sich genötigt, mit der Uhr in der Hand zu warten, denn schon wieder hat eine Minute sich zur Stunde gedehnt.

Nun kommt der Herr Hofrat heraus und findet alles in bester Ordnung. Die Kollegin eine sehr tüchtige Person. Und es wird wohl noch einige Stunden gehen. Sagte das nicht die Berlinerin vor wie langer Zeit? »Gehen Sie jetzt hinein, Herr Graf, Ihre Durchlaucht hat jetzt Mut gefasst, hat es sich zu einfach vorgestellt. Ja, mit dem Verschweigen! Es ist auch nicht immer das Beste. Und ich weiß noch, wie man Ihre Durchlaucht behandeln muss.«

Und der Hofrat knöpft ihm die Weste zu und bietet ihm ein Glas Champagner an und geht ins Atelier zu dem Fürsten hinüber.

Harro wendet sich, da sieht er sein Spiegelbild. Nein, so darf sie ihn nicht sehen, jedes einzelne Haar sieht verzweifelt aus. Er stürzt schnell ein Glas Champagner hinunter, dann versucht er sein Bild im Spiegel noch einmal. Darauf geht er hinein.

Die Kollegin steht unbeweglich wie eine Säule da und Rosmaries gequälte Augen hängen an ihr mit ganz anderem Ausdruck wie zuvor. Und jetzt streckt sie ihre bebenden Hände nach ihm aus.

»Harro, es ist alles gut so.«

Und nun verzerrt ihr Gesicht wieder das Entsetzliche und wirft und schüttelt sie mit unsichtbaren Händen und lässt sie erst fallen, wie ihre Kraft erschöpft ist. Zwei, drei Atemzüge gönnt es ihr und dann fängt das Spiel wieder an. Eine Stunde, zwei, drei Stunden und dieser Doktor und die Kollegin sagen, es sei gut so. Harro ist einmal hinausgegangen, und Märt hat ihn am Brunnen aufgelesen. Und der geliebte Brunnen ist zu einem Becher geworden, aus dessen nachtschwarzem Grunde alles Weh der Welt klagt, und immer noch ist dem Grausen etwas von Süßigkeit beigemischt. Es ist immer noch ihre Stimme.

Harro geht zu dem Fürsten ins Atelier und sagt: »Wenn ich zum Mörder werde …«

Der Fürst ergreift ihn am Arm. »Komm zu dir, Harro, wenn die Nacht gut … Gott, dass man keine Gelübde mehr tun kann.«

Harro lacht auf. »Gütige Mutter Natur!« Und wirft sich auf Rosmaries Stuhl. »Hast du es schon einmal gesehen, Vater?«

Der Fürst nickt. »Es ist hart. Ein Fluch. Und es trifft sie so schuldlos. Meine arme Rosmarie! Sie war doch zu jung … Harro!«

»Warum sagst du: war – Vater?«, stöhnt Harro und geht wieder hinüber. Da ist eine leichte Veränderung in des Herrn Hofrats Gesicht wie ein gespanntes Warten, nur die Kollegin bleibt sich gleich.

Rosmarie liegt ganz regungslos da, das Gesicht ist verzerrt, fast nicht mehr kenntlich, die feinen Hände geballt. Und nun beginnt es wieder, das war nur ein schwaches Vorspiel bis jetzt gegen diesen Kampf, ihre Stimme ist's auch nicht mehr, es ist ein fremdes, wildes Tier, das da schreit, immer wieder: »Erbarme dich, erbarme dich!«

Der Hofrat und die weiße Frau sind plötzlich Leben und Bewegung.

Harro sieht mit den Augen eines Verdammten auf den schrecklichen fremden Geist da vor ihm. Einen Stoß noch und das ist das Ende. Da gleitet etwas wie eine Hand unsichtbar über die Stirne, die Augen, verschwunden das fremde Zerrbild. Sein Weib liegt vor ihm, ein Licht auf der reinen Stirne, in den großen klaren Augen eine fremde Schönheit. Seine Augen hängen an ihrem Antlitz. Ein kleines meckerndes Stimmchen hört er durch ein Brausen hindurch und des Doktors Stimme: »Ein Sohn, Herr Graf.«

»Mein Kind«, flüstert sie, »oh, mein Kind, ich höre mein Kind.«

Aber Harro sieht nicht nach dem zappelnden Wesen, das ihm der Doktor hinhält, nicht nach dem armen, entblößten und blutigen Leibe, nach dem Antlitz sieht er, als sähe er in den Himmel hinein. Sie lebt ja und nun lächelt sie schon ein wenig und ihre Augen verfolgen die Frau, die ihr Kind trägt. Ein grauer Morgenschein ist hereingebrochen. Deutlich hört man den Jubelruf der Drossel von der Tanne aus am Bergfried und des Brunnens Antwort. Der Doktor packt ihn am Arme. »Gehen Sie zu dem Fürsten, Herr Graf, und lassen Sie uns Ihre

Durchlaucht noch einen Augenblick. Nein, es geschieht ihr nichts mehr. Meine herzlichsten Glückwünsche. Sehr schnell und glücklich.«

Aber Harro ist zu schwach, um sich selbst über diese Worte zu entrüsten. Einen Blick wirft er noch auf das rötlich gelbe zappelnde Wesen in seiner linnenen Umhüllung, dann hinüber.

Der Fürst erhebt sich sehr hastig, aber Harro hat noch den Eindruck, als ob er auf den Knien gelegen wäre. »Ein Sohn«, sagt er und wird zum ersten Male in seinem Leben strack ohnmächtig. Zum Glück währt es nicht lange und er kann seinen Schwiegervater in eine ihm im Augenblick ganz unerklärliche Freude ausbrechen sehen.

»Ein Sohn, Harro, ein Sohn, und ganz glücklich gegangen!«

»Schnell und glücklich«, knirscht Harro.

Eine Stunde später dürfen beide auf einen Augenblick in das Schlafzimmer kommen. Alles Schreckliche ist verschwunden. Rosmarie liegt still und gerade unter ihrer weißen Decke. Sie ist so schön, dass es Harro fast den Atem verschlägt. Obgleich der Himmelsglanz von der Stirne gewichen ist. Er kann nicht begreifen, dass es nicht Sitte sein soll, dass man vor ihr auf die Knie fällt. Und nun besieht er seinen Sohn, über dessen Anblick der Fürst in laute Bewunderung ausbricht, und findet ihn »menschenähnlich«. Aber sie müssen beide zu ihrem großen Schmerz hinaus und Harro sieht mit Erstaunen, dass Rosmarie sehr zärtlich mit der Kollegin tut und mit ihren Augen an ihrem Munde hängt. Dann geht Harro hinauf in die Tantenstube und tut einen eisernen Schlaf. Der Fürst wandelt auf und ab zwischen Atelier und Empfangshalle, so schnell kann er sich nicht trennen

Ein Sohn, ein Sohn!

33. WOLKEN

Im Goldhaus ist ein sehr schönes Tauffest gefeiert worden. Tante Ulrike und Marga, schwarzatlassen und strahlend, waren erschienen. Tante Helen aus Baden und sehr schüchtern in einem wunderbaren schwarzen Rock Hans Friedrich als Pate. Auch die Fürstin ist da und benimmt sich fast tadellos. Sie ist sogar ganz menschenfreundlich zu Hans Friedrich und tolerant gegen die Tanten. Nur Tante Helen scheint sie zu meiden. Und wenn diese nach ihrer Richtung sieht, zieht sie die Augenbrauen hoch. Der Fürst strahlt und schämt sich gar nicht, bei des Herrn Pfarrers Taufrede von seinem Taschentuch Gebrauch zu machen. Es ist ein wundervoller Apriltag mit ziehenden Schäfchen am Himmel und Holzapfelblütensträußen in allen Vasen und Zimmern. Und Märt verbraucht gewiss eine Handvoll Salz.

Am Abend, ehe der Fürst hinüberfährt, kommt er noch in Rosmaries Zimmer, wo sie am Fenster sitzt, ihr Kind, das eben getrunken hat und darüber eingeschlafen ist, im Arm. Er beugt sich über die beiden Geliebtesten und ergreift ihre linke Hand und lässt etwas hineingleiten.

Sie sieht erstaunt auf.

»Vater, kannst du mir denn gar nicht genug tun? Und was hast du mir gegeben! Das hättest du nicht dürfen, den Brautring!«

Sie sieht erschrocken auf ihre Hand, daran der Ring der Braunecker glänzt, kostbare, wohl italienische Arbeit. In der Mitte ein Saphier von der Art, die auf ihrem Grunde einen hellen Stern trägt. Das Rankenwerk, das den Stein trägt, ist von großer Zartheit und doch Festigkeit und so gearbeitet, dass der Ring jeder Hand passt. Ein Federdruck verändert seine Weite und stellt sie ein. Rosmaries Mutter hat den Ring getragen, sie haben ihn alle getragen, die Brauneckerinnen.

»Vater, das darf ich nicht annehmen, er gehört ja Mama.«

»Hat sie ihn je gewollt? Sie war ganz außer sich über die Zumutung, den Ring einer Toten zu tragen. Wir haben den ersten Streit darüber gehabt. Ich gab nach und schenkte ihr den großen Solitär, den sie immer trägt. Und es soll das Zeichen sein dessen, was ich mit dir sprach in jener Nacht nach deiner Hochzeit in Berlin.«

»Mama wird ihn an meiner Hand sehen und sie wird ihn erkennen. Sie wird verletzt sein.«

»Rosmarie, trage ihn in Hoffnung auf die Zeit, wo er dir gebühren wird. Mamas Launen sind so vielfach und es gibt so viel Dinge, die sie entrüsten und erregen, dass dies wirklich mit unterlaufen mag.«

»Aber ihr ein gewisses Recht einzuschränken, Vater, ein Recht!«

Auf des Fürsten Stirne schwoll ein Äderchen auf wie ein blauer Zickzack und seine dunklen Augen flammten.

»Recht? Schweigen wir davon, Rosmarie!«

Sie wagt nichts mehr zu sagen und küsst ihres Vaters Wange über ihr schlafendes Kind hinüber. Ihr Kuss nimmt etwas Trübes von ihm hinweg, und er nickt ihr zu. An der Türe wendet er sich noch einmal um. »Du weißt doch, dass der Ring wunderbare Kräfte haben soll. Lass es dir von Tante Helen erzählen.«

Damit ging er hinaus. Rosmarie betrachtete das Kleinod und seufzte. Mama war so friedlich heute, nun wird sie wieder gereizt werden. Und der Tag mag schwer genug für sie gewesen sein. Und was Harro zu dem Geschenk sagen wird, weiß sie nicht. Den tieferen Sinn darf sie ihm ja nicht offenbaren. Sie versucht den Ring vom Finger gleiten zu lassen, aber es ist ganz unmöglich, die Feder hält ihn fest. Es fällt ihr ein, dass sie von dem Ring doch schon gehört hat. Der leuchtende Stern in der Tiefe des Steins soll verschwinden, wenn die Trägerin die Treue nicht bewahrte. Und über Rosmaries Herz streicht eine Ahnung, dass der Braunecker Ring wohl auch schon eine schwere Fessel gewesen sein mag.

Prinzessin Helen wohnt in Brauneck und am späten Abend hat sie sich noch in die Sommerstube begeben, um ein Wort mit ihrem Bruder zu sprechen. Und zuerst reden sie von der großen Freude. Von dem kleinen Heinz Friedrich mit den blauen Augen und der kleinen eigensinnigen Haartolle. Und Helen sagt: »Du hast das Klügste getan mit deiner Rosmarie. Geändert hätte sie niemand. Und nun ist's eine wahre Wonne, sie zu sehen. Sie ist wunderschön. Ich möchte wissen, woher. Früher sah man ihr nur die Brauneckerin an, namentlich, als sie noch schwächlich war, nun ist's eine fremde Fee. Wie kommt dieser Glanz in unsere Hütte? Ich habe heute allen alten Tanten die Nasen entlang gesehen. Ach du lieber Himmel! Gut Brauneckisch und hässlich. Alle Schönheit ist auf die Männer gekommen.«

»Nun, wir können's tragen«, meint der Fürst.

»Und Harro! Fried, dieser Harro ist ein großer Künstler. Ich habe ein Bild von ihm gesehen, als Erste. Die armen Seelen können es ja niemand zeigen. Ich kann dir nur sagen, es war mir heute den ganzen Tag, als ob ich etwas geschenkt bekommen hätte. Als ob in der innersten Herzkammer ein Licht scheine, von dem alles andere beleuchtet würde.«

»Ja warum zeigt er es denn nicht? Wo haben sie es denn?«

»Das ist es eben. Es hängt im Atelier und sieht wie ein großer flacher Wandschrank aus. Es fällt gar nicht auf. Rosmarie schloss mir auf. Innen ist das Bild in seinem goldenen Rahmen. Es stellt die Sage von der Fee von Schloss Schweigen und dem Braunecker dar. Denke dir die alte Thorsteiner Mauer mit dem Rosenbusch in Blüte und dem singenden Brunnen. Auf seinem Rande sitzt die Fee, eine Perlmutterschale in der Hand. Es ist die Rosmarie. Wie sie Gott geschaffen hat. Einen Rosenkranz auf dem Haupte. Ernst und königlich und lieblich, wie sie das sein kann. Du erinnerst dich, heute, als sie bei der Taufe ihre Hand auf das Kind legte! Auf einer grünen Wiese kniet vor ihr der Braunecker. Harro ist's, geharnischt von Kopf bis zu den Füßen. Schild und Lanze hat er neben sich liegen. Die Sturmhaube auf dem Kopf und eine wunderbare, ja wie soll ich's heißen, Andacht in seinem Gesicht und seiner Haltung. Und der Gegensatz von dem blinkenden harten Metall zu der blütenzarten Fee. – Es ist eine Weihe auf dem Bilde, ein Liebeszauber perlt aus dem Brunnen, eine Reinheit und Andacht liegt darauf. Und etwas Geheimnisvolles noch. Die Rosmarie ist durchaus nicht lockendes Weib. Sie ist die Fee. Es ist, wie wenn über den beiden in ihrer Herrlichkeit und ihrer Liebe etwas von einem tragischen Hauch liege. Rosmarie würde das besser ausdrücken. Sie belobte mich sehr, dass ich es herausgefühlt habe, denn es sei in der Sage begründet. Vielleicht geben sich Feen auch nie ganz her. – Ja, und nun hängt das da und kein Mensch kann's genießen. Praktisch ist dieser Harro nicht. Aber er hätte wohl auch keinen Kopf gefunden, der zu dem Körper gepasst hätte. Rosmarie meint, wenn ich gestorben bin und kein Mensch mich mehr kennt, wird das Bild leben. Bilder leben ja so lange.«

Der Fürst sagte nur: »Harro wird doch vorsichtig sein und immer abschließen.« Dann fing er an nervös auf seinem Schreibtisch zu kramen. »Ich will dir etwas zeigen, Helen. Ich will Palais Brauneck verkaufen.«

»Palais Brauneck, Fried! Das kann dein Ernst nicht sein.«

Helens schönste Jugenderinnerungen hängen an dem Hause und jedes Jahr verbringt sie im Frühherbst oder im Juni einige Wochen dort.

»Ja warum denn?«

»Das gelbe hässliche Haus hat einen ungeheuren Wert. Du wirst staunen, wenn ich dir die Summe nenne. Und ich habe natürlich daran gedacht, wie ich dich entschädigen könnte.«

Er zog einen Pack Fotografien heraus.

»Eine zierliche Villa im Grunewald oder bei Wannsee, wo du auch im Winter einmal sein könntest. Sieh dir die Fotografien an!«

»Fried, du bist ein Engel von einem Bruder. Meinst du, ich wisse nicht, dass mein Anrecht auf das Palais Brauneck nur von deiner Güte herstammt? Aber Fried, vielleicht hast du recht, die Berliner Luft …«

»Deine Villa fällt ab, Helen. Es ist nicht mehr als billig, dass ich dich bedenke, wenn ich ein so vorzügliches Geschäft mache.«

Die korpulente Dame stand auf, nahm ihren Bruder beim Kopfe und zauste ihn.

»Fried, du bist ein Anachronismus, du gehörst nicht in dies Säkulum. Ach Gott, und ich habe etwas auf dem Herzen. Es würgt mich, Fried. Ich konnte es nur vergessen, wenn ich an das schöne Bild dachte. Als ich die Türe zur Sommerstube aufmachte, da habe ich gebebt wie früher, wenn Vater mich rufen ließ. Du weißt ja, was das bedeutete.«

»Nun, die Vorbereitung ist schlimm, Helen. Machen wir so schnell wie möglich.«

»Soll geschehen. Du kennst die Gräfin Trauteneck, sie lebt ganz zurückgezogen, seit sie ihren Neffen und Erben verloren hat. Ein Jagdunglück, sagt man. Sie schrieb mir. Charlotte und Arno Schwelm habe sie in einem einsamen Restaurant am Paulssee gesehen. Sie seien zwar von verschiedenen Seiten gekommen, auch wieder so davongeritten. Die Gräfin hat sich verborgen gehalten, Arno Schwelm kann sie nicht ins Gesicht sehen. Es ist ja damals kein Unglücksfall gewesen, was ihrem Neffen zustieß, es war ein Duell. Und weil noch so viel andere Leben damit zerstört gewesen wären, hatten sie, damit es nicht offenbar würde, irgendeinen ungewöhnlichen Duellort gewählt, es musste einer auf dem Platze bleiben. Dieser Mensch ist ein Mörder, schrieb sie mir, seine Berührung kann nur Unglück bringen. Er befleckt die Frau, die ihm irgendwelche Vertraulichkeit gestattet.«

Der Fürst hatte kein Wort gesprochen, nur eine graue Blässe zog über sein Gesicht.

»Fried, ich fleh dich an … Ich weiß, du kannst deinen Zorn einkapseln und ihn wieder herausziehen. Lass diesen Menschen seine schlimmen Wege gehen und ziehe Charlotte aus der Möglichkeit heraus, noch mehr anzustellen.«

»Mein Leben ist mir viel zu wertvoll, als dass ich es an die Kugel von diesem Elenden verwürfe. Ich brauche noch zwanzig Jahre Leben. Und es soll mich auch kein ehr- und pflichtvergessenes Weib aufhalten. Nein, da brauchst du nichts zu fürchten. Was du mir sagst, ist mir nicht ganz neu. Es ist mir schon einmal so etwas wie eine Warnung zugekommen. Es lag etwas in der Luft, was ich fühlte und nicht greifen konnte. Hierher traut sich der Arno Schwelm nicht und Charlotte bleibt hier. Sie geht auch nicht nach Wiesbaden. Ich werde ein Höllenleben haben. Nun, ich habe ja meine Stunde Sonnenschein in Thorstein, meine holde Rosmarie, das Kind … Dann werde ich auch Charlottens wahnsinnige Schneiderrechnungen beschneiden. Nötigenfalls wende ich mich an ihren Vater, es ist der einzige Mensch, vor dem sie irgendetwas wie Respekt oder Furcht hat. Vielleicht ist noch nichts geschehen. Wir wollen jedenfalls nicht nachforschen. Wenn sie die Mutter meiner Kinder wäre, das ertrüg ich nicht. So soll sie wenigstens meinen Namen nicht in den Kot ziehen. Und Helen, kein Wort mehr darüber, auch von dem Verkauf von Palais Brauneck noch nicht. Der Gräfin danke für ihre Mitteilung. Mit Charlotte werde ich mich nicht auseinandersetzen. Sie würde vermutlich alles ableugnen.

Ihre Leidenschaft ist gewiss nicht groß genug, sie alles vergessen zu machen, was sie aufgäbe, wenn sie Brauneck verließe. Hier war's, als ich in Rosmaries Augen sah, dass sie nicht trauern konnte, dass mein Sohn nicht zum Leben kam. Ich dachte damals, ich könne das nie verzeihen. Und jetzt – Sie hat etwas Ahnungsvolles – die Rosmarie.«

Der Fürst erhob sich und trat vor das Bild des Seelchens. Seiner Schwester Augen folgten ihm. Er erschien ihr so liebenswert und sollte so gar kein eigenes Glück kennen. Und ihr in langen Jahren mühsam beschworenes Herz fing wieder an zu flattern.

»Das alte Brauneck – es macht einen wehmütig«, flüsterte sie.

34. HEINZ FRIEDRICH

Der Mai ist gekommen und Rosmarie hat ihn genossen wie noch keinen Mai ihres Lebens. Er wird auch jedes Jahr schöner, der Frühling, behauptet sie. Harro hat eines Tages in Brauneck nicht geringes Aufsehen erregt. Es ist die Kunde hinübergedrungen, dass er auf einen Tag den ganzen neu eingezogenen weiblichen Hofstaat des jungen Thorsteiners verabschiedet hat. Die Amme, die mit ihrem Kinde immer noch dagewesen war, im Falle, man sie doch brauche, das elegante Kinderfräulein und das Kindermädchen.

Als die Fürstin hörte, dass des Kindes Bettchen im Schlafzimmer der Eltern stehe, erquickt sie diese Nachricht einen ganzen Tag lang. Wie kleinbürgerlich! Also würde Rosmarie selbst bei Nacht aufstehen und das Kind besorgen! Nun, da konnte sie dünn und hässlich dabei werden. Hellblonde Frauen verwelken am schnellsten. Die Fürstin erwärmt sich einen ganzen Tag an der Botschaft und Harro wird von seinem Schwiegervater sehr ungnädig empfangen.

Harro hört alles mit demütig gesenktem Haupte an.

Ja, es sei wahr. Aber auf dem Thorstein sei ein so großes weibliches Übergewicht entstanden, acht gegen ihn und Märt, da Heinz doch noch nicht zu rechnen sei – dass er das Schlimmste befürchtet habe. Übrigens habe Rosmarie noch nie Nachtdienst gehabt. Das mache er. Er interessiere sich für die Psyche ganz kleiner Kinder und gedenke, sie zu studieren. Das könne man ja nur am lebenden Objekt. Das Gebiet sei auch noch fast unbebaut.

Der Fürst sieht etwas unsicher zu ihm auf.

»Das ist mir neu, Harro, dies Interesse. Versuchst du dich nicht schon auf fast zu viel Gebieten?«

»Mir ist es auch neu, Vater. Aber wie kann die Seele besser studiert werden als bei ihrem Erwachen und durch genaue Beobachtung? Ich kann mir auch in meine Erziehungsmaximen nicht hineinreden lassen von noch gänzlich unerzogenen sogenannten Fräulein, vulgo Gänschen. Ja, ich weiß, was du sagen willst, Vater, aber ich bin der Ansicht, dass Erziehung gar nicht früh genug begonnen werden kann. Und – ein halbes Pfund hat er wieder zugenommen! Übrigens habe ich eine große Bitte an dich. Rosmarie ist für die Ansprüche, die an sie gemacht werden, doch noch sehr jung. Ich möchte nicht, dass sie Nachteile hätte von dem beständigen Hergeben …«

»Gewiss, Harro, und gerade darum …«

»… möchte ich Rosmarie in die für sie denkbar günstigsten Bedingungen bringen, und ich habe mir etwas ausgedacht, wobei ich zugleich recht ungestört meinem Studium« – hier lächelte der Fürst etwas spitzig – »leben kann. Ich möchte dich um das Jagdhäuschen auf der Römerwiese bitten. Dort können wir den ganzen Tag mitten im Walde zubringen. Rosmarie ist selig über den Plan. Sie könnte morgens hinfahren und abends zurück. Aber das Häuschen muss etwas hergerichtet werden. Dürfte ich dich darum bitten? Unser Berg ist noch zu windig und der Wald zu weit, wenigstens die intimeren Teile, und man will doch ungestört sein.«

Natürlich hat Harro den Tag gewonnen. Der Fürst fährt mit ihm auf die Römerwiese und sie beschließen, noch eine glasgeschützte Veranda anzubauen. Oben enthält das alte Jagdhaus ein Sälchen mit alter Stuckdecke und sieben winzigen Fenstern und eine geräumige Schlafstube. Unten eine kleine Küche mit uraltem Steinherd und ein Dienergelass, Stallung für sechs Pferde und große Heuvorräte, denn von hier aus wird das Wild im Winter gefüttert. Der Fürst ist ja immer glücklich, wenn er seiner Tochter eine Freude machen kann.

So wird das Haus zum fünfzehnten Mai fertig, mit grün gestrichener Veranda, die etwas seltsam zu dem alten silbergrauen Holzhaus steht. Das Sälchen ist geweißt – etwas anderes hat Harro für stillos erklärt – und mit hellen Korbmöbeln ausgestattet. Vorhänge an den kleinen Fenstern gibt es nicht, zu allen sieht ja der Wald herein und die blühende Wiese. Die Römerwiese hat viele Windungen und Zipfel, und von allen Seiten umschließt sie der Wald. Hinter dem Hause gegen Norden schließt sie eine hohe Tannenwand ab, eine breite, doppelte Buchenallee führt zu der hinteren Stalltür, gegen Süden und Westen umschließt sie die Wiese. Ein großer Kastanienbaum steht am Rande der Wiese – jetzt ganz weihnachtlich voll weißer Kerzen – und legt seine Äste liebevoll auf das silbergraue Schindeldach. Darunter steht nun Heinz Friedrichs hochfüßiges Korbbett. Vögel singen, Schmetterlinge gaukeln über ihm, eifrige Käfer brummen.

Bald werden die Abende immer herrlicher und linder und Rosmarie möchte nur einmal den Wald in ihrem Schlaf rauschen hören. Harro hat nur darauf gewartet. In das Schlafzimmer kommen zwei Betten an.

Harros Organisationstalent bewährt sich wieder. Sein Hauptgrundsatz – so wenig wie möglich Bedienung, die wieder bedient werden muss – triumphiert. Alle Morgen elf Uhr erscheint das Break von Thorstein mit Lisa und zwei großen Schließkörben. Der eine enthält warm eingewickelt das fertige Mittagessen, das die zu allem brauchbare Lisa vollends herrichtet, im zweiten Schließkorb ist die frische Wäsche für Mutter und Kind. Denn Rosmarie weiß nicht, dass man ein Wäschestück auch zweimal tragen und zweimal im gleichen Bettbezug schlafen kann. Um drei Uhr fährt das Break wieder ab. Lisa hat dann die Zimmer gerichtet, abgedeckt und ihren Schließkorb wieder gefüllt. Das Nachtessen ist immer kalt und einfach und Rosmarie, der die kleine Arbeit helle Freude macht, deckt und schmückt den Tisch oben oder in der Veranda.

Den tiefsten Grund, warum Harro sich dieses Wald-, Wiesen- und Kleinkinderdasein eingerichtet hat, ahnt niemand. Er ist genötigt gewesen, zum ersten Male in seinem Leben Ferien zu machen. Ein Schwindelgefühl, ein Flimmern vor den Augen, das ihn hie und da überfällt, haben ihn überzeugt, dass er nicht ungestraft so atemlos wie in den letzten Jahren fortarbeiten darf. Namentlich das Flimmern in den Augen hat ihn erschreckt und ihm einen Augenblick eine heiße Angst eingejagt. Und wie kann er in Thorstein feiern, solang es da noch leere Wände gibt? Rosmarie weiß nichts davon. Sie freut sich kindlich über das schöne Faulenzerleben, das sich ihr Mann mit einem Male gönnt.

Und nach wenigen Tagen verliert sich auch das Flimmern und es wird Rosmaries allerschönster Mai. Kaum zehn Schritte vom Hause stehen die weißen Maiblumen in Scharen, der Kuckuck ruft unermüdlich aus dem Walde und tausendfältiges Leben geigt, zirpt und schrillt und brummt über der Wiese. Rosmarie sitzt auf der Veranda im leichtesten Gewande mit hängenden Haaren, und wenn sie nicht so vergnügt wäre und der kleine Heinz Friedrich so gar kein Schmerzenreich, so könnte sie eine schöne Genoveva abgeben. Das Kind schlummert oder gibt sich dem allerschönsten Genusse an der Mutter Brust hin, oder es schaut mit blanken Augen in die wunderbare, grüne, leicht bewegte Welt über ihm. Harro in einem grauleinenen Rock und kurzer Hose und gar keiner Krawatte liegt längelang im Grase und betrachtet durch das Kastaniendach den Himmel, wie er in tiefblauen Ecken hindurchsieht, und ist sehr philosophisch aufgelegt dabei. Das Kind hat viele Namen – der Genießer, der Sybarit, der Tyrann, das Würmlein, und wenn Harro seine Rose ärgern will, das arme Kind.

Abends kommt der Fürst angeritten, allein ohne Reitknecht, und duldet nicht, dass Harro sein Pferd besorge, sondern bringt es selbst in den Stall. Dann wird der Tyrann zu Bett gebracht und es ist das allererste Erwachen des Geistes in dem Kinde, dass dabei ein gewisser Ritus vollzogen wird, den es sich gemerkt haben muss und den es zu verlangen scheint.

Dies erklärt Harro seinem Schwiegervater in den gelehrtesten Worten, die er auftreiben kann. Dass dies Verlangen eine Reihe der wichtigsten geistigen Funktionen, Gedächtnis und Willenskraft, voraussetze. Während Harro doziert, dreht und wendet er den kleinen Körper in den gewandtesten Händen, behandelt ihn mit Puder und Schwamm.

»Jetzt äußert er deutlich Unlustgefühle, Vater, und nun ist dies beendet und er stellt – mit Mühe, wie du siehst – seine Gemütslage auf die kommenden Freuden ein. Und nun der Ritus.«

Harro legt seinen Kopf auf das Wickelkissen und sofort geht ein Lachen auf in dem kleinen Gesicht. Die Händchen und Füßchen tasten und schlagen und endlich gelingt's. Er hat eine von Harros krausen Locken erhascht und nun kreischt er auf. Zugleich bearbeiten die winzigen einwärts gedrehten Sohlen Vaters Gesicht. Und jeden Tag findet er ein neues Tönchen, um seiner Freude Ausdruck zu geben. Die junge Mutter steht daneben und legt ihre weiße Hand auf Harros Schulter. Und Harro doziert ruhig weiter über Dämmerzustände, Bewusstseinswellen und so weiter. Der Fürst hört andachtsvoll zu und vergisst ganz, dass er Harro darauf aufmerksam machen wollte, dass ein Mann als Kindermädchen doch eine etwas lächerliche Figur mache. Dann bekommt der Genüssling sein letztes Mahl. Rosmarie sitzt in der Veranda, wenn es noch warm genug ist, ihr Kind an der Brust, ihr holdes Haupt herabgeneigt, ganz verträumt. Harro und der Vater gehen am Rain auf und ab und rauchen, und drüben, über dem letzten Wiesenzipfel, erhebt ein Reh den feinen Kopf.

So wächst und gedeiht Heinz Friedrich im Waldeshauch und an blühender Sommerwiese. Und erlebt das erste Abenteuer, als eines Tages ein vorwitziger kleiner Frosch auf seine Decke hüpft. Er stößt ein helles Kreischen aus, und als der Frosch wieder forthüpft, muss er weinen. Große blanke Tränen, die ersten seines Lebens.

Der Juni wurde dann voll schwerer Gewitter. Der Fürst brachte manche ängstliche Nacht zu, wenn er an sein Liebesnest dachte im tiefen Walde. Zuweilen litt es ihn nicht mehr und er bestieg bei dem schlimmsten Unwetter sein Pferd. Ganz allein sprengte er hinaus in jede Sturmesgewalt, ritt einmal die Buchenallee entlang, wo grelle Blitze ihm die seidengrauen Wände des Hauses zeigten, und wenn sich das Unwetter gelegt hatte, ritt er wieder nach Hause. »Er bespricht das Wetter«, sagen die Bauern, wenn sie seine Hufe durch die Nacht hören, und sie nehmen ihm seine Rehböcke weniger übel.

Und Rosmarie flüstert halb im Traum: »Es ist mir, als ob der Vater käme.«

Harro meint: »Den wilden Jäger hörst du, Rose. Seine Meute bellt, Käuze fliegen mit, Katzen schreien und heute heulen die armen Seelen. Hussah – hör, wie er über die Wipfel hinknallt.«

»O Harro, ich fürchte mich, höre doch auf.«

»Schäfchen, wer tut dir etwas, wenn du deinen Harro neben dir hast?«

Die Fürstin hat den Sommer über in Brauneck wie eine Gefangene gelebt. Die alljährliche Wiesbadener Reise hatte ihr der Fürst glattweg verweigert. Und ihr ganzes Wesen fieberte doch nach Befreiung von diesem Braunecker Druck und nach dem süßen Gifte, das sie nun gekostet hat und dessen Feuer ihr durch die Adern lief. Und sie stieß auf eisernen Widerstand. Umsonst hatte sie alle möglichen leidenden Zustände beschworen. Aber sie blieb nicht konsequent dabei. Das Hingestrecktsein und Herumwanken ward ihr bald verleidet und sie musste sich in einem tollen Ritt austoben. Dann flaute des Fürsten Mitleid sofort wieder ab.

Einmal war sie nach der Römerwiese geritten, um Rosmarie in ihrem Magddienst zu genießen. Rosmarie war allein und saß in einem Kleide von lichtblauer Sommerseide und einem Margueritenkranz auf dem Haupte unter der Kastanie neben dem schlafenden Heinz und las. Sie riss sich sofort den Kranz herunter, als sie ihre Mutter sah, und begrüßte sie scheu. Als diese sich über das Kind neigen wollte, schob sie ihren Arm darüber und sagte: »Er liebt es nicht, wenn man ihm im Schlafe zusieht.«

Dabei war der Fürstin Auge auf den Ring gefallen. Die Fürstin sagte mit leisem Beben: »Wie kommt es, dass du meinen Ring trägst?«

»Vater bat mich, ihn zu nehmen. Er sagte, du wolltest ihn nicht.«

»Darum gehört er mir doch und ich brauche nur den Stein anders fassen zu lassen, so ist er mir recht. Ich will den Stein. Gib mir den Ring!«

Die Fürstin ist ganz allein mit ihrer Tochter, so ist es nicht nötig, dass sie Höflichkeit heuchelt.

»Ich kann nicht«, sagt Rosmarie und schiebt sich zwischen ihr Kind und die Fürstin. »Der Ring geht nicht herunter, er hat eine Feder. Nur Vater kann ihn lösen. Ich weiß ja, dass der Ring mir nicht zu Recht gehört.«

Ach, wenn Harro käme. Die Angst befällt sie wieder, die törichte, dumme Angst. Die Fürstin sieht sie mit starren Augen an.

»Also auch das noch! Du weißt wohl auch, warum ich nicht nach Wiesbaden ging?«

Rosmarie hat die unglückliche Unfähigkeit, ihre Gedanken zu verbergen. Sie hat ja von Tante Helen doch etwas erfahren. Mit einem Blick sieht die Fürstin ihr an, dass sie etwas weiß. Aber auf das Richtige kommt sie nicht. Sie hat ja immer irgendwelche nicht eingestandene Toilettenrechnungen stehen und Rosmarie wird von dem letzten Großreinemachen in Brauneck gehört haben. Vielleicht soll sie durch den Landaufenthalt von Versuchungen ferngehalten werden. Und Rosmarie weiß darum, das überlegt sie sich blitzschnell, und darunter liegt noch eine dumpfe Angst. Und Rosmarie schweigt. Mit Ausreden hat sie immer nur Unglück gehabt.

»Nun, ich bekomme keine Antwort. Da du so wenig gastfreundlich bist …«

»Mama«, fleht Rosmarie, aber sie verstummt schon wieder, denn sie fühlt, dass sie so froh sein wird, wenn Mama wieder ihren Rappen bestiegen hat.

»So sehe ich nicht ein, warum wir uns länger aneinander erfreuen sollen. Also lebe wohl, teure Rosmarie, und ich wünsche dir, dass all die Freundlichkeiten, die du mir schon erwiesen hast, dir einmal ebenso vergolten werden. Ich habe eine schöne lange Liste, Rosmarie. Von vielen Jahren her …«

Und damit fasst sie ihren Reitrock zusammen und geht hinter das Haus zu ihrem Reitknecht. Rosmarie macht nicht einmal den Versuch, sie zu begleiten. Von diesem Besuche haben die Herren nichts erfahren.

Im Spätherbste dieses Jahres malte Harro in wenig Wochen im großen Saal des Braunecker Schlosses, für den es bestimmt ist, das Bild seiner Frau, das unter dem Namen »die Lindenprinzessin« in die Welt hinausging und Harro mit einem Schlage berühmt machte. Rosmarie trug das Silberkleid und in ihren Haaren, an der alten goldenen Spange, zwei Büschelchen Lindenblüten und -blätter. Den Hintergrund bildete der alte Saal selbst, im Spätnachmittaglicht, das ihm am besten stand, und zwar die eine noch leere Wand, für welche der Fürst das Bild bestimmt hatte. Die Fürstin war so lange bei ihren Eltern gewesen, wo eine ihrer Schwestern Hochzeit hatte.

Als sie zurückkam, erfuhr sie den Verkauf von Palais Brauneck in Berlin, und dass ihr ein Braunecker Winter bevorstünde.

Ihr erster Gedanke ist: Das ist Rosmarie. Die Fürstin hat Arno Schwelm nicht wiedergesehen und wird ihn also nicht wiedersehen. Nach Brauneck kann er ja nicht kommen. Seine Briefe waren selten geworden wie Diamanten. Und wenn er einmal schrieb, so schwelgte er in Herbstgefühlen, welken Rosenblättern, grauen Dämmernebeln. Er hatte ein sehr dünnes, auf dickem Papier gedrucktes Bändchen Lyrik herausgegeben – Entsagen, Versinken, Seligkeit des Vergehens, entschwindende Masten in fernen Brandungen.

Auf diese Note war die Fürstin nicht eingestellt. Wenn er schoss und über seine seltsamen zweifarbigen Augen ein wunderliches Flackern lief, gefiel er ihr viel besser. Was hatte sie mit entschwindenden Masten zu tun?

Und die Lindenprinzessin hielt ihren Triumphzug. Die Damen der hohen Aristokratie wünschten brennend, von Harro gemalt zu werden, und eine Akademie bietet ihm eine Professorenstelle an. Der Wert seiner Bilder steigt um ein Beträchtliches. Unter den vielen Briefen, die er nun täglich bekommt, erhält er einen, der als Autogramm sehr interessant ist, denn er stammt von einem ganz großen Kunstgenossen, mit dem er in früheren Jahren einmal zusammengetroffen war, und den er dennoch nicht seiner neugierigen Rose zeigt.

Lieber Thorstein!

Ich gehe wie alle Welt und sehe mir Ihre Lindenprinzessin an. Schon zum zweiten Male. Und je öfter ich sie ansehe, desto mehr ergreift mich eine unruhige Sorge um Sie. Ich warne Sie, lieber Thorstein, lassen Sie sich von dem Radau, den die Leute mit Ihnen machen, nicht blenden. Ich höre, dass die blonde Liebliche Ihre Frau sei. Wenn sie doch Ihre Geliebte wäre! So kommen Sie ja von dem himmlischen Blondhaar und den Händen, die eine Novelle von Paul Heyse verdienen, gar nicht mehr los. Ein zeitgenössischer, hochgeschätzter Dichter singt:

Er malt sie mit dem Papagei,
Er malt sie mit dem Brief,
Er malt sie, wenn sie wachte,
Und er malt sie, wenn sie schlief.

Freilich, Sie können Ihr Brot finden, wenn Sie daran kleben und die Galerien mit ihrer blonden Schönheit bevölkern. Aber für Sie ist's schade. Sie sind ein ganz anderer Kerl, ein großartiger Kerl, und das wollte ich Ihnen wieder sagen, wie ich eben zum dritten Male gehe und mir Ihre Lindenprinzessin ansehe. Von einem Kollegen alles Mögliche. Und lernen Sie bitte den Vers auswendig. Ihr ...

Harro legte mit lautem Lachen den Brief zu den übrigen. Anfragen um Erlaubnis zur Vervielfältigung und so weiter, die er alle ablehnte.

»Du kommst nicht in den Kunsthandel, Rosmarie, dass dich jeder jugendliche Handelsbeflissene an seine Wand nageln kann neben einer Varieteschönheit.«

Der Fürst war ungeduldig, das Bild wiederzubekommen, und freute sich doch, wenn Rosmarie ihm einen Zeitungsausschnitt zeigte, die Hans Friedrich zu sammeln und zu schicken pflegte. Und eines Tages erfuhr die Fürstin, dass das Bild für den großen Saal bestimmt sei. Ihr eigenes Bild, mit dem sie immer noch sehr zufrieden war, hing ja im blauen Zimmer. Aber Rosmaries Bild hatte doch im großen Saal nicht seinen Platz. Sie fiel sogar Harro damit an; obgleich Harro sonst sehr gut verstand, mit ihr umzugehen, so schien er sich diesmal durchaus keine Mühe zu geben. Er war höchst eigensinnig und der Fürst führte ihn mit Wonne ins Vordertreffen. Das Bild sei für den Saal gemalt und abgestimmt und passe nur dorthin, und man habe ihm den Platz versprochen und er verlange es nun auch. Er setzte es, im Plane wenigstens, durch, aber Rosmaries Schuldkonto bekam eine neue Kerbe. Und dazu kam die Tatsache, dass der Fürstin der Verkauf von Palais Brauneck mitgeteilt worden war und sie immer deutlicher fühlte, dass das gefährliche, schöne Spiel auf dem Florentiner Blumenboot ein Ende habe. Die Masten verschwanden immer endgültiger in den fernen Brandungen.

Und an einem schönen Novembertage kommen die Möbelwagen mit der Berliner Einrichtung an. Das Braunecker Schloss, das schon von unten bis oben voll ist, bemüht sich lange vergeblich, auch diese Happen noch zu schlucken. Wie die großen grauen Wagen sich im Schlosshof entleerten, alle Galerien voll Bilder und Spiegel standen, heimatlose

Diwans ein verzweifeltes Unterkommen in der Schlosskapelle suchten, Kronleuchter in grauen Säcken unter den großen Bogen im Hofe lehnten, wurde der Fürstin erst die ganze Unwiderruflichkeit der Sache klar.

Sie empfand, was eine junge stolze Bäuerin empfindet, die sich plötzlich ins Altenteil versetzt sieht.

Brauneck ist ein Altenteil. Sie wird jetzt das Leben einer Matrone führen, immer im gleichen Kreislauf. Einige Besuche bei den Jagden, Empfänge, Wohltätigkeit. Keine amüsante Wohltätigkeit wie in Berlin, sondern von der tristen ländlichen Sorte. Wo man gute Goldstücke hergibt, Krankenschwestern empfängt, Kinderschulen mit wimmelnden Kinderscharen in geschmacklosen Röckchen besichtigt. Die Möbelwagen, die sich da entleeren und immer neue verhüllte Gegenstände auswerfen, kommen ihr wie große graue Särge vor. Wenn sie abziehen, nehmen sie ihre Jugend mit.

Die Fürstin sieht auf den Schlosshof herab, wo sich die Ratlosigkeit allmählich aller, sogar der weiblichen Oberleitung, der trefflichen Fräulein Berger, bemächtigt hat. Eben fährt ein Wagen vor. Die Fürstin kennt den Ton, es sind die Thorsteiner Goldfüchse. Da kommt schon Rosmarie in den Schlosshof und bleibt verwundert stehen. Sie ist nicht allein, sie wendet sich, spricht über ihre Schulter, es ist wohl ihr Mann dabei. Nun lacht sie hell auf. Sie hat immer noch ihr helles Kinderlachen. Und sie geht um die verschiedenen Sachen herum, hebt leinene Überzüge auf, und die verärgerten Gesichter klären sich auf. Die Prinzessin, wie sie unter den Leuten immer noch genannt wird, liebt jeder. Und nun gibt sie wohl Befehle. Sie regiert da unten, wie wenn sie in ihrem Eigentum wäre, denkt die Fürstin. Sie hat zwar dem Chaos zugesehen, ohne dass etwas anderes in ihr aufgestiegen wäre als ein hilfloser Zorn. Aber diese Rosmarie soll sich doch nicht einbilden, dass ihr hier alles zustehe.

Rosmarie kann die Fürstin nicht sehen, es steht ein hoher Spiegel neben ihr, der blendet. Sie denkt auch gar nicht daran. Sie ist so unbekümmert fröhlich in der Kinderheimat, umgeben von den Menschen, von denen sie die meisten kennt, so lange sie denken kann.

Der Fürstin Augen werden ganz starr vom Hinuntersehen. Das Rad hat sich immer noch nicht herumgedreht. Nein, es geht seinen schweren polternden Gang über ihr eigenes Herz weiter. Sie empfindet dunkel, dass auch mit dem Verkauf von Palais Brauneck Rosmarie irgendwie zusammenhängt. Dem Fürsten kann es unmöglich so sehr um das Geldgeschäft zu tun gewesen sein. Er muss noch irgendein anderes Motiv haben! Und bei der Frau da unten in dem grauen

Samtkleid wird es zu suchen sein. Sie könnte ihr jetzt entgegentreten und ihr zurufen: »Du weißt, warum das sein musste«, und würde die Antwort in den grauen Augen lesen.

Es kommt der Fürst herunter und küsst seiner Tochter die Hand und sie beraten zusammen. Wie wenn sie selbst schon gar nicht mehr vorhanden wäre. Und Rosmarie lacht. Was sie spricht, kann sie nicht verstehen, doch sie sprechen von ihr. Sie meint, ihren Namen zu hören, sie lachen beide.

Es ist solch eine ganz kleine Ursache, ein kleines Unrecht, das sie da unten tun oder nicht tun. Aber die Fürstin hat eine frische Wunde empfangen, nur ein Stäubchen da hinein – man weiß ja, wie leicht Wunden sich vergiften.

Rosmarie und ihr Vater sind längst verschwunden, die Fürstin steht noch immer da. Der Sonnenglanz weicht vom Hofe und ein grauer Schatten fällt herein. Sie schaudert zusammen und geht langsam in ihr Zimmer. Und schließt sich ein. Sie hat einen Gedanken aufgelesen da draußen, mit dem sie spielt. Aber schon das Spiel macht warm. Es könnte sich einmal umdrehen, das Rad. Mit seinen eigenen Händen könnte man in die Speichen fallen und umdrehen, dass sein polternder Gang über andere Herzen ginge.

Es ist, wie wenn man in einer Eishöhle ein ganz kleines Feuer anzündet. Es ist keine Gefahr, dass die Eishöhle davon schmelze, aber es ist doch ein roter Punkt da, auf den man sehen und sich heimlich das erstarrte Herz wärmen kann. Und sie starrt auf das kleine Feuer. Es blendet sie fast. So viel Wärme ist in dem kleinen Punkt. Und dann fängt sie an zu zählen. Das Schuldkonto. Tief versteckt liegt Rosmaries größtes Verbrechen – dieser verbauerte Thorsteiner! Und doch, ohne Herzklopfen kann sie seinen stolzen Kopf nicht auftauchen sehen. Und wenn er auf seinem großen Rappen ihr schon zuweilen am Morgen begegnet ist im Walde, sein altes Filzhütchen auf dem Kopfe, in den ehrwürdigsten, vom Vater geerbten ledernen Reithosen, so war immer ein stürmisches Entzücken über sie gekommen. Sie war für jeden etwas freundlichen Gruß dankbar gewesen, für jeden Blick der sonnenhaften Augen … Tief unten muss das liegen bleiben, und es ist besser, die Liste zu vollenden. Nun kommt Rosmarie und nimmt auch von Brauneck Besitz. Den Ring trägt sie schon, sie hat auch keine Zeit gefunden, ihn lösen zu lassen. Ihr Bild wird im Saal hängen. Warum ist das Berliner Haus verkauft worden? Nun verteilt sie den Raub und lacht. Ja, sie lacht. Über ihrer Mutter ohnmächtigen Schmerz und Zorn. Die Fürstin hat einen kleinen goldenen Bleistift von ihrer Uhr genommen und macht

Striche auf einen weißen Marmorblock. Immer neue Striche. Und dann starrt sie wieder auf das kleine Feuer in der Eishöhle und wärmt sich daran und an den Bildern, die daraus aufsteigen. Es ist ja nur ein Spiel, dass sie nicht ganz einfriert in ihrem Altenteil.

Der kleine Heinz ist längst aus seinem Korb und in die bunte Welt hinausgekrabbelt. Er macht Versuche, auf wackelnden Beinen zu stehen, was ihm einen warnenden väterlichen Pfiff einträgt. Er hat hellblaue Augen und einen entschiedenen Sinn für Humor. Der äußert sich noch etwas unbeholfen und gröblich, aber er wird sich schon verfeinern, hofft sein Vater.

Er ist beinahe mehr ein Vater- als ein Mutterkind. Als der große Kampf mit ihm begonnen und ihm sein köstlicher Labetrunk entzogen wurde und er selbst mit kläglichem Geschrei und energischem Fortstoßen der Flasche seinen Willen nicht hatte durchsetzen können und als ihm einmal die Wohltat einiger energischer Klapse auf seine wohlgepolsterte Hinterseite wurde, da neigte sich die Wagschale auf Vaters Seite. Er lachte, wenn seine Mutter sich über ihn beugte, er kreischte und stengelte mit Armen und Füßen, wenn sein Vater kam. Das erste Wort, das er sagte, das sich durch seinen bewussten Klang von seinen andern Sprachübungen unterschied, war: »Alo.« Bald war es ganz deutlich, wen er damit meinte. Rosmarie trug ihn einmal auf den Armen und ließ ihn zum Fenster hinaussehen. Da kam der Vater auf seinem Rappen in den Hof geritten. Das kleine Gesicht verzog sich in fast schwärmerischem Entzücken. »Alo, Alo«, rief er und fing dann kläglich an zu weinen. Seine Seele tat den ersten Flügelschlag und das war schmerzlich für das kleine Lebewesen.

Dieser Tag wurde gefeiert und als Fest im Kalender bezeichnet. Auch ließ sich der Kleine durch kein Vorsagen oder sonstige Mittel, auch durch seine wachsende Sprachfertigkeit nicht, bewegen, den Namen zu ändern. Er zeigte darin, wie Harro erklärte, das Erbteil der mütterlichen Hartnäckigkeit. Noch hatte ihn fast keine Hand als die seiner Eltern berührt.

»Nur so können wir ihn ganz kennenlernen, Rosmarie, wenn wir ihn immer um uns haben und ihm das Opfer an Zeit und Behagen bringen. Denke daran, was der Jammer deiner Kindheit war, dass dich bezahlte und beständig wechselnde Menschen umgaben, die dich von deinem Vater fernhielten. Wir sehen ihn in all seinen Zuständen und nicht nur, wenn er uns wohldressiert und gerade in guter Laune vorgeführt wird. Und ich habe mir eine ausgezeichnete Kenntnis des

Kinderkörpers erworben, was mir sehr not tat und obgleich dein Sohn kein raffaelischer Engel ist.«

Harro hat dicke Skizzenbücher voll mit wenig Strichen hingeworfener Zeichnungen von liegenden, krabbelnden, badenden, schreienden, schlafenden Heinz Friedrichs.

Und Rosmarie wünscht sich gar kein anderes Dasein. Auch dass ihr Kind den Vater bevorzugt, findet sie nur gerechtfertigt. Ich hätte es gerade so gemacht, denkt sie. Und sie weiß ja ganz gut, dass ihr auch ein Teil der kleinen Seele gehört, nur ein anderer. Harro gehört der lebhafte, unternehmende, lustige, wilde Heinz; ihr gehört er, wenn es ihn anwandelt, dass er mit großen blauen Augen in irgendeine Herrlichkeit hineinstaunen muss. Dann hat er ein Engelsgesichtchen, was man sonst von seinen schon recht kräftigen Zügen durchaus nicht sagen kann. Auch seine Schmerzen – und es gehen viel Wolken an einem Tag über die empfindliche Kinderseele, selbst in der denkbar glücklichsten Umgebung – bringt er zu Mama. Im Atelier hat er sein Ställchen, wo sein stets zusammengeballter Teppich und seine geliebten Filzbären sind, und nachts schläft er neben Vaters Bett. Ist er in aller Morgenfrühe nicht mehr zu bändigen, so wird er hinausgetragen – Mama schläft noch – und gewaschen und angezogen und kommt dann ins Ställchen. Seine Badezeit muss sehr weise ausgewählt werden, denn nachher beglückt er seine Eltern mit einem längeren Schlafe. Abends hat er seine Eltern so reichlich getummelt, dass sein Verschwinden in dem weißen Gitterbettchen mit einem Seufzer der Erleichterung begrüßt wird.

»So geht es auch nicht weiter, Rosmarie. Er wird lernen, auch zwei Minuten hintereinander ohne uns auszukommen. Aber es ist jetzt die Zeit, wo er in seinem ganzen Leben am intensivsten lernt. Innerhalb eines Jahres lernt er eine Sprache, von allen Gefühlen kommt ein Hauch über sein Herz. Mit dem Ende des zweiten Jahres ist sein kleines Weltbild fertig, er kann sich davon absondern, davor hinstellen und sagen: Ich.«

Der Winter fliegt ihnen nur so dahin im Goldhaus. Harro modelliert in Wachs, das er tönen will, die Maria aus der alten Krippe, die ihr Haar als Wiegenvorhang über ihr Kind hält, in halber Lebensgröße nach Rosmarie und dem schlafenden Heinz. Und er malt eine Sommerwiese mit einem sich darauf tummelnden Engelreigen. Und die Engel sind immer noch flügellos, was ihrer Leichtigkeit keinen Abtrag tut.

35. DER TUNICHTGUT

In Brauneck ist die Luft so schwer geworden, dass der respektlose Harro sich durch ein Festmahl dort an das Mahl von Bannokburn erinnert fühlt. Der Fürst hat ja zum Glück sehr viel zu tun. Es sitzt ein junger, sommersprossiger Herr, Doktor Felsing, im Bibliothekturm unter einer Last alter Papiere und mit Siegeln behängter Pergamente. Zuweilen tauchen beim Diner ältere befrackte Herren auf, Geheimräte, wirkliche und unwirkliche. »Was wollen die eigentlich?«, fragt die Fürstin mit mattem Interesse.

»Sie beraten mich in einer Rechtssache.« Und das Interesse der Fürstin erlischt wieder. Und eines Tages verwundert sich Harro, was Vater wohl für einen Prozess habe. Darüber wird Rosmarie rot und nun weiß die Fürstin: Sie weiß darum. Nun ist die Fürstin sicher, dass sie es erkunden muss.

Und die Sache ist ja eigentlich einfach herauszubringen. Sie darf nur einmal bei Nacht in die Sommerstube gehen, die Truhe öffnen auf dem Schreibtisch, worin der Fürst die Briefe verwahrt, die tagsüber eingelaufen sind, die er selbst beantwortet. Und findet sich nicht an einem Tage etwas, doch am andern.

Aber das ist auch nur ein müßiger Gedanke. Sie wird ja nie den Mut haben, durch alle die Gänge zu gehen, in denen immer ein Wind seufzt, und die Truhe ist ja verschlossen. Aber sie denkt doch hie und da daran, wie man Truhen öffnet …

Die Luft in Brauneck wird nicht leichter und dem Fürsten wird immer klarer, dass etwas geschehen muss. Nur weiß er nicht, was.

Da bringt ein unerwarteter Brief eine freudige Aufregung für die Fürstin. Ihr Bruder schreibt, ihr jüngster Bruder. Ihr Tunichtgut von einem Bruder, der alle Karrieren, die er glänzend begonnen, ebenso schnell wieder beendet hat. Zuletzt war er in den Kolonien und ist krank gewesen und nicht nur zur Erholung, sondern für dauernd nach Hause geschickt worden. Zu Hause empfangen ihn ein väterliches Donnerwetter und mütterliche Tränenströme. Die arme Reichsgräfin Brandenstein hat zu viele Kinder. Zwei oder drei Kindern wäre sie eine gute Mutter gewesen, sie hat aber deren sieben. Und immer die Lebensnöte des einen Kindes löschen die des andern wieder aus. Nur für diesen Zweitjüngsten hat sie noch einmal zu einer Liebe Mut gefasst, und gerade dieser muss ihr den meisten Kummer bereiten. Charlotte ist glänzend versorgt, und wenn sie nicht zufrieden ist, so ist das ihre eigene Sache. Die Stieftochter, von der sie so entsetzlich gequält wurde, ist verheiratet. Und dass sie keine Kinder hat, ist schmerzlich, aber sieben Kinder sind auch eine Qual, besonders wenn man mit einem Male so gar nichts mit ihnen anzufangen weiß wie mit dem armen Alfred. Sein Vater benennt ihn mit etwas anderen Namen und droht ihm täglich mit einem Billett zweiter Klasse Norddeutscher Lloyd Bremen-Baltimore.

Der Aufenthalt für den jungen Herrn unter dem väterlichen Dache wird dadurch sehr ungemütlich. *Feuer bei Papa, Wasser bei Mama,* schreibt er und fleht seine Schwester Charlotte um eine dauerhafte Einladung an. Bis sich etwas gefunden hat – dass das geschehen wird, ist ja dem schönen Alfred todsicher. Eine Lebensangst hat ihn nur einmal angewandelt, als er unter dem Wellblechdache an Malaria erkrankte. Jetzt ist er – noch etwas blass, abgemagert, braun und nicht ganz so elegant wie in früheren Zeiten – auf dem Weg nach Brauneck.

Über seinen Briefen ist die Fürstin wieder geworden, was sie früher war. Alfi wird kommen, eine andere Luft mitbringen, zusammen werden sie sich über die Braunecker Familiengötzen lustig machen. Sie wird reiten mit ihm, sie wird mit ihm auf die Jagd gehen, er wird seine Schnurren erzählen und sie wird wieder lachen lernen. Gott Sie ist so jung, sie hat sich ja nur einsargen lassen, sie darf ja nur den Deckel sprengen, um wieder zu leben.

Und der Fürst merkt, dass ihre Laune sich wendet, und ist sehr erfreut darüber und empfängt seinen Schwager mit der größten Liebenswürdigkeit. Bietet ihm gleich ein Reitpferd zu seinem ausschließlichen Gebrauche an und bespricht mit ihm die Anschaffung eines Autos, mit dem er seine Frau zu überraschen gedenke. Der junge Herr ist ganz erstaunt über so viel Entgegenkommen, das hat er nach Charlottes Klagebriefen nicht erwartet. Und er findet, dass es sich in Brauneck leben lässt. Etwas ermüdend zwar ist Charlottes beständige Gesellschaft, aber im Ganzen fühlt er sich doch im Hafen und für den Augenblick aller Sorgen ledig. Und seine Schwester lebt auf. Sie lacht über seine Witze, sie reitet mit ihm, sie schießen und Alfred bewundert ihre Teffsicherheit, die von Arno Schwelm herstammt, und sie errötet über sein Lob.

Die Thorsteiner erscheinen nicht. Der kleine Heinz ist geimpft worden und hat es sehr ungnädig aufgenommen. Sie sind wieder in das Waldhaus übergesiedelt, denn Harro sieht sich zu seinem großen Ärger wieder genötigt, Ferien zu machen. Die Fürstin hat das Gefühl, nur so lange ihr Bruder nicht bei den Thorsteinern gewesen sei, gehöre er ihr ganz. Er soll nicht hinüberreiten und bei ihrer Feindin Besuche machen. Mit der Zeit werden sie schon herüberkommen, dann ist ein Zusammentreffen unvermeidlich. Aber so lange sie nicht täglich mit diesen Thorsteinern geärgert werden muss, ist es doch schöner, teilt sie ihm eines Abends in heftiger Erregung mit.

Und die Thorsteiner interessieren den jungen Herren ja nicht gar so brennend. Verwandtenbesuche! Bei Leuten, die ganz rousseauhaft leben und bei denen jeder Raum zur Kinderstube wird, das kann er sich verkneifen. Nur eines wäre pikant, die zwei Damen miteinander zu sehen, die sich so recht von Herzen hassen. Den Streit der Königinnen als gesicherter Zuschauer mitgenießen – dass es höchst unangenehm sein kann, wenn man unglücklicherweise Objekt ist, weiß der hübsche Alfred Brandenstein. Aber hier hat er ja einen gesicherten Tribünenplatz.

Eines Abends hält ihn seine Schwester sehr spät auf. Er gähnt verstohlen, zündet sich die zehnte Zigarette an und erklärt endlich, er fürchte, morgen Temperatur zu haben, wenn er sich jetzt nicht zurückziehe. Seine Schwester, welche fast ebensolche Zigarettendämpfe entsendet wie er, entlässt ihn endlich. An der Tür ruft sie ihn noch einmal zurück. Es fällt ihr etwas ein, was sie notwendig haben muss. Er kann es ihr holen. Von der Dienerschaft ist niemand mehr auf, das elektrische Licht in den Gängen muss er selbst ausdrehen. Sie braucht die graue Truhe aus der Sommerstube von des Fürsten Schreibtisch. Sie hat etwas hineingelegt, was sie morgen in aller Frühe fortbesorgen muss. Ach, er wird sie leicht finden. Halb schon eingeschlafen, geht er hinüber, dreht das Licht auf und sieht sich das schöne Bild über dem Schreibtisch an.

Nettes kleines Mädel, gähnt er, und richtig, da ist die Truhe. Augen hat sie! So ein famos gemaltes Bild ist doch reichlich lebendig. Wie wenn sie das Köpfchen nach ihm wendet, als er das Zimmer verlässt.

Seine Schwester steht vor ihrer Türe und nimmt ihm nachlässig die Truhe ab. Und dann geht er gähnend in sein Zimmer.

Nettes, feines, weißes Mädel. Kann sich hübsch herausgewachsen haben, die Feindin. Die Feindin, das Wort kitzelt ihn. Gott, die Charlotte wird eifersüchtig sein! Und ein Wort verfolgt ihn, bis er sich glücklich zwischen seine Laken gestreckt hat in dem Braunecker Gastbett aus dem roten Turm. Die Lindenprinzessin … Am andern Morgen weiß er ganz genau, dass er von dem berühmten Bild gehört hat. Aber er ist nicht so töricht und grün, dass er etwa seine Schwester danach fragte. Doch bei dem gemeinsamen Frühstück erzählt ihm der Fürst sehr bereitwillig und stolz von dem Bilde. Und heitert sich sichtlich dabei auf. Seine anfänglich trübe Laune entschuldigt er und sagt, dass er sich mit leerem Magen geärgert habe, weil er das Schloss an seiner Truhe verdreht habe.

Dem Herrn Schwager läuft plötzlich eine Röte über seinen kurzgeschorenen, weiß glänzenden Kopf. Himmel! Wenn die Charlotte ihn zu einem Fischzug in verbotene Gewässer benützt hätte. Und ein sehr bedrücktes Gefühl dem Manne gegenüber, der ihn mit so viel Freundlichkeit überschüttet hat, würgt ihn. Selbstverständlich ist der Inhalt des eheherrlichen Schreibtisches nicht immer eine für die Gattin geeignete Lektüre! Gestern hatte er nur Kulidienste zu verrichten geglaubt. Wie er da hinausschlendert, die Hände in sein Jackett vergraben, in den allerschönsten Maisonnenschein, hört er förmlich seinen Vater sagen: »Dein bodenloser Leichtsinn, der dir immer erst den Tag nachher gestattet, deine Taten zu bedenken, wird dich noch überall unmöglich machen!« Ganz niedergeschlagen wandert er im Park umher. Er geht in den Stall, sieht in die Boxen hinein und auf die klugen schönen Köpfe der Pferde, die sich nach ihm wenden. Da ist sein Goldbaby. Scheußlich, das würgende Gefühl, wie er das schöne Tier ansieht. Mit eingezogenen Schultern klopft er bei seiner Schwester. Sie sieht grau und übernächtig aus – der hübsche Alfred bedenkt schon, ob schleunige Flucht nicht das Beste sei. Aber seine Börse ist schlapp, sehr schlapp. Zu Hause! Brrr …

»Charlotte«, beginnt er, »die Truhe, es war eine Dummheit.«

Sie wird noch einen Schein grauer. »Weiß er?«

»Nein. Er meint, er habe das Schloss verdreht. Charlotte, es war nicht übermäßig schön von dir. Er ist nett gegen mich gewesen und nun habe ich ein direkt scheußliches Gefühl, wenn ich an seinem Tisch sitze.«

Sie braust auf: »Es war mein Recht, das ich mir genommen habe.«

Der Tunichtgut der Familie Brandenstein zuckt die Achseln.

»Wird es jetzt große Szenen geben?«

»Gar nichts wird es geben. Du irrst dich, mon ami!«

»Aber gewiss nicht? Na, dann ist's gut.«

Er schüttelt einen Druck ab, den er für seine Verhältnisse schon ungewöhnlich lange getragen hat. Aber er beschließt, doch ein wenig Vorsicht gegen seine Schwester walten zu lassen. Sie kommt ihm – trotzdem sie ihn noch weiter zu beruhigen weiß – doch vor, als ob sie eine Warnungstafel umgehängt bekommen müsste:

Vorsicht! Leicht entzündlich!

Aber er ist nicht gewohnt, auf einem Gedankengange lang zu verweilen. Und der Morgen ist herrlich. Als er seine Schwester zurückbegleitet hat, haben weder er noch der Gaul genug.

»Charlotte, ich muss mich noch ein wenig tummeln.«

»Alfred, der Doktor hat dir keine zu langen Ritte erlaubt.«

»Ach, nur noch ein wenig.« Und er trabt davon.

Der Tunichtgut wirft seinen Kopf in die Luft wie ein junger Hund, der einen Knochen wittert. Die Lindenprinzessin! Die schöne Frau vom Thorstein. Ist es nicht allmählich Zeit, dass er dort Besuche macht? – Aber merkwürdig, sein Abenteuer von gestern scheint einen weisen Mann aus ihm gemacht zu haben. Nein, er will Charlotte nicht reizen durch einen Besuch bei ihrer Feindin. Nein, er will den Wald nur umkreisen, und wenn er jemand von der Familie sehen sollte, so ist es nicht seine Schuld. Es ist schon mächtig warm und er fühlt, dass seiner Schwester Warnung nicht so ganz unberechtigt ist. Er kann, einmal im Walde, nur noch Schritt reiten und zuweilen überfällt ihn eine jämmerliche Schwäche. Und den Reitknecht hat er natürlich zurückgeschickt. Und nun schwimmt es ihm plötzlich vor den Augen. Ja, wenn er nur jetzt glücklich von dem Gaul herunter wäre! Da hält jemand das Pferd an. »Mann, kommen Sie herunter, Sie schwanken ja!«

Er fühlt sich herabgleiten in jemandes kräftige Arme. Dann liegt sein schwimmender Kopf auf etwas Weichem, Duftendem, ja nach Rosen Duftendem. »O Gott, Harro, glaubst du, dass er stirbt?«

Und eine feine Spitzenwolke fährt ihm über die Stirne. So himmlisch ist's, dass er muckstill hält. Endlich muss er doch die Augen öffnen. Und gleich sehr weit. Die schönste Frau beugt sich über ihn und sieht ihn mit mitleidigen, sanften Augen an.

Sein Glück hat ihn direkt in die Arme der Schönen getragen. Er zieht es vor, noch einen Augenblick den toten Mann zu machen. Herzlich schlecht ist es ihm ja, aber sein Herz lacht wieder. Der andere hat mit dem unruhigen Pferd zu tun. Er hört ihn befehlen, dass man ihm den Kragen öffne. Und nun fühlt er die feinen Hände an seinem Halse. Sehr geschickt ist sie nicht, aber desto angenehmer für ihn. Und nun entschließt er sich, definitiv ins Leben zurückzukehren.

Er schlägt die Augen auf – sehr hübsch und hellblau sind sie – und murmelt: »Innigsten Dank … eine kleine Schwäche.«

»Nun ist er wieder, Rose. Es ist Alfred Brandenstein. Das ist ja Goldbaby.« Und der das Pferd gesichert, kommt herbei. »Ein wenig besser sehen Sie schon aus. Können Sie gehen? Unser Waldhaus ist ganz in der Nähe und Sie können sich dort erholen.«

Und Alfred geht noch kreideweiß mit zusammengebissenen Zähnen über die Waldwiese. Die schöne – Was ist sie nun? – Nichte, Stief- zwar, geht an seiner Seite. Bald liegt er behaglich in einem Stuhl verpackt auf der Veranda. Rosmarie bereitet ihm Brötchen und der Hausherr bringt einen Kirschbranntwein herbei und schilt ihn freundlich aus.

»Wenn Sie uns nicht gefunden hätten, so wäre Ihnen niemand beigestanden. Sie hingen ja nur noch an Ihren Gräten.«

»Es kam so plötzlich. Ich habe eine schwere Malaria gehabt. Und nun habe ich Sie erschreckt, Cousine.«

Nichte – dabei kommt er sich zu onkelhaft vor. Rosmarie ist glücklich, dass sich ihr Patient wieder erholt. Sie hat einen großen Schrecken gehabt und sie versichert ihm: »Wenn Harro nicht gewesen wäre!«

Der junge Herr erlebt eine wundervolle Stunde unter dem blühenden Kastanienbaum. Sie könnte noch länger ausgedehnt werden, aber er darf nicht zu lange wegbleiben, und seiner Schwester gedenkt er sein Abenteuer nicht zu erzählen. Und die junge Frau ladet ihn zum Wiederkommen ein. Nur der Hausherr redet keinen Ton darüber, begleitet ihn aber bis zum Waldeingang und führt sein Pferd. Dann fühlt er ihm noch einmal den Puls, erklärt sich befriedigt und hilft ihm auf Goldbaby hinauf. Eine Stunde später ist er wieder in Brauneck, wo seine Schwester sein langes Fortbleiben gar nicht bemerkt zu haben scheint. Umso besser. Wie ein köstliches Nest voll süßer Ostereier hütet er sein Geheimnis. Und lacht über sein Spitzbubenglück, das ihn so sicher in die Arme der schönsten Frau geländet.

Und seine Schwester wird immer seltsamer. Einmal spricht der Fürst davon, dass Alfred auf dem Thorstein Besuch machen könnte. Da fährt die Fürstin sofort auf. Alfred sei zu seiner Erholung hier und bekanntlich sei nichts der Erholung abträglicher als Besuche machen.

Der Fürst zuckt die Achseln; wenn seine Frau heftig wird, pflegt er zu verstummen. Der Tunichtgut von Brandenstein duckt wieder seinen hellen Kopf und schweigt. Sehr klug, dass er nichts verraten. Aber die Luft in Brauneck wird wieder schwer und seine Schwester klagt: »Wenn die amüsantesten Leute nach Brauneck kommen, so währt es nicht lange, bis sie so trübselig werden wie alles andere.«

Und Alfred bestätigt, dass die Luft in Brauneck etwas Schweres und Dichtes habe. Ja, es sei nicht ganz unmöglich, dass es spuke. Sehr stilvoll natürlich. Aber es seufze nachts etwas an seiner Türe und der finstere Krafft Brauneck im großen Saale habe ihm deutlich nachgesehen.

»Mach keine schlechten Scherze, Alfred! Du glaubst ja selbst nicht daran.«

Und Alfred verstummt, lässt sich aber am andern Morgen ein anderes Zimmer geben und reitet wieder allein fort, obgleich ihn das Reiten eigentlich noch recht anstrengt.

Seine Schwester geht mit flackernden Augen in ihren Gemächern auf und ab bis spät in die Nacht. Nun weiß sie, warum Rosmarie den

Ring trägt und warum ihr Bild in den Saal gehängt werden soll. Und immer noch rollt das Rad über ihr Herz, aber das Feuer brennt doch wieder ganz hell in der Eishöhle.

Nein, Alfred soll nicht hinüber und sie sehen, der törichte Junge wird sich von dem Blondhaar fangen lassen. Er ist der Einzige, bei dem sie noch ein wenig die alte Charlotte ist. Ihr letztes Stück Unschuld und Jugend.

36. AUF DER RÖMERWIESE

Auf der Römerwiese ist ein Blühen und Duften wie selten. Schmetterlinge in ganzen Wolken jagen sich darüber. Am Rain machen die jungen Hasen ihre drolligen Spiele und Heinz winkt dem Reh mit seiner kleinen dicken Hand, dass es komme und mit ihm spiele. Im Kastanienschatten in ihrem weißen Battistkleide sitzt Rosmarie und hält ihrem Kinde die Hand hin, dass er einen Finger ergreifen und daran die weite Reise zu ihren Knien unternehmen kann.

Neben ihr liegt auf dem Boden das schwarze Schaf, der Brandensteiner, im Zustand höchster irdischer Glückseligkeit. Ein wenig verliebt, gerade so viel, dass alle Farben leuchtender dadurch geworden sind, die Luft würziger, der Himmel blauer, und doch nicht so viel, dass er schon Herzweh davon hätte. Rosmarie behandelt ihn immer noch als Kranken, sorgt für sein Behagen und hält ihm kleine Strafreden. Von seiner Schwester reden sie nie ein Wort. Harro malt ein Stück Sommerwiese mit der Schmetterlingswolke darauf, sehr behaglich … Nur ist ihm der Besuch nicht ganz genehm. Sicher, denkt er, verrät der Schlingel nicht, wo er hingeht, sonst brächte er doch irgendwelche Botschaft, was er aber nie tut. Und dass beide kein ganz reines Gewissen haben, verrät sich auch dadurch, dass der Fürst bei seinen abendlichen Besuchen auch nichts davon erzählt bekommt. Rosmarie mag Alfred in der Stille die Erholung von Mamas Gesellschaft gönnen und Harro dem Fürsten seinen abendlichen Frieden nicht stören, der so wenig wie möglich bei seinen Kindern über Braunecker Dinge, insofern sie mit seiner Frau zusammenhängen, redet.

Und heute bringt Alfred eine Neuigkeit mit. Das neue Auto, mit dem die Fürstin überrascht werden soll, wird heute kommen, mit einem ausgezeichneten Chauffeur. Und sie kann schon morgen das Land durchrasen. Der Fürst zittere schon für das Leben jedes Getiers oder Menschenkindes auf der Straße. Auch werde er sich nie dieses Vehikels bedienen, in das man gänzlich unbestraft einsteige und aus dem man als mehrfacher Mörder wieder herauskomme. Er hat eine etwas frivole und leichtsinnige Art zu sprechen, die Rosmarie nicht sympathisch ist, aber vielleicht sprechen eben die jungen Offiziere unter ihren Wellblechdächern so. Und sie hat immer noch Mitleid mit der schlanken, etwas kraftlosen Gestalt und den dünnen Händen.

»Und zu deinem Mitleid hast du Grund, Rosmarie«, sagt ihr Harro einmal. »Er ist ein leichtsinniges Huhn, und seine Familie ist so ziemlich fertig mit ihm. Es bleibt ihm vermutlich doch nur USA und der Omnibuskutscher oder Bereiter bei Mrs. von Schmidt, wenn's gut geht. So lass ihn eben noch ein wenig an der Sonne liegen, es ist vermutlich seine letzte gute Zeit im Leben.«

Und heute schmeichelt Alfred um ein Mittagessen und will sogar mit Heinzens übrig gelassenem Brei vorlieb nehmen.

»Wird man Sie nicht vermissen?«

»Nein, heute nicht«, lächelte er. »Ich bin demütig zu Fuß abgezogen.«

»Was viel besser für Sie ist«, unterbricht ihn Harro. »Sie fallen dann nicht so hoch herunter.«

Ja, und er habe gesagt, er wolle sich des Fürsten landwirtschaftlichen Musterbetrieb auf der Domäne Bronnweiler ansehen. Weil er ja vielleicht einmal selbst zur Landwirtschaft übergehe.

»Richtig«, sagt Harro, »und so sehen Sie sich den Musterbetrieb an. Nun, vielleicht ist's ebenso gut, Sie räkeln sich. Ich glaube nicht recht an Ihre landwirtschaftliche Begabung.«

»Was kann es Schöneres auf der Welt geben«, seufzt er. »Räkeln! Die Poesie der Faulheit! Wie wenig Menschen können sie so recht würdigen.«

»Aber heute Abend wollen wir doch einen Gang machen«, sagt Rosmarie, »wenn das Kind schläft; es wird ja jetzt so früh müde. Und ich will einen großen, großen Strauß haben für das Sälchen. Vergissmeinnicht und Weißdorn und Dotterblumen und Buchenzweige, und am Sonntag ist Pfingsten und das muss doch gefeiert werden.«

»Ich höre so oft von Festen bei Ihnen, Cousine, und ich würde darauf brennen, ein Fest mitzumachen. Feste sind mir bis jetzt der Inbegriff des Tristen gewesen. Seine kleinen Freuden schafft man sich eher allein.«

»Zu zweien, wollen Sie sagen«, warf Harro ein. »Ich möchte übrigens ein Fest geben, Rose, zur Einweihung des Saales. Aber etwas Neues in Festen! Eine Menge Menschen, Musik und Rosenkränze.

Und kein männliches Wesen im schwarzen Knechtskleid und Röhrensystem wird zugelassen. Auch keines mit Zuchthäuslerfrisur wie Sie, Alfred.«

»O Himmel, was fange ich an? Ich kann mir doch keine weißgelben Stoppeln wachsen lassen.«

»Ach, Sie tun mir leid«, neckt Harro, »haben Sie das von jeher an sich gehabt – also nur Stoppeln wachsen Ihnen.«

»Harro, du bist schlimm«, tadelte die Rose. »Sie müssen wissen, Alfred, dass mein Mann die geschorenen Köpfe nicht leiden kann.«

»Ich bin todunglücklich. Ich will sehen, was ich auf diesem allerdings misshandelten Boden noch heranzüchten kann. Wann soll das Fest sein?«

»Die letzte Wand muss fertig sein. Und die Rose hat leider zu viel Ideen. Gerade weil es die Letzte ist, scheinen die sich ihr in beängstigender Zahl aufzudrängen. Im Sommer ist ein Fest zwischen vier Wänden stillos.«

»Wo bekommen wir nur all die Menschen her«, wundert sich die Rose.

»Menschen genug, wenn der Gothaische nicht gebraucht wird. – Also Sie haben noch Zeit, sich zu bessern, Alfred. Rose, deinen Vater möchte ich in der Tracht des Philipp Brauneck sehen. Da würdest du erst erkennen, wie er eigentlich aussieht.«

»Ein Kostümfest also?«

»Ein Schönheitsfest. Warum sollten wir unsern Augen nicht einmal ein Menschenfest geben, wo jeder sich so herausmacht wie unsere Römerwiese heute, die doch auch ein Werktagskleid kennt. Alfred, Ihre Schwester werde ich mit dem Kostüm einer venezianischen Edeldame zu versöhnen trachten. Ich werde es ihr zeichnen. Und die Herren der Schöpfung, bei denen erlebt man die sonderbarsten Dinge. Wie froh fast jeder ist, dass er aus seiner Haut schlüpfen kann. Sie haben, wenigstens die Klügeren, eine Ahnung davon, dass sie, wenn sie festlich sein wollen, ins Lächerliche geraten.«

Der Brandensteiner dachte an die verschiedenen Uniformen, die er schon an- und ausgezogen hatte, und seufzte: »Was dekretieren Sie mir, gestrenger Herr Vetter, vorausgesetzt, dass die Stoppelkultur gelänge?«

»Sie geben einen famosen dünnen Sankt Jürg nach Tilman Riemenschneider. Fahren Sie nach Rothenburg und sehen Sie sich den Patron an.«

»Ein Heiliger, Herr Vetter, ich bin entzückt. – Ist der Heinz übrigens immer ein solcher Musterknabe?«

»Haben Sie nicht bemerkt, dass er eine Schnecke gefunden hat? Das ist sein höchstes Entzücken. Alles andere Getier verschwindet zu schnell aus seinem Gesichtskreis. Die Rehe wollen nicht mit ihm spielen, die Hasen laufen davon, die Vögel gehen wieder in die Luft, die Pferde sind zu groß. Aber der liebe, gute Schneck!«

»Neck«, ruft der Kleine entzückt. Er hatte die Zeit auf dem Bauche gelegen und einer großen gelben Weinbergschnecke zugesehen. Zuweilen tippte er mit seinem Fingerchen auf das Haus, dann verschwand der gelbe Kopf und quoll dann langsam wieder heraus. Und darüber musste er hell auflachen und ein leiser Respekt vor den Hörnern war doch unverkennbar. Harro ergriff sein Skizzenbuch und strichelte emsig, aber wie wenn er es bemerkt hätte, so erhob der Kleine den Kopf und tat einen Riss an der Mutter Kleid.

»Mama, Neck wesen.«

»Sehen Sie, nun will er den Schneck in dichterischer Verklärung genießen. Erzähle, Rose!«

Das Bübchen stand vor ihr, beide Ellbogen auf ihr Knie gestützt und die Augen mit intensivem Entzücken auf der Mutter Lippen geheftet.

»Es ist einmal ein Schneck gewesen.«

»Neck wesen«, echote er.

»Der ging einen hohen Berg hinauf. Plumps fiel der Schneck herunter und brach sein Horn ab. Ging der Schneck in sein Haus und weint. Kein Horn mehr!«

Heinz seufzt. »Horn mehr!«

»Kommt ein Regen, plitsch platsch. Hat die Schnecke wieder ihr Horn.«

Heinz tut einen Jubelschrei und schwingt sich bäuchlings auf der Mutter Knie und schmeichelt. »Noch ein Neck.«

»Hören Sie, Alfred, da capo. Wir sind sehr stolz auf unser Werk. Vor der fünften Wiederholung beruhigt er sich nicht. Und die Geschichte tut ihren Dienst schon drei Wochen lang. Was Rosmarie, die eine prima Märchenmutter gibt, ihm auch anbietet, nichts verfängt, er will seinen Schneck. Und jedes Mal genießt er gleich intensiv mit. Die Geschichte ist vollkommen. Sie ist spannend, sie bringt stets Neues, sie endet gut. Sie kann immer wieder genossen werden wie eine Kellersche Legende. Sie verfolgt ihn im Traum. Im Schlaf murmelt er ein zärtliches, ein teilnehmendes, ein beglücktes: Neck.«

Rosmarie hat ihre Arme um das Kind gelegt und erzählt ihm flüsternd den vierten Neck. Aug in Aug sehen sich Mutter und Kind, und durch das Blätterdach der Kastanie fällt ein Sonnenpfeil auf Rosmaries

Haar, dass es aufleuchtet. Wie das grüne Licht auf ihrem weißen Kleide liegt! Die letzten Blüten rieseln herab, und von der Sommerwiese ertönt ein tausendfältiges Zirpen und fernes Klingen der unzähligen kleinen Lebewesen, die sich draußen ihres kurzen Lebenstages freuen. »Heute ist der letzte Mai«, sagt Rosmarie, »heute haben die Rehe ihren letzten guten Tag. Vater wird schon heute Abend auf den Anstand gehen.«

»Cousine, Sie werden mich wohl für einen sehr rohen Menschen halten, wenn ich auch eine Büchse in die Hand nehme?«

»Ihnen wird es nachgesehen werden, ich dürfte es nicht wagen«, meinte Harro.

»Ach die feinen, liebsten Tiere. Lass sie von andern töten, wenn es sein muss, Harro. Aber nicht du! O wie schön, dass sie es nicht wissen. Sieh, dort geht eins … Ich freue mich so sehr, auf unserem Zipfel der Römerwiese darf nicht geschossen werden. Heinz könnte über den Knall erschrecken, und nun werden wir in diesem Sommer viele hier haben. Die Rehe merken es bald, wo sie Ruhe haben.«

Es wird heiß, fast drückend unter den Kastanien, und das Kind wird müde. Sie gehen ins Haus hinein. Im Sälchen ist's köstlich kühl und frisch.

Der Mittagswagen ist gekommen. Wie ist das Mahl so köstlich in dem Sälchen, dessen sieben Fenster offen stehen und das ganz durchhaucht ist von dem Atem des Waldes.

Der Hausherr in seinem Leinenkittel präsidiert in strahlendster Laune, die Hausfrau in ihrem weißen Gewande lächelt auf ihre eigene, verträumt selige Weise vor sich hin und der Herr Leutnant a.D. denkt mit einem Seufzer an die Diners in Brauneck, die servierenden Lakaien, den dumpfen Druck auf den paar Menschen, der keine irgendwie frohe Stimmung aufkommen lässt.

»Harro«, beginnt er, »können Sie keinen Farbenreiber brauchen? Ich habe meine sämtlichen Fähigkeiten durchgemustert und finde, Sie haben recht, die Landwirtschaft würde mir nicht liegen. Ich habe gelesen, dass die alten Meister stets Farbenreiber hatten und dass daher die Leuchtkraft ihrer Farben kam, dass sie stets frisch angerührte Farben benützten.«

»Wie gelehrt«, neckt Harro.

»Und bis zu Hintergründen könnte ich mich vielleicht versteigen, ich hatte in der Penne eine Zwei im Zeichnen.«

»Gut«, sagte Harro, »es gelüstet mich schon lange nach einem solchen Experiment. Holzplatten und Kirschharz! Alfred, Sie schleifen Tafeln ab und bereiten den Kreidegrund. Schlagen Sie es doch einmal Ihrer Schwester vor. Die Sache muss aber bei gutem Wetter im Freien gemacht werden im Schlosshof. Zehnstündige Arbeitszeit, Tagelohn und das Warme. Auch Unterkunft im Hause. Sonntags Ausgangsfreiheit von drei bis sieben.«

Aber Alfred lässt sich nicht abschrecken und der Plan wird zu Rosmaries Entsetzen weiter erörtert. Harro lächelt schlimm vergnügt und Alfred bekommt einen roten Kopf vor Eifer.

Zum Nachtisch gibt's die ersten Kirschen. Der Fürst hat sie geschickt. Harro lobt über alles den Farbenakkord der roten Früchte in der silbernen Schale in dem weißgrünen Sälchen.

Ein Fink fliegt zum offenen Fenster herein, flattert an der Decke hin und setzt sich auf einen Fensterflügel. Er fürchtet sich nicht und schaut mit seinen blanken Äuglein um sich. Nur gar zu viel Ansehen erträgt er nicht. Da streicht er mit einem hellen Pfiff davon.

Gegen Abend, als das Kind zur Ruhe gebracht ist und Lisa neben ihm sitzt, dass es doch nicht ganz allein ist im Walde, gehen sie fort, Rosmaries großen Strauß zu holen. Rosmarie hat einen zarten Gazeschleier um ihr Haar gewunden, mit dem der leichte Abendwind spielt und der ihr in zarten Wolken nachfliegt. Alfred springt nach den Blumen, verdirbt sich seine tadellosen Beinkleider an feuchten Rainen, wo die Vergissmeinnicht wachsen, brennt sich an Brennesseln und ist vergnügt wie der Bruder Leichtfuß im Märchen. Harro schlendert vor sich hin und gibt seinen Augen ein Fest. Rosmarie trägt ihren Strauß, der immer größer und größer wird, und schweigt und lächelt vor sich hin. Und Harro geht immer hinter ihr, damit er genießen kann, wie sie geht – wie Königinnen schreiten. Wie Musik ist ihr Gang.

Eine Drossel singt, als müsste es ihr das kleine Herz zersprengen. Und der Himmel, an dem drohende weiße Wolkenberge waren, die sich nun in Lämmerwölkchen zerteilt haben, wird immer goldener, und nun erglüht er in köstlichem Purpur.

Aus den Waldzungen, die in die Blumenpracht der Römerwiese hineinragen, steigen schon die blauen Schatten und dort im Erlengrunde webt sich der feinste weiße Nebelschleier.

»Liebster, sieh dort die himmlischen Rosenfelder«, sagt Rosmarie, und sie hebt ihren Strauß, den sie schon mit beiden Händen halten muss, in die Höhe. »Und der Schein, der über die Wipfel fliegt, und wie geheimnisvoll nun der Wald geworden ist.«

Es springt ein Rehbock vorüber in wilden Sätzen. Er muss erschreckt worden sein. Zugleich ein Knall, der die stille Luft durchreißt.

»Ach, können sie's nicht lassen!«, ruft Harro ärgerlich. Rosmarie wendet ihr schönes Antlitz nach ihm, ihr Blumenstrauß kommt ins Wanken. Sie geht noch ein paar Schritte, dann sinkt sie auf ihr Knie und dann sanft vornüber und bettet ihren Kopf auf den Blumen.

»Rosmarie, hast du dich so erschreckt oder bist du gestolpert?«

Er legt seine Arme um sie und will sie sanft in die Höhe ziehen.

Alfred ist kreideweiß geworden und murmelt: »O Gott, o Gott!«

»Alfred«, herrscht er ihn an, »seien Sie kein solches Nervenbündel, sie ist vielleicht ohnmächtig geworden. Können Sie nicht Wasser holen?«

Aber Alfred rührt sich nicht, er wirft sich nur auf den Boden neben sie. »O Gott, o Gott …«

Harro hat Rosmarie auf sein Knie gehoben, sie ist sehr blass, aber schlägt schon wieder ihre Augen auf. Große, dunkle, ganz veränderte Augen. Dann sieht er, wie sich das weiße Spitzengeriesel auf ihrer Brust ein Weniges rot färbt. Und er begreift.

»Harro«, flüstert Alfred, »wohin? Nach dem Hause? Im Waldhaus haben wir nichts, niemand. Dort die Stangen.« Er steht auf und fliegt über die Wiese dahin zu dem verborgenen Schießstand. Von dem unglücklichen Schützen ist nichts mehr zu sehen. Alles muss dienen, die Jacke, das Taschentuch, starke Weidenzweige. In wenigen Minuten kommt er wieder und zieht eine rohe Bahre hinter sich her.

Harro hat versucht, seine Frau auf den Arm zu nehmen, aber dann stöhnt sie. – Er hätte auch nicht die Kraft, sie zu tragen. Wie betäubt ist er und aus den Wäldern kriechen die Schatten und es ist, als schauten große dunkle Augen heraus. Harro muss auch hergeben, was er entbehren kann, dann betten sie beide so sanft wie möglich die weiße Gestalt auf die Bahre. Harro wandelt wie im Traum. Vorwärts. Über den feuchten grasigen Waldweg, wo zwischen den Stämmen schon die weißen Nebel ziehen. Die Last ist schwer für die beiden Männer, von denen der eine kaum erst über seine ganze Kraft verfügt und den andern das Entsetzen lähmt.

Da knallt eine Peitsche. »Absetzen«, kommandiert Alfred und er rennt durch das Unterholz in gerader Linie dem Schall nach. Ein verspäteter Kuhwagen ist's mit einer Last Klee. Der Bauer entsetzt sich über den halbbekleideten Menschen. Endlich hat er begriffen. Nach der nächsten Telefonstelle soll er rennen, nach Brauneck telefonieren. Das neue Auto soll kommen, es ist ein Unglück geschehen … Bald haben sie Rosmarie auf das grüne Lager des Klees gebettet und gottlob, sie scheint es zu fühlen, sie streckt sich sanft aus. Alfred fasst die Kühe an den Köpfen und Harro schreitet daneben, seine Hand auf der andern blassen Hand. Die gute Hand – sie schmiegt ihre Wange daran. Langsam rumpelt der Wagen über die Waldstraße. Die dunkle Nacht bricht herein, und es funkeln die Sterne über dem traurigen Fuhrwerk. – Endlich der Thorstein.

»Märt«, stöhnt sein Herr.

Da weiß der Märt, dass der große Schatten doch gekommen ist. Sie liegt noch kaum auf ihrem Lager, da ertönt ein ungefüges Quaken und schnurrendes Singen und zwei große Sonnen als Laternen fährt das Auto in den Schlosshof. Und der Herr Hofrat und die Diakonisse entsteigen ihm. Es ist alles wie ein fürchterlicher Traum, aus dem man noch aufwachen kann. Steif und aufrecht steht Harro am Bett unten, während die beiden ihren Dienst tun. Nicht ein Muskel zuckt in dem Gesicht des Arztes, als er die kleine Wunde untersucht. Rosmarie öffnet hie und da die Augen und ihre Hände heben sich ein wenig. Harro steht und wartet. Was er sagen wird, der Mann, der das Leben dort in seiner Hand hält. Jetzt winkt ihn der Hofrat mit den Augen hinaus. Sie stehen in der Goldhalle neben dem Kinderbrunnen. Alfred steht am Telefon, den Hörtrichter in der Hand und ein Kursbuch.

»Herr Graf, ich fürchte, die Kugel steckt unter dem Herzen. Ich möchte einen der Würzburger Herren zu Rate ziehen!«

»Würzburg«, sagt Alfred Brandenstein in das Telefon hinein. Keine Sekunde verliert er. Der Hofrat diktiert Namen und Adresse und größte Eile. Das Auto muss auf den Schnellzug fahren, nur so ist's möglich.

»Mit dieser Teufelskutsche ist alles möglich. Etwas Lebendiges, was zum Glück auf vier Füßen ging, haben wir schon unter uns gebracht. Nein, wir geben nicht alle Hoffnung auf, Herr Graf. Es wird ja eine schlimme Nacht geben. Professor Birt hat schon ebenso schwere Fälle durchgebracht. Wir müssen nur die Kraft erhalten …«

Und dann stehen sie wieder in dem schönen Schlafzimmer, in dem ein fremder Geruch ist. Das Auto surrt durch die Nacht davon. – Der junge Herr möchte den Grafen sprechen.

»Harro«, sagt Alfred mit zuckenden Lippen, »das Mädchen im Waldhaus und das Kind. Soll ich nicht hinfahren und sie holen?«

Das Kind! Es ist bei dem Namen, als bräche ein Quell in seiner Brust auf. Er stöhnt: »Ich gehe, Harro.«

Der Wagen rollt durchs Tor, und dann wird es still auf dem Thorstein. Harro setzt sich an das Bett, wo die blasse Hand liegt, die sich immer hebt und fällt. In dem schönen Gesicht ist ein fremder Zug, der sich immer mehr verstärkt. Es ist, wie wenn feine Pinsel um die Linien der Nase führen, dass sie plötzlich klarer und bestimmter verden. Erschreckend vornehm sieht das Gesicht aus, das immer noch der weiße Schleier umgibt. Die Lippen sind von einem seltsamen rötlichen Grau und die Augen ganz dunkel. Und Harro muss das sehen mit seinen Maleraugen. Er muss. Ein fremdes Licht auf der Stirne und weit offene, in dumpfer Qual aufschauende Augen.

Herr Hofrat …

Der weiße Flügel geht noch einmal vorüber. Hufe: Der Fürst. Harro wirft dem Arzte einen flehenden Blick zu: Gehen Sie. Und der Hofrat geht hinaus. Er weiß, was er dem Herrn bringen muss. Und er sammelt alle Hoffnungsfäden auf. Und der Fürst ist seltsam gefasst. Er sagt: »Gottes Hand ist über uns. Ich habe seit drei Tagen gefühlt, dass eine Wolke da hängt. Und nun ist der Blitz gefallen.«

Auch draußen donnert es leise und Blitze weben ein leuchtendes Netz am Wolkenhimmel.

»Kann ich meine Tochter sehen?«

Wie Harro ihn sieht, erzittert er und umschlingt ihn mit seinen starken Armen.

»O Vater, einen Schritt vorwärts, wenn ich getan hätte, einen Schritt.«

»Mein armer Harro. Nein, es kann nicht Gottes Wille sein. Komm, lege dich. Ich kann ja bei meiner Tochter sitzen.«

Rosmaries Seele muss doch nicht so weit entfernt sein. Man sieht an ihren Augen, dass sie ihn kennt. Sprechen kann sie nicht mehr. Nur ihre Hand aufheben und sie wieder fallen lassen. Draußen rauscht mit tausend Güssen und Strömen der Regen hernieder. Ein Regen wie ein Wildbach und der Thorsteiner Wagen kämpft sich mühsam seinen Weg zu dem schlafenden Kinde und der weinenden und betenden Lisa durch aufgeweichte und überflutete Wege. Von Fieber klappernd und laut wie ein Kind vor sich hinschluchzend sitzt der Brandensteiner auf dem Bock. Endlich bringt er seine Pferde glücklich in den Schlosshof hinein, wie draußen eine wahre Sintflut niedergeht. Und im Schlafzimmer ist große Not.

Rosmarie will etwas sagen. Ach, wie ihre armen Augen flehen.

»Heinz wird gleich da sein, Alfred holt ihn.«

Ist es das? Nein.

»Der Vater?«

Er beugt seinen Kopf über sie und sie flüstert mit höchster Anstrengung: »Der Landjäger …«, und sieht ihn mit herzbrechender Angst an. Dann versinkt ihre Seele wieder ins Traumland.

Was meinte sie? Sie können's alle nicht erraten – hat sie je das Wort in den Mund genommen? Und sie spricht nichts mehr. Aber sie sehen alle deutlich, dass ein Kampf beginnt. Wie ein schwerer Stein muss es ihr auf der Brust liegen. Sie versucht immer wieder mit den Händen etwas hinwegzuheben. Endlich dämmert ein grauer Morgen durch den dichtesten Regenschleier. Der Herr Hofrat wandert mit der Uhr in der Hand die Treppen hinauf und wieder hinab.

Wenn die Teufelskutsche irgendwo angerannt ist! Hundert Mal glaubt er durch den Sturm das Surren zu hören. Und jetzt … Es kann keine Täuschung mehr sein. Die zwei Sonnen den Berg herauf. Einen Blick wirft er auf Rosmarie und eilt hinaus.

Drei vermummte Gestalten. »Herr Professor … Herr Kollege … Lassen Sie mich meine Beine wiederfinden, ich habe den Konnex mit ihnen verloren. Das war eine Fahrt. Lebt sie denn noch?«

»Ja, Herr Professor, aber es eilt!«

Dann sieht Harro durch den roten Nebel vor seinen Augen ein fremdes Gesicht auftauchen. Schmal, übernächtig mit zwei brennenden Falkenaugen, fast wie die seinen.

Dann verbirgt er seine Augen. Er kann nicht sehen, wie die fremden Männer mit dem hilflosen Körper umgehen. Immer noch ist's ein grässlicher Traum, der Nachtmar. – Es ist jetzt schon ganz hell und die Drosseln singen durch den Regen.

Und die Herren beraten. Lange.

Der Fürst klopft bei ihnen an, er hält es nicht länger aus.

»Herr Professor, es ist mein einziges Kind.«

Fast kindlich blicken seine dunklen Augen.

»Durchlaucht, das Mögliche wird geschehen. Aber wir fürchten uns beide vor der Möglichkeit, dass die Gräfin die Operation nicht überstehe.«

»Ja und sonst …«

Der Professor schweigt.

»Mein Sohn muss entscheiden.«

Und sie müssen beim Gatten das Furchtbare klarmachen. Der Herr Professor versucht nicht zu überreden. Er kann ja nur schwache Hoffnung machen. Freilich, auf der andern Seite ist schwarze Nacht. Und doch, sie sterben lassen unter dem Messer der fremden Männer … Eine Höllenqual reißt an ihm.

»Vater, entscheide du!«

Der Fürst sagt einfach: »Wir wenden uns dahin, wo noch eine Hoffnung ist.«

Und dann ist ein wildes Leben im Hause. Dein Festsaal, armer Harro! Dein schöner Festsaal mit den vielen Fenstern ins grüne Land.

Wie alles eilt und fliegt. Und die Minuten fliegen. Die wenigen Minuten, die er noch an dem Bette sitzen kann, die blasse Hand in der seinigen. »Rosmarie.« Er flüstert es nur. Sie hat den Laut gehört und ihre Seele kehrt mit bebenden Schwingen zurück. Er liegt auf seinen Knien vor ihrem Bett und ihre Augen ruhen ineinander.

»Geh nicht von mir, Seele, meine Seele, mein blauer Himmel.«

Dann berührt eine Hand seine Schulter.

Der Herr Hofrat, sehr ernst und blass.

»Gehen Sie jetzt hinaus, Herr Graf!«

Eine wilde Verzweiflung packt ihn.

»Was werden Sie mit ihr tun? Ich kann nicht, ich kann nicht.«

»Herr Graf, es eilt.«

Da fühlt er das rollende Rad über seinem Herzen.

Mit schwerem dumpfen Poltern geht es hinüber.

Er geht mit dem Fürsten ins Atelier. Er sieht die Bahre nicht, die Märt und der Assistent hinauftragen in den Festsaal.

Der Fürst steht neben ihm. »Kannst du beten, Harro?«

Beten, jetzt beten … während der blinde Karren poltert und sie sein schönes Glück hinauftragen! Er schüttelt den Kopf. Ist ein Plätzchen in seinem Herzen, über das der Karren noch nicht gerumpelt wäre?

»Dann will ich es auch für dich tun, Harro. Ich habe die ganze Nacht nichts anderes getan. Gott wird uns hören. Er wird das Kind nicht verlassen!«

Harro starrt mit schweren Augen vor sich hin.

»Einen Schritt vor, Vater, einen Schritt nur …«

»Zerquäle dich jetzt nicht damit, Harro … Sieh auf deinen Ring da – es steht darin.«

»Meinen Ring?«

»Gottes Will hat kein Warum. Die ganze Nacht steht er vor mir, der Spruch. Ich könnte sonst nicht so ruhig sein. Und dass ich vorher wusste, es kommt etwas …«

Dann setzt sich der Fürst in Rosmaries Stuhl und bedeckt sein Gesicht. – Und Harro horcht. Seine ganze Seele muss horchen. Da und dort gehen Türen und nun ist's still und wieder Schritte. Dann steht er langsam auf. Nein, hier kann er nicht bleiben. In keinem der Zimmer, wo er noch den Hauch ihrer Gegenwart fühlt. Vergebens versucht der Fürst ihn zurückzuhalten. Er geht hinaus. Märt begegnet ihm, wie er schwerfällig von oben kommt.

»Märt, o Märt!« Märt stößt einen gurgelnden Laut aus und steckt seine Faust ins Gesicht.

»Märt, hier kann ich nicht bleiben – ich seh ja die Fenster … Dort kann ich auch nicht sein. Ich muss allein sein.«

Märt zieht die Faust vom Gesicht. »Mein Turm, Herr Graf.«

Und Harro steigt die steile Treppe hinauf in das weiße runde Zimmer, wo es so reinlich und ordentlich ist. Märt deckt ein frisches Laken über das Bett. Er schließt das Fenster nach dem Hause zu. Oben im Schlag duckt's und gurrt's von jungen Tauben.

»Märt, wenn sie tot ist, so sollst du es mir sagen. Und lass niemand herein! Nur du.«

Märt schüttelt den ungefügen Kopf. »Nein, Herr Graf.« Er deutet zum Fenster hinaus, wo durch die grauen Wolkenberge ein dünner Faden Sonne schießt und ein Stück Regenbogen aufglänzt. Sein Gesicht verklärt sich. Dann geht er hinaus. Und Harro wirft sich auf das Knechtsbett. Die Sonne verschwindet wieder und der Regen strömt, der im Walde alle Spuren verwischt. Die Schritte derer, die heut über die Römerwiese gegangen sind. Harro streckt sich aus. Eine Wohltat, das Liegen allein.

Dort steht Märts Wasserkrug. Er setzt ihn an seine verbrannten Lippen. Und das Stückchen Brot dort gegen die elende Schwäche. Fast nicht mehr denken kann er. Mühsam isst er ein Stück von dem schwarzen Brot, das Erste, was er seit den Kirschen im Sälchen über die Lippen gebracht. Dann streckt er sich wieder aus. Da zerreißt ihn wie ein Blitz die Qual wieder. Jetzt … da drüben in seinem Festsaal … Das Blut hämmert ihm zum Herzen. Nicht denken, nicht denken – wie vorhin, essen und sich ausstrecken. – Aber schon wieder ist das wilde Gedankenheer auf ihn losgelassen. Seine bildnerische Fantasie, die sonst sein Leben verschönt, hier wird sie zur Furie, die ihm hundert Bilder vorhält, eins entsetzlicher als das andere. Der Festsaal, die weiße Gestalt und ein schmaler Blutstreifen, der herabrieselt von der weißen Brust. Nein, da hinter den Bildern grinst der Wahnsinn.

Irgendwohin muss die Seele flüchten können … irgendwohin. Er wandert in dem engen Zimmer auf und ab, dann flüchtet er in den tiefsten Winkel. Vor den Dingen da draußen, den Wolken, den Wäldern – und vergräbt sein Gesicht in seine Hände. Da – berührt ihn nicht etwas – ganz leicht wie mit den zartesten Händen, und zugleich rieselt es wie eine goldene Quelle über sein armes Herz! Er sieht auf, die Stube ist leer. Draußen strömt der Regen eintönig herunter. Und doch war etwas da. Hat ihn ein seliger Geist berührt, ehe er entschwebte? Er horcht auf, aber niemand kommt.

Und schon brandet die Qual wieder heran … Über ihm rucksen,

gurren die Tauben und schlagen mit den Flügeln. Dann wirft die Angst wieder ihre schwarzen Riesenschwingen um ihn. So lange währt das. Und er wirft sich auf den Boden auf sein Gesicht. Und noch einmal das goldene Rieseln … Die Berührung von etwas, was nicht zu sehen ist. Da bricht sein wildes trotziges Herz. Auf den Knien liegt er, die Arme reckt er aus. Fest geschlossen sind seine Augen, damit die Seele sich sammle in ihrer Behausung.

»Du, du – wenn du mich hörst … Erbarme dich, erbarme dich! Nimm sie nicht von mir. So nicht … Vater im Himmel – Vater …« Ein Strom von Gold quillt über seine Seele. »Vater … ich will dir dienen. Mit allem, was ich habe«, stammelt er. »Mit allem …«

Oh, wie er weint, wie seine Schultern zucken und sein Leib erbebt. Und die Tränen schwemmen die Höllenqual hinweg. Dann kommt ein Schritt die Treppe herauf. Märt. So weiß wie eine Wand.

»Sie lebt, Herr Graf.«

Harro erhebt sich. Der Knecht muss ihn stützen.

»Märt, mein treuer Märt!« Ganz still hält der Knecht. Dann führt er seinen Herrn vorsichtig die steilen Stufen hernieder. Ein junger fremder Mann steht neben dem Fürsten.

»Nein, man kann jetzt die Patientin nicht sehen. Von jeder Veränderung werden wir Nachricht geben.«

Und dann kommt ein Wagen angerollt, auf dem ein Landjäger sitzt. Und plötzlich fallen ihnen Rosmaries Worte wieder ein. Es sind die Herren vom Gericht. Man führt sie ins Atelier, und der blasse fieberzitternde Alfred wird auch herbeigeholt. Aber die beiden Herren wissen nichts zu sagen. Der Fürst meint: »Es ist in der letzten Zeit viel gewildert worden. Von meinen Leuten kann niemand den Schuss abgegeben haben. Es war ja gar nicht so dunkel, dass man meine große Tochter in ihrem weißen Kleid für ein Reh hätte ansehen können.«

»Ein Rehbock sprang vorüber«, sagt Harro, »und gleich darauf der Knall. Ein unreifer Bursche, der mit der Waffe nicht umgehen kann, vielleicht!« Sonst wissen die Herren nichts. Auch Alfred, der in dem Schießstand war, aus dem wohl der Schuss kam, konnte nichts mehr entdecken. Und der furchtbare Regensturm hat alle Spuren verwischt.

»Und Ihre Durchlaucht?« Aber sie ist nicht vernehmungsfähig.

Der Fürst ruft hitzig: »Von meinen Leuten kann es niemand gewesen sein … Ich bitte die Herren, die Leute nicht zu verstören.«

Der Herr Amtsrichter ist etwas geärgert. Er sagt: »Wir wissen noch nicht, wohin unsere Untersuchung führt.«

Dann verabschieden sich die Herren.

»Wir werden wiederkommen.«

Dann fallen Harros Augen auf den zitternden, aschenbleichen Alfred.

»Wie sehen Sie aus? Märt soll Sie zu Bett bringen … Was Sie mir heute Nacht geholfen haben, das vergesse ich Ihnen nie – nie. Ohne Sie wären wir zu spät hierhergekommen. Das Auto hätte ich vergessen.«

»Aber Harro, sagen Sie das doch nicht«, und Alfred bricht in ein krampfhaftes Weinen aus. »Warum denn nicht mich? Warum denn nicht mich?« Der Fürst sieht ihn mit erstaunten Augen an.

»Ja, wie kamst du denn gerade dahin?«

Aber Harro führt den schwankenden Menschen fort und übergibt ihn dem Märt und schickt den Hofrat zu ihm hinauf. Dann kommt er wieder zu dem Fürsten herunter und sie geben sich stumm die Hand. Und auf Harros Haar ist ein silberner Reif gefallen.

Der träge Morgen geht dahin, aber wie die Stunden schleichen, bringt doch jede ihr Hoffnungslämpchen mit. Der Fürst schläft ein wenig, aber Harro, so entsetzlich müde er ist, wagt es noch nicht. Er fürchtet sich noch zu sehr vor dem Erwachen. Und es kommt der düstere, regenschwere Abend. In der Tantenstube weint der kleine Heinz und ruft kläglich: »Mama … Alo …« Er schluchzt sich in einen solchen Jammer hinein, dass sich Lisa bei ihrem Herrn Hilfe holt. Harro erhebt sich schwer. Das muss auch sein! Sein Kind hat er noch nicht wieder gesehen, sein armes Kind! Wie er sich über das Bettchen beugt, worin das Kind liegt, hört das Schluchzen auf. »Alo.« Aber es gibt ihm noch Herzstöße, dass der kleine Körper bebt.

»Alo, Alo!« Sie sind also nicht beide fortgegangen und haben dich allein gelassen in der fremden Welt. Harro trägt ihn auf das Wickelkissen und legt, wie er alle Abend getan, seinen Kopf neben das Kind. Aber heute greift es nicht nach seinem Haar. Nur die blauen Kinderaugen sehen ihn groß an. »Mama.« Harro schießen die Tränen übers Gesicht und nun fängt das Kind wieder zu weinen an; nur leise und kläglich, die kleine Seele ist erschöpft. Harro nimmt ihn auf die Arme und trägt ihn hin und her, in seinen Teppich gehüllt, wie er einst das Seelchen getragen. Da schläft er ein.

Harro geht zu Alfred hinüber. Jämmerlich und seltsam sieht er aus.

»Alfred«, fragt Harro und greift nach seiner Hand, »was ist mit Ihnen? Sie zittern ja wie Espenlaub!«

»Wie danke ich Ihnen, dass Sie mich da behalten! Ich will Ihnen gewiss nicht lange Mühe machen. Ich kann noch nicht nach Brauneck zurück. Ich habe einen Schauder davor bekommen.«

»Nein, so dürfen Sie mir unter keinen Umständen hinüber. Bleiben Sie liegen! Ohne Widerrede!« Harro legt ihm die Hand auf die Schulter. »Regen Sie sich nicht auf, Alfred! Sie bleiben bei mir und halten still! Sie haben gestern für Ihre Kräfte Ungeheures geleistet. Wir werden Sie schon wieder heraufpäppeln und dann dürfen Sie Farben reiben!«

Große Tränen laufen über Alfreds Wangen.

»Oh, warum ging ich nicht einen Schritt weiter vor!«

Drüben in Brauneck und in den anderen Förstereien werden die Förster vernommen. Sie sind alle unterwegs gewesen, haben alle das gleiche Jagdgewehr, dem der gefundene Rehposten ungefähr entspricht, getragen. Zwei sind sogar über einen Zipfel der Römerwiese gegangen und haben von ferne den Schuss gehört. Keiner kann beweisen, dass er es nicht gewesen sein kann, keinem kann man aber einen leichtfertigen Schuss zutrauen. Zudem durften sie ja gar nicht schießen. Es sind lauter tüchtige, schon länger im Dienst befindliche Leute.

Ein paar verdächtige Burschen nimmt der Landjäger mit, muss sie aber wieder laufen lassen, weil sie beweisen können, wo sie waren. Auch der Leibjäger der Fürstin wird schließlich vernommen. Aber er hat Ihre Durchlaucht begleitet. Ihre Durchlaucht hat in der Kreuzklinge einen Bock geschossen. Am Ausgang der Kreuzklinge gegen Rappoldsweiler zu hielt das Break. Von da aus ist er mit ihr nach Brauneck gefahren.

»Ist er immer bei der Frau Fürstin geblieben?«

Er hat den Bock aufgebrochen, und die Frau Fürstin ist derweilen in der Kreuzklinge zur Höhe gestiegen. Er hat sie dann am Kreuzweg getroffen.

Zur Kreuzklinge? Das ist nicht sehr weit von der Römerwiese. Hat er einen Schuss gehört? Es ist ihm einmal so vorgekommen. Der Mann hat das Eiserne Kreuz und ist seit dreißig Jahren in Brauneckschem Dienste. Er ist sehr erschüttert und schluchzt ein paarmal auf … Die Frau Gräfin ist ja bei den Leuten so sehr beliebt.

Im Wald bei der Kreuzklinge in einem der Erdfälle, wie sie dort häufig sind, in denen zuweilen noch Dächse hausen, finden die streifenden Landjäger einen Menschen bei einem sonderbaren Frühstück. Es besteht aus Champagner, Speck und Käse. Für die Landjäger genügt die Zusammensetzung, um den Menschen festzunehmen. Und im Dachsbau liegen wollene Decken, Kleider und Stiefel, eine Ziehharmonika, Uhren und Revolver und eine fürstliche Jagdflinte, auch ein halbes ausgeweidetes Reh.

In der letzten Zeit sind in der sonst ganz sicheren Gegend viele Einbruchsdiebstähle vorgekommen. Man vermutet eine ganze Bande und in jedem einzelstehenden Haus sucht der Hausherr eine alte Waffe hervor. Bis zur Nachtwächterhellebarde und dem Kirchenspieß. Nun war die ganze Bande in der Person des einsamen Frühstückers gefangen und dieser entpuppte sich als ein entsprungener Sträfling. Er wurde in Haft genommen und ein Karren herbeigeschafft, auf dem die bunte Beute verladen ward. Das Gewehr war in einer Wirtschaft gestohlen worden, wo ein Jäger vielleicht etwas zu lang beim Biere gesessen hatte. Das Kaliber des Geschosses stimmte auch. Der Mensch leugnete zwar, den Schuss abgegeben zu haben, aber seine Personalien enthielten über siebzig Vorstrafen, auch hatte er noch verschiedene Jahre gut.

Immerhin nahm das Gericht auch hier nur einen unglücklichen Schuss an, denn was sollte dem Menschen der Mord der Dame nützen, die von zwei Herren begleitet war! Gewildert hatte er auch. Die Landjäger vermochten kaum, den Menschen vor den Fäusten der Bauern zu schützen. Wären es nicht ihrer fünf gewesen, es wäre ihm übel ergangen. Das Gefängnis nahm ihn wieder auf und dem umfangreichen Material über ihn fügten sich weitere Aktenstöße bei. – Die Volksseele ist erleichtert, dass es keiner aus der Gegend ist, sondern ein Fremder. Nur einem Fremden ist eine solche Summe von Freveltaten zuzutrauen.

Am Abend fährt der Fürst nach Hause. Als er langsam und todmüde durch den Geweihgang schreitet, findet er die Fürstin seiner wartend auf der Schwelle der Sommerstube. Sie haben sich ja seit dem Unglück nicht gesehen. Ein letztes schweres Abendrot verglimmt am Himmel und das rote Licht füllt die Sommerstube. Die Fürstin sieht heute so auffallend schöner aus als sonst, dass es ihm selbst in seiner tiefen Traurigkeit auffällt.

Und sie sagt: »Es ist also jetzt Hoffnung vorhanden, Fried?«

»O gewiss. Sehr gute Hoffnung.« Er wirft sich in seinen Stuhl. »Eine furchtbare Nacht, ein entsetzlicher Morgen, Charlotte. Ohne dein Auto wäre sie verloren gewesen!«

»Hat sie wohl gelitten?«, fragt die Fürstin.

»Sie war nicht ganz bei Bewusstsein … Sie wollte etwas sagen und konnte nicht, qualvoll war das.«

»Sie konnte nicht«, echote die Fürstin.

»Nun hat Harro mit ihr gesprochen. Und wieder sagt sie das gleiche Wort: Der Landjäger. Was sie sich nur dabei vorstellt? Sie will offenbar nicht, dass dieser unglückliche Schütze festgenommen wird.«

»Sie will es nicht«, sagt die Fürstin.

Es ist wunderlich, wie ihre Stimme klingt. Und sie hat noch kein Wort der Teilnahme gefunden.

Er hebt seine müden Augen zu ihr auf. Wird sie denn keines finden! Auch in dem furchtbaren Jammer nicht, der ihn betroffen hat!

Groß und strahlend sind ihre Augen und mit einem ganz leisen Lächeln in den Mundwinkeln steht sie da. Und es fällt ihm plötzlich Harros Bild ein.

»Welch ein Glück, dass die Gefahr schon vorüber ist, Fried!«

»Wir hoffen's, Charlotte ... Aber ob sie ihre Frische je wieder erlangen wird! Das konnte mir der Professor nicht versprechen.«

»Ach, sie ist ja so jung, Fried.«

Der rote Schein ist verglommen. Eine schwere Düsterkeit erfüllt die hohe Stube. Die Augen des Seelchens schauen wie durch einen grauen Schleier nach dem Fürsten.

Die Fürstin zuckt zusammen.

»Was ist da oben, Fried?«

Eine Fledermaus ist hereingekommen und fliegt in zackigen Kreisen an der Decke. Wie eine unruhige Seele.

»Eine Fledermaus, sie wird schon den Ausgang finden.«

»O die grässlichen Tiere, schieß sie tot, schieß sie tot!«, schreit die Fürstin mit wildem Feuer in den Augen.

»Charlotte, was ist dir? ... Ich werde doch nicht die alte schöne Decke verderben ...«

»Sie sind schrecklich, die Tiere, überall gehen sie, einem nach. Und schlagen mit ihren grauen Flügeln wie kleine Teufel. Schieß sie tot ... schieß sie tot!«

Der Fürst springt auf.

»Komm, Charlotte, du gehst hinüber. Das Tier findet hinaus.«

Er nimmt ihren Arm und führt sie in ihr Zimmer. Wie sie zittert; er fühlt das Schlagen ihres Herzens durch ihr seidenes Gewand. Sein feiner Sinn findet die beste Erklärung. Das Unglück hat sie doch erschüttert. Sie kann nur keine Gefühle zeigen.

»Soll der Hofrat nach dir sehen? Alfred musste ich leider drüben lassen. Er hat wieder einen sehr heftigen Fieberanfall und sie wollten ihn behalten.«

Die Fürstin fasst sich schnell.

»Es ist das Beste, er bleibt drüben. Wenn er Fieber hat, kann er nicht in die Nachtluft. Man kann jemand hinüber schicken, ich verstehe mich ja nicht auf Pflege.«

»Ich fand es sehr rührend von Harro, dass er ihn neben seinem eigenen Elend auch noch besorgen will. Er sagt, Alfred habe ihm große Dienste geleistet. Der arme Junge. Er war ganz gebrochen. Und nun gute Nacht.«

Einen Augenblick wartet er noch auf ein Wort, ein Zeichen – dann geht er hinaus. Sein schlanker Rücken fängt an sich leise zu biegen, und heute ist's, als trüge er neue Lasten.

Mit brennenden Augen hat sie ihm nachgesehen, bis sich die Türe hinter ihm schließt. Dann fährt sie auf. Ein Käuzchen schreit am Fenster vorbei, man sieht die gelben Augen leuchten. Was war das? Das graue Tier von vorher, nur noch größer, mit feurigen Augen. Mit einem Ruck reißt sie die gelben seidenen Vorhänge zu. Nun ist's draußen. Es ist so hell innen und freundlich. Wie golden ist das Licht. Nur die Dunkelheit ist entsetzlich. Sie dreht auch die große Krone an. Nun gibt's keinen Winkel, in den sich auch der kleinste Schatten verkriechen könnte. Wenn sie nur stillzusitzen vermöchte. Es ist ein wunderliches Zucken in ihren Füßen. Selbst wenn sie sitzt, muss sie ganz leise auf den Boden pochen. Furchtbar müde ist sie, aber die Unruhe in den Füßen wächst mit der Müdigkeit. Sie schleudert die feinen Schuhe hinweg, an den Hacken muss es liegen.

Nun geht sie in ihren seidenen Strümpfen auf dem weichen Teppich auf und ab. So ist's besser. Man geht wie über feine, wohlgepflegte Schleichwege, auf denen nicht ein Zweiglein liegt, das knistern könnte. Aber müde wird man von den Wegen. Und morgen wird sie nach Thorstein fahren und selbst nachfragen. Und vielleicht hineingehen, wenn man sie lässt, und Rosmarie daliegen sehen. Nie mehr wird sie auf Wiesen gehen und Blumensträuße gegen den Abendhimmel halten. Nie mehr.

Was ist aus dem kleinen roten Feuer geworden? Eine Riesenflamme, rot, glühend rot, vor der der ganze Eispalast geschmolzen ist. Überall Flammen, schier zu viel Flammen. Aber zu frieren braucht man nie mehr. Das ist vorüber. Es ist eine ganz neue Welt und man muss sich an sie gewöhnen. Alle Dinge nehmen einen roten Schein an. Und unter dem Boden zucken und spielen die Flämmchen, dass es einen nicht auf der gleichen Stelle duldet. Nie mehr geht Rosmarie über die Sommerwiese mit ihrem wehenden Schleier. Rot sind die Flammen und das Licht ist golden in allen Ecken und das Nachtgevögel kann nicht herein. Nie mehr geht sie auf der Sommerwiese.

Nie mehr …

37. DAS GOLDENE BAND

Die Wolken wandern über den Himmel und der Nachtwind streicht über dunkle, regenmüde Wälder. Und am Horizont hebt sich ein grauer Schein und die Vögel lassen die ersten halbwachen Töne hören. Drüben in Thorstein hat der Stein im Vogel Rock die ganze Nacht geglüht und bald sind Lichter aufgeblitzt in den großen Scheiben und wieder erloschen. Harro fährt auf von seinem alten Lager im Atelier, und wie ein breiter Sturzbach fließt der Jammer über sein Herz. Er erhebt sich – wie hat er nur so lange schlafen können – und macht sich schleunigst fertig. Er eilt hinüber. Die Schwester empfängt ihn.

»Ihre Durchlaucht erwartet Sie sehr, Herr Graf.«

»Warum weckten Sie mich nicht?«

»Frau Gräfin wollt es nicht dulden.«

Ach, wie ist der Schmerzensreif auf ihrer Stirne schärfer geworden, wie brennen die großen dunkeln Augen.

»Hast du denn gar keine Ruhe finden können?«

»Nein, Harro.« Und die großen Tränen laufen über ihre Wangen.

Er wendet sich an die Schwester. Es muss doch ein Mittel geben.

»Herr Professor schläft, und der Herr Assistent darf nicht ohne Erlaubnis …«

»So werde ich ihn wecken.«

Er eilt hinaus und die Schwester mit fliegender Haube hinter ihm drein und erfasst ihn noch am Rocke. »Herr Graf«, stammelt sie entsetzt, »das ist ganz unmöglich … den Herrn Professor wecken!«

»Wir wollen sehen, ob es unmöglich ist«, herrscht Harro.

»Herr Graf, der Herr Professor wird nicht herauskommen. Er wird nach Puls und Temperatur fragen durch die Tür. Der Herr Professor muss seine fünf Stunden Schlaf haben. Die letzte Nacht in dem Auto! Es warten noch andere Menschen auf ihn … Herr Graf. Heute Abend hat er in Würzburg wieder eine Operation. Wie kann er das Leben denn aushalten, wenn man ihm nicht die fünf Stunden lässt.«

Atemlos ist die Schwester, ein junges, blasses Ding mit großen, ernsten Braunaugen, neben ihm hergelaufen, den Schlaf ihres Herrn verteidigend.

Also andere warten auch, er ist nicht allein auf der Welt mit seiner Qual. Er steht still und sieht die Schwester an.

»Sie müssen doch einsehen, dass ich nicht ohne Hilfe zu meiner Frau zurückkehren kann.«

Die Schwester wagt es, seinen Arm zu fassen.

»Der Herr Professor, wenn er zornig ist, wird Ihnen doch nichts geben. Er wird sehr zornig sein. Und heute Nacht wird eine Mutter von sechs Kindern an Krebs operiert.«

Harro lässt seine Hand, die schon nach der Klinke gefasst, wieder sinken. Den Herrn fürchtet er nicht, zornig kann er auch werden, aber er sieht die sechs verlassenen Würmlein vor sich und die eine Hand, an deren Kraft und Ruhe alles hängt.

Langsam steigt er die Treppe herunter. Der Assistent darf nicht. Das begreift er, das ist Disziplin. Langsam kommt er herein; ach, an seinem Schritt schon merkt sie, dass er keine Hilfe bringt.

Da sitzt er wieder an ihrem Bett. Die arme, blasse Hand liegt auf der seinigen und ihre Augen sehen ihn an in ihrem stummen Leiden. Und plötzlich beugt sich sein Rücken und er fängt an zu zittern und zu schluchzen …

»Ach, Harro!«

Weinen hat sie ihn noch nie gesehen. Kann er denn auch weinen?

Die Schwester entsetzt sich aufs Neue. Diese Privatpflegen! Oh, jetzt einen Wärter und einen Assistenzarzt und diesen Mann sofort hinausführen lassen! »Herr Graf, gehen Sie hinaus«, befiehlt sie leise und mit einer Energie, die selbst er in seinem hilflosen Jammer fühlt.

Aber es ist noch jemand da, der einen Willen hat. Das ist die Gräfin, die bisher hat alles mit sich geschehen lassen, sich gegen nichts gesträubt, mit schweigender Geduld die entsetzlichen Stunden getragen hat. Ihre Augen sind fremd und herrisch, und die Vornehmheit ihres Gesichts tritt fast erschreckend hervor. Die Brauneckerin.

»Sie gehen hinaus«, befiehlt sie.

»Ich darf nicht. Ich darf das Zimmer nicht verlassen.«

»So gehen Sie dort hinein, bis wir Sie rufen.«

Und die Schwester wird zum ersten Mal einem bestimmten Befehl ihres Chefs ungehorsam. Sie geht ins Nebenzimmer und zieht sogar die Tür hinter sich zu. Ein Wille ist über ihr.

»Harro, Liebster«, flüstert Rosmarie. »Komm her, lege deinen Kopf auf mein Bett. Dass ich dich trösten kann.«

Sie streicht ihm über seine Haare.

Oh, wie ihm die Tränen wohltun. Und die Hand, die nicht nur über seinen Kopf, die über seine Seele streicht.

»Lass mich bei dir sein, Rose. Liebste Rose. Ach, sie wollen dir nichts geben, das dich ein wenig hinüberbringe.«

»Es ist gar nicht nötig, ich habe ja dich und ich will dich trösten. Hör einmal, wie süß die Vögel singen, wie süß. Noch halb im Schlaf.

Und dann kommt ja der Tag. Ich bleibe bei dir, Harro. Weißt du denn nicht, dass ich dich beinah verlassen hätte! Und den Heinz. Es fassten schon die kühlen Hände nach mir. Und das stumme Wesen kam näher. Ach, und ihr hieltet mich so fest, du und der Vater. Immer wieder entrissest du mich ihnen, die mich davontragen wollten in ihren süßen, feuchten Schleiern.«

Harro kniet vor ihr, alle Ermahnungen der Schwester hat er vergessen. Seine beiden Ellbogen liegen auf der Bettkante, und er stützt seinen Kopf auf und sieht sie an. Ihr fremdschönes Antlitz, ihre Stirn, auf der wieder das geheimnisvolle Licht liegt wie in jener Nacht, als sein Sohn geboren wurde. So sehen sie aus, die Stirnen, die der Todesengel gestreift hat mit seinen langen dunklen Schwingen, denkt er.

In sein Herz brennt sich das ein. Sein Erlebnis im Bergfried, er muss es ihr sagen.

»Rosmarie, ich habe Gott im Himmel um dich angefleht. Alle sieben Schleier habe ich zerrissen. Und er hat mich gehört. Er neigte sich zu mir. Von seiner ungeheuren Höhe, von seiner Sonnen- und Sternenhöhe herab. Zu mir. Ich taste an mir herum, ich kann es immer noch nicht fassen. Zu mir. So ein Staub, so ein Wurm. Schon einmal hat er mir geantwortet, als ich ihn suchte in der Nacht, in der ich wusste, dass du mir gehören würdest. Und dann hab ich doch mir selbst nicht glauben wollen. Du warst ein verliebter, überseliger Narr bei Palmen und Meerleuchten in Sternenpracht. Was willst du nicht alles gefühlt haben! So habe ich mich verspottet und mein Herz hart gemacht!«

»Ich sah dich, Harro. Bei der Pinie standest du und strecktest die Arme in die Höhe.«

»Du sahst mich? Ja, bei der Pinie.«

»Und ich dachte, er redet mit Gott. Und dankt ihm.«

»O Seele, o Seele … Ich muss wieder weinen … Nein, lass mich … Es muss so viel wegschwemmen.«

Ihre großen Augen strahlen. Nein, sie wird nicht ohne ihn in den himmlischen Garten kommen. Ihre Geheimnisse blühen aus ihr auf.

Draußen fliegt ein lichter Schein empor und all die Vogelstimmen glänzen hell auf. Nie wird Harro ihre halbwachen Töne an jenem Morgen vergessen.

»Ich weiß ja nun nicht, was ich tue, Rosmarie. Mein Leben muss ich doch ändern. Was ich erlebt habe, das verpflichtet.«

Rosmarie lächelt ein ganz klein wenig.

»Ach Harro, dein Leben ändern! Gott muss doch alle Tage eine Freude gehabt haben, wenn er dich gesehen hat. Was willst du ändern!

So gut gegen mich und den Heinz, so treu. Und deine Kunst. Hast du denn je etwas gemacht, was Gottes Augen nicht sehen dürften?«

Harro stützt den Kopf auf seine Hand und sinnt.

»Doch, Rosmarie, etwas muss anders werden, im tiefsten Grund anders. Es wird schon einen Kampf geben. Wenn man sich selbst so lange hart gehämmert hat.«

»Hart, Harro! Warst du je hart gegen mich?«

»So lieb, dass du das sagst, so lieb. Gegen dich habe ich es ja auch nicht sein wollen, und bin's doch gewiss oft gewesen!«

»Nie, Harro, nie. Nicht ein einziges Mal, nie. Ich weiß von nichts. Meinst du, Gott habe nicht gesehen, was du aus dem armen halberfrorenen Seelchen gemacht hast? Und jetzt: Wenn ich auch so daliege wie ein ausgestoßener Vogel, meinst du, ich könnte deshalb nicht doch glücklich sein. Durch dich, Harro, glücklich! Selig bin ich.«

»O Rosmarie, kannst du trösten. Du kannst trösten«, flüstert er und seine Augen werden nass.

»Kann ich trösten? Wir lassen uns unser Glück nicht nehmen. Wir haben jetzt etwas, das ewig ist. Wir halten unser goldenes Band fest, mit dem unser Herz an Gott gebunden ist.«

Und sie schwiegen und sahen in den aufleuchtenden Morgen.

38. DER HERR PROFESSOR

Schwere düstere Tage, herabstürzender Regen, im Goldhaus lastende Stille. Niemand darf die junge Herrin sehen. Der falkenäugige Professor ist mit dem Auto davongerast und hat seinen Assistenzarzt und eine blasse Schwester dagelassen. Er wird aber wiederkommen, und ehe er da war, soll niemand zu Rosmarie hereingelassen werden.

Und Harro wandert in seinem Goldhause herum und geht ins Atelier, wo Heinz den Tag über installiert ist, und steht am Bogenfenster des oberen Stocks, wo man am weitesten über die Wälder hinweg sieht und den Reihern in ihre Baumruinen hinein, in denen sie wohnen. Weiter geht er nicht, denn dort wendet sich der Gang zu seinem Festsaal. Sein Festsaal! Seit Märt da oben rein gemacht und die Spuren von des Doktors Arbeit entfernt hat, geht er wie ein Verstörter herum. Spricht laut mit sich selbst in rauen Lauten, die kein Mensch versteht, und bleibt plötzlich, wo er geht oder was er gerade tun mag, stehen wie ein steinernes Bild, bis er auffährt wie aus tiefstem Traume.

Und Harro ist es, als wohne er in einem Hause, das man der Fenster beraubt hat, durch das alle Stürme des Himmels hindurchrasen können und das auch nicht die kleinste Ecke bietet, darin man sich bergen könnte.

Nach Tagen erscheint der Professor wieder, und nachdem er Rosmarie gesehen, kommt er mit einem seltsam weißen Schleier über seinen Falkenaugen zu Harro und sagt: »Gehen Sie nun zu Ihrer Frau hinein, ich hätte es Ihnen schon früher auf einige Minuten gestatten können, aber diese kurzen nichtssagenden Besuche erregen oft mehr. Nun können Sie schon ein wenig bleiben.«

Harro fragt schwer atmend: »Und Sie sind zufrieden?«

»So sehr als möglich; freilich, es wird Ihnen vorkommen, als ob keine Besserung eingetreten sei. Es war ein furchtbarer Eingriff und niemals hätte ich es gewagt, wenn ich gewusst hätte, was ich nun weiß. Niemals. Es war auf einer Nadelspitze. Nach diesem ist ja alles verhältnismäßig befriedigend. Eine längere Schonzeit wird Ihre Durchlaucht freilich haben müssen. Aber ich hoffe, wenn alles so bleibt bis zum Herbst, dass Ihre Durchlaucht doch wieder die frühere Frische erreicht haben wird. Ich darf allerdings nicht verschweigen, dass auch Komplikationen eintreten können.«

»Gewiss, gewiss«, murmelt Harro und versucht das stürmische Glücksgefühl zu dämpfen, das seine Brust bedrängt.

Dann geht er zu Rosmarie. Aber sie schläft und man dürfe sie nicht wecken. So würde er jetzt wohl öfters vor geschlossenen Türen stehen und sich daran gewöhnen müssen.

Da fuhr eben sein Schwiegervater in den Hof. Er ging ihm entgegen. »Harro!« Er musste über sein Aussehen erschrocken sein.

»Es steht gut, Vater«, sagte er so hoffnungsvoll als möglich, »nur ich bin etwas herunter.«

Der Fürst sprang ab von dem hohen Kutschbock und zog aus dem Wagen einen großen in Seidenpapier gewickelten Strauß.

»Es sind japanische Lilien. Ich habe sie Rosmarie mitgebracht. Ich wusste sonst nichts, was sie freuen würde.«

Harro nahm die Blumen. »Oh, sie wird sich sehr freuen«, sagte er mechanisch. Sie gingen hinein.

»Ich komme spät, Harro, aber Charlotte hat mir Sorge gemacht. Sie war von Anfang an schon sehr von unserem Unglück angegriffen, obgleich sie es nicht Wort haben wollte, und ist heute in einem Zustand, der mich erschreckt. Diese taktlosen Menschen, der Amtsrichter und die Kommission, haben sich mit ihren einfältigen Fragen sogar an den alten Christian gemacht. Den alten Christian, der lieber selbst vor jeden Flintenlauf hinstände, als dass er meiner Tochter etwas geschehen ließe! Die Sache hat ihn dann selbst so erregt, dass er Weinkrämpfe bekam. Die treue Seele! Ich bin bei ihm gewesen, habe ihn aber auch nicht trösten können. Er schluchzte immer wieder: „Die Prinzessin." Und die Unnot dabei! Und sie haben ja jetzt den Menschen. Und die Waffe. Harro, du siehst erschreckend aus. Du darfst dich jetzt nicht unterkriegen lassen! Denke, wie Rosmarie sich ängstigen würde.«

»Der Mensch«, sagte Harro, »der Mensch!« Und seine Arme bebten. Sein Schwiegervater musste ihn auf das Sofa führen. Dort legte er ihn hin, schob ihm Rosmaries Seidenkissen unter den Kopf und deckte ihn liebevoll mit Rosmaries Decke zu. Dann setze er sich neben ihn hin. Gebückt und grau. Von hinten sah er wie ein alter Mann aus

»Der Mensch?«, fragte Harro durch die Zähne. »Ein entsprungener Zuchthäusler.«

Harro sah in die Höhe: »Wollte er denn morden?«

»Nein, nein, sie nehmen es nicht an. Ein Dieb und Wilderer. Er hatte es auf das Reh abgesehen. Der Mann leugnet übrigens. Natürlich. Er hat siebzehn Einbrüche begangen. Es ist eine allgemeine Erleichterung, dass es ein Fremder ist. Die Bauern wollten ihn totschlagen.«

Harro verbarg sein Gesicht in dem Kissen. Und dann schwiegen beide. »Bitter, o bitter.«

Endlich fragte der Fürst: »Hast du Rosmarie gesehen?«

»Nein.«

Der Fürst schüttelte den grauen Kopf.

»Was kommt nicht alles über mich … Rosmaries Mutter. Meine Söhne. Und jetzt erschießt mir ein Lump mein einziges Kind.«

Harro sah auf. Wie egoistisch hatte ihn sein Schmerz gemacht. Der Mann neben ihm hatte noch mehr hergeben müssen als er. Es war ihm, als habe er ihn noch nie so gut begriffen, sei ihm noch nie so nah gewesen. Er erhob sich mühsam. Er hatte des kleinen Heinz' Stimme gehört. Dann kam er wieder mit dem Kleinen, stellte ihn an der Tür auf den Boden und sagte: »Nun, Heinz!«

»Opa«, rief er freundlich und lief auf den Fürsten zu, dessen Gesicht sich verklärte.

»Ja, Heinz-Friedrich, du gehst. Ganz allein!«

Und nahm ihn auf den Schoß und küsste seine Haartolle. Er zeigte ihm seine Uhr und ließ sie repetieren. Harro sah ihnen zu, und es tat ihm wohl zu sehen, welch süßer Trost von dem Kinde ausging.

Und nun klopfte es. Harro ging hinaus.

Der Herr Professor stand da und sagte: »Meine Anwesenheit in Würzburg ist heute Abend nicht nötig. Ich würde mir sehr gerne einen Ruhetag gestatten. Es ist ja gar nicht ausgeschlossen, dass mich die Frau Gräfin noch einmal braucht. Können Sie mich hier behalten oder …«

»Meinem Schwiegervater, der eben gekommen ist, wird es eine große Erleichterung sein, dass wir Sie noch nicht hergeben müssen.«

»Also gut. Ich werde mir jetzt den Genuss eines Spaziergangs bereiten. Ich tue das sonst nur im August und September, habe seit vielen Jahren keine blühenden Heckenrosenwege mehr gesehen. Gibt es hier solche?«

»Gewiss, Herr Professor. Die Füchse stehen Ihnen auch zur Verfügung, meine Frau hat einen sehr hübschen Viktoriawagen. Und Sie können des Fürsten Leibkutscher haben, der Sie fahren wird.«

»Nun, wenn ich es so bequem haben kann! Aussteigen kann ich ja immer, wo es am schönsten ist. Ich werde dem Kutscher den Weg angeben.« Bald fuhr der Wagen vor und der Herr Professor davon. Aber durchaus nicht nach Heckenrosen. Er fragte den Kutscher: »Wissen Sie die Stelle, wo das Unglück geschehen ist? So fahren Sie mich dorthin!« Und der Herr Professor fuhr nach der Römerwiese. »Und die Stelle?« Der Mann konnte seine Pferde nicht verlassen, und so beschrieb er dem fremden Herrn genau den Schleichweg, der am Waldesrand von Büschen verdeckt die ganze Wiese umzieht. Und den Schießstand, von dem aus möglicherweise der Schuss gefallen war.

Der Herr Professor schritt auf den schmalen, tadellos gereinigten Wegchen dahin zwischen Haselnuss- und Ligusterbüschen und Wildrosengeschlinge, den Hochwald über sich. Die Stelle war bald gefunden. Sie war von vielen Füßen zertreten, die ganze Wiese war zertreten, die Blumen lagen geknickt und traurig, und dazu war alles vom Regen verschlammt. Die Wiese sah aus, als traure sie mit.

Der Herr Professor sah sich mit seinen Falkenaugen so genau um, als ob die Tat ihn selbst angehe. Dort stak eine kleine weiße Stange im Boden. Da war wohl die junge Frau zusammengesunken. Von da ab war die Wiese unberührt. Langsam ging er wieder dem Walde zu und suchte nun die Stelle, wo er den Wagen verlassen hatte. Er ging auf den Schleichweg zu, aber irgendwie musste er die Richtung verloren haben. Die Wege kreuzten sich, das schmale grüne Sträßchen, das auf den Ort zuführte, wo der Wagen stand, fand er nicht. Immer neue Wege kreuzten sich und immer wieder glaubte er, da zu sein, und immer wieder fand sich's, dass er einen anderen Zipfel dieser verhexten Wiese vor sich hatte.

Da hörte er Schritte. Auf einem kleinen Wege, der dem seinigen parallel lief, sah er einen Augenblick eine Dame im grünen Kleide auftauchen, einen Jagdgehilfen mit einer Flinte hinter ihr. Nun endlich, die würden ihm sagen können, wohin sein Weg gekommen sei. Er übersprang ein Bächlein und fand sich plötzlich an einem sumpfigen Orte, wo ihm Erlenbüsche ins Gesicht schlugen und er große Mühe hatte, wieder herauszukommen. Nun war die Dame wohl schon weit. Nein, da stand sie. Der junge Mensch reichte ihr die Büchse, einen Augenblick hielt sie die im Anschlag, dann knallte der Schuss. Sie musste gefehlt haben, denn sie zuckte die Achseln, gab dem Menschen die Büchse wieder zurück und schritt weiter. Der Professor übersprang noch einmal ein Gräbchen. Da glänzte wieder die Wiese, und da im hellen Sonnenschein der weiße Stab. Er musste einen Kreis beschrieben haben. Neben ihm, nur durch ein Gebüsch verdeckt, war ja das grüne Sträßchen. Er schlug sich vor die Stirne: »Verhext, rein verhext!«

Und da kam die Dame plötzlich an ihm vorüber. Er grüßte, wie man im Wald auf engem Wege eine Dame grüßt. Sie dankte ihm nicht, sie sah ihm starr ins Gesicht, als sehe sie ihn nicht. Sie war jung und schön, in elegant einfachem Jagdhabit, und ihr Gesicht war wie eine Maske, aus der große starre Augen brannten. Der Jägerbursche hinten grüßte höflich und es fiel ihm auf, dass das junge sonnenbraune Gesicht fahl war und die Augen ganz verstört blickten. Sie bogen in einen Seitenweg ein und waren fast sofort verschwunden.

Er eilte nun zu dem Wagen.

Der Kutscher schien ihn etwas besorgt zu erwarten.

Er fragte: »Haben Sie nicht eine Dame vorübergehen sehen? Wer war es wohl?«

»Es war Ihre Durchlaucht, die Frau Fürstin.«

»Aber das ist doch nicht die Mutter der Gräfin Thorstein?«

Er hatte den Fürsten für einen Witmann gehalten, denn die Mutter wäre wohl bei ihrem Kinde gewesen.

»Die Stiefmutter, Herr Professor.«

»Ach so.« Er setzte sich in den Wagen, der schnell mit ihm davonrollte. Also die Stiefmutter. Und sie hatte auch den Platz aufgesucht, wo ihre Tochter verunglückt war. Und sie hatte darüber geknallt. Eine seltsame Gedächtnisfeier. Das verstörte Gesicht des Burschen fiel ihm ein. Und nun war's, wie wenn sich in seinem Kopfe blitzschnell eine geheimnisvolle Rolle abwickle, in der sein Gedächtnis fast ohne sein Wissen Worte eingegraben. »… Schieß nicht, Mama, schieß um Gottes willen nicht. Sie kommt ja zurück, die Kugel. Auf dich kommt sie zurück.« Es war ihm, als führe ihm ein eiskalter Hauch über die Stirne. Unmöglich, die Gräfin konnte unmöglich gesehen haben, wer schoss. Die Schießstände waren ja so kunstvoll verborgen.

Da fragte er den Kutscher: »War es ein Jagdunfall, bei dem die Gräfin verunglückt ist?«

Der Kutscher erzählte ihm von dem entsprungenen Zuchthäusler und dem Jagdgewehr. Er fügte aber hinzu: »Der Kerl kann es gewesen sein, er kann es aber auch nicht gewesen sein. Er hätte doch die Herrschaften kommen sehen müssen, da wäre es immer noch Zeit gewesen, den Schuss zurückzuhalten.« Aber die Leute seien wie toll auf den Menschen. Die Kerls, die hie und da einmal eine zerlegbare Büchse unter den Rock steckten und sich Ruß übers Gesicht schmierten, die schössen alle mindestens ebensogut wie die Jäger. Vielleicht noch besser. »Bei einem Zuchthäusler wäre so ein Schuss ja vielleicht möglich. Aber was hätte ihm das Losknallen im Angesicht der Herrschaften nützen können? Den Bock hätte er doch nicht vor ihren leiblichen Augen davontragen können.«

»Ja, könnte denn die Herrschaft nicht auch Feinde haben?«

Dem Kutscher verzog es das Gesicht in einem breiten Grinsen. Schimpfen, das täte man wohl. In den Wirtschaften. Besonders die paar Schnapser. Und drei Sozialdemokraten gebe es auch. Einer lese sogar den *Vorwärts*. Aber deshalb hätte Durchlaucht doch bei Tag und Nacht mutterseelenallein durch alle Wälder gehen können. Und nun wurde er wieder ernst. Und nach einer Pause: »Herr Professor, darf ich so frei sein, ich weiß, dass es ungehörig ist, aber darf ich fragen? Ihre Durchlaucht wird doch wieder gesund? Ich bin ein Braunecker und mein Vater war auch Leibkutscher und ich habe die Prinzessin gefahren, wie sie noch ganz klein war. Und in Brauneck gibt es niemand, nicht einmal die Schnapser und den Mann, der den *Vorwärts* liest, der ihr etwas Böses wünscht. Da gibt es keinen, den sie nur auch unfreundlich angesehen hat. Wo sie gegangen ist, da lachte alles in Brauneck.« Und mächtig stolz seien die Braunecker auf sie.

Dies sagt der Mann erst, als der Professor zu ihm auf den Bock gestiegen ist, sich neben ihn gesetzt hat und somit aus der Herrschaftssphäre herausgetreten ist.

Riesig stolz sei man auf die Prinzessin. Und sie hätte gewiss Königin werden können, wenn sie gewollt hätte. Und sie sei die schönste Prinzessin weit und breit. Und es soll ein Bild von ihr geben, über das die Leute ganz verrückt wären. Es werde auch im großen Saal gehängt werden. Dann dürfe es einmal jedermann sehen, das habe Durchlaucht selbst versprochen. – »Sie kommen ziemlich spät zum Essen an, und der Herr Professor hat jedenfalls keine Heckenrosen mitgebracht.«

Die Gräfin schläft noch immer, und selbst die Schwester ist verschwunden und hat ihren Platz der Lisa überlassen. Sie hat ja nichts zu tun, als stillzusitzen und aufzupassen.

Um vier Uhr, als der Professor eben von seinem Nachmittagsschlaf erwacht ist, fährt ein Wagen an. Die Dame von heute Morgen, aber nun im großen Federhut und pompösen Regenmantel, entsteigt ihm. Die Falkenaugen da oben beobachten jede Bewegung. Er kann es gut, denn die Dame hält sich eine Zeitlang im Hofe auf. Der Fürst, den kleinen Heinz an der Hand, ist zu ihr hinausgetreten und sie sprechen zusammen.

Es klopft. Die Schwester, die schon wieder auf dem Posten ist, kommt herein. »Herr Professor, könnten Sie nach der Gräfin sehen? Sie ist aufgewacht und hat sich so sehr erschreckt über irgendetwas und hat nun entsetzliche Schmerzen bekommen.«

Schlimm ist das, sehr schlimm. Der Professor eilt hinunter. Und alles so schön bis dahin …

Sie liegt mit zuckenden Lippen und großen entsetzten Augen da.

»Ich leide, Herr Professor, oh, schrecklich leide ich. Ich will mein Kind haben, ich will meinen Mann und meinen Vater haben. Sie sollen kommen.«

Der Professor fasst den Puls und nickt Schwester Johanna. Die gleitet hinaus, und einen Augenblick später kommen Harro und der Fürst herein und Heinz zwischen ihnen. Dem Fürsten wanken die Knie, wie er seine Tochter sieht. Das Kind wirft sofort sein Köpfchen zurück und versteckt's an seines Vaters Knie und: »Nein«, schreit er. »Nein!«

»Ach, er fürchtet sich vor mir«, flüstert die arme Mutter. »Harro, nimm ihn auf den Arm.«

Der Vater tut's und das braune Köpfchen drückt sich wie ein scheuer Vogel an seine Brust. Ihre Augen gehen von einem zum andern, wie wenn sie sich an sie klammerten. Und sie dürfen sie ja nicht einmal berühren, denn ihre eine Hand hält ja der Herr Professor.

Es steht sehr schlecht um die junge Herrin von Thorstein. Der Professor legt die kalte Hand wieder hin und geht ganz leise in das Nebenzimmer. Aber er kann das Bett und die weiße Gestalt darauf sehen.

Da plötzlich geht die Tür auf: rauschende Gewänder, die Fürstin. Ganz leise schiebt sie sich neben den Fürsten. Rosmaries Augen sehen nach ihr. Eine kleine, fast unwillige Bewegung macht der Fürst, seine

Augen hängen ja an seiner Tochter. Harro sieht sich nicht einmal nach ihr um. Nur der Herr Professor sieht ihr ins Gesicht. Sie spricht kein Wort, sie steht und schaut auf die todblasse Tochter, und ihre Gewänder rauschen fortwährend. Sie kann keine Sekunde ruhig stehen.

Harro hat nun die arme Hand in der seinigen.

»Mama«, sagt Rosmarie leise. Das Rauschen wurde heftiger, und noch einmal: »Mama. Du tust mir leid! Nein, ich möchte noch nicht sterben. Lieber Harro, bete für mich! Und du auch, Vater, lieber Vater!«

Der Fürst sagte leise: »Ein jeder Atemzug tut's, Rosmarie. Für dich.«

»Nimm mich in deine lieben Arme, Harro, mich friert.«

Der Professor kam mit einem Kissen, bettete Rosmarie sanft darauf und schob ihres Mannes Arm darunter und flüsterte ihm zu: »Halten Sie sie hoch.«

Da lag sie an ihres Mannes Brust so schön geborgen, ihr Vater fasste ihre Hand. Klein Heinz, als er das blasse Gesicht nicht mehr sehen konnte, trippelte eifrig herum und setzte sich dann mit dem Knäuel von Schwester Johannas Häkelarbeit auf den Boden.

Die Fürstin stand immer noch da unten am Bettrand, und ihr Kleid rauschte.

Der Herr Professor bot ihr den Arm: »Darf ich bitten, Durchlaucht? Ich glaube, Durchlaucht sind hier überflüssig!« Sie sah ihn an und ihre Augen veränderten sich. Sie ließ sich hinausführen. Er begleitete sie an den Wagen. Der Diener legte ihr den Mantel wieder um.

Da schien sie wie aus einer Erstarrung zu erwachen. Sie blickte ihn an, dass dem Professor eiskalt wurde vor der Wildheit in den Augen. Dann warf sie ihren Kopf auf, ihre Augen glitten an ihm herunter wie an einem ekelhaften Insekt. Sie stieg ein und der Wagen fuhr davon.

Der Professor stand im Schlosshof und schaute ihr nach. Dann ging er hinein … Rosmarie streckte ihm die Hand entgegen: »Es geht mir schon besser, fühlen Sie und sagen Sie meinem Mann, dass er es glaubt.« Der Krampf war vorüber.

Am Abend bat der Professor den Grafen: »Sorgen Sie doch, dass die Fürstin nicht so bald wiederkommt. Ich habe den deutlichen Eindruck, dass der Besuch die Frau Gräfin aufgeregt hat. Die Damen lieben sich wohl nicht.«

Harro sagte: »Nein, durchaus nicht. Es war mir nicht recht, dass sie hereinkam. Doch hätte ich sie wohl nicht abhalten können, wenn sie endlich etwas Teilnahme zeigen wollte. Aber Sie werden wohl recht haben. Meine Frau hat zuzeiten eine unerklärliche Angst vor ihr.«

»Sie dürfen es durchaus nicht mehr dulden, Herr Graf.« Harro sah ihn an. Erstaunt, fast ein wenig befremdet. Der Professor dachte: Wie kann der Mensch doch nur so ahnungslos sein. Das sah doch dem Weib aus den Augen, wie die auf ihr Opfer schaute, aber er hat sie gar nicht angesehen. Dann sagte er: »Die Fürstin ist krank, sehr krank. Sie darf nicht im Land herumfahren, sondern gehört in eine Nervenheilanstalt.«

»Die Fürstin krank? Ja, ich bitte Sie! Sie ist immer kerngesund gewesen. Bis auf einen Punkt. Aber der ist erledigt.«

»Nein, Herr Graf. Ich rede Ihnen nicht darein, ob Tempera oder Öl, aber was mein Geschäft anbetrifft …«

»Gewiss, Herr Professor. Ich bin nur erstaunt. Kein Mensch ahnt etwas. Mein Schwiegervater sagte mir allerdings, sie sei erregt gewesen.«

»Ein Blick genügte mir. Die Augen. Doch Sie haben sie gar nicht angesehen.«

»Nein, ich allerdings nicht.«

»Die Unruhe. Keine Sekunde hielt sie Ruhe! Das Rauschen müssen Sie doch gehört haben. Sorgen Sie jedenfalls für eine Pflegerin. Sie allein herumfahren zu lassen ist geradezu ein Frevel. Ich will der Fürstin nachfahren und ihr einen Besuch machen. Sagen Sie es Seiner Durchlaucht. Dann will ich mit dem Hofrat eine Konsultation haben. Sagen wir, bis acht Uhr schicken Sie den Fürsten heim und bereiten ihn vor.«

»Wir sind Ihnen sehr dankbar, Herr Professor. Sie glauben doch, dass bei meiner Frau der Anfall überwunden ist? Sie darf nichts wissen von dem, was wir jetzt reden, nicht wahr?«

Märt kutschierte den Herrn Professor hinüber. Den sichersten Kutscher hatte der nicht. Es war gut, dass er nicht ahnte, was in dem Dickschädel da vor ihm vorging.

Der Kammerdiener bedauerte: »Ihre Durchlaucht empfängt heute niemand mehr.«

»Haben Sie meine Karte abgegeben?«

»Ihre Durchlaucht bedauerte sehr.«

»Ich bedaure auch sehr«, sagte der Professor, schob den erstarrten Menschen einfach hinweg und ging hinein. Der wagte nicht nachzugehen.

Die Fürstin ging auf ihn zu: »Was erlauben Sie sich, mein Herr.«

»Ich komme im Auftrag der Herrschaften drüben. Ich habe mit Bedauern gesehen, dass Durchlaucht sich in einem so hochgradigen nervösen Zustand befinden und komme nun, um meine Dienste anzubieten.«

»Ich brauche Sie doch gar nicht. Ich bin gesund.«

»Durchlaucht müssen mir da meine eigene Meinung gestatten. Ich habe Eure Durchlaucht heute Morgen schon gesehen und habe es wahrgenommen.«

»Heute Morgen?«

»Durchlaucht haben mich nicht gesehen. Durchlaucht waren auf der Römerwiese, dort wo der kleine weiße Pfahl ist. Durchlaucht schossen danach …«

An der hohen Dame rauscht plötzlich nichts mehr … Sie ist wie eine Statue. Ihr gemaltes Gesicht – weiß, rosig und bläulich unter ihren gelockten Haaren – ist wie das einer Meduse. Sie sinkt in ihren Stuhl. Die Flammen, die vielen Flammen, krachend schießen sie über ihr zusammen. Wie gelähmt ist ihr Denken. Die Falkenaugen bohren sich in sie hinein und lähmen ihr den Willen.

Der Herr Professor wendet kein Auge von ihr. Dann redet er weiter. »Durchlaucht bedürfen durchaus der Ruhe, einer längeren Ruhezeit. Ich werde mit dem Herrn Hofrat reden, ob es besser hier im Hause zu machen ist, die vollständige Ruhe meine ich, oder ob Durchlaucht eine Heilstätte aufsuchen sollten. Ich wäre ja für das Letztere.«

Die Fürstin fährt auf, unter dem Blick sinkt sie aber wieder zurück.

»Durchlaucht haben schon länger sehr schlechten Schlaf. Durchlaucht gebrauchen ein Schlafmittel.«

»Lassen Sie die Komödie«, zischt sie.

»Es ist gar keine Komödie. Das nervöse Zucken in den Füßen, die Unruhe, die entsetzlichen Träume, das Angstgefühl wie jetzt eben. Ich fühle mich nicht berufen, der Justiz irgendwie Amateurdienste zu leisten. Ich bin Arzt und als solcher suche ich der Familie, die mir die Ehre ihres Vertrauens schenkt, zu dienen. Ganz besonders der jungen Gräfin Thorstein in ihrem schweren Leiden. Sie sind gefährlich, Frau Fürstin. So wenig ich einen Pockenkranken herumlaufen ließe, sondern sorgte, dass man ihn verpflegt und achtgibt, dass er seine Krankheit nicht verbreite, ebensowenig werde ich dulden, dass Durchlaucht länger im Land herumfahren und über Wiesen knallen. Und das schwere, mit so heldenhafter Geduld getragene Leiden auch noch durch Ihre Gegenwart vermehren.«

Da fuhr sie auf wie eine Schlange.

»Sie können mir nichts beweisen … Gar nichts können Sie beweisen. Ich war in der Kreuzklinge mit dem alten Christian.«

»Auf Kreuzklingen lasse ich mich nicht ein. Sie schlagen nicht in mein Metier. Aber dass Durchlaucht krank sind, das werde ich beweisen. Lassen Durchlaucht sich einmal von dem Hofrat den Puls fühlen und die Herztätigkeit behorchen und fragen Sie ihn, warum Sie die Füße keine Sekunde ruhighalten können.«

»Ich will den Hofrat nicht, ich …«

»Es kommt nun darauf an, ob Durchlaucht sich fügen wollen oder ob Durchlaucht mich zwingen, von unserer Begegnung auf der Römerwiese dem Grafen Thorstein Mitteilung zu machen. Ich möchte, wenn irgend möglich, jetzt noch den Fürsten schonen. Auch als Arzt.«

Da bricht sie zusammen. Sie schlägt die Hände vor das Gesicht und wirft sich auf ihre Chaiselongue. Da geht der Herr Professor hinaus.

Es kommt der Herr Hofrat, und die Herren konsultieren sich länger. Von der Römerwiese sprechen sie nicht. Es ist aber sonderbar, dass der Herr Hofrat den Professor sofort versteht, als er sagt: »Es muss absolut verhindert werden, dass die Fürstin herumfährt, geht oder reitet oder schießt. Diese ihre Besuche schaden der jungen Gräfin.«

Aber die Konsultation greift den Herrn Hofrat so an, dass sein Kollege warten muss, bis er sich gefasst hat.

Seltsam, wie schnell, wie rasend schnell alles geht. Um acht Uhr ist der Professor schon wieder zurück, hat sich über der jungen Gräfin Puls gefreut, und er und Harro haben den Fürsten zwischen sich genommen und haben ihn so schonend als möglich davon benachrichtigt, dass die Fürstin krank sei. Der Fürst ist dankbar, und keinem der beiden Herren ist verborgen, dass er erleichtert ist.

Es wird nach zwei geschulten Pflegerinnen telegrafiert, die abwechseln sollen. Denn die Fürstin soll nie mehr alleingelassen werden. Sie soll oben im Braunecker Schloss die ganze Flucht der großen Gastzimmer bewohnen, die teilweise ineinandergehen und die in ihrem ganzen Zug abschließbar sind, denn es soll ja niemand dort weilen als die Kranke und ihre Pflegerinnen. Dann müssen im Zimmer der Fürstin Glastüren angebracht werden. Alles wird schon besprochen.

In seiner tiefsten Seele denkt der Professor: Es wird vielleicht das alles nicht nötig sein. Sie kann ja so gut mit Schießwaffen umgehen, vielleicht richtet sie sich selbst.

»Schwester Johanna«, sagte er, »bringe ich Ihnen noch vierzehn Tage zum Opfer.«

Harro wundert sich sehr: »Ja, in vierzehn Tagen sollte meine Frau schon wieder keine eigentliche Pflege mehr brauchen?«

»Ich hoffe es. Es kommt natürlich alles auf den weiteren Verlauf an. Ihre Frau ist doch ganz gesund gewesen zweiundzwanzig Jahre lang. Eine Schonzeit braucht sie natürlich. Sagen wir den Sommer über. Im Herbst erwarte ich Sie mit der Frau Gräfin in Würzburg. Dann hoffe ich, dass eine definitive Freisprechung erfolgt.«

Harro atmet tief auf.

»Das ist so schön, dass ich's beinahe nicht glauben kann.«

»Ich sehe nicht ein, warum nicht … Die Fürstin wird länger mit der Sache zu tun haben, viel länger.«

Sie gehen noch durch das Atelier, die beiden Herren. Dann sagt Harro: »Herr Professor, gibt es gar nichts, womit ich Ihnen eine Freude machen könnte? Es ist mir ein so großes Bedürfnis. Von meinen angefangenen Sachen vielleicht. Die ich vollenden könnte. Eine verhängte Leinwand steht da. Von heute Morgen …«

Etwas zögernd deckt Harro auf. Es ist Rosmaries goldenes Haupt. Weiß und müde liegt sie da, auf ihrer Stirne das geheimnisvolle Licht, die Augen halb offen und darunter hervor den schönsten Liebesblick. Harro hatte sich nichts erspart, nicht die bläulichen Schatten der Schläfe, nicht die eigentümlich weißen Linien um Nase und Mund. Die hoffnungsvollen Worte des Herrn Professors passten sehr wenig zu der Skizze.

Der Herr Professor schwieg und Harro schwieg auch, dann deckte er sorgsam wieder zu. Der Professor sagte endlich: »Warten Sie ein paar Tage, Herr Graf. Nur ein paar Tage und schicken Sie mir dann eine Skizze. Am nächsten Sonntag vielleicht und sehen Sie, ob das Bild dann nicht neben dieses gehalten Ihnen schon eine Belohnung Ihrer Mühe ist. Und mich werden Sie sehr verpflichten. – Und noch eins! Sie werden Ihre Frau nur in Gegenwart des Herrn Assistenzarztes und der Schwester Johanna sprechen. Ich meine, wenn wir Ihnen so Schönes versprechen, dann könnten Sie auch noch die paar Tage daran geben.«

Harro brauste auf.

»Ich habe immer wohltätig auf sie gewirkt, nie aufregend.«

»Ich muss doch darauf beharren«, sagte der Professor. »Es ist Ihr Interesse.«

Gleich darauf surrte das Auto der Fürstin, in dem sie nie mehr fahren würde, mit dem Professor davon.

Harro fand, dass die Instruktionen des Herrn Professors sehr streng waren und dass die beiden Wachthabenden so gänzlich unter dem eisernen Willen ihres Chefs standen, dass er fast kein Wort mit seiner Rosmarie allein wechseln konnte. Sie fragte ihn nach der Fürstin. Als sie hörte, dass sie krank sei und eine Kur machen müsse, sagte sie nur: »Ich habe es Mama angesehen. Darum sagte ich: Du tust mir leid.«

Der Fürst kam jeden Nachmittag und mit ihm wurde zu Harros großem Schmerz viel liberaler verfahren. Er durfte eine Viertelstunde lang neben Rosmaries Bett sitzen und sie unterhalten. Harro durfte sich nicht setzen. Er musste stehen bleiben, den Herrn Assistenzarzt neben sich, die Schwester Johanna an der offenen Tür des Nebenzimmers. Und Rosmaries Augen sahen ihm traurig nach, wenn er gehen musste. Und so viel hatte er zu bedenken und mit sich auszumachen, wozu er so notwendig Rosmarie hätte haben sollen. Die Lösung der Geheimnisse und Rätsel, die ihn bestürmten, schien sie in ihrer schmalen blassen Hand zu halten. Manchmal wollte ihn die Ungeduld ob der eifrigen Wächter fast zerreißen.

Der kleine Heinz wurde jeden Tag herrischer und gewalttätiger. Man merkte es ihm an, dass er die gute Babette tyrannisieren lernte. Wenn er den Willen nicht gleich bekam, warf er sich auf den Rücken und schrie sich blau. Und das hörte die arme Mutter, denn seine Stimme war kräftig, und es regte sie auf, darum musste es vermieden werden. Man sah sich zu allen möglichen Konzessionen genötigt.

39. DER MÄRT

Märt stapfte finster und brütend herum. Er hatte den Festsaal wieder instandzusetzen ums Leben niemand anderem überlassen. Harro musste ihn machen lassen. Er verlangte, dass man es ihn zur Nachtzeit tun lasse und dass ihm niemand dabei begegne. Dann standen die Fenster oben wieder eines Morgens weit offen und der Sommerwind spielte mit den seidenen Vorhängen.

Im Morgengrauen war ein Förster dem Thorsteiner Märt begegnet, wie er von der Römerwiese kam, verstört und befleckt, mit einem Spaten und einem Eimer in der Hand. Am Morgen war er wieder bei seiner Arbeit, grimmig und finster. Am Abend, als er an der Stalltüre lehnte, kam sein Herr auf ihn zu und legte ihm die Hand auf die Schulter und sagte: »Die Frau Gräfin lässt dich grüßen, Märt.«

Märt brummte etwas Unverständliches.

»Freut's dich nicht, Märt? Wir werden sie bald miteinander auf die Terrasse tragen.«

Märt hob seine trüben Augen.

»Mit dem Herrn Grafen sprechen möcht ich.«

»Na, Märt, ich steh doch vor dir.«

Aber er deutet auf den Turm dort. Harro steigt mit ihm hinauf in das kleine Zimmer, in dem ihm das Wunderbarste geschehen.

»Herr Graf, ich hab's getan.«

»Ja, im Festsaal … Ich danke dir.«

Aber er schüttelt. »Nein, das andere …«

»Märt, was willst du …«

»Das Blut und das blutige Zeug … Auf der Römerwiese hab ich's begraben. Da schluckt's die Erde. Die muss es schlucken, das Blut. Dass es hinunterläuft zu den Unterirdischen … dass die davon trinken und anschwellen und unter dem Boden dahinlaufen, immer weiter und weiter, bis sie den finden, der es getan hat. Und ein Vaterunser dazu gebetet hab ich auch. Vergib uns unsere Schuld.«

Märts überwachte Augen glühen aus seinem grotesken Kopf, jedes einzelne Haar sträubt sich und seine hornigen Riesenhände schlagen auf den Tisch, der davon erzittert.

»Wie wir vergeben, hab ich ausgelassen.«

Harro schüttelt und würgt es … etwas Unbekanntes, wie wenn wieder eine Hand nach ihm griffe. »Was soll das, Märt? Warum muss ich das hören, du marterst mich.«

Aber der Märt redet weiter. »Der Herr Graf hat es gehört … Sie gehen unter dem Boden. Überall ist Boden, überall können sie hin … Und dann klopfen sie an unter den Sohlen. Von dem, der das Blut vergossen hat. Und dann zuckt es ihm in den Füßen. Er muss laufen.« Der entsetzliche, der rasende Hass in seinem Gesicht. »Laufen muss er Tag und Nacht.« Seine Faust krachte auf dem Tisch. »Und wenn er ruhen will, sie leiden's nicht, sie klopfen immer weiter. Sie hetzen ihn um die ganze Welt herum oder in einer Stube im Kreis. Es ist ihnen gleich … Und sie gehen schnell. Jetzt schon haben sie ihn und ablassen tun sie nicht, bis er ganz bei ihnen ist. Ha, Polizei! Fängt einen und weiß nicht, ob sie ihn behalten will, und macht ein Geschwätz und fragt die Leute, die nie etwas dabei zu tun gehabt haben. Herr Graf, wir brauchen sie nicht. Wenn sie wiederkommen, lassen Sie mich die Kerls vom Hofe jagen. Und Herr Graf, wenn einer einmal kommt, der die Füße nicht stillhalten kann und tut, als brenne es unter ihm, der war es, den zeigen Sie mir.«

»Märt, du bist entsetzlich. Wenn die Frau Gräfin dich so sähe.«

Märt warf seinen Kopf auf den Tisch, auf seine Arme.

»Märt, das fühlst du selbst, dass sie dich nicht so sehen dürfte. Sie wäre traurig, Märt. Der Unglücksmensch, der das getan hat, war doch kein Mörder. Er wird selbst toderschrocken sein über das, was er angerichtet …«

Märt sah auf und sagte trotzig: »Das glauben der Herr Graf selber nicht.«

»Aber Märt, natürlich glaub ich's. Ich habe nie einen andern Gedanken gehabt … Märt, auf was für Wegen läufst du. Dein Zauberwerk ist schauerlich. Grässlich ist's. Mit dem Blut, das aus ihrem lieben Herzen geflossen, willst du einen Höllenbann ausüben? Zum Ekel bist du mir, Märt, mit deinem scheußlichen Aberglauben! Wenn mich nicht die stärksten Bande mit dir verbänden, so würde ich jetzt sagen: Pack deine Sachen und geh aus meinem Umkreis!«

Märt zitterte vom Kopf bis zum Fuß. »Das tun der Herr Graf nicht. Ich kann ja bloß hier leben auf dem Thorstein. Da müssten mir der Herr Graf gleich den Strick dazu geben.«

»Ich tu es auch nicht, das weißt du sehr wohl. Aber sage selbst, wenn die Gräfin davon erführe …«

»Aber dass der Herr Graf den laufen lassen, der das getan hat. Die Frau Gräfin, dass man sie aufschnallen muss auf einen Tisch …«

»Das hat sie uns gerettet, Märt.«

»Ja, wenn es wahr ist. Sie wird doch nie lachen und in Silberkleidern herumgehen und den jungen Herrn auf dem Arm tragen. Ich hab's auch ganz allein gemacht, dass der Herr Graf nichts damit zu tun haben. Und wenn's ein Höllenbann ist, so kommt es auf mich ganz allein, aber der, der es uns angetan, der soll nimmer lachend herumlaufen und in den Spiegel gucken und Glitzerzeug an sich hinhängen.«

»Märt, komm zu dir. Sobald die Leibwache des Doktors fort ist, so nehm ich dich zu der Gräfin. Wenn du sie siehst, wird es dir besser. Sie wird ja wieder gesund.«

Und Harro ging mit einem schweren Druck am Herzen die Treppe hinunter. Märts wilder und düsterer Unsinn quälte ihn, und es war doch etwas dabei, das ihn rührte. Und Märts dämonische Rachelust, erweckte die denn gar kein Echo in ihm? Wenn Märt recht hätte, wenn es einen Menschen gäbe, der ihnen nachgeschlichen, die Waffe in der Faust und nach dem liebevollsten Herzen zielend? Grausam und feig zugleich und nachher verschwindend, als habe der Boden ihn aufgenommen, und jetzt sich seiner Untat freuend? Nein, das war ein Fantasiezerrbild aus einem Kolportageroman, Märts Wildheit hatte ihm das Bild suggeriert. Und er wanderte im Hause herum und es litt ihn nirgends, als finge Märts Zauber bei ihm zu wirken an.

Und Rosmaries Zimmer ist ein verschlossenes Paradies. Sie liegt da und hat heute zum ersten Mal ihren linken Arm losbekommen und ihre Kissen, und Babette hatte angefangen, ihr Haar zu entwirren. Solange Schwester Johanna es duldet. Dann hat sie plötzlich aufhören müssen, und nun liegen die goldenen Haarsträhnen über das Bett zerstreut und das Sommerwindchen spielt mit den Enden. Schwester Johanna hat ihre grobe, ganz geräuschlose Häkelarbeit in der Hand. Man meint fast, sie hätte ein wenig rote Wangen. Und sie muss von dem Hause erzählen, des Herrn Professors Privatklinik, wo sie arbeitet. Und Rosmarie hört ihr zu und macht sich ihre Gedanken über das feine blasse Mädchen und ihren Herrn Chef. Dass sie bei all den schwer Operierten wacht die erste Nacht. Immer sie, dass der Herr Professor das niemand anderem anvertraue. »Da sehen Sie auch viel Jammer, Schwester Johanna.«

»Man sieht viel, ja. Aber Besuche dürfen da nie herein. Wie der Herr Graf.«

»Müssen die immer allein liegen und leiden, die Armen?«

»Manchen lese ich ein paar Worte vor, wenn sie es sehr verlangen, Durchlaucht. Aber ich habe noch nie so Angst gehabt wie damals, als ich den Herrn Grafen hereinließ.«

»Es hat mir gutgetan, Schwester Johanna, und meinem Manne auch; nun lasst ihr mich ja so allein liegen.«

»Es hätte auch Frau Gräfin töten können.«

»Ach, an der Freude stirbt man nicht. Der Schrecken, ja mittags, als ich den großen Schrecken hatte, das hat mir wehgetan. Das hat mich leiden gemacht.«

»Und auf zweiundsiebzig ist der Puls auch nicht wieder gekommen, bis jetzt noch nicht, Frau Gräfin.«

»Das will ich Ihnen sagen, warum. Weil ihr immer den Herrn Grafen hinausschickt und er traurig da herumgeht, und darum bin ich auch bekümmert. Und wie soll mein Herz da überhaupt besser werden?«

»Bis morgen, Durchlaucht«, schmeichelt Schwester Johanna. »Nur noch bis morgen, da werden Sie auf die Veranda getragen.«

»Und soll ich da allein liegen?«

»Nein, der Herr Graf muss auch dabei sein.«

»Ach Schwester Johanna, darum könnt ihr auch heute meinen Mann hereinlassen. Er hat ein Verlangen nach mir. Ich fühl's. So etwas fühle ich. Und mein Herz wird doch nie mehr so ganz richtig.«

»Durchlaucht werden wieder ganz gesund, sagt Herr Professor. Es ist ja keine Krankheit gewesen, bei der das Übel im Blut liegt oder ein Organ sich schlimm verändert hat. Darum ist doch alles schon geheilt.«

»Ja, aber ein Unterschied ist da, Schwester Johanna, ein sehr großer Unterschied. Sehen Sie, vorher in all den letzten drei Jahren hatte ich überhaupt kein Herz, das heißt, wenn ich sehr erregt war, da fühlte ich etwas klopfen, aber sonst, da tat es seine Arbeit, ohne dass ich etwas davon merkte. Wie all die merkwürdigen Dinge, die man im Körper hat und die mein Mann auf großen sonderbaren Karten gemalt hatte. Sehr viel sonderbare Dinge sind's. Die fühlt man doch auch nicht. Aber das ist nun so ganz anders … so ganz anders. Ich habe immer ein Herz. Keine Sekunde, in der ich es nicht hätte. Es tut seine Arbeit nicht mehr gerne. Es nimmt einen Anlauf und hat einen guten Willen, und ich nicke ihm zu und denke, nun strengt es sich an und will seine Sache gut machen, und dann lahmt es wieder und gibt sein Geschäft überhaupt auf. Das ist sehr hart und es muss doch wieder noch eine Weile … so widerwillig es ist. Liebe Schwester Johanna, kann man das wohl sehr lange aushalten? Diesen Handel mit seinem Herzen?«

Schwester Johanna sieht eifrig auf ihre Häkelarbeit. Ach, sie ist so betrübt, sie hat Mühe, ihre Tränen zu verbergen, und ist doch alles gewöhnt in ihrem weißen Hause in Würzburg.

»Das ist, weil Durchlaucht noch müde sind. Noch angegriffen von dem schweren Leiden. Durchlaucht sehen schon ganz anders aus. Nach so schweren Operationen sind manche Kranke heruntergekommen wie ein Schatten und in einem halben Jahr kennt sie keiner wieder.«

»Was ist eine Woche? Ach, ich meine, es seien Monate, seit ich auf der Sommerwiese ging und … Glauben Sie, dass das Herz später einen Gang erlaubt?«

»Oh, einen kleinen Gang.«

»Sie wissen, dass es nicht erlaubt ist, dass ich mich allein aufrichte. Es tyrannisiert mich fürchterlich, Schwester Johanna. Wir vertragen uns sehr schlecht, mein Herz und ich. Tue ich ihm nicht jeden Willen, so kündigt es mir: Ich arbeite nichts mehr, dann sieh, wie du auskommst. Natürlich gebe ich nach.«

»Wenn Durchlaucht ganz ruhig liegen. Die Arme so, wie der Herr Professor es wünscht.«

»Und Schwester Johanna, wenn ich nun wirklich so still liege … und mich um es kümmere und es in guter Laune zu halten versuche … Das kann doch nicht immer so bleiben. Ich bin zweiundzwanzig Jahre alt. Ich kann doch nicht von jetzt ab ein ganzes Leben unbeweglich auf dem Rücken liegen und hinausstarren. Und das Himmelsstückchen? Und meine Arme so halten, wie der Herr Professor es wünscht.«

»Durchlaucht werden auf die Terrasse getragen. Jeden Tag kommt es ein wenig besser … Durchlaucht werden daran denken, wie es allmählich immer besser wird.«

»Wird es das?«

»Nach sechs Tagen, Durchlaucht! Wenn manche nach sechs Wochen noch nicht so weit sind, wie Sie jetzt!«

Am nächsten Morgen im Schmollzimmer auf der Chaiselongue, die quer an der offenen Glastüre steht, ist es schon besser. Der Fürst sitzt neben ihr mit dem wundervollen Rosenstrauß, den er gebracht hat. Klein Heinz spielt auf der Veranda mit seinen ersten Baublöckchen, mit denen er allerdings vorderhand nur Lärm machen kann. Und Harro lehnt an der offenen Türe, lang, mager und traurig. Jeden Tag hat der Silberschimmer auf seinem Kopfe zugenommen.

Sie sprechen jetzt von der Fürstin und ihrer Krankheit. Sie findet keine Ruhe, nur mit künstlichen Mitteln kann man ihr Schlaf verschaffen. Bis sie die bekommt, quält sie ihre Leute stundenlang. Das Schrecklichste ist, dass sie gar nicht still sitzen kann. Keinen Augenblick bleiben ihre Füße auf dem gleichen Platz. Man hat sie zu Bett gelegt, aber da ist es noch schlimmer geworden. Nun geht sie eben herum, bis sie von Müdigkeit beinahe umfällt.

Draußen kracht plötzlich ein Tablett zu Boden mit allerhand Glas und Silbergeschirr. Märt hat das Silber geputzt und ins Büfett hereingetragen im Esszimmer. Rosmarie ist natürlich erschrocken, aber Harro noch viel mehr, ganz grau ist er geworden.

»Ich dächte, Märt zerschlage nie etwas«, meint der Fürst. »Nun, er ist doch nicht ganz unirdisch vollkommen.«

Harro geht ins Esszimmer, da lehnt der Märt an der Wand, die Scherben und das Silber um ihn herum, und macht nicht den leisesten Versuch, es aufzuheben. Einen Augenblick sehen sich die beiden an, dann flüstert Märt: »Es kommt nur auf mich, Herr Graf, es kommt nur auf mich …«

»Du bist ein Narr, Märt … und solltest dich schämen, neben der Frau Gräfin.«

Der Fürst kommt herein. »Na, Märt, so zerschmettert sind Sie. Nun machen Sie sich keinen Kummer, ich werde alles ersetzen. Schicken Sie die Sachen herüber, man besorgt es Ihnen. Kommen Sie zu meiner Tochter, sie möchte Sie sprechen.«

Märt wirft einen jammervollen Blick nach seinem Herrn, dass der Fürst denkt, wenn sie doch bei mir über jeden Glaskrug sich so beelendeten! Märt putzt lang an sich herum und dann tappt er hinein, noch schwerfälliger als sonst. Weiß Gott, was er erwartet haben mag … ein tiefer Seufzer der Erleichterung. Da ist sie ja, die Herrin! Und ihr Haar ist so golden und weich wie je, die schönen Augen noch schöner, fast ein wenig schmaler und blasser das Gesicht, und so schön auf ihren Kissen in dem zarten weißen Seidenkleide … Und sie streckt die schmale Hand nach ihm aus. »Märt, freust du dich, dass ich wieder so weit bin? Gib mir doch die Hand.« Sie muss es zweimal sagen, bis er es tut … Und dann liegt die feine Hand wie ein Rosenblatt auf seiner harten Riesenfaust. Und bei der Berührung fallen ihm seine Sünden ein. Oh, wenn sie wüsste! Und nun hat der Zauber schon gewirkt. Und es wird ihr nicht recht sein! Oh, wie ihm die sanften Augen wehtun. Nein, sie ließe die Hand nicht darauf, wenn sie ihn mit dem Spaten gesehen hätte. Keinen Ton bringt er heraus. Nur ein raues Seufzen.

»Lieber Märt, hast du dich so gegrämt um mich?« Er nickt mit seinem widerborstigen Dickschädel, und sein Gesicht zuckt komisch und schauerlich zugleich. »Oder hast du noch einen andern Kummer, Märt?« Oh, die Frau, die Frau – sie sieht ihm ins Herz … Sie sagt vielleicht wie der Herr Graf: „Geh, Märt!“ Dann kann er nur noch zu dem nächsten festen Tannenaste laufen, den Strick dazu hat er schon in der Tasche.

»Lieber Märt, du hast einen Kummer, ich seh's dir an. Wir alle haben Kummer gehabt. Wenn ich einmal im Garten bin und du krautest, dann kommst du und erzählst es mir. Jetzt ist der Fürst da. Wir müssen alle unsere Last tragen, Märt!«

Und Märt geht hinaus. Er hat noch eine Lebensfrist.

Es ist späte Nacht, als er in seinen Turm steigt und sich seine Lampe anzündet, was er sonst niemals tut. Sein Bett findet man auch im Finstern. Er holt sich aus seiner Kommode ein altes Gesangbuch heraus. Da liegt das silberbeschlagene seiner Mutter, aber er greift nach dem seinigen, das tut's auch noch. Seit der Militärzeit hat er's nicht aufgemacht. Die Predigt verstand er schlecht und die »Leut« waren ihm überhaupt zuwider. So mochte er auch nirgends hin, wo ihrer viele beisammen waren. Er blätterte darin und las die Überschriften, aber sie verwirrten ihn nur. *Der Bann, der Höllenbann ...*

Seine wilden, rachsüchtigen Gedanken hatten immer die Fürstin umkreist wie Bluthunde.

Märt hatte eine Freundschaft mit der Babette, aber durchaus nichts Erotisches, nein, sondern Märt war ein solcher Beisprung und Alleskönner, dass jedes weibliche Wesen ihn schließlich schätzen lernte. Und mit Babette verband ihn die gleiche Liebe zu der Prinzessin. In seinem Herzen nannte er sie stets so. Und von Babette hatte er doch manches gehört. Und gesehen hatte er auch. Die Fürstin pflegte ihre Dienstboten überhaupt wie Möbelstücke zu gebrauchen. Man sagt auch nicht: »Ich danke, du Stuhl«, oder: »Was denkst du, Kommode?« Märt hatte schon immer ein Misstrauen gegen die hohe Dame gehabt, und Babettens Geschichten hatten eine andere Farbe bekommen.

Und da saß er und blätterte noch immer in dem Gesangbuch. Geschehen ist geschehen. Und sein Herr ist gerächt. Und aufzukommen braucht nichts. Keine Polizei braucht zu schnüffeln und dumm zu fragen. Aber von Rache steht in dem Buche nichts. Ja, in der alten Bibel dort, da steht genug davon. Aber seine Mutter nahm immer das Gesangbuch, wenn sie »beten« wollte … Die Bibel ist für die Pfarrer, meinte sie, dass sie daraus predigen.

Sterblieder. … Vorbereitung auf den Tod … Märt seufzt schwer. Wenn sich einer vielleicht henken muss, dann kann er das nicht brauchen, an einen guten Ort kommt der nicht. Trostlieder … Aber es will kein rechter Trost herausspringen. Geschehen ist geschehen. Für seinen Kummer steht nichts darin, von seinem Hass nichts und von seiner Liebe nichts. Da fällt ein Blättlein heraus. – Ach, das haben die Singbuben gesungen vor dem Sterbehaus seiner Mutter. »Ich bin ein Gast auf Erden und hab hier keinen Stand … Der Himmel soll mir werden.« Ach, er schüttelt … Nein, das hat er verspielt … Mit dem ist's aus … der Höllenbann, hat der Herr Graf gesagt … Und so fein tröstlich, wie das Lied weitergeht: »Was ist mein ganzes Wesen von meiner Jugend an als Müh und Not gewesen, so lang ich denken kann.« Der Märt nickt. Das Lied weiß es. »Hab ich so manchen Morgen, so manche liebe Nacht mit Kummer und mit Sorgen des Herzens zugebracht.« – Oh, das tut wohl, und den Morgen, wo man die Frau Gräfin auf der Bahre hinaufgetragen hat, den weiß das Lied auch. Sein Finger klebt an den Buchstaben. Ja, das Lied ist gut für alles. »Ich habe mich ergeben in alles Glück und Leid. Was will ich besser haben in dieser Sterblichkeit …« Ja, hat er denn nicht immer vorher schon Salzkörner gestreut? Weil die zu viel Glück hatten, mehr als andere Leute zusammen. Ganz deutlich sagt's das Lied: »Es muss ja durchgedrungen, es muss gelitten sein, wer nicht hat wohl gerungen, geht nicht zur Freude ein.« Ach, wenn das Lied auch noch etwas für ihn wüsste. Dass er loskäme von dem Höllenbann! Dass es nicht ein Judasende nehmen muss mit ihm, wenn die Frau Gräfin auch sagt: »Märt, du bist mir zum Ekel. Geh, Märt!« Ach, das kann er nicht aushalten, das kann er nicht: der Thorstein, die Tauben, der kleine und der große Herr. Und die Frau, ach, die Frau! Da schlägt das Geziefer mit den Flügeln und gurrt und ruckst und weiß nicht, wie es ihm ist, sodass der Turm vielleicht leer wird.

Sein Finger kriecht weiter. »So will ich zwar nun treiben … mein Leben durch die Welt …« Oh, das Lied, das gute Lied – noch einmal fährt sein Finger nach … Es steht wirklich da. Als hätt es die ganze Zeit auf ihn gewartet, so steht es da: »So will ich zwar nun treiben mein Leben durch die Welt … Doch denk ich nicht zu bleiben in diesem fremden Zelt … Ich wandre meine Straße, die zu der Heimat führt, da mich ohn alle Maße mein Vater trösten wird.« Ist das nicht zu viel für dich, Märt!? Wenn du auch noch getröstet werden sollst … Und der Höllenbann, Märt … und die Flüche, die du eingegraben hast, und das verstümmelte Vaterunser.

Der Märt steht auf und nimmt den Spaten. Er schleicht sich hinaus in die Nacht auf die Wiese, wo die zerknickten Blumen trauern und die Käuze in Scharen fliegen … Der Nachtwind heult und ein gelber halber Mond scheint … Wie es sich regt und rührt in dem Walde. Da klopft etwas wie ein banges Herz, da huscht's und raschelt's, und die Zweige bewegen sich, als winke jemand mit ihnen. Wenn es nur hilft! Aber es muss helfen. Und wenn die Unterirdischen sich auf ihn stürzten, dass er selber laufen müsste bis ans Ende der Welt, wenn er nur den Höllenbann loskriegt. Es ist das stärkste Zeichen zwischen Himmel und Erde.

Von dem Haselnussbusch schneidet er Zweige und verbindet die in der Mitte, dass es ein kleines Kreuz wird. Da ist die Stelle am Rain, wo er das blutbefleckte Bündel vergraben hat. Moos hat er darauf gelegt, dass man's nicht sieht. Der Mond hilft ihm. Er kniet nieder und steckt das Kreuzlein tief in den Boden hinein. Und dann überwältigt ihn wieder der Schmerz. Sie muss sterben, die Frau Gräfin. Die mögen's anders sagen, er hat's ihr angesehen an ihren Augen. Er, der für alles Lernen einen so verzweiflungsvollen harten Schädel gehabt hat, er hat die Worte behalten: »Ich wandre meine Straße, die zu der Heimat führt.« Ja, da wird sie hingehen, die Frau, die liebe Frau … Und sie werden ihr nachsehen, der große und der kleine Herr …

Er kniet schon auf ihrem Grabe, der Märt … Ach, und da muss ja aller Zorn und jedes Wilde und Böse schwinden. Und der letzte Rest vom Höllenbann muss hinweg … »Vater unser im Himmel … vergib uns unsere Schulden, wie wir vergeben unseren Schuldigern.«

Laut und rau hallt es über die blutbefleckte Römerwiese, auf die der gelbe Mond scheint, wo die zerknickten Blumen trauern und die Käuze ihre zackigen Flüge ziehen.

40. ZWIESPRACHE

Nach stürmischen, kühlen Regentagen, die in der Thorsteiner Höhe sehr empfindlich sind, ist endlich wieder schöne Sonne hervorgebrochen. Die wilden Rosen blühen an allen Hecken, und die Hollundersträuche halten ihre weißen offenen Dolden so liebreich an alle Winkel und Mauern. In Rosmaries Garten blühen die schönsten Rosen, die weißen Schlingrosen, in Bogen und Gehängen. Die vielen niederen Rosen fassen den leuchtenden Rasen ein, den sie alle Morgen mit ihren feinen Blättern bestreuen.

Heute liegt Rosmarie nun zum ersten Mal den ganzen Morgen im Garten. Man hat ihr die Chaiselongue hinausgetragen mitten in den Rebengang, an dem nach der Sonnenseite zu die Schlingrosen hinaufranken. Die Goldflecken der Sonne liegen auf dem feinen Sand des Ganges, der sich die ganze Länge des Gartens entlangzieht. Hier kann man im Schatten auf und ab gehen, und es ist doch nicht dumpfig wie in einer Laube. Und die lachenden Farben des Gartens scheinen noch einmal so freundlich durch die offenen grünen Bogen, die von Zeit zu Zeit den Gang unterbrechen. So schön still ist's, nur hie und da hört man den kleinen Heinz von ferne lachen oder kreischen, und der Wald rauscht herauf zu der lichten Blumenwelt.

Rosmarie hat ein wenig geschlafen, ist nun aufgewacht und hat sich nach ihrer getreuen Wächterin umgesehen. Aber die ist nicht da, stattdessen ein leichter Schritt hinter ihr … Harro … Ach, wenn nur das Herz nicht an jeder Freude etwas auszusetzen hätte.

»Du bist ganz allein? Ist das ein Glück. Wo ist dein liebenswürdiger Drache?«

»Ich weiß nicht. O Harro, wie schön, dass du kommst.«

Er kniet neben ihr und umarmt ihren Stuhl. Sie selbst darf er ja noch nicht in seine starken Arme nehmen.

»Liebste … Endlich einmal sind wir allein! Ich bin verschmachtet, ich bin ganz verschmachtet. Was ich in mir seit jener Nacht wälzen musste!«

Sie fährt ihm mit der zarten, blassen Hand über sein Haar und sagt traurig: »Meine lieben Braunlocken. Jeden Tag sind ihrer weniger …«

»Ein alter Herr, nicht wahr … Ich hab's dir immer gesagt, Rose, einen alten Herrn willst du haben, und nun hast du ihn.«

»Daran bin ich schuld …« Und sie sah ihm in die Augen mit ihrem großen, ernsten, sanften Blick.

Ach, so schön war's, wieder beisammen zu sein, wieviel hatte ihm auf dem Herzen gebrannt. Und nun schwiegen sie beide und hatten an ihrer Nähe genug.

Dann sagte Harro: »Heute werde ich dich malen, ich habe doch dem Herrn Professor eine Skizze versprochen. Und heute, es ist ja später, als er meinte … Aber nun ist's auch recht, und das Licht durch die Blätter ist wunderschön gebrochen und dein Kleid ist vollkommen und ein anderes Kissen hole ich dir noch. Und dabei kann ich dich dann immerfort ansehen, und stillhalten darfst du nicht.«

»O Harro, für Stillhalten ist gesorgt. Ich halte schon nur zu still.«

Er strich liebkosend über ihre Hände.

»Es ist besser, Rose, immer besser.«

Aber die Rose schwieg. Und Harro ging nicht, seine Geräte zu holen.

Dann klagte er: »Rose, befiehl, dass ich etwas tun soll. Ich gehe herum, reiße an meinen Siebensachen und lasse alles wieder liegen. Ich habe die Unruhe, die große Unruhe. Die Kastanienecke mit den weißen Blütengehängen, an denen du solche Freude hattest, habe ich gänzlich verpatzt. Nun wage ich mich an nichts mehr. Sie fremden, alle meine angefangenen Sachen. Wenn ich deine Skizze nun auch verdürbe. Ich trau auch noch nicht. Ich bin unruhig, als ob's der Märt mir angetan hätte. Hast du mit dem schon gesprochen? Dem hat der Kummer und die Sorge um dich den armen Dickschädel so verdreht, dass er überall Gespenster sieht. Gespenster scheußlichster Sorte. Wahre Lemuren. Und beinahe hätte er mich angesteckt. So ein Wahnsinn muss ansteckend sein. Ich fing auch an, Gespenster zu sehen. Märt geht es wieder besser.«

»Harro«, sagte sie, »er hat ein schönes Lied gefunden in seinem Gesangbuch, das sei ihm ein Tröster gewesen. Und es sei für ihn und uns gemacht, das Lied. So viel hat er noch nie mit mir gesprochen, der Märt. Es quoll nur so aus ihm heraus. Er holte dann seiner Mutter Gesangbuch – sein eigenes sei zu „wüst“ für mich – und zeigte es mir.«

»Dass sich Märt mit Poesie abgibt, ist das Allermerkwürdigste, was ich an ihm erlebe! Der Märt und ein Gedicht! Das Lesen machte ihm schon Not. Wenn er als Soldat lesen musste, brüllte die ganze Kompagnie. Es waren seine entsetzlichsten Stunden, die Instruktionsstunden. Der Arme. Ausgelacht werden tut so weh. Das hat sich mir tief eingegraben. Lass mich doch auch das Meisterwerk lesen, das es Märt angetan hat.«

»Er meint, es stehe alles darin vom Thorstein. Von der schrecklichen Nacht und dem Morgen. Und dass man sich nicht zu erhängen brauche, stehe auch darin … Das habe ich nun nicht darin gefunden.

Wenn's nur der Märt darin gefunden hat … Es ist ein so liebes, tröstliches Lied, Harro. Ganz mütterlich ist's, wie es einen in die Arme nimmt und tröstet. Ein Wanderlied. Und man sieht das schöne Ziel. Und man fühlt die arme deutsche Welt, in der es gedichtet worden ist. Verbrannte Dörfer, eingestürzte Kirchen, zertretene Felder, Waisenkinder und arme Witwen in dürftigen Stübchen.«

Harro sieht ihre schön geschwungenen Lippen, die wieder rot sind, die so wundervolle Linien haben, wenn sie spricht … Sie hält ihm das Buch hin und er schaut einen Augenblick darauf herunter.

Dann sagt er: »Wie kann man Gedichte so drucken? Das ist schändlich. Sag mir lieber eine Zeile daraus. Ich höre es am liebsten von dir.«

»Es ist vom Heimweh, Harro, nach der himmlischen Heimat aus dem deutschen Jammer heraus. „Zu ihm steht mein Verlangen; da wollt ich gerne hin. Die Welt bin ich durchgangen, dass ich's fast müde bin."«

Harro unterbrach sie: »Ach ja, das sind die müden Menschen von damals … Arme Seelen. Ich bin's noch nicht müde, die Welt zu durchgehen. Solange sie noch so schön ist.«

Rosenarie lächelte und ließ das Buch sinken.

»Nein, lieber Harro, du bist noch nicht müde.«

»Du auch nicht, Rose.«

»Nein, aber mir ahnt, dass man es werden könnte.«

»Bist du trüb, Rose? Lässt du deine schönen seidenen Blätter hängen?«

»Nein, oh, noch lange nicht … Ich bin sehr mutig … und jede Stunde aufs Neue bin ich mutig … Weißt du, es ist ein Kampf, es ist ein Kampf.«

»Alles ist ein Kampf.«

»Ach Lieber, mit dem armen Herzen …«

»Daran leidest du noch?«

»Schwester Johanna meint, ich sei sehr ungeduldig und verlange zu viel von mir. Nein, sieh mich nicht so traurig an. Sonst find ich morgen noch mehr graue Haare, an denen ich schuld bin.«

»Oh, nun kommt der sanfteste aller Drachen; Schwester Johanna. Muss ich vor Ihrem Angesicht fliehen?«

»O gewiss nicht, Herr Graf! Ich bringe nur die Honigmilch.«

»O Schwester«, scherzte Harro, »was tun wir ohne Sie?«

»Durchlaucht wird jemand haben müssen, Herr Graf, wenn ich fortgehe.«

»Vor allen fremden Menschen graue ich mich, wenn ich krank bin. Nein, Schwester Johanna, Sie waren gleich lieb und gut.«

Harro rief: »Sie werden aber selbst einsehen, dass Sie nicht zum zweiten Mal in der Welt herumlaufen … Und Sie dem Herrn Chef zu entführen, das ist unmöglich.«

Die Schwester errötet ein wenig.

»Ich arbeite nun schon lange dort.«

Und sie geht wieder, die Gute, Feine.

»Rosmarie, das ist eine halbe Freisprechung! Und es freut mich so viel. Du glaubst nicht, was es heißt für einen Mann in meinem Alter, wenn sich sein ganzes gewohntes Weltbild verändert. Plötzlich. Alles einen ganz neuen Horizont bekommt. Einen ungeheuren Horizont, Rosmarie. Und ich bin so ratlos. Ich sehe in die Bibel hinein und finde den alten Judengott, den alten Jahwe, und dann wieder den Kirchengott in euren protestantischen Kirchen.«

»Harro, willst du nicht mit dem Herrn Stiftsprediger sprechen? Er wird dich verstehen.«

»O du liebe, törichte Rose. Was kann einem auch der beste Kirchenmann helfen? Das muss man doch mit sich allein ausmachen. Und zurück kann ich auch nicht mehr in mein altes Leben. Dem sind die Fenster eingeschlagen und der wilde Sturm braust durch. Ich kann nicht mehr drin hausen. Ich habe zuerst geglaubt, ich müsste überhaupt aus allem heraus … aber nun fange ich doch an, zur Vernunft zu kommen. Wenn ich also doch einmal Gottes Geschöpf sein soll …«

»Ein Gedanke Gottes, Harro …«

»O Rose, wie du das sagst. Sieh, du hast gerade das, was eure Kirchenleute nicht haben, die alles so gewiss wissen und so hineinsehen in Gottes Erdenpläne und überall dabei waren. Und dann das Unbegreifliche, was mir stets so furchtbar war. Dass Gott seine Rache nimmt an dem einzigen Schuldlosen.«

»Ich möchte auch nicht meine Sünden auf ihn werfen. Das ist mir furchtbar, wenn ich das höre. Du weißt doch, dass ich ihn sehr liebe, Harro! Kein Mensch auf der ganzen Welt ist so viel geliebt worden wie er, das hat uns der Herr Stiftsprediger einmal gesagt. Und keiner hat so von jedem Geschlecht aufs Neue entdeckt werden müssen.«

»Er hat mir immer entsetzlich leid getan, der einsame Jude in dem wirren alten Judenland. Wie sie an ihm herumtasten und oft gar keine Ahnung von ihm haben. Und sein fürchterliches Ende … Von dem durch alle Vergoldung und Stilisierung noch der Schrei zu uns gedrungen ist – das Wort, mit dem dein grünes Buch aufhört, Rosmarie. Wie das geschrieben ist! Sie muss wahnsinnig gewesen sein, als sie das schrieb … Ihre Buchstaben stürzen, gleiten, taumeln. Zuletzt sind's nur wilde Striche. Und so endet es. Meine arme Ahnfrau! In Nacht und Verzweiflung muss es untergegangen sein, das Herz.«

»O Harro, vielleicht ist sie ihm nachgegangen. Seinen Weg. Und der ist ja auch nicht in Nacht und Verzweiflung geblieben. Harro, du musst ihn auch lieben lernen, dann bist du nicht mehr so allein in der Gotteswelt.«

»Woher weißt du, dass ich mich so grausam einsam fühle? Aber du hast dich auch vor mir verborgen, Rose. Von deinem Allerinnersten hast du mich doch nichts sehen lassen.«

»Ich durfte nicht, Harro.«

»Du durftest nicht?«

»Ach weißt du, Harro, das blaue Männlein! Aber du kannst nicht sagen, dass ich gar nie versucht hätte, mit dir von diesen Dingen zu reden. Ich fing nur nicht gern an, und schüchtern war ich auch. Und dann sagtest du: „Traumrose“. Und ich sollte nicht noch mehr Mondschein werden, als ich schon sei. Und eine Heilige hättest du nicht geheiratet, das sei gegen den Ehekontrakt. Lieber Harro, ich glaube, es ist mir ganz gesund gewesen. Und wenn ich mit dir zu disputieren versuchte und du mit deinem alten Demiurgos daherkamst, dann hast du mich doch immer in zwei Minuten so klein bekommen, dass ich nicht mehr vor- und rückwärts wusste. Ein bisschen dumm bin ich ja von jeher gewesen!«

Harro hatte sie unverwandt angesehen. Wie sich ihr blasses Gesicht rötete und ihre Augen leuchteten und eine immer unsäglichere Lieblichkeit auf ihrem Antlitz aus ihr herausblühte. Wie wenn sie ihm jetzt ihren letzten wunderbaren verborgensten Blütenkelch öffne. Und das gute kleine Lachen über sich selbst.

»Aber Harro, was versteint dich denn so? Man könnte dich meißeln. Hol zwei Spiegel, dann hast du eine Plakette von dir selbst!«

»Ich will noch mehr wissen … Du hast dich so zurückgestoßen gefühlt?«

»Nein, Harro, aber traurig war ich über meine Dummheit und dachte, wenn dich jetzt der Herr Stiftsprediger hörte, der müsste nicht so kläglich vor dir die Segel streichen. In dem grünen Buche stand auch eines Tages das rechte Wort und wartete, bis ich es fände.«

»Rose, die geistig Armen, die selig sein sollen … Nicht wahr, mit denen kommst du mir nicht … Das Wort haben sie einem so verekelt, fürchterlich verekelt. Es riecht nach eingesperrter Luft, nach Stuben, in denen ich nicht aufrecht stehen kann, nach Schwellen, an denen ich mir die Stirn einstoße.«

»Das war es auch nicht, Harro … O sprich nicht so laut und sei nicht so wild, sonst kommt Schwester Johanna und holt dich. Nein, das war es gar nicht. Vielleicht verstehst du das Wort nur falsch. Es heißt: „Wenn ich alle Weisheit und Erkenntnis hätte und hätte keine Liebe …“ Da war ich froh. Denn ich dachte, mein Kopf kann eng sein, und vielleicht bin ich froh, dass ich einen so klugen Mann habe, dem ich doch nie nachkomme. Aber mein Herz kann weit sein … Und da kann ich Kerzlein aufstecken … Einen ganzen Weihnachtsbaum voll … und eins entzündet sich am andern. Und wenn ein Winter kommt, und draußen ist's dunkel und die Sonne ist selten und hat nur den kurzen kleinen Weg, dann habe ich meinen Baum! Ach Harro, dass wir ihn so bald brauchen würden, hab ich gar nicht gedacht. Und nun erst die wenigen armen paar Lichtlein … Harro, du versteinst schon wieder. Und nun braucht man meine Kerzen gar nicht mehr. Nun hast du das goldene Band in der Hand. Es blendet dich noch …«

Da kam die Schwester und Märt hinter ihr drein. Märt lachte über das ganze Gesicht und es ging eine eigene Feierlichkeit von ihm aus. Er hatte eine frische Schürze an und seinen Haaren sah man die Wasserbürste an.

»Durchlaucht wünschen jetzt doch hereingetragen zu werden.«

»Nein, Schwester Johanna, wünschen, das können Sie nicht verlangen, aber ich sehe es ja ein.«

»Durchlaucht sollten einen Fahrstuhl haben.«

»Unsinn«, sagte Harro ärgerlich. »Wir tragen gerne, nicht wahr, Märt? Und die kurze Zeit noch … Die paar Tage will ich doch kein solch hässliches Ding hier sehen.«

Und sie trugen sie hinein und Harro fragte: »Ist das nicht viel sänftlicher als jedes Geschiebe und Gerolle?«

»Sehr sänftlich«, lächelt sie mit ihren roten Lippen, und ihre Augen leuchten dazu. Sie ist noch schöner geworden, denkt er. Wenn der Professor das Bild sieht, glaubt er es kaum.

Dann ging Märt hinaus, wie seine Herrin ihm noch zugelächelt hatte; darauf wartete er.

Harro und Schwester Johanna hoben Rosmarie auf ihr Bett. Und nun musste er gehen, er sah's. Der Schwester Johanna war eine eiserne Festigkeit aufgedrückt. Freilich, sie war auch lange geduldig gewesen.

Ach, sei's noch die paar Tage, so war ihr Regiment zu Ende.

Er ging in sein Atelier hinüber und spannte seine Leinwand auf.

Die Schwester Johanna brachte, ohne ein Wort zu sagen, Rosmarie vollends zu Bett, öffnete die Fenster und setzte sich dann mit ihrer endlosen Arbeit bescheiden in ihre Ecke … Rosmarie war ihr mit den Augen gefolgt. Endlich sagte sie: »Sie könnten wohl ein Wort sprechen, Schwester Johanna.«

»Ich glaube, Durchlaucht haben schon genug gesprochen … Und sich aufgeregt.«

»Fühlen Sie doch meinen Puls, Schwester, ist er denn nicht besser?«

»Wenn hundertzwanzig besser ist als siebzig, dann ist er besser. Durchlaucht müssen viel mehr lernen, sich zurückzuhalten …«

»Schwester Johanna, Sie wissen gar nicht, was Sie sagen … Mich zurückhalten? Wenn ich nicht mehr leben soll … ist das auch noch gelebt? Hier liegen und auf Herzen horchen und denen den Willen tun wie bösen schreienden Kindern, das ist doch nicht gelebt. Ich bin doch nicht allein für mich auf der Welt.«

»Wenn der Herr Graf wüsste, was Sie jetzt leiden müssen, das wäre ihm doch sehr schmerzlich.«

»Das wird er auch nicht wissen. Er war doch so froh, weil ich wieder rote Lippen hatte … und besser aussähe.«

Schwester Johanna bückte sich wieder über ihre Arbeit und schwieg. Und Rosmarie lag da und dachte, sie hat recht, die Schwester Johanna. Ich muss jedes Wort bezahlen, das ich gesprochen habe.

Dann schmeichelte sie: »Schwester Johanna, seien Sie wieder gut. Sie haben natürlich recht, wenn Sie jetzt in Ecken schweigen. Aber nun ist's geschehen und Sie wissen, dass es mich bedrückt, wenn man so unzufrieden mit mir ist.«

Schwester Johanna erhob sich. Sie setzte sich an Rosmaries Bett und legte ihre Arbeit weg. »Durchlaucht, nur ein klein wenig an nachher denken …« Über Rosmaries Gesicht strömten große Tränen, aber sie schluchzte nicht … sie hielt still, ganz still. Denn auch Weinen erlaubte es nicht, das unruhige, tyrannische, quälende Es, ohne das es keine Minute lang Erdenluft gibt.

Schwester Johanna macht Eisumschläge. Sie hat nicht die Spur von anklagendem Wesen mehr … sie ist ganz nur zarteste Teilnahme und Hilfsbereitschaft.

»Schwester Johanna«, stöhnt Rosmarie. »Es ist mein bitterster Feind geworden. Und was ich noch an Leben haben will, muss ich mir von seiner Feindschaft erkämpfen.«

Schwester Johanna macht keine Tröstungsversuche. Sie hält Rosmaries heiße Hand in der ihrigen und streicht ihr sanft über den Arm.

»Soll ich ein Wort lesen?«

»Nein, Schwester Johanna, ich will nichts hören. Ich habe heute große Worte in den Mund genommen, und die großen Worte kommen zurück und sehen mich an … Und meinem schönen Leben, meinem Waldhaus und den Sommerwiesen und den lichten Eichen muss ich nachsehen … Wie es immer weiter verschwindet. Und nicht einmal weinen darf ich: Es duldet's nicht!«

Ganz still liegt sie und lässt den goldbraunen Vorhang über ihre Augen sinken.

41. WIEDERSEHEN

Die Dunkelheit ist herabgesunken, und nach einem kurzen einsamen Mahl hantiert Harro nur noch in seinem Atelier. Da hört er plötzlich energische Schritte gegen den Wintergarten kommen. Die Tür fliegt auf und Tante Ulrike mit Regenschirm und Reisetasche marschiert herein. »Na, sagst du nicht einmal guten Tag, Herr Neffe?«

»Ich bin so überwältigt, Tante Ulrike, kommst du denn per Ballon?«

»Von Kupferberg und zu Fuß«, sagte Tante Ulrike und legt ihren Regenschirm über seinen Skizzenberg.

»Aber warum denn, liebste Tante? Unsere Goldfüchse stehen sich ja die Füße durch und du gehst! Du konntest doch telegrafieren.«

»Wenn es mir so passte! Ich komme, um nach dir zu sehen, mein Herr Neffe. Deine Briefe sind unbefriedigend.«

»Tante Ulrike, ich bitte dich, was wäre Befriedigendes zu sagen? Aber komm doch herauf. Eure Stube ist zwar besetzt von Heinz und seiner Babette, in der Weststube liegt unser armer Malariamensch immer noch abgesperrt; aber wenn du mit Osten vorlieb nehmen willst.«

»Fällt mir nicht im Traum ein. Ich will Süden. Treppen will ich keine steigen. Bei der Rose will ich sein …«

»Liebe Tante Ulrike, da schläft ja die Schwester.«

»Du schriebst mir, sie ginge.«

»Sie geht auch, aber dann müssen wir eine Pflegerin haben …«

»Hier«, sagte Tante Ulrike und deutete auf den Regenschirm. Ihre Handlung war symbolisch gewesen und sie hatte gewissermaßen ihr Zepter im Hause Thorstein niedergelegt.

»Liebe Tante Ulrike«, barmte Harro. »Sehr gütig bist du. Aber – deine Damen?«

»Ich habe sie Marga übergeben. Sie wird keine Ordnung unter ihnen halten. Sie ist weichmütig. Sie lässt sich beschwatzen. Es gibt ein Chaos. Ich bin darauf gefasst …« Jeder Satz war ein Hammerschlag, der den Nagel ihres Entschlusses tiefer hineinzutreiben schien. »Harro, du hast mir leidgetan.« Und Tante Ulrike zog ihr Taschentuch und gebrauchte es geräuschvoll, dann steckte sie es wieder ein. »Es nützt nichts … Alle sieben Seligkeiten hast du gehabt. Jetzt wirst du auch durch alle sieben Wehe hindurchmüssen. Man muss alles bezahlen, Harro. Du hast immer noch Überschuss.«

»Ja«, sagte Harro mit so sonderbar weicher Stimme, dass sie erstaunt zu ihm aufsah. »Ja, ich habe immer noch Überschuss.«

Ulrike stand auf, legte ihre Arme um ihn und küsste ihn auf die Stirne. Das hatte sie im Leben nicht getan … Ganz sprachlos vor Überraschung sah er sie an. Sie hatte ganz rote Wangen bekommen und setzte sich mit einem wunderlich zuckenden Lächeln. Dann sagte sie: »Glaube nicht, dass deine Rose sich vor mir fürchtet. Aber ich ertrüge es nicht, wenn du in die Zeitung setztest: *Ausgebildete Pflegerin mit guten Zeugnissen gesucht, Fotografie erwünscht,* und es kommt irgendein gottverlassenes Frauenzimmer und rührt die Rose an. Und die lässt alles mit sich machen und wehrt sich nicht, denn ich kenne sie.«

»Nein, Tante Ulrike, du kennst sie noch nicht.«

Tante Ulrike sah ihn groß an … sein silberschimmerndes Haar, sein schmal gewordenes Gesicht … und eine fremde Weichheit um die Augen. Sie schüttelte den Kopf: »Der Kerl, Harro?«

Er zuckte zusammen … »Ach, besser nicht zu wissen …«

»Und die Rose?«

»Oh, sie kann nur beruhigt werden, wenn man ihr sagt, dass man es nie entdecken werde, wer es war.«

»Hm, so. Man macht sich aber doch seine Gedanken.«

»Leider«, brauste Harro auf, »das ist das dritte Wehe. Dass man sich die macht. – Aber ich lass dich hier stehen, Tante. So komm doch … nach dem langen Weg!«

»Ha, du sollst nicht denken, dass du eine Pflegerin habest, die keine Kräfte mehr hat.«

»Darum, Tante Ulrike, komm, lass dich umarmen. Ich muss dir doch den Kuss von vorher wieder zurückgeben.«

»Du warst lieb vorher, Harro. In deinem Leben warst du nicht so lieb, du bist eine Winterbirne, Harro. Wenn der Schnee fällt, erst dann werden sie reif. Dass du jetzt, wo ich erwarte, dass du stößest wie ein wilder Hirsch … Harro, ich weiß, wie du getroffen bist – siehst du ein, dass du immer noch voraus hast? Harro, jetzt bist du erst ein ganzer Mann und kein überlebensgroßer trotziger Bub wie bisher. Ich greife dir nie mehr in dein Haar. Ich unterstehe mich nicht mehr, Harro.«

»Versprich nicht zu viel, Tante Ulrike. Hoffentlich wirst du's wieder tun. Hoffentlich werden wir uns wieder haben … Tante Uli, zu der Schärpe ist noch ein Leibrock gekommen. Was sagst du dazu?«

»Trag ihn mit meinem Segen, mein Sohn, wenn du wieder einmal Herz genug dazu hast.«

»Tante Uli, der Doktor hat mir versprochen, die Rose werde wieder gesund; in was für Leibröcken wirst du mich da aufblühen sehen!«

»Wie sie vorher war?«

Er wandte sich um. Das konnte er ja nicht versprechen. »Aber wenn ich sie nur habe … Unser Glück, das lassen wir uns nicht nehmen. Das sagte sie auch gleich. O Tante Uli, du kennst, du kennst sie nicht, die Rose … Wie schön sie ist … Das schwere Leiden, ich kann noch gar nicht ertragen, davon zu hören. Die ganze Quälerei, die damit verbunden war … Nicht ein Wort darüber … Keine Klage … Nur wie sie trösten kann. Ihre Geheimnisse holt sie heraus, ein Juwelenbüchschen nach dem andern, und lässt mich hineinsehen … dass ich's schon mit der dummen Angst kriege, als ob sie uns zu schön würde. Nichts habe ich mehr gehasst und verachtet als eine solche Angst, weißt du, wie sie manche Leute haben bei so schönen und lieben Kindern. Aber das ist ja natürlich, ein entsetzlicher Schrecken zittert noch nach …«

Ulrike erhob sich. »Kann ich die Rose sehen?«

»Da musst du zuerst mit Schwester Johanna parlamentieren. Es wird nicht leicht gehen. Ich habe zu antichambrieren gelernt. So ziemlich das Letzte, was ich mir zugetraut hätte. Dieses kleine, sanfte, blasse Frauenzimmer hat eine Gewalt.«

»Na, Harro, tröste dich«, sagte Tante Uli, wie sie mit ihm durch den Wintergarten ging. »Tröste dich, mein Jung. Wenn die Tyrannin nicht nötig ist, so werfen wir sie hinaus. Ich kann das.«

Eine halbe Stunde später beugte sich Tante Ulrike über Rosmaries blasses Gesicht und küsste sie wie ein Hauch auf ihre Stirne und dachte: O du armer Harro … Deine andern Wehe, sie kommen auch noch.

Am anderen Morgen wankte ein blasser, grauer Alfred in Harros Atelier. »Erschrecken Sie nicht, ich bin freigesprochen, Harro. Herr Hofrat hat es gestattet. Ich bin keine Pestbeute mehr, und nun komme ich und bedanke mich.«

Und dabei setzte er sich auf einen Stuhl und zog sein Taschentuch. Harro legte die Hand auf seine Schulter.

»Lieber Cousin, bauen Sie schon wieder am Wasser? Dürfen Sie wirklich herunterkommen?«

»Ja, ich darf. O Harro … Was habe ich ausgestanden! Jeden Morgen das heulende Elend, Harro, und in die Krankenschwester habe ich mich verliebt und würde sie gleich heiraten, wenn …«

»Nun, hat Sie Schwester Klara schon akzeptiert, Alfred?«

»Was denken Sie, Harro … Es war nur eine Fantasieblase, aber etwas Tröstliches muss der Mensch haben, man kann nicht von Hafergrütze und moralischen Vorsätzen leben. Die Vereinigung dünkt mir nicht angenehm. Ja und jetzt, Harro, möchte ich Ihnen nochmals danken und wieder hinübergehen.«

»Bilden Sie sich nichts ein, Alfred … Solche Gerippe entlasse ich nicht aus meinem Thorstein. Sie werden erst gefüttert und gebessert. Sie essen Hafergrütze und verschieben die moralischen Anwandlungen bis nachher. Moral und Hafergrütze ist zu viel für Ihre Konstitution. Meine liebe Tante Ulrike ist da. Ich werde Sie ihr anvertrauen. Seien Sie ganz beruhigt. Auch was die moralischen Anwandlungen betrifft, werden Sie bei ihr in guter Hut sein … Ja, mein Sohn, sehen Sie sich Ihre zukünftige Pflegemutter an … Eben geht sie über den Hof, und das, was sie am Ohr führt, ist ein kleiner Thorsteiner, der gern Erdbeeren isst, ehe sie im Wald reif sind.«

Alfred stand auf und schaute auf den Hof, dann setzte er sich nieder. »Eine sehr energische Dame, Ihre Frau Tante wohl … Aber ich fürchte, ich kann es nicht annehmen, Harro … Sie haben ohnedies …«

Harro lachte. »Zieren Sie sich nicht, Alfred, wenn Sie diesmal nicht in den Arm meiner Frau, sondern in den meiner Tante sinken … Wo wollen Sie übrigens hin? In Brauneck …«

»O Gott nein!« rief Alfred mit solchem Entsetzen, dass Harro erstaunte. »Niemals wieder. Ich könnte nicht … Meine Nerven hielten es nicht aus. Es spukt in Brauneck. Entsetzlich spukt's. Dreimal hatte ich mein Schlafzimmer gewechselt. Es tappt in den Gängen, es seufzt. Es knarrt auf den Treppen, die Galerien zieht es auf und ab. Ich habe einmal deutlich zehn Leute hintereinander den Prinzessinnengang hinuntergehen hören. Meinen Sie nicht, ich habe etwa nur die Decke über die Ohren gezogen – nein, ich habe das Licht angeknipst und bin herausgegangen … in den Gang, blitzschnell … alles taghell und leer … Nur die Bilder zwinkerten. Ich drehe aus und gehe wieder hinein. Oh, die sind nur auf der Stelle stehen geblieben, wo sie standen, als das Licht kam, und gehen nun weiter. Schwere Füße, leichte Füße.«

»Oho, Sie hatten auch schon vorher Temperatur!«

»So geseufzt haben sie, und auf und ab sind sie gestrichen.«

»Nun, das finde ich sehr schön von ihnen, dass sie so Anteil nahmen. Das letzte Kind von Brauneck, die Rose von Brauneck. Es wird nicht so schnell vorangehen, wie wir gehofft haben, Alfred. Das hat mir meine Tante heute klarzumachen versucht.«

Alfreds Kopf sank wieder herunter … In das Atelier schoss wie ein dunkler Pfeil eine Schwalbe herein und kreiste eine Weile an der Decke. Harro sah zu ihr auf … Sie möchte bauen da innen, jeden Tag versucht sie es wieder.

»Geh hinaus. Du weißt ja nicht, wo du hingehörst, nicht hier, nicht dort.« Und er verjagte das Tier mit seiner Palette.

Tante Ulrike übernahm also zuerst den neuen Pflegling und sorgte für seine Kräftigung, und an Püffen zur Stärkung des schwachen moralischen Rückgrates ließ sie es auch nicht fehlen.

Zu anderen Zeiten wäre des schönen Alfreds Aufenthalt unter diesem Tantenzepter ein sehr abgekürzter gewesen, aber jetzt war er noch so matt und er hatte doch eine so nachdenkliche Zeit in der alleinigen Gesellschaft der Schwester Klara erlebt, dass er sich wenigstens vorderhand demütig unter Tante Ulrikens Regenschirm beugte.

Rosmarie bekam er nicht einmal zu sehen, er fürchtete sich auch vor ihrem Anblick. Sie war ein so wunderschöner Mai gewesen, nun die gleiche Landschaft nach einem Hagelwetter. Nein, sein Herz zog sich ganz schmerzhaft zusammen. Einstweilen machte er sich als Hüter des kleinen Heinz nützlich. Sehr nützlich sogar, denn da er sich doch nicht so weit tyrannisieren ließ wie die Babette, so war es für den kleinen Herrn ein Vorteil.

Schwester Johannas Tage gingen zu Ende, und Tante Ulrike hatte ihr scharf auf die Finger gesehen, ihr abgelernt, was zu lernen war, und hatte sich ihre Gedanken darüber gemacht. Rosmarie fürchtete sich nicht vor Tante Ulis strengen Augen und ihrer feierlichen Gestalt. Wenn Tante Ulis Augen auf sie herabschauten, dann wurde der stählerne Blick weich … Etwas Scheues, Warmes glänzte in ihnen auf … Ihre schlanken, knochigen Hände fassten so weich an und es ruhte sich sehr gut neben ihrer dunklen, ruhigen Gestalt.

Und der Hofrat verschrieb ja immer noch Ruhe und wieder Ruhe. Dasselbe, was er auch der Fürstin in Brauneck bei seinen täglichen Besuchen ans Herz legte. So verschieden die beiden Frauen waren, so verschieden war auch ihre Ruhe. Rosmarie von der zartesten Liebe umgeben, lag im goldensten Sonnenschein wie in einer Rosenlaube.

Sie sah nur Menschen, die sie liebten, und um jeden Dienst, der ihr getan werden durfte, rissen sich ein paar Menschen. Ob dies Tante Ulrike tun dürfte oder noch Schwester Johanna, das gab schon Grenzschwierigkeiten. Was der Fürst jeden Tag ersann, um nicht mit leeren Händen zu kommen, und wie er die Fiktion aufrecht erhielt, als ob sie bei seinen täglichen Besuchen auf seine Geschenke warte – das grenzte ans Geniale.

Klein Heinz befreundete sich zögernd, aber deutlich wieder mit der Mama, die ihn nicht auf den Arm nehmen durfte und bei der keine stürmischen Zärtlichkeitsausbrüche erlaubt waren, an der man keine Turnübungen machen konnte. Er lernte es Großpapa ab, ihr etwas zu bringen. Seine Liebesgaben waren sehr mannigfaltig. Ein Blumenblatt, ein Stück von seiner Morgenbrezel und ein wunderschön schnalzender Regenwurm. Sie nahm alles an, sogar den Regenwurm, und ließ ihn auf der Decke sich winden, bis Heinz Friedrichs Genuss daran erloschen war. Er gewöhnte sich wieder an sie, und es war seiner Tugend sehr förderlich. Denn er merkte bald, dass nur gute Kinder bei der Mama blieben, schreiende, stampfende dagegen unbarmherzig fortgeschafft wurden, und dass er, wenn er so fortgebracht wurde, überall, selbst bei seiner Sklavin Babette, eine kühle, vorwurfsvolle Aufnahme fand. So ein Heinz, der die Mama erschreckte und aufregte! Er lernte daran die Größe seiner Untat bemessen, und das hatte einen sehr sittigenden Einfluss.

Sie trugen alles herbei, was die junge Herrin von Thorstein freuen konnte. Keine schöne Blume, die irgendwo blühte, war vor dem Fürsten sicher. Sein stolzer Brauner hielt vor Bauerngärten und der Fürst verhandelte mit der sehr geschmeichelten Besitzerin. Und Geld nahmen die Leute ja nur in den allerseltensten Fällen. »Für meine Tochter«, sagte der Fürst, und wenn er es nicht sagte, so wussten sie es.

Sogar der Mann, der den *Vorwärts* las, riss die schönsten Nelken, die seine Frau züchtete, herunter. Trotz des ehelichen Donnerwetters, das ihn von seiner zielbewussten Genossin erwartete.

Rosmaries Ruhe wäre bei all der andringenden Liebe zu kurz gekommen, wenn es nicht immer klarer geworden wäre, dass des Herrn Hofrats Anordnungen um ihrer selbst willen sehr genau befolgt werden mussten. So musste sie viele Stunden täglich allein liegen, entweder im Garten oder auf der Veranda, die ein weiß und rotes Zelt bekommen hatte, oder in ihrem Schlafzimmer auf der Chaiselongue mit Tante Uli im Nebenzimmer.

Rosmarie hatte Zeit, ihre Gedankenvögel fliegen zu lassen und ihren Flügen zuzusehen. Lesen kann sie nicht, ihre Arme müssen ja unter der Brust liegen. Im Vorlesen ist Tante Uli keine Meisterin, auch wünscht es der Herr Hofrat nicht. Ruhe und wieder Ruhe.

Rosmarie lebt sehr schnell in ihren Ruhestunden … Manchmal ist es von gestern auf heute ein Schritt, wie er sonst vielleicht Jahre brauchte. Neben ihr duften und leuchten die Blumen, die ihr die Liebe gebracht, alles ist so schön und friedvoll um sie. Es spielt der Sommerwind mit den Blättern der Rebenlaube und malt runde und spitze siebenfarbige Flecke auf den Boden. Die Schmetterlinge fliegen und setzen sich zuweilen auf den blauen Saphir ihres Ringes, und sie kann dem Schlagen der gold- und silberschimmernden Flügel zusehen. Und der Wald ist nie ganz still. Immer rauscht er ein Weniges auf der Höhe. Und die Wolkengebilde wandern und vergolden sich zum Abend und es ist wieder ein Tag dahin. Von dem kurzen Sommer, von dem schönen, reichen Leben, von blauer Erdenluft und liebsten Menschen.

Rosmarie ist am Abend immer traurig. Sie ist müde am Abend, sagen sie. Müde vom Ruhen? Rosmarie kämpft ihren Kampf ganz allein. Niemand sieht die lautlosen Tränen.

»O du schöne Sommerwelt, du Goldhaus und grüner Wald, ihr alle, die ihr am Ufer steht und von denen mein Kahn hinweggleitet.«

Sie hat verlangt, sie möchte einmal mit ihrem Lehrer, dem Herrn Stiftsprediger, sprechen, er würde sie gewiss besuchen. Aber der Familienrat hat gefürchtet, sie könne sich aufregen. Herr Stiftsprediger ist ja sehr taktvoll und es ist ihm nicht zuzutrauen, dass er Rosmarie aufregen würde. Aber man erinnert sich noch, dass Rosmarie damals von ihrem Unterricht doch sehr angegriffen war, und das soll ja alles vermieden werden. »Später, Rosmarie, wenn du kräftiger bist.«

Rosmarie hört den Beschluss mit einem kleinen leisen Lächeln, das Tante Ulrike zu denken gibt. Vielleicht liegt ihr selbst nicht mehr so viel daran. Der Familienrat hat doch zwei Tage zu seiner Beschlussfassung gebraucht. Ja wissen wir denn überhaupt, was sie denkt? Sie fragt nie, sie lässt alles mit sich geschehen, sie wehrt sich gegen nichts. Aber das ist freilich ihre Art, wenn sie krank ist.

Rosmarie denkt, sie werden grausam aus lauter Liebe. Sie flehen mich an, ich solle mir doch irgendetwas wünschen, dass sie es mir erfüllen könnten. Das Einzige, um was ich aber bitte, das können sie mir nicht tun aus lauter Liebe. Und wenn ich darauf bestände, so würden sie erschrecken und sagen: Sie grämt sich doch heimlich, die Rosmarie. Und alle überfiele wieder die große Unruhe. Man muss allein fertig werden. Vielleicht kann einem auch im tiefsten Grunde niemand helfen, und die Seele ist einsam. Und wenn nur der Kampf nicht jeden Tag wieder von Neuem begänne. Es darf nur ein neuer Jubelschrei vom kleinen Heinz zu ihr in ihre Stille dringen, so ist's, als hätte sie all den mühsamen Weg über Dornen und Steine so einsam, so sterneneinsam, gar nicht gemacht. Eine neue niedrige Hügelwelle tut sich auf, dornenumrankt, so steinig, so mühselig. Aber wunderbar: Wenn der Weg am bittersten wird, dann kommt plötzlich ein grünes Fleckchen. Wo das scharfe, eintönige Sausen der Luft aufhört. Wo weiße Sternenblumen stehen und eine klare Quelle über goldenen Grund rieselt. Rosmaries Seele bückt sich zu den Sternenblumen – ein fremder, geheimnisvoller Duft, stark und süß, kommt aus der Quelle. Niemand sieht Rosmaries Augen, wenn sie die himmlischen Sternblumen vor sich schaut, wenn sie dem leisen Rauschen horcht. Niemand sieht, wie sie ihre schlanken Hände ausstreckt.

Und es ist, als würden die grünen Inseln häufiger. Ja, als bliebe immer mehr von dem Dufte der Sternblumen an dem Dornengeranke des einsamen Weges hängen … Ja, nun verstummt das leise Rauschen gar nicht mehr, es muss wohl mit ihr wandern … verborgen, aber es ist da. Und sie darf nur ganz stille sein, so hört sie die leise Stimme. Am lautesten rauscht es in den Frühmorgenstunden, wenn die blauschwarze Nacht in das erste Grau heraufdämmert. Und den Bergfried sieht man, der sich fast plötzlich gegen den Himmel zeichnet. Dann leidet sie freilich auch am meisten. Und es ist ein großes Glück, dass das Rauschen dann so stark wird. Und doch sehnt sie sich so sehr, dass Harro, der doch immer so früh wacht, käme und seine starken Arme sie in die Höhe hielten. Aber dann würde er das traurige Leiden sehen.

Tante Ulrike, die in der Nacht so oft einmal an der Türe erscheint und die ein leiser Druck auf die elektrische Birne sofort an ihre Seite brächte, schläft um diese Zeit so herrlich, und helfen kann man ja auch nicht viel. So schiebt sie die Birne aus ihrem Bereich und greift nach der alten Bernsteinkugel und hält die Wange daran, bis sie einschläft, wenn die Sonne in den Hof fällt.

42. OPFER

In Brauneck ist auch als oberster Grundsatz Ruhe aufgestellt. Auch die Zimmer der Fürstin sind mit den schönsten Blumen des Herrn Hofgärtners geschmückt. Auch nach ihren erfüllbaren Wünschen wird geforscht. Sie soll auch liegen, und auf der Nordbastei, gerade in die

Baumwipfel hinein, ist ein kleiner Pavillon aufgeschlagen worden. Sie hat zwei Pflegerinnen, die abwechseln, und die beiden haben sehr harten Dienst.

Der Fürst kommt jeden Tag auf eine Viertelstunde, immer ehe er nach Thorstein reitet. Er gestattet sich seine Rosmarie erst, wenn er seine Pflicht erfüllt hat, und nach der entsetzlichen Bitternis, die er in der Viertelstunde genießt, tut die Thorsteiner Luft doppelt wohl.

Die Fürstin hat über alles zu klagen, es gibt nur noch Hassenswertes in der Welt. Sie hasst den Herrn Hofrat, ihre Pflegerinnen, den Braunecker Wind und die Braunecker Sonne. Sie hasst den Fürsten, das fühlt er, und doch fühlt er ebenso, dass, wenn er seinen Besuch unterließe, sie das auch hassen würde. Ihre Augen sind tief umrändert und ihre Gestalt ist verfallen. Sie kann immer noch nicht ruhig sitzen. Man muss sich an den Blättersturm in ihrer Nähe gewöhnen, es macht einen selbst nervös. Sie weiß gewiss, wenn sie eine einzige Fahrt in dem Auto machen dürfte, wozu bezahlt man denn den teuren Chauffeur, so würde sie besser schlafen können. Die Luft fehlt ihr.

Eben hat sie über den ewigen Braunecker Wind geklagt. Dieser Hofrat ist rückständig. Man muss einen neuen Arzt kommen lassen, einen Nervenspezialisten. Rosmarie hat man doch auch den ersten Spezialisten kommen lassen. Er wird sofort sehen, was ihr fehlt, und ihr eine ganz andere Kur verschreiben als dieses nur noch nervöser machende: Halten Sie Ruhe. Das mag etwas für Rosmarie sein, die ja immer ins Endlose vor sich hinstarren konnte …

Der Fürst gibt gerne nach. Es ist doch wieder eine kleine Ablenkung. Und die Fürstin hat den großen Triumph: Der neue Arzt gestattet Fahrten – von ihrem Auto spricht sie nichts – und kleinere Wege. Natürlich nicht allein. Eine der beiden Pflegerinnen wird stets mitgehen.

Der Fürst hört zwei Tage beinahe keine Klagen. Die Fürstin hat eine Autofahrt gemacht und ist ganz erhoben nach Hause gekommen. Sie hat einen Gang unternommen um den Park und wieder zurück. Der Herr Hofrat zuckt die Achseln und dringt darauf, dass die Fürstin nie allein gehe. Aber an das denkt ja niemand.

Jeden Tag surrt das Auto die weißen gewundenen Straßen hinauf und durch die Dörfer, wo die Mütter wie ängstliche Hennen nach ihren Kindern kreischen. Die Fahrten tun der Fürstin aber ersichtlich gut. Es ist nicht zu verkennen, sie sieht besser aus und hält sich straffer. Auch die Pflegerinnen sehen nicht mehr so abgespannt aus.

Da bekommt der Fürst eines Tages einen anonymen Brief, worin ihm Gottes Zorn und Strafe angedroht wird für sein wahnsinniges

Gefahre und Dahingerase, das Leib und Leben bedrohe ... Offenbar hat der Briefschreiber gemeint, er sähe ihn selbst im Auto sitzen. Das Schreiben ärgerte ihn ... Er schickte einen Reitknecht an die Straße, wo das Auto vorbeikommen musste, und der konnte nachher nicht genug von der rasenden Geschwindigkeit des Ungetüms erzählen. Die Straße war einsam und darum sei wohl noch nichts geschehen.

Er telegrafierte an den Spezialisten, und er bekam die telegrafische Antwort, dass selbstverständlich aufregende Autofahrten ausgeschlossen seien. So stand nun das Auto wieder in der großen Remise und seine Laternen deckte der Schutzüberzug.

An jenem Tag hatte die Fürstin einen solchen Zornanfall, dass der Fürst noch ganz zerschlagen nach Thorstein kam. Nun blieben nur noch Spaziergänge. Aber die Pflegerinnen kündigten nach wenigen Tagen gleichzeitig. Sie könnten nicht immerfort auf den Füßen sein, und zum Marschieren seien sie nicht verpflichtet. Mit Mühe und Versprechungen gelang es, die beiden tüchtigen Mädchen zu halten.

Die Fürstin sagte: »Es ist auch Torheit, mich mit Kindermädchen spazieren gehen zu lassen. Gebt mir doch den Krüger oder den kleinen Bergmann mit.« Denn der alte Leibjäger Christian war in der letzten Zeit plötzlich brüchig geworden.

Einige Tage begleitete der Jäger Krüger die Fürstin, dann vertrat er sich den Fuß. Der Doktor konnte zwar nichts daran entdecken, aber er stöhnte mächtig und behauptete steif und fest, nicht auftreten zu können. Nun kam der kleine Bergmann daran, der durchaus nicht klein, sondern der Sohn des alten Bergmann, des Tafeldeckers, war. Zweimal begleitete er die Fürstin, dann trank er sich einen Riesenrausch am Abend, warf vor dem alten Hofrat seinen grünen Hut auf den Boden, zertrampelte ihn und schrie, das Brauneck solle der Teufel holen.

Einem solchen Menschen konnte man doch die Fürstin nicht anvertrauen und er wurde in ein einsames Forsthaus strafversetzt.

Der Fuß des Krüger wollte immer noch nicht gut werden, obgleich der Hofrat weniger als je daran entdecken konnte. Die Fürstin verbrauchte in einer Woche sehr viel Menschen, wenn das so weiterging ... Aber konnte nicht viel, viel besser dieser Alfred, der sich bis jetzt so sträflich wenig um seine Schwester gekümmert, ihr nur einen kurzen Besuch gemacht hat, der da auf dem Thorstein Leinwand grundierte, Kinder hütete und die Füchse bewegte, auch etwas tun?

Alfred kann unmöglich nein sagen und kommt nach Brauneck herübergefahren, um seine Schwester abzuholen. Einen Diener nehmen sie mit sich, der die Pferde, so lange sie gehen, hält. Seine

Schwester begrüßt ihn kurz und eisig und er hat auch nicht viel zu sagen. Es wird ein angenehmer Spaziergang werden. Wirklich, an diesen Spaziergang wird Alfred denken, so lange er lebt. Sie gehen auf Wegen, die nur der Fürstin bekannt sind, hin und her, durch Dickichte, und nun stehen sie plötzlich auf einer Wiese. Sie kommt Alfred bekannt vor, seine Stirne wird schon kalt. Aber, Gott, die Waldwiesen sehen einander ähnlich. Sie ist frisch gemäht und es geht sich besser, als auf den schlechten Wegen. Da die große Tanne mit den winkenden Zweigen, das Eichenhalbrund, er bleibt stehen.

»Charlotte«, sagt er, »hier geh ich nicht hinüber.« Sie hört ihn gar nicht, sie geht geradezu in den Wald hinein, wohl oder übel muss er ihr nach. Wenige Schritte vor ihm steht ein kleiner Pfahl. Gottlob, nun sind sie im Wald. »Gehen wir jetzt nach Hause, Charlotte? Es wird Zeit.«

»Nur noch um die Ecke!«

Ein Gewirr von Wegen. Sind sie eigentlich auf dem Heimweg oder nicht? Charlotte ist unermüdlich, sie deutet geradeaus: Dort muss der Wagen sein. Etwas schimmert durch die Tannen … Ja, da ist sie wieder, die Wiese, und geradeaus der weiße Pfahl.

»Charlotte«, sagt er und hält sich an einem Baum, »glaubst du denn, dass irgendeine Macht der Erde mich noch einmal über diese verfluchte Wiese bringe. Du gehst jetzt mit mir nach Hause.«

»Ich gehe nicht«, trotzt sie. »Oh, du kommst heute noch oft auf die Wiese, Brüderlein. Such dir doch wieder Vergissmeinnicht, da stehen noch welche.«

»Du bist entsetzlich … Du gehst mit mir nach Hause.«

»Ich kann nicht, Brüderlein. Meinst du, ich wollte nicht auch? Aber ich muss noch einmal hinüber. Dann habe ich's für heute in den Boden getreten.«

»Charlotte«, schreit er, »was hast du in den Boden zu treten?«

»Ach, stell dich nicht so, als ob du's nicht wüsstest. Du weißt doch, dass ich kein Wasser in den Adern habe wie die Braunecker.«

Alfred schlägt seine Hände vors Gesicht. »O Gott, o Gott, Charlotte, was hast du getan! Was hast du getan!«

»Still! Du weißt ja nicht, wie es war. Immer wieder muss ich daher und darüber gehen. Du kannst's dem Thorsteiner sagen, er macht sie nicht wieder gesund. Ah, ich treffe zu gut.«

»Du bist da gestanden und hast gewartet auf uns? Du … Du …«

»Nein«, sagte sie, »ich wusste nicht, dass ihr kämt. Woher hätte ich das wissen sollen? Aber ich wollte ja schießen, dass sie es hört und sich darüber erzürne. Sie will ja nicht, dass da geschossen wird. Ich ließ den alten Christian bei dem Tier, das er aufbrach, und ging hierher. Und ihr hattet den Bock gescheucht … Ich sah ihn vor euch. Sieh, so … Hier stand ich, nicht da drüben, wie die Herren meinten. Warum hielt sie denn die Arme so hoch? Ich wollte das Reh schießen. Den Finger hatte ich am Hahn. Da kamst du. Warum bist du auch zu ihr gegangen? Was ich liebte und was mein war, das kam immer alles zu ihr. Du warst das Letzte. Sie hat meinen Ring. Sie hat den Braunecker Erben, sie hat meine Jugend. Da hielt sie die Arme hoch. Da schoss mir das Blut zu Kopfe und dann lag sie da. Da rannte ich zur Kreuzklinge … Ich wischte über meine Augen, aber das Bild verschwand nicht. Immer hält sie die Arme hoch und die Blumen und der Abendhimmel. Und über die Wiese muss ich gehen, sonst verzweifle ich. Bin ich nun schuldig? Bin ich eine Mörderin? Ich bin hingegangen und habe sie gesehen, wie sie dalag in ihren weißen Binden. Ich weiß nicht mehr, wie sie aussah. Immer steht sie da und hält die Arme in die Höhe, und jetzt wird der Himmel rot. Steht sie nicht dort … dort. Ach, jetzt ist sie gefallen. Komm mit mir schnell, schnell. Sie merken nichts.«

Die beiden Geschwister eilten dahin. Atemlos … über die grasigen Wege bis zu der Stelle, wo der Wagen hielt. Mühsam hob Alfred seine Schwester hinein, und sie fuhren nach Brauneck.

»Was wirst du tun?« flüsterte Charlotte. »Wirst du's den Thorsteinern sagen?«

Sie gingen die Treppe hinauf. »Ich weiß nicht«, stöhnte er.

Sie standen auf der zweiten Galerie, wo man die Sterne über sich hatte. Niemand konnte sie da hören. »Du musst morgen wiederkommen und mit mir auf die Wiese gehen. Du musst, denn du bist schuld. Hätte ich nicht dich auch mit ihr gesehen, so hätte ich es nicht getan. Du musst mitgehen, die andern halten es alle nicht aus.«

»Da will ich mir lieber heute Nacht eine Kugel vor den Kopf schießen, Charlotte, und ich rate dir das Gleiche. Wie kannst du das aushalten, Char…«

»Ich will leben. Sie wagen sich ja nicht an mich. Was hast du davon, wenn du mich verrätst? Du musst dann auch sagen, was mich so wild gemacht. Auf dem Thorstein kannst du dann nicht mehr bleiben.«

»Du machst mich zu deinem Mitschuldigen, Charlotte. Das tust du!« ächzte er.

»Ich will nicht immer allein sein, du gehörst zu mir! Du kommst morgen wieder, hörst du! Du wirst kein solcher Narr sein und es dem Thorsteiner sagen. Und so vor ihm dastehen! Du kommst morgen.«

Und damit ging sie hinein.

Alfred fuhr auf den Thorstein und übergab Märt die Goldfüchse. Dann ging er in sein Zimmer und holte aus seinen Sachen ein kleines Kästchen heraus, das steckte er in seine Manteltasche. Dann setzte er sich hin und schrieb:

Lieber Harro.

Ich hoffe, Sie nehmen es mir nicht zu sehr übel, dass ich mich nach so viel Freundlichkeit und Güte so unhöflich entferne. Bitte der Frau von Thorstein doch nichts über die Art und Weise meines Verschwindens zu sagen. Ich schäme mich zu sehr vor ihr. Sie selbst werden ja am besten wissen, wie außerordentlich wenig die Welt an mir verliert.

Ihr Alfred B.

Tante Ulrike meine besten Empfehlungen, und sie möge doch auch darin einen Erfolg ihrer erzieherischen Tätigkeit sehen!

Er schloss den Brief und steckte ihn zwischen seine Sachen, dann ging er hinaus und glitt die Treppen hinunter. Unten waren die Türen der Hitze wegen weit offen, auch zum Schmollwinkel, in dem Rosmarie lag. Er konnte sie gerade sehen. Einen Augenblick stand er wie angewurzelt. So hold war sie … Man sah es ihr ja kaum an, ihr Leiden. Ein grimmer Schmerz zerriss ihn und er eilte hinaus.

Rosmarie hob ihren Kopf in die Höhe. »War das nicht Alfred?«

»Doch«, sagte Harro.

»Warum kam er nicht herein? Was hatte er denn?«

Tante Ulrike erhob sich und ging hinaus. Sie erwischte ihn gerade noch, wie er zum Schlosshof hinaus wollte.

»Halt, junger Herr! Es donnert schon zum dritten Mal und Sie dürfen nicht nass werden, mein Zuckerpüppchen!«

»Lassen Sie mich, Tante Ulrike!« Er beugte sich plötzlich über Tante Ulrikes Hand und küsste sie. »Ich gehe nur auf die Post, habe etwas zu besorgen.«

Tante Ulrike hielt immer noch seinen Mantel, und nun griff sie blitzschnell mit der einen Hand in die Tasche und zog einen Revolver heraus, den sie ihm vor das Gesicht hielt. »Ha! Knallen wollen Sie wohl und das Kind da oben erschrecken! Weil noch nicht genug geknallt ist!«

Er biss sich auf die Lippen und sagte: »Lassen Sie mich gehen, Gräfin, und machen Sie keine Geschichten. Ich kann nicht mehr da hinauf, ich kann nicht.«

Aber Tante Ulrike hing mit eiserner Kraft an ihm. Es sah aus, als ob sie ihn aufs Innigste umarme.

»Gehen Sie freiwillig, mein Zuckerpüppchen«, raunte sie ihm zu, »oder soll ich Alarm schlagen, Harro rufen und ihm das Spielzeug da zeigen? Dann regt sich die Rose auf.«

»Ich komme, Gräfin, ich komme.«

Tante Ulrike marschierte mit ihrem Gefangenen in sein Zimmer hinauf. Dort schloss sie die Türe, warf im weiten Bogen den Revolver zum Fenster hinaus.

»Nun, mein junge Herr … bedanken Sie sich für Lebensrettung.«

Der blasse Alfred, dem jetzt noch hilflose Wut auf dem Gesicht stand, starrte sie mit wilden Augen an.

»Lassen Sie mich, ich kann's nicht aushalten unter diesem Dach!«

»Ha, und warum nicht?«

»Wenn Sie es wüssten, Sie holten mir selbst das Ding wieder herauf und drückten es mir in die Hand.«

»So«, sagte Tante Ulrike. »Beichten Sie, was haben Sie angestellt?«

»Ich kann es nicht. Ich bin verflucht. Verflucht bin ich«, und er fing an, im Kreise herumzurennen und sich auf Stühle zu werfen und wieder aufzuspringen.

Tante Ulrikes Augen wurden wie blinkende Stahlspitzen. Sie legte ihm wieder eine harte Hand auf die Schulter und sagte: »Beichten Sie lieber. Mit der Geschichte, die Sie auf dem Herzen haben, werden Sie doch nicht allein fertig. Es zerreißt Sie ja. Ich darf Sie auch nicht im Stiche lassen. Das Kind hat mich nach Ihnen geschickt und wird Rechenschaft haben wollen. Erschießen können Sie sich immer noch.«

»Glauben Sie denn, dass ich gern sterbe, Gräfin? Ich mit meinen sieben Leben? Aber es bleibt mir ja sonst nichts übrig.«

»Vetter Alfred, ich habe Sie für ein leichtsinniges Huhn gehalten. Aber es ist mir in der letzten Zeit vorgekommen, als ob Sie zur Raison kämen. Unser Herrgott hat allerhand Kostgänger. Ein Musterknabe werden Sie nie, aber ich gäbe Sie nicht auf, wenn ich Ihre Mutter wäre, noch lange nicht. Und ich traue Ihnen nicht zu, dass Sie in der letzten Zeit eine wirkliche Schlechtigkeit begangen haben. Das Kind vertraut Ihnen. Es hat ein so feines Herz!«

Da warf sich der Brandensteiner auf die Knie vor der alten Dame und umschlang sie mit seinen dünnen Jünglingsarmen.

»O Gräfin, Gräfin. So gute Worte! Und ich habe eine Hölle in mir, eine wahre Hölle. Ich kann's nicht mehr aushalten in der Welt.«

»Alfred, Sie beichten mir jetzt. Sie tun's ja doch in fünf Minuten. Ich kann das Kind nicht so lange warten lassen, sonst ängstigt es sich.«

»Gräfin, Sie müssen schweigen. Versprechen Sie es mir!«

»Wo werd ich. Fällt mir gar nicht ein. Ich verspreche nichts, was ich nicht weiß.«

»Ich bin verflucht. Auf diese Wiese muss ich, auf diese Wiese, wo der weiße Pfahl steht. Sie werden wiederkommen morgen und mich dazuholen. Wie heut schon. Ich, ich bin ja schuldig, ich … dass sie leidet, die Gräfin, die liebe Frau! Die Rose … Ich!«

»Alfred, sind Sie verrückt?«

»Ach, ich wollte, ich wär's. Ich werde es auch … Es zerreißt mich.«

Und er barg seinen Kopf in ihrem Schoß und sie legte ihre Arme um ihn und sagte: »Alfred, kommen Sie zu sich.« Sie fuhr ihm über die hellblonden Haare, die nun schon in weichen Wellen seinen schmalen Kopf bedeckten.

Er hob sein tränenüberströmtes Gesicht und sagte: »Ich gäbe jeden Tropfen Blut für die Thorsteiner. Ich wäre zufrieden, wenn ich hier Märts Unterknecht wäre. Gräfin, meine Schwester, sie hat uns zusammen gesehen … Sie hielt das Gewehr in der Hand. Eine Sekunde, Gräfin! Wie sie mich sah! Ich hatte ihr nie gesagt, wo ich war.«

Ulrikes Augen wurden dunkelschwarz. »Die Fürstin …«

Sie atmete schwer.

Alfred erhob sich schwankend.

»So, nun lassen Sie mich hinaus!«

Ulrike machte eine seltsame Handbewegung, als wenn sie nach etwas griffe, und blieb dann wie ein steinernes Bild sitzen.

Es klopfte. Es war Harro. »Tante Ulrike, was ist's mit Alfred? Die Rose ängstigt sich grundlos. Sie hat schon über hundertzwanzig.«

Ulrike schüttelte sich und raffte sich mit eisernem Willen zusammen. Sie sagte: »Harro, er hat wieder einmal eine Dummheit gemacht und hat jetzt Fieber. Ich bringe ihn eben zu Bett.«

Harro hörte man draußen etwas brummen. Dann stieg er hinunter.

»Alfred, ich denke, Sie haben gehört, was Sie zu tun haben. Sich sofort ins Bett zu legen. Nicht zu sagen: Ich kann nicht, ich will nicht! Das Unglück braucht nicht noch vergrößert zu werden. Soll die Rose Ihretwillen noch Schmerzen ausstehen? Und auf das Anlügen verstehe ich mich schlecht. Ich komme noch einmal herauf. Und wenn Sie können, dann beten Sie.«

»Sie werden schweigen, Gräfin?«

»Meinen Sie, dies werde mir auf die Zunge kommen! Oh, mein armer Harro.« Dann ging sie.

Es war höchste Zeit, die Rose zu Bett zu bringen, die heftig fieberte.

Harro unterdrückte mühsam seinen Zorn.

»Ich schicke ihn morgen fort, wenn er so wenig die Dummheiten lassen kann. Nein, Rose, es ist nicht ernst. Er wird in Watte gewickelt und gehätschelt. Keine traurigen Augen machen, Rose.«

Kein Mensch hätte ihr etwas angesehen, nur auf ihrer weißen, tieflinierten Stirn stand kleiner Perlenschweiß. Nun saß Tante Ulrike bei der Rose am Bett. Harro hatte gute Nacht gesagt und war gegangen. Da blieben die großen, grauen Augen an dem Gesicht Ulrikes hängen, ernst, forschend und traurig, dass Ulrikes Herz erbebte.

»Alfred, o wie er mir leidtut! Sage ihm, dass er dableiben soll, dass ich ihn darum bitte. Keinen Menschen hat er außer uns, der ihm hilft. Und er soll seine Schwester nicht verlassen. In ihrer Not. Sie ist doch seine Schwester und sie liebt ihn.«

Ulrike nahm Roses Kopf zwischen die Hände und küsste sie schweigend. Eine Sekunde sahen sie sich in die Augen. Dann flüsterte Rosmarie: »Harro, mein armer Harro! Du musst noch schweigen, Tante, er erträgt es noch nicht. Und mein Vater! Nie soll er es wissen, nie! Es gibt ihm den letzten Stoß. Ach, kann man denn meinen Vater nicht schonen? Meinen lieben Vater mit seinem weichen, feinen Herzen! Er überlebt es nicht, Tante Ulrike. Und er muss von ihr befreit werden, Ulrike, und ich quäle mich darüber. Du weißt, ich konnte mit niemand darüber sprechen. Mit dem Herrn Stiftsprediger hätte ich gern gesprochen. Er darf ja nie wiedersagen, was ihm die Leute beichten. Er hätte mir vielleicht einen Rat geben können. Aber ihr wolltet nicht.«

Die Tante Ulrike hatte sich mit zitternden Knien gesetzt.

»Du wusstest es, Rose, du?«

»Ach, vom ersten Augenblick an … Ich sah sie ja in dem Augenblick, als sie schoss. Ihr Diamant blitzte. Und ich dachte zuerst, sie habe mich nicht getroffen, weil ich nur den Knall fühlte. Und dann wurden mir die Füße schwer, und dann weiß ich nichts mehr … Und darum hatte ich so furchtbare Angst. Der schreckliche Mensch, der Landjäger, erforschte es auch, und der arme Vater! Mein armer Vater! Du verstehst doch, Tante Ulrike! Aber man darf sie doch nicht allein herumgehen lassen und im Auto fahren. Und der Herr Professor hat das alles verboten, und nun hat es ein anderer Herr erlaubt und ich ängstige mich von Neuem.«

»Dann muss es Harro wissen, Rosmarie, und sie muss unschädlich gemacht werden. Der arme Alfred weiß es nun auch, und es hat ihm beinahe das Herz gebrochen.«

»Geh zu ihm hinauf und tröste ihn, Tante Ulrike!«

»Rosmarie, wenn du deinen Vater verschonen willst, so muss Harro es wissen. Einer von den Männern muss es wissen. Alfred ist nicht Manns genug, dass er mit ihr fertig wird. Entweder Harro oder dein Vater, Rosmarie. Es ist furchtbar, dass du das jetzt entscheiden musst, und wir sollen alles Aufregende von dir ferne halten.«

»Ach, Tante Uli, wenn ich dies überstehe, dann könnt ihr mich überhaupt aus meiner Haft da entlassen. Ich muss sterben. Warum wollt ihr nun, so lange ich noch bei euch bin, mich da fern von euch halten? Tante Uli, du darfst nicht zu weinen anfangen, sonst fange ich auch an! Und wir können's gar nicht fertig beweinen, so traurig ist's. Und wir müssen den Kopf beisammen haben. Was hat Alfred heute mit Mama gehabt?«

»Auf die Wiese muss sie ihn geschleppt haben und ihm vielleicht gesagt, er müsse morgen wieder mit ihr dahin. Er war halb verrückt vor Jammer. Wenn er Schuld hat, dann büßt er jetzt. Rosmarie, dein Harro! Das ist ein Wehe für ihn. Ihre Strafe können wir wahrhaftig unserem Herrgott überlassen. Die bekommt sie. Sie will nicht gelauert, sondern nur im plötzlichen Zorn losgedrückt haben. Ob man's ihr glaubt?«

»Oh, wenn sie es sagt, gewiss. Furchtbar ist das … Eine Sekunde und sie hat ihr ganzes Leben zerstört. Aber ihren Hass hatte sie schon vorher. Und ich habe auch meine Schuld daran, das sehe ich jetzt wohl ein. Mein Ring da. Ich hätte Vater zwingen müssen, ihn ihr wiederzugeben … Nun leide ich und muss auch büßen. Vielleicht, wenn ich nicht so hartnäckig gewesen wäre! O Ulrike, mein armer Harro! … Wenn Alfred ein Mann wäre … wenn … wir zwei Frauen allein!«

»Ich möchte es dir ersparen, Rosmarie, dass du die Wahl treffen musst.«

»Aber Mama darf nicht wieder auf die Wiese gehen, dass es der Landjäger doch erfährt. Du weißt nicht, wie die sind, die Landjäger.«

»Kind, was hast du ewig mit diesen Menschen zu tun?«

»Es hat mir einmal eine arme Frau gesagt, wie sie es machen; sie gehen herum und spionieren aus. Glaubst du, dass Alfred nicht doch mit Mama fertigwerden könnte? Wenn er das für uns täte. Für uns beide. Und wir brauchten Harro nicht den bittern Kelch zu trinken geben und nicht dem Vater.«

»Dein Vater hat ein kleines Landhaus in der Schweiz. Er hat es immer vermietet. Weil niemand dort wohnen wollte und er es nicht gut verkaufen konnte. Wenn Alfred es zuwege brächte und die Fürstin mit ihm, sagen wir, zur Erholung ginge.«

»Oh, geh hinauf, Ulrike. Sag ihm, ich flehe ihn an. Ich könnte es nicht übers Herz bringen, es Harro zu sagen.«

Ulrike erhob sich. »Da kann er Buße tun, der Filou, das kann er. Schier zu hart ist's für ihn, Rose. Marga kann ihn vielleicht einmal ablösen. Aber warum soll er nicht auch einmal auf eine harte Nuss beißen! Wer weiß, wie lange es währt.«

Sie ging hinauf und setzte sich an Alfreds Bett. Er hatte sich hineingelegt und lag da, seine schmalen Hände unter seinem Kopf gekreuzt, sein Jünglingsgesicht ganz verändert, wie in die Länge gezogen, schmerzbeladen. Ulrike nickte ihm zu. Dann brachte sie ihre Botschaft vor. Seine blauen Augen wurden starr vor Entsetzen.

»Das kann ich nicht, Gräfin. Wenn Sie meine Schwester gesehen hätten – mit ihr zusammen zu sein – an einem Tisch essen. Ist das ein Leben für mich? Ein Gefangenenhüter. Und meine eigene Schwester!«

Ulrike erhob sich. »Dann muss eben das Kind entscheiden, wen sie heute noch ins Herz treffen will. Es ist hart für sie …«

Alfred fuhr auf. »Warten Sie noch, Gräfin. Tue ich ihr einen Dienst damit? Ich hätte noch eben gesagt: Ich liefe für sie in die Hölle. Sagen Sie selbst, ob es nicht ein Höllenleben gibt.«

»Es wird nicht ewig währen …«

»Ich weiß aber, was die paar Stunden heute waren …«

»Alfred, das Leben gibt Ihnen nun Gelegenheit, für die Menschen, die Sie lieben, etwas ganz Großes zu leisten. Etwas, was Ihnen unter gewöhnlichen Verhältnissen kein Mensch zumuten würde. Ich glaube Ihnen, dass Sie lieber um den Thorstein in der Sonne herumhängen würden und der lieben Frau Rosen schneiden und dem Heinz Buzemänner machen. Aber wenn Sie es versuchten! Nur einmal für die nächsten sechs Wochen, bis wir vielleicht weitersehen! Gott, eine solche Last kann man nicht ewig mit sich herumtragen.«

Alfred sagte: »Gehen Sie hinunter und sagen Sie, dass die Herrin über mich gebiete.«

Tante Ulrike schlug ihm auf die Schulter. Es war ein Ritterschlag.

Dann ging sie hinunter und setzte sich ans Bett der Rose und half ihr durch die grimmige Leidensnacht hindurch.

Am andern Morgen kam ein ganz seltsam veränderter Alfred zu seinem Schwager. Zuvor war er bei seiner Schwester gewesen. Die Unterredung gab ihm einen Vorgeschmack seiner künftigen Tätigkeit. Aber er hatte seine Schwester besiegt. Wie sie sah, dass er ihr mit dem Thorsteiner drohte, gab sie nach.

Der Fürst war sehr erstaunt. »Ja, ein Aufenthalt in reiner Höhenluft wäre vielleicht gut. Aber sie wird nicht dazu zu bringen sein.«

Es währt einige Zeit, bis er begreift, dass sich Alfred als Begleiter anbiete. Aber als er die Sache erst überlegt hatte, war er sehr erleichtert. Harro dagegen war erstaunt und fast ärgerlich.

»Alfred, Sie sollten doch endlich am Müßiggang genug haben. Pflege! Die überlassen Sie doch den verschiedenen Weiblichkeiten. Sie hätten besser getan, mir hier Bretter zu streichen.«

Nicht zum Geringsten in des armen Alfreds Martyrium gehört es, dass er auch noch Harros Verachtung zu tragen hat. Aber ein einziges Mal wird es ihm doch noch gut. Er darf ganz allein an Rosmaries Chaiselongue kommen und neben ihr sitzen. Und sie sieht ihn so dankbar und so rührend an, dass es ihm das Herz erhebt.

Sie sagt: »Ich danke Ihnen, dass ich nun ruhig sein kann. Ich bin aus der großen Angst nicht herausgekommen, dass Mama etwas Unvorsichtiges tut. Und wenn Mama wieder einmal von mir hören kann, so sagen Sie ihr, dass ich nun einsehe, wie ich sie oft gereizt und gekränkt habe. Es ist jetzt zu spät, das gutzumachen. Man kann ja nie etwas wiedergutmachen. Aber ich möchte, dass es Mama erfahre, dass ich jetzt auch darüber traure. Ich habe ihr gegenüber ein schlechtes Gewissen. Und ich habe auch keine Entschuldigung, denn ich habe Menschen gehabt, die mir sagten, was ich zu tun hätte und wie ich es machen könnte. Und ich bin seit Jahren schon so glücklich gewesen, und Mama haben wir in der Kälte sitzen lassen. Ich habe nichts getan, was sie kränken konnte, aber ich habe alles geschehen lassen, von dem ich wusste, dass es sie kränken würde. Alfred, Sie müssen Mama das genau sagen! Und dass ich jeden Tag an sie denke und wie furchtbar es mir nun ist, dass sie ihr Leben so zerstört hat und dass ich auch meine Schuld daran trage. Und, lieber Alfred, ich bitte Sie, haben Sie mit Mama Geduld und halten Sie Ihre Liebe zu ihr fest!«

»Liebe!«, sagte der arme Alfred. »Ich wüsste nicht, wo ich irgendwo in mir noch einen Funken Liebe für sie auftriebe. Wer kann das jetzt noch? Das können nur solche Engel wie Sie, Cousine.«

Rosmarie lächelte. »Fragen Sie Ihre Schwester, ob ich mich gerade so engelhaft gegen sie benommen habe.«

»Ach, ihr verdreht sich ja alles.«

»Das tut es gewiss, aber das glauben Sie doch nicht, dass sie ohne jeden Grund einen solchen Hass auf mich geworfen hätte! Einmal hat sie mir unrecht getan. Das kann ich auch jetzt nicht zurücknehmen. Als das schwere Gewitter war. Jetzt hätte es wirklich keinen Wert mehr, wenn ich noch lügen wollte. Der Blitz hat ja jetzt doch schon bei mir eingeschlagen. Und ich habe mich auch bitter zu schämen.«

»Zu schämen, Cousine? Ich dachte, Sie würden vielleicht sagen, wenn Charlotte ihre Untat einmal zu bereuen anfinge, dann würden Sie ihr vergeben.«

Rosmarie wurde dunkelrot. »Ach Alfred, brauchen Sie doch keine so großen Worte. Vergeben. Das Wort ist so göttlich, das dürfen wir doch kaum in den Mund nehmen. Gott vergibt. Und das habe ich auch schon erfahren. Denken Sie doch an die beiden Schuldner. Wissen Sie die Geschichte nicht mehr? Dem einen ist von seinem Herrn die ungeheure Schuld erlassen und nun stürzt er sich im Vorhof auf einen andern, der ihm eine ganz kleine Summe schuldet. Dieser Mann ist mir immer sehr gemein vorgekommen. Ein Gesinnungslump, sagt Harro. Zu dem möchte ich doch nicht gerade heruntersteigen. Das müssen Sie doch einsehen!«

»Ja«, sagte Alfred, »ich sehe etwas ein.«

»Und suchen Sie nach dem Funken Liebe, Alfred! Es muss doch einer da sein. In allen Ecken suchen Sie danach! Nicht wahr?«

Sie streckte ihm die Hand entgegen. Er beugte sich darüber und wollte sie küssen. Da fasste sie nach seinen Schultern und zog ihn sanft zu sich herab und küsste ihn auf die Wange.

»Ich danke Ihnen, Afred. Was Sie mir tun, das wissen Sie gar nicht. Und was Sie für ein Opfer bringen, das weiß ich auch …«

Einen Augenblick sah er noch in ihre Augen, das Herz schlug ihm bis zum Halse heraus. Dann sagte er: »Cousine, Sie machen noch einen Menschen aus mir«, und ging zu Tante Ulrike, die ihn an der Terrasse erwartete. »Gräfin, ich gehe. Ich steige in den Schlangenkorb. Sie haben mir in sechs Wochen Ihre Schwester Marga versprochen. Sollte von mir bis dahin nichts Nennenswertes übrig sein, so begraben Sie meine Reste und suchen Sie Ihren Neffen zu überzeugen, dass es für einen Mann meines Kalibers doch keine so ganz unwürdige Leistung war. Leben Sie wohl und tausend Dank. Für die Lebensrettung im Augenblick zwar noch nicht, aber dafür, dass Sie mich dahin geführt haben, wo ich in den Himmel hineinsehen konnte.«

In Brauneck ward Ruhe. Bis zum jüngsten Zimmermädchen atmete alles auf. »Ein wahrer Gottesfriede«, flüsterte Fräulein Berger ihrer Vertrauten, der Arbeitslehrerin Fräulein Kramer, zu. »Es war kein Leben mehr mit Ihrer Durchlaucht. Schon lange nicht mehr. Und seit sie krank war … Ich weiß, Sie sind verschwiegen. Es war eine Schinderei. Die beiden liefen sich oben die Füße ab und wir unten. Und die Leute auf der Straße werden sich segnen, dass das schwarze Ungetüm mit seinem Geblök nicht mehr herumrast. Dem Krüger sein Fuß ist auf einmal wieder heil geworden. Der hat nur nicht hintendreinlaufen mögen, und von dem kleinen Bergmann hat man nie gehört, dass er sich einen Rausch getrunken hatte. Der hat das Hintendreinlaufen auch nicht vertragen. Der Adolf hat gesagt, wenn das Spazierengehen an ihn käme, so ginge er lieber aus dem Dienst. Warum es ihnen aber so greulich war, das verrät keiner. Und das macht mir Gedanken, Karoline. Und das Geläufe und Treppenknarren. Natürlich den Mädchen gegenüber lass ich's nicht aufkommen, sonst bliebe mir keine – das hat mir auch Gedanken gemacht. Man hört ja immer so etwas in einem so großen alten Bau. Mal schlägt ein Laden, mal ist's ein altes Ofenblech, das umfällt. Ich habe schließlich immer herausgefunden, was es war. Wenn ich mich fürchtete, dann wäre ich keine dreißig Jahre hier. Aber drei Tage vor dem Unglück auf der Römerwiese, da habe ich selbst nimmer nach schlagenden Läden und Ofenblechen gesucht. Der junge Herr ist aus drei Zimmern ausgewandert. Immer, sie wären ihm zu kalt oder zu heiß oder was weiß ich. Der hat es auch gehört. Ich habe von unserem Herrgott mitbekommen, dass ich mich nicht fürchte. Wie wenn ich fürs Schloss geboren wäre. Und so habe ich mich, wie ich's wieder gehört habe, in das Vorzimmer gestellt, wo die eine Säule ist, neben der Wendeltreppe dort ins Eck. Weil's dort herkam. Das ist auf drei Schritt an mir vorbei, Schritte und wieder Schritte. Es hat schier kein Ende genommen. Herauf und herunter. Und als trügen und schleppten sie. Gesehen habe ich nichts. Es schien ein Mond irgendwo, finster war es nicht. Und im Hof heulten alle Hunde. Lieber noch die Schritte als das Geheul. Auf einmal ging das Licht an, der Fürst kam ganz angezogen mitten in der Nacht. Er sieht mich, zum großen Glück war ich anständig gekleidet, und er sagt: „Fräulein Berger, hören Sie die Hunde auch?" Er wundert sich gar nicht, dass ich auf bin. „Es ist überhaupt nicht geheuer heute Nacht, Durchlaucht." Da fasst er mich am Arm und deutet hinüber. Jetzt ist wie ein mattes Licht im großen Saal. Die weißen Vorhänge gehen auf einmal herunter, und auf denen zeichnen sich allerhand Schatten ab. Von Menschen, die da innen gehen. Sie gingen zu schnell und waren zu weit in der Mitte des Saales. Wir konnten's nicht erkennen, was es für Schatten waren. Aber große und kleine, dünne und breite waren's gewiss. Viele, viele Schatten. Dann erlosch das Licht. Und der Fürst ließ meinen Arm los. Den hatte er die ganze Zeit gepackt gehalten. Er muss es gar nicht gewusst haben. Dann sagte der Fürst mit denselben Worten: „Fräulein Berger, es gibt ein Unglück." Ich sage: „Durchlaucht, wir wollen nicht hoffen." Da schüttelt er sich und geht in sein Zimmer. Und dass Sie mir nichts davon verlauten lassen, Karoline. Es bliebe mir kein Zimmermädchen – und Geister gibt es nicht. Das habe ich bei dem Herrn Kantor selig schon gelernt. So müssen wohl die alten Bilder spazieren gegangen sein. Und seit vorgestern haben wir Ruhe. Ein wahrer Gottesfriede, Karoline!«

43. VON DEN HIMMLISCHEN GÄRTEN

Schwer und dumpf lastete heute der Tag auf Thorstein. Grau versponnen der Himmel, in kurzen, mürrischen Stößen riss der Wind an den Rosenstämmen und zerzauste Harros mühsam gehütete Lilienecke, denn es war nicht mehr lange zum Lilientag. Die Frau von Thorstein war heute gar nicht aus ihrem Schlafzimmer gekommen und hatte, wie Harro sagte, nur eine viertelstündige Audienz erteilt.

Klein Heinz, der heute ganz der Babette anheimgefallen war, war darauf verfallen, Vaters Marmorbüsten im Empfangsraum mit einer Peitsche zu bearbeiten. Schreiend wurde er hinausgetragen. Im Garten hatte er sofort Märts Gießkanne umgestoßen und sich auch, ehe es Lisa hindern konnte, in der Wasserlache gewälzt und seine Locken mit feuchtem Sand bearbeitet. Mama hatte ihn auch da wieder brüllen hören, als ihm sein Vergnügen gestört wurde. Jetzt war er sicher in der Tantenstube untergebracht, und sein Vater hatte ihm dort eine Tracht tüchtiger Hiebe erteilen müssen, weil er eben dazukam, wie der junge Herr die Enttäuschungen des Morgens dadurch rächte, dass er Baublöckchen nach der armen Babette warf. Wie einfach war vorher die Bändigung des jungen Thorsteiners gewesen und wie schwierig wurde sie jetzt. Harro hatte sich immer eingebildet, dass Heinz' Tugend hauptsächlich seiner Erziehung zu danken sei, aber nun zeigte es sich, dass der Mutter ein sehr viel größerer Teil zugekommen war.

Seufzend stieg er hinunter, während die schluchzenden Klagetöne ihm noch nachhallen. Am Treppenfenster machte er Halt, man genoß hier den weitesten Überblick, und seit er seinen Saal nicht mehr betrat, blieb er oft hier stehen. Grau versponnen der Himmel. Das Land, schon im vielfarbigen Sommergewand, zeigte in dem glanzlosen Lichte ein zerstückeltes Aussehen. Dunkelschwarz glitt unten der Fluss vorbei und in kurzen Windstößen wirbelten die Rosenblätter. Hochsommer, und doch lag eine drückende Müdigkeit auf dem Land, über das die zerfaserten dichten grauen Schleier hinjagten.

Harro dünkte es, er habe Jahre an dem Fenster da verwartet. Wie oft hatte er in letzter Zeit dagestanden, ruhig und traurig, seine sonst so unermüdlichen Hände auf dem Rücken und dem schweren Schlagen des Reiherfluges nachsehend. Aus dem Atelier vertrieb ihn die Unrast. Die Bilder, die er in so ganz anderer Stimmung begonnen hatte, fremdeten ihn an. Er versuchte vergeblich, sich wieder auf die gleichen Gefühle zurückzuschrauben. Diese fliegenden Reiher, diese grau zerfaserten Wolkenschleiergewebe, diese düstern, glanzlosen Wipfel da unten, das wäre ein Bild. Das gäbe einen Ausdruck für seine Stimmung; seine unruhige Sehnsucht, die metallisch dunkeln Flügel würden sie dahintragen unter diesem verschleierten Himmel. Er sah es greifbar vor sich, das Bild, in düsterer Schönheit, aber seine auf den Rücken gelegten Hände zuckten nur.

Er blieb stehen und ließ die Stunde zerrinnen, bis ihn der Gong zum Essen rief. Ein einsames Mahl mit Tante Uli. Alfred fehlte. Weder der Hausherr noch die Stiftsdame sprachen ein Wort. Tante Ulrike war nicht für unnötiges Reden, wenn sie sah, wie wenig es doch verschlug. Tante Ulrike hatte reichlich Eisen im Blut. Weich war sie eigentlich nur gegen das Kind, das ihr verspätete Mutterfreuden und -schmerzen zu genießen gab. Darum fing sie erst, als Harro seine Nachtischjohannisbeeren verzehrte, an zu sprechen. »Harro, du musst mir Geld geben.«

Sie führte die Rechnung, den einzigen Teil ihrer Pflichten, den Rosmarie ungemein gern und freudig abgegeben hatte.

»Habe nichts mehr … Du musst Rosmaries braunes Buch nehmen und sie soll ihre Unterschrift geben. Dann kann Märt nach Brauneck hinüber. Die Füchse stehen sich ja die Beine ab.«

»Ha«, sagte Tante Uli, »steht es so? – Wir leben jetzt ganz von Braunecks Gnaden …«

»Was willst du«, knurrte Harro, »ich habe zu früh mein Haus frei haben wollen. Ich hätte auch damit warten können. Und dann steht noch einiges aus, was ich bekommen muss.«

»Aber es liegen doch alle Morgen Stöße von Briefen da, die du nicht aufmachst, Harro. Wer weiß, was da alles darin steckt.«

»Schon möglich.«

Harro schob seinen Teller hinweg und zündete sich eine Zigarre an.

»Harro, wenn man so am Rande ist wie du, dann würde ich wenigstens nicht so mit gekreuzten Beinen dasitzen und nicht einmal Briefe aufmachen.«

»Bin noch lange nicht am Rande. Rosmaries Goldhaufen muss auch bewacht werden.«

»Harro, du wirst frivol … Lass mich deine Briefe aufmachen, wenn es dich zu viel Anstrengung kostet bei deinem so außerordentlich nützlich verbrachten Leben.«

»Verlangst du, dass man bei dem Wetter arbeitet?«, sagte Harro matt. »Such die Briefe ab, ob du etwas Aufregendes darunter findest, dann kannst du es mir sagen.«

Tante Ulrike griff mit dem langen Arm nach dem obersten Haufen und fing an, die Briefe zu öffnen.

»Du starrst auch in den blendendsten Sonnenschein, Harro. Das Wetter ist eine Ausrede … Hier. Von einer Dame: *Mein teuerster Harro!* Eine Handschrift wie gestochen … Soll ich weiterlesen?«

»Sieh doch nach dem Namen unten«, riet Harro, der schon wieder am Fenster stand. Sie waren in Rosmaries Zimmer gegangen.

»*Dein Hans Friedrich.*«

»Gib!« Harro war rot geworden.

Sie gab ihm den Brief und sah, dass er ihn ungelesen in die Tasche steckte. Sie öffnete weiter. Plötzlich schrie sie auf: »Harro! Nein, du bist nicht am Rande. Sieh da, lies! Was dir einer für die Kopie von deiner Lindenprinzessin anbietet.«

Harro drehte sich nicht einmal um. »Kann er lang anbieten.«

»Harro! Da, sieh dir die Summe an. Davon könnt ihr Jahre leben … Harro! So … Harro, du erschöpfst mich … Ja gedenkst du denn als fürstlich Brauneckscher Pensionär zu vegetieren?«

Tante Ulrike hatte ihren höchsten Trumpf ausgespielt. Aber an diesem wie aus Holz geschnitzten Rücken verfing nichts. Ein leichtes Zucken der Achseln. Tante Ulrike hatte für heute ihr Pulver verschossen und ging hinüber zu dem »Kind«.

In dem großen Schlafzimmer standen die Fenster weit offen und von Zeit zu Zeit, wie der stoßweise Wind hereinfuhr, flatterten die hellen Vorhänge auf und dann war's wieder schwül wie zuvor.

Rosmarie lag auf ihrer Chaiselongue, die am Fußende des Bettes aufgestellt war, neben sich ein niedriges Tischchen mit allerhand Dingen beladen. Ein wundervoller großer Kornblumenstrauß stand in einer altsilbernen Vase.

»Nun, Kind?« Aber das Kind hob kaum die großen müden Augen. Ihre schmalen Hände hatte sie unter ihr Haar vergraben und das weiße zarte Spitzengewebe auf ihrer Brust war in leiser zitternder Bewegung.

»Was macht Harro?«

»Er ist nicht in der glänzendsten Laune. Und er lässt dich um eine Unterschrift bitten. Hier. Die Thorsteiner sind wieder einmal arm wie

Kirchenmäuse. Das scheint ihnen von Zeit zu Zeit passieren zu müssen. Macht's dich nicht zu müde?« Sie schob ihr Tinte und Feder hin.

Rosmarie hob ängstliche Augen.

»Muss ich wirklich rechnen, Tante Uli? Heut bin ich zu müde.«

»Nein, Schäfchen, nein, wenn du es nicht selbst willst. Ich will es gewiss nicht. Nur deinen Namen, dass das Thorsteiner Schiff wieder flott wird. Es ist zu stark geladen und liegt auf einem Riff.«

Rosmarie sah sie verwundert an. Und nahm die Feder … Tante Ulrike war rot bis in die Schläfen, als sie die Augen darauf fallen ließ. »Dieser faule Harro! Hier, ja hier.« Rosmarie schrieb ihren Namen. Es war schon eine Arbeit für sie, obgleich die Tante ihr die Unterlage hielt.

»Ist es nun recht?«

»Gewiss, Schäfchen. So schön hast du geschrieben. Nun ja, jetzt kann es wieder gehen. Ob es so gut für Harro ist, weiß ich freilich nicht.«

»Was ist nicht gut für Harro?«, fragte sie ängstlich. »Was meinst du mit dem Schiff?«

»Ach, Herzchen, dass er sich so gar nicht zu rühren braucht und seine Tage so verdämmert und du ihm mit einem Federstrich verschaffst, was er sich eigentlich erringen müsste. Ob das so gut ist?«

Rosmarie errötete ein wenig, sie hatte jetzt erst begriffen.

»Es war sehr unnötig, dass Harro es beim Vater durchgesetzt hat, dass alles auf meine Unterschrift geht. Es ist doch seine Sache. So gut ich ihm gehöre, so doch alles, was ich habe oder hatte.«

»Die Thorsteiner sind sonst nicht so gerne aus fremden Schüsseln satt geworden und es wundert mich, dass sich Harro so schnell daran gewöhnt.«

Rosmaries große graue Augen wurden nass.

»Es sind doch keine fremden Schüsseln, und ich möchte Harro jetzt sehen. Vielleicht ist er traurig …«

»Aber Herzblatt, so musst du es nicht nehmen. Nein, es ist alles recht … Natürlich keine fremden Schüsseln, ein ganz dummes, altmodisches Wort von deiner altmodischen Tante. Ich dachte nur, wie gut es wäre, wenn Harro wieder etwas täte. Seine Briefe liest er nicht einmal.«

»Dann ist er sehr, sehr traurig, Tante. Ach, man lässt ihn gar nicht zu mir.«

Die alte Dame nahm die ach so durchsichtig feine Hand in die ihre, auf der die bläulichen Schatten liefen, und sagte: »Kind, wenn das Schlänglein da an deinem Halse nicht wäre, das blaue Schlänglein, das so klopft … Kind, sag doch selbst! Wenn du diesen langen Menschen jetzt bei dir hast, er ist wie lauter zähe, alte Buchenknorzen heute; so wirst du so schlimme Dinge anstellen … Du fühlst das Gewitter. Heinz schreit den ganzen Morgen. Das Kind spürt es auch, er weiß nicht, was er will. Unerträglich schwül ist's, Kind. Du musst jetzt versuchen, ein wenig zu ruhen … Du siehst selbst ein, dass du dich jetzt nicht mit widerhaarigen, schlechtgelaunten Männern abgeben kannst. Eine kurze Zeit Geduld noch, Kind!«

Sie nickte ihr zu und ging mit ihrem braunen Buch hinaus. Nein, es war doch nicht drückend, von Rosmarie etwas zu empfangen. Ihr ganzes Wesen war so von demütiger Liebe erfüllt, dass ihr der Gedanke, dass sie noch ein Verfügungsrecht über ihr Eigentum hatte, nur schmerzlich war.

Harro stand immer noch am Fenster. Sie sagte: »Harro, du hast eine gute Frau, die muss der Himmel für dich herausgesucht haben, gerade weil sie so weich ist. Hart trifft bei dir immer wieder auf hart …«

Aber er gab darauf keine Antwort, sondern schlenderte langsam in den Garten, wo der Rasen voll abgewehter Rosenblätter lag. Düster hing der späte Nachmittag über dem Thorstein. Ein leises fernes Murren ließ sich hören, und zuweilen vergoldete ein ferner Blitz das graue Wolkengeschiebe.

Rosmarie hatte selbst nicht mehr nach ihrem Mann verlangt. Nur Tante Ulrike saß wieder bei ihr, als der frische Abend einbrach. Nun wehte kein Lüftchen mehr, kein Baumrauschen, nur der Brunnen erklang im Hofe. Das Licht glühte auf im Vogel Rock, alle Fenster standen weit offen, und doch war nirgends nur das leiseste Bewegen in den Vorhängen. Und nun kam das Knurren näher und näher, wie wenn die Burg auf dem Berge umlagert wäre von drohenden Ungeheuern, und überall an den Horizontlinien liefen glühende Fäden hin und her, zerrissen dort die Finsternis auf eine Sekunde und grenzten hier eine dunkle Hügelwelle, dort einen Waldrücken gegen den Himmel ab.

Tante Ulrike saß ängstlich neben dem Kinde. Der Herr Hofrat war schon dagewesen, hatte Rosmaries matte Erregtheit auf die schwüle Luft geschoben und es war ihr doch ein gewisser Ernst des Mannes nicht entgangen. Rosmarie hatte seit jener Nacht nie mehr ein Wort über ihre Krankheit gesprochen, als wären jene Worte nie gefallen, so war es zwischen ihnen. Nein, nein, das Kind würde eine lange schlimme Zeit haben, aber es ist ja zwei- oder dreiundzwanzig Jahre alt. Nein, das alte Herz, das sich noch einmal einer so innigen Liebe geöffnet hat, hält ihn fest, den köstlichen Besitz, das Wunderkleinod. Rosmarie hat ja nie eine Mutter gehabt und dieses selbstverständliche Verlangen und Hinnehmen gekannt, denn das köstlichste Teil der

Liebe zur Mutter ist, dass man immer gibt, wenn man nimmt. Rosmarie ruhte. Jede Berührung ihrer Hand war wie eine süße Wohltat für Tante Uli, die für jedes Lächeln dankbar war. Und wenn sie litt, so brauchte sie es vor der alten Dame nicht zu verbergen. Die wusste es ja doch und sie stand so tapfer dabei. Sie ließ nie merken, dass es ihr selbst das Herz zerschnitt, und doch konnte Rosmarie sie keine Sekunde für gefühllos halten. Und sie war immer ein wenig heiter mit ihren trockenen kleinen Redensarten, und ihre Hände waren weich und stark, und jede Berührung tat wohl. Sie war eine Mutter. In ihren alten Tagen war sie es geworden. Sie war eine große Menschenkennerin, die Tante Uli, und pflegte mit Stolz von sich zu sagen, sie habe sich noch nie im Leben in einem Menschen getäuscht, sondern jedem sofort an der Nase angesehen, was er wert sei. Und Rosmarie hatte ihr vom allerersten Anblick bei ihrer Hochzeit das Herz abgewonnen. Freilich hatte sie damals nur an mehr oberflächliche Beziehungen gedacht und gemeint, die junge Prinzessin werde wohl kein so ausgeprägtes Bedürfnis nach alten Tanten haben. Und nun war es doch so gekommen.

Ach, und heute litt ihr Mutterherz ... Es war, als gäbe es ihr jede Sekunde neben dem weißen Bett deutlicher ein: Wir haben umsonst gehofft ... So unruhig und so matt ist das Kind. Ihr weißes Gesicht ist ganz umflutet von den goldenen Haarwellen. So wirft sie sich hin und her und ihre Hände auf der dünnen blauseidenen Steppdecke halten keinen Augenblick still.

Und jetzt kommt Leben in die Vorhänge, ein leises Wehen, dann ein Stoß, dass sie emporflattern. Rosmarie zittert schon vor Kälte, ehe Tante Uli nur geschwind alle Fenster schließen kann. Und dann wirft sich der Sturm herein und alle Ungeheuer, die um die Burg gelagert sind, öffnen ihre Feuerschlünde.

Rosmarie fährt zusammen. »O Tante Ulrike, war denn je ein solches entsetzliches Gewitter? Ich habe mich doch nie gefürchtet. Hast du je einen solchen Donner gehört? Mach die Vorhänge zu. Ich kann die Blitze nicht sehen ... Ach, das große Licht ... Liebste.«

Ein Heulen, Brausen und Toben ist in der Luft, und wie kurze Kanonenschläge kracht der Donner. Und jedes Mal, wenn ein Schlag fällt, erzittert Rosmaries ganzer Körper und ihre Hände verkrampfen sich an den Kissen. Das goldene Licht der Krone selbst kann die grellen Blitze nicht verdecken.

»O Tante Uli, sieh nach dem Kinde!«, stöhnt sie.

»Ich kann dich jetzt nicht verlassen, mein armes Herzblatt. Harro ist bei ihm. Ich sehe sein Licht nicht mehr, er ist gewiss oben.«

Ein neuer Schlag, da geht die Tür auf und Harro kommt herein.

»Ich habe geklopft, ihr hörtet mich nicht. Ich wollte sehen, ob Rosmarie sich nicht aufregt.«

Tante Ulrikes Gestalt hatte ihm seine Frau verdeckt. Nun drehte sie sich um und Harro beugte sich über sie. Einen Augenblick nur, dann sagte er: »Gott steh mir bei …« Und wieder ein Schlag und wieder rann das Zittern durch ihre Glieder, als hämmere der Schlag auf ihr armes Herz.

»Harro«, stöhnte sie, »hilf mir, so hilf mir doch! Warum kommt der Donner auf mich?«

»Nimm sie auf deinen Arm, Harro«, flüsterte ihm die alte Dame zu. »Ich will dir helfen. Wie es der Professor damals getan hat.«

Er hielt sie in seinem Arm. Das aufgelöste blasse Gold ihrer Haarwellen strömte über seine Schulter und er fühlte das harte unruhige Stoßen ihres Herzens. Noch ein schweres verhallendes Rollen und draußen strömten die Wasserfluten.

»Danke dir«, flüsterte sie, als ob er den Winden gebieten könne. »Heinz?«

»Er schläft, Rose. Er ist nicht einmal aufgewacht.«

»Ich bin so dankbar, dass du gekommen bist, Harro. O Harro, Lieber, warum war denn der Donner im Zimmer? Er rollte über mich hinweg wie ein schwerer Wagen.«

Harro gab ihr keine Antwort, nur Tante Ulrike tröstete.

»Du hast es mehr gefühlt, weil du krank bist, mein Herzblatt.«

»Ja, ich bin sehr krank. Heute bin ich sehr krank. O mein armer Harro! Und den ganzen Tag schon war ich krank und sie ließen dich nicht zu mir. Und ich wollte dich doch trösten, Harro … Aber ich war zu müde dazu. Halt mich doch in deinem lieben Arm … Nun regnet's auf meine Lilien, meine armen, und der Sturm zerknickt sie, Harro!«

»Ja, er zerknickt sie«, sagte er leise.

»Nicht alle, Herzenskind«, tröstete Tante Ulrike.

Harro beugte sich sanft über Rosmarie herab und küsste den blassen Mund, da ging die alte Dame leise hinaus.

Draußen strömte der Regen eine herrliche duftende Kühle und der Atem vieler Rosen zog durch den Raum.

»Harro«, sie sprach so leise, »sie sagten, du seist so traurig … Warum kommst du nicht zu mir?«

»Sie ließen mich nicht … Ich könnte dir schaden, sagen sie. Aber es ist nicht wahr. Habe ich dir nicht heute den schlimmen Donner verjagt?«

»Wie du kamst, war's besser … Warum lässt du mich deine Augen nicht sehen, Harro? Immer siehst du hinweg. O Harro, du weinst.«

»Nein«, lügt er, »es ist das Licht.«

»Ach, nicht weinen, du musst mir helfen, Harro. Du siehst doch, dass ich kämpfe. Immerfort kämpfe ich. Für dich, Harro, um mein armes Leben. Wärst du nicht gekommen, ich hätte das Rollen und Stoßen auf mir nicht mehr ertragen. Und ich darf dich noch nicht alleinlassen, Harro.«

»Wie kann ich dir kämpfen helfen, Seele … Wie kann ich's denn?«

»Ach, weiß ich das … Du sollst bei mir sein, du sollst mich nicht so viel allein lassen. Die Quelle, nun ist sie ein Bächlein geworden – es rauscht so stark, und wie die Sternblumen duften.«

»Ich lasse dich nicht mehr allein. Ich stehe jetzt bei dir. Nein, auf fremde Quellen sollst du nicht hören. Es ist unser lieber alter Brunnen, der rauscht. Ach, was für kostbare Stunden ließen wir uns nehmen, und du hast deinen armen Harro vor deiner Tür vor Warten fast vergehen lassen! Nun machen wir es, wie wir es wollen. Sie haben dir nicht gutgetan mit ihrer Ruhe. Ich bringe dich wieder in den Wald. Unter dem Kastanienbaum kannst du auch schön still liegen und die Tannen rauschen dich in den Schlaf. Und die Rehe kommen ganz dicht heran und es fällt im ganzen Walde kein einziger Schuss. Den ganzen Tag rufen die Waldtauben. Und nachts spinnen die weißen Nebel. Silberne Gewänder spinnen sie und morgens ist alles mit Diamanten bestickt. Und die Hasen spielen Verstecken am Rain. Und wenn der Mond kommt und du im Sälchen in deinem schönen weißen Bett liegst und die Tannen draußen ganz versilbert stehen, dann hörst du eine wunderfeine Musik wie aus weißen Nebeln und Mondschein gewoben. Das ist Hans Friedrichs Geige. Er ist unten in der Veranda und seine Geige singt dich in den Schlaf.«

Durchsichtig zart und weiß mit zart geröteten Lippen und fest geschlossenen Augen, unter deren schwerem Lid der kostbare Edelstein noch eben hervorleuchtet, liegt sie und horcht und lächelt … Ist das Harro? Kann er denn solche sanften lieben Bilder vorzaubern? Nun ist plötzlich in ihrem schönen Antlitz das Seelchen wieder erwacht. So lächelt sie. Ihre Hände haben sich gelöst und hängen wie sanfte weiße Blumen herab … Auch das wilde Stoßen des Herzens hat aufgehört.

»Ich will noch mehr hören, Harro … Von dem himmlischen Garten sprichst du doch, denn von dem andern … Du siehst doch, ich kann nicht mehr.«

»Vom himmlischen Garten weiß ich nichts, Liebste … Ich spreche von unserem Waldhaus.«

Ihre Hände zucken in die Höhe, als müsste sie versuchen, sich zu erheben. Sie sinken zurück.

»Auf meinen Armen kommst du dahin, Rose … So wie du jetzt dein liebes Haupt daherlegst …«

Immer röter werden ihre Lippen, und nun öffnet sie ihre fieberblanken Augen. »Ja, ja, Lieber«, sagte sie hastig, »nur ist das so sonderbar, dass ich hier angekettet bin. Und wenn du mich in die Höhe heben willst, so hoch, dass du mich auf die Römerwiese heben kannst, so reißt du doch an den Ketten …«

»Tante Uli!«, rief Harro. »Sieh die Rose!«

»Sie hat Fieber, sie hat hohes Fieber, Harro … Das ist immer so, das Gewitter hat sie angegriffen«, raunt sie ihm zu. »Gib ihr das.«

Sie bringt ihm eine kleine Tasse. »Wenn sie es nimmt, ist es gut.«

»Rose, trinke das!«

Aber sie schüttelte.

»Dann schlafe ich den schweren hässlichen Schlaf und du gehst fort.«

»Ich gehe nicht.«

»Aber ich fühle dich nicht mehr, Harro.«

Ulrike zuckt die Achseln. »Zwinge sie nicht … Wenn sie von selbst einschläft, ist es noch besser … Sie ist nicht ganz klar.«

»O doch«, sagt Rosmarie scharf. »Ihr seht nur die Dinge nicht ganz recht. Und Harro weiß zu wenig von dem himmlischen Garten. Die Geige, das gefiel mir. Und die Töne, die sich verspinnen wie Mondschein-beperlte Nebelfäden. Ach, wie mich das freut. Still, Harro, dass es der Tyrann nicht hört. Freude, das Wort ist ihm schon zu viel. Immer still, traurig und Ruhe, so will er es. Aber wir überlisten ihn, Harro. Wir tun stille, traurig und ruhig und sind doch an den himmlischen Gärten. Sieh, wie die Sternblumen durch das Gitter hängen. Und das alte Weib in der schwarzen Florhaube mit den langen Seidenbändern, die da mit dem schwarzen silberbeschlagenen Buch in den Händen geht, das ist Märts Mutter. Sieh, wie wunderbar, der lange Märt, schier so groß und breit wie du und hat so eine kleine winzige Mutter. Du musst sie grüßen, Harro, damit sie nicht denkt, du seist hochmütig.«

»Ich grüße sie, Liebste …«

Ulrike war ängstlich.

»Das Kind spricht zu viel; du musst mit ihr reden, Harro!«

»Rose, soll ich dir von dem schönen blauen See erzählen, wo wir dich jetzt hinbringen werden, und wie das Abendgold hineinfällt und du in dem kleinen Boot liegst und alles um dich herum ist golden und blau. Und ich rudere dich und jeder Ruderschlag zieht einen goldenen Streifen durch das Blau … Wir nehmen das Auto und sind in einem halben Tag dort. Oder wir fahren durch die Nacht und du schläfst, und wenn du am andern Morgen aufwachst, dann sieht der See durch die Bäume wie ein Stück heruntergefallener Himmel.«

»Ja, Harro, wenn die Ketten nicht wären und der Abgrund. Lieber, du lässt mich doch nicht fallen. Du hältst mich ganz fest. Die Tiefe ist so grässlich … Man muss immer den Abgrund bedenken, Harro.«

»Ich halte dich sehr fest, Rose. Ich habe so starke Arme. Und wenn ich dich bis an den See tragen müsste, Rose.«

Sie lächelt zu ihm auf. »Du bist so gut, Harro, und ich bin sehr glücklich. Ich bekomme immer meinen Willen, sagen sie …« Sie lachte leise. »Tante Helen meint: Biskuitporzellan. Natürlich, das zerbricht leichter, und wenn es einen Sprung hat, dann muss man auch viel feiner damit umgehen. Und alles zulieb tun, wie Tante Uli. Oh, meine liebste, beste Mutter Uli. Sie lässt sich quälen und ist noch froh darüber.«

Harro sah auf die greise steife Tante. Ja, war sie das noch, die jetzt die Hand seiner Frau an ihre Wange hielt, auf der ein Rot brannte, und aus deren Augen alles Stählerne verschwunden war. Dieselbe Tante Ulrike, die heute so spitzige Pfeile nach ihm abgeschossen hatte! Und wie ihre Stimme klang, die tiefe Altstimme. Woher kamen ihr nur auf einmal die dunkel-weichen Töne?

»Kind, wer dir dienen darf, ist froh darum, und wenn du ganz gesund bist und keine schlimme alte Tante mehr brauchst, was wird sie tun? In dem Winkel wird sie sitzen und weinen.«

»Ach, das wirst du nicht tun, Tante Uli. Denke, welchen kleinen Weg du noch zu mir haben wirst. Der arme Harro hat einen langen Weg. So allein. Harro, halt fest, du lässt mich fallen. Du zitterst ja.«

Ulrikens Augen wurden plötzlich die alten. Sie warf ihm einen Blick zu. »Es ist nichts, Herzblatt, sein Arm ist nur ein wenig müde. Ich schiebe ihm ein Kissen darunter, dann ist's gut. So, Harro. Das muss man auch lernen. Du siehst ja, was für ein feines Porzellan es ist.«

»O Harro, ich glaube, ich sage Dinge, die ich nicht wollte. Ich habe dir wehgetan. Ihr habt recht, ich habe wohl Fieber und bin nicht so ganz klar. Es ist ja mein Schlafzimmer und es kann nirgends ein Abgrund sein. Und die Brücke, die da über den breiten Strom geht, der so dunkel und brausend daherfließt, die träume ich auch nur. Wieder ziehen und gleiten die großen und kleinen Wellen … Das kann nicht mein alter kleiner Bach sein. Der Strom, wie er rauscht und tost. Er geht ins Meer. Ins große Meer … Wenn du ganz still bist, kannst du durch sein Tosen hindurch die Brandung hören … Meinst du, dass ich über die leichte Brücke hinüberkomme zu den Gärten dort?«

Harro ließ sie sanft auf die Kissen gleiten … Sie schien es kaum zu bemerken. Ulrike hielt ihre Hände fest. Sie sah mit ihren strengsten Augen zu ihrem Neffen hinauf und dann zur Türe.

Harro ging hinaus in das dunkle Wohnzimmer, vor dessen offenem Fenster der Regen niederrauschte wie ein gleichmäßiger Strom. Dort warf er sich auf den Boden und über sein Herz rauschten die bitteren Wasserfluten. Ein rasender Jammer hielt ihn gepackt und ein wildes Grollen zugleich. War ich nicht dankbar genug, als sich die Wagschale neigte und sie mir von Leben sprachen? War ich nicht bereit, alles dahinzugeben? Habe ich nicht mit mir gekämpft, mit jedem Blutstropfen gekämpft, dass ich mein altes Selbst niederringe? Meine alte Welt habe ich selbst zertrümmert. Ich habe keinen Winkel in mir behalten, wo ich das neue Licht nicht hereingelassen hätte.

Und seine wilden Gedankenrosse rissen ihn dahin.

Unbegreiflich bist du, Gott. Furchtbar. Immer neue Schleier webst du vor dein Angesicht. Ich wollte dir dienen. Du weißt es, dass ich aufrichtig bin. Aber du nimmst sie mir, ja meine Seele nimmst du mir … meinen blauen Himmel. Ich werde sehen müssen, wie das Licht aus ihren Augen geht. Ich werd es vielleicht ersehnen, wenn ich sie noch einmal so daliegen sehen muss wie da, als der Donner über sie hinrollte. Grausam bist du, Gott, und deine schönsten Blumen triffst du am härtesten. Und keinen Ort hast du gelassen, wo ich die Seele vor dir berge. Entfliehen kann ich dir nicht mehr. Wenn ich noch frei wäre, wenn ich noch trotzen könnte wie früher. Aber du hast mich zerbrochen … Ich wehre mich gegen dich und deinen Willen und muss deine bittern Wasser über mich rauschen lassen wie meine armen Lilien da draußen den Regen. Wenn ich noch frei wäre, ich würde ein Ende machen mit dem Jammer da drüben. Und mit mir ein Ende. So sanft käme sie hinüber in ihre himmlischen Gärten. Ich könnte ihren letzten Atem trinken von ihren Lippen und sie vertraute mir. Und meine Arme würden nicht zittern … Und das Kind ließe ich dem Vater. Und wir schliefen zusammen. Aber den Glauben daran hast du mir zerrissen. Wie einen dünnen Fetzen Tuch, mit dem ich mir dein Licht verdecken wollte. Und meine Seele liegt vor eisernen Türen und deine Nähe, deine furchtbare Nähe, hält das Gewand von Fleisch und Bein und den Betrug des Tages nicht mehr ab. Ich werde es mit ansehen müssen. Ich werde dabeistehen. Gottes Will hat kein Warum.

Leise Schritte kamen von der Tür her. Er hob seinen Kopf nicht. Wie ein Erschlagener lag er da, seine Fäuste vors Gesicht gedrückt … Ein Licht flammte auf. Die alte Dame wäre beinahe über ihn gefallen.

»Harro«, sagte sie, »ich habe dem Kind das Morphium doch aufzwingen müssen. Es grämte und ängstigte sich um dich. Nun schläft sie oder liegt wenigstens ruhig.«

Sie setzte sich steif und aufrecht neben ihn auf das niedere Sofa.

»Ich habe Babette geholt, dass sie bei dem Kind sitzt, und ihr versprochen, dass ich nach ihr sehe, sonst hätte sie das Zeug nicht genommen. Steh auf, Harro, du musst ja doch hindurch.«

»Ich kann nicht. Ich ertrag's so besser. Ich bin ein böser Hund heute. Das ist wohl auch Gottes Will.« Er lacht ein wildes Lachen.

»Ja, Harro, mit dir hat die Rose noch einen schlimmen Kampf vor sich. Und einzubilden brauchst du dir nicht, dass sie etwas nicht wisse, was du treibst. Sie weiß es ganz genau. Das wird auch Gottes Will sein … dass sie das von dir hört, Harro!«

Er schwieg.

Dann sagte er: »Warum hast du mir all die Zeit gestohlen?«

»Harro, ich musste tun, was der Herr Hofrat verlangte. So wie heute war es noch nie. Und dann fürchtete ich mich vor dir und was die arme Rose noch mit dir ausstehen würde. So wie du bist, Harro! Dass du sie nicht einmal in deinen Armen ruhig halten kannst, obgleich du wissen musst, wie glücklich und dankbar sie darüber ist. Nein, du musst fortrennen und uns alleinlassen.«

»Ich habe es noch nicht gelernt, das Danebenstehen und das Mitansehenmüssen wie du. – Tante Uli«, stöhnte er, »wenn du nur so gut wärest und ließest mich wenigstens allein. Ich verlange nichts weiter. Aber so verwundet, wie ich bin, und das Stachelbett, auf das du einen legst, auch noch dazu …«

»Es wäre mir wohl auch lieber, neben der Rose zu sitzen und sie von ihren himmlischen Gärten und Märts Mutter flüstern zu hören als neben dir. Aber ich kann nicht anders, ich habe Dienst. Die Rose selbst hat es befohlen.«

»Du sollst mich wohl trösten, Tante Ulrike, und du tust das auch, nicht wahr? Auf deine Art und Weise. Vielleicht nicht ganz so wie sich die Rose das gedacht hat, dein Trostamt.«

»Trösten?«, rief Tante Ulrike mit ihrer tiefsten Stimme. »Trösten? Als ob es dafür einen Trost gäbe! Ich wüsste keinen. Wenn du sie verlieren musst, dann kann dich Gott im Himmel selber nicht trösten. Nein, das versteh ich nicht. Du musst hindurch. Durch alle sieben

Wehe. Das seh ich auch kommen. Sich jetzt noch einen blauen Nebel vormachen, das hat keinen Wert. Der Strom und die Brücke. Ich kenne das. Aber ich denke an die Rose. Wie wir ihr hinüber helfen. Wir sind auch aus lauter Liebe grausam gewesen. Nicht einmal ihren Herrn Stiftsprediger, den sie gewollt hat, haben wir ihr geholt. So haben wir uns von den Doktoren tyrannisieren lassen. Natürlich, so lange du so bist wie jetzt, ist es ja nur gut, wenn man dich von der Rose fernhält.«

»Hast du noch ein paar Stacheln, Tante Ulrike, so stoß zu, aber schnell. Ich glaubte schon, du fingest an, mich zu trösten.«

»Harro, was tue ich mit dir und der Rose? Du musst es anhören lernen, wenn sie von himmlischen Gärten spricht. Hart für dich, hart. Du musst lernen, sie in den Armen halten, ganz ruhig, wenn ihr Herz in ihrer Brust wie ein armer Vogel flattert. Du musst einen kleinen Scherz mit ihr machen, wenn sie so matt ist, dass sie kaum die Augen heben kann. Wenn es am schlimmsten ist, darfst du sie mir nicht hinlegen und hinausgehen. Sie macht es dir nach einer Seite hin nicht schwer. Denk, sie könnte auch jammern um ihr junges Leben und um ihr Kind und um ihr bitteres Leiden … ihr unschuldiges Leiden. Da hörst du aber keinen Ton. Ich sehe sie an, zu jeder Stunde sehe ich sie und immer größer wird sie mir … Und sieht so sanft und zart aus und hat so viel Stahl in sich … Oder das ist es nicht. Es ist Gold. Schönes, reines Gold, das wird immer heller von den himmlischen Tränen.«

Harro zog seine eine Hand unter dem Kopfe hervor und streckte sie aus. »Woher?« Dann verstummte er wieder.

»Ja, woher nimmst du das, meinst du. Da könnte ich dir manches sagen, Harro, aber du wirst's nicht hören wollen. Dein alter Thorsteiner Trotzkopf nützt dir jetzt wenig. Dann hilft dir auch die Rose selbst. Sie wird morgen erschrecken, wenn sie sich noch erinnert, was sie alles gesagt hat … Wenn du einmal so ganz einsiehst, wie ihr Herz in dich verkettet ist.«

»Einsiehst«, rief er … »Musst du sie mir denn erklären?«

»Ja, es kommt mir nötig vor, denn irgendwo muss sie dich immer fühlen … Darum habe ich ihr jetzt das Morphium gegeben. Wenn du das bedenkst, Harro, so musst du ihr auch nicht den wilden Mann machen. Zähne zusammenbeißen und ihr so viele schöne Stunden bereiten, als du kannst. – Harro, du hast die sieben Seligkeiten gehabt. Wüte also jetzt nicht, als ob noch nie ein Mensch ein solches Schicksal getragen hätte. Es gehen manche dahin in Schuld. Müssen in ein Grab hineinsehen mit ihrer Schuld. Du hast deiner Rose nur ein großes Glück gegeben. Ihr ganzes Herz ist voll davon. Weine, mein armer

Bub, es tut so gut, wein dich aus. Sie sagt: „Harro hat mich halb erfroren aufgehoben und hat mich auf seinen Arm genommen und so lang sie ihn ließen mich darauf getragen.“ Sie vergoldet dich über und über. Nun muss man sie wieder auf den Arm nehmen und dahin tragen. So wie du es heut Abend gemacht hast mit lieben sanften Worten. Hast du gesehen, wie sie lächelte? Glaubst du, dass sie in dem Augenblick noch gelitten hat? Ihre feinen Hände öffneten sich und ihr Mund war so wunderschön. Du hast ihn vor mir geküsst, so holdselig war es. Deinen grimmen Schmerz, ja den musst du in den geheimsten Winkel hinunterstoßen für nachher. Man weiß ja nicht, was kommt. Das Morgen heut zu beweinen hat keinen Sinn. Das kommt schon und bringt seine Last mit, und das Heute hat genug aufgepackt. Denk, wie du ihr die Last erleichtern kannst. „Danke schön“, sagt sie zu dir, wenn das Gewitter nachlässt. Denk nicht, sie würde dich für gefühllos halten, wenn du einmal heiter mit ihr bist. Ach, dazu ist sie zu fein, du hast's ja gehört. Vom allerfeinsten Porzellan …«

Harro hob seinen Kopf und sagte mühsam: »Wenn ihr mich vor der Tür stehen lasst.«

»Nein, nein, das nicht mehr. Aber nur, wenn man sie dir ruhig anvertrauen kann. Der wilde Mann bleibt draußen …«

Damit erhob sich die alte Dame, die neben ihrem hingeschmetterten Sohn so gerade gesessen hatte. Sie ging zur Tür und drehte das Licht aus und ließ ihn im Dunkeln, als müsste sie seinen Anblick selbst hinter Mauern vor Rosmarie verbergen.

Schon stand die Sonne sehr hoch am Himmel, als Harro an Rosmaries Schlafzimmer klopfte. Seine Tante kam heraus, die Nacht sah man ihr nicht an. Sie warf einen misstrauischen Blick nach ihm. »Du erwartest doch nicht, dass nach einer solchen Nacht die Rose sehr wohl ist?«

»Nein, etwas Gutes erwarte ich vorderhand nicht mehr. Wie lang muss ich antichambrieren? Weil ich sonst lieber sitze; ich habe einen Weg gemacht.«

»In den Wäldern herumgerannt? Meinst du, wir wissen es nicht. Und es ist Zeit, dass du kommst … Geh nur hinein!«

Es war gut, dass die Tante ihn vorbereitet hatte.

Rosmarie lag matt und weiß in ihren Kissen, als habe sie seine Schmerzenswege mit ihm wandern müssen. Aber sie war allein.

Tante Ulrike vertraute ihm doch trotz ihres Empfanges.

Er glitt vorsichtig auf den Stuhl neben ihrem Bette und legte ihr zwei lange, schneeweiße Waldglockenstengel auf die Decke.

Ihre weißen Hände griffen danach und sie sagte: »So weit bist du gegangen, Lieber, bis zum Hirschgraben, da wachsen die doch nur.«

»Bis zum Hirschgraben, Rose. Nach dem Waldhäuschen hab ich gesehen, ob wir dich nicht doch einmal hinausbringen, aber ich fürchte, es wird etwas eng hergehen. Zur Not geht's aber … Und wie du dahin kommst, brauchst du dich auch nicht zu sorgen.«

»Ach, du bist so gut, Harro, aber ich will lieber hierbleiben. Das liebe Goldhaus. Und vielleicht möchte ich am liebsten einmal nach Brauneck. Solange Mama fort ist. Ich war jetzt nie mehr dort über Nacht und für Vater wäre es auch so schön. So allein ist er jetzt in dem großen Haus. Und ich würde in meinem alten Muschelbett schlafen und meine Linde rauschen hören. Jetzt blüht ihre Nordseite.«

Harro würgte etwas hinunter. Warum sollte sie denn nicht in seinem Hause bleiben, wo alles ihr zuliebe entstanden und für sie zugeschnitten war?

Sie fühlte es sofort und sagte: »Jetzt noch nicht, Harro, erst später. Zuvor habe ich noch andere Wünsche. Ich möchte im Atelier liegen. Ich habe Tante Ulrike schon so viel gequält darum. Und du sollst eine Leinwand aufspannen.«

»Es sind Leinwände aufgespannt, große und kleine, Rose.«

»Harro, wenn ich dir zusehen könnte …«

»Rose«, sagte er mühsam, »du kannst gewiss alles von mir verlangen, aber sei lieb und tu das jetzt nicht. An Klecksereien, wie ich sie jetzt doch nur zustandebringe, hättest du auch keine Freude.«

»Harro, wann willst du denn das schöne Bild malen? Weißt du, ich sprach dir doch immer davon, als ich noch dein Seelchen war.«

»Mein schönstes Bild hab ich schon gemalt, die Lindenprinzessin, und es ist mir einsam im Herzen, dass es heraus ist.«

»Harro, ich habe mir so brennend gewünscht, dass ich dir noch einmal zusehen darf …« Sie verbesserte sich ängstlich. »Ich meine, bei dem Bilde zusehen. Ich könnte so schön still dabeiliegen und wäre bei dir und könnte dir so wundervoll dreinreden. Du weißt, das tu ich so gern.«

»Dann ist's mir sehr schmerzlich, dass ich dir die große Freude nicht machen kann.«

»Aber warum denn nicht?«, sagte sie mit ihrer alten Hartnäckigkeit.

»Liebe Rose, weil ich nicht weiß, was ich machen soll, und weil man selbst dir zulieb Bilder nicht wie Ostereier malt. Wenigstens solche, die deine Kritik aushalten sollen. Ich weiß noch etwas anderes, was dich freut, Rose, wenn du das einmal anhören willst. Hans

Friedrich schreibt mir. Sehr lieb, wie du dir denken kannst. Das alte Chorwerk! Er sitzt ja seit März daran, weil er zuvor immer wieder an der Arbeit erlegen ist. Da musst du ihn einmal ermahnt haben, und für dich tut er alles. Es muss eine kleine Sisyphusarbeit gewesen sein. Die einzelnen Blätter waren in gar keiner Weise numeriert oder gekennzeichnet, sondern alles war durcheinandergekommen. Die Schreiberin oder der Komponist müssen von einem plötzlichen Ereignis überrascht worden sein oder es kamen fremde Hände darüber, die keine Ahnung hatten, um was es sich handelte. Da hat er entwirren müssen. Mehr als einmal habe er alles zurückschicken wollen, umso mehr, als er ja gar nicht wissen konnte, ob sich die Riesenmühe auch lohnen würde. Aber er hat vor dir Angst gehabt, Rose. Du könntest unzufrieden mit ihm sein. Und schließlich fand er auch so eine Art Faden. Und es muss sich gelohnt haben. Er tut noch geheimnisvoll und er fragt an, ob er dir einmal etwas daraus vorspielen dürfte. Er ist ja sehr bescheiden, fürchtet, uns jetzt ungelegen zu kommen, und meint, er könne ganz gut im „Stern" wohnen.«

»O Harro, wie ich mich freue! Wie ich mich freue. Du sprachest doch gestern von Hans Friedrichs Geige.«

»Ja, ich dachte mir, es wird dich freuen. Und wohnen wird er natürlich bei uns. Ich bin froh, wenn ich ihn habe. Und abends macht er dir schöne Musik. Ja, und dabei kannst du schön liegen; greift es dich zu sehr an, dann kannst du im Schmollwinkel sein. Da hörst du nur, was dich freut.«

Rosmarie hatte schon wieder ein wenig rote Wangen bekommen.

»Ach, du hast mir eine Freude gebracht. Weiß Tante Uli es schon? Einen Morgenkuss hast du mir aber nicht gegeben, Harro!«

»Ich wusste nicht, ob ich es wagen dürfte.« Er beugte sich über sie und seine Lippen brannten auf ihrer Stirne. Dann ging er schnell hinaus. Es war doch noch zu gefährlich, sie zu küssen.

44. DIE HEILIGE UND IHR NARR

Harro ist auf den Bahnhof gefahren, um Hans Friedrich abzuholen. Eine goldene Welt übersieht man von dem Break aus. Die Felder in ihrem Ernteglanz und darüber der schwer graublaue Himmel. Vom Raine nicken noch die Kornblumen und glüht der Mohn, aber ihre Zeit ist gekommen und das Lied vom Sichlein geht durch die Luft. Wie das wogt und rauscht, der goldene Segen.

Hans Friedrich lässt seine entzückten Augen darüber gleiten. Er hat es ja im Winter gesehen, aber wie verändert sich das Land, wenn der liebe Sommersegen darauf liegt.

Harro lenkt seine Pferde. Hans Friedrich hat noch nicht zu fragen gewagt. Mit einem Schnalzen und einem leichten Ruck hält Harro an.

»Du kannst die Pferde einen Augenblick halten, Hans?«

»Um Gottes willen, Harro … Es sollen sehr kluge Tiere sein, die Pferde, und es sofort merken, wenn ein Dilettant an ihnen ist. Und dann springen sie in die weite Welt und du siehst weder deine Pferde noch mich jemals wieder …«

Harro lachte. Es war nicht mehr sein altes Lachen, aber es klang doch noch ein wenig danach. »Wer hat dir diesen Bären aufgebunden, Hänschen? Ja, dann musst du eben heruntersteigen. Sieh dort den Gänseblumenbusch. Den ganzen nehmen wir mit. Nicht säuberlich abpflücken, das dauert zu lange, sondern mehr en gros. Ei, du hast begriffen, Hänschen. Sieh mal, zu was du dich hinaufentwickelst. Ich werde dich kutschieren lehren. Als Erstes darfst du die Peitsche einmal halten. – So, den Busch legst du da hinein.«

»Harro, hast du so genug an deinen schönen Pferden? Sie tun mir leid, die freundlichen Tiere. Ich werde sie in einen Mühlgraben befördern, und aus Scham werde ich nicht wagen, selbst wieder herauszusteigen und muss in dem nassen Element verbleiben.«

»Das nasse Element! Aber hast du den Segen verwahrt? Er ist für die Frau.«

Nun musste Hans Friedrich daran …

»Wie geht es Ihrer Durchlaucht?«

»Ach, immer gleich, sie ist jetzt am Zürichersee. Ihre Nerven sind immer gleich schlecht und sie muss zu einem Schatten abgemagert sein und Tag und Nacht keine Ruhe geben. Ihre Laune muss dementsprechend sein.«

»Harro, unmöglich!«

Harro sah ihn an, und diesmal lachte er ganz hell.

»Ach, meine Schwiegermutter hast du gar nicht gemeint, sondern für meine Frau hast du dich so angestrengt.« Dann wurde er wieder ernst und sagte: »Es geht nicht schlechter, es geht vielleicht ein wenig besser … Hans, es wird dir einen Stoß geben, wenn du sie siehst.«

»Lieber Harro«, sagte Hans Friedrich mit der ihm eigenen zarten Bescheidenheit. »Es hat mir jedes Mal einen Stoß gegeben, wenn ich sie sah. Verzeih, dass ich es dir sage. Aber schließlich musst du wissen, wie sehr ich dir dankbar bin, dass ich in eurem Hause sein durfte.

Wenn ich irgendwo ein schönes Gold funkeln sah, und wenn es nur an einem Rahmen war, dann trat mir in dem Goldglanz euer Haus entgegen. Obgleich ich nie mehr ein Gold gesehen habe, das so leuchtet wie das in eurem Empfangsraum, wenn die Lampen angezündet sind. Wenn ich die himmlische Seligkeit erreichte und sie würde nach meinem Geschmack eingerichtet, dann möchte ich durch euren Vorraum hineingelangen, da blieb ich dann hängen.«

»Mon cher, doch nur mit den seligen Melodien, die im Innern sind, Hänschen. Übrigens, Hans, schöne Tage willst du bei uns erlebt haben?«

»Schön, Harro, sagte ich so? Dann war es nicht richtig. Die schönsten Tage meines Lebens …«

Harro sah ihn an. »Du bist eine Seele. Hast du auch gewiss genau gerechnet? Schön, schöner, am schönsten. Nicht, dass wir uns umsonst in die erste Reihe begeben. Wir wären nämlich mächtig stolz darauf … Und auch diesmal wirst du schöne Tage erleben. Unsere Wälder im grünen Sommerrock, der Garten, der sich schon sehr schön herausgeputzt hat … Wir essen schon die ersten Früchte. Gelbe Sommerbirnen. Und Rosmarie freut sich auf deine Musik. Und ja, ich vergesse die Hauptsache, du wirst wohl die Ehre haben, den jungen Heinz zu begrüßen. Seine Erziehung ist zwar im Augenblick ziemlich vernachlässigt, seine Unarten sind sehr ins Kraut geschossen, er kann leider nicht mit dem Stolze gezeigt werden, mit dem das noch vor einiger Zeit möglich war. Er war ein Musterknabe, mit dem Akzent auf „war“. Und dann ist noch meine Tante Ulrike da. Erschrick nicht zu sehr, wenn du sie siehst; sie meint, es nicht so schlimm. Sie hat übrigens die tiefste Altstimme. Schade, dass sie so eine alte Dame ist.«

»Freilich schade. Für meine erste Sängerin in dem Chorwerk die eine Hälfte … Nun, das werd ich dir noch erzählen.«

»Darauf brennt meine Frau. Weißt du, das gehört zu ihrer Dichtung. Sie hat doch jetzt viel Zeit; sie muss viel liegen, und ihr Leben ist eben auf die paar Orte beschränkt, wo man sie hintragen kann. Ja, Hans. Nie mehr einen Schritt, seit sie … Und da hat sie sich nun hineingedichtet – und ihr Dämon, du erinnerst dich?«

»Ja, Harro, gewiss.«

»Ihr Dämon, die Frau im Silberkleid, der sie ähnlich sehen soll, die ist nun zu der Schreiberin des Chorwerks geworden.«

»Ach, die schönste Frau, die Holdseligste, die Heilige, die Frau mit den sieben Farben, die Kaiserin, die Gisela!«

»Hänschen, ich staune, wie kommst du zu all den Namen?«

»Aus der Partitur stammen die. Mein einziger Leitfaden durch das entsetzliche Labyrinth. Mit Rotstift geschriebene Ausrufe und Ermahnungen und Korrekturen. Es ist jedenfalls die Schreiberin, die so genannt wird. Ihr Heiligenschein spielt eine große Rolle.«

»Hans, du erschütterst mich. Sei vorsichtig mit deinen Enthüllungen, ich bitte dich, bei der Frau. Sie wird die größten Augen machen. Nun, wenn sie umdichten muss, soll es mich freuen. Und der Komponist?«

»Das kann niemand anders sein als der Graf Heinrich Friedrich von Brauneck. Er gibt sich zumeist einen andern Namen. Und zwar der Herrgottsnarr oder nur der getreue Narr, der Demütige, der Klagende.«

»Dann ist er es. Nun, Hans, dann hat sie den Titel zu ihrer Dichtung: Die Heilige und der Narr. Das muss ein höchst merkwürdiges Zweigespann sein.«

»Lieber Harro, darf ich dich auf etwas aufmerksam machen? Wenn du im Stil bleiben willst, musst du sagen: Die Heilige und ihr Narr. Er ist nicht ohne sie zu denken. Eine überaus geistvolle, warme, glänzende Persönlichkeit, Harro, also wohl nur ihr gegenüber der Narr. Wenn er auch der Welt gegenüber vielleicht in seinem Stande durch seine Musik, die er bitterernst betrieben haben muss, doch einen seltsamen Anstrich bekam. Könnte man wohl bei dem liebenswürdigen Herrn Rat etwas mehr über ihn erfahren? Auch wer mir sein armes Werk in einem so chaotischen Zustand hinterlassen hat?«

»Ich bin ganz überwältigt von deinen Enthüllungen. Die Rosmarie wird an deinen Lippen hängen, ich könnte dich darum beneiden. Und dann ein Mann, der seine eigene Frau eine Heilige nennt. – Nein, weißt du, ich traue ihr sehr viel zu, und das Wort, das man sonst nicht gerade ernst zu nehmen braucht, gewinnt dadurch ein Interesse, weil es doch vielleicht meine Diagnose ihrer Handschrift bestätigt.«

»Er nimmt das Wort ernst, Harro! Bitterernst, meint man manchmal. Er nennt sie manchmal „grausame Heilige"! An Stellen, wo es klingt wie eine Klage …«

»Grausam … Du, das Wort müsst ich mir von meiner Schreiberin verbitten.«

»Vielleicht nicht gegen andere, gegen sich selbst scheint sie es gewesen zu sein. Ihr eigener Mann, der sie doch jedenfalls kennen muss, der wirft es ihr vor. All diese Ausrufe und Bemerkungen sind übrigens so intim, dass ich mir manchmal unbehaglich vorgekommen bin – wie es einem zumute ist, wenn man, ohne es zu wollen, ein intimes Gespräch mit anhören muss. Sie müssen im Leben nicht daran gedacht haben, dass diese Dinge je in andere Hände kämen.«

»Nein, es muss auch nicht leicht sein, der Mann einer heiligen Frau zu sein … Ich denke mir, man steht da ewig vor verschlossenen Türen, hinter denen die Frau ihre Andacht hält. Hoffentlich muss die Rosmarie umdichten. Es haben sich wunderlicherweise sehr viele kleine Einzelheiten ihrer Träume nachher bestätigt. Einen Fall habe ich selbst erlebt. Ich erzählte dir vom blauen Männlein. Unzählige sind aber dazugekommen. Mit jeder neuen Bestätigung bekommt, wie mir scheint, der Schatten, der Dämon mehr Blut zu trinken und wird dadurch, ja wie soll ich sagen, gegenständlicher. Früher als Kind hat meine Frau Zustände gehabt, die manche für Visionen gehalten haben … Nun bei ihrer Schwäche habe ich Angst, das könnte sich wiederholen … Also nun Hans, nimm dich zusammen und vergiss nicht was ich dir sage. Wenn du in deinen Erzählungen an einen Punkt kommst, den ich für gefährlich halte, so werde ich dir ein Zeichen geben.«

»Lieber Harro, drücke dich sehr deutlich aus! Sonst werde ich jede Bewegung von dir für ein Zeichen halten. Kannst du nicht ein Motiv pfeifen, etwa den ersten Takt aus dem C-Moll-Quartett von Brahms?«

»Himmel, Hänschen, willst du nicht lieber meine Gäule kutschieren?«

»Ach, ich vergaß«, sagte Hans Friedrich, »es würde sich ja auch niemals schicken, vor einer Prinzessin zu pfeifen.«

»Motive vielleicht schon. Aber das kann ich nicht. Hans, ich werde taktieren. Einen Vierteltakt, und wir bleiben im Stil, was immer eine Beruhigung ist.«

»Der wunderschöne Schlosshof!«, rief Hans Friedrich.

Eine kleine Gruppe stand zu ihrem Empfang da. Der Fürst, seinen Enkel an der Hand, und die alte Gräfin. Für Hans Friedrich fast überwältigend. Der kleine Heinz war so vertieft in den Anblick der Gäule, dass er von dem Herrn nur sehr geringe Notiz nahm. Die junge Gräfin war nicht sichtbar … Der schöne nickende Gänseblumenbusch wurde zu ihr getragen und mit allem Gras und Krautwerk dazwischen in einen großen kupfernen Weinkühler gesetzt, sodass er ein Eckchen Sommerland in das Zimmer trug.

Der Fürst blieb zum Essen da, das sehr viel förmlicher war, als Hans Friedrich von früher her im Gedächtnis hatte. Es servierte auch ein Diener und der Platz der Hausfrau war leer. Der Fürst interessierte sich sehr für das Chorwerk und die Möglichkeit, es aufzuführen.

Hans Friedrich, der seine Schüchternheit sofort verlor, wenn er in seinem eigenen Sattel saß, erläuterte ihm, dass er schon mit dem Dirigenten des größten Gesangvereins, bei dem er Einfluss hatte, gesprochen und dass sich jedenfalls im nächsten Winter ein oder das andere Chorstück aufführen ließe. Die große Schwierigkeit, und die sei wohl unüberwindlich, liege aber in den Einzelstimmen. Man könnte nicht sagen, es sei eine Sopranpartie, denn diesem Sopran werden auch Altlagen zugemutet. Die Partie verlange einen ganz ungewöhnlichen Umfang. Auch unter den großen Sängerinnen wüsste er keine, deren Stimme einen so großen Umfang hätte. Das Seltsame sei dagegen, dass, während sonst die alten Meister in Tenören schwelgten, die man bei der jetzigen Tenornot kaum aufzubringen vermöge, die männliche Hauptpartie nur in angenehmer, umfangreicher Baritonlage gehalten sei.

Der Fürst sagte: »Wie schade. Ich hoffte, meiner Tochter die Freude machen zu können, dass sie einmal etwas von dem Werk, für das sie sich nun einmal interessiert, zu hören bekommt. Wenn es sich nur um Chöre handelte, so habe ich neulich gehört, dass ein großer Chor im Sommer eine Kunstreise mache. Ich fürchte, meine Tochter wird noch einige Zeit nicht kräftig genug sein, reisen zu können. Wenn wir nun einen Chor nach Brauneck bekommen könnten. Sie studierten die Sache mit ein, eine sehr schöne neue Orgel haben wir ja. Da könnte meine Tochter doch die Freude haben.«

»Lieber Vater«, unterbrach Harro, »du kannst doch nicht einen ganzen Chor nach Brauneck kommen lassen! Mit Orchestern dazu. Wo bringst du die Leute denn alle unter?«

»Dies lass meine Sorge sein, Harro«, antwortete der Fürst.

»Dies wäre ja auch nur das Mindeste, aber du musst bedenken, dass eine solche Sache auf einen bestimmten Tag festgelegt werden muss. Und Rosmaries Befinden ist so wechselnd, dass es eine Aufregung wäre, ob sie nun gerade dann kräftig genug wäre, die Fahrt nach Brauneck zu unternehmen und noch den Aufenthalt in der Kirche auszuhalten.«

»Nun, Harro, du darfst mir zutrauen, dass ich auch das bedenke. Rosmarie kommt einige Tage vorher nach Brauneck. Sie hat mir ja ohnedies einen Besuch versprochen. Und wenn sie dann einmal da ist, wollen wir die Zeit auch nicht so knapp bemessen. Innerhalb drei Tagen wird sich doch eine Zeit finden.«

»Entschuldige, Vater, ich weiß doch nicht, ob du dir diese ganze Riesensache klargemacht hast. Hans, was kann denn das ungefähr kosten?«

Hans Friedrich senkte seinen Kopf auf den Teller, rückte seine Birnen und das Obstmesser und die Krawatte und sein Glas hin und her und sagte dann: »Ohne Solisten, Harro?«

Der Fürst lächelte und reichte ihm sein Obstmesser und sein

Weinglas hin. »Addieren Sie den Sopran und den Bariton auch noch dazu.«

Der Künstler hob den Kopf und sagte: »Durchlaucht, das kostet ein Vermögen.«

Im Nebenzimmer war ein Geräusch entstanden. Die alte Dame erhob sich und ging hinein … Harro zuckte die Achseln.

»Es ist doch eine sehr unsichere Sache, und man weiß nicht, ob es Rosmarie nicht mehr aufregt.«

Der Fürst erhob sich nun auch und ging ebenfalls ins Nebenzimmer.

Harro blieb sitzen und Hans Friedrich auch.

»Hans, dies ist doch eine unmögliche Geschichte«, flüsterte Harro. »Mein Schwiegervater, sonst ein äußerst vorsichtiger alter Herr, sieht aus, als wollte er sich wirklich in das Abenteuer stürzen. Denk an all die Menschen in dem kleinen Brauneck.«

»Nun, man könnte hohe Eintrittspreise machen, aber freilich, das wäre nur ein Trinkgeld. Wieviel Menschen fasst denn die Kirche?«

»Oh, es mögen achthundert sein. Und glaube nicht, dass die Braunecker etwas zu zahlen gedenken. Fällt ihnen nicht ein. Was vom Schloss ausgeht, das müssen sie umsonst bekommen, sonst können uns die Ohren gellen. Sag doch eine Summe, Hänschen, dein Vermögen.«

»Nun, ich denke vierzigtausend Mark, Harro … Aber dann führten wir natürlich nicht nur einige Chöre auf, wenn wir schon einmal die Leute hätten, sondern das Ganze. Märchenhaft, traumhaft, tausendundeinenachthaft wäre es, Harro! Sag, wo liegt der alte Braunecker wohl begraben?«

»Nun, natürlich in der Gruft in der Kirche. Wo soll er sonst liegen?«

»Nun denk einmal, Harro, wenn ihm, der nie einen Ton von seiner eigenen Musik gehört hat, in die er sein ganzes Feuer, seine Liebe und seinen Schmerz versenkt hat, nun nach zweihundert Jahren sein Lebenswerk über sein Grab klingt! Ich glaube an die göttliche Gerechtigkeit, Harro, und ich nehme an, er hört es. Weißt du, was tote, eingesargte Musik ist. Die nie erlöst wird aus ihrer Papiergruft?«

»Vielleicht. Mein schönstes Bild sieht auch kein Mensch.«

»Nein, Harro, du weißt es doch nicht. Du hast dein Bild gemalt. Du hast es vor dir, du hast alle Freuden und alle Leiden des Künstlers daran genossen. Dein Bild steht da. Dieser arme Künstler aber hat sein eigenes Werk nie zum Leben bringen können. Seine frohe, starke, sonnige Seele hat er da eingesargt, und nun soll die auf einmal zum Leben kommen. Sie soll jubeln, erheben, fortreißen, auf ihren Flügeln die Menschenseelen hinauftragen zu dem Ewigen. Und wie schön wäre es, welch ein Fest der Seele, diese Musik ohne jeden irdischen Beigeschmack genießen zu dürfen. In der Landkirche, eine andächtige Gemeinde unten im Schiff ... Lieber Harro, ich muss doch den Mann kennen, mit dem ich mich seit einem halben Jahre immerfort beschäftige. So hat er es sich gedacht. Einen Konzertsaal, einen modernen mit der Berufskritik und dem obligaten Konzertpöbel – du kennst ja die Sache nicht, Harro. Es ist zum Beispiel auf Mitwirkung einer Gemeinde gerechnet. Gerade die schönste Stelle ist die, wo die Gemeinde ein altbekanntes Kirchenlied singt und drüber allerdings diese wunderbare Stimme der Sängerin schwebt. Es ist ihr zugetraut, dass sie das Orchester, die Orgel an einigen Stellen und die Gemeinde und den Chor beherrscht ...«

Der Fürst berührte seine Schulter, er war unbemerkt wieder hereingekommen ... Er hatte einen Papierstreifen in der Hand, den er ihm vor die Augen hielt. Eine Zahl stand darauf. »Würde das genügen?«

Hans Friedrich wurde dunkelrot. »Es würde reichlich genügen. Und Durchlaucht, aber dann das ganze Chorwerk.«

»Gewiss ... Gewiss ... Aber jetzt noch nicht vor Rosmarie davon reden. Es soll mein Geburtstagsgeschenk für sie sein. Still, Harro, er ist ja schon gewesen, aber ich durfte ja nur die paar Kleinigkeiten schenken, ihr waret zu streng zu mir. Und da habe ich mir gleich vorgenommen, dass ich mich dafür schadlos halte. Was willst du, Harro? Einige Pariser Toiletten, noch ein zweites Auto ...«

Er zuckte die Achseln und ging wieder ins Nebenzimmer.

Der Diener räumte geräuschlos ab.

Harro blieb sitzen, eine finstere Wolke auf der Stirn. Als sie allein waren, sagte der Künstler: »Harro, es ist dir ja nicht recht.«

Harro stützte seinen Kopf auf seine Hände und starrte vor sich hin.

»Eigentlich kann ja mein Schwiegervater seiner Tochter gar nicht ein solches Geburtstagsgeschenk geben. Für einen amerikanischen Schweinezüchter oder einen unserer großen Fabrikherren wäre es wohl im Stil, aber für einen deutschen Fürsten doch nicht, an dem so viele alte Verpflichtungen hängen, dass ein Uneingeweihter das gar nicht begreift ... Natürlich gönne ich meiner Frau jede Freude ... namentlich, wenn sie die auch genießen kann. Denn sonst gibt's ja nur Herzweh davon ... Aber das würgt mich ... Eine solche Gabe gibt man eben einmal ... und dass sie alle damit rechnen ...«

Er stand auf und stürmte auf die Veranda hinaus.

Halb zögernd folgte ihm sein Freund ... Aber der schien sein Kommen erwartet zu haben. Er legte ihm die Hand auf die Schulter und sagte: »Verstehst du, Hans, wie mich das würgen muss … Wie sie damit rechnen, dass es das letzte Mal ist.«

Hans Friedrich zuckte zusammen: »Nein, Harro … nein!«

Ein wunderbarer Sternenhimmel glänzte über ihnen, wie eine dunkle Masse lag der Wald da, im Tal zogen weiße Nebelfrauen und nur ein ungewisses Blinken des Flusses drang herauf. Eine leuchtende Sternschnuppe zog am Himmel ihre Bahn …

Harro sagte leise: »Hänschen, ich weiß, es sieht jetzt bei dem alten Herrn wie kleinliche Bedenklichkeiten aus oder als ob ich um den Braunecker Beutel besorgt sei, während er sich gar nicht genug tun kann mit seiner Liebe. Ich bin jetzt sehr schwer zu haben; du wirst manches mit mir ausstehen. Ich bin sehr froh, dass du da bist … aber mache dich gefasst … Dass ich meiner Rose gegenüber so viel als möglich den guten Mann mache, ist schon alles, was ich in dieser Zeit aufbringen kann. Ich gehe durch ein Chaos, ganz abgesehen von meinem Kummer. Sag einmal, du hast eben einige Worte gesagt, die sich mit deinem früheren Freidenkertum doch sonderbar vertrugen.«

»Mein Freidenkertum, wenn du es so nennen willst, Harro, war mehr ein künstliches Berliner Gewächs. Mit meiner eigenen Seele vertrug es sich herzlich schlecht. Die weinte manchmal wie ein Kind in mir und konnte durch nichts geschweigt werden. Nun habe ich aufgehört, mich selbst zu misshandeln, und habe meinem Kopfe verboten, die arme Psyche länger zu quälen und darben zu lassen, und seither befinde ich mich in so erheblich gebesserten inneren Verhältnissen, dass ich mir als wahrer Krösus vorkomme.«

»Also ein sacrificium intellectus, Hans?«

»Selbst das kann ich gar nicht finden … Denk an den alten Heinz Brauneck mit seiner Musik. Sein ganzes Leben ein einziger großer Unsinn, eine große Kraft vergeudet, verklungen. Ein Stück von einem Bogen. Auch mein Kopf verlangt dringend einen Kreis. Den kolossalen Unsinn, den das Weltgetriebe ohne den Ausblick in eine Ewigkeit darstellt, erträgt auch mein Verstand nicht mehr. Als Künstler bin ich ja in der glücklichen Lage, mich nicht mit Dogmen abgeben zu müssen. Auch meine Kunst ist arm, wenn sie nur diesseitig ist. Sie muss ein jenseitiges Ohr annehmen. Sie ist mir die Sprache der Seele zu der Gottheit. Denk an den alten Bach. Denk an die Wirkungen, die seine Musik auf die verschiedensten Menschen ausübt. An seine Anbetung, seinen Dank, seine Trauer, seinen im Weh um das Kind der Welt gelösten Schmerz. Ja, was machst du aus ihm, wenn du das alles beschneidest? Einen Narren und Fantasten und aus seiner ganzen Arbeit ein

Traumspiel. Der Heinz Brauneck war auch solch ein Fantast. Sein ganzes Denken ist jenseitig. Er komponiert weiter, obgleich er für sein ganzes Werk wohl nur die Sängerin und den Sänger gehabt hat. Aber er verlangt zwei Harfen, Orgel, großen Chor, und zwar wohlgemerkt nicht etwa Kirchenchöre oder die scheußlichen Kastraten, wie es sich Bach noch gefallen lassen musste. Auch eine Sängerin in einer Kirche wäre im siebzehnten Jahrhundert einfach gesteinigt worden. Wir ertrügen noch viel leichter einen weiblichen Prediger. Aber der Mann komponiert ruhig weiter, gibt sein ganzes Herz her, und seine Frau, die Heilige, sie glaubte so innig an ihn und sein Werk, dass sie die Riesenmühe der Arbeit nicht scheut und aus seinen Notizen das Werk herstellt. Von seinen Notizen sind einige darunter. Sie geben einen Begriff von der Arbeit, die die Frau geleistet hat. An musikalischem Verständnis ist sie ihm gleich gewesen, an Geduld war sie ihm reichlich über. Man sieht, was eine Frau an genialem Scharfsinn der Liebe leisten kann. So etwas bringt eine Frau nur mit dem mächtigsten Agens fertig. Wer weiß übrigens, wie weit ihr Anteil geht? An einigen Stellen heißt die Korrektur einfach: „Diesen Satz hat die Heilige zu verantworten …“ oder ähnlich. Doch das nebenbei, Harro. Verzeih, dass ich wieder auf mein Thema kam. Der Fürst hat mir da wieder Öl in mein Feuer gegossen!«

»Red nur, Hänschen, du tust mir wohl; du kannst dich noch freuen! Mir ist alles zergangen, ich habe nur noch traurige Sandkörner in den Händen, die ich zerreibe.« Er setzte sich auf die steinerne Brüstung, und der kleinere Freund stand vor ihm in Augenhöhe.

»Du bist in großer Sorge, Harro«, flüsterte er.

»Das kann man schon keine Sorge mehr nennen, das sieht mehr wie eine Gewissheit aus.«

»O Harro. Nein …«

Harro knirschte. »Ich ringe damit, ich werf es nieder, und es steht wieder auf, es geht jeden Schritt mit mir, es geht mir nach in den tiefsten Traum. Meine ganze Kraft muss ich aufwenden, dass ich ihr nicht zeige, wie es in mir aussieht. Sieh das Licht dort, da sitzt jetzt mein Schwiegervater neben seiner Tochter, hält ihre Hand in der seinen, erzählt ihr, was er heut getrieben hat und wie seine Rosen stehen, und dass er den alten Weiblein im Spital ein Mittagessen spendiert hat mit seinen besten Weinen. Jeden Tag irgendetwas derart. Und dann freuen sie sich aneinander. Und dabei überlegt er sich, was er ihr noch alles tun kann. Du wirst sehen, wie er dich treibt. So friedlich und freundlich geht es zu, und nichts hindert uns, dass wir auch daneben sitzen und es mit anhören. Aber ich kann es nicht. Das, was er heut mit dir ausgemacht, beweist mir deutlich, dass er ebensogut weiß, wie es steht, wie ich. Nein, ich kann es nicht so abmachen, so herbstabendmäßig, so geläutert, ergeben … So, nun das ist keine Temperatur für mich. Ich muss in die Wälder laufen und mich dort austoben, dass ich dann den Tag über den liebevoll besorgten Gatten darstellen kann Wer weiß denn auf der Welt, was ich verliere! Ich wollte, ich hätte dann meine alte Ruine noch, dass ich mich darin vergraben könnte. Mein ganzes Haus ist dann nur ein Hohn. Was habe ich da alles hineingelebt! Meinen Festsaal mit seinen Fresken haben sie mir zu einem Ort der Schrecken, einem Vorhof der Hölle gemacht. Ich kann ihn nie wieder betreten, die letzte Wand bleibt leer … Sie sagen mir, ich sollte nicht an die Zukunft denken, ich sollte nur den jetzigen Tag annehmen. Wenn ich das könnte! Ich hätte die schönsten Tage … und ich habe auch Stunden dazwischen hinein, dass ich meine, alle Süßigkeit des Lebens sei hineingepresst und werde mir jetzt mit einem Mal geboten in einem Wunderbecher. Aber dann darf nur eine Uhr schlagen oder ich muss sehen, wie das Leiden doch nicht ganz zu verbergen ist, und es sind alle Furien wieder da. Hans, ich überlege es nicht, du wirst sehen. Ich gehe daran zugrund. Nicht wie ich selbst möchte, auf einmal, sondern wie es die Gottheit will: langsam. Zuerst meine Kunst. Dann so langsam, was an dem übrigen Menschen war. Ich werde, wie meine Tante sagt, zu einem fürstlich Brauneckschen Pensionär.«

»Harro«, rief der Künstler, »du hast dein Kind, du hast …«

Der Fürst rief vom Zimmer aus: »Harro, bist du im Garten?«

»Ja, Vater.«

»Ich habe gute Nacht gesagt.«

Die beiden Herren begleiteten ihn zu seinem Wagen, den er selbst kutschierte. Als er schon oben saß und die Zügel ergriffen hatte, sagte er: »Ich glaube, Rosmarie möchte noch ihren Gast begrüßen.«

»Wir gehen jetzt hinein, Vater … Wir waren noch auf der Terrasse.«

Harro blieb noch im Hofe stehen, bis die Räder verhallt waren, dann schüttelte er sich und sagte: »Sieh mich an, ob ich abgeklärt aussehe.« Hans Friedrich schaute zu ihm hinauf in der Empfangshalle und nickte. Er dachte, in seine Augen darf die junge Frau nicht sehen.

»Du bist nicht ganz überzeugt, Hans.«

»Wenn man deine Augen ausnimmt.«

Er fasste ihn am Arm. »Hör, geh du hinein! Sage, ich komme gleich, ich wollte etwas nachsehen.« Er schob ihn zur Tür hin und entschwand.

Die alte Dame führte ihn in das Musikzimmer. An der großen Wand unter dem Bild von Dolce Aqua lag die Frau vom Thorstein und streckte ihm ihre Hand entgegen. Sie erschien ihm von so unsäglicher Lieblichkeit und Hoheit, dass er einen Augenblick ganz den furchtbaren Schatten vergaß, der über ihr schwebte. Ihr goldenes Haupt lag, wie es sich für eine junge Königin schickte, auf dem schönsten Seidenkissen von einem wunderbaren tiefen, glühenden und satten Rot, zu dem ihr Haar und ihre zarten Farben den wundervollsten Gegensatz bildeten. Ihr Gewand war von der weichsten Seide, von einer blaugrünen Farbe, die ihn wieder an Wasser erinnerte. Ihre Haare trug sie nur in zwei breiten, schweren Flechten, deren Enden unter ihrem Kleide verschwanden. An ihrem Hals, dessen schimmerndes Weiß alles andere Weiß der Erde grau zu machen schien, glänzte an einem dünnen Kettchen ein großer Smaragd, von Diamanten umgeben.

Hans Friedrich sah das alles in einer Sekunde und versorgte es im Bilderschrein seiner Seele, noch ehe er ihr die Hand geküsst hatte.

»Ich habe mich so auf Sie gefreut«, sagte sie.

»Harro lässt sich entschuldigen«, stammelt er, »er hatte noch etwas zu erledigen.«

Die Tante zog die Augenbrauen in die Höhe und ging mit leisen Schritten hinaus.

»Wie bin ich froh für meinen Mann, dass Sie da sind, Herr Friedrich«, begann sie wieder. »Er hat jetzt schlimme Tage, kann nicht arbeiten, und das macht ihn unglücklich.« Sie sah ihn mit ihren großen grauen Augen an, als ob sie neben ihnen auf der Veranda gestanden hätte.

Hans Friedrich wurde dunkelrot. Der Schmerz um die beiden zog ihm die Brust zusammen und es fielen ihm so gar keine anständigen und freundlichen Lügen ein.

»Ich hoffe auf Ihre Musik, Herr Friedrich. Es ist so stumm bei uns.«

»Wenn ich Durchlaucht damit eine Freude machen kann und Harro.«

»Ich hoffe schon auf heute Abend, aber wir müssen erst versuchen, wie ich es vertragen kann. Sie dürfen mir nur ganz sanfte einfache Dinge spielen. Ich habe es durchgesetzt, dass ich hier liegen darf und nicht drüben, wie sie wollten.« Sie lächelte. »Sie wissen, ich bin sehr hartnäckig und muss meinen Willen haben.«

Hans Friedrich verneigte sich. »Soll ich jetzt gleich?«

»Nein, wir wollen noch ein wenig plaudern. Das Chorwerk haben Sie mitgebracht und auch daraus dürfen wir hören?«

Hans Friedrich wurde es bänglich und er dachte an Harros Viervierteltakt, und dass er ohne ihn auf verbotenen Grund geraten könnte. Er wehrte ab und sagte: »Ich werde es morgen auspacken, und dann einiges daraus andeuten … Es verlangt ja ganz andere Mittel als nur ein Klavier.«

Rosmarie seufzte. »Ja – und das ist nun für immer begraben gewesen, das ist fort … Ach, ich habe so viel auf dem Herzen, Herr Friedrich, was ich mit Ihnen besprechen möchte. Und Sie bitten …«

Der Künstler sah sie an. »Was ich tun kann … wie dankbar ich bin, wenn ich es darf … Ich wage es kaum zu sagen.«

»Waren Sie schon einmal in Italien, Herr Friedrich?«

Er sah sie sehr überrascht an. »Nein, Durchlaucht, dazu hat es nie reichen wollen; immerhin, die Hoffnung lebt noch.«

»Ach, das ist schön, wie freue ich mich! Sie sollen nach Italien gehen, nach Rom, und dort mit meinem Mann den Winter verbringen. Können Sie sich wohl freimachen?«

»Ich werde es können – aber …«

»Ach, abern müssen Sie nicht. Ich bin hartnäckig und habe mir das nun einmal ausgedacht. Eine Wohnung auf dem Monte Pincio, wo man ganz Rom überschaut, und ein kleines Gärtchen mit einem Marmorbrunnen. Ihren Flügel nehmen Sie mit.«

»Ich besitze gar keinen«, warf er ganz verwirrt ein.

»Ach, dann diesen hier.« Sie deutet nach dem kostbaren Bechstein. »Er steht ja hier nur stumm. Aber dies ist unser großes Geheimnis. Nicht einen Laut davon an meinen Mann! Aber nicht wahr?« Sie streckte ihm die Hand entgegen. »Sie nehmen nichts anderes für den Winter an. Bis Sie von uns hören … und oh, ich bitte so sehr darum … Ich möchte so gerne darüber beruhigt sein. Und nicht wahr?«

Sie deutete auf das blaue Männlein am Flügel.

Man hörte Harro schon kommen. Er konnte nur noch die feine Hand ergreifen und seine Augen in den ihrigen landen lassen, dann begann sie schnell von dem Chorwerk zu sprechen, denn Harro war hereingekommen. Er nickte ihr zu und hob ihren Kopf ein wenig auf und zog das Kissen höher, dann legte er die Flechten wieder schön zurecht und ordnete die Falten ihres Kleides, die die feinen Füße in den blauen Seidenschuhen nicht verhüllten. Er tat das alles halb mechanisch, man sah aber seinen Künstlerhänden an, dass sie an ihr wie an einem Kunstwerk herumarbeiteten. »Liegst du nun gut?«

»Sehr gut, ich danke dir. Wir bekommen zu hören … Was sagten Sie, Herr Friedrich? Ein Schumann-Adagio?«

»Hans, ich bitte dich … Wir müssen vorsichtig sein …«

Hans Friedrich öffnete den Flügel, unmöglich hätte er ein Wort sagen können. Hoffte er sie wirklich mit dieser scheinbaren Ruhe zu betrügen … Wo blieb die Schöne, die Königin, wenn sie beide nach Rom gingen?

Er spielte das sanfteste, zarteste Wiegenliedchen, das ihm einfallen wollte, in jedem Augenblick gewärtig, unterbrochen zu werden. Dann sah er hinüber. Ihre Augen strahlten zu ihm herüber.

»Gott sei Dank, ich kann es hören, es schmerzt nicht. Ich meine, Sie brauchen nicht so zaghaft zu sein …«

»Eine Melodie aus dem Chorwerk vielleicht? Sie ist zu dem Gerhardtlied: „Geh aus, mein Herz, und suche Freud." Das Lied ist durchkomponiert als Arie für den Sopran.«

»Herr Friedrich, das Lied von Christi Garten«, rief sie.

Harro sagte: »Rose, du fängst an zu blühen, du hast jeden Augenblick rötere Lippen und wirst dich überfreuen. Es ist genug, Hans Friedrich, für heute, komm her zu mir.«

Hans Friedrich stand gehorsam auf. Aber die junge Königin bekam nasse Augen. »Du bist grausam, Harro …« Dann verstummte sie und bedeckte ihr Gesicht mit ihren Händen.

Harro war graublass geworden und biss sich auf die Lippen.

Der Künstler sah seinen Freund an und ging leise hinaus.

Als er draußen war, kniete Harro neben Rosmarie nieder und legte seinen Kopf auf das Polster des Diwans neben ihrem Kissen.

Sie ließ ihre Hände sinken und sagte flehend: »Harro, ich wollte das nicht sagen … O Gott, was habe ich getan! Nun hab ich dir wehgetan! … Ach, nun ist es zu spät …«

Harro sagte dumpf: »Warum sagst du das zu mir, Rose? Nun hast du etwas zerbrochen, was nie wieder ganz wird. Etwas, woran ich mich immer noch gehalten habe. Aber du hast ja recht, ich durfte deine Freude nicht stören mit meinen rohen Händen. Gott, mit jedem Wort, das ich sage, geb ich dir weiter recht. Grausam ist's von mir. Warum kann ich meine Qual nicht für mich behalten … Gott, wie das stößt, dein Herz … und deine Augen! Ich will gehen und Ulrike rufen.«

Sie hielt ihn fest. »O Harro, nicht, ich flehe dich an … lass mich nicht wieder allein – lass mich dir sagen … Kümmere dich nicht um das Herz, das hat schon oft so gestoßen … Verlass mich nicht, Harro … Du musst mich anhören. Das Wort – o Gott, was hab ich getan … Warum verlangte ich das Lied denn? Es geht auch ohne das Lied … und nun habe ich dich darum kränken müssen.«

Sie verbarg ihr Gesicht in ihre Kissen und brach in bitteres Schluchzen und Weinen aus. »O mein Harro. Ich habe ihm wehgetan.«

In seinen Augen flackerte der Dämon auf. Er riss sie an sich, er bedeckte ihr Gesicht, ihre Haare mit seinen wilden Küssen, er vergaß alles in dem Sturm seiner Leidenschaft. Sie hätte in seinen Armen sterben können, so drückte er sie an sich, die man sonst vor jeder harten Berührung bewahrte. Sie weinte nicht mehr, sie ließ seine Wildheit über sich ergehen, wehrlos. Vielleicht litt sie nicht einmal, vielleicht verdeckte ihr der wilde Strom, der über sie hinwegbrauste, alles andere, erwärmte sie, überstürzte sie, benahm ihr Denken …

Und seine Worte wurden immer wilder: »Rose, ich ertrag es nicht mehr … Ich will wieder mein eigener Herr sein … Ich will loskommen von dem, was mich erdrückt … vor den Augen, die mich ansahen … vor meinem neuen Ich … Ich will wieder zurück, tun dürfen, was ich will. Ich will nicht in das finstere kalte Tal hinunter, wo ich nun mein ganzes Leben gehen soll. Ich will auch sterben, mit dir will ich sterben. Lass deine himmlischen Gärten. Komm mit mir! Kann uns Gott in seinem Lichte nicht brauchen, dann soll er uns in seine Dunkelheit nehmen, er hat deren genug. Du brauchst nicht mehr zu leiden … Du brauchst die lange Qual nicht … Da in meinen Armen, du fühlst es nicht. Und ich komme dir nach. Unsere Seelen reißt nichts auseinander … Du, du meine Seele! In welche Seligkeiten willst du dich verstecken, dass du mich nicht nach dir schreien hörst?«

Er hält sie nun ganz in seinen Armen. Ihr Körper liegt auf seinen Knien – fast leblos zuerst, aber plötzlich stemmt sie die blassen Hände gegen seine Brust. Da sind seine Worte in ihre Seele eingedrungen … Sie schlägt die großen Augen zu ihm auf, die sanften Augen. Da weicht der Dämon von ihm … Ein eiskaltes Entsetzen packt ihn … Ja, kann er denn noch zurück? Jetzt hat er furchtbare Leiden rettungslos über sie gebracht. Einen Augenblick schlagen seine Zähne aufeinander. Dann trägt er sie auf ihre Kissen. »Ich hole dir Hilfe.«

»Nein«, sagt sie ganz klar und hell. Sie hat ihren ganzen Willen zusammengerafft. »Du bleibst bei mir, Harro. Kümmere dich jetzt nicht, wie mein Herz geht … Dein Herz ist viel kränker … Harro, wohin willst du denn fliehen vor Gott? Warum wütest du gegen dich selbst? Warum vertraust du dich ihm nicht? Hat er sich nicht schon einmal zu dir geneigt? Du musst dich in seinen Abgrund werfen. Dein Wille geschehe! Harro … Hab ich das nicht auch getan?«

»Du, du«, er stöhnt es dumpf zwischen seinen Händen hervor.

»Meinst du nicht, es sei ein bitterer Weg gewesen, den ich allein gegangen bin? Komm zu mir, Harro. Ich will meine Arme um dich legen.«

»Wie darf ich dich wieder berühren nach dem, was ich getan habe?«

»Komm zu mir«, flehte sie.

Er gehorchte und sie zog ihn zu sich herab. »Mein armer Harro.«

Sie strich ihm über seine Schläfen, sie faltete ihre Hände um seinen Kopf. »Meinst du, ich hätte die Fluten deiner Liebe nicht gefühlt? Du hast mir nicht wehgetan. Wohl hast du mir getan; deine wilden Worte. Meinst du, ich hätte all die Zeit nicht gefühlt, was in dir brannte? Warum bist du immer fortgerannt von mir in die Wälder und wusstest nicht, wo du gewesen warst, und musstest mich anlügen, wenn ich dich fragte? Und immer bist du auf der Flucht vor Gott gewesen und kannst doch nie wieder loskommen. Du selber hast das goldene Band hinaufgeworfen und nun gehörst du ihm! Warum hältst du ihm nicht still und lässest seine Güte auf dich herabkommen? Du hast ja gar keine Wahl mehr. Du bist sein Gefangener, Harro!«

»Seele«, stöhnte er, »lass mich nicht allein, lass mich nicht. Sonst … die Dämonen. Nie wieder kannst du sagen, ich hätte dir kein Leid getan, nie wieder … Das ist auch dahin. Das habe ich zerbrochen, das Goldglas. Jetzt bin ich ein Bettler. Warum muss ich auch in diese Tiefe hinuntergestoßen werden? War ich denn nicht zerschlagen genug? Ich weiß, ich soll das nicht zu dir sagen; ich soll wieder meine Maske vorziehen.«

»Du sollst nicht, Harro. Du sollst jetzt nichts tun, als dich lieb haben lassen. O mein armer, armer, müder Harro. Auf den wilden Wegen ist er gegangen und die Dornen haben ihn blutig gerissen. Und alles, was er am meisten fürchtet, das ist über ihn gekommen. Und sein Leid ist so viel schwerer, härter und bitterer als das meine, wie seine Seele größer ist als die meine. Da ist ja nur so ein kleines Licht, du hast eine große Flamme. Darum ist auch ein solcher Kampf um deine Seele, Harro. Und vielleicht, wenn wir immer glücklich geblieben wären, so hättest du dein Herz noch ganz hart gehämmert. Nicht gegen mich, nein, nie gegen mich. Und was können wir auch – wir zwei armen Kinder – tun gegen unseren Vater im Himmel? Wir müssen ihm stillhalten. Und du meinst, ich könnte mich in keiner Seligkeit vor deinem Weh verstecken!« Harro zuckte zusammen.

Sie hielt ihn an ihrer Brust, so fest ihre Arme halten konnten.

»Lieber, ich will auch keine Seligkeit ohne dich … In meinen Kinderhimmel wollte ich schon nicht ohne dich. Aber sieh, nun bin ich auf dem Wege … Wir verstecken uns ja doch nicht mehr voreinander, wenn wir unser Leid miteinander tragen. Ich fürchtete mich nur, mit dir zu sprechen, weil ich weiß, wie wund du bist. Aber du hast selbst angefangen und nun ist's gut. Und ich bin auf dem Wege, weil mich Gott gerufen hat. Da muss der Zugvogel aus seiner Heimat. Er muss.

Und ich gehe zu Gott. Das ist mir genug. Ich sehe meinen Vater an und seine Liebe, die mich umgibt wie mit warmer Sommerluft, und denke, dass Jesus gesagt hat: „unser Vater".«

Ihre unruhige Mutterliebe treibt die alte Dame herein.

»Kinder, ich ängstige mich. Herzblatt, wie liegst du da … so … hingeworfen. Harro, warum versteckst du dich vor mir?«

»Liebe Mutter«, antwortete die Rose, »Harro trägt mich in mein Bett und wacht bei mir. Ich kann nicht alleingelassen werden, ich muss ihn haben … Ich bin wieder hartnäckig, Uli … Komm Harro, du hast mich doch vorher auch tragen können. Bin ich dir nun zu schwer?«

»Es tut mir weh, Kind, wenn er dich allein trägt. Ich will Märt rufen.«

»Es tut mir wohl, Uli, wenn er mich trägt.« Und mit einem wundervollen Lächeln streckte sie ihre Arme nach ihm aus.

Er hob sie auf und sie legte ihren Kopf auf seine Schulter, und so trug er sie hinüber. Drüben, ehe er sie ihrer Mutter überließ, neigte er sich noch einmal über sie und flüsterte ihr zu: »Du, du, das war das Allerschönste, was du getan hast!«

Rosmarie duldete nicht, dass ihr Mann sie diese Nacht verließ. Die alte Dame musste ihr den Willen tun und Harros Bett auf der Chaiselongue aufschlagen und die neben ihr Bett rücken lassen, und dann musste Ulrike ins Nebenzimmer gehen und die Tür zumachen.

Man würde sie schon rufen, wenn man sie brauchte.

Und nun musste Harro sich auf die Chaiselongue legen, sich feierlich zudecken und ihr seine Hand hinübergeben. Dann wurde dem Vogel Rock sein Kleinod entwunden, dann war es Nacht.

Rosmaries Wange lehnte an seiner Hand. Sie küsste seinen Ring und flüsterte: »Nun schlaf, Harro.«

»Kannst du das auch befehlen, Liebste?«

»Ich wollte, ich könnt's. Nun will ich dich etwas lehren, Harro. Hör einmal. Es ist ein Lied. Friedlich und heiter. Es ist ein altes Lied, es lebt schon mehr als ein Jahrhundert:

Nun schläfet man,
Und wer nicht schlafen kann,
Der bete mit mir an
Den großen Namen,
Dem Tag und Nacht
Wird von der Himmelswacht
Preis, Lob und Ehr gebracht,
O Jesu, Amen …

Es leuchte dir
Der Himmelslichter Zier.
Ich sei dein Sternlein hier
Und dort zu funkeln.
Nun kehr ich ein,
Herr, rede du allein
Beim tiefsten Stillesein
Zu mir im Dunkeln.«

45. DAS SCHÖNSTE BILD

Hans Friedrich stand vor einer Malvenstaude im Garten, die ihre dunkelrote Blumensäule gegen den blauen Himmel abhob. Eine ganze lange Reihe der stolzen Blumen begleitete den Weg und warf ihre spitzen Schatten auf den graugoldenen Sand. Grünlich weiß und brennend purpurrot und rosa waren die Blüten, die sich so fest mit den runden Gesichtern an den graugrünen Stamm drückten.

Harro legte ihm die Hand auf die Schulter. »Es sind Bauernblumen, Hans, aber wir lieben sie sehr, die Rose und ich.«

»Sie kommen mir fürstlich und stolz vor«, sagte Hans. »Ja, sie prachtieren, stehen so schön die ganze Reihe entlang, als wären sie Herolde, wenn die Königin kommt.«

»Sie warten vergeblich, Hans. Sie kommt nicht mehr, die Königin.«

Der Künstler sah zu seinem Freund auf und rief: »O Harro, du hast wieder deine schönen Augen! Es geht dir besser.«

»Ich habe mich ausgetobt für eine Weile, aber man muss behutsam sein, dass die Höllenhunde nicht wieder los werden, so ganz zu trauen ist ihnen nicht. Du sollst auch zu Ihrer Durchlaucht kommen – ich muss so höflich sein, wenn du so höflich bist. Es brennt ihr etwas auf dem Herzen. Lass es dir sagen und muckse nicht, wenn du mich vom Kopf bis zu den Füßen vergoldet präsentiert bekommst. Du musst versuchen, gläubig zu lächeln und zu schwören, das Porträt wäre äußerst ähnlich. Sonst befriedigst du nicht. Übrigens bin ich gestern ein großer Narr gewesen. Ich musste doch sehen, dass der Rose sehr viel an dem Lied liegt. Sie strahlte ja ganz auf, und wer müsste nicht dankbar sein, dass ihr eine so große Freude kommt. Zudem ist es auch eine Heuchelei, wenn wir so tun, als wäre sie durch unsere Verbotskünste vor Leiden zu bewahren, wenn wir doch wissen, dass sie hindurch muss.«

Der Künstler ging hinein. Ach, heute am Morgen sah man wohl, wie zart sie geworden war. Aber ihre Augen waren herrlich, und die feine Farbe kam und ging auf ihrem Antlitz.

»Haben Sie auch gesehen, dass es meinem Mann heute ein wenig besser geht?«, fragte sie ihn.

Er bestätigte es mit großem Nachdruck und versuchte ihr von dem heutigen Besuche zu erzählen, den er bei ihrem Vater machen werde, um ihm über das Chorwerk Bericht zu erstatten. Aber sie schien sich dafür nun gar nicht mehr zu interessieren, und dann begann sie: »Herr Friedrich, ich habe gestern vor Ihnen ein Wort gesagt, das mich so sehr unglücklich macht. Ich bin ungeduldig und reizbar gewesen und habe eine sehr notwendige und liebevolle Ermahnung Harros mit einer hässlichen Kränkung erwidert.«

»Durchlaucht, Harros große Sorge um Sie hat ihn geleitet. Er wollte gewiss kein Freudenstörer sein. Und man weiß ja nie vorher, wie eine Musik, die doch nicht ganz einfach ist wie die meinige, auf zarte Nerven wirkt«, erwiderte Hans Friedrich seiner Instruktion gemäß.

»Sie haben recht, gewiss, und Harro ist immer so gütig und geduldig mit mir und nur für mich besorgt, deshalb war es doppelt hässlich von mir. Ich begreife mich gar nicht. Harro ist die Güte selbst gegen mich und die zarteste Rücksicht, und wenn er jetzt großen Kummer hat, so ist's auch nur um meinetwillen. Und dann kränke ich ihn ohne Ursache. So sieht meine Dankbarkeit aus. Ich schäme mich den ganzen Morgen, bitter schäme ich mich. Sie haben mich alle mit ihrer Liebe zu sehr verwöhnt. Mein Mann zuerst, dann mein Vater und die Leute.«

»Grämen Sie sich nicht mehr, Frau Gräfin, ich glaube gewiss, Harro hat es verwunden.«

»Oh, glauben Sie? Aber er wird vielleicht doch, wenn er etwas sagen muss, darauf warten, ob ich nicht wieder auffahre.«

Hans Friedrich ertrug seine Rolle nicht mehr länger. Die Königin demütigte sich in den Staub vor ihm … Er wurde ganz rot und rief: »Harro musste doch fühlen, dass das Lied eine besondere Bedeutung für Sie hatte.« Aber er kam sehr schlecht an.

»Gewiss fühlte er das, und gerade darum musste er sich fürchten, es schade mir. Je öfter ich in den Spiegel sehe, je hässlicher bin ich.«

Harro lehnte plötzlich an der offenen Tür.

»Hässlich, wer ist hässlich?«

»Ich, Harro. Und ich hätte es so nötig, dass ich schöner würde. Ich will doch von dir gemalt sein. Es ist schlimm genug, wenn die Leute krank sind und jedermann mit ihnen Last und Kummer hat, und dafür sind sie auch noch reizbar und ausfallend.«

»Ja«, meinte Harro ernsthaft, »es gibt schlimme Dornrosen.«

Über ihre Wangen liefen schnelle Tränen. »Es ist sehr traurig, dass es die gibt und sie sich zu ihren alten immer neue Dornen wachsen lassen. Sie zerstechen sich selbst damit am härtesten.«

Über Harros Gesicht zuckte es und er wandte sich an Hans Friedrich, der nun ganz blass geworden war von den Tränen auf den Wangen der Königin und aussah, als ob er mitweinen möchte.

»Hänschen, hat sie meiner gekränkten Ehre nun genuggetan? Du siehst ganz elend von unserem ehelichen Kriege aus.«

Hans Friedrich nickte. »Ja, lieber Harro, nur mit dem Unterschied gegen sonst, dass jeder sich selbst mit Vorwürfen überhäuft anstatt den andern Teil. Und Harro, du bist im Nachteil, so viel Schlimmes hast du nicht von dir gesagt wie Frau Königin von sich. Ich konnte es nur mit anhören, weil du mich vorher instruiert hattest.«

»Was? Verrat«, rief Harro, »jetzt hinaus, Verräter!«

Er marschierte mit ihm hinaus und sagte leise: »Es hat dich angegriffen, Hänschen, aber du musstest auch dein Teil haben.« Und er streckte seine langen Arme aus. »Oh, von der Süßigkeit, der Süßigkeit, die sich so grämt um ein einziges ungeduldiges Wort in der langen, harten Zeit. Es war das einzige, Hans, und denk einmal, wie meine Schale wohl hinunterziehen mag, wenn es ans Leiden geht. Und Hänschen, der Fürst behält dich zum Diner. Vergiss aber nicht, dass du uns heute Abend das schönste Lied schuldig bist! Komm ja nicht zu spät!«

Dann kehrte Harro wieder zurück und setzte sich neben seine Frau, nahm ihre Hand und sagte: »Ich verbiete jetzt übrigens, dass du die Rose noch länger quälst. Meine Rose. Sie muss jetzt getröstet werden und darf kein bitteres Tränensalz mehr auf auf ihre zarten Blätter bekommen.«

Rosmarie sah ihn an. »Du musst mir nun doch einmal den Herrn Stiftsprediger kommen lassen, Harro. Ich muss mit ihm reden. Ich muss ihm beichten. Ich habe große Worte gebraucht und dann bin ich nachher so jämmerlich klein daneben.«

»Rose, wenn du noch länger an dem Wort von gestern hängen bleibst, was soll ich sagen? Und es ist krankhaft, Rose. Warum brauchst du einen fremden Menschen? Du weißt, ich lasse nicht sehr gerne jemand in meinen Rosengarten hineinsehen. Und auch noch in sein innerstes Heiligtum. Du weißt alles viel besser selbst. Hänschen, der darf schon über den Zaun sehen. Er tut es mit der nötigen Liebe, dringt auch nicht weiter in dich. So wird der geistliche Herr nicht sein. Jaja, ich weiß. Er ist eine Ausnahme und die Vollkommenheit selbst. Aber schon von Amts wegen wird er sich nicht mit dem Blick über den Zaun begnügen. Er wird sehen wollen, ob deine Rosen auch schön angebunden sind und ob es auch die rechte Sorte ist. Wenn er einmal drinnen ist, kannst du es ihm nicht verbieten … Nein, mein verschwiegenstes, mein sonnigstes, mein duftendes und blühendes letztes Herzenseckchen will ich für mich haben. Da kann ich keine fremden Schritte drin brauchen.«

Die Rose seufzte ganz leise. »Harro, ich hätte einen Wunsch, einen stillen, großen, brennenden Wunsch, und den zu erfüllen geht nicht ohne den Herrn Stiftsprediger. Ich sage ihn dir heute Nacht, wann das Licht fort ist und du noch bei mir bist und ich deine Hand halten darf.«

Harro runzelte die Stirn. »Rose«, sagte er, »warum muss das nun sein? Sieh, was du mir von göttlichen Dingen sagst, das blüht aus dir heraus, das hast du dir ganz allein vom Himmel herunter geholt. Dieser gute Mann, ja ich weiß, er ist ein guter Mann, wird bald einen großen Einfluss auf dich bekommen. Was du mir dann sagst, sind nicht weiße und goldene Lilien aus einem verborgenen Grunde, es ist kirchlich approbierte Weisheit. Ich bin für das Selbstgewachsene in diesen Dingen. Und wenn ich dächte, dass mein Fall diagnostiziert würde?«

»Harro!« bat Rosmarie.

»Nun ja, sehr naheliegend für den geistlichen Herrn und dich, Rose.«

»Lieber Harro, ich verlange es auch nicht mehr …«

Er ging wieder in die offene Tür und schaute hinaus.

Oh, wie sie es schmerzte, seine Hände so herabhängen zu sehen. Diese schlaffen Schultern, das silberne Schimmern auf seinem Haar. Nun fing seine Unruhe schon wieder an, sie merkte es an seiner Abweisung ihrer Bitte. Wenn er den ganzen Tag so neben ihr stand, das hielten ihre Kräfte nicht aus. Und schickte sie ihn fort, so würde er wieder in die Wälder gehen und das suchen, was er dort niemals finden würde. Wenn er nicht arbeitet, denkt sie, dann ist er bis heute Abend wieder so krank wie gestern … Und sie überzählte, wie lang er nun schon müßig war. Eigentlich von jenem Maiabend an. Und sie ballte ihre feinen Hände. Ich muss hartnäckig sein wie nie.

»Harro«, bat sie, »ich möchte gern ins Atelier hinüber. Willst du mir helfen oder soll ich nach Märt klingeln?«

Harro wandte sich nicht um. »Die Terrasse ist viel besser für dich als das staubige Atelier.«

»Es ist nicht staubig, Harro. Es ist wunderschön reingemacht worden.«

Unten lief klein Heinz vorüber und rief seinem Alo. Harro wandte sich um. »Soll ich ihn dir bringen?«

»Nein, Harro, danke, jetzt nicht.«

Er biss die Zähne zusammen und sagte: »Schließlich darf ich dir nicht immer nein sagen. Ich werde Märt rufen.«

Im Atelier war alles schön zurechtgemacht, auf der Staffelei stand eine riesige leere Leinwand, kleine bespannte Blendrahmen jeden möglichen Formats lehnten daneben. Der große Kasten stand offen, die Pinsel, wundervoll gereinigt und weich, starrten aus dem niedrigen Rothenburger Krug. Die Glaswand in den Garten war zurückgezogen und der Sonnenschein lag in goldenen Tafeln auf dem Boden.

Harro sah sich erstaunt um. »Wer hat das gemacht?«

»Es wird Märt gewesen sein.«

»So, Märt!«

Er drehte sich um zu ihr, die in einem gewöhnlichen Stuhl lag, wo er sie, wenn er arbeitete, sehen konnte. Es war ein erhöhter Tritt, der je nach dem Licht hin und her geschoben werden konnte und für gewöhnlich mit einem Teppich bedeckt war.

»Harro«, bat sie, »Vater wünscht so herzlich eine ganz kleine Skizze von mir. Sieh dort der kleinste Rahmen.«

»Er hat ja die Lindenprinzessin, ich habe vier Monate täglich daran gemalt. Er wird nicht erwarten können, dass eine Skizze, in meiner jetzigen Stimmung gemalt, ihn irgendwie befriedigen könnte.«

»Dem Herrn Professor hast du auch eine Skizze versprochen.«

»Er hat mir auch Dinge versprochen«, fiel Harro hitzig ein. »Deine kleinen Spaziergänge zum Beispiel, während du in dieser Zeit nicht dazu gekommen bist, mit uns am Tisch zu sitzen. Wenn er mahnt, nur nach deinem ersten Spaziergang, Rose ... Eine sehr schöne Skizze gewiss.«

»Lieber Harro, ich will dir eine Geschichte erzählen ...«

»Sehr gütig von dir, wirklich gütig, aber ich muss dich doch aufmerksam machen, dass du nach deiner, wie du sagst, guten Nacht heute schon den ganzen Morgen sprichst, hin- und hergetragen wirst, dich erregst. Du musst doch noch Kraft übrig haben für das schönste Lied heute Abend. Ich begreife nicht, dass Tante Ulrike dich nicht längst zu sich genommen hat.«

Die Rose lachte ihm plötzlich ins Gesicht. »O Harro, du willst mich nur los sein. Es ist dir gar nicht darum, dass ich ruhe.«

Harros Stimme klärte sich auf. »Ei, dass du lachen kannst, das hast du lieb gemacht ... Ja, ich will die Quälerin los sein und aus diesem Terpentinrevier hinauskommen.«

»Das Terpentinrevier, ach, das lieb ich so. Weißt du, als ich von dir getrennt war und ich roch es irgendwo, so stürzten mir die Tränen herunter. Der Duft war mir so unzertrennlich von dir!«

Harro saß vor ihr und ließ seine Hände herunterhängen.

Sie bat: »Harro, geh an deine Staffelei, dort liegt die Kreide, und mache auf die große Leinwand ein paar Striche, einen einzigen der Länge und der Quere. Das kannst du mir zulieb tun.«

»Rose«, sagte er ernst, »kannst du dir nicht denken, dass ich nicht in der Laune für Spielereien sein kann.«

»Gut«, erwiderte die Rose, »dann wollen wir keine Spielereien treiben, sondern ernst und traurig sein. Weißt du, was klagende Bäume sind, Harro?«

Er sah sie erstaunt an. »Ja, das weiß ich … Und Reiher darüber wie schwere, sehnsüchtige Gedanken. Aber es ist kein Vordergrund da. Der Vordergrund müsste eine dunkle Wasserfläche sein, deren Ufer versteckt sind unter herabgefallenen Blättern, dunkelgrünen Blättern und dazwischen das Gewässer. Wie Augen aus der Tiefe sieht es zwischen den Blätterinseln hervor …«

Rosmaries Herz klopfte wild. Wenn er jetzt nach seiner Kreide griffe. Zuckte nicht schon seine Hand danach? Nein, er ließ sie wieder hängen. »Und vorn ein schmaler Streifen Land, da stehen die Asphodelosblüten, gelb, geheimnisvoll wie Seelen aus dem Schmerzenswald«, fuhr sie fort.

Harro legte sich hinüber in seinen Stuhl und schloss die Augen.

»So, ja so … keine Farbe weiter … nur das dunkle Grün und Blau der Bäume, die düsterbraunen Stämme.« Plötzlich sah er wieder auf. Er erwischte den Blick seiner Frau, der mit unsäglichem Schmerz und Trauer an ihm hing. »Rose, was ist dir? Nein, so sollst du nicht aussehen. Du willst etwas … Was wolltest du doch … Dir etwas zeichnen soll ich, und ich sage heute nein zu allem, was du bittest.«

Er nahm hastig die Kreide. Die Rose seufzte erleichtert.

Er ging an seine Staffelei und seine Kreide flog. Zuerst schienen es Bäume zu sein, dann Reiher im Fluge, dann wischte und strich er daran herum und zeichnete hastig die allersonderbarsten Dinge.

Seine Frau hatte er wohl ganz vergessen. Er drehte sich gar nicht mehr nach ihr um. Was für sonderbare Gebilde waren denn das? … Die Umrisse eines Menschen … einer Frau. Jetzt verwischte er es wieder, nur die sonderbaren Gebilde blieben stehen, dicke und dünne Stränge verbanden sie … Immer wieder wischte er daran und verbesserte. Nun sah es aus, als schneide ein Skelett durch die Linien … Da begriff sie … So mochte wohl der Mensch von innen beschaffen sein, unter der schönen, freundlichen Decke der Haut. Und das regelmäßige Ding dort, das mit den Strängen verbunden war, das war das Herz. Ihr Herz, wie es jetzt in ihrer Brust seinen ängstlichen, unruhigen, mühseligen Weg ging. Sie sah, dass er immer wieder an den Linien veränderte. Und eine kalte Angst ergriff sie. Ihr geliebter Mann war krank, sehr krank. Seine Wildheit gestern, sie war nicht ein plötzlicher Ausbruch gewesen seines Jammers, und die Gedanken waren nicht zum ersten Mal in ihm aufgestiegen. Die schlugen vielleicht schon lange ihre wilden, finsteren Schwingen um sein Haupt Und draußen lachte das Kind und glänzte der goldene Morgen, und Schmetterlinge aus der Sommerwelt verirrten sich herein, und Harro stand da und korrigierte an seinem Liniengewirr. Schon fünfmal stand der unregelmäßige Beutel da mit seinen Strängen.

»Wenn ich jetzt fort könnte, wenn ich nicht so angekettet wäre! Dass er nicht merkt, wie schauerlich mir das ist! Nun muss ich liegen und ihm zusehen. Oh, mein armer Harro! Und ob ich ihn stören soll, weiß ich nicht … Und ob ich lügen soll, dass ich nicht weiß, was er da macht, weiß ich auch nicht.«

»Harro!« – Er drehte sich herum, er sah grünweiß aus. Er sah sie an, wie wenn er nicht wüsste, wo sie auf einmal hergekommen.

»Ja, ja, da bist du, Rose!« Er drehte sich so, dass er seine Zeichnung verdeckte. »Willst du in die Sonne? Ich bin noch nicht ganz fertig.«

»Doch, du bist fertig, Harro«, sagte sie. »Es macht dich noch kränker, als du schon bist, das Zeichnen … Komm mit mir heraus.«

»Krank, ich bin doch nicht krank!« Er drehte sich um und fuhr auf seine Zeichnung los und wischte sie hastig aus. Er konnte sich nicht genug wischen, bis die Leinwand die gleiche gräuliche Farbe hatte. Dann kehrte er sich um und warf sich erschöpft auf einen Stuhl.

»Es waren Ornamente«, stammelte er, »aber sie taugten nicht.«

»Nein, Harro, es waren kranke Herzen, und sie taugten auch nicht sehr viel.«

Er fuhr auf. »Welche Idee …«

»Sie taugten nur noch zu einem großen Kummer um dich.«

Harro verbarg sein Gesicht in seine Hände.

»Hast du das schon oft gezeichnet?«

»Nichts anderes in der letzten Zeit. Ich habe oft etwas begonnen. Es wird immer das Gleiche. Es macht mich halb verrückt, der Gedanke, man hätte dir vielleicht helfen können, wenn sie es anders gemacht hätten … Ich glaube selbst, dass ich krank bin, Rose. Ich fing an, deine klagenden Bäume zu zeichnen. Es ist wie ein Dämon in mir, die Gedanken treiben mich im Kreise herum.«

»Wenn du dich zwingen könntest, ein Bild zu malen, das dich ganz beschäftigte, ausfüllte, fortrisse, bedrängte. Ich weiß ja, wie es dir zumute sein muss. Du musst den Augenblick nicht erwarten können, wo du dich wieder darauf stürzen darfst. Du müsstest dran siebenmal in einem Tage verzweifeln und siebenmal selig darüber sein. Harro, Lieber! Hörst du auf mich?«

Er sah auf. »Doch … aber ich kann nur noch ein Bild malen, mein letztes. Ich sehe es vor mir, es verfolgt mich. Um ihm zu entgehen, mache ich die Zeichnungen.«

»Du hast ein Bild im Herzen, was ist es denn? Lass mich es wissen.«

»Du wirst unglücklich sein, wenn du es siehst, Rose … Und wenn ich es male, bricht mir das Herz darüber …«

Er stöhnte. »Ich muss sehen, immer sehen! Vor mir verbirgst du nichts. Du kannst das stolzeste, das freundlichste Gesicht machen. Ich sehe doch, wie du leidest, jeden feinen Schmerzenszug seh ich. Ich seh es, wenn es so schlimm wird, dass du deine Hände verstecken musst. Du bist gar nicht immer traurig bei deinem Leiden, du lachst sogar einmal, dass es mich eine Sekunde blendet, dann seh ich es schon wieder. Und wie es schlimmer wird, seh ich, und wie es wohl sein mag, wenn du allein sein willst mit Ulrike. Siehst du denn so aus?«

Er zog eine Farbenskizze hervor, die mit wahrhaft entsetzlicher Kunst gemalt war. Wie in jener Gewitternacht, so todblass, solche verkrampften Hände, so wilde, schmerzliche Augen, und um den Mund ein Zug von hilfloser Qual. Er warf die Skizze hinweg. »So bin ich, so geh ich mit dir um, das zeig ich dir! Warum rufst du nicht nach deiner Mutter, dass sie den Menschen entfernt? Dass du Ruhe vor ihm hast! Ja, nun stößt es wieder, dein Herz. So dunkel deine Augen.«

»Nimm den Pinsel, Harro, und male, was du siehst«, sagte sie mühsam. »Wenn du es doch sehen musst, so male es dir vom Herzen. Ich bin ja immer dein Modell gewesen. Ich halt dir ja still. Helfen kann man mir nicht, reden darf ich nicht mehr … So mal doch, Harro!«

Er riss seine Pinsel heraus, seine Farben. Mit wilden Strichen arbeitete er; seine dämonischen Augen ruhten auf ihr, glitten unbarmherzig über ihre bebenden Hände, über das ins Kissen zurückgeworfene Haupt mit den halbgeschlossenen Augen und den im heftigsten Leiden noch stolz geschlossenen Mund. Sein Schatten war auf ihm. Der Fluch seines Segens …

Im Garten jubelte das Kind und bellte das Hündchen, mit dem es spielte. Die alte Dame klopfte, aber niemand antwortete ihr.

Plötzlich entfiel ihm der Pinsel – was war das? Fast plötzlich hatte Rosmarie die Augen weit geöffnet, die Iris lag nur noch als schmaler Rand um die Pupille. Sie sah geradeaus ihn an und sah ihn doch nicht. In einem Momente spielte ein wundervolles Lächeln um ihre Lippen, das er noch gar nie an ihr gesehen hatte. Fremd und lieblich und hoheitsvoll. Der Ausdruck verstärkte sich in jedem Augenblick. Jede Spur des Leidens war aus dem Gesicht gewichen, sogar auf den Lippen blühte ein leises Rot auf, von innen her wie das köstliche Rot an einer halberschlossenen Rose. Auch die Haare schienen ihm goldener. Oder machte es, dass sie von irgendwoher der Reflex eines Sonnenstrahls streifte? Ihre Hände lösten sich, die eine Hand streckte sich wie verschämt glücklich nach etwas aus. Nicht nach ihm. Denn ihre weit offenen Augen sahen ihn nicht.

Wie versteint steht er da … Ist das das Allerletzte? Ist das schon gekommen? Er weiß es nicht. Sie flüstert etwas, er kann es nicht verstehen. Ihre Stirn ist marmorweiß und so königlich, dass er meint, er sehe die feinen Linien zum ersten Mal. Dann schließen sich ihre Augen ganz leise, ihr Kopf sinkt wieder zurück, ganz hingegeben in einer sanften Ruhe. Das Rot vergeht auf den Lippen, sie wendet sich ein wenig auf die Seite, was sie sonst nie tun kann, und nun schläft sie ein. Den Kopf an die Kissen gedrückt wie ein müdes Kind. Leise legt er die Palette weg und eilt hinüber.

»Uli, ich weiß nicht, die Rose, die Rose, sie stirbt oder wird wieder gesund. Sieh sie dir an, komm! Sie schläft.«

Sie gehen vorsichtig hinüber. Die Rose schläft wirklich, aber nur ist sie so blass und müde in ihrem Schlaf, dass Ulrike ihm zuflüstert: »Harro, was soll ich denn da von gesund werden sehen?«

Und sie setzt sich neben ihr Kind.

Harro dreht seine Leinwand herum, dass sie die Malerei nicht sehen kann. So wartet er, und Tante Ulrike verbietet ihm, sie anzusehen, weil sie gleich davon im Schlaf zusammenzucke.

Rosmarie hat einen langen erquickenden Schlaf getan und ist wieder aufgewacht. Sie haben ihr zu essen gebracht und sie hat mit ihnen gegessen und darüber ist's fast Abend geworden. Tante Uli geht hinüber, um nach dem kleinen Heinz zu sehen und Harro sitzt noch da vor seiner umgedrehten Staffelei. Da fragt sie ihn ganz freundlich und einfach, wie sie sonst immer nach den Sitzungen zu tun pflegte: »Nun, Harro, wie ist es geworden? Zeig es mir doch.«

Er senkt seinen Kopf.

»Rosmarie, du hast eine unsägliche Geduld mit mir.«

»Warum denn, Harro? Die brauche ich doch gar nicht.«

»Die brauchst du nicht? Ich stehe vor mir selbst und frage mich, was ich sagte, wenn man mir dies von einem andern erzählt hatte. In früheren Zeiten, meine ich. Wo man nicht wusste, wieviel Dämonen in der Seele wohnen können.«

»Dreh die Leinwand um, Harro, und mache die Krone hell!«

»Ach nein, Rose …«

»Ja warum denn nicht, Harro? Ich habe nicht das mindeste Mitleid mit ihr. Namentlich jetzt nicht. Übrigens geht mich das Modell gar nichts mehr an, ich bin jetzt wieder Rosmarie von Thorstein, geborene

Prinzessin von Brauneck, Durchlaucht. Lass mich sehen. Wehe dir, wenn du aus Mitleid etwas daran verpinselt hast. Auch dein Mitleid ist unnötig.«

Harro gehorchte … Das Licht flammte auf. Rosmarie betrachtete kritisch die große Skizze, die in Farben ausgeführt eine Riesenarbeit für die kurze Zeit war. Sie schwieg und Harro musste das Bild öfters hin und her wenden, bis sie befriedigt war.

Dann seufzte sie auf und sagte: »Einige Teilnahme muss man ihr doch gewähren, Harro … Feig ist sie gottlob nicht. Das wollte ich auch wissen. Harro, komm her! Ich muss deine Augen küssen, über die du so gestöhnt hast. Deine geliebten Augen.«

Er kam langsam her und kniete vor ihr nieder, dass ihre Augen in die seinen tauchten. »Rosmarie«, fragte er, »woher hast du plötzlich den Heiligenschein bekommen?«

Sie errötete ein wenig. »Ja, Harro, du musst nicht wieder über deine Augen stöhnen. Gott hat sie dir gegeben, deine goldenen Fensterlein!«

»Ach, red nicht von mir, Seele. Woher kam dir das plötzlich? Plötzlich habe ich meinen Augen nicht mehr geflucht. Dein Gesicht veränderte sich. Ich werde noch eine Skizze machen, Rose … Was träumte dir oder was sahst du?«

»Wenn du auch davon eine Skizze machst, sage ich es dir. Sonst nicht. Denn deine Augen sollst du nicht mehr nach Jammer suchen lassen und dem andern dich verschließen.«

»Die Skizze bekommst du, bis du aufwachst morgen früh, Rose. Mit dem ersten Tagesanbruch, sobald das Licht genügt, fang ich an.«

»Ach, du Liebster. Nun sollst du es wissen. Es ist nicht das erste Mal, Harro, dass ich diesen Traum hatte. Immer, wenn es gerade so weit ist, dass ich … nun … aber dann … dann werde ich getröstet. Sie ist da, Gisela. Sie … Dann weicht der Schmerz zurück, ganz leicht wird mir.«

»So erlöst dich das?«

»Es erlöst mich … oh, mehr als das.«

»Rose, du weißt alle meine Geheimnisse. Sage mir, ich muss das wissen, das ist auch noch eine Wunde, die in mir schwärt … An jenem Tag. Im Saal, Rose!« Er atmete schwer. »Rose, sie haben dir nicht … Nein, es würgt mich. Sprich du …«

Sie verstand ihn. »Daran denkst du noch? Sie konnten wohl nicht, Harro, und sie ahnten, dass ich doch bewusstlos werden würde .. Und sie hatten auch wohl recht, denn es geschah alles wie ein wenig von ferne. Und sehr viele Nebel hingen um mich, aber dass du mich alleinlassen musstest, tat mir doch weh. Und mit einem Male zerrissen die

Nebel. Es geschah etwas mit mir. Es ist ja vorbei, ich rede nur davon, dass du auch nicht mehr in Gedanken daran herumtasten und dich etwa bedrängen lassen musst.«

»Sag alles, Rose. Schone mich nicht.«

»Ich schone dich auch nicht. Es geschah etwas mit mir, etwas Unmögliches. Und gefesselt hatten sie mich auch, da dachte ich: Das ist das Kreuz, so war es! … Nackt und verlassen unter den fremden Menschen. Da warf jemand einen Schleier über mich und bedeckte mich. Und da sah ich sie. Ich sah nur ihr Antlitz, ihre blauen Flammenaugen. Sie sprach zu mir: „Nein, das Kreuz, das war etwas anderes. Ich weiß, was es war. Bist du denn verlassen?“, fragte sie mich. „Bist du denn getrennt von Gott?“ – Ich sah sie an, ach, ich brauchte sie so nötig. Ich lag ja unter ihrem Schleier, aber so fern von mir geschah das alles doch nicht. Und ich hörte auch, was die Herren sprachen, und dass sie sich verwunderten. Von dem Schleier wussten sie nichts. Und noch mehr Dinge sah ich, die nicht im Saal waren. Dich sah ich ausgestreckt auf Märts Bett mit einem Wasserkrug daneben. Es sah aus, als wärest du im Gefängnis. Ich erschrak sehr und sagte zu ihr: „Du solltest dorthin gehen mit deinem Schleier.“ Da sagte sie etwas Wunderliches. Sie sagte: „Geh selbst!“ – „Ich bin doch angefesselt.“ – „Sieh, du kannst es, wenn du willst.“ – Es war mir aber zu schwer. Einen Augenblick meinte ich, ich sei ihnen entschlüpft. Aber du musst es wohl nicht gefühlt haben! Und dann wurde der Schleier bleischwer und ich versank in eine Dunkelheit, und wie ich die Augen wieder aufmachte, da wickelten sie mich in weiße Binden ein und es war mir sehr schlimm zumute. Und dann trugen sie mich herunter. Und dann ist nichts mehr zu sagen.«

Harro hat lautlos zugehört, seine Augen hingen an ihren Lippen.

Dann erhob er sich und streckte seine Arme aus. »So, das wäre vorüber. Das wäre auch vorüber. Ich werde wieder in meinen Saal gehen. Ich werde so viel Mut haben wie Märt. Das war die Hypnose des Herrn Professors. So sah sie aus.«

Die Rose fuhr fort: »Ich wollte dir doch heute eine Geschichte erzählen … Du wolltest aber nicht. Wirst du mich morgen anhören?«

»Du darfst nicht mehr reden … Liebste …«

»Ach, sie ist nur so kurz, die Geschichte … Ich drehe sie herum, dass sie ganz klein ist … Ich pflücke ihr nur die Blüte heraus, Harro … Die klagenden Bäume, die Reiher, das finstere Wasser, die Augen aus der Tiefe. Nimm die gelben Asphodelen vorn hinweg. Gib uns Raum, mir und ihr. Mal dir den alten bitteren Greuel vom Herzen. Mal deinen Jammer. Es werden schon Stunden kommen, wo ich das

Modell dazu wieder bin. Die sind dann nicht umsonst. Male das schönste Bild. Du weißt: Aus dem Schmerzensgrund steigt die himmlische Rose, wenn der Atem Gottes über sie hinweht.«

Harro fing an, in dem Atelier hin und her zu wandern, der Geist trieb und bedrängte ihn. Rosmarie sah nach ihm hinüber. »Gott sei Dank … Er wird wieder gesund … Gott segne seine Augen.«

46. DIE ENTSCHEIDUNG

Hans Friedrich ist von Brauneck nicht zurückgekehrt. Der Wagen hat sein Gepäck geholt … Er hat eine kleine Reise angetreten, von der er in einigen Tagen wieder zurückzukommen hofft … Rosmarie und Harro sind in den nächsten Tagen im Atelier verschwunden und haben die Türen geschlossen. Tante Ulrike steht Todesängste aus, ob ihr Kind von diesem ungeduldigen Harro auch versorgt und nicht zu sehr angestrengt wird. Aber man sieht ihr am Abend nicht viel an, wenn Harro sie wieder herüberträgt und Tante Ulrike übergibt. Es ist, als ob sich Harro ein wenig beruhige, die Arbeit ihm guttue. Die alte Dame meint schon: »Rose, dein schlimmer Mann wird wieder menschlicher …«

»Er war nie schlimm«, wehrte sich die Rose, »und dass er Kummer mit mir hat, wirst du ihm doch nicht verdenken.« Aber dann gestand sie doch: »Vor den nächsten Tagen fürchte ich mich. Heute Morgen hat er endlich die Zusage bekommen, dass die zwei Herren, der eine von Berlin, der andere von Königsberg kommen, um an mir herumzuhorchen. Ich habe ihn selbst bitten müssen, mit dem Malen aufzuhören, weil er alles verdarb, so aufgeregt war er darüber … Tante Uli, wenn das vorüber wäre. Wenn nur das glücklich vorüber wäre.«

Tante Uli wehrte mit den Händen ab. »Ich kann mir nicht denken, Kind, was sie Schlimmes mit dir tun könnten.«

»Das ist es nicht. Mögen sie. Das ist so gering gegen alles, was Harro nun wieder ausstehen wird. Er war schon so schön in seiner Arbeit: Der Hintergrund, die Bäume, das ist alles angelegt, ja großartig baut sich das auf. Ich vergaß alles über dem Zusehen. Und nun muss das kommen.«

»Kind, du kannst doch nicht erwarten, dass wir mit den Händen in dem Schoß deinem Leiden zusehen.«

»Uli, nimm dich doch um Harro an, wenn die Herren da sind … Ich bitte dich.«

»Kind, was werd ich dich allein den fremden Menschen überlassen.«

»Ach, das sind doch Ärzte, die gehen von einem zum andern und haben mich morgen vergessen. Lisa kann helfen, wenn es nötig ist.«

»Kind, ich hoffe, dass sich Harro zusammennimmt, ich will ihn vorher noch ein wenig zurechtschütteln. Rose, den allereinfachsten und leicht zu behandelnden Mann hast du gerade nie gehabt … aber jetzt.«

»Uli«, klagte die Rose, »willst du mich betrüben?«

»Nein, Kind, aber es fällt mir ein, dass ich von deinem maßlos sanften Ehegatten einen Auftrag habe. Auf Diplomatie verstehe ich mich nicht. Ich soll herausbringen, warum du nach Brauneck willst … und es deinem Vater versprochen hast.«

Die Rose errötete.

»Uli, ich sag's nicht gern … Den Vater wird es freuen, Uli. Es ist meine Heimat. Solang Mama da war, konnte ich mich ja kaum dort an den Tisch setzen, so regte es sie auf. Uli, meine alte Heimat!«

»Harro meint, das Goldhaus sei jetzt deine Heimat … Und was du denn hier vermissest?«

»Ich vermisse nichts … gar nichts. Es ist nur zu schön und vollkommen hier … und so lieb alles … Ja verstehst du denn nicht, Uli … Wenn wir nach Brauneck gehen, gehen wir doch alle … Du und Harro und Heinz und die Babette und Märt.«

»Na der Märt, was soll der in Brauneck? Ich denke immer, ihr habt Lakaien genug.«

»Märt ist kein Lakai. Er muss doch Harro helfen, wenn ich getragen werde. Und Harro braucht ihn auch sonst.«

»Kind, du hast immer noch nichts gestanden, und was ich Harro sage, weiß ich nicht.«

»Tante Uli, liebste, gute, alte Trostmutter, hilf mir nach meinem alten Brauneck. Und Harro sagst du: Ich wollte eben. Das ist auch ein Grund. Und wie hartnäckig ich dann bin, das wisst ihr ja alle.«

»Also du vertraust dich mir auch nicht an, Kind!«

Die lange schwarze Gestalt der Gräfin erhob sich. Sie stand einen Augenblick am Fenster, dann kommt sie langsam zurück und setzt sich an Rosmaries Bett und fasst ihre beiden Hände.

»Uli«, fleht sie, »ich brauche dich so nötig, und alles Ausdenken nützt nichts, wenn du nicht hilfst. Du siehst ein, dass ich meinem Harro beistehen muss. Das muss ich doch.« Ulrike nickt ihr zu. »Dass nicht das Bitterste auf ihn kommt. Und dann, Uli, sieh mich doch nicht an, als ob ich ein vergoldetes Biskuitporzellan wäre. Ich denke ganz genügend auch an mich selbst. Und dann musst du einsehen, dass Leben hier im Goldhaus ja wunderbar schön und leicht und festlich ist. Sterben kann man in Brauneck besser. Denk, die alten Mauern, die Galerien, in denen die seufzenden Winde gehen. Wie viele sind da schon gestorben, die Wände hängen ja voll von alten Seufzern. Ich könnte mir gar keinen besseren Ort zum Sterben denken. Die vielen Bilder, mit den gemalten Augen sehen sie einen an und sagen, wir haben es alle gelernt. Die Treppen, die widerhallen von Schritten derer, die einmal da gegangen sind. Du weißt, als Kind habe ich manchmal einen oder den andern von den alten, stillen Leuten, die keine Schatten werfen, auf den Gängen und Treppen gesehen und nie begreifen können, dass man sich vor ihnen fürchten könne. Sie schienen mir immer recht freundlich zu sein und ein Wohlwollen für mich zu haben. Du siehst also, wie gut ich da versorgt bin. Dann kenne ich doch die feierliche Zeremonialkutsche, die in so alten, wohl ausgefahrenen Gleisen rollt. Alles, was Harro auf seinem armen Herzen sägen würde, das geht von selbst. Fräulein Berger ist allem gewachsen. Wenn Harro dieses ganze Kapitel hier hätte, so würde er das liebe Goldhaus, das geliebte Haus … Denk Uli, was da alles hineinverbaut ist von Sorge, Arbeit, Liebe, Kunst, Entbehrung, Mühsal, Opfer, Hoffnung, und das soll ihm nun alles vergällt werden! O mein armer Harro! Nein, ich sorge für dich, ich muss für dich sorgen. Denk an den Festsaal, Uli, und dass er den nicht mehr betreten hat, seitdem sie mich heraufgetragen haben. Soll er denn seine Empfangshalle mit dem Kinderbrunnen gedichtet und gebaut haben, dass mein Sarg darin steht! Die Braunecker Galerien und Treppen sind Särge gewöhnt. In der Kapelle im Boden liegt das große Kreuz, worauf sie gestellt werden, und die Säulen, an denen bei unserer Hochzeit die Rosenkränze hingen, haben die Haken, woran man die schwarzen Tücher hängt. Meine alte Kinderfrau erzählte mir davon, wie meine Mutter dalag mit meinem jüngsten Brüderchen im Arm. Ich wollte immer wieder ganz genau davon hören, denn ich beneidete doch das Brüderchen um seinen Platz. Da ahnte ich ja nicht, Uli, dass noch einmal eine Mutter auf mich warte und mich in ihre lieben Arme nehmen würde, wenn es mir am allernötigsten wäre. Du bist meine süße, beste Uli, weil du mich meine Fäden spinnen lässt.«

»Lass deine alte Uli, Kind, und sag mir von dir. Das denkst du dir also aus, wenn wir dich unter den Rebengang bringen zum Ausruhen.«

»Nein, Uli, das sind meine Rebenganggedanken nicht, das sind meine Gedanken beim Vogel Rock. Harro lassen wir das alles nicht wissen.«

»Nie, Rose? Dann kennt er auch deine ganze große einzige Liebe nicht … Ich möchte ihn einmal nicht darum berauben.«

»Ach, er weiß schon, dass ich ihn lieb habe … Er soll nur möglichst wenig gequält werden. Wir gehen auch jetzt noch nicht nach Brauneck. Erst wenn es mir so zumute ist, dass ich mich notwendig von meinem alten Lindenbaum am Lindenstamm trösten lassen muss. Und wir machen auch keinen feierlichen Auszug, Uli, sondern eines schönen Tages bekomme ich brennendes Heimweh nach Brauneck. Du, Uli – hörst du!, sagst: „Man muss ihr den Willen tun, nun haben wir sie so verwöhnt und müssen sie haben, wie sie ist – und du kennst ja ihre Hartnäckigkeit. Sie gibt doch keine Ruhe." Und dann muss es sehr schnell gehen, Uli. So schnell, dass ich mich nicht mehr umdrehen kann nach dem Goldhaus und Märts weißer Laube und dem singenden Brunnen. Hoffentlich ist mir's dann recht schlecht, dass ich mit mir selbst zu tun habe. Und ihr alle kommt nach und nach herüber. Märt auch, Uli. Seine Tauben muss er freilich jemand anderem anvertrauen. Uli, hilfst du? Bist du meine einzige, meine …«

»Still, Kind, ganz still … Ich helfe dir in allem.«

»Und jetzt, wenn wir die Professoren überstanden hätten. Wenn sie Harro nur ein Fetzchen Hoffnung machen, dies oder jenes würde mir guttun, so wird er sich darauf stürzen. Wenn das überstanden wäre, Uli, und die schon wieder davongesurrt wären mit ihrem Auto …«

Die beiden Herren kamen am Morgen an mit dem Herrn Hofrat, und die schneeblasse Rosmarie wurde ihnen ausgeliefert. Ihre sanften Augen waren ganz finster und sie war kaum zu den notwendigsten Antworten zu bringen. Über Harro brausten wieder alle Furien. Er stand oben am Fenster neben dem Saaleingang und wartete. Endlos, wie es ihm schien. Nun kamen die Herren heraus und gingen sofort in das Esszimmer, wo sie sich einschlossen.

Harro wollte zu seiner Frau hinein, aber Ulrike duldete es nicht. Sie sei von der Untersuchung zu sehr angegriffen. Endlich ging die Tür auf, die Herren kamen heraus, und der Älteste, eine sehr liebenswürdige sympathische Persönlichkeit, winkte den Hausherrn herein. Dann ging eine Flut von Worten über ihn hernieder. Der Zustand Ihrer Durchlaucht entspreche allerdings nicht ganz den Erwartungen, die Professor B. zu hegen sehr viel Grund gehabt habe. Nun wurde dem Herrn Hofrat in seiner Behandlung ein vorsichtiges Lob erteilt und jeder der Herren machte einige Vorschläge. Ihre Durchlaucht solle zu gehen versuchen und noch anderes wurde gewünscht. Im nächsten Jahr vielleicht eine Kur in Nauheim. Eine längere Kur. Für den Augenblick war zwar der Aufenthalt auf Thorstein denkbar günstig, die Höhenlage, die reine Luft und Ruhe. Harros unruhige Augen irrten von einem der fein ausgemeißelten Gesichter zum andern, die so gar nichts verrieten. Dann erhoben sich die Herren, ein Frühstück lehnten sie ab, da sie von Brauneck kamen und dort bei Seiner Durchlaucht gefrühstückt hätten. Harro atmete tief und stützte seine Hand auf den Tisch, dass die Eichenplatte knarrte. Und seine Augen, seine wilden, flammenden Augen herrschten sie an und er sagte: »Sonst haben mir die Herren nichts zu sagen!«

»Wir sind zu jeder Auskunft bereit, Herr Graf.«

»Diese Kur in Nauheim, was versprechen Sie sich davon, warum erst im nächsten Jahre? Der Winter ist lang.«

Wieder eine Flut von Worten über unerwartete Folgeerscheinungen, unglückliche Narbenbildung möglicherweise …

Der Herr Hofrat steht sachte auf und geht auf die Terrasse.

Harro sieht ihn hinausgehen und wird blass bis an die Lippen … Er hört gar nicht mehr, was sie sagen … dann rafft er sich zusammen.

»Sie sprechen vom nächsten Jahre, von einer Kur im nächsten Jahr.«

Der Königsberger erhob sich.

»Herr Graf, wir sprechen nur von einer Eventualität.«

Einen Augenblick sieht es aus, als ob Harro sich auf ihn stürzen wolle … »So, von einer Eventualität. Ich muss mich in Ihren Ausdrücken erst zurechtfinden …«

»Ein solches Leiden, das ist immer unberechenbar. Wir hoffen natürlich das Beste und müssen uns gefasst machen – es wäre ein Unrecht, es zu verschweigen – auch auf eine plötzliche Änderung, Herr Graf.«

Harro verneigt sich.

»Der Herr Hofrat wird Sie ja in allem beraten.«

Dann tutet das Auto und die Herren werden von der alten Gräfin und Harro hineinkomplimentiert. Der Herr Hofrat ist verschwunden, der sitzt an Rosmaries Bett und hält die zuckende Hand.

»Nein, Durchlaucht, wir haben nichts Schlimmes beschlossen, ganz und gar nach Ihren Wünschen, hier oder in Brauneck, und mit dem Herrn Grafen werde ich jetzt einen kleinen Gang machen.«

Als das Auto hinter den Bäumen verschwunden ist, wendet sich Harro zu der alten Dame: »Nun, Tante, für einen Menschen, dem eben sein Todesurteil präsentiert worden ist, habe ich mich doch gut benommen.«

»Harro«, fleht die alte Dame, »lass das Kind nicht deine wilden Augen sehen, es ängstigt sich wieder um dich.«

Der Herr Hofrat berührt sanft seinen Arm.

»Gehen wir ein wenig zusammen, Herr Graf.«

In dem davonfliegenden Auto sagt der Königsberger zu dem Berliner Kollegen: »Ein ganz unheimlich eruptiver Mensch, dieser Graf Thorstein, und eine sehr sonderbare junge Dame ebenfalls. Ich diagnostiziere auf eine unglückliche Ehe.«

»Na hören Sie mal, er sah doch nicht aus, als ob er seine Frau loszuwerden wünsche, mehr als ob er sich auf uns stürzen wolle, weil wir ihm nichts Besseres sagen konnten.«

»Ja, aber die Dame! Eisig gleichgültig, als ob es sich gar nicht um sie handle … Sie sah auch beständig nach der Türe … als ob sie etwas erwarte, vielleicht ihren Feuerbrand von Gemahl.«

»Es könnte auch sein«, darauf der Berliner, »dass sie eine äußerst geringe Meinung von unserer Kunst hätte … oder sie gar nicht wünsche.«

»Unglücklich verheiratet und von ihrem Leiden bereits so zermürbt, dass sie sich aus dem Rest nichts mehr macht. Nur als wir ihr sagten, dass wir sie jetzt zu keiner Kur fortbringen wollten, wurde sie gnädiger und taute ein wenig auf. Aber das Schicksal oder der Zustand des Herrn von Thorstein schien sie gar nicht zu interessieren. Nicht eine einzige Frage, Herr Kollege … Die Dame ist unglücklich verheiratet, das dürfen Sie mir glauben.«

47. DIE EINE STUNDE

Harro und der Hofrat schlenderten im Garten auf und ab, Harro eine Gerte in der Hand, mit der er nachlässig seine Beinkleider bearbeitete.

Wer sie so gesehen hätte an dem Hochsommermorgen in dem schönen Besitztum, der konnte sie für ein paar genießende Menschen halten, denen die gewöhnlichen Sorgen und Kümmernisse fern standen, die sich weder in Bureaus noch Kontoren plagen mussten.

Der Hofrat lässt alle hoffnungsvollen Möglichkeiten spielen, die er von irgendwelchen Anzeichen herleiten konnte. Harro schlug mit seiner Gerte und schwieg. Und der Hofrat erzählte ihm einen Fall, wo sich eine halbe Fakultät getäuscht hatte. Plötzlich befreite sich Harro mit einem Ruck von dem Arm des alten Herrn.

»Entschuldigen Sie, ich sehe dort …«

Er ging ins Haus und war verschwunden. Und Ulrike und der Hofrat mussten allein die harrende Rosmarie trösten und beruhigen.

»Er geht wieder in die Wälder«, klagte Rosmarie, »und nun können Wochen vergehen, ohne dass er an sein Bild kommt. Oh, warum mussten diese Menschen kommen und ihn quälen?«

Es wurde Abend, bis Harro zurückkam, barhäuptig. In seinem alten Filzhut trug er einen jungen munteren Igel. Klein Heinz war noch auf und vor seinen Augen wurde das interessante Tier auf die Terrasse gesetzt und dort mit einem Regenwurm gefüttert, den es mit lautem Schmatzen verzehrte.

Das ganze Goldhaus hallte wider von Heinz' Jubelgeschrei und dem Gebell des kleinen Fips. Rosmarie wollte wissen, was es gäbe.

»Harro ist zurückgekommen, und sie spielen mit einem Igel!«

»Ich möchte es auch sehen«, bat Rosmarie. »Oh, wie bin ich froh, dass Harro da ist.«

Dann kamen Vater und Sohn mit der Beute ins Schlafzimmer, nur Fips musste draußen bleiben, weil seine Pfoten sich beständig auf Rosmaries Bett befanden und dort Spuren hinterließen. Er winselte kläglich vor der Türe und bellte dazwischen seinen unsichtbaren Feind an, den er roch. Der Igel benahm sich höchst manierlich und lief auf dem schönen Teppich herum. Klein Heinz bewunderte ihn bäuchlings und machte kühne Streichelversuche, um allemal erschrocken wieder die Hand zurückzuziehen. Das musste ihm sehr witzig vorkommen, denn er lachte jedes Mal hell auf und bildete in seiner Freude den ersten Satz seines Lebens: »Dute Alo Igel bacht«, und musste das seiner blassen Mama wiederholen, was er auch mit Stolz tat. Endlich schlug unwiderruflich seine Stunde und er wurde, unter lebhaftem Protest zwar, mitsamt dem Igel und dem Fips von dem Vater fortgebracht.

Später kam Harro noch einmal herein – wie er versicherte, gänzlich gewaschen und gesäubert – und setzte sich einen Augenblick an Rosmaries Bett. Rosmarie war noch voll von Heinz' Sprechkünsten und seiner Freude. Da ertönte schon der Gong.

Tante Ulrike nahm das einsame Mahl mit ihm ein. Der Fürst war heute nicht gekommen. Er hatte eine Schale herrlicher Pfirsiche geschickt, mit Marechal Niel-Rosen zugedeckt. Ulrike wählte den schönsten aus, um ihn hinüberzubringen, und sagte: »Es ist heute das erste Mal, dass der Herr nicht gekommen ist.«

Harro stand auf und reckte seine Arme.

»Nun, so viel Mut kann man schließlich kaum von ihm verlangen nach dem Besuche von heute Morgen. Er hat auch vielleicht nicht gleich einen Igel gefunden, den er hätte vor sich hinhalten können. Tante Ulrike, ich werde meine Farben für morgen herrichten und du sitzest jetzt bei der Rose, bis sie einschläft.« Und damit ging er zur Türe.

Die alte Dame rief ihm nach: »Harro, sie wartet nun den ganzen Tag auf dich. Was soll ich ihr nur sagen?«

»Was dir einfällt, Ulrike.«

»Das ist unverantwortlich, wie du mit ihr umgehst. Sie fühlt nichts, sie ängstigt sich nicht, sie hat heute nichts von den Ärzten ausgestanden! Wenn nur du deinen Weltengrimm austoben kannst!«

»Tobe ich etwa? Ich benehme mich sehr gesittet. Ich bekomplimentiere Herren hinaus, ich finde Igel, ich gehe jetzt meine Farben herrichten … Das verstehst du nur nicht, die Feinheit. Sieh, wie die Rose darauf eingeht, wenn sie es hört. Sie ist dreiviertel getröstet.«

Und sie hörte ihn hinübergehen und das Atelier abschließen.

Ulrike versuchte ohne jeden Glauben an die tröstende Wirkung die Farbengeschichte vorzubringen. Aber Rosmarie glänzte sofort auf.

»Ach, das ist gut, Mutter Uli! Und wenn man alles überlegt, haben wir doch allen Grund, froh zu sein, dass das Auto wieder fort ist und sie nicht noch mehr Unheil angerichtet haben.«

Im Atelier saß Harro an seinem Zeichentisch und zeichnete auf einem großen weißen Bogen die beiden Herren, den von Königsberg und den von Berlin. Als ob er sie seit Jahren gekannt hätte, so standen sie da. Er gab ihnen aber weiße Tellerkragen und Talare, und ihre feinen Köpfe sahen noch besser darauf aus. Sie saßen um einen Tisch und hatten Papiere vor sich. Auf dem obersten Blatt stand ein Name, ein geliebter Name, und der Berliner zeichnete mit feinen nervösen Doktorhänden ein Kreuz daneben. Der andere sah ihm dabei zu, ruhig unbewegt, eisig. Dann fixierte er das Blatt sorgfältig, rollte es zusammen und adressierte es an den Berliner Herren.

»Ein kostbares Blatt und ganz umsonst«, murmelte er.

Drüben war das Licht im Vogel Rock erloschen. Rosmarie schlief also schon und erwartete ihn nicht mehr. Dann streckte er sich auf sein altes Lager, das er in der letzten Zeit wieder benützt hatte.

Er war todmüde und schlief sofort ein. Und sein Geist ging steile und mühselige Pfade zwischen Geklüft und rasenden, tobenden Gebirgswassern. Vor ihm flog ein großes schwerfälliges Tier, ein Reiher vielleicht, mit langsamen Flügelschlägen, und es war sein Elend, dass er es immerfort vor sich haben musste. Und eine Masse kleiner Kinder drängten sich zwischen den Steinen hindurch. Jede Art von Unglück konnte ihnen passieren, ins Wasser mussten sie rollen, jämmerlich im Geklüft stecken bleiben. Und das Schlimmste wäre, wenn der Vogel sich umdrehte. Er nahm ein paar der Unglücksgeschöpfe auf, aber er konnte doch nur eins auf jeden Arm nehmen, und da rollte schon das erste über die glitschig glatten Steine in das tobende Wasser. – Und der finstere Vogel wandte sich … Sein Schnabel verwandelte sich in eine schön geschwungene Nase. »Eventuell«, krächzte er, »eventuell«, und schlug seine schwarzen Flügel über dem Kinderjammerhäufchen.

Im hellen Entsetzen wachte Harro auf. Ein graues Mondlicht erfüllte seine Zelle, und auf der geweißten Wand geisteten die Schatten der Aristolochienblätter. Er fuhr in die Höhe, jemand musste ihm gerufen haben. Sein Herz schlug noch wild, es war aber totenstill, nur der Wald rauschte ferne.

Er sah nach den sich leise verschiebenden Blätterschatten, matt und abgespannt und dennoch froh, dass er dem Traumelend entronnen war. Aber lange duldete es ihn nicht. Aus den sanften Blättern dort an der Wand wuchs eine Hand heraus, eine feine Doktorshand, die schrieb ein Wort und noch eins. Er musste nachlesen ... »eine plötzliche Änderung«. Da schlug er mit der Faust an die Wand, dass die dröhnte und der Verputz abrieselte ... Dann stand er auf und floh in sein Atelier und kleidete sich an. Drüben war's dunkel.

Es war ein unsinniger Gedanke, aber er machte ihn erbeben ins tiefste Mark. Er wollte wenigstens horchen. Da eben glühte das Licht im Vogel Rock auf. Er stürzte hinüber und klopfte. Die Tante in ihrem Morgenrock und weißem Spitzentuch über dem vollen grauen Haar stand vor ihm: »Was tust du da, Harro?«

»Ich erschrak«, stammelte er. »Warum habt ihr Licht?«

»Nun, die Rose schläft doch nicht die ganze Nacht.«

»Kann ich sie sehen?«

»Kannst du wirklich sanft genug mit ihr umgehen?«

Er nickte und schob die alte Dame beiseite.

Die Rose hatte sehr rote Lippen und die schönsten Augen. Sie saß fast aufrecht in ihren Kissen und lächelte ihn an.

»Ist das wunderschön, dass du kommst so mitten in der Nacht.«

»Ich habe dir keinen Gutenachtkuss gegeben«, sagte er und beugte sich über sie und küsste sie und ein leiser Rosendurft wehte ihm entgegen.

Und plötzlich lag sie ganz in seinen Armen, und seine Küsse schauerten auf ihr Haar, ihre Stirn, ihren holden Mund.

Die alte Dame legte ihm die Hand auf die Schulter.

»Harro, ich bitte dich, Harro, kann man sie gar nicht mehr vor dir bewahren! Immer verbrennt man oder erfriert man bei dir.«

Harro wandte sich und erschrak so bitterlich, dass er ihr im tiefsten Herzen leidtat.

»Du musst nicht böse mit ihm sein«, bat die süße Stimme der Rose. »Sieh, du hast ihn erschreckt. Wenn mir nichts Schlimmeres geschieht als seine Küsse!«

»O Kind, wenn du daliegst, wenn er dir ein Messer hineinstieße, so würdest du auch sagen, es tut wohl.«

Sie sah mit ihren großen sanften Augen zu ihr auf.

»Das würd ich wohl, Uli. Und es schmerzte gewiss nicht, wie das schreckliche Ding da innen. Nun musst du ganz still und gut sein, Harro, und dich mit Uli vertragen, wenn du bleiben willst. Diese Herren haben zu sehr auf mir herumgehämmert.«

Harro setzte sich und sah zu der alten Dame auf.

»Uli, lass mich da, du kannst mich nicht in die Nacht hinausjagen, sonst stehe ich unter dem Fenster und weine.«

»Uli«, rief die Rose, »gib mir mein Taschentuch, ich habe es wieder verloren. Da ist's. Komm, Harro, ich will dich trösten, schon hier oben. – Nein, das ist nicht weich genug.«

Sie griff nach den Enden ihrer Flechten und löste sie auf. Dann nahm sie die weiche goldene Strähne und fuhr ihm sanft über das Gesicht. Harro beugte sich hinab und verbarg sein Gesicht in dem weichen Goldgespinst …

Die alte Dame seufzte: »Lass mir noch ein wenig von dem Kind übrig bis morgen.« Dann ging sie hinaus.

Das Lächeln verschwand plötzlich von dem Gesicht der Rose. Sie sah mit bebender Spannung auf den Mann herab, der immer noch sein Gesicht verbarg. Aber sie schwieg und wartete.

Dann hob er seine Augen, so seltsam glänzend und fremd und bat: »Darf ich die Haare vollends aufmachen?«

Sie nickte. Mit seinen geschickten Künstlerhänden löste er die Flechten vollends auf und schüttelte die Strähnen, dass die Pracht sich ausbreitete. Er legte ihr den Goldmantel um die Schultern und ließ die weichen Wellen zu beiden Seiten ihres Gesichts herabhängen. Dann ordnete er ihre Kissen, so wie sich das schöne Haupt am lieblichsten darbot. In der Schale dort standen große blasslila Klematisblüten, die nahm er und schlang sie in ihre Haare, dass sich die Blütensterne um ihr Antlitz bogen. Er öffnete ihr Batisthemd, dass sich die feine Linie des Halses ein wenig zeigte. Nun noch den Vogel Rock, der sich ja vorschieben lässt, an die ganz richtige Stelle. Dann streift er an der seidenen Decke herunter, dass sie sich an die hingestreckte Gestalt anschmiegt und die Umrisse zart andeutet. Er tritt an den Spiegel und schiebt an seinen Wänden, bis sich ihm das Bild darin zeigt.

O Gott, steh mir bei, denkt die Rose, er ist wieder krank, er ist sehr krank! Rufe ich Uli, so schickt sie ihn fort und er muss in der Dunkelheit stehen und weinen.

»Nicht so schmerzlich den Mund, Rose, es war so unsäglich schön.«

Sie öffnete ihre Augen.

»O Harro, wie darfst du mich so quälen und dich selbst! Und mit mir spielen wie mit einer Puppe, wenn ich dir doch gesagt habe dass ich leide. Und ich darf Uli nicht rufen, dass sie das sieht. Ich habe den ganzen Tag auf dich gewartet und du bist nicht gekommen. Und nun soll ich dir dazu dienen, dass du ein schauerliches Spiel mit dir selbst treiben kannst! Wenn es dir helfen könnte, ich wehrte mich nicht, ich ließe dich. Aber es hilft dir nicht, es macht dich nur noch kränker Und es ist ein Unrecht gegen mich, das du nicht begehen sollst. Morgen, wenn du daran denkst, wirst du dich darüber betrüben. Nimm die Blumen aus meinem Haar, es ist jetzt keine Zeit für Kränze.«

Harro stand vor ihr und rührte sie nicht an.

Ihre blassen Hände hatte sie auf ihr stoßendes Herz gedrückt, zu den Blumen konnte sie nicht hinaufreichen.

»Du weißt es ja nicht«, sagte er tonlos, »du bist so sanft, so ruhig, so himmlisch. Vielleicht freust du dich auf deine seligen Gärten! Du tust auch recht daran. Nur Pein hast du und mich auch noch zu ertragen. – Was kannst du von mir wissen ... Du weißt ja nichts. Du denkst an mich, wie ich deine Kindheit behütet habe. Sie war mir heilig Und wie ich vor den Menschen dein Gatte war und als geduldiger Narr vor deiner Türe stand. Und wie du mein Weib wurdest und ich deine Lieblichkeit und Süßigkeit genoss als mein gutes Recht. Nie hast du dich vor mir verborgen und mich um dich kämpfen lassen. Von der wahnsinnigen Leidenschaft, die du in mir entzündet hast, nun du dich mir zum ersten Male entwindest, weißt du nichts. Wie solltest du auch! Jetzt wo ich um dich zittern muss, jetzt weiß ich erst, was du mir bist, und sehe dich, wie du bist. Und je mehr ich mich an dich klammere, umso mehr entschlüpft mir deine Seele. Du hast all die Zeit ein Leben für dich gelebt – nun siehst du das Ziel von ferne. Dein Dämon ist wieder erschienen ... Du brauchst mich nicht mehr. Ich verbrenne und erfriere neben dir. Ich sündige, mit jedem Wort sündige ich. Ich vermehre deine Leiden. Ich kann meine Hände nicht von dir lassen, ich kann dir den Kranz nicht vom Haupte nehmen, du wirst vielleicht in deinen seligen Gärten Kränze tragen und in deiner Seligkeit nicht so schön sein wie jetzt in deinem Leiden. Und ich sehe dich nicht mehr. Die Verdammten sehen nicht hinein, wo die seligen Füße schreiten.«

Ihre Augen hingen an seinen Lippen, ihre sanften, schmerzgeweihten Augen unter dem Blütenkranze.

Dann schloss sie sie langsam. Sie antwortete ihm nicht.

Er stand da und sah das blasse Antlitz mit den halbgeschlossenen Augen unter dem Blütenkranze daliegen, umflutet von dem blassen Gold ihres Haares. Er stand schon vor den Toren jener Gärten, nie würde er sie betreten. Eine Weile sah er die schönste Blume daraus noch vor sich liegen, dann würden sie ihn verdrängen und er war in der einsamen Nacht allein.

Er war jetzt schon allein. Sie war schon ganz ferne von ihm. Und vielleicht erschien der Dämon wieder und hob sie aus der Qual und deckte den Schleier über sie, dass auch der Laut seiner Stimme nicht mehr zu ihr drang.

Aber er irrte. Sie hatte nur ihre Seele gerüstet und gestärkt und hatte für ihn gefleht zu ihrem Vater im Himmel.

Und nun schlug sie die Augen wieder auf, in denen nur holde Liebe lag. So strahlend, so gütig, dass es ihn auf die Knie trieb. »O du, du …«

Sie blieb unbeweglich liegen und fasste seine ausgestreckten Hände nicht. »Verzeih, Lieber, aber mich zu rühren gestattet der Tyrann nicht, und du musst dich auch von ihm tyrannisieren lassen und Rücksichten nehmen.«

»Welche Rücksicht nehme ich?«

»Du musst aber, Harro. Denn er ist Herr und ich lebe nur noch von seinen Gnaden. Und du wirst nicht wollen, dass er alle Tücken an mir auslässt und sich für alles, was du tust, an mir schadlos hält.«

Seine Lippen bewegten sich, endlich brachte er heraus: »Soll ich die Blumen herausnehmen? Soll ich Ulrike rufen?«

»Nein, Liebster, ich stoße dich nicht in die dunkle Einsamkeit, solange ich noch einen Atemzug für dich habe. Und Gott wird mir helfen. Du gehst nicht aus diesem Zimmer und von mir hinweg, bis du dich nicht ganz in Gottes Hände ausgeliefert hast. Sehr viel länger ertrage ich es nicht. Du weißt doch oder hast du es ganz vergessen, wie sehr meine Seele an deine gekettet ist? Du bist ein schlimmes Ross, Harro, und jagst mit mir durch Gestrüpp und Dornen und Sümpfe und eiskalte Schauer und rote Höllenglut. Wir waren doch eben bei den Verdammten und sahen durch das Gitter in die seligen Gärten hinein. Nun jagen wir davon und es wird wohl wieder eine kalte finstere Einsamkeit werden, in die wir jetzt kommen.«

»Oh, was soll ich tun, Rose, wie soll ich …«

»Beugen sollst du dich, Harro, du musst. Ich wollte ja noch weiter mit dir davonrasen, aber der Tyrann tut es nicht mehr. Und er hat ja die Macht, die hat er auch von Gott. Und dann musst du dich doch beugen. Das Rad geht über dich hinweg. Das hält deine wilde Kraft nicht auf, dein Jammer und deine Leidenschaft nicht. Und wenn du doch musst – sie haben dich doch nicht belogen, die Herren, ich habe es ihnen verboten, dich zu belügen. Wenn du dich beugen musst, warum nicht jetzt, nicht gleich: Dein Wille geschehe! Jetzt bin ich noch bei dir, helfe dir, neige mich mit dir. Aber ich kann dir keine wilden Wege mehr versprechen. Damit ist es am Ende. Du musst dich in Gottes Hände ausliefern.«

Seine gefalteten Hände verkrampften sich, er legte seinen Kopf auf ihre Bettkante … »Ich kann nicht, kann nicht, das ist über meine Kraft«, stöhnte er. »Das kann kein Mensch und kein Gott von mir verlangen. Ich werde es tragen, ich quäle dich nicht wieder, ich werde geduldig sein, ich verspreche es dir – ganz sanft und geduldig.«

»Als ob du es könntest, Harro, aus eigener Kraft sanft und geduldig sein. Das hast du doch bisher auch versucht, du mein alter liebster Harro, du hast mich doch nicht peinigen wollen. Du hast es aber doch getan und weißt, dass du es getan hast, und wirst es wieder tun. Und so werde ich eben weitergerissen mit dir. Jetzt wehre ich mich noch, jammere, flehe, dann werde ich verstummen. Und es müsste nicht so sein. Ein solches Gebet, wie käme es unerhört zurück! So hat Jesus gebetet in Gethsemane. Was ist dein Leiden gegen seines! Du öffnest den Himmel, Harro, dass die goldenen Ströme herabrauschen können auf dein armes Herz. Ach wie selig werde ich sein! Wie werde ich sanft ruhen in deinem lieben Arm. Wie wirst du mich trösten, wenn doch vielleicht die große Angst über mich kommt. Jetzt kann ich dir noch von meiner Kraft geben, Harro, aber dann bist du ja so viel mehr als ich, wie deine Flamme größer ist als mein Licht. Harro, die Stunde kommt vielleicht nicht so wieder. – Sieh dort den Bergfried mit seinem Knauf oben. Er hebt sich schon vom Himmel ab. Wann ihn die Sonne trifft und er golden wird, so ist die Stunde vorüber. Bis dahin hast du Zeit, nicht länger. Willst du bei mir bleiben oder willst du hinübergehen. Sieh dir die Wahl an, die du hast. Die Wahl und du hast sie doch nicht.«

»Lass mich bei dir bleiben.«

Er drückte sein Gesicht in seine Hände und lag da auf ihrer Bettkante wie hingeschmettert und zuweilen flog ein Schauer über seinen Körper, dass das Bett erzitterte. Sie hatte ihre Augen geschlossen und ihr Antlitz wurde unter seinem blauen Sternenkranze blasser und blasser.

Immer deutlicher hob sich die Gestalt des Bergfrieds von dem graudunkeln Himmel ab, die zwei Sterne daneben verblichen, das kühle scharfe Wehen des Morgens hauchte herein.

Sie fasste ihren goldenen Königsmantel auf der Brust zusammen.

Da erhob er sich. Sie sprachen kein Wort, nur ihre Augen suchten sich. Da stieß sie einen tiefen Seufzer aus und ihre Glieder lösten sich. Sie neigte ihren Kopf auf die Seite und schien einzuschlafen. Harro klopfte an die Türe. Die alte Dame kam sofort heraus, als habe sie die ganze Zeit dahinter gestanden. Als sie an das Bett herantrat, stockte ihr Fuß.

Die fremdartige Schönheit dieses Anblicks, die sanft hingestreckte Gestalt mit dem Königsmantel um die Schultern, dem Sternenkranz in der Beleuchtung aus Licht und grauem Morgenschein gemischt, dies wie aus zartestem Marmor oder Wachs gebildete Antlitz mit den halb geschlossenen Augen, unter denen noch ein wenig die Pupille hervorsah – sie erschrak.

Sie wandte sich zu ihm, stockend, atemlos. »Harro!«

»Nein, sie schläft. Bleibe bei ihr.«

Er ging hinaus. Als er über den Hof schritt, erglänzte der Bergfried im Morgengold. Die weißen Taubenschwärme umkreisten ihn. Er beugte sich über den Brunnen und ließ den Strahl über seine Hände fallen und badete sein Gesicht in der kühlen Flut.

Dann ging er in seine Zelle und legte sich zu Bett.

Kühl und morgenfrisch war's und keine Schatten geisteten mehr an den Wänden. Er verschränkte seine Arme in dem weißen Nachtkleide unter dem Kopfe und starrte nach der Decke. Dort schwebte langsam mit schwerem Flug ein Nachtfalter und suchte ein Versteck vor dem kommenden Tage.

Nun war es geschehen. Er hatte seinen Willen hingegeben an einen andern. Er hatte das ungeheure Opfer gebracht. Ihm war's, als habe er selbst seine weiße Rose von seinem Herzen genommen und sie hingetragen vor die Tore der seligen Gärten.

Und sie hatte ihm goldene Ströme von oben dafür versprochen. Wo waren die? Vielleicht waren seine Augen so wenig für sie eingerichtet wie die des Nachtfalters an der Decke, der sich auch bergen muss vor dem goldenen Licht.

Immer langsamer kreiste das Flügelpaar an der Decke.

Immer schwerer und schwerer senkte sich eine sanfte Mattigkeit auf ihn und er ruhte gut. So sanft, so unsäglich sanft. Und das ferne Rauschen und Brausen … War das nicht Musik? Musste er sie nicht kennen … Kommt, ihr Töchter, helft mir klagen … Sehet, wen? … den Bräutigam … Tiefer und tiefer sank der Schleier.

Er schlief den tiefsten Schlaf seines Lebens, denn er erwachte erst, als die Abendsonne den Turmknauf vergoldete.

48. NACH BRAUNECK

Als er sich langsam erhob und der gestrige Tag vor seiner Seele vorüberzog, da hätte er hinter sich greifen mögen. Ob nicht noch ein Zipfel des heiligen Schleiers hängen geblieben sei, dass er sich wieder darunter verbergen könnte. Er saß noch da, als seine Tante mit einem kleinen Tablett in der Hand hereinkam und es neben ihn hinstellte.

»Aber Tante Ulrike!« Er errötete fast. Er war so wenig Pflege gewöhnt, hatte sie ja auch nie nötig gehabt. »Du bemühst dich.«

»Da, trink«, befahl die Gräfin. Und nun klopfte es artig an der Türe.

Der kleine Heinz war draußen, und das war sein neuestes Kunststück. Es wurde zwar noch mit der ganzen Faust ausgeführt, aber war doch sonst recht manierlich.

»Darf er herein, Harro?«

»O bitte, lass ihn.«

Heinz marschierte herein in seinem kurzen, schon stark mitgenommenen grauleinenen Röckchen, den kurzen Strümpfen an seinen strammen sonnenbraunen Beinchen, mit Sandalen von Herrn Wurmhaber an den Füßen: eine winzige Auflage Harros. Seine blauen Augen – er hatte die blauesten der Familie – öffneten sich weit über dem merkwürdigen, unerhörten Anblick, seinen Alo im Bett und von der Tante gefüttert zu finden. Das macht man bei Mama so, aber doch nicht bei Alo. »Alo, arme Alo …«, fragt er zärtlich, mitleidig, »hat weh? Arme Alo …«

In Harros Hand klirrte die Tasse. Die alte Dame musste sie ihm abnehmen, und nun sah Heinz etwas weiteres Unfassliches, Schreckliches, Herzbedrängendes: Sein Alo weinte. Große Tränen liefen über sein geliebtes Gesicht, und nun schluchzte und weinte er und warf sich in die Kissen. Heinz kroch auf das Bett, es war nicht hoch, und er brachte sich mit großer Schnelligkeit bäuchlings hinauf und umarmte seinen Vater und rief kläglich: »Arme Alo, tut Alo weh, tut Alo weh.«

Die alte Dame setzte sich auf das harte Lager neben die beiden und sagte: »So, Heinz, tröste den Vater …«

»Arme Alo. Du Igel holen«, er nannte sich selbst »Du« und hatte nach dem allerwirksamsten Trost gesucht.

Und Alo hob wirklich den Kopf und sagte, während ihm die Tränen immer noch in den Bart rollten: »Bleib bei mir, Heinz. Nein, ich brauch den Igel nicht, ich will den Heinz, den lieben Heinz. Komm, tröste mich.«

Und Heinz trocknete ihm mit seinem tagemüden Leinenröckchen, auf dem allerhand Spuren seiner heutigen Abenteuer waren, die Wangen und streichelte ihn zärtlich und rief ihm von Zeit zu Zeit das Kose- und Trostwort »Igel« zu und entdeckte dann etwas noch viel Besseres. Ein Stück Zucker auf dem Tablett, das erkannte er blitzschnell und schob es seinem Vater mit Gewalt in den Mund und dazu lachte er auf, denn nun musste Alo getröstet sein. Er weinte auch nicht mehr, er hielt sein Kind in den starken Armen und schluckte an dem Zuckerstück, so gut er konnte. Dann hob er seinen Kopf. »Wie geht's, Tante?«

»Oh, deiner Rose geht es soweit, sie ist so glücklich über deinen Schlaf. Sie ängstigt sich nur ein wenig um ihren Vater, der auch heut nicht dagewesen ist.«

Harro setzte den kleinen Heinz auf den Boden. »Liebe, bitte geh jetzt hinüber, ich komme gleich … Heinz,, du kannst zusehen, wie ich mich wasche … weil du so lieb gewesen bist.«

Ulrike beugte sich über ihr blasses Kind. »Dein Sorgenstein drüben, dein Thorsteiner Trotzkopf, er hat heute ganz andere Augen …«

Dann kommen sie beide, Vater und Sohn, um die Mama zu begrüßen. Der kleine Thorsteiner, um gute Nacht, und der große, um guten Morgen zu sagen.

Das Kind ist zu Bett gebracht und die beiden Gatten sind allein.

»Geh du hinüber, Harro, und sieh nach dem Vater. Er war heute nicht da. Ich sorge mich um ihn. Wie lang bist du nicht mehr geritten. Es wird dir so guttun.«

»Ja, wenn ich mich austobe, dann fürchte ich immer, der Gaul muss es entgelten. Ich strapaziere mich da lieber selbst. Und ich reite hinüber. Rose, darf ich dich noch sehen, wenn ich komme?«

»Ja, immer, Lieber! Oh, ich war so froh, dass du schliefst. Ich schlief auch. Ich schickte dir Sie, ich schickte dir Ihren Schleier.«

»Oh, es war köstlich darunter.«

»Du gehst unter dem Kreuz, Geliebter, du Geliebter … Geh nur. Es tut dem Vater wohl.«

Der Thorsteiner fand seinen Schwiegervater unter dem Bild des Seelchens und über seine Briefschaften gebeugt. Er war so überrascht, wie Harro sporenklirrend hereinkam, dass er ihn einen Augenblick wie eine Erscheinung anschaute. Dann sprang er auf.

»Die Rose lässt dich grüßen, Vater.« Er beugte sich herab und küsste ihn auf die Wange. Das hatte er fast noch nie getan. Dann setzte er sich neben ihn hin. »Die Rose hat Heimweh nach dir, Vater … Ich hätte schon früher nach dir gesehen, aber gestern – es war ein harter

Tag für uns, und heute hab ich einen langen Schlaf getan. Auf ihren Befehl hin, Vater.«

Der Fürst stützte seine Ellbogen auf den Schreibtisch auf und barg sein Gesicht in den Händen. Harro saß neben ihm und schaute auf zu dem feinen, geheimnisvoll lächelnden Seelchen, seinem ersten Kunstwerk. An dem noch hellen Himmel hing ein roter Vollmond und die Sommerstube begann sich mit feinem Lichte zu füllen. Die Fenster standen weit offen und unten im Tal, wo der Fluss über das Wehr rauschte, klang Mädchengesang herauf: »Drei Lilien, drei Lilien, die pflanzt ich auf ein Grab, da kam ein stolzer Reiter und brach sie ab …« Die dünnen Stimmen zogen etwas zitternd herauf und schienen sich an der Decke der Sommerstube zu verlieren.

Der Fürst wandte sich. »Harro, ich hab noch nicht den Mut gehabt … Ich hab eine fürchterliche Stunde mit diesen Herren zugebracht, als sie wiederkamen. Ich hatte ja vorher nicht viel Hoffnung, aber man klammert sich immer an etwas an.«

Harro nickte. »Ja, Vater, man hofft eben, bis auch die Hoffnung sich ausgelebt hat … Sie können freilich, wie es scheint, für die Rose nichts oder nur wenig tun. Du weißt nicht, wie glühend ich dich beneide, dass du ihr immer nur wohlgetan hast … Wie ich gesündigt habe. Sie hat immer mit mir zu tun, die Rose, Vater.«

Der Fürst rief: »Davon will ich nichts hören, Harro! Du bist jünger als ich, du bist … Harro, denk, was ich erlebt habe; ich habe eine geliebte Frau begraben und sie nahm mir meine Söhne mit. Es ging alles im Sturm. Sie war bewusstlos in den zwei letzten Tagen, mit keinem Wort, mit keinem Blick haben wir Abschied genommen. Das ist nun zweiundzwanzig Jahre her. Dass man es auch verwindet, man sollte es nicht glauben. Da geht ein Tag um den andern hin, und sie stehlen einem zuletzt auch seinen Schmerz, die Tage. Und man beginnt ein neues Leben. Meine kleine Rosmarie … Dein schönes Bild … Ich kann dir ja nie genug dafür danken, nie genug. Und ganz ahnungslos bat ich dich, mehr um dir eine Freude zu machen. Sie sah oft so blass aus, die Kleine, und wenn es gut wird, das Porträt, dachte ich, so wird es angreifend. Und durch das wunderschöne Bild hab ich eigentlich meine kleine Rosmarie nie verloren. Da sitzt sie mit ihren feinen Händchen und ihrem feinen Lächeln. Sieh, nun fällt der Mond darauf, was es dann für ein Leben bekommt. Und die Lindenprinzessin. Ich meine, sie haben das Bild nun genug in der Welt draußen angesehen und wir wollen es hier haben, den Platz macht ihm ja niemand streitig. Oder nein, es eilt nicht. Es tut noch zu weh. In ihrer holden Jugend und Kraft und Schönheit.«

»Sie ist nöch schöner jetzt, Vater. Sie war nie so schön. Ihre Seele strahlt aus ihr heraus. Ich male dir noch einmal ein Bild, lieber Vater. Freilich, du musst es mich auf meine Weise malen lassen, und ich weiß dann nicht, ob es dir recht sein wird.«

»Das sagst du jedes Mal, Harro, erinnerst du dich nicht mehr? Von dem Seelchen hast du's sicher gesagt ... und du musst es noch einmal gesagt haben ... oder nicht? woher kommt mir die Erinnerung?«

Harro erwiderte: »Dass die Lindenprinzessin dich freuen würde, das wusste ich immer.«

»Ach, es war das Bild der Fürstin, von dem du es sagtest. Ach Harro, das ist auch eine Sorge. Du musst es Rosmarie sagen, dass sie ihr nicht mehr schreiben soll ... Alfred bittet darum.«

»Rosmarie hat ihr geschrieben?«, staunte Harro. »Ja, Rosmarie kann doch nur mit der größten Mühsal schreiben, ich wusste es gar nicht!«

»Eben darum. Alfred weiß das wohl. Er schreibt: Charlotte stürzte sich auf den Brief und zerriss ihn ungelesen in kleine Stücke und verbrannte ihn vor seinen Augen. Cousine Rosmarie soll sich doch die Mühe nicht mehr machen. – Alfred hat bereits die dritte Garnitur Pflegerinnen. Rührend, wie er sich für seine Schwester aufopfert. Übrigens muss ich fast fürchten, dass es seiner zarten Gesundheit zu angreifend wird. Hier. Das ist ein Brief des Schweizer Arztes. Ein ursprünglicher, Harro.«

Harro las und sagte rasch: »Vater, Alfred muss abgelöst werden. So von Stahl und Eisen ist er gar nicht. Ich fand es überhaupt eine sonderbare Idee von ihm. Ich nehme ihn mit tausend Freuden wieder zu mir. Und dass er sich so aufopfert, wer hätte es gedacht. Allen Respekt vor ihm. Nein, ich habe ihn zu gering eingeschätzt. Ich werde ihm schreiben, heute noch. Ja, tun die Eltern denn gar nichts? Wozu hat man denn Eltern?«

»Doch, sie taten für ihre Verhältnisse ungeheuer viel. Fabelhaft viel, wie mir gesagt wird. Sie reisten hin und blieben drei Tage dort. Meine Schwiegermutter war von den drei Tagen so dahin, dass sie eine Kur in Pontresina brauchen musste, und mein Schwiegervater soll nur durch seinen jüngsten Sohn abgehalten worden sein, zu den allerursprünglichsten Erziehungsmitteln zu greifen.«

»Also erledigt«, sagte Harro, »die Elternpflicht in drei Tagen erledigt.«

»Du musst nicht ungerecht sein, Harro ... und darfst ja um Himmels willen nicht an unsere Rose denken. Es ist mir doch sehr seltsam, wie es sie mit einem Tag überfallen hat, fast zugleich mit Rosmarie. Und was tun wir? Rate mir, Harro. Du weißt, dass mir deine Rose einen Besuch versprochen hat. Mein ganzes Herz hängt daran.«

Harro beugte seinen Kopf. Nein, er durfte dem Mann, dem er so viel verdankte, das nicht abschlagen. Vorderhand war es ja unmöglich.

»Nun, Harro, wie geht das, wenn Mama da ist und deine Rose …«

Harro: »Es geht nicht, Vater, daran ist gar nicht zu denken. Du siehst ja, wie sie die Rose behandelt. Zerreißt und verbrennt die Briefe, die sie ihr mit jeder Mühsal geschrieben hat.«

»Und die Fürstin allein dort lassen, ohne Alfred, das ist unmöglich.«

»Nun, der Arzt rät dir doch eine Nervenheilanstalt. Er sagt zwar, eine geistige Störung sei nicht vorhanden. Aber der Zustand, den Alfred andeutet und der Doktor da beschreibt, der ist doch unmöglich … Vater, lass den Herrn Hofrat einen Ort für sie aufsuchen, wo man sie übernimmt. Du …« Er stockte plötzlich.

»Nun, du meinst es ja gewiss gut mit mir, aber sieh. Nein … Frag die Rose, Harro … was sie meint.«

»Armer Vater, da hast du am Ende eine kurze Vakanz gehabt.«

»Es war schon etwas, und ich sehe nicht ein, warum ich dir nicht gestehen soll, dass es eine ungemeine Wohltat war. Aber sag es doch deiner Rose. Ich komme morgen, Harro. Bitte geh jetzt. Sie wartet auf dich. Sie wartet immer auf dich. Du …«

Er stand auf. Das grellste weiße Mondlicht fiel auf den langen Thorsteiner, wie er in der Sommerstube neben dem Schreibtisch stand. Silbern glänzte sein Haar und seine mächtige Gestalt sah aus, wie wenn der Mann mit der Sichel über dem Haupte ihn kennen müsste von alten Zeiten her. Der Fürst sah zu ihm auf.

»Du, dass du mein armes Kind so liebevoll trägst und sie so gar nicht ihr Leiden fühlen lässt, und sie ist dir so dankbar und rühmt dich so.«

»Oh, ich weiß, ich weiß, bitte, rede nicht davon. Ein über und über vergoldeter Engel ist nichts gegen mich.«

Und er riss sich los und stieg die Stufen hinab, die die Schritte derer, die nicht mehr waren, ausgetreten hatten in dem alten, alten Brauneck, in dem es so leicht zu sterben ist.

Die Rose hat entschieden nach vielen und langen Beratungen mit Tante Ulrike und dem Herrn Hofrat, dass die Fürstin nach Brauneck zurückkommen solle. Und dass Alfred zwar nicht mehr die ganze Verantwortung für sie haben, aber dem Fürsten doch noch beistehen soll, und dass Tante Marga mit zwei Pflegerinnen sich die Arbeit teilen wird. Die näheren Einrichtungen überraschen den Fürsten. Ganz genau wird ausgemacht, dass die Fürstin den oberen Stock bewohnen und nicht zu den Mahlzeiten herunterkommen soll. Das Auto soll in

Thorstein untergebracht werden. Spaziergänge wird die Fürstin nicht machen, sondern nur jeden Tag mit Gräfin Marga spazieren fahren.

Noch nie in ihrem Leben ist Rosmarie so energisch gewesen. Sie sagt: »Ich kann Mamas Zustand viel besser beurteilen als ihr alle. Ich habe Mama in jenem Sommer einmal gepflegt.«

Und die Fürstin will nach Brauneck. Dorthin will sie und quält ihre Umgebung von morgens bis nachts darum. Als sie erfährt, dass sie in Brauneck erwartet werde, ist ihr Verlangen ebenso plötzlich ausgewischt. Niemals hat sie nach Brauneck gewollt, von dem sie doch immer gesagt, wie sehr sie es hasse. Aber am Tage, als ihr gesagt wird, alles sei zu ihrem Empfang bereit, müssen augenblicklich die Koffer gepackt werden.

Nun sind sie angekommen, und jedermann hat sich entsetzt über ihr gänzlich verändertes Aussehen, ihre schreckliche Magerkeit und über des armen Alfred Aussehen, der einem Schwindsuchtskandidaten gleicht und von dem Herrn Hofrat sofort ins Bett gelegt wird.

Und Marga ist drüben installiert mit zwei Krankenschwestern, das hat Alfred verlangt; denn, meint er, seine Schwester reite auch noch eine vierte Dame tot.

Da bekommt Tante Ulrike Gewissensbisse. »Liebe Rose, ich denke immerfort an Marga, und weißt du, ich bin von meinem Vater her sehr streng gewöhnt: Es müsste christlich geteilt werden. Nun frag ich dich, Rose, ist das christlich geteilt? Dass ich dich pflege und Marga die Fürstin!«

»Doch, es ist christlich«, ruft die Rose triumphierend. »Du hast alle Last mit mir und Harro allein und wirst von uns beiden ausgenützt und geplagt. Marga teilt ihre Pflege mit drei andern: Alfred« – sie weiß nicht, dass er ausgeschaltet ist – »und den Schwestern, und Vater ist auch noch da.«

Und es ist sehr wunderbar und sie können's kaum glauben, aber es ist jeden Tag deutlicher: Der Rose geht es besser. Sie kommt auf ihre Füße und macht ein paar Schritte.

Harro steht hinter ihr und streckt seinen Arm aus, auf den stützt sie sich. Und wenn sie zurücksinkt, geschieht es ja in seine Arme. Und Tante Ulrike geht daneben, Heinz trägt wichtig Mamas kleines grünes Kissen, und so kommen sie den ganzen Malvengang entlang.

Rosmarie hat es ihrem Vater sehr leicht gemacht, sie wiederzusehen. Als sie ihn kommen hört, hat sie Heinz, den Fips und den Igel, der schon ganz zahm geworden ist, auf die Terrasse, wo sie liegt, bringen lassen und hat alle drei aufeinander losgelassen. Der Hund bellt und umhüpft den Igel und zieht die Schnauze hinauf, wenn er die Stacheln zu spüren bekommen hat, Heinz kreischt und wälzt sich vor Entzücken. Harro steht breitbeinig dazwischen, kommandiert und sorgt, dass keins dem andern zu viel tut. Und der Fürst sitzt plötzlich lachend neben seiner Tochter, er weiß nicht wie. »In Gegenwart eines Igels kann man nicht sentimental werden«, hat die Rose vorher ihrem Mann verraten, »und wozu auch? Es ist gemütlicher so.«

Alle Morgen sind Rosmarie und ihr Mann im Atelier und die Tür wird geschlossen. Harro malt an seinem großen Bild, an dem schönsten Bild. Er hat die größte Leinwand genommen, die er noch je benützt hat, und malt auf einem kleinen Gerüste. Rosmarie liegt auf ihrer Chaiselongue an der offenen Glaswand, zu schön ist's da. Sie kann in den Garten sehen, aber niemand herein, und sie kann ihrem Mann zusehen bei seiner Arbeit: Das grauversponnene Stück Himmel, die Reiher, die klagenden Bäume. Es ist eine Riesenarbeit und sie passt zu dem Mann, der davorsteht. Wie ein Kämpfer muss er mit seinen großen Pinseln umgehen und seine Leinwand anfallen. Er trägt nur eine graue Leinenbluse, mit der er seiner Rose durchaus nicht zu nahekommen darf. Sie glänzt und schillert in allen Farben. Er sieht sich auch nicht viel nach ihr um, er vermalt seine Wildheit, sein bitteres Weh, sein tägliches Opfer in die Bäume und ihre gegen den grauen Himmel gereckten Äste, in die dahinsegelnden Reiher.

Ach, sie wollen nicht kommen, die goldenen Ströme, von denen die Rose sprach. Wie viel sein Herz schon gelernt hat, wie viel von neuer Weichheit schon in ihm ist, das weiß er ja auch gar nicht ... Nur das Eine fühlt er im tiefsten Herzen. Er nennt es den Schleier der Gisela. Darin eingehüllt trägt er auf seinen starken Armen seine geliebte Rose ihren letzten Weg.

Die Besserung täuscht ihn keinen Augenblick. Und Tante Ulrike weiß schon gar nicht mehr, wie sie eine Nacht oder die frühen traurigen Morgenstunden ohne seine Hilfe verbringen soll. Wie die Rose auf seine Schritte horcht, wenn sie endlich gestattet, dass man ihn holt.

Er kommt und er bringt den Schleier der Gisela mit. Er hat ja so feste Arme, er wird nicht müde. Er kann sie in ihren Kissen halten, so wie es ihr am wohlsten tut. Manchmal streifen seine Lippen ihre Stirne, ihr Goldhaar und sie können ihr Dinge zuflüstern, über die sie in aller Pein ein wenig lächeln muss. Er kann auch schweigen und seine herrlichen Augen auf ihr ruhen lassen mit einem seltsam ruhigen Blick, den früher niemand an ihm gekannt hat. O wie herrlich ist der Schleier der Gisela ... Er hat an einem endlosen Morgen sogar einmal ein Lied gesagt, von dem niemand wusste, woher er es kannte, wenn er es nicht aus dem alten silberbeschlagenen Buch von Märts Mutter hatte, das zu der Rose hinübergewandert war. Märt sah es auf ihrem Tisch liegen, als er sie mit seinem Herrn zusammen auf der Chaiselongue hinaustrug, und wurde allemal rot über die Ehre. Und Harro musste hineingesehen haben, denn wie das Morgenlicht über den Bergfried herüberkam und der Rose große sehnsüchtige Augen an dem jungen Lichte hingen, lag ihr Haupt so todmüde auf seiner Schulter da und er war ihrem Blick gefolgt und hatte gesagt:

Morgenglanz der Ewigkeit,
Licht vom unerschöpften Lichte,
Schick uns diese Morgenzeit
Deine Strahlen zu Gesichte
Und vertreib durch deine Macht
Unsre Nacht.

Deiner Güte Morgentau
Fall auf unser matt Gewissen,
Lass die dürre Lebensau
Lauter süßen Trost genießen.

Oh, wie ist der Schleier der Gisela sanft.

Manchmal sieht sie zu ihm auf wie das Seelchen, das ja noch an seine halbe Allmacht glaubte, sodass es von ihm Flügel verlangt hatte.

Hans Friedrich ist in Stuttgart und in Dresden und wer weiß wo und probt. Er entwickelt eine sanfte Energie und Hartnäckigkeit, die ihm überall die Wege öffnet, und er schont den Braunecker Geldbeutel nicht. Und nun wird er nach Brauneck kommen, und Rosmarie freut sich sehr auf ihn.

Sie geht ja schon den ganzen Malvengang hinunter und bis zur Terrasse. Klein Heinz, der so klug ist, begreift, dass Mama etwas nicht kann, was er auf verschiedene Weise kann. Bäuchlings und auf allen vieren und nach vorn und hinten. Das Letzte auf schreckhafte Art und mit großem Geschrei. Aber sogar seine Mutter hat sich an sein Geschrei gewöhnt. Er trompetet so gesund, so herrenmäßig zornig, und man ist, wenn ihm sein Geheul selbst zu dumm wird, ein so plötzliches Verstummen gewöhnt, dass man sein Unglück nicht tragisch zu nehmen braucht.

Nun ist Harro mit dem Hintergrund fertig, und nur die mit Kreideumrissen angedeuteten, fast dreiviertel lebensgroßen Gestalten stehen immer noch weiß auf dem Grunde der Wasserfläche, die sich hinter ihnen bis zu den Stämmen der Bäume erstreckt. Und nun muss sich Harro umdrehen und muss seiner Rose wieder in die Augen sehen.

»Was ist's jetzt, Rose, wollen wir uns ein wenig Vakanz gestatten? Ich muss alles noch einmal übergehen, ich komme jetzt an die Gestalten.«

»Aber ich denke mir doch jetzt schon so lange alles aus, Harro, dass es schade ist, wenn wir nicht weitermachen. Die Septembertage sind so kurz.« Wunderschön, aber kurz, und morgens ist der dicke weiße Nebel da und steigt manchmal herauf bis zum Knauf des Bergfrieds. Das liebt Rosmarie nicht. Nur nichts Kaltes, Feuchtes; wenn dann die Sonne an dem seidig blauen Herbsthimmel kommt, das tut ihr wohl.

Sie überlegen noch, als Ulrike, wie sie sich ausdrückt, mit einem lachenden und einem weinenden Auge hereinkommt, ihre Schwester Marga am Arm. »Da ist sie, Rose und Harro, sie lebt noch. Aber seht sie euch an, seht sie euch nur ein einziges Mal an.«

Die gute Marga sieht sehr mitgenommen aus, und von ihrer Pflege kann sie nur mit Vorsicht berichten, und dann verstummt sie plötzlich, sie hat in der Rose Augen gesehen. Als sie wieder fortgefahren ist, lässt es Ulrike keine Ruhe mehr. »Es ist unchristlich«, seufzt sie, »Herzblatt. Und du bist ja ebenso gut mit Marga versorgt.«

»Meine Mutter Uli, o meine böse, grimmige, alte Uli! Sieh in den Spiegel, ob man sich nicht vor dir fürchten muss.«

»Ich überlege mir eben, ob es Gerechtigkeit ist, Rose, dass ein kranker und schuldiger Mensch drei gesunde unschuldige Leute zu Tode reiten darf. Eine der Schwestern hat schon gewechselt werden müssen. Ich meine, ich sei da drüben nötig. Die Marga ist ein weiches Schäfchen, was man von mir nicht sagen kann. Es muss ihr der Ernst gezeigt werden.«

»Uli, ist es nicht schon furchtbar genug, wie sie sich in ihre Lage finden muss: eingesperrt in dem oberen Stock, immer Menschen, die einem nur „Nein" sagen dürfen, um sich herum, nur diese Ausfahrten zwei Stunden lang?«

»Liebes Herzblatt, fährst du etwa eine Stunde aus? Und sage ich etwa nicht auch „Nein" zu dir?«

»Ach Uli, mit mir kannst du sie nicht vergleichen, denk an den Schleier der Gisela. Und ich ließe dich gleich gehen, Uli, wenn ich dächte, du könntest sie ein wenig beruhigen. Aber ich fürchte, es gelingt dir nicht, denn du denkst zu viel an mich. Und ich bin ja auch froh, dass der Herr Hofrat Vater die Besuche oben untersagt hat. Das eine Mal am Tage hat ihn schon so mitgenommen. Die furchtbarsten

Vorwürfe machte er sich, ob er nun wirklich an ihrem Leiden schuldig sei, wie sie sagt. Er zermartert sich damit und sie hat es gefühlt und hat sich darauf gestürzt, dass ich ihn kaum noch habe wieder zurechtbringen können. Nein, es müsste jemand mit der Mama zu tun haben, der für sie Liebe hätte. Eine Liebe, die scharfsinnig, hart und weich zu gleicher Zeit macht. Eine Liebe aus dem Korintherbrief.«

»Liebes Herz, wenn wir die irgendwo auftreiben können, so soll sie engagiert werden. Eine Liebe zu diesem Weibe! Eine der Pflegerinnen in der Schweiz, ein nettes, ein wenig ängstliches und beschränktes Mädchen, soll um ihretwillen einen Selbstmordversuch gemacht haben und gerade noch von Alfred verhindert worden sein. Nun denk dir: ein solches Weib und eine Liebe zu ihr! Das gibt's auf der ganzen Welt nicht.«

Nun versucht man, mit Rosmarie täglich eine kleine Fahrt zu machen, und Heinz hat eine große Freude, wenn Mamas Wagen vorfährt. Und Vater reitet daneben her. Heinz darf auch mitfahren, obgleich seine Gegenwart im Wagen für Mama etwas anstrengend ist. Seine kurzen Beine scheinen zu wachsen und überall zu sein und namentlich einen magnetischen Zug zu Mamas Knien zu verspüren. Wenn er das dritte Mal daran gestoßen hat, so angelt ein langer Arm nach ihm und fasst ihn an seinem roten Mäntelchen und er wird auf Vaters Pferd gehoben. Zuerst fürchtet er sich ein wenig und schlingt krampfhaft seine Ärmchen um Vaters Arm. Der Gaul hat von ihm aus gesehen so drohende Ohren, die immer in Bewegung sind, aber dann fürchtet er sich bald nicht mehr und sitzt mit einer ernsthaften Selbstverständlichkeit oben. Und sie fahren jeden Tag den gleichen Weg bis dahin, wo man hinübersehen kann nach Brauneck. Dann wendet Märt sehr kunstvoll, und man kehrt zurück.

Eines Morgens hat man Harro nicht geholt, er hat vor seinem Bild gestanden und die Umrisse der beiden Gestalten angestarrt. Mit der zweiten Gestalt werde ich alles verderben, denkt er. Wie soll ich sie denn herausbekommen? Es wird natürlich zweimal die Rose werden, einmal mit grauen, einmal mit blauen Augen. Er hebt seinen Pinsel auf, um die zweite Gestalt zu überdecken, da kommt seine Tante herein.

»Die Rose möchte nach Brauneck fahren.«

»Nach Brauneck, das ist zu weit, du musst es ihr ausreden.«

»Es wird nicht möglich sein, Harro … Du kennst sie ja. Geh selbst hinüber.«

Er ließ seinen Pinsel sinken und ging hinüber.

»Rose, du willst nach Brauneck?«

»Ja, Harro, den Vater überraschen. Und es ist auch nur ein Versuch, wir fahren bis zur Klinge. Du weißt, dort, wo die Bergeschen stehen und die alte Totensteige hinuntergeht, dort halten wir, und bin ich zu müde, dann drehen wir wieder um.«

Er hält ihren Kopf zwischen den Händen und sieht ihr in die Augen. Die haben so etwas Flehendes, Herzbezwingendes und zugleich Trauriges, dass er ihr nicht widerstehen kann.

»Nun, wir können es ja versuchen. Umkehren können wir jederzeit, aber wir müssen uns wohl auf eine Braunecker Nacht einrichten, denn am gleichen Tag zurück, das ist sicher zu viel.«

»Das können wir. Vater hat ja alles richten lassen.«

Sie liegt in ihrem Garten, aber der Himmel hat sich umzogen und auf der Terrasse liegen gelbe Blätter. Es ist ihnen recht, dass sie so schweigsam ist, denn sie wird heute noch Kraft brauchen.

Gegen zwölf Uhr sagt sie plötzlich: »Es wäre mir sehr lieb, wenn Märt jetzt einspannen wollte. Wenn er sich etwas beeilen könnte, so wäre es mir lieb.«

Harro runzelt die Stirn. »Ich dachte, wir führen heut Nachmittag.«

»Bis dahin werd ich müde sein. Darf ich dich bitten, Harro? Und Harro, wir kehren um, natürlich kehren wir um, wenn ich zu müde werde.«

»Liebe Rose, werde auch gewiss zur rechten Zeit müde, denn wenn wir im Tal sind, können wir nicht mehr zurück, dann müssen wir hinauf.«

»Ich werde schon, Harro … Es ist nicht sehr wahrscheinlich, dass wir hinüberkommen.«

Dann fährt der Wagen vor. Heinz hat man in den hintersten Gartenteil verbannt, dass er es nicht merkt, wenn der Wagen vorfährt, und man nicht sein Klagegeschrei zu genießen hat. Harro hüllt die Rose in ihren schönen Wagenmantel. Einen Hut trägt sie nicht, nur einen weißen Gazeschleier um Haar und Hals gewunden. Vielen Menschen begegnet man ja nicht. Dann besteigt Harro seinen Braunen und reitet voraus.

Es ist gut, dass er die Rose nicht sieht, denn wie die Pferde anziehen, wird sie schneeblass und flüstert mit versagender Stimme: »Wir kehren zurück, natürlich kehren wir zurück …«

Erst wenn sie auf der Landstraße sind, kann Harro nebenher reiten. Mit einem Blick auf die Rose meint er aber: »Nun, die Aussichten sind gering, Rose.« Und es erleichtert ihn etwas.

Ulrike hat die schmale kalte Hand in dem feinen Handschuh in der ihrigen und flüstert: »Kind, du marterst dich. Lass es jetzt genug sein.«

Die Rose antwortet: »Wir fahren bis zur Klinge.«

Das ist der einzige Ort in der Gegend, wo man sowohl Brauneck als auch den Thorstein sehen kann. Dort senkt sich die Straße zum Tal in schönen Kehren und ersteigt auf der andern Seite den Schlossberg von Brauneck. Verschiedene alte vergraste Wege begegnen sich da, die nur Kinder und Ackerleute noch benützen. Da mündet auch die Totensteige, auf der die Leute von der Höhe immer noch ihre Toten zum Kirchhof ins Tal herunter tragen. Sehr schöne uralte Ebereschen stehen da und alles überragt eine hohe schlanke Pappel. Die Klinge selbst ist dicht bewaldet und es steht eines der alten eingesunkenen Steinkreuze da, wie sie in früheren Zeiten den Ort, wo ein Unglücksfall oder ein Mord geschehen ist, bezeichnet haben. Die Leute vom Berg gehen bei Nacht nicht sehr gern allein an dem Kreuzweg vorbei. Aber jetzt ist's heller Mittag und die Kinder kommen ihnen in geschlossenen Trüppchen mit ihren Schulranzen und Fibeln entgegen. Sie gehen im Tal zur Schule und jetzt hat der Schulweg seine großen Reize. Weiter unten ist die Straße von den schönsten Apfelbäumen eingefasst und der Septemberwind hat geschüttelt. Alle essen die rotbackigen Äpfel, die ihnen zwar nicht gehören, aber die zu nehmen ihnen kein Mensch verwehrt. Ihre Väter und Mütter haben sich doch auch auf ihrem Schulweg daran erlabt. Sie starren mit runden Augen und die Mägdlein nicken und die Buben ziehen ihre Kappen. Es ist ja ein »fürstlicher Wagen«. Man hört noch ihre Stimmen in höchstem Diskant einander zurufen, als der Wagen an der Pappel hält. Harro steigt ab und schlingt sich den Zügel um den Arm.

»Nun, Rose, ist's genug des grausamen Spiels?«

Die Rose wendet sich nach rückwärts, da liegt Haus Thorstein, grau und glanzlos der düstere Bergfried darüber. »Ein wenig ausruhen, Harro.«

Ein kurzer mürrischer Wind seufzt in der Pappel, die Ebereschen sind voll leuchtend roter Beeren. Harro greift nach einem der reich behängten Zweige und zieht ihn herunter. »Willst du?«

Sie nickt ihm zu und hebt ihre Augen wieder zurück, da sieht sie auf dem alten vergrasten Höhenweg eine Reiterin auftauchen. Scharf heben sich ihre Umrisse gegen den immer düsterer werdenden schwarzgrauen Himmel. Die Reiterinnen sind in der Gegend durchaus nicht häufig. Und die Reiterin würde wohl überall auffallen. Sie reitet einen stark mitgenommenen breitbrustigen Schimmel mit absonderlichem farbigen Zaumzeug und trägt ein grünsamtenes Reitkleid. Nicht dunkelgrün, sondern brunnengrün leuchtend wie das Moos an alten Brunnen. Aber auch das Kleid ist stark mitgenommen und befleckt. Sie hat ein kleines Barett mit dem gleichen Brunnengrün auf ihrem starken Haar, dessen Farbe man nicht erkennen kann, denn von dem Barett aus geht ein weißer Schleier, der wie bei Rosmarie um Haar und Hals geschlungen ist und dessen Enden hintendrein flattern. Ihr Sitz auf dem unmöglich hohen Damensattel ist auch nicht der beste, es sieht fast aus, als schwanke sie hin und her. Harro ist mit seinem Ebereschenzweig und seinem unruhigen Gaul beschäftigt, dem das Stehen nicht behagt.

Roses Augen öffnen sich weit, sie neigt sie ein wenig, um die Dame zu grüßen, denn in der Gegend wird sie ja kaum von jemand nicht gegrüßt, und sagt: »Harro, warum grüßt du nicht?« Denn eben reitet die Dame langsam auf ihrem erschöpften Schimmel an ihr vorbei. Nein, wie entsetzlich ihr ganzes Gewand ist, voll Flecken; schreckliche dunkle Flecken, wie sie nur eine Flüssigkeit der Erde hervorbringt: Blutflecken sind es. Sie ist doch nicht verletzt?

Wie sie an Rosmarie vorbeikommt, hebt sie langsam den Kopf und sieht sie an. Ein todblasses Gesicht, in dem zwei blaue Flammen von Augen glühen. Dunkelrote Lippen, die in einer unerhörten Pein aufeinandergepresst sind. Und nun nickt sie ihr zu. Da erkennt sie: »O Gott, du!« Die Reiterin erhebt langsam ihre Hand, in der sie mit goldbesticktem braunem Handschuh die kleine Gerte hält, und deutet mit dem Knopf ihrer Gerte nach dem Hügel hinüber, wo schwer und dunkel und massiv mit seinen vier dicken Türmen hingelagert gegen die schwarze Wolkenwand Schloss Brauneck steht. Dann ist der müde Schimmel vorüber und die hohe Gestalt darauf um die Biegung des Wegs verschwunden.

»Nach Brauneck!« kommandiert Rosmarie mit ihrer hellen Stimme so scharf, dass Märt den Gäulen, die er ohnedies kaum ruhighalten kann, ihren Willen lässt und sie in schlankem Trab davonfliegen.

Harro hat die größte Eile, mit seinem Ebereschenzweig wieder auf den Braunen zu kommen, und holt sie erst bei der nächsten Kehre ein. Durch das Rollen der Räder und das Klappern der Hufe ruft er ihr zu: »Nun kannst du aber nicht mehr zurück!«

Den Braunecker Berg müssen die Goldfüchse im Schritt nehmen, denn nun ist kein Zweifel mehr, dass sich Rosmarie zu viel zugemutet hat. Zweimal halten sie und der große, dunkle, schwarzgekleidete Herr, der ihnen begegnet und seinen Hut abzieht, erschrickt so sehr, dass er einen Augenblick stehen bleibt. »Es ist der Herr Stiftsprediger«, flüstert Rosmarie und versucht ein Lächeln.

Einen jammervolleren Ritt hat Harro nie gemacht. Sie fahren den äußeren Weg entlang und nun donnert der Wagen über die Brücke. Der Torschatten von Schloss Brauneck fällt schwer und düster auf den Thorsteiner Wagen. Sie halten vor der Waffenhalle, und ein paar schreckensbleiche Lakaien versammeln sich.

Rosmarie liegt von den Armen der alten Dame gehalten in ihren Kissen mit groß aufgerissenen Augen und sonst keinem Lebenszeichen. Wenn sie die schlösse, würde man denken, sie sei tot. Der Ebereschenzweig liegt am Boden: die einzige Farbe in dem düster grauen Schlosshof, über den die schweren, tief herabhängenden Wolken jagen.

Harro hebt mit zusammengebissenen Zähnen seine Rose heraus, sie ist fast zu schwer für ihn, wenn sie sich so gar keine Hilfe geben kann. »Eine Tragbahre«, herrscht er die Leute an; aber ehe sie sich danach zerstreuen, hat er Rosmarie mit Märts Hilfe doch auf seine Arme genommen und trägt sie die Wendeltreppe hinauf den Prinzessinnengang entlang und legt sie auf ihr altes Muschelbett. Draußen strömt plötzlich ein Regenguss hernieder.

Rosmarie schließt langsam die Augen. »Nun ist das vorüber, nun ist das auch vorüber.« Man bringt sie schnell zu Bett und der Herr Hofrat wird geholt, aber sie hat sich schon ausgestreckt und gesagt: »Nun werde ich aber schlafen, bis Vater kommt.« Denn der Fürst ist auf eine Domäne geritten.

Dann schläft sie so tief und fest, und allmählich kehrt die Farbe wieder in ihre Lippen zurück und Harro muss sich sagen, dass die Sache eigentlich noch gut abgelaufen ist. Aber er sitzt in trübem Sinnen da und überlegt, bis wann sie wohl eine Rückfahrt wagen können. Nicht so bald, nein, nicht so bald. Und hier ist alles so gar nicht für Rosmarie geeignet. Treppen und lange Gänge und Höfe und der Park, der zudem gar nicht abgesperrt ist. Nur ein kleiner Teil, wo die Buchenlauben und die Teppichbeete sind. In Thorstein trägt man Rosmarie die vier Stufen in den Garten, hier ist nur der Lindenstamm, auf den jetzt der Regen niederrauscht, so leicht zu erreichen.

Man wird eine Tragbahre brauchen, überlegt er.

Rosmarie wacht auf. Zuerst weiß sie gar nicht, wo sie sich befindet, dann sinkt sie wieder in die Kissen zurück und verbirgt ihr Gesicht. Daraus kommt sie aber sehr lieblich hervor und ihre Augen flehen ihren finsteren Harro an. »Sei mir nicht böse.«

Er versteht den Blick und sagt: »Ich sehe noch nicht ein, warum es nötig war, dich und mich zu peinigen.«

»Ja«, sagt sie, »ich peinige dich. Aber Lieber, du weißt es vielleicht doch nicht so ganz, wie es ist. Wenn man sehr krank ist, meine ich, und die große Unruhe bekommt wie die Schwalben jetzt, Harro … Ich glaube nicht, dass ich euch viel vorjammere, ich versuche wenigstens, es nicht zu tun, aber heute sollt ihr mich bemitleiden und „armes Kind“ sagen und nicht streng sein, Harro.« Sie strahlt ihn plötzlich an. »Oh, ihr werdet sehen, dass ich nun so lieb sein werde, wie ich immer bin, wenn ich meinen Willen bekommen habe. Sehr lieb, Harro!«

Sie streckt die blassen Hände nach ihm aus. Nein, es ist ihr nicht zu widerstehen. Er hebt sie in ihren Kissen empor an seine Brust und sagt: »Mein armes weißes Schäfchen, nein, du jammerst uns nicht vor und ich hole dir morgen deinen Herrn Stiftsprediger. Ich habe plötzlich eine Liebe zu ihm gefasst, weil er mit mir getrauert hat. Denk, er ist mit fliegenden geistlichen Rockschößen nach Berklingen gerannt, weil er wusste, dass dort der Hofrat war, und hat ihn heraufgeschickt. Und er soll dir das Gesangbuch hersagen und tröstliche Reden an dich halten, nur mich lasst ihr aus dem Spiele und in das letzte Eckchen lässt du ihn gerade nicht hineinsehen. Versprich mir das.«

Und nun will sie gar nicht mehr bemitleidet werden. Nein, das ist wieder einmal ganz unnötig.

Eben hat Harro traurig sich überlegt, dass drüben sein Heinz ins Bett gebracht und nach seinem Alo weinen wird, als die Tür aufgeht und in seinem roten Mäntelchen, das rote Käppchen schief auf dem dunkelgoldenen Lockenbusch, der Heinz hereintrippelt. In höchster Seligkeit, denn er ruft: »Alo, Du Auto«, und bläst dazu mit all seiner Lungenkraft.

»Ach mein Heinz, mein Bub, ich bin froh, dass du da bist«, und er nimmt ihn auf die Knie an Mamas Bett.

Und nun kommt der Fürst herein. Niemand hat ihm zu sagen gewagt, wie seine Tochter angekommen ist. Jetzt sieht er sie fast rosig im Bett sitzen, Harro und den aufgeregten Heinz neben sich, und seine Freude ist groß und rührend, dass Harro seiner Rose doch wieder ein Stück vergeben muss.

Sie kommen alle nach Brauneck herüber und das Goldhaus schließt ein Auge ums andere. Der Thorsteiner Nachtwächter haust in Märts Turm und bewacht mit seinem großen Schäferhund das Thorsteiner Anwesen, und das Licht im Vogel Rock leuchtet nicht mehr in die Nacht hinaus. Die Köchin und die Mädchen führen ein Herrenleben und empfangen Besuche in der Küche, und des Nachtwächters Gemahlin wird eifersüchtig. Es wäre noch vollkommener, wenn die junge Gräfin nicht jeden Tag zurückerwartet würde und man nicht immer irgendetwas nach Brauneck zu besorgen hätte und der finstere Märt mit den unbequemen scharfen Augen einen so oft aufstöberte. Es muss ja alles in Bereitschaft gehalten werden, denn die Gräfin kann jeden Tag zurückkommen, sie muss ja zurückkommen.

49. GEFANGENE BESUCHEN …

Auch die große Leinwand ist nach Brauneck hinübergewandert und steht im Ehrensaal. Die Beleuchtung ist ja lange nicht so gut zu regeln wie im Atelier und alles Gerät sieht in dem Festsaal hässlich und verloren aus, aber Harro ist es doch lieber so und er begrüßt es als einen Freund. Sonst scheint das Brauneck eitel Herzweh und Qual zu beherbergen. Die langen Galerien sehen nach Schritten aus, die einer in unruhiger Pein auf- und abgegangen, die Winde seufzen bei Nacht noch ganz anders als auf dem Thorstein, die Rose ist matt und man weiß keine Stunde, wie man mit ihr daran ist, und ein endloser Regen verwischt die Sonnenherrlichkeit. Alfred wankt wieder herum und sieht so sehr nach einem Feldzug aus, dass man ihn der Rose, die ja ohnedies mit sich selbst beschäftigt ist, gar nicht vorzustellen wagt. Tante Ulrike ist fast zärtlich mit ihm und nimmt ihn so bitterernst, dass es Alfred fast selbst zu viel vorkommt. Ihre Schuld ist es nicht, wenn er nicht täglich runder wird. Und nun nimmt ihn Harro in die Kur, weil er doch eine Ablenkung für sich selber braucht, und Alfred lernt zwar nicht Farben reiben, aber sonst eine Menge für ihn nützlicher Dinge.

Zuweilen erlaubt es Tante Ulrikes Gewissen nicht, dass sie bei ihrem Kinde bleibt, und sie wechselt mit ihrer Schwester ab. Sie kommt sehr niedergeschlagen wieder. »Rose, da ist kein Ende abzusehen mit dem Elend da oben. Kein Mensch weiß einen Rat. Ich weiß nicht, aber ich muss immer an eine Maus im Käfig denken. So fährt sie hin und her und so sitzt sie in den Winkeln. Man kann sie nur ruhighalten, wenn man von dir und Harro spricht. Namentlich von Harro will sie hören. Was er jetzt tut, was er dann tut, ob er bei dir ist, ob woanders. Es belauert ihn immer eine von den armen Seelen oben und berichtet.«

Uli kennt doch nicht die ganze Seele ihres Kindes, sonst hätte sie das wohl nicht gesagt. Am Abend, als Harro gute Nacht sagen will, findet er sie so matt und deutlich verweint, dass er aufs Neue erschrickt.

»Rose, wer hat der Rose etwas getan? Wer ist auf ihrem Herzen herumgetreten? War ich's und habe es wie gewöhnlich gar nicht bemerkt?«

»Nein, Lieber, du nicht. Du bist es nicht. Aber du sollst mir beistehen, Harro. Du sollst mir helfen, zu Mama hinaufzugelangen, ich muss nach ihr sehen. Ich hoffte immer, es würde mir besser werden, dass ich mit Alfred oder Märt hinauf könnte und dich nicht zu stören brauchte, aber es wird ja nicht besser.«

»So, also dazu sind wir hergekommen, Rose? Dass du auch noch hineingezogen wirst in den allgemeinen Strudel! Ich wundere mich nicht, ich wundere mich gar nicht! Und was du nicht stören nennst, das ist ein Euphemismus für die Tatsache, dass es hinter meinem Rücken geschehen soll.«

»Lieber Harro, ich habe es ja noch nicht getan, und ich beichte ja.«

»Die Absicht, Rose, die schlimme Absicht ... Nein, Rose . . das ist meine Antwort. Und deine Tränen rühren mich nicht. Du weinst sicher weniger, wenn du unten bleibst. Oder soll ich etwa den Herrn Hofrat um Erlaubnis fragen?«

Die Rose schwieg und er ging auf etwas anderes über. Aber er wusste wohl, bei ihrer Hartnäckigkeit war die Sache doch nicht erledigt. Und mit großem Eifer sprach er mit ihr über sein Bild, und dass er endlich über die Gestalten schlüssig werden müsste.

Er sagte: »Ich habe unter dem starken Eindruck deiner Erzählung damals – du weißt, von dem Schleier der Gisela – mich hinreißen lassen, dir in deiner Idee nachzugeben. Es war ein künstlerischer Fehler und ich gedenke, das Bild, das mir bis jetzt nicht unwürdig zu geraten scheint, nicht dadurch zu verderben. Wie soll ich denn die Gisela malen, die ich nicht kenne ... Es wird eine Kopie von dir.«

»Nun, wir sind ähnlich, Harro. Versuche eine Skizze zu machen!«

»Das ist unmöglich und ich wollte, wir ließen dies unfruchtbare Thema fallen.«

»Ich habe sie neulich wieder gesehen, Harro, und nun kenne ich sie ganz. Wenn ich noch sticken könnte, mit der Nadel würde ich das Gesicht fertigbringen. Du hast selbst gesagt, mit der Nadel könnte ich fast alles, was ich wollte.«

»Liebe Rose, du kannst aber nicht sticken, sei doch nicht so hartnäckig ...«

Sie lächelte. »Ja, lieber Harro, glaubst du wirklich, dass ich mich noch so viel ändern werde?«

Er lachte. »Gewiss nicht, und es wäre mir wohl auch gewiss nicht recht ... Nun, jetzt kommt Hans Friedrich endlich wieder und du wirst Musik hören und mich im Saal werken lassen.«

Die Rose warf sich die Nacht so unruhig herum und Tante Ulrike klagte: »Harro, was hast du mit ihr gestern Abend gehabt? Ich glaube, sie hat keine Stunde geschlafen.«

»Ulrike«, sagte er ernst, »wohin kommen wir, wenn wir ihr jeden und aber auch jeden Willen tun? Das gibt eine Tyrannis, das gibt eine fürchterliche Tyrannis«, klagte er. »Sie will etwas ganz Unvernünftiges und noch dazu Nutzloses. Was die zweite Sache anbetrifft, so muss ich mir allerdings sagen, dass ich bei ihren künstlerischen Ratschlägen, so unbequem sie mir oft waren, immer sehr gut gefahren bin. Sie hatte leider immer recht, aber diesmal verlangt sie etwas Ungeheuerliches. Ich sehe nicht ein, warum ich denn die große Arbeit, die mich befriedigt, opfern soll.«

»Harro«, wagte die Tante zu sagen, »mit deinen dicken Pinseln kann man doch immer überstreichen.«

»Küchenschränke, Tante Ulrike, gewiss, du verwechselst mich.«

»Oh, ich taste deine sieben Ehren nicht an, aber was können wir machen, kein Plätzchen zum Ruhen fand sie heute Nacht. Und Harro, wir können uns das gar nicht mehr leisten, wir können es uns einfach nicht mehr leisten. Es verändert sich etwas, Harro.« Der alten Dame stürzten die hellen Tränen herunter. »Ich meine, ich sehe es an ihrem lieben, schönen Gesicht.«

»Ich sehe nichts«, sagte Harro, »und das darfst du mir glauben, wenn ich es nicht sehe, so ist es sicher Einbildung.«

Er ging hinein. »Rose, du hast schlecht geschlafen, habe ich gehört, und dein alter Harro ist in der angenehmen Lage, daran schuld sein zu müssen.«

»Du nicht, Harro, du nicht, ich bin es, ich bin es ganz allein. Ich sehe es ein, du hast recht, es ist zu spät. Ich habe zu lange gewartet. Nun ist die Türe zu, der Bräutigam ist gekommen und meine Lampe ist ohne Licht.«

Er erschrak heftig. »Rose, alles, nur das nicht. Du fängst jetzt mit religiösen Bedenken an. Ich gehe und hole deinen Herrn Stiftsprediger. Wenn der Mann ein Herz im Leibe hat, muss er ein Einsehen haben. Ich glaube, ein Fanatiker soll er nicht sein. Sieh, du warst so hold und selig, und über was du mich alles hinübergetragen hast, das weiß ich vielleicht gar nicht. Und ich sehe ein, ich bin noch zu unverständig, ich kann dir noch nicht alles geben, was du vielleicht brauchst. Aber erklären sollst du mir, was das für eine Tür ist.«

Sie nahm das alte grüne Buch von ihrem Tisch. »Das Wort stand auf der vorletzten Seite: *Ich bin gefangen gewesen und ihr habt mich nicht besucht.*« Die Rose erhob ihre Augen … »Harro, du sagst, es ist zu spät, nun ist's zu allem zu spät. Und Jesus wird dieses Wort zu mir sagen … Sieh, da steht es, und dort, und ich wende mich, wohin ich kann, und sehe ins Licht und in die Dunkelheit, und dem Wort kann ich nicht entgehen. Ich hätte früher aus dem Goldhaus herüberkommen sollen, sowie Mama zurück war, und ich war zu feig und wollte meinem armen Herzen nicht wehtun. Und ich wäre vielleicht noch an der Klinge umgekehrt, wenn nicht die Gisela auf ihrem müden Schimmel mit ihrer armen kleinen Gerte mir den Weg gezeigt hätte. Da nach Brauneck hinüber zeigte sie.«

»Du hast sie gesehen, Rose! Dein Dämon, da ist er wieder. Nein, ich darf ja nichts mehr gegen sie sagen, da sie mir den ungeheuren Liebesdienst geleistet hat.«

»Harro, wenn du sie gesehen hättest dort an der Klinge mit ihrem blutgefleckten Gewand und mit den Augen, die sie hatte, als sie jenen letzten Spruch ins grüne Buch schrieb. Du sagst, sie müsse wahnsinnig gewesen sein, und trotz dem … Ihr Arm zitterte und auch daran waren die dunkeln Flecken, und doch zeigte sie herüber nach Brauneck. Und als ich am Abend das Buch öffnete, da starrten mich die Worte an und nun wusste ich, was sie zu mir gesagt hatte.«

»Rose, lass den Dämon, er gibt mir jedes Mal einen Herzstoß. Ich kann ihn auch in keinem meiner Weltsysteme, die ich mir gebaut und wieder verworfen habe, unterbringen. Ich will morgen mit dir zu Mama hinaufgehen. Wohl verstanden, du gehst nicht allein. Rose, nun sage, was du dir davon versprichst. Irgendwelche Besserung für sie? Oder es ist dir nur um eine Befriedigung deiner selbst zu tun?«

»Harro, ich sage dir aus allertiefstem Herzen, es ist mir nicht um mich, es ist mir um sie zu tun. Harro, nur zehn Minuten jeden Tag. Ich muss mich misshandeln lassen, Harro, und ich möchte nicht, dass du dabei wärest. Du wirst ungeduldig werden und alles verderben. Nur zehn Minuten, Harro.«

»Und da verlangst du, dass ich dich selbst hinauftragen soll, wenn du weißt, dass du misshandelt wirst!«

»Nur zuerst, Harro, und dann wird es vielleicht besser. Wenn Mama alles gesagt hat, was sie mir sagen möchte. Das erleichtert doch, das tun wir alle. So sagt sie es mir in Gedanken und das muss sie wohl jeden Tag von Neuem beginnen. Denk Harro, die zehn Minuten oder die Viertelstunde, wo mir einmal gesagt wird, wie ich eigentlich bin, und den übrigen langen Tag immer eure Liebe und eure … Ich kann's nicht sagen, es erdrückt mich oft. Als ob ich so gar besonders wäre, während ich doch nur tue, was mir Freude macht.«

»Rose, wenn ich dir den Willen tue, so wirst du mit großer Wonne in dein Martyrium hineingehen! Ihr Frauen seid nun einmal so, aber ich ergebe mich noch nicht. Ich gehe zu diesem Herrn Stiftsprediger und sehe, ob der Mann ein menschliches Herz im Busen trägt. Ich verspreche dir durchaus nicht, dass ich ihn dir mitbringe, auch gewiss nicht, ob ich mich seiner Weisheit unterwerfe. Und ich werde dich hinaufbringen und zusehen, wie du geplagt wirst. Ich kann ja immer Schluss machen, wenn es genug ist. Auch habe ich immer einen bändigenden Einfluss auf sie gehabt. Ja sieh, nun machst du wieder deine süßesten Augen. Als ob ich dir wunder was versprochen. Aber was bekomme ich zum Lohn, wenn ich dabeistehe?«

Die Rose lächelt geheimnisvoll. Dann sagte sie: »Nachher gehen wir in den Saal. Ich habe alles vorbereitet. Wir reden noch nicht von der Gisela. Du malst mich zuerst und wir streiten jetzt nicht darüber. Ich verlange gar nichts, als dass du das einsehen sollst, was ich dir zeigen werde.«

Er ging zur Türe. »Ich werde mir jetzt den geistlichen Herrn besehen. Aber genau. Eine Skizze von ihm bekommst du nachher.«

Harro stieg die ausgetretenen knarrenden Stufen in das Studierzimmer des Herrn Stiftspredigers hinauf. Dunkle Eichenstiegen, die schon manches erlebt hatten, alles von einer hässlichen Einfachheit, die ihn bedrückte. An der Schwelle des Studierzimmers musste er sich beinahe bücken, das Haus war nicht für Männer seines Schlages gebaut.

Er klopfte. »Herein.« Der Herr Stiftsprediger saß an seinem Schreibtisch, der unter Lasten von Papieren begraben lag. Er erhob sich und man sah ihm ein leichtes Erkennen an. Überall Bücher, Bücher. Die Wände zeigten sich nicht, kein Bild, nur der schöne Blick ins Tal aus drei winzigen Fenstern. Welch ein Apparat, staunte Harro. Ist das wohl nötig, um die etwa tausend Schäflein zu weiden?

Nun saß er neben dem Schreibtisch in einem Rohrstuhl und der Herr Stiftsprediger, dessen schwarze Haarsträhnen ein leichtes Grau zeigten, wartete. Seine Augen waren in den letzten Jahren noch stiller geworden und seine lange dürre Gestalt hing nach vorne über.

Sehr gut machte sich sein Kopf gegen den Hintergrund von dunklen Bänden mit dem bisschen Golddruck darauf.

»Sie haben meine Frau unterrichtet«, begann Harro plötzlich, »und werden jedenfalls beobachtet haben, dass sie, sagen wir, ein ausgesprochenes religiöses Interesse hat.«

Der Herr Stiftsprediger nickte. »Ich höre auch, dass die Frau Gräfin ihr Leiden mit großer Ergebung trägt.«

»Viel zu viel Ergebung«, grollte Harro, »überall Ergebung.«

»Wenn es Sie vielleicht interessiert, Herr Graf. Ich habe ein kostbares Dokument aus jener Zeit.«

Er begann in seinem Schreibtisch zu kramen und Harro dachte, er glaubt wohl, dass ich hier Wurzeln schlagen will, denn bis er etwas findet aus diesem Papierwust! Aber er irrte sich, entweder lag es zur Hand oder es war nur eine scheinbare Unordnung.

»Sie haben ein System, Herr Stiftsprediger«, fragte er mit inniger Teilnahme, denn der arme Harro hatte keins und war, wenn er nur eine Skizze finden wollte, auf das Gedächtnis seiner Rose angewiesen.

»Gewiss, Herr Graf.« Er lächelte. »Hier. Dies ist das Bekenntnis des fünfzehnjährigen Kindes. Ganz ohne jede Beihilfe entstanden, Sie sehen es ja sofort an dem Stil.«

Harro las … Sein Haupt beugte sich herab, er beschattete sein Gesicht mit der Hand. Ach, da stand er ... *Liebste Menschen* … Des Seelchens Augen schauten ihn an ... *und hat ihn kennen lassen die Einsamkeit und die Qual* ... Er legte das Blatt hin. »Es ist sehr schön, dass Sie das aufbewahrt haben, Herr Stiftsprediger.«

»Aber gewiss, Herr Graf, es gehört zu meinen Schätzen.« Und der Papierwust verschlang wieder das Blatt. Dann fing Harro an zu erzählen. Ganz kurz nur von dem nervösen Leiden seiner Schwiegermutter und der wenigen Liebe, die sie immer für das Kind gehabt. Er fühlte sehr wohl, dass er dem Manne durchaus nichts Neues sage, und er sprach von Rosmaries Kummer jetzt und ihrem Wunsche, ihre Mutter zu besuchen, und wie schwer sich das mit ihrem Zustand vereinigen lasse.

»Und Ihre Durchlaucht wünscht es wohl dringend, Herr Graf, und Sie sind mit Recht besorgt, dass dies der Frau Gräfin schaden könne.«

»So sicher bin ich, dass der Herr Hofrat es mir niemals erlauben würde, dass ich ihn gar nicht frage, sondern Sie, Herr Stiftsprediger, weil diese Frage mir mehr in die geistliche Kompetenz zu gehören scheint.«

Der Herr Stiftsprediger sah einen Augenblick hinaus in die Landschaft, dann sagte er: »Herr Graf, ich habe zweimal Ihre Durchlaucht, die Frau Fürstin, besucht. Ihr Zustand ist bejammernswert. Ich habe auch von dem Herrn Hofrat gehört, wie es der Frau Gräfin seit ihrem Hiersein geht. Wenn Sie mich fragen, so möchte ich doch dringend raten, dass die Frau Gräfin wie bisher unten bleibt und die Glastüren geschlossen bleiben. Was soll die Frau Gräfin dabei?«

Harro glänzte auf, besann sich aber und sagte: »Meine Frau wünscht es eben so dringend und hat zu meinem großen Schrecken bereits ein betrübtes Gleichnis, das von den unglücklichen Jungfrauen, auf sich angewendet. Es hat mich ganz mitgenommen, Herr Stiftsprediger, es war ihr so bitterernst dabei … Kommen Sie mit, Herr Stiftsprediger, und helfen Sie es ihr ausreden.«

»Herr Graf, wenn ich nur dazu mitkommen soll … Ich müsste doch auch die Frau Gräfin hören.«

Harro errötete, aber er konnte nun nicht mehr wohl zurück. Und er fühlte, dass er ein wenig heuchelte.

»Ich bitte, dass Sie meine Frau besuchen.«

Der Herr Stiftsprediger entgegnete mit ruhiger Würde: »Herr Graf, ich hätte es ohnedies für meine Pflicht gehalten, einen Versuch zu machen, wollte aber noch warten, ob mir der Herr Hofrat nicht bessere Nachrichten bringen könne.«

»Kommen Sie jetzt, Herr Stiftsprediger.« Harro dachte, je schneller es vorüber ist, desto besser; übrigens er zeigt Menschlichkeitspuren.

Die Herren stiegen die knarrenden Stufen hinab, aus den Zimmern erscholl ein kräftiges Bubengeschrei und Gelächter. Ein schönes blauäugiges Mägdlein mit einem dunkeln Lockenschopf sprang heraus und schaute mit großem Interesse an dem langen Herrn hinauf.

Er nickte ihr zu. »Guten Tag, kleines Fräulein, wie heißt du?«

»Erika«, nickte die Kleine, »und ich kenne dich auch.«

Der Herr Stiftsprediger stand lächelnd da und wartete und seine Augen glänzten. Man sah es, dass das Kind sein Liebling war.

»Kennst du mich, Erika«, fragte Harro, »und woher?«

»Weil du einen so schönen Gaul hast.«

»Gefällt der dir? Wenn ich morgen vorbeireite, aber ganz früh, Erika, und du hast deinen Busch schon gekämmt, so nehme ich dich auf mein Pferd und lasse dich bis zur Kirche reiten.«

Das Kind stieß einen schrillen Entzückensschrei aus und stürzte ins Zimmer hinein, jedenfalls um die Nachricht loszuwerden.

»O weh«, sagte der Herr Stiftsprediger, als sie hinausgingen, »nun haben Sie ein Unglück angerichtet. Meine kleine Erika glaubt Ihnen und wird sich die Augen nach Ihnen aussehen. Darin ist sie ein schreckliches Kind, keine Erfahrung macht sie klug.«

»Halten Sie mich für so schnöde, Herr Stiftsprediger, dass ich mein Wort nicht hielte! Bei den kleinen Herrschaften muss man sich eben so strenge an den Ehrenkodex halten. Da habe ich mit der kleinen Prinzessin, mit meiner Frau, meine Erfahrungen gemacht. Ich komme morgen vorbei.« Und in den nächsten Wochen hatten die Baunecker das interessante Schauspiel, wie die kleine Erika feierlich mit gespreizten dünnen Beinchen und wehendem Schopf auf dem Braunen saß und bis zur Kirche reiten durfte und wieder zurück.

Als sie an Rosmaries Zimmer kamen, bat Harro den Herrn Stiftsprediger, noch einen Augenblick zu warten, da er seine Frau eben auf den Lindenstamm bringen wolle. So wandelte denn der geistliche Herr auf den Galerien auf und ab, bis ihn Harro holte.

»Herr Stiftsprediger, meine Frau möchte allein mit Ihnen sprechen. Sie sagt, das sei sie so gewöhnt. Gehen Sie nur geradezu.«

Rosmarie lag auf dem Lindenstamm unter ihrer Linde und obgleich der Herr Stiftsprediger noch nie ein so schönes Augenspiel gesehen hatte, berührte es ihn doch peinlich. Diese in den Farben fein abgestimmten Kissen konnten sich unmöglich von selbst so zusammengefunden haben. Auch lag sie nicht da, wie man eine Schwerkranke bettet, sondern vielmehr wie das schöne Haupt sich am lieblichsten darbot. Die Falten ihres mattglänzenden Gewandes waren so künstlerisch geordnet und eine der schweren goldenen Flechten hing bis auf den Boden herab über einen grünseidenen kleinen Teppich, dessen Grund man eigentlich nicht einsah. Aber die schönen sanften Augen versöhnten ihn wieder.

Sie freute sich und sah doch ängstlich und bedrückt aus. Zuerst schickte sie ihn überall herum, nach den Türen zu sehen, ob die geschlossen seien, und in den Hof hinunter, ob der leer sei.

»Ich möchte allein mit Ihnen sprechen. Ich möchte es so lange schon, aber sie wollten es nicht.«

»Durchlaucht waren noch zu krank. Ich wäre sehr gern gekommen.«

»Ich weiß es, Herr Stiftsprediger. Es ist so furchtbar schwer, was ich sagen muss. Immer dachte ich an Sie und wie gut Sie mir raten könnten; ich habe es nicht vergessen, wie Sie mir in meiner Not geholfen haben. Nun bin ich in der bittern Not.«

Er sah sie mit seinen stillen Augen an und sagte einfach: »Es ist ein harter Kampf, Durchlaucht, und doch …«

Sie sah ihn gequält an. Ach, wie alles von ihr abfiel, was er vorhin an ihr zu sehen glaubte. Die Seele schaute ihn an, die bedrängte Seele.

»Durchlaucht, was ist es, was Ihnen besonders schwerfällt?«

»Oh, Herr Stiftsprediger, meine Lieblosigkeit, mein alter Hass und meine Feigheit. Ich habe meiner Mutter da oben das alles angetan – ich habe sie gehasst, ich habe keinen Funken Liebe für sie gehabt, ich habe sie so weit gebracht, wie sie jetzt ist. Nicht ich allein, Herr Stiftsprediger, aber ich mit. Ich bin so lange neben ihrem Leiden hergegangen und bin mir wunder wie edel und großartig vorgekommen, dass ich geschwiegen habe …«

»Durchlaucht haben es immer gewusst?«

»Sie, Herr Stiftsprediger, Sie wissen?«

»Ein geängstigter Mensch kam zu mir noch am Abend desselben Tages. Er war vollständig unschuldig, nur seine Mitwisserschaft brachte ihn zur Verzweiflung. Er hätte die entsetzliche Tat vielleicht gar nicht verhindern können. Ich bin nicht befugt, von dem zu reden, was mir in dieser Weise anvertraut wird. Doch hätte ich meinen Einfluss auf ihn benützt, um ihn zu bewegen, es dem Fürsten zu sagen, wenn die Fürstin nicht erkrankt und dadurch unschädlich gemacht worden wäre. Und Sie, Frau Gräfin, haben es immer gewusst? Wie ist das möglich?«

»Ich sah sie ja … Ich schwieg, weil ich wusste, dass das meinen Vater mit entsetzlichem Schmerze treffen würde. Auch mein Mann weiß nichts. Ich habe mich oft gewundert, dass sie so ahnungslos sein können, ich bin so dankbar dafür. Mein Mann erträgt es auch noch nicht. Sie, Herr Stiftsprediger, Sie werden auch schweigen, aber ich will von Neuem das Geheimnis in Ihre gütige Hand geben. Es kann doch sein, wenn ich nicht mehr da bin und niemand mehr da ist, der davon weiß, und wenn Mama, wie sie bisher getan, immer weiter ihr Herz verstockt, dann müsste auch mein Vater vor ihr geschützt werden. Und Sie darf nie wieder mit einem Gewehr herumgehen. Das ist's, was ich Sie bitten wollte.«

»Ich hatte«, erwiderte er, »mit der Fürstin gesprochen, ob sie sich nichts denken könne, was ihren jetzigen Zustand verschuldet hat, und habe ihr den Spruch nahegelegt: „Da ich es verschweigen wollte, verschmachteten meine Gebeine." Sie hat mich wohl verstanden, aber sie brach nur in wilde Anklagen gegen andere aus.«

»Gegen mich, Herr Stiftsprediger. Ich weiß, und sehen Sie, das ist es, was mich auf einmal überfallen hat. Meine Schuld, meine große Schuld. Ich habe nie ein bisschen Liebe für Mama in mir auftreiben können. Alles, was ich tun konnte, war, dass ich meinen Hass begrub. Sie wissen, Herr Stiftsprediger, dass das zu wenig ist. Und nun hätte ich mich erbarmen müssen, wer denn sonst als ich! Und ich bin dort in meinem Goldhaus geblieben und habe mit mir geschachert von Tag zu Tag. Ich wusste ja, wenn ich hierher käme, würde ich nie wieder zurück können. Wenn ich Mama wirklich eine Liebe tun wollte, so konnte das doch nur geschehen, indem ich Geduld zeigte. Nicht heute kommen und morgen genug haben. Sondern immer wieder aufs Neue ihr zeigen, solange ich noch Kraft habe. Ich bin da und ich habe endlich, endlich entdeckt, was ich ihr schuldig geblieben bin. Aber, Herr Stiftsprediger, das Fortgehen von meinem Goldhaus war so schwer. Mein ganzes Leben! Mich umdrehen, die Türe zumachen, zu all dem lieben, schönen Leben …«

»Durchlaucht«, bat er sanft, »erregen Sie sich nicht. Sie haben es getan, Sie sind herübergekommen. Ich weiß ja, wem Sie nachgegangen sind. Und man soll Sie nicht hindern zu tun, wozu Sie Ihr Herz treibt. Es wird Ihnen auch nicht schaden, viel weniger als diese Erregung darum. Ich werde versuchen, mit dem Herrn Grafen zu reden.«

»Herr Stiftsprediger, Sie vergessen nicht …«

»O nein, Durchlaucht, ich darf ja gar nicht. Aber nehmen Sie Ihrem Manne, Ihrem Vater nicht zu viel von Ihrer Kraft, Ihrer Zeit. Das, was vergangen, von dem dürfen Sie im Glauben annehmen: Er wird meine Sünde nehmen und sie hinter sich werfen ins tiefste Meer. Und jetzt lassen Sie noch Ihre Güte scheinen auf die verlorene Seele, vielleicht retten Sie sie noch. Wenn es irgend möglich, so möchte ich, dass Ihre Güte doch nicht immer missverstanden bleibt. Wir geben ihr noch einmal die Wahl, Frau Gräfin. Und wenn ich Ihnen einige Ratschläge geben darf.« Sie streckte ihm ihre Hände entgegen und er fasst sie sanft und hält sie fest in seinen dünnen, warmen Händen. »Reden Sie nur ganz freundlich von dem Leiden der Frau Fürstin, bleiben Sie nie länger als zehn Minuten. Sie dürfen die Ihrigen nicht berauben, Frau Gräfin, um jener Unglücklichen willen. Dass Sie sich nicht erbittern lassen werden, weiß ich. Sie machen, wann es Ihre Kräfte gestatten, einen einfachen Krankenbesuch und reden gar nichts Aufregendes. So kann man es vielleicht sogar vor dem Herrn Hofrat verantworten. Ihre Nähe wirkt schon, Ihre sanfte Nähe. Wenn Sie müde werden, gehen Sie gleich. Sie muss fühlen, warum Sie kommen, so verhärtet ist kein Mensch. Und nun lassen Sie mich gehen, Frau Gräfin. Ich komme wieder, ich darf dem Herrn Grafen seine Zeit auch nicht rauben.«

Er ging und Rosmarie sah ihm nach – so erlöst und dankbar. Wie er hinauskam, sah er, dass der Graf, seinen kleinen Sohn neben sich, auf ihn wartete. Er warf einen blitzschnellen Blick auf seine Uhr und sein Gesicht klärte sich etwas auf.

»Troll dich, Heinz«, sagte er, »sieh, dort ist Großvater!«

Er führte ihn in den Ehrensaal, wo die große Wand stand.

»Nein, Herr Graf, ich hoffe, dass die Besuche nicht schaden werden. Frau Gräfin wird Sie über die Art benachrichtigen, wie wir es vereinbart haben. Es ist ja so unendlich schwer zu sagen, was zu verbieten und was zu erlauben ist. Manchmal schadet man auch durch ein Verbot. Sie bringen ein Opfer, Herr Graf, ein großes Opfer.«

»So«, sagte Harro, »ich finde es schön von Ihnen, dass Sie das bemerken.«

Der Herr Stiftsprediger lächelte. »Sie erwarten nicht sehr viel von mir, Herr Graf, und ich weiß auch, dass ich etwas sehr Schwieriges zu entscheiden habe. Ich meine, Herr Graf, einen Versuch sollte man machen. Die Frau Gräfin will etwas so unsäglich Schönes, so großartig Gütiges tun und sie wird es so einfach tun, als wäre nichts dabei … Ich meine, warum sollte man es nicht wagen?«

»Nun, Herr Stiftsprediger, Sie gebrauchen sehr große Worte. Ich kann es gar nicht so außerordentlich finden, wenn meine Frau eine kleine Spanne Zeit opfert und schlechte Laune über sich ergehen lässt.«

»Sehr schlechte Laune, Herr Graf.«

»Gewiss, ja, Liebenswürdigkeit in diesem Fall ist zu viel verlangt, wir wären es auch nicht.«

Der Herr Stiftsprediger verneigte sich mit ruhiger Würde und ging, ohne ein Wort zu sagen, hinaus. Harro sah ihm ärgerlich nach … und brummte: »Ich weiß selbst, wie schön sie ist, und brauche es mir nicht kirchlich approbieren zu lassen«, und ging mit langen Schritten.

»Nun, Rose, wieder einmal gesiegt!«

Sie streckte ihm die Arme entgegen, sie drückte seine Hand an ihre Brust: »Fühl, wie es ruhig geworden ist.«

Er sah in ihre Augen, und seine Stirne wurde kraus.

»Was hast du geredet, warum kann der fremde Mann dich trösten und ich kann es nicht? Was hast du gesprochen?«

»Ich sprach von Mama. Er gab mir die allerbesten Ratschläge, wie ich es machen sollte.« Sie wiederholte ihm jedes Wort.

»Das ist vernünftig«, musste er zugeben. Dann bekannte er: »Ich habe mich übrigens rüpelhaft gegen deinen Heiligen benommen, es drückt mich doch. Aber es reizt mich jeder, der etwas von dir weiß oder zu wissen vorgibt, wobei ich mich vor der Tür befinde. Rose, ist es schön von dir, dass du deinen Mann antichambrieren lässt, wenn du geistlich behandelt wirst?«

»Lieber Harro, hast du wirklich Grund, dass du eifersüchtig bist? Gebe ich dir zu wenig? Lasse ich dich vor Türen stehen, wann es um meine und nicht um anderer Menschen Sachen geht?«

»Rose, du hast mich diesmal besiegt. Aber siehst du, fürs Antichambrieren bin ich nicht geboren und lerne es nie. Ich tue es stets nur als gereizter Tiger. Willst du dich wieder mit Stiftspredigern einschließen?«

»Nein, Harro, nie wieder.«

Am Nachmittag, nachdem ihr Besuch zuvor angemeldet war, trug Harro seine Rose auf der neuen schönen Tragbahre hinauf. Nur mit Märt. »Ein Lakai kommt nicht an dich, Rose«, versicherte er. Die kurze Strecke von der Treppe bis zu dem bequemen Stuhl, der für sie in der Fürstin Zimmer gerichtet war, konnte sie ja gut gehen.

So betraten die beiden hohen Gestalten miteinander das Zimmer. Harro ging wie immer hinter ihr und sie stützte ihren Arm auf den seinigen wie auf eine Sessellehne. Es sah sehr liebevoll und fast zärtlich aus, obgleich ihre Haltung ganz korrekt war. Die Fürstin erhob sich nicht von ihrem Stuhl. Sie deutete nur auf den Sessel. Rose zuckte bei ihrem Anblick zusammen, auch Harro war so ergriffen, dass er sich über ihre abgezehrte Hand beugte und sie küsste. Dann versorgte er seine Frau in dem Stuhl und stellte sich dahinter auf. Seine Augen blieben immer wieder an der Fürstin haften, dem schmal und scharf, aber nicht unschöner gewordenen Gesicht, den großen brennenden braunen Augen. Sie sah viel vornehmer als früher aus in ihrem einfachen schwarzseidenen Kleide, das immer noch einiges Raffinement verriet.

Rosmaries Blick hatte sie vermieden. Nun sahen sich die Frauen einen Augenblick an und wieder hatte Harro das Gefühl von einem heimlichen Duell. Nur dass diesmal die Waffen ungleich schienen.

Rosmarie senkte ihr schönes Haupt und der Fürstin Augen flackerten über sie hinweg. Die Rose ist irgendwie im Nachteil, denkt er.

Ihre Unterhaltung bewegte sich ganz in konventionellen Bahnen. Die Fürstin erzählte von ihren Nerven und den erfolglosen Kuren, die sie schon durchgemacht hatte. Rosmaries Krankheit erwähnte sie nicht. Dann berührte er Rosmaries Schulter und sie sagte: »Mama, wenn du erlaubst, komme ich morgen wieder.«

»Sehr gütig von dir, Rosmarie. Wenn ich dich nicht brauchen kann, werde ich mir eben erlauben, dich nicht zu empfangen.«

»Vielleicht findet sich doch eine Zeit, wo es dir passt, Mama.«

Harro will etwas sagen, verschluckt es aber gerade noch. Rosmarie erhebt sich mit seiner Hilfe und streckt eine sehr weiße bebende Hand nach ihrer Mutter aus, aber die nimmt sie nicht und sagt mit eisiger Schärfe: »Für Heuchelei ist es zu spät am Tage, Rosmarie!«

Harro fühlt, wie Rosmarie zusammenzuckt, als ob sie die Peitsche bekommen hätte, und er führt sie schnell hinaus.

Er bringt sie in den Ehrensaal und legt sie dort sanft nieder.

»Nun, Rose, wie ist die Christenpflicht bekommen?«

»Schlecht, lieber Harro«, sagt sie aufrichtig. »Ich muss mich ein wenig erholen.«

»Und mein Lohn? Ich sollte doch belohnt werden für das Danebenstehen, wenn nach meiner Frau gezischt und gestochen wird, gerade da hinein, wo ihr Herz am weichsten und am leichtesten zu verwunden ist. Die Sache entbehrt überdies nicht eines gewissen grausigen Humors. Die Rose als Sünderin und Frau Mama als verfolgter Unschuldsengel. Und die Rose fällt mit einer solchen unfehlbaren Sicherheit darauf herein.«

»Lieber Harro, du bekommst deinen Lohn, wenn ich mich ein ganz klein wenig erholt habe.« Aber seinen Lohn bekommt der Thorsteiner an diesem Tage nicht. Doch am nächsten, wo die Rose sehr geheimnisvoll ist. Nun liegt sie im Saal in einem weißen weiten Morgenrock und sagt: »Harro, ich wollte dir dienen, aber Lieber, ich weiß wirklich nicht, ob du mich noch brauchen kannst!«

Er schlägt den Morgenrock auseinander. Sie trägt ein grünes halb durchsichtiges Gewand mit schmalen Goldborten am Halse und den weiten, losen, hängenden Ärmeln. Der Stoff ist so weich wie eine Wolke und hängt um ihre schwanke zarte Gestalt in ganz einfachen Linien. Ihre rührenden leuchtend weißen Arme, die ihre runde Fülle verloren haben und nur noch die schönen Linien zeigen, hängen herunter und jede Ader zeichnet sich auf ihnen in bläulichem Tone ab … Der Saal ist geheizt, obgleich es draußen nicht kalt ist. Sie sieht ihn ängstlich an.

Sie hätte ihm so gerne noch eine Liebe getan, und nun betrübt sie ihn vielleicht nur. Er sagt: »Ich kann es nur annehmen, wenn ich ganz sicher weiß, dass du nur so daliegst, wie es dir am allerbequemsten ist. Aber ich fürchte, wir werden es mit Kissen nicht gut genug machen können. Sie geben immer wieder nach. Ich will Ulrike rufen. Sie kann hinter dir ein Stühlchen bekommen und sie hält dich.«

»Halt, Harro«, rief sie, »ich bitte dich! Sie wird sagen, es sei heidnisch … Sie kann es nicht leiden.«

»Wo fängt das Heidentum bei dir an, Rose? Geht's von deinen feinen, zarten Knien aus? Deine Schultern würdest du sehr weit hinunter bei jedem Hofball zeigen, sie sind ja übrigens bedeckt. Oder sind's die allerschönsten nackten Füße, die so unglaublich beseelt aussehen, gerade so, wie du sie hängen lässt? Wie deine Hände sind sie! Man sieht ihnen schon an, dass sie eigentlich nur noch auf weißen Rosenblättern über grünem, weichem Moospolster gehen können. Ulrike sieht dich jeden Tag in deinem Bad. Was für einen Spruch spricht sie da über dich, wenn sie das Wasser über die Brust gehen lässt, die das bittere Leidenszeichen trägt, und über den Leib, der mein Kind getragen hat? Um das Heidentum auszutreiben, meine ich.«

»Harro, du bist wunderlich, du deklamierst ja.«

»Tue ich das? Ich bin auch in meinen tiefsten Gefühlen gekränkt. Heidnisch, soll das schamlos heißen?«

»Du bist mein alter Feuerbrand; ich fürchte, es wird sie verletzen, dass du dabei bist, Harro. Wenn sie allein mit mir ist, findet sie auch nichts Heidnisches an mir.«

»Ich habe ein Recht an dich«, und er stürmte hinaus.

Die Rose sah ihm bedenklich nach, rührte sich aber nicht. Die alte Dame kam hinter ihrem Neffen geschritten, offenbar ganz ahnungslos, denn als sie die Rose erblickte, blieb sie wie versteinert stehen.

»Was soll das heißen, Harro? Das Kind! Wie es daliegt!«

»Sehr gut liegt es da, Uli«, versichert die Rose. »Du glaubst nicht, wie die schweren Kleider drücken und wie leicht und wohl das tut, dass man nicht immer behängt ist. Und es ist so warm, dass ihr mir leid tut.«

Harro stand mit blitzenden, gefährlichen Augen da, wartend, was sie jetzt sagen würde. »Harro«, sagte sie, »es ahnt mir, dass du dies malen willst. Diesen Kindermord von Bethlehem?«

»Uli! Kindermord? Dann haben die aber lange Kinder gehabt.« Und Harro zischte: »Du bist ein ahnungsvoller Engel. Ich male das.«

»Und dann sollen die Menschen kommen und das Kind ansehen, wie es daliegt mit seinen nackten Füßchen! Nichts am Leibe als das bisschen graue Wolke! Harro, lass mich reden.«

»Uli, wenn Harro das gemalt hat, so ist es ein großes Kunstwerk geworden, ich bin es nicht mehr. Es wird leben wie die alten Bilder dort an der Wand, wenn wir zwei wie Schatten verschwunden sind. Wer denkt da noch an die Rosmarie Brauneck, die ihren Körper dazu einmal hergegeben hat!«

»Ihren beseelten Körper«, warf Harro ein, »die gottgeschaffene Hülle ihrer Seele!«

»Du wirst sehen«, tröstete die Rose, »dass ich es nicht mehr bin. Es ist ein Gedicht über mich, was dort sein wird.« Sie weist auf die Leinwand. »Alles Zufällige fällt weg. Alles wird auf seine höchste Höhe gehoben. Er malt mich nicht, wie ich wirklich bin, sondern er malt den Gedanken Gottes, der in mir werden sollte. Wir sind doch alle einmal Gedanken Gottes gewesen und sollen es wieder werden. Wir entstellen und verderben uns und übermalen uns und verwachsen uns, und er holt ihn wieder aus mir heraus.«

»So, das werden wir sehen, ob er es auch kann«, sagte Ulrike. »Im Übrigen seid ihr mir zu klug. Wenn du behauptest, dass du bequem liegst, so glaube ich es nicht.«

»Deshalb sollst du dich hinter sie auf das Stühlchen setzen. Ein bisschen reichlich unbequem, aber es geht nicht anders, und sollst sie unterstützen. Es muss ihr so wohl sein, als man es überhaupt machen kann.«

»Nun, das lässt sich hören.« Und die alte Dame setzte sich friedlich auf das Stühlchen und hatte bald ihr Kind so gebettet, dass die Rose meinte, besser könne es ihr nicht mehr werden.

Dann sagte Ulrike scharf: »Nun male, Harro, und ich will mein Urteil noch aufsparen, bis ich sehe, was du kannst. Ich kenne sie sehr genau, Harro, und du musst dich schon zusammennehmen. Und du darfst die Hartnäckigkeit nicht vergessen. Du lieber Himmel, die wird sie wohl auch von Gott haben. Und all die allerschönsten Dinge, die weißt du nicht einmal, und wenn man die nicht darauf sieht, dann bist du dem Gedanken doch nicht nachgekommen.«

»So, weiß ich die nicht?«, rief Harro eifersüchtig.

»Harro, du und die Tante, ihr seid eine Verschönerungskommission.«

»Nimm alle Kraft zusammen, die Lust und auch den Schmerz, es gilt uns heut zu rühren des Königs steinern Herz«, summte Harro, als er seine Farben zurecht mischte. »Übrigens bitte ich mir Ruhe aus. Nur noch eins! Wenn die Rose müde wird, lass dich nicht betrügen, Uli! Weißt du, ich vergesse mich. Ich male, bis ich vom Stengel falle. Sechs Rosen halten mich nicht aus.«

»Fürchte nichts für das Kind, wenn ich dabei bin«, wehrte die eiserne Dame ab.

Und Harro begann seine Arbeit. Er malte nicht wie sonst mit seinem heißen Eifer, sondern langsam und bedächtig. Er stand manchmal vor seiner Leinwand und schien zu warten, dann machte er ein paar bedächtige Striche. Und er vergaß seine Rose doch nicht wie sonst … die ja schon alle Schmerzen eines übergeduldigen Modells kannte.

Und Ulrike dachte, diese Malerei ist das Allerbeste, was man der Rose tun kann. Sie ist glücklich dabei und sie hält still, redet nicht, regt sich nicht auf, gibt sich nicht zu viel aus, spinnt keine schlimmen Gedanken aus, denn das würde er ihr ansehen. Wenn er es nicht täte, glaube ich seinem ganzen Zauber nicht. Und so floss der schöne Morgen dahin. Nur die alte Dame wurde herzlich müde, aber sie gehörte zu den alten eisernen Thorsteinern, die sich von jeher plagen konnten. Und sie wäre viel zu stolz gewesen, etwas merken zu lassen.

Jeden Morgen von neun Uhr an, je nach der Rose Befinden, war »Bildzeit«, wie sie sagten, und alle, die sonst etwas von der Rose wollten, mussten zu der Tante großer Befriedigung draußen bleiben.

Gegen Abend machte die Rose ihren Besuch hinter der neuen Glastüre. Harro ging nicht mehr oft mit, es bedrückte ihn zu sehr; und er hatte Marga kommandiert, dass sie danebenstehe und nötigenfalls ein kurzes Ende mache.

Jeden Tag bekam die Rose zwei verschiedene Bilder von sich gemalt. Des Morgens und des Abends. Jeden Tag holte die Fürstin aus ihrem Gedächtnisschrein eine andere Untat ihrer Tochter hervor und präsentierte sie ihr. Die Rose ließ ihren schönen Kopf hängen und schwieg. Sie sagte höchstens: »Es hat mir damals nicht so ausgesehen, aber ich glaube wohl, dass du es so empfinden musstest. Es tut mir leid, es tut mir sehr leid.« Sie kam immer mit dem gleichen ernstfreundlichen Antlitz herein und sie verließ fast nie das Zimmer, ohne dass die Fürstin Tränen auf ihrem Gesicht gesehen hatte.

Die Tante Marga sagte zu ihrer Schwester: »Es ist höchst wunderlich, die Rose auf ihrer Anklagebank sitzen zu sehen. Bis jetzt tut Cousine Charlotte ja nichts anderes als Steine nach ihr werfen. Sie wird immer geschickter und treffsicherer. Wenn sie die Rose zum Weinen gebracht hat, ist sie erst befriedigt. Ich möchte wissen, wozu das dienen soll.«

»Ich möchte die Durchlaucht schlagen«, erwiderte Ulrike. »Es gehören ihr Ohrfeigen. Sie lechzt vielleicht danach und wir tun es zu ihrem Schaden nicht. Dieses pädagogische Mittel, das die Neuzeit, die nichts versteht und vor weichlicher Sentimentalität sich noch die größten Grausamkeiten antut, so verachtet, hätte ich schon lange angewendet. Die Rose ahnt es und lässt mich deshalb nicht hinauf. Wenn ich auch noch sehr fühle, dass Vater mit unserer Arbeitsteilung nicht einverstanden wäre, Marga. Ich habe alle Süßigkeit und du alle Bitterkeit. Es ist ein Hohn auf alle Gerechtigkeit.«

»Da ist manches ein Hohn«, seufzte Marga. »Ich wundere mich immer im Stillen über zwei Dinge. Du weißt, dass Charlotte die entsetzliche Unruhe in den Füßen immer noch hat. Nur mit Morphiumeinspritzungen kann sie ins Bett gebracht werden, und selbst dann ist morgens jedes noch so fest gestreckte Laken zusammengeballt und zerrissen. Wenn die Rose kommt und so lange sie da ist, hält sie still. Es ist sehr wunderbar und den beiden Schwestern ist es auch aufgefallen. Und das Zweite: Ob die Fürstin wohl einmal ihren schlimmen Sack zu Ende geleert hat? Sie bringt jetzt schon recht häufig Dubletten.«

»Da kannst du in Ewigkeit warten«, sagte Ulrike finster. »Mit Variationen und Beleuchtungseffekten dressiert sie ihre Ladenhüter immer wieder auf. Sie wird noch an der Arbeit sein, wenn die Rose sie längst nicht mehr hört. Und ich frage mich jeden Tag, wozu! Aber man muss sie machen lassen.«

50. HEINZ UND GISELA

Nun beginnen die schönen Musikabende in Brauneck. Hans Friedrich war angekommen und der Steinwayflügel der Fürstin in den Saal geschafft worden. Dort konnte sich sein Klang großartig entfalten und der Ort war auch am günstigsten für die Rose. Eine herrliche leichte Luft war immer drinnen, die altmodischen Riesenöfen waren mit Holz geheizt und dazu standen die Fenster offen.

Und Rose konnte Musik viel besser ertragen, als man gedacht hatte, und allmählich begann auch Harro, dem gewagten Plan des Fürsten und seines Freundes ein wärmeres Interesse zu schenken. Der Künstler weihte sie in den Aufbau des Werkes ein, er spielte ihnen einige Teile daraus vor, erklärte die Motive, die Art der Ausführungen. Die klingenden Seelen des Heinz von Brauneck und der Gisela schwirrten wieder durch die alte Heimat, durch den Saal, wo einst die kleine Hausorgel des Grafen von Brauneck gestanden hatte. Die Rose vergaß alles über dem Zuhören, sie lebte so lange in einer höheren Welt, aus der sie zuweilen fast schmerzlich wieder zurückkehrte. Harro taktierte häufig seinen Viervierteltakt in die Reden seines Freundes hinein, wenn die Gisela allzusehr die Züge von Rosmaries Dämon annahm.

Einmal sprach er vorsichtig mit dem Herrn Stiftsprediger darüber. Er stand ihm ja immer noch fremd und misstrauisch gegenüber. Die Rose empfing ihren Lehrer auch nie wieder ohne ihren Mann. Und Harro musste selbst gestehen, dass der geistliche Herr seine Reservatrechte schonte. Er war nicht für das Ausfragen, er brachte der Gräfin aus seinem wunderbaren Papierblätterwald ein Lied mit – gewöhnlich ein paar Verse nur – von der ersten Zeit der deutschen Dichtung an bis zu den Herren Dehmel und Bierbaum. Das legte er neben die Rose hin in einem sauberen Blättchen als einen köstlichen Fund und dann sprachen sie darüber.

Er blieb immer sehr kurz, auch wenn es den beiden leid tat. Und wenn ihn Harro hinaus begleitete, sagte er: »Ich darf Ihnen nicht zu viel Zeit nehmen, Herr Graf. Ich freue mich aber jedes Mal, wenn ich Ihre Durchlaucht sehen kann.« Von den allerfeinsten Fäden, die zwischen den beiden, dem Lehrer und seiner Schülerin, liefen und wie himmlisches Gold erglänzten, konnte Harro nichts wissen und doch fühlte er sich leicht vor der Türe zwischen ihnen. Das hinderte ihn, sein Herz dem geistlichen Herrn so zu erschließen, wie es ihn doch oft verlangte. Seine Herrennatur widerstrebte. Aber um die Gisela von Brauneck im siebzehnten Jahrhundert konnte er ihn wohl fragen.

Zunächst versicherte ihm die Rose, dass ihr Lehrer nichts wissen könnte von dem, was in ihrem zweiten Leben eine so große Rolle spielte. So saß denn Harro wieder bei den vielen Büchern, nachdem er sich der jubelnden kleinen Erika entwunden hatte.

»Wir interessieren uns für eine Gräfin Gisela von Braunecк, die eine Thorstein war und von deren Anteil an dem Chorwerk Sie schon gehört haben. Herr Rat hat nur sehr dürftige Notizen. Wohltätig und gütig gegen die Armen, es gibt Stiftungen auf ihren Namen oder den ihres Mannes. Wissen Sie vielleicht etwas Näheres?«

»Ihre Leichenrede habe ich. Sie wissen, dass sie mit ihrem Gemahl zusammen begraben wurde. Er ist verunglückt, sie starb ihm nach.«

»Ach, darum«, rief Harro, »sie wurden überrascht, darum der Zustand des Chorwerks. Sie waren plötzlich davongegangen und mit ihrem Nachlass wusste kein Mensch irgendetwas anzufangen. So ist sie denn auch verunglückt, dass sie starb?«

»Nein, sie hatte ein schweres und der damaligen ärztlichen Kunst rätselhaftes Leiden.«

»Himmel«, seufzte Harro, »muss das ein Glückspilz gewesen sein, dieser Braunecker Heinz! Macht die allerschönste Musik, hat die liebevollste Frau, die ihm dient und ihn ganz versteht, und wie die grauen Tage kommen, streckt er sich aus und siedelt in sein himmlisches Musikland über. Wer starb denn zuerst?«

»Er ging ihr voran. Es ist nicht sicher, um wieviel. Am selben Tage noch folgte sie ihm.«

»Sehen Sie, Herr Stiftsprediger, den Glücksmenschen! Das Licht aus den Augen musste er nicht schwinden sehen. Und, Herr Stiftsprediger, wenn diese unmögliche Geschichte hier wirklich wahr werden soll, dann werden Sie den Mann jubeln hören: „Jauchzet dem Herrn, alle Welt, kommt vor sein Angesicht mit Frohlocken!“ So beginnt er. Aber ich will nichts vorwegnehmen. Er nahm ja alles vorweg, dieser Heinz, überließ die Mühe seiner Frau und die Arbeit meinem Freunde Hans Friedrich und schwelgte nur in dem künstlerischen Hochgenuss der Konzeption, schmierte seinen roten Bleistift hinein und überließ das andere mit einer großartig herablassenden Gebärde – ich sehe ihn vor mir, den Mann, Herr Stiftsprediger – seiner Frau und meinem Hans Friedrich.«

Herr Stiftsprediger zuckte lächelnd die Achseln. »Die Götterlieblinge, Herr Graf. Er soll sogar nicht gestorben sein!«

Harro schaute auf. »Herr Stiftsprediger«, rief er. »Erzählen Sie, ich lasse nicht los, ich schlage Wurzel hier. Erzählen Sie mir das Märchen. Ich will es meiner Rose mitbringen.«

Der Herr Stiftsprediger tauchte in seine Papiergründe und kam wieder mit einem ehrwürdigen Oktavblatt. »Das Märchen stammt sogar aus einer gedruckten Leichenrede, dem Teil, den man den Lebenslauf nennt. Von meinem Kollegen von dazumal.« Er las:

»Ihr wisset alle, und ist keiner unter euch, die ihr mit tränenden Augen dasitzt, der es nicht schon gehört hätte, dass dieser hochselig Entschlafenen die Segensgabe verliehen sei, dass dieselben Seelen, welche in ihren Armen sich auf die himmlische Wanderschaft begaben, ein leichtes und seliges Ende hatten, wie ich als einer, den sein Amt an viele Sterbebetten führt, oftmals mit eigenen Augen zu sehen gewürdigt wurde. Es gilt von ihnen das Wort: Der Tod ist ein Schlaf worden. Da nun die Gräfin sahe, dass es mit dem seligen Grafen, unserem geliebten Jungherren, zu Ende gehe und er sein junges Leben im Dienste eurer Kindlein werde verlieren müssen, erhob sie sich, die zuvor keine Kraft mehr gehabt hatte, und nahm euern geliebten Herrn in ihre Arme und neigte sich über ihn. Also, dass ihr Schatten ihn ganz bedeckte, und verdeckte ihn mit ihren Haaren. Und erhob das Antlitz wieder und legte ihn hin. Da war seine Seele von seinem Leibe geschieden, wie wir in dem Lied gesungen haben:

Im Augenblick wird sie erheben sich
Bis an das Firmament,
Wenn sie verlässt so sanft, so wunderlich
Die Stätt der Element.«

Der Herr Stiftsprediger ließ das Blatt sinken. Harro war aufgesprungen. Er war totenblass und seine Augen flammten.

»Der Schleier der Gisela«, rief er. »Herr Stiftsprediger, Sie wissen nicht, was Sie gesagt haben … Kommen Sie mit mir! Ihre Stube ist zu klein für mich, es erdrückt mich. Oh, kommen Sie doch mit mir! Ich habe es immer gewusst, dass Sie der richtige Geheimnisträger sind. Ich war eifersüchtig, misstrauisch, rüpelhaft. Ich bitte um Verzeihung … O Gott, haben Sie für jeden, der zu Ihnen kommt, solche Tröste vorrätig? Ich komme zu Ihnen und will etwas erfahren und rede keinen Ton davon, was ich eigentlich will, und es ist, als ob Sie wüssten, was für Höllenhunde mich jagen, was für Riesenweiber der Angst und Verzweiflung. Und Sie bücken sich in Ihren Kram und holen das Einzige zwischen Himmel und Erde heraus, was mich trösten kann.«

Die stillen Augen des Herrn Stiftsprediger strahlten.

»Herr Graf, wir alle leiden mit Ihnen und ich habe Ihnen ja nicht ganz, ohne an Sie und Ihr Kreuz zu denken, den alten Tröster hervorgeholt, aber dass Sie es sich so anzueignen vermögen, das habe ich nicht hoffen können.«

»Kommen Sie mit mir«, flehte Harro, »ich brauche einen Himmel über mir, die Wände drücken mich.« Die beiden Herren gingen die Straße hinunter zum Park. Harro stürmte voraus, dass der Stiftsprediger seinen langen Schritten kaum folgen konnte. Unter den alten hohen Kastanien, wo sich der Blick in das Tal mit seinem Silberfluss öffnete, blieb Harro stehen und lehnte sich an einen der dicken Stämme. Er hatte sich wieder gefasst und streckte dem andern seine Hand hin. »Sehen Sie, das ist der Ring des Heinz von Brauneck. Mein eigentlicher Verlobungsring. Ich trage ihn nun schon zwölf Jahre. Sie staunen, nicht wahr, dass ich so lange schon verlobt bin. Da war die Prinzessin elf Jahre. Der Fürst gab mir den Ring zum Dank für die sogenannte Rettung seiner Tochter. Er wählte ihn, weil mein eigenes Wappen darauf ist. Hier, den Spruch hätte sich keiner von uns herausgesucht. Lesen Sie: *Gottes Will hat kein Warumb.* Die Prinzessin gab ihn mir feierlich und sagte: „Er gehört dem Schönsten.“ Niemand verstand sie damals. Herr Stiftsprediger, es gibt sehr wunderliche Dinge. Sie kennt ihn, so lange sie denken kann, den Glücksmenschen, der zur rechten Zeit zu sterben verstand. Sie kennt auch die Frau mit dem Charisma.« Der Geistliche sah ihn verwundert an. »Sehen Sie«, fuhr Harro fort, »Sie verwundern sich. Ich hoffe sehr, innigst hoffe ich, dass Sie mit einer Erklärung bereit sind. Es passt in keine mir bekannte Weltanschauung hinein, dieses noch einmal auf Erdenweilen von Seelen. Nicht von Gespenstern.«

»Meine Weltanschauung, an der ich schon lange zimmere«, antwortete der Stiftsprediger, »steht zwar in ihren Grundzügen fest, die ändert nichts mehr. Sie hat aber Fenster und Türen, wo noch allerhand herein kann. Ich lasse mich überraschen und werde mich überraschen lassen. Ich hoffe noch auf Überraschungen … Ich denke mir übrigens, dass Sie gerne noch mehr von dieser Gräfin Gisela wissen möchten. Ich weiß noch Einiges, wollte Ihnen aber zuerst mit diesem schönen Bilde kommen, ehe sie das andere sehen.«

»Ein Geheimnisträger sind Sie, Herr Stiftsprediger. Gehen neben mir her, wissen die Dinge, die mich schon aufs Tiefste angegriffen haben … Die Rose hat recht. Ach, warum bin ich ein so blinder Maulwurf? Neulich ritt sie auf einem müden Schimmel an der Klinge an uns vorbei, während ich einen Ebereschenzweig herunterholte. Was gäb ich um einen Blick. Aber ich bin ein Maulwurf. Ich sehe nichts.

Mein Gaul ist klüger, der wurde unruhig, was er sonst nie tut, wenn ich ihm sage: Steh still. Ein Pferd sieht mehr als ich.«

»Schmähen Sie Ihre Augen nicht, Herr Graf. Sie sehen tausendmal mehr als wir alle. Und nun werde ich Ihnen sagen, was ich sonst noch weiß. Ein Beichtgeheimnis. Es findet sich bei mir ein alter Kasten mit einer Schublade, worauf steht: *Geheim*. Nur für den Nachfolger im Amt ist sein Inhalt bestimmt. Es liegt mancher alte Jammer darin, Herr Graf, den man besser nicht aufrührt. Ich habe eine Leidenschaft für alte Papiere und habe mir manchmal das Herz daran verbrannt. Diese Gisela von Thorstein! Sie ist Ihre und Ihrer Durchlaucht Ahnfrau, weshalb ich um Entschuldigung bitte, wenn ich da …«

»Reden Sie weiter, Herr Stiftsprediger.«

»Diese Gräfin soll eine Hexe gewesen sein, und so stark ruhte der Verdacht auf ihr, dass sie trotz ihres hohen Standes hier monatelang im roten Turm in Untersuchungshaft war. Was das bedeutet, wissen Sie vielleicht. Die Akten sind vernichtet worden, wie natürlich; es existieren nur Aufzeichnungen daraus von der Hand meines damaligen Kollegen, eben des Leichenredners. Die schändlichsten Dinge wurden ihr vorgeworfen, der rote Turm wird manchen unruhigen Schritt von ihr gehört haben. Dann wieder manches, was uns nur lieblich und sogar poetisch anmutet. Sie tanzt allein im Mondschein unter der Linde und singt dazu in zwei Stimmen. Ihre Schönheit wird ihr vorgeworfen, der Zauber, den sie an sich hat und der so groß gewesen sei, dass sie nicht nur die Menschen, sondern auch die unvernünftige Kreatur bezwungen habe. Zu einem Prozess scheint es aber nicht gekommen zu sein. Eines der vielen Rätsel, die diese Geschichte aufgibt.«

»Sie sah aus wie meine Frau, nur noch schöner sei sie gewesen, alle Farben stärker, dunkler das Haar, die Augen auch wohl nicht ganz so groß. Nun, sie hat sich aus diesem Turme wieder herausgezaubert, dies wundert mich gar nicht. Wer brächte es fertig, außer vielleicht in schlimmen Worten, meiner Frau so etwas anzutun. Gäbe es einen Kerkermeister, der ihr nicht bei Nacht über den Zaun hülfe, wenn sie ihn so recht herzbeweglich ansähe!«

»Mich wundert es aber, Herr Graf, mich wundert es sehr; wenn dieser Unglückskarren einmal angestoßen war, rollte er erbarmungslos über Schönheit und Jugend und Lieblichkeit hinweg.«

»Und der Herr Kollege, der die schöne Leichenrede hielt, wofür hat der sie gehalten?«

»Für eine Heilige; er nennt sie so. So ganz leicht ist sie nicht aus dem Turm gekommen. Der Kollege hat sehr sorgfältig durch eine lange Amtszeit jede Kommunion, auch Privatkommunion, vermerkt. Er gab sie ihr in ihrer schweren Krankheit in Schloss Schweigen, dabei nennt er sie: „unsere liebe Heilige". Nun, sie kann wohl krank geworden sein infolge des langen Schreckens. Es ist ja nicht anders möglich. Denn wenn sie wirklich in ihrem roten Turm einige Stockwerke tiefer hinuntergekommen wäre, so wäre sie dadurch unehrlich geworden. Eine Ehe nachher mit dem Grafen wäre ganz ausgeschlossen gewesen. Und doch …«

Harro rief: »Meine Frau sagt, sie habe tiefe breite Narben an ihren Armen. Hier das Zeichen … Meine Frau, ihr Vater, sie haben beide an dem Handgelenk rote Streifen. Ein Muttermal. Bei meiner Frau ist es so stark, es ist besonders stark jetzt, weil sie leicht die Farbe wechselt.«

Der Stiftsprediger sagte: »Es wundert mich nicht, obgleich das Rätsel bestehen bleibt. Denn man erfährt von jener Kommunion an nichts mehr von der Heiligen und von der Hexe bis zu ihrem Einzug in Brauneck als Grafenbraut unter Glockengeläute und unter allgemeinem Jubel. Der Jubel ist so groß, dass es heißt, die Stadt konnte die Menge nicht fassen, die herbeigeströmt war, und wer nur ein Läublein erhaschen konnte, mit dem der Weg bestreut war, der schätzte sich glücklich. Dies habe ich aus einem Memorandum, das der Herr Rat besitzt. Von einem damaligen gräflichen Schreiben. Die Braut wird beschrieben in einem grünen Reitkleid von venezianischem Samt, mit aufgelöstem Goldhaar, das ihr bis zu den Knien gereicht habe, und einem Rosenkranz, reitend auf einem Schimmel mit goldbordierter Schabracke. Der Anzug des Bräutigams, der einen roten Rosenkranz trug, beansprucht eine Seite in dem Memorandum, so viel schöne Dinge hatte er an sich. Sagen wir, er habe sie gerade im letzten Augenblick aus ihrem Turme heraufgeholt, so irren wir gewiss nicht.«

»Ich warte schon lange auf den Glücksmenschen.«

»Nehmen wir es an, Herr Graf. Aber das Rätsel wird nicht geringer dadurch. Der Abgrund von dem einen zum anderen Bild, dem Karren mit der gefesselten Hexe darauf, auf den die Braunecker jedenfalls gewartet haben, bis zu dem Schimmel mit der goldenen Schabracke macht es noch lange nicht deutlich genug, welch ein Abgrund zwischen den beiden Möglichkeiten klafft. Ich glaube nicht, dass Sie mir ganz folgen können, Herr Graf, außer wenn Ihnen die Geschichte jener Zeit auch in ihren Details geläufig wäre.«

»Sie haben ganz recht, nicht allzu viel Kenntnisse bei mir zu vermuten; ich hielt es sogar für recht einfach.«

»Herr Graf, der Schwiegervater, der die Tochter zuerst drei Monate einsperrt, dem Gerede der Leute aussetzt, einen Prozess zulässt und dann die Hexe ohne jeden ersichtlichen Grund als Tochter mit Ehren empfängt? Reinigen konnte man sich nicht einmal, wenn man die Folter ganz überstanden hatte, und wäre das über sie gekommen, so säße sie auf keinem Schimmel mehr.«

»Hören Sie auf mit diesen fürchterlichen Dingen, Herr Stiftsprediger. Meine Frau darf das nie erfahren, niemals.«

»Wie hat sie sich nun aus dem Geschlinge herausgearbeitet? Davon erfahren wir nichts. Wie hat sie es gemacht, dass dieselben Leute, die sie vorher zu steinigen versuchten, nachher sich um die Läublein rissen, über die die Hufe ihres Schimmels geschritten waren! Sie können sich die Macht der alten Herren hier als noch so groß vorstellen – sie war es auch gerade in jener Zeit zum Bösen und zum Guten. Der alte Graf war ein gewaltiger Herr – aber diesen Jubel befehlen, überhaupt diesen Glanz, der auf jenem Feste liegt und noch deutlich in dem Memorandum zu fühlen ist, das ließ sich nicht befehlen. Unmöglich, ganz unmöglich. Aber wir erfahren nicht das Mindeste darüber, das Venezianerkleid wissen wir, das andere nicht. Der Prozess wird niedergeschlagen oder vielmehr, er steht plötzlich still wie ein abgelaufenes Uhrwerk. Verschiedene Eingaben um Gutachten an die Universitäten, die mein Kollege ausgearbeitet, werden nicht abgesandt und jedermann, der das Fest mitmachte, scheint es gewusst zu haben, was geschehen ist. Denn in der Leichenrede wagt mein Vorgänger sogar, auf die Sache anzuspielen. Er spricht von dem harten Joch, das sie, wie männiglich bekannt, in ihrer Jugend getragen. Dies ist das größte Rätsel. Es gibt aber noch eines. Man hört nun nichts mehr von ihr, als dass sie zum Abendmahl geht. Ich denke, sie wird das Leben einer vornehmen Dame jener Zeit geführt haben. Die Rede rühmt sie als barmherzig und wohltätig und an anderer Stelle noch einmal, dass sie an vielen Sterbebetten stand. Die Braunecker konnten wohl gar nicht mehr ohne sie sterben. Ich kann mir das so gut denken. Wie oft habe ich gedacht, wenn ich einen schweren Gang ging: wenn ich jetzt diese Gräfin Gisela mitnehmen könnte wie mein Vorgänger! Was mag er an ihr gehabt haben. Und nun kommt das zweite Rätsel. Ganz ohne jede Erklärung findet sich in dem dreimal versiegelten und verschnürten Päckchen, das ihren Namen trägt und das erst ich in meiner Leidenschaft nach alten *documents humains* geöffnet habe – und mir dafür zur Strafe das Herz verbrannt: Es findet sich da ein Brief der Gräfin Gisela an meinen Vorgänger. *An ihren in Ehrfurcht geliebten, ihren innig geliebten, ihren treuesten Vater!* So redet sie ihn an. Der Brief, ich will ihn nicht zeigen. Es ist noch schrecklicher, wenn man auf dies alte Papier mit seinen vielen Tränenspuren, seiner auf und ab gleitenden Handschrift Obacht gibt. Der Rand ist ein wenig verbrannt.«

»Herr Stiftsprediger, sie war wahnsinnig. Ich kenne auch die Handschrift, und in diesem Zustande kenne ich sie auch.«

»Ich glaube es nicht, Herr Graf. Der Brief trägt das Datum von vierzehn Tagen vor ihrem Tode. Ich will Ihnen den Inhalt abschwächen. Sie ist krank, schon lange. Sie nennt ihre Krankheit: ein Hexenleiden. Sie wusste wohl besser, was sie damit sagte, als wir. Sie beschreibt es auch genau, doch das will ich Ihnen erlassen. Und nun fleht sie ihren geliebtesten, treuesten Vater an, er möchte sie noch einmal anhören. Als er bei ihr gewesen, habe sie vor Weinen nicht sagen können, was sie gewollt. Sie erinnert ihn, dass sie auf den Knien vor ihm gelegen auf dem Lindenstamm, dass sie die Steinplatten mit ihren Tränen benetzt habe, dass sie den hölzernen Stuhl, worauf er saß, geküsst habe, weil er ja ihre Hand nie wieder berühren wollte. Sie erkennt ihr Leiden an als Strafe ihrer Sünde. Ihrer großen Sünde, für die sie den Tod erleiden wird, einen Hexentod. Sie unterwirft sich unter das Gericht Gottes, das über ihr ist. Sie fleht ihn an, er möge ihr doch nicht länger den gesegneten Kelch des Herrn Jesu verweigern. Sie macht ihn auf die Folgen aufmerksam, wenn er dabei beharren werde. Sie wird nicht einmal neben den Ihrigen ruhen können und ein Grab an der Kirchhofsmauer wird ihr werden. Ihr ganzes Leben wird zu einem Hohn und verstößt viel treue Herzen, weckt den alten Zorn wieder auf und macht alles zunichte, was sie erstrebt hat.«

»Himmel, Herr Stiftsprediger, wo ist der Glücksmensch, warum leidet er das? Warum wirft er nicht dem Mann seinen alten rostigen Kirchenschlüssel an den Kopf! Lässt seine Frau auf den Knien liegen vor einem … einem …«

»Sie suchen nach Worten: vor diesem alten Mann! Er war schon an siebenzig, aber er hat ihr den Wunsch nicht erfüllt. Ich habe die Listen seiner Kommunionen durchgesehen, die Gräfin kommt nicht mehr vor. Vierzehn Tage später starb sie. Dann hält er ihr doch die schöne Rede und begräbt sie mit ihrem Manne. Vielleicht ist sie auf diesen Brief hin wahnsinnig geworden. Krank war sie schon und es muss ihr gewesen sein, als schließe man die Himmelstür vor ihr zu. Sehr seltsam ist mir noch die Art, wie er über ihr Sterben berichtet. Es war damals Sitte, dass man das sehr ausführlich tat, jedes Wort war ihnen wichtig. Wir können uns gar nicht mehr so hineindenken, es schien ihnen in jedem Wort eine Andeutung der letzten Entscheidung zu liegen. Gegen Abend starb die Gräfin, sagt er. Er sagt nicht einmal, sie entschlief. Mit harten, eisigen, dürren Worten: *Sie starb gegen Abend.*«

»Immer rätsele ich an diesem Glücksmenschen. Er komponierte seine Jubelpsalmen, während seine Frau neben ihm vergeht ... Nun, darüber will ich nicht urteilen ... ich male ja auch noch. Aber dass er diesen alten, harten Mann eine solche Macht gewinnen ließ, dass der diese Seele so ungestraft misshandeln durfte ...«

»Die Gräfin schließt ihren Brief damit, dass sie ihn, auch wenn er gegen sie entscheide, nie aufhören werde zu lieben und ihm zu danken, und sie verbleibt seine treue, dankbare Tochter Gisela. Es muss also nicht nur Härte von dem Mann gewesen sein. Vielleicht hat er getrauert um seine arme Heilige ... die ihm irgendwie wieder zur Hexe geworden sein muss. Sie spricht doch davon, dass er ihre Hand nicht mehr berühren wolle. Eine Hexe berührte man nicht, man gab ihr sonst Gewalt über sich.«

»Dies kann ich nun sehr gut begreifen und brauche gar keine Zauberkünste dazu. Natürlich wagte er es nicht, diese Hände zu berühren, diese beseelten Hände, weil er sonst sofort weich geworden wäre und hätte tun müssen, was sie gewollt. Durfte er ihr denn eigentlich das verweigern, Herr Stiftsprediger?«

»Die Vergebung einer gebeichteten Sünde? Darüber habe ich mich auch gewundert. Sie hat ihm natürlich freiwillig und als ihrem geliebten Vater gebeichtet, sie war ja gar nicht genötigt dazu. Und sie ist bußfertig, erkennt das Leiden als Strafe ihrer Sünden an ... Ja, sie verlangt sogar, sie sehnt sich nach Gottes Gericht.«

»Dann meine ich«, rief Harro, »wozu den Kirchenschlüssel? Das Grab, ach ja ... Waren das harte Menschen.«

»Ein Rätsel steckt darin, Herr Graf ... Dies ist nun alles, was ich weiß ... Den Brief zu lesen rate ich Ihnen nicht. Ich habe ihn wieder versiegelt. Die nächsten paar Jahrhunderte mag er wieder ruhen. Und nun entlassen Sie mich. Ich sehe Ihre Durchlaucht morgen.«

Harro stieg in tiefen Gedanken hinauf und suchte zuerst seinen Freund auf. »Hans, dein Freund, der alte Braunecker, entpuppt sich als ein seltsamer Mensch.«

Hans Friedrich sah auf. »Harro, er wird nicht umsonst der Herrgottsnarr geheißen haben!«

Harro rief: »Er war auch ein Herrgottsnarr! Überlässt seine Frau den Pfaffen, dass die ... Es würgt mich ordentlich. Ich rate dir, Hänschen, lass nie einen Pfarrer in deinen Garten sehen, wenn du einmal verheiratet bist. Auch den allerbesten halte in einiger Entfernung. Sie bekommen gleich eine Macht … unheimlich …«

»Nun, Harro, du kannst nicht klagen. Dein Herr Stiftsprediger mit seinen schönen Liedern, seinen kurzen Besuchen …«

»Er ist ein weißer Rabe, Hänschen, und seinesgleichen gibt es nicht noch einmal. Im Allgemeinen wird mein Spruch doch zu Recht bestehen. Es hat mich erschüttert. Er hat mir eine alte schauerliche Geschichte erzählt. Und die nicht wie eine andere ist, sondern die das Unheimliche an sich hat, dass sie nicht nur Menschen meines Blutes betroffen hat, sondern dass ich mir diese Menschen so genau vorstellen kann. Ich kenne sie ja und weiß, wie sie da vor dem harten Mann auf dem Lindenstamm auf ihren Knien liegt und die Steinplatten mit ihren Tränen benetzt. Gott, wie ist sie nur auf ihre armen Knie gekommen und allein wieder auf, denn der alte Mann berührt sie doch nicht, weil die Hände einem den Willen abschmeicheln können.«

»Ich glaube, der Herrgottsnarr wird sie aufgehoben und getröstet haben«, sagte Hans Friedrich, »und gesagt: „Lass den alten Kirchenschlüssel, du findest die Himmelstür allein!“«

»Hans, wie kommst du auf den Kirchenschlüssel?«

»Es steht auf einem der Blätter hinten mit seinem roten Stift geschrieben.«

»Dann sehe ich auch bereits schon Geister oder vielmehr höre sie – und nun werde ich das Bild doch noch malen!«

51. DIE ÜBERRASCHUNG

Und eines Abends vertraut dem Harro der Fürst: »Die Aufführung ist anberaumt auf den zehnten Oktober. Wir haben es doch so weit gebracht, sollen wir es deiner Rose sagen oder nicht? Nur der eine Tag war möglich, bis so viele Köpfe unter einen Hut gebracht wurden. Und die Sängerin ist endlich gefunden. Dein Freund verzweifelte schon daran. Sie soll noch sehr jung sein, ihr Können noch nicht auf der Höhe, dagegen eine herrliche Stimme von großem Umfang. Sonst hätten alle Sopransoli verändert, verdorben werden müssen. Nun, sagen wir es der Rose oder sagen wir es nicht? Sie ist jetzt schon so musikselig, sie überfreut sich am Ende.«

»Das Letztere ist sicher, Vater«, seufzte Harro. »Sie wird sich überfreuen. Vielleicht schon in Gedanken … Und wenn es geschieht, musst du es sagen, Vater. Es ist dein großartiges Geschenk.«

»Lieber Harro, ohne deinen Freund wäre es unmöglich gewesen.«

Sie entschlossen sich, noch abzuwarten, und Harro ging in den alten Fürstenstand, um zu untersuchen, wie man Rosmarie unterbringen könne. Und fand alles sehr günstig. Die Loge angesichts der Orgel am andern Ende, der große Warteraum daneben, der zu einer Treppe führte, die ins Freie ging. So konnte Rosmarie jederzeit fortgebracht werden, ohne dass die Feier gestört worden wäre. Ganz still konnte man verschwinden. Von dem Schiff aus konnten die Leute nicht hereinsehen, nur von der weiter entfernten Orgel aus war es möglich. Das war alles sehr günstig und Harro wurde hoffnungsvoller. Er sah sich die altersbraune Kirche mit ihren Epitaphien und Grabmälern an. Sie hatten seit vielen Jahrhunderten hier ihre letzte Heimat, die Braunecker. Dort, wo seine Schritte so hohl hallten, schliefen die beiden, die Heilige und ihr Narr. Der Gedanke tat ihm sehr wohl, dass nun über die Grabstätte die Töne ihrer Lebenslieder hallen würden. Es kamen ihm allerhand Gedanken und darunter einer, der ihn plötzlich in wilder Flucht aus der Kirche jagte. Er musste lange im Park auf und ab gehen, bis er sich wieder seiner Rose zeigen konnte.

Die Aufführung kam näher, ganz Brauneck und Umgebung sprach von nichts anderem. Das Städtchen rüstete sich wie zu einem Fest, die Wirte schmunzelten. Fräulein Berger verdoppelte sich selbst, denn die Solisten sollten alle als Gäste des Fürsten im Schlosse wohnen.

Nur die allein, der zu Ehren alles dies getan wurde, wusste nichts davon. Harros Bild war fast vollendet, bis auf das Gesicht der Gisela. Stöße von Skizzen hatte er dafür gemacht und sie vor der Rose liegen lassen, aber zu allen hatte sie geschwiegen, bloß die Haltung und das nur angedeutete Haar fand ihre Zufriedenheit.

Jeden Tag ging sie ihren gleichen schweren Gang und es schien, als ob die Fürstin, wenn möglich, noch schärfer und aggressiver würde. Oder schien es Marga nur so, weil die Rose immer müder wurde? Sie weinte auch nicht mehr, aber es war, als ob es ihr zu trostlos werde, um weinen zu können.

Und heute sieht sie die Fürstin mit ihren großen sanften Augen so schmerzvoll an, dass Tante Marga unruhig wird. Und plötzlich fühlt diese Rosmaries Blick auf sich. »Bitte, Tante Marga, ich möchte einen Augenblick mit Mama allein sein.« Einen Augenblick zaudert sie, dann geht sie zur Türe. Da erhebt sich Rosmarie und geht auf die Fürstin zu. Und nun – wenn das Harro gesehen hätte! – sank sie auf ihre Knie vor ihr und führte die eiskalte Hand der Fürstin an ihr Herz.

»Mama«, flüsterte sie, »fühlst du das? Ich werde nicht mehr oft kommen. O Mama, und nun wirst du so allein sein in deinem Leiden! Warum stößest du dir denn den Stachel immer weiter ins Herz?«

Die Fürstin zuckte unaufhörlich zusammen. »Lass mich«, ächzte sie, »ich will deine Hände nicht, ich will dein Mitleid nicht und deine frommen Redensarten, ich hasse dich … ich verfluche dich. Du musst sterben, und wenn du tot bist, dann werde ich befreit sein.«

Rosmarie erhob sich sehr mühsam und ging hinaus.

Am Abend sagte sie zu ihrer Mutter Ulrike: »Uli, heute habe ich bei Mama wieder alles verdorben, was ich bis jetzt getan habe. Ich habe dem Herrn Stiftsprediger nicht gehorcht und habe, obgleich er es mir verboten hat, doch zuerst von unserem Jammer, meinem und Mamas, gesprochen. Nun ist mir, wie wenn ich erst vom Goldhaus gekommen wäre. Ich muss von vorne anfangen. Ich bin so traurig, dass ich nicht einmal weinen kann.«

Ulrike machte keine Trostversuche. Sie sagte: »Wenn du eine andere Methode anwenden wolltest …«

Aber davon will die Rose nichts hören. Und am nächsten Tag geht sie wieder hinauf. Heut kann sie die paar Schritte nicht gehen, sondern Märt und die Schwestern tragen sie herein.

Aber mit der Fürstin ist eine schreckliche Veränderung vor sich gegangen. Sie ist weiß und wie von einer schrecklichen Angst gequält. Sie erwidert den Gruß der Tochter ohne jede schlimme Bemerkung. Sie wendet sich an die Marga: »Ich will allein mit ihr sein.«

Und diesmal geht Marga sofort.

»Rosmarie«, sagt die Fürstin mit unterdrückter Wildheit. »Du, du hast es getan, du hast mit deinem Mann geredet, du wirst es tun, du …«

»Nein, ich werde es nicht tun, Mama.«

»Wie lange nicht?«

»Ich sehe keinen Grund ein, warum er es wissen müsste.«

»Du hast dir das ausgedacht, mich zu foltern. Du hältst immer das Schwert über mich, jeden Tag kannst du es fallen lassen. Du weißt das, und dass du nichts Schrecklicheres ersinnen könntest.«

»Mama, dein Herz ist noch kränker als das meine. Ich habe meinem Mann nichts davon gesagt, weil ich weiß, dass es ihn sehr schmerzlich treffen würde, das alles … Und er leidet genug.«

»Du lügst, Rosmarie, du hast schon öfter gelogen!«

»Mama, ich will Marga rufen, wenn du erlaubst; ich komme ja morgen wieder.«

»Wirst du es heute Nacht deinem Mann sagen?«

»Was hat meine Antwort für einen Wert, wenn du es mir doch nicht glaubst?«

»Ich glaube dir ja. Wirst du heute noch schweigen?«

»Ich habe es dir schon einmal gesagt, Mama. Und du solltest wissen, dass ich schweigen kann.« Die Fürstin legte ihren Kopf auf den Tisch und sprach nichts mehr, und Rosmarie ließ sich hinuntertragen.

Am Abend erzählte die Rose: »Heute haben wir hundert Schritte vorwärts gemacht. Ich hoffe wieder.«

Nun kann man es der Rose nicht mehr verbergen, der große Tag kommt so nahe heran. Tante Helene kommt heute Abend, die so schwer etwas bei sich behalten kann, und Fräulein Berger schmückt das Zimmer des Soprans mit einem Schönen Herbststrauß.

Im Saal ist heute Abend wieder Musik. Er sieht nicht mehr so feierlich aus, der Saal, es ist ein so buntes Leben unter den alten Bildern. Harros große verhüllte Leinwand, das alte Fellpferd, auf dem Seelchen ihre ersten verunglückten Reitkünste machte und auf das sich der kleine Heinz jetzt schon hinauf traut, wenn er auch noch nicht selbst hinauf kommt, Rosmaries Chaiselongue, der Flügel, das Malgeräte, große Rosen mit goldgelben Buchenzweigen und den herrlichen tiefroten Blättern des amerikanischen Ahorns, Teetischchen und Tante Ulrikens Strickkorb, der in seiner Größe zu ihr passt. Auch Tante Marga ist da und erholt sich in einem bequemen alten Lederstuhl.

Der Unruhgeist Harro wandelt hin und her, er wird nur durch Musik gebändigt. Der Fürst hat auch einen tiefen Stuhl links von seiner Tochter, rechts von ihr liegt ein Teppich auf dem Boden, auf den sich Harro in höchstem musikalischem Entzücken ausstrecken kann. Der Fürst sieht liebenswürdig über diese Extravaganz hinweg, sein Schwiegersohn ist ja längst in allem über ihn hinausgewachsen und einen Fehler findet er nicht mehr an ihm. Alfred wendet mit großer Gewandtheit Noten um und weiß stets, welches Buch gewünscht wird. Er ist fast wieder gesund, hat aber etwas Scheues, Gedrücktes zuweilen und manchmal Kopfhängerisches. Sein armer Leichtsinn hat eine gar so harte Kur erfahren. Und sie behandeln ihn alle mit der größten Zartheit und Freundlichkeit. Selbst Ulrike ist fast schmelzend mit ihm. Es ist, als ahnten alle, dass er eine andere Behandlung noch nicht erträgt.

Die Rose hat natürlich den besten, schönsten Platz, nicht zu nahe und nicht zu weit vom Flügel, und Harro hat wieder ein sehr schönes Stillleben aus ihr gemacht. Ein wenig muss er doch noch mit ihr spielen und seine Künstlerhände können nicht anders, als das genau passende Kissen heraussuchen und den Falten ihres Kleides, eine Decke hat sie fast nie, den denkbar schönsten Wurf geben. Und wenn musiziert wird, hält sie auch so schön still. Es liegt heute auf allen eine gewisse erwartungsvolle Feierlichkeit. Der Fürst wird ja sein großes Geschenk überreichen. Er will es auf einen Zufall ankommen lassen, aber er ist überstimmt worden. Sie werden alle Schweigen, wenn die Rose etwas merken sollte.

Die Rose fühlt, dass etwas in der Luft liegt, aber sie hat heute sehr viel zu denken und zu sinnen, sie wartet. Sie werden es ihr schon sagen.

Und nun setzt sich Hans Friedrich mit einer leichten Verbeugung gegen die Damen ans Klavier und bittet um Vorschläge.

»Rose, was willst du?«, fragt der Fürst.

Sie sagt: »Am allerliebsten höre ich aus dem Chorwerk, Vater. Aber ich fürchte, euch wird es langweilen, immer nur Motive und einzelne Stimmen zu hören oder Begleitung ohne Gesang.«

»Wenn wir noch eine Geige hätten«, wirft Harro ein als Lockvogel für ihre Gedanken.

Und sie folgt ihm gehorsam und sagt lächelnd: »Und eine Harfe, Harro, und Cello und Knabenstimmen, und soll ich weitermachen?«

Alle fühlen, dass der große Augenblick herannaht.

»Na«, ruft die Tante Ulrike, um den Fürsten zu ermuntern. Man hat lange von ihr kein so munteres »Na« gehört.

»Bitte, mach weiter, Rosmarie«, sagt der Fürst.

»Und den Frauenchor und die große Orgel und den Heinz und die Gisela für die Soli.« Sie lächelt. »Ach, wäre doch etwas hier an den Wänden hängen geblieben, hier haben sie ja gesungen. Der Schönste und Sie. Er warf seinen Kopf zurück und rückte ihr ein kleines Stühlchen unter ihr linkes Knie. Warum er das tat, weiß ich nicht … Darauf kniete sie dann. Seine Geige hatte er im Arm und er nickte ihr zu: „Taktiere ein wenig“, und dann begannen sie.«

Sie hatten ihr alle zugehört, wie sie ihren feinen Faden spann mit heller, weicher Stimme. – Plötzlich unterbrach sie sich.

»Ach, nun red ich, und wir wollen doch Musik hören …«

Hans Friedrich begann leise das Präludium zu dem ersten Chor: *Jauchzet dem Herrn!* Und nun fühlt der Fürst, dass der erwartungsvollen Blicke, die sich auf ihn richten, zu viele werden.

Er sagt: »Liebe Rosmarie«, und hält sofort inne.

Nun hat sie aber etwas bemerkt.

»Oh, was habt ihr?«, ruft sie hell auf, »ihr seid ja so wunderlich. Ich seh’s euch an, ihr wollt mich überraschen. Ihr habt eine Geige!«

»Vater«, ruft Harro, »auf dem Ton machst du weiter.«

»Liebe Rose, wir haben allerdings eine Geige – wir haben auch Knabenchöre und Celli, nur leider den Heinz und die Gisela haben wir nicht. Du wirst also nicht ganz befriedigt sein, aber du musst eben vorlieb nehmen …«

Harro klatscht in die Hände. »Wunderschön gesprochen, Vater! Nun, Rose. Ich bitte dich, tu, was du eben willst, aber versteine nicht und überfreu dich nicht, du hast selbst den Schaden.«

»Aber Vater, wo hast du die Knabenchöre«, fragt sie ganz benommen.

»Sie kommen morgen. Morgen ist große Probe am Vormittag, und den Nachmittag wollen wir die Aufführung haben, in der Kirche, Rosmarie.«

Über ihr Gesicht schießen schnelle Tränen. Sie holt schnell ihr kleines Tuch, muss es gebrauchen und fragt mit etwas mühsam heller Stimme: »In der Kirche? Ach, das ist sehr schön, Vater … Und ihr alle geht hin. Wie schön, wie wunderschön!«

»Und du gehst auch hin, Rose, und wenn du dich heute Abend schon überfreust, kannst du dich ja bis morgen wieder erholen.«

»Ihr nehmt mich mit? In die Kirche … Mich … Ich soll … Ich …«

»Liebe Rose, wie kannst du denken, dass wir uns den Genuss verschaffen und dich hier liegen lassen?«, ruft der Fürst.

Und Uli ermuntert: »Sei kein Schäfchen, Rose. Ich sitze neben dir und bewache dich, was soll es dir denn schaden?«

Und Harro sagt: »Rose, sentimental werden darfst du auch nicht.«

Die Rose liegt eine Weile ganz stumm, dann sagt sie mit stockender Stimme: »Der Herr Hofrat …«

»Er lobt es gerade nicht, aber er will es dulden.«

»Herr Friedrich, bitte, setzen Sie sich zu mir und sagen mir … Ich habe es nicht recht verstanden, welche Chöre? *Jauchzet dem Herrn …*«

»Das Ganze, Durchlaucht, bis zu dem großartigen Finale, das Sie noch nicht kennen, mit dem wir Sie überraschen wollen. Einen guten Sopran haben wir auch, der Bariton ist fast vollkommen. Ein Bariton mit etwas Tenorklang in den oberen Lagen, Durchlaucht.«

»O Harro«, rief sie, »sie sprechen alle, als ob es wirklich wahr wäre.«

»Törichte Rose, Fräulein Berger hat schon die Gastbetten für den Sopran und Bariton beziehen lassen. Glaubst du es nun?«

»Ja«, seufzt die Rose, »aber wer …«

»Sieh ihn errötend neben dir sitzen«, rief Harro.

»Ein verspätetes Geburtstagsgeschenk, Rose; die Mühe hat alle Herr Friedrich gehabt.«

»Du, Vater, du … Aber sie sagten doch, es sei unmöglich.«

»Eigentlich war es unmöglich, Rose«, sagte Harro, »aber Vater hat es doch möglich gemacht.«

»O Harro, kann man nicht ein wenig, nur ein wenig hinausgehen, ich muss Vater etwas sagen … Ich muss, Harro – nur dorthin.«

Der Saal ist so groß, sie gehen alle nur bis zu Harros Leinwand und sind schon außer Hörweite.

Der Fürst flüstert ängstlich: »Errege dich nicht, Rose.«

Die hebt ihre Arme und legt sie um seinen grauen Kopf. Sie hätte niemand fortzuschicken brauchen, sie spricht kein Wort, sie sieht ihn nur an. Und seine ängstliche Erregtheit weicht von ihm.

»Du bist ruhig, Rose … Du freust dich.«

Und nun sollen sie alle wiederkommen, und Rosmarie spricht fast nichts mehr. Hans Friedrich spielt sanft und leise alles noch einmal durch, was er schon mit ihnen studiert hat. Die Rose sieht so andächtig selig aus, dass Harro plötzlich wieder einen Schrecken bekommt und seine Hand nicht von ihrem Puls lassen kann. Aber der geht heute wunderbar ruhig und stark. Und wie man ihm ansieht, dass er sich auch beruhigt, da freuen sie sich alle mit ihm und es wird ein so wunderschöner Abend, wie es nur sein kann, wenn die leisen Quellen rauschen und der Hauch, der darüber weht, an alle Herzen stößt und eine Liebe und ein Leid alle die verschiedenen Herzen vereinigt.

Als Harro Rosmarie hinuntergetragen hat, sagt er fast traurig: »Rose, eine solche Freude habe ich dir noch nie machen können.«

»Lieber Harro, die Freuden, die du mir gebracht hast, die vielen Freuden, die haben immer meine Schale bis zum Rande gefüllt. Was kann die Schale dafür, dass sie nicht größer ist? Und was kann sie mehr sein als voll bis zum Rande? Harro, du hast nichts zu fürchten, ich werde mich nicht überfreuen. Dass ich nachher müde sein werde, denkt ihr euch wohl. Du sitzest neben mir und hältst meine Hand. Und nachher will ich niemand danken. Ich will es annehmen wie einen Himmelregen auf durstige Blumen. Und nun will ich mich ausstrecken und ruhen und mich freuen. Harro, freust du dich nicht auch mit mir?«

Er seufzte. »Ich sorge mich immer wieder, Rose.«

»Was kann nur geschehen? Ich liege still und höre zu … Ich halte deine Hand und wir sind beide Kinder und wir stehen auf den Zehen und sehen durch ein Guckloch in den offenen Himmel hinein. Wir tun noch viel anderes. So schön danken und dem Herrn der Welt jauchzen können wir gar nicht wie der Schönste. Aber wir geben ihm unsere

Seelen mit, dann trägt er sie auf seinen starken Flügeln mit hinauf. Du hast es ja gehört: „Wir danken, wir preisen, wir beten an. Das Meer braust vor Freude. Wir sehen den Garten Gottes in den deutschen Landen und freuen uns an dem lieben Reh und den Rosen am Weg, und dabei hören wir schon die Melodie, das Motiv vom Garten Christi … Ach, denk ich, bist du hier so schön und lässt du's uns so lieblich gehn auf dieser armen Erden, was will doch wohl nach dieser Welt dort in dem reichen Himmelszelt und güldnen Schlosse werden?" Und dann kommen die Ströme von Geigen und Celli und werfen sich die Töne zu wie goldene Bälle und es kommt die Stimme des Mannes und des Weibes: „Ich lege dich wie einen Ring an meine Brust." Da kommt das Motiv der Heiligen und das Motiv des Heinz … „Ich lege dich wie einen Ring an meine Brust." O du Rose von Saron, du bist lieblicher als alle deine Schwestern. Das ist auch das Lied von unserer Liebe, von unserer ewigen Liebe. Es fängt eine einzelne Flöte an … Ein Kinderchor von ferne: „Schönster Herr Jesu, dich will ich lieben, dich will ich ehren, du meiner Seele Freud und Kron!" Und dann der große Chor: „Kommet her zu mir alle, die ihr mühselig und beladen seid. Ich will euch erquicken. Nehmet auf euch mein Joch und lernet von mir, denn ich bin sanftmütig und von Herzen demütig; so werdet ihr Ruhe finden für eure Seelen." – Und nun sehnt sich die Seele nach Ruhe – du wirst es hören, Harro. – Du meinst dann nicht mehr, der Schönste habe nur Freuden gekannt. – So müde wird die Seele, dass der Sopran beginnt: „Ich wollt, dass ich daheime wär; den Trost der Welt ich gern entbehr." Jetzt kehrt das Motiv von Christi Garten wieder und das Motiv des Heinz und der Gisela … Ein einsames Flötchen klagt immer in den ganz einfachen paar Tönen … Dann kommt der feierliche Chor: „Es wird ein neuer Himmel sein und eine neue Erde. Und Gott wird abwischen alle Tränen von ihren Augen … Jerusalem, du hochgebaute Stadt, wollt Gott, ich wär in dir …"«

52. DAS ORATORIUM

An jenem Herbsttage schien eine freundliche Sonne auf das alte Städtchen und die froh bewegten Menschenscharen, die von allen Seiten in allen möglichen Vehikeln herbeiströmten.

Die alte Stiftskirche mit dem hochgewölbten gotischen Chor und dem geschnitzten Gestühl der ehemaligen Stiftsherren war rasch bis auf den letzten Platz gefüllt. Leider konnte man nicht hoffen, die Prinzessin zu sehen; man wusste, sie würde erst ganz zuletzt kommen. In der Versammlung herrschte jene erwartungsvolle Stille, die den letzten Augenblick des Wartens bezeichnet.

Eben hatte man das leise Rollen der Räder vernommen und das Licht in der alten Herrschaftslaube glühte auf. Und nun sahen sie alle doch die Prinzessin, weiß und schlank stand sie da und schaute mit freundlichem Lächeln hinüber auf die Orgel und die jugendliche Sängerin. Als müsste sie ihr Mut machen, so lächelte sie.

Dann verschwand sie und die ersten Töne erbrausten durch das ehrwürdige Schiff des Gotteshauses: »Jauchzet dem Herrn alle Welt, kommt vor sein Angesicht mit Frohlocken!«

Im Schiff der Kirche, die ein sanftes Abendgold erhellte, dämmerte es schon stark. Oben leuchtete noch die Sonne auf dem jugendfrischen Blondhaar der Sängerin.

Wie aus einer andern Welt kamen die Klänge in ihren einfachen, schweren Rhythmen, in dem weichen Schmelz der Flöten und den schlichten Hirtenschalmeien, die da ihre Stimmen zum Lobe des Herrn erhoben. Und wie die holden Laute eines jungen Vogels schwebte die Sopranstimme der Sängerin über den Tönen.

Und war da irgendjemand, der diese Musik nicht verstanden hätte? Dem einfachen Mann klang sie wie das Hirtenlied seiner Jugend, der Musikalische empfand die herbsüße Ausdruckskraft der alten Tonsprache. Das Orgelspiel war mehr nur in Andeutungen gehalten. Hans Friedrich hielt seine volle Seele zurück. Er durfte den Aufstieg des Werkes nicht durch seine hervorbrechende musikalische Leidenschaft vor der Zeit beflügeln.

Die Prinzessin lag so sanft und ruhig in ihrem Stuhle, kaum ein leises Rot auf den Wangen. Es schien, als wäre sie von der Flut der Töne wie von unsichtbaren Schwingen getragen, als strömte von da Kraft und Ruhe in ihre müde Brust. Harros Angst wich einer stillen Freude.

Jetzt erhob der Bariton seine Stimme. In einfachen Kadenzen sang er das Lied von Christi Garten. Das kannten alle, die »ungebildet« waren, die Gebildeten kannten es aber nicht. Wie jauchzte das Reh in der Stimme des Sängers, wie sehnsuchtsvoll klang der Ruf der Nachtigall durch linde Frühlingsnacht. Es war, als rauschten die alten Wälder draußen, als blühten zum zweiten Mal in diesem Jahre die Wiesen.

Und nun steigt lieblich die Stimme der Sängerin empor:

Dass ich dir werd ein guter Baum,
Den deine Kräfte treiben!

»Ich lege dich wie einen Ring an mein Herz«, jauchzte der Bariton in seliger Freude. Die Liebe, die erste, junge, die aus dem reinen Jünglingsherzen quillt, jubelt aus der Brust des Sängers.

Die Prinzessin lächelt, sie kennt das ja gar nicht, dieses stürmische Liebesglück. Die Liebe kam bei ihr mit den ersten Veilchen.

»Du bist eine Rose Sarons, o wie schön bist du.«

Und Harro lächelt seine blasse Rose an, dass die dunkel errötet.

Der erste Teil war zu Ende. Eine Gemeinschaft der Seelen hatte diese Menschen ergriffen. Hatte nicht jedes Herz drunten seinen Frühling gehabt oder erhoffte ihn? Es war so still, so feierlich. Es raschelten keine Programme, denn es gab keine. Hans Friedrich sah auch darin seinen Lieblingstraum erfüllt.

Nun begann der zweite Teil. Es stiegen die Wolken auf, das Vorspiel des Orchesters, das sich nun schon in viel reicheren Formen bewegt.

Es ging ein Hauch von Leid, von Wehmut durch die Herzen. Es begann das süß-sehnsüchtige Adagio der Geigen, die Harfen erklangen in zarten Akkorden. Ein Heimweh ergriff die Herzen der Zuhörer. Wonach – wohin? In Harros Seele stieg die Burg seiner Väter wieder empor, sodass ihm der Gedanke an das Goldhaus ganz unerträglich wurde und er sich damit aussöhnte, dass er in Brauneck war. Die Prinzessin hatte kein Heimweh. Warum sie von allen Seelen nicht? – Sie war ja daheim und war auch daheim in den seligen Gärten.

Da erhob der Sopran die Stimme, ja war es wirklich die blonde junge Sängerin? Unwillkürlich wendeten sich die Blicke nach ihr. Ein tiefer weicher Alt. Eine Klage, eine schmerzliche Klage:

Mich hat auf meinen Wegen
Manch harter Sturm erschreckt;
Blitz, Donner, Wind und Regen
Hat mir manch Angst erweckt.

Zu ihm steht mein Verlangen,
Da wollt ich gerne hin;
Die Welt bin ich durchgangen,
Dass ich's fast müde bin.

Je länger ich hier walle,
Je wen'ger find ich Freud,
Die meinem Geist gefalle;
Das meist ist Herzeleid.

Das alte Gerhardtlied, das den ehrenfesten Bauern und ihren Weibern ein teures Kleinod war. Die ganze Gemeinde stimmte ein:

So will ich zwar nun treiben
Mein Leben durch die Welt,
Doch denk ich nicht zu bleiben
In diesem fremden Zelt.

Ich wandre meine Straßen,
Die zu der Heimat führt,
Wo mich ohn alle Maßen
Mein Vater trösten wird.

Sogar Harro sang mit, still konnte er nicht bleiben.

Nun vernahm man den Sopran in der weichen Mittellage, nur begleitet von einer Flöte, die die Worte wie eine tröstende Stimme umschwebte:

Ich habe mich ergeben
In alles Glück und Leid.

Es senkte sich ein Friede auf die Herzen dieser Menschen, denen das seltene Glück zuteil wurde, gemeinsam in reiner Andacht auf den starken Flügeln der Musik zu Gott hinaufgetragen zu werden.

Da ertönt hell und lieblich von der höchsten Empore her, dort wo jetzt noch ein Lichtschein glänzt, der Schall herrlicher Knabenstimmen, jenes ahnungsvollste, vollkommenste Instrument, das wie keine andere Menschenstimme sonst in uns die feinsten Gefühle hervorlockt. Sind es denn noch Kinder oder sind es selige Engel?

Nach Meeresbrausen und Windessausen
Leuchtet der Sonne erwünschtes Gesicht,
Freude die Fülle und selige Stille
Hab ich zu warten im himmlischen Garten,
Dahin sind meine Gedanken gericht't.

Es ist gut, dass Harro seine Rose nicht ansieht.

Da begann das Orchester – erst die Harfen, dann die Flöten und Geigen, dann die Orgel – ein Vorspiel von rührender Einfachheit. Es war nach der Melodie des alten Liedes »Wer nur den lieben Gott lässt walten«. Und nun setzten die Knabenstimmen ein, die Frauen- und Männerchöre, dass eine immer mehr anschwellende Tonfülle die Kirche durchflutete:

Den wird er wunderbar erhalten
In aller Not und Traurigkeit.

O wie sanft senkte sich der Gottesfriede herab. Und da – ist das nicht das Lied des alten Straßburger Mönchs, das aus der Enge seiner Klostermauern gedrungen und das doch so zeitlos ist wie Sterben Menschenlos:

Ich wollt, dass ich daheime wär,
Den Trost der Welt ich gern entbehr.

Die Sängerin stimmte es an in den tiefen Lagen ihrer Stimme, jenem tiefen weichen Alt, durch den sie immer wieder überraschte. Der Gesang war nur von einer hoch oben auf der höchsten Empore aufgestellten Harfe begleitet, sodass die Töne wie vom Himmel herabzukommen schienen. Als sie geendet, schwebte über dem Raum noch eine Stille, in der die Andacht der vielen ergriffenen Seelen war.

Nun sollte eine größere Pause sein und Rosmaries Stuhl wurde in das geräumige Vorzimmer gestellt, in dem die Fenster weit offen standen. Der Fürst näherte sich ihr zuerst. Voll Freude, denn wie befriedet, wie glücklich sah sie aus. Sie wechselten nur einen Blick miteinander. Aber dem Fürsten schoss das klare Freudenrot in die Wangen.

Harro war froh, dass soviel überstanden war. Noch nie hatte ihn eine Musik so innig ergriffen. So unmittelbar ans eigene Herz gefasst fühlte er sich. Draußen stimmten sie schon wieder. Harro wusste, dass erst mit dem letzten Teile das Werk sich zu seiner vollen Höhe entwickle, aber er hoffte, da die Rose das Vorige so gut überstanden, werde es vollends gut gehen.

Hatte der erste Teil den Menschen von seinen Tier- und Waldfreuden zu der Seligkeit der Liebe begleitet und der zweite die Seele, die immer wieder getröstete, an ihrem Wanderstabe durch die Welt gezeigt, so brachte der dritte das Jubellied der Befreiten, den Freudenpsalm jenes frohlockenden Herzens.

Das Orchester begann jene eigentümlich hinreißende Melodie, die heute noch mit dem Liede fortlebt: »Jerusalem, du hochgebaute Stadt«.

Zuerst führten nur die Orgel und leise Harfen die Melodie und wie von ferne begleitete sie die oberste Harfe. Dann ergriffen die Violinen das Thema. Geheimnisvoll, alles in zartem Piano gehalten, schwebten die Klänge vom oberen Jerusalem hernieder. Der Sopran, wieder in der Höhenlage, ergriff die Melodie und der erste Vers erklang in sehnsuchtsbangen und doch so wandermutigen Tönen:

Jerusalem, du hochgebaute Stadt,
Wollt Gott, ich wär in dir!
Mein sehnend Herz so groß Verlangen hat
Und ist nicht mehr bei mir.

Weit über Berg und Tale,
Weit über blaches Feld
Schwingt es sich über alle
Und eilt aus dieser Welt.

Die Violinen und Harfen und Flöten schwollen an wie zu leisem Brausen, als rauschten dunkle Fittige herbei.

Eine seltsame Kühle ergriff das Herz Harros. Er blickte nach seiner Rose, ihre Lippen waren ganz weiß geworden. Da glänzte die Stimme des Sängers auf wie der erste Lichtstrahl am Morgen:

Propheten groß und Patriarchen hoch,
Auch Christen insgemein,
Die weiland dort trugen des Kreuzes Joch
Und der Tyrannen Pein,
Schau ich in Ehren schweben,
In Freiheit überall,
Mit Klarheit hell umgeben,
Mit sonnenlichtem Strahl.

Die Rose lächelte wieder wie befreit, Harro hörte nichts mehr. Sein Ohr war verschlossen, sein Auge aufgetan. Er sah eine Seligkeit auf dem zarten Gesicht seiner Rose aufgehen. Ihre Augen wurden groß und dunkel, doch war ihm nicht angst, dass sie sich überfreuen möchte. Wie holdselig sie war, wie schön die bläulichen Schatten an den Schläfen.

Zum ersten Mal verschmolzen die Stimmen der Sängerin und des Sängers, sie jubelten und jauchzten. Eine kleine Flöte hielt wie Nachtigallengesang die Melodie des Liedes über dem Zwieklang der erlösten Seelen fest. Und nun endlich trat der Chor hervor, zuerst die

Knabenstimmen, dann die Frauen- und Männerchöre. Unendlich brauste der Jubel der Erlösten. Es donnerte die Orgel, dass die Fenster der alten Kirche leise erzitterten, und es erzitterten die Herzen, über die der Wonnesturm der Seligen dahinschauerte.

Nur ein Herz erzitterte nicht. Mit weit offenen Augen lag die Rose da, hinaufgetragen von den Klängen an die selige Pforte.

Harro saß neben ihr und sah sie an. Sie war selig, sie war ihm fremd. Es war, als hätte er keine Gemeinschaft mehr mit ihr. Da erschütterte ein Seufzer die breite Brust, als eben der letzte Ton verklang. Den herrlichen Schlusschor hatte er ungehört an sich vorüberrauschen lassen.

Es war dunkle Nacht, als sie heimfuhren.

Die Rose war freudensatt und müde.

53. UNTER DEM SCHLEIER DER GISELA

Sie hatten wieder Musik gemacht, Harro seine Rose wieder hinübergetragen und Uli hatte sie zu Bett gebracht. Und sie sahen beide, dass es keine gute Nacht geben würde. Schon zum dritten Male bettete die alte Dame die Kissen um und immer noch waren sie nicht recht, sondern hart und unbequem.

»Uli, du musst mich schon glatt hinlegen, dass ich ruhen kann, und nicht in meinem Rücken solche harten Dinge anhäufen. Du machst es doch sonst immer so lieb.«

Nun kam Harro herein, und sie streckte ihre Hand nach ihm aus.

»Sieh du, ob du mich nicht recht hinlegen kannst; ich quäle die arme Uli, oder nimm mich in deinen Arm, nur ein wenig, Harro.«

»Rose, ich fürchte, es liegt nicht an den Kissen, es liegt an deinem armen Rücken.«

»Nimm sie, Harro, und versuche es.« Aber die Rose ist immer noch nicht zufrieden. Sie fühlt ja deutlich Harros Manschette durch die Kissen hindurch, unerträglich steif und hart ist die.

Harro sagte freundlich: »Heut bist du die richtige Prinzessin auf der Erbse. Ich will aber schnell mein seidenes Hemd anziehen, dann brauche ich auch vor Tante Uli Rock und Weste nicht und dann muss es weich sein.« Und er lässt sie sanft herabgleiten und geht hinüber.

Er zog ein rotseidenes Hemd mit weichem Kragen an, aus dem sein feiner durchgeistigter Kopf so schön aufstieg, und sie sagte lächelnd: »So schön bist du und so schlimm ist deine Rose.«

»Nun komm, Rose, jetzt wollen wir dir 's aber leicht machen.«

Einen Augenblick ruhte sie in ihres Mannes Arm, dann fing die Unruhe von Neuem an.

»Harro, durch das viele Treppenschleppen musst du sehr starke Muskeln bekommen haben, oder ist's durch dein Steinbehauen?«

Er neigte sich sanft über sie.

»Und nun drücken dich die Muskeln, willst du sagen, Rose. Der Mann hat einen steifen, harten, unbequemen Arm.«

Ulrike bittet: »Wir machen dir eine Einspritzung, Kind. Du weißt, der Herr Hofrat hat gar nichts dagegen.«

»Ach, lass sie damit«, bat Harro. »Die Ruhe, die sie dann hat, ist nur für uns angenehm. Sie hat doch immer die schrecklich mühseligen Träume und kann sich nicht besinnen.«

»O Gott«, seufzte die Rose. »Harro hat recht, es ist doch mein Rücken.«

Ulrike sah, dass Harros Arm zitterte. Sie flüsterte: »Geh hinaus, Harro … Sie liegt auf ihren Kissen ebenso.«

Er ging hinaus auf den Lindenstamm und starrte zu den schwarzen Berglinien und zu dem sternbesäten Himmel empor. Es war eine laue Nacht und der Wind trug einen leisen Veilchenduft von den Beeten unten zu ihm empor. So wird es nun. Das war alles bisher nur ein Vorspiel. Er dachte an die Nacht, wo ihm sein Sohn geboren ward.

»Die Höllenhunde«, murmelte er. »Da sind sie wieder!«

Er warf seinen Kopf zurück und ging wieder hinein.

Ach die unruhige, die jammervolle Qual da innen. Sie schickten nach dem Hofrat, er verordnete eine Einspritzung, und dann holte man ihn zu einer Frau … Das Morphium erregte nur noch mehr und machte sie dazu noch halb stumm … Sie konnte nicht mehr sagen, was sie wollte, und nur in ihren verschleierten Augen lag ein so verzweifeltes Flehen um Hilfe, um Trost, um irgendetwas, das der andern verzweifelte Liebe doch nicht geben konnte.

Ulrike hat das schwarze alte Buch von Märts Mutter in die Hand genommen und las mit heller Stimme daraus vor, die Lieder, von denen sie wusste, dass die Rose sie liebte. Aber für die heutige Nacht schien keines gedichtet zu sein.

»Dieses Mittel, dieses fürchterliche Mittel«, stöhnte Harro »wie macht es stumm, dass sie ihre Leiden nicht mehr klagen kann, und das heißen wir dann eine Wohltat. Sieh doch ihre Augen an, hat sie je so ausgesehen? Ich ertrag es nicht, ich ertrag es nicht! Es macht mich wahnsinnig, wenn ich den Blick länger aushalten soll.«

»Geh hinaus, Harro, sie hört dich …«

»Nein, sie hört mich nicht, sonst würde sie nach mir sehen.«

Er geht wieder hinaus in die Sternennacht unter die Linde, in der der Wind singt. Herrlich duften die Veilchen. Drüben am Wald hängen die weißen Nebelschleier. Ach so schön und friedlich ist die Gottesnacht und er hat eine solche Hölle im Herzen! So wird die Rose vollends vergehen, verschmachten. Ihr letztes Leiden hat begonnen. Sie ist ja noch so jung und es ist alles in ihr gesund, da wird sich die Natur bitter wehren gegen das Aufhören. Warum lässt du deine Kinder, dein sanftes liebevolles Kind so bitter leiden? Du unbegreifliche Gottheit. Warum, warum?

Er geht wieder hinein. Ja, nun erkennt ihn die Rose; sie flüstert seinen Namen und: »Das nicht wieder tun, nie wieder!« Und nun weichen die giftigen Nebel von ihr und die entsetzliche Unruhe vertreibt den letzten Rest der Betäubung. Ihre dünnen Hände klammern sich an seine Brust, er muss ihr ja helfen können, er muss. Ihre feinen Haare kleben an den Schläfen und ihre Lippen zittern fortwährend und vom Schlag ihres Herzens zuckt der ganze Körper.

Der Wind ist stärker geworden und im Nebenzimmer öffnet sich leise die große Tür auf den Lindenstamm. Kommt da nicht jemand herein? Ulrike und Harro sehen hinaus. Das Licht fällt hell in das Zimmer, das alte Lernzimmer. Aber da ist niemand. Und doch ist's ihnen beiden, als wäre jemand hereingekommen.

Harro flüstert: »Ulrike, was ist das?«

Es ist totenstill. Nun hat auch der Wind aufgehört und die Rose liegt plötzlich ruhig, ihre Hände lösen sich von seiner Brust, ihr Haupt sinkt zurück. Ihre Augen sind wieder sanft geworden, alle Angst und Qual ist aus ihnen gewichen. Und nun lächelt sie, ein ängstliches Lächeln wie das Seelchen, dem sie nun auf einmal wieder ähnlich ist, ein Lächeln, das sie an sich hatte, wenn sie aus einer Not befreit war.

Harro sinkt auf die Knie neben ihr. Seine Arme liegen auf ihrem Bett.

Die Rose flüstert: »Uli, Liebe, man muss es Fräulein Berger sagen, dass sie sich einrichtet.«

Keines weiß, was sie will. Und nun hat sie ihre Augen halb geschlossen und liegt so feierlich und still in ihren zerwühlten Kissen. Ulrike sieht zu Harro hinüber und berührt seine Hand. Ihre Augen begegnen sich … aber sie schweigen.

»Harro«, sagt die Rose mit ganz heller Stimme, »komm zu mir herunter.« Er beugte sich über sie. »Ganz nah, noch näher. Nimm meine Hand, ich kann sie nicht heben, und leg sie auf deine Augen.« Er tat es … »Und sieh dorthin.« Ihre Augen gingen nach dem Fußende ihres Bettes, er folgte ihr. Eine hohe Vase mit weißleuchtenden Chrysanthemen stand auf einem schmalen Wandbrettchen. »Dorthin, Harro.« Dann streckte sie sich aus. »Nun will ich schlafen.«

Er flüsterte ihr zu: »Ist es der Schleier der Gisela, Rose?«

»Du siehst sie ja, Harro, nun siehst du sie endlich. Gute Nacht, Uli, gute Nacht, Lieber.« Und nun war sie schon eingeschlafen.

Die Türe bewegte sich noch einmal, der Wind seufzte in der Linde.

Ulrike ging mit ihm hinaus in das alte Lernzimmer.

»Was sahst du, Harro?«

»Einen Chrysanthemumstrauß«, sagte er traurig … »Aber gefühlt habe ich doch etwas.«

»Ich auch, Harro. Es muss ein Engel bei ihr gewesen sein.«

Harro sagte: »Ich fühlte eine sanfte Nähe, Ulrike; so weit kam ich und nicht weiter. Aber Gott sei Dank, dass es kam, Gott sei Dank! Es war der Schleier der Gisela.«

Am frühen Morgen geht Harro in das Atelier. Die Rose schläft noch friedlich und Uli wird ja kommen, wann sie aufwacht, und ihn holen.

Er steht vor seinem Bild, als sich der kurze Oktobertag aus seinem Nebelbette erhebt. »Das schönste Bild!« Er seufzt. »Ein blinder Maulwurf!« – Er holt sich seine Farben. Es ist ja immer noch an dem Gewand der Rose etwas nachzusehen, und da der Schleier, der herabhängt von der Gisela Haupt, der muss sich über den Hintergrund ziehen wie ein wenig bauschen, als ergreife ihn das leichteste Windchen. Er malt eifrig an dem Schleiergewebe. Die alte goldene Spange fällt ihm ein. Die Rose trägt sie ja noch zuweilen. Plötzlich erschrickt er. Er hat mit fester Hand die Linien von zwei dunkeln, geschwungenen Augenbrauen gezogen.

»Ich verderbe«, sagt der eine Harro zum andern.

Der antwortete: »Verdirb mir meinen inneren Spiegel nicht.«

Und dann malt er in verbissener Eile weiter, diese Augenbrauen verlangen ja die langgeschweiften Lider mit den starken Augenecken.

»Und die Nase war fein modelliert«, murmelt er, »hatte die einen Stolz. Wie demütig und bescheiden die Rose dagegen ist! Und diese Lippen … die sehr stark geschwungene Oberlippe … Ich bin ein Narr, und die Rose wird sagen, ich habe das Bild verdorben …«

»Schweig«, herrschte der andere Harro … Ist das das einzige Blau, das du für die Augen auftreiben kannst? Dunkler, leuchtender, wärmer.«

»Eine Hexe haben sie die Pfaffen genannt. Wenn sie einen solchen Mund hatte, war es nicht so sehr daneben … Ich begreife den alten Mann, der ihre Hand nicht berühren wollte, wenn er für seinen Kirchenschlüssel fürchtete. – Wie mag ich so schändlich gegen sie lästern, und heute Nacht hat sie mir die Liebe getan.«

Die Stunden verrannen. Er malte manchmal zögernd, manchmal in wildem Eifer. Die Hand, die mit wundervoller Zartheit die Schulter der Rose berührte, der Arm über dem Handgelenk trug einen breiten roten Streifen. Das hielt ihn am längsten auf.

Jetzt kam Tante Ulrike herein. »Das Kind ist aufgewacht, Harro.«

Er fuhr fast zusammen und sagte eilig: »Ja, ich komme.«

Er hing seine Palette auf, ohne nur noch einen Blick auf sein Bild zu werfen, und ging hinüber.

Die Rose lag schon auf ihrer Tragbahre.

»Ja, warum habt ihr mich nicht früher geholt?«

»Wir wollten dich doch nicht stören.«

»Harro, du hast gemalt!«

»Ja.«

»Nun ist dir's ja leicht geworden, da du sie gesehen hast … Wer sie einmal gesehen hat, vergisst sie doch nicht wieder.«

»Ich sah sie aber gar nicht«, sagte er betrübt. »Gemalt habe ich freilich. Ich habe noch nicht gewagt, mich ihr kalt gegenüber zu stellen. Eine stolze Frau, Rose, hab ich gemalt, eine wahre Königin, wenn ich mich da auch nicht täusche.«

»Ich will in den Saal, Harro, ich muss sie sehen.«

»Eilt das so, Rose? Nach deiner schlechten Nacht … Ich weiß doch nicht …«

»Ach, ich habe so schön geschlafen, Harro … Und eine so ganz schlechte Nacht war es doch gar nicht …«

»Zuerst, ja …«

»Ach, Harro, ich bin so hässlich gegen dich gewesen. Ich sagte, dein Arm sei hart.«

Er beugte sich über sie herab und küsste ihre blassen Lippen. »Dein alter Harro ist wieder einmal fast verzweifelt. Aber du bist doch getröstet worden, und nun ist's ja vorüber.« Er strich über ihre Hände, in ihre Augen wagte er nicht zu sehen. Das kommt ja wieder, dachte er, es kann sie jetzt jeden Augenblick überfallen. Ich kann mir denken, was es ist. Seine Augen glitten an ihr herab. »Rose, deine goldenen Schuhe, deine Freudenschuhe, und was für eine liebliche seidene Pracht. Das hab ich nun schon einige Zeit nicht mehr an dir gesehen.«

Sie errötete ein klein wenig. »Die andern Kleider sind so schwer, sie drücken mich auf meine Knie … hier … Und wenn dein Bild nun fertig ist, dann habe ich meine Freudenschuhe mit Recht angezogen.«

»Liebes Herz, wie sollte das fertig sein? Aber ich sehe schon, du bist hartnäckig … Märt!«

Und sie trugen sie in den Saal hinüber und stellten die schöne Sänfte vor dem Bilde auf. Harro stand dahinter und sein Herz klopfte ihm. Was wird sie sagen? Und dann sah er auf und es gab ihm fast einen Stoß. Stolz und geheimnisvoll lieblich sah ihn das blasse Antlitz unter dem Goldhaar und dem wehenden Schleier an. Er wartete nicht mehr auf das, was die Rose sagen würde. So musste das Antlitz sein der geheimnisvollen Frau, von der ihre besten Freunde bis zu ihrem Tode nicht wussten, ob sie eine Hexe oder eine Heilige war.

Die Rose schwieg lange. Dann sagte sie: »Du hast sie doch gesehen, ich wusste es; doch wie du sie auffasst. Aber du darfst das Gesicht nicht mehr berühren. In einer Viertelstunde hast du den Hintergrund vollendet. Dass das Gesicht nicht so greifbar gemalt ist wie das meine … ein wenig schattenhafter … ist ja nur recht. Male, Harro, ich sehe dir zu.«

Eine kurze Viertelstunde und er legte seinen Pinsel beiseite.

»Meine Auffassung, was ist dir nicht recht daran, Rose?«

»Sie überrascht mich, ich dachte, du würdest doch am meisten ihre unsägliche Güte und Lieblichkeit sehen, denn sie hat dir doch nur Liebes getan. Aber du siehst das Geheimnisvolle, Stolze, Königliche. Das ist alles auch da, das Gebietende … Aber ich verstehe, dass das deinem Bilde nottut. Du hast mich so weich gemacht. Ich finde nun gar nicht mehr, dass ich ihr so sehr ähnlich sehe. Es sind doch zwei recht ungleiche Schwestern. Lieber Harro, du musst alle herbeirufen, dass sie dein Bild sehen. Das schönste Bild. Von jedem Glück der Welt habe ich nun ein Fädchen gefasst … Ach wie lange habe ich mir das gewünscht. Lass sie alle kommen, ich bitte dich. Meine Freudenschuhe, Harro!«

Er drückte auf die Klingel und schickte einen Diener herum.

Und sie kamen eines nach dem andern, und Rosmarie empfing sie vor dem Bilde ihres Mannes strahlend und wie eine Königin. Von ihrer schlechten Nacht sah man ihr nur noch eine leichte Blässe an. Und die Augen waren schöner als je. Von allen konnte sie wohl am besten das

Kunstwerk als solches würdigen. Der Fürst sah nur seine holde Tochter in ihrer sanften Holdseligkeit. Er fasste Harros Hand und drückte sie. Hans Friedrichs schöne Augen strahlten: »Harro, wie man das sieht, dass es ein Liedermund ist. Die Gisela – oh, der köstliche Liedermund!«

»Ich bin ganz unschuldig daran«, sagte Harro, »wie an allem ... Es wurde eben, es muss sich selbst gemalt haben, das Gesicht ... Ulrike, du hast nichts gesagt ... Du bist mir auch deine Kritik schuldig. Hat die Rose dein steinernes Herz gerührt?«

»Hm«, sagte die Tante, »es wäre schade, wenn sie Schuhe und Strümpfe anhätte.« Mit diesem Sieg musste sich Harro begnügen.

Alfred bat: »Harro, lass dich herab zu einem so unbedeutenden Gewächs, wie ich bin, und erkläre mir ein bisschen. Hat das Bild auch einen Namen?«

»Es hat einen, Alfred«, rief die Rose mit ihrer hellen feierlichen Stimme. »Es heißt: Der Schleier der Gisela ... Und mit den Reihern sollt ihr anfangen, die droben an dem grau versponnenen Himmel fliegen mit ihren schweren dunkeln Schwingen wie traurige und sehnsüchtige Gedanken; wie sie dahinstürmen über die sanften Wipfel der klagenden Bäume. Es ist ein Tränental. Und das stille dunkle Wasser, in dem sich kein Blümlein spiegeln will, es kommt wohl aus einem bitteren Bächlein geflossen. Nur die herabgefallenen Blätter umsäumen seine Ufer. Und vorne am Ufer ist die Rose ... Es ist unnötig, sie zu bedauern, ganz unnötig. Ihr seht ja den Schleier, von dem sie gehalten wird, von der schönen geheimnisvollen königlichen Frau, die hinter sie getreten ist ... Ach, ihr wolltet wohl auch von der Hand berührt werden, die das bittere Leidenszeichen trägt, wenn ihr in Kummer seid. Es ist kein Wunder, dass die Rose den Schleier, der von dem königlichen Haupte herunterwallt, mit ihren beiden Händen an ihrem Herzen zusammenfasst. Seht ihr den leichten Himmelswind, der den Schleier fasst? Und ihr seht doch alle, dass die Königin der armen Rose etwas weist. Dorthin soll sie sehen, dorthin ...«

Hans Friedrich ging ganz leise zum Flügel, er hatte sie wohl alle vergessen. Seine auf Musik gestimmte Seele suchte sich ihren Ausdruck in zarten Akkorden und es erklang das Finale des Herrgottsnarren: »O Ehrenburg, sei nun gegrüßet mir; tu auf die Gnadenpfort.«

Sie achteten es kaum, nur die Rose lächelte hinüber.

Tante Ulrike ließ sich hören: »Harro, die zarte Rose in ihrem grauen Wolkenkleid und dahinter die silberne Königin; es ist doch ein silbernes Kleid und der dunkle grüne Hintergrund, die Bäume und wieder Bäume, die eine solche Tiefe des Waldes ahnen lassen, wie hast du das erfasst! Es ist auch eine Dichtung, Harro. Du musst mir sagen, wie du darauf gekommen bist.«

Harro erwiderte bescheiden: »Die Rose dichtet, sie ist eine Dichterin. Das Bild hat sie mir abringen müssen bis zuletzt. Mir ist gar kein Verdienst dabei zuzumessen. Aber wenn es euch ergreift und wenn sogar meine Uli Zugeständnisse macht, so wird es daher kommen, weil es erlebt ist.«

»Und nun«, sagte die Rose, »müsst ihr mir alle die Hand geben und mir gratulieren, denn ich habe so sehr das Bild ersehnt und es hat Harro über schlimme Stunden hinweggeholfen. Ihr seht es ja der Rose an, dass sie auf ihre Art und Weise sehr glücklich ist.«

Sie versicherten es alle … und es gab ein großes Küssen und Händeschütteln und Liebhaben, dass es Harro fast bange werden wollte.

Er rief: »Herrschaften, lasst mir auch noch etwas von der Rose übrig …« Da ertönte zum Gück der Gong, und alle verabschiedeten sich zu ihrem zweiten Frühstück. Die Rose hatte schon etwas gegessen und Harro nahm fast nie an der Tafel teil, die ihm für seine Ungeduld stets zu lange dauerte. Mit Mühe brachte ihn die Rose dazu, dass er im Saal neben ihr ein kurzes Mahl einnahm. Sie selbst genoss nichts, nur von seinem Weinglas nippte sie ein wenig. Eine schöne Sonne schien vom mild blauen Himmel und die Waldberge trugen ihr buntestes Herbstkleid. Es war noch kein Frost gefallen und die Schönheit der Wälder stand noch auf der Höhe. So metallisch das Grün, so leuchtend das Gelb und Rot. »Wir gehen in den Park, Rose«, schlug er vor.

»O wie gerne, Harro; nur – du weißt, ich war noch nicht bei Mama.«

»Liebste, tu mir das heut nicht zuleid. Denk an deine Nächte. Und mich wirst du heute nicht los; und wie kannst du mir zumuten, dass ich daneben stehe, wenn nach dir gestoßen wird. Komm, Heinz ist unten mit seinem Fips und der Babette.«

»Als ob die Mama nur noch ein unfreundliches Wort sagte, Harro … Die arme Mama oben hinter ihrer Glastüre!«

»Tut sie das nicht mehr, Rose? Ja, dann ist's etwas anderes. Märt!«

Sie trugen die Sänfte hinauf und stellten sie vor der Tür nieder.

Harro hob die Rose heraus und flüsterte: »Ich trage dich hinein, dann weiß ich, was geschieht.«

Die Fürstin saß in ihrem Lehnstuhl am Fenster, wo sie immer saß, und bei dem Anblick der beiden hielt sie sich mit beiden Händen an ihrem Stuhl fest und ein lähmendes Entsetzen schien sie zu befallen.

Die Rose glitt an ihrem Mann herunter und ging mit ihren mühseligen Schritten auf die Fürstin zu und legte sanft und wie beschützend den Arm um sie. Die Unglückliche schmiegte sich an sie und stieß hervor: »Du – du …« Dann sah sie halb trotzig, halb jammervoll auf den erblassten Harro.

»Nicht fürchten, gar nicht fürchten«, flüsterte die Rose und beugte sich herab und küsste sie leise auf die Stirn. Und wie sie so dastand, hatte sich ihre Haltung einen Augenblick gestrafft und in ihrer beschützenden Gebärde und in dem schönen Haupte sah sie plötzlich seiner Gisela ähnlich. Dann bat sie: »Trag mich hinunter, Harro, bitte … Lebewohl, Mama …«

Harro küsste die Hand der Fürstin und murmelte etwas Teilnehmendes und dann brachte er seine Rose wieder zu ihrem Stuhl.

»Es hat dich angegriffen. Ich hätte es nicht tun dürfen, Rose.«

Sie war sehr blass geworden und sagte: »Harro, muss man nicht das innigste Mitleid haben, wenn man sich Mama noch vor einem Jahre denkt? Oh, ihr müsst Geduld mit ihr haben und sie hinter ihrer Glastüre nicht ganz verlassen.«

Er nickte und sagte: »Rose, sie muss etwas Fürchterliches erlebt haben, von dem wir nichts wissen … Etwas, was sie ganz zerbrochen hat. Entsetzlich, so ein zerbrochener Mensch. Glaube mir, Rose, sie hat eine Schuld auf dem Gewissen …« Die Rose schwieg und er war froh, dass sie nicht weiter darüber sprach.

Für den Park hatte man einen ganz leichten Wagen mit einem Pony bespannt, damit konnte man fast alle Wege fahren. Nur musste man stets auf die Nordseite zurückkehren, weil nach Süden Terrassen mit ihren Steintreppen lagen.

Harro nahm die Zügel über den Arm und schritt nebenher. Wie eine blasse Königin saß sie in ihren Kissen, ein blauer Samtkragen um ihre Schultern. Der gut gezogene Pony ging in langsamem Schritt und blieb sofort stehen, wenn man es verlangte. Es war noch gar kein Frost gekommen, trotzdem es Ende Oktober war, und die Blumenbeete standen noch in üppiger Fülle. Auf der Rosenterrasse blühten noch die Rosen, zwischen den Spalieren, die die alten Mauern bis oben verdeckten, glühten die Kapuziner in reicher Pracht. Und ein Duft von Herbstveilchen erfüllte die Luft.

Sie schwiegen beide, und doch redeten ihre Seelen miteinander. Dort auf die Steinplatten, die die Mauerkrönung bildeten, hatte der Ruinengraf einst das Seelchen gestellt, und an seiner Hand nun plötzlich zu seiner Augenhöhe emporgehoben hatte sie den wundervollen schwindligen Gang machen dürfen, wobei man sich einbilden konnte, man könne unmittelbar in das Tal hinunterfallen bis zu dem Silberfluss. Dort an jener Stelle, wo die steile Steintreppe mit ihrem Efeugeranke zur Brücke hinaufführte, hatte das Seelchen am Abend ihrer Konfirmation Abschied genommen von dem Freund.

Ihre Augen treffen sich und sie lächelt. Nein, sie wird nicht ohne ihren Harro zu den seligen Gärten kommen. Nun ist es fest und stark im Feuer der Trübsal geglüht und gehämmert, das goldene Band. Der Winterwald taucht vor ihr auf, das goldene Tor, die himmlischen Rosenkränze. Geht er nicht sehr schnell, der Pony? Man muss ein wenig halten. So schnell wie das alles vorübergeht. Hielt sie nicht eben noch die Hand des fremden Mannes in ihrer Kinderhand und in unendlicher Ferne lag das goldene Tor … Und nun ist sie schon so nahe … O du schöne geliebte Heimaterde, du silberner Fluss im Tal, ihr goldroten Waldberge, du altes Mauerwerk, du Kapellenturm dort über der Efeuwand.

Sehr blass ist die Rose, es ist keine Rose so blass in ihres Vaters Garten. »Rose«, seufzte er … »Es hat dich zu müde gemacht … all die Menschen … Und nun müssen wir die Runde machen. Bis zum Mauerpförtchen und dann trag ich dich die äußere Treppe zum Lindenstamm hinauf.« Von der Brüstung unter der Sonnenuhr herab hört man den kleinen Heinz lachen. »Soll ich ihn dir holen, Rose?«

Sie schüttelt. »Nein, Harro, er ist so froh; du musst ihn bald auch auf die Steinplatten heben, dass er da so groß wird und meint, er fliege über dem Tal … Wir wollen weiter, Harro.«

Es kommt der Rebengang, auf den die Sonne nun nicht mehr die schönen blanken Flecken wirft. Er ist schon fast kahl, nur einzelne glutrote Blätter hängen noch daran. Und nun kommt der tiefe Kastanienschatten unter dem Lindenstamm. Da liegt der Boden voll goldener Blätter und immer neue senken sich in sanften Kreisen herab wie große müde Falter. Und nun wendet sich der Weg nach Norden, wo der Wald bis fast zu den Schlossmauern heransteigt. Dort die Buche ist ein flammender Goldberg zwischen den dunklen Tannen. Es senkt sich ein smaragdgrüner Rasen den Berg hinab, der noch beperlt ist vom Tau. Der rote Turm hat hier seinen trotzigen Fuß in den Felsen gestemmt, aus dem er herauswächst, die Blume des Steins. Sein Helmbusch schneidet in den tiefblauen Himmel und die Dohlen und Krähen umfliegen ihn; er hütet seine Geheimnisse. Überall rauschen und knistern die Blätter herab. Dort blüht noch ein fremdes Wunderbäumchen im rosa Federschmuck.

Die Rose deutet mit der Hand dahin. »Das liebe Bäumchen tut, als wäre nicht Sterbenszeit, und schmückt sich wie zum Feste. Du liebes Bäumchen, gib mir doch einen Zweig von dir.«

Er schneidet ihr eine der feinen rosa Ruten ab und sie hält die in ihren schmalen weißen Händen … und drückt ihre blassen Lippen auf die Blüten. Plötzlich lächelt sie fein und eigen.

»Was ist's, Rose?«, fragt er. »Woran denkst du?«

»An die alten Braunecker und wie die ihre Heimat so lieben, dass sie die himmlischen Gärten verlassen mögen und gerne hier an den alten Mauern hinstreichen. Als ich ein Kind war, sah ich ja manchen von ihnen … Harro, ich glaube, die alte Erde, die blut- und tränenbefleckte, sie hält ihre Kinder doch fest.«

»Für mich ist diese Erde schön genug, ich sehe mich ja erst in sie hinein«, sagte Harro. »Jeder Frühling ist schöner als der letzte, jeder Herbst ist goldener. War es je so schön wie heute, hast du je solche Glut der Farben, solche blauduftige Ferne, solche smaragdenen Wiesenflächen gesehen? Mir hat es die Gottheit schön genug gemacht und ich begehre nichts Besseres. Und nun komm, Liebste, von hier an trage ich dich.«

Er nahm sie auf seine Arme und gab dem Pony einen kleinen Schlag; das wohlgezogene Tier würde allein in seinen Stall trotten.

»Bin ich denn nicht zu schwer für tlich, den ganzen Weg, Harro?«

»Wenn du deinen Arm um meinen Hals legen kannst, so trage ich dich bis zum Thorstein, wenn du wolltest. Du bist leichter geworden, Rose.«

»Nun, dann drück ich dich nicht schwer, Harro. Es war doch bedenklich, dass du mich gleich an jenem Weihnachtsabend auf den Arm nehmen musstest. Was hast du mich schleppen müssen!«

Er sah auf sie herab, wie er mit ihr den schmalen steilen Weg zwischen den dunklen Riesentannen hinschritt, der zum Mauerpförtchen führte. Da gähnt die finstere Höhlung; einen Augenblick stehen sie noch davor unter den dunklen Stämmen, dann verschlingt sie das Dunkel und der Park sieht sie nicht mehr.

»Sag etwas ganz Schönes und Liebes, Rose«, flüstert er, »dass ich fühle, wie du weißt, wie gerne ich dich getragen habe. Weißt du es?«

»Doch, ich weiß es, Harro. Du hast mich getragen wie der Riese Christoph im Dom zu Erfurt das Christkind. Ist das nun recht?«

Er lächelt. »Ich wusste, du findest immer das Schönste.« Und nun legt er sie auf ihren Stuhl unter der goldenen Linde auf dem Lindenstamm. »Es ist noch so schön warm, Rose. Es wird dir so wohltun, wenn du hier ruhen kannst.« Er bettet sie in ihre vielfarbigen Kissen und zieht die leichte Seide um ihre schlanke Gestalt zurecht. Dabei berühren seine Hände ihre Füße in den zarten offenen Goldschuhen. »Kalt, Rose, bist du. Ich hole dir eine Decke.«

»Nein, Lieber, du weißt nicht, wie das drückt, so schwer.«

»Rose, sie sind aber kalt, eiskalt, deine Füße.«

»Ach, lass sie kalt sein, sie schmerzen doch nicht mehr.«

»Taten sie das? Deine armen geliebten Füße.«

»Ja«, sagt sie fast feierlich, »die haben auch gelitten. Nun geben sie Ruhe. Lass sie mir. Dass sie nicht wieder anfangen.«

So muss er sie lassen. Sie sieht aus, als wolle sie einschlafen; er denkt, wenn sie schläft, werde ich sie zudecken.

»Ich bin müde, Harro … So müde und du nimmst mich in deinen Arm. Ach sieh, da kommen die schönen Blätter.« Sie sieht lächelnd hinauf zu ihrer Linde. Wie die Blätter sich lösen und drehen und herabgleiten in der stillen Luft und auf ihr glänzendes Gewand fallen. »Ganz schläfrig wird man bei dem Zusehen.«

Und wie schön hält er sie in seinem Arm. Wie ruhig ist sie nun, denkt er, und dieser fürchterliche Sturm heute Nacht. Und das wird ja wiederkommen, es muss, wieder und wieder, bis die letzte Kraft erschöpft ist. Allmählich wird er lernen, ruhig danebenzustehen, und vielleicht stumpft er sich sogar ab … Wird der Schleier der Gisela immer bereit sein? Das Unfassbare, das man nicht befehlen, nicht erflehen kann, auf das man in Demut warten muss?

Und nun schläft sie wirklich ein, aber plötzlich öffnet sie wieder ihre Augen, die sind schon ganz voll Schlaf. »Es war so schön bei dir, Harro«, flüstert sie, »unter dem Schleier der Gisela.«

Er glaubte, sie spreche von seinem Bild. »Still, still, Liebste«, flüstert er, und seine Lippen berühren ihre kühle Stirn. »Schlafe jetzt.«

Und nun schläft sie wirklich. Aber ihr Haupt ist bald so an seine Brust gesunken, dass er seinen Arm nicht unter ihr wegzuziehen wagt, sie müsste aufwachen. Ihre kalten Füße deckt er ängstlich und er hat sie wenigstens in den Saum ihres Kleides eingehüllt. Aber sie muss sich gestreckt haben, nun scheinen sie wieder hervor. Die goldenen Freudenschuhe. Er seufzt bitterlich. Was jetzt kommt, ist die Hölle, denkt er. Sie schläft ihm auch zu tief. Wenn sie aufwacht, wird die Not angehen. Er muss dankbar sein für jeden Augenblick, den sie noch ruht.

Tante Ulrike steht an der Glastüre, er winkt ihr ab. Und die Blätter tanzen von der Linde, bedecken die alten Steinplatten, die einst die Tränen der Hexe benetzt haben … Sie fallen auf das weiße Gewand, auf das blasse Goldhaar … Da erscheint Ulrike wieder, er winkt ihr. Sie kommt mit vorsichtigen Schritten, aber die Blätter rauschen doch, darüber muss er die Stirn runzeln. Sie beugt sich und legt ihre Hand auf die Goldschuhe. Sie zuckt zusammen, sie greift nach der herabhängenden Hand, der sanft gelösten, sie zittert …

»Harro, mein armer Harro, o mein armer Harro!«, ruft sie mit einer Stimme, wie man sie nicht über Schlafende hingehen lässt. »O mein armer, armer Harro!«

Er fährt zusammen, er begreift. – Es ist, als ob sich eine eiskalte Hand auf sein Herz lege und es zusammenpresse. Er zieht seinen Arm unter ihr hervor. Keinen Blick mehr wirft er nach ihr, er taumelt an die Steinbrüstung … Da bricht er zusammen, den Kopf auf die Platten gelegt … Ein lähmendes, würgendes Entsetzen … ein Abgrund, an dem die Seele in entsetzliche Tiefen hinunterstarrt, tut sich ihm auf … Da berührt ihn die Hand seiner Tante. »Harro, komm und sieh sie an. Komm, mein Sohn, mein armer Sohn … Es wird dir leichter.«

»Ich kann nicht«, stöhnt er, »nie wieder … nie wieder …«

»Du musst, Lieber … Du musst sie sehen, du wirst sie dann nicht mehr in die Qual zurückreißen wollen.«

Da erhebt er sich taumelnd … Sie legt ihre starken Arme um ihn … Er drückt seinen Kopf an ihre Schulter; sie braucht ihre ganze Kraft, seine Last zu tragen. Ein Krampf schüttelt ihn. »Lass«, fleht er, »nie wieder, nie wieder!«

»Sieh hin!«, befiehlt sie.

Er stößt einen wilden Schmerzensschrei aus wie ein verwundetes Tier. Sie ringt fast mit ihm, und dann nimmt er die Hände vom Gesicht.

Da liegt still und feierlich seine Rose, ein letztes geheimnisvolles Lächeln auf den noch blassroten Lippen, die Augen halb geschlossen, das schöne Haupt zur Seite geneigt … Von seinem Herzen fällt der Eisstein, der sich darauf gelegt … Es ist ihm, als werde er plötzlich aus dem Höllenschlund gehoben und an einen Ort gebracht, wo die sanfte Stille der Ewigkeit weht.

»Harro, mein Sohn … Sie ruhen von ihren Werken, keine Qual rührt sie an … Wie hast du sie glücklich gemacht, deine Rose, in deinen Armen. Sieh ihr letztes Lächeln … So hast du sie getragen zu ihren himmlischen Gärten.«

»Meine Rose, meine Rose«, flüstert er.

Und da fällt sanft und geheimnisvoll der Schleier der Gisela über ihn …

Die Rose hatte recht gehabt. Die alte Braunecker Zeremonialkutsche rollt ihren Gang in den alten ausgefahrenen Gleisen. Niemand stört den Mann dort an dem stillen Lager, an dem er steht, niemand fragt ihn; Fräulein Berger tut ihre Schuldigkeit. Wenn die andern kommen, so geht er so lange hinüber in das große leere Zimmer, wo die alten Säulen stehen. Dort sitzt der Märt an einen Säulenknauf gelehnt, sein altes Gesangbuch in der Hand, seinen struppigen Kopf tief darüber gebeugt.

Und wie der Morgen graut, steht ein schmaler weißer Sarg da unter der mittleren Säule. »Märt«, es ist das erste Wort, das er spricht … »Hilf mir.« Der steht auf, seine Lippen bewegen sich …

Die beiden Männer tragen zum letzten Mal die Rose.

In ihrem Schlafzimmer auf ihrem Bett liegt sie. Sie haben ihr das silberne Gewand angezogen und von dem goldenen Haupte geht unter der alten Spange ein weißer Schleier hervor und windet sich über Hals und Schultern. Ganz allein hebt Harro sie und trägt sie auf ihr letztes Lager. Und seine Künstlerhände tun noch einmal ihr Werk. Einen Kranz von weißen Rosen, kühl und frisch, legt er auf ihr Haupt. Er streicht über die Falten ihres Gewandes, er legt ihr die Hände unter die Brust, so wie sie oft lagen in ihrer Leidenszeit. Es wären Höllenschmerzen, die er litte, wenn der Schleier der Gisela nicht wäre.

»Märt«, flüstert er, »ehe das Leben wach wird … Wir tragen sie hinunter.«

Und wieder schleppen sie. Kein Mensch ist noch auf, ein kalter Hauch, ein Seufzerwehen fährt durch die Galerie … Die Kapelle steht offen, an den Wänden hängen die schwarzen Tücher, am Boden erglänzt das Kreuz. Ein starker Blumenduft weht ihnen entgegen von Rosen, von vielen, vielen Rosen.

»Märt«, sagt er, »halt die Wache.« Und er geht hinauf.

Am Nachmittag dürfen sie kommen, die die Rose von Brauneck geliebt haben und die mit ihrem Vater trauern wollen.

Nun ist das geheimnisvolle Lächeln von ihrem Antlitz verschwunden. Es ist eine marmorblasse junge Königin, die da liegt unter ihrem Rosenkranze in ihrem Silbergewand, und sie sieht nun der Gisela auf seinem Bilde ähnlich. Den Brautring der Braunecker haben sie ihr gelassen und sein blauer Zauberstein leuchtet an ihrer Hand. Über ihren Knien liegt ein Zweig von dem Wunderbaum, der vor dem Sterben blühte … Während sie alle an ihr vorübergehen, die paar Stunden lang, steht Harro an ihrer Seite als ihr getreuer Wächter und Beschützer. Niemand redet mit ihm. Wie eine Bildsäule steht er da. Sein Gesicht ist wie aus Erz.

Nun sind alle gegangen und der Fürst kommt herein. Er ist schon oft dagewesen, nun, da alle fort sind, kommt er wieder.

Harro hebt seine schweren Augen zu ihm auf.

»Vater«, sagt er leise, »sieh sie dir noch einmal an.«

Der Fürst zuckt zusammen. »Du willst schon …«

»Sie schläft noch, Vater. Heute Morgen hat sie sich noch zurechtgelegt. Sieh die Hand, sie sank ein wenig herab … Willst du warten, bis sie tot ist? Und ich kann sie auch nicht vorher verlassen, bis wir das Letzte an ihr getan haben …«

Der Fürst nickt. Schweigend stehn sie da, draußen verglüht der Abendhimmel und der Schein fällt auf die weißen Rosenkränze und auf ihr Antlitz. Und nun senken sich die Schatten. Der Fürst wendet sich, einen Blick, einen letzten … dann geht er hinaus.

Das Kind hat man die Mutter nicht mehr sehen lassen.

Nun ist Harro allein. Ein tiefer Atemzug hebt seine Brust … Seine Augen ruhen auf ihr, dass das Bild sich einbrennt auf dem Grunde der Seele … Dann ruft er seinem Knecht, der steht vor der Türe.

»Das Letzte, Märt.« Nein, das kann er nicht.

Und der Knecht legt den Deckel über seine schöne strahlende Herrin.

»Bleibe du bei ihr, Märt, bis alles vorüber ist.«

Dann geht er langsam hinauf.

Die Glocken läuten von der Höhe und aus dem Tale. Ein weicher grauer Nebel hängt auf dem alten Städtchen mit seinen schmalen hochgiebeligen Häusern. Die Spitze des Kirchturms verschwindet in den grauen Schleiern. Die Straßen sind voll dunkel gekleideter Menschen und nur aus der Kirche bricht ein goldenes warmes Licht. Dort hinein tragen sechs Förster die Rose von Brauneck. Und wie sie die Schwelle überschreiten, fluten ihnen Klänge voll himmlischen Wohllauts entgegen. Hans Friedrich sitzt auf der Orgel, lässt seine Liebe, seine Trauer, seine Hoffnung in mächtigen Akkorden dahinströmen, und nun erhebt sich aus dem herrlichen Tongefüge großartig und lieblich, freudevoll dahinstürmend und jubelnd die Wundermelodie des Herrgottsnarren:

Jerusalem, du hochgebaute Stadt,
Wollt Gott, ich wär in dir ...
Mein sehnlich Herz so groß Verlangen hat
Und ist nicht mehr bei mir ...

Harros Augen leuchten auf, seine sehenden Augen … Oh, wie köstlich ist der Schleier der Gisela … Er sieht sie vor sich, die himmlische Stadt. Die seligen Chöre jubeln, die lieblichen Knabenstimmen, die jetzt die Melodie aufnehmen … Es grüßen über den Wällen die Bäume der himmlischen Gärten … Seine Rose, seine geliebte Rose, sie wirft den starren eisigen Schlummer von sich … Oh, wie ihre holden Augen leuchten, wie der Rosenschein auf ihren Wangen liegt!

Was für ein Volk, was für ein edle Schar
Kommt dort gezogen schon?
Was in der Welt von Auserwählten war,
Seh ich, die beste Kron,
Die Jesus mir, der Herre,
Entgegen hat gesandt.

Oh, darum hast du deine goldenen Schuhe angezogen, deine Freudenschuhe, du schweigende Seele. Weil du ihm entgegengingst, den du geliebt hast von deiner Kindheit an.

Wie lieblich die himmlischen Melodien nun rauschen:

Mit Jubelklang, mit Instrumenten schön,
In Chören ohne Zahl,
Dass von dem Schall und von dem süßen Ton
Sich regt der Freudensaal!

Unzerreißbar fest gehämmert ist das goldene Band von jener Christnacht im Winterwald. In ihren seligen Händen dort an den Toren hält sie sein Ende …

Nun spricht ihr Lehrer. Oh, die feinen, gütigen Worte. Welch ein holdes Bild malt er von ihr in wenig Strichen. Die das Schönste ihrer Seele in Geheimnissen verbarg … Hat er sie denn so gut gekannt? Oder weiß er noch ein Letztes von ihr, der Geheimnisträger dort? Er hämmert nicht auf ihrem Schmerze herum, der weise Mann dort, die Priesterseele. Er zeichnet ihnen den lichten Pfad zur Höhe, den die Rose von Brauneck gegangen. – Von der Orgel ertönt des alten Bach großartiger Choral:

In meines Herzens Grunde
Dein Nam und Kreuz allein
Funkelt all Zeit und Stunde,
Drauf kann ich fröhlich sein …

Nun ist das Goldlicht in der Kirche erloschen, die Melodien sind verklungen, die tiefe sternlose Nacht hat sich herabgesenkt. Der Fürst sitzt, ein grauer gebeugter Mann, in seiner Sommerstube vor dem Bilde des Seelchens.

Da ertönt ein Schritt, er fährt auf: »Du bist's Harro? Wir ängstigten uns um dich. Gott sei Dank, dass du da bist.«

Harros Augen blendet das Licht noch … Es ist ein Geruch von feuchtem Herbstwald und nassem Moos um ihn … Er hat seine Lodenjacke an und in seinen grauen Haaren hängen ein paar Flöckchen von dürren Blättern. Der Ruinengraf wieder, nur älter und mit einem ganz anderen Blick in den Augen.

Er setzt sich auf den breiten Lederdiwan nieder und sagt freundlich: »Ich wollte dich noch nicht allein lassen heute Abend, Vater.«

»Es ist mir so sehr lieb, dass du kommst, Harro, sehr lieb; ich bin allein …« Der Fürst stockt … »Nein, das will ich nicht sagen, auch nicht in meinem Schmerz bin ich allein. Wie sie alle mit mir trauerten. Wer am allerverzweifeltsten war, am herzbrechendsten, das ahnst du nicht, Harro: Charlotte … Sie hat nichts gegessen die Tage, sie liegt nur auf ihrem Gesicht und weint. Sie warf sich heute vor mir auf den Boden. Reden konnte sie nicht vor Schluchzen.«

»Es wundert mich doch nicht, Vater, dass sie um die Rose trauert. Irgendwie muss die Rose doch endlich ihr Herz gewonnen haben. Ich sah sie noch zuletzt zusammen … Wir müssen für sie tun, was wir können, Vater. Die Rose sah mich über ihren armen, jammervollen Kopf hinweg so gebietend an; wir müssen ihr da auch den Willen tun, Vater.« Harro lächelte ein wenig. »Sie ist eine Tyrannin, die Rose, und wir fahren doch am besten, wenn wir uns nicht so sehr gegen sie sträuben.«

Wie wohl dem Vater die Worte tun, wie wohl. Und er erhebt sich und setzt sich neben Harro auf den alten Diwan … »Harro, lass mich dir danken. Lass mich dir noch einmal danken. Sieh, wie das Seelchen lächelt. Das Lächeln hast du sie gelehrt. Es geht auf dich, der du vor ihr saßest und sie maltest … Es lag noch auf ihrem Antlitz, als sie auf dem Lindenstamm lag unter den gelben Blättern. Ihre Linde. Als wollte die sie einhüllen … Sie glaubte ja an die Seele ihrer Linde … Harro, wenn die alte Linde im Frühjahr nicht wieder grünt, so wird es mich nicht wundern … Und dann hab ich dir noch etwas zu sagen, Harro. Die Rose hat ein Testament gemacht. In der größten Heimlichkeit. Alfred und der Herr Rat haben ihr dabei geholfen.«

Harro lächelte wieder ein wenig. Er kann sich das Testament der Rose denken … »Und hat alles mir vermacht, Vater.«

»Nicht alles, eine ziemlich große Summe hat sie ausgenommen. Sie muss sich eine schreckliche Mühe mit Rechnen gegeben haben; du weißt, sie konnte ja so schlecht rechnen. Dann hat sie gewünscht, Hans Friedrich sagte mir das, du solltest den Winter nach Rom gehen und er solle dich begleiten. Er hätte schon eine Wohnung für dich durch einen Freund mieten müssen.«

Harro fuhr auf. »Ich will nicht fort. Ich kann nicht. Ich muss hier bleiben, da in den alten Mauern; die Thorsteiner lieben doch ihre Heimat so sehr, ich muss … und dann … Sei nicht so tyrannisch, Rose «

»Lieber Harro, höre sie einmal an. Ich kann dich verstehen, ich kann dich sehr gut verstehen. Ich glaube, es hängt mit ihrem Testament zusammen. Sie wünscht, du mögest ihr ein Grabmal bauen. Sie gibt Anweisungen, wie sie es sich denkt … Sie spricht von pentelischem Marmor. Ich habe keine Ahnung, was das wohl sein kann.«

Harro starrt vor sich hin. Seine Augen weiten sich, auf seinen eingefallenen Wangen brennen zwei rote Flecken … Dann spricht er hastig: »Aber ja, Vater, sie kann ja nicht da unten bleiben … Unmöglich kann sie das. Sie muss den Wald rauschen hören. Vater, du gibst mir den Park von Lindenborn dazu; deine Hirsche, können die nicht woanders sein … O dann, wir machen es … dass sie nicht stören. Die alten herrlichen Eichen und Tannen, die Allee von hundertjährigen Linden, die darauf zuführt … Die Wasserfläche, wir graben sie aus, wir leiten Quellen herein … Nun mögen die Hirsche da draußen wandeln. Wir pflanzen Rosen um die Insel. Die weiße offene Halle spiegelt sich in dem Wasser. Ach, sie wollte ja nicht in dem Goldhaus wohnen, das ich für sie gebaut habe … Nun muss ich ihr doch wieder eine Stätte bereiten.«

Er reißt ein Blatt aus seinem alten Skizzenbuche, das immer in seiner Lodenjacke steckt. »Sieh, Vater, so …« Er kritzelt mit dem Bleistift eilige Striche … »Sieh die Halle. Ich werde mich daran halten müssen. Ich muss wieder anfangen, ganz von vorne … Eine Riesenarbeit, Vater. Ich muss doch das meiste mit meinen eigenen Händen machen. Jetzt mögen sie ja rau und eisern werden, ich habe über kein Goldhaar und keine rosenzarte Haut mehr zu streichen. Ich gehe morgen nach Rom. Das Kind lass ich dir, Vater. Ich kann dir nicht alles nehmen. Wenn du es vermagst und ich mich eingerichtet habe, so schickst du es mir vielleicht … In der offenen Halle das Bildwerk. Aus pentelischem Marmor. Wenn die Rose auch ein paar Rechenfehler gemacht hat, ich mache es wie ihr guter Herr Kantor und sorge schon, dass es stimmt. Das Bildwerk … Vater. Es benimmt mir schier den

Atem … Ich will mich an das Allergrößte wagen. Ich nehme die Form, die die Alten, die mehr von frommen Dingen wussten als ich, geliebt haben. Sie müssen ja gewusst haben, wie tröstlich es ist. Und ich wage mich an das Allerhöchste. Woher ich die Kühnheit nehme, weiß ich nicht … Doch, ich weiß es vielleicht … Jesus am Kreuz … Er schaut herab auf den Mann und das Weib: Du sollst deine Rose wiedersehen, ich vergesse sie nicht … Wie sie auf dem Lindenstamm lag unter den goldenen Blättern. Das geheimnisvolle Lächeln, die selige Rose … Auch von ihr ist alles Zufällige abgestreift. Sie war ja schon wie zarter Marmor. Ich trage sie in meinen Armen. Zu ihm sehe ich auf. Nur wenn ich zu ihm aufsehe, kann ich das Opfer bringen. Meine Rose, meine geliebte Rose.«

Er legte seinen Kopf auf die Schulter des Vaters und schluchzte laut auf: »O meine Rose! Mein blauer Himmel!«

Dann hob er den Kopf. »Vater«, sagte er fast kindlich, »ich mache gar nicht den wilden Thorsteiner, den Harro, wie er sich hier so ungeduldig gebärdet. Ich nehme den über und über vergoldeten Harro, wie ihn die Rose in ihrer Seele trug. Den Gedanken Gottes in mir. Sonst wäre er ja nicht wert, die Rose zu tragen. Ich suche nach dem Bild … Du darfst mich nicht loben, Vater, dass ich gut gegen sie gewesen bin … Aber mochte ich sein, wie ich wollte, die Rose malte weiter an ihrem Bild.«

»Harro, mein Sohn«, schluchzt der Fürst. »Wie dank ich Gott dafür, dass ich dich noch habe. Ich komme auch nach Rom mit dem Kind … Ich störe dich nicht … Wie hab ich mich gefürchtet vor deinem wilden Schmerz. Und nun all die Tage, heute in der Kirche, Harro. Ich sah dich an, du hast uns hinübergetragen … Wie hast du's gekonnt?«

Er hob sein Haupt, und seine herrlichen Augen hingen an dem Bilde des Seelchens. »Vater«, flüsterte er, »die Rose hatte Geheimnisse. Hörtest du nicht, wie ihr Lehrer sagte … Vielleicht war sie noch schöner, als wir wissen. Ihr Vermächtnis … Es war ihr letztes Wort … Ich verstand es nur nicht … Ihr ganzes Leben ist darunter gegangen, unter dem Schleier der Gisela.«